LANGENSCHEIDTS
EUROWÖRTERBÜCHER

Langenscheidt Евро-словарь немецкого языка

русско-немецкий немецко-русский

Совершенно новое издание 1999 г.

Составил
Вернер Шенк

Под руководством
редакции Langenscheidt

LANGENSCHEIDT
БЕРЛИН · МЮНХЕН · ВЕНА
ЦЮРИХ · НЬЮ-ЙОРК

kochen *v/t* <с>вари́ть; (*zubereiten*) <при>гото́вить; *Tee, Kaffee* зава́ривать <-ри́ть>; *Milch, Wäsche* <вс>кипяти́ть; *v/i* (*sieden*) <вс>кипе́ть	transitives Verb intransitives Verb
Lager|feuer *n* костёр *m*; **~halle** *f* храни́лище *n*	Wortteil *vor* dem senkrechten Strich ist allen nachfolgenden Stichwörtern des Nestes gemeinsam Wortteil durch Tilde ersetzt
Leiter[1](**in** *f*) *m* руководи́тель(ница *f*) *m*, заве́дующий (-щая *f*); *El.* проводни́к **Leiter**[2] *f* ле́стница, стремя́нка	Gleichlautende Wörter (Homonyme) werden als separate Einträge behandelt und durch hochstehende Ziffern gekennzeichnet
Lek'türe *f* чте́ние *n*; (*Buch*) кни́га для чте́ния	Hinweise auf die Betonung: Im Deutschen: kurzer senkrechter Strich vor der betonten Silbe, wenn nicht die erste Silbe betont ist. Im Russischen: Akzentzeichen über dem betonten Vokal
nachlassen *v/i* (*schwächer werden*) слабе́ть, ослабева́ть <-бе́ть>; *Wind, Schmerz*: утиха́ть <ути́хнуть>; (*aufhören*) унима́ться <уня́ться>; *Gedächtnis, Frost*: сда(ва́)ть; (*sich verschlechtern*) ухудша́ться <уху́дшиться>	Stützwörter helfen bei der Wahl der treffenden Übersetzung
Kapazi'tät *f* ёмкость *f*, вмести́мость *f*; *fig.* кру́пный специали́ст *m*	Hinweis auf übertragene Bedeutung
Rind|fleisch *n* говя́дина *f*; **~vieh** *n* F (*Dummkopf*) остоло́п *m*	Hinweis auf stilistische Ebene

Langenscheidts Eurowörterbuch Russisch

Russisch-Deutsch
Deutsch-Russisch

Völlige Neuentwicklung 1999

von

Werner Schenk

Herausgegeben von der
Langenscheidt-Redaktion

LANGENSCHEIDT
BERLIN · MÜNCHEN · WIEN
ZÜRICH · NEW YORK

In der neuen deutschen Rechtschreibung.

Ergänzende Hinweise, für die wir jederzeit dankbar sind, bitten wir zu richten an:
Langenscheidt Verlag, Postfach 40 11 20, 80711 München

Auflage:	5.	4.	3.	2.	*Letzte Zahlen*
Jahr:	03	02	01	2000	*maßgeblich*

Druck: Graph. Betriebe Langenscheidt, Berchtesgaden/Obb.
Printed in Germany · ISBN 3-468-12290-X

Inhaltsverzeichnis – Оглавление

Предисловие

В ходе политического и экономического развития Европы особое значение приобретает знание языков. Это касается не только туристов, но и в особенности деловых людей, а также технических специалистов, политических деятелей, спортсменов, деятелей искусства.

В редакциях иностранных языков издательства Лангеншайдт были разработаны концепции словарей, которые учитывают новые языковые потребности Европы. Предлагаемый словарь продолжает эту серию Евро-словарей.

Характерным и тем самым важнейшим признаком Евро-словарей является их словарный состав: в центре внимания стоял отбор таких слов и выражений, которые выходят за пределы общеупотребительного словарного запаса. Сюда относятся такие области, как экономика, торговля, туризм, организация и управление. Должное внимание уделяется также таким важным областям, как политика, техника и культура. Такие понятия, как *неэтилированный*, *кабельное телевидение*, *озоновая дыра*, *малотоксичный* и *досрочная пенсия* отражают особую цель Евро-словарей – оказать наиболее широкому кругу людей практическую и полезную помощь в языковой коммуникации в преобразованной Европе.

LANGENSCHEIDT

Vorwort

Im Zuge der politischen und wirtschaftlichen Entwicklung Europas haben Sprachkenntnisse an Bedeutung gewonnen. Das gilt nicht nur für den Urlaubsreisenden, sondern insbesondere für den Geschäftsmann sowie für Techniker, Politiker, Sportler und Künstler.

In den Fremdsprachenredaktionen von Langenscheidt wurden Wörterbuchkonzepte entwickelt, die den neuen sprachlichen Bedürfnissen Europas Rechnung tragen. Das vorliegende Wörterbuch setzt die Reihe der Eurowörterbücher fort.

Charakteristisches und damit wichtigstes Merkmal der Eurowörterbücher ist der dargebotene Wortschatz: das Schwergewicht der Auswahl der über den allgemeinen Wortschatz hinausgehenden Wörter und Wendungen lag dabei auf den Sachgebieten Wirtschaft, Handel, Reise und Büro, wobei aber auch so wichtige Gebiete wie Politik, Technik und Kultur gebührende Berücksichtigung fanden. Begriffe wie *bleifrei*, *Kabelfernsehen*, *Ozonloch*, *schadstoffarm* und *Vorruhestand* veranschaulichen beispielhaft die besondere Zielsetzung der Eurowörterbücher, möglichst vielen Menschen eine praktische und nützliche Hilfe bei der sprachlichen Kommunikation im neu gestalteten Europa zu bieten.

LANGENSCHEIDT

Hinweise für die Benutzung des Wörterbuchs
Как пользоваться словарём

1. Alphabetische Reihenfolge und Wortauswahl

Die Stichwörter im russisch-deutschen und im deutsch-russischen Teil sind jeweils alphabetisch geordnet. Unregelmäßige grammatische Formen erscheinen an ihrem alphabetischen Platz mit einem Verweis auf die Grundform. Aufgenommen wurde auch eine Reihe von Völkernamen und Kurzwörtern (z. B. вуз). Internationalismen sind nur in beschränktem Umfang erfasst worden.

Die Tilde (~) dient dazu, das Stichwort oder den vor einem senkrechten Strich (|) stehenden Teil des Stichworts zu ersetzen. In den Anwendungsbeispielen vertritt die Tilde das ganze Stichwort.

Der Bindestrich (-) steht bei grammatischen Hinweisen für das Stichwort oder dessen unveränderten Teil.

1. Алфавитный порядок слов и отбор слов

Слова в русско-немецкой и немецко-русской частях словаря расположены в алфавитной последовательности. Нерегулярные грамматические формы слов расположены в соответствии с их алфавитным порядком со ссылкой на основную форму данного слова. В состав словаря включен также целый ряд названий народов и сокращённые слова (напр. вуз). Интернационализмы включены в состав словаря лишь в очень ограниченном количестве.

Тильда (~) употребляется для замены заглавного слова или части слова, стоящей перед вертикальной чертой (|). В приводимых примерах тильда заменяет целое слово.

Дефис (-) ставится при грамматических ссылках на соответствующее слово или его неизменяемую часть.

2. Stilistische Hinweise

Sowohl Stichwörter als auch Übersetzungen sind besonders gekennzeichnet, wenn sie verschiedenen Stilebenen zuzuordnen sind. Gehören Stichwort und Übersetzung derselben Stilebene an, wurde auf eine Kennzeichnung verzichtet.

2. Указания на стилистические особенности

Если отдельные заглавные слова и их переводы относятся к различным стилевым уровням, то они выделяются особо. Если же заглавные слова и их переводы принадлежат к одному и тому же стилевому уровню, то они особо не помечаются.

3. Bedeutung und Übersetzung

Bei mehreren Übersetzungen zu einem Stichwort werden Synonyme durch Kommas, leichte Bedeutungsnuancen jeweils durch ein Semikolon geschieden. Stichwörter mit gleicher Schreibung, aber verschiedener Herkunft und Bedeutung werden durch hochgestellte kleine arabische Ziffern gekennzeichnet. Falls es zur Verdeutlichung der Übersetzung erforderlich ist, werden die Bedeutungen durch die im Verzeichnis der Abkürzungen aufgeführten Sachgebietshinweise

3. Значение и перевод

В случае, если одно и то же заглавное слово имеет несколько переводов, то их синонимы отделяются друг от друга запятой, а переводы с легкими семантическими оттенками отделяются точкой с запятой. Заглавные слова одинакового написания, но различного происхождения и значения выделяются приподнятыми маленькими арабскими цифрами. Если необходимо разъяснение перевода, то его значения объясняются более подроб-

oder durch erläuternde Zusätze in kursiver Schrift näher bestimmt.

но предметными ссылками, данными в списке сокращений, а также пояснительными дополнениями, данными курсивным шрифтом.

4. Betonung

Bei mehrsilbigen Wörtern wird die Betonung durch einen Akzent über dem Vokal der Tonsilbe angegeben. Zwei Akzente in einem Wort bedeuten, dass beide Betonungen möglich sind.

4. Ударение

В многосложных русских словах над ударным гласным ставится акцент. Два акцента в одном и том же слове означают, что ударение возможно в обоих случаях.

5. Angaben zur Grammatik im russisch-deutschen Teil

Substantive

Bei den russischen Substantiven wird das grammatische Geschlecht durchgehend angegeben, bei den deutschen Übersetzungen nur dann, wenn es von dem des russischen Stichworts abweicht. Die Ziffern in runden Klammern verweisen auf die Deklinationsmuster im Anhang.

Abweichungen von den Deklinationsmustern werden in runden Klammern angegeben. Dies sind im Einzelnen folgende:

Maskulina:

a) im Genitiv Singular **-а, -у** bzw. **-я, -ю**: neben der regelmäßigen Endung auf -а/-я kommt bei partitivem Gebrauch auch -у/-ю vor: **са́хар** *m* (1; -а/-у) – кусо́к са́хару;
b) im Präpositiv Singular mit den Ortspräpositionen в oder на betontes **-у́, -ю́: лес** *m* (1; в -у́) = в лесу́;
c) mit Stammauslaut auf -ж, -ч, -ш, -щ die Endung **-ей** im Genitiv-Plural: **това́рищ** *m* (1; -ей) = това́рищей;

5. Сведения о грамматике русско-немецкой части

Существительные

Всем без исключения русским существительным придается ссылка на их грамматический род. Немецким переводам ссылка на грамматический род дается лишь в том случае, если грамматический род немецкого перевода отклоняется от грамматического рода заглавного слова. Цифры, данные в круглых скобках, указывают на примеры склонения, данные в приложении.

Отклонения от парадигмы склонения даются в круглых скобках. Это по существу следующие:

Существительные мужского рода:

a) в родительном падеже единственного числа **-а, -у** или **-я, -ю**: Кроме окончания -а/-я употребляется также окончание -у/-ю при обозначении меры и количества: **са́хар** *m* (1; -а/-у) – кусо́к са́хару;
b) в предложном падеже единственного числа некоторые существительные в конструкциях с предлогами в и на наряду с флексией -е имеют -у, -ю: **лес** *m* (1; в -у́) = в лесу́;
c) существительные с основой на -ж, -ч, -ш, -щ имеют в родительном падеже множественного числа -ей: **това́рищ** *m* (1; -ей) = това́рищей;

Adjektive

Bei Adjektiven, die in bestimmten Wortverbindungen nur in der Vollform verwendet werden, ist dies durch den Hinweis *o. K.* (ohne Kurzform) angezeigt.

Прилагательные

Прилагательным, употребляемым в определенных словосочетаниях только в полной форме, придаются пометки *o. K.*

Bei Substantiven und Adjektiven wird in runden Klammern auch auf das Wegfallen bzw. Hinzutreten der sog. Schaltvokale -o-/-e- hingewiesen: **загадка** *f* (5; -док) = загодок; **заметный** (14; -тен, -тна) = заметен, заметна.

Verben
Die russischen Verben werden grundsätzlich unter ihrer imperfektiven Infinitivform dargestellt, wobei nach dem Stichwort und dem grammatischen Hinweis die perfektive Verbform in spitzen Klammern angegeben ist. An der alphabetischen Stelle der perfektiven Verbform erscheint ein Verweis auf das imperfektive Verb. Nur perfektiv vorkommende Verben sind mit *pf.* bezeichnet, solche, die nur imperfektiv gebraucht werden, bleiben hingegen unmarkiert. Die Ziffern in runden Klammern verweisen auf die Konjugationsmuster.

6. Angaben zur Grammatik im deutsch-russischen Teil
Substantive
Das grammatische Geschlecht wird bei den deutschen Substantiven immer angegeben, bei den russischen Entsprechungen nur dann, wenn sich ihr Genus von dem des deutschen Stichworts unterscheidet.

Verben
Eine Tabelle der unregelmäßigen deutschen Verben befindet sich im Anhang. Wenn die Rektion in beiden Sprachen übereinstimmt, werden besondere Hinweise nur in Ausnahmefällen gegeben. Russische Verben können perfektiv und imperfektiv sein. In der Regel wird deshalb ein Aspektpaar als Entsprechung eines deutschen Verbs angegeben. Bei den Aspektpaaren steht der Teil, der die perfektive Verbform bildet (Präfix, Suffix), in spitzen Klammern. Der Teil des Verbs, mit dessen Hilfe aus einem perfektiven ein imperfektives Verb gebildet wird, steht in runden Klammern.

При существительных и прилагательных даются также указания о так называемых беглых гласных „о" и „е": **загадка** *f* (5; -док) = загодок; **заметный** (14; -тен, -тна) = заметен, заметна.

Глаголы
Русские глаголы как правило даются в форме несовершенного вида. При этом после заглавного слова и после грамматической ссылки в угловых скобках дается совершенный вид глагола. В алфавитном порядке глаголов совершенного вида им придается ссылка на несовершенный вид глагола. Глаголам только совершенного вида придается пометка *pf.* Глаголы, имеющие лишь несовершенный вид, остаются немаркированными. Цифры, данные в круглых скобках, указывают на примеры спряжения.

6. Сведения о грамматике немецко-русской части
Существительные
У немецких существительных ссылка на грамматический род дается всегда, а у их русских соответствий указание на грамматический род дается лишь тогда, когда их грамматический род отличается от рода заглавного слова.

Глаголы
В приложении имеется таблица немецких глаголов неправильной формы. Если в обоих языках управление глаголов совпадает, то особые на этот случай ссылки даются лишь в исключительных случаях. Русские глаголы могут быть совершенного или несовершенного вида. В качестве перевода немецкого глагола дается поэтому, как правило, т.н. видовая пара. Если в качестве перевода приводится видовая пара, то в угловых скобках дается та часть слова, при помощи которой образуется глагол совершенного вида (приставка, суффикс). Та часть глагола, с помощью которой из совершенного вида образуется несовершенный вид глагола, помещается в круглые скобки.

Verzeichnis der verwendeten Abkürzungen

Список условных сокращений

a. — *auch* также, тоже
A — *Akkusativ* винительный падеж
Abk. — *Abkürzung* сокращение
Adj. — *Adjektiv* имя прилагательное
Adjp. — *Partizip als Adj.* отглагольное прилагательное
Adm. — *Verwaltung* Администрация
Adv. — *Adverb* наречие
Advp. — *Adverbialpartizip* отглагольное наречие
Agr. — *Landwirtschaft* сельское хозяйство
allg. — *allgemein* общее понятие
Anat. — *Anatomie* анатомия
Arch. — *Bauwesen* строительство
Art. — *Artikel* артикль, член
Astr. — *Astronomie* астрономия
attr. — *attributiv* как определение
b. — *bei* при, у
Bgb. — *Bergbau* горное дело
Bio. — *Biologie* биология
Bot. — *Botanik* ботаника
bsd. — *besonders* особенно, в частности
bzw. — *beziehungsweise* и, или
Chem. — *Chemie* химия
d. — *der, die, das*
D — *Dativ* дательный падеж
dial. — *dialektal* областное слово
dim. — *diminutiv* уменьшительный
e. — *endbetont* ударение на окончании
EDV — *elektronische Datenverarbeitung* электронная вычислительная техника
ehm. — *ehemals* прежде
einm. — *einmalig* (*momentane Aktionsart*) однократный способ действия
El. — *Elektrotechnik* электротехника
e-m, e-n — *einem, einen* (*als Artikel*)
e-r, e-s — *einer, eines* (*als Artikel*)
Esb. — *Eisenbahn* железнодорожный транспорт
et. — *etwas* что-то, что-либо
f — *Femininum* женского рода
F — *familiär, salopp* фамильярно-разговорное слово
fig. — *figürlich* в переносном значении
Fin. — *Finanzen, Bankwesen* финансовое/банковское дело
Flgw. — *Flugwesen* авиация
Fmw. — *Fernmeldewesen* связь
Forst. — *Forstwirtschaft* лесное хозяйство
Fot. — *Fotografie* фото-/кинотехника
G — *Genitiv* родительный падеж
Geogr. — *Geographie* география
Geol. — *Geologie* геология
Ggs. — *Gegensatz* антоним
Gr. — *Grammatik* грамматика
Hdl. — *Handel* торговля
hist. — *historisch* исторический
I — *Instrumental* творительный падеж
Imp. — *Imperativ* повелительное наклонение
impf. — *imperfektiv* несовершенный вид
(im)pf. — *imperfektiv und perfektiv* несовершенный и совершенный вид
Inf. — *Infinitiv* неопределенная форма глагола
Int. — *Interjektion* междометие
iron. — *ironisch* в ироническом смысле
j-d — *jemand* кто-либо
j-m, j-n, j-s — *jemandem, jemanden, jemandes* кому-либо, кого-либо
JSpr. — *Jägersprache* охотничий жаргон
Jur. — *juristischer Ausdruck* юридический термин
K. — *Kurzform* краткая форма
k-e — *keine* никакая, никакие
Kfz. — *Kraftfahrzeuge* автомобильный транспорт
Kj. — *Konjunktion* союз
k-m, k-n — *keinem, keinen* никому, никого

Kochk. *Kochkunst* кулинария
koll. *kollektiv* собирательно
Komp. *Komparativ* сравнительная степень
konkr. *konkret* конкретно
k-r, k-s *keiner, keines* никто, никакое
KSp. *Kartenspiele* карточные игры
Ling. *Linguistik* лингвистика
lit. *buchsprachlich* книжный стиль
m *Maskulinum* мужского рода
Mal. *Malerei* живопись
Mar. *Schifffahrt* судоходство
Math. *Mathematik* математика
m-e *meine* мой, мое, моя
Med. *Medizin* медицина
Meteo. *Meteorologie* метеорология
Mil. *Militär* военное дело
Min. *Mineralogie* минералогия
m-m, m-n *meinem, meinen* моему, моего
m-r, m-s *meiner, meines* моей, моего
mst *meistens* большей частью
Mus. *Musik* музыка
n *Neutrum* среднего рода
N *Nominativ* именительный падеж
Num. *Numerale* имя числительное
o. *ohne* без
od. *oder* или
Ök. *Wirtschaft* экономика
orth. *griechisch-orthodox* православный
örtl. *örtlich* при обозначении места
P *populär, derb* просторечное, грубоватое слово
P *Präpositiv* предложный падеж
Part. *Partikel* частица
Pass. *Passiv* страдательный залог
Pers. *Person* лицо
pf. *perfektiv* совершенный вид
Philos. *Philosophie* философия
Phys. *Physik* физика
pl. *Plural* множественное число
poet. *poetisch* поэтический
Pol. *Politik* политика
poss. *possessiv* притяжательный
präd. *prädikativ* предикативно
Präs. *Präsens* настоящее время
Prät. *Präteritum* прошедшее время
Pron. *Pronomen* местоимение
Prp. *Präposition* предлог
Psych. *Psychologie* психология
Ptp. *Partizip* причастие
Raumf. *Raumfahrt* космонавтика
Rdf. *Rundfunk, Fernsehen* радиовещание, телевещание
rel. *relativ* относительный
Rel. *Religion* религия
Russ. *Russisch* русский язык
S. *Seite* страница
scherz. *scherzhaft* шутливо
s-e *seine* его
selt. *selten* редко
sg. *Singular* единственное число
s-m, s-n *seinem, seinen* его
sn *sein* быть
Sp. *Sport* спорт
Sprw. *Sprichwort* пословица
s-r *seiner* его
st. *stammbetont* ударение на основе
Su. *Substantiv* имя существительное
Sup. *Superlativ* превосходная степень
Tech. *Technik* техника
Text. *Textilindustrie* текстильная промышленность
Thea. *Theater* театр
Typ. *Buchdruck* полиграфия
u. *und* и
unpers. *unpersönlich* безличный
unv. *unveränderlich* неизменяемый
usw. *und so weiter* и так далее
v. *von, vom* от
V *vulgär* вульгарное слово
V *Vokativ* звательный падеж
verä. *verächtlich* презрительное выражение
Vet. *Veterinärmedizin* ветеринария
vgl. *vergleiche* сравни
v/i *intransitives Verb* непереходный глагол
v/r *reflexives Verb* возвратный глагол
v/t *transitives Verb* переходный глагол
z. B. *zum Beispiel* например
zeitl. *zeitlich* при обозначении времени
Zool. *Zoologie* зоология
Zssgn *Zusammensetzung(en)* сложнопроизводное слово

Aussprache der russischen Buchstaben
Произношение русских букв

I. Vokale

1. In betonter Stellung werden alle Vokale halblang, d. h. länger als die deutschen kurzen, jedoch kürzer als unsere langen Vokale, gesprochen.
2. In unbetonter Stellung sind die Vokale kurz zu sprechen, wobei diese Kürze in nachtonigen Silben (d. h. solchen, die nach der betonten folgen) sowie in vortonigen ab der zweiten vor dem Ton besonders ausgeprägt ist; der Vokal in unmittelbar vortoniger Silbe ist vergleichsweise etwas länger und wird klarer artikuliert. Außerdem verändern einige Vokale in unbetonter Stellung ihren Klangwert, s. in der nachstehenden Tabelle besonders bei o und e.
3. In der hier benutzten Lautschrift wird das Akzentzeichen vor der betonten Silbe gesetzt.

Russ. Buchstabe		Ausspracheerklärung	Lautschrift
a	betont	= **a** in k**a**nn: ма́ма ['mamə] *Mama*	a
	unbetont	1. = **a** in k**a**nn, aber kürzer; unmittelbar vor der betonten Silbe: карма́н [kar'man] *Tasche*	a
		2. = **a** in k**a**nn, aber flüchtig (vgl. Lieb**e**, engl. ⟨**a**bout⟩); nach der betonten Silbe oder nicht unmittelbar vor ihr: ата́ка [a'takə] *Angriff* каранда́ш [kəran'daʃ] *Bleistift*	ə
		3. = **i** in b**i**tte; nach ч, щ unmittelbar vor der betonten Silbe: часы́ [ţʃ̡ɪ'sɨ] *Uhr* щади́ть [ʃ̡ţʃ̡ɪ'ḑiţ] *schonen*	ɪ
e	Der vorangehende Konsonant (außer ж, ш, ц) ist erweicht.		
	betont	1. = **jä** in **jä**mmerlich; am Wortende oder vor hartem (nichtpalatalem) Konsonant, wobei der dem **e** vorangehende erweichte (palatalisierte) Konsonant in der Umschrift mit einem Häkchen versehen wird: бытие́ [bɨţi'jɛ] *Dasein* ел [jɛɫ] (*ich*) *aß* нет [ņɛt] *nein*	jɛ/ɛ
		2. = **ä** in **Ä**rger; nach ж, ш, ц (die stets hart sind) am Wortende oder vor hartem Konsonant: на лице́ [naļi'tsɛ] *im Gesicht* шест [ʃɛst] *Stange*	ɛ

Russ. Buchstabe		Ausspracheerklärung	Lautschrift
		3. = **je** in **je**ner; vor weichem (palatalem) Konsonant: ель [jel̦] *Tanne* петь [p̦eț] *singen*	je/e
	unbetont	1. = **i** in b**i**tte; am Wortanfang bzw. nach Vokal mit j-Vorschlag und nach palatalem Konsonant: ещё [jɪ'ʃ̦tʃ̦ɔ] *noch* зна́ет ['znajɪt] (*sie*) *weiß* река́ [r̦ɪ'ka] *Fluss* Anm.: Am Wortende wird meist (j)ɛ statt (j)ɪ gesprochen: по́ле ['pɔl̦ɛ] statt ['pɔl̦ɪ] *Feld*	jɪ/ɪ
		2. = ähnlich **ü** in d**ü**nn (s. ы), nach ж, ш, ц: жена́ [ʒɨ'na] (*Ehe-*)*Frau* цена́ [tsɨ'na] *Preis*	ɨ
ё		Der vorangehende Konsonant (außer ж, ш) ist erweicht.	
	nur betont	= **jo** in **Jo**rdan: ёлка ['jɔłkə] *Tannenbaum* даёт [da'jɔt] (*er*) *gibt* лёд [l̦ɔt] *Eis*	jɔ/ɔ
и		Der vorangehende Konsonant (außer ж, ш, ц) ist erweicht.	
	1. betont	= **i** in M**i**nute; in den mit и anlautenden obliquen Kasus von он, оно́, они́ kann das и auch jotiert werden: и́ва ['ivə] *Weide* юри́ст [ju'r̦ist] *Jurist* их [ix] od. [jix] *ihrer* (*Gpl.*)	i/ji
	2. unbetont	= **i** in M**i**nute; unmittelbar vor der betonten Silbe: мину́та [m̦i'nutə] *Minute*	i
		= **i** in b**i**tte; nach der betonten Silbe: хо́дит ['xɔd̦ɪt] (*er*) *geht*	ɪ
	3. betont und unbetont	= ähnlich **ü** in d**ü**nn (s. ы); nach ж, ш, ц: ши́на ['ʃinə] *Reifen* цили́ндр [tsɨ'l̦indr] *Zylinder*	ɨ
о	betont	= **o** in N**o**rden: том [tɔm] *der Band*	ɔ
	unbetont	1. = **o** in **o**bzwar; am Wortende von Fremdwörtern: кака́о [ka'kaɔ] *Kakao*	ɔ
		2. = **a** in k**a**nn, aber kürzer; unmittelbar vor der betonten Silbe: Москва́ [mas'kva] *Moskau*	a

Russ. Buchstabe	Ausspracheerklärung	Lautschrift
	3. = **a** in k**a**nn, aber flüchtig; nach der betonten Silbe oder nicht unmittelbar vor ihr: сóрок ['sɔrək] *vierzig* огорóд [əga'rɔt] (*Gemüse-*)*Garten*	ə
у	betont und unbetont = **u** in K**u**rier: бýду ['budu] (*ich*) *werde sein*	u
ы	betont und unbetont = ähnlich **ü** in d**ü**nn, wobei das **ü** nicht mit gerundeten, sondern gespreizten Lippen zu sprechen ist: вы [vɨ] *ihr*, *Sie*	ɨ
э	betont und unbetont 1. = **ä** in **Ä**rger: э́то ['ɛtə] *dies*(*es*) эскóрт [ɛs'kɔrt] *Eskorte*	ɛ
	2. = **e** in r**e**gieren; vor weichem Konsonant: э́ти ['et̡ɪ] *diese* (pl.)	e
ю	Der vorangehende Konsonant ist erweicht. betont und unbetont = **ju** in **Ju**welier: ю́мор ['jumər] *Humor* рабóтаю [ra'bɔtəju] (*ich*) *arbeite* сюдá [s̡u'da] *hierher*	ju/u
я	Der vorangehende Konsonant ist erweicht. betont 1. = **ja** in **Ja**mmer; am Wortanfang, nach einem Vokal sowie vor harten Konsonanten: я́ма ['jamə] *Grube* моя́ [ma'ja] *meine* мя́со ['m̡asə] *Fleisch*	ja/a
	2. = **æ** (ein vorn gebildetes a mit leichter ɛ-Färbung); zwischen weichen Konsonanten: пять [p̡æt̡] *fünf*	æ
	unbetont 1. = **ja** in **ja**panisch, aber flüchtig; am Wortende: сóя ['sɔjə] *Sojabohne* недéля [n̡ɪ'd̡el̡ə] *Woche*	jə/ə
	2. = **i** in b**i**tte; am Wortanfang und nach Vokal mit j-Vorschlag: язы́к [jɪ'zɨk] *Zunge*; *Sprache* тáять ['tajɪt̡] *tauen* мясни́к [m̡ɪs̡'n̡ik] *Fleischer*	jɪ/ɪ

Russ. Buchstabe		Ausspracheerklärung	Lautschrift
		II. Halbvokal, Diphthonge	
й		1. = **j** in **J**od; am Wortanfang und nach Vokal in Fremdwörtern: йод [jɔt] *Jod* майóр [ma'jɔr] *Major*	j
		2. = zur Bildung von (fallenden) Diphthongen, als deren zweiter Bestandteil:	j
ай		= **ai** in M**ai**: май [maj] *Mai*	aj
ой	betont	= **eu** in H**eu**: бой [bɔj] *Kampf*	ɔj
	unbetont	= **ai** in M**ai**: войнá [vaj'na] *Krieg*	aj
уй		= **ui** in pf**ui**: бýйвол ['bujvəɫ] *Büffel*	uj
ый		= ähnlich **ü** in d**ü**nn, mit flüchtig nachklingendem i/j: вы́йти ['vɨjţɪ] *hinausgehen* крáсный ['krasnɨj] *rot*	ɨj
ий		= **i** in M**i**nute, mit flüchtig nachklingendem i/j:	ij ɪj
	betont unbetont	австри́йка [af'sţrijkə] *Österreicherin* си́ний ['şiņɪj] *blau*	
ей	betont	= **je** in **je**ner oder **e** in r**e**gieren, mit flüchtig nachklingendem i/j: ей [jej] *ihr* лéйка ['ļejkə] *Gießkanne*	jej/ej
	unbetont	= **i** in b**i**tte, mit flüchtig nachklingendem i/j: сейчáс [şɪ(j)'ţʃ̡as] *jetzt*	ɪj
юй		= **ju** in **Ju**welier mit flüchtig nachklingendem i/j: малю́й! [ma'ļuj] *male!*	juj/uj
яй	betont	= **jai** in **Jai**la(-Gebirge) (s. я): я́йца ['jæjtsə] *Eier* лентя́й [ļɪn'ţæj] *Faulenzer*	jæj/æj
	unbetont	= **ji** in **ji**ddisch: яйцó [jɪ(j)'tsɔ] *Ei*	jɪ
ау		= **au** in R**au**ch; nur in Fremdwörtern: каучýк [kau'ţʃ̡uk] *Kautschuk*	au
		Anm.: In russischen Wörtern werden beide Vokale getrennt (**a-u**) gesprochen: наýка [na-'ukə] *Wissenschaft*	a-u

III. Konsonanten

1. Die meisten russischen Konsonanten können hart (nichtpalatal, „normal") oder weich (palatal) ausgesprochen werden. In der Schrift wird die Palatalität der Konsonanten a) in Verbindung mit nachfolgenden Vokalen durch е, ё, и, ю, я bezeichnet (nach harten Konsonanten stehen entsprechend а, о, у, ы), b) am Wortende oder im Wortinnern vor Konsonant durch das Weichheitszeichen ь. In der Lautschrift markiert ein Häkchen rechts unter dem Konsonanten dessen Weichheit, während der nachfolgende Vokalbuchstabe nichtjotiert erscheint, z. B.: тётя ['ţɔţə] *Tante*; vgl. hierzu noch IV, 2.

2. Ein harter Konsonant wird vor einem weichen in der Regel nicht erweicht, möglich ist eine solche Angleichung (Assimilation) jedoch bei з, с vor palatalem д, т, з, с, н; z. B.: пéсня ['p̡ɛş̡n̡ə] *Lied.*

3. Stets hart sind ж, ш, ц; stets weich ч, щ.

4. Die stimmhaften Konsonanten б, в, г, д, ж, з werden am Wortende – wie im Deutschen – stimmlos gesprochen, also wie п, ф, к, т, ш, с; es sind dies demnach 12 paarige Konsonanten.

5. Stimmhafte paarige Konsonanten werden vor stimmlosen – ebenfalls wie im Deutschen – stimmlos gesprochen, d. h. angeglichen; z. B. зáвтра ['zaftrə] *morgen*; umgekehrt werden im Russischen aber auch stimmlose vor stimmhaften Konsonanten stimmhaft artikuliert: тáкже ['tagʒɛ] *auch*. Eine Ausnahme bildet hier в, vor dem keine solche Angleichung stattfindet: свет [sy̡ɛt] *Licht*; *Welt*.

6. Doppelkonsonanten werden durch gedehnte Verdoppelung gesprochen: кáсса ['kassə] *Kasse*.

Russ. Buchstabe		Ausspracheerklärung	Lautschrift
б	hart	= **b** in **B**ruder: брат [brat] *Bruder*	b
	weich	= etwa wie **bi** in ra**bi**at: бéлка ['b̡ɛłkə] *Eichhörnchen*	b̡
в	hart	= **w** in **W**asser: водá [va'da] *Wasser*	v
	weich	= etwa wie **wj** in **Wj**atka: вéна ['v̡ɛnə] *Vene*	v̡
г	hart	= **g** in **G**as: газ [gas] *Gas*	g
	weich	= etwa wie **gi** in Re**gi**on: гимн [g̡imn] *Hymne*	g̡
	ferner:	= **w** in den Endungen -ого, -его: больнóго [bal̡'nɔvə] *des Kranken* сúнего ['şin̡ıvə] *des blauen* vgl. auch ничегó [n̡ıţʃ̡ı'vɔ] *nichts*	v
		= **ch** in Бог *Gott* und in den Verbindungen -гк-, -гч-: мя́гкий ['m̡axk̡ıj] *weich* мя́гче ['m̡axţʃ̡ɛ] *weicher*	x
д	hart	= **d** in **D**ame: дáма ['damə] *Dame*	d

Russ. Buchstabe			Ausspracheerklärung	Lautschrift
	weich		= etwa wie **di** in Ra**di**o: дю́на ['ḍunə] *Düne*	ḍ
			In der Verbindung -здн- wird das -д- nicht gesprochen: по́здно ['pɔznə] *spät*	
ж	nur hart		= (auch vor e und и; vgl. e betont 2, и betont und unbetont); **j** in **J**ournal: жа́жда ['ʒaʒdə] *Durst*	ʒ
		жч	= щ (etwa schtsch): мужчи́на [mu'ʃ̡ʈ̡ʃ̡inə] *Mann*	ʃ̡ʈ̡ʃ̡
з	hart		= **s** in **saus**en: зако́н [za'kɔn] *Gesetz*	z
	weich		= etwa wie **si** in Inva**si**on: зелёный [ẓɪ'ḷɔnɨj] *grün*	ẓ
		зж	= hartes od. weiches doppeltes ж: по́зже ['pɔʒʒɛ] od. ['pɔʒ̡ʒ̡ɛ] *später*	ʒʒ/ʒ̡ʒ̡
		зч	= щ (etwa schtsch): изво́зчик [iz'vɔʃ̡ʈ̡ʃ̡ɪk] *Kutscher*	ʃ̡ʈ̡ʃ̡
к	hart		= **k** in **k**ann (nicht aspiriert): как [kak] *wie*	k
	weich		= etwa wie **ki** in Ban**ki**er: ке́пка ['ḳɛpkə] *Schirmmütze*	ḳ
л	hart		= **l** härter als in **L**ampe (vgl. amerikan. Aussprache in ⟨lamp⟩): ла́мпа ['łampə] *Lampe*	ł
	weich		= etwa wie **li** in Li**li**e, etwas weicher: ли́лия ['ḷiḷɪjə] *Lilie*	ḷ
м	hart		= **m** in **m**an: мать [maʈ̡] *Mutter*	m
	weich		= etwa wie **mi** in Mu**mi**e: метр [m̡ɛtr] *Meter*	m̡
н	hart		= **n** in **n**un: нос [nɔs] *Nase*	n
	weich		= etwa wie **nj** in **Nj**emen od. **gn** in Ko**gn**ak: не́бо ['ṇɛbə] *Himmel*	ṇ
п	hart		= **p** in Pa**p**a (nicht aspiriert): па́па ['papə] *Papa*	p
	weich		= **pi** in Olym**pi**ade: пить [p̡iʈ̡] *trinken*	p̡
р	hart		= Zungenspitzen-r: рот [rɔt] *Mund*	r
	weich		= etwa wie **ri** in O**ri**ent: ряд [ṛat] *Reihe*	ṛ
с	hart		= **ß** in bei**ß**en: сорт [sɔrt] *Sorte*	s
	weich		= etwa wie **ssi** in Pa**ssi**on: си́ла ['ṣiłə] *Kraft*	ṣ
		сч	= щ (etwa schtsch): сча́стье ['ʃ̡ʈ̡ʃ̡æṣʈ̡jɛ] *Glück*	ʃ̡ʈ̡ʃ̡
т	hart		= **t** in **T**at (nicht aspiriert): такт [takt] *Takt*	t
	weich		= etwa wie **tj** in An**tj**e: тепе́рь [ʈ̡ɪ'p̡ɛṛ] *jetzt*	ʈ̡
			In den Verbindungen -стн-, -стл- wird das -т- nicht gesprochen: изве́стно [iz'v̡ɛsnə] *bekannt* счастли́вый [ʃ̡ʈ̡ʃ̡ɪṣ'ḷivɨj] *glücklich*	

Russ. Buchstabe		Ausspracheerklärung	Lautschrift
ф	hart	= **f** in **F**orm: фóрма ['fɔrmə] *Form*	f
	weich	= etwa wie **fj** in **Fj**ord: фи́рма ['f̡irmə] *Firma*	f̡
х	hart	= **ch** in Ba**ch**: ах! [ax] *ach!*	x
	weich	= etwa wie **ch** in i**ch**: хи́мик ['x̡im̡ık] *Chemiker*	x̡
ц	nur hart	= (auch vor е und и; vgl. е betont 2, и betont und unbetont): **z** in **Z**ar: царь [tsar̡] *Zar*	ts
ч	nur weich	= etwa **tsch** in **Tsch**eche: час [t̡ʃ̡as] *Stunde*	t̡ʃ̡
ш	nur hart	= (auch vor е und и; vgl. е betont 2, и betont und unbetont): **sch** in **Sch**atz: шар [ʃar] *Kugel*	ʃ
щ	nur weich	= etwa weiches **schtsch** od. **schsch**: щи [ʃ̡t̡ʃ̡i] od. [ʃ̡ʃ̡i] *Kohlsuppe*	ʃ̡t̡ʃ̡ od ʃ̡ʃ̡

IV. Hilfszeichen

ъ	„hartes Zeichen"	= steht zwischen nichterweichtem Konsonant und jotiertem Vokal an der Fuge Vorsilbe/Wurzel, z. B. отъéзд [at'jɛst] *Abreise*
ь	„Weichheitszeichen"	1. = bezeichnet in der Schrift am Wortende oder im Wortinnern vor Konsonant die Palatalität (Weichheit) des davorstehenden Konsonanten, z. B.: день [d̡en̡] *Tag*; тóньше ['tɔn̡ʃɛ] *dünner*; vgl. auch: брат [brat] *Bruder*, aber брать [brat̡] *nehmen*
		2. = **j**; zwischen erweichtem Konsonant und nachfolgendem jotiertem Vokal: семья́ [s̡im̡'ja] *Familie* (vgl. сéмя ['s̡em̡ə] *Samen*). Vgl. noch in Fremdwörtern (ohne Jotierung des Vokals): батальóн [bəta'l̡ɔn] *Bataillon*

Zeichen – Знаки

→ s(iehe) см(отри́)
/ oder, alternativ и́ли, альтернати́вно

Транскрипционные знаки и сведения о произношении в немецком языке

Hinweise zur Transkription und Aussprache des Deutschen

В следующей таблице находятся самые важные заметки о произношении в немецком языке. Слева даются знаки МФА (Международной фонетической ассоциации). Знаком [ː] после гласного обозначается различие по долготе (долгие гласные).

Знак	Пример	Соответствующий или сходный звук русского языка	Примечания
		а) Гласные	
a	Mann [man]	**а**втор	краткое *a*
ɑː	Tat [tɑːt]		долгое *a* заднего ряда
ɑ	Anna ['anɑ]		полудолгое закрытое *a*
eː	Weg [veːk]	вез**е**ние	закрытое долгое *e*
e	Telefon [tele'foːn]	в**е**к	закрытое полудолгое *e*
ə	bitte ['bɪtə]	вых**о**д, луж**а**	очень краткое *e*, сходное с русским «о» или «а» в заударных слогах
ɛ	älter ['ɛltɐ] entern ['ɛntərn]	**э**тот	краткое «э»
ɛː	Mähne ['mɛːnə] Palais [pɑ'lɛː]		долгое «э»
iː	Miene ['miːnə]		долгое *i*
i	Minute [mi'nuːtə]	**и**зба	полудолгое *i*
ɪ	bin [bɪn]	ч**а**сы	звук между «и» и «ы»
ĭ	Ferien ['feːrĭən]		*i* с *j*-образным началом
ɔ	Post [pɔst]	в**о**т	как ударяемое русск. «о»
oː	Boot [boːt]		закрытое долгое *o*
o	Monopol [mono'poːl]		закрытое полудолгое *o*
ŏ	Reservoir [-'vŏɑːʁ]		неслоговое *o*
øː	schön [ʃøːn] Goethe ['gøːtə]		закрытое долгое *ö* (огубленный гласный *e*)
œ	öffnen ['œfnən]		краткое *ö* более переднего ряда
uː	Tube ['tuːbə]		закрытое долгое *u*
u	Musik [mu'ziːk]	**у**хо	закрытое полудолгое *u*

Знак	Пример	Соответствующий или сходный звук русского языка	Примечания
ʊ	Klub [klʊp]		открытое краткое *u* (менее огубленное)
ŭ	Statue ['stɑːtŭə]		неслоговое *u*
yː	kühn [kyːn] Lyrik ['lyːʀɪk]		закрытое долгое *ü*
y	Physik [fy'ziːk] amüsieren [ɑmy'ziːʀən]		закрытое полудолгое *ü*
ʏ	Glück [glʏk]		краткое открытое *ü* (менее огубленное)

Примечание: знаком [˜] обозначаются носовые гласные: ɑ̃, ɛ̃, ɔ̃ и т. д.

б) Дифтонги

Знак	Пример	Соответствующий или сходный звук русского языка	Примечания
aɪ	Stein [ʃtaɪn] Mai [maɪ] Bayern ['baɪʁn]	м**ай**	звук *j* очень краткий
aŭ	Haus [haŭs]	п**ау**за	
ɔʏ	läuten ['lɔʏtən] heute ['hɔʏtə]	пок**ой**	звук *j* очень краткий

в) Согласные

Знак	Пример	Соответствующий или сходный звук русского языка	Примечания
g	geben ['geːbən]	**г**орло	
ʒ	Genie [ʒe'niː] Jalousie [ʒɑlu'ziː]	**ж**ена, **ж**ало	
h	heim [haɪm]	ого	как звук «х», но с голосом
ç	ich [ɪç]	**х**итрый	среднеязычное «х»
x	Buch [buːx]	а**х**, **х**ата	увулярное «х»
ŋ	lang [laŋ] Bank [baŋk]		назалированное *n* перед *g* и *k* (звук *g* произносится в заимствованных и иностранных словах)
ʀ	rot [ʀoːt]		увулярное *r* в начале слога и после согласных
ʁ	stark [ʃtaʁk]		почти не дрожащее *r* в конце слога и перед согласными
ɐ	Lehrer ['leːʀɐ]		вокализованное *r* в безударном окончании *-er*, произносится почти как *ea*
ʃ	Schule ['ʃuːlə] Charme [ʃaʀm] Spiel [ʃpiːl] Stange ['ʃtaŋə] Gestein [gə'ʃtaɪn]	**ш**кола	

Знак	Пример	Соответствующий или сходный звук русского языка	Примечания
θ	Thriller ['θʀɪlɐ]		англ. *th* без голоса
v	Winter ['vɪntɐ] Vase ['vɑ:zə]	**в**ино, **в**аза	
z	Sage ['zɑ:gə]	**з**автра	
ts	Ziege ['tsi:gə] sitzen ['zɪtsən]	**ц**ена	сложный согласный
tʃ	Klatsch [klatʃ]	**ч**еснок	сложный согласный
dʒ	Gin [dʒɪn]	**дж**ин	сложный согласный

Примечание: Остальные транскрипционные знаки (b, d, f, k, l, m, n, p, t) не отличаются от букв немецкого алфавита, употребляемых для передачи этих звуков.

Краткие указания по произношению
Kurze Hinweise zur Aussprache

1. Звуки **k, p, t** произносятся, как правило, с придыханием.
2. Звонкие согласные **b, d, g** в конце слова или слога, а также перед глухими согласными читаются как глухие звуки **p, t, k**.
3. После гласных **h** не произносится, а является знаком долготы.
4. Удвоенные согласные читаются как один звук (Kamm [kam]). Удвоением буквы гласного обозначается его долгота (Saal [zɑ:l]).
5. В ударных слогах после **i** буква **e** не читается, а указывает на долготу гласного **i** (Liebe ['li:bə]). В иностранных словах, в некоторых заимствованиях и в некоторых немецких словах безударное **-ie-** (**-ie**) произносится как [iɛ], [ĭə] или [ie:].
6. Буквосочетание **ch** кроме указанного в табл. на стр. 21 чтения [ç] и [x] читается также как [k], буквосочетание **-chs-** в пределах одной морфемы – как [ks] (Achse ['aksə]).
7. Чтение других буквосочетаний: **ck** [k], **ph** [f], **qu** [kv]. О сочетании **sp-, st-** (в начале корневого слога) см. табл. на стр. 21. В словах иностранного происхождения **s** в этой позиции читается большей частью как [s], а буква **t** в сочетании **-ti-** читается как [ts], если **i** безударно и за ним следует другой гласный.

Произношение некоторых префиксов и суффиксов
Aussprache einiger Präfixe und Suffixe bzw. Endungen

-bar	[-bɑ:ʁ]	**-haftig***	[-haftɪç]	**miss-**	[mɪs-]
be-	[bə'-]	**-heit**	[-haɪt]	**-nis**	[-nɪs]
-chen	[-çən]	**-ie(r)**	[-'i:(ʁ)]	**prä-**	[prɛ-]
-ei	[-aɪ]	**-ie(r)**	[-ĭe:] (безударное)	**-sam**	[-zɑ:m]
-elnd*	[-əlnt]			**-tion**	[-'tsĭo:n]
-end*	[-ənt]	**-ig(t)**	[-iç(t)]	**-tum**	[-tu:m]
-er	[-ɐ]	**-lei**	[-laɪ]	**-ung**	[-ʊŋ]
-ernd*	[-əʁnt]	**-lich**	[-lɪç]	**ur-**	[u:ʁ-]
ge-	[gə'-]	**-ling(s)**	[-lɪŋ(s)]	**ver-**	[-fɛʁ-]

*) Но: -elnde [-əlndə], -ernde [-əʁndə], -(haft)ige [-(haft)ɪgə].

Das russische Alphabet – Русский алфавит

Druckschrift	Schreibschrift	Namen		Druckschrift	Schreibschrift	Namen	
А а	*А а*	а	a	**П п**	*П п*	пэ	pɛ
Б б	*Б б*	бэ	bɛ	**Р р**	*Р р*	эр	ɛr
В в	*В в*	вэ	vɛ	**С с**	*С с*	эс	ɛs
Г г	*Г г*	гэ	gɛ	**Т т**	*Т т*	тэ	tɛ
Д д	*Д д*	дэ	dɛ	**У у**	*У у*	у	u
Е е	*Е е*	е	jɛ	**Ф ф**	*Ф ф*	эф	ɛf
Ё ё	*Ё ё*	ё	jɔ	**Х х**	*Х х*	ха	xa
Ж ж	*Ж ж*	жэ	ʒɛ	**Ц ц**	*Ц ц*	цэ	tsɛ
З з	*З з*	зэ	zɛ	**Ч ч**	*Ч ч*	че	t͡ʃe
И и	*И и*	и	i	**Ш ш**	*Ш ш*	ша	ʃa
Й й	*Й й*	и[1])		**Щ щ**	*Щ щ*	ща	ʃ͡t͡ʃa
К к	*К к*	ка	ka	**Ъ ъ**	– *ъ*	[2])	
Л л	*Л л*	эл	ɛɫ	**Ы ы**	– *ы*	ы[3])	ɨ
М м	*М м*	эм	ɛm	**Ь ь**	– *ь*	[4])	
Н н	*Н н*	эн	ɛn	**Э э**	*Э э*	э[5])	ɛ
О о	*О о*	о	ɔ	**Ю ю**	*Ю ю*	ю	iu
				Я я	*Я я*	я	ia

[1]) и кра́ткое „kurzes i"
[2]) твёрдый знак „hartes Zeichen"
[3]) *oder* еры́
[4]) мя́гкий знак „weiches Zeichen, Weichheitszeichen"
[5]) э оборо́тное „umgekehrtes e"

Das deutsche Alphabet – Немецкий алфавит

A,	**a**	[ɑː]	**J,**	**j**	[jɔt]	**S,**	**s**	[ɛs]
Ä,	**ä**	[ɛː]	**K,**	**k**	[kɑː]		**ß**	[ɛsˈtsɛt]
B,	**b**	[beː]	**L,**	**l**	[ɛl]	**T,**	**t**	[teː]
C,	**c**	[tseː]	**M,**	**m**	[ɛm]	**U,**	**u**	[uː]
D,	**d**	[deː]	**N,**	**n**	[ɛn]	**Ü,**	**ü**	[yː]
E,	**e**	[eː]	**O,**	**o**	[oː]	**V,**	**v**	[faŭ]
F,	**f**	[ɛf]	**Ö,**	**ö**	[øː]	**W,**	**w**	[veː]
G,	**g**	[geː]	**P,**	**p**	[peː]	**X,**	**x**	[ɪks]
H,	**h**	[hɑː]	**Q,**	**q**	[kuː]	**Y,**	**y**	[ˈʏpsilɔn]
I,	**i**	[iː]	**R,**	**r**	[ɛʀ]	**Z,**	**z**	[tsɛt]

Zeichen und russische Abkürzungen
Условные обозначения и русские сокращения

→ *siehe* смотри
В винительный падеж *Akkusativ*
Д дательный падеж *Dativ*
И именительный падеж *Nominativ*
к-о, к-у кого-либо, кому-либо *jemanden, jemandem*
П предложный падеж *Präpositiv*
Р родительный падеж *Genitiv*
Т творительный падеж *Instrumental*

Wörterverzeichnis Russisch-Deutsch

A

а 1. *Kj.* und; aber, (je)doch; sondern; **~ (не) то** F andernfalls; **~ что?** wieso?; was denn?; **2.** *Part.* wie?
аббревиату́ра *f* (5) Abkürzung
абонеме́нт *m* (1) Abonnement *n*; *Thea.* Anrecht *n*
абоне́нт *m* (1) Abonnent; Fernsprechteilnehmer
або́рт *m* (1) Abtreibung *f*
абрико́с *m* (1) Aprikose *f*
абсолю́тный (14; -тен, -тна) absolut; unbeschränkt
абсу́рд *m* (1) Unsinn; **до ~а** ad absurdum
абха́з|ец *m* (1; -ца), **~ка** *f* (5; -зок) Abchase(-sin *f*)
абха́зский (16) abchasisch
аванга́рд *m* (1) Avantgarde *f*, Vorhut *f*
ава́нс *m* (1) Vorschuss
авантю́ра *f* (5) Abenteuer *n*
авантюри́ст *m* (1) Abenteurer
авантю́рный (14; -рен, -рна) abenteuerlich
ава́рия *f* (7) Unfall *m*; Panne; Havarie
а́вгуст *m* (1) August
авиа|ба́за *f* (5) Luftwaffenstützpunkt *m*; **~биле́т** *m* (1) Flugticket *n*; **~деса́нт** *m* (1) Luftlandung *f*; Luftlandetruppen *f/pl.*; **~диспе́тчер** *m* (1) Fluglotse; **~заво́д** *m* (1) Flugzeugwerk *n*; **~но́сец** *m* (1; -сца) Flugzeugträger; **~пассажи́р** *m* (1) Fluggast; **~по́чта** *f* (5) Luftpost; **~свя́зь** *f* (8) Luftverkehr *m*
авиацио́нный (14) Flug(zeug)-, Flieger-
авиа́ция *f* (7) Luftfahrt
аво́сь vielleicht; **на ~** F auf gut Glück
аво́ська F *f* (5; -сек) Einkaufsnetz *n*
австрали́|ец *m* (1; -йца), **~йка** *f* (5; -ек) Australier(in *f*)
австрали́йский (16) australisch
Австра́лия *f* (7) Australien *n*
австри́|ец *m* (1; -йца), **~йка** *f* (5; -ек) Österreicher(in *f*)
австри́йский (16) österreichisch
А́встрия *f* (7) Österreich *n*
авто|биографи́ческий (16) autobiographisch; **~биогра́фия** *f* (7) Autobiographie; Lebenslauf *m*
авто́бус *m* (1) Autobus, Omnibus
автозаво́д *m* (1) Auto(mobil)fabrik *f*
автома́т *m* (1) Automat; *Mil.* Maschinenpistole *f*
автоматиза́ция *f* (7) Automatisierung
автомати́ческий (16) automatisch
автомоби́ль *m* (4) Auto *n*, Kraftfahrzeug *n*
автоно́мный (14; -мен, -мна) autonom
авто|отве́тчик *m* (1) (automatischer) Anrufbeantworter; **~портре́т** *m* (1) Selbstbildnis *n*
а́втор *m* (1) Autor(in *f*), Verfasser(in *f*)
авторемо́нтный (14) Autoreparatur-
авторите́т *m* (1) Autorität *f*, Ansehen *n*
авторите́тный (14; -тен, -тна) maßgeblich; kompetent
а́вторский (16) Autoren-
авто|ру́чка *f* (5; -чек) Füll(feder)halter *m*; **~спу́ск** *m* (1) Selbstauslöser; **~стра́да** *f* (5) Autobahn; **~тра́нспорт** *m* (1) Kraftverkehr; **~цисте́рна** *f* (5) Tankwagen *m*; **~шко́ла** *f* (5) Fahrschule
аге́нт *m* (1) Agent, Vertreter
аге́нту́ра *f* (5) Nachrichtendienst *m*
агитацио́нный (14) Aufklärungs-
агити́ровать (7) **1.** agitieren; **2.** <с-> überreden
агра́рный (14) Agrar-, Landwirtschafts-

агресси́вный (14; -вен, -вна) aggressiv
агре́ссия *f* (7) Aggression
ад *m* (1; в -у) Hölle *f*
адвока́т *m* (1) Rechtsanwalt
администрати́вный (14) Verwaltungs-
администра́ция *f* (7) Verwaltung(sbehörde)
адмиралте́йство *n* (9) Admiralität *f*
а́дрес *m* (1; *pl. e.*, *N* -á) Adresse *f*, Anschrift *f*
адреса́т *m* (1) Empfänger, Adressat
адресова́ть (7) *im(pf.)* adressieren
а́дский (16) höllisch
аза́рт *m* (1) Eifer, Heftigkeit *f*; ***войти́ в ~*** sich ereifern
аза́ртный (14; -тен, -тна) Glücks-
а́збука *f* (5) Alphabet *n*
а́збучный (14) alphabetisch
азербайджа́н|ец *m* (1; -ца), **~ка** *f* (5; -ок) Aserbaidschaner(in *f*)
азербайджа́нский (16) aserbaidschanisch
азиа́т *m* (1), **~ка** *f* (5; -ок) Asiat(in *f*)
азиа́тский (16) asiatisch
азо́т *m* (1) Stickstoff
а́ист *m* (1) Storch
акаде́мик *m* (1) Akademiemitglied *n*
академи́ческий (16) akademisch; Akademie-
акаде́мия *f* (7) Akademie
а́канье *n* (10) Akanje, *a-Aussprache des unbetonten o*
аквала́нг *m* (1) Sauerstoffgerät *n für Taucher*
аккомпани́ровать (7) *Mus.* begleiten
аккура́тность *f* (8) Genauigkeit; Sorgfalt
аккура́тный (14; -тен, -тна) genau; sorgfältig
акселера́тор *m* (1) *Kfz.* Gaspedal *n*
акт *m* (1) Akt; Tat *f*, Handlung *f*; Urkunde *f*; Festakt
актёр *m* (1) Schauspieler
активизи́ровать (7) *im(pf.)* aktivieren
акти́вность *f* (8) Aktivität
акти́вный (14; -вен, -вна) aktiv, tätig, tatkräftig
а́ктовый (14) Akten-; ***~ зал*** *m* Aula *f*
актри́са *f* (5) Schauspielerin
актуа́льность *f* (8) Aktualität
актуа́льный (14; -лен, -льна) aktuell
аку́ла *f* (5) Hai *m*
аку́стика *f* (5) Akustik
акусти́ческий (16) akustisch; Echo-
акуше́рка *f* (5; -рок) Hebamme
акционе́рный (14) Aktien-
а́кция *f* (7) Aktie
алба́н|ец *m* (1; -ца); **~ка** *f* (5; -нок) Albaner(in *f*)
Алба́ния *f* (7) Albanien *n*
алба́нский (16) albanisch
але́ть (8) rot werden
Алжи́р *m* (1) **1.** Algerien *n*; **2.** Algier *n*
алжи́р|ец *m* (1; -ца); **~ка** *f* (5; -рок) Algerier(in *f*)
алжи́рский (16) algerisch
алкого́лик *m* (1) Alkoholiker
алкого́ль *m* (4) Alkohol
аллерги́я *f* (7) Allergie
алле́я *f* (6; -е́й) Allee
алма́з *m* (1) Diamant
алта́рь *m* (4*e.*) Altar
алфави́т *m* (1) Alphabet *n*; **~ный** (14) alphabetisch
а́лый (14*K.*) hochrot, purpurrot
альбо́м *m* (1) Album *n*; Bildband
альпи́йский (16) alpin, Alpen-
альпини́зм *m* (1) Bergsteigen *n*
альпини́ст *m* (1) Bergsteiger
альт *m* (1*e.*) Altstimme *f*; Bratsche *f*
алюми́ниевый (14) Aluminium-
алюми́ний *m* (3; -ии) Aluminium *n*
амба́р *m* (1) Speicher, Lagerraum
амбулато́рия *f* (7) Ambulanz; Ambulatorium *n*
амбулато́рный (14) ambulant
Аме́рика *f* (5) Amerika *n*
америка́н|ец *m* (1; -ца), **~ка** *f* (5; -нок) Amerikaner(in *f*)
америка́нский (16) amerikanisch
аммиа́к *m* (1) Ammoniak *n*
амни́стия *f* (7) Amnestie
амора́льный (14; -лен, -льна) unmoralisch
амортиз|а́тор *m* (1) Stoßdämpfer; **~а́ция** *f* (7) Amortisation, Tilgung; **~и́ровать** (7) *im(pf.)* amortisieren
ампути́ровать (7) *im(pf.)* amputieren
амфитеа́тр *m* (1) Amphitheater *n*
ана́лиз *m* (1) Analyse *f*, *Med.* Probe *f*; ***~ кро́ви*** Blutprobe

анализи́ровать (7) *im(pf.)*, <про-> analysieren; auswerten
аналити́ческий (16) analytisch
аналоги́чный (14; -чен, -чна) analog, ähnlich
анало́гия *f* (7) Analogie
анана́с *m* (1) Ananas *f*
ана́рхия *f* (7) Anarchie
анатоми́ческий (16) anatomisch, Anatomie-
анато́мия *f* (7) Anatomie
анга́р *m* (1) Hangar, Flugzeughalle *f*
а́нгел *m* (1) Engel
анги́на *f* (5) Angina, Mandelentzündung
англи́йский (16) englisch; *Tech.* Sicherheits-
англича́нин *m* (1; *pl.* -а́не, -а́н) Engländer
англича́нка *f* (5; -нок) Engländerin
А́нглия *f* (7) England *n*
анекдо́т *m* (1) Anekdote *f*; Witz
анеми́я *f* (7) Anämie, Blutarmut
анемо́н *m* (1) Anemone *f*, Windröschen *n*
анестези́ровать (7) *im(pf.)* anästhe(ti)sieren
анестези́я *f* (7) Anästhesie; Schmerzunempfindlichkeit
анке́та *f* (5) Fragebogen *m*; Umfrage
аннекси́ровать (7) *im(pf.)* annektieren
анне́ксия *f* (7) Annexion
аннота́ция *f* (7) Inhaltsangabe
аннули́ровать (7) *im(pf.)* annullieren, für ungültig erklären
ано́д *m* (1) Anode *f*
анома́льный (14; -лен, -льна) anomal, regelwidrig
анони́м|ка F *f* (5; -мок) anonymer Brief *m*; **~ный** (14; -ен, -на) anonym
ано́нс *m* (1) Annonce *f*, Anzeige *f*
анонси́ровать (7) *im(pf.)* annoncieren
анорма́льный (14; -лен, -льна) unnormal, abnorm
анса́мбль *m* (4) *Mus.*, *Thea.* Ensemble *n*
анте́нна *f* (5) Antenne
анти|био́тик *m* (1) Antibiotikum *n*; **~вое́нный** (14) Antikriegs-; **~гума́нный** (14) unmenschlich
антиква́р *m* (1) Antiquitätenhändler
антиквариа́т *m* (1) **1.** Antiquariat *n* **2.** Antiquitäten *f/pl.*
антиква́рный (14; -рен, -рна) **1.** antiquarisch; **2.** Antiquitäten-
анти|конституцио́нный (14) verfassungswidrig; **~коррози́йный** (14) Rostschutz-; rostfrei; **~наро́дный** (14) volksfeindlich; **~обще́ственный** (14*K. od.* -енен, -енна) unsozial; **~пати́чный** (14; -чен, -чна) unsympathisch
антипа́тия *f* (7) Antipathie, Abneigung (**к** Д gegen)
анти|прави́тельственный (14) regierungsfeindlich; **~религио́зный** (14; -зен, -зна) antireligiös; **~санита́рный** (14; -рен, -рна) unhygienisch; **~те́за** *f* (5) Antithese; **~цикло́н** *m* (1) Hochdruckgebiet *n*, Hoch *n*
анти́чность *f* (8) Antike
анти́чный (14) antik
антра́кт *m* (1) *Thea.* Pause *f*; musikalisches Zwischenspiel *n*
антреко́т *m* (1) Rippenstück *n*
антропо́лог *m* (1) Anthropologe
антропологи́ческий (16) anthropologisch
антрополо́гия *f* (7) Anthropologie
ао́рта *f* (5) Aorta, Hauptschlagader
апати́чный (14; -чен, -чна) apathisch, teilnahmslos
апа́тия *f* (7) Apathie
апелли́ровать (7) *im(pf.)* appellieren, sich wenden (**к** Д an); *Jur.* Berufung einlegen
апелля́ция *f* (7) *Jur.* Berufung; Appell *m*
апельси́н *m* (1) Apfelsine *f*
аплоди́ровать (7) applaudieren, Beifall klatschen
аплодисме́нты *m/pl.* (1) Applaus *m*, Beifall *m*
апоге́й *m* (3) Erdferne *f*; *fig.* Höhepunkt
апока́липсис *m* (1) Apokalypse *f*
аполити́чный (14; -чен, -чна) unpolitisch
апопле́ксия *f* (7) Schlaganfall *m*
апо́стол *m* (1) Apostel
аппара́т *m* (1) Apparat (*a. fig.*), Gerät *n*
аппарату́ра *f* (5) Apparatur, Geräte *n/pl.*

аппара́тчик *m* (1) Apparatschik, Funktionär
аппендици́т *m* (1) Blinddarmentzündung *f*
аппети́т *m* (1) Appetit; ***прия́тного ~а!*** guten Appetit!
аппети́тный (14; -тен, -тна) appetitlich
апре́ль *m* (4) April
апте́ка *f* (5) Apotheke
апте́карский (16) Apotheker-;
апте́карь *m* (4) Apotheker
апте́чка *f* (5; -чек) Verbandkasten *m*
ара́б *m* (1), **~ка** *f* (5; -бок) Araber(in *f*)
ара́бский (16) arabisch
ара́хис *m* (1) Erdnuss *f*
арби́тр *m* (1) Schiedsrichter
арбитра́ж *m* (1; -жей) Schiedsgericht *n*
арбу́з *m* (1) Wassermelone *f*
Аргенти́на *f* (5) Argentinien *n*
аргенти́н|ец *m* (1; -ца); **~ка** *f* (5; -нок) Argentinier(in *f*)
аргенти́нский (16) argentinisch
аргуме́нт *m* (1) Argument *n*, Beweis
аргументи́ровать (7) *im(pf.)* argumentieren
аре́на *f* (5) Arena; Schauplatz *m*
аре́нда *f* (5) Pacht; Miete; ***брать в аре́нду*** pachten; mieten; ***сдава́ть в аре́нду*** verpachten; vermieten
аре́ст *m* (1) Verhaftung *f*; Haft *f*
аресто́вывать (1), <арестова́ть> (7) verhaften, festnehmen; beschlagnahmen
аристокра́тия *f* (7) Aristokratie
арифме́тика *f* (5) Arithmetik
а́рия *f* (7) Arie
а́рка *f* (5; а́рок) *Arch.* Bogen *m*
А́рктика *f* (5) Arktik
аркти́ческий (16) arktisch, Polar-
армату́ра *f* (5) Armatur
а́рмия *f* (7) Armee
армяни́н *m* (1; *pl.* -е, -) Armenier
армя́нка *f* (5; -нок) Armenierin *f*
армя́нский (16) armenisch
арома́т *m* (1) Aroma *n*, Duft
аромати́ческий (16), **аромати́чный** (14; -чен, -чна) aromatisch, wohlriechend
арте́рия *f* (7) Arterie; Schlagader
артилле́рия *f* (7) Artillerie
арти́ст *m* (1) Künstler; Artist; Schauspieler
артисти́ческий (16) künstlerisch; artistisch
а́рфа *f* (5) Harfe
архаи́ческий (16) archaisch, alt
арха́нгел *m* (1) Erzengel
архи́в *m* (1) Archiv *n*; ***сдать в ~*** zu den Akten legen
архиепи́скоп *m* (1) Erzbischof
архите́ктор *m* (1) Architekt, Baumeister
архитекту́ра *f* (5) Architektur
архитекту́рный (14) architektonisch
аспе́кт *m* (1) Aspekt
аспира́нт *m* (1) Aspirant, Doktorand
ассамбле́я *f* (6; -ле́й) Versammlung
ассигнова́ние *n* (12) Zuweisung *f*
ассигнова́ть (7) *im*(*pf.*) bewilligen, bereitstellen
ассортиме́нт *m* (1) Sortiment *n*, Angebot *n*
ассоциа́ция *f* (7) Vereinigung; Zusammenhang *m*
а́стма *f* (5) Asthma *n*, Atemnot
а́стра *f* (5) Aster
астро|ло́гия *f* (7) Astrologie; **~на́вт** *m* (1) Astronaut, Raumfahrer *der USA*; **~номи́ческий** (16) astronomisch; **~но́мия** *f* (7) Astronomie
ата́ка *f* (5) Angriff *m*; *Med.* Anfall *m*
атакова́ть (7) *im*(*pf.*) angreifen; F *fig.* bestürmen
атеи́зм *m* (1) Atheismus
ателье́ *n* (*unv.*) Atelier; Werkstatt *f*
а́тлас *m* (1) *Geogr.* Atlas; ***~ автомоби́льных доро́г*** Autoatlas; ***~ ми́ра*** Weltatlas
атле́тика *f* (5) Athletik
атлети́ческий(16) athletisch
атмосфе́ра *f* (5) Atmosphäre
атмосфе́рный (14) atmosphärisch
а́том *m* (1) Atom *n*
а́томный (14) Atom-, atomar; ***испыта́ние*** *n* ***а́томного ору́жия*** Atomwaffentest *m*
аттеста́т *m* (1) Attest *n*; Zeugnis *n*; ***экза́мен*** *m* ***на ~ зре́лости*** Reifeprüfung *f*, Abitur *n*
аттеста́ция *f* (7) Bescheinigung; Beurteilung
аттестова́ть (7) *im*(*pf.*) beurteilen
аудие́нция *f* (7) Audienz
аудиовизуа́льный (14) audiovisuell

аудито́рия *f* (7) Hörsaal *m*; Auditorium *n*
аукцио́н *m* (1) Auktion *f*, Versteigerung *f*
афга́н|ец *m* (1; -нца), Afghanistankämpfer; Afghane
афга́нский (16) afghanisch
Афгниста́н *m* (1) Afghanistan *n*
афери́ст *m* (1) Schwindler; Hochstapler
афи́ша *f* (5) Anschlag *m*; Aushang *m*; *Thea.* Plakat *n*
афори́зм *m* (1) Aphorismus
А́фрика *f* (5) Afrika
африка́н|ец *m* (1; -нца), **~ка** *f* (5; -нок) Afrikaner(in *f*)
африка́нский (16) afrikanisch
аффе́кт *m* (1) Affekt, Erregung *f*
а́хать F (1), *einm.* <а́хнуть> (20) ächzen, seufzen
ахилле́сов (19): ***~а пята́*** *f* Achillesferse
а́хнуть → ***а́хать***
аэро|вокза́л *m* (1) Flughafengebäude *n*; Abfertigungshalle *f*; **~дро́м** *m* (1) Flugplatz; **~по́рт** *m* (1; *a.* в -у́) Flughafen; **~фотосъёмка** *f* (5; -мок) Luftbildaufnahme

Б

ба́ба *f* (5) Weib *n*; Frauenzimmer *n*; ***сне́жная ~*** Schneemann *m*; ***~-яга́*** (5/5) *f* Hexe
ба́бий (18): ***ба́бье ле́то*** *n* Altweibersommer *m*
ба́бочка *f* (5; -чек) Schmetterling *m*
ба́бушка *f* (5; -шек) Großmutter, Oma
Бава́рия *f* (7) Bayern *n*
бава́рец *m* (1; -рца) Bayer
бава́рка *f* (5; -рок) Bayerin
бава́рский (16) bay(e)risch
бага́ж *m* (1*e.*) Gepäck *n*; **~ник** *m* (1) Kofferraum; *Fahrrad* Gepäckträger; **~ный** (14) Gepäck-
багро́вый (14*K.*) glutrot, purpurrot
бадминто́н *m* (1) Federballspiel *n*
бадья́ *f* (6; -де́й) Kübel *m*, Zuber *m*
ба́за *f* (5) Basis, Grundlage; *Mil.* Stützpunkt *m*; Depot *n*
база́р *m* (1) Markt; Basar
бази́роваться (7) sich stützen; beruhen (***на*** П auf)
ба́зовый (14) Grund-, Basis-
байда́рка *f* (5; -рок) Paddelboot *n*
бак *m* (1) Behälter, Tank
ба́кен *m* (1) Bake *f*, Boje *f*
баклажа́н *m* (1) Aubergine *f*
баклу́ши: ***бить ~*** F die Zeit totschlagen, Däumchen drehen
бал *m* (1; на -у́; *pl. e.*) Ball; ***~-маскара́д*** (1-1) *m* Maskenball
балага́н *m* (1) Jahrmarktsbude *f*; Posse *f*, Narretei *f*
балагу́рить F (13) scherzen, Spaß machen
балала́йка *f* (5; -а́ек) Balalaika
бала́нс *m* (1) Gleichgewicht *n*; Bilanz *f*
баланси́ровать (7) **1.** *v/i* balancieren; **2.** *v/t* <с-> ausgleichen; bilanzieren
балери́на *f* (5) Balletttänzerin, Ballerina
бале́т *m* (1) Ballett *n*; **~ме́йстер** *m* (1) Choreograph
ба́лка *f* (5; -лок) Balken *m*
балка́нский (16) Balkan-
Балка́ны *f/pl.* (5) Balkan *m*
балко́н *m* (1) Balkon; *Thea.* erster Rang
балл *m* (1) Grad; Note *f*, Zensur *f*; ***ве́тер в шесть ~ов*** Windstärke sechs
балло́н *m* (1) Ballon; Flasche *f*
баллоти́ровать (7) abstimmen (В über); **-ся** kandidieren
балова́ть (7) verwöhnen, verhätscheln; **-ся** ungezogen sein
баловство́ *n* (9) Übermut *m*
балти́йский (16) baltisch; ***Балти́йское мо́ре*** *n* Ostsee *f*

балюстра́да *f* (5) Brüstung
бамбу́к *m* (1) Bambus
бамбу́ковый (14) Bambus-
ба́мпер *m* (1) *Kfz.* Stoßstange *f*
бана́льность *f* (8) Banalität
бана́н *m* (1) Banane *f*
ба́нда *f* (5) Bande, Horde
банда́ж *m* (1*e.*; -е́й) Bandage *f*, Binde *f*
бандеро́ль *f* (8) Drucksache (T als); Päckchen *n*
банди́т *m* (1) Bandit
банк *m* (1) Bank *f*
ба́нка *f* (5; -нок) Konservendose; Einweckglas *n*; Sandbank
банке́т *m* (1) Bankett *n*, Festessen *n*
банки́р *m* (1) Bankier
банкно́т *m* (1) Banknote *f*
банкро́тство *n* (9) Bankrott *m*; *fig.* Pleite *f*
бант *m* (1) Schleife *f*
ба́ня *f* (6) Dampfbad *n*
бар *m* (1) Bar *f*, Ausschank; Imbissstube *f*
бараба́н *m* (1) Trommel *f*
бараба́нить (13) trommeln
бараба́нный (14) Trommel-
бараба́нщик *m* (1) Trommler
бара́к *m* (1) Baracke *f*
бара́н *m* (1) Hammel; Widder; **~ина** *f* (5) Hammelfleisch *n*
бара́хтаться (1) zappeln, strampeln
бара́шек *m* (1; -шка) Lamm *n*
ба́ржа *f* (5) Lastkahn *m*
барито́н *m* (1) Bariton(stimme *f*); Bariton(sänger)
баро́метр *m* (1) Barometer *n*
баррика́да *f* (5) Barrikade
барсу́к *m* (1*e.*) Dachs
ба́рхат *m* (1) Samt
ба́рхатный (14; -тен, -тна) Samt-, samten, samtweich
ба́рышня *f* (6; -шень) *ehm.* Fräulein *n*
барье́р *m* (1) Barriere *f*, Schranke *f*; Schlagbaum; Hürde *f*; **~ный** (14) Hürden-
бас *m* (1; *pl. e.*) Bass, Bassstimme *f*; Bassgeige *f*
баскетбо́л *m* (1) Basketball
баснословный (14; -вен, -вна) legendär; sagenhaft
ба́сня *f* (6; -сен) Fabel; Erfindung
бассе́йн *m* (1) Schwimmbecken *n*; Freibad *n*
бастова́ть (7) streiken
басту́ющий *m* (17) Streikende(r)
батальо́н *m* (1) Bataillon *n*
батаре́я *f* (6; -е́й) *Mil.*, *El.* Batterie; Heizkörper *m*; ***со́лнечная ~*** Solarzelle
бато́н *m* (1) Baguette *f*, längliches Weißbrot
ба́тюшка *m* (5; -шек) Väterchen *n*; Pope; ***ба́тюшки (мой)!*** F ach du meine Güte!
бахва́литься F (13) prahlen, angeben
бахва́льство F *n* (9) Aufschneiderei *f*
бахрома́ *f* (5) Franse
баци́лла *f* (5) Bazillus *m*
башма́к *m* (1*e.*) Schuh; Pantoffel
ба́шня *f* (6; -шен) Turm *m*
ба́ян *m* (1) Ziehharmonika *f*
бди́тельный (14; -лен, -льна) wachsam
бег *m* (1; на -у́) Lauf; Rennen *n*; ***на ~у́*** im Laufen; ***в ~а́х*** auf der Flucht
бе́гать (1) laufen, rennen
бегемо́т *m* (1) Nilpferd *n*, Flusspferd *n*
бегле́ц *m* (1*e.*) Flüchtling
бе́глый (14*K.*) flüchtig, entlaufen; fließend, geläufig
бего́м im Laufschritt, schnell
беготня́ F *f* (6*e.*) Lauferei
бе́гство *n* (9) Flucht *f*
бегу́н *m* (1*e.*) Läufer
беда́ *f* (5; *pl. st.*) Unheil *n*, Elend *n*, Not; ***не ~*** F das macht nichts; ***что за ~!*** das ist halb so schlimm!; ***в то́м-то и ~*** F das ist ja eben das Schlimme; ***~ мне с ним*** F ich habe meine liebe Not mit ihm
бедне́ть (8), <о-> arm werden, verarmen
бе́дность *f* (8) Armut
бе́дный (14; -ден, -дна́) arm; dürftig, armselig
бедро́ *n* (9; *pl.st.* бёдра, бёдер) Hüfte *f*; Oberschenkel *m*
бе́дствие *n* (12) Unglück, Not *f*, Katastrophe *f*
бежа́ть (4*e.*; бегу́, -жи́шь, -гу́т; -ги́!; -гу́щий) laufen, rennen
бе́жевый (14) beige(farben)
бе́женец *m* (1; -нца) Flüchtling

без, ~о (P) ohne; in Abwesenheit von; **~ *че́тверти час*** Viertel vor eins
без|авари́йный (14) unfallfrei, störungsfrei; **~ала́берный** F (14; -рен, -рна) nachlässig, liederlich; **~алкого́льный** (14) alkoholfrei; **~а́томный** (14) atomwaffenfrei; **~биле́тник** F *m* (1) Schwarzfahrer; **~боле́зненный** (14*K.*) schmerzlos; *fig.* reibungslos; **~боя́зненный** (14*K.*) furchtlos; **~бра́чный** (14) unverheiratet; **~бре́жный** (14; -жен, -жна) uferlos; *fig.* grenzenlos; **~ве́трие** *n* (12) Windstille *f*
безвку́с|ица *f* (5) Geschmacklosigkeit; **~ный** (14; -сен, -сна) geschmacklos
без|возвра́тный (14; -тен, -тна) unwiederbringlich; **~возду́шный** (14) luftleer; **~возме́здный** (14; -ден, -дна) unentgeltlich, kostenlos; **~во́льный** (14; -лен, -льна) willenlos; **~вре́дный** (14; -ден, -дна) harmlos; **~вре́менный** (14; -енен, -енна) vorzeitig, verfrüht; **~вы́ходный** (14; -ден, -дна) *fig.* ausweglos
безгра́мотность *f* (8) Analphabetentum *n*; Unwissenheit, Ignoranz
безгра́мотный (14; -тен, -тна) des Lesens und Schreibens unkundig; unwissend
без|грани́чный (14; -чен, -чна) grenzenlos, unbegrenzt; **~да́рный** (14; -рен, -рна) unbegabt, talentlos
безде́йств|ие *n* (12) Untätigkeit *f*; Stillstand *m*; **~овать** (7) untätig sein; stillstehen
безде́л|ье *n* (12) Müßigkeit *f*, Nichtstun; **~ьник** F *m* (1) Faulpelz; Taugenichts
безде́льничать (1) F nichts tun; faulenzen
безде́тный (14; -тен, -тна) kinderlos
безде́ятельный (14; -лен, -льна) untätig
бе́здна *f* (5) Abgrund *m*; F Unmenge
без|до́мный (14; -мен, -мна) obdachlos; **~до́нный** (14; -о́нен, -о́нна) bodenlos; **~дохо́дный** (14; -ден, -дна) unrentabel; **~ду́шный** (14; -шен, -шна) herzlos; **~жа́лостный** (14; -тен, -тна) unbarmherzig, erbarmungslos; **~жи́зненный** (14*K.*) leblos; **~забо́тный** (14; -тен, -тна) sorglos, unbeschwert; **~зако́нный** (14; -о́нен, -о́нна) gesetzwidrig; **~засте́нчивый** (14*K.*) unverschämt; rücksichtslos; **~защи́тный** (14; -тен, -тна) schutzlos, wehrlos; **~зву́чный** (14; -чен, -чна) lautlos; **~ли́чный** (14; -чен, -чна) unpersönlich; **~лю́дный** (14; -ден, -дна) menschenleer; **~ме́рный** (14; -рен, -рна) maßlos, unermesslich; **~мо́лвный** (14; -вен -вна) stumm, stillschweigend, **~мяте́жный** (14; -жен, -жна) still, friedlich; sorglos; **~надёжный** (14; -жен, -жна) hoffnungslos; **~надзо́рный** (14; -рен, -рна) unbeaufsichtigt; **~нака́занный** (14*K.*) ungestraft, straflos; **~нали́чный** (14) bargeldlos; **~нра́вственный** (14*K.*) unsittlich, unmoralisch; **~оби́дный** (14; -ден, -дна) harmlos; **~о́блачный** (14; -чен, -чна) wolkenlos
безобра́|зие *n* (12) Hässlichkeit *f*; Unfug *m*; **~зный** (14; -зен, -зна) hässlich, abscheulich
безоговоро́чный (14; -чен, -чна) vorbehaltlos, bedingungslos
безопа́с|ность *f* (8) Sicherheit; **~ный** (14; -сен, -сна) gefahrlos, sicher
без|основа́тельный (14; -лен, -льна) unbegründet; **~остано́вочный** (14; -чен, -чна) ununterbrochen
безот|ве́тственный (14*K.*) verantwortungslos; **~лага́тельный** (14; -лен, -льна) unverzüglich; **~ра́дный** (14; -ден, -дна) trostlos; untröstlich
безоши́бочный (14; -чен, -чна) fehlerlos, unfehlbar
безрабо́тица *f* (5) Arbeitslosigkeit
безрабо́тный (14) arbeitslos; *Su.* Arbeitslose(r)
безра́достный (14; -тен, -тна) freudlos, trübsinnig
безразли́чие *n* (12) Gleichgültigkeit *f*
безразли́чный (14; -чен, -чна) gleichgültig; *Adv.* einerlei, egal
без|рассу́дный (14; -ден, -дна) unvernünftig, unüberlegt; **~результа́тный** (14; -тен, -тна) ergebnis-

los; **~у́держный** (14; -жен, -жна) unaufhaltsam, zügellos; **~укори́зненный** (14*K.*) tadellos, einwandfrei
безу́мие *n* (12) Wahnsinn *m*
безу́мный (14; -мен, -мна) wahnsinnig, verrückt
безу́мствовать (7) toben, wüten
без|упре́чный (14; -чен, -чна) tadellos, einwandfrei; **~усло́вный** (14; -вен, -вна) unbedingt; unzweifelhaft; *Adv.* zweifellos; **~успе́шный** (14; -шен, -шна) erfolglos; **~уте́шный** (14; -шен, -шна) untröstlich; **~уча́стный** (14; -тен, -тна) teilnahmslos, apathisch
безъя́дерный (14) kernwaffenfrei
безыде́йный (14; -е́йен, -е́йна) ideenlos
безымя́нный (14; -я́нен, -я́нна) namenlos, anonym; **~ *па́лец*** *m* Ringfinger
безысхо́дный (14; -ден, -дна) ausweglos
беле́ть (8), <по-> weiß werden
бели́ла *pl.* (9) Deckweiß *n*
бели́ть (13/13*e.*; белённый), <по-> weißen
бе́лка *f* (5; -лок) Eichhörnchen *n*
беллетри́стика *f* (5) Belletristik
беллетристи́ческий (16) belletristisch
бело́к *m* (1; -лка́) das Weiße *des Auges*; Eiweiß *n*
бело|кро́вие *n* (12) Leukämie *f*; **~ку́рый** (14*K.*) hellblond
белору́с *m* (1) Weißrusse
белору́ска *f* (5; -сок) Weißrussin
белору́сский (16) weißrussisch
Белору́ссия *f* (7) Weißrussland *n*
белосне́жный (14; -жен, -жна) schneeweiß
бе́л|ый (14; -, -á, -о/ó) weiß; hell; ***~ый та́нец*** *m* Damenwahl *f*; ***средь ~а дня*** F am helllichten Tag
бельги́ец *m* (1; -ийца) Belgier
бельги́йка *f* (5; -иек) Belgierin
бельги́йский (16) belgisch
Бе́льгия *f* (7) Belgien *n*
бельё *n* (10) Wäsche *f*
бельмо́ *n* (9; *pl. st.*) *Med.* Star *m*
бельэта́ж *m* (1; -ей) Hochparterre *n*, erster Stock; *Thea.* Rang
бензи́н *m* (1) Benzin *n*
бензо|ба́к *m* (1) Benzinkanister; **~коло́нка** *f* (5; -нок) Tankstelle
бе́рег *m* (1; на -у́; *pl. e.*, *N* -á) Ufer *n*, Küste *f*; ***круто́й ~*** Steilküste *f*
берегово́й (14) Ufer-, Küsten-
бережли́вый (14*K.*) sparsam, wirtschaftlich
бе́режный (14; -жен, -жна) behutsam, schonend
берёза *f* (5) Birke
бере́менеть (8), <за-> schwanger werden
бере́менная *f* (14; -нна) schwanger; *Su.* Schwangere
бере́менность *f* (8) Schwangerschaft
бере́т *m* (1) Barett *n*; Baskenmütze *f*
бере́чь (26 г/ж; берегу́, -ежёшь, -егу́т) hüten; aufbewahren; sparen; schonen; **-ся**, <по-> sich vorsehen, sich in Acht nehmen; ***береги́сь!*** Vorsicht!
бесе́да *f* (5) Unterhaltung, Gespräch *n*
бесе́дка *f* (5; -док) Laube
бесе́довать (7) sich unterhalten
беси́ть F (15), <вз-> (взбешённый) in Wut bringen, rasend machen; **-ся** wütend werden
бесконе́чный (14; -чен, -чна) unendlich, grenzenlos
бескоры́стный (14; -тен, -тна) uneigennützig
бесн*о*ва́ться (7) toben, rasen
бес|пардо́нный F (14; -óнен, -óнна) rücksichtslos; **~перебо́йный** (14; -óен, -óйна) ununterbrochen; **~перспекти́вный** (14; -вен, -вна) aussichtslos; **~пе́чный** (14; -чен, -чна) sorglos, unbekümmert; **~пла́новый** (14) planlos; **~пла́тный** (14; -тен, -тна) kostenlos; *Adv.* umsonst, gratis; **~пло́дный** (14; -ден, -дна) unfruchtbar; vergeblich; **~поворо́тный** (14; -тен, -тна) unabänderlich, unwiderruflich; **~подо́бный** F (14; -бен, -бна) unvergleichlich
беспоко́ить (13) **1.** <о-> beunruhigen; **2.** <по-> stören, belästigen; **-ся** besorgt sein, sich Sorgen machen (***о*** П um); ***не беспоко́йтесь!*** seien Sie unbesorgt!
беспоко́йный (14; -óен, -óйна) unruhig, ruhelos

беспокойство *n* (9) Unruhe *f*; Störung *f*
бесполезный (14; -зен, -зна) nutzlos, vergeblich
беспомощный (14; -щен, -щна) hilflos, unbeholfen
беспорядок *m* (1; -дка) Unordnung *f*; *pl.* Unruhen *f/pl.*
беспорядочный (14; -чен, -чна) unordentlich, liederlich; *Adv.* durcheinander
бес|посадочный (14) Nonstop-; **~пощадный** (14; -ден, -дна) schonungslos, erbarmungslos
бесправный (14; -вен, -вна) rechtlos
беспредельный (14; -лен, -льна) grenzenlos, unermesslich
беспредметный (14; -тен, -тна) gegenstandslos
беспре|кословный (14; -вен, -вна) unbedingt; **~пятственный** (14*K.*) ungehindert; **~рывный** (14; -вен, -вна) pausenlos; **~станный** (14; -анен, -анна) ununterbrochen, fortwährend; **~цедентный** (14; -тен, -тна) beispiellos, noch nie da gewesen
беспри|зорный (14; -рен, -рна) verwahrlost, obdachlos; **~мерный** (14; -рен, -рна) beispiellos
беспринципный (14; -пен, -пна) prinzipienlos
беспри|страстный (14; -тен, -тна) unparteiisch, unvoreingenommen; **~чинный** (14; -инен, -инна) grundlos; **~ютный** (14; -тен, -тна) obdachlos
бес|проволочный (14) drahtlos; **~процентный** (14) zinslos; **~путный** (14; -тен, -тна) unbekümmert, leichtfertig; liederlich; **~связный** (14; -зен, -зна) zusammenhanglos; **~сердечный** (14; -чен, -чна) herzlos
бессилие *n* (12) Kraftlosigkeit *f*, Schwäche *f*; ***половое ~*** Impotenz *f*
бес|сильный (14; -лен, -льна) kraftlos; **~славный** (14; -вен, -вна) ruhmlos, schmachvoll
бессмертие *n* (12) Unsterblichkeit *f*
бессмертный (14; -тен, -тна) unsterblich
бес|смысленный (14*K.*) sinnlos, unsinnig; **~совестный** (14; -тен, -тна) gewissenlos; unverschämt; **~сознательный** (14; -лен, -льна) unbewusst; (*o.K.*) bewusstlos, besinnungslos
бессонн|ица *f* (5) Schlaflosigkeit; **~ый** (14) schlaflos
бес|спорный (14; -рен, -рна) unbestreitbar, offenkundig; **~срочный** (14; -чен, -чна) unbefristet, fristlos; **~страшный** (14; -шен, -шна) furchtlos, unerschrocken; **~стыдный** (14; -ден, -дна) schamlos; unverschämt; **~тактный** (14; -тен -тна) taktlos
бестолковый (14*K.*) begriffsstutzig, unverständlich
бес|характерный (14; -рен, -рна) charakterlos; **~хозный** F (14; -зен -зна) herrenlos; **~хозяйственность** *f* (8) Misswirtschaft; **~цветный** (14; -тен, -тна) farblos; *fig.* blass, fade; **~цельный** (14; -лен -льна) zwecklos; **~ценный** (14; -енен, -енна) unschätzbar; kostbar
бесценок F: ***за ~*** spottbillig
бес|церемонный (14; -онен, -онна) unverfroren, rücksichtslos; **~человечный** (14; -чен, -чна) unmenschlich, barbarisch; **~честный** (14 -тен, -тна) ehrlos, unehrenhaft
бес|численный (14*K.*) zahllos, unzählig; **~чувственный** (14*K.*) gefühllos; **~шумный** (14; -мен, -мна) lautlos, geräuschlos
бетонировать (7) *im*(*pf.*), <за-> betonieren
бечёвка *f* (5; бечёвок) Bindfaden *m*
бешен|ство *n* (9) Tollwut *f*; *fig.* Wut *f* Raserei *f*; **~ый** (14) tollwütig; *fig.* wütend, rasend
библейский (16) biblisch
библиограф *m* (1) Bibliograph
библиография *f* (7) Bibliographie
библиотека *f* (5) Bibliothek, Bücherei
библиотекарь *m* (4) Bibliothekar(in *f*)
Библия *f* (7) Bibel
бидон *m* (1) Kanister; Kanne *f*
биение *n* (12) Schlagen, Schlag *m*
билет *m* (1) Fahrkarte *f*; Eintrittskarte *f*; Ausweis
бильярд *m* (1) Billard *n*; **~ная** *f* (14) Billardzimmer *n*

бинóкль *m* (4) Fernglas *n*; Opernglas *n*; ***полевóй*** **~** Feldstecher

бинт *m* (1*e*.) Binde *f*, Verband; **~овáть** (7), <за-> verbinden

биóграф *m* (1) Biograph

биографи́ческий (16) biographisch

биогрáфия *f* (7) Biographie

биóлог *m* (1) Biologe

биологи́ческий (16) biologisch

биолóгия *f* (7) Biologie

биохи́мия *f* (7) Biochemie

би́ржа *f* (5) Börse (***на*** П an); **~** ***трудá*** Arbeitsamt *n*

биржеви́к *m* (1*e*.) Börsenspekulant

биржевóй (14) Börsen-

би́рка *f* (5; -рок) Anhänger *m am Gepäck*

бис! da capo!

би́сер *m* (1; -а/-у) *koll.* Glasperlen *f/pl.*

би́тва *f* (5) Schlacht

биткóм: **~** ***наби́тый*** F voll gestopft, brechend voll

битóк *m* (1*e*.; -тка́) Klops, Fleischkloß

бить (бью, бьёшь; бей!; бил, -а; би́тый) **1.** *v/t* schlagen, hauen; **2.** *v/t* <по-> verhauen; **3.** *v/t* <раз-> (разобью́, -бьёшь; разби́л) zerschlagen; **4.** *v/i* <про-> (прóбил, -о) *Uhr*: schlagen; ***э́то бьёт по кармáну*** F das geht ins Geld; **-ся** kämpfen, sich schlagen; zerbrechen; sich abmühen (***над*** T mit); ***-ся об заклáд*** wetten

бифштéкс *m* (1) Beefsteak *n*

бич[1] P *m* (1; -éй) Obdachlose(r)

бич[2] *m* (1*e*.; -éй) Peitsche *f*

блáго *n* (9) Wohl, Heil; *pl.* Güter; ***всех благ!*** F alles Gute!

благо|ви́дный (14; -ден, -дна) passend, schicklich; **~воспи́танный** (14*K*.) wohlerzogen, gesittet

благодари́ть (13*e*.), <по-> danken (кого за что j-m für et.), sich bedanken (bei); ***благодарю́ вас!*** ich danke Ihnen!

благодáрность *f* (8) Dankbarkeit; Dank *m*; ***не стóит благодáрности!*** keine Ursache!

благодáрный (14; -рен, -рна) dankbar

благодаря́ (Д) dank; **~** ***томý, что ...*** dadurch, dass ...

благодáтный (14; -тен, -тна) wohltuend, segensreich

благодéнств|ие *n* (12) Wohlergehen; **~овать** F (7) ein herrliches Leben führen

благодéтель *m* (4) Wohltäter

благодея́ние *n* (12) Wohltat *f*

благо|дýшный (14; -шен, -шна) gutmütig; **~желáтельный** (14; -лен, -льна) wohl wollend

благозвýчие *n* (12) Wohlklang *m*

благозвýчный (14; -чен, -чна) wohlklingend

благóй (14; благ, -á) gut, vortrefflich

благо|надёжный (14; -жен, -жна) zuverlässig, sicher; **~нрáвный** (14; -вен, -вна) sittsam

благополýчие *n* (12) Wohlergehen, Glück; Wohlstand *m*

благополýчный (14; -чен, -чна) glücklich

благоприя́тный (14; -тен, -тна) günstig

благоприя́тствовать (7) begünstigen (Д)

благоразýмие *n* (12) Vernunft *f*, Einsicht *f*

благоразýмный (14; -мен, -мна) vernünftig, einsichtig

благорóдный (14; -ден, -дна) edel(mütig), vornehm

благорóдство *n* (9) Adel *m*; Edelmut *m*

благосклóнный (14; -óнен, -óнна) geneigt, gewogen (***к*** Д *j-m*)

благословéние *n* (12) Segen *m*

благословéнный (14*K*.) gesegnet

благословля́ть (28), <благослови́ть> (14*e*.) segnen

благосостоя́ние *n* (12) Wohlstand *m*

благотвори́тельный (14) wohltätig, Wohltätigkeits-

благотвóрный (14; -рен, -рна) wohltuend; heilsam

благоустрóенный (14*K*.) gut eingerichtet, komfortabel

благоухáние *n* (12) Wohlgeruch *m*, Duft *m*

благоухáнный (14; -áнен, -áнна) wohlriechend, aromatisch

благоухáть (1) duften

блажéнный (14*K*.) glückselig; töricht

блаже́нство *n* (9) Glückseligkeit *f*
бланк *m* (1) Formular *n*, Vordruck
блат *m* (1): ***по ~у*** F durch Beziehungen, unter der Hand
бледне́ть (8), <по-> bleich werden, erblassen; *fig.* verblassen
бле́дный (14; -ден, -дна́) blass
блёклый (14*K.*) matt, welk
блеск *m* (1; -а/-у) Glanz (*a. fig.*), Schein; Pracht *f*
блесте́ть (11*e.*/11), *einm.* <блесну́ть> (20) glänzen, strahlen, funkeln; ***у меня́ блесну́ла мысль*** mir kam plötzlich der Gedanke
блестя́щий (17*K.*) glänzend, strahlend; prächtig, brillant
бле́ять (27) blöken; meckern
ближа́йший (17) nächste(r), nächstliegend
бли́жний (15) nahe, nahe gelegen; vertraut; *Su. m* Nächster
близ (P) nahe (an), bei, neben
бли́зиться (15), <при-> sich nähern; nahen, herannahen
бли́зкий (16; -зок, -зка́; бли́же; ближа́йший) nahe, nahe gelegen; *Su. pl.* nahe Verwandte *m/pl.*
близлежа́щий (17) nahe gelegen
близнецы́ *m/pl.* (1*e.*) Zwillinge
близору́кий (16*K.*) kurzsichtig (*a. fig.*)
бли́зость *f* (8) Nähe
блин *m* (1*e.*) Plinse *f*, Pfannkuchen
бли́нчик *m* (1) Pfannkuchen
блиста́тельный (14; -лен, -льна) glänzend
блиста́ть (1) glänzen
блок *m* (1) Block; *Tech.* Flaschenzug; **~а́да** *f* (5) Blockade, Sperre
блоки́ровать (7) *im*(*pf.*) blockieren, sperren
блокно́т *m* (1) Notizblock
блонди́нка *f* (5; -нок) Blondine
блоха́ *f* (5; *Npl. st.*) Floh *m*
блужда́ть (1) umherirren
блу́зка *f* (5; -зок) Bluse
блю́дечко *n* (9; *pl.* -чки, -чек) Untertasse *f*
блю́до *n* (9) Schüssel *f*; (*Speise*) Gericht; (*Essen*) Gang *m*
блю́дце *n* (11; -дец) Untertasse *f*
блюсти́ (25), <со-> (be)hüten
бля́ха *f* (5) Blechmarke
боб *m* (1*e.*) Bohne *f*; ***оста́ться на ~а́х*** das Nachsehen haben
бобёр *m* (1; -бра́) Biberfell *n*; Biberpelz
боби́на *f* (5) Spule
бобр *m* (1*e.*) Biber
бо́бслей *m* (3) Bob
Бог *m* (1; *V* Бо́же) Gott; ***~ зна́ет*** F weiß Gott; ***Бо́же (мой)!*** mein Gott!; ***ра́ди Бо́га!*** F um Gottes willen!; ***сла́ва Бо́гу!*** Gott sei Dank!
богате́ть (8), <раз-> reich werden
бога́т|ство *n* (9) Reichtum *m*; Luxus *m*; **~ый** (14*K.*) reich, wohlhabend; reich (T an)
богаты́рь *m* (4*e.*) Recke, Held
бога́ч *m* (1*e.*; -е́й) Reiche(r)
боги́ня *f* (6) Göttin
богосло́в *m* (1) Theologe; **~ие** *n* (12) Theologie *f*; **~ский** (16) theologisch
богослуже́ние *n* (12) Gottesdienst *m*
боготвори́ть (13*e.*) vergöttern
богоху́льство *n* (9) Gotteslästerung *f*
бодри́ть (13*e.*) aufmuntern, ermuntern; **~ся** Mut fassen
бо́дрость *f* (8) Munterkeit, Frische
бо́дрствовать (7) wachen, wach bleiben
бо́дрый (14; бодр, -а́) munter, frisch; rüstig
боеви́к *m* (1*e.*) Actionfilm; Kämpfer
боево́й (14) Kampf-; *fig.* draufgängerisch, streitbar
бое|припа́сы *pl.* (1) Munition *f*; **~спосо́бный** (14; -бен, -бна) kampffähig, kampftüchtig
бое́ц *m* (1; бойца́) Kämpfer; Soldat
боже́ственный (14*K.*) göttlich
божество́ *n* (9) Gottheit *f*
бой *m* (3; в бою́; *pl. e.*: бои́, боёв) Kampf, Gefecht *n*; Gemenge *n*; Schlagwerk *n der Uhr*
бо́йкий (16; бо́ек, бойка́) flott, lebhaft; schlagfertig; gewandt
бойни́ца *f* (5) Schießscharte
бо́йня *f* (6; бо́ен) Schlachthof *m*; Massaker *n*
бок *m* (1; -/ -; на -у́; *pl. e.*, *N* -а́) Seite *f*; ***на́ ~*** zur Seite; ***по ~а́м*** auf beiden Seiten; ***по́д ~ом*** (direkt) nebenan
бока́л *m* (1) Pokal, Weinglas *n*

боково́й (14) Seiten-; seitlich
бокс *m* (1) Boxkampf; **~ёр** *m* (1) Boxer; **~и́ровать** (7) boxen
болва́н *m* (1) Dummkopf
болга́рин *m* (1; *pl.* -ы, -) Bulgare
болга́рка *f* (5; -рок) Bulgarin
болга́рский (16) bulgarisch
Болга́рия *f* (7) Bulgarien *n*
болево́й (14) Schmerz-, schmerzhaft
бо́лее **1.** *zur Bildung des Komparativs*: **~ дли́нный** länger **2.** mehr; **~ того́** mehr noch; **тем ~** (**что**) umso mehr (als)
боле́зненный (14*K.*) kränklich; krankhaft; schmerzhaft
боле́знь *f* (8) Krankheit; **по боле́зни** krankheitshalber
боле́льщик *m* (1) Fan, leidenschaftlicher Anhänger
боле́ть **1.** (8) krank sein, leiden (T an); besorgt sein (**за** B, **о** П um); **2.** (9*e.*) schmerzen, wehtun; **у него́ боли́т голова́** er hat Kopfschmerzen; **что у вас боли́т?** was tut Ihnen weh?
болеутоля́ющий (17) schmerzstillend
боло́тистый (14*K.*) sumpfig
боло́то *n* (9) Sumpf *m*, Moor; Morast *m*
болт *m* (1*e.*) Bolzen
болта́ть (1) **1.** <вз-> schütteln; **2.** baumeln (T mit); **3.** F *einm.* <болтну́ть> (20) schwatzen; plaudern; **~ся** F baumeln, hin und her schaukeln; herumlungern
болтли́вый (14*K.*) schwatzhaft, geschwätzig
болтовня́ F *f* (6) Geschwätz *n*
болту́н F *m* (1*e.*) Schwätzer
болту́нья F *f* (6; -ний) Schwätzerin
боль *f* (8) Schmerz(en *pl.*) *m*
больни́ца *f* (5) Krankenhaus *n*
больни́чный (14) Kranken-
бо́льно schmerzhaft; **мне ~** es tut mir weh
больно́й (14; -лен, -льна́) krank, leidend (T an); *Su. m* Kranke(r), Patient
бо́льше *Komp. zu* большо́й, вели́кий; мно́го größer; mehr; **~ не** nicht mehr; **как мо́жно ~** möglichst viel; **ни ~ ни ме́ньше как** genau, exakt
бо́льший (17) größer; größt; **бо́льшей ча́стью** *od.* **по бо́льшей ча́сти** größtenteils, meist(ens)
большинство́ *n* (9) Mehrheit *f*
большо́й (16) groß; erwachsen; **~ па́лец** *m* Daumen
бо́мба *f* (5) Bombe
бомбардирова́ть (7) *im*(*pf.*) bombardieren
бомбардиро́вщик *m* (1) Bombenflugzeug *n*, Bomber
бомби́ть F (14*e.*) bombardieren
бомбоубе́жище *n* (11) Luftschutzraum *m*, Luftschutzkeller *m*
бомж F *m* (1) Obdachloser
бордо́вый (14) weinrot
боре́ц *m* (1; -рца́) Kämpfer; *Sp.* Ringer
борза́я *f* (14) Windhund *m*
бормота́ть (3) murmeln, brummen
борови́к *m* (1*e.*) Steinpilz
борода́ *f* (5; бо́роду; *pl.* бо́роды, боро́д, борода́м) Bart *m*
борода́вка *f* (5; -вок) Warze
борода́тый (14*K.*) bärtig
борозда́ *f* (5; *a.* бо́розду; *pl.* -ы, -, -а́м) Furche; Rille
борона́ *f* (5; *a.* бо́рону; *pl.* -ы, -, -а́м) Egge
боро́ться (17; боря́сь) kämpfen (**за** B für, um)
борт *m* (1; *a.* за́ -, за -о́м; на -у́; *pl. e.*, *N* -а́) Bord; **ле́вый ~** Backbord *n*; **пра́вый ~** Steuerbord *n*
бортпроводни́к *m* (1*e.*) Steward
бортпроводни́ца *f* (5) Stewardess
борщ *m* (1*e.*; -а́/-у́) Borschtsch, Suppe aus roten Rüben
борьба́ *f* (5) Kampf *m*; *Sp.* Ringen *n*, Ringkampf *m*
бос|ико́м barfuß; **~о́й** (14; -, -а́) barfüßig
Бо́сния *f* (7) Bosnien *n*
бота́ника *f* (5) Botanik
боти́нок *m* (1; -нка; -нок) Schnürschuh, Schnürstiefel
бо́чка *f* (5; -чек) Fass *n*, Tonne
боязли́вый (14*K.*) furchtsam, ängstlich, scheu
боя́знь *f* (8) Furcht, Angst (P vor)
боя́ться (бою́сь, бои́шься; бо́йся!; боя́сь) fürchten (P), sich fürchten, Angst haben (vor)
бра́вый (14; брав) wacker, tapfer

бразил|ец *m* (1; -льца), **~ьянка** *f* (5; -нок) Brasilianer(in *f*)
бразильский (16) brasilianisch
Бразилия *f* (7) Brasilien *n*
брак[1] *m* (1) Ehe *f*; ***вступить в ~*** heiraten
брак[2] *m* (1; -а/-у) *koll.* Ausschuss; Ausschussware *f*
браковать (7), <за-> als Ausschuss aussondern
бракосочетание *n* (12) Eheschließung *f*
бранить (13*e.*), <вы-> schelten, schimpfen; *fig.* tadeln, kritisieren; **-ся 1.** <по-> sich zanken, sich streiten; **2.** <вы-> schimpfen
браслет *m* (1) Armband *n*
брасс *m* (1) Brustschwimmen *n*
брат *m* (1; *pl.* -ья, -ьев, -ьям) Bruder; ***сводный ~*** Stiefbruder
брататься (1), <по-> sich verbrüdern
братский (16) brüderlich, Bruder-
брать (беру, -рёшь; беря; брал, -а; -бранный: -на), <взять> (возьму, -мёшь; взял, -а; взятый: -та) *v/t* nehmen (T mit); übernehmen; *Fin.* abheben; *Sp.* erringen; *Mil.* einnehmen, erobern; ***~ в плен*** gefangen nehmen; **-ся** (брался, -лась, -лось), <взяться> (взялся, -лась, -лось) fassen (***за*** B an), übernehmen; herangehen (an), sich an ... machen; ***~ за работу*** sich an die Arbeit machen; ***взяться за ум*** klüger werden
брачный (14) Ehe-, Hochzeits-
бревно *n* (9; *pl. st.* брёвна, -вен) Baumstamm *m*; Balken *m*; *Sp.* Schwebebalken *m*
бред *m* (1; в -у) Delirium *n*; F *fig.* Quatsch
бредить (15) phantasieren (14)
брезгать (1), <по-> verschmähen (T), Abscheu empfinden (gegen); ***он не брезгает ничем*** ihm sind alle Mittel recht
брезгливый (14*K.*) eklig, angeekelt
брезент *m* (1) Zeltbahn *f*, Plane *f*
брезжить(ся) (16) schimmern, dämmern
бремя *n* (13; *o. pl.*) Last *f*, Bürde *f*
бренчать F (4*e.*) klirren; klimpern
брести (25) sich (mit Mühe) schleppen
брешь *f* (8) Bresche, Lücke
бреющий (17) *Flgw.* Tief-; ***~ полёт*** *m* Tiefflug
бригада *f* (5) *Mil.* Brigade; Team *n*
бриз *m* (1) Brise *f*
британ|ец *m* (1; -ца), **~ка** *f* (5; -нок) Brite(-tin *f*)
британский (16) britisch
бритва *f* (5) Rasiermesser *n*; Rasierklinge; ***безопасная ~*** Rasierapparat *m*
бриться (бреюсь, бреешься, брейся!) sich rasieren
бровь *f* (8; *ab Gpl. e.*) Augenbraue; ***он и бровью не повёл*** er verzog keine Miene; ***попасть не в ~, а в глаз*** den Nagel auf den Kopf treffen
брод *m* (1; -а/-у) Furt *f*
бродить (15) **1.** umherschlendern; **2.** <вы-> gären
бродяга F *m* (5) Landstreicher
бродяжничать F (1) vagabundieren, sich herumtreiben
брожение *n* (12) Gärung *f*; *fig.* Erregung *f*, Unruhe *f*
брокер *m* (1) Börsenmakler
броне|вик *m* (1*e.*) Panzerwagen; **~жилет** *m* (1) kugelsichere Weste *f*; **~стекло** *n* (9) Panzerglas
бронза *f* (5) Bronze
бронировать[1] (7) *im*(*pf.*), <за-> reservieren
бронировать[2] (7) *im*(*pf.*) panzern
бронхи *m/pl.* (1) Bronchien *f/pl.*
бронхит *m* (1) Bronchitis *f*
броня *f* (6; -ней) Reservierung; Freistellung vom Militärdienst
бросать (1), <бросить> (15) *v/t* werfen, wegwerfen; fallen lassen; verlassen, im Stich lassen; aufgeben, aufhören; **-ся** sich stürzen, herfallen (***на*** B über); ***-ся в глаза*** in die Augen springen, auffallen; ***-ся на шею*** um den Hals fallen
броский F (16; -сок, -ска) auffallend; grell
бросовый F (14) wertlos, minderwertig; ***~ экспорт*** *m* Dumping *n*
бросок *m* (1; -ска) *Sp.* Wurf; Sprung; *Mil.* Vorstoß
брошка *f* (5; -шек), **брошь** *f* (8) Brosche
брошюра *f* (5) Broschüre, Heft *n*

брус *m* (1; *pl.* -ья, -ьев) Balken, Bohle *f*; *Sp.* (*pl. a.* ***параллéльные ~ья***) Barren *m*
брусни́ка *f* (5) *koll.* Preiselbeere(n *pl.*)
брусóк *m* (1; -скá) Kantholz *n*; Schleifstein
бры́згать (1/3), *einm.* <бры́знуть> (20) spritzen; besprengen, bespritzen (***на*** B)
бры́зги *pl.* (5) Spritzer *m/pl.*; Gischt *f*
брюзгá *m/f* (5) Nörgler(in *f*)
брюзгли́вый (14*K.*) mürrisch
брюзжáть (4*e.*) murren, meckern
брю́ки *pl.* (5) Hose *f*
бря́кать (1), *einm.* <бря́кнуть> (20) *v/i* klappern, klirren; herausplatzen
бряцáть (1) klirren; klimpern
бýбен *m* (1; -бна) Schellentrommel *f*, Tamburin *n*
бýбны F *f/pl.* (5; -бён, -бнáм) *KSp.* Karo *n*, Schellen
бугóр *m* (1; -грá) Anhöhe *f*, Hügel; **~чатый** (14*K.*) hügelig, uneben
буди́льник *m* (1) Wecker
буди́ть (15), <раз-> wecken, aufwecken
бýдка *f* (5; -док) Wärterhäuschen *n*; *Mil.* Schilderhäuschen *n*; ***телефóнная ~*** Telefonzelle
бýдни *pl.* (1; -ней) Werktag *m*, Wochentag *m*; **~чный** (14), Werktags-; *fig.* alltäglich
будорáжить F (16), <вз-> aufregen, erregen; aufwühlen
бýдто als ob, als wenn
бýдущий (17) künftig, zukünftig; *Su. n* Zukunft *f*; ***бýдущее врéмя*** *n Gr.* Futur
бýйвол *m* (1) Büffel
бýйный (14; бýен, буйнá) ungestüm, stürmisch
бýйствовать (7) toben, krakeelen
бук *m* (1) Buche *f*
бýква *f* (5) Buchstabe *m*; ***читáть по бýквам*** buchstabieren
буквáльный (14; -лен, -льна) buchstäblich, wörtlich
букéт *m* (1) Blumenstrauß; Aroma *n*
букинисти́ческий (16): ***~ магази́н*** *m* Antiquariat *n*
букси́р *m* (1) Schleppdampfer, Schlepper; Zugmaschine *f*; *Kfz.* Abschleppseil *n*
букси́рный (14): ***~ канáт*** *m* Abschleppseil *n*
букси́ровать (7), <от-> abschleppen
буксовáть (7) *Räder* durchdrehen, rutschen
булáвка *f* (5; -вок) Stecknadel
бýлка *f* (5; -лок) Brötchen *n*, Semmel
бýлочная *f* (14) Bäckerei
бýлочник *m* (1) Bäcker
булы́жник *m* (1) Pflasterstein
бульвáр *m* (1) Boulevard
бýлькать (1), *einm.* <бýлькнуть> (20) gluckern, glucksen
бульóн *m* (1) Bouillon *f*
бум *m* (1) *Hdl.* Boom; *Sp.* Schwebebalken
бумáга *f* (5) Papier *n*; Schreiben *n*; Schriftstück *n*
бумáжка *f* (5; -жек) Zettel *m*, Fetzen *m* Papier
бумáжник *m* (1) Brieftasche *f*
бумáжный (14) Papier-
бумажóнка F *f* (5; -нок) Fetzen *m* Papier
бýнкер *m* (1) Bunker; Lagerraum
бунт *m* **1.** (1) Aufruhr, Rebellion *f*; **2.** (1*e.*) Ballen; Stapel
бунтáрский (16) rebellisch
бунтовáть (7) *v/i* rebellieren; *fig.* sich empören
бунтовщи́к *m* (1*e.*) Rebell
бурáв *m* (1*e.*) Bohrer
бурáвить (14), <про-> bohren
бурáн *m* (1) Schneesturm
буре|вéстник *m* (1) Sturmvogel; **~лóм** *m* (1) Windbruch
бурéние *n* (12) Bohren, Bohrung *f*
буржуáзный (14; -зен, -зна) bürgerlich
бури́ть (13*e.*), <про-> bohren
бурли́ть (13) brodeln; sieden
бýрный (14; -рен, -рнá) stürmisch
буровóй (14) Bohr-; ***буровáя платфóрма*** *f* Bohrinsel
бурýн *m* (1*e.*) Brandung *f*, Brecher
бурчáть F (4*e.*), <про-> brummen, grunzen
бýрый (14; бур, -á) braun
бýря *f* (6) Sturm *m*, Unwetter *n*
бýсы *pl.* (5) Glasperlenkette *f*
бутафóрия *f* (7) *Thea.* Requisiten *n/pl.*

бутербро́д *m* (1) belegtes Brot
буто́н *m* (1) Knospe *f*
бу́тсы *f/pl.* (5) Fußballschuhe *m/pl.*
буты́лка *f* (5; -лок) Flasche
бу́фер *m* (1; *pl. e., N* -а́) *Esb.* Puffer; **~ный** (14) Puffer-
буфе́т *m* (1) Büfett *n*; Imbissstube *f*
буха́нка *f* (5; -нок) *Brot* Laib *m*
бухга́лтер *m* (1) Buchhalter
бухгалте́рия *f* (7) Buchhaltung; Buchführung
бу́хта *f* (5) Bucht
бушева́ть (6; -у́-) tosen, brausen
буя́н *m* (1) Radaubruder, Krakeeler; **~ить** (13) randalieren, krakeelen
бы, б *Part.* (*mit Prät.*): **1.** *zur Bildung des Konjunktivs:* ***я ~ сказа́л, е́сли б знал*** ich würde es sagen, wenn ich es wüsste; **2.** *zum Ausdruck eines Wunsches:* ***я бы предпочёл пойти́ в кино́*** ich würde lieber ins Kino gehen **3.** *als höflich-bestimmter Vorschlag:* ***ты ~ поговори́л с ним*** du solltest mit ihm sprechen
быва́лый (14) erfahren, routiniert
быва́ть (1) vorkommen, geschehen; ***быва́ет, что ...*** es kommt vor, dass ...; ***как ни в чём не быва́ло*** F als ob nichts geschehen wäre
бы́вший (17) ehemalig, einstig
бык *m* (1*e.*) Stier, Bulle; *Arch.* Pfeiler; ***взять ~а́ за рога́*** F den Stier bei den Hörnern packen
были́на *f* (5) *Folkl.* Heldenlied *n*
были́нка *f* (5; -нок) Grashalm *m*
бы́ло *Part.* (*mit Prät.*): ***я чуть ~ не забы́л*** beinahe hätte ich vergessen
быстрота́ *f* (5) Schnelligkeit, Geschwindigkeit
бы́стрый (14; быстр, -а́) schnell
быт *m* (1; в -у́) Lebensart *f*
бытие́ *n* (12) Dasein, Sein; ***Кни́га*** *f* ***Бытия́*** Genesis
бытово́й (14) Lebens-
быть (*3. Pers. sg. Präs.* есть, *pl.* суть; *Fut.* бу́ду, -ешь; будь!; бу́дучи; *Prät.* был, -а́; не́ был(о), не -а́) sein, da sein; sich befinden; stattfinden; vorkommen; ***должно́ ~*** wahrscheinlich; ***мо́жет ~*** vielleicht; ***так и ~!*** meinetwegen!; ***ему́ бу́дет два́дцать лет*** er wird 20 Jahre alt
бюдже́т *m* (1) Budget *n*, Etat
бюллете́нить F (13) krankgeschrieben sein
бюллете́нь *m* (4) Bulletin *n*; Bericht; Wahlschein; F ärztliches Attest
бюро́ *n* (*unv.*) Büro, Amt; (*Möbel*) Sekretär *m*
бюрократи́ческий (16) bürokratisch
бюрокра́тия *f* (7) Bürokratie
бюст *m* (1) Büste *f*; Busen; **~га́льтер** *m* (1) Büstenhalter

В

в, во **1.** (В) in, nach; an, zu; durch; *Zeit*: in, während, binnen; *Wochentag*: am; *Uhrzeit, Tageszeit*: um; *Wetter*: bei; *Maße, Preise*: von; *Beförderung*: zu; *Ähnlichkeit*: wie; ***в два ра́за бо́льше*** doppelt so viel; ***в два ра́за ме́ньше*** halb so viel; ***в день*** am Tag; ***в понеде́льник*** am Montag **2.** (П) in; an, bei; *Brille*: mit; *See*: auf; ***в Крыму́*** auf der Krim; ***в двух шага́х ...*** zwei Schritte ...; ***он был в очка́х*** er trug eine Brille
ваго́н *m* (1) Eisenbahnwagen, Waggon; ***мя́гкий ~*** *Esb.* Wagen 1. Klasse
вагоно|вожа́тый *m* (14) Straßenbahnfahrer; **~ремо́нтный** (14) Wagenausbesserungs-; Eisenbahn-; **~стро́ительный** (14) Waggonbau-
ва́жничать F (1) angeben
ва́жность *f* (8) Bedeutung; Wichtigtuerei
ва́жный (14; -жен, -жна́) wichtig, bedeutend; ***мне ва́жно знать э́то*** es ist wichtig für mich, das zu wissen
ва́за *f* (5) Vase
вазели́н *m* (1) Vaseline *f*

В

ва́зочка *f* (5; -чек) kleine Vase; Becher *m*
вака́нсия *f* (7) freie Stelle; Studienplatz *m*
вака́нтный (14; -тен, -тна) unbesetzt, frei
вакци́на *f* (5) Impfstoff *m*
вал *m* (1; *pl. e.*) Wall; Woge *f*; *Tech.* Welle *f*, Walze *f*
ва́ленок *m* (1; -нка) Filzstiefel
валерья́на *f* (5) Baldrian *m*
ва́лик *m* (1) Walze *f*; Sofarolle *f*
вали́ть 1. (13), <с-, по-> *v/t* umwerfen, umstoßen; entwurzeln; *Bäume* fällen; **2.** (13*e.*; -ли́т) *v/i Menge*: herbeiströmen; sich wälzen; *Rauch*: in Schwaden aufsteigen; *Schnee*: in dichten Flocken fallen; **-ся** <по-, с-> umfallen, stürzen; einstürzen; ***-ся с ног*** F *fig.* kaputt sein
валово́й (14) Brutto-
вальс *m* (1) Walzer
вальси́ровать (7) Walzer tanzen
вальцева́ть (6; -у́-) walzen
валю́та *f* (5) Währung; Devisen *f/pl.*
валю́тный (14) Währungs-, Devisen-
валя́ть (28) wälzen; ***~ дурака́*** F sich dumm stellen; Dummheiten machen; **-ся** sich wälzen; umherliegen
ва́нна *f* (5) Badewanne; **~я** *f* (14) Badezimmer *n*, Bad *n*
ва́нька-вста́нька *m* (5/5; -нек/-нек) Stehaufmännchen *n*
ва́рварский (16) barbarisch, grausam
ва́рварство *n* (9) Barbarei *f*, Grausamkeit *f*
ва́режка *f* (5; -жек) Fausthandschuh *m*
варе́ние *n* (12) Kochen
варе́ники *m/pl.* (1) *kleine Pasteten mit Quark oder Beeren gefüllt*
варёный (14) gekocht
варе́нье *n* (10; -ний) Eingemachte(s); Konfitüre *f*
вариа́нт *m* (1) Variante *f*; Fassung *f*
вари́ть (13), <с-> kochen; ***~ пи́во*** Bier brauen; **-ся** kochen; schmoren
василёк *m* (1; -лька́) Kornblume *f*
ва́та *f* (5) Watte; ***на ва́те*** wattiert
ватерпа́с *m* (1) Wasserwaage *f*
ва́тка *f* (5; -ток) Wattebausch *m*
ва́тник *m* (1) wattierte Steppjacke
ва́тный (14) wattiert; ***ва́тное одея́ло*** *n* Steppdecke *f*
ва́хта *f* (5) Wache; Schicht
ва́хтенный (14) Wach-
вахтёр *m* (1) Wächter, Pförtner
ваш *m*, -а *f*, -е *n*, -и *pl.* (25) euer; Ihr; ***как ~и дела́?*** wie geht es Ihnen *od.* euch?; ***лу́чше ~его*** besser als ihr *od.* Sie; ***как по-~ему?*** wie ist Ihre Meinung?
вбега́ть (1), <вбежа́ть> (4; вбегу́, -ежи́шь, -егу́т) hereinlaufen, hineinlaufen
вбива́ть (1), <вбить> (вобью́, -бьёшь; вбе́й!; вби́тый) einschlagen, einrammen
вбира́ть (1), <вобра́ть> (вберу́, -рёшь); einsaugen, aufsaugen
вбить → ***вбива́ть***
вблизи́ 1. *Adv.* in der Nähe; **2.** *Prp.* (P) nahe, unweit
вбок zur Seite
вбра́сывать (1), <вбро́сить> (15) einwerfen
вброд: ***переходи́ть ~*** durchwaten
введе́ние *n* (12) Einführung *f*, Einleitung *f*
ввезти́ → ***ввози́ть***
ввёртывать (1), <ввернýть> (20; -нутый) einschrauben; *fig.* F *ein Wort* einflechten
вверх nach oben, hinauf; ***~ дном*** F das Unterste zuoberst
вверху́ 1. *Adv.* oben; **2.** *Prp.* (P) im oberen Teil, oben (an)
вверя́ть (28), <вве́рить> (13) anvertrauen
ввести́ → ***вводи́ть***
ввиду́ (P) in Anbetracht, wegen; ***~ того́, что*** da, weil
вви́нчивать (1), <ввинти́ть> (15*e.*) einschrauben, eindrehen
ввод *m* (1) Einführung *f*; ***~ в де́йствие*** Inbetriebnahme *f*; *EDV* Eingabe *f*
вводи́ть (15), <ввести́> (25) hereinführen, hineinführen; einführen (*a. fig.*); ***~ в де́йствие*** in Betrieb nehmen
вво́дный (14) Einführungs-, einleitend
ввоз *m* (1) Einfuhr *f*, Import
ввози́ть (15), <ввезти́> (24) einführen, importieren

вво́лю F nach Herzenslust; in Hülle und Fülle

в-восьмы́х achtens

ввысь in die Höhe, nach oben

вгиба́ть (1), <вогну́ть> (20) einbiegen

вглубь in die Tiefe; ins Innere

вгоня́ть (28), <вогна́ть> (вгоню́, вго́нишь) hineinjagen; F einschlagen

вдава́ться (5), <вда́ться> (-а́мся, -а́шься) hineinragen; eindringen, eingehen (**в** B auf); sich einlassen (in)

вда́вливать (1), <вдави́ть> (14) eindrücken

вдалеке́, вдали́ fern (**от** P, von), in der Ferne

вдаль in die Ferne

вда́ться → ***вдава́ться***

вдвига́ть (1), <вдви́нуть> (20) hineinschieben

вдво́е zweimal, zweifach, doppelt; **~ *бо́льше*** doppelt so viel; **~ *ме́ньше*** halb so viel

вдвоём zu zweit, zu zweien

вдвойне́ doppelt so viel, zweifach

вдева́ть (1), <вдеть> (-е́ну, -е́нешь; -е́тый) einfädeln; durchziehen

в-девя́тых neuntens

вде́лывать, <вде́лать> (1) einsetzen, einbauen

в-деся́тых zehntens

вдеть → ***вдева́ть***

вдоба́вок obendrein; zusätzlich

вдова́ *f* (5; *pl.st.*) Witwe

вдове́ть (8) verwitwet sein

вдове́ц *m* (1; -вца́) Witwer

вдо́вый (14*K.*) verwitwet

вдого́нку F hinterher

вдоль (P an) entlang; längs; der Länge nach; **~ *и поперёк*** kreuz und quer

вдох *m* (1) Atemzug, Einatmen *n*

вдохнове́ние *n* (12) Eingebung *f*, Inspiration *f*; Begeisterung *f*

вдохнове́нный (14*K. od.* -е́нен, -е́нна) inspiriert, begeistert

вдохновля́ть (28), <вдохнови́ть> (14*e.*); inspirieren, begeistern (***на*** B zu)

вдохну́ть → ***вдыха́ть***

вдре́безги in tausend kleine Stücke, entzwei

вдруг plötzlich, auf einmal

вдува́ть (1), <вдуть> (18), *einm.* <вду́нуть > (20) hineinblasen

вду́мчивый (14*K.*) nachdenklich

вду́мываться, <вду́маться> (1) sich hineindenken, sich vertiefen

вду́(ну)ть → ***вдува́ть***

вдыха́ть (1), <вдохну́ть> (20) einatmen

вегетариа́нец *m* (1; -нца) Vegetarier

вегетариа́нский (16) vegetarisch

ве́дать (1) leiten (T), zuständig sein (für)

ве́дение[1] *n* (12) Kompetenz *f*, Befugnis *f*

веде́ние[2] *n* (12) Führung *f*; Leitung *f*

ве́домость *f* (8; *ab Gpl.e.*) Liste, Verzeichnis *n*

ве́домственный (14) behördlich, amtlich

ве́домство *n* (9) Behörde *f*, Amt; **~ *печа́ти*** Pressestelle *f*

ведро́ *n* (9; *pl.st.* вёдра, вёдер) Eimer *m*; ***льёт как из ведра́*** es gießt in Strömen

веду́щий (17) führend, leitend; *Su. m* Leiter; Moderator

ведь doch, ja; nämlich

ве́дьма *f* (5) Hexe

ве́ер *m* (1; *pl. e., N* -а́) Fächer

ве́жливый (14*K.*) höflich

везде́ überall; **~ *и всю́ду*** an allen Ecken und Enden

вездехо́д *m* (1) *Kfz.* Geländewagen; **~ный** (14) geländegängig

везти́ (24) **1.** *v/t* fahren, befördern; bringen; **2.** <по-> F ***ему́*** (***не***) ***везёт*** er hat (kein) Glück

век *m* (1; на -у́; *pl.e., N* -а́) Jahrhundert *n*; Zeitalter *n*, Lebenszeit *f*; ***сре́дние ~а́*** Mittelalter *n*; ***на моём ~у́*** zeit meines Lebens; ***во ве́ки ~о́в*** ewig, in alle Ewigkeit

ве́ко *n* (9; *Npl.* -ки) Augenlid

векове́чный (14; -чен, -чна) ewig, immer während

векова́й (14) jahrhundertealt, uralt

веле́ть (9*e.*) *im*(*pf.*; *Prät. nur pf.*) befehlen

велика́н *m* (1) Riese

вели́кий (16; вели́к, -а́; *Sup.* велича́йший) groß

В

Великобрита́ния *f* (7) Großbritannien *n*
великоду́шие *n* (12) Großmut *m*
великоду́шный (14; -шен, -шна) großmütig, großherzig
великоле́пие *n* (12) Pracht *f*, Herrlichkeit *f*
великоле́пный (14; -пен, -пна) prächtig, prachtvoll; großartig, herrlich
велича́вый (14*K.*), **вели́чественный** (14*K.*) majestätisch, erhaben
вели́чие *n* (12) Größe *f*, Erhabenheit *f*
величина́ *f* (5; *pl.st.* величи́ны) Größe
вело|го́нки *f/pl.* (5; -нок) Radrennen *n*; **~доро́жка** *f* (5; -жек) Rad(fahr)weg *m*; **~дро́м** *m* (1) Radrennbahn *f*; **~сипе́д** *m* (1) Fahrrad *n*; **~сипеди́ст** *m* (1) Radfahrer
ве́на *f* (5) Vene
венге́рка *f* (5; -рок) Ungarin
венге́рский (16) ungarisch
венгр *m* (1) Ungar
Ве́нгрия *f* (7) Ungarn *n*
венери́ческий (16) Geschlechts-; geschlechtlich
вене́ц *m* (1; -нца́) Kranz; Krone *f*, Krönung *f*, Höhepunkt; ***идти́ под ~*** sich (kirchlich) trauen lassen; ***коне́ц – де́лу ~*** *Spr.* Ende gut, alles gut
ве́ник *m* (1) Besen; Birkenrute *f*
вено́к *m* (1; -нка́) Kranz
вентили́ровать (7), <про-> lüften
вентиля́ция *f* (7) Lüftung; Lüftungsanlage
венча́льный (14) Trau-, Trauungs-, Hochzeits-
венча́ние *n* (12) (kirchliche) Trauung *f*
венча́ть (1), <у-> bekränzen; *fig.* krönen; **-ся** sich kirchlich trauen lassen
ве́ра *f* (5) Glaube *m* (***в*** B an), Vertrauen *n*
ве́рба *f* (5) Weide(nbaum *m*)
верблю́д *m* (1) Kamel *n*
вербова́ть (7), <за-> anwerben (***на*** B für)
вербо́вка *f* (5; -вок) Werbung, Anwerbung
верёвка *f* (5; -вок) Strick *m*, Leine
верени́ца *f* (5) Reihe, Zug *m*
ве́реск *m* (1) Heidekraut *n*, Erika *f*
верзи́ла F *m/f* (5) langer Lulatsch *m*
вери́тельный (14) Beglaubigungs-; ***вери́тельная гра́мота*** *f* Beglaubigungsschreiben *n*
ве́рить (13), <по-> glauben (***в*** B an), vertrauen; **-ся**: ***мне не ве́рится*** ich kann es kaum glauben
вермише́ль *f* (8) *koll.* Fadennudeln *f/pl.*
ве́рность *f* (8) Treue (Д zu); Richtigkeit, Genauigkeit
верну́ть(ся) → ***возвраща́ть(ся)***
ве́рный (14; -рен, -рна́) treu, ergeben; richtig; wahrheitsgetreu; ***~ до́лгу*** pflichtgetreu; *Adv.* ***ве́рно*** sicherlich; wahrscheinlich, wohl; es ist wahr; ***верне́е*** vielmehr, genauer gesagt
ве́рование *n* (12) (*a.pl.*) Glaube *m*
ве́ровать (7) glauben (***в*** B an)
веро|испове́дание *n* (12) Glaubensbekenntnis, Konfession *f*; **~ло́мный** (14; -мен, -мна) wortbrüchig, treulos; **~ло́мство** *n* (9) Treulosigkeit *f*; **~терпи́мость** *f* (8) *Rel.* Toleranz
вероя́тность *f* (8) Wahrscheinlichkeit *f*
вероя́тный (14; -тен, -тна) wahrscheinlich; *Adv.* anscheinend
верста́к *m* (1*e.*) Werkbank *f*
верста́ть (1), <с-> *Typ.* umbrechen
ве́ртел *m* (1; *pl.e.*, *N* -а́) Bratspieß
верте́ть (11) drehen; hin- und herdrehen; F (T *j-n*) um den kleinen Finger wickeln; **-ся** sich drehen; sich herumtreiben; auf den Beinen sein; ***~ся на языке́*** auf der Zunge liegen
вертика́ль *f* (8) Senkrechte; ***по вертика́ли*** senkrecht
вертика́льный (14; -лен, -льна) senkrecht, vertikal
вёрткий F (16; -ток, -тка́) wendig
вертля́вый F (14*K.*) zapp(e)lig, unruhig
вертолёт *m* (1) Hubschrauber
ве́рующий *m* (17) *Rel.* Gläubige(r)
верфь *f* (8) Werft
верх *m* (1; -а/-у; на -у́; *pl.e.*) **1.** (*Npl.* -и́) oberer Teil, Oberteil *n*; *Kfz.* Verdeck *n*; **2.** (*Npl.* -а́) Außenseite *f*, rechte Seite *f*, *fig.* Höhepunkt,

Spitze *f*; ***встре́ча в ~а́х*** Gipfeltreffen *n*; ***на са́мом ~у́*** ganz oben

ве́рхний (15) oberer, Ober-

верхо́вный (14) oberster; Ober-

верхово́й (14) Reit-; *Su. m* Reiter; ***верхова́я езда́*** *f* Ritt *m*, Reiten *n*

верхо́вье *n* (10; -вьев/-вий) Oberlauf *m*

верхо́м zu Pferd; ***е́хать ~*** reiten

верху́шка *f* (5; -шек) Gipfel *m*, Wipfel *m*; *fig.* F Spitze(n *pl.*), Oberschicht

верши́на *f* (5) Gipfel *m*; *Math.* Scheitelpunkt *m*; *Baum* Wipfel *m*

вес *m* (1) Gewicht *n*; *fig.* Ansehen *n*, Einfluss; ***на ~*** nach Gewicht; ***на ~у́*** in der Schwebe

веселе́ть (8), <по-> fröhlich werden

весели́ть (13), <раз-> erheitern, belustigen; **-ся** sich amüsieren

весёлый (14; ве́сел, -а́) fröhlich, lustig; ***мне ве́село*** mir ist froh zumute

весе́лье *n* (10; -лий) Fröhlichkeit *f*, Vergnügen

весельча́к F *m* (1*e.*) Spaßvogel

весе́нний (15) Frühlings-, Frühjahrs-

ве́сить (15) wiegen; *fig.* Gewicht haben

ве́ский (16; -сок, -ска) gewichtig, schwerwiegend

весло́ *n* (9; *pl. st.* вёсла, -сел) Ruder

весна́ *f* (5; *pl. st.* вёсны, -сен) Frühling *m*, Frühjahr *n*

весно́й im Frühling

весну́шка *f* (5; -шек) Sommersprosse

весну́шчатый (14*K.*) sommersprossig

весово́й (14) Gewichts-; Waage-

весо́мый (14*K.*) *fig.* gewichtig

вести́ (25) **1.** <по-> *v/t* führen, lenken; leiten; *Handel* treiben; *Beobachtungen* anstellen; **2.** <про-> fahren, führen; **3.** <при-> *v/i* führen (*a. fig.*); ***~ себя́*** sich benehmen; **~сь** (durch)geführt werden; F üblich sein

ве́стник *m* (1) Bote; offizielles Informationsblatt

весть *f* (8; *ab Gpl. e.*) Nachricht

весы́ *pl.* (1) Waage *f*

весь *m*, вся *f*, всё *n*, все *pl.* (31) all(e); ganz, sämtlich; voll; ***лу́чше всего́*** am (aller)besten; ***бо́льше всего́*** am meisten; ***ча́ще всего́*** meistens; ***~ в отца́*** ganz der Vater; ***при всём (э́)том*** bei alledem; ***всё равно́*** das ist egal; ***всего́ хоро́шего*** *od.* ***до́брого!*** alles Gute!; ***от всей души́*** von ganzem Herzen

весьма́ sehr, überaus, höchst

ветви́ться (14) **1.** sich verzweigen; **2.** <раз-> sich gabeln

ветвь *f* (8; *ab Gpl. e.*) Zweig *m* (*a. fig.*); Ast *m*

ве́тер *m* (1; -тра/-тру; на -тру́) Wind; ***броса́ть слова́ на ~*** unbesonnen daherreden, in den Wind reden; ***держа́ть нос по ве́тру*** den Mantel nach dem Wind hängen

ветерина́р *m* (1) Tierarzt; **~ный** (14) tierärztlich

ветеро́к *m* (1; -рка́) Lüftchen *n*

ве́тка *f* (5; -ток) Zweig *m*; *Esb.* Abzweigung

ве́треный (14*K.*) windig; *fig.* leichtsinnig, flatterhaft

ветряно́й (14) Windkraft-

ве́тхий (16; ветх, -а́) baufällig; schäbig, abgenutzt; gebrechlich

ветчина́ *f* (5) Schinken *m*

ве́ха *f* (5) Absteckpflock *m*; *fig.* (*mst. pl.*) Meilenstein *m*

ве́чер *m* (1; *pl. e.*, *N* -а́) Abend; ***по вечера́м*** abends; ***к ~у*** *od.* ***под ~*** gegen Abend; ***~ посвящённый па́мяти Пу́шкина*** Puschkin-Abend, Puschkin-Feier *f*

вечере́ть (8), <по-> Abend werden

вечери́нка *f* (5; -нок) geselliger Abend; Abendgesellschaft

вече́рний (15) Abend-

ве́чером am Abend, abends

ве́черя *f* (6): ***та́йная ~*** das Heilige Abendmahl *n*

ве́чность *f* (8) Ewigkeit

ве́чный (14; -чен, -чна) ewig; fortwährend, ständig

ве́шалка *f* (5; -лок) Kleiderhaken *m*; Kleiderbügel *m*; Aufhänger

ве́шать (1), <пове́сить> (15) hängen, aufhängen (***на*** В an); ***~ го́лову*** den Kopf hängen lassen; ***~ тру́бку*** den Hörer auflegen; **-ся** sich aufhängen; ***-ся кому́-л. на ше́ю*** F sich j-m an den Hals werfen

В

вещево́й (14) Gepäck-, Sachwert-; **~ мешо́к** *m* Rucksack
веще́ственный (14) stofflich, materiell; **веще́ственное доказа́тельство** *n* Beweisstück
вещество́ *n* (9) Stoff *m*, Materie *f*
вещь *f* (8; *ab Gpl. e.*) Sache, Ding *n*; **~ в себе́** *Philos.* das Ding an sich
вжива́ться (1), <**вжи́ться**> (-иву́сь, -ивёшься; -и́лся, -ила́сь) sich einleben
взад F: **~ и вперёд** auf und ab, hin und her; **ни ~ ни вперёд** weder vorwärts noch rückwärts
взаи́мный (14; -мен, -мна) gegenseitig; **взаи́мно** gleichfalls
взаимо|де́йствие *n* (12) Wechselwirkung *f*, Zusammenwirken; **~де́йствовать** (7) zusammenwirken; **~зави́симость** *f* (8) gegenseitige Abhängigkeit; **~отноше́ние** *n* (12) Wechselbeziehung *f*; *pl.* Beziehungen *f/pl.*; **~по́мощь** *f* (8) gegenseitige Hilfe; **~понима́ние** *n* (12) gegenseitiges Verständnis, Einvernehmen; **~свя́зь** *f* (8) Wechselbeziehung
взаймы́ leihweise; **брать ~** (aus)leihen; **дава́ть ~** (ver)leihen
взаме́н 1. *Adv.* stattdessen, dafür; **2.** *Prp.* (P) statt, anstatt
взаперти́ eingesperrt, hinter Schloss und Riegel
взатя́жку F: **~ кури́ть** auf Lunge rauchen
взба́дривать F (1), <**взбодри́ть**> (13*e.*) aufmuntern, ermutigen
взба́лмошный F (14; -шен, -шна) launenhaft, unberechenbar
взба́лтывать, <**взболта́ть**> (1) durchschütteln
взбега́ть (1), <**взбежа́ть**> (4; -егу́, -ежи́шь, -егу́т) hinauflaufen
взбешённый (14; -шён, -шена́) wütend, rasend
взбива́ть (1), <**взбить**> (взобью́, -бьёшь) rühren; *Sahne* schlagen; *Kissen* aufschütteln
взбира́ться (1), <**взобра́ться**> (взберу́сь, -рёшься) hinaufklettern; besteigen (**на** В)
взбодри́ть → **взба́дривать**
взбры́згивать F (1), <**взбры́знуть**> (20) bespritzen
взбудора́живать F (1), <**взбудора́жить**> (16) in Aufruhr bringen; **-ся** in Aufruhr geraten
взбунтова́ться (7) sich empören, in Aufruhr geraten
взбуха́ть (1), <**взбу́хнуть**> (21) anschwellen
взва́ливать (1), <**взвали́ть**> (13) aufladen; F *fig.* aufbürden
взвести́ → **взводи́ть**
взве́шивать (1), <**взве́сить**> (15) abwiegen; *fig.* abwägen, erwägen
взвива́ть (1), <**взвить**> (взовью́, -вьёшь) aufwirbeln
взви́згивать (1), <**взви́згнуть**> (20) aufkreischen
взви́нчивать (1), <**взвинти́ть**> (15*e.*) *Preise* hochschrauben; *Nerven* überreizen
взвить → **взвива́ть**
взви́хривать (1), <**взви́хрить**> (13) aufwirbeln
взвод *m* (1) *Mil.* Zug
взводи́ть (15), <**взвести́**> (25) hinaufführen; *Anschuldigung* erheben (**на** В gegen)
взволно́ванный (14*K.*) aufgeregt
взвыва́ть (1), <**взвыть**> (22) aufheulen
взгляд *m* (1) Blick; Ansicht *f*, Meinung *f*; **на ~** dem Anschein nach; **на мой ~** meiner Ansicht nach
взгля́дывать (1), <**взгляну́ть**> (19) anblicken, anschauen (**на** В); *fig. pf.* betrachten
взгроможда́ть F (1), <**взгромозди́ть**> (15*e.*) auftürmen; **-ся** mit Mühe erklettern
вздёргивать (1), <**вздёрнуть**> (20) hinaufziehen; *fig. Nase* hochtragen
вздёрнутый (14) Stups-; **~ нос** *m* Stupsnase *f*
вздор *m* (1) Unsinn
вздо́рный (14; -рен, -рна) unsinnig; streitsüchtig
вздорожа́ние *n* (12) Verteuerung *f*, Preissteigerung *f*
вздорожа́ть → **дорожа́ть**
вздох *m* (1) Seufzer; **испусти́ть после́дний ~** den Geist aufgeben
вздохну́ть → **вздыха́ть**
вздра́гивать (1), <**вздро́гнуть**> (20) auffahren, zusammenzucken

вздремну́ть F (20) *pf.* einnicken

вздро́гнуть → ***вздра́гивать***

вздува́ть (1), <вздуть> (18) aufwirbeln; ***у меня́ взду́ло щёку*** meine Wange ist angeschwollen; **-ся** anschwellen; F *Preise*: übermäßig steigen

взду́мать F (1) *pf.* auf die Idee kommen; **-ся** einfallen, in den Sinn kommen

вздуть F → ***вздува́ть***

вздыха́ть (1), *einm.* <вздохну́ть> (20) *pf.* seufzen; *impf.* sich sehnen (***по*** Д/П *od.* **о** П nach)

взима́ть (1) *Gebühren* erheben; einziehen

взира́ть (1) ansehen

взла́мывать, <взлома́ть> (1) aufbrechen; *Safe* knacken

взleза́ть (1), <взлезть> (24*st.*) hinaufklettern

взлёт *m* (1) *Flgw.* Start; *fig.* Aufschwung

взлета́ть (1), <взлете́ть> (11) auffliegen, aufsteigen; *Flgw.* starten; ***взлете́ть на во́здух*** F in die Luft fliegen

взлётный (14) *Flgw.* Start-

взлом *m* (1) Einbruch; ***кра́жа со ~ом*** Einbruchsdiebstahl *m*

взлома́ть → ***взла́мывать***

взло́мщик *m* (1) Einbrecher

взмах *m* (1) Schwung; Schwenken *n*

взма́хивать (1), <взмахну́ть> (20) schlagen; schwenken

взмётывать (1), <взметну́ть> (20) emporschleudern; schlagen

взмоли́ться (13) *pf.* flehen (**о** П um)

взмо́рье *n* (10; -рий) Strand *m*; Küste *f*

взмыть (22) *pf.* emporsteigen, emporfliegen

взнос *m* (1) Zahlung *f*, Einzahlung *f*; Beitrag

взну́здывать, <взнузда́ть> (1) aufzäumen

взобра́ться → ***взбира́ться***

взойти́ → ***в(о)сходи́ть***

взор *m* (1) Blick

взорва́ть(ся) → ***взрыва́ть(ся)***

взреза́ть, взре́зывать (1), <взре́зать> (3) aufschneiden

взросле́ть (8), <по-> erwachsen werden

взро́слый (14*K*.; *a.* -сел) erwachsen; *Su. m* Erwachsene(r)

взрыв *m* (1) Explosion *f*, Detonation *f*; Sprengung *f*; ***~ аплодисме́нтов*** Beifallssturm

взрыва́тель *m* (4) Zünder

взрыва́ть (1), <взорва́ть> (взорву́, -вёшь) sprengen; *fig.* F empören; **-ся** explodieren

взры́вчатый (14) Spreng-; explosiv

взъеро́шенный (14) zerzaust

взыска́ние *n* (12) Strafe *f*

взыска́тельный (14; -лен, -льна) anspruchsvoll; streng

взы́скивать (1), <взыска́ть> (3) *Schulden* eintreiben, einziehen (**с** Р von)

взя́тие *n* (12) *Mil.* Einnahme *f*, Eroberung *f*; ***~ в плен*** Gefangennahme *f*

взя́тка *f* (5; -ток) Schmiergeld *n*; *KSp.* Stich *m*; ***брать взя́тки*** sich bestechen lassen

взя́точничество *n* (9) Bestechlichkeit *f*, Korruption *f*

взя́ть(ся) → ***бра́ть(ся)***

вибри́ровать (7) vibrieren

вид *m* (1; ви́да/ви́ду; в виду́) Aussehen *n*, Äußere(s) *n*; Miene *f*; Ansicht *f*; Blick; Anschein; Form *f*, Gestalt *f*; *Gr.* Aspekt; *pl. fig.* Aussichten *f/pl.*; Absichten *f/pl.*; ***име́ть в ~у́*** im Auge haben; ***для ~а*** zum Schein; ***на ~, с*** *od.* ***по ~у*** dem Anschein nach; ***ни под каки́м ~ом*** unter keinen Umständen; ***де́лать ~*** sich den Anschein geben; ***име́ть в ~у́*** im Auge haben; ***теря́ть и́з ~у*** aus den Augen verlieren

вида́ть F (1), <по-> sehen, treffen; ***где э́то ви́дано?*** *od.* ***ви́данное ли э́то де́ло?*** hat man so was schon erlebt?

ви́дение[1] *n* (12) Sicht *f*

виде́ние[2] *n* (12) Erscheinung *f*, Gespenst

видео|за́пись *f* (8) Videoaufzeichnung; **~кассе́та** *f* (5) Videokassette; **~магнитофо́н** *m* (1) Videorecorder

ви́деть (11), <у-> sehen; einsehen; erleben, durchmachen; ***~ наскво́зь*** durchschauen; ***ви́дите ли*** sehen Sie ; **-ся**, <у-> *impf.* sich *od.* einan-

der sehen, sich treffen; ***мне ви́делось во сне*** mir träumte
ви́димо offensichtlich, offenbar
ви́димость *f* (8) Sicht; Schein *m* (***для*** P zum); ***по всей ви́димости*** allem Anschein nach
ви́димый (14*K.*) sichtbar; offensichtlich
видне́ться (8) sichtbar sein, zu sehen sein
ви́дный 1. (14; -ден, -дна́) sichtbar, erkennbar; **2.** (14) bedeutend, hervorragend
видоизмене́ние *n* (12) Veränderung *f*, Abänderung *f*
видоизменя́ть (28), <видоизмени́ть> (13*e.*) abändern, verändern
видоиска́тель *m* (4) *Fot.* Sucher
ви́за *f* (5) Visum *n*; ***~ на въезд*** Einreisevisum; ***~ на вы́езд*** Ausreisevisum
визг *m* (1) Gewinsel *n*
визжа́ть (4*e.*) kreischen, winseln; quieken
визи́т *m* (1) Besuch
визи́тный (14) Visiten-
виктори́на *f* (5) Quiz *n*
ви́лка *f* (5; -лок) Gabel; *El.* Stecker *m*
ви́лы *pl.* (5) Heugabel *f*, Mistgabel *f*
виля́ть (28), *einm.* <вильну́ть> (20) wedeln; *fig.* F Ausflüchte machen
вина́ *f* (5; *pl.st.*) Schuld; ***по вине́*** wegen; ***э́то не по мое́й вине́*** das ist nicht meine Schuld
винегре́т *m* (1) Gemüsesalat
вини́тельный (14): ***~ паде́ж*** *m* Akkusativ
вини́ть (13*e.*) beschuldigen, die Schuld geben
ви́нный (14) Wein-; ***ви́нная я́года*** *f* Feige
вино́ *n* (9; *pl.st.*) Wein *m*
винова́тый (14*K.*) schuldig; ***винова́т(а)!*** Verzeihung!
вино́вник *m* (1) Urheber, Schuldige(r)
вино́вность *f* (8) Schuld
вино́вный (14; -вен, -вна) schuldig
виногра́д *m* (1) Weinrebe *f*, *koll.* Weintrauben *f/pl.*
виногра́дарство *n* (9) Weinbau *m*
виногра́дарь *m* (4) Winzer
винт *m* (1*e.*) Schraube *f*
винти́ть F (15*e.*) zuschrauben; losschrauben
винто́вка *f* (5; -вок) Gewehr *n*
винтово́й (14) *Tech.* Schraub(en)-; ***винтова́я ле́стница*** *f* Wendeltreppe
виолонче́ль (8) *f* Cello *n*
вира́ж *m* (1*e.*; -е́й) *Flgw.* Kurve *f*
ви́селица *f* (5) Galgen *m*
висе́ть (11*e.*) hängen
ви́снуть (20/21), <по-> herunterhängen
висо́к *m* (1; -ска́) Schläfe *f*
високо́сный (14): ***~ год*** *m* Schaltjahr *n*
вися́чий (17) hängend; Hänge-; ***~ замо́к*** *m* Vorhängeschloss *n*
вита́ть (1) schweben
вито́й (14) gewunden; *Kerze*: gedreht
вито́к *m* (1; -тка́) Windung *f*; ***~ вокру́г Земли́*** *Raumf.* Erdumkreisung *f*
витри́на *f* (5) Schaufenster *n*; Schaukasten *m*
вить (вью, вьёшь; вей!; вил, -а́; ви́тый: -та́), <с-> (совью́, -вьёшь) winden; flechten; *Strick* drehen; **-ся** (вило́сь) sich winden, sich schlängeln; *Haar*: sich kräuseln
ви́тязь *m* (4) Recke
вихрь *m* (4) Wirbelwind; Gestöber *n*; ***ви́хрем*** in Windeseile
ви́шня *f* (6; -шен) Sauerkirsche; Kirschbaum *m*
вка́лывать (1), <вколо́ть> (17) hineinstecken; F hart arbeiten
вка́пывать, <вкопа́ть> (1) eingraben
вка́тывать (1), <вкати́ть> (15) (**-ся** *v/i*) hineinrollen, hineinwälzen
вклад *m* (1) *Fin.* Anlage *f*, Investition *f*; *fig.* Beitrag
вкла́дчик *m* (1) Sparer
вкла́дывать (1), <вложи́ть> (16) **1.** (*impf. a.* влага́ть) hineinstecken; **2.** *Fin.* anlegen, investieren
вкле́ивать (1), <вкле́ить> (13) einkleben
включа́ть (1), <включи́ть> (16*e.*) einbeziehen; aufnehmen; *El.* einschalten
включа́я (В) einschließlich
включе́ние *n* (12) Einbeziehung *f*, Einschalten *n*

включи́тельно einschließlich, (mit) inbegriffen
вкола́чивать F (1), <вколоти́ть> (15) einschlagen, einrammen
вколо́ть → ***вка́лывать***
вконе́ц F vollends, ganz und gar
вкопа́ть → ***вка́пывать***
вкорени́вшийся eingewurzelt
вкось schräg, schief
вкра́дчивый (14*K.*) einschmeichelnd
вкра́дываться (1), <вкра́сться> (25; *Prät.st.*) sich einschleichen, sich einschmeicheln
вкра́тце kurz, in (aller) Kürze
вкривь krumm, schief; ***~ и вкось*** schief und krumm
вкругову́ю F ringsum, im Kreis
вкруту́ю hart; hart gekocht
вкру́чивать (1), <вкрути́ть> (15) F einschrauben
вкус *m* (1) Geschmack; ***быть по ~у*** gefallen; ***со ~ом*** geschmackvoll
вку́сный (14; -сен, -сна́) wohlschmeckend; ***э́то вку́сно*** das schmeckt gut
вла́га *f* (5) Feuchtigkeit, Nässe
влага́лище *n* (11) *Anat.* Scheide *f*
владе́лец *m* (1; -льца) Besitzer, Eigentümer; Inhaber
владе́ние *n* (12) Besitz *m*
владе́ть (8) (T) besitzen, beherrschen; ***~ собо́й*** sich beherrschen
влажне́ть (8), <по-> feucht werden
вла́жность *f* (8) Feuchtigkeit
вла́жный (14; -жен, -жна́) feucht
вла́мываться (1), <вломи́ться> (14) mit Gewalt eindringen
вла́ствовать (7) herrschen (T, ***над*** T über), regieren
вла́стный (14; -тен, -тна́) **1.** herrisch, gebieterisch; **2.** *präd.* (*mst K.*) Macht haben (***над*** T über)
властолюби́вый (14*K.*) herrschsüchtig, machthungrig
власть *f* (8; *ab Gpl. e.*) Macht; Gewalt; *pl.* Obrigkeit, Behörde(n *f/pl.*)
вле́во nach links; links
влеза́ть (1), <влезть> (24*st.*) hineinklettern, hineinkriechen; hinaufklettern; F eindringen, einsteigen; ***~ в долги́*** F Schulden machen
влепля́ть (28), <влепи́ть> (14) einkleben
влета́ть (1), <влете́ть> (11*e.*) hineinfliegen
влечь (26): ***~ за собо́й*** nach sich ziehen
влива́ние *n* (12) *Med.* Infusion *f*
влива́ть (1), <влить> (волью́, -льёшь) eingießen; **-ся** (-ло́сь) hineinfließen
влия́ние *n* (12) Einfluss *m*; Auswirkung *f*
влия́тельный (14; -лен, -льна) einflussreich
влия́ть (28), <по-> (***на*** B) beeinflussen
вложе́ние *n* (12) Investition *f*
вложи́ть → ***вкла́дывать***
вломи́ться → ***вла́мываться***
влюблённый (14) verliebt
влюбля́ться (28), <влюби́ться> (14) sich verlieben
вма́зывать (1), <вма́зать> (3) einkitten, einsetzen
вменя́емый (14*K.*) zurechnungsfähig
вме́сте zusammen, gemeinsam; ***~ с тем*** zugleich
вмести́мость *f* (8) Fassungsvermögen *n*, Kapazität
вмести́тельный (14; -лен, -льна) geräumig
вмести́ть(ся) → ***вмеща́ть(ся)***
вме́сто statt, anstatt, anstelle; ***~ того́ что́бы ...*** anstatt zu ...
вмеша́тельство *n* (9) Einmischung *f*; *Med.* Eingriff *m*
вме́шиваться, <вмеша́ться> (1) sich einmischen (***в*** B in)
вмеща́ть (1), <вмести́ть> (15*e.*) fassen, aufnehmen; **-ся** hineingehen, Platz haben
вмуро́вывать (1), <вмурова́ть> (7) einmauern
вмя́тина *f* (5) Beule, Delle
внаём, внаймы́: *брать внаём* *od.* ***внаймы́*** mieten; ***отдава́ть внаём*** vermieten
внача́ле anfangs, zuerst
вне (P) außerhalb, außer; ***~ до́ма*** außer Haus, auswärts
внебра́чный (14) unehelich
внevре́менный (14; -енен, -енна) zeitlos
внедре́ние *n* (12) Einführung *f*
внедря́ть (28), <внедри́ть> (13*e.*)

einführen; **-ся** sich einprägen; eindringen

внеза́пный (14; -пен, -пна) plötzlich

вне|земно́й (14) außerirdisch; **~кла́ссный** (14) außerschulisch; **~очередно́й** (14) außerordentlich; außer der Reihe; **~пла́новый** (14) außerplanmäßig

внесе́ние *n* (12) Hineintragen; Eintragung *f*; Einzahlung *f*

внести́ → ***вноси́ть***

внешко́льный (14) außerschulisch

внешне|полити́ческий (16) außenpolitisch; **~торго́вый** (14) Außenhandels-

вне́шний (15) auswärtig; äußerlich

вне́шность *f* (8) Äußere(s) *n*

внешта́тный (14) außeretatmäßig; **~ *сотру́дник*** *m* freier Mitarbeiter

вниз nach unten, hinunter, hinab; abwärts; **~ *по реке́*** *od.* ***по тече́нию реки́*** flussabwärts, stromabwärts

внизу́ *Adv.* unten

вника́ть (1), <вни́кнуть> (20/21) eindringen, ergründen

внима́ние *n* (12) Aufmerksamkeit *f*; ***~!*** Achtung!; ***без внима́ния*** unbeachtet; ***принима́я во ~*** mit Rücksicht auf

внима́тельный (14; -лен, -льна) aufmerksam; zuvorkommend

вничью́ *Sp.* unentschieden; remis

вновь von neuem, wieder

вноси́ть (15), <внести́> (25; -су́, -сёшь; внёс, внесла́) hineintragen, hineinbringen; (ein)zahlen; *Vorschlag* einbringen

внук (1) *m* Enkel

вну́тренний (15) inner, Innen-; Binnen-, Inlands-

вну́тренность *f* (8) Innere(s) *n*; *pl.* innere Organe *n/pl.*, Eingeweide *n/pl.*

внутри́ 1. *Adv.* innen, drinnen; **2.** *Prp.* (P) innerhalb

внутри|городско́й (16) innerstädtisch; **~полити́ческий** (16) innenpolitisch

внутрь 1. *Adv.* nach innen; **2.** *Prp.* (P) in ... hinein, ins Innere

вну́чка *f* (5; -чек) Enkelin

внуша́ть (1.), <внуши́ть> (16*e.*) einreden, einflößen, einflüstern

внуше́ние *n* (12) Einflüsterung *f*; Suggestion *f*; Verweis *m*

внуши́тельный (14; -лен, -льна) eindrucksvoll, imposant

вня́тный (14; -тен, -тна) vernehmbar, deutlich

во *Prp.* → ***в***

вобра́ть → ***вбира́ть***

вовлека́ть (1), <вовле́чь> (26) hineinziehen; heranziehen

во́время rechtzeitig, zur rechten Zeit

во́все F völlig; **~ *не*** *od.* ***нет*** überhaupt nicht

во-вторы́х zweitens

вогна́ть → ***вгоня́ть***

во́гнутый (14*K.*) konkav, Hohl-

вогну́ть → ***вгиба́ть***

вода́ *f* (5; ***во́ду***; *pl.st.*) Wasser *n*; *pl.* Gewässer *n*; ***водо́й*** *od.* ***по воде́*** zu Wasser, auf dem Wasser; ***с тех пор мно́го воды́ утекло́*** seitdem ist viel Wasser den Berg hinuntergeflossen; ***выходи́ть сухи́м из воды́*** mit heiler Haut davonkommen

водворя́ть (28), <водвори́ть> (13*e.*) ansiedeln; **-ся** sich niederlassen, sich einrichten

води́тель *m* (4) Fahrer

води́тельский (16) *Kfz.* Fahrer-

води́ть (15) führen; **~ *маши́ну*** Auto fahren (können); **~ *за́ нос*** an der Nase herumführen; **-ся** F vorkommen; üblich sein; Umgang haben

во́дка *f* (5) Wodka *m*, Schnaps *m*

во́дный (14) Wasser-; **~ *тра́нспорт*** *m* Schiffsverkehr

водо|боя́знь *f* (8) Tollwut; **~воро́т** *m* (1) Wasserstrudel; **~ём** *m* (1) Wasserbehälter, Wasserreservoir *n*; **~ла́з** *m* (1) Taucher; **~ме́р** *m* (1) Wasseruhr *f*; **~непроница́емый** (14*K.*) wasserdicht; **~па́д** *m* (1) Wasserfall; **~по́й** *m* (3) Tränke *f*; **~прово́д** *m* (1) Wasserleitung *f*; **~разде́л** *m* (1) Wasserscheide *f*; **~ро́д** *m* (1) Wasserstoff

во́доросль *f* (8) Tang *m*, Alge

водо|снабже́ние *n* (2) Wasserversorgung *f*; **~храни́лище** *n* (11) Wasserspeicher *m*, Stausee *m*

во́дочный (14) Wodka-, Schnaps-

водяни́стый (14*K.*) wässerig

водяно́й (14) Wasser-

воевáть (6) Krieg führen; kämpfen; P sich zanken
воедúно zusammen, vereint
военачáльник *m* (1) Feldherr, Heerführer
военизúровать (7) *im(pf.)* militarisieren
военно|-воздýшный (14) Luftstreit-; **~-морскóй** (16) Marine-; **~плéнный** *m* (14) Kriegsgefangene(r); **~слýжащий** *m* (17) Armeeangehörige(r)
воéнный (14) Kriegs-, Militär-; militärisch; *Su.* Militärangehörige(r)
вожáк *m* (1*e.*) Führer, Anführer
вожделéние *n* (12) Begierde *f*, Verlangen
вождь *m* (4*e.*) Führer
вóжжи *f/pl.* (5; *ab Gpl. e.*) Zügel *m*, Pferdeleine *f*
воз *m* (1; -а/-у; на -ý; *pl. e.*) Fuhre *f*, Fuhrwerk *n*
возбудúмый (14; -м, -ма) erregbar
возбудúтель *m* (4) Erreger
возбуждáть (1), <возбудúть> (15*e.*; -уждённый) erregen, erwecken; aufreizen, aufwiegeln
возбуждáющий (17) anregend; *Med.* stimulierend
возбуждéние *n* (12) Erregung *f*, Anregung *f*
возбуждённый (14*K.*) aufgeregt, erregt
возвестú → ***возводúть***
возвещáть (1), <возвестúть> (15*e.*) verkünden, bekannt geben
возводúть (15), <возвестú> (25) errichten, aufbauen
возврáт *m* (1) Rückgabe *f*, Rückerstattung *f*; *Med.* Rückfall; ***без ~а*** unwiederbringlich
возврáтный (14) Rück-; Rückfall-; *Gr.* Reflexiv-, rückbezüglich
возвращáть (1), <возвратúть> (15*e.*; -т/щ-), <вернýть> (20) zurückgeben, zurückerstatten; **-ся** zurückkehren, zurückkommen
возвращéние *n* (12) Rückkehr *f*; Rückzahlung *f*
возвышáть (1), <возвы́сить> (15) erhöhen; *Stimme* erheben; **-ся** ansteigen; *impf.* sich erheben
возвышéние *n* (12) Erhöhung *f*, Anhöhe *f*; Erhebung *f*, Aufstieg *m*
возвы́шенность *f* (8) Höhe, Anhöhe
возвы́шенный (14*K.*) erhöht
возглавля́ть (28), <возглáвить> (14) an der Spitze stehen; *pf.* leiten, (an)führen
вóзглас *m* (1) Ausruf; Zwischenruf
возглашáть (1), <возгласúть> (15*e.*) laut verkünden, ausrufen
воздвигáть (1) <воздвúгнуть> (21) errichten, erbauen
воздéйствие *n* (12) Wirkung *f*, Einwirkung *f*, Einfluss *m*
воздéйствовать (7) *im(pf.)* (***на*** В) einwirken (auf), beeinflussen
воздéлывать, <воздéлать> (1) bebauen, bestellen
воздержáние *n* (12) Enthaltsamkeit *f*, Abstinenz *f*
воздéржанный (14*K.*) enthaltsam
воздéрживаться (1), <воздержáться> (4) sich enthalten (***от*** Р)
вóздух *m* (1) Luft *f*; ***на откры́том ~е*** im Freien
воздухо|дýвка *f* (5; -вок) *Tech.* Gebläse *n*
воздýшно-десáнтный Luftlande-
воздýшный (14) **1.** Luft-; ***~ поцелýй*** *m* Kusshand *f*; **2.** *fig.* (-шен, -шна) luftig, leicht
воззвáние *n* (12) Appell *m*
воззрéние *n* (12) Ansicht *f* (***на*** В über)
вози́ть (15), **-ся** sich zu schaffen machen, hantieren; sich abrackern; trödeln
возлагáть (1), <возложúть> (16) niederlegen; auferlegen, übertragen
вóзле 1. *Prp.* (Р) neben, bei; **2.** *Adv.* daneben
возложúть → ***возлагáть***
возлю́бленный (14) *Su.* Geliebte(r) *m*
возмéздие *n* (12) Vergeltung *f*
возместúть → ***возмещáть***
возмещáть (1), <возместúть> (15*e.*) ersetzen, wieder gutmachen, vergüten
возмещéние *n* (12) Ersatz *m*, Entschädigung *f*; Vergütung *f*; ***~ убы́тков*** Schadenersatz *m*
возмóжно (es ist) möglich, (es) kann sein; vielleicht
возмóжность *f* (8) Möglichkeit; Ge-

legenheit; ***по возмóжности*** nach Möglichkeit, möglichst
возмóжный (14; -жен, -жна) möglich; etwaig; ***сдéлать всё возмóжное*** s-n Möglichstes tun
возмужáлый (14*K.*) mannbar; erwachsen
возмути́тельный (14; -лен, -льна) empörend
возмущáть (1), <возмути́ть> (15*e.*; -т/щ) empören, entrüsten; **-ся** *pf.* sich empören
возмущéние *n* (12) Empörung *f*
вознаграждáть (1), <вознаградить> (15*e.*; -аждённый) belohnen; ***~ себя́*** sich entschädigen
вознаграждéние *n* (12) Belohnung *f*, Bezahlung *f*, Honorar *n*
возненави́деть (11) *pf.* Hass empfinden (В gegen)
Вознесéние *n* (12) Christi Himmelfahrt *f*
возникáть (1), <возни́кнуть> (21) entstehen; aufkommen
возникновéние *n* (12) Entstehung *f*
возни́ца *m* (5) Kutscher, Fuhrmann
возня́ F *f* (6) Spektakel *m*, Gepolter *n*; Schererei(en *pl.*)
возобновлéние *n* (12) Erneuerung *f*, Wiederaufnahme *f*
возобновля́ть (28), <возобнови́ть> (14*e.*) wieder aufnehmen; erneuern
возражáть (1), <возрази́ть> (15*e.*) erwidern, einwenden; widersprechen; ***не возражáю*** ich habe nichts dagegen
возражéние *n* (12) Einwand *m*; Erwiderung *f*, Entgegnung *f*; ***возражéний нет?*** gibt es Einwände?
вóзраст *m* (1) Lebensalter *n*, Alter *n*; ***одногó ~а*** gleichaltrig; ***с ~ом*** mit zunehmendem Alter
возрастáние *n* (12) Zunahme *f*
возрастáть (1), <возрасти́> (25; -тý, -тёшь) anwachsen, zunehmen
возрождáть (1), <возроди́ть> (15*e.*; ~ождённый) wiedererstehen lassen, wieder beleben; **-ся** wiedererstehen, wiederaufleben
возрождéние *n* (12) Wiedergeburt *f*; *hist.* Renaissance
вóин *m* (1) Krieger; Soldat
вóинский (16) Militär-, Kriegs-
вои́нственный (14*K.*) kriegerisch
вои́нствующий (17) militant, streitbar
вои́стину wahrhaftig, wirklich
вой *m* (3) Geheul *n*, Heulen *n*
вóйлок *m* (1) Filz
войнá *f* (5; *pl. st.*) Krieg *m*; ***в войнý*** im Krieg; ***граждáнская ~*** Bürgerkrieg *m*
вóйско *n* (9; *pl. e.*) Heer, Armee *f*; *pl.* Streitkräfte *f/pl.*
войсковóй (14) Truppen-
войти́ → ***входи́ть***
вокзáл *m* (1) Bahnhof
вокрýг **1.** *Prp.* (Р) um (*A*), um ... herum; **2.** *Adv.* ringsherum, ringsumher; ***~ да óколо*** F *fig.* um den (heißen) Brei
вол *m* (1*e.*) Ochse
волевóй (14) willensstark, energisch
вóлей-невóлей wohl oder übel
волк *m* (1; *ab Gpl. e.*) Wolf; ***смотрéть ~ом*** finster dreinschauen
волнá *f* (5; *Npl. st.*; *Dpl.* вóлнáм) Welle, Woge (*a. fig.*)
волнéние *n* (12) Seegang *m*; *fig.* Aufregung *f*; *pl.* Unruhen *f/pl.*
волни́стый (14*K.*) wellig, gewellt
волновáть (7), <вз-> bewegen; aufregen, erregen; **-ся** wallen, wogen; sich aufregen
волновóй (14) Wellen-
волнорéз *m* (1) Wellenbrecher
волоки́та F *f* (5) Amtsschimmel *m*; ***бумáжная ~*** Papierkrieg *m*
волокнó *n* (9; *pl.* волóкна, -кон) Faser *f*
вóлос *m* (1; *pl.* -ы, -, -áм) Haar *n*; ***ни нá волос*** F kein bisschen
волосáтый (14*K.*) behaart
волосóк *m* (1; -скá) Härchen *n*; *El.* Glühfaden; ***на ~, на волоскé*** um ein Haar, um Haaresbreite; ***висéть на волоскé*** an e-m dünnen Faden hängen
волочи́ть (16) schleppen, schleifen
вóлчий (18) Wolfs-; wölfisch; ***~ аппети́т*** *m* Bärenhunger
волчóк *m* (1; -чкá) Brummkreisel, Kreisel
волшéбник *m* (1) Zauberer
волшéбница *f* (5) Zauberin
волшéбный (14; -бен, -бна) zauberhaft, wunderbar; Zauber-

волшебствó *n* (9) Zauberei *f*
вольгóтный F (14; -тен, -тна) frei, ungebunden
вольнолюби́вый (14*K.*) freiheitsliebend
вольнослу́шатель *m* (4) Gasthörer
вóльный (14; -лен, -льнá) frei, unabhängig; ***вóльно!*** *Mil.* rührt euch!
вóля *f* (6) Wille *m*; Freiheit; ***на вóле*** im Freien; ***~ вáша*** wie Sie wollen; ***э́то в вáшей вóле*** es steht Ihnen frei; ***брать вóлю*** sich (viel) herausnehmen
вон F *Adv.* hinaus, fort, weg; ***пошёл ~!*** hau ab!
вонзáть (1), <вонзи́ть> (15*e.*) hineinstoßen
вонь *f* (8) F Gestank *m*
воня́ть (28) F stinken (T nach)
воображáемый (14*K.*) eingebildet, imaginär
воображáть (1), <вообрази́ть> (15*e.*) (*a.* **себé**) sich vorstellen; sich denken; (**о себé** von sich) eingenommen sein
воображéние *n* (12) Einbildungskraft *f*, Phantasie *f*
вообщé überhaupt; im Allgemeinen; ***~ говоря́*** eigentlich
воодушевлéние *n* (12) Begeisterung *f*
воодушевля́ть (28), <воодушеви́ть> (14*e.*) begeistern (**на** B für); **-ся** sich begeistern (T für)
вооружáть (1), <вооружи́ть> (16*e.*) bewaffnen, ausrüsten (T mit); *fig.* versehen
вооружéние *n* (12) Bewaffnung *f*; Ausrüstung *f*
вооружённость *f* (8) Ausrüstungsstand *m*, Ausstattung
вооружённый (14*K.*) bewaffnet; ***вооружённые си́лы*** *pl.* Streitkräfte
во-пéрвых erstens
вопи́ть F (14*e.*) laut schreien
вопию́щий (17) himmelschreiend; empörend
воплощáть (1), <воплоти́ть> (15*e.*; -т/щ-) verkörpern; **-ся** sich verwirklichen
воплощéние *n* (12) Verkörperung *f*; Gestaltung *f*
вопреки́ (Д) entgegen, trotz
вопрóс *m* (1) Frage *f*; Angelegenheit *f*; ***~ в том ...*** das Problem liegt darin ..., es handelt sich darum ...; ***~ не в э́том*** es geht nicht darum; ***что за ~!*** F natürlich!, klar!
вопроси́тельный (14; -лен, -льна) fragend; (*o.K.*) *Gr.* Frage-; ***~ знак*** *m* Fragezeichen *n*
вопрóсный (14) Frage-; ***~ лист*** *m* Fragebogen
вор *m* (1; *ab Gpl. e.*) Dieb
ворвáться → ***врывáться***
воробéй *m* (3; -бья́; -бьёв) Sperling, Spatz
воровáтый F (14*K.*) durchtrieben, spitzbübisch
воровáть (7) stehlen
воровствó *n* (9) Diebstahl *m*
вóрон *m* (1) Rabe
ворóна *f* (5) Krähe
ворóнка *f* (5; -нок) Trichter *m*
ворóта *pl.* (9) Tor *n*; ***триумфáльные ~*** Triumphbogen *m*; ***удáр*** *m* ***по ~м*** *Sp.* Torschuss
воротни́к *m* (1*e.*) Kragen
воротничóк *m* (1; -чкá) (kleiner) Kragen, Hemdkragen
ворóчать (1) schieben, rücken; umwenden; mit Mühe bewegen; **-ся** sich wälzen, sich hin und her drehen
вороши́ть F (16*e.*) (um)wenden
ворчáть (4*e.*) brummen, knurren
ворчу́н F *m* (1*e.*) Brummbär
восем|нáдцатый (14) achtzehnte(r); **~нáдцать** (35) achtzehn
вóсемь (35*e.*; восьми́; -ю́) acht; **~десят** (35; восьми́десяти) achtzig; **~сóт** (36; восьмисóт) achthundert; **~ю** achtmal
воск *m* (1) Wachs *n*
восклицáние *n* (12) Ausruf *m*, Zuruf *m*
восклицáтельный (14) Ausrufe-, Ausrufungs-; ***~ знак*** *m* Ausrufungszeichen *n*
восклицáть (1), <воскли́кнуть> (20) ausrufen
восковóй (14) Wachs-
воскресáть (1), <воскрéснуть> (21) auferstehen (***из*** P von); wiedererwachen, wiederaufleben
воскресéние *n* (12) *Rel.* Auferstehung *f*

воскресе́нье *n* (10) Sonntag *m* (**в** В am)
воскре́сный (14) Sonntags-; sonntäglich
воспале́ние *n* (12) Entzündung *f*; **~ *лёгких*** Lungenentzündung *f*
воспалённый (14*K*.) entzündet
воспаля́ться (28), <воспали́ться> (13*e*.) sich entzünden
воспита́ние *n* (12) Erziehung *f*; Benehmen
воспи́танный (14*K*.) wohlerzogen
воспита́тель *m* (4), **~ница** *f* (5) Erzieher(in *f*)
воспи́тывать, <воспита́ть> (1) erziehen
воспламене́ние *n* (12) Entzündung *f*
воспламеня́ть (28), <воспламени́ть> (13*e*.) entzünden; **-ся** in Brand geraten; sich entzünden (T an)
восполня́ть (28), <воспо́лнить> (13) ergänzen, vervollständigen; *Lücke* ausfüllen
воспомина́ние *n* (12) Erinnerung *f* (**о** П an)
воспреща́ть (1), <воспрети́ть> (15*e*.; -т/щ-) verbieten; ***вход воспрещён*** Eintritt verboten
восприи́мчивый (14*K*.) empfänglich (**к** Д für)
воспринима́ть (1), <восприня́ть> (-приму́, -при́мешь) wahrnehmen, verstehen; auffassen, begreifen
восприя́тие *n* (12) Wahrnehmung *f*
воспроизведе́ние *n* (12) Wiedergabe *f*; Reproduktion *f*; Nachdruck *m*
воспроизводи́ть (15), <воспроизвести́> (25) wiedergeben; reproduzieren
воссоедине́ние *n* (12) Wiedervereinigung *f*
воссоединя́ть (28), <воссоедини́ть> (13*e*.) wieder vereinigen
воссоздава́ть (5), <воссозда́ть> (-да́м, -да́шь) wiederherstellen; sich vergegenwärtigen
восстава́ть (5), <восста́ть> (-ста́ну, -ста́нешь) sich erheben, sich auflehnen
восстана́вливать (1), <восстанови́ть> (14) wiederherstellen; wieder aufbauen; restaurieren; wieder einsetzen (**в** П in)
восста́ние *n* (12) Aufstand *m*
восстанови́тельный (14) Wiederaufbau-, Renovierungs-
восстановле́ние *n* (12) Wiederherstellung *f*; Wiederaufbau
восста́ть → ***восстава́ть***
восто́к *m* (1) Osten; ***на ~*** nach Osten; ***на ~е*** im Osten; ***Бли́жний ~*** der Nahe Osten
восто́рг *m* (1) Entzücken *n*; ***в ~е от*** P entzückt von; ***приводи́ть в ~*** in Entzücken versetzen
восто́рженный (14*K*.) begeistert, entzückt
восторжествова́ть (7) *pf.* die Oberhand gewinnen, siegen
восто́чный (14) Ost-, orientalisch
востре́бование *n* (12) Anforderung *f*; ***до востре́бования*** postlagernd
востре́бовать (7) *pf.* anfordern; sich aushändigen lassen
восхваля́ть (28), <восхвали́ть> (13*e*.) preisen
восхити́тельный (14; -лен, -льна) entzückend, bezaubernd
восхища́ть (1), <восхити́ть> (15*e*.; -т/щ-) hinreißen, entzücken; **-ся** entzückt sein, begeistert sein (T von)
восхище́ние *n* (12) Entzücken, Begeisterung *f*
восхо́д *m* (1) Aufgang *m*, Aufstieg *m*; ***~ со́лнца*** Sonnenaufgang
восходи́ть (15), <взойти́> (взойду́, -дёшь) hinaufsteigen, (**на** В) besteigen; *Astr.* aufgehen
восходя́щий (17) aufsteigend; *fig.* aufgehend
восхожде́ние *n* (12) Aufstieg *m*
восьмёрка *f* (5; -рок) Acht; Achter *m*; Straßenbahn der Linie 8
восьми|деся́тый (14) achtzigste(r); **~кра́тный** (14) achtfach; **~ле́тний** (15) achtjährig; **~ме́сячный** (14) achtmonatig; **~уго́льный** (14) achteckig; **~часово́й** (14) achtstündig, Achtstunden-; **~эта́жный** (14) achtstöckig
восьмо́й (14) achte(r)
вот da, da ist, da sind; das ist; nun; eben; ***~ э́тот*** dieser da; ***~ и всё*** das ist alles; ***~ как!*** F sieh da!; da sieh mal einer an!
воткну́ть → ***втыка́ть***

воцаря́ться (28), <воцари́ться> (13*e.*) *fig.* eintreten; anbrechen
вошь *f* (8; вши; во́шью) Laus
впада́ть (1), <впасть> (25; впал, -а) einfallen, einsinken; *fig.* geraten, verfallen; *impf.* münden
впа́дина *f* (5) Vertiefung
впа́лый (14*K.*) eingefallen, hohl
впервы́е zum ersten Mal
вперёд nach vorn; vorwärts, vor; F im Voraus; in Zukunft
впереди́ 1. *Adv.* voraus, voran; **2.** *Prp.* (P) vor
вперемéжку F abwechselnd
вперемéшку F durcheinander, kunterbunt
вперя́ть (28), <впери́ть> (13*e.*) *Blick* richten, heften (***в*** B auf), anstarren
впечатлéние *n* (12) Eindruck *m*
впечатли́тельный (14; -лен, -льна) empfänglich, sensibel
впива́ться (1), <впи́ться> (вопью́сь, вопьёшься; впи́лся, -ла́сь, -ло́сь) sich festsaugen; *fig.* sich anklammern (***в*** B an)
впи́сывать (1), <вписа́ть> (3) eintragen, einfügen
впи́тывать, <впита́ть> (1) aufsaugen, einsaugen; *fig.* in sich aufnehmen; **-ся** eindringen, einsickern
впи́ться → ***впива́ться***
впи́хивать F (1), <впихну́ть> (20) hineinstoßen, hineinzwängen
вплотну́ю dicht, ganz nahe (***к*** Д an); *fig.* F ernsthaft
вплоть: *~ до* bis
впова́лку F nebeneinander(liegend)
вполго́лоса halblaut, leise
вполза́ть (1), <вползти́> (24) hineinkriechen; hinaufkriechen
вполнé völlig, vollkommen
вполови́ну zur Hälfte
впопа́д F treffend, passend
впо́ру F passend
впослéдствии später, nachher
впотьма́х F im Dunkeln, im Finstern
впра́ве zu Recht; ***быть ~*** berechtigt sein
вправля́ть (28), <впра́вить> (14) einrenken
впра́во nach rechts; rechts
впредь künftig, in Zukunft; ***~ до (дальнéйшего) распоряжéния*** bis auf weiteres
впро́чем im Übrigen, übrigens
впры́скивание *n* (12) Injektion *f*
впры́скивать (1), <впры́снуть> (20) injizieren
впряга́ть (1), <впрячь> (26; -г/ж-) einspannen, anspannen
впуск *m* (1) Einlass
впуска́ть (1), <впусти́ть> (15) einlassen, hineinlassen, hereinlassen
впя́теро fünfmal, fünffach
в-пя́тых fünftens
враба́тываться, <врабо́таться> F (1) sich einarbeiten
враг *m* (1*e.*) Feind; Gegner
вражда́ *f* (5) Feindschaft
враждéбный (14; -бен, -бна) feindselig; feindlich
враждова́ть (7) auf Kriegsfuß stehen
вра́жеский (16) feindlich, Feindes-
враз P auf einmal, zugleich; sofort
вразуми́тельный (14; -лен, -льна) verständlich, klar
вразумля́ть (28), <вразуми́ть> (14*e.*) zur Vernunft bringen
врасплóх: *застига́ть ~* überraschen
врассыпну́ю zerstreut, in alle Richtungen
враста́ть (1), <врасти́> (25; -т-) hineinwachsen; sich einleben
врата́рь *m* (4*e.*) *Sp.* Torwart
врать F (вру, врёшь; врал, -а́), <со-> lügen, flunkern
врач *m* (1*e.*; -éй) Arzt; ***~ по вну́тренним болéзням*** Internist
врачéбный (14) ärztlich
враща́ть (1) drehen; **-ся** kreisen (***вокру́г*** P um)
вред *m* (1*e.*) Schaden, Nachteil
вреди́тель *m* (4) Schädling
вреди́ть (15*e.*), <по-> (вреждённый) schaden; schädigen (Д *j-n*)
вре́дный (14; -ден, -дна́) schädlich
вреза́ть (1), <вре́зать> (3) einschneiden; *fig.* einprägen; **-ся** eindringen, einschneiden; *fig.* sich einprägen
времена́ми zeitweise, zuweilen
временно́й (14) zeitlich, Zeit-
вре́менный (14; -енен, -енна) zeitweilig, vorübergehend; provisorisch
вре́мя *n* (13) Zeit *f*; ***~ го́да*** Jahres-

В

zeit *f*; ***в то же ~*** zur gleichen Zeit; ***в своё ~*** seinerzeit; zu gegebener Zeit; ***в ско́ром вре́мени*** bald, nächstens; ***во ~*** (P) während; ***от вре́мени до вре́мени*** von Zeit zu Zeit; ***тем вре́менем*** inzwischen; ***~ не те́рпит*** die Zeit drängt

времяисчисле́ние *n* (12) Zeitrechnung *f*

времяпрепровожде́ние *n* (12) Zeitvertreib *m* (***для*** P zum)

вро́де (P) ähnlich; in der Art (von)

врозь getrennt

вруба́ть (1), <вруби́ть> (14) einrammen

врун F *m* (1*e.*) Lügner

вруча́ть (1), <вручи́ть> (16*e.*) aushändigen, überreichen

вруче́ние *n* (12) Aushändigung *f*, Überreichung *f*

вручну́ю von Hand, manuell

врыва́ть (1), <врыть> (22) eingraben

врыва́ться (1), <ворва́ться> (ворву́сь, -вёшься) einbrechen, eindringen

врыть → ***врыва́ть***

вряд ли kaum, schwerlich

вса́дник *m* (1) Reiter

вса́сывать (1), <всоса́ть> (всосу́, -сёшь; всо́санный) einsaugen, aufsaugen

всё → ***весь***; immer, immerzu; ***~ же*** doch, dennoch

всевозмо́жный (14) allerlei, allerhand

всегда́ immer, stets

всегда́шний (15) ständig, immer während

всего́ insgesamt, im Ganzen; ***~ лишь*** erst

в-седьмы́х sieb(en)tens

вселе́нная *f* (14) Weltall *n*, Universum *n*

вселе́нский (16) ökumenisch

вселя́ть (28), <всели́ть> (13*e.*) einquartieren; **-ся** einziehen

всеме́рный (14) größtmöglich

всеме́рно mit allen Mitteln

все́меро siebenmal, siebenfach

все|ми́рный (14) Welt-; weltweit; **~могу́щий** (17*K.*) allmächtig; **~о́бщий** (17*K.*) allgemein; **~объе́млющий** (17*K.*) allumfassend

всерьёз ernstlich, im Ernst

все|си́льный (14; -лен, -льна) allmächtig, allgewaltig; **~сторо́нний** (15; -о́нен, -о́ння) allseitig, umfassend

всё-таки doch, dennoch

вска́кивать (1), <вскочи́ть> (16) springen; aufspringen, auffahren

вски́дывать (1), <вски́нуть> (20) hinaufwerfen

вскипа́ть (1), <вскипе́ть> (10*e.*) aufkochen; *fig.* aufbrausen

вскользь beiläufig; nebenbei

вско́ре bald; in kurzer Zeit

вскочи́ть → ***вска́кивать***

вскри́кивать (1), <вскри́кнуть> (20) aufschreien

вскрича́ть (4*e.*) *pf.* ausrufen

вскружи́ть (16/16*e.*) *pf. fig.* verdrehen

вскрыва́ть (1), <вскрыть> (22) aufmachen, öffnen; aufdecken; *Med.* sezieren, obduzieren

всласть F zur Genüge

вслед hinterher; ***~ за ...*** unmittelbar nach ... (T); ***~ за тем*** gleich darauf

вследствие (P) infolge; ***~ э́того*** infolgedessen

вслепу́ю blindlings; aufs Geratewohl

вслух laut; ***чита́ть ~*** vorlesen

всма́триваться (1), <всмотре́ться> (9) genauer ansehen, fixieren

всо́вывать (1), <всу́нуть> (20) hineinstecken

всоса́ть → ***вса́сывать***

вспа́рывать (1), <вспоро́ть> (17) auftrennen

всплыва́ть (1), <всплыть> (23) auftauchen

вспомина́ть (1), <вспо́мнить> (13) sich erinnern (В, ***о*** П an); **-ся:** einfallen

вспомога́тельный (14) Hilfs-

вспоро́ть → ***вспа́рывать***

вспры́гивать (1), <вспры́гнуть> (20) aufspringen

вспры́скивать (1), <вспры́снуть> (20) besprengen

вспу́гивать (1), <вспугну́ть> (20) aufscheuchen, aufschrecken

вспуха́ть (1) → ***пу́хнуть***

вспыли́ть (13*e.*) *pf.* aufbrausen

вспы́льчивый (14*K.*) aufbrausend, jähzornig
вспы́хивать (1), <вспы́хнуть> (20) aufflammen, auflodern; ausbrechen
вспы́шка *f* (5; -шек) Aufblitzen *n*; Ausbruch *m*; *Fot.* Blitzlicht *n*
вспять zurück, rückwärts
встава́ть (5), <встать> (вста́ну, -нешь; -нь!) aufstehen, sich erheben; *Astr.* aufgehen; steigen (***на*** В auf)
вста́вка *f* (5; -вок) Einsetzen *n*, Einfügen *n*; Einschub *m*
вставля́ть (28), <вста́вить> (14) einsetzen, einfügen
вставно́й (14) eingesetzt; *Zähne*: falsch, künstlich
встать → ***встава́ть***
встра́ивать (1), <встро́ить> (13) einbauen
встрепену́ться (20) *pf.* auffahren, zusammenzucken; munter werden
встре́ча *f* (5) Begegnung, Treffen *n*, Zusammenkunft
встреча́ть (1), <встре́тить> (15) begegnen (В), treffen; empfangen, begrüßen; **-ся** (**с** Т) einander begegnen; vorkommen
встре́чный (14) entgegenkommend; Gegen-; ***пе́рвый ~*** *m* F der erste Beste
встро́енный (14*K.*) eingebaut, Einbau-
встро́ить → ***встра́ивать***
встря́хивать (1), <встряхну́ть> (20) aufschütteln; *fig.* aufrütteln, wachrütteln; **-ся** sich schütteln; *pf. fig.* Mut fassen; sich zerstreuen
вступа́ть (1), <вступи́ть> (14) einziehen, einrücken, (***в***, ***на*** В); beitreten; *Ehe* eingehen; **-ся** eintreten, sich einsetzen (***за*** В für); ***вступи́ть в си́лу*** in Kraft treten
вступи́тельный (14) Eintritts-, Antritts-
вступле́ние *n* (12) Eintritt *m*, Beitritt *m*; Einleitung *f*
всу́нуть → ***всо́вывать***
всу́чивать (1), <всучи́ть> (16/16*e.*) eindrehen, einflechten; F aufschwatzen
всходи́ть (15), <взойти́> (взойду́, -дёшь) hinaufsteigen; *Sonne* aufgehen
всхра́пывать (1), *einm.* <всхрапну́ть> (20) schnarchen
всыпа́ть (1), <всы́пать> (2) hineinschütten; F (Д) verprügeln
всю́ду überall
вся́кий (16) jeder, jeder Beliebige; ***вся́кое быва́ет*** nichts ist unmöglich; ***во вся́ком слу́чае*** jedenfalls; ***на ~ слу́чай*** auf alle Fälle
вта́йне insgeheim, im Geheimen
вта́лкивать (1), <втолкну́ть> (20) hineinstoßen
вта́птывать (1), <втопта́ть> (3) hineintreten
вта́скивать (1), <втащи́ть> (16) hineinschleppen; hineinziehen
втека́ть (1), <втечь> (26) hineinfließen; (ein)münden
втира́ть (1), <втере́ть> (12; вотру́, -трёшь) einreiben; **-ся** eindringen; sich einschleichen
втихомо́лку F im Stillen, heimlich
втолкну́ть → ***вта́лкивать***
втопта́ть → ***вта́птывать***
вторга́ться (1), <вто́ргнуться> (21) eindringen, einbrechen
вторже́ние *n* (12) Einfall *m*, Invasion *f*
втори́чный (14; -чен, -чна) nochmalig, wiederholt; zum zweiten Mal
вто́рник *m* (1) Dienstag (***во*** В am); ***по ~ам*** dienstags
второ́е *n* (14) *Kochk.* Hauptgericht
второ́й (14) zweite(r); ***~ эта́ж*** *m* erster Stock; ***~ по величине́*** zweitgrößte(r)
второстепе́нный (14; -е́нен, -е́нна) zweitrangig; nebensächlich
в-тре́тьих drittens
втро́е dreimal, dreifach; ***~ бо́льше*** dreimal so viel
втуз *m* (1) technische Hochschule *f*
вту́лка *f* (5; -лок) Buchse
втыка́ть (1), <воткну́ть> (20) hineinstecken, hineinstoßen
втя́гивать (1), <втяну́ть> (19) einziehen, hineinziehen; **-ся** (***в*** В) sich gewöhnen (an)
вуали́ровать (7), <за-> verschleiern
вуз *m* (1) Hochschule *f*
вход *m* (1) Eingang; Eintritt, Zutritt; *EDV* Eingabe *f*
входи́ть (15), <войти́> (войду́, -дёшь) (***в*** В) hineingehen, eintreten; einsteigen; *impf.* gehören (zu);

~ ***во вкус*** auf den Geschmack kommen (P von), Gefallen finden (an); ***войди́те!*** herein!
входно́й (14) Eingangs-, Eintritts-
входя́щий (17) eingehend
вцепля́ться (28), <вцепи́ться> (14) sich festklammern (***в*** B an)
вчера́ gestern; **~шний** (15) gestrig, von gestern
вчерне́ im Entwurf; im Rohbau
вче́тверо viermal, vierfach
в-четвёртых viertens
вше́стеро sechsmal, sechsfach
в-шесты́х sechstens
вшива́ть (1), <вшить> (вошью́, -шьёшь) einnähen, einsetzen
вши́вый (14*K.*) verlaust
вширь in die Breite
вшить → ***вшива́ть***
въеда́ться (1), <въе́сться> (въе́стся; въе́лся) sich hineinfressen; eindringen
въезд *m* (1) Einfahrt *f*; Einreise *f*; **~но́й** (14) Einfahrts-; Einreise-
въезжа́ть (1), <въе́хать> (въе́ду, -дешь; въезжа́й!) hineinfahren; einreisen; einziehen
въе́сться → ***въеда́ться***
вы (21) ihr; Sie
выбега́ть (1), <вы́бежать> (4; вы́бегу, вы́бежишь, вы́бегут; вы́беги!) hinauslaufen, herauslaufen
выбива́ть (1), <вы́бить> (вы́бью, -бьешь; -бей!; вы́битый) herausschlagen; einschlagen; ausklopfen; **-ся** sich emporarbeiten; hervorsprießen; ***-ся из сил*** erschöpft sein; ***-ся на доро́гу*** *fig.* den rechten Weg finden
выбира́ть (1), <вы́брать> (-беру, -берешь; вы́бранный) auswählen; herausnehmen; **-ся** sich herausarbeiten, wieder herausfinden, herauskommen; umziehen
вы́боина *f* (5) Schlagloch *n*
вы́бор *m* (1) Wahl *f*, Auswahl; *pl.* Wahl(en *pl.*) *f*
вы́борка *f* (5; -рок) Auswahl, Auszug *m*, Exzerpt *n*
вы́борный (14) Wahl-
выбра́сывать (1), <вы́бросить> (15) hinauswerfen; wegwerfen; *Geld* vergeuden
вы́брать(ся) → ***выбира́ть(ся)***
вы́бросить → ***выбра́сывать***
выбыва́ть (1), <вы́быть> (вы́буду, -дешь) ausscheiden; wegziehen, ausziehen
выва́ливать (1), <вы́валить> (13) hinausstürzen; **-ся** hinausfallen, herausfallen
выве́дывать F, <вы́ведать> (1) ausforschen, auskundschaften
вы́везти → ***вывози́ть***
вывёртывать (1), <вы́вернуть> (20) herausschrauben
вы́весить → ***выве́шивать***
вы́веска *f* (5; -сок) Firmenschild *n*; Aushängeschild *n* (*a. fig.*)
вы́вести → ***выводи́ть***
выве́тривать (1), <вы́ветрить> (13) auslüften
выве́шивать (1), <вы́весить> (15) heraushängen; abwiegen
выви́нчивать (1), <вы́винтить> (15) herausschrauben, abschrauben
вы́вих *m* (1) Verrenkung *f*, Verstauchung *f*
вы́вихнуть (20) *pf.* verrenken, verstauchen
вы́вод *m* (1) Schlussfolgerung *f*, Schluss; Abzug; Ableitung *f*
выводи́ть (15), <вы́вести> (25) hinausführen; hinausbringen; ausschließen; entfernen, ausrotten; schlussfolgern
вы́воз *m* (1) Abtransport; Ausfuhr *f*, Export
вывози́ть (15), <вы́везти> (24) abfahren, abtransportieren, wegbringen; mitbringen; anliefern; ausführen, exportieren; F *pf.* aus der Patsche helfen
вывозно́й (14) Ausfuhr-, Export-
вывора́чивать (1), <вы́воротить> (15) herausdrehen, herausziehen
выга́дывать, <вы́гадать> (1) gewinnen, Nutzen ziehen (aus)
вы́глядеть (11) aussehen (T wie)
вы́гнать → ***выгоня́ть***
выгова́ривать (1), <вы́говорить> (13) aussprechen; *impf.* tadeln, rügen (Д)
вы́говор *m* (1) Aussprache *f*; Rüge *f*, Verweis
вы́года *f* (5) Vorteil *m*, Nutzen *m*

вы́годный (14; -ден, -дна) vorteilhaft (Д für), Gewinn bringend
вы́гон *m* (1) Weide *f*
выгоня́ть (28), <вы́гнать> (вы́гоню, -гонишь; -гнала) hinausjagen, hinauswerfen
выгора́живать (1), <вы́городить> (15) einzäunen; in Schutz nehmen
выгора́ть (1), <вы́гореть> (9) niederbrennen, verbrennen
вы́городить → ***выгора́живать***
выгружа́ть (1), <вы́грузить> (15) ausladen; *Mar.* löschen
выдава́ть (5), <вы́дать> (вы́дам, -дашь; -дала) ausgeben; aushändigen; ausstellen; *Geld* auszahlen; **-ся** herausragen, vorspringen; sich hervortun; sich ereignen
выда́вливать (1), <вы́давить> (14) auspressen, ausquetschen
выда́лбливать (1), <вы́долбить> (14) aushöhlen, ausmeißeln
вы́дать(ся) → ***выдава́ть(ся)***
вы́дача *f* (5) Ausgabe, Übergabe; Auslieferung
выдаю́щийся (17) hervorragend, bedeutend
выдвига́ть (1), <вы́двинуть> (20) hervorrücken; *fig.* vorbringen; *Frage* aufwerfen; *Kandidaten* nominieren, aufstellen (**в** И *pl.* als), befördern (zu)
выдвиже́ние *n* (12) Nominierung *f*; Beförderung *f*
выдвижно́й (14) ausziehbar; Schub-
вы́делать → ***выде́лывать***
выделе́ние *n* (12) Aussonderung *f*; *Chem.* Ausscheidung *f*
вы́делить(ся) → ***выделя́ть(ся)***
выде́лывать, <вы́делать> (1) bearbeiten; ausführen
выделя́ть (28), <вы́делить> (13) aussondern, absondern; **-ся** sich auszeichnen, sich hervortun
выдёргивать (1), <вы́дернуть> (20) herausreißen, herausziehen
вы́держанный (14K.) beherrscht; konsequent; diszipliniert
выде́рживать (1), <вы́держать> (4) aushalten, ertragen; *Wein* ablagern; *Prüfung* bestehen
вы́держка *f* (5; -жек) Ausdauer; *Fot.* Belichtungsdauer
вы́дернуть → ***выдёргивать***
выдира́ть F (1), <вы́драть> (-деру, -дерешь; -дранный) herausreißen; F durchprügeln
вы́долбить → ***выда́лбливать***
вы́дохнуть(ся) → ***выдыха́ть(ся)***
вы́драть → ***выдира́ть***
выдува́ть (1), <вы́дуть> (18) ausblasen
выду́мывать, <вы́думать> (1) ersinnen, erfinden, sich ausdenken
вы́дуть → ***выдува́ть***
выдыха́ть (1), <вы́дохнуть> (20) ausatmen; **-ся** sich verflüchtigen; schal werden; erschöpft sein
вы́езд *m* (1) Abreise *f*; Ausreise *f*; Ausfahrt *f*
выезжа́ть (1), <вы́ехать> (-еду, -едешь; -езжа́й!) hinausfahren, ausfahren; abfahren; ausziehen
вы́ехать → ***выезжа́ть***
вы́жать[1,2] → ***выжима́ть***; ***выжина́ть***
вы́жечь → ***выжига́ть***
выжива́ть (1), <вы́жить> (-иву, -ивешь) am Leben bleiben, überleben; aushalten, ertragen
выжида́тельный (14) abwartend
выжида́ть (1), <вы́ждать> (-жду, -ждешь; *Prät. st.*) abwarten
выжима́ть (1), <вы́жать[1]> (-жму, -жмешь; -жатый) auspressen, ausdrücken; *Sp.* drücken
выжина́ть (1), <вы́жать[2]> (-жну, -жнешь; -жатый) abernten
вы́жить → ***выжива́ть***
вы́звать → ***вызыва́ть***
выздора́вливать (1), <вы́здороветь> (8) gesund werden, genesen
выздоровле́ние *n* (12) Genesung *f*
вы́зов *m* (1) Einladung *f*, Aufforderung *f*, Herausforderung *f*
вызыва́ть (1), <вы́звать> (-зову, -зовешь; -звала; -званный) herbeirufen; einladen, kommen lassen; aufrufen; ***вы́звать по телефо́ну*** anrufen
вызыва́ющий (17) herausfordernd
вы́игрывать, <вы́играть> (1) gewinnen; *fig.* e-n Vorteil haben
вы́игрыш *m* (1; -ей) Gewinn; *fig.* Vorteil
вы́игрышный (14; -шен, -шна) vorteilhaft, Gewinn bringend
вы́йти → ***выходи́ть***

выка́зывать F (1), <вы́казать> (3) zeigen, beweisen

выка́пывать, <вы́копать> (1) ausgraben; auskramen

выка́рмливать (1), <вы́кормить> (14) aufziehen, großziehen

выка́тывать (1) **1.** <вы́катать> (1) rollen, mangeln; **2.** <вы́катить> (15) aufreißen; ***вы́катить глаза́*** die Augen aufreißen

выка́чивать, <вы́качать> (1) auspumpen

выка́шивать (1), <вы́косить> (15) abmähen

выки́дывать (1), <вы́кинуть> (20) hinauswerfen; wegwerfen; entfernen, streichen

вы́кидыш *m* (1; -ей) Fehlgeburt *f*; Abtreibung *f*

выкипа́ть (1), <вы́кипеть> (10) auskochen

вы́кладка *f* (5; -док) Auslegung, Ausmauerung

выкла́дывать (1), <вы́ложить> (16) auslegen, belegen; *fig.* F ausbreiten, auspacken

выклика́ть (1), <вы́кликнуть> (20) aufrufen

выключа́тель *m* (4) Schalter

выключа́ть (1), <вы́ключить> (16) ausschalten, abschalten

выко́вывать (1) → ***кова́ть***[1]

выкола́чивать (1), <вы́колотить> (15) ausklopfen

вы́копать → ***выка́пывать***

вы́кормить → ***выка́рмливать***

выкорчёвывать (1), <вы́корчевать> (6; -у-) ausroden; *fig.* ausrotten, ausmerzen

вы́косить → ***выка́шивать***

выкра́дывать (1), <вы́красть> (25) stehlen

выкра́ивать (1), <вы́кроить> (13) zuschneiden

вы́красть → ***выкра́дывать***

вы́крик *m* (1) Schrei, Ausruf

выкри́кивать (1), <вы́крикнуть> (20) laut ausrufen; aufschreien

вы́кроить → ***выкра́ивать***

вы́кройка *f* (5; -оек) Schnittmuster *n*

вы́куп *m* (1) Loskauf, Freikauf; Einlösung *f*; Lösegeld *n*

выкупа́ть (1), <вы́купить> (14) loskaufen; einlösen

выку́ривать (1), <вы́курить> (13) zu Ende rauchen; (*Schnaps*) brennen

вы́лазка *f* (5; -зок) *Mil.* Ausfall *m*, unerwarteter Überfall

вы́лежать F (4) *pf.* das Bett hüten

вылеза́ть (1), <вы́лезти, вы́лезть> (24) hinauskriechen; herausklettern

вы́лет *m* (1) Abflug, Start

вылета́ть (1), <вы́лететь> (11) hinausfliegen; *Flgw.* abfliegen, starten; hinausstürzen; ***э́то вы́летело у меня́ из головы́*** das habe ich total vergessen

выле́чивать (1), <вы́лечить> (16) auskurieren, heilen (*a. fig.*); **-ся** gesund werden

вылива́ть (1), <вы́лить> (вы́лью, -льешь; -лила; -лита) ausgießen, ausschütten; **-ся** ausfließen

вылі́зывать (1), <вы́лизать> (3) auslecken; belecken; F blitzblank putzen

вы́литый (14) *fig.* wie aus dem Gesicht geschnitten (И)

вы́лить(ся) → ***вылива́ть(ся)***

вы́ложить → ***выкла́дывать***

вылу́щивать (1), <вы́лущить> (16) aushülsen, enthülsen

выма́зывать (1), <вы́мазать> (3) beschmieren, beschmutzen

выма́ливать (1), <вы́молить> (13) erflehen, erbetteln

выма́нивать F (1), <вы́манить> (13) herauslocken

вы́марать → ***выма́рывать***

выма́ривать (1), <вы́морить> (13) vertilgen, ausrotten

выма́тывать F, <вы́мотать> (1) *fig.* zermürben, erschöpfen

выма́чивать (1), <вы́мочить> (16) durchnässen

выме́нивать (1), <вы́менять> (28) austauschen, eintauschen (***на*** В gegen)

вы́мереть → ***вымира́ть***

вымерза́ть (1), <вы́мерзнуть> (21) erfrieren

выме́ривать (1), <вы́мерить> (13) ausmessen

вымета́ть (1), <вы́мести> (25; -т-) auskehren, ausfegen

вымира́ть (1), <вы́мереть> (12) aussterben

вымога́тель *m* (4) Erpresser; **~ский** (16) erpresserisch; **~ство** *n* (9) Erpressung *f*
вымога́ть (1) erpressen
вы́молить → ***выма́ливать***
вы́молотить (15) *pf.* ausdreschen
вы́морить → ***выма́ривать***
вы́морозить (15) abkühlen, auskühlen
вы́мотать → ***выма́тывать***
вы́мпел *m* (1) Wimpel
вымыва́ть (1), <вы́мыть> (22) auswaschen
вы́мысел *m* (1; -сла) Erfindung *f*
вы́мышленный (14*K*.) erfunden, erdichtet
вы́мя *n* (13) Euter
вына́шивать (1), <вы́носить> (15) *Kind* austragen; *fig.* durchdenken
вы́нести → ***выноси́ть***
вынима́ть (1), <вы́нуть> (20) herausnehmen, herausziehen
вы́носить[1] (15), <вы́нести> (25; -су, -сешь; -с, -сла; -сенный) hinaustragen; wegtragen, wegbringen; *fig.* aushalten, ertragen; *Urteil* fällen
вы́носить[2] → ***вына́шивать***
выно́сливый (14*K*.) widerstandsfähig, ausdauernd
вынужда́ть (1), <вы́нудить> (15) zwingen, erzwingen
вы́нужденный (14*K*.) erzwungen, notgedrungen
вы́нуть → ***вынима́ть***
вы́нырнуть (20) *pf.* auftauchen
вы́нянчить F (16) *pf.* großziehen
выпада́ть (1), <вы́пасть> (25) herausfallen; ausfallen; *Met.* fallen; ***вы́пал снег*** es hat geschneit
выпа́лывать (1) → ***поло́ть***
выпа́ривать (1), <вы́парить> (13) verdampfen lassen; **-ся** verdampfen
выпа́рхивать (1), <вы́порхнуть> (20) herausflattern, aufflattern
выпа́рывать (1), <вы́пороть> (17) abtrennen
вы́пас *m* (1) Weide *f*
вы́пасть → ***выпада́ть***
вы́переть → ***выпира́ть***
выпива́ть (1), <вы́пить> (-пью, -пьешь; -пей!; -пил; -пит) austrinken; ***он вы́пил*** er ist betrunken
выпи́ливать (1), <вы́пилить> (13) aussägen
вы́писка *f* (5; -сок) Bestellung, Bezug *m*; Abmeldung
выпи́сывать (1), <вы́писать> (3) herausschreiben, Auszüge machen; *Quittung* ausschreiben; *Zeitung* beziehen, abonnieren; entlassen; abmelden
вы́плата *f* (5) Auszahlung, Zahlung
выпла́чивать (1), <вы́платить> (15) auszahlen, bezahlen
выплёскивать (1), <вы́плескать> (3) ausschütten; vergießen
выполза́ть (1), <вы́ползти> (24) herauskriechen, hervorkriechen
выполне́ние *n* (12) Erfüllung *f*; Ausführung *f*
выполня́ть (28), <вы́полнить> (13) erfüllen; ausführen; erledigen
вы́пороть → ***выпа́рывать***
вы́порхнуть → ***выпа́рхивать***
выпра́шивать (1), <вы́просить> (15) erbitten, erflehen
вы́просить → ***выпра́шивать***
выпрями́тель *m* (4) *El.* Gleichrichter
вы́пуклость *f* (8) Wölbung; *Phys.* Konvexität
вы́пуклый (14*K*.) gewölbt; erhaben; *Phys.* konvex
вы́пуск *m* (1) Herauslassen *n*; Herausgabe *von Büchern*; Ausstoß; Fertigung *f*
выпуска́ть (1), <вы́пустить> (15) hinauslassen; entlassen, freilassen; herstellen, produzieren; *Bücher* herausgeben, publizieren
выпускни́к *m* (1*e*.) Abiturient, Absolvent
выпускно́й (14) Abschluss-, Abgangs-, Reife-
вы́пустить → ***выпуска́ть***
выраба́тывать, <вы́работать> (1) erzeugen, herstellen; ausarbeiten, erarbeiten
вы́работка *f* (5; -ток) Herstellung, Erzeugung; Ausarbeitung; Produktion
выра́внивать (1), <вы́ровнять> (28) ebnen, planieren; *Tech.* nivellieren; *Mil.* ausrichten
выража́ть (1), <вы́разить> (15) ausdrücken, zum Ausdruck bringen; **-ся** sich äußern; zum Ausdruck kommen

выраже́ние *n* (12) Ausdruck *m*, Äußerung *f*; Redewendung *f*
вырази́тельный (14; -лен, -льна) ausdrucksvoll; bedeutsam
выраста́ть (1), <вы́расти> (25; -сту, -стешь) aufwachsen, wachsen, groß werden; anwachsen
выра́щивать (1), <вы́растить> (15) züchten; aufziehen, großziehen
вы́рвать(ся) → ***вырыва́ть(ся)***
вы́рез *m* (1) Ausschnitt
выреза́ть, **выре́зывать** (1), <вы́резать> (3) herausschneiden; schnitzen; einritzen, eingravieren
вырисо́вывать (1), <вы́рисовать> (7) sorgfältig zeichnen; **-ся** sich abzeichnen
вы́ровнять → ***выра́внивать***
вы́родок P *m* (1; -дка) Missgeburt *f*
вырожде́ние *n* (12) Entartung *f*; Degeneration *f*, Verfall *m*
выруба́ть (1), <вы́рубить> (14) heraushauen; abholzen
выруча́ть (1), <вы́ручить> (16) aushelfen, helfen (В); F *Gewinn* erzielen
вы́ручка *f* (5; -чек) Hilfe; Erlös *m*
вырыва́ть[1] (1), <вы́рвать> (-ву, -вешь; -вала; -вана) herausreißen, entreißen (***у*** Р); *Zahn* ziehen; **-ся** *impf.* sich losreißen; *pf.* sich befreien
вырыва́ть[2] (1) → ***рыть***
выса́живать (1), <вы́садить> (15) ausschiffen, an Land setzen; auspflanzen; **-ся** aussteigen; an Land gehen
выса́сывать (1), <вы́сосать> (-осу, -осешь) aussaugen, absaugen
высвобожда́ть (1), <вы́свободить> (15) losmachen, frei machen
вы́сев *m* (1) Aussaat *f*
высека́ть (1), <вы́сечь> (26) aushauen; ausmeißeln
выселя́ть (28), <вы́селить> (13) aussiedeln; ausweisen; **-ся** ausziehen; übersiedeln
выска́зывать (1), <вы́сказать> (3) aussprechen, äußern; **-ся** sich äußern, seine Meinung sagen; sich zu Wort melden
выска́кивать (1), <вы́скочить> (16) hinausspringen, herausspringen
выскреба́ть (1), <вы́скрести> (25; -ебу; -ебешь; -еб, -ебла; -ебенный) auskratzen, ausschaben
вы́слать → ***высыла́ть***
высле́живать (1), <вы́следить> (15) *impf.* nachspüren; *pl.* aufspüren
выслу́шивать, <вы́слушать> (1) anhören; *Med.* abhorchen
высме́ивать (1), <вы́смеять> (27; -ею, -еешь) auslachen, verspotten
высо́вывать (1), <вы́сунуть> (20) hinausstrecken; **-ся** sich hinauslehnen
высо́кий (16; высо́к, -á; *Komp.* вы́ше; *Sup.* вы́сший) hoch
высоко|во́льтный (14) Hochspannungs-; **~го́рный** (14) Hochgebirgs-; **~калори́йный** (14) kalorienreich; **~ка́чественный** (14) hochwertig, Qualitäts-; **~квалифици́рованный** (14) hoch qualifiziert; **~ме́рие** *n* (12) Hochmut *m*, Dünkel *m*; **~ме́рный** (14; -рен, -рна) hochmütig, dünkelhaft; **~па́рный** (14; -рен, -рна) schwülstig, geziert; **~про́бный** (14; -бен, -бна) *Tech.* hochkarätig; **~ра́звитый** (14*K.*) hoch entwickelt; **~уважа́емый** (14) hochverehrt; **~часто́тный** (14) Hochfrequenz-
вы́сосать → ***выса́сывать***
высота́ *f* (5; *pl. st.*) Höhe; Anhöhe; ***быть на высоте́ (положе́ния)*** *fig.* auf der Höhe sein, e-r Sache gewachsen sein
высо́тный (14) Höhen-; *Arch.* Hoch-
высотоме́р *m* (1) Höhenmesser
вы́спаться → ***высыпа́ться***[2]
вы́ставка *f* (5; -вок) Ausstellung
выставля́ть (28), <вы́ставить> (14) hinausstellen; ausstellen; zur Schau stellen, auslegen
вы́ставочный (14) Ausstellungs-
выстёгивать (1) → ***стега́ть***
выстила́ть (1), <вы́стлать> (-телю, -телешь), auslegen, belegen, bedecken
вы́стрел *m* (1) Schuss
вы́стрелить (13) *pf.* schießen, e-n Schuss abgeben (***в*** В auf)
вы́ступ *m* (1) Vorsprung
выступа́ть (1), <вы́ступить> (14) hervortreten; *öffentlich* auftreten, sprechen; *Vortrag* halten; ***слёзы вы́ступили у неё на глаза́х*** ihr traten die Tränen in die Augen

выступле́ние *n* (12) Auftritt *m,* Darbietung *f;* Rede *f,* Ansprache *f,* Vortrag *m*
вы́сунуть(ся) → ***высо́вывать(ся)***
высу́шивать (1) → ***суши́ть***
высчи́тывать, <вы́считать> (1) ausrechnen, berechnen
вы́сший (17) → ***высо́кий***; höchste(r), oberste(r); höhere(r); ***вы́сшее образова́ние*** Hochschulbildung *f*
высыла́ть (1), <вы́слать> (вы́шлю, -лешь) abschicken; ausweisen; abschieben
высыпа́ть (1), <вы́сыпать> (2) *v/t* ausschütten
высыпа́ться (1), <вы́спаться> (-плюсь, -пишься; -палась) ausschlafen
высыха́ть (1) → ***со́хнуть***
выта́птывать (1), <вы́топтать> (3) zertrampeln, zertreten
выта́скивать, <вы́таскать> (1), <вы́тащить> (16) herausziehen, hervorziehen; hervorschleppen
выта́чивать (1) → ***точи́ть²***
вы́тащить → ***выта́скивать***
вытека́ть (1), <вы́течь> (26) herausfließen, auslaufen
вы́тереть(ся) → ***вытира́ть(ся)***
вы́тесать → ***вытёсывать***
вытесне́ние *n* (12) Verdrängung *f*
вытесня́ть (28), <вы́теснить> (13) vertreiben, hinaustreiben; verdrängen
вы́течь → ***вытека́ть***
вытира́ть (1), <вы́тереть> (12) abwischen, abtrocknen; **-ся** sich abtrocknen; sich abnutzen
вы́топтать → ***выта́птывать***
вы́требовать (7) *pf.* kommen lassen, anfordern
вытрезвле́ние *n* (12) Ausnüchterung *f*
вытря́хивать (1), <вы́тряхнуть> (20) ausschütteln
выть (22) heulen
вытя́гивать (1), <вы́тянуть> (20) herausziehen; ausstrecken, ausdehnen; **-ся** sich ausdehnen, sich hinziehen; sich ausstrecken
выу́живать (1), <вы́удить> (15) herausangeln
выу́чивать(ся) (1) → ***учи́ть(ся)***
вы́учка *f* (5; -чек) Ausbildung; Lehre
выха́живать (1), <вы́ходить²> (15) gesund pflegen; großziehen
вы́хлоп *m* (1) Auspuff
вы́хлопотать (1) *pf.* erwirken, (sich) verschaffen
вы́ход *m* (1) Ausgang; *Mar.* Auslaufen *n*; *fig.* Ausweg; *Thea.* Auftritt; *Buch*: Erscheinen *n*; *EDV* Ausgabe *f*
выходи́ть¹ (15), <вы́йти> (вы́йду, -йдешь; вы́шел, -шла; -йдя; -шедший) hinausgehen, hinaustreten; verlassen (***из*** P); aussteigen; *Bühne* betreten (***на*** B); *Buch*: erscheinen; *fig.* gelingen, sich erweisen; *aus der Mode*: kommen (***из*** P aus); ***~ из стро́я*** *Tech.* ausfallen; ***~ из положе́ния*** e-n Ausweg finden; ***из э́того ничего́ не вы́йдет*** daraus wird nichts
вы́ходить² → ***выха́живать***
выходно́й (14) Ausgangs-; ***~ день*** Ruhetag *m*; F *Su. m* arbeitsfreier Tag; ***он сего́дня ~*** er hat heute s-n freien Tag
выцвета́ть (1), <вы́цвести> (25 -етет; -ела) ausbleichen
вычёркивать (1), <вы́черкнуть> (20) ausstreichen
выче́рпывать, <вы́черпать> (1), *einm.* <вы́черпнуть> (20) ausschöpfen
вы́честь → ***вычита́ть***
вычёсывать (1), <вы́чесать> (3) auskämmen
вы́чет *m* (1) Abzug; ***за ~ом*** nach Abzug, abzüglich
вычисле́ние *n* (12) Berechnung *f*
вычисли́тель *m* (4) Rechner; **~ный** (14) Rechen-
вычисля́ть (28), <вы́числить> (13) berechnen, ausrechnen
вычита́ть (1), <вы́честь> (25; -чту, -чтешь; -чел, -чла; -чтя; -четший) subtrahieren
вы́ше → ***высо́кий***; höher, größer (P als); oben, oberhalb; ***~ всего́*** am höchsten; ***~ сре́днего*** überdurchschnittlich; ***~ нуля́*** über null; ***как ска́зано ~*** wie oben erwähnt; ***э́то ~ мои́х сил*** das übersteigt meine Kräfte
выше|стоя́щий (17) übergeordnet; **~упомя́нутый** (14) oben erwähnt

вышина́ *f* (5) Höhe
вы́шка *f* (5; -шек) Turm *m*; Warte; Hochstand *m*
выявля́ть (28), <вы́явить> (14) zeigen, offenbaren; aufdecken, enthüllen
выясне́ние *n* (12) Klärung *f*, Klarstellung *f*
выясня́ть (28), <вы́яснить> (13) klären, klarstellen; **-ся** sich herausstellen, klar werden
выю́га *f* (5) Schneesturm *m*, Schneegestöber *n*
вьюно́к *m* (1; -нка́) *Bot.* Winde *f*
вяз *m* (1) Ulme *f*
вяза́льный (14) Strick-; Häkel-
вяза́ть (3), <с-> zusammenbinden; stricken; häkeln; fesseln; **-ся** *impf.* zusammenpassen (**с** T zu), miteinander übereinstimmen
вя́зкий (16, -зок, -зка́) zähflüssig; schlammig, sumpfig
вя́знуть (21/20), <за-, у-> einsinken; stecken bleiben
вя́лый (14*K.*) welk, verwelkt; schlaff; träge
вя́нуть (21/20) <за-, у-> welken, verwelken

Г

га́вань *f* (8) Hafen *m*
гада́лка *f* (5; -лок) Wahrsagerin; Kartenlegerin
гада́ть (1) wahrsagen; mutmaßen; **~ *на ка́ртах*** Karten legen
га́дкий (16; -док, -дка́) garstig; widerlich
гадли́вость *f* (8) Ekel *m*, Abscheu *m*
гадю́ка *f* (5) Natter, Viper; ***обыкнове́нная ~*** Kreuzotter
га́ечный (14) Schrauben-
газ *m* (1; -а/-у) Gas *n*; ***приро́дный ~*** Erdgas
газе́ль *f* (8) Gazelle
газе́та *f* (5) Zeitung
газе́тный (14) Zeitungs-; Presse-
газиро́ванный (14) Sprudel-, Soda-
газифици́ровать (7) *im*(*pf.*) ans Gasnetz anschließen
га́зовый (14) Gas-
газоме́р *m* (1) Gasuhr *f*
газо́н *m* (1) Rasen
газонокоси́лка *f* (5; -лок) Rasenmäher *m*
газообра́зный (14; -зен, -зна) gasförmig
газопрово́д *m* (1) Gasleitung *f*
газоснабже́ние *n* (12) Gasversorgung *f*
га́йка *f* (5; га́ек) (Schrauben-)Mutter
гала́ктика *f* (5) Galaxis
галантере́йный (14) Kurzwaren-
галантере́я *f* (6) Kurzwaren *f/pl.*
гала́нтный (14; -тен, -тна) galant, zuvorkommend
галере́я *f* (6; -ре́й) Galerie; ***карти́нная ~*** Gemäldegalerie
галёрка F *f* (5; -рок) *Thea.* Galerie
га́лка *f* (5; -лок) Dohle
гало́п *m* (1) Galopp; **~ом** im Galopp
гало́ши *f/pl.* (5) Gummiüberschuhe *m/pl.*
га́лстук *m* (1) Krawatte *f*, Schlips
га́лька *f* (5; -лек) Kiesel *m*, Kieselsteine *m/pl.*
гама́к *m* (1*e.*) Hängematte *f*
га́мма *f* (5) Tonleiter; *fig.* Skala
гангре́на *f* (5) *Med.* Brand *m*
га́нгстер *m* (1) Gangster
гандбо́л *m* (1) Handball
ганте́ли *f/pl.* (8) Hanteln
гара́ж *m* (1*e.*; -е́й) Garage *f*
гаранти́йный (14) Garantie-
гаранти́ровать (7) *im*(*pf.*) garantieren, gewährleisten; haften (B für)
гара́нтия *f* (7) Garantie, Gewähr
гардеро́б *m* (1) Kleiderschrank, Kleiderablage; Kleidung *f*, Garderobe *f*
гарди́на *f* (5) Gardine, Store *m*
гармо́ника *f* (5) Ziehharmonika

гармони́ческий (16), **гармони́чный** (14; -чен, -чна) harmonisch; wohlklingend
гармо́ния *f* (7) Harmonie; Wohlklang *m*
гармо́шка F *f* (5; -шек) Ziehharmonika
гарни́р *m* (1) Beilage *f*
гарниту́р *m* (1) Garnitur *f*; Satz
гарпу́н *m* (1*e.*) Harpune *f*
гаси́ть (15) **1.** <по-, за-> löschen, auslöschen; **2.** <по-> entwerten
га́снуть (21/20) <по-, у-> erlöschen, ausgehen
гастри́т *m* (1) Gastritis *f*
гастро́ли *f/pl.* (8) Gastspiel *n*, Gastspielreise *f*
гастроли́ровать (7) gastieren, ein Gastspiel geben
гастроно́м *m* (1) Lebensmittelgeschäft *n*
гаши́ш *m* (1) Haschisch *n*
гва́рдия *f* (7) Garde
гвозди́ка *f* (5) Nelke
гвоздь *m* (4*e.*) Nagel; Kernpunkt, Knüller; ***и никаки́х гвозде́й!*** basta!, keine Widerrede!
где wo; **~-либо**, **~-нибудь**, **~-то** irgendwo
гекта́р *m* (1; *Gpl. a.* -áр) Hektar
ге́лий *m* (3; -ии) Helium *n*
геморро́й *m* (3) Hämorrhoiden *pl.*
ген *m* (1) Gen *n*
генера́льный (14) General-, Haupt-
генера́тор *m* (1) Generator; *Kfz.* Lichtmaschine *f*
гениа́льность *f* (8) Genialität
гениа́льный (14; -лен, -льна) genial
ге́ний *m* (3; -ии) Genie *n*
ге́нный (14) Gen-; ***ге́нная инжене́рия*** *f* Gentechnik
геноци́д *m* (1) Völkermord
гео́граф *m* (1) Geograph
географи́ческий (16) geographisch; ***географи́ческая ка́рта*** *f* Landkarte
геогра́фия *f* (7) Geographie
гео́лог *m* (1) Geologe
геологи́ческий (16) geologisch
геоло́гия *f* (7) Geologie
геометри́ческий (16) geometrisch
геоме́трия *f* (7) Geometrie
георги́н *m* (1) Dahlie *f*
герб *m* (1*e.*) Wappen *n*
гербици́д *m* (1) Pflanzenschutzmittel *n*
геркуле́с *m* (1) athletischer Mensch; Haferflocken *f/pl.*
германи́стика *f* (5) Germanistik
Герма́ния *f* (7) Deutschland *n*
герма́нский (16) germanisch; *Pol.* deutsch
гермети́ческий (16) hermetisch
герои́зм *m* (1) Heldentum *n*
герои́ня *f* (6) Heldin
герои́ческий (16) heldenhaft
геро́й *m* (3) Held
геро́йский (16) heldenmütig
геро́йство *n* (9) Heldentum
ги́бель *f* (8) Untergang *m*, Verderben *n*; ***~ лесо́в*** Waldsterben *n*
ги́бельный (14; -лен, -льна) unheilvoll, verhängnisvoll
ги́бкий (16; -бок, -бкá) biegsam, geschmeidig
ги́бнуть (21), <по-> umkommen, zugrunde gehen
гига́нт *m* (1) Gigant, Riese
гига́нтский (16) riesig, gigantisch
гигие́на *f* (5) Hygiene
гид *m* (1) Reiseleiter; Fremdenführer
гидравли́ческий (16) hydraulisch
гидроэлектроста́нция *f* (7) Wasserkraftwerk *n*
гие́на *f* (5) Hyäne
ги́льза *f* (5) Hülse
гимн *m* (1) Hymne *f*
гимнази́ст *m* (1) Gymnasiast
гимна́зия *f* (7) Gymnasium *n*
гимна́ст *m* (1) Turner
гимна́стика *f* (5) Gymnastik, Turnen *n*
гимнасти́ческий (16) Turn-, gymnastisch
гимна́стка *f* (5) Turnerin
гинеко́лог *m* (1) Frauenarzt, Gynäkologe
гинеколо́гия *f* (7) Gynäkologie
гипертони́я *f* (7) (zu) hoher Blutdruck *m*
гипно́з *m* (1) Hypnose *f*
гипнотизи́ровать (7), <за-> hypnotisieren
гипо́теза *f* (5) Hypothese
гипотони́я *f* (7) (zu) niedriger Blutdruck *m*
гиппопота́м *m* (1) Nilpferd *n*

гипс *m* (1; -а/-у) Gips; Gipsabguss; Gipsverband
гипсова́ть (7), <за-> einen Gipsverband anlegen
гирля́нда *f* (5) Girlande
ги́ря *f* (6) Gewicht *n*; *Sp.* Hantel
гита́ра *f* (5) Gitarre
гитари́ст *m* (1) Gitarrist
глава́ (5; *pl. st.*) **1.** *m* Oberhaupt *n*, Chef, Leiter; **2.** *f* Kapitel *n*
глава́рь *m* (4*e.*) Anführer
гла́вное *n* (14) Hauptsache *f*
главнокома́ндующий *m* (17) Oberbefehlshaber
гла́вный (14) Haupt-, hauptsächlich; Chef-; ***гла́вным о́бразом*** hauptsächlich
глаго́л *m* (1) Verb *n*
гла́дить (15) **1.** <вы́-> bügeln; **2.** <по-> streichen; streicheln
гла́дкий (16; -док, -дка́) glatt, eben; *Kleid*: schlicht; *Stil*: flüssig
гла́дкость *f* (8) Glätte
глаз *m* (1; -а/-у; в -у́; *pl.* -а́, -, -а́м) Auge *n*; ***в ~а́*** ins Gesicht; ***на ~*** nach Augenmaß; ***с ~у на ~*** unter vier Augen
глазно́й (14) Aug-, Augen-
глазо́к *m* (1; -зка́) (*pl. st.*; гла́зки) Äuglein *n*; ***на ~*** nach Augenmaß; ***одни́м глазко́м*** flüchtig
глазоме́р *m* (1) Augenmaß *n*
глазу́нья *f* (6; -ний) Spiegelei *n*
глазу́рь *f* (8) Glasur
гла́нды *f/pl.* (5) *Anat.* Mandeln
гласи́ть (15*e.*) lauten, besagen
гла́сность *f* (8) Öffentlichkeit; *Pol.* Offenheit, Transparenz
гла́сный (14; -сен, -сна) öffentlich; *Su. m* Vokal *m*
гли́на *f* (5) Lehm *m*; Ton *m*
глинтве́йн *m* (1; -а/-у) Glühwein
гли́няный (14) Ton-, tönern, irden
глист *m* (1*e.*) Bandwurm
глода́ть (3) nagen (В an)
глота́ть (1), <проглоти́ть> (15), *einm.* <глотну́ть> (20) schlucken, hinunterschlucken; verschlucken
гло́тка *f* (5; -ток) Rachen *m*; ***во всю гло́тку*** F aus vollem Halse
глото́к *m* (1; -тка́) Schluck
гло́хнуть (21) **1.** <о-> taub werden; **2.** <за-> verhallen, verstummen
глу́бже → ***глубо́кий***
глубина́ *f* (5) Tiefe; ***~ ре́зкости*** Tiefenschärfe
глуби́нный (14) Tiefsee-; abgelegen
глубо́кий (16; -бо́к, -бока́, -бо́ко́; *Komp.* -бже; *Sup.* -боча́йший) tief; ***до глубо́кой но́чи*** bis tief in die Nacht
глубоко|мы́сленный (14*K.*) tiefsinnig; **~уважа́емый** (14) hochverehrt
глубь *f* (8) Tiefe
глупе́ть (8), <по-> verdummen, verblöden
глупе́ц *m* (1; -пца́) Dummkopf
глупи́ть F (14*e.*) Dummheiten machen
глу́пость *f* (8) Dummheit; *pl.* Unsinn *m*
глу́пый (14; глуп, -а́) dumm, töricht
глухо́й (14; глух, -а́) taub; öde; entlegen; *Ling.* stimmlos; *Su. m* Taube(r)
глухонемо́й (14) taubstumm; *Su. m* Taubstumme(r)
глуши́тель *m* (4) Schalldämpfer; *Kfz.* Auspuff
глуши́ть (16*e.*) **1.** <о-> betäuben; **2.** <за-> ersticken, unterdrücken
глушь *f* (8*e.*; -шью) Einöde
глы́ба *f* (5) Brocken *m*; Erdklumpen *m*
глюко́за *f* (5) Traubenzucker *m*
гляде́ть (11*e.*; гля́дя), <по->, *einm.* <гля́нуть> (20) schauen; (***на*** В) ansehen, betrachten
гля́нец *m* (1; -нца) Glanz
гля́нцевый (14) glänzend
гнать (гоню́, го́нишь; гоня́; гони́мый; гнал, -а́) **1.** treiben, jagen; **2.** verscheuchen, vertreiben; **-ся** (***за*** Т) nachjagen
гнев *m* (1) Zorn
гнедо́й (14) braun; *Su. m Pferd* Braune(r)
гнезди́ться (15*e.*) nisten; *fig.* sich einnisten
гнездо́ *n* (9; *pl. st.* гнёзд) Nest
гнило́й (14; гнил, -а́) faul, verfault
гниль *f* (8) faules Zeug *n*
гнить (гнию́, -иёшь; гнил, -а́), <с-> verfaulen, vermodern
гнои́ть (13*e.*), <с-> verfaulen; *fig.* verkommen lassen; **-ся** *impf.* eitern
гной *m* (3) Eiter

гно́йный (14) eitrig, Eiter-
гну́сный (14; -сен, -сна́) gemein
гнуть (20), <со-> biegen, beugen; **-ся** sich biegen, sich krümmen
гнуша́ться (1), <по-> verabscheuen (P, T), sich ekeln (vor)
го́вор *m* (1) Gerede *n*; Mundart *f*, Dialekt
говори́ть (13*e.*) **1.** sprechen, reden; **2.** <сказа́ть> (3) sagen; ***говоря́т*** man sagt, es heißt; ***не говоря́ о*** (П) bis auf, ausgenommen; ***не говоря́ уже́ о том, что ...*** geschweige (denn), dass ...
говорли́вый (14*K.*) gesprächig, redselig
говя́дина *f* (5) Rindfleisch *n*
го́гот *m* (1) Geschnatter *n*
гогота́ть (3), <про->, *einm.* <гоготну́ть> (20) schnattern
год *m* (1; -а/-у; в -у́; *pl.* -ы/-а́, *ab G e. od.* лет) Jahr *n*; ***за́ ~*** in einem Jahr; ***ему́ три го́да*** (***пять лет***) er ist drei (fünf) Jahre alt; ***в ста́рые го́ды*** in alten Zeiten; ***года́ми*** jahrelang; ***из го́да в ~*** von Jahr zu Jahr
годи́ться (15*e.*) taugen, sich eignen; ***э́то никуда́ не годи́тся*** das ist zu nichts zu gebrauchen
годи́чный (14) alljährlich, Jahres-
го́дный (14; -ден, -дна́) tauglich, geeignet
година́лый (14) einjährig
годово́й (14) jährlich, Jahres-
годовщи́на *f* (5) Jahrestag *m*
гол *m* (1) *Sp.* Tor *n*
голла́ндец *m* (1; -дца) Holländer
голла́ндка *f* (5; -док) Holländerin; Kachelofen *m*
голла́ндский (16) holländisch
голова́ *f* (5; го́лову; *pl.* го́ловы, го́лов, голова́м) Kopf *m*; ***с головы́ до ног*** von Kopf bis Fuß; ***голово́й*** *od.* ***на́ голову вы́ше*** e-n Kopf größer
голо́вка *f* (5; -вок) Köpfchen *n*; Kuppe
головно́й (14) Kopf-, Haupt-
голово|круже́ние *n* (12) Schwindelgefühl, Schwindel *m*; **~ло́мка** *f* (5; -мок) Denk(sport)aufgabe; Rätsel *n*; **~мо́йка** F *f* (5; -бек) Abreibung, Verweis *m*
го́лод *m* (1; -а/-у) Hunger; Hungersnot *f*
голода́ть (1) hungern
голо́дный (14; -ден, -дна́) hungrig
голодо́вка *f* (5; -вок) Hungerstreik *m*
гололе́дица *f* (5) Glatteis *n*
го́лос *m* (1; *pl. e.*, *N* -а́) Stimme *f*; ***во весь ~*** lauthals; ***в два ~а*** zweistimmig; ***петь с чужо́го ~а*** *fig.* keine eigene Meinung haben; ***пра́во ~а*** Stimmrecht
голосова́ние *n* (12) Abstimmung *f*, Stimmabgabe *f*
голосова́ть (7), <про-> abstimmen (B über), s-e Stimme abgeben
голубе́ц *m* (1; -бца́); Kohlroulade *f*
голубо́й (14) hellblau, himmelblau; P schwul; *Su. m* P Schwuler
голу́бчик F *m* (1) mein Lieb(st)er, mein Bester
го́лубь *m* (4; *ab Gpl. e.*) Taube *f*
го́лый (14; гол, -а́) nackt, bloß; kahl
гольф *m* (1) *Sp.* Golf *n*
гомосексуа́льный (14) homosexuell
гондо́ла *f* (5) Gondel
гоне́ние *n* (12) Verfolgung *f*
гоне́ц *m* Eilbote
го́нка *f* (5; -нок) *mst pl.* Rennen *n*; Eile; Regatta; ***~ вооруже́ний*** Wettrüsten *n*
го́ночный (14) Renn-; ***~ велосипе́д*** *m* Rennrad *n*
гонча́р *m* (1*e.*) Töpfer
гоня́ть (28) treiben, jagen
гора́ *f* (5; го́ру; на́ -ру; *pl.* го́ры, гор, -ра́м) Berg *m*; *pl.* Gebirge *n*; ***в го́ру*** bergauf; ***по́д гору*** bergab
гора́здо *Adv.* viel, weit, bei weitem
горб *m* (1*e.*; на -у́) Buckel; Höcker
горба́тый (14*K.*) buck(e)lig
гордели́вый (14*K.*) hochmütig
горди́ться (15*e.*) stolz sein (T auf), sich brüsten (mit)
го́рдость *f* (8) Stolz *m*
го́рдый (14; горд, -а́) stolz (T auf)
го́ре *n* (10) Kummer *m*; Unglück
горева́ть (6) sich grämen, trauern
горе́лый (14) angebrannt; verbrannt
горе́ние *n* (12) Brennen; Glühen
горе́ть (9*e.*), <с-> brennen; verbrennen
го́речь *f* (8) Bitterkeit; bitterer Geschmack *m*

горизо́нт *m* (1) Horizont
горизонта́ль *f* (8) Horizontale
горизонта́льный (14; -лен, -льна) horizontal, waagerecht
гори́стый (14*K.*) bergig, gebirgig
го́рка *f* (5; -рок) kleiner Berg *m*, Anhöhe; Rutschbahn; ***ледяна́я ~*** Rodelbahn
го́рло *n* (9) Kehle *f*; Hals *m*; ***во всё ~*** aus vollem Halse
го́рлышко *n* (9; -шек) Flaschenhals *m*
го́рничная *f* (14) Zimmermädchen *n*, Stubenmädchen *n*
горнорабо́чий *m* (17) Bergarbeiter
го́рный (14) Berg-, Gebirgs-; bergig
горня́к *m* (1*e.*) Bergarbeiter; Bergbauingenieur
го́род *m* (1; *pl. e.*, *N* -а́) Stadt *f*; ***за́ ~*** aufs Land, ins Grüne; ***за́ ~ом*** im Grünen
городо́к *m* (1; -дка́) Städtchen *n*; Siedlung *f*
городско́й (14) Stadt-, städtisch
горожа́нин *m* (1; *pl.* -а́не, -а́н) Städter
горо́х *m* (1; -а/-у) *koll.* Erbsen *f/pl.*
горо́ховый (14) Erbsen-
го́рский (16) Berg-, Gebirgs-
го́рсть *f* (8; *ab Gpl. e.*) Hand voll
горта́нь *f* (8) Kehlkopf *m*
горчи́ца *f* (5) Senf *m*
горчи́чник *m* (1) Senfpflaster *n*
горшо́к *m* (1; -шка́) Topf
го́рький (16; -рек, -рька́) bitter
горю́чее *Su.* (17) Brennstoff *m*, Treibstoff *m*
горю́чий (17*K.*) brennbar
горя́чий (17; горя́ч, -а́) heiß; *fig.* feurig, hitzig, heftig
горячи́ться (16*e.*) sich ereifern, sich aufregen
го́спиталь *m* (4) Lazarett *n*
господи́н *m* (1; *pl.* господа́, госпо́д, господа́м) Herr; *pl.* (meine) Herrschaften *f/pl.*, Damen und Herren!
госпо́дство *n* (9) Herrschaft *f*
госпо́дствовать (7) herrschen (***над*** T über); beherrschen
госпо́дствующий vorherrschend
госпожа́ *f* (5) Frau, Herrin
гостеприи́мный (14; -мен, -мна) gastfreundlich
гостеприи́мство *n* (9) Gastfreundschaft *f*
гости́ная *f* (14) Gästezimmer *n*
гости́ница *f* (5) Hotel *n*
гости́ть (15*e.*) zu Besuch sein
гость *m* (4; *ab Gpl. e.*) Gast
го́стья *f* (6; -тий) (weiblicher) Gast; *pl.* Besuch *m*; ***идти́ в го́сти*** besuchen; ***быть в гостя́х*** zu Besuch sein *m*
госуда́рственный (14) Staats-, staatlich
госуда́рство *n* (9) Staat *m*
гото́вить (14), <при-> vorbereiten; zubereiten, kochen; **-ся** <при-, под-> sich vorbereiten; sich anschicken
гото́вность *f* (8) Bereitschaft; ***вы́разить ~*** sich bereit erklären
гото́вый (14*K.*) fertig, bereit
грабёж *m* (1*e.*; -бежей) Raub, Plünderung *f*
граби́тель *m* (4) Räuber
граби́тельский (16) räuberisch, Raub-
гра́бить (14), <о-> rauben, ausrauben, plündern
гра́бли *pl.* (8; *a.* -бель) Rechen *m*
гра́вий *m* (3; -ии) Kies
гравю́ра *f* (5) Gravur; Stich *m*
град *m* (1) Hagel
градострои́тельство *n* (9) Städtebau *m*
гра́дус *m* (1) Grad; ***два ~а моро́за*** zwei Grad Kälte
гра́дусник F *m* (1) Thermometer *n*
граждани́н *m* (1; *pl.* гра́ждане, -дан) Staatsbürger
гражда́нка *f* (5; -нок) Staatsbürgerin
гражда́нский (16) Bürger-; zivil; ***гражда́нское му́жество*** *n* Zivilcourage *f*
гражда́нство *n* (9) Staatsbürgerschaft *f*, Staatsangehörigkeit *f*
грамма́тика *f* (5) Grammatik
граммати́ческий (16) grammatisch
гра́мота *f* (5) Lesen und Schreiben *n*; Urkunde
гра́мотный (14; -тен, -тна) des Lesens und Schreibens kundig; sachkundig, kompetent
грана́та *f* (5) Granate
грандио́зный (14; -зен, -зна) grandios, großartig

грани́ца *f* (5) Grenze; ***за грани́цу*** ins Ausland; ***за грани́цей*** im Ausland; ***из-за грани́цы*** aus dem Ausland

грани́чить (16) grenzen (**с** T an)

грань *f* (8) Rand *m*; Grenze

граф *m* (1) Graf

гра́фик *m* (1) graphische Darstellung *f*, Schaubild *n*

графи́н *m* (1) Karaffe *f*

графи́ня *f* (6) Gräfin

графи́т *m* (1) Graphit; (Bleistift-) Mine *f*

грацио́зный (14; -зен, -зна) anmutig, graziös

гребёнка *f* (5; -нок) Kamm *m*; ***стричь всех под одну́ гребёнку*** *fig.* alle über e-n Kamm scheren

гре́бень *m* (4; -бня) Kamm

гребе́ц *m* (1; -бца́) Ruderer

гребно́й (14) Ruder-

грёза *f* (5) *mst pl.* Traum *m*; Träumerei

гре́зить (15) träumen (***о*** П von)

грек *m* (1) Grieche

гре́лка *f* (5; -лок) Wärmflasche; Heizkissen *n*

греме́ть (10*e.*) donnern, dröhnen; klirren, klappern; ***гром греми́т*** es donnert

Гренла́ндия *f* (7) Grönland *n*

грести́ (25; гребу́; грёб, гребла́) rudern; <с-> harken

греть (8; гре́тый), <со-, на-> wärmen; erwärmen; **-ся**: ***-ся на со́лнце*** sich sonnen

грех *m* (1*e.*) Sünde *f*; Schuld *f*; **с *~о́м попола́м*** mehr schlecht als recht

Гре́ция *f* (7) Griechenland *n*

гре́цкий (16): ***~ оре́х*** *m* Walnuss *f*

греча́нка *f* (5; -нок) Griechin

гре́ческий (16) griechisch

греши́ть (16*e.*) **1.** <со-> sündigen; sich versündigen; **2.** <по-> verstoßen (***про́тив*** P gegen)

гре́шник *m* (1) Sünder

гре́шница *f* (5) Sünderin

гре́шный (14; гре́шен, -шна́) sündig, sündhaft

гриб *m* (1*e.*) Pilz

гри́ва *f* (5) Mähne

грим *m* (1) Schminke *f*

грима́са *f* (5) Grimasse, Fratze

гримёр *m* (1) Maskenbildner

гримирова́ть (7), <на-, за-> schminken

грипп *m* (1) Grippe *f*

гриппо́зный (14) Grippe-, grippal

гроб *m* (1; в -у́; *pl. e.*) Sarg

гробни́ца *f* (5) Grabmal *n*

гроза́ *f* (5; *pl. st.*) Gewitter *n*

гроздь *f* (8; *ab Gpl. e.*) Traube

грози́ть (15*e.*), <по-> drohen

гро́зный (14; гро́зен, -зна́) furchtbar; drohend; streng, grausam

гром *m* (1; -а/-у; *ab Gpl. e.*) Donner

грома́дный (14; -ден, -дна) riesig, enorm, gewaltig

громи́ть (14*e.*), <раз-> vernichten, zerschlagen

гро́мкий (16; -мок, -мка́) laut

громкоговори́тель *m* (4) Lautsprecher

гро́мкость *f* (8) Lautstärke

громозди́ться (15*e.*), <на-> sich türmen

громоотво́д *m* (1) Blitzableiter

громыха́ть (1), *einm.* <громыхну́ть> (20) donnern, poltern

гро́хот *m* (1) Gepolter *n*, Getöse *n*

грохота́ть (3) donnern, poltern

грубия́н *m* (1) Grobian

гру́бость *f* (8) Grobheit

гру́бый (14; груб, -а́) grob, rau; derb

гру́да *f* (5) Haufen *m*

грудно́й (14) Brust-; ***~ ребёнок*** *m* Säugling, Baby *n*

грудь *f* (8; в груди́; ab *Gpl. e.*) Brust; Busen *m*

груз *m* (1) Ladung *f*, Fracht *f*; Last *f*

грузи́н *m* (1; *Gpl.* -) Georgier

грузи́нка *f* (5; -нок) Georgierin

грузи́нский (16) georgisch

грузи́ть (15/15*e.*), <на-, по-, за-> laden, verladen; beladen

Гру́зия *f* (7) Georgien *n*

гру́зный (14; -зен, -зна́) schwerfällig; schwer beladen

грузови́к *m* (1*e.*) Last(kraft)wagen, Lkw

грузово́й (14) Last-, Fracht-, Güter-; ***~ автомоби́ль*** *m* Last(kraft)wagen, Lkw

грузоподъёмность *f* (8) Ladefähigkeit, Tragfähigkeit

грунт *m* (1) Boden, Grund

гру́ппа *f* (5) Gruppe

группиро́вка *f* (5; -вок) Gruppierung
грусти́ть (15*e.*) traurig sein
гру́стный (14; -тен, -тна́) traurig, betrübt
грусть *f* (8) Trauer, Traurigkeit
гру́ша *f* (5) Birne; Birnbaum *m*
грушеви́дный (14; -ден, -дна) birnenförmig
грызть (24; гры́зла) nagen (B an); knabbern; **-ся** sich in den Haaren liegen
грызу́н *m* (1*e.*) Nagetier *n*
гря́дка *f* (5; -док) Beet *n*
гряду́щий (17) künftig
грязне́ть (8) schmutzig werden
грязни́ть F (13*e.*), <за-> beschmutzen, verunreinigen
гря́зный (14; -зен, -зна́) schmutzig (*a. fig.*), dreckig
грязь *f* (8; в грязи́) Schmutz *m*, Dreck *m*; ***лече́бная* ~** Heilschlamm *m*
губа́ *f* (5; *Npl. st.*) Lippe; Bucht
губерна́тор *m* (1) Gouverneur
губи́ть (14), <по-, с-> vernichten, zerstören, zugrunde richten
гу́бка *f* (5; -бок) Schwamm *m*
губно́й (14) Lippen-; ***губна́я пома́да*** *f* Lippenstift *m*
гу́бчатый (14*K.*) schwammig; ***гу́бчатая рези́на*** *f* Schaumgummi *m*
гуде́ть (11) dröhnen; summen; heulen; ***у него́ гуди́т в голове́*** ihm brummt der Schädel; ***у него́ гуди́т в уша́х*** er hat Ohrensausen
гудо́к *m* (1; -дка́) Sirene *f*; Hupe *f*
гул *m* (1) Grollen *n*, Dröhnen *n*, Getöse *n*
гуля́нье *n* (10; -ний) Spaziergang *m*
гуля́ть (28) spazieren gehen, bummeln; F feiern, sich vergnügen
гуля́ш *m* (1*e.*) Gulasch *n*, *m*
гумани́зм *m* (1) Humanismus
гуманисти́ческий (16) humanistisch
гуманита́рный (14; -рен, -рна) humanitär; (*o.K.*) geisteswissenschaftlich
гума́нность *f* (8) Humanität
гума́нный (14; -а́нен, -а́нна) human, menschlich
гу́сеница *f* (5) Raupe; Raupenkette
густо́й (14; густ, -а́) dicht; dick, dickflüssig
густота́ *f* (5) Dichte, Dicke
гусь *m* (4; *ab Gpl. e.*) Gans *f*; **~ко́м** F im Gänsemarsch
гутали́н *m* (1; -а/-у) Schuhcreme *f*

Д

да *Part.* ja; jawohl!
дава́ть (5), <дать> (дам, дашь, даст, дади́м, -ди́те, -ду́т) geben; ***дать о себе́ знать*** sich bemerkbar machen; ***я тебе́ дам!*** P du wirst gleich was abkriegen!; ***дать по́ уху*** P e-e kleben
дави́ть (14) (B, ***на*** B) **1.** drücken, lasten; **2.** <раз-> zerdrücken, zerquetschen; **-ся** <по-> zu ersticken drohen
да́вка *f* (5; -вок) Gedränge *n*
давле́ние *n* (12) Druck *m*
да́вний (15) längst vergangen, alt; weit zurückliegend; ***с да́вних пор*** von alters her
давно́ vor langer Zeit; seit langem
давны́м-давно́ F längst, vor sehr langer Zeit
да́же sogar, selbst; **~ *не*** nicht einmal
да́лее weiter, ferner; ***и так* ~** und so weiter
далёкий (16; -ёк, -ека́, -еко́/-ёко) weit, fern; weit entfernt; ***я далёк от мы́сли, что ...*** ich denke nicht daran, zu ...
даль *f* (8; в -ли́) Ferne, Weite
да́льний (15) fern, weit; entfernt, entlegen; **~ *свет*** *Kfz.* Fernlicht *n*

дальнови́дный (14; -ден, -дна) weit blickend, vorausschauend
дальнозо́ркий (16; -рок, -рка) weitsichtig
да́льность *f* (8) Weite
да́льше weiter; dann; ***а ~ что?*** und dann?
да́ма *f* (5) **Èъ«ê**
да́мба *f* (5) Damm *m*
да́мка *f* (5; -мок) *Spiel*: Dame
да́мский (16) Damen-
Да́ния *f* (7) Dänemark *n*
да́нные *pl.* (14) Angaben *f/pl.*, Daten *n/pl.*; Anlagen *f/pl.*, Voraussetzungen *f/pl.*
да́нный (14) gegeben, dieser; ***в да́нное вре́мя*** gegenwärtig
дар *m* (1; *pl. e.*) Geschenk *n*; Talent *n*
дари́ть (13), <по-> schenken
дарова́ние *n* (12) Begabung *f*, Talent
дарови́тый (14*K.*) begabt, talentiert
да́ром umsonst; *fig.* vergebens
да́та *f* (5) Datum *n*
да́тельный (14): ***~ паде́ж*** *m* Dativ
дати́ровать (7) *im*(*pf.*) datieren
да́тский (16) dänisch
датча́нин *m* (1; *pl.* -а́не, -а́н) Däne
датча́нка *f* (5; -нок) Dänin
да́ть → ***дава́ть***
да́ча *f* (5) Landhaus *n*, Wochenendhaus *n*; ***на да́чу*** aufs Land; ***на да́че*** auf dem Lande
два *m/n*, две *f* (34) zwei
двадца́тый (14) zwanzigste(r)
два́дцать (35*e.*) zwanzig
два́жды zweimal, zweifach
две *f* → ***два***
двена́дцатый (14) zwölfte(r)
двена́дцать (35) zwölf
дверь *f* (8; в -ри́; *ab Gpl. e.*; -я́ми/-ьми́) *a. pl.* Tür; ***при закры́тых дверя́х*** *fig.* unter Ausschluss der Öffentlichkeit
две́сти (36) zweihundert
дви́гатель *m* (4) Motor; Triebwerk *n*
дви́гать (1/3; движимый), <дви́нуть> (20) (В, Т) bewegen; rücken, schieben; antreiben; **-ся** sich bewegen; vorankommen; ***-ся в путь*** sich auf den Weg machen
движе́ние *n* (12) Bewegung *f*, Verkehr *m*
двое (37) zwei(e F); zwei Paar; ***ко́мната*** *f* ***на двои́х*** Zweibettzimmer *n*
двое|бо́рье *n* (10) Zweikampf *m*; **~жёнство** *n*, **~му́жие** *n* (9/12) Bigamie *f*; **~то́чие** *n* (12) Doppelpunkt *m*
двои́ть (13*e.*) **1.** <раз-> halbieren; **2.** <с-> verdoppeln; **-ся** sich gabeln
дво́йка *f* (5; -о́ек) Zwei; *Schulnote* „mangelhaft"
двойни́к *m* (1*e.*) Doppelgänger
двойно́й (14) doppelt; Doppel-
дво́йня *f* (6; -о́ен) Zwillinge *m/pl.*
двор *m* (1*e.*) Hof; Gehöft *n*; ***на ~е́*** draußen
дво́рник *m* (1) Hausmeister; F *Kfz.* Scheibenwischer
дворя́нство *n* (12) Adel *m*
двою́родный (14) zweiten Grades; ***~ брат*** *m* Cousin; ***двою́родная сестра́*** *f* Cousine
двоя́кий (16*K.*) zweifach, doppelt
дву|бо́ртный (14) *Anzug*: zweireihig; **~го́рбый** (14) zweihöckerig; **~зна́чный** (14; -чен, -чна) zweistellig; **~кра́тный** (14; -тен, -тна) zweimalig; doppelt
двуру́шничать (1) ein doppeltes Spiel treiben
двусмы́сленный (14*K.*) zweideutig
двуспа́льный (14): ***двуспа́льная крова́ть*** *f* Doppelbett *n*
двусторо́нний (15; -о́нен, -о́ння) zweiseitig, doppelseitig
двух|ле́тний (15) zweijährig; **~ме́стный** (14) Zweibett-; **~неде́льный** (14) zweiwöchig; **~то́мный** (14) zweibändig; **~эта́жный** (14) zweistöckig
двуязы́чный (14; -чен, -чна) zweisprachig
дебати́ровать (7) debattieren, diskutieren
деба́ты *pl.* (1) Debatte *f*
де́бри *pl.* (8) Dickicht *n*, Urwald *m*; *fig.* Labyrinth *n*
девальва́ция *f* (7) Abwertung
дева́ть F (1; *Prät. pf.*), <деть> (де́ну, -нешь; день!) hinstecken, hintun; **-ся** hingeraten, hinkommen; ***куда́ он (по)де(ва́)лся?*** wo steckt er?
де́верь *m* (4; *pl.* -рья́, -ре́й) Schwager

деви́з *m* (1) Devise *f*, Motto *n*
деви́ца *f* (5) Mädchen *n*
де́ви́чий (18) Mädchen-, jungfräulich
де́вочка *f* (5; -чек) (kleines) Mädchen *n*
де́вственный (14; -енен, -енна) jungfräulich, unberührt
де́вушка *f* (5; -шек) (erwachsenes) Mädchen *n*; Fräulein *n*
девяно́сто (35) neunzig
девяно́стый (14) neunzigste(r)
девятна́дцатый (14) neunzehnte(r)
девятна́дцать (35) neunzehn
девя́тый (14) neunte(r)
де́вять (35*e.*) neun
девятьсо́т (36) neunhundert
дёготь *m* (4; -гтя) Teer
деграда́ция *f* (7) Verfall *m*
дегуста́ция *f* (7) Kostprobe
дед *m* (1) Großvater; ***Дед Моро́з*** Weihnachtsmann, Väterchen Frost *n*
де́душка *m* (5; -шек) Großvater
деепbriча́стие *n* (12) Gerundium, Adverbialpartizip
дееспосо́бный (14; -бен, -бна) arbeitsfähig, leistungsfähig; geschäftsfähig
дежу́рить (13) Dienst haben; wachen
дежу́рная *f* (14) Diensthabende
дежу́рный (14) Dienst habend, Dienst tuend; *Su. m* Diensthabende(r)
дежу́рство *n* (9) Bereitschaftsdienst *m*; Aufsicht *f*
дезерти́р *m* (1) Deserteur, Fahnenflüchtige(r)
дезерти́ровать (7) *im*(*pf.*) desertieren
дезинфе́кция *f* (7) Desinfektion
дезинформа́ция *f* (7) Falschmeldung
де́йственный (14*K.*) wirksam, wirkungsvoll
де́йствие *n* (12) Handlung *f*; Aktion *f*, Aktivität *f*; Wirkung *f*; Gültigkeit *f*; *Thea.* Akt *m*, Aufzug *m*
действи́тельность *f* (8) Wirklichkeit, Realität; Gültigkeit
действи́тельный (14; -лен, -льна) wirklich, tatsächlich; gültig; ***~ член*** *m* ordentliches Mitglied *n*
де́йствовать (7) **1.** handeln; funktionieren, in Betrieb sein; *Mil.* operieren; *Jur.* in Kraft sein, gültig sein; **2.** <по-> wirken
де́йствующий (17) handelnd; *Jur.* gültig
дека́брь *m* (4*e.*) Dezember
деклами́ровать (7), <про-> rezitieren, vortragen
деклара́ция *f* (7) Erklärung, Deklaration
декорати́вный (14; -вен, -вна) dekorativ
декора́тор *m* (1) Dekorateur, Bühnenbildner
декора́ция *f* (7) Dekoration, Bühnenbild *n*
де́лать (1), <с-> machen, tun; anfertigen, herstellen; ***~ вид, что ...*** tun, als ob ...; ***~ не́чего*** da ist nichts zu machen; **-ся** werden; vorgehen, geschehen
делега́т *m* (1) Delegierte(r)
делега́ция *f* (7) Delegation,
делеги́ровать (7) *im*(*pf.*) delegieren
деле́ние *n* (12) Teilung *f*; *Math.* Division; *Phys.* Spaltung *f*
деле́ц *m* (1; -льца́) Geschäftemacher
делика́тность *f* (8) Zartgefühl *n*
делика́тный (14; -тен, -тна) feinfühlig, rücksichtsvoll
дели́мое *n* (14) Dividend *m*
дели́мость *f* (8) Teilbarkeit
дели́тель *m* (4) Divisor
дели́ть (13), <раз-> teilen, einteilen; *Math.* dividieren (durch); **-ся 1.** <раз-> teilbar sein (durch); **2.** <по-> teilen (T *et.*); *Erfahrungen* mitteilen, anvertrauen
де́ло *n* (9; *pl. e.*) Sache *f*, Ding; Angelegenheit *f*, Beschäftigung *f*, Arbeit *f*; Tat *f*; ***в чём ~?*** worum handelt es sich?, was gibt's?; ***в са́мом де́ле*** in der Tat, wirklich; ***в то́м-то и ~*** das ist es ja eben, darauf kommt es an; ***э́то друго́е ~*** das ist etwas anderes
делови́тый (14*K.*) geschäftig; tüchtig
делово́й (14) sachlich; geschäftlich, Geschäfts-
де́льный (14; -лен, -льна) tüchtig; vernünftig; gescheit
дельтапла́н *m* (1) Drachenflieger

деля́чество *n* (9) (gesinnungslose) Geschäftemacherei *f*
демилитариза́ция *f* (7) Entmilitarisierung
демисезо́нный (14): ***демисезо́нное пальто́*** *n* Übergangsmantel *m*
демокра́тия *f* (7) Demokratie
демонстра́ция *f* (7) Kundgebung, Demonstration
демонстри́ровать (7) **1.** *im*(*pf.*) demonstrieren; **2.** *pf. a.* <про-> vorführen
де́нежный (14) Geld-
день *m* (4; дня) Tag; ***днём и но́чью*** Tag und Nacht; ***на днях*** dieser Tage; in einigen Tagen; ***изо дня в ~*** tagaus tagein; ***в на́ши дни*** heutzutage
де́ньги *pl.* (-нег, -ньга́м) Geld *n*; ***ме́лкие ~*** Kleingeld *n*; ***ни за каки́е ~*** um keinen Preis
депута́т *m* (1) Deputierte(r)
дёргать (1), *einm.* <дёрнуть> (20) zupfen, ziehen (***за*** B an)
дереве́нский (16) Dorf-, dörflich
дере́вня *f* (6; -ве́нь; *ab Dpl. e.*) Dorf *n*; Land *n*; ***в дере́вне*** auf dem Land
де́рево *n* (9; *pl.* дере́вья, -вьев) Baum *m*; Holz
деревя́нный (14) Holz-, hölzern; Baum-
держа́ва *f* (5) Macht; Staat *m*
держа́вный (14) majestätisch, mächtig
де́ржаный F (14*K.*) gebraucht
держа́тель *m* (4) Inhaber; Halter
держа́ть (4) halten, festhalten; behalten; aufbewahren; ***~ в рука́х*** in der Hand haben; ***~ себя́*** sich benehmen; **-ся** sich klammern; sich verhalten; ***-ся ле́вой стороны́*** sich links halten; links gehen *od.* fahren
дерза́ть (1), <дерзну́ть> (20) wagen; sich erkühnen
де́рзкий (16; -зок, -зка) frech, dreist; verwegen, kühn
де́рзость *f* (8) Frechheit, Dreistigkeit; Kühnheit
дермато́лог *m* (1) Hautarzt
дёрн *m* (1) Rasen
дёрнуть → ***дёргать***
десе́рт *m* (1) Nachtisch
де́скать P angeblich; es heißt
десна́ *f* (5; *pl.* дёсны, дёсен) Zahnfleisch *n*
десяти|бо́рье *n* (10) Zehnkampf *m*; **~кра́тный** (14) zehnmalig, zehnfach; **~ле́тие** *n* (12) Jahrzehnt; zehnter Jahrestag *m*; **~ле́тний** (15) zehnjährig
десяти́чный (14) dezimal, Dezimal-
деся́тка *f* (5; -ток) Zehn
деся́ток *m* (1; -тка) zehn, zehn Stück
деся́тый (14) zehnte(r)
де́сять (35*e.*) zehn
де́сятью zehnmal
дета́ль *f* (8) Detail *n*, Einzelheit
дета́льный (14; -лен, -льна) detailliert, ausführlich
детдо́м *m* (1) Kinderheim *n*
детекти́в *m* (1) Detektiv; Kriminalroman
детекти́вный (14) Kriminal-
детёныш *m* (1; -ей) Junge(s) *n*
де́ти *pl.* (дете́й, де́тям, дете́й, детьми́, де́тях) Kinder *n/pl.*
де́тство *n* (9) Kindheit *f*; ***с де́тства*** von klein auf
де́ть(ся) → ***дева́ть(ся)***
дефе́кт *m* (1) Fehler; Mangel; Beschädigung *f*
дефе́ктный (14; -тен, -тна) defekt, fehlerhaft, schadhaft
дефици́т *m* (1) Defizit *n*, Fehlbetrag; Mangel (***в*** П an)
дефици́тный (14; -тен, -тна) Mangel-; ***~ това́р*** *m* Mangelware *f*
дешеве́ть (8), <по-> billig *od.* billiger werden
дешёвый (14; дёшев, дешева́) billig, preisgünstig
де́ятель *m* (4) Repräsentant; Persönlichkeit *f*; ***госуда́рственный ~*** Staatsmann; ***~ нау́ки*** Wissenschaftler
де́ятельность *f* (8) Tätigkeit
де́ятельный (14; -лен, -льна) tätig, aktiv
джаз *m* (1) Jazz; Jazzband *f*
джем *m* (1) Marmelade *f*
дже́мпер *m* (1; *pl. a. e.*, *N* -á) Pullover
джи́нсы *pl.* (1) Jeans
джо́йстик *m* (1) Joystick
джу́нгли *pl.* (5; -лей) Dschungel *m*

дзюдо́ *n* (*unv.*) Judo
диабе́т *m* (1) Diabetes *f*, Zuckerkrankheit *f*
диа́гноз *m* (1) Diagnose *f*, Befund
диагона́ль *f* (5) Diagonale
диагона́льный (14; -лен, -льна) diagonal
диагра́мма *f* (5) Schaubild *n*, Graphik
диалекти́ческий (16) dialektisch
диа́метр *m* (1) Durchmesser
диапазо́н *m* (1) Umfang, Breite *f*, Spektrum *n*; *Rdf.* Band *n*
диапозити́в *m* (1) Dia *n*, Lichtbild *n*
диафра́гма *f* (5) *Anat.* Zwerchfell *n*; *Fot.* Blende
дива́н *m* (1) Sofa *n*, Couch *f*
dividéнд *m* (1) Dividende *f*, Gewinnanteil
диви́зия *f* (7) *Mil.* Division
диви́ться (14*e.*) sich wundern, staunen (Д, ***на*** В über), bewundern
ди́вный (14; -вен, -вна) wundervoll; wunderschön
ди́во F *n* (9) Wunder
дие́та *f* (5) Diät, Schonkost
диза́йн *m* (1) Design *n*
диза́йнер *m* (1) Designer
ди́зель *m* (4) Dieselmotor
дизентери́я *f* (7) *Med.* Ruhr
ди́кий (16*K*; дик, -á) wild; roh; scheu, menschenscheu; sonderbar
диктова́ть (7), <про-> diktieren; befehlen
дикто́вка *f* (5; -вок) Diktat *n*
ди́ктор *m* (1) Ansager, Sprecher
ди́лер *m* (1) Widerverkäufer; ***официа́льный ~*** Vertragshändler
дина́мика *f* (5) Dynamik
динами́ческий (16), **динами́чный** (14; -чен, -чна) dynamisch
дина́стия *f* (7) Dynastie
дипло́м *m* (1) Diplom *n*
диплома́т *m* (1) Diplomat
дипломати́ческий (16), **дипломати́чный** (14; -чен, -чна) diplomatisch; schlau, klug
диплома́тия *f* (7) Diplomatie
дипломи́рованный (14) Diplom-
дире́ктор *m* (1; *pl. e.*, *N* -á) Direktor
дире́кция *f* (7) Direktion
дирижа́бль *m* (4) Luftschiff *n*
дирижёр *m* (1) Dirigent
дирижи́ровать (7) dirigieren, leiten (Т)
дисгармо́ния *f* (7) Missklang *m*
диск *m* (1) Diskus, Scheibe *f*
диске́та *f* (5) Diskette
дисково́д *m* (1) Diskettenlaufwerk *n*
дискредити́ровать (7) *im*(*pf.*) diskreditieren, in Misskredit bringen
дискримина́ция *f* (7) Diskriminierung
диску́ссия *f* (7) Diskussion
диспе́тчер *m* (1) *Esb.* Fahrdienstleiter
диспле́й *m* (3) Display *n*
диссерта́ция *f* (7): ***кандида́тская ~*** Dissertation; ***до́кторская ~*** Habilitationsschrift
дистанцио́нный (14) ferngesteuert
диста́нция *f* (7) Entfernung; *Esb.*, *Sp.* Strecke
дисципли́на *f* (5) Disziplin
дисциплини́рованный (14) diszipliniert
дитя́ *n* (*G*, *D*, *P* -ти, *I* -тею) Kind
дифтери́т *m* (1), **дифтери́я** *f* (7) Diphtherie *f*
диффама́ция *f* (7) Diffamierung
дича́ть (1), <о-> verwildern
дичь *f* (8) Wild *n*, Wildbret *n*; F Unsinn *m*
длина́ *f* (5) Länge; ***два ме́тра в длину́*** zwei Meter lang
дли́нный (14; -и́нен, -инна́, -и́нно) lang
дли́тельный (14; -лен, -льна) lange dauernd; langwierig
дли́ться (13), <про-> andauern; sich hinziehen
для (Р) für; ***~ того́, что́бы ...*** um zu ...; ***~ поря́дка*** ordnungshalber
дневни́к *m* (1*e.*) Tagebuch *n*
дневно́й (14) Tages-, täglich
днём am Tag, bei Tage
дно *n* **1.** (9) Grund *m*; **2.** (9; *pl.* до́нья, -ьев) Boden *m*; ***до дна*** bis zur Neige
до (Р) bis; bis zu, bis an; ***~ сих пор*** bis jetzt; ***~ на́шей э́ры*** vor unserer Zeitrechnung
добавле́ние *n* (12) Ergänzung *f*
добавля́ть (28), <доба́вить> (14) hinzufügen, ergänzen
доба́вочный (14) zusätzlich, Ergänzungs-

добива́ть (1), <доби́ть> (-бью, -бьёшь; -бе́й!; -би́тый) den Rest geben, den Todesstoß versetzen; vollends zerschlagen; **-ся** (P) *impf.* zu erreichen suchen; streben (nach); ***-ся своего́*** s-n Willen durchsetzen
добира́ться (1), <добра́ться> (-беру́сь, -берёшься) gelangen (***до*** P in, an), erreichen
доби́ть(ся) → ***добива́ть(ся)***
добра́ться → ***добира́ться***
добро́[1] *n* (9) Gute(s); Hab und Gut
добро́[2] gut; ***~ пожа́ловать!*** (herzlich) willkommen!
добро|во́лец *m* (1; -льца) Freiwillige(r); **~во́льный** (14; -лен, -льна) freiwillig; **~де́тель** *f* (8) Tugend; **~де́тельный** (14; -лен, -льна) tugendhaft; **~ду́шие** *n* (12) Gutmütigkeit *f*; **~ду́шный** (14; -шен, -шна) gutmütig, gütig; **~жела́тельный** (14; -лен, -льна) wohl wollend, gewogen; **~ка́чественный** (14*K.*) Qualitäts-, hochwertig; *Med.* gutartig; **~со́вестный** (14; -тен, -тна) gewissenhaft, redlich; **~сосе́дский** (16) gutnachbarlich
доброта́ *f* (5) Herzensgüte; Güte
добро́тный (14; -тен, -тна) gut; haltbar
до́брый (14; добр, -а́) gut; ***всего́ до́брого!*** alles Gute!; ***бу́дьте добры́*** seien Sie so gut; ***в ~ путь!*** viel Glück!
добыва́ть (1), <добы́ть> (-бу́ду, -бу́дешь; до́был, -а́; добы́тый: до́быт, -а́) beschaffen, erwerben; gewinnen, fördern
добы́ча *f* (5) Gewinnung; ***~ у́гля*** Kohleabbau *m*; *fig.* Beute *f*
дове́ренность *f* (8) Vollmacht
дове́ренный (14) bevollmächtigt; *Su. m* Bevollmächtigte(r)
дове́рие *n* (12) Vertrauen; ***пита́ть ~ к кому́*** Vertrauen zu j-m haben
довери́тельный (14; -лен, -льна) vertraulich; vertrauensvoll
дове́рить(ся) → ***доверя́ть(ся)***
дове́рчивый (14*K.*) zutraulich, vertrauensselig; leichtgläubig
доверя́ть (28), <дове́рить> (13) anvertrauen; **-ся** sich anvertrauen; sich verlassen (Д auf)
довести́ → ***доводи́ть***
до́вод *m* (1) Argument *n*; Beweis
доводи́ть (15), <довести́> (25) führen, hinführen, bringen, hinbringen (***до*** P bis zu)
довое́нный (14) Vorkriegs-
дово́льно genug, genügend; ziemlich, recht
дово́льный (14; -лен, -льна) zufrieden (T mit)
дово́льствие *n* (12) *Mil.* Verpflegung *f*; Versorgung *f*
дово́льствоваться, <у-> (7) sich begnügen, sich zufrieden geben
довы́боры *pl.* (1) Nachwahl(en *pl.*) *f*
дог *m* (1) Dogge *f*
дога́дка *f* (5; -док) Mutmaßung, Vermutung; Scharfsinn *m*
дога́дливый (14*K.*) aufgeweckt, gescheit
дога́дываться, <догада́ться> (1) erraten (***о*** П), daraufkommen
догна́ть → ***догоня́ть***
догова́риваться (1), <договори́ться> (13*e.*) verabreden, vereinbaren, übereinkommen; ***договори́лись?*** abgemacht?
догово́р *m* (1) Vertrag; ***заключи́ть ~*** e-n Vertrag schließen
договорённость *f* (8) Vereinbarung, Abmachung
догово́рный (14) vertraglich, Vertrags-
догоня́ть (28), <догна́ть> (-гоню́, -го́нишь) einholen
догора́ть (1), <догоре́ть> (9*e.*) herunterbrennen, abbrennen
доде́лывать, <доде́лать> (1) fertig machen, fertig stellen
доеда́ть (1), <дое́сть> (-е́м, -е́шь) zu Ende essen, aufessen
дождево́й (14) Regen-
дождли́вый (14*K.*) regnerisch
дождь *m* (4*e.*) Regen; ***~ идёт*** es regnet
дожива́ть (1), <дожи́ть> (-иву́, -ивёшь; до́жил, -а́; до́житый: -та́) leben (***до*** P bis); erleben
дожида́ться (1), <дожда́ться> (-ду́сь, -дёшься; -дала́сь) (P) *impf.* warten (auf); abwarten
дожи́ть → ***дожива́ть***
до́за *f* (5) Dosis
дозвони́ться (13*e.*) *pf.* (telefonisch) erreichen (***к*** Д)

дозна́ние *n* (12) Ermittlung *f*
дои́ть (13/13*e.*; до́енный), <по-> melken
дойти́ → ***доходи́ть***
доказа́тельство *n* (9) Beweis *m*; ***в ~*** als Beweis
дока́зывать (1), <доказа́ть> (3) beweisen
доказу́емый (14*K.*) beweisbar, nachweisbar
дока́нчивать (1), <доко́нчить> (16) beenden, zu Ende führen
дока́пываться, <докопа́ться> F (1) *fig.* herauskriegen, dahinter kommen
до́кер *m* (1) Hafenarbeiter
докла́д *m* (1) Vortrag, Referat *n*; Bericht
докла́дчик *m* (1) Referent, Vortragende(r); Berichterstatter
докла́дывать (1), <доложи́ть> (16) berichten, vortragen; mitteilen; anmelden
докона́ть F (1) *pf.* erledigen, den Rest geben
доко́нчить → ***дока́нчивать***
докопа́ться → ***дока́пываться***
до́ктор *m* (1; *pl. e.*, *N* -á) Doktor, Arzt
докуме́нт *m* (1) Dokument *n*, Ausweis; Urkunde *f*
документа́льный (14; -лен, -льна) dokumentarisch, urkundlich
долг *m* **1.** (1; *o. pl.*) Pflicht *f*, Schuldigkeit *f*; **2.** (1; -а/-у; в -у́; *pl. e.*) Schuld *f*; ***брать в ~*** leihen, borgen; ***дава́ть в ~*** ausleihen
до́лгий (16; -лог, -лга́; *Komp.* -льше, -лее) lang
долгове́чный (14; -чен, -чна) langlebig; dauerhaft
долгово́й (14) Schuld-
долго|вре́менный (14; -менен, -менна) lang, lange während; **~игра́ющий** (17) Langspiel-; **~сро́чный** (14; -чен, -чна) langfristig
долгота́ *f* (5; *pl.* долго́ты, -о́т) Länge; Längengrad *m*
до́лжен *m*, -жна́ *f*, -жно́ *n*, -жны́ *pl.* **1.** schuldig; ***он мне ~ ... рубле́й*** er ist mir ... Rubel schuldig; **2.** *j-d* muss *od.* soll; ***должно́ быть*** wahrscheinlich
должни́к *m* (1*e.*) Schuldner; ***я ваш ~*** ich stehe in Ihrer Schuld
до́лжность *f* (8) Dienststellung; Amt *n*
до́лжный (14) gebührend, gehörig
долива́ть (1), <доли́ть> (-лью́, -льёшь) nachfüllen, nachgießen
доли́на *f* (5) Tal *n*
доли́ть → ***долива́ть***
доложи́ть → ***докла́дывать***
доло́й nieder mit
долото́ *n* (9; *pl.* доло́та, -о́т) Meißel *m*
до́льше → ***до́лгий***
до́ля *f* (6; *ab Gpl. e.*) Teil *m*, Anteil *m*; Los *n*, Schicksal *n*
дом *m* (1; -а/-у; *a.* и́з, до́ -у; на -у́; *pl. e.*, *N* -á) Haus *n*; ***на́ ~*** ins Haus, frei Haus; ***на ~у́*** zu Hause
до́ма zu Hause; ***у него́ не все ~*** er hat nicht alle Tassen im Schrank
дома́шний (15) Haus-, häuslich; Familien-
до́мик *m* (1) Häuschen *n*; Haus *n*
домкра́т *m* (1) Wagenheber
до́мна *f* (5; -мен) Hochofen *m*
домовладе́лец *m* (1; -льца) Hausbesitzer
домо́й nach Hause
домо|се́д *m* (1) Stubenhocker; **~строи́тельство** *n* (9) Hausbau *m*; **~хозя́ин** *m* (1; *pl.* -я́ева, -я́ев), **~хозя́йка** *f* (5; -я́ек) Hausbesitzer(in *f*); Hausherr(in *f*)
домрабо́тница *f* (5) Hausgehilfin
до́мысел *m* (1; -сла) Mutmaßung *f*
донесе́ние *n* (12) Meldung *f*; Bericht *m*
донести́(сь) → ***доноси́ть(ся)***
донима́ть F (1), <доня́ть> (дойму́, -мёшь) zusetzen, belästigen
до́нор *m* (1) Blutspender
доно́с *m* (1) Anzeige *f*, Denunziation *f*
доноси́ть (15), <донести́> (25 -с-; -нёс) **1.** tragen, bringen; **2.** berichten, melden; anzeigen, denunzieren; **-ся**, <-сь> dringen, herüberhallen; zu Ohren kommen
доно́счик *m* (1) Denunziant
доня́ть → ***донима́ть***
допива́ть (1), <допи́ть> (-пью́, -пьёшь; до́пил, -á; до́питый: -тá) austrinken, leeren

допла́та *f* (5) Nachzahlung; Zuschlag *m*
допла́чивать (1), <доплати́ть> (15) nachzahlen, zuzahlen
дополне́ние *n* (12) Ergänzung *f*, Nachtrag *m*; *Gr.* Objekt
дополни́тельный (14) ergänzend; nachträglich; Ergänzungs-; *Gr.* Objekt-
дополня́ть (28), <допо́лнить> (13) ergänzen, hinzufügen
допра́шивать (1), <допроси́ть> (15) verhören, vernehmen
допро́с *m* (1) Verhör *n*, Vernehmung *f*
допроси́ть → ***допра́шивать***
до́пуск *m* (1) Einlass; Zugang
допуска́ть (1), <допусти́ть> (15) hereinlassen, einlassen; zulassen; gestatten; annehmen
допу́стим angenommen
допусти́мый (14*K.*) zulässig
допусти́ть → ***допуска́ть***
допуще́ние *n* (12) Zulassung *f*; Annahme *f*
дораба́тывать, <дорабо́тать> (1) fertig stellen, zum Abschluss bringen
дорабо́тка *f* (5; -ток) Fertigstellung; Nachbesserung
доро́га *f* (5) Weg *m*, Straße; Reise; ***в доро́ге*** unterwegs; ***дать доро́гу*** ausweichen; ***туда́ ему́ и ~!*** F das geschieht ihm recht!
дороговизна *f* (5) Teuerung
доро́гой[1] F unterwegs
дорого́й[2] (16; до́рог, -á; доро́же) teuer; *fig.* kostbar, wertvoll; lieb
дорогосто́ящий (17) kostspielig
доро́дный (14; -ден, -дна) wohlbeleibt
дорожа́ть (1), <вз-, по-> teuer *od.* teurer werden
дорожи́ть (16*e.*) schätzen, großen Wert legen (auf)
доро́жка *f* (5; -жек) Fußweg *m*, Pfad *m*; Läufer *m*; *Tech.* Rille; Spur
доро́жный (14) Reise-; Weg(e)-
доса́да *f* (5) Ärger *m*, Verärgerung; Verdruss *m*
досади́ть → ***досажда́ть***
доса́дный (14; -ден, -дна) ärgerlich, bedauerlich
доса́довать (7) sich ärgern (***на*** В über)
досажда́ть (1), <досади́ть> (15*e.*) verärgern (Д *j-n*), *j-m* zusetzen
доска́ *f* (5; до́ску; *pl.* до́ски, -со́к, -ска́м) Brett *n*; Platte; Tafel
доскона́льный (14; -лен, -льна) eingehend, gründlich
досла́ть → ***досыла́ть***
досло́вный (14) wörtlich
досма́тривать (1), <досмотре́ть> (9) ansehen; *Zoll*: kontrollieren
досмо́тр *m* (1) Kontrolle *f*
досро́чный (14) vorfristig, vorzeitig
достава́ть (5), <доста́ть> (-а́ну, -а́нешь) reichen, langen; herausholen, herausnehmen; besorgen, beschaffen; auftreiben; **-ся** zuteil werden, zufallen; einstecken müssen
доста́вка *f* (5; -вок) Zustellung, Lieferung
доставля́ть (28), <доста́вить> (14) zustellen, liefern; bereiten
доста́ток *m* (1; -тка) Wohlstand
доста́точно genug, genügend; ***э́того ~*** das genügt
доста́точный (14; -чен, -чна) genügend, ausreichend
доста́ть(ся) → ***достава́ть(ся)***
достига́ть (1), <дости́гнуть, дости́чь> (21/20) erreichen, erlangen
достиже́ние *n* (12) Erreichen; Errungenschaft *f*; Leistung *f*
достижи́мый (14*K.*) erreichbar
достове́рный (14; -рен, -рна) zuverlässig, glaubwürdig
досто́инство *n* (9) Würde *f*; ***чу́вство со́бственного досто́инства*** Selbstbewusstsein
досто́йный (14; -о́ин, -о́йна) würdig, wert
достопримеча́тельность *f* (8) Sehenswürdigkeit
достоя́ние *n* (12) Eigentum, Vermögen
до́ступ *m* (1) Zugang, Zutritt
досту́пный (14; -пен, -пна) zugänglich; erschwinglich
досу́г *m* (1) Freizeit *f*, Muße *f*
досыла́ть (1), <досла́ть> (дошлю́, -шлёшь) nachsenden
досыпа́ть (1), <досы́пать> (2) vollschütten, aufschütten; hinzugeben
до́сыта satt; zur Genüge
досяга́емость *f* (8) Reichweite

дотáция *f* (7) Subvention

дотрáгиваться (1), <дотрóнуться> (20) berühren, anfassen

дотýда F bis dahin, bis dorthin

дохóд *m* (1) Einkommen *n*, Einnahme(n *pl.*) *f*; Ertrag

доходи́ть (15), <дойти́> (-йдý, -йдёшь; дошёл, -шлá; -шéдший; -йдя́) kommen, gelangen (***до*** P bis zu); ankommen; erreichen

дохóдный (14; -ден, -дна) einträglich, Gewinn bringend, rentabel

дочéрний (15) Tochter-

дочи́тывать, <дочитáть> (1) lesen (***до*** P bis zu); durchlesen

дочь *f* (*G, D, P, Npl.* дóчери, *I* -рью; *ab Gpl. e.*: -рéй, -ря́м, -рьми́, -ря́х) Tochter

дошкóльный (14) Vorschul-

доя́рка *f* (5; -рок) Melkerin

драгоцéнность *f* (8) Juwel *n*, Kleinod *n*; Kostbarkeit

драгоцéнный (14; -éнен, -éнна) kostbar, wertvoll; **~ *кáмень*** *m* Edelstein

дразни́ть (13; -ня́щий) necken, hänseln; erregen

дрáка *f* (5) Schlägerei, Rauferei

дрáма *f* (5) Drama *n*, Schauspiel *n*

драмати́ческий (16) dramatisch; Dramen-, Schauspiel-

драмати́чный (14; -чен, -чна) dramatisch

драматýрг *m* (1) Dramatiker

дрáться (дерусь, дерёшься, дрáли́сь), <по-> sich prügeln; *impf.* kämpfen; *Duell*: sich schlagen

драчýн F *m* (1*e.*) Raufbold

дребезжáть (4*e.*) klirren

древéсный (14) Holz-

дрéвний (15; -вен, -вня) alt, altertümlich; uralt; **~ *мир*** *m* Antike *f*

дрéвность *f* (8) Altertum *n*, Antike; *pl.* Antiquitäten

дремáть (2) schlummern

дремóта *f* (5) Schläfrigkeit; Schlummer *m*

дремýчий (17*K.*) dicht; Ur-; **~ *лес*** *m* Urwald

дрессировáть (7), <вы́-> dressieren, abrichten

дрессирóвка *f* (5; -вок) Dressur

дроби́ть (14*e.*), <раз-> zerkleinern, zerstückeln, zersplittern

дробь *f* (8) **1.** *koll.* Schrot *n Munition*; **2.** Bruchzahl, Bruch *m*

дровá *pl.* (9) Brennholz *n*, Holz *n*

дрóгнуть 1. (21/20) frieren, frösteln; **2.** <вз-> (20) *pf.* erzittern, erbeben

дрожáть (4*e.*) zittern, beben

дрóжжи *pl.* (5; *ab G e.*) Hefe *f*

дрожь *f* (8) Zittern *n*, Beben *n*

дрозд *m* (1*e.*) Drossel *f*; ***чёрный* ~** Amsel *f*

друг *m* (1; *pl.* друзья́, -зéй, -зья́м) Freund; **~ *дрýга*** einander, gegenseitig; **~ *с дрýгом*** miteinander; **~ *за дрýгом*** hintereinander, nacheinander

другóй (16) andere(r); nächste(r); ***на* ~ *день*** am nächsten Tag; ***э́то другóе дéло*** das ist etwas anderes; ***други́ми словáми*** mit anderen Worten; (***в***) **~ *раз*** ein andermal

дрýжба *f* (5) Freundschaft

дружелю́бный (14; -бен, -бна) freundschaftlich

дрýжеский (16), **дрýжественный** (14*K.*) freundschaftlich, Freundschafts-; ***в дрýжеских отношéниях*** befreundet

дружи́ть (16/16*e.*) befreundet sein; **-ся**, <по-> sich anfreunden

дрýжный (14; -жен, -жна) einträchtig, einmütig; vereint; gemeinsam

дря́блый (14; дря́бл, -á) schlaff, welk

дряннóй F (14) schlecht, minderwertig; mies, elend

дрянь F *f* (8) Schund *m*, Kitsch *m*

дря́хлый (14; дряхл, -á) altersschwach, gebrechlich

дуб *m* (1; *a.* в -ý; *pl. e.*) Eiche *f*

дубáсить (15), <от-> F vermöbeln, verhauen

дуби́н(к)а *f* (5; -нок) Knüppel *m*

дуби́ть (14*e.*), <вы́-> gerben

дублёр *m* (1) Double *n*, Stuntman

дубли́ровать (7) <с-, про-> als Double agieren; *Film* synchronisieren

дубóвый (14) Eichen-, eichen

дугá *f* (5; *pl. st.*) Bogen *m*

дýма *f* (5) Gedanke(n *pl.*) *m*; *Pol.* Duma, Parlament *n*

дýмать (1), <по-> denken, nachdenken; glauben, meinen; gedenken, beabsichtigen; ***мнóго о себé* ~** sich

viel einbilden; ***не до́лго ду́мая*** ohne viel zu überlegen; **-ся: *мне ду́мается*** mir scheint
ду́нуть → ***дуть***
дупло́ *n* (9; *pl. st.*; -пел) Höhlung *f im Baum*; Loch *im Zahn*
ду́ра F *f* (5) Närrin, dumme Gans
дура́к *m* (1*e.*) Narr, Dummkopf
дура́цкий (16) närrisch; blöd
дура́чество *n* (9) Albernheit *f*
дура́чить F (16), <о-> zum Narren halten, aufziehen; **-ся** herumalbern
дурма́нить (13), <о-> betäuben, benebeln
дурно́й (14; -рен, -рна́) schlecht; übel; hässlich
ду́рочка *f* (5; -чек) F Närrin, dummes Ding *n*
дуть (18) **1.** wehen, blasen; **2.** <по->, *einm.* <ду́нуть> (20) blasen, pusten; **-ся** <на-> F schmollen
дух *m* (1; -а/-у) Geist; Sinn; Mut; Atem; ***в ~е*** F gut gelaunt; ***не в ~е*** F schlecht gelaunt
духи́ *pl.* (1) Parfüm *n*
духове́нство *n* (9) Klerus *m*, Geistlichkeit *f*
духо́вный (14) geistig; geistlich
духово́й (14) *Mus.* Blas-; ***духово́е ружьё*** *n* Luftgewehr
духота́ *f* (5) Schwüle, drückende Hitze
душ *m* (1; -ей) Dusche *f*, Brause *f*; ***принима́ть ~*** duschen, sich duschen
душа́ *f* (5; ду́шу; *pl. st.*) Seele; Gemüt *n*; ***всей душо́й, от всей души́*** von ganzem Herzen; ***от глубины́ души́*** aus tiefstem Herzen
душева́я *f* (14) Duschraum *m*
душевнобольно́й (14) geisteskrank; *Su. m* Geisteskranke(r)
душе́вный (14; -вен, -вна) innig, herzlich
душераздира́ющий (17*K.*) herzzerreißend
души́стый (14*K.*) wohlriechend, duftend
души́ть (16), <за-, у-> würgen, erwürgen; *fig.* unterdrücken
ду́шный (14; -шен, -шна) schwül, drückend heiß
дуэ́ль *f* (8) Duell *n*, Zweikampf *m*
дым *m* (1; -а/-у) Rauch, Qualm
дыми́ть (14*e.*), **-ся** rauchen, qualmen
ды́мка *f* (5) Dunst *m*; Schleier *m*
ды́мный (14) rauchend; rauchig
ды́ня *f* (6) Zuckermelone
дыра́ *f* (5; *pl. st.*) Loch *n*; ***озо́новая ~*** *Met.* Ozonloch *n*
ды́рка *f* (5; -рок) kleines Loch *n*
дыроко́л *m* (1) Locher
дыха́ние *n* (12) Atem *m*, Atmung *f*
дыха́тельный (14) Atmungs-, Atem-; ***дыха́тельное го́рло*** *n* Luftröhre *f*
дыша́ть (4) atmen (T)
дья́вол *m* (1) Teufel
дю́жий F (17; дюж, -á, -е) kräftig, robust, stark
дю́жина *f* (5) Dutzend *n*
дю́на *f* (5) Düne
дя́дюшка F *m* (5; -шек) Onkelchen *n*, Onkel
дя́дя *m* (6; -дей) Onkel
дя́тел *m* (1; -тла) Specht

Е

еба́ть V (ебу́, ебёшь; ёб, ебла́) <вы́-> ficken, vögeln
ева́нгелие *n* (12) Evangelium
евре́й *m* (3) Jude
евре́йка *f* (5; -е́ек) Jüdin
евре́йский (16) jüdisch
евре́йство *n* (9) Judentum
е́вро *n* (9) Euro *m*
Евро́па *f* (5) Europa *n*
европе́ец *m* (1; -е́йца) Europäer
европе́йка *f* (5; -е́ек) Europäerin
европе́йский (16) europäisch
Европе́йский Сою́з *m* (1) Europäische Union *f*

еврочéк *m* (1) Eurocheque
Еги́пет *m* (2; -пта) Ägypten *n*
еги́петский (16) ägyptisch
египтя́нин *m* (1; *pl.* -я́не, -я́н) Ägypter
египтя́нка *f* (5; -нок) Ägypterin
егó 1. → ***он, онó***; **2.** *Poss.Pron.* sein
еда́ *f* (5) Essen *n*; Speise
едва́ 1. *Adv.* kaum; eben erst; ***~ не*** fast, beinahe; ***~ ли не*** vielleicht, wohl; **2.** *Kj.* kaum, sobald
единéние *n* (12) Einigung *f*
едини́ца *f* (5) Einheit; Eins *Schulnote* „ungenügend"
едини́чный (14; -чен, -чна) einzeln, vereinzelt
едино|бóрство *n* (9) Zweikampf *m*; **~вла́стие** *n* (12) Alleinherrschaft *f*; **~врéменный** (14; -енен, -енна) einmalig; **~гла́сие** *n* (12) Einstimmigkeit *f*; **~гла́сный** (14; -сен, -сна) einstimmig; **~ду́шный** (14; -шен, -шна) einmütig; **~ли́чный** (14) individuell; **~мы́шленник** *m* (1) Gleichgesinnte(r); **~обра́зный** (14; -зен, -зна) einheitlich
еди́нственный (14*K.*) einzig; ***еди́нственное числó*** *n Gr.* Einzahl *f*, Singular *m*
еди́нство *n* (9) Einheit *f*, Einigkeit *f*
еди́ный (14*K.*) einheitlich; gemeinsam
éдкий (16; éдок, едкá) ätzend, beißend; *fig.* bissig
её 1. → ***она́***; **2.** *Poss. Pron.* ihr
ёж *m* (1*e.*; ежéй) Igel
ежеви́ка *f* (5) *koll.* Brombeere(n *pl.*)
еже|гóдник *m* (1) Jahrbuch *n*; **~гóдный** (14) jährlich, alljährlich; **~днéвный** (14; -вен, -вна) täglich, alltäglich, Alltags-; **~мéсячник** *m* (1) Monatsschrift *f*; **~мéсячный** (14) monatlich; **~мину́тный** (14; -тен, -тна) fortwährend; *Adv.* jeden Augenblick; **~недéльник** *m* (1) Wochenschrift *f*; **~недéльный** (14) wöchentlich; **~ча́сный** (14) stündlich

ёжик *m* (1) kleiner Igel; Bürstenfrisur *f*
езда́ *f* (5) Fahrt, Fahren *n*
éздить (15) fahren, reisen; ***~ верхóм*** reiten
ездóк *m* (1*e.*) Reiter; Fahrgast
ей 1. → ***она́***; **2.:** ***~ Бóгу!*** bei Gott!
éле kaum
ёлка *f* (5; ёлок) Tanne; Fichte; ***рождéственская ~*** Weihnachtsbaum *m*
еловый (14) Tannen-; Fichten-
ель *f* (8) Tanne; Fichte
ёмкий (16; ёмок, ёмка) geräumig
ёмкость *f* (8) Kapazität, Fassungsvermögen *n*; ***мéра*** *f* ***ёмкости*** Hohlmaß *n*
ему́ → ***он, онó***
епи́скоп *m* (1) Bischof
ерала́ш F *m* (1) Tohuwabohu *n*, Durcheinander *n*
éресь *f* (8) Ketzerei; F Unsinn *m*
ерети́к *m* (1*e.*) Ketzer
ерети́ческий (16) ketzerisch
ёрзать F (1) hin- und herrutschen, nicht ruhig sitzen können
ерунда́ F *f* (5) Unsinn *m*, Quatsch *m*
ЕС (Европéйский Сою́з) EU (Europäische Union)
éсли wenn, falls; während
естéственный (14*K.*) natürlich
естествозна́ние *n* (12) Naturwissenschaften *f/pl.*
есть[1] (ем, ешь, ест, еди́м, еди́те, едя́т; ешь!) **1.** *v/i* <по-> essen; *Tiere*: fressen; **2.** *v/t* <съ-> essen; *pf.* aufessen; **3.** <разъ-> *Rost*: zerfressen
есть[2] es gibt; ***так и ~*** F stimmt!
ефрéйтор *m* (1) Gefreite(r)
éхать (éду, éдешь; поезжа́й!) fahren, reisen
ехи́дничать F (1), <съ-> sticheln, lästern
ехи́дный (14; -ден, -дна) boshaft, giftig
ещё noch; schon; ***~ бы!*** und ob!; ***~ как!*** und wie!; ***~ какóй!*** und was für einer!

Ж

ж → ***же***
жа́ба *f* (5) *Zool.* Kröte
жа́бра *f* (5) Kieme
жа́воронок *m* (1; -нка) Lerche *f*
жа́дность *f* (8) Habgier; Geiz *m*
жа́дный (14; -ден, -дна́) gierig, habgierig; geizig
жа́жда *f* (5) Durst *m*; Begierde; **~ *зна́ний*** Wissensdurst
жа́ждать (-ду, -дешь) Durst haben; *fig.* begehren
жале́ть (8), <по-> bedauern, Mitleid haben (mit *j-m*); schonen; ***не жале́я сил*** ohne sich zu schonen
жа́лить (13), <у-> *Insekten*: stechen; *Schlangen*: beißen
жа́лкий (16; -лок, -лка́) bedauernswert; kläglich, erbärmlich
жа́лко → ***жаль***
жа́ло *n* (9) Stachel *m*
жа́лоба *f* (5) Klage, Beschwerde
жа́лобщик *m* (1) *f* Kläger
жа́лованье *n* (10; -ний) Gehalt, Lohn *m*
жа́ловаться (7), <по-> sich beklagen, sich beschweren (***на*** В über)
жа́лость *f* (8) Mitleid *n*; Bedauern *n*
жаль (es ist) schade; ***мне его́ ~*** er tut mir Leid
жанр *m* (1) Gattung *f*; Genre *n*
жар *m* (1; -а/-у; в -у́) Hitze *f*, Glut *f*; Fieber *n*; *fig.* Eifer
жара́ *f* (5) Hitze
жа́реный (14) gebraten; geröstet
жа́рить (13) **1.** <из- , за-> braten; **2.** rösten; ***со́лнце жа́рит*** die Sonne brennt
жа́ркий (16; -рок, -рка́) heiß; *fig.* glühend; heftig; ***жа́рко*** es ist heiß
жарко́е *n* (16) Braten *m*
жаросто́йкий (16; -о́ек, -о́йка) hitzebeständig
жа́тва *f* (5) Ernte
жать[1] (жму, жмёшь; -жа́тый) **1.** <с-> pressen, zusammendrücken; **2.** <вы́-> auspressen
жать[2] (жну, жнёшь), <с-> (сожну́, -нёшь; сжа́тый) mähen, ernten
жва́чка *f* (5; -чек) F Kaugummi *m*
жгу́чий (17*K.*) glühend heiß; *fig.* brennend
ждать (жду, ждёшь; ждал, -а́) warten (В, Р auf), erwarten
же, ж **1.** *Kj.* aber, doch, jedoch; **2.** *Part.* doch, ja; ***всё же*** dennoch; ***тот же*** derselbe
жева́ть (6*e.* -у-) kauen
жела́ние *n* (12) Wunsch *m*, Verlangen; ***при всём жела́нии*** beim besten Willen
жела́нный (14; -а́нен, -а́нна) erwünscht; ersehnt
жела́тельный (14; -лен, -льна) wünschenswert, erwünscht
жела́ть (1), <по-> wünschen, wollen; begehren
жела́ющие *pl.* (16) Interessenten *m/pl.*
железа́ *f* (5; *pl.* же́лезы, желёз, железа́м) Drüse
железнодоро́ж|ник *m* (1) Eisenbahner; **~ный** (14) Eisenbahn-
желе́зный (14) eisern, Eisen-
желе́зо *n* (9) Eisen
железобето́н *m* (1) Stahlbeton
жёлоб *m* (1; *pl. e.*, *N* желоба́) Rinne *f*
желте́ть (8) **1.** gelb schimmern; **2.** <по-> gelb werden, vergilben
желто́к *m* (1; -тка́) Eigelb *n*
жёлтый (14; жёлт, желта́, жёлто) gelb
желу́док *m* (1; -дка) Magen
желу́дочный (14) Magen-
жёлудь *m* (4; жёлуды, желуде́й, -дя́м) Eichel *f*
жёлчный (14 ; -чен, -чна) Gallen-
жёлчь *f* (8) Galle (*a. fig.*)
жема́нный (14; -а́нен, -а́нна) geziert, zimperlich
же́мчуг *m* (1; *pl. e., N* -а́) Perle(n *pl.*) *f*
жемчу́жина *f* (5) Perle (*a. fig.*)
жена́ *f* (5; *pl. st.* жёны, жён) Ehefrau, Frau
жена́тый (14*K.*) verheiratet (***на*** П mit)
жени́ться (13) *im*(*pf.*) heiraten (***на*** П) *(vom Mann aus)*

Ж

жени́тьба *f* (5) Heirat
жени́х *m* (1*e.*) Bräutigam
же́нский (16) weiblich; Frauen-; **~ род** *m Gr.* Femininum *n*
же́нщина *f* (5) Frau
жеребёнок *m* (2) Fohlen *n*
жеребе́ц *m* (1; -бца́) Hengst
жеребьёвка *f* (5; -вок) Verlosung
же́ртва *f* (4) Opfer *n*
же́ртвовать (7), <по-> opfern (T); spenden; **~ *собо́й*** sich aufopfern
жест *m* (1) Geste *f* (*a. fig.*), Gebärde *f*
жёсткий (16; жёсток, жестка́, жёстко) hart, rau (*a. fig.*); schroff; streng
жесто́кий (16*K.*) grausam, brutal; heftig
жесто́кость *f* (8) Grausamkeit, Brutalität
жесть *f* (8) Blech *n*
жестяно́й (14) Blech-, blechern
жестя́нщик *m* (1) Klempner
жечь, <с-> (26 -г/ж-; жгу, жжёшь, жгут; жёг, жгла) **1.** verbrennen; **2.** brennen (B auf)
жи́во *Adv.* lebhaft; rasch
живо́й (14; жив, жива́, жи́во) lebend, lebendig; lebhaft, rege; ***оста́ться в живы́х*** am Leben bleiben; ***ни жив ни мёртв*** F mehr tot als lebendig
живопи́сец *m* (1; -сца) Maler
живопи́сный (14; -сен, -сна) malerisch
жи́вопись *f* (8) Malerei
живо́т *m* (1*e.*) Bauch, Unterleib
животново́дство *n* (9) Viehzucht *f*
живо́тное *n* (14) Tier
живо́тный (14) Tier-; tierisch
животрепе́щущий (17*K.*) *fig.* aktuell, brennend
живьём lebendig, bei lebendigem Leibe
жи́дкий (16; -док, -дка́) flüssig; dünn; spärlich
жи́дкость *f* (8) Flüssigkeit
жизнелю́б *m* (1) lebensfroher Mensch
жи́зненный (14*K.*) lebensecht, lebensvoll
жизне|ра́достность *f* (8) Lebensfreude, Lebenslust; **~ра́достный** (14; -тен, -тна) lebensfroh, lebenslustig; **~спосо́бный** (14; -бен, -бна) lebensfähig, lebenstüchtig
жизнь *f* (8) Leben *n*; ***при жи́зни*** zu Lebzeiten; ***о́браз m жи́зни*** Lebensweise *f*; ***всю*** (***свою́***) **~** sein Leben lang, zeitlebens
жи́ла *f* (5) Ader; Sehne
жиле́т *m* (1) Weste *f*
жиле́ц *m* (1; -льца́) Mieter
жили́ще *n* (11) Behausung *f*, Wohnraum *m*
жили́щный (14) Wohnungs-
жи́лка *f* (5; -лок) Äderchen *n*
жило́й (14) Wohn-; bewohnt
жилотде́л *m* (1) Wohnungsamt *n*
жилпло́щадь *f* (8) Wohnfläche
жилстрои́тельство *n* (9) Wohnungsbau *m*
жильё *n* (10; -ле́й) Wohnraum *m*; Wohnung *f*
жир *m* (1; -а/-у; в -у́; *pl. e.*) Fett *n*; ***ры́бий*** **~** Lebertran
жира́ф *m* (1), **~а** *f* (5) Giraffe *f*
жире́ть (8), <о-, раз- > fett werden, Fett ansetzen
жи́рный (14; -рен, -рна́) fett; fettig; dick
жите́йский (16) Alltags-; alltäglich
жи́тель *m* (4), **жи́тельница** *f* (5) Bewohner(in *f*), Einwohner(in *f*)
жи́тельство *n* (9) Wohnort *m*, Wohnsitz *m*; ***разреше́ние n на*** **~** Aufenthaltsgenehmigung *f*
жить (живу́, -вёшь; жил, -а́) leben; wohnen; ***как живёте?*** F wie geht's?; ***жил-был*** es war einmal
жму́риться (13) die Augen zusammenkneifen, blinzeln
жрать P (жру, жрёшь; жрал, -а́) *v/i*, <по-> fressen
жре́бий *m* (3; -ии) Los *n*
жужжа́ть (4*e.*) summen, surren
жук *m* (1*e.*) Käfer
жу́лик *m* (1) Gauner, Spitzbube
жу́льничать F (1) betrügen
жура́вль *m* (4*e.*) Kranich
журна́л *m* (1) Zeitschrift *f*
журча́ть (4*e.*) rauschen, murmeln
жу́ткий (14; -ток, -тка́) unheimlich, grauenvoll; entsetzlich; *Adv.* bange; ***мне жу́тко*** mir ist bange
жучо́к *m* P Wanze *f* (*Abhörvorrichtung*)
жюри́ *n* (*unv.*) Jury *f*, Preisgericht

З

за 1. (В) hinter; für, um; wegen; an; in; ***~ два шага́*** in zwei Schritt Entfernung; ***~ неде́лю до ...*** (P) eine Woche vor ...; ***~ что?*** wofür?; ***я ~ э́то*** ich bin dafür; ***~ и про́тив*** für und wider; ***ни ~ что на све́те*** um nichts in der Welt; **2.** (T) hinter; nach; wegen, infolge; ***~ мно́й ... рубля́*** ich bin ... Rubel schuldig; ***день ~ днём*** Tag für Tag; ***о́чередь ~ ва́ми*** Sie sind an der Reihe
заба́ва *f* (5) Vergnügen *n*, Spaß *m*
забавля́ть (28) belustigen, amüsieren, unterhalten; **-ся** Spaß haben
заба́вный (14; -вен, -вна) spaßig, komisch; amüsant
забастова́ть (7) *pf.* in den Streik treten
забасто́вка *f* (5; -вок) Streik *m*
забе́г *m* (1) Wettlauf
забега́ть[1] (1), <забежа́ть> (4; -бегу́, -бежи́шь, -бегу́т; -беги́!) hineinlaufen; (weit) weglaufen; vorbeikommen
забе́гать[2] (1) *pf.* anfangen herumzulaufen
забива́ть (1), <заби́ть> (-бью́, -бьёшь; -бе́й!; -би́тый) einschlagen; einrammen; zunageln; verstopfen; *Sp. ins Ziel* schießen; anfangen zu schlagen
забира́ть (1), <забра́ть> (-беру́, -берёшь) wegnehmen; mitnehmen; entnehmen; verhaften; kürzer machen, enger machen; **-ся** hineinkriechen; hinaufklettern; sich verbergen
заби́ть → ***забива́ть***
забия́ка F *m/f* (5) Raufbold *m*
заблаговре́менно beizeiten
заблесте́ть (11) *pf.* erstrahlen, erglänzen
заблуди́ться (15) *pf.* sich verirren
заблужда́ться (1) sich irren
заблужде́ние *n* (12) Irrtum *m*
заболева́ние *n* (12) Erkrankung *f*
заболева́ть (1), <заболе́ть> (8) erkranken (T an), krank werden; Schmerzen bekommen
забо́р *m* (1) **1.** Zaun; **2.** Entnahme *f*
забо́та *f* (5) Sorge; Fürsorge
забо́титься (15), <по-> sorgen (**о** П für), sich kümmern (um); *impf.* sich sorgen, besorgt sein (**о** П um)
забо́тливый (14*K.*) fürsorglich, sorgsam
забра́сывать (1) **1.** <заброса́ть> (1) überschütten, überhäufen; **2.** <забро́сить> (15) werfen; wegwerfen; vernachlässigen
забра́ть(ся) → ***забира́ть(ся)***
заброса́ть, забро́сить → ***забра́сывать 1, 2***
забры́згивать, <забры́згать> (1) *pf.* bespritzen, voll spritzen
забыва́ть (1), <забы́ть> (-бу́ду, -бу́дешь; -бы́ла; -бы́тый) vergessen, liegen lassen; **-ся** einschlummern; das Bewusstsein verlieren
забы́вчивый (14*K.*) vergesslich
забы́тый (14*K.*) vergessen
зава́ливать (1), <завали́ть> (13) verschütten, zuschütten; versperren; überladen
зава́ривать (1), <завари́ть> (13) aufbrühen; aufkochen
заведе́ние *n* (12) Anstalt *f*; Einrichtung *f*; ***вы́сшее уче́бное ~*** Hochschule *f*
заве́довать (7) leiten, verwalten
заве́дующий *m* (17) Leiter, Chef
завере́ние *n* (12) Versicherung *f*, Zusicherung *f*
заве́рить → ***заверя́ть***
завёртывать (1), <заверну́ть> (20; -вёрнутый) einwickeln, einpacken; umkrempeln; festschrauben; zudrehen
заверша́ть (1), <заверши́ть> (16*e.*) beenden, vollenden
заверя́ть (28), <заве́рить> (13) (В/ **в** П *j-m et.*) versichern, zusichern; beglaubigen
заве́сить → ***заве́шивать***
завести́ → ***заводи́ть***
заве́т *m* (1) *oft pl.* Vermächtnis *n*; ***Ве́тхий ~*** Altes Testament
заве́тный (14; -тен, -тна) sehnlichst; vertraut, intim
заве́шивать (1), <заве́сить> (15) verhängen, zuhängen

завеща́ние *n* (12) Testament; Vermächtnis
завеща́ть (1) *im(pf.)* vermachen, vererben
завива́ть (1), <завить> (-вью́, -вьёшь) *Haare* kräuseln; flechten
зави́вка *f* (5; -вок) Ondulieren *n*; *Frisur* Welle
зави́дный (14; -ден, -дна) beneidenswert
зави́довать (7), <по-> beneiden (Д); neidisch sein (auf)
завизжа́ть (4*e.*) *pf.* aufkreischen
завизи́ровать (7) mit einem Visum versehen
зави́нчивать (1), <завинти́ть> (15/15*e.*; -ви́нченный) zuschrauben, festschrauben
зави́сеть (11) abhängen (***от*** P von)
зави́симость *f* (8) Abhängigkeit
зави́симый (14*K.*) abhängig
зави́стливый (14*K.*) neidisch
за́висть *f* (8) Neid *m*
зави́ть → ***завива́ть***
завладева́ть (1), <завладе́ть> (8) sich bemächtigen (T), sich aneignen
завлека́ть (1), <завле́чь> (26) lokken, verlocken
заво́д *m* (1) Werk *n*, Fabrik *f*, Betrieb
заводи́ть (15), <завести́> (25) hinführen, hinbringen; einführen; gründen; *Motor* anlassen; **-ся**, <-сь> sich einfinden; *Motor*: anspringen
заводно́й (14) Aufzieh-
заводско́й (16) Werk(s)-, Fabrik-
завоева́ние *n* (12) Eroberung *f*; *mst. pl.* Errungenschaft *f*
завоева́тель *m* (4) Eroberer
завоёвывать (1), <завоева́ть> (6) erobern, erringen
завола́киваться (1), <заволо́чься> (26) sich verdunkeln, sich verdüstern
завора́чивать (1), <завороти́ть> (15) abbiegen, einbiegen; einkehren, vorbeischauen
заворожи́ть (16*e.*) *pf.* verzaubern, bezaubern
завсегда́тай F *m* (3) ständiger Besucher; Stammgast
за́втра morgen
за́втрак *m* (1) Frühstück *n*
за́втракать (1), <по-> frühstücken
за́втрашний (15) morgig
завуали́ровать (7) verschleiern
завыша́ть (1), <завы́сить> (15) überhöhen, zu hoch ansetzen
завяза́ть (1), <завя́знуть> (21) einsinken, stecken bleiben; stecken
завя́зывать (1), <завяза́ть> (3) zubinden, zuschnüren; *Wunde* verbinden; **-ся** *Gespräch*: beginnen, in Gang kommen
зага́дить → ***зага́живать***
зага́дка *f* (5; -док) Rätsel *n*
зага́дочный (14; -чен, -чна) rätselhaft, geheimnisvoll; Vexier-
зага́живать F (1), <зага́дить> (15) besudeln, beschmutzen
зага́р *m* (1) Sonnenbräune *f*
загво́здка: *тут есть одна́ ~* F die Sache hat einen Haken
загиба́ть (1), <загну́ть> (20) umbiegen; umschlagen, umkrempeln
загла́вие *n* (12) Titel *m*, Überschrift *f*
загла́вный (14) Titel-; ***загла́вная бу́ква*** *f* Großbuchstabe *m*
заглуша́ть (1), <заглуши́ть> (16*e.*); übertönen; *Motor* abstellen; betäuben; überwuchern
загля́дывать (1), <загляну́ть> (19) hineinschauen, e-n Blick hineinwerfen; vorbeischauen, vorbeikommen (***к*** Д bei)
за́гнать → ***загоня́ть***
загнива́ть (1), <загни́ть> (-ию́, -иёшь) verfaulen
за́гнутый (14*K.*) gekrümmt, gebogen
загова́ривать (1), <заговори́ть> (13*e.*) *v/i* ansprechen, ein Gespräch anknüpfen
за́говор *m* (1) Verschwörung *f*, Komplott *n*
загово́рщик *m* (1) Verschwörer
заголо́вок *m* (1; -вка) Überschrift *f*, Titel; Schlagzeile *f*
загоня́ть (28), <загна́ть> (-гоню́, -го́нишь) hineintreiben
загора́живать (1), <загороди́ть> (15) einzäunen, umzäunen
загора́ть (1), <загоре́ть> (9*e.*) sich sonnen, braun werden; **-ся** in Brand geraten; *fig.* entbrennen
загоре́лый (14*K.*) sonnengebräunt
за́городный (14) außerhalb der Stadt; ***за́городная прогу́лка*** *f* Ausflug *m* aufs Land

загота́вливать (1), **заготовля́ть** (28), <загото́вить> (14) vorbereiten; bereitstellen; beschaffen
загото́вка *f* (5; -вок) Beschaffung; Bereitstellung
загражда́ть (1), <загради́ть> (15*e.*; -граждённый) versperren
загражде́ние *n* (12) Sperre *f*
грани́ца *f* (5) Ausland *n*
заграни́чный (14) ausländisch, Auslands-
загреба́ть (1), <загрести́> (25; -гребу́, -гребёшь) zusammenraffen
загримирова́ть (7) schminken
загру́зка *f* (5; -зок) Beladung; *fig.* Auslastung
загрязне́ние *n* (12) Verunreinigung *f*, Verschmutzung *f*; **~ *окружа́ющей среды́*** Umweltverschmutzung
загрязня́ть (28), <загрязни́ть> (13*e.*) verunreinigen, beschmutzen
загс *m* (1) Standesamt *n*
зад *m* (1; -а/-у; на -у́; *pl. e.*) Hinterteil *n*, Hinterseite *f*; Gesäß *n*
задава́ть (5), <зада́ть> (-да́м, -да́шь) aufgeben; *Frage* stellen; *Ton* angeben
задави́ть (14) *pf.* erdrücken, zerquetschen; *fig.* unterdrücken
зада́ние *n* (12) Aufgabe *f*; Auftrag *m*
за́данный (14) vorgegeben
зада́ток *m* (1; -тка) Anzahlung *f*
зада́ть → ***задава́ть***
зада́ча *f* (5) Aufgabe; Problem *n*
задви́жка *f* (5; -жек) Riegel *m*
задво́рки *pl.* (5; -рок) Hinterhof *m*
задева́ть (1), <заде́ть> (-де́ну, -де́нешь; -де́тый) streifen (*a. fig.*), berühren; *fig.* kränken, verletzen
заде́лывать, <заде́лать> (1) zumachen; abdichten
задержа́ние *n* (12) Festnahme *f*
заде́рживать (1), <задержа́ть> (4) aufhalten, zurückhalten; anhalten, hinauszögern; festnehmen; **-ся** sich aufhalten, verweilen; aufgehalten werden; in Verzug geraten
заде́ржка *f* (5; -жек) Verzögerung; Aufschub *m*; ***без заде́ржки*** unverzüglich
заде́ть → ***задева́ть***
за́дний (15) hinter, Hinter-; Rück-; **~ *ход*** *m* Rückwärtsgang *m*; ***зе́ркало*** *n* ***за́днего ви́да*** *Kfz.* Rückspiegel *m*
задо́лженность *f* (8) Verschuldung, Schulden *f/pl.*
за́дом mit der Rückseite; rückwärts
задо́р *m* (1) Übermut; Eifer
задо́рный (14; -рен, -рна) übermütig; keck
задохну́ться → ***задыха́ться***
задрема́ть (2) *pf.* einschlummern
заду́мчивый (14*K.*) nachdenklich
заду́мывать, <заду́мать> (1) beabsichtigen, sich vornehmen; sich ausdenken; **-ся** in Gedanken versinken
задуше́вный (14; -вен, -вна) innig, intim; offenherzig
задыха́ться (1), <задохну́ться> (20) keuchen, keine Luft bekommen; ersticken
заезжа́ть (1), <зае́хать> (-е́ду, -е́дешь; -езжа́й!) einkehren, vorbeischauen (**к** Д bei); e-n Abstecher machen
заём *m* (1; за́йма) Anleihe *f*; Darlehen *n*
зае́хать → ***заезжа́ть***
зажа́ривать (1), <зажа́рить> (13) gar braten, rösten
заже́чь → ***зажига́ть***
зажива́ть (1), <зажи́ть> (-живу́, -живёшь; за́жил, -а́) zuheilen; vernarben
зажига́лка *f* (5; -лок) Feuerzeug *n*
зажига́ние *n* (12) Zündung *f*
зажига́ть (1), <заже́чь> (26; -жгу́, -жжёшь; -жёг, -жгла́; -жжённый) anzünden; *fig.* entzünden; *Licht* machen; **-ся** aufflammen, aufleuchten, erglühen
зажи́м *m* (1) Klemme *f*; Klammer *f*
зажима́ть (1), <зажа́ть> (-жму́, -жмёшь; -жа́тый) zusammenpressen
зажи́точный (14; -чен, -чна) wohlhabend
зажи́ть → ***зажива́ть***
заземля́ть (28), <заземли́ть> (13*e.*) erden
зазна́йка F *m/f* (5; -а́ек) Angeber(in *f*)
зазна́йство F *n* (9) Überheblichkeit *f*, Angeberei *f*
зазо́рный P (14; -рен, -рна) anstößig

зазу́бривать (1), <зазубри́ть> (13) auswendig pauken, büffeln
зазу́брина *f* (5) Scharte
заи́грывать, <заигра́ть> (1) *Mus.* zu spielen beginnen
заика́ться (1) **1.** stottern; stammeln; **2.** F <заикну́ться> (20) erwähnen, andeuten; ein Wort verlieren
заи́мствование *n* (12) Entlehnung *f*
заи́мствовать (7) *im(pf.)*, <по-> entlehnen
заинтересо́ванный (14*K.*) interessiert (***в*** П an)
заинтересо́вывать (1), <заинтересова́ть> (7) interessieren, Interesse wecken; **-ся** sich interessieren, Interesse zeigen (Т für)
заи́скивать (1) sich einschmeicheln (***перед*** Т bei)
займ *m* (1) Anleihe *f*
зайти́ → ***заходи́ть***
закабаля́ть (28), <закабали́ть> (13*e.*) knechten, unterjochen
закады́чный F (14): **~ *друг*** *m* Busenfreund
зака́з *m* (1) Bestellung *f*, Auftrag; ***на* ~** auf Bestellung; ***по* ~*у*** nach Maß
заказно́е *n* (14) Einschreiben
заказно́й (14) auf Bestellung; eingeschrieben
зака́зчик *m* (1) Besteller, Auftraggeber, Kunde
зака́зывать (1), <заказа́ть> (3) bestellen, in Auftrag geben
закалённый (14) *fig.* abgehärtet
зака́ливать (1), <закали́ть> (13*e.*) *Tech.* härten; *fig.* abhärten, stählen
зака́лывать (1), <заколо́ть> (17) erstechen; erdolchen
закаля́ть (28) → ***зака́ливать***
зака́нчивать (1), <зако́нчить> (16) beenden, abschließen; vollenden; **-ся** enden, zu Ende gehen
зака́пывать (1), <закопа́ть> (1) vergraben, verscharren
зака́т *m* (1) Sonnenuntergang; *fig.* Untergang, Ende *n*; ***на* ~*е дней*** im Alter
зака́тываться (1), <закати́ться> (15) rollen; *Gestirne:* untergehen
заки́дывать (1) **1.** <закида́ть> (1) bewerfen, vollwerfen; **2.** <заки́нуть> (20) werfen; *Kopf* zurückwerfen
закипа́ть (1), <закипе́ть> (10*e.*) aufkochen
закла́дка *f* (5; -док) Grundsteinlegung; Lesezeichen *n*
закла́дывать (1), <заложи́ть> (16) hinlegen; verlegen; den Grundstein legen; verpfänden
закле́ивать (1), <закле́ить> (13) zukleben, zuleimen
закле́йка *f* (5; -е́ек) Klebestreifen *m*
заклёпка *f* (5; -пок) Niet *m*
заклина́ние *n* (12) Beschwörung *f*; Zauberspruch *m*
заклина́ть (1) beschwören
заключа́ть (1), <заключи́ть> (16*e.*) einsperren, einkerkern; abschließen; **-ся** *impf.* bestehen (***в*** П in); ***де́ло заключа́ется в том, что ...*** es handelt sich darum, dass ...
заключе́ние *n* (12) Inhaftierung *f*; Haft *f*; Schlussfolgerung *f*
заключённый *m* (14) Häftling, Gefangene(r)
заключи́тельный (14) Schluss-, abschließend
зако́лка *f* (5; -лок) Haarnadel
заколо́ть → ***зака́лывать***
зако́н *m* (1) Gesetz *n*
зако́нность *f* (8) Gesetzlichkeit
зако́нный (14; -о́нен, -о́нна) gesetzlich, rechtmäßig; rechtlich
законо|да́тель *m* (4) Gesetzgeber; **~да́тельный** (14) gesetzgebend; Gesetzgebungs-; **~да́тельство** *n* (9) Gesetzgebung *f*; **~ме́рный** (14; -рен, -рна) gesetzmäßig, legitim; **~прое́кт** *m* (1) Gesetzentwurf
законсерви́ровать (7) *pf.* einkochen
зако́нченный (14*K.*) abgeschlossen, vollendet; vollkommen
зако́нчить(ся) → ***зака́нчивать(ся)***
закопа́ть → ***зака́пывать***
закорене́лый (14*K.*) eingefleischt; hartnäckig
закрепле́ние *n* (12) Befestigung *f*
закрепля́ть (28), <закрепи́ть> (14*e.*) befestigen; *fig.* verankern; reservieren (***за*** Т für)
закрича́ть (4*e.*) *pf.* anfangen zu schreien, aufschreien; **~ *на кого́*** j-n anschreien
закругле́ние *n* (12) Abrundung *f*

закругля́ть (28), <закругли́ть> (13*e.*) abrunden (*a. fig.*)
закрыва́ть (1), <закры́ть> (22) zuschließen, verschließen, zumachen; zudecken; ***закры́ть глаза́ на что́-либо*** die Augen vor et. verschließen
закры́тие *n* (12) Schließung *f*
закры́тый (14) geschlossen (*a. fig.*)
закры́ть → ***закрыва́ть***
закули́сный (14) hinter den Kulissen; *fig.* geheim; verborgen
закупа́ть (1), <закупи́ть> (14) einkaufen, aufkaufen
заку́пка *f* (5; -пок) Einkauf *m*; Aufkauf *m*
заку́поривать (1), <заку́порить> (13) verkorken, zukorken
заку́ривать (1), <заку́рить> (13) sich e-e Zigarette, Zigarre, Pfeife anzünden; *pf.* anfangen zu rauchen
заку́ска *f* (5; -сок) Imbiss *m*; kalte Vorspeise
заку́сочная *f* (14) Imbissstube
заку́сывать (1), <закуси́ть> (15) **1.** beißen (B auf); **2.** e-n Imbiss zu sich nehmen
заку́тывать, <заку́тать> (1) einhüllen, einwickeln
зал *m* (1) Saal, Halle *f*
зала́мывать (1), <заломи́ть> (14) F umknicken, einknicken
залега́ть (1), <зале́чь> (-ля́гу, -ля́жешь) sich hinlegen; sich verkriechen
залежа́лый (14*K.*) überlagert; ~ ***това́р*** *m* Ladenhüter
залёживаться (1), <залежа́ться> (4*e.*) zu lange liegen *od.* liegen bleiben
за́лежь *f* (8) *Geol.* Vorkommen *n*, Lagerstätte
залета́ть (1), <залете́ть> (11*e.*) hineinfliegen, hereinfliegen
зале́чь → ***залега́ть***
зали́в *m* (1) Bucht *f*, Meerbusen
залива́ть (1), <зали́ть> (-лью́, -льёшь) überschwemmen; verschütten; (mit Wasser) löschen; **-ся** fließen, eindringen
зали́ть → ***залива́ть***
зало́г *m* (1) Pfand *n*; Kaution *f*; Gewähr *f*; ***действи́тельный*** ~ Aktiv *n*; ***страда́тельный*** ~ Passiv *n*
заложи́ть → ***закла́дывать***
зало́жник *m* (1), **зало́жница** *f* (5) Geisel *f*
заломи́ть → ***зала́мывать***
залп *m* (1) Salve *f*
залы́сины *f/pl.* (5) Geheimratsecken
зама́зывать (1), <зама́зать> (3) übermalen; verkitten
зама́лчивать F (1), <замолча́ть> (4*e.*) verschweigen, totschweigen
зама́нивать (1), <замани́ть> (13) verlocken, herbeilocken
зама́нчивый (14*K.*) verlockend, anziehend, verführerisch
замара́ть (1) beschmutzen
замара́шка F *m/f* (5; -шек) Schmutzfink *m*
замаскирова́ться (7) sich verkleiden
зама́тывать (1), <замота́ть> (1) umwickeln, einwickeln
замедле́ние *n* (12) Verlangsamung *f*, Verzögerung *f*
замедля́ть (28), <заме́длить> (13) verlangsamen, verzögern
заме́на *f* (5) Ersatz *m*; Vertretung
замени́мый (14*K.*) ersetzbar, austauschbar
заменя́ть (28), <замени́ть> (13; -нённый) ersetzen, austauschen; ablösen, vertreten
замере́ть → ***замира́ть***
замерза́ть (1), <замёрзнуть> (21) zufrieren; erfrieren
замести́тель *m* (14) Stellvertreter
замести́ть → ***замеща́ть***
заме́тить → ***замеча́ть***
заме́тка *f* (5; -ток) Merkzeichen *n*; Notiz, Aufzeichnung
заме́тный (14; -тен, -тна) bemerkbar, merklich; bemerkenswert
замеча́ние (12) Bemerkung *f*
замеча́тельный (14; -лен, -льна) bemerkenswert; hervorragend
замеча́ть (1), <заме́тить> (15) bemerken; sich merken; anmerken
замеща́ть (1), <замести́ть> (15e.) ersetzen; *impf.* vertreten
зами́нка *f* (5; -нок) Stockung, Verzögerung
замира́ть (5), <замере́ть> (12; за́мер, замерла́) erstarren (**от** P vor), ersterben; verhallen; *Rdf.* schwinden

за́мкнутый (14K.) geschlossen, abgeschlossen; *fig.* verschlossen
замкну́ть(ся) → ***замыка́тьс(я)***
за́мок *m* (1; -мка) Burg *f*; Schloss *n*
замо́к *m* (1; -мка́) Verschluss; Schloss *n*
замо́лвить F (14) *pf.*: ***~ слове́чко за кого́-либо*** ein gutes Wort für j-n einlegen
замолча́ть[1] (4e.) *pf.* verstummen, schweigen; verhallen; ***замолчи́!*** sei still!, hör auf!
замолча́ть[2] → ***зама́лчивать***
замора́живать (1), <заморо́зить> (15) gefrieren lassen; *Med.* F vereisen; *fig.* auf Eis legen
за́морозки *m/pl.* (1) leichter Frost
замота́ть → ***зама́тывать***
за́муж: ***выходи́ть ~ за кого́-либо*** j-n heiraten *(von der Frau)*
за́мужем verheiratet (***за кем-либо*** mit j-m) *(von der Frau)*
заму́жество *n* (9) Heirat *f*; Ehe *f* (*e-r Frau*); ***заму́жняя*** *f* (15) verheiratet, *Su.* verheiratete Frau
за́мша *f* (5) Wildleder *n*
замыка́ние *n* (12): ***коро́ткое ~*** *El.* Kurzschluss *m*
замыка́ть (1), <замкну́ть> (20) schließen; zuschließen; einschließen; **-ся** sich abkapseln
за́мысел *m* (1; -сла) Vorhaben *n*, Absicht *f*
замы́слить → ***замышля́ть***
замыслова́тый (14K.) kniff(e)lig, verzwickt, kompliziert
замышля́ть (28), <замы́слить> (15) vorhaben, planen, sich vornehmen
за́навес *m* (1) Vorhang
занаве́ска *f* (5; -сок) Vorhang *m*; Gardine
занести́ → ***заноси́ть***
занижа́ть (1), <зани́зить> (15) zu niedrig ansetzen *od.* bewerten
занима́тельный (14; -лен, -льна) unterhaltsam; interessant
занима́ть (1), <заня́ть> (займу́, -мёшь; за́нял, -а́; за́нятый: -та́) **1.** borgen, sich ausleihen; **2.** einnehmen, besetzen; interessieren; unterhalten; *Amt* bekleiden; *Zeit* in Anspruch nehmen; **-ся** (T) *impf.* sich beschäftigen, sich befassen (mit); sich kümmern (um)
за́ново von neuem
зано́за (5) *f* Splitter *m*
зано́с *m* (1) Verwehung *f*
заноси́ть (15), <занести́> (25 -с-; занёс, -есла́, -есло́) hinbringen, vorbeibringen; eintragen, einschreiben; ***занесённый сне́гом*** eingeschneit
зано́счивый (14*K.*) überheblich
зано́шенный (14*K.*) *Kleidung* abgetragen
заня́тие *n* (12) Beschäftigung *f*; Besetzung *f*, Einnahme *f*; *Amt:* Bekleidung *f*; *mst pl.* Unterricht *m*
заня́тный F (14; -тен, -тна) interessant; unterhaltsam
занято́й F (14) beschäftigt
за́нятый (14; за́нят, -а́) besetzt; beschäftigt
за́нять(ся) → ***занима́ть(ся)***
заодно́ einvernehmlich; zugleich
заостря́ть (28), <заостри́ть> (13*e.*) spitzen, schärfen; *fig.* zuspitzen, verschärfen
зао́чник *m* (1) Fernstudent
зао́чный (14) Fern-; Fernstudiums-
за́пад *m* (1) Westen; ***на ~е*** im Westen; ***на ~*** nach Westen
за́падный (14) West-, westlich
запа́здывать, <запозда́ть> (1) sich verspäten, zu spät kommen
запако́вывать (1), <запакова́ть> (7) einpacken, verpacken
запа́с *m* (1) Vorrat, Bestand; *Mil.* Reserve *f*; ***~ слов*** Wortschatz *m*; ***про ~*** auf Vorrat; für alle Fälle
запаса́ть (1), <запасти́> (25*e.*; -с-) auf Vorrat anschaffen; **-ся**, <-сь> e-n Vorrat anlegen, sich eindecken
запасно́й, **запа́сный** (14) Ersatz-, Reserve-; ***~ вы́ход*** Notausgang *m*
за́пах *m* (1) Geruch; Duft
запая́ть (28) *pf.* zulöten, verlöten
запева́ть (1), <запе́ть> (-пою́, -поёшь) zu singen beginnen; *impf.* (ein Lied) anstimmen
запека́нка *f* (5; -нок) Auflauf *m*
запелена́ть (1) *pf.* in Windeln wickeln
запере́ть → ***запира́ть***
запе́ть → ***запева́ть***
запеча́тать, <запеча́тывать> (1) versiegeln; *Brief* zukleben

запина́ться (1), <запну́ться> (20) stocken

запира́ть (1), <запере́ть> (12; за́пер, -ла́; за́перший; за́пертый: -та́) abschließen, zusperren; einschließen, einsperren

запи́ска *f* (5; -сок) Zettel *m mit Notizen*; *pl.* Notizen, Aufzeichnungen

записно́й (14) Notiz-

запи́сывать (1), <записа́ть> (3) aufschreiben, notieren; eintragen; *auf Tonband*: aufnehmen; ***~ в па́мять*** *EDV* speichern; **-ся** sich einschreiben, sich eintragen

за́пись *f* (8) Einschreiben *n*, Aufschreiben *n*; Aufzeichnung; Anmeldung; Eintragung; *Tonband*: Aufnahme

запла́кать (3) *pf.* in Tränen ausbrechen

заплати́ть *pf.* (15) bezahlen

запле́сневелый (14) verschimmelt

запломбирова́ть (7) *pf.* plombieren

заплы́в *m* (1) Wettschwimmen *n*

запну́ться → ***запина́ться***

запове́дник *m* (1) Naturschutzgebiet *n*; Schonung *f*

запове́довать (7), <запове́дать> (1) unter Naturschutz stellen

за́поведь *f* (8) Gebot *n*

запода́зривать (1), <заподо́зрить> (13) verdächtigen

запозда́ть → ***запа́здывать***

заполня́ть (28), <запо́лнить> (13) füllen, ausfüllen

запомина́ть (1), <запо́мнить> (13) sich merken, im Gedächtnis behalten; **-ся** sich einprägen, haften bleiben

за́понка *f* (5; -нок) Manschettenknopf *m*; Kragenknopf *m*

запо́р *m* (1) Verschluss; *Med.* Verstopfung *f*; ***на ~е*** verschlossen

запоте́лый (14) angelaufen, beschlagen

заправи́ла F *m* (5) Anführer, Boss

заправля́ть (28), <запра́вить> (14) hineinstecken; zurechtmachen; tanken

запра́вочный (14) Tank-; ***запра́вочная ста́нция*** *f* Tankstelle

запра́вщик *m* (1) Tankwart

запра́шивать (1), <запроси́ть> (15) anfragen; anfordern, verlangen

запре́т *m* (1) Verbot *n*; ***под ~ом*** verboten

запре́тный (14; -тен, -тна) verboten, Sperr-; ***запре́тная зо́на*** *f* Sperrgebiet *n*

запреща́ть (1), <запрети́ть> (15*e.*; -т/щ-) verbieten, untersagen

запреще́ние *n* (12) Verbot; Ächtung *f*

запро́с *m* (1) Anfrage *f*; *pl.* Ansprüche, Anforderungen *f/pl.*, Bedürfnisse *n/pl.*

запроси́ть → ***запра́шивать***

за́просто F ungezwungen

запру́да *f* (5) Staudamm *m*; Talsperre

запру́живать (1), <запруди́ть> (15/15*e.*) stauen; *fig.* überfüllen, überfluten

запряга́ть (1), <запря́чь> (26 -г/ж-) anspannen, einspannen

запу́гивать, <запуга́ть> (1) einschüchtern

за́пуск *m* (1) Start, Starten *n*; Anlassen *n*

запуска́ть (1), <запусти́ть> (15) **1.** steigen lassen; *Tech.* starten, anlassen; in Gang setzen; **2.** vernachlässigen

запу́танный (14*K.*) verwickelt, verworren

запу́тывать, <запу́тать> (1) durcheinander bringen, verwirren; komplizieren

запча́сти *f/pl.* (8) Ersatzteile *n/pl.*

запыха́ться (1) *pf.* außer Atem kommen, keuchen

запя́стье *n* (10; -тий) Handgelenk

запята́я *f* (14) Komma *n*

зараба́тывать, <зарабо́тать[1]> (1) verdienen; erarbeiten

зарабо́тать[2] (1) *pf.* zu arbeiten beginnen; *Motor:* anspringen

за́работный (14): ***за́работная пла́та*** *f* Arbeitslohn *m*

за́работок *m* (1; -тка) Verdienst; Lohn; Gehalt *n*

заража́ть (1), <зарази́ть> (15*e.*) anstecken, infizieren

зараже́ние *n* (12) Infektion *f*, Ansteckung *f*; Verseuchung *f*; *Kernphys.* Verstrahlung *f*

зара́за *f* (5) Ansteckung, Infektion; Seuche

зарази́тельный (14; -лен, -льна) *fig.* ansteckend

зарази́ть → ***заража́ть***

зара́зный (14; -зен, -зна) ansteckend, Infektions-

зара́нее im Voraus; von vornherein

зарва́ться → ***зарыва́ться***

зарегистри́ровать (7) *pf.* eintragen

заре́зать (3) *pf.* erstechen, die Kehle durchschneiden

зарекомендова́ть (7) *pf.*: **~ *себя́*** (T) sich bewähren (als)

заржаве́ть (8) *pf.* rostig werden

за́риться P (13), <по-> erpicht sein (***на*** B auf)

зарни́ца *f* (5) *mst pl.* Wetterleuchten *n*

заро́дыш *m* (1; -ей) Keim; Embryo

зарожда́ть (1), <зароди́ть> (15*e.*; -ождённый) *fig.* wecken, hervorrufen; **-ся** entstehen, aufkommen

за́росль *f* (8) *a. pl.* Gestrüpp *n*, Dickicht *n*

зарпла́та *f* (5) (за́работная пла́та) Arbeitslohn *m*

зарубе́жный (14) ausländisch, Auslands-

зару́бка *f* (5; -бок) Kerbe, Einschnitt *m*

заруча́ться (1), <заручи́ться> (16*e.*) (T) sich sichern

зарыва́ть (1), <зары́ть> (22) vergraben, verscharren

зарыва́ться F (1), <зарва́ться> (-ву́сь, -вёшься) zu weit gehen, über die Stränge schlagen

зары́ть → ***зарыва́ть***

заря́ *f* (6; *pl.* зо́ри, -рь, -ря́м): ***у́тренняя ~*** Morgenrot *n*; ***вече́рняя ~*** Abendrot *n*

заря́д *m* (1) *Mil. El.* Ladung *f*

заря́дка *f* (5; -док) Gymnastik

заряжа́ть (1), <заряди́ть> (15*e.*/15) laden, aufladen; *Film* einlegen

заса́да *f* (5) Hinterhalt *m*, Versteck *n*

заса́живать (1), <засади́ть> (15) bepflanzen; einsperren; hineintreiben

заса́ленный (14) schmutzig, schmierig

засверка́ть (1) *pf.* aufblitzen, aufleuchten

засвети́ть (15) *pf.* anzünden; **-ся** aufleuchten, erglänzen

засвиде́тельствовать (7) *pf.* bezeugen; beglaubigen

заседа́ние *n* (12) Sitzung *f*; Tagung *f*

заседа́тель *m* (4) Beisitzer; Schöffe

заседа́ть (1) tagen; eine Sitzung abhalten

засека́ть (1) **1.** <засе́чь> (26; засе́к, -ла́) einkerben, e-e Kerbe einschneiden; *Zeit* stoppen; **2.** <засе́чь> (26; засе́к, -ла) zu Tode prügeln

заселя́ть (28), <засели́ть> (13*e.*) bevölkern, besiedeln

засе́чь → ***засека́ть***

заси́лье *n* (10; -лий) Herrschaft *f*; Macht *f*

засла́ть → ***засыла́ть***

заслу́га *f* (8) Verdienst *n*; ***по ~м*** gebührend

заслу́женный (14*K.*) verdient, verdienstvoll

заслу́живать (1), <заслужи́ть> (16) (B; *impf. a.* P) verdienen; gewinnen, erwerben

заслу́шивать (1), <заслу́шать> (1) anhören; *Bericht* entgegennehmen, zur Kenntnis nehmen

засмея́ться (27*e.*) *pf.* anfangen zu lachen, in Gelächter ausbrechen

засну́ть → ***засыпа́ть 2***

засо́в *m* (1) Riegel

засо́вывать (1), <засу́нуть> (20) einstecken

засоре́ние *n* (12) Verunreinigung *f*; *Med.* Verstimmung *f*

засоря́ть (28), <засори́ть> (13*e.*) verschmutzen, verunreinigen; ***~ желу́док*** sich den Magen verderben

за́спанный (14*K.*) verschlafen, schläfrig

застава́ть (5), <заста́ть> (-а́ну, -а́нешь) antreffen, vorfinden; erwischen; überraschen

заставля́ть (28), <заста́вить> (14) zwingen, nötigen

застаре́лый (14*K.*) tief verwurzelt, eingefleischt

заста́ть → ***застава́ть***

застёгивать (1), <застегну́ть> (20) zuknöpfen

застёжка *f* (5; -жек) Verschluss *m*, Reißverschluss *m*
застеклять (28), <застеклить> (13*e.*) verglasen
застенчивый (14*K.*) schüchtern, verlegen
застигать (1), <застигнуть, застичь> (21/20) ertappen, erwischen; überraschen
застой *m* (3) Stillstand; Stagnation *f*
застонать (-ону/-онаю, -онешь) *pf.* aufstöhnen
застраивать (1), <застроить> (13) bebauen; **-ся** bebaut werden
застраховать (1) → ***страховать***
застревать (1), <застрять> (-яну, -янешь) stecken bleiben
застреливать (1), <застрелить> (13) erschießen
застроить → ***застраивать***
застройщик *m* (1) Bauherr
застрять → ***застревать***
заступ *m* (1) Spaten
заступаться (1), <заступиться> (14): **~ *за кого-либо*** für j-n eintreten, j-m beistehen
застывать (1), <застыть, застынуть> (21; застыл) gerinnen; erkalten; gefrieren
засунуть → ***засовывать***
засуха *f* (5) Dürre
засучивать (1), <засучить> (16) aufkrempeln, hochkrempeln
засушивать (1), <засушить> (16) trocknen, dörren
засчитывать, <засчитать> (1) anrechnen; gutschreiben
засылать (1), <заслать> (зашлю, зашлёшь) weit wegschicken, verschicken
засыпать (1) **1.** <засыпать> (2) zuschütten; überschütten, überhäufen; **2.** <заснуть> (20) einschlafen
затаивать (1), <затаить> (13*e.*) verbergen, verheimlichen
затапливать (1), <затопить> (14) **1.** anheizen, einheizen; **2.** überschwemmen, überfluten; versenken
затаскивать (1) **1.** <затаскать> (1) abtragen, abnutzen; **2.** <затащить> (16) hinschleppen; hineinschleppen
затвор *m* (1) *Gewehr*: Schloss *n*; Verschluss
затворять (28), <затворить> (13) schließen, zumachen; einschließen, einsperren
затевать (1), <затеять> (27) sich vornehmen, vorhaben; sich einfallen lassen
затем danach; nachher; darum, deswegen; **~, *чтобы*** um zu, damit
затемнение *n* (12) Verdunkelung *f*
затемнять (28), <затемнить> (13*e.*) verdunkeln; *fig.* trüben
затерянный (14*K.*) verloren, verlassen
затея *f* (6; -ей) Einfall *m*; Vorhaben *n*
затеять → ***затевать***
затихать (1), <затихнуть> (21) verstummen, still werden; verklingen; *Wind*: nachlassen, abflauen
затишье *n* (10; -ший) Windstille *f*; windgeschützte Stelle *f*
заткнуть → ***затыкать***
затмевать (1), <затмить> (14*e.*) verdunkeln; *fig.* übertreffen, in den Schatten stellen
затмение *n* (12) Finsternis *f*
зато dafür; daher, deshalb
затонуть (19) *pf.* versinken, untergehen
затопить → ***затапливать***
затор *m* (1) Stau, Stockung *f*
затравить (1) → ***травить***
затрагивать (1), <затронуть> (20) berühren, streifen
затрата *f* (5) Aufwendung, Aufwand *m*; *pl.* Kosten
затронуть → ***затрагивать***
затруднение *n* (12) Schwierigkeit *f*
затруднительный (14, -лен, -льна) schwierig, schwer
затруднять (28), <затруднить> (13*e.*) erschweren; Schwierigkeiten bereiten
затуманить → ***туманить***
затуплять (28) → ***тупить***
затыкать (1), <заткнуть> (20) zustopfen, verstopfen
затылок *m* (1; -лка) Nacken, Genick *n*
затягивать (1), <затянуть> (19) festziehen, zuschnüren; *Gürtel* enger schnallen; *fig.* verzögern, in die Länge ziehen
заурядный (14; -ден, -дна) durch-

schnittlich, gewöhnlich; (*o.K.*) Durchschnitts-
зау́чивать (1), <зау́чить> (16) auswendig lernen; einstudieren
зафрахтова́ть → ***фрахтова́ть***
захва́т *m* (1) Ergreifung *f*; Eroberung *f*; **~ *зало́жников*** Geiselnahme *f*
захва́тывать (1), <захвати́ть> (15) ergreifen; Besitz ergreifen; erobern; *fig.* fesseln
захло́пывать (1), <захло́пнуть> (20) zuschlagen, zuklappen
захо́д *m* (1) Untergang; *Flgw.* **~ *на поса́дку*** Landeanflug
заходи́ть (15), <зайти́> (зайду́, -дёшь) eine Stippvisite machen; kurz hineingehen; *Sonne*: untergehen
захолу́стье *n* (10; -тий) entlegenes Nest, tiefste Provinz *f*
захороне́ние *n* (12) Bestattung *f*; Endlagerung *f*
захороня́ть (28), <захорони́ть> (13) beerdigen; endlagern
захоте́ть (-хочу́, -хо́чешь) *pf.* Lust bekommen; wollen
зацвета́ть (1), <зацвести́> (25 -т-) aufblühen
зацелова́ть (7) *pf.* abküssen
заце́пка F *f* (5; -пок) kleiner Haken; *fig.* Vorwand *m*; Anhaltspunkt *m*
зацепля́ть (28), <зацепи́ть> (14) anhaken, einhaken; **-ся** hängen bleiben (***за*** В an)
зачасту́ю öfter, häufig
зача́тие *n* (12) Empfängnis *f*
зача́ток *m* (1; -тка) Keim; *pl. fig.* Ansätze
заче́м wozu; weshalb; **~*-то*** aus irgendeinem Grund
зачёркивать (1), <зачеркну́ть> (20) ausstreichen, durchstreichen
зачёт *m* (1) Anrechnung *f*; Zwischenprüfung *f*, Testat *n*
зачина́тель *m* (4) Initiator
зачи́нщик *m* (1) Anstifter
зачисле́ние *n* (12) Anrechnung *f*; Aufnahme *f*
зачисля́ть (28), <зачи́слить> (13) anrechnen; buchen; anstellen, einstellen; immatrikulieren
зашива́ть (1), <заши́ть> (зашью́, зашьёшь) zunähen
зашифро́вывать (1), <зашифрова́ть> (7) verschlüsseln
зашнурова́ть (1) → ***шнурова́ть***
защи́та *f* (5) Schutz *m*; Verteidigung; **~ *да́нных*** Datenschutz *m*
защи́тник *m* (1) Beschützer; Verteidiger; Anwalt
защи́тный (14) Schutz-; **~ *шлем*** *m* Sturzhelm
защища́ть (1), <защити́ть> (15*e.*; -т/щ-) schützen; verteidigen
зая́вка *f* (5; -вок) Anmeldung; Antrag *m*
заявле́ние *n* (12) Erklärung *f*; Antrag *m*
заявля́ть (28), <заяви́ть> (14) erklären (***о*** П)
за́яц *m* (1; за́йца) Hase; F Schwarzfahrer; ***е́хать за́йцем*** schwarzfahren
зва́ние *n* (12) Rang *m*, Dienstgrad *m*; Titel *m*
звать (зову́, -вёшь; звал, -á; -званный: -нá) **1.** <по-> rufen; einladen; **2.** heißen; ***как вас зову́т?*** wie heißen Sie?
звезда́ *f* (5; *pl. st.* -ё-) Stern *m*; Star *m*
звёздный (14) Stern(en)-
звене́ть (9*e.*) erklingen; klirren
звено́ *n* (9; *pl.* зве́нья, -ьев) Glied, Kettenglied
звери́ный (14) Tier-; tierisch
зве́рский (16) tierisch, bestialisch; grausam
зве́рство *n* (9) Brutalität *f*; Bestialität *f*; Gräueltat *f*
зверь *m* (4; *ab Gpl. e.*) Tier *n*; *fig.* Bestie
звон *m* (1) Klang; Läuten *n*
звони́ть (13*e.*), <по-> läuten, klingeln; *Fmw.* anrufen
зво́нкий (16; зво́нок, -нкá) klingend; schallend
звоно́к *m* (1; -нкá) Klingel *f*; Klingelzeichen *n*; *Fmw.* Anruf
звук *m* (1) Laut, Schall, Ton
звуково́й (14) Ton-; lautlich, akustisch
звукоза́пись *f* (8) Tonbandaufnahme
звуконепроница́емый (14*K.*) schalldicht
звуча́ть (4*e.*) klingen, ertönen

звýчный (14; -чен, -чнá) klangvoll
здáние *n* (12) Gebäude, Bau *m*
здесь hier, da
здéшний (15) hiesig, von hier
здорóваться (1), <по-> (**с** T sich *od.* einander) grüßen, begrüßen
здоровéть (8), <по-> sich erholen, zu Kräften kommen
здорóвый (14*K.*) gesund; kräftig; ***бýдьте здорóвы!*** leben Sie wohl!; Gesundheit!
здорóвье *n* (10; -вий) Gesundheit *f*; ***как вáше ~ ?*** wie geht es Ihnen?; ***на ~!*** wohl bekomm's!; ***за вáше ~!*** prosit!, auf Ihr Wohl!
здрáвица *f* (5) Trinkspruch *m*
здрáвница *f* (5) Heilstätte *f*, Sanatorium *n*
здравоохранéние *n* (12) Gesundheitswesen
здрáвствовать (7) sich wohl befinden; ***да здрáвствует ...!*** es lebe ...!; ***здрáвствуй(те)!*** guten Tag!
здрáвый (14*K.*) vernünftig, verständig
зéбра *f* (5) Zebra *n*
зев *m* (1) Rachen, Schlund
зевáка F *m/f* (5) Gaffer(in *f*)
зевáть (1), *einm.* <зевнýть> (20) gähnen
зеленéть (8) grünen; grün werden
зелёный (14; зéлен, -á) grün
зéлень *f* (8) Grün *n*; Gemüse *n*
земéльный (14) Grund-, Boden-, Land-
земле|владéлец *m* (1; -льца) Grundbesitzer; **~владéние** *n* (12) Grundbesitz *m*; **~дéлец** *m* (1; -льца) Landwirt, Bauer; **~дéлие** *n* (12) Ackerbau *m*, Landwirtschaft *f*; **~трясéние** *n* (12) Erdbeben; **~черпáлка** *f* (5; -лок) Bagger *m*
землú *f* (6; зéмлю; *pl. st. G* -мéль) Erde; Land *n*; Grund *m* und Boden *m*; ***под землёй*** *Bgb.* unter Tage
землáк *m* (1*e.*) Landsmann
землянúка *f* (5) *koll.* Erdbeere(n *pl.*)
землянóй (14) Erd-
земнóй (14) Erd-; irdisch
зенúт *m* (1) *Astr.* Zenit; *fig.* Höhepunkt, Gipfel
зéркало *n* (9; *pl. e.*) Spiegel *m*
зеркáльный (14; -лен, -льна) spiegelglatt; spiegelblank
зернúстый (14*K.*) körnig, gekörnt
зернó *n* (9; *pl.* зёрна, -рен) Korn; Getreide; ***кóфе*** *n* ***в зёрнах*** Bohnenkaffee *m*
зернохранúлище *n* (11) Getreidespeicher *m*
зимá *f* (5; зúму; *pl. st.*) Winter *m*
зúмний (15) Winter-; winterlich
зимовáть (7) überwintern
зимóвка *f* (5; -вок), **зимóвье** *n* (10; -вий) Überwinterung *f*
зимóй im Winter
зимостóйкий (16; -óек, -óйка) winterfest, frostresistent
зиять (28) klaffen, gähnen
злáки *m/pl.* (1) Gräser *n/pl.*
злить (13) ärgern, erzürnen; **-ся** sich ärgern (**на** B über)
зло *n* (9; *pl. nur G*: зол) Übel, Böse(s)
злóба *f* (5) Bosheit, Zorn *m*, Wut; ***~ дня*** Tagesgespräch *n*
злóбный (14; -бен, -бна) boshaft
злободнéвный (14; -вен, -вна) aktuell
зловéщий (17*K.*) Unheil verkündend
зловóние *n* (12) Gestank *m*
злодéй *m* (3) Verbrecher
злодéйский (16) verbrecherisch
злодéйство *n* (9), **злодеяние** *n* (12) Gräueltat *f*, Verbrechen
злóй (14; зол, зла) böse, boshaft
зло|кáчественный (14*K.*) bösartig; **~намéренный** (14*K.*) böswillig; **~пáмятный** (14; -тен, -тна) nachtragend; **~полýчный** (14; -чен, -чна) unglückselig; unheilvoll; **~рáдный** (14; -ден, -дна) schadenfroh; **~рáдство** *n* (9) Schadenfreude *f*; **~слóвие** *n* (12) üble Nachrede *f*; **~слóвить** (14) lästern
злость *f* (8) Bosheit; Wut
злоупотреблéние *n* (12) Missbrauch *m*
злоупотреблять (28), <злоупотребúть> (14*e.*) missbrauchen
змея *f* (6; *pl. st. G* змей) Schlange
знак *m* (1) Zeichen *n*; Merkmal *n*; Vorzeichen *n*
знакóмить (14), <по-> bekannt machen; **-ся** sich kennen lernen, *j-s* Bekanntschaft machen

знако́мство *n* (9) Bekanntschaft *f*; Kenntnis *f*
знако́мый (14*K.*) bekannt; *Su. m* Bekannte(r)
знамена́тель *m* (4) Nenner
знамена́тельный (14; -лен, -льна) denkwürdig; bedeutungsvoll
знамени́тость *f* (8) Berühmtheit
знамени́тый (14*K.*) berühmt
зна́мя *n* (13; *pl.* -ё-) Banner, Fahne *f*
зна́ние *n* (12) Kenntnis *f*, Wissen
зна́тный (14; -тен, -тна́) vornehm; (*o. K.*) angesehen
знато́к *m* (1*e.*) Kenner
знать[1] (1) wissen, kennen; können
знать[2] *f* (8) Aristokratie
зна́харь *m* (4) Kurpfuscher
значе́ние *n* (12) Bedeutung *f*, Sinn *m*
зна́чимость *f* (8) Bedeutsamkeit, Relevanz
зна́чимый (14*K.*) bedeutsam
зна́чит also, folglich
значи́тельный (14; -лен, -льна) bedeutend, beträchtlich
зна́чить (16) bedeuten, besagen
значо́к *m* (1; -чка́) Abzeichen *n*
знobи́ть (14): ***меня́ зноби́т*** mich fröstelt
зно́й *m* (3) Hitze *f*, Glut *f*; Schwüle *f*
зно́йный (14; -о́ен, -о́йна) drückend heiß, schwül
зоб *m* (1; в -у́; *pl. e.*) Kropf
зо́дчество *n* (9) Baukunst *f*, Architektur *f*
зола́ *f* (5) Asche
золо́вка *f* (5; -вок) Schwägerin
золоти́стый (14*K.*) goldfarbig
золоти́ть (15*e.*), <по-, вы-> vergolden
зо́лото *n* (9) Gold
золото́й (14) golden, Gold-
зо́лушка *f* (5) Aschenbrödel *n*
зо́на *f* (5) Zone; Gebiet *n*
зонд *m* (1) Sonde *f*
зо́нт(ик) *m* (1) Schirm, Regenschirm
зоо́лог *m* (1) Zoologe
зоологи́ческий (16) zoologisch
зооло́гия *f* (7) Zoologie
зоопа́рк *m* (1), **зооса́д** *m* (1; *pl. e.*) Tierpark, Zoo
зо́ркий (16; -рок, -рка́) scharfsichtig; *fig.* wachsam
зрачо́к *m* (1; -чка́) Pupille *f*
зре́лище *n* (11) Anblick *m*; *Thea.* Schauspiel
зре́лость *f* (8) Reife
зре́лый (14; зрел, -а́) reif
зре́ние *n* (12) Sehvermögen
зреть (8) reifen
зри́тель *m* (4) Zuschauer
зря umsonst, unnütz
зуб *m* **1.** (1; *ab Gpl. e.*) Zahn; ***держа́ть язы́к за ~а́ми*** die Zunge im Zaum halten; **2.** (1; *pl.* зу́бья, -ьев) *Tech.* Zahn
зубе́ц *m* (1; -бца́) Zahn; Zacken
зуби́ло *n* (9) Meißel *m*
зубно́й (14) Zahn-
зубочи́стка *f* (5; -ток) Zahnstocher *m*
зубри́ть F (13*e.*/13) pauken, büffeln
зубча́тый (14) gezahnt, gezackt
зуде́ть F (9*e.*) jucken
зы́бкий (16; -бок, -бка́) schwankend, wackelig; nachgiebig
зыбь *f* (8) leichter Wellengang, Dünung *f*
зя́бкий (16; -бок, -бка́) leicht frierend, fröstelnd
зя́бнуть (21/20) frieren, frösteln
зять *m* (4; *pl.e.*: -я́, -ёв) Schwiegersohn; Schwager

И

и 1. *Kj.* und; ***~ так да́лее*** und so weiter; **2.** *Part.* auch; sogar; nicht einmal
и́бо denn; da, weil
и́ва *f* (5) Weide; ***плаку́чая ~*** Trauerweide
игла́ *f* (5; *pl. st.*) Nadel; Stachel *m*
иглотерапи́я *f* (7) Akupunktur

и́го *n* (9) Joch; Gewaltherrschaft *f*
иго́лка *f* (5; -лок) Nadel; Stachel *m*
иго́льный (14) Nadel-
игра́ *f* (5; *pl. st.*) Spiel *n*
игра́ть (1), <сыгра́ть> spielen
игра́ючи *Adv.* spielend leicht
игри́стый (14*K.*) perlend
игрово́й (14) Spiel-
игро́к *m* (1*e.*) Spieler
игру́шка *f* (5; -шек) Spielzeug *n*; *pl.* Spielwaren
иде́йный (14; -е́ен, -е́йна) ideenreich
идеоло́гия *f* (7) Ideologie
иде́я *f* (6; -е́й) Idee; Grundgedanke *m*
иди́ллия *f* (7) Idylle
и́дол *m* (1) Götze; *fig.* Idol *n*, Abgott; P Blödmann; **~опокло́нство** *n* (9) Götzendienst *m*
идти́ (иду́, идёшь; шёл, шла; ше́дший; идя́) gehen; kommen; laufen; sich hinziehen; fließen; *fig.* verlaufen; im Gange sein; sich handeln (**о** П um); ***~ под паруса́ми*** segeln; ***кто идёт?*** wer da?; ***речь идёт о ...*** es handelt sich um ...; ***что идёт в кино́?*** was läuft im Kino?
иере́й *m* (3) Priester
из, изо (Р) aus, aus ... heraus; ***~ го́рода*** aus der Stadt heraus; ***~ любопы́тства*** aus Neugier; ***буке́т ~ роз*** Rosenstrauß; ***~ э́того ...*** daraus ...
изба́ *f* (5; *pl. st.*) Bauernhaus *n*, Hütte
избавле́ние *n* (12) Erlösung *f*, Befreiung *f*
избавля́ть (28), <изба́вить> (14) erlösen, befreien
избало́ванный (14*K.*) verwöhnt, verhätschelt
избега́ть (1), <избежа́ть> (4; -егу́, -ежи́шь, -егу́т) meiden, vermeiden, aus dem Wege gehen
избежа́ние *n* (12): ***во ~*** um ... zu vermeiden
избива́ть (1), <изби́ть> (изобью́, -бьёшь; избе́й!; изби́тый) verprügeln
избира́тель *m* (4) Wähler
избира́ть (1), <избра́ть> (-беру́, -берёшь; избра́л, -а́; и́збранный) wählen, auswählen
избра́ние *n* (12) Wahl *f*
и́збранный (14*K.*) ausgewählt; auserlesen
избра́ть → ***избира́ть***
избы́ток *m* (1; -тка) Überschuss, Überfluss
избы́точный (14; -чен, -чна) überschüssig, überzählig
и́зверг *m* (1) Unmensch, Ungeheuer *n*
изверже́ние *n* (12) Auswurf *m*; Ausbruch *m*
изверну́ться → ***извора́чиваться***
изве́стие *n* (12) Nachricht *f*, Mitteilung *f*
извести́ть → ***извеща́ть***
изве́стно es ist bekannt
изве́стность *f* (8) Bekanntheitsgrad *m*, Ruf *m*; Berühmtheit; ***приобрести́ ~*** bekannt werden
изве́стный (14; -тен, -тна) bekannt, berühmt; bestimmt
и́звесть *f* (8) Kalk *m*
извеща́ть (1), <извести́ть> (15*e.*) benachrichtigen, mitteilen
извеще́ние *n* (12) Benachrichtigung *f*, Mitteilung *f*
извива́ться (1) sich winden, sich schlängeln
изви́лина *f* (5) Windung, Krümmung
изви́листый (14*K.*) gewunden; kurvenreich
извине́ние *n* (12) Entschuldigung *f*
извиня́ть (28), <извини́ть> (13*e.*) entschuldigen, verzeihen; ***извини́(те)!*** Verzeihung!; **-ся** sich entschuldigen
извлека́ть (1), <извле́чь> (26) herausziehen; entnehmen, gewinnen
извлече́ние *n* (12) Auszug *m*; Gewinnung *f*
извне́ von draußen, von außen
изво́зчик *m* (1) Fuhrmann; Kutscher
извора́чиваться (1), <изверну́ться> (20) *fig.* F sich herauswinden; *impf.* sich drehen und wenden
изворо́тливый (14*K.*) wendig; gewandt
извраща́ть (1), <изврати́ть> (15*e.*; -т/щ-) verdrehen; entstellen
извраще́ние *n* (12) Verdrehung *f*; Entstellung *f*; Perversion *f*
извращённый (14*K.*) verdreht, verzerrt; pervers

И

изги́б *m* (1) Biegung *f*, Krümmung *f*; Kurve *f*
изгиба́ть (1), <изогну́ть> (20) biegen, krümmen
изгна́ние *n* (12) Vertreibung *f*; Verbannung *f*
изголода́ться (1) *pf.* ausgehungert sein; *fig.* sich sehnen (***по*** Д nach)
изгоня́ть (28), <изгна́ть> (-гоню́, -го́нишь) vertreiben, verbannen
и́згородь *f* (8) Flechtzaun *m*; ***жива́я ~*** Hecke
изгота́вливать (1), **изготовля́ть** (28), <изгото́вить> (14) anfertigen, herstellen
изготовле́ние *n.* (12) Herstellung *f*, Anfertigung *f*
издава́ть (5), <изда́ть> (-да́м, -да́шь; изда́л, -а́; и́зданный: -на́) *Bücher* herausgeben, verlegen; *Gesetze* erlassen
и́здавна von alters her, von jeher
издалека́ von weitem, aus der Ferne
изда́ние *n* (12) Herausgabe *f*, Ausgabe *f*; Auflage *f*
изда́тель *m* (4) Herausgeber, Verleger
изда́тельство *n* (9) Verlag *m*
изда́ть → ***издава́ть***
издева́тельство *n* (9) Hohn *m*; Verhöhnung *f*
издева́ться (1) verhöhnen, verspotten (***над*** Т)
изде́лие *n* (12) Erzeugnis; Ware *f*; Erzeugung *f*, Fertigung *f*
изде́ржки *f/pl.* (5; -жек) Kosten
издыха́ть (1), <издо́хнуть> (21) sterben, verenden
изжо́га *f* (5) Sodbrennen *n*
из-за (Р) hinter . . . hervor; von jenseits; von, aus; wegen; ***~ чего́?*** weshalb?; ***~ э́того*** deshalb; ***~ меня́*** meinetwegen
излага́ть (1), <изложи́ть> (16) darlegen, erläutern
изла́мывать, <излома́ть> (1) zerbrechen, kaputtmachen
излече́ние *n* (12) Heilung *f*
изле́чивать (1), <излечи́ть> (16) heilen
излечи́мый (14*K.*) heilbar
изли́шек *m* (1; -шка) Überschuss, Überfluss
изли́шество *n* (9) Übermaß (Р an)
изли́шний (15; -шен, -шня) überflüssig; unnütz, unnötig
излия́ние *n* (12) Erguss *m*
изложе́ние *n* (12) Darlegung *f*; Nacherzählung *f*
изложи́ть → ***излага́ть***
изло́м *m* (1) *Tech.* Bruchstelle *f*; Knick
излуча́ть (1), <излучи́ть> (16*e.*) ausstrahlen; ausströmen
излуче́ние *n* (12) Strahlung *f*; Ausstrahlung *f*
излучи́ть → ***излуча́ть***
излю́бленный (14) Lieblings-, beliebt
изма́тывать F, <измота́ть> (1) mitnehmen, zermürben
изме́на *f* (5) Verrat *m*; Untreue; ***супру́жеская ~*** Ehebruch *m*
измене́ние *n* (12) Änderung *f*, Veränderung *f*
изме́нник *m* (1) Verräter
изме́нчивый (14*K.*) veränderlich
изменя́ть (28), <измени́ть> (13; -менённый: -ён, -ена́) **1.** (В) ändern, verändern; **2.** (Д) verraten (*A*); untreu sein; **-ся** sich ändern
измере́ние *n* (12) Messung *f*; Abmessung *f*, Dimension *f*
измери́мый messbar
и́зморозь *f* (8) Raureif *m*
и́зморось *f* (8) Nieselregen *m*
измота́ть → ***изма́тывать***
измучивать (1), <изму́чить> (16) abquälen; **-ся** erschöpft sein
измышле́ние *n* (12) Erfindung *f*
измышля́ть (28), <измы́слить> (13) ausdenken, erfinden
изна́нка *f* (5) Kehrseite, Rückseite
изнаси́лование *n* (12) Vergewaltigung *f*
изнаси́ловать *pf.* (7) vergewaltigen
изна́шивать (1), <износи́ть> (15) abnützen, abtragen; *Tech.* verschleißen
изне́живать (1), <изне́жить> (16) verweichlichen, verzärteln
изнемога́ть (1), <изнемо́чь> (26; -могу́, -мо́жешь) von Kräften kommen, erschöpft sein
изнеможе́ние *n* (12) Erschöpfung *f*, Entkräftung *f*
изно́с *m* (1) Abnutzung *f*; *Tech.* Verschleiß

износи́ть → ***изна́шивать***
изно́шенный (14*K.*) abgenutzt, abgetragen; *Tech.* verschlissen
изнуре́ние *n* (12) Erschöpfung *f*, Entkräftung *f*
изнуря́ть (28), <изнури́ть> (13e.) erschöpfen, entkräften
изнутри́ *Adv.* von innen, innen
изоби́лие *n* (12) Überfluss *m*, Fülle *f*; ***в изоби́лии*** in Hülle und Fülle
изобража́ть (1), <изобрази́ть> (15*e.*) darstellen, schildern
изображе́ние *n* (12) Darstellung *f*, Schilderung *f*
изобрази́тельный (14; -лен, -льна) darstellend, anschaulich
изобрета́тель *m* (4) Erfinder
изобрета́тельный (14; -лен, -льна) erfinderisch
изобрета́ть (1), <изобрести́> (25 -т-) erfinden
изобрете́ние *n* (12) Erfindung *f*
изо́гнутый (14K.) gekrümmt, gebogen
изойти́ → ***исходи́ть***
изоли́ровать (7) *im*(*pf.*) isolieren
изоля́тор *m* (1) Isolierraum
изоля́ция *f* (7) Isolierung; Dämmung
изощрённый (14*K.*) scharf; verfeinert
из-под (P) unter hervor; aus; aus der Gegend von
изразе́ц *m* (1; -зца́) Kachel *f*
Изра́иль *m* (4) Israel *n*
изра́ильский (16) israelisch
израильтя́нин *m* (1; *pl.* -я́не, -я́н), **израильтя́нка** *f* (5; -нок) Israeli *m/f*
израсхо́довать → ***расхо́довать***
и́зредка zuweilen, hin und wieder
изрече́ние *n* (12) Ausspruch *m*
изуми́тельный (14; -лен, -льна) wunderbar; erstaunlich
изумле́ние *n* (12) Erstaunen, Verwunderung *f*
изумля́ть (28), <изуми́ть> (14*e.*) in Erstaunen setzen, überraschen; **-ся** sich wundern, staunen
изумру́д *m* (1) Smaragd
изуро́дованный (14*K.*) verunstaltet, verstümmelt
изуча́ть (1), <изучи́ть> (16) lernen, studieren; untersuchen; *pf.* erlernen
изуче́ние *n* (12) Lernen, Erlernen; Studium; Untersuchung *f*; **~ *обще́ственного мне́ния*** Meinungsforschung *f*
изъявле́ние *n* (12) Äußerung *f*; **~ *благода́рности*** Danksagung *f*
изъявля́ть (28), <изъяви́ть> (14) äußern; bekunden
изъя́н *m* (1) Fehler, Mangel
изъясня́ть (28), <изъясни́ть> (13*e.*) erklären, erläutern
изы́сканный (14*K.*) auserlesen
изы́скивать (1), <изыска́ть> (3) ausfindig machen, ermitteln
изю́м *m* (1; -а/-у) *koll.* Rosinen *f/pl.*
изя́щный (14; -щен, -щна) fein, elegant
ико́на *f* (5) Ikone, Heiligenbild *n*
ико́та *f* (5) Schluckauf *m*
икра́ *f* (5) Rogen *m*; Kaviar *m*
ил *m* (1) Schlamm
и́ли oder; **~ *же*** oder aber; **~ ... ~** entweder ... oder
и́листый (14*K.*) schlammig
иллю́зия *f* (7) Illusion, Täuschung
иллюмина́тор *m* (1) Bullauge *n*
иллюмина́ция *f* (7) Festbeleuchtung
иллюстра́ция *f* (7) Abbildung, Illustration
иллюстри́ровать (7) *im*(*pf.*) illustrieren, bebildern
име́ние *n* (12) Landgut, Gut
имени́ны *pl.* (5) Namenstag *m*
имени́тельный (14): **~ *паде́ж*** *m* Nominativ
и́менно **1.** *Part.* gerade, eben; ausgerechnet; nun, denn; ***вот* ~!** ganz recht!, eben!; **2.** *Kj.* nämlich; ***а* ~** und zwar
име́ть (8) haben, besitzen; **~ *значе́ние*** von Bedeutung sein; **-ся:** ***име́ется*** es gibt, es ist vorhanden
иммигра́нт *m* (1) Einwanderer
иммигра́ция *f* (7) Einwanderung; Einwanderer *m/pl.*; *Hdl.* Zufluss *m*
и́мпорт *m* (1) Einfuhr *f*, Import
импорти́ровать (7) *im*(*pf.*) einführen, importieren
и́мпортный (14) Einfuhr-, Import-
импровизи́рованный provisorisch, behelfsmäßig
и́мпульс *m* (1) Impuls, Antrieb
иму́щество *n* (9) Vermögen, Eigentum; ***недви́жимое* ~** Immobilien

и́мя *n* (13) Vorname *m*; Name *m*; *fig.* Ruf *m*; ***парк** m **и́мени Го́рького*** Gorki-Park; ***как ва́ше ~?*** wie heißen Sie (mit Vornamen)?
ина́че **1.** *Adv.* anders; **2.** *Kj.* F sonst; ***так и́ли ~*** wie dem auch sei
инвали́д *m* (1) Invalide, Körperbehinderte(r), Schwerbeschädigte(r)
и́ндеветь (8), <за-> sich mit Reif bedecken
инде́ец *m* (1; -е́йца) Indianer
инде́йка *f* (5; -е́ек) Truthenne, Pute
инде́йский (16) indianisch
и́ндекс *m* (1) Index, Verzeichnis *n*
индиа́нка *f* (5; -нок) Indianerin; Inderin
индивидуа́льный (14; -лен, -льна) individuell, persönlich
инди́ец *m* (1; -и́йца) Inder
инди́йский (16) indisch
И́ндия *f* (7) Indien *n*
индустриализа́ция *f* (7) Industrialisierung
индустриа́льный (14) Industrie-
инду́стрия *f* (7) Industrie
индю́к *m* (1*e.*) Truthahn
и́ней *m* (3) Raureif
ине́ртность *f* (8) Trägheit
ине́ртный (14; -тен, -тна) träge
ине́рция *f* (7) Trägheit
инжене́р *m* (1) Ingenieur; ***~-стро́йтель*** *m* Bauingenieur
инжене́рный (14) Ingenieur-
инжи́р *m* (1) Feigenbaum; Feige *f*
и́нистый (14*K.*) bereift, reifbedeckt
инициати́ва *f* (5) Initiative, Anregung
инициати́вный (14; -вен, -вна) unternehmend
иногда́ manchmal, bisweilen
иногоро́дний (15) auswärtig
инозе́мный (14) fremdländisch, ausländisch
ино́й (14) andere(r); manche(r); ***не кто ~, как ...*** kein anderer, als ...
иносказа́тельный (14; -лен, -льна) allegorisch, sinnbildlich
иностра́нец *m* (1; -нца) Ausländer
иностра́нка *f* (5; -нок) Ausländerin
иностра́нный (14) ausländisch, Auslands-; auswärtig; ***министе́рство** n **иностра́нных дел*** Außenministerium
инспе́кция *f* (7) Inspektion, Aufsicht
инсти́нкт *m* (1) Instinkt, Trieb
инстинкти́вный (14; -вен, -вна) instinktiv
институ́т *m* (1) Institut *n*; Hochschule *f*; Institution *f*
инструкта́ж *m* (1) Instruktion *f*
инструкти́ровать (7) *im*(*pf.*), <про-> instruieren, anleiten
инстру́ктор *m* (1) Instrukteur, Ausbilder
инстру́кция *f* (7) Anweisung; Anleitung
инструме́нт *m* (1) Instrument *n*; Werkzeug *n*
инсцени́ровать (7) *im*(*pf.*) inszenieren
интеллиге́нт *m* (1) Intellektuelle(r)
интеллиге́нтный (14; -тен, -тна) intellektuell; intelligent
интеллиге́нция *f* (7) die Intellektuellen *m/pl.*; Intelligenz
интенси́вный (14; -вен, -вна) intensiv
интерва́л *m* (1) Intervall *n*
интерве́нт *m* (1) Eindringling
интервью́ *n* (*unv.*) Interview
интере́с *m* (1) Interesse *n*; *pl.* Belange; ***име́ть ~*** von Interesse sein
интере́сный (14; -сен, -сна) interessant
интересова́ться (7) sich interessieren (T für)
интернациона́л *m* (1) Internationale *f*
инти́мный (14; -мен, -мна) intim; vertraut
интона́ция *f* (7) Tonfall *m*
интри́га *f* (5) Intrige
интригова́ть (7) **1.** intrigieren; **2.** <за-> neugierig machen
интуи́ция *f* (7) Intuition, Eingebung
инфа́ркт *m* (1) Infarkt
инфекцио́нный (14) ansteckend, Infektions-
инфе́кция *f* (7) Ansteckung
инфля́ция *f* (7) Inflation
информа́ция *f* (7) Benachrichtigung; Auskunft
информи́ровать (7) *im*(*pf.*), <про-> informieren, benachrichtigen
инциде́нт *m* (1) Zwischenfall
инъе́кция *f* (7) Spritze, Injektion
иорда́нец *m* (1; -нца) Jordanier
Иорда́ния *f* (7) Jordanien *n*

иорда́нка *f* (5; -нок) Jordanierin
иорда́нский (16) jordanisch
ипоте́ка *f* (5) Hypothek
ипподро́м *m* (1) Pferderennbahn *f*
Ира́к *m* (1) Irak
ира́кец *m* (1; -кца) Iraker
ира́кский (16) irakisch
Ира́н *m* (1) Iran
ира́нец *m* (1; -нца) Iraner
ира́нка *f* (5; -нок) Iranerin
ира́нский (16) iranisch
ирони́ческий (16), **ирони́чный** (14; -чен, -чна) ironisch, spöttisch
иро́ния *f* (7) Ironie
иск *m* (1) *Jur.* Klage *f*
искажа́ть (1), <искази́ть> (15*e.*) entstellen; verzerren, verdrehen
иска́ние *n* (12) *a. pl.* Suche *f*
иска́тель *m* (4) Sucher; **~ *приключе́ний*** Abenteurer *m*
исключа́ть (1), <исключи́ть> (16*e.*) ausschließen; streichen; entlassen
исключа́я (P *od.* B) ausgenommen, außer
исключе́ние *n* (12) Ausschluss *m*; Streichung *f*; Ausnahme *f*; ***без исключе́ния*** ausnahmslos
исключи́тельно nur, ausschließlich
исключи́тельный (14; -лен, -льна) ausschließlich; außerordentlich, außergewöhnlich; (*o. K.*) Ausnahme-
исколо́ть (17) *pf.* zerstechen
иско́мый (14) gesucht
ископа́емый (14) fossil; ***поле́зные ископа́емые*** *pl.* Bodenschätze *m/pl.*
искореня́ть (28), <искорени́ть> (13*e.*) ausrotten, ausmerzen
и́скоса von der Seite, scheel
и́скра *f* (5) Funke(n) *m*
и́скренний (15; -енен, -енна) aufrichtig
и́скренность *f* (8) Aufrichtigkeit
искривле́ние *n* (12) Krümmung *f*
и́скри́ться (13/13*e.*) funkeln; *Wein*: perlen
искупа́ть (1), <искупи́ть> (14) **1.** sühnen, büßen; *Fehler* wieder gutmachen; **2.** baden; **-ся** ein Bad nehmen
искупле́ние *n* (12) Sühne *f*, Buße *f*
искуса́ть (1) *pf.* zerbeißen; zerstechen
иску́сный (14; -сен, -сна) geschickt, kunstfertig; kunstvoll
иску́сственный (14*K.*) künstlich; *fig.* gekünstelt, unnatürlich
иску́сство *n* (9) Kunst *f*; Können, Kunstfertigkeit *f*
искусствове́д *m* (1) Kunstwissenschaftler, Kunsthistoriker
искусствове́дение *n* (12) Kunstwissenschaft *f*
искуше́ние *n* (12) Versuchung *f*
испа́нец *m* (1; -нца) Spanier
Испа́ния *f* (7) Spanien
испа́нка *f* (5; -нок) Spanierin
испа́нский (16) spanisch
испаря́ться (28), <испари́ться> (13*e.*) verdampfen, verdunsten; verduften, verschwinden
испа́чкать (1) *pf.* beschmutzen
испи́сывать (1), <исписа́ть> (3) voll schreiben; *Bleistift* verschreiben
испове́доваться (7) beichten
и́споведь *f* (8) Beichte
испоко́н: ~ *веко́в* seit jeher
исполи́н *m* (1) Riese (*a. fig.*), Hüne
исполне́ние *n* (12) Erfüllung *f*; Ausführung *f*; Darbietung *f*
исполни́тель *m* (4) Darsteller, Interpret
исполня́ть (28), <испо́лнить> (13) erfüllen; ausführen; *Kunst* darbieten; *Rolle* verkörpern
испо́льзование *n* (12) Nutzung *f*, Ausnutzung *f*
испо́льзовать (7) *im(pf.)* ausnutzen, benutzen; verwerten, auswerten
испо́ртить (15) *pf.* verderben
испо́рченный (14*K.*) verdorben (*a. fig.*); verfault; *Luft*, *Zähne*: schlecht
исправле́ние *n* (12) Verbesserung *f*, Ausbesserung *f*; Korrektur *f*
исправля́ть (28), <испра́вить> (14) verbessern; berichtigen, korrigieren; reparieren
испра́вный (14; -вен, -вна) intakt, einwandfrei
испро́бовать (7) *pf.* ausprobieren
испу́г *m* (1; -а/-у) Schreck(en); **с ~у, от ~а** vor Schreck
испуга́ть (1) *pf.* erschrecken; **-ся** erschrecken, Schreck empfinden
испыта́ние *n* (12) Prüfung *f*; Erprobung *f*
испы́танный (14*K.*) erprobt; bewährt

испыта́тель *m* (4): ***лётчик-~*** *m* Testpilot

испыта́тельный (14) Prüfungs-, Versuchs-

испы́тывать, <испыта́ть> (1) **1.** *v/t* prüfen, erproben; **2.** *v/i* erleben, durchmachen; *impf.* erleiden

иссле́дование *n* (12) Erforschung *f*, Forschung *f*; Untersuchung *f*

иссле́дователь *m* (4) Forscher

иссле́довать (7) *im(pf.)* untersuchen, erforschen; auskundschaften

истека́ть (1), <исте́чь> (26) ablaufen, verstreichen; ***~ кро́вью*** verbluten

истере́ть → ***истира́ть***

истери́ческий (16), **истери́чный** (14; -чен, -чна) hysterisch

исте́ц *m* (1; -тца́) *Jur.* Kläger

истече́ние *n* (12) Ausfluss *m*; Ablauf *m*

исте́чь → ***истека́ть***

и́стина *f* (5) Wahrheit

и́стинный (14; -инен, -инна) wahr, wahrhaft; wirklich; echt

истира́ть (1), <истере́ть> (12; изотру́, -трёшь) zerreiben; wund reiben

исто́к *m* (1) Quelle *f*; *fig.* Ursprung

истолкова́ние *n* (12) Auslegung *f*, Erläuterung *f*

истолко́вывать (1), <истолкова́ть> (7) deuten, erklären

истомля́ться (28), <истоми́ться> (14*e.*) erschöpft sein; vergehen (**от** P vor)

истопни́к *m* (1*e.*) Heizer

исто́рик *m* (1) Historiker

истори́ческий (16) historisch, geschichtlich

исто́рия *f* (7) Geschichte

исто́чник *m* (1) Quelle *f* (*a. fig.*); Ursprung

истоща́ть (1), <истощи́ть> (16*e.*) auszehren, erschöpfen; aufbrauchen

истоще́ние *n* (12) Erschöpfung *f*

истра́чивать (1), <истра́тить> (15) geben vergeuden

истреби́тель *m* (4) Jagdflugzeug *n*

истребле́ние *n* (12) Vernichtung *f*, Vertilgung *f*

истребля́ть (28), <истреби́ть> (14*e.*) vernichten, vertilgen

истре́бовать (7) *pf.* anfordern (**у** P von)

истяза́ние *n* (12) Folter *f*; Misshandlung *f*; Quälerei *f*

истяза́ть (1) misshandeln, peinigen

исходи́ть (15) ausgehen; herstammen, herkommen

исхо́дный (14) Ausgangs-

исхуда́ть (1) *pf.* abgemagert sein

исцеле́ние *n* (12) Heilung *f*; Genesung *f*

исце́ловать F (7) *pf.* abküssen

исчеза́ть (1), <исче́знуть> (21) verschwinden

исчезнове́ние *n* (12) Verschwinden

исче́рпывать, <исчерпа́ть> (1) erschöpfen; aufbrauchen

исчисле́ние *n* (12) Berechnung *f*, Kalkulation *f*

исчисля́ть (28), <исчи́слить> (13) berechnen, ausrechnen

ита́к also, folglich

Ита́лия *f* (7) Italien *n*

италья́нец *m* (1; -нца) Italiener

италья́нка *f* (5; -нок) Italienerin

италья́нский (16) italienisch

ито́г *m* (1) Endergebnis *n*, Endsumme *f*

итого́ insgesamt

их 1. → ***они***; **2.** *Poss. Pron.* ihr(e)

иша́к *m* (1e.) Esel; Maultier

ию́ль *m* (4) Juli

ию́нь *m* (4) Juni

К

к, ко (Д) zu (hin); an; gegen, gegenüber; *Zeit*: gegen; um; nach; ***к тому́ ж(е)*** zudem, außerdem; ***к чему́ э́то?*** wozu das?

-ка mal, doch; doch mal

кабáк *m* (1*e.*) Kneipe *f*

кабалá *f* (5) Knechtschaft; *fig.* Sklaverei

кабáн *m* (1*e.*) Wildschwein *n*

кáбель *m* (4) Kabel *n*

каби́на *f* (5) Kabine; *Kfz.* Führerhaus *n*; *Flgw.* ***~ пилóта*** Cockpit *n*

кабинéт *m* (1) Arbeitszimmer *n*; *Pol.* Kabinett *n*

каблу́к *m* (1*e.*) Absatz

кавалéр *m* (1) Kavalier; Träger (*e-s Ordens*)

кавалéрия *f* (7) Kavallerie

кавардáк F *m* (1) Durcheinander *n*

кáверза F *f* (5) Intrige; böser Streich *m*, Schikane

кáверзный F (14; -зен, -зна) (heim)tückisch; spitzfindig

Кавкáз *m* (1) Kaukasus; ***на ~е*** im Kaukasus

кавкáзский (16) kaukasisch

навы́чки *f/pl.* (5; -чек) Anführungsstriche *m/pl.*

кáдмий *m* (3; -ии) Kadmium *n*

кадр *m* (1) Bild *n*, Aufnahme *f*

кáдры *pl.* (1) Kader *m*; Personal *n*; ***отдéл*** *m* ***кáдров*** Personalabteilung *f*

кады́к *m* (1*e.*) Adamsapfel

каждоднéвный (14) täglich

кáждый (14) jeder; *pl.* alle

кáжущийся (17) scheinbar; Schein-

казáк *m* (1*e.*; *pl.* -и́) Kosak

казáрма *f* (5) Kaserne

казáться (3), <по-> (Т) den Anschein haben, scheinen; aussehen; ***кáжется*** es scheint, wie es scheint, anscheinend; ***он, кáжется, прав*** anscheinend hat er recht

казáх *m* (1) Kasache

казáхский (16) kasachisch

Казахстáн *m* (1) Kasachstan *n*

казáцкий (16), **казáчий** (18) Kosaken-

казáчка *f* (5; -чек) Kosakin

казáшка *f* (5; -шек) Kasachin

казённый (14; -ёнен, -ённа) staatlich; rein formal, bürokratisch

казни́ть (13*e.*) *im*(*pf.*) hinrichten

казнь *f* (8) Hinrichtung; ***смéртная ~*** Todesstrafe

каймá *f* (5; каём) Saum *m*, Kante

как wie; als; ***~ бы*** gleichsam; ***~ делá?*** wie geht's?; ***~ тóлько*** sobald; ***~ ..., так и ...*** sowohl ... als auch ...; ***~ раз*** gerade, eben; ***~ мóжно скорée*** baldmöglichst; ***~ сказáть!*** F wie man's nimmt!; ***~-нибу́дь*** irgendwie

какóй (16) welch(er), was für ein(er)

кáк-то irgendwie; einmal

кал *m* (1) Kot

каламбу́р *m* (1) Wortspiel *n*, Kalauer

калéка *m/f* (5) Krüppel *m*

календáрь *m* (4*e.*) Kalender

калéчить (16), <ис-> verkrüppeln

кали́бр *m* (1) Kaliber *n*

кáлий *m* (3; -ии) Kalium *n*

кали́на *f* (5) *Bot.* Schneeball *m*

кали́тка *f* (5; -ток) Pforte, Gartentür

калори́йность *f* (8) Kaloriengehalt *m*

калори́фер *m* (1) Heizkörper

калóрия *f* (7) Kalorie

калькули́ровать (7), <с-> kalkulieren, veranschlagen

калькуля́тор *m* (1) Taschenrechner

кальсóны *pl.* (5) Unterhose *f*

кáльций *m* (3; -ии) Kalzium *n*

каменéть (8), <о-> versteinern, zu Stein werden; *fig.* versteinern

камени́стый (14*K.*) steinig, felsig

каменноугóльный (14) Steinkohlen-

кáменный (14; -енен, -енна) Stein-, steinern; ***~ век*** *m* Steinzeit *f*

каменолóмня *f* (6; -мен) Steinbruch *m*

каменотёс *m* (1) Steinmetz

кáменщик *m* (1) Maurer

кáмень *m* (4; -мня; *ab Gpl. e.*) Stein

кáмера *f* (5) *Tech.* Raum *m*, Kammer; *Gefängnis* Zelle; *Fot.* Kamera; *Fahrrad*: Schlauch *m*; ***~ хранéния*** Gepäckaufbewahrung

ка́мерный (14) Kammer-; **~ *теа́тр*** *m* Kammerspiele *n/pl.*
кампа́ния *f* (7) Kampagne, Aktion
камуфля́ж *m* (1) Tarnung *f*
камы́ш *m* (1*e.*; -е́й) Schilf *n*
кана́ва *f* (5) Graben *m*; Rinne
кана́вка *f* (5; -вок) Nut; Rille
Кана́да *f* (5) Kanada *n*
кана́дец *m* (1; -дца) Kanadier
кана́дка *f* (5; -док) Kanadierin
кана́дский (16) kanadisch
кана́л *m* (1) Kanal
канализа́ция *f* (7) Kanalisation
канаре́йка *f* (5; -е́ек) Kanarienvogel *m*
кана́т *m* (1) Seil *n*, Tau *n*; ***хожде́ние по ~у*** Seiltanz *m*
канатохо́дец *m* (1; -дца) Seiltänzer
кандалы́ *pl.* (1) Fesseln *f/pl.*
кандида́т *m* (1) Kandidat, Anwärter
кандида́тка *f* (5; -ток) Kandidatin
кандидату́ра *f* (5) Kandidatur
кани́кулы *pl.* (5) Ferien
каните́ль F *f* (8) Lametta *n*
кано́э *n* (*unv.*) Kanu
кант *m* (1) Kante *f*, Borte *f*; Saum
кану́н *m* (1) Vorabend; **~ *Но́вого го́да*** Silvester *m/n*
канцеля́рия *f* (7) Kanzlei
канцеля́рский (16) Kanzlei-, Büro-, Schreib-
ка́пать (1/2), *einm.* <ка́пнуть> (20) tropfen, tröpfeln
капиталовложе́ние *n* (12) Kapitalanlage *f*, Investition *f*
капита́н *m* (1) *Mar., Sp.* Kapitän; *Mil.* Hauptmann
ка́пля *f* (6; -пель) Tropfen *m*; ***как две ка́пли воды́*** wie ein Ei dem anderen; **~ *в мо́ре*** ein Tropfen auf den heißen Stein
ка́пнуть → ***ка́пать***
капо́т *m* (1) Motorhaube *f*
капри́з *m* (1) Laune *f*
капри́зный (14; -зен, -зна) launisch; eigensinnig
ка́псула *f* (5) Kapsel
капу́ста *f* (5) Kohl *m*, Kraut *n*
капюшо́н *m* (1) Kapuze *f*
ка́ра *f* (5) Strafe
караби́н *m* (1) Karabiner
кара́бкаться (1), <вс-> klettern, erklimmen
карава́й *m* (3) Laib Brot
карава́н *m* (1) Karawane *f*; *Vögel:* Zug
кара́кули *pl.* (8) Kritzelei *f*
кара́куль *m* (4) Persianer
караме́ль *f* (8) Bonbon *n*
каранда́ш *m* (1*e.*; -е́й) Bleistift
каранти́н *m* (1) Quarantäne *f*
кара́ть (1), <по-> bestrafen
карау́л *m* (1) Wache *f*; ***взять на ~!*** präsentiert das Gewehr!; ***~!*** F Hilfe!
карбюра́тор *m* (1) Vergaser
кардина́льный Kardinal-, hauptsächlich
кардиостимуля́тор *m* (1) Herzschrittmacher
ка́рий (15) braun, kastanienbraun
карикату́ра *f* (5) Karikatur
карка́с *m* (1) Gestell *n*, Gerüst *n*
ка́ркать (1), *einm.* <ка́ркнуть> (20) krächzen; *fig.* unken
ка́рлик *m* (1) Zwerg
карма́н *m* (1) Tasche *f*, Geldbeutel; ***не по ~у*** unerschwinglich
карма́нник *m* (1) Taschendieb
карма́нный (14) Taschen-
карнава́л *m* (1) Karneval, Fastnacht *f*
карни́з *m* (1) Sims *m/n*; Gardinenstange *f*
карп *m* (1) Karpfen
ка́рта *f* (5) *Geogr.*, *KSp.* Karte
карта́вить (14) schnarrend (mit Zäpfchen-r) sprechen
карте́ль *m* (4) Kartell *n*
карти́на *f* (5) Bild *n*; Gemälde *n*; F Film *m*
карти́нный (14) Bilder-, Gemälde-
карто́н *m* (1) Karton, Pappe *f*
карто́нный (14) Papp-
картоте́ка *f* (5) Kartei, Kartothek
карто́фель *m* (4) *koll.* Kartoffeln *f/pl.*
карто́фельный (14) Kartoffel-
ка́рточка *f* (5; -чек) Karte; Passfoto *n*, Lichtbild *n*; ***визи́тная ~*** Visitenkarte; ***креди́тная ~*** Kreditkarte
карто́шка F *f* (5; -шек) Kartoffel(n *pl.*)
карту́з *m* (1*e.*) Schirmmütze *f*
карусе́ль *f* (8) Karussell *n*
карье́р *m* (1) **1.** voller Lauf; **2.** *Bgb.* Grube *f*
карье́ра *f* (5) Laufbahn, Karriere

К

карьери́ст *m* (1) Karrierist
каса́ться (1), <косну́ться> (20) (P) *et.* berühren; betreffen; sich handeln (um); ***что каса́ется*** in Bezug auf, was ... betrifft
ка́ска *f* (5; -сок) Helm *m*; ***„голубы́е ка́ски“*** „Blauhelme“ (UN-Truppen)
ка́сса *f* (5) Kasse; Schalter *m*
кассе́та *f* (5) Kassette
кассе́тник *m* (1) Kassettenrecorder
касси́р *m* (1) Kassierer
ка́ссовый (14) Kassen-
касто́рка F *f* (5; -рок) Rizinusöl *n*
кастрю́ля *f* (6) Kochtopf *m*
катализа́тор *m* (1) *Kfz.* Kat(alysator)
ката́ние *n* (12) Spazierfahrt *f*; ***~ на конька́х*** Schlittschuhlaufen *n*
катапу́льта *f* (5) Katapult *n*
ката́р *m* (1) Katarrh
катара́кта *f* (5) *Med.* grauer Star *m*
катастро́фа *f* (5) Katastrophe; Unglück *n*
катастрофи́ческий (16) katastrophal
ката́ться (1) rollen; spazieren fahren; ***~ на байда́рке*** paddeln; ***~ на конька́х*** Schlittschuh laufen
категори́ческий (16), **категори́чный** (14; -чен, -чна) kategorisch
катего́рия *f* (7) Kategorie
ка́тер *m* (1; *pl. e., N* -а́) Kutter, Boot *n*
кати́ться (15) fahren; gleiten; strömen; fließen
като́д *m* (1) Kathode *f*
като́к *m* (1; -тка́) Eisbahn *f*; *Tech.* Walze *f*; Mangel *f*
като́лик *m* (1) Katholik
католи́чка *f* (5; -чек) Katholikin
католи́ческий (16) katholisch
ка́торга *f* (5) Zuchthaus *n*; Zwangsarbeit; *fig.* Schinderei
кату́шка *f* (5; -шек) Rolle; Spule
каучу́ковый (14) Kautschuk-
кафе́ *n* (*unv.*) Café
ка́федра *f* (5) Katheder *n*; Rednerpult *n*; Lehrstuhl *m*
ка́фель *m* (4; -я/-ю) Kachel *f*; Fliese *f*
кача́ть (1), *einm.* <качну́ть> (20) schaukeln; schütteln; **-ся** schaukeln, schwingen, pendeln; taumeln, schwanken
каче́ли *pl.* (8) Schaukel *f*
ка́чественный (14*K.*) qualitativ, Qualitäts-
ка́чество *n* (9) Qualität *f*; Eigenschaft *f*
ка́чка *f* (5; -чек) Schaukeln *n*
ка́ша *f* (5) Brei *m*; Grütze; *fig.* heilloses Durcheinander *n*
ка́шель *m* (4; -шля) Husten
ка́шлять (28), *einm.* <ка́шлянуть> (20) husten; *pf.* hüsteln
кашне́ *n* (*unv.*) Schal *m*, Halstuch
кашта́н *m* (1) Kastanienbaum; Kastanie *f*
каю́та *f* (5) Kabine, Kajüte
ка́яться (27), <по-> (**в** П *et.*) bereuen; (**перед** Т *j-m*) eingestehen
квадра́тный (14; -тен, -тна) quadratisch
ква́кать (1), *einm.* <ква́кнуть> (20) quaken
квалифика́ция *f* (7) Qualifikation; Qualifizierung
квалификацио́нный (14) Qualifizierungs-
квалифици́ровать (7) *im*(*pf.*) qualifizieren; **-ся** sich weiterbilden
кварта́л *m* (1) Quartal *n*, Vierteljahr *n*; Stadtviertel *n*
кварти́ра *f* (5) Wohnung; Quartier *n*, Unterkunft
квартиросъёмщик *m* (1) Wohnungsmieter
квартпла́та *f* (5) Wohnungsmiete
квас *m* (1; -а/-у; *pl. e.*) Kwass (*gegorenes Getränk*)
кве́рху nach oben, hinauf
квита́нция *f* (7) Quittung; Beleg *m*
кви́ты *pl.* F quitt
кво́та *f* (5) Quote
ке́гля *f* (6; -лей) Kegel *m*; ***игра́ть в ке́гли*** kegeln
кедр *m* (1) Zeder *f*
кекс *m* (1) Rosinenbrötchen *n*
ке́лья *f* (6; -лий) Klosterzelle; Klause
ке́пка *f* (5; -пок) Schirmmütze *f*, Sportmütze *f*
кера́мика *f* (5) Keramik
керами́ческий (16) keramisch
кероси́н *m* (1; -а/-у) Petroleum *n*
ке́сарев (19): ***~о сече́ние*** *n* Kaiserschnitt *m*

К

кефи́р *m* (1) Kefir; Joghurt
кива́ть (1), *einm.* <кивну́ть> (20) nicken, zunicken
кида́ть (1), <ки́нуть> (20) werfen, schmeißen; **-ся** sich stürzen; losrennen, davonstürmen
килоба́йт *m* (1) Kilobyte; **~гра́мм** *m* (1; -/-ов) Kilogramm *n*; **~ме́тр** *m* (1) Kilometer
киль *m* (4) Kiel
кинжа́л *m* (1) Dolch
кино́ *n* (*unv.*) Kino; **~актёр** *m* (1) Filmschauspieler; **~актри́са** *f* (5) Filmschauspielerin; **~звезда́** *f* (5; *pl. st.* -ё-) Filmstar *m*; **~карти́на** *f* (5) Spielfilm *m*; **~опера́тор** *m* (1) Kameramann; **~съёмка** *f* (5; -мок) Filmaufnahme; **~теа́тр** *m* (1) Filmtheater *n*, Kino *n*; **~фи́льм** *m* (1) Spielfilm, Film
ки́нуть(ся) → ***кида́ть(ся)***
кио́ск *m* (1) Kiosk
ки́па *f* (5) Packen *m*; Ballen *m*
кипари́с *m* (1) Zypresse *f*
кипе́ть (10*e.*) kochen, sieden; *fig.* wimmeln (T von); in vollem Gange sein; *fig.* pulsieren
кипяти́льник *m* (1) Tauchsieder
кипяти́ть (15*e.*), <вс-> kochen, sieden
кипято́к *m* (1; -тка́) kochendes Wasser
кирги́з *m* (1) Kirgise
Кирги́зия *f* (7) Kirgisistan *n*
кирги́зка *f* (5; -зок) Kirgisin
кирги́зский (16) kirgisisch
кири́ллица *f* (5) kyrillische Schrift
кирпи́ч *m* (1*e.*; -ей́) Ziegel, Ziegelstein
кирпи́чный (14) Ziegel-; **~ *заво́д*** *m* Ziegelei *f*
кисе́ль *m* (4*e.*) *Art* rote Grütze *f*; Brei
кислоро́д *m* (1) Sauerstoff
кислоро́дный (14) Sauerstoff-
кислота́ *f* (5; *pl. st.*) Säure
ки́слый (14; -сел, -сла́) sauer
ки́снуть (20, 21) **1.** <с-> sauer werden; **2.** *fig.* missgelaunt sein
ки́сточка *f* (5; -чек) kleiner Pinsel *m*
кисть *f* (8; *ab Gpl. e.*) Pinsel *m*; *Anat.* Hand
кит *m* (1*e.*) Wal
китаеве́дение *n* (12) Sinologie *f*
кита́ец *m* (1; -а́йца) Chinese
Кита́й *m* (3) China *n*
кита́йский (16) chinesisch
китая́нка *f* (5; -нок) Chinesin
кичи́ться (16*e.*) sich brüsten, angeben
кише́ть (9*e.*) wimmeln (T von)
кише́чник *m* (1) Darm
кише́чный (14) Darm-
кишка́ *f* (5; -шо́к) Darm *m*
кла́виша *f* (5) Taste
клад *m* (1) Schatz
кла́дбище *n* (11) Friedhof *m*
кладова́я *f* (14) Speisekammer
кладо́вка F *f* (5; -вок) Abstellkammer
кладовщи́к *m* (1*e.*) Lagerarbeiter, Lagerverwalter
кла́няться (28), <поклони́ться> (13) sich verneigen, sich verbeugen (Д vor); grüßen, grüßen lassen
кла́пан *m* (1) Klappe *f*; *Tech.* Ventil *n*
кларне́т *m* (1) Klarinette *f*
класс *m* (1) Klasse *f*
кла́ссик *m* (1) Klassiker
классифика́ция *f* (7) Klassifikation, Klassifizierung
класси́ческий (16) klassisch; humanistisch; klassizistisch
кла́ссный (14) Klassen-; F (-сен, -сна) erstklassig
кла́ссовый (14) Klassen-
класть (-аду́, -адёшь; -ал) **1.** <положи́ть> (16) legen, hinlegen; **2.** mauern; aufführen
клева́ть (6*e.*), *einm.* <клю́нуть> (20) picken; hacken; *Fische*: anbeißen
кле́вер *m* (1; -а/-у; *pl. e., N* -а́) Klee
клевета́ *f* (5) Verleumdung
клевета́ть (3 -т/щ-) verleumden (***на*** B)
клеветни́ческий (16) verleumderisch
клеёнка *f* (5; -нок) Wachstuch *n*
кле́ить (13), <с-> kleben, leimen
клей *m* (3; -е́я/-е́ю; *a.* на -ею́) Leim, Klebstoff
кле́йкий (16; -е́ек, -е́йка) klebrig
клейми́ть (14*e.*), <за-> stempeln; brandmarken (*a. fig.*)
клеймо́ *n* (9; *pl. st.*) Stempel *m*; Brandmal (*a. fig.*)
клён *m* (1) Ahorn

К

клéтка *f* (5; -ток) Käfig *m*, Bauer *n*; Würfel *m*; Zelle
клéточка *f* (5; -чек) Zelle
клéтчатый (14) kariert, gewürfelt
клёцка *f* (5; -цек) Kloß *m*, Knödel *m*
клещ *m* (1*e.*; -éй) Milbe *f*, Zecke *f*
клéщи *pl.* (5; *ab G e.*) Zange *f*
клиéнт *m* (1) Klient; Kunde
клиéнтка *f* (5; -ток) Klientin; Kundin
клúзма *f* (5) Klistier *n*, Einlauf *m*
клúка *f* (5) Clique
клúмат *m* (1) Klima *n*
климатúческий (16) klimatisch
клин *m* (1; *pl.* -ья, -ьев) Keil; *Kleidung*: Zwickel
клúника *f* (5) Klinik
клинúческий (16) klinisch
клиновúдный (14; -ден, -дна) keilförmig
клинóк *m* (1; -нкá) Klinge *f*
клич *m* (1; -ей) Ruf; Schrei
клúчка *f* (5; -чек) Spitzname *m*
клок *m* (1*e.*; *pl. a.* -óчья, -óчьев) Büschel *n*; Strähne *f*; Fetzen
клокотáть (3) brodeln, sprudeln
клонúть (13) neigen, beugen; *fig.* geneigt machen; hinauswollen (***к*** Д auf); ***меня́ клóнит ко сну*** ich bin schläfrig; **-ся** sinken; sich neigen; ***день клóнится к вéчеру*** der Tag geht zur Neige
клоп *m* (1*e.*) Wanze *f*
клóун *m* (1) Clown
клуб *m* (1) Klub
клýбень *m* (4; -бня) Knolle(n *m*) *f*
клубúться (14*e.*) wallen; aufsteigen
клубнúка *f* (5) *koll.* Erdbeere(n *pl.*)
клубóк *m* (1; -бкá) Knäuel *n*
клýмба *f* (5) Blumenbeet *n*
клык *m* (1*e.*) Eckzahn, Stoßzahn; Hauer
клюв *m* (1) Schnabel
клюкá *f* (5) Krücke
клю́нуть → ***клевáть***
ключ *m* (1*e.*; -éй) **1.** Schlüssel; **2.** Quelle *f*; ***бить ~óм*** sprudeln; pulsieren
ключевóй (14) Schlüssel-; Quell-
ключúца *f* (5) Schlüsselbein *n*
кля́кса *f* (5) Tintenklecks *m*
кляп *m* (1) Knebel
клясть (-янý, -янёшь; клял, -á; -я́тый) verwünschen, verfluchen; **-ся**, <по-> (-ялóсь) schwören
кля́тва *f* (5) Schwur *m*, Eid *m*
кля́твенный (14) eidlich, eidesstattlich; *Adv.* an Eides statt
клятвопреступлéние *n* (12) Meineid *m*
кнúга *f* (5) Buch *n*
книго|éд *m* (1) Bücherwurm (*a. fig.* F); **~печáтание** *n* (12) Buchdruck *m*; **~торгóвля** *f* (6) Buchhandel *m*
кнúжка *f* (5; -жек) Buch *n*; Heft *n*
кнúжный (14) Buch-, Bücher-
кнúзу nach unten, hinab
кнóпка *f* (5; -пок) Reißzwecke; Druckknopf *m*; *El.* Knopf *m*
кнут *m* (1*e.*) Peitsche *f*
княгúня *f* (6) Fürstin
князь *m* (4; *pl.* -зья́, -зéй) Fürst
ко → ***к***
кобы́ла *f* (5) Stute
ковáрный (14; -рен, -рна) hinterlistig, heimtückisch
ковáрство *n* (9) Arglist *f*, Heimtücke *f*
ковáть (7*e.*) **1.** <вы́-, с-> schmieden; **2.** <под-> beschlagen
ковёр *m* (1; -врá) Teppich
коверкать (1), <ис-> verunstalten, entstellen
кóврик *m* (1) kleiner Teppich, Brücke *f*
ковш *m* (1*e.*; -éй) Schöpfkelle *f*; *Tech.* Kübel, Eimer
ковыля́ть F (28) humpeln
ковыря́ть (28), *einm.* <ковырнýть> (20) stochern, herumstochern
когдá **1.** *Adv.* wann; **2.** *Kj.* wenn, als; ***вóт ~*** da, dann; **~-либо**, **~-нибудь** irgendwann; **~-то** einst, ehedem; e-s Tages
кóготь *m* (4; -гтя; *ab Gpl. e.*) Kralle *f*; Klaue *f*
код *m* (1) Code, Schlüssel; ***бáнковский идентификациóнный ~*** *Fin.* Bankleitzahl *f*
кóдекс *m* (1) Gesetzbuch *n*
кодúровать (7), <за-> verschlüsseln, chiffrieren
кóе-|гдé hier und da, stellenweise; **~кáк** schlecht und recht; mit Mühe und Not; **~какóй** (16) irgendein, irgendwelche(r); **~когдá** bisweilen, ab und zu; **~ктó** (23) mancher;

К

irgendwer; **~куда́** irgendwohin; **~что́** (23) einiges; irgendetwas
ко́жа *f* (5) Haut; Leder *n*
ко́жаный (14) Leder-, ledern
коза́ *f* (5; *pl. st.*) Ziege
козёл *m* (1; -зла́) Ziegenbock
козеро́г *m* (1) Steinbock
ко́зырь *m* (4; *ab Gpl. e.*) Trumpf (*a. fig.*)
козыря́ть F (28) **1.** *einm.* <козырну́ть> (20) *fig.* auftrumpfen, angeben; **2.** <от-> salutieren
ко́йка *f* (5; ко́ек) Koje, Hängematte; Krankenbett *n*
коке́тливый (14*K.*) kokett
коке́тничать (1) kokettieren (*a. fig.*)
коке́тство *n* (9) Koketterie *f*
коклю́ш *m* (1) Keuchhusten
кол *m* (1*e.*; на -у́; *pl.* -ья, -ьев) Pfahl
колбаса́ *f* (5; *pl. st.* колба́с) Wurst
колго́тки *pl.* (5; -ток) Strumpfhose *f*
колдовство́ *n* (9) Zauberei *f*
колду́н *m* (1*e.*) Zauberer
колду́нья *f* (6; -ний) Zauberin
колеба́ние *n* (12) Schwankung *f*; *Phys.* Schwingung *f*
колеба́ть (2*st.*) **1.** *einm.* <ко-лебну́ть> (20) bewegen; schaukeln; **2.** <по-> erschüttern; ins Wanken bringen; **-ся** schwanken, ins Wanken geraten
коле́но *n* **1.** (9; *pl.* -ни, -ней) Knie; ***стать на коле́ни*** niederknien; ***стоя́ть на коле́нях*** knien; **2.** (*pl.* -нья, -ньев) *Tech.* Gelenk
коле́нчатый (14) *Tech.* Kurbel-; ***~ вал*** *m* Kurbelwelle *f*
колесо́ *n* (9; *pl. st.* колёса) Rad
колея́ *f* (6; -ле́й) Gleis *n*; Radspur, Fahrrinne
коли́чественный (14) quantitativ
коли́чество *n* (9) Anzahl *f*, Menge *f*, Quantität *f*
ко́лкий (16; -лок, -лка́) stach(e)lig; spitz (*a. fig.*); *Kälte*: schneidend; *fig.* spöttisch
колле́га *m/f* (5) Kollege(-gin *f*)
коллекти́в *m* (1) Kollektiv *n*; Gruppe *f*
коллекти́вный (14; -вен, -вна) kollektiv; gemeinschaftlich
коло́да *f* (5) Holzklotz *m*, Hackklotz *m*
коло́дец *m* (1; -дца) Brunnen
ко́локол *m* (1; *pl. e., N* -а́) Glocke *f*
колоко́льня *f* (6; -лен) Kirchturm *m*, Glockenturm *m*
колоко́льчик *m* (1) Glöckchen *n*; *Bot.* Glockenblume *f*
коло́ния *f* (7) Kolonie
коло́нка *f* (5; -нок) Spalte, Kolumne; Badeofen *m*; *Kfz.* Tanksäule
коло́нна *f* (5) Säule; Kolonne
ко́лос *m* (1; *pl.* -ья, -ьев) Ähre *f*
колосса́льный (14; -лен, -льна) riesig, kolossal
колоти́ть (15) schlagen; laut klopfen (an)
коло́ть (17) **1.** <рас-> hacken, spalten; *Nuss* knacken; **2.** <у->, *einm.* <кольну́ть> (20) stechen (B in); ***у него́ ко́лет в боку́*** er hat Seitenstechen; **3.** <за-> abstechen, erstechen; **-ся** *impf.* sich spalten lassen; stechen
колпа́к *m* (1*e.*) Mütze *f*, Kappe *f*; Deckel
колхо́з *m* (1) Kolchose *f*
колыбе́ль *f* (8) Wiege (*a. fig.*)
колыбе́льная *f* (14) Wiegenlied *n*
колыха́ть (3*st.*/F 1), *einm.* <колыхну́ть> wiegen, schaukeln
кольцево́й (14) Ring-; Kreis-
кольцо́ *n* (9; *pl. st., G* -ле́ц) Ring *m*
колю́чий (17*K.*) stachelig; dornig; *fig.* spitz, bissig
колю́чка *f* (5; -чек) Stachel *m*; Dorn *m*
коля́ска *f* (5; -сок) Kutsche; Beiwagen *m*; ***де́тская ~*** Kinderwagen *m*
кома́нда *f* (5) Kommando *n*; Mannschaft, Team *n*
команди́р *m* (1) Kommandeur
командирова́ть (7) *im*(*pf.*) abkommandieren
командиро́вка *f* (5; -вок) Abkommandierung; Dienstreise
кома́ндный (14) Kommando-, Führungs-
кома́ндование *n* (12) Kommando, Oberbefehl *m*
кома́ндовать (7) kommandieren, befehligen
кома́ндующий *m* (17) Befehlshaber
кома́р *m* (1*e.*) Mücke *f*
комба́йн *m* (1) Mähdrescher; Vollerntemaschine *f*
комбинезо́н *m* (1) Overall

комбини́ровать (7), <с-> kombinieren, zusammenstellen
коме́дия *f* (7) Komödie, Lustspiel *n*
коменда́нт *m* (1) Kommandant
комендату́ра *f* (5) Kommandantur
коме́та *f* (5) Komet *m*
комиссио́нные (14) *pl. Su.* Provision *f*
коми́ссия *f* (7) Kommission, Ausschuss *m*
комите́т *m* (1) Komitee *n*, Ausschuss
коми́ческий (16), **коми́чный** (14; -чен, -чна) komisch
ко́мкать (1), <с-> zerknüllen, zerknittern
коммента́рий *m* (3; -ии) Kommentar, Erläuterung *f*
коммент́ировать (7) *im(pf.)*, <про-> kommentieren, erläutern
комме́рческий (16) Handels-, kaufmännisch
комму́на *f* (5) Kommune; Gemeinde
коммуна́льный (14) kommunal, Gemeinschafts-
коммуника́ция *f* (7) Kommunikation, Verständigung
коммута́тор *m* (1) Vermittlung *f*, Zentrale *f*
ко́мната *f* (5) Zimmer *n*; Wohnraum *m*
комо́д *m* (1) Kommode *f*
комо́к *m* (1; -мка́) Klümpchen *n*
компа́кт-ди́ск *m* (1) CD *f*
компа́ния *f* (7) Gesellschaft; ***соста́вить компа́нию*** Gesellschaft leisten
компаньо́н *m* (1) Gefährte; Teilhaber; Geschäftspartner
компенса́ция *f* (7) Kompensation; Entschädigung
компете́нтный (14; -тен, -тна) kompetent; sachkundig
компете́нция *f* (7) Kompetenzbereich *m*; Zuständigkeit
компле́кт *m* (1) Satz; Garnitur *f*; kompletter Jahrgang
компле́ктный (14) komplett
комплектова́ть (7), <с-, у-> komplettieren, vervollständigen
компози́тор *m* (1) Komponist
компози́ция *f* (7) Komposition
компоне́нт *m* (1) Komponente *f*
компонова́ть (7), <с-> komponieren
компости́ровать (7), <про-, за-> Fahrkarte lochen
компо́т *m* (1) Kompott *n*
компре́сс *m* (1) Umschlag, Kompresse *f*
компромети́ровать (7), <с-> kompromittieren
компью́тер *m* (1) Computer
конве́йер *m* (1) Fließband *n*; ***на ~е*** *fig.* am laufenden Band
конве́нция *f* (7) Konvention, Abkommen *n*
конве́рсия *f* (7) Umstellung
конве́рт *m* (1) Briefumschlag
конверти́руемый (14) konvertierbar
конво́й *m* (3) Eskorte *f*, Begleitmannschaft *f*
конденси́ровать (7) *im(pf.)*, <с-> kondensieren, verdichten
конди́терская *f* (16) Konditorei
кондиционе́р *m* (1) Klimaanlage *f*
конду́ктор *m* (1; *pl. e., N* -а́) Schaffner; **~ша** F *f* (5) Schaffnerin
конёк *m* (1; -нька́) Hobby *n*; Dachfirst
коне́ц *m* (1; -нца́) Ende, Schluss; ***со всех концо́в*** von allen Seiten; ***со всех концо́в све́та*** aus aller Herren Ländern; ***в конце́ концо́в*** letzten Endes, schließlich; ***едва́ своди́ть концы́ с конца́ми*** von der Hand in den Mund leben
коне́чно natürlich, gewiss
коне́чности *f/pl.* (8) Gliedmaßen
коне́чный (14; -чен, -чна) End-
кони́на *f* (5) Pferdefleisch *n*
конкре́тный (14; -тен, -тна) konkret
конкурентоспосо́бный (14; -бен, -бна) konkurrenzfähig
конкуре́нция *f* (7) Konkurrenz; Wettbewerb *m*; ***вне конкуре́нции*** konkurrenzlos
конкури́ровать (7) konkurrieren; wetteifern
ко́нкурс *m* (1) Wettbewerb
ко́нный (14) Pferde-; Reiter-
конопля́ *f* (6; -лей) Hanf *m*
консерва́нт *m* (1) Konservierungsmittel *n*
консервати́вный (14; -вен, -вна) konservativ

консерви́ровать (7), <за-> konservieren; einkochen
консе́рвный (14) Konserven-
конспе́кт *m* (1) Konzept *n*; Übersicht *f*
конспекти́вный (14; -вен, -вна) kurz gefasst, stichwortartig
конспирати́вный (14; -вен, -вна) konspirativ, geheim
конституцио́нный (14) konstitutionell, verfassungsmäßig
конститу́ция *f* (7) Verfassung, Grundgesetz *n*
конструи́ровать (7), <с-> konstruieren, entwickeln
конструкти́вный (14; -вен, -вна) konstruktiv
констру́ктор *m* (1) Konstrukteur
констру́кция *f* (7) Konstruktion
ко́нсульство *n* (9) Konsulat
консульта́нт *m* (1) Berater; ***~ по капиталовложе́ниям*** Anlageberater
консульта́ция *f* (7) Beratung; Beratungsstelle
косульти́ровать (7), <про-> beraten, Rat geben
конта́кт *m* (1) Kontakt, Berührung *f*
конта́ктный (14; -тен, -тна) F kontaktfreudig; (*o. K.*) Kontakt-
конто́ра *f* (5) Kontor *n*, Büro *n*
контраба́нда *f* (5) Schmuggel *m*; Schmuggelware
контрабанди́ст *m* (1) Schmuggler
контра́кт *m* (1) Vertrag
контраргуме́нт *m* (1) Gegenargument *n*
контра́ст *m* (1) Kontrast, Gegensatz
контрата́ка *f* (5) Gegenangriff *m*
контрацепти́в *m* (1) Verhütungsmittel *n*
контраце́пция *f* (7) Empfängnisverhütung
контрме́ра *f* (5) Gegenmaßnahme
контрнаступле́ние *n* (12) Gegenoffensive *f*, Gegenangriff *m*
контролёр *m* (1) Kontrolleur
контроли́ровать (7), <про-> kontrollieren, prüfen
контро́ль *m* (4) Kontrolle *f*, Prüfung *f*; ***~ над вооруже́ниями*** Rüstungskontrolle
контро́льный (14) Kontroll-, Prüf-
контрпредложе́ние *n* (12) Gegenvorschlag *m*
контрразве́дка *f* (5; -док) Spionageabwehr
контрреволю́ция *f* (7) Konterrevolution
контруда́р *m* (1) Gegenschlag
конту́зить (15) *pf.* quetschen
конту́зия *f* (7) Quetschung
ко́нус *m* (1) Kegel
конфедера́ция *f* (7) Staatenbund *m*
конфере́нция *f* (7) Konferenz, Tagung
конфе́та *f* (5) Bonbon *n*, Konfekt *n*
конфискова́ть (7) *im*(*pf.*) beschlagnahmen
конфли́ктный (14) Konflikt-
конфу́зить F (15), <с-> in Verlegenheit bringen; **-ся** in Verlegenheit geraten, verlegen werden
концентра́ция *f* (7) Konzentration
концентри́ровать (7), <с-> konzentrieren (***на*** П auf)
конце́пция *f* (7) Konzeption
конце́рт *m* (1) Konzert
конце́ссия *f* (7) Konzession, Genehmigung
конча́ть (1), <ко́нчить> (16) enden; beenden, abschließen; aufhören; **-ся** zu Ende gehen, enden
ко́нчик *m* (1) Spitze *f*
конъюнктиви́т *m* (1) Bindehautentzündung *f*
конъюнкту́ра *f* (5) Konjunktur
конъюнкту́рный (14) Konjunktur-, konjunkturbedingt
конь *m* (4*e.*; *Npl. st.*) Pferd *n* (*a. Sp.*); *Schach*: Springer
коньки́ *m/pl.* (1) Schlittschuhe; ***ката́ться на конька́х*** Schlittschuh laufen
конькобе́жец *m* (1; -жца) Schlittschuhläufer
конья́к *m* (1*e.*; -á/-ý) Kognak
коню́шня *f* (6; -шен) Pferdestall *m*
кооперати́в *m* (1) Genossenschaft *f*
кооперати́вный (14) genossenschaftlich
коопера́ция *f* (7) Kooperation, Zusammenarbeit
коопери́ровать (7) *im*(*pf.*), <с-> genossenschaftlich organisieren
копа́ть (1), <вы->, *einm.* <копну́ть>

(20) graben, umgraben; **-ся** herumwühlen, kramen
копéйка *f* (5; -éек) Kopeke; ***за копéйку*** F für ein Butterbrot; ***ни за копéйку*** F für nichts und wieder nichts
копи́лка *f* (5; -лок) Sparbüchse
копировáльный (14) Kopier-
копи́ровать (7), <с-> kopieren
копи́ть (14), <на-, с-> sparen (***на*** B für)
кóпия *f* (7) Kopie; Durchschlag *m*
копти́ть (15*e.*) **1.** rußen; **2.** <за-, вы́-> räuchern
копчёный (14) geräuchert, Räucher-
копы́то *n* (9) Huf *m*
копьё *n* (10; *pl.* -пья, -пий) Speer *m*
корá *f* (5) Rinde; Kruste
кораблекрушéние *n* (12) Schiffbruch *m*
кораблестроéние *n* (12) Schiffbau *m*
корáбль (4*e.*) Schiff *n*
корéец *m* (1; -éйца) Koreaner
корéйский (16) koreanisch
коренáстый (14*K.*) stämmig, untersetzt
кореннóй (14) alteingesessen, Ur-; Grund-; grundlegend
кóрень *m* (4; -рня; *ab Gpl. e.*) Wurzel *f* (*a. fig., Math.*); ***в кóрне*** von Grund auf
Корéя *f* (6) Korea *n*
корея́нка *f* (5; -нок) Koreanerin
корзи́на *f* (5) Korb *m*
коридóр *m* (1) Korridor; Durchgang
кори́ть (13*e.*) tadeln, Vorwürfe machen
кори́ца *f* (5) Zimt *m*
кори́чневый (14) braun
кóрка *f* (5; -рок) Kruste, Rinde; Schale
корм *m* (1; -a/-y; *a.* на -ý; *pl. e., N* -á) Futter *n*
кормá *f* (5) Heck *n*
кормёжка *f* (5; -жек) Futterplatz
корми́лец *m* (1; -льца) Ernährer
корми́лица *f* (5) Amme
корми́ть (14) **1.** <на-> füttern, (B) zu essen geben; stillen, säugen; **2.** <про-> unterhalten, ernähren
кормлéние *n* (12) Füttern, Fütterung *f*; Stillen, Säugen
кормовóй (14) Futter-; *Mar.* Heck-
кормýшка *f* (5; -шек) Futtertrog *m*, Futterkrippe
корóбка *f* (5; -бок) Schachtel; *Tech.* Gehäuse *n*; ***~ скоростéй*** Wechselgetriebe *n*
корóва *f* (5) Kuh
корóвник *m* (1) Kuhstall
королéва *f* (5) Königin; *Schach, KSp.* Dame
королéвский (16) königlich, Königs-
королéвство *n* (9) Königreich
корóль *m* (4*e.*) König
корóна *f* (5) Krone
коронáция *f* (7) Krönung
короновáть (7) *im(pf.)* krönen
коротáть F (1), <с-> *Zeit* totschlagen, sich vertreiben
корóткий (16; -ток, -ткá, -ткo) kurz
коротковóлновый (14) Kurzwellen-
корпéть F (10*e.*) angestrengt arbeiten (***над*** T an)
корпорáция *f* (7) Körperschaft
кóрпус *m* **1.** (1) Körper; Gehäuse *n*; **2.** (*pl. e., N* -á) Gebäude *n*; *Mar.* Rumpf; *Mil.* Korps *n*
корректи́ровать (7), <с-> korrigieren, berichtigen
корректирóвка *f* (5; -вок) Korrektur
коррéктный (14; -тен, -тна) korrekt
корректýра *f* (5) Korrektur; *Typ.* Fahne
корреспондéнт *m* (1) Korrespondent, Berichterstatter
корреспондéнция *f* (7) Korrespondenz, Briefwechsel *m*
коррýпция *f* (7) Korruption
корсéт *m* (1) Korsett *n*
корт *m* (1) Tennisplatz
кóрточки: *сесть на ~* sich hinhocken; ***сидéть на кóрточках*** hocken, kauern
корчевáть (6 -ý-) roden
кóршун *m* (1) Geier
korы́стный (14; -тен, -тна) eigennützig
корыстолюби́вый (14*K.*) habgierig
корь *f* (8) Masern *pl.*
косá *f* (5; *pl. st.*) Zopf *m*; Sense; Landzunge

К

ко́свенный (14*K.*) indirekt, mittelbar
коси́ть 1. (15), <с-> mähen; **2.** (15*e.*) *impf.* schielen
косма́тый (14*K.*) struppig, zerzaust
космéтика *f* (5) Kosmetik
космети́ческий (16) kosmetisch
косми́ческий (16) kosmisch; Weltraum-
космона́вт *m* (1) Kosmonaut, Raumfahrer
космона́втика *f* (5) Raumfahrt
ко́смос *m* (1) Kosmos, Weltall *n*
ко́сность *f* (8) Erstarrung, Stagnation
косну́ться → ***каса́ться***
ко́сный (14; -сен, -сна) erstarrt, verknöchert
косо́й (14; кос, -а́) schräg; schief
костенéть (8), <о-, за-> erstarren, steif werden; verknöchern
костёр *m* (1; -тра́) Lagerfeuer *n*; Scheiterhaufen
костля́вый (14*K.*) **1.** knochig, dürr; **2.** mit vielen Gräten
ко́стный (14) Knochen-, knöchern
ко́сточка *f* (5; -чек) kleiner Knochen *m*; kleine Gräte; Kern *m*, Stein *m in Früchten*
косты́ль *m* (4*e.*) Krücke *f*
кость *f* (8; в -ти́; *ab Gpl. e.*) Knochen *m*; Gräte; Würfel *m*; ***до костéй*** durch Mark und Bein
костю́м *m* (1) Anzug; Kostüm *n*; Tracht *f*
костя́к *m* (1*e.*) Knochengerüst *n*, Skelett *n*
косу́ля *f* (6) Reh *n*
косы́нка *f* (5; -нок) Kopftuch *n*; Halstuch *n*
культ
кося́к *m* (1*e.*) Türpfosten, Pfeiler
кот *m* (1*e.*) Kater
котёл *m* (1; -тла́) Kessel
котёнок *m* (2) junges Kätzchen *n*
ко́тик *m* (1) *Zool.* Seebär, Bärenrobbe *f*
котлéта *f* (5) Bulette; Kotelett *n*
котлова́н *m* (1) Baugrube *f*
котлови́на *f* (5) Talkessel *m*
кото́рый (14) welche(r); der; ***~ час?*** wie spät ist es?
коттéдж *m* (1; -ей) Einfamilienhaus *n*; Bungalow
ко́фе *m* (*unv.*) Kaffee
кофева́рка *f* (5; -рок) Kaffeemaschine
кофéйник *m* (1) Kaffeekanne *f*
кофéйный (14) Kaffee-
ко́фта *f* (5) Jacke
ко́фточка *f* (5; -чек) Jäckchen *n*; Bluse
коча́н *m* (1*e.*) Kohlkopf
кочéвник *m* (1) Nomade
кочега́р *m* (1) Heizer
кочерга́ *f* (5; -рёг) Feuerhaken *m*
кошелёк *m* (1; -лька́) Geldbeutel, Portemonnaie
ко́шка *f* (5; -шек) Katze; ***как ~ с соба́кой*** F wie Hund und Katze
кошма́р *m* (1) Alptraum *m*
кощу́нство *n* (9) Gotteslästerung *f*
кощу́нствовать (7) Gott lästern; lästern
краб *m* (1) Krabbe *f*
кра́деный (14) gestohlen
краевéдение *n* (12) Heimatkunde *f*
краевéдческий (16) heimatkundlich, Heimat-
краеуго́льный (14) Grund-, grundlegend
кра́жа *f* (5) Diebstahl *m*
край *m* (3; -а́я/-а́ю; на -аю́/-а́е; *pl. e., N* -я́) **1.** Rand, Kante *f*, Ende; **2.** (в -аю́/-а́е) *Adm.* Region *f*, Gebiet *n*; ***чéрез ~*** im Überfluss; ***кра́ем у́ха*** F mit halbem Ohr
кра́йне außerordentlich; zutiefst
кра́йний (15) äußerst, extrem; ***по кра́йней мéре*** wenigstens, mindestens
кра́йность *f* (8) Extrem *n*, Äußerste(s) *n*; ***до кра́йности*** bis zum Äußersten
кран *m* (1) Hahn, Kran
крановщи́к *m* (1*e.*) Kranführer
крапи́ва *f* (5) Brennnessel
кра́пинка *f* (5; -нок) Tüpfelchen *n*; ***с си́ними кра́пин(к)ами*** blaugetupft, blaugesprenkelt
краса́вица *f* (5) Schönheit, Schöne
краси́вый (14*K.*) schön; hübsch
краси́тель *m* (4) Farbstoff
кра́сить (15) **1.** <о-, по-, вы́-> färben; **2.** <на-> anmalen; **-ся** sich färben lassen; F sich schminken; sich die Haare färben; *impf.* abfärben
кра́ска *f* (5; -сок) Farbe

краснеть (8) **1.** <по-> rot werden; erröten; **2.** sich schämen
красноватый (14*K.*) rötlich
красноречивый (14*K.*) beredt, redegewandt
красноречие *n* (12) Beredsamkeit *f*, Redegewandtheit *f*
красный (14; -сен, -сна) rot; ***красное дерево*** *n* Mahagoni
красоваться (7) prangen, prunken, glänzen; sich zur Schau stellen
красота *f* (5; *pl. st.* красоты) Schönheit
красочный (14; -чен, -чна) farbig; farbenprächtig; Farben-
красть (25; крала; кравший; -краденный), <у-> stehlen
краткий (16; -ток, -тка) kurz; knapp, gedrängt
краткосрочный (14; -чен, -чна) kurzfristig
краткость *f* (8) Kürze
кратный (14; -тен, -тна) teilbar
крах *m* (1) Zusammenbruch
крахмал *m* (1) Stärke *f*
крахмалить (13), <на-> stärken
крахмальный (14) gestärkt
кредит *m* (1) Kredit
кредитор *m* (1) Gläubiger; Kreditgeber
крем *m* (1) Creme *f*
крематорий *m* (3; -ии) Krematorium *n*
кремация *f* (7) Einäscherung
крен *m* (1) Schlagseite *f*
крендель *m* (4; *pl. a. e., N* -я) Brezel *f*
креп *m* (1) Krepp
крепить (14*e.*) befestigen; *fig.* stärken, festigen; **-ся** sich zusammennehmen
крепкий (16; -пок, -пка) fest; stark, kräftig
крепнуть (21), <о-> erstarken, sich festigen, stark werden
крепостничество *n* (9) *hist.* Leibeigenschaft *f*
крепость *f* (8; *ab Gpl. e.*) Festung
кресло *n* (9; -сел) Sessel *m*
крест *m* (1*e.*) Kreuz *n*; ***~-на~*** kreuzweise
крестины *pl.* (5) Taufe *f*
крестить (15; -ещённый) *im(pf.)*, <о-> taufen
крестник *m* (1), **крестница** *f* (5) Patenkind *n*
крестьянин *m* (1; *pl.* -яне, -ян) Bauer
крестьянка *f* (5; -нок) Bäuerin
крестьянский (16) bäuerlich, Bauern-
крещение *n* (12) Taufe *f*; Dreikönigsfest
кривая *f* (14) Kurve
кривить (14*e.*), <с-> krümmen; ***~ душой*** heucheln; **-ся** krumm *od.* schief werden
кривой (14; крив, -а) krumm, schief
кризис *m* (1) Krise *f*
крик *m* (1) Schrei
крикливый (14*K.*) kreischend, gellend; *fig.* grell, schreiend
крикнуть → ***кричать***
криминальный (14; -лен, -льна) kriminell; Kriminal-
кристаллизировать, кристаллизовать (7) *im(pf.)*, <за-> kristallisieren
критерий *m* (3; -ии) Kriterium *n*
критик *m* (1) Kritiker
критика *f* (5) Kritik
критиковать (7) kritisieren, (В an) Kritik üben
критический (16), **критичный** (14; -чен, -чна) kritisch
кричать (4*e.*), *einm.* <крикнуть> (20) schreien; rufen; (***на*** В *j-n*) anschreien
кров *m* (1) Obdach *n*; ***без ~а*** obdachlos
кровавый (14*K.*) blutig, Blut-; blutrot
кровать *f* (8) Bett *n*
кровельщик *m* (1) Dachdecker
кровля *f* (6; -вель) Dach *n*
кровный (14) blutsverwandt; reinrassig; ***~ враг*** *m* Todfeind
крово|излияние *n* (12) Bluterguss *m*; **~обращение** *n* (12) Blutkreislauf *m*; **~пролитие** *n* (12) Blutvergießen; **~пролитный** (14; -тен, -тна) blutig; **~течение** *n* (12) Blutung *f*
кровоточить (16*e.*) bluten
кровь *f* (8; в -ви; *ab Gpl. e.*) Blut *n*
кровяной (14) Blut-
кроить (13*e.*; кроенный), <вы-, с-> zuschneiden

кроко́дил *m* (1) Krokodil *n*
кро́лик *m* (1) Kaninchen *n*
кроль *m* (4) Kraul *n*; ***плыть кро́лем*** kraulen
кро́ме (P) außer; ***~ того́*** außerdem, darüber hinaus; ***~ того́, что ...*** abgesehen davon, dass ...
кро́мка *f* (5; -мок) Rand *m*; Kante
кропотли́вый (14*K.*) mühsam, mühselig; peinlich genau
кроссво́рд *m* (1) Kreuzworträtsel *n*
крот *m* (1*e.*) Maulwurf
кро́ткий (16; -ток, -тка́) sanft
кроха́ *f* (5) Krümel *m*
кроши́ть (16/16*e.*), <рас-, ис-> zerbröckeln, zerkrümeln
кро́шка *f* (5; -шек) Krümel *m*, Krume; Knirps *m*
круг *m* (1; *a.* в -у́; *pl. e.*) Kreis; ***в своём ~у́*** unter sich
кру́глый (14; кругл, -а́) rund; *Figur*: rundlich
кругово́й (14) Kreis-, Rund-
круговоро́т *m* (1) Kreislauf
кругозо́р *m* (1) Gesichtskreis; Horizont
круго́м **1.** *Adv.* ringsherum; **2.** *Prp.* (P) um herum
кру́жево *n* (9; *pl.* кружева́, кру́жев, -ва́м) Spitze *f*
кружи́ть (16/16*e.*) drehen; kreisen, Kreise ziehen; **-ся** sich drehen, sich im Kreise drehen
кру́жка *f* (5; -жек) Kanne *f*, Krug *m*
кружо́к *m* (1; -жка́) Zirkel, Kreis, Arbeitskreis, Arbeitsgemeinschaft *f*
круи́з *m* (1) Seereise *f*, Kreuzfahrt *f*
крупа́ *f* (5) Grütze; Graupen *f/pl.*
кру́пный (14; -пен, -пна́) groß; grob; *fig.* bedeutend
крутизна́ *f* (5) Steilhang *m*
крути́ть (15) drehen; wirbeln
круто́й (14; крут, -а́) steil, abschüssig; *fig.* schroff; *Kurve*: scharf; *Ei*: hart, hart gekocht
круше́ние *n* (12) Scheitern, Zusammenbruch *m; Esb., Mar.* Unglück, Katastrophe *f*
крыжо́вник *m* (1) *koll.* Stachelbeere(n *pl.*) *f*
крыла́тый (14*K.*) geflügelt; *fig.* beschwingt
крыло́ *n* (9; *pl.* кры́лья, -льев) Flügel *m*
крыльцо́ *n* (9; *Npl. st.*; -ле́ц) Außentreppe *f*, Freitreppe *f*
Крым *m* (1) Krim *f*; ***в ~у́*** auf der Krim
кры́са *f* (5) Ratte
кры́тый (14) bedeckt, zugedeckt; überdacht
крыть (22), <по-> bedecken, zudecken; j-n ausschimpfen
кры́ша *f* (5) Dach *n*
кры́шка *f* (5; -шек) Deckel *m*
крюк *m* (1*e*; *pl. a.* крю́чья, -чьев) Haken
крючо́к *m* (1; -чка́) Haken; Häkchen *n*
крюшо́н *m* (1; -а/-у) Bowle *f*
кряхте́ть (11*e.*) ächzen, krächzen
ксенофо́бия *f* (7) Ausländerfeindlichkeit
ксе́рокс *m* (1) Fotokopie *f*
кста́ти gerade zur rechten Zeit, gelegen; bei dieser Gelegenheit; ***~ сказа́ть*** nebenbei gesagt, übrigens
кто (23) wer; ***~ там?*** wer (ist) da?; ***не ~ ино́й, как ...*** niemand anders, als ...; **~-либо, ~-нибудь** (23) irgendjemand, irgendeiner; **~-то** (23) jemand
куб *m* (1; *pl. e.*) Würfel
Ку́ба *f* (5) Kuba *n*
ку́бик *m* (1) Würfel; Bauklotz
куби́нец *m* (1; -нца) Kubaner
куби́нка *f* (5; -нок) Kubanerin
куби́нский (16) kubanisch
куби́ческий (16) kubisch, Kubik-
ку́бок *m* (1; -бка) Becher; Pokal
кубоме́тр *m* (1) Kubikmeter *n/m*
кувши́н *m* (1) Krug, Kanne *f*
кувырка́ться (1), *einm.* <кувыркну́ться> (20) Purzelbäume schlagen
кувырко́м F kopfüber; drunter und drüber
куда́ wohin; **~-либо, ~-нибудь, ~-то** irgendwohin
ку́дри *pl.* (8) Locken *f/pl.*
кудря́виться (14) sich kräuseln
кудря́вый (14*K.*) lockig, krausköpfig
кузне́ц *m* (1*e.*) Schmied
кузне́чик *m* (1) Grashüpfer, Heuschrecke *f*
ку́зница *f* (5) Schmiede
ку́зов *m* (1; *pl. a. e.*, *N* -а́) Karosserie *f*

кукарéкать (1), <про->, *einm.* <кукарéкнуть> (20) krähen
кýкла *f* (5; -кол) Puppe; *fig.* Marionette
кýколка *f* (5; -лок) Püppchen *n; Zool.* Puppe, Larve
кýкольный (14) Puppen-; ***кýкольная комéдия*** *f fig.* Affentheater *n*
кукурýза *f* (5) Mais *m*
кукýшка *f* (5; -шек) Kuckuck *m*
кулáк *m* (1*e.*) Faust *f*; *Tech.* Nocke *f*; *hist.* Kulak, Großbauer; ***смеяться в ~*** sich ins Fäustchen lachen; ***держáть когó-либо в ~é*** *fig.* j-n in der Hand haben
кулёк *m* (1; -лькá) Tüte *f*
кулинáрный (14) kulinarisch
кулúса *f* (5) Kulisse
кулóн *m* (1) Anhänger (*Schmuck*)
кулуáры *pl.* (1) Wandelgang *m,* Lobby *f*
культивúровать (7), <про-> kultivieren, bearbeiten
культýра *f* (5) Kultur
культýрный 1. (14) kulturell, Kultur-; **2.** (14; -рен, -рна) gebildet, kultiviert
кумúр *m* (1) *fig.* Abgott, Idol *n*
кунúца *f* (5) Marder *m*
купáльник *m* (1) Badeanzug
купáльный (14) Bade-
купáльня *f* (6; -лен) Badeanstalt *n*; Freibad *n*
купáть (1), <вы-> baden *v/t*; **-ся** baden; *fig.* schwimmen
купé *n* (*unv.*) *Esb.* Abteil
купéль *f* (8) Taufbecken *n*
купéц *m* (1; -пцá) Kaufmann
купéческий (16) Kaufmanns-, kaufmännisch
купúть → ***покупáть***
кýпол *m* (1; *pl. e., N* -á) Kuppel *f*
курáнты *pl.* (1) Turmuhr *f* (mit Glockenspiel)
кýрва P *f* (5) Hure
кургáн *m* (1) Hügel, Grabhügel; Hünengrab *n*
курéние *n* (12) Rauchen
курúльщик *m* (1) Raucher
курúльщица *f* (5) Raucherin
курúть (13) rauchen
кýрица *f* (5; *pl.* кýры, кур) Huhn *n*; Henne
курнóсый (14*K.*) stupsnasig
курóк *m* (1; -ркá) Hahn, Abzug
куропáтка *f* (5; -ток) Rebhuhn *n*
курóрт *m* (1) Kurort, Bad *n*
курс *m* (1) Kurs(us), Lehrgang; Studienjahr *n*
курсáнт *m* (1) Offiziersschüler
курсúровать (7) *Linienfahrzeug* verkehren
курсóр *m* (1) *EDV* Cursor
кýртка *f* (5; -ток) Jacke
курчáвиться (14) sich kräuseln
курчáвый (14*K.*) kraus, kraushaarig
курьёз *m* (1) Kuriosum *n*, komische Begebenheit *f*
курьёзный (14; -зен, -зна) kurios, seltsam, komisch
курьéр *m* (1) Eilbote; Kurier
курящий (17) *Su. m* Raucher; ***купé n для курящих*** *Esb.* Raucherabteil
кусáть (1), *einm.* F <куснýть> (20) beißen; stechen; **-ся** beißen, bissig sein; *Preise*: gesalzen sein
кусáчки *pl.* (5; -чек) Beißzange *f*
кусóк *m* (1; -скá) Stück *n*
кусóчек *m* (1; -чка) Stückchen *n*
куст *m* (1*e.*) Strauch, Busch
кустáрник *m* (1) Busch; Gebüsch *n*
кустáрный (14) Heimindustrie-
кустáрь *m* (4*e.*) Heimarbeiter; Handwerker
кутúть (15), *einm.* F <кутнýть> (20) zechen, prassen
кухáрка *f* (5; -рок) Köchin
кýхня *f* (6; кýхонь) Küche
кýча *f* (5) Haufen *m*; F Masse (*a. fig.*)
кýчер *m* (1; *pl. e., N* -á) Kutscher
кýшанье *n* (10; -ний) Speise *f*, Gericht
кýшать (1), <по-, с-> essen, speisen
кушéтка *f* (5; -ток) Liege, Couch

Л

лабири́нт *m* (1) Labyrinth
лаборато́рия *f* (7) Laboratorium *n*, Labor *n*
лава́нда *f* (5) Lavendel *m*
лави́на *f* (5) Lawine
ла́вка *f* (5; -вок) Bank; Laden *m*
лавр *m* (1) Lorbeerbaum; Lorbeer
ла́герь *m* (4; *pl. a.e., N* -ря́) Lager *n*
лад *m* (1; -а/-у; в -у́; *pl. e.*) Art *f*, Art und Weise *f*; Eintracht *f*, Harmonie *f*; ***идти́ на ~*** klappen
ла́дить (15) F sich (gut) vertragen, auskommen
ла́дно F gut; einverstanden
ладо́нь *f* (8) Handfläche, flache Hand
ладья́ *f* (6; -де́й) *Schach* Turm *m*
лаз *m* (1) Schlupfloch *n*, Einstieg *m*
ла́зер *m* (1) Laser
ла́зерный (14) Laser-; ***~ луч*** *m* Laserstrahl; ***~ при́нтер*** *m* Laserdrucker
ла́зить (15) klettern
лазу́рный (14; -рен, -рна) azurblau
лай *m* (3) Gebell *n*
ла́йка *f* (5; ла́ек) Eskimohund *m*
лак *m* (1) Lack
лаке́й *m* (3) Lakai, Kriecher
лакирова́ть (7), <от-> lackieren
ла́комиться (14), <по-> naschen (T von), sich gütlich tun (an)
ла́комка F *m/f* (5; -мок) Leckermaul *n*
ла́комый (14*K.*) lecker
ла́мпа *f* (5) Lampe; Leuchte
ла́мпочка *f* (5; -чек) Lämpchen *n*
ла́ндыш *m* (1; -ей) Maiglöckchen *n*
ла́па *f* (5) Pfote, Tatze
лапша́ *f* (5) *koll.* Nudeln *f/pl.*; Nudelsuppe
ларёк *m* (1; -рька́) Verkaufsstand, Kiosk
ла́ска *f* (5) Liebkosung, Zärtlichkeit; Freundlichkeit
ласка́тельный (14; -лен, -льна) zärtlich
ласка́ть (1) liebkosen
ла́сковый (14*K.*) zärtlich, liebevoll
ласт *m* (1) Schwimmflosse *f*
ла́стик *m* (1) Radiergummi
ла́сточка *f* (5; -чек) Schwalbe
латви́ец *m* (1; -йца) Lette
латви́йка *f* (5; -иек) Lettin
латви́йский (16) lettisch
Ла́твия *f* (7) Lettland *n*
лати́нский (16) lateinisch
лату́нь *f* (8) Messing *n*
латы́нь *f* (8) Latein *n*
латы́ш *m* (1*e.*; -е́й) Lette
латы́шка *f* (5; -шек) Lettin
латы́шский (16) lettisch
лауреа́т *m* (1) Preisträger
ла́цкан *m* (1) Aufschlag, Revers *n*
лачу́га *f* (5) elende Hütte, Kate
ла́ять (27) bellen; anbellen (***на*** B *j-n*)
лгать (лгу, лжёшь, лгут; лгал, -а́), <со-> lügen
лгун *m* (1*e*) Lügner
лгу́нья *f* (6; -ний) Lügnerin
ле́бедь *m* (4; *ab Gpl. e.*) Schwan
лев *m* (1; льва) Löwe
левша́ *m/f* (5; -ше́й) Linkshänder(in)
ле́вый (14) link; Links-; *Pol.* links(gerichtet); *Su. m* Linke(r)
легализ(и́р)ова́ть (7) *im(pf.)* legalisieren
лега́льность *f* (8) Legalität
лега́льный (14; -лен, -льна) legal
леге́нда *f* (5) Legende, Sage
легенда́рный (14; -рен, -рна) legendär, sagenhaft
лёгкие *n/pl.* (16) Lunge *f*
лёгкий (16; лёгок, легка́) leicht; unbeschwert, verträglich; leichtfertig
легкоатле́т *m* (1) Leichtathlet
легкове́рный (14; -рен, -рна) leichtgläubig
легкомы́сленный (14*K.*) leichtsinnig, leichtfertig
легкомы́слие *n* (12) Leichtsinn *m*
лёгкость *f* (8) Leichtigkeit
лёд *m* (1; льда/ льду; на льду) Eis *n*
ледене́ц *m* (1; -нца́) Fruchtbonbon *n*
ледене́ящий (17) eisig, eiskalt
ледни́к *m* (1*e.*) Gletscher
ледоко́л *m* (1) Eisbrecher

ледяно́й (14) Eis-; eisig, eiskalt
лежа́ть (4*e.*; лёжа) liegen
лежа́чий (17) bettlägerig
ле́звие *n* (12) Schneide *f*, Klinge *f*; Rasierklinge *f*
лезть (24 *st.*; лез) klettern; kriechen; heimlich eindringen; sich einmischen; ausfallen, herausfallen
ле́йка *f* (5; ле́ек) Gießkanne
лейкопла́стырь *m* (4) Heftpflaster *n*
лейтена́нт *m* (1) Leutnant
лека́рственный (14) Arznei-, Heil-
лека́рство *n* (9) Arznei *f*, Medikament
ле́ксика *f* (5) Wortschatz *m*
ле́кция *f* (7) Vorlesung
лён *m* (1; льна) Flachs
лени́вый (14*K.*) faul, träge
лени́ться (13) faulenzen, faul sein
ле́нта *f* (5) Band *n*; Streifen *m*
лентя́й F *m* (3) Faulenzer, Faulpelz
лентя́йничать F (1) faulenzen
лень *f* (8) Faulheit, Trägheit; ***ему́ ~ ...*** er ist zu faul ...
лепета́ть (4) lallen; stammeln
лепи́ть (14), <вы́-, с-> formen, modellieren
ле́пта *f* (5) *fig.* bescheidener Beitrag
лес *m* (1; -а/-у; в лесу́; *pl. e., N* -а́) Wald; (*nur sg.*) Holz *n*
леса́ *pl.* (1) Baugerüst *n*
леси́стый (14*K.*) waldig, bewaldet
лесно́й (14) Wald-
лесо|во́дство *n* (9) Forstwirtschaft *f*; **~заво́д** *m* (1) Sägewerk *n*; **~защи́тный** (14) Waldschutz-; **~материа́лы** *m/pl.* (1) Nutzholz *n*; **~насажде́ние** *n* (12) Waldanpflanzung *f*, Aufforstung *f*; **~пи́льня** F *f* (6; -лен) Sägewerk *n*; **~пито́мник** *m* (1) Baumschule *f*; **~промы́шленность** *f* (8) Holzindustrie; **~ру́б** *m* (1) Holzfäller
ле́стница *f* (5) Treppe; Leiter; ***вверх по ле́стнице*** die Treppe hinauf, treppauf
ле́стный (14; -тен, -тна) schmeichelhaft
лесть *f* (8) Schmeichelei
лёт *m* (1; -а/-у) Flug; ***на лету́*** im Fluge
лета́ *pl.* (9) Jahre *n/pl.*; Alter *n*; ***сре́дних лет*** in mittleren Jahren; ***в лета́х*** bejahrt
лета́ть (1) fliegen; fliegen können
лете́ть (11*e.*) fliegen; dahineilen
ле́тний (15) Sommer-, sommerlich
лётный (14) Flug-, Flieger-
ле́то *n* (9) Sommer *m*
ле́том *Adv* im Sommer
ле́топись *f* (8) Chronik, Annalen *f/pl.*
летосчисле́ние *n* (12) Zeitrechnung *f*
лету́чий (17*K.*) fliegend; Flug-; *Chem., fig.* flüchtig; ***лету́чая мышь*** *f* Fledermaus
лётчик *m* (1) Flieger, Pilot
лече́бница *f* (5) Heilanstalt, Klinik
лече́бный (14) Heil-; Kur-
лече́ние *n* (12) Behandlung *f*
лечи́ть (16) behandeln; heilen; **-ся** sich behandeln lassen (**от** P gegen)
лечь → ***ложи́ться***
лжеприся́га *f* (5) Meineid *m*
лжец *m* (1*e.*) Lügner
лжи́вый (14*K.*) verlogen, lügnerisch
ли, ль 1. *Part.* auch, wohl; *oft unübersetzt*; **2.** *Kj.* ob; **~ ... ~** (ob) ..., oder
либера́льный (14; -лен, -льна) liberal
ли́бо oder; **~ ... ~** entweder ..., oder
Лива́н *m* (1) Libanon *m*
ли́вень *m* (4; -вня) Regenguss, Platzregen
ли́верный (14) Leber-
Ли́вия *f* (7) Libyen *n*
ли́дер *m* (1) *Pol.* Führer; *Sp.* Tabellenführer, Spitzenreiter
ли́дерство *n* (9) Führung *f*
лиди́ровать (7) *Sp.* führen, in Führung liegen
лиза́ть (3), *einm.* <лизну́ть> (20) lecken; ablecken
лизоблю́д *m* F (1) Speichellecker, Kriecher
ликвида́ция *f* (7) Liquidierung
ликвиди́ровать (7) *im*(*pf.*) liquidieren; beseitigen
ликёр *m* (1; -а/-у) Likör
ликова́ть (7) frohlocken, jubeln
ли́лия *f* (7) Lilie
лило́вый (14) lila, violett
лимо́н *m* (1) Zitrone *f*, Zitronenbaum
лимона́д *m* (1; -а/-у) Limonade *f*
лимо́нный (14) Zitronen-
лимузи́н *m* (1) Limousine *f*

лингви́ст *m* (1) Sprachwissenschaftler
лингви́стика *f* (5) Sprachwissenschaft
лине́йка *f* (5; -е́ек) gerade Linie; Reihe; Lineal *n*; Appell *m*
лине́йный (14) Linien-
ли́нза *f* (5) *Opt.* Linse; Kontaktlinse
ли́ния *f* (7) Linie; Strecke; *El.*, *Fmw.* Leitung
лино́ванный (14) liniert
линя́ть (28) **1.** <по-> verschießen, ausbleichen; **2.** <вы́-> sich mausern; haaren
ли́пкий (16; -пок, -пка́) klebrig; zäh
ли́рика *f* (5) Lyrik
лири́ческий (16), **лири́чный** (14; -чен, -чна) lyrisch
лиса́ *f* (5; *pl. st.*) Fuchs *m*
ли́сий (18) Fuchs-
лиси́ца *f* (5) Fuchs *m*; Füchsin
лист *m* **1.** (1*e.*; *pl. st.*: ли́стья, -ьев; *a.* -ы́, -о́в) *Bot.* Blatt *n*; *pl.* Laub *n*; **2.** (1*e.*) Blatt *n*; Bogen Papier
листа́ть (1) blättern
листва́ *f* (5) Laub *n*
ли́ственница *f* (5) Lärche
листо́вка *f* (5; -вок) Flugblatt *n*
листово́й (14) Blatt-; ***листово́е желе́зо*** *n* Eisenblech
лита́вры *f/pl.* (5) Kesselpauke *f*
Литва́ *f* (5) Litauen *n*
лите́йный (14) Guss-; ***~ цех*** *m* Gießerei *f*
ли́тера *f* (5) Type
литерату́ра *f* (5) Literatur
литерату́рный (14) **1.** literarisch; **2.** (-рен, -рна) schriftsprachlich
литературове́дение *n* (12) Literaturwissenschaft *f*
лито́вец *m* (1; -вца) Litauer
лито́вка *f* (5; -вок) Litauerin
лито́вский (16) litauisch
литр *m* (1) Liter
лить (лью, льёшь; лил, -а́; лит, -а́); gießen; **-ся** stark fließen, strömen
лифт *m* (1) Fahrstuhl
лиха́ч *m* (1*e.*; -е́й) Draufgänger; rasanter Fahrer
лихо́й (14; лих, -а́) F kühn, verwegen; forsch
лихора́дка *f* (5; -док) Fieber *n*
лихора́дочный (14; -чен, -чна) fieb(e)rig, Fieber-
лицево́й (14) Gesichts-; Vorder-
лицеме́рие *n* (12) Heuchelei *f*
лицеме́рить (13) heucheln
лицеме́рный (14; -рен, -рна) heuchlerisch
лице́нзия *f* (7) Lizenz
лицо́ *n* (9; *pl. st.*) Gesicht; Person *f* (*a. Gr.*); Vorderseite *f*; ***лицо́м к лицу́*** von Angesicht zu Angesicht; ***пе́ред лицо́м*** angesichts
личи́на *f* (5) Maske, Larve
личи́нка *f* (5; -нок) Larve, Made
ли́чно *Adv.* persönlich
ли́чность *f* (8) Persönlichkeit; Person
ли́чный (14; -чен, -чна) persönlich; ***~ соста́в*** *m* Personalbestand; Besatzung *f*; ***ли́чное де́ло*** *n* Privatsache
лиша́ть (1), <лиши́ть> (16*e.*) berauben; verweigern, aberkennen; ***~ насле́дства*** enterben; **-ся** (P) verlieren, einbüßen; ***~ся чувств*** in Ohnmacht fallen
лише́ние *n* (12) Entzug *m*; Verlust *m*
ли́шний (15) überflüssig; übrig
лишь lediglich, nur; erst; ***~ бы*** (***то́лько***) wenn nur
лоб *m* (1; лба; на лбу) Stirn *f*
лов *m* (1) Fang
лови́ть (14), <пойма́ть> (1) fangen; *impf.* greifen (B nach); ertappen
ло́вкий (16; ло́вок, -вка́) geschickt, gewandt
ло́вкость *f* (8) Gewandtheit, Geschick *n*
ло́вля *f* (6; -вель) Fang *m*
лову́шка *f* (5; -шек) Falle
ло́гика *f* (5) Logik
логи́чный (14; -чен, -чна) logisch
ло́дка *f* (5; -док) Boot *n*, Kahn *m*
лоды́жка *f* (5; -жек) Knöchel *m*
ло́дырничать F (1) faulenzen
ло́дырь F *m* (4) Faulpelz
ло́жа *f* (5) Loge
ложи́ться (16*e.*), <лечь> (ля́гу, ля́жешь, ля́гут; ляг!; лёг, легла́) sich legen, sich hinlegen
ло́жка *f* (5; -жек) Löffel *m*
ло́жный (14; -жен, -жна) falsch
ложь *f* (8; лжи; ло́жью) Lüge
лоза́ *f* (5; *pl. st.*) Rebe, Rebstock *m*
ло́зунг *m* (1) Parole *f*, Losung *f*
лока́ут *m* (1) Aussperrung *f*

локомотúв *m* (1) Lokomotive *f*
лóкон *m* (1) Locke *f*
лóкоть *m* (4; -ктя; *ab Gpl. e.*) Ellbogen
лом *m* **1.** (1; *pl. a. e.*) Brechstange *f*; **2.** (1) Schrott
лóманый (14) gebrochen (*a. fig.*), zerbrochen
ломáть (1), <с-> brechen, abbrechen, zerbrechen; **~ гóлову** sich den Kopf zerbrechen; **-ся** *impf.* in Stücke gehen, zerbrechen; sich zieren
ломúть (14) brechen, knicken
лóмка *f* (5; -мок) Brechen *n*; Abbruch *m*
лóмкий (16; -мок, -мкá) brüchig, zerbrechlich
ломóть *m* (4; -мтя́) Scheibe *f*, Schnitte *f*; Stück *n*
лóмтик *m* (1) Scheibchen *n*; Stückchen *n*
лопáта *f* (5) Schaufel; Spaten *m*
лопáтка *f* (5; -ток) Maurerkelle; *Anat.* Schulterblatt *n*
лóпаться (1) platzen, zerplatzen, zerspringen
лоск *m* (1; -а/-у) Glanz
лосóсь *m* (4) Lachs
лось *m* (4; *ab Gpl. a. e.*) Elch
лотерéйный (14) Lotterie-
лотерéя *f* (6; -éй) Lotterie
лохмáтый (14*K.*) zottig, zerzaust
лохмóтья *pl.* (10; -тьев) Lumpen *m/pl*; Fetzen *m/pl.*
лóцман *m* (1) Lotse
лошадúный (14) Pferde-; ***лошадúная сúла*** *f* Pferdestärke
лóшадь *f* (8; *ab Gpl. e.*; *I a.* -дьмú) Pferd *n*
лошáк *m* (1*e.*) Maulesel
лощёный (14*K.*) glänzend, Glanz-
лощúна *f* (5) Talsenke
лоя́льный (14; -лен, -льна) loyal
луг *m* (1; на -ý; *pl. e.*, *N* -á) Wiese *f*
лýжа *f* (5) Pfütze
лужáйка *f* (5; -áек) kleine Wiese, Waldwiese
лук *m* **1.** (1; -а/-у) *koll.* Zwiebel(n *pl.*) *f*; Lauch; **2.** (1) Bogen
лукáвый (14*K.*) hinterlistig; verschmitzt
лýковица *f* (5) Zwiebel, Knolle
лунá *f* (5; *pl. st.*) Mond
лýнный (14) Mond-
лунохóд *m* (1) Mondfahrzeug *n*
лýпа *f* (5) Lupe
лупúть (14), <об-, с-> schälen; **-ся**, <об-> abblättern, abbröckeln
луч *m* (1*e.*; -éй) Strahl
лучевóй (14) Strahlen-, strahlenförmig
лучúться (16*e.*) strahlen
лýчше (→ ***хорóший***) besser; lieber
лущúть (16*e.*), <об-> schälen
лы́жа *f* (5) Ski *m*; ***вóдные лы́жи*** *pl.* Wasserskier
лы́жник *m* (1) Skiläufer
лы́жница *f* (5) Skiläuferin
лы́жный (14) Ski-
лысéть (8), <об-, по-> kahlköpfig werden, e-e Glatze bekommen
лы́сина *f* (5) Glatze
лы́сый (14; лыс, -á) kahl, kahlköpfig
ль → ***ли***
львúный (14) Löwen-; ***львúная дóля*** *f* Löwenanteil *m*
львúца *f* (5) Löwin
льгóта *f* (5) Vergünstigung, Privileg *n*
льгóтный (14) Vorzugs-, Sonder-
льдúна *f* (5) Eisscholle
льнянóй (14) Flachs-; Lein(en)-
льстец *m* (1*e.*) Schmeichler
льстить (15), <по-> schmeicheln
любéзничать F (1) flirten; liebenswürdig sein
любéзность *f* (8) Liebenswürdigkeit; *pl.* Komplimente *n/pl.*
любéзный (14; -зен, -зна) liebenswürdig, freundlich
любúмец *m* (1; -мца), **любúмица** (5) Liebling *m*
любúтель *m* (4) Liebhaber, Kenner; Amateur; Laie
любúтельский (16) Liebhaber-; Amateur-; Laien-
любúть (14) lieben; gern haben; **~ *читáть*** gern lesen
любовáться (7) bewundern (T, ***на*** B), sich ergötzen (an)
любóвник *m* (1) Liebhaber, Geliebter
любóвница *f* (5) Liebhaberin, Geliebte
любóвь *f* (8; -бвú; -бóвью) Liebe
любознáтельный (14; -лен, -льна) wissbegierig

Л

любóй (14) jeder, jeder Beliebige
любопы́тный (14; -тен, -тна) neugierig; interessant
любопы́тство *n* (9) Neugierde *f*
лю́бящий (17) liebevoll
лю́ди *pl.* (людéй, лю́дям, людьмú, лю́дях) Menschen *m/pl.*, Leute
лю́дный (14; -ден, -дна) dicht bevölkert
людскóй (16) Menschen-, menschlich
лю́лька *f* (5; -лек) Wiege
люмбáго *n unv.* Hexenschuss *m*
лю́стра *f* (5) Kronleuchter *m*
лю́тый (14; лют, -á) grausam, grimmig
лягушáтник *m* (1) Planschbecken *n*
лягу́шка *f* (5; -шек) Frosch *m*
ля́жка *f* (5; -жек) Oberschenkel *m*
ля́згать (1), *einm.* <ля́згнуть> (20) klirren; rasseln; klappern

М

мавзолéй *m* (3) Mausoleum *n*
магази́н *m* (1) Geschäft *n*, Laden; *Tech.* Magazin *n*
магази́нный (14) Geschäfts-, Laden-
магистрáль *f* (8) Hauptverkehrsader; *Esb.* Hauptstrecke; *Kfz.* Fernverkehrsstraße; *Tech.* Hauptleitung
магистрáт *m* (1) Magistrat; Stadtrat
маги́ческий (16) magisch
мáгия *f* (7) Magie, Zauberei
магнети́ческий (16) magnetisch
мáгний *m* (3; -ии) Magnesium *n*
магни́т *m* (1) Magnet
магни́тный (14) Magnet-, magnetisch
магнитофóн *m* (1) Tonbandgerät *n*
магометáн|ин *m* (1; *pl.* -е, -), **~ка** *f* (5; -ок) Mohammedaner(in *f*)
мажóр *m* (1) *Mus.* Dur *n*
мáзать (3), *einm.* <мазну́ть> (20) **1.** <на-> schmieren, streichen; **2.** <за-, из-> beschmutzen, beschmieren; **-ся** F abfärben, schmieren
мазь *f* (8) Salbe; Schmiere; ***дéло на мази́*** P es läuft wie geschmiert
май *m* (3) Mai; ***Пéрвое мáя*** der Erste Mai
мáйка *f* (5; мáек) ärmelloses Turnhemd *n*
майонéз *m* (1) Mayonnaise *f*
мáйский (16) Mai-
мак *m* (1) Mohn
макáть (1), *einm.* <макну́ть> (20) eintauchen, eintunken
Македóния *f* (7) Mazedonien *n*
макéт *m* (1) Modell *n*; Entwurf; Layout *n*
макинтóш *m* (1; -ей) Trenchcoat
макия́ж *m* (1) Make-up *n*
макну́ть → ***макáть***
максимáльный (14; -лен, -льна) maximal, Höchst-
макулату́ра *f* (5) Makulatur; Altpapier *n*; *fig.* F Schundliteratur
маку́шка *f* (5; -шек) Wipfel *m*; Gipfel *m*; Scheitel *m*
малевáть F (6) pinseln, malen
малéйший (17) (→ ***мáлый***) kleinst, geringst
мáленький (16; мéньше) klein; gering, geringfügig
мали́на *f* (5) *koll.* Himbeere(n *pl.*)
мали́новка *f* (5; -вок) Rotkehlchen *n*
мáло wenig; zu wenig; ***~ кто*** kaum jemand; ***~ тогó*** mehr noch; ***~ тогó, что*** ... nicht genug, dass ...
мало|вáжный (14; -жен, -жна) unbedeutend, nebensächlich; **~вероя́тный** (14; -тен, -тна) wenig wahrscheinlich; **~дохóдный** (14; -ден, -дна) wenig einträglich; **~ду́шный** (14; -шен, -шна) kleinmütig; **~знакóмый** (14*K.*) kaum bekannt; **~извéстный** (14; -тен, -тна) wenig bekannt; **~иму́щий** (17*K.*) minderbemittelt; **~калори́йный** (14; -и́ен, -и́йна) kalorienarm; **~крóв-**

ный (14; -вен, -вна) blutarm; **~летний** (15) minderjährig; **~литражка** F (5; -жек) Kleinwagen *m*
мало-мальски ein ganz klein wenig; einigermaßen
мало|обеспеченный (14*K*.) minderbemittelt; **~общительный** (14; -лен, -льна) kontaktarm
мало-помалу nach und nach
мало|развитый (14*K*.) unterentwickelt; **~токсичный** abgasarm; **~ценный** (14; -енен, -енна) minderwertig; *fig*. von geringem Wert; **~численный** (14*K*.) zahlenmäßig klein
малый (14; мал, -á) klein, gering; *präd*. zu klein; ***с малых лет*** von klein auf
малыш F *m* (1*e*.; -éй) Knirps
мальчик *m* (1) Junge, Knabe
мальчишеский (16) knabenhaft, jungenhaft
мальчишество *n* (9) Dummejungenstreich *m*, Kinderei *f*
мальчишка *m* (5; -шек) Bengel
малютка *f* (5; -ток) Kindchen *n*
маляр *m* (1*e*.) Maler, Anstreicher
мама *f* (5) Mama, Mutti
мамочка *f* (5; -чек) Mutti
манёвр *m* (1) Manöver *n*; *fig*. Schachzug
маневрировать (7), <с-> manövrieren; *Esb*. rangieren
манеж *m* (1; -ей) Manege *f*; Laufgitter *n*
манекенщик *m* (1) Dressman
манекенщица *f* (5) Mannequin *n*, Model *n*
манера *f* (5) Art und Weise
манерный (14; -рен, -рна) affektiert, geziert; gekünstelt
маникюр *m* (1) Maniküre *f*
манить (13), <по-> winken, herbeiwinken
мания *f* (7) Manie, Wahn *m*
манный (14) Grieß-; ***манная крупá*** *f* Grieß *m*
маньяк *m* (1) Wahnsinnige(r)
марать (1) **1.** beschmieren, beschmutzen; **2.** hinkritzeln, zusammenschmieren; **3.** ausstreichen
марафон *m* (1) Marathonlauf
маргарин *m* (1) Margarine *f*
маргаритка *f* (5; -ток) Gänseblümchen *n*
мариновать (7) marinieren, einmachen
марионетка *f* (5; -ток) Marionette (*a. fig*.)
марка *f* (5; -рок) Marke; Sorte, Qualität; *Münze* Mark
маркиза *f* (5) Markise
маркировать (7) *im*(*pf*.), <за-> markieren
маркировка *f* (5; -вок) Markierung
марксистский (16) marxistisch
марля *f* (6) Mull *m*, Gaze
мармелад *m* (1) Geleefrüchte *f/pl*.
март *m* (1) März
марш *m* (1; -ей) Marsch
маршировать (7) marschieren
маршрут *m* (1) Marschroute *f*; Reiseroute *f*
маска *f* (5; -сок) Maske
маскарад *m* (1) Maskenball, Kostümfest *n*
маскировать (7), <за-> maskieren, verkleiden; tarnen
маскировка *f* (5; -вок) Maskierung; Tarnung
масленица *f* (5) Fastnachtswoche; ***не всё коту ~*** *Spr*. es ist nicht alle Tage Sonntag
маслёнка *f* (5; -нок) Butterdose
маслина *f* (5) Olivenbaum *m*; Olive
масло *n* (9; *pl. e.*, -сел) Öl; (***коровье ~***) Butter *f*; ***как по маслу*** glatt, wie geschmiert
масляный (14) Fett-, fettig; Öl-; Butter-
масса *f* (5) Masse; Menge; ***массами*** massenhaft
массаж *m* (1; -ей) Massage *f*
массив *m* (1) Massiv *n*; ***горный ~*** Gebirgsmassiv *n*
массивный (14; -вен, -вна) massiv; massig
масс-медия *m* Massenmedien *n/pl*.
массовый (14) massenhaft; Massen-; ***массовое сознание*** *n* öffentliches Bewusstsein
мастер *m* (1; *pl. e., N* -á) Meister; ***золотых дел ~*** Goldschmied, Juwelier; ***~ на все руки*** Tausendkünstler
мастерить F (13*e*.), <с-> basteln, anfertigen

M

мастери́ца *f* (5) Meisterin
мастерска́я *f* (16) Werkstatt
мастерско́й (16) meisterhaft
мастерство́ *n* (9) Handwerk; Meisterschaft *f*
масти́ка *f* (5) Bohnerwachs *n*
масшта́б *m* (1) Maßstab
масшта́бный (14; -бен, -бна) Maßstabs-; umfangreich
мат *m* (1) **1.** *Schach*: Matt *n*; matt; **2.** Matte *f*; **3.** unflätiges Fluchen
матема́тик *m* (1) Mathematiker
матема́тика *f* (5) Mathematik
математи́ческий (16) mathematisch
материа́л *m* (1) Material *n*, Stoff, Werkstoff
материа́льный (14; -лен, -льна) materiell; Material-
матери́к *m* (1*e.*) Kontinent, Festland *n*
матери́нский (16) mütterlich
матери́нство *n* (9) Mutterschaft *f*
мате́рия *f* (7) Materie, Stoff *m*; Thema *n*, Gegenstand *m*
ма́тка *f* (5; -ток) Weibchen *n*, Muttertier *n*; *Anat.* Gebärmutter
ма́товый (14) matt; glanzlos
матра́с, матра́ц *m* (1) Matratze *f*
матрёшка *f* (5; -шек) russische Puppe, Matrjoschka
матро́с *m* (1) Matrose
матч *m* (1; -ей) Spiel *n*, Match *n*
мать *f* (*G/D* ма́тери, мать, ма́терью, ма́тери; *pl.* ма́тери, -ре́й) Mutter; Muttertier *n*
мах *m* (1; -а/-у) Schwung; Umdrehung *f*; ***одни́м ма́хом*** F mit e-m Schlag, auf Anhieb; ***дать ма́ху*** *fig.* e-n Bock schießen
маха́ть (3), *einm.* <махну́ть> (20) schwenken (T); winken; *mit den Flügeln* schlagen
махина́ция F *f* (7) Machenschaft
махну́ть → ***маха́ть***
махро́вый (14) Frottee-
ма́чеха *f* (5) Stiefmutter
ма́чта *f* (5) Mast *m*
маши́на *f* (5) Maschine; Auto *n*, Wagen *m*
машини́ст *m* (1) Lokomotivführer
машини́стка *f* (5; -ток) Stenotypistin, Schreibkraft
маши́нка *f* (5; -нок) Maschine; ***печа́тать на маши́нке*** Maschine schreiben, tippen
машинопи́сный (14) maschinengeschrieben
маши́нопись *f* (8) Maschinenschrift
машинострое́ние *n* (12) Maschinenbau *m*
машинострои́тель *m* (4): ***инжене́р ~*** Maschinenbauingenieur
мая́к *m* (1*e.*) Leuchtturm
ма́ятник *m* (1) Pendel *n*
мгла *f* (5) Nebel *m*; Dunst *m*
мгли́стый (14*K.*) dunstig
мгнове́ние *n* (12) Augenblick *m*
мгнове́нный (14; -е́нен, -е́нна) augenblicklich
ме́бель *f* (8) *koll.* Möbel *n/pl.*
ме́бельный (14) Möbel-
меблирова́ть (7) *im*(*pf.*) möblieren, einrichten
мёд *m* (1; -а/-у; в меду́; *pl. e.*) Honig
меда́ль *f* (8) Medaille
медве́дь *m* (4) Bär
медве́жий (18) Bären-
медвежо́нок *m* (2; *pl.* -жа́та) Bärenjunge(s) *n*; Teddybär
ме́дик *m* (1) Arzt, Mediziner; Medizinstudent
медици́нский (16) medizinisch, ärztlich
ме́дленный (14*K.*) langsam
медли́тельный (14; -лен, -льна) gemächlich
ме́длить (14) zögern, zaudern
ме́дный (14) Kupfer-, kupfern
медо́вый (14) Honig-; ***~ ме́сяц*** *m* Flitterwochen *f/pl.*
медсестра́ *f* (5; *pl. st.* -сёстры, -сестёр) Krankenschwester
медь *f* (8) Kupfer *n*; ***жёлтая ~*** Messing *n*
межгосуда́рственный (14) zwischenstaatlich
ме́жду (T) zwischen; unter; ***~ про́чим*** nebenbei; unter anderem; übrigens; ***~ тем*** unterdessen; ***~ тем как*** während
меж|континента́льный (14) Interkontinental-; **~плане́тный** (14) interplanetarisch; **~региона́льный** (14) überregional
Ме́ксика *f* (5) Mexiko *n*
мел *m* (1; -а/-у; в -у́) Kreide *f*
ме́лкий (16; -лок, -лка́) fein, fein-

körnig; klein; seicht; flach; ***~ дождь*** *m* Sprühregen
мелкобуржуа́зный (14; -зен, -зна) kleinbürgerlich
мелоди́чный (14; -чен, -чна) wohlklingend, melodiös
мело́дия *f* (7) Melodie, Weise
ме́лочный (14; -чен, -чна) kleinlich
ме́лочь *f* (8; *ab Gpl. e.*) Kleinigkeit(en *pl.*); Kleinkram *m*; Kleingeld *n*
мель *f* (8; на мели́) Sandbank, Untiefe; ***на мели́*** F *fig.* auf dem Trockenen
мелька́ть (1), *einm.* <мелькну́ть> (20) hindurchschimmern; flimmern; vorüberhuschen; aufblitzen
ме́лько́м flüchtig; beiläufig
ме́льник *m* (1) Müller
ме́льница *f* (5) Mühle
мемориа́л *m* (1) Gedenkstätte *f*
ме́нее weniger, minder; ***~ всего́*** am wenigsten
мензу́рка *f* (5; -рок) Messbecher *m*
ме́ньше kleiner; ***~ всех*** am kleinsten
ме́ньший (17) kleiner, geringer; jüngst; ***по ме́ньшей ме́ре*** mindestens, zumindest
меньшинство́ *n* (9) Minderheit *f*
меню́ *n* (*unv.*) Menü; Speisekarte *f*
меня́ть (28) **1.** <об-, по-> tauschen, umtauschen (***на*** B gegen); **2.** *Geld* wechseln; **3.** verändern; **-ся**, <по-> tauschen, austauschen
ме́ра *f* (5) Maß *n*; Maßnahme; ***без ме́ры*** unmäßig; maßlos; ***в по́лной ме́ре*** vollauf
ме́рзкий (16; -зок, -зка́) ekelhaft, scheußlich
мёрзнуть (21), <за-> frieren, gefrieren, erfrieren
ме́рзость *f* (8) Abscheulichkeit
ме́рить (13) **1.** messen; **2.** <при-> anprobieren
ме́рка *f* (5; -рок) Maß *n*
мероприя́тие *n* (12) Maßnahme *f*; Veranstaltung *f*; ***~ по обеспе́чению за́нятости*** Arbeitsbeschaffungsmaßnahme
мертве́ть (8), <по-> absterben, erstarren
мертве́ц *m* (1*e.*) Tote(r); Leiche *f*
мертвечи́на *f* (5) Aas *n*
мёртвый (14; мёртв, мертва́, мёртво́) tot; leblos
мерца́ть F (1) flimmern; flackern
меси́ть (15) kneten
места́ми stellenweise
месте́чко *n* (9; *pl.* -чки, -чек) kleiner Ort
мести́ (25 -т-; мётший) kehren, fegen
ме́стность *f* (8) Gegend; Gelände *n*
ме́стный (14) lokal, örtlich; hiesig; Orts-, Lokal-
ме́сто *n* (9; *pl. e.*) Platz *m*, Ort *m*, Stelle *f*; Gepäckstück; ***на ме́сте*** an Ort und Stelle; ***~ встре́чи*** Treffpunkt *m*; ***~ преступле́ния*** Tatort *m*; ***к ме́сту*** angebracht, am Platz; ***не к ме́сту*** unangebracht, fehl am Platz; ***в друго́м ме́сте*** an anderer Stelle; ***по места́м!*** auf die Plätze!; ***име́ть ~*** stattfinden
местожи́тельство *n* (9) Wohnsitz *m*, Wohnort *m*
место|име́ние *n* (12) Pronomen, Fürwort; **~нахожде́ние** *n* (12) Standort *m*; Fundort *m*; **~пребыва́ние** *n* (12) Aufenthalt *m*, Aufenthaltsort *m*; **~рожде́ние** *n* (12) Lagerstätte *f*, Vorkommen
месть *f* (8) Rache
ме́сяц *m* (1) Monat; Mond
ме́сячный (14) Monats-; Mond-
мета́лл *m* (1) Metall *n*
металли́ческий (16) metallisch, Metall-
металлоло́м *m* (1) Schrott
металлурги́ческий (16) Hütten-
мета́ть (3), *einm.* <метну́ть> (20) **1.** werfen, schleudern; **2.** *Junge* werfen
мета́фора *f* (5) Metapher
мете́ль *f* (8) Schneesturm *m*, Schneegestöber *n*
метео|сво́дка *f* (5) Wetterbericht *m*; **~слу́жба** *f* (5) Wetterdienst *m*
ме́тить (15), <на-, по-> zeichnen, markieren
ме́тка *f* (5; -ток) Markierung
ме́ткий (16; -ток, -тка́) treffsicher; *fig.* treffend
метла́ *f* (5; *pl. st.* мётлы, мётел) Besen *m*
метну́ть → ***мета́ть***
ме́тод *m* (1) Methode *f*; Verfahren *n*
методи́ческий (16), **методи́чный**

М

(14; -чен, -чна) methodisch, planmäßig, systematisch
метр *m* (1) Meter *n/m*; Metermaß *n*
метрó *n* (*unv.*), **метрополитéн** *m* (1) Untergrundbahn *f*, U-Bahn *f*
мех *m* (1; -а/-у; на -ý; *pl. e.*, *N* -á) Fell *n*; Pelz; *pl.* Pelzwerk *n*
механизáция *f* (7) Mechanisierung
механизúровать (7) *im*(*pf.*) mechanisieren
механúзм *m* (1) Mechanismus; Triebwerk *n*
механик *m* (1) Mechaniker
механúческий (16) mechanisch (*a. fig.*)
меховóй (14) Pelz-; ***меховáя шýба*** *f* Pelzmantel *m*
меч *m* (1*e.*; -éй) Schwert *n*
мечéть *f* (8) Moschee
мечтá *f* (5; *Gpl.* мечтáний) Wunschtraum *m*, Traum *m*
мечтáние *n* (12) Träumerei *f*
мечтáтель *m* (4) Träumer, Phantast
мечтáтельный (14; -лен, -льна) träumerisch; verträumt
мечтáть (1) träumen, schwärmen
мешáлка F *f* (5; -лок) Rührholz *n*; *Tech.* Mischer *m*
мешáть (1) **1.** umrühren; **2.** <с-> mischen, vermischen; **3.** <по-> stören; hindern
мешóк *m* (1; -шкá) Sack
мещанúн *m* (1; *pl.* -áне, -áн) Kleinbürger; Spießer
мещáнка *f* (5; -нок) Kleinbürgerin *f*; Spießer *m*
мещáнство *n* (9) Kleinbürgertum; *fig.* Spießertum
миг *m* (1) Augenblick
мигáлка *f* (5; -лок) F Blinklicht *n*
мигáть (1), *einm.* <мигнýть> (20) blinzeln; zuzwinkern
мúгом F im Nu
мизéрный (14; -рен, -рна) äußerst dürftig, armselig
мизúнец *m* (1; -нца) kleiner Finger; kleine Zehe *f*
микроволнóвый (14) Mikrowellen-
микро|калькулятор *m* (1) Taschenrechner; **~процéссор** *m* (1) Mikrochip **~элемéнт** *m* (1) Spurenelement *n*
мúленький F (16) nett, niedlich
милиционéр *m* (1) Milizionär, Polizist
милúция *f* (7) Miliz, Polizei
миллиáрд *m* (1) Milliarde *f*
милли|грáмм *m* (1) Milligramm *n*; **~мéтр** *m* (1) Millimeter *n*
миллиóн *m* (1) Million *f*
миловúдный (14; -ден, -дна) lieblich, liebreizend, niedlich
милосéрдие *n* (12) Barmherzigkeit *f*
милосéрдный (14; -ден, -дна) barmherzig
мúлостыня *f* (6) Almosen *n*; ***просúть мúлостыню*** betteln
мúлость *f* (8) Gunst; Gnade; Wohltat; ***мúлости прóсим!*** F (seien Sie) willkommen!
мúлый (14; мил, -á) nett, lieb; *Su. m* Lieber; Liebster
мúля *f* (6) Meile
мúмо *Adv., Prp.* vorbei, vorüber
мимохóдом im Vorübergehen; beiläufig
мúна *f* (5) **1.** Mine; **2.** Miene
миндáль *m* (4*e.*; -я́/-ю́) *koll.* Mandeln *f/pl.*; Mandelbaum
минерáл *m* (1) Mineral *n*
минералóгия *f* (7) Mineralogie
минерáльный (14) Mineral-; ***минерáльная водá*** *f* Mineralwasser *n*
минимáльный (14; -лен, -льна) minimal; kleinst; Minimal-; *Adv.* mindestens
мúнимум *m* (1) Minimum *n*
министéрство *n* (9) Ministerium
минúстр *m* (1) Minister
миновáть (7) *im*(*pf.*) **1.** *pf. a.* <минýть> (20) vorübergehen, vorüberfahren; verschonen; **2.** *pf.* vergehen, vorbei sein
минóр *m* (1) *Mus.* Moll *n*
мúнувший (17) vergangen
мúнус *m* (1) Minuszeichen *n*
минýта *f* (5) Minute; ***~ в минýту*** pünktlich, auf die Minute genau; ***сию́ минýту!*** F sofort!
минýтный (14) Minuten-
мúнуть → ***миновáть***
мир[1] *m* (1; *pl. e.*) Welt *f*, Weltall *n*; Erde *f*
мир[2] *m* (1) Frieden; ***~ во всём мúре*** Weltfrieden
мирúть (13*e.*), <по-; при-> versöhnen, aussöhnen; **-ся**, <при-> sich aussöhnen; sich abfinden

ми́рный (14; -рен, -рна) friedlich; (*o.K.*) Friedens-

мировоззре́ние *n* (12) Weltanschauung *f*

миро́вой (14) Welt-; F prima

миро|люби́вый (14*K.*) friedliebend, friedfertig; **~лю́бие** *n* (12) Friedfertigkeit *f*; Friedensliebe *f*; **~тво́рческий** (16) friedenstiftend

ми́ска *f* (5; -сок) Schüssel

ми́ссия *f* (7) Mission, Sendung

ми́стика *f* (5) Mystik

ми́тинг *m* (1) Kundgebung *f*; Versammlung *f*

миф *m* (1) Mythos; Sage *f*

мифоло́гия *f* (7) Mythologie

мише́нь *f* (8) Zielscheibe (*a. fig.*)

ми́шка F *f* (5; -шек) Teddybär *m*

мишура́ *f* (5) Flitter *m*; *fig.* Tand *m*

младе́нец *m* (1; -нца) Kleinkind *n*; Säugling

мла́дший (17) jüngere(r), jüngste(r); Unter-

млекопита́ющее *n* (17) Säugetier

мле́чный (14) Milch-; ***Мле́чный путь*** *m* Milchstraße *f*

мне́ние *n* (12) Meinung *f*, Ansicht *f*; ***быть высо́кого мне́ния о себе́*** sich viel einbilden; ***обме́н*** *m* ***мне́ниями*** Meinungsaustausch; ***я того́ мне́ния, что ...*** ich bin der Meinung, dass ...

мни́мый (14*K.*) angeblich; eingebildet; scheinbar

мни́тельность *f* (8) Argwohn *m*

мни́тельный (14; -лен, -льна) argwöhnisch

мно́гие *pl.* (16) viele; manch

мно́го (P) viel; ~ ***раз*** vielmals

много|бо́рье *n* (10; -рий) Mehrkampf *m*; **~бра́чие** *n* (12) Polygamie *f*; **~гра́нный** (14; -а́нен, -а́нна) *fig.* vielseitig; **~де́тный** (14; -тен, -тна) kinderreich

мно́гое *n* (16) vieles

много|значи́тельный (14; -лен, -льна) bedeutsam, viel sagend; **~зна́чный** (14; -чен, -чна) mehrdeutig; *Math.* mehrstellig; **~кра́тный** (14; -тен, -тна) mehrmalig, vielfach; **~ле́тний** (15) mehrjährig; **~лю́дный** (14; -ден, -дна) dicht bevölkert; belebt, voller Menschen; **~ме́стный** (14) mehrsitzig; **~национа́льный** (14; -лен, -льна) multinational; **~обеща́ющий** (17) viel versprechend, verheißungsvoll; **~обра́зный** (14; -зен, -зна) mannigfaltig, vielfältig; **~сторо́нний** (15; -о́нен, -о́нняя) vielseitig, vielfältig; **~ступе́нчатый** (14*K.*) Mehrstufen-; **~уважа́емый** (14) sehr geehrt; **~чи́сленный** (14*K.*) zahlreich; **~эта́жный** (14; -жен, -жна) mehrstöckig; **~язы́чный** (14; -чен, -чна) mehrsprachig

мно́жественный (14) vielfältig, zahlreich; ***мно́жественное число́*** *n Gr.* Mehrzahl *f*, Plural *m*

мно́жество *n* (9) (große) Menge *f*

мно́жимое *n* (14) Multiplikand *m*

мно́житель *m* (4) Multiplikator

мно́жить (16) **1.** <у-, по-> multiplizieren; **2.** <у-> mehren, vermehren

мобилиза́ция *f* (7) Mobilmachung

мобилизова́ть (7) *im(pf.)*, <от-> mobilisieren; einberufen

моги́ла *f* (5) Grab *n*

могу́чий (17*K.*) mächtig, gewaltig

могу́щественный (14*K.*) machtvoll

могу́щество *n* (9) Macht *f*

мо́да *f* (5) Mode

моде́ль *f* (8) Modell *n*

моде́м *m* (1) Modem *n*

моде́рн *m* (1) Moderne *f*; ***стиль*** *m* ~ Jugendstil

модерниз(и́р)ова́ть (7) *im(pf.)* modernisieren

мо́дный (14; -ден, -дна́) modisch; modisch gekleidet; Mode(n)-

можжеве́льник *m* (1) Wacholder

мо́жно man kann, man darf; ~ (***мне***)**?** darf ich?

моза́ика *f* (5) Mosaik *n*

мозг *m* (1; -а/-у; в -у́; *pl. e.*) Gehirn *n*; Mark *n*

мозгово́й (14) Gehirn-; Mark-

мозжечо́к *m* (1; -чка́) Kleinhirn *n*

мозо́ль *f* (8) Schwiele; Hühnerauge *n*

мой *m*, моя́ *f*, моё *n*, мои́ *pl.* (24) mein(e); ***мои́*** *pl.* die Meinen

мокрота́ *f* (5) Nässe

мо́крый (14; мокр, -а́) nass; feucht

мол[1] *m* (1; на -у́) Mole *f*

мол[2] *Part.* sagt er/sie, angeblich

молва́ *f* (5) Gerücht *n*, Gerede *n*

Молда́вия *f* (5) Moldawien *n*

моле́кула *f* (5) Molekül *n*

М

моли́тва *f* (5) Gebet *n*
моли́ть (13) flehen, inständig bitten (**о** П um); **-ся** beten
молние|но́сный (14; -сен, -сна) blitzschnell, blitzartig; **~защи́та** *f* (5) Blitzschutz *m*; **~отво́д** *m* (1) Blitzableiter
мо́лния *f* (7) Blitz *m*; Reißverschluss *m*; ***с быстрото́й мо́лнии*** mit Windeseile; ***~ сверка́ет*** es blitzt
молодёжный (14) Jugend-
молодёжь *f* (8) Jugend; junge Leute *pl.*
молоде́ть (8), <по-> jünger werden
молоде́ц *m* (1; -дца́) strammer junger Bursche; Prachtkerl
молодожёны *m/pl.* (1) Jungverheiratete, Neuvermählte
молодо́й (14; мо́лод, -а́) jung; jugendlich; *Kartoffeln*: neu
мо́лодость *f* (8) Jugend
молодцева́тый (14*K.*) schneidig, flott
моло́же jünger; ***она́ на два го́да ~ его́*** sie ist zwei Jahre jünger als er
молоко́ *n* (9) Milch *f*
мо́лот *m* (1) großer Hammer
молоти́ть (15) dreschen
молото́к *m* (1; -тка́) Hammer
моло́ть (17; мелю́, ме́лешь; меля́) mahlen
моло́чный (14) Milch-
мо́лча schweigend, wortlos
молчали́вый (14*K.*) schweigsam; stillschweigend
молча́ние *n* (12) Schweigen, Stillschweigen
молча́ть (4*e.*) schweigen
моль *f* (8) Motte(n *pl.*)
мольбе́рт *m* (1) Staffelei *f*
моме́нт *m* (1) Moment, Augenblick; Umstand; ***в настоя́щий ~*** gegenwärtig, momentan
момента́льный (14; -лен, -льна) momentan, augenblicklich; (*o.K.*) Moment-
монасты́рь *m* (4*e.*) Kloster *n*
мона́х *m* (1) Mönch
мона́хиня *f* (6), **мона́шенка** F *f* (5; -нок) Nonne
Монго́лия *f* (7) Mongolei
моне́та *f* (5) Münze, Geldstück *n*
монито́р *m* (1) Monitor; Bildschirm
монопо́лия *f* (7) Monopol *n*
моното́нный (14; -о́нен, -о́нна) eintönig, monoton
монта́ж *m* (1*e.*; -е́й) Montage *f*, Zusammenbau
монтёр *m* (1) Monteur; Elektroinstallateur
монти́ровать (7), <с-> montieren, zusammenbauen
монумента́льный (14; -лен, -льна) monumental, gewaltig
мора́ль *f* (8) Moral; Sittlichkeit
мора́льный (14; -лен, -льна) moralisch; sittlich
морг *m* (1) Leichenhalle *f*
морга́ть (1), *einm.* (моргну́ть) (20) blinzeln, zwinkern
мо́рда *f* (5) Schnauze, Maul *n*
мо́ре *n* (10; *pl. e.*) Meer, See *f*
морепла́вание *n* (12) Seefahrt *f*
морж *m* (1*e.*; -е́й) Walross *n*
мори́лка *f* (5; -лок) Holzbeize
мори́ть (13*e.*) vertilgen, vergiften; *Holz* beizen
морко́вь *f* (8) *koll.* Möhren
моро́женое *n* (14) Speiseeis; ***кафе́-~*** Eisdiele *f*
моро́з *m* (1; -а/-у) Frost; *pl.* Frostwetter *n*
морози́лка F *f* (5; -лок) Gefrierfach *n*
морози́льник *m* (1) Gefrierschrank
моро́зить (15) **1.** <за-> einfrieren; **2.**: ***моро́зит*** es friert
моро́зный (14; -зен, -зна) frostig, Frost-
морозосто́йкий (16; -о́ек, -о́йка), **морозоусто́йчивый** (14*K.*) frostbeständig, kälteresistent
мороси́ть (15*e.*): ***мороси́т*** es nieselt
морско́й (16) Meer(es)-, See-; Marine-; ***морски́м путём*** auf dem Seeweg
мо́рфий *m* (3; -ии) Morphium *n*
морщи́на *f* (5) Falte, Runzel
мо́рщить (16), <на-> runzeln; **-ся**, <с-> das Gesicht verziehen
моря́к *m* (1*e.*) Seemann
москви́ч *m* (1*e.*; -е́й) Moskauer
москви́чка *f* (5; -чек) Moskauerin
моски́т *m* (1) Moskito
моско́вский (16) Moskauer; ***по моско́вскому вре́мени*** Moskauer Zeit
мост *m* (1/1*e.*; на -у́; *pl. e.*) Brücke *f*

мо́стик *m* (1) kleine Brücke *f*, Steg
мостки́ *pl.* (1) Steg *m*; Laufbrücke *f*
мостова́я *f* (14) Pflaster *n*; Fahrbahn
мота́ть¹ (1) **1.** <на-> aufwickeln; **2.** *einm.* <мотну́ть> *den Kopf* schütteln
мота́ть² F (1), <про-> verschwenden, vergeuden
моти́в *m* (1) Motiv *n*; *Mus.* Weise *f*, Melodie *f*
мотиви́ровать (7) *im(pf.)* motivieren, begründen
мотивиро́вка *f* (5; -вок) Motivation, Begründung
мотну́ть → ***мота́ть¹***
мотовство́ *n* (9) Verschwendungssucht *f*, Verschwendung *f*
мотопила́ *f* (5) Motorsäge
мото́р *m* (1) Motor
моториза́ция *f* (7) Motorisierung
мото́рный (14) Motor-; Trieb-
мото|ро́ллер *m* (1) Motorroller; **~спо́рт** *m* (1) Motorsport; **~ци́кл** *m* (1) Motorrad *n*; **~цикли́ст** *m* (1) Motorradfahrer
моты́га *f* (5) Hacke
мотылёк *m* (1; -лька́) Falter
мох *m* (1; мха/мо́ха; во мху) Moos *n*
мохна́тый (14*K.*) zottig; flauschig; ***мохна́тое полоте́нце*** *n* Frottierhandtuch
моча́ *f* (5) Harn *m*, Urin *m*
мочево́й (14) Harn-
мочи́ть (16), <на-, за-> **1.** benetzen, anfeuchten, nass machen; **2.** einweichen; wässern; **3.** einmachen; **-ся**, <по-> Harn lassen, urinieren
мо́чка *f* (5; -чек) Ohrläppchen *n*
мочь (могу́, мо́жешь, мо́гут; мог, -ла́, -ло́; могу́щий), <с-> können; ***мо́жет быть*** vielleicht
моше́нник *m* (1) Gauner, Schwindler
моше́нничать (1) schwindeln; betrügen
моше́нничество *n* (9) Gaunerei *f*, Schwindel *m*
мощёный (14) gepflastert
мо́щность *f* (8) Stärke; *Tech.* Leistungsfähigkeit, Kapazität
мо́щный (14; -щен, -щна́) mächtig, gewaltig, sehr stark
мощь *f* (8) Macht; Stärke
мрак *m* (1) Dunkelheit *f*, Finsternis *f*
мра́мор *m* (1) Marmor
мра́чный (14; -чен, -чна́) finster, düster; missmutig
мсти́тельный (14; -лен, -льна) rachsüchtig
мстить (15), <от(о)-> sich rächen
мудре́ц *m* (1*e.*) Weise(r)
му́дрость *f* (8) Weisheit
му́дрый (14; мудр, -а́) weise, klug
муж *m* (1; *pl.* -ья́, -е́й, -ья́м) Ehemann, Gatte
му́жественный (14*K.*) mutig, tapfer
му́жество *n* (9) Mut *m*, Tapferkeit *f*
мужи́к *m* (1*e.*) *ehm.* Bauer; F Mann, Kerl
мужско́й (16) männlich; **~ *род*** *m* *Gr.* Maskulinum *n*
мужчи́на *m* (5) Mann
му́за *f* (5) Muse
музе́й *m* (3) Museum *n*
му́зыка *f* (5) Musik
музыка́льный (14; -лен, -льна) musikalisch; (*o.K.*) Musik-
музыка́нт *m* (1) Musiker
музыкове́дение *n* (12) Musikwissenschaft *f*
му́ка *f* (5) Qual, Plage, Pein
мука́ *f* (5) Mehl *n*
мультипликацио́нный (14) Zeichentrick-; **~ *фильм*** Zeichentrickfilm *m*
мунди́р *m* (1) Uniform *f*; ***карто́фель*** *m* ***в мунди́ре*** Pellkartoffeln *f/pl.*
мундшту́к *m* (1*e.*) Mundstück *n*; Zigarettenspitze *f*
мураве́й *m* (3; -вья́) Ameise *f*
мураве́йник *m* (1) Ameisenhaufen
мура́шки: ***у меня́ ~ бе́гают по спине́*** es läuft mir kalt den Rücken hinunter
му́скул *m* (1) Muskel
мускули́стый (14*K.*) muskulös
му́сор *m* (1) *koll.* Kehricht, Abfälle *m/pl.*, Müll
му́сорный (14) Müll-
мусоро|прово́д *m* (1) Müllschlucker; **~сбо́рник** *m* (1) Mülltonne *f*
мусоросжига́тельный (14): ***мусоросжига́тельная устано́вка*** *f* Müllverbrennungsanlage *f*
мути́ть (15/15*e.*) **1.** <вз-, за-> trüben; **2.** <по-> benebeln; **3.** aufhetzen; ***меня́ мути́ло*** mir war übel

му́тный (14; -тен, -тна́) trübe; matt, getrübt
му́ха *f* (5) Fliege
муче́ние *n* (12) Qual *f*, Plage *f*
му́ченик *m* (1) Märtyrer
мучи́тельный (14; -лен, -льна) qualvoll, quälend
му́чить (16), <за-, из-> quälen, peinigen; **-ся** sich abquälen (***над*** T mit); leiden
мучно́й (14) Mehl-
мча́ться (4) dahinjagen, dahinstürmen
мще́ние *n* (12) Rache *f*, Vergeltung *f*
мы (20) wir; **~ *с тобо́й*** ich und du
мы́лить (13), <на-> einseifen
мы́ло *n* (9) Seife *f*
мы́льница *f* (5) Seifenschale, Seifendose
мы́льный (14) Seifen-, seifig
мыс *m* (1; *a.* на -у́) Kap *n*, Vorgebirge *n*
мы́слимый (14*K.*) denkbar
мысли́тельный (14) Denk-
мы́слить (13) denken; sich vorstellen
мысль *f* (8) Gedanke *m*, Idee; Denken *n*; *pl.* Ansichten
мыть (22), <вы́-, по-> waschen; *Fenster* putzen
мытьё *n* (10) Waschen, Wäsche *f*
мыча́ние *n* (12) Gebrüll
мышело́вка *f* (5; -вок) Mausefalle
мышле́ние *n* (12) Denken
мы́шца *f* (5) Muskel *m*
мышь *f* (8; *ab Gpl. e.*) Maus
мэр *m* (1) Bürgermeister
мя́гкий (16; -гок, -гка́; -гче; -гча́йший) weich; *fig.* sanft, mild; **~ *ваго́н*** *m* Wagen erster Klasse; **~ *знак*** *m* Weichheitszeichen *n*
мя́гкость *f* (8) Weichheit; Milde
мяки́на *f* (5) Spreu
мя́коть *f* (8) weiches Fleisch *n*; Fruchtfleisch *n*
мясни́к *m* (1*e.*) Fleischer, Metzger
мясно́й (14) Fleisch-
мясна́я *f* (14) Fleischerei
мя́со *n* (9) Fleisch
мясору́бка *f* (5; -бок) Fleischwolf *m*
мя́та *f* (5) Minze
мяте́ж *m* (1*e.*; -е́й) Meuterei *f*, Aufruhr, Rebellion *f*
мяте́жник *m* (1) Rebell
мяте́жный (14; -жен, -жна) aufrührerisch, rebellisch
мя́тый (14*K.*) zerdrückt; zerknittert
мять (мну, мнёшь; мя́тый) **1.** <из-, с-> (изомну́, -нёшь; сомну́, -нёшь) zerknittern, zerknüllen; **2.** <раз-> (разомну́, -нёшь) kneten, quetschen; **-ся** knittern *v/i*
мяч *m* (1*e.*; -е́й) Ball; ***игра́ть в ~*** Ball spielen
мя́чик *m* (1) kleiner Ball

Н

на 1. (В) *Ort*: auf, an; in; *Himmelsrichtung*: nach; *Zeit*: für; an, zu; *Vergleich*: um; je; **~ *что?*** wozu?; **~ *всех*** für alle; **2.** (П) *Ort*: auf, an, in; *Zeit*: in; **~ *Кавка́зе*** im Kaukasus
наба́вка *f* (5; -вок) Aufschlag *m*; Zulage
набавля́ть (28), <наба́вить> (14) aufschlagen; erhöhen
набе́г *m* (1) Einfall; Überfall
набега́ть (1), <набежа́ть> (4*e.*; -егу́, -ежи́шь, -егу́т) rennen (***на*** B gegen); zusammenströmen
на́бережная *f* (14) Kai *m*; Uferstraße; Strandpromenade
набива́ть (1), <наби́ть> (-бью́, -бьёшь) voll stopfen, füllen; polstern; *Stoff* bedrucken; **-ся** sich ansammeln
набира́ть (1), <набра́ть> (-беру́, -берёшь) sammeln; *Tempo*: gewinnen (В an); aufnehmen, einstellen; anwerben; *Typ.* setzen; *Fmw.* wählen; **-ся** sich ansammeln; zusammenkommen
наби́ть → ***набива́ть***

наблюда́тель *m* (4) Beobachter
наблюда́тельность *f* (8) Beobachtungsgabe
наблюда́ть (1) beobachten; beaufsichtigen
наблюде́ние *n* (12) Beobachtung *f*; Aufsicht *f*
на́божный (14; -жен, -жна) fromm
наболе́вший (17) *fig.* brennend, aktuell
набо́р *m* (1) Aufnahme *f*; Einstellung *f*; Satz; Garnitur *f*, Set *n*
набо́рщик *m* (1) Setzer
набра́сывать (1) **1.** <наброса́ть> (1) vollwerfen, überall hinwerfen; entwerfen, skizzieren; **2.** <набро́сить> (15) umwerfen; überwerfen; **-ся** sich stürzen (***на*** B auf), herfallen (***на*** B über)
набра́ть(ся) → ***набира́ть(ся)***
наброса́ть, набро́сить(ся) → ***набра́сывать(ся)***
набро́сок *m* (1; -ска) Skizze *f*; Entwurf
навева́ть (1), <нavéять> (27) heranwehen; hervorrufen
наве́дываться, <наве́даться> F (1) vorbeischauen (***к*** Д bei)
наве́к, наве́ки für immer, auf ewig
наве́рно, наве́рное wahrscheinlich; sicher, sicherlich
наверняка́ ganz sicher
навёрстывать, <наверста́ть > (1) *Versäumtes* nachholen
наве́рх nach oben, hinauf, herauf
наверху́ oben
наве́с *m* (1) Schutzdach *n*, Vordach *n*
навеселе́ F angeheitert, beschwipst
навести́ → ***наводи́ть***
навести́ть → ***навеща́ть***
наве́шивать (1), <наве́сить> (15) vorhängen; einhängen
навеща́ть (1), <навести́ть> (15*e.*) besuchen, e-n Besuch machen
навига́ция *f* (7) Navigation; Schifffahrt
наводи́ть (15), <навести́> (25) richten, lenken; hinführen; einflößen (***на*** B); überziehen (B mit); *Auskünfte* einholen; *Ordnung* schaffen
наводне́ние *n* (12) Überschwemmung *f*
наво́з *m* (1; -а/-у) Mist, Dung
наво́зить (15), <у-> düngen
наво́зный (14) Mist-, Dung-; ***наво́зная ку́ча*** *f* Misthaufen *m*
на́волочка *f* (5; -чек) Kissenbezug *m*
навостри́ть F (13*e.*) *pf.* scharfmachen; *fig. Ohren* spitzen
навреди́ть (15*e.*) *pf.* großen Schaden zufügen
навсегда́ für immer
навстре́чу entgegen; ***идти́ ~*** *fig.* entgegenkommen
на́вык *m* (1) Fertigkeit *f*, Übung *f*
навью́чивать (1), <навью́чить> (16) bepacken, beladen
навяза́ть[1] (1), <навя́знуть> (21) hängen bleiben, kleben bleiben
навяза́ть[2] → ***навя́зывать***
навя́зчивый (14*K.*) aufdringlich, zudringlich
навя́зывать (1), <навяза́ть[2]> (3) umbinden (***на*** B um); aufdrängen; **-ся** F sich aufdrängen
нага́йка *f* (5; -а́ек) Riemenpeitsche
нага́н *m* (1) Trommelrevolver
нагиба́ть (1), <нагну́ть> (20) beugen, biegen; **-ся** sich bücken
нагишо́м F nackt
нагле́ц *m* (1*e.*) Frechdachs
на́глость *f* (8) Frechheit
на́глый (14; нагл, -а́) unverschämt, frech
нагля́дный (14; -ден, -дна) anschaulich
нагна́ть → ***нагоня́ть***
нагну́ть(ся) → ***нагиба́ть(ся)***
нагова́ривать (1), <наговори́ть> (13*e.*) viel daherreden
наго́й (16; наг, -а́) nackt; kahl
на́голо́ kahl
на́голову: *разби́ть ~* völlig zerschlagen
нагоня́ть (28), <нагна́ть> (-гоню́, -го́нишь) einholen; aufholen
нагорный (14) Berg-; hochgelegen
наго́рье *n* (10; -рий) Hochebene *f*
нагота́ *f* (5) Nacktheit, Blöße
нагото́ве bereit
награ́да *f* (5) Belohnung; Auszeichnung
награжда́ть (1), <награди́ть> (15*e.*; -ждённый) belohnen; auszeichnen
награжде́ние *n* (12) Ehrung *f*, Auszeichnung *f*

нагрева́ть (1), <нагре́ть> (8; -тый) erwärmen, erhitzen

нагроможда́ть (1), <нагромозди́ть> (15*e.*) aufhäufen, auftürmen

нагроможде́ние *n* (12) Auftürmen, Anhäufung *f*

нагру́дник *m* (1) Lätzchen *n*

нагружа́ть (1), <нагрузи́ть> (15/15*e.*) beladen, verladen

нагру́зка *f* (5; -зок) Fracht, Last; Belastung; Auslastung

над (T) über; an

надба́вка *f* (5; -вок) Zulage

надвига́ться (1), <надви́нуться> (20) heranrücken, näherrücken

на́двое entzwei; in zwei Hälften

надгро́бие *n* (12) Grabstein *m*

надева́ть (1), <наде́ть> (-е́ну, -е́нешь; -е́нь!; -е́тый) anziehen, überziehen; *Hut* aufsetzen; *Nadel* anstecken

наде́жда *f* (5) Hoffnung

надёжность *f* (8) Zuverlässigkeit

надёжный (14; -жен, -жна) zuverlässig, verlässlich; sicher

наделя́ть (28), <надели́ть> (13*e.*) zuteilen (T); ausstatten

наде́ть → ***надева́ть***

наде́яться (27) hoffen; sich verlassen (***на*** B auf)

надзира́тель *m* (4) Aufseher

надзира́ть (1) überwachen, beaufsichtigen (***за*** T)

надзо́р *m* (1) Aufsicht *f* (***за*** T über); Überwachung *f*

надлежа́щий (17) gebührend, nötig

надло́м *m* (1) Knick, Bruch

надме́нный (14; -е́нен, -е́нна) hochmütig, anmaßend, arrogant

на́до es ist nötig, man muss, man soll; ***мне ~*** ich brauche, ich muss; ***так ему́ и ~!*** F das geschieht ihm recht

на́добность *f* (8) Notwendigkeit; Bedarf *m*

надоеда́ть (1), <надое́сть> (-е́м; -е́шь) langweilen (Д *j-n*), lästig fallen

надо́лго auf lange Zeit, für lange

надо́мник *m* (1) Heimarbeiter

надо́мный (14) Heim-; ***надо́мная рабо́та*** *f* Heimarbeit

надорва́ться → ***надрыва́ться***

надпи́сывать (1), <надписа́ть> (3) beschriften

на́дпись *f* (8) Aufschrift; Inschrift

надре́з *m* (1) Einschnitt; Kerbe *f*

надреза́ть, надре́зывать (1), <надре́зать> (3) einschneiden

надруга́тельство *n* (9) Schändung *f*

надрыва́ться (1), <надорва́ться> (-рву́сь, -рвёшься) einreißen; sich übernehmen, sich verheben

надсмо́тр *m* (1) Aufsicht *f*, Beaufsichtigung *f*

надсмо́трщик *m* (1) Aufseher

надстра́ивать (1), <надстро́ить> (13) aufstocken

надстро́йка *f* (5; -о́ек) Aufstockung; Aufbau *m*; *Philos.* Überbau *m*

надува́тельство F *n* (9) Betrügerei *f*

надува́ть (1), <наду́ть> (18) aufblasen, aufpumpen; betrügen

надýманный (14) ausgeklügelt, gekünstelt

наду́тый (14) aufgeblasen, arrogant

наеда́ться (1), <нае́сться> (-е́мся, -е́шься) sich satt essen

наедине́ allein; unter vier Augen

нае́зд *m* (1) kurzer Besuch, Stippvisite *f*

наём *m* (1; на́йма) Mieten *n*; Einstellung *f*; ***рабо́та*** *f* ***по на́йму*** Lohnarbeit

наёмник *m* (1) Söldner

наёмный (14) Miet-; Lohn-

нае́сться → ***наеда́ться***

нажа́ть → ***нажима́ть***

нажива́ть (1), <нажи́ть> (-иву́, -ивёшь; на́жил, -а́; на́житый: -та́) erwerben; verdienen; **-ся** reich werden

нажи́м *m* (1) Druck; Nachdruck

нажима́ть (1), <нажа́ть> (-жму́, -жмёшь; -жа́тый) drücken (B, ***на*** B auf, gegen); Druck ausüben, (***на*** B *j-n*) unter Druck setzen

нажи́ть(ся) → ***нажива́ть(ся)***

наза́д zurück, rückwärts

назва́ние *n* (12) Benennung *f*; Name *m*

назва́ть(ся) → ***называ́ть(ся)***

назе́мный (14) Land-, Boden-

назида́тельный (14; -лен, -льна) belehrend, erbaulich

назло́ zum Trotz

назнача́ть (1), <назна́чить> (16) bestimmen, festlegen, festsetzen; *ärztlich* verordnen

назначе́ние *n* (12) Bestimmung *f*; Ernennung *f* (***на*** В zu); Aufgabe *f*; Zweck *m*
назо́йливый (14*K.*) aufdringlich; lästig
назрева́ть (1), <назре́ть> (8) heranreifen; akut werden
называ́ть (1), <назва́ть> (-зову́, -зовёшь) nennen (T), bezeichnen (als); **-ся** *impf.* heißen
наибо́лее am meisten
наи́вность *f* (8) Naivität
наи́вный (14; -вен, -вна) naiv
наизна́нку verkehrt, verkehrt herum, links *bei Stoffen*
наизу́сть auswendig
наиме́нее am wenigsten
наименова́ние *n* (12) Benennung *f*, Name *m*
наиме́ньший (17) kleinste(r), geringste(r); Mindest-
наи́тие *n* (12) Eingebung *f*
найти́(сь) → ***находи́ть(ся)***
наказа́ние *n* (12) Strafe *f*; Bestrafung *f*
нака́зывать (1), <наказа́ть> (3) bestrafen; P beauftragen
нака́ливать (1), **накаля́ть** (28), <накали́ть> (13*e.*) glühend machen, erhitzen
нака́лывать (1), <наколо́ть> (17) (P) einstechen; anstechen
накаля́ть → ***нака́ливать***
накану́не am Vorabend, tags zuvor
нака́пливать (1), <накопи́ть> (14) anhäufen, zusammensparen
нака́чивать, <накача́ть> (1) aufpumpen
наки́дка *f* (5; -док) Umhang *m*
наки́дывать (1), <наки́нуть> (20) *Kleidungsstück* überwerfen
накла́дывать (1), <наложи́ть> (16) *Farbe* auftragen; *Verband* anlegen; *Stempel* aufdrücken; *Fuhre* beladen
накле́ивать (1), <накле́ить> (13) aufkleben
накле́йка *f* (5; -е́ек) Aufkleber *m*; Etikett *n*
наклика́ть F (1), <накли́кать> (3) heraufbeschwören
накло́н *m* (1) Neigung *f*; Abhang
наклоне́ние *n* (12) Neigen; *Gr.* Modus *m*, Aussageweise *f*
накло́нность *f* (8) Neigung; Veranlagung
накло́нный (14; -о́нен, -о́нна) geneigt; schräg
наклоня́ть (28), <наклони́ть> (13) neigen, beugen; **-ся** sich bücken
накова́льня *f* (6; -лен) Amboss *m*
наколо́ть → ***нака́лывать***
наконе́ц endlich, schließlich
наконе́чник *m* (1) Spitze *f*; *Tech.* Kappe *f*
накопи́ть → ***нака́пливать***
накопле́ние *n* (12) Ansammlung *f*, Anhäufung *f*; Akkumulation *f*
накрича́ть (4*e.*) anschreien
накрыва́ть (1), <накры́ть> (22) bedecken, zudecken; erwischen (***на*** П bei)
налага́ть (1), <наложи́ть> (16) auferlegen (***на*** В *j-m*)
нала́живать (1), <нала́дить> (15) richten, herrichten; in Ordnung bringen; in Gang setzen
нала́женный (14*K.*) wohl geordnet
нале́во nach links, links
налегке́ F ohne Gepäck; leicht gekleidet
налёт *m* (1) Überfall, Angriff; Anflug; Belag
налета́ть (1), <налете́ть> (11*e.*) angeflogen kommen; (***на*** В *j-n*) überfallen, (über *j-n*) herfallen; heranstürmen
налива́ть (1), <нали́ть> (-лью́, -льёшь; нали́л, -а́; -ле́й!; нали́тый: -та́) eingießen, einschenken
налицо́ vorhanden; anwesend; ***быть ~*** anwesend sein
нали́чие *n* (12) Vorhandensein; Anwesenheit *f*
нали́чность *f* (8) Bestand *m*; Barschaft
нали́чный (14) vorhanden, anwesend; verfügbar; ***нали́чные де́ньги*** *pl.* Bargeld *n*; ***нали́чными*** in bar
нало́г *m* (1) Steuer *f*, Abgabe *f*; **~ *с оборо́та*** Umsatzsteuer
налогоплате́льщик *m* (1) Steuerzahler
нало́женный (14): ***нало́женным платежо́м*** per Nachnahme
наложи́ть → ***накла́дывать, налага́ть***

намáзывать (1), <намáзать> (3) bestreichen, einreiben
намáтывать, <намотáть> (1) aufwickeln, aufspulen
намёк *m* (1) Anspielung *f*; Andeutung *f*, Wink
намекáть (1), <намекнýть> (20) andeuten; anspielen
намеревáться (1) beabsichtigen
намéрен: *j-d* hat die Absicht
намéрение *n* (12) Absicht *f*
намéренный (14*K.*) absichtlich
намечáть (1), <намéтить> (15) entwerfen, skizzieren; sich vornehmen, planen; *Kandidaten* aufstellen
намнóго beträchtlich
намóрдник *m* (1) Maulkorb
намотáть → ***намáтывать***
намы́ливать (1), <намы́лить> (13) einseifen; *fig. den Kopf* waschen
нанестú → ***наносúть***
нанúзывать (1), <нанизáть> (3) auffädeln
нанимáтель *m* (4) Mieter; Arbeitgeber
нанимáть (1), <нанять> (наймý, -мёшь) mieten; einstellen, anstellen
наносúть (15), <нанестú> (25 -с-; -нёс) zusammentragen, heranschaffen; anschwemmen, anwehen; eintragen; zufügen, beibringen; *Besuch* abstatten

Н

наоборóт umgekehrt; im Gegenteil
наотрéз rundweg, entschieden
нападáть (1), <напáсть> (25; напáл, -а; напáвший) angreifen, überfallen (***на*** B); *fig.* überkommen, befallen; *fig. Gefühle*: befallen
нападáющий *m* (17) *Sp.* Stürmer
нападéние *n* (12) Angriff *m*, Überfall *m*; *Sp.* Sturm *m*; ***центр*** *m* ***нападéния*** Mittelstürmer
напáдки *pl.* (5; -док) Angriffe *m/pl.*, Beschuldigungen *f/pl.*
напáсть → ***нападáть***
напéв *m* (1) Melodie *f*, Weise *f*
напевáть (1), <напéть> (-пою, -поёшь; -пéтый) vorsingen; *impf.* vor sich hin singen
наперёд P im Voraus
напёрсток *m* (1; -тка) Fingerhut
напéть → ***напевáть***
напечáтать → ***печáтать***
напивáться (1), <напúться> (-пьюсь, -пьёшься; напилáсь, -лóсь; напéйся!) (P) sich satt trinken; F sich betrinken
напúльник *m* (1) Feile *f*
напирáть F (1) (***на*** B *j-n*) bedrängen; drängeln
написáть → ***писáть***
напúток *m* (1; -тка) Getränk *n*
напúться → ***напивáться***
наплáкаться (3) *pf.* sich ausweinen
наплы́в *m* (1) Andrang, Zulauf
наподóбие in der Art (P, von)
напокáз zur Schau
наполнять (28), <напóлнить> (13) anfüllen, erfüllen
наполовúну halb, zur Hälfte
напоминáние *n* (12) Erinnerung *f*, Mahnung *f*
напоминáть (1), <напóмнить> (13) erinnern (***о*** П *j-n* an); (***о*** П sich) in Erinnerung bringen
напóр *m* (1) Druck; Ansturm
напóрный (14) Druck-
напорóться (17) *pf.* sich verletzen (an)
направлéние *n* (12) Richtung *f*; Einweisung *f*; Tendenz *f*
направлять (28), <напрáвить> (14) richten, lenken; schicken; *Klinge* abziehen, schärfen; **-ся** sich begeben
напрáво nach rechts, rechts
напрáсный (14; -сен, -сна) vergeblich
напрáшиваться (1) **1.** sich aufdrängen; **2.** F <напросúться> (15) sich anbieten
напримéр zum Beispiel
напрокáт leihweise
напросúться → ***напрáшиваться***
напрóтив *Adv.* gegenüber; *Part.* im Gegenteil, dagegen
напрягáть (1), <напрячь> (26 -г/ж-; -пряг) anspannen; anstrengen
напряжéние *n* (12) Anstrengung *f*, Anspannung *f*; *Phys.* Spannung
напряжёнка F *f* (5; -нок) Stress *m*
напряжённость *f* (8) *Pol.* Spannung(en *pl.*); Intensität
напряжённый (14*K.*) gespannt, angespannt; anstrengend; gezwungen
напрямúк F geradeaus; *fig.* ohne Umschweife
напрячь → ***напрягáть***

напуга́ть (1) einschüchtern; erschrecken
напу́дрить → ***пу́дрить***
наравне́ auf gleicher Höhe (**с** T wie); genauso
нараста́ть (1), <нарасти́> (25 -ст-) anwachsen; *impf.* zunehmen
нарасхва́т F: ***покупа́ться ~*** reißenden Absatz finden
нара́щивать (1), <нарасти́ть> (15*e.*) ansetzen, anstückeln
нареза́ть (1), <наре́зать> (3) (P) aufschneiden, zuschneiden; zuteilen
наре́чие *n* (12) Mundart *f*; *Gr.* Adverb
нарица́тельный (14) *Gr.* Gattungs-; *Hdl.* Nenn-, Nominal-
нарко́з *m* (1) Narkose *f*
нарκома́н *m* (1) Drogensüchtige(r)
наркома́ния *f* (7) Drogensucht, Rauschgiftsucht
нарко́тик *m* (1) Rauschgift *n*, Droge *f*
наркоти́ческий (16) Betäubungs-
наро́д *m* (1) Volk *n*; Leute *pl.*
наро́дность *f* (8) Völkerschaft; Volkstümlichkeit
наро́дный (14; -ден, -дна) volkstümlich
наро́ст *m* (1) Auswuchs
наро́чно absichtlich; eigens
нару́жность *f* (8) Äußere(s) *n*; Aussehen *n*
нару́жный (14; -жен, -жна) äußerlich; (*o.K.*) Außen-
нару́жу nach außen, ins Freie
нару́чники *m/pl.* (1) Handschellen *f/pl.*
нару́чный (14): ***нару́чные часы́*** *pl.* Armbanduhr *f*
наруша́ть (1), <нару́шить> (16) stören; verletzen, verstoßen
наруше́ние *n* (12) Verletzung *f*, Verstoß *m*
нары́в *m* (1) Geschwür *n*, Abszess
наря́д *m* (1) Gewand *n*, Kleidung *f*, Auftrag; Anweisung *f*
наряди́ть(ся) → ***наряжа́ть(ся)***
наря́дный (15; -ден, -дна) elegant; herausgeputzt
наряду́ neben (**с** T); gleich; ***~ с э́тим*** zugleich, daneben
наряжа́ть (1), <наряди́ть> **1.** (15) elegant kleiden, herausputzen; verkleiden (T als); **2.** (15*e.*) abkommandieren (**в** B zu); **-ся** sich schön kleiden; sich verkleiden
насажда́ть (1), <насади́ть> (15) einführen; verbreiten
насажде́ние *n* (12) Anpflanzung *f*, *fig.* Einführung *f*
наса́живать (1), **1.** <насажа́ть> (1) (P) viele ... anpflanzen; **2.** <насади́ть> (15) befestigen (***на*** B an); unterbringen
насеко́мое *n* (14) Insekt
населе́ние *n* (12) Bevölkerung *f*
населённый (14) bewohnt; ***~ пункт*** *m* Ort, Ortschaft *f*
населя́ть (28), <насели́ть> (13*e.*) besiedeln, bevölkern
наси́лие *n* (12) **1.** Gewalt *f*, Zwang *m*; **2.** Vergewaltigung *f*
наси́ловать (7) **1.** zwingen, Gewalt antun; **2.** <из-> vergewaltigen
наси́льственный (14*K.*) gewaltsam
наска́кивать (1), <наскочи́ть> (16) anrennen, aufprallen (**на** B gegen)
насквозь durch und durch, völlig
наско́лько inwieweit, inwiefern; soweit; ***~ мне изве́стно*** soviel ich weiß
на́скоро in Eile, hastig
наскочи́ть → ***наска́кивать***
наслажда́ться (1), <наслади́ться> (15*e.*) genießen (T)
наслажде́ние *n* (12) Genuss *m*; Wonne *f*
насле́дие *n* (12) Erbe, Vermächtnis
насле́дник *m* (1) Erbe; Nachfolger
насле́довать (7) *im*(*pf.*), <у-> erben
насле́дство *n* (9) Erbschaft *f*, Erbe; ***лиши́ть насле́дства*** enterben; ***переда́ть по насле́дству*** vererben; ***получи́ть по насле́дству*** erben
наслое́ние *n* (12) Schichtung *f*; Schicht *f*
на́смерть tödlich
насмеха́ться (1) spotten (***над*** T über), *j-n* verspotten
насме́шка *f* (5; -шек) *a. pl.* Spott *m*
насме́шливый (14*K.*) spöttisch
на́сморк *m* (1) Schnupfen
насо́с *m* (1) Pumpe *f*
на́спех in Eile
настава́ть (5), <наста́ть> (-ста́нет) anbrechen, eintreten; beginnen

Н

наставле́ние *n* (12) Belehrung *f*; Anleitung *f*

наста́вник *m* (1) Lehrer, Lehrmeister

наста́ивать (1), <настоя́ть> (-ою́, -ои́шь) bestehen (***на*** П auf); ***настоя́ть на своём*** auf s-r Meinung beharren

наста́ть → ***настава́ть***

на́стежь sperrangelweit offen

насто́йчивость *f* (8) Beharrlichkeit, Hartnäckigkeit

насто́йчивый (14*K.*) beharrlich, hartnäckig; nachdrücklich

насто́лько so, so sehr, dermaßen

насто́льный (14) (*a. Sp.*) Tisch-; Brett-; **~ *те́ннис*** *m* Tischtennis *n*; ***насто́льная кни́га*** *f* Handbuch *n*

настоя́тельный (14; -лен, -льна) nachdrücklich; dringend

настоя́ть → ***наста́ивать***

настоя́щий (17) echt, wahr, wirklich; richtig; gegenwärtig; ***настоя́щее вре́мя*** *n Gr.* Präsens; ***в настоя́щее вре́мя*** zurzeit

настра́ивать (1), <настро́ить> (13) *Instrument* stimmen; beeinflussen, einnehmen; *Tech.* einrichten

настрое́ние *n* (12) Stimmung *f*, Laune *f*; Gesinnung *f*

настро́ить → ***настра́ивать***

наступа́тельный (14) Angriffs-, offensiv

наступа́ть (1), <наступи́ть> (14) treten (***на*** B auf); *impf.* angreifen (***на*** B); vordringen

наступле́ние *n* (12) Offensive *f*, Angriff *m*; Beginn *m*, Anbruch *m*

насу́щный (14; -щен, -щна) lebenswichtig, wesentlich; dringend

насчёт F bezüglich, wegen

насчи́тывать, <насчита́ть> (1) zählen

насыпа́ть (1), <насы́пать> (2) vollschütten, aufschütten

на́сыпь *f* (8) Damm *m*

насыща́ть (1), <насы́тить> (15 -т/щ-) sättigen

ната́лкивать (1), <натолкну́ть> (20) stoßen; F *fig.* bringen; **-ся** F stoßen, prallen (***на*** B an, gegen)

натвори́ть F (13*e.*) *pf.* anrichten, anstellen

натира́ть (1), <натере́ть> (12) einreiben; bohnern; (sich) wund reiben

на́тиск *m* (1) Druck, Andrang

наткну́ть → ***натыка́ть***

натолкну́ть(ся) → ***ната́лкивать(ся)***

натопи́ть (14) *pf.* einheizen, gut heizen

натра́вливать (1), <натрави́ть> (14) hetzen; aufhetzen (***на*** B gegen)

на́трий *m* (3; -ии) Natrium *n*

нату́ра *f* (5) Natur, Wesen *n*; Modell *n*

натура́льный (14; -лен, -льна) natürlich; (*o.K.*) Natur(al)-

натыка́ть (1), <наткну́ть> (20) aufstecken, aufspießen

натюрмо́рт *m* (1) Stillleben *n*

натя́гивать (1), <натяну́ть> (19) anspannen, aufspannen; F straff anziehen

натя́жка *f* (5; -жек) Gezwungenheit *f*; ***э́то*** **~** das ist an den Haaren herbeigezogen; ***с*** (***большо́й***) ***натя́жкой*** mit großem Vorbehalt

натя́нутый (14*K.*) gespannt; gezwungen, unnatürlich

науга́д, **науда́чу** aufs Geratewohl, auf gut Glück

нау́ка *f* (5) Wissenschaft

наутёк F: ***пусти́ться*** **~** Reißaus nehmen

нау́чный (14; -чен, -чна) wissenschaftlich

нау́шник *m* (1) Ohrenschützer; *Rdf.*, *Fmw.* Kopfhörer

нахлобу́чить F (16) *pf.* aufstülpen; *Hut* tief ins Gesicht ziehen

нахму́ривать (1), <нахму́рить> (13) die Stirn runzeln

находи́ть (15), <найти́> (-йду́, -йдёшь; нашёл, -шла́; -ше́дший; -йдя́; на́йденный) finden; auffinden, vorfinden; überkommen (***на*** B *j-n*); **-ся** <-сь> sich zurechtfinden; *impf.* sich befinden

нахо́дка *f* (5; -док) Fund *m*, Fundsache; Entdeckung

нахо́дчивый (14*K.*) findig; schlagfertig

наце́ливать (1), <наце́лить> (13) zielen (***в*** B auf) ansteuern (***на*** B); sich anschicken

наце́нка *f* (5; -нок) Aufschlag *m*, Aufpreis *m*

национализи́ровать (7) *im(pf.)* verstaatlichen
национа́льность *f* (8) Nationalität
национа́льный (14; -лен, -льна) national, National-
на́ция *f* (7) Nation
нача́ло *n* (9) Anfang *m*, Beginn *m*; Grundsatz *m*; Grundlage *f*; ***брать ~*** s-n Anfang nehmen, entspringen
нача́льник *m* (1) Vorgesetzte(r), Chef
нача́льный (14) Anfangs-; Anfänger-, Elementar-
нача́льство *n* (9) die Vorgesetzten *m/pl.*, Obrigkeit *f*; ***под ~м*** (P) unter der Leitung von
нача́ть(ся) → ***начина́ть(ся)***
начеку́ auf der Hut, wachsam
начина́ть (1), <нача́ть> (-чну́, -чнёшь, на́чал, -á; на́чатый: -á) anfangen, beginnen; den Anfang machen; **-ся** anfangen, beginnen (*v/i*); s-n Anfang nehmen
начина́ющий (17) angehend; *Su. m* Anfänger
начи́нка *f* (5; -нок) Füllung
начисля́ть (28), <начи́слить> (13) anrechnen; zuschlagen
на́чисто F ins Reine; säuberlich; gänzlich; total
начи́танный (14*K.*) belesen
наш *m*, -а *f*, -е *n*, -и *pl.* (25) unser, unsere
наше́ствие *n* (12) Einfall *m*, Invasion *f*
не nicht; kein; ***~ по а́дресу*** an die falsche Adresse; ***не́ за что!*** keine Ursache!
неаккура́тный (14; -тен, -тна) unpünktlich; unordentlich, nachlässig
неаппети́тный (14; -тен, -тна) unappetitlich
небе́сный (14) Himmels-; himmlisch
неблаго|да́рный (14; -рен, -рна) undankbar; **~полу́чный** (14; -чен, -чна) missglückt; ungünstig; Unglücks-; **~прия́тный** (14; -тен, -тна) ungünstig; abfällig; **~разу́мный** (14; -мен, -мна) unvernünftig; unklug
не́бо *n* (9; *pl.* небеса́) Himmel *m*
нёбо *n* (9) Gaumen *m*
негора́тый (14*K.*) bescheiden; dürftig, ärmlich
небольшо́й (16) klein; gering; unbedeutend
небо|скло́н *m* (1) Horizont; **~скрёб** *m* (1) Wolkenkratzer
небре́жный (14; -жен, -жна) nachlässig, schlampig
небыва́лый (14*K.*) nie da gewesen; beispiellos, unerhört
небыли́ца *f* (5) Erfindung, Märchen *n*
нева́жный (14; -жен, -жна) unwichtig, unbedeutend
неве́жественный (14*K.*) unwissend; ungebildet
неве́жливый (14*K.*) unhöflich
невезе́ние F *n* (12) Pech, Missgeschick
неве́рность *f* (8) Untreue
неве́рный (14; -рен, -рна́) unrichtig, falsch; ungenau; untreu, treulos
невероя́тный (14; -тен, -тна) unwahrscheinlich; unglaublich
невесо́мый (14*K.*) schwerelos; *fig.* belanglos
неве́ста *f* (5) Braut
неве́стка *f* (5; -ток) Schwiegertochter; Schwägerin
невзго́да *f* (5) Missgeschick *n*
невзира́я (***на*** B) ungeachtet, trotz: ***~ на ли́ца*** ohne Ansehen der Person
невзра́чный (14; -чен, -чна) unansehnlich
невзыска́тельный (14; -лен, -льна) anspruchslos
неви́данный (14*K.*) noch nie gesehen; unerhört
невиди́мка *m/f* (5; -мок) unsichtbares Wesen *n*; ***ша́пка-~*** *f* Tarnkappe
неви́димый (14*K.*) unsichtbar
неви́нный (14; -и́нен, -и́нна) unschuldig, schuldlos; harmlos
невино́вный (14; -вен, -вна) unschuldig
невку́сный (14; -сен, -сна) nicht schmackhaft; ***невку́сно*** es schmeckt nicht
невменя́емый (14*K.*) unzurechnungsfähig
невмеша́тельство *n* (9) Nichteinmischung *f*
невнима́тельный (14; -лен, -льна) unaufmerksam, unachtsam

Н

невня́тный (14; -тен, -тна) undeutlich
невозврати́мый (14K.), **невозвра́тный** (14; -тен, -тна) unwiederbringlich, unersetzlich
невозмо́жность *f* (8) Unmöglichkeit
невозмо́жный (14; -жен, -жна) unmöglich
невозмути́мый (14K.) unerschütterlich, gelassen
нево́льный (14; -лен, -льна) unfreiwillig; unwillkürlich
невообрази́мый (14K.) unvorstellbar, unglaublich
невооружённый (14) unbewaffnet; ***невооружённым гла́зом*** mit bloßem Auge
невос|пи́танный (14K.) unerzogen, ungezogen; **~приимчивый** (14K.) unempfänglich (***к*** Д für)
невпопа́д F unpassend, ungelegen
невреди́мый (14K.) unversehrt; heil
невро́з *m* (1) Neurose *f*
невы́года *f* (5) Nachteil *m*
невы́годный (14; -ден, -дна) unvorteilhaft, ungünstig
невыноси́мый (14K.) unerträglich, unausstehlich
невыполни́мый (14K.) unerfüllbar
невырази́мый (14K.) unaussprechlich, unsäglich
невырази́тельный (14; -лен, -льна) ausdruckslos
невысо́кий (16; -со́к, -сока́) niedrig; kleingewachsen
негати́вный (14; -вен, -вна) negativ
не́где: ~ *лечь* man kann sich nirgends hinlegen
неглубо́кий (16; -о́к, -ока́, -око́) flach; seicht; *fig.* oberflächlich
неглу́пый (14; неглу́п, -а́) recht gescheit
него́дный (14; -ден, -дна́) unbrauchbar, untauglich
негодова́ние *n* (12) Entrüstung *f*, Empörung *f*
негодя́й *m* (3), **~ка** *f* (5; -я́ек) Schuft, Schurke(-kin *f*)
негр *m* (1) Farbige(r)
негра́мотный (14) des Lesens und Schreibens unkundig; ungebildet
негритя́нка *f* (5; -нок) Farbige
неда́вний (15) jüngst; ***с неда́вних пор*** seit kurzem
неда́вно vor kurzem, unlängst
недалёкий (16; -ёк, -ека́, -еко́) nahe; jüngst, unlängst
недальнови́дный (14; -ден, -дна) kurzsichtig
неда́ром nicht umsonst, nicht ohne Grund
недви́жимость *f* (8) Immobilien *f/pl.*
недви́жимый (14K.) unbeweglich
недвусмы́сленный (14K.) unzweideutig, eindeutig
недействи́тельный (14; -лен, -льна) ungültig
недели́мый (14K.) unteilbar
неде́ля *f* (6) Woche
недобро|жела́тельный (14; -лен, -льна) missgünstig; **~ка́чественный** (14 K.) minderwertig
недобросо́вест|ный (14; -тен, -тна) pflichtvergessen; gewissenlos; ***~ная конкуре́нция*** *f* unlauterer Wettbewerb *m*
недове́рие *n* (12) Misstrauen (***к*** Д gegen)
недове́рчивый (14K.) misstrauisch, argwöhnisch
недово́льный (14; -лен, -льна) unzufrieden
недово́льство *n* (9) Unzufriedenheit *f*
недоеда́ние *n* (12) Unterernährung *f*
недоеда́ть (1) sich schlecht ernähren; sich nicht satt essen
недо́лго nicht lange
недомога́ние *n* (12) Unwohlsein, Unpässlichkeit *f*
недооце́нивать (1), <недооцени́ть> (13; -нённый) unterschätzen
недоплати́ть (15) *pf.* zu wenig bezahlen, schuldig bleiben
недопусти́мый (14K.) unzulässig
недоразуме́ние *n* (12) Missverständnis
недосмо́тр *m* (1) Versehen *n*, Unachtsamkeit *f*
недосмотре́ть (9) *pf.* übersehen; nicht aufpassen (***за*** T auf)
недостава́ть (5) fehlen (P an), mangeln; ***э́того ещё недостава́ло!*** das fehlte gerade noch!
недоста́ток *m* (1; -тка) Mangel; Fehler

Н

недоста́точный (14; -чен, -чна) ungenügend, unzureichend
недоста́ча *f* (5) Mangel *m*, Manko *n*; Fehlbetrag *m*
недостижи́мый (14*K.*) unerreichbar
недостове́рный (14; -рен, -рна) unglaubwürdig, unzuverlässig
недосто́йный (14; -о́ин, -о́йна) unwürdig
недосту́пный (14; -пен, -пна) unzugänglich; unerschwinglich; unerreichbar
недосяга́емый (14*K.*) unerreichbar
недоумева́ть (1) staunen, nicht fassen können
недоуме́ние *n* (12) Staunen, Befremden; Verlegenheit *f*
недочёт *m* (1) Fehlbetrag; Fehler
не́дра *pl.* (9) Innere(s) *n*; Schoß *m*; Bodenschätze *pl.*
не́друг *m* (1) Feind, Widersacher
недружелю́бный (14; -бен, -бна) feindselig; unfreundlich
неду́г *m* (1) Leiden *n*, Krankheit *f*
недурно́й (14; -рён/-рен, -рна́) nicht übel, nicht schlecht
неесте́ственный (14*K.*) unnatürlich; ungewöhnlich
нежда́нный (14; -а́нен, -а́нна) unerwartet, unverhofft
нежела́тельный (14; -лен, -льна) unerwünscht
нежена́тый (14) unverheiratet, ledig (*beim Mann*)
нежило́й (14) unbewohnt; unbewohnbar
не́житься (16) sich rekeln, sich aalen
не́жность *f* (8) Zärtlichkeit; Zartheit
не́жный (14; -жен, -жна́) zärtlich; zart
незабу́дка *f* (5; -док) Vergissmeinnicht *n*
незабыва́емый (14*K.*) unvergesslich
незави́симость *f* (8) Unabhängigkeit
незави́симый (14*K.*) unabhängig
незадо́лго: **~ *до*** (P) kurz vor
незако́нный (14; -о́нен, -о́нна) ungesetzlich, rechtswidrig
незако́нченный (14*K.*) unvollendet
незамени́мый (14*K.*) unersetzlich
незаме́тный (14; -тен, -тна) unmerklich; unbemerkt
неза|му́жний (16) unverheiratet, ledig (*bei der Frau*); **~па́мятный** (14) uralt, unvordenklich; **~слу́женный** (14*K.*) unverdient; **~уря́дный** (14; -ден, -дна) außergewöhnlich
не́зачем es hat keinen Zweck, es lohnt sich nicht
незва́ный (14) ungeladen, ungebeten
нezде́шний (16) fremd, nicht von hier
нездоро́виться (14): ***мне нездоро́вится*** ich fühle mich nicht wohl
нездоро́вый (14*K.*) krank, kränklich; ungesund
неземно́й (14) überirdisch, himmlisch
незлоби́вый (14*K.*) sanft, sanftmütig
незнако́мый (14*K.*) unbekannt; fremd
незна́ние *n* (12) Unkenntnis *f*, Unwissenheit *f*
незначи́тельный (14; -лен, -льна) unbedeutend
незре́лый (14*K.*) unreif
незри́мый (14*K.*) unsichtbar
незря́чий (17*K.*) blind
незы́блемый (14*K.*) unerschütterlich
неизбе́жный (14; -жен, -жна) unvermeidlich
неизве́стность *f* (8) Ungewissheit; Unbekanntheit
неиз|ве́стный (14; -тен, -тна) unbekannt, fremd; *Su.* *n* Unbekannte *f* (*Math.*); **~лечи́мый** (14*K.*) unheilbar; **~ме́нный** (14; -е́нен, -е́нна) unveränderlich; unwandelbar; beständig; **~мери́мый** (14*K.*) unermesslich
неиме́ние *n* (12) Mangel *m*
неимове́рный (14; -рен, -рна) unglaublich
неиму́щий (17) mittellos, besitzlos
нeíскренний (15; -енен, -енна) unaufrichtig
неис|ку́сный (14; -сен, -сна) ungeschickt; **~полни́мый** (14*K.*) unerfüllbar; unausführbar; **~прави́мый** (14*K.*) unverbesserlich; **~пра́вный** (14; -вен, -вна) defekt, schadhaft;

Н

unpünktlich; nachlässig; *präd.* nicht in Ordnung
нейстовство *n* (9) Raserei *f*
нейстовствовать (7) rasen, toben
нейстовый (14*K.*) rasend, wütend
неис|тощи́мый (14*K.*) unerschöpflich; **~цели́мый** (14*K.*) unheilbar; **~черпа́емый** (14*K.*) unerschöpflich; **~числи́мый** (14*K.*) unzählig
нейтрализова́ть (7) *im(pf.)* neutralisieren
нейтралите́т *m* (1) Neutralität *f*
нейтра́льный (14; -лен, -льна) neutral
неквалифици́рованный (14*K.*) ungelernt
не́кий (24 *st.*) ein gewisser
не́когда 1.: ***мне ~*** ich habe keine Zeit; **2.** einst, ehemals
не́кого (23) es ist niemand da, den man (+ *Inf.*) könnte
не́который (14) ein gewisser; *pl.* einige, manche; ***не́которое вре́мя*** e-e Zeit lang
некста́ти ungelegen; unpassend
не́кто jemand; ein gewisser
не́куда: ***~ лечь*** man kann sich nirgends hinlegen; ***спеши́ть ~*** es hat keine Eile
некуря́щий *m* (17) Nichtraucher
нела́дно F es ist nicht in Ordnung
нелега́льность *f* (8) Illegalität
нелега́льный (14; -лен, -льна) illegal
нелёгкий (16; -лёгок, -легка́) schwierig, nicht leicht
неле́пость *f* (8) Unsinn *m*
неле́пый (14*K.*) unsinnig, sinnlos
нело́вкий (16; -вок, -вка́) ungeschickt; unbequem; peinlich
нелоги́чный (14; -чен, -чна) unlogisch
нельзя́ man darf, kann, soll nicht; **~** es geht nicht; ***~ не ...*** man kann nicht umhin ...
нелюди́мый (14*K.*) menschenscheu; ungesellig
нема́ло nicht wenige, so manche
немалова́жный (14; -жен, -жна) wichtig, wesentlich
нема́лый (14; нема́л, -а́) nicht gering, erheblich
неме́дленный (14*K.*) umgehend, unverzüglich
неме́ть (8), <о-> **1.** stumm werden, verstummen; **2.** <о-, за-> *Glieder:* steif werden; absterben
не́мец *m* (1; -мца) Deutsche(r)
неме́цкий (16) deutsch
немину́емый (14*K.*) unvermeidlich; unausweichlich
не́мка *f* (5; -мок) Deutsche
немно́гие *pl.* (16) wenige, einige wenige
немно́го ein bisschen, etwas
немну́щийся (17) knitterfrei
немо́й (14; нем, -а́) stumm
немы́слимый (14*K.*) undenkbar
ненави́деть (11) hassen
ненави́стный (14; -тен, -тна) verhasst
не́нависть *f* (8) Hass *m* (***к*** Д gegen)
ненадёжный (14; -жен, -жна) unzuverlässig
ненадо́лго für kurze Zeit
ненападе́ние *n* (12): ***пакт*** *m* ***о ненападе́нии*** Nichtangriffspakt
нена́стье *n* (10; -тий) schlechtes Wetter, Regenwetter
ненасы́тный (14; -тен, -тна) unersättlich
ненорма́льный (14; -лен, -льна) unnormal, abnorm
нену́жный (14; -жен, -жна́) unnötig
необду́манный (14*K.*) unüberlegt, unbedacht
необита́емый (14*K.*) unbewohnt
необозри́мый (14*K.*) unübersehbar
необосно́ванный (14*K.*) unbegründet
необрати́мый (14*K.*) unwiderruflich, nicht umkehrbar
необу́зданный (14*K.*) unbändig; zügellos
необходи́мость *f* (8) Notwendigkeit; ***в слу́чае необходи́мости*** notfalls
необходи́мый (14*K.*) notwendig
необъясни́мый (14*K.*) unerklärlich
необыкнове́нный (14; -е́нен, -е́нна) außergewöhnlich, ungewöhnlich
необыча́йный (14; -а́ен, -а́йна) ungewöhnlich; erstaunlich
необы́чный (14; -чен, -чна) ungewöhnlich, ungewohnt
необяза́тельный (14; -лен, -льна) nicht unbedingt notwendig

неограни́ченный (14*K.*) unbeschränkt, unbegrenzt
неоднокра́тный (14; -тен, -тна) mehrmalig, wiederholt
неоднoро́дный (14; -ден, -дна) ungleichartig, heterogen
неодобре́ние *n* (12) Missbilligung *f*
неодоли́мый (14*K.*) unüberwindlich
неожи́данность *f* (8) Überraschung
неожи́данный (14*K.*) unerwartet, unverhofft
неоко́нченный (14*K.*) unvollendet
нео́новый (14) Neon-, Leucht-
неопа́сный (14; -сен, -сна) ungefährlich
неопису́емый (14*K.*) unbeschreiblich
неопра́вданный (14*K.*) ungerechtfertigt; unbegründet
неопределённый (14; -ёнен, -ённа) unbestimmt, ungewiss; ***неопределённая фо́рма*** *f* ***глаго́ла*** Infinitiv *m*
неопровержи́мый (14*K.*) unwiderlegbar
неопря́тный (14; -тен, -тна) unsauber; unordentlich
неопублико́ванный (14*K.*) unveröffentlicht
нео́пытный (14; -тен, -тна) unerfahren
неосла́бный (14; -бен, -бна) unablässig, anhaltend
неосмотри́тельный (14; -лен, -льна) unvorsichtig, unbedacht
неоснова́тельный (14; -лен, -льна) unbegründet
неоспори́мый (14*K.*) unbestreitbar
неосторо́жный (14; -жен, -жна) unvorsichtig
неосуществи́мый (14*K.*) unerfüllbar; undurchführbar
неотло́жный (14; -жен, -жна) unaufschiebbar, dringend
неотрази́мый (14*K.*) *fig.* unwiderstehlich; unwiderlegbar
неотъе́млемый (14*K.*) nicht wegzudenken; integrierend
неохо́та *f* (5) Unlust
неохо́тно ungern
неоцени́мый (14*K.*) unschätzbar
непере|води́мый (14*K.*) unübersetzbar; **~дава́емый** (14*K.*) unaussprechlich; **~носи́мый** (14*K.*) unerträglich; **~хо́дный** (14) *Gr.* intransitiv
непеча́тный F (14; -тен, -тна) unflätig
непи́саный (14) ungeschrieben
неплатёжеспосо́бный (14; -бен, -бна) zahlungsunfähig
непобеди́мый (14*K.*) unbesiegbar
неповинове́ние *n* (12) Ungehorsam *m*
неповтори́мый (14*K.*) einmalig, einzigartig
непого́да *f* (5) schlechtes Wetter *n*
непо|греши́мый (14*K.*) unfehlbar; **~далёку** unweit (**от** P von), in der Nähe; **~дви́жный** (14; -жен, -жна) unbeweglich, regungslos
неподде́льный (14; -лен, -льна) echt, unverfälscht
неподоба́ющий (17) ungehörig
непод|ража́емый (14*K.*) unnachahmlich; unvergleichlich; **~ходя́щий** (17*K.*) unpassend
непо|колеби́мый (14*K.*) unerschütterlich, standhaft; **~ко́рный** (14; -рен, -рна) ungehorsam; widerspenstig; **~кры́тый** (14*K.*) unbedeckt
непола́дки *f/pl.* (5; -док) Störungen; Mängel *m/pl.*
непо́лный (14; -лон, -лна́) unvollständig, nicht vollzählig
непоме́рный (14; -рен, -рна) unmäßig; maßlos
непонима́ние *n* (12) Unverständnis
непоня́тный (14; -тен, -тна) unverständlich, unbegreiflich
непопуля́рный (14; -рен, -рна) unpopulär, unbeliebt
непоря́док *m* (1; -дка) Unordnung *f*; Missstand
непосле́довательный (14; -лен, -льна) inkonsequent
непослу́шный (14; -шен, -шна) ungehorsam, unfolgsam
непосре́дственный (14*K.*) unmittelbar
непостижи́мый (14*K.*) unbegreiflich, unfassbar
непостоя́нный (14; -я́нен, -я́нна) unbeständig
непочти́тельный (14; -лен, -льна) respektlos
непра́вда *f* (5) Unwahrheit, Lüge

неправдоподо́бный (14; -бен, -бна) unwahrscheinlich
непра́вильный (14; -лен, -льна) unrichtig, falsch; unregelmäßig
неправоме́рный (14; -рен, -рна) unrechtmäßig
неправомо́чный (14; -чен, -чна) unbefugt, unberechtigt
непра́вый (14; непра́в, -а́) ungerecht; *präd.* im Unrecht
непревзойдённый (14*K.*) unübertroffen
непредви́денный (14*K.*) unvorhergesehen
непре|кло́нный (14; -о́нен, -о́нна) unbeugsam; **~ме́нный** (14; -е́нен, -е́нна) unerlässlich; unbedingt; **~одоли́мый** (14*K.*) unüberwindlich; **~ры́вный** (14; -вен, -вна) ununterbrochen, pausenlos; **~ста́нный** (14; -а́нен, -а́нна) fortwährend, unaufhörlich
непри|ве́тливый (14*K.*) unfreundlich; **~влека́тельный** (14; -лен, -льна) unansehnlich, reizlos; **~вы́чный** (14; -чен, -чна) ungewohnt; **~го́дный** (16; -ден, -дна) ungeeignet, untauglich; **~е́млемый** (14*K.*) unannehmbar
непри́знанный (14*K.*) nicht anerkannt; verkannt
непри|косновéнный (14; -е́нен, -е́нна) unantastbar; **~кры́тый** (14*K.*) unverhohlen, offenkundig; **~ли́чный** (14; -чен, -чна) unanständig; **~мири́мый** (14*K.*) unversöhnlich; **~нуждённый** (14*K.*) ungezwungen, zwanglos; **~соедини́вшийся** (17) blockfrei; **~сто́йный** (14; -о́ен, -о́йна) unanständig, unschicklich; **~сту́пный** (14; -пен, -пна) unzugänglich; uneinnehmbar; *fig.* unnahbar; **~тяза́тельный** (14; -лен, -льна), **~хотли́вый** (14*K.*) anspruchslos, genügsam
неприя́знь *f* (8) Feindseligkeit
неприя́тель *m* (4) Gegner, Feind
неприя́тность *f* (8) Unannehmlichkeit
неприя́тный (14; -тен, -тна) unangenehm
непро|должи́тельный (14; -лен, -льна) kurz, von kurzer Dauer; **~е́зжий** (17) unbefahrbar; **~изводи́тельный** (14; -лен, -льна) unproduktiv; **~изво́льный** (14; -лен, -льна) unwillkürlich; **~мока́емый** (14*K.*) wasserdicht; **~ница́емый** (14*K.*) undurchdringlich; **~сти́тельный** (14; -лен, -льна) unverzeihlich; **~ходи́мый** (14*K.*) unpassierbar; undurchdringlich
непро́шенный F (14) ungebeten
нерабо́чий (17) arbeitsfrei
нера́венство *n* (9) Ungleichheit *f*
неравноме́рный (14; -рен, -рна) ungleichmäßig
нера́вный (14; -вен, -вна́) ungleich
нераз|бери́ха F *f* (5) Durcheinander *n*; **~бо́рчивый** (14*K.*) unleserlich; wenig wählerisch; **~вито́й** (14; нера́звит, -а́) unentwickelt; **~гово́рчивый** (14*K.*) wortkarg, schweigsam; **~дели́мый** (14*K.*) unteilbar; **~лу́чный** (14; -чен, -чна) unzertrennlich; **~решённый** (14*K.*) ungeklärt; verboten; **~реши́мый** (14*K.*) unlösbar; **~ры́вный** (14; -вен, -вна) unzerreißbar; untrennbar; **~у́мный** (14; -мен, -мна) unvernünftig, unverständig
нерасположе́ние *n* (12) Abneigung (**к** Д gegen)
нерасторжи́мый (14*K.*) unzerreißbar; unzerstörbar
не́рвничать (1) nervös sein
не́рвность *f* (8) Nervosität
не́рвный (14; -вен, -вна́) nervös; (*o.K.*) Nerven-
нере|а́льный (14; -лен, -льна) irreal, unwirklich; **~гуля́рный** (14; -рен, -рна) unregelmäßig; **~ши́тельный** (14; -лен, -льна) unentschlossen, unsicher
нержаве́ющий (17) rostfrei
неро́вный (14; -вен, -вна́) uneben; ungleichmäßig; unregelmäßig
неруши́мый (14*K.*) unverbrüchlich, unzerstörbar
неря́шливый (14*K.*) schlampig, schludrig
несамостоя́тельный (14; -лен, -льна) unselbständig
несве́дущий (17*K.*) unwissend, unkundig
несвя́зный (14; -зен, -зна) unzusammenhängend
несгиба́емый (14*K.*) *fig.* unbeugsam

несговóрчивый (14*K.*) widerspenstig, halsstarrig
несгорáемый (14) feuerfest; ~ ***шкаф*** *m* Panzerschrank, Tresor
несказáнный (14; -áнен, -áнна) unaussprechlich; unsagbar
нéсколько (32) einige, ein paar; *Adv.* etwas
нескрóмный (14; -мен, -мнá) unbescheiden; vorlaut
неслы́ханный (14*K.*) unerhört
неслы́шный (14; -шен, -шна) geräuschlos
несмотря́ (***на*** В) trotz, ungeachtet; ~ ***на тó, что*** obwohl; ~ ***на э́то*** trotzdem; ~ ***ни на чтó*** trotz alledem
несно́сный (14; -сен, -сна) unerträglich; unausstehlich
несовершеннолéтний (15) minderjährig, unmündig
несовершéнный (14*K.*) unvollkommen; *Gr.* unvollendet, imperfektiv
несовмести́мый (14*K.*) unvereinbar
несоглáсие *n* (12) Uneinigkeit *f*, Unstimmigkeit *f*
несо|знáтельный (14; -лен, -льна) unbewusst; **~круши́мый** (14*K.*) unzerstörbar; unüberwindlich; unerschütterlich; **~мнéнный** (14; -éнен, -éнна) unzweifelhaft; *Adv.* zweifellos; **~ответствие** *n* (12) Diskrepanz *f*; **~размéрность** *f* (8) Missverhältnis *n*; **~стоя́тельный** (14; -лен, -льна) zahlungsunfähig; nicht stichhaltig; haltlos
неспéшный (14; -шен, -шна) langsam, gemächlich
неспосо́бный (14; -бен, -бна) unfähig (***на*** В zu)
несправедли́вость *f* (8) Unrecht *n*
несправедли́вый (14*K.*) ungerecht
несравнéнный (14; -éнен, -éнна) unvergleichlich
несравни́мый (14*K.*) unvergleichbar
нести́ (25 -с-; нёс, неслá; нёсший) **1.** tragen; bringen; *Dienst* tun, versehen; *Funktion* ausüben; *Pflicht* erfüllen; **2.** <c-> *Ei* legen; **-сь 1.** dahineilen; sich ausbreiten; **2.** <c-> Eier legen
несурáзный F (14; -зен, -зна) unsinnig
несущéственный (14*K.*) unwesentlich
несчастли́вый (14*K.*), **несчáстный** (14; -тен, -тна) unglücklich
несчáстье *n* (10; -тий) Unglück, Pech
нет 1. nein; nicht; **2.** (нé было; не бýдет) (P) es gibt nicht, es ist nicht da; (**у** P *j-d*) hat kein
нетерпели́вый (14*K.*) ungeduldig
нетерпéние *n* (12) Ungeduld *f*
нетерпи́мый (14*K.*) intolerant
неторопли́вый (14*K.*) gemächlich
нето́чный (14; -чен, -чнá) ungenau
нетрéбовательный (14; -лен, -льна) genügsam, anspruchslos
нетро́нутый (14*K.*) unberührt
нетрудоспосо́бный (14; -бен, -бна) arbeitsunfähig
неуважéние *n* (12) Nichtachtung *f*, Missachtung *f*
неуважи́тельный (14; -лен, -льна) respektlos
неувéренный (14*K.*) unsicher
неудáча *f* (5) Misserfolg *m*, Pech *n*
неудáчник *m* (1) Pechvogel
неудáчный (14; -чен, -чна) missglückt, misslungen; erfolglos
неудо́бный (14; -бен, -бна) unbequem; unangenehm
неудо́бство *n* (9) Unbequemlichkeit *f*
неудовлетвори́тельный (14; -лен, -льна) unbefriedigend, ungenügend
неудово́льствие *n* (12) Unzufriedenheit *f*
неужéли: ~? wirklich?, tatsächlich?
неу|кло́нный (14; -о́нен, -о́нна) unentwegt, unablässig; **~клю́жий** (17*K.*) plump; ungeschickt, unbeholfen; **~мéлый** (14*K.*) ungeschickt, unbeholfen
неумéние *n* (12) Unfähigkeit *f*, Unvermögen
неу|мéренный (14*K.*) unmäßig, übermäßig; **~мéстный** (14; -тен, -тна) unangebracht; **~моли́мый** (14*K.*) unerbittlich; **~мы́шленный** (14*K.*) nicht vorsätzlich, unabsichtlich; **~потреби́тельный** (14; -лен, -льна) ungebräuchlich
неурожáй *m* (3) Missernte *f*
неу|ро́чный (14; -чен, -чна) ungewohnt, ungelegen; nicht vereinbart;

Н

~ста́нный (14; -а́нен, -а́нна) unablässig, beständig; **~сто́йчивый** (14*K.*) unbeständig; labil; **~томи́мый** (14*K.*) unermüdlich
неу|чти́вый (14*K.*) unhöflich; **~ю́тный** (14; -тен, -тна) ungemütlich, unwohnlich
нефте|добыва́ющий (17) Erdöl fördernd; **~перераба́тывающий** (17) Erdöl verarbeitend; **~прово́д** *m* (1) Erdölleitung *f*, Pipeline *f*
нехва́тка F *f* (5; -ток) Mangel *m* (P, ***в*** П an)
нехи́трый (14; -тёр, -тра́) arglos, treuherzig
не́хотя ungern, widerwillig
нецелесообра́зный (14; -зен, -зна) unzweckmäßig
нечáянный (14*K.*) unverhofft; unabsichtlich, versehentlich
не́чего 1. (23): не́чему, не́чем, не́ о чем *Pron. mit Inf.* es gibt nichts, was; ***не́ о чем говори́ть*** es gibt nichts, worüber man sprechen könnte; ***не́чему удивля́ться*** das ist kein Wunder; **2.** F man braucht nicht; es lohnt sich nicht; ***не́чего говори́ть*** F das steht außer Frage
нечелове́ческий (16) unmenschlich; übermenschlich
нечёткий (16; нечёток, -чётка) ungenau, undeutlich; unleserlich
нечётный (14) *Zahl* ungerade
нечистота́ *f* (5) Schmutz *m*
не́что etwas
неща́дный (14; -ден, -дна) erbarmungslos, schonungslos
неэтили́рованный (14) bleifrei
нея́вка *f* (5; -вок) Nichterscheinen *n*, Abwesenheit
нея́сный (14; -сен, -сна́) unklar, undeutlich
ни 1. *Part.* nicht, nicht ein; kein; ***~ оди́н*** kein Einziger; **2.** *Kj.*: **~ ...**(,) **~ ...** weder ... noch ...; ***~ с того́ ~ с сего́*** F mir nichts dir nichts; **3.** *Part.* auch immer; ***кто бы ~*** wer auch immer; ***как ... ~*** + *Prät. od. Imp.* so sehr ... auch + *Prät. od. Präs.*; ***как бы то ни́ было*** wie dem auch sei
ни́ва *f* (5) Feld *n*
нигде́ nirgends, nirgendwo
ни́жний (15) unter; Unter-
низи́на *f* (5) Niederung; Senke
ни́зкий (16; -зок, -зка́; *Komp.* ни́же; *Sup.* ни́зший) niedrig; tief, tiefliegend; *fig.* niederträchtig, gemein
ни́зменность *f* (8) Tiefebene, Niederung
низо́вье *n* (10; -вьев/-вий) Unterlauf *m*; Mündungsgebiet
ни́зость *f* (8) Gemeinheit, Niedertracht
ни́зший (17) → ***ни́зкий***
ника́к *Adv.* auf keine Weise, überhaupt nicht
никако́й (16) gar kein; ***~ не*** F überhaupt kein
никогда́ nie, niemals
никто́ (23) niemand, keiner
никуда́ nirgendwohin
никчёмный F (14; -мен, -мна) unnütz, zu nichts tauglich
ниско́лько überhaupt nicht
ни́тка *f* (5; -ток) Faden *m*; *pl.* Zwirn *m*; Garn *n*; ***до ни́тки*** bis auf die Haut, bis aufs Hemd
нить *f* (8) Faden *m*
ничего́ nichts; das macht nichts
ничто́ (23) nichts; ***ни к чему́*** F zu nichts nutze, überflüssig
ничто́жный (14; -жен, -жна) winzig klein; geringfügig; nichtig
ничу́ть *Adv.*: ***~ не*** keineswegs; ***~ не быва́ло*** nichts dergleichen
ничья́ *f* (26) Unentschieden *n*; Remis *n*
нищета́ *f* (5) Elend *n*, Armut
ни́щий (17; нищ, -а́) bettelarm; *Su. m* Bettler
но *Kj.* aber; sondern
нова́торство *n* (9) Innovation *f*
нови́нка *f* (5; -нок) Neuheit, Neuerscheinung
новичо́к *m* (1; -чка́) Neuling
ново|бра́нец *m* (1; -нца) Rekrut; **~введе́ние** *n* (12) Neuerung *f*; **~го́дний** (15) Neujahrs-; **~лу́ние** *n* (12) Neumond *m*; **~рождённый** (14) neugeboren; **~се́лье** *n* (10; -лий) neue Wohnung *f*, Einzugsfeier *f*; **~стро́йка** *f* (5; -оек) Neubau *m*
но́вость *f* (8; *ab Gpl. e.*) Neuheit, Neuigkeit
но́вшество *n* (9) Neuerung *f*
но́вый (14; нов, -а́) neu; neuartig; ***что но́вого?*** was gibt es Neues?; **с**

Но́вым го́дом! viel Glück im Neuen Jahr!
нога́ *f* (5; но́гу; *pl.* но́ги, ног, нога́м) Bein *n*; Fuß *m*; ***идти́ в но́гу*** Schritt halten; ***на широ́кую но́гу*** auf großem Fuß; ***бежа́ть со всех ног*** F laufen,was das Zeug hält
но́готь *m* (4; -гтя; *ab Gpl. e.*) Fingernagel; Zehennagel
нож *m* (1*e.*; -е́й) Messer *n*
но́жка *f* (5; -жек) Bein *n*; Fuß *m an Möbeln*
но́жницы *pl.* (5) Schere *f*
ноздря́ *f* (6; *Npl. st.*) Nasenloch *n*; Nüster
ноль *m* (4*e.*) Null *f*
но́мер *m* (1; *pl. e., N* -а́) Nummer *f*; Hotelzimmer *n*
нора́ *f* (5; *A* но́ру; *pl. st.*) Höhle; Bau *m von Tieren*
Норве́гия *f* (7) Norwegen *n*
норве́ж|ец *m* (1; -ца), **~ка** *f* (5; -ек) Norweger(in *f*)
норве́жский (16) norwegisch
но́рка *f* (5; -рок) **1.** Höhle; **2.** Nerz *m*
но́рма *f* (5) Norm; Soll *n*
норма́льный (14; -лен, -льна) normal
норми́рова́ть (7) *im*(*pf.*) normen, normieren
нос *m* (1; -а/-у; в -у́; *pl. e.*) Nase *f*; Schnabel *von Vögeln*; *Mar.* Bug
носи́лки *pl.* (5; -лок) Tragbahre *f*
носи́льщик *m* (1) Gepäckträger
носи́тель *m* (4) Träger
носи́ть (15) tragen; bringen; *Kleidung, Brille, Namen* tragen; **-ся** *fig.* in der Luft liegen
но́ский F (16; но́сок, -ска́) haltbar
носово́й (14) Nasen-; Nasal-; Bug-; ***~ плато́к*** *m* Taschentuch *n*
носо́к *m* (1; -ска́) Socke *f*
носоро́г *m* (1) Nashorn *n*
но́та *f* (5) Note
нота́ция *f* (7) Rüge; Moralpredigt
но́утбук *m* (1) *EDV* Notebook *n*
ночева́ть (6 -у́-), <пере-> übernachten
ночёвка *f* (5; -вок) Übernachtung
ночле́г *m* (1) Nachtlager *n*, Nachtquartier *n*
ночно́й (14) nächtlich; Nacht-
ночь *f* (8; в -чи́; *ab Gpl. e.*) Nacht; ***по ноча́м*** nachts; ***споко́йной но́чи!*** Gute Nacht!
но́чью in der Nacht, bei Nacht
но́ша *f* (5) Last; Bürde
ноя́брь *m* (4*e.*) November
ноя́брьский (16) November-
нрав *m* (1) Gemüt *n*, Wesen *n*, Charakter; *pl.* Sitten *f/pl.*
нра́виться (14), <по-> gefallen
нравоуче́ние *n* (12) Moralpredigt *f*
нра́вственность *f* (8) Moral, Sittlichkeit
нра́вственный (14*K.*) moralisch, sittlich
ну F nun, na; na los, aber;...; ***~ (уж) и ...!*** nein,...aber ...!; ***~ тебя́!*** ach geh!; ***~ его́!*** zum Teufel mit ihm!; **~-~** schon gut; ***~ и что же?*** na und?, na wenn schon!
ну́дный (14; -ден, -дна́) nervtötend, langweilig
нужда́ *f* (5; *pl. st.*) Not, Elend *n*; Bedürfnis *n*, Bedarf *m*; ***по нужде́*** notgedrungen
нужда́ться (1) brauchen, benötigen (**в** П), nötig haben
ну́жник P *m* (1) Klo *n*
ну́жный (14; -жен, -жна́) notwendig, nötig; dringend gebraucht; ***ему́ нужна́ кни́га*** *f* er braucht ein Buch
ну́жно es ist nötig, man muss, man braucht; ***~ бы́ло ви́деть*** man hätte sehen sollen; ***что вам ~?*** was wünschen Sie?
нумера́ция *f* (7) Nummerierung
нумерова́ть (7), <за-> nummerieren
нутро́ *n* (9) F Innerste(s), Seele *f*
ны́не heutzutage, jetzt
ны́нешний F (15) jetzig, heutig
ны́нче F heutzutage, jetzt
ныря́ть (28), *einm.* <нырну́ть> (20) tauchen, untertauchen
ны́тик F *m* (1) Nörgler, Meckerer
ныть (22) schmerzen, wehtun (**у** P *j-m*); F jammern, klagen
нытьё F *n* (10) Nörgelei *f*
нюа́нс *m* (1) Nuance *f*; Schattierung *f*
нюх *m* (1) Spürsinn, Witterung *f*
ню́хать (1), <по->, *einm.* F <нюхну́ть> (20) riechen
ня́нчить (16) hüten, pflegen
ня́ня *f* (6) Kinderfrau; Babysitter *m*

О

о, об, о́бо **1.** (В) an, gegen; **2.** (П) über, von; an; *Zeit*: in, an
оа́зис *m* (1) Oase *f*
о́ба *m/n*, о́бе *f* (37) beide; ***смотре́ть в ~*** auf der Hut sein
обанкро́титься (15) *pf.* Bankrott machen; *fig.* Schiffbruch erleiden
обая́ние *n* (12) Zauber *m*, Reiz *m*
обая́тельный (14; -лен, -льна) reizend, bezaubernd
обва́л *m* (1) Erdrutsch; Einsturz
обва́ливаться (1), <обвали́ться> (13) einstürzen
обва́ривать (1), <обвари́ть> (13) abbrühen; verbrühen
обвести́ → ***обводи́ть***
обветша́лый (14*K.*) baufällig, altersschwach
обвива́ть (1), <обви́ть> (обовью́, -вьёшь) umwickeln; umranken
обвине́ние *n* (12) Beschuldigung *f*, Anschuldigung *f*; *Jur.* Anklage *f*
обвини́тель *m* (4) Ankläger
обвиня́емый *m* (14) Angeklagte(r)
обвиня́ть (28), <обвини́ть> (13*e.*) beschuldigen, *Jur.* anklagen (***в*** П wegen)
обви́ть → ***обвива́ть***
обводи́ть (15), <обвести́> (25) herumführen; umringen; umgeben
обводня́ть (28), <обводни́ть> (13*e.*) bewässern
обвора́живать (1), <обворожи́ть> (16*e.*) entzücken
обгоня́ть (28), <обогна́ть> (обгоню́, -го́нишь) überholen
обдава́ть (5), <обда́ть> (-да́м, -да́шь; о́бда́л, -а́; о́бданный: -на́) übergießen, begießen; umgeben, umströmen; *unpers.* befallen; ***меня́ о́бда́ло хо́лодом*** es überlief mich kalt
обде́лывать, <обде́лать> (1) F bearbeiten, fertigen
обду́мывать, <обду́мать> (1) überlegen; bedenken
о́бе → ***о́ба***
обега́ть F (1), <обе́гать> (1) ablaufen, abklappern
обе́д *m* (1) Mittagessen *n*; Mittag (***в*** В am); ***до ~а*** am Vormittag, vormittags; ***по́сле ~а*** am Nachmittag, nachmittags
обе́дать (1), <по-> zu Mittag essen
обе́денный (14) Mittags-
обезбо́ливать (1), <обезбо́лить> (13) betäuben
обезво́дить (15) *pf.* entwässern
обезвре́живать (1), <обезвре́дить> (15) unschädlich machen; *Bombe* entschärfen
обезжи́рить (13) *pf.* entfetten
обезобра́живать (1), <обезобра́зить> (15) entstellen; verunstalten
обезору́живать (1), <обезору́жить> (16) entwaffnen
обезу́меть (8) *pf.* den Verstand verlieren
обезья́на *f* (5) Affe *m*
обеля́ть (28), <обели́ть> (13*e.*) reinwaschen
оберега́ть (1), <обере́чь> (26 -г/ж-) beschützen, behüten; bewahren (***от*** Р vor)
обёртка *f* (5; -ток) Einwickelpapier *n*; Schutzumschlag *m*
обёртывать (1), <оберну́ть > (20) **1.** einwickeln (Т in); umwickeln; **2.** hinwenden, zuwenden; **-ся** sich drehen, sich umdrehen; sich verwandeln (*a.* Т in)
обескура́живать F (1), <обескура́жить> (16) entmutigen
обеспе́чение *n* (12) Versorgung *f*
обеспе́ченный (14*K.*) bemittelt, wohlhabend; versorgt
обеспе́чивать (1), <обеспе́чить> (16) versorgen; sichern, sicherstellen, gewährleisten
обесси́леть (8) *pf.* von Kräften kommen, schwach werden
обесси́ливать (1), <обесси́лить> (13) entkräften, schwächen
обесцве́чивать (1), <обесцве́тить> (15) entfärben
обесце́нивать (1), <обесце́нить> (13) entwerten, wertlos machen
обе́т *m* (1) Gelübde *n*; Gelöbnis *n*
обеща́ние *n* (12) Versprechen

обещáть (1) *im(pf.)*, <по-> versprechen
обжáлование *n* (12) *Jur.* Beschwerde *f*
обжáловать (7) *pf.* Beschwerde *od.* Berufung einlegen, anfechten
обжигáть (1), <обжéчь> (26; обожгý, -жжёшь) verbrennen; verbrühen
обжóра F *m/f* (5) Vielfraß *m*
обзóр *m* (1) Überblick, Übersicht *f*; *~ **печáти*** Presseschau *f*
обивáть (1), <обúть> (обобью, -бьёшь) beziehen; tapezieren; herabschlagen; *~ **порóги у когó-либо*** F j-n mit Bitten bestürmen
обúда *f* (5) Kränkung, Beleidigung; ***не в обúду будь скáзано*** F nichts für ungut; ***не дать себя в обúду*** sich nichts gefallen lassen
обижáть (1), <обúдеть> (11) kränken, beleidigen; benachteiligen; **-ся** gekränkt sein (***на*** B über)
обúлие *n* (12) Fülle *f*, Überfluss *m*
обúльный (14; -лен, -льна) reichlich, ausgiebig
обитáемый (14*K.*) bewohnbar
обитáтель *m* (4) Bewohner
обитáть (1) wohnen, leben
обúть → ***обивáть***
обихóд *m* (1) Lebensgewohnheiten *f/pl.*; Gebrauch
обклáдывать (1), <обложúть> (16) umlegen; bedecken; belagern
обкрáдывать (1), <обокрáсть> (25; обкрадý, -дёшь) bestehlen
облáва *f* (5) Razzia
облагáть (1), <обложúть> (16) *mit Steuern* belegen
облагорáживать (1), <облагорóдить> (15) veredeln
обладáние *n* (12) Besitz *m*
обладáть (1) besitzen, haben
óблако *n* (9; *pl. e.*, *G* -óв) Wolke *f*
облáмывать, <обломáть> (1) abbrechen
областнóй (14) Gebiets-
óбласть *f* (8; *ab Gpl. e.*) Gebiet *n*
óблачность *f* (8) Bewölkung
óблачный (14; -чен, -чна) bewölkt
облегáть (1), <облéчь> (-ляжет, -лягут) sich anschmiegen (B an)
облегчáть (1), <облегчúть> (16*e.*) erleichtern; mildern; lindern
облегчéние *n* (12) Erleichterung *f*; Linderung *f*
обленúться (13) *pf.* träge werden
облетáть (1), <облетéть> (11) umfliegen; umkreisen; e-n Rundflug machen; *Blätter*: abfallen
облéчь → ***облегáть***
обливáть (1), <облúть> (оболью, -льёшь; óблúл, -á; облéй!; óблúтый: -тá) begießen
облúзывать (1), <облизáть> (3), *einm.* <облизнýть> (20) lecken, belecken
óблик *m* (1) Erscheinung *f*; Aussehen *n*
облúть → ***обливáть***
обличáть (1), <обличúть> (16*e.*) anprangern; entlarven; verraten
обложéние *n* (12) Besteuerung *f*
обложúть → ***обклáдывать, облагáть***
облóжка *f* (5; -жек) Umschlag *m*; Einband *m*
облокáчиваться (1), <облокотúться> (15/15*e.*) sich auf die Ellbogen stützen
обломáть → ***облáмывать***
облóмок *m* (1; -мка) Bruchstück *n*
облучáть (1), <облучúть> (16*e.*) bestrahlen
облучéние *n* (12) Bestrahlung *f*
облюбовáть (7) *pf.* Gefallen finden (B an)
обмáзывать (1), <обмáзать> (3) beschmieren, bestreichen
обмáн *m* (1) Betrug; Täuschung *f*
обмáнчивый (14*K.*) trügerisch, täuschend
обмáнщик *m* (1) Betrüger
обмáнывать (1), <обманýть> (19) täuschen, betrügen
обмáтывать, <обмотáть> (1) umwickeln
обмéн *m* (1) Umtausch, Austausch; *~ **вещéств*** Stoffwechsel; *~ **óпытом*** Erfahrungsaustausch; *~ **мнéниями*** Meinungsaustausch
обмéнивать (1), <обменять> (28) umtauschen, eintauschen (***на*** B gegen); **-ся** austauschen
обмéривать (1), **обмерять** (28), <обмéрить> (13) ausmessen; beim Messen betrügen
óбморок *m* (1) Ohnmacht *f*

обмота́ть → ***обма́тывать***
обмыва́ть (1), <обмы́ть> (22) waschen, abwaschen
обнадёживать (1), <обнадёжить> (16) Hoffnung(en) machen
обнажа́ть (1), <обнажи́ть> (16*e.*) entblößen; aufdecken, bloßlegen
обнажённый (14*K.*) nackt, bloß
обнаро́довать (7) *pf.* bekannt machen
обнару́живать (1), <обнару́жить> (16) offenbaren, an den Tag legen; **-ся** sich herausstellen, sich zeigen
обнима́ть (1), <обня́ть> (-ниму́, -ни́мешь) umarmen
обновле́ние *n* (12) Erneuerung *f*
обновля́ть (28), <обнови́ть> (14*e.*) erneuern; renovieren
обню́хивать, <обню́хать> (1) beschnuppern
обня́ть → ***обнима́ть***
обобща́ть (1), <обобщи́ть> (16*e.*) verallgemeinern; zusammenfassen
обобще́ние *n* (12) Verallgemeinerung *f*; Schlussfolgerung(en *pl.*) *f*
обогаща́ть (1), <обогати́ть> (15*e.* -т/щ-) bereichern; *Erz* anreichern, aufbereiten
обогна́ть → ***обгоня́ть***
обогрева́ть (1), <обогре́ть> (8; -е́тый) erwärmen
о́бод *m* (1; *pl.* обо́дья, -дьев) Felge *f*
обо́дранный F (14*K.*) abgerissen, zerlumpt
ободре́ние *n* (12) Ermutigung *f*
ободря́ть (28), <ободри́ть> (13*e.*) ermutigen, aufmuntern
обожа́ть (1) anbeten, vergöttern
обознача́ть (1), <обозна́чить> (16) bezeichnen, kennzeichnen; *impf.* bedeuten
обозначе́ние *n* (12) Bezeichnung *f*; Kennzeichen
обозрева́тель *m* (4) Berichterstatter; Kommentator
обозрева́ть (1), <обозре́ть> (9) überschauen, überblicken
обозре́ние *n* (12) Besichtigung *f*; Rundschau *f*, Überblick *m*
обо́и *pl.* (3) Tapete(n *pl.*) *f*
обойти́(сь) → ***обходи́ть(ся)***
обокра́сть → ***обкра́дывать***
оболо́чка *f* (5; -чек) Schale; Hülle; Haut
обольсти́тельный (14; -лен, -льна) verführerisch
обольща́ть (1), <обольсти́ть> (15*e.*) verführen, verleiten
обоня́ние *n* (12) Geruchssinn *m*
обоня́ть (28) riechen
обо́рванный (14*K.*) zerrissen, zerlumpt
оборва́ть → ***обрыва́ть***
оборо́на *f* (5) Verteidigung, Abwehr
оборо́нный (14) Verteidigungs-
обороня́ть (28), <оборони́ть> (13*e.*) verteidigen
оборо́т *m* (1) Umdrehung *f*; Umlauf; Umsatz; Rückseite *f*; ***смотри́ на ~е*** bitte wenden
обору́дование *n* (12) Ausrüstung *f*; Ausstattung *f*
обору́довать (7) *im*(*pf.*) ausrüsten, ausstatten
обоснова́ние *n* (12) Begründung *f*
обосно́вывать (1), <обоснова́ть> (7) begründen, motivieren
обособле́ние *n* (12) Absonderung *f*, Isolierung *f*
обособля́ть (28), <обосо́бить> (14) absondern; isolieren
обостре́ние *n* (12) Verschärfung *f*
обостря́ть (28), <обостри́ть> (13*e.*) verschärfen, zuspitzen
обою́дный (14; -ден, -дна) gegenseitig, beiderseitig
обраба́тывать, <обрабо́тать> (1) bearbeiten, verarbeiten
обрабо́тка *f* (5; -ток) Bearbeitung
о́браз *m* **1.** (1) Gestalt *f*; Bild *n*; **2.** Art *f*, Weise *f*; ***таки́м ~ом*** so, somit; ***гла́вным ~ом*** hauptsächlich
обра́зе́ц *m* (1; -зца́) Muster *n*; Vorbild *n*
о́бразный (14; -зен, -зна) bildlich, bildhaft
образова́ние *n* (12) Bildung *f*, Ausbildung *f*
образо́ванный (14*K.*) gebildet
образо́вывать (1), **образова́ть** (7) *im*(*pf.*; *Prät. pf.*) bilden; schaffen
образцо́вый (14*K.*) mustergültig, beispielhaft
обра́зчик *m* (1) Muster *n*
обрамля́ть (28), <обра́мить> (14) rahmen, einrahmen
обрати́ть(ся) → ***обраща́ть(ся)***
обра́тно zurück; rückwärts; ***биле́т***

тудá и ~ Hin- und Rückfahrkarte *f*

обрáтный (14) umgekehrt; entgegengesetzt; *Math.* reziprok

обращáть (1), <обратить> (15 -т/щ-) wenden, zuwenden; richten, lenken; **-ся** sich wenden, sich richten (***на*** В gegen)

обращéние *n* (12) Hinwendung *f*; Umgang *m*; Aufruf *m*, Appell *m*; Anrede *f*

обрезáть, обрéзывать (1), <обрéзать> (3) beschneiden, abschneiden

обременя́ть (28), <обременить> (13*e.*) belasten; belästigen; aufbürden

обрисóвывать (1), <обрисовáть> (7) umreißen, schildern; **-ся** sich abheben, sich abzeichnen

обругáть (1) *pf.* beschimpfen

óбруч *m* (1; -éй, -áм) Fassreifen

обручáть (1), <обручить> (16*e.*) verloben; **-ся** sich verloben

обручéние *n* (12) Verlobung *f*

обрýшивать (1), <обрýшить> (16) zum Einsturz bringen, niederreißen; (***на*** В) überschütten; **-ся** einstürzen, zusammenbrechen; hereinbrechen (***на*** В über) abhacken, abhauen; behauen

обры́в *m* (1) Abhang, Steilhang

обрывáть (1), <оборвáть> (-рвý, -вёшь) abreißen, zerreißen

обры́вистый (14*K.*) abschüssig, steil; abgerissen; zusammenhanglos

обры́вок *m* (1; -вка) Bruchstück *n*, Fetzen

обры́згать (1) *pf.* bespritzen

обря́д *m* (1) Brauch; Zeremonie *f*

обсерватóрия *f* (7) Observatorium *n*, Sternwarte

обслéдование *n* (12) Untersuchung *f*; Revision *f*

обслéдовать (7) *im*(*pf.*) überprüfen; untersuchen

обслýживание *n* (12) Bedienung *f*; Betreuung *f*

обслýживать (1), <обслужить> (16) bedienen; betreuen

обставля́ть (28), <обстáвить> (14) umstellen, umgeben; ausstatten, einrichten

обстанóвка *f* (5; -вок) Einrichtung, Ausstattung; Atmosphäre

обстоя́тельный (14; -лен, -льна) ausführlich; gründlich, umsichtig

обстоя́тельство *n* (9) Umstand *m* (***при*** П unter); *Gr.* Umstandsbestimmung *f*, Adverbialbestimmung *f*; *pl.* Verhältnisse

обстрéл *m* (1) Beschuss

обступáть (1), <-ить> (14) umringen; *fig.* bedrängen

обсуждáть (1), <обсудить> (15; ~ждённый) besprechen, erörtern

обсуждéние *n* (12) Erörterung *f*, Besprechung *f*

обсýшивать (1), <обсушить> (16) trocknen

обсчи́тывать, <обсчитáть> (1) übervorteilen, prellen (***на*** В um)

обтекáемый (14) stromlinienförmig

обтерéть → ***обтирáть***

обтирáть (1), <-ерéть> (12; оботрý; -ёр) abwischen; abtrocknen

обтрепáть (2) *pf.* abtragen, abnutzen

обувáть (1), <обýть> (18) Schuhe anziehen

обувнóй (14) Schuh-

óбувь *f* (8) Schuhe *m/pl.*, Schuhwerk *n*

обýза *f* (5) Last, Bürde

обýздывать, <обуздáть> (1) zügeln, bändigen

обуслóвливать (1), <обуслóвить> (14) ausbedingen; abhängig machen (T von)

обýть → ***обувáть***

обучáть (1), <обучить> (16) lehren (Д), beibringen (В *j-m*); **-ся** *impf.* studieren; erlernen (Д)

обучéние *n* (12) Ausbildung *f*; Unterricht *m*

обхóд *m* (1) Rundgang; Umgehung *f*; ***в ~*** (Р) herum

обходи́тельный (14; -лен, -льна) umgänglich; zuvorkommend

обходи́ть (15), <обойти> (обойдý, -дёшь; обошёл, -шлá, -шлó; обойдя́; обойдённый: -енá) herumgehen (В um); vorbeigehen (an); ausweichen (В); vermeiden; durch (*A*) gehen; **-ся**, <-сь> umgehen, (**с** T *j-n*) behandeln; auskommen

обшивáть (1), <обшить> (обошью, -шьёшь) besetzen, besäumen; verkleiden, auskleiden

обши́рный (14; -рен, -рна) geräumig; ausgedehnt; umfangreich

общи́ть → ***обшива́ть***

обща́ться (1) verkehren, Umgang haben

обще|досту́пный (14; -пен, -пна) erschwinglich; allgemein verständlich; **~европе́йский** (16) gesamteuropäisch; **~жи́тие** *n* (12) Wohnheim; Gemeinschaftsleben; **~изве́стный** (14; -тен, -тна) allgemein bekannt; **~наро́дный** (14) Volks-

обще́ние *n* (12) Umgang *m*, Verkehr *m*

обще|образова́тельный (14) allgemein bildend; **~поня́тный** (14; -тен, -тна) allgemein verständlich

обще́ственность *f* (8) Öffentlichkeit

обще́ственный (14) gesellschaftlich, Gesellschafts-; öffentlich

о́бщество *n* (9) Gesellschaft *f*

общеупотреби́тельный (14; -лен, -льна) allgemein gebräuchlich

о́бщий (17; общ, -á, -e) allgemein

общи́на *f* (5) Gemeinde

общи́тельный (14; -лен, -льна) umgänglich, gesellig

о́бщность *f* (8) Gemeinsamkeit

объедине́ние *n* (12) Vereinigung *f*

объединя́ть (28), <объедини́ть> (13*e.*) vereinen, vereinigen

объе́зд *m* (1) Umweg, Umleitung *f*

объезжа́ть (1) **1.** <объе́хать> (объе́ду, -дешь) bereisen; **2.** <объе́здить> (15) zureiten; einfahren

объе́кт *m* (1) Objekt *n* (*a. Gr.*), Gegenstand

объекти́вный (14; -вен, -вна) objektiv

объём *m* (1) Umfang; Rauminhalt; Volumen *n*

объёмный (14; -мен, -мна) Raum-

объе́хать → ***объезжа́ть***

объявле́ние *n* (12) Erklärung *f*, Bekanntmachung *f*; Anzeige *f*

объявля́ть (28), <объяви́ть> (14) erklären; bekannt geben; anzeigen; *Urteil* verkünden

объясне́ние *n* (12) Erklärung *f*, Erläuterung *f*

объясня́ть (28), <объясни́ть> (13*e.*) erklären, erläutern; **-ся** sich aussprechen; klar werden; *impf.* sich erklären lassen

объя́тие *n* (12) *mst pl.* Umarmung *f*

обыва́тель *m* (4) Spießer

обы́денный (14*K.*) alltäglich, Alltags-

обыкнове́ние *n* (12) Gewohnheit *f*

обыкнове́нный (14*K.*; -е́нен, -е́нна) gewöhnlich; üblich

о́быск *m* (1) Durchsuchung *f*; Haussuchung *f*; ***ли́чный*** **~** Leibesvisitation *f*

обы́скивать (1), <обыска́ть> (3) durchsuchen

обы́чай *m* (3) Brauch, Sitte *f*

обы́чный (14; -чен, -чна) gewohnt; gewöhnlich; üblich

обя́занность *f* (8) Pflicht; Verpflichtung; ***по обя́занности*** pflichtgemäß

обя́занный (14*K.*) verpflichtet; verbunden

обяза́тельный (14; -лен, -льна) verbindlich, obligatorisch

обяза́тельство *n* (9) Verpflichtung *f*

обя́зывать (1), <обяза́ть> (3) verpflichten

ова́льный (14; -лен, -льна) oval

овёс *m* (1; овсá) Hafer

овладева́ть (1), <овладе́ть> (8) in s-e Gewalt bekommen; an sich reißen; ***овладе́ть собо́й*** sich beherrschen

овощево́дство *n* (9) Gemüseanbau *m*

о́вощи *m/pl.* (1; *ab G e.*) Gemüse *n*

овра́г *m* (1) Schlucht *f*

овся́нка *f* (5; -нок) Haferbrei *m*

овца́ *f* (5; *pl. st., G* ове́ц) Schaf *n*

овча́рка *f* (5; -рок) Schäferhund *m*

ога́рок *m* (1; -рка) Kerzenstummel

оглавле́ние *n* (12) Inhaltsverzeichnis

оглаша́ть (1), <огласи́ть> (15*e.*) bekannt geben, verkünden

огло́бля *f* (6; -бель) Deichsel

оглуша́ть (1) → ***глуши́ть 1***

оглуши́тельный (14; -лен, -льна) ohrenbetäubend

огля́дывать (1), <огляде́ть> (11*e.*), *einm.* <огляну́ть> (19) sich ansehen, sich umsehen; **-ся** sich umschauen, um sich blicken

о́гненный (14) *fig.* feurig

огне|опа́сный (14; -сен, -сна) feuergefährlich; **~сто́йкий** (16; -óек, -óйка) feuerfest; **~туши́тель** *m* (4) Feuerlöscher; **~упо́рный** (14; -рен, -рна) feuerfest

огова́ривать (1), <оговори́ть> (13*e.*) ausmachen; im Voraus vereinbaren; anschwärzen; **-ся** vorausschicken; sich versprechen

огово́рка *f* (5; -рок) Vorbehalt *m*; Versprecher *m*; ***без огово́рок*** rückhaltlos

оголённый (14*K.*) entblößt, nackt; kahl

оголя́ть (28), <оголи́ть> (13*e.*) entblößen; entlauben

огонёк *m* (1; -нька́) kleines Feuer; Licht *n*; *fig.* Schwung

ого́нь *m* (4; огня́) Feuer *n*; Licht *n*

огора́живать (1), <огороди́ть> (15) einfrieden, einzäunen; umgeben

огоро́д *m* (1) Gemüsegarten

огороди́ть → ***огора́живать***

огорча́ть (1), <огорчи́ть> (16*e.*) bekümmern, Verdruss bereiten

огорче́ние *n* (12) Verdruss *m*

огорчи́тельный (14; -лен, -льна) betrüblich; ärgerlich

ограбля́ть (28) → ***гра́бить***

огра́да *f* (5) Umzäunung, Zaun *m*

огражда́ть (1), <огради́ть> (15*e.*; -аждённый) einfrieden, umzäunen

огражде́ние *n* (12) Umzäunung *f*, Abgrenzung *f*

ограниче́ние *n* (12) Einschränkung *f*, Beschränkung *f*

ограни́ченный (14*K.*) begrenzt, beschränkt

ограни́чивать (1), <ограни́чить> (16) begrenzen, beschränken; **-ся** sich begnügen

огро́мный (14; -мен, -мна) riesig, gewaltig

огрубе́лый (14*K.*) rau, grob

огуре́ц *m* (1; -рца́) Gurke *f*

одарённый (14*K.*) begabt, talentiert

одаря́ть (28), <одари́ть> (13*e.*) beschenken

одева́ть (1), <оде́ть> (оде́ну, -нешь; -нь!; оде́тый) anziehen; bekleiden; **-ся** sich ankleiden, sich anziehen

оде́жда *f* (5) Kleidung, Bekleidung

одеколо́н *m* (1) Kölnischwasser *n*

одержа́ть (4) *pf.* gewinnen, erringen

одержи́мый (14*K.*) besessen (T von)

оде́тый (14*K.*) angezogen; gekleidet

оде́ть(ся) → ***одева́ть(ся)***

одея́ло *n* (9) Bettdecke *f*

оди́н *m*, одна́ *f*, одно́ *n*, одни́ *pl.* (33) ein(e); eins; allein; ***~ за други́м*** nacheinander; ***по одному́*** einzeln, e-r nach dem anderen

одина́ковый (14*K.*) gleich; ***одина́кового ро́ста*** gleichgroß

одина́рный (14) einfach

оди́ннадцатый (14) elfte(r)

оди́ннадцать (35) elf

одино́кий (16*K.*) einsam; allein stehend

одино́чество *n* (9) Einsamkeit *f*

одино́чка *m/f* (5; -чек) Alleinstehende(r)

одино́чный (14) einzeln, Einzel-

одна́жды einmal, einst; e-s Tages; ***~ у́тром*** e-s Morgens

одна́ко *Kj.* jedoch, doch, aber

одно|бо́кий (16*K.*) einseitig; **~бо́ртный** (14) einreihig; **~вре́ме́нный** (14; -éнен, -éнна) gleichzeitig; **~годи́чный** (14) einjährig; **~дне́вный** (14) eintägig; Tages-; **~зву́чный** (14; -чен, -чна) eintönig, monoton; **~зна́чный** (14; -чен, -чна) gleichbedeutend; *Math.* einstellig; **~кла́ссник** *m* (1) Klassenkamerad, Mitschüler; **~коле́йный** (14) einspurig, eingleisig; **~ко́мнатный** (14) Einzimmer-; **~кра́тный** (14; -тен, -тна) einmalig; **~обра́зный** (14; -зен, -зна) eintönig, einförmig, monoton; **~ро́дный** (14; -ден, -дна) gleichartig, homogen; **~сло́жный** (14; -жен, -жна) einsilbig; wortkarg; **~ство́рчатый** (14) einflügelig; **~сторо́нний** (15; -óнен, -óння) einseitig; Einbahn-; **~то́мный** (14) einbändig; **~цве́тный** (14; -тен, -тна) einfarbig; *fig.* eintönig; **~эта́жный** (14) eingeschossig, ebenerdig

одобре́ние *n* (12) Billigung *f*, Zustimmung *f*

одобри́тельный (14; -лен, -льна) beifällig, zustimmend

одобря́ть (28), <одо́брить> (13) gutheißen, billigen; zustimmen (B)

одолевáть (1), <одолéть> (8) überwältigen; *fig.* überwinden
одолжéние *n* (12) Gefallen *m*, Gefälligkeit *f*; ***сдéлайте ~!*** tun Sie mir den Gefallen!
одолжи́ть (16*e.*) *pf.* leihen, borgen
одувáнчик *m* (1) Löwenzahn
оду́мываться, <оду́маться> (1) sich e-s Besseren besinnen
одурмáнивать (1), <одурмáнить> (13) betäuben, berauschen
оды́шка *f* (5; -шек) Atemnot
ожерéлье *n* (10; -лий) Halskette *f*
ожесточáть (1), <ожесточи́ть> (16*e.*) erbittern; **-ся** erbittert werden
ожесточéние *n* (12) Erbitterung *f*
ожесточённый (14*K.*) erbittert, verbittert
оживáть (1), <ожи́ть> (оживу́, -вёшь; óжил, -á) aufleben; erwachen
оживля́ть (28), <оживи́ть> (14*e.*) erwecken, beleben; erfrischen; **-ся** aufleben
оживлéние *n* (12) Belebung *f*; Lebhaftigkeit *f*
оживлённый (14*K.*) belebt; lebhaft
ожидáние *n* (12) Erwartung *f*
ожидáть (1) warten; erwarten
ожидáющий (17) erwartungsvoll
ожирéние *n* (12) Verfettung *f*
ожи́ть → ***оживáть***
ожóг *m* (1) Verbrennung *f*, Brandwunde *f*
озабóченный (14*K.*) besorgt, bekümmert
озабóчивать (1), <озабóтить> (15) mit Sorge erfüllen
озаглáвить (14) *pf.* betiteln
озадáченный (14*K.*) bestürzt, betreten
озадáчивать (1), <озадáчить> (16) verblüffen; in Verlegenheit bringen
озаря́ть (28), <озари́ть> (13*e.*) erleuchten, erhellen
озву́чивать (1), <озву́чить> (16) vertonen
оздоровлéние *n* (12) Gesundung *f*
оздоровля́ть (28), <оздорови́ть> (14*e.*) heilen, gesund machen; sanieren
óзеро *n* (9; *pl.* озёра) See *m*
озлоблéние *n* (12) Erbitterung *f*
озлóбленный (14*K.*) erbost; verbissen
ознакомлéние *n* (12) Einsichtnahme *f*
ознакомля́ть (28), <ознакóмить> (14) bekannt machen, vertraut machen; **-ся** kennen lernen
ознаменовáть (7) *pf.* festlich begehen; auszeichnen
означáть (1), <ознáчить> (16) bezeichnen, markieren; *impf.* bedeuten
ознóб *m* (1) Schüttelfrost
озолоти́ть (15) *pf.* vergolden
озорни́к *m* (1*e.*) F Wildfang; P Rowdy
озорничáть (1) F Unfug treiben, ausgelassen sein
озорнóй (14) mutwillig
окáзывать (1), <оказáть> (3) erweisen, leisten; **-ся** sich herausstellen, sich erweisen
окаймля́ть (28), <окайми́ть> (14*e.*) umsäumen, umranden; einfassen
окаменéлый (14*K.*) versteinert; erstarrt, leblos
окаменéть → ***каменéть***
окáнчивать (1), <окóнчить> (16) beenden, abschließen; **-ся** zu Ende gehen
океáн *m* (1) Ozean; ***за ~ом*** in Übersee
океáнский (16) Ozean-; Übersee-
оки́нуть (20) *pf.*: ***~ взóром*** e-n Blick werfen (B auf)
окислéние *n* (12) Oxydation *f*
окисля́ться (28), <оки́сли́ться> (13*e.*/13) oxydieren
óкись *f* (8) Oxyd *n*
оккупáция *f* (7) Besetzung
оккупи́ровать (7) *im*(*pf.*) besetzen
оклáд *m* (1) Gehalt *n*
оклáдистый (14): ***оклáдистая бородá*** *f* Vollbart *m*
оклеветáть (3 -щ-) *pf.* verleumden
óклик *m* (1) Anruf, Zuruf
окликáть (1), <окли́кнуть> (20) anrufen, beim Namen rufen
окнó *n* (9; *pl. st.*, *G* óкон) Fenster
окóвы *pl.* (5) Fesseln *f/pl.*
окóвывать (1), <оковáть> (7*e.*) beschlagen
околдовáть (7) *pf.* verzaubern, behexen, bezaubern

околе́ть (8) *pf.* verrecken, krepieren

о́коло 1. *Prp.* (P) neben, an, bei; ungefähr; gegen; **2.** *Adv.* daneben, in der Nähe

око́льный (14): **~ *путь*** *m* Umweg

око́нный (14) Fenster-

оконча́ние *n* (12) Beendigung *f*; Abschluss *m*

оконча́тельный (14; -лен, -льна) endgültig, definitiv

око́нчить(ся) → ***ока́нчивать(ся)***

око́п *m* (1) Schützengraben

о́корок *m* (1; *pl. e., N* -а́) Schinken

окочене́лый (14*K.*) *vor Kälte* erstarrt

око́шко *n* (9; *pl.* -шки, -шек) Fensterchen; Schalter *m*

окра́ина *f* (5) Rand *m*; Randgebiet *n*

окра́ска *f* (5) Anstreichen *n*; Anstrich *m*; Färbung

окра́шивать (1) → ***кра́сить 1***

окрести́ть (15) *pf.* → ***крести́ть***

окре́стность *f* (8) *mst pl.* Umgebung; Gegend

окре́стный (14) umliegend; benachbart

о́крик *m* (1) Anruf, Zuruf

окрова́вленный (14*K.*) blutbefleckt, blutüberströmt

о́круг *m* (1; *pl. e., N* -а́) Bezirk; Kreis

окру́глый (14*K.*) rundlich, abgerundet

округля́ть (28), <округли́ть> (13*e.*) abrunden, aufrunden

окружа́ть (1), <окружи́ть> (16*e.*) umringen; umzingeln; **~ *забо́той*** umsorgen

окружа́ющее *n* (17) Umgebung *f*, Umwelt *f*

окружа́ющий (17): ***окружа́ющая среда́*** *f* Umwelt

окруже́ние *n* (12) Umgebung *f*, Milieu

окружно́й (14) Bezirks-; Kreis-

окру́жность *f* (8) Kreis *m*, Umkreis *m*

окрыля́ть (28), <окрыли́ть> (13*e.*) beflügeln; **-ся** sich begeistern

октя́брь *m* (4*e.*) Oktober

октя́брьский (16) Oktober-

окули́ст *m* (1) Augenarzt

окуна́ть (1), <окуну́ть> (20) eintauchen

о́кунь *m* (4; *ab Gpl. e.*) Barsch

окупа́ть (1), <окупи́ть> (14) die Kosten decken (B); **-ся** sich bezahlt machen

оку́рок *m* (1; -рка) Zigarettenstummel

оку́тывать, <оку́тать> (1) einwickeln, einhüllen

ола́дья *f* (6; -дий) Pfannkuchen *m*

оледене́лый (14*K.*) vereist; steif

оле́нь *m* (4) Hirsch; ***се́верный* ~** Rentier *n*

олимпи́йский (16) olympisch

олицетворе́ние *n* (12) Personifizierung *f*; Verkörperung *f*

олицетворя́ть (28), <олицетвори́ть> (13*e.*) verkörpern

о́лово *n* (9) Zinn

оловя́нный (14) Zinn-, Stanniol-

ольха́ *f* (5; *pl. st.*) Erle

омерзи́тельный (14; -лен, -льна) widerlich, ekelhaft

омертве́лый (14*K.*) abgestorben; leblos

омола́живать (1), <омолоди́ть> (15*e.*) verjüngen

омоложе́ние *n* (12) Verjüngung *f*

ОМОН *m* (отря́д мили́ции осо́бого назначе́ния) Spezialeinheit der Miliz

омо́ним *m* (1) Homonym *n*

омрача́ть (1), <омрачи́ть> (16*e.*) verdunkeln, verfinstern

он *m*, она́ *f*, оно́ *n*, они́ *pl.* (22) er, sie, es, sie *pl.*

онда́тра *f* (5) Bisamratte

онеме́лый (14*K.*) stumm; erstarrt

опада́ть (1), <опа́сть> (25; *Prät. st.*) abfallen; abnehmen

опа́здывать <опозда́ть> (1) sich verspäten; Verspätung haben

опаса́ться (1) befürchten (P); sich fürchten, sich in Acht nehmen (vor)

опасе́ние *n* (12) Befürchtung *f*; Besorgnis *f*

опа́сность *f* (8) Gefahr

опа́сный (14; -сен, -сна) gefährlich

опа́сть → ***опада́ть***

опе́ка *f* (5) Vormundschaft; Bevormundung

опека́ть (1) bevormunden; sich kümmern (B um *j-n*)

опеку́н *m* (1*e.*) Vormund

о́пера *f* (5) Oper

операти́вный (14; -вен, -вна) operativ; taktisch; Operations-
опера́тор *m* (1) Kameramann
опера́ция *f* (7) Operation
опережа́ть (1), <опереди́ть> (15*e.*) überholen, übertreffen; zuvorkommen
опере́ние *n* (12) Gefieder; *Flgw.* Leitwerk
опере́тта *f* (5) Operette
опере́ть(ся) → ***опира́ть(ся)***
опери́ровать (7) *im*(*pf.*), <про-, с-> operieren (*a. fig.*)
о́перный (14) Opern-; theatralisch
оперя́ться (28), <опери́ться> (13*e.*) *fig.* flügge werden
опеча́тка *f* (5; -ток) Druckfehler *m*; Tippfehler *m*
о́пий *m* (3; -ии) Opium *n*
опи́лки *pl.* (5; -лок) Sägemehl *n*
опира́ть (1), <опере́ть> (12; обопру́, -рёшь; опёр, -ерла́/-ёрла) stützen, aufstützen; **-ся** <опёрся, оперла́сь> sich stützen *od.* (**на** B auf)
описа́ние *n* (12) Beschreibung *f*, Schilderung *f*
опи́ска *f* (5; -сок) Schreibfehler *m*
опи́сывать (1), <описа́ть> (3) beschreiben, schildern; *Inventar* aufnehmen
о́пись *f* (8) Liste, Verzeichnis *n*
опла́кивать (1), <опла́кать> (3) beweinen, betrauern
опла́та *f* (5) Bezahlung; Lohn *m*
опла́чивать (1), <оплати́ть> (15) bezahlen; entlohnen
оплеу́ха F *f* (5) Ohrfeige
оплодотворя́ть (28), <оплодотвори́ть> (13*e.*) befruchten
опло́шность *f* (8) Fehler *m*, Fehlgriff *m*
оповеща́ть (1), <оповести́ть> (15*e.*) benachrichtigen, in Kenntnis setzen (**о** П von)
оповеще́ние *n* (12) Benachrichtigung *f*
опозда́ние *n* (12) Verspätung *f*
опозда́ть → ***опа́здывать***
опознава́ть (5), <опозна́ть> (1) erkennen; identifizieren
о́ползень *m* (4; -зня) Erdrutsch
опо́мниться (13) *pf.* zu sich kommen, zur Besinnung kommen
опо́р: ***во весь ~*** in vollem Galopp
опо́ра *f* (5) Stütze, Halt *m*
опора́жнивать (1), <опоро́жни́ть> (13/13*e.*) entleeren, leeren; **-ся** leer werden
опо́рный (14) Stütz-
опоро́жни́ть(ся) → ***опора́жнивать(ся)***
опоро́чивать (1) → ***поро́чить***
опоя́сывать (1), <опоя́сать> (3) umgürten; umgeben
оппозицио́нный (14; -о́нен, -о́нна) oppositionell; Oppositions-
опра́ва *f* (5) Fassung, Einfassung, Rahmen; ***~ для очко́в*** Brillengestell *n*
оправда́ние *n* (12) Freispruch *m*; Rechtfertigung *f*
опра́вдывать, <оправда́ть> (1) rechtfertigen; freisprechen; ***оправда́ть себя́*** sich bewähren; **-ся** sich rechtfertigen; sich bewahrheiten; sich lohnen
оправля́ть (28), <опра́вить> (14) einfassen; zurechtmachen, in Ordnung bringen
опра́шивать (1), <опроси́ть> (15) befragen, abfragen; vernehmen
определе́ние *n* (12) Bestimmung *f*, Festsetzung *f*; *Gr.* Attribut
определённый (14; -ёнен, -ённа) bestimmt; festgesetzt
определя́ть (28), <определи́ть> (13*e.*) bestimmen; festlegen, festsetzen (**в** B auf)
опроверга́ть (1), <опрове́ргнуть> (20/21) widerlegen; dementieren
опроверже́ние *n* (12) Widerlegung *f*; Dementi
опроки́дывать (1), <опроки́нуть> (20) umwerfen, umstürzen; umstoßen; in die Flucht schlagen; **-ся** umfallen; herfallen (**на** B über); kentern
опроме́тчивый (14*K.*) ungestüm; unüberlegt, übereilt
о́прометью Hals über Kopf
опро́с *m* (1) Befragung *f*, Umfrage *f*
опроси́ть → ***опра́шивать***
опротесто́вывать (1), <опротестова́ть> (7) Einspruch erheben
опры́скиватель *m* (4) Zerstäuber
опры́скивать, <опры́скать> (1),

einm. <опры́снуть> (20) bespritzen, besprengen
опря́тный (14; -тен, -тна) sauber; reinlich, ordentlich
о́птик *m* (1) Optiker
о́птика *f* (5) Optik
оптимисти́ческий (16), **оптимисти́чный** (14; -чен, -чна) optimistisch
опти́ческий (16) optisch
опто́вый (14) Großhandels-
о́птом en gros
опубликова́ние *n* (12) Veröffentlichung *f*
опублико́вывать (1), <опубликова́ть> (7) veröffentlichen
опуска́ть (1), <опусти́ть> (15) sinken lassen; herablassen, herunterlassen; einwerfen; auslassen; **-ся** sinken; sich niederlassen; *fig.* herunterkommen
опусти́ть(ся) → ***опуска́ть(ся)***
опустоша́ть (1), <опустоши́ть> (16*e.*) verwüsten; *fig.* zugrunde richten
опустоше́ние *n* (12) Verwüstung *f*
опустоши́тельный (14; -лен, -льна) verheerend
опуха́ть (1), <опу́хнуть> (21) anschwellen
о́пухоль *f* (8) Geschwulst
опыля́ть (28), <опыли́ть> (13*e.*) bestäuben
о́пыт *m* (1) Erfahrung(en *pl.*) *f*; Versuch, Experiment *n*
о́пытный (14; -тен, -тна) erfahren; experimentell; empirisch
опьяне́ние *n* (12) Rausch *m*; Trunkenheit *f*
опьяня́ть (28), <опьяни́ть> (13*e.*) betrunken machen
опя́ть wieder, wiederum
ора́нжевый (14*K.*) orangefarben
оранжере́я *f* (6; -ре́й) Gewächshaus *n*
ора́тор *m* (1) Redner
ора́ть F (ору́, орёшь) brüllen; (***на*** B *j-n*) anbrüllen
орби́та *f* (5) Umlaufbahn
о́рган *m* (1) Organ *n*; Gremium *n*; Behörde *f*
орга́н *m* (1) Orgel *f*
организа́тор *m* (1) Veranstalter; Manager
организа́ция *f* (7) Organisation; Gliederung; Struktur
организо́ванный (14*K.*) diszipliniert; (*o.K.*) organisiert
организо́вывать (1), **организова́ть** (7) *im*(*pf.*; *Prät. pf.*) gründen, bilden; veranstalten; **-ся** entstehen; sich zusammenschließen (**в** B zu)
органи́ческий (16) organisch
о́рден *m* **1.** (1; *pl. e.*, *N* -á) *Pol.* Orden; **2.** (1) *Rel.* Orden
о́рдер *m* (1; *pl. e.*, *N* -á) Order *f*, Anweisung *f*, Auftrag
ордина́рный (14; -рен, -рна) gewöhnlich
орёл *m* (1; орла́) Adler
оре́х *m* (1) Nuss *f*; Nussbaum
оре́ховый (14) Nuss-, Nussbaum-
оре́шник *m* (1) Haselnussstrauch
оригина́л *m* (1) Original *n*, Urschrift *f*, Urfassung *f*
оригина́льность *f* (8) Originalität
оригина́льный (14; -лен, -льна) originell; (*o.K.*) Original-
ориента́ция *f* (7) Orientierung
ориенти́ровать (7) *im*(*pf.*), <с-> orientieren, ausrichten; **-ся** sich zurechtfinden
ориентиро́вочный (14; -чен, -чна) Orientierungs-; annähernd
орке́стр *m* (1) Orchester *n*
ороси́тельный (14) Bewässerungs-
ороша́ть (1), <ороси́ть> (15*e.*) benetzen; bewässern
ороше́ние *n* (12) Bewässerung *f*
ортопеди́ческий (16) orthopädisch
ору́дие *n* (12) Werkzeug, Instrument; Geschütz
ору́довать F (7) hantieren, handhaben
ору́жие *n* (12) Waffe(n *pl.*) *f*
орфографи́ческий (16) orthographisch, Rechtschreib-
орфогра́фия *f* (7) Orthographie, Rechtschreibung
оса́ *f* (5; *pl. st.*) Wespe
оса́да *f* (5) Belagerung
оса́дка *f* (5; -док) Senkung; *Mar.* Tiefgang *m*
оса́док *m* (1; -дка) Bodensatz; *pl. Met.* Niederschläge *pl.*
осажда́ть (1), <осади́ть[1]> (15; осаждённый) belagern; bestürmen
оса́живать (1), <осади́ть[2]> (15;

оса́женный) anhalten, stoppen; zügeln; F zurechtweisen
осва́ивать (1), <осво́ить> (13) sich aneignen; **-ся** sich eingewöhnen, sich akklimatisieren
осведомле́ние *n* (12) Benachrichtigung *f*
осведомля́ть (28), <осве́домить> (14) informieren, benachrichtigen
освежа́ть (1), <освежи́ть> (16*e.*) erfrischen, auffrischen; erneuern; **-ся** frisch werden; sich erholen
освети́тельный (14) Beleuchtungs-; Leucht-
освеща́ть (1), <освети́ть> (15*e.*; -т/щ-) beleuchten, erhellen; **-ся** erstrahlen
освеще́ние *n* (12) Beleuchtung *f*, Licht
освиде́тельствование *n* (12) Untersuchung *f*; Begutachtung *f*
освиста́ть (3) *pf.* auspfeifen
освободи́тель *m* (4) Befreier
освободи́тельный (14) Befreiungs-, Freiheits-
освобожда́ть (1), <освободи́ть> (15*e.*; -бождённый) befreien; entlassen; erlassen; entheben; entbinden; **-ся** frei werden
освобожде́ние *n* (12) Befreiung *f*; Entlassung *f*
освое́ние *n* (12) Aneignung *f*, Erschließung *f*
осво́ить(ся) → ***осва́ивать(ся)***
освяще́ние *n* (12) Weihe *f*
оседа́ть (1), <осе́сть> (25; ося́ду, -дешь) sich senken, einsinken; sich niederlassen
осе́длый (14*K.*) sesshaft
осёл *m* (1; осла́) Esel
осеменя́ть (28), <осемени́ть> (13*e.*) besamen, befruchten
осени́ть → ***осеня́ть***
осе́нний (15) Herbst-, herbstlich
о́сень *f* (8) Herbst *m*; **~ю** im Herbst
осеня́ть (28), <осени́ть> (13*e.*) *Gedanke*: plötzlich kommen, aufblitzen (B *j-m*); *Schatten*: fallen (B auf)
осе́сть → ***оседа́ть***
осётр *m* (1*e.*; осетра́) Stör
оси́на *f* (5) Espe
оси́плый (14*K.*) heiser
осироте́лый (14*K.*) verwaist
оска́ливать (1) → ***ска́лить***
оскверня́ть (28), <оскверни́ть> (13*e.*) entweihen; besudeln
оско́лок *m* (1; -лка) Splitter; Scherbe *f*
оскорби́тельный (14; -лен, -льна) beleidigend, kränkend
оскорбле́ние *n* (12) Beleidigung *f*, Kränkung *f*
оскорбля́ть (28), <оскорби́ть> (14*e.*) beleidigen, kränken; ***оскорби́ть де́йствием*** handgreiflich werden; **-ся** gekränkt sein
оскуде́лый (14*K.*) verarmt
ослабева́ть (1), <ослабе́ть> (8) schwach werden; erschlaffen
ослабле́ние *n* (12) Abschwächung *f*
ослабля́ть (28), <осла́бить> (14) schwächen, abschwächen; vermindern; lockern
осла́вить F (14) *pf.* in Verruf bringen
ослепи́тельный (14; -лен, -льна) blendend weiß; grell
осложне́ние *n* (12) Komplikation *f*
осложня́ть (28), <осложни́ть> (13*e.*) komplizieren; erschweren
осма́тривать (1), <осмотре́ть> (9) sich ansehen, mustern; besichtigen; untersuchen; **-ся** sich umschauen
осме́ивать (1), <осмея́ть> (27*e.*) verspotten, auslachen
осме́ливаться (1), <осме́литься> (13) wagen, sich erlauben
осмея́ть → ***осме́ивать***
осмо́тр *m* (1) Besichtigung *f*; Untersuchung *f*
осмотре́ть(ся) → ***осма́тривать(ся)***
осмотри́тельность *f* (8) Umsicht
осмотри́тельный (14; -лен, -льна) umsichtig, vorsichtig
осмысля́ть (28), <осмы́слить> (13) begreifen, verstehen, sich klarmachen
оснаща́ть (1), <оснасти́ть> (15*e.*) ausrüsten; betakeln
оснаще́ние *n* (12) Ausrüstung *f*
осно́ва *f* (5) Grundlage; Basis; *Gr.* Stamm *m*; ***класть в осно́ву*** zugrunde legen; ***лежа́ть в осно́ве*** zugrunde liegen
основа́ние *n* (12) Gründung *f*; Fundament; Grund *m*
основа́тель *m* (4) Gründer

основа́тельный (14; -лен, -льна) gründlich, solide; begründet

основно́й (14) Grund-, Haupt-; wesentlich; ***в основно́м*** im Großen und Ganzen

основополага́ющий (17) grundlegend

основополо́жник *m* (1) Begründer

осно́вывать (1), <основа́ть> (7*e.*) gründen (***на*** П *a.* auf); begründen; **-ся** sich niederlassen, sich ansiedeln

осо́ба *f* (5) Person; Persönlichkeit

осо́бенно besonders, insbesondere

осо́бенность *f* (8) Besonderheit; ***в осо́бенности*** insbesondere

осо́бенный (14) besonder; eigenartig; außergewöhnlich

особня́к *m* (1*e.*) Villa *f*

особняко́м abseits, abgesondert

осо́бый (14) besonder; eigen

осознава́ть (5), <осозна́ть> (1) sich bewusst werden, einsehen

о́спа *f* (5) Pocken *f/pl.*

оспа́ривать (1), <оспо́рить> (13) bestreiten; anfechten

остава́ться (5), <оста́ться> (-а́нусь, -а́нешься) bleiben, verbleiben; zurückbleiben

оставля́ть (28), <оста́вить> (14) lassen; überlassen, übrig lassen; zurücklassen, hinterlassen; verlassen, im Stich lassen

остально́й (14) übrig

остана́вливать (1), <останови́ть> (14) anhalten, aufhalten; zurückhalten; **-ся** halten, anhalten; stehen bleiben (***на*** П bei); aufhören; verweilen (***на*** П bei)

остано́вка *f* (5; -вок) Anhalten *n*; Haltestelle

оста́ток *m* (1; -тка) Rest; *pl.* Rückstände, Abfälle; ***без оста́тка*** restlos

оста́точный (14) restlich

оста́ться → ***остава́ться***

остерега́ть (1), <остере́чь> (26 -г/ж-) warnen (**от** Р vor); **-ся** sich hüten, sich vorsehen (Р vor), auf der Hut sein

о́стов *m* (1) Gerippe *n*; Gerüst *n*, Gestell *n*

осторо́жность *f* (8) Vorsicht

осторо́жный (14; -жен, -жна) vorsichtig, behutsam

осточерте́ть F (8) *pf.* überhaben (Д), zum Halse heraushängen

остриё *n* (12; *Gpl.* -иёв) Spitze *f*; Schneide *f*

остри́ть¹ (13*e.*) schärfen

остри́ть² (13*e.*), <с-> Witze machen

о́стров *m* (1; *pl. e., N* -а́) Insel *f*

острово́к *m* (1; -вка́) kleine Insel *f*; ***~ безопа́сности*** Verkehrsinsel *f*

острosло́в *m* (1) Witzbold

острота́ *f* (5) Schärfe

остро́та *f* (5) Witz *m*; Geistesblitz *m*

остроуго́льный (14) spitzwinklig

остроу́мие *n* (12) Scharfsinn *m*

остроу́мный (14; -мен, -мна) geistreich; witzig

о́стрый (14; остёр/остр, остра́, остро́) scharf; spitz; fein, hellhörig; gespannt; bissig

остужа́ть (1) → ***студи́ть***

оступа́ться (1), <оступи́ться> (14) stolpern

остыва́ть (1), <осты́ть, осты́нуть> (21; осты́л) kalt werden; abkühlen

осужда́ть (1), <осуди́ть> (15; -уждённый) verurteilen (***на*** В zu)

осужде́ние *n* (12) Verurteilung *f*

осуша́ть (1), <осуши́ть> (16) trocknen; trockenlegen; *Glas* leeren

осуществле́ние *n* (12) Verwirklichung *f*

осуществля́ть (28), <осуществи́ть> (14*e.*) verwirklichen, realisieren; durchführen; **-ся** sich erfüllen, in Erfüllung gehen

осыпа́ть (1), <осы́пать> (2) bestreuen; überschütten, überhäufen; **-ся** abbröckeln; herunterfallen; Blätter verlieren

ось *f* (8; *ab Gpl. e.*) Achse

осяза́емый (14*K.*) fühlbar, tastbar

осяза́тельный (14; -лен, -льна) spürbar; (*o.K.*) Tast-

осяза́ть (1) betasten, fühlen, wahrnehmen

от, ~о (Р) von; vor; *Grund*: aus, an

ота́пливать (1), <отопи́ть> (16) beheizen

отбива́ть (1), <отби́ть> (отобью́, -бьёшь) zurückschlagen, abwehren; wegnehmen (***у*** Р *j-m*)

отбивно́й (14): ***отбивна́я котле́та*** *f* Kotelett *n*

отбира́ть (1), <отобра́ть> (отберу́,

-рёшь) wegnehmen (**у** P *j-m*); aussuchen, auswählen
отби́ть → ***отбива́ть***
отблагодари́ть (13*e.*) *pf.* sich bedanken, sich erkenntlich zeigen
о́тблеск *m* (1) Abglanz, Widerschein
отбо́й *m* (3) Schlusssignal *n*; Zapfenstreich; Entwarnung *f*
отбо́р *m* (1) Auswahl *f*, Auslese *f*
отбо́рный (14) auserlesen, ausgesucht
отбо́рочный (14) Auswahl-, Ausscheidungs-, Qualifikations-
отбра́сывать (1), <отбро́сить> (15) wegwerfen; zur Seite werfen; aufgeben
отбро́сы *m/pl.* (1) Abfälle
отбыва́ть (1), <отбы́ть> (-бу́ду, -бу́дешь; о́тбыл, -а́) abreisen; ableisten; abbüßen
отбы́тие *n* (12) Abreise *f*, Abfahrt *f*; Verbüßung *f*
отва́жный (14; -жен, -жна) kühn, mutig
отва́л *m* (1) Halde *f*
отва́ливать (1), <отвали́ть> (13) beiseite wälzen, wegräumen; **-ся** herabfallen; F sich zurücklehnen
отва́р *m* (1) Brühe *f*; Absud
отва́ривать (1), <отвари́ть> (13) abkochen
отвезти́ → ***отвози́ть***
отверга́ть (1), <отве́ргнуть> (21/20) ablehnen, abweisen
отверде́лый (14*K.*) verhärtet
отве́рженный (14) ausgestoßen, verstoßen; verachtet
отверну́ть → ***отвёртывать***
отве́рстие *n* (12) Öffnung *f*, Loch
отвёртка *f* (5; -ток) Schraubenzieher *m*
отвёртывать (1), <отверну́ть> (20) aufdrehen; abschrauben
отве́с *m* (1) Senkblei *n*; Steilhang; ***в ~, по ~у*** senkrecht
отве́сить → ***отве́шивать***
отве́сный (14; -сен, -сна) senkrecht; sehr steil
отвести́ → ***отводи́ть***
отве́т *m* (1) Antwort *f*; Erwiderung *f*
ответвле́ние *n* (12) Abzweigung *f*
отве́тить → ***отвеча́ть***
отве́тный (14) Antwort-; Gegen-
отве́тственность *f* (8) Verantwortung
отве́тственный (14*K.*) verantwortlich; verantwortungsbewusst; entscheidend
отвеча́ть (1), <отве́тить> (15) antworten, beantworten; erwidern; *Aufgabe* hersagen, aufsagen
отве́шивать (1), <отве́сить> (15) abwiegen
отви́нчивать (1), <отвинти́ть> (15*e.*) abschrauben; **-ся** sich lockern, sich lösen
отвиса́ть (1), <отви́снуть> (21) herabhängen
отви́слый (14) herunterhängend
отвлека́ть (1), <отвле́чь> (26) ablenken; abstrahieren
отвлечённый (14*K.*) abstrakt
отводи́ть (15), <отвести́> (25) wegbringen; wegführen; beiseite schieben; abwenden; ablenken
отвози́ть (15), <отвезти́> (24) wegbringen, fortfahren, abtransportieren
отвора́чивать (1) **1.** <отверну́ть> (20) zurückschlagen; aufkrempeln; wenden, abwenden; **2.** <отвороти́ть> beiseite räumen; **-ся** sich abwenden
отворо́т *m* (1) Aufschlag; Manschette *f*
отворя́ть (28), <отвори́ть> (13) öffnen, aufmachen; **-ся** aufgehen
отврати́тельный (14; -лен, -льна) widerlich, scheußlich
отвраща́ть (1), <отврати́ть> (15*e.*; -т/щ-) abwenden; verhüten
отвраще́ние *n* (12) Abneigung *f*, Abscheu *f*, Widerwille *m*
отвыка́ть (1), <отвы́кнуть> (21) sich abgewöhnen
отвя́зывать (1), <отвяза́ть> (3) losbinden, lösen
отга́дывать, <отгада́ть> (1) erraten; lösen
отгова́ривать (1), <отговори́ть> (13*e.*) *impf.* auszureden versuchen, abraten *pf.* abbringen; **-ся** sich herausreden (T mit), entschuldigen
отгово́рка *f* (5; -рок) Ausrede, Vorwand *m*
отголо́сок *m* (1; -ска) Widerhall, Echo *n*

отгоня́ть (28), <отогна́ть> (отгоню́, -го́нишь) vertreiben, verscheuchen
отгора́живать (1), <отгороди́ть> (15/15*e.*) umzäunen, abgrenzen
отграни́чить (16) *pf.* abgrenzen
отгружа́ть (1), <отгрузи́ть> (15/15*e.*) verladen, zum Versand bringen
отгру́зка *f* (5; -зок) Verladung; Abtransport *m*
отгрыза́ть (1), <отгры́зть> (24; *Prät. st.*) abnagen
отдава́ть (5), <отда́ть> (-да́м, -да́шь) abgeben, zurückgeben, übergeben; zurückerstatten; erteilen, erlassen; **-ся** sich widmen; sich hingeben; widerhallen, Resonanz finden
отдале́ние *n* (12) Entfernung *f*
отдалённый (14*K.*) fern, entfernt, entlegen
отдаля́ть (28), <отдали́ть> (13*e.*) entfernen; hinausschieben
отда́ть(ся) → ***отдава́ть(ся)***
отда́ча *f* (5) Rückgabe; Abgabe
отде́л *m* (1) Abteilung *f*; Teil; Abschnitt
отде́лать(ся) → ***отде́лывать(ся)***
отделе́ние *n* (12) Trennung *f*, Ablösung *f*; Abteilung *f*; Zweigstelle *f*, Filiale *f*
отдели́ть → ***отделя́ть***
отде́лка *f* (5; -лок) Schmuck *m*; Besatz *m*
отде́лывать, <отде́лать> (1) fertig stellen, letzte Hand anlegen; einrichten, herrichten; **-ся** F loswerden (**от** P); davonkommen
отде́льный (14) einzeln, Einzel-; besonder
отделя́ть (28), <отдели́ть> (13; отделённый) abtrennen, abgrenzen; absondern, abteilen
отдира́ть (1), <отодра́ть> (отдеру́, -рёшь) abreißen, losreißen, herunterreißen
отдохну́ть → ***отдыха́ть***
о́тдых *m* (1) Erholung *f*; Rast *f*; ***без ~а*** pausenlos
отдыха́ть (1), <отдохну́ть> (20) sich ausruhen, sich erholen
отдыха́ющий *m* (17) Feriengast, Urlauber
оте́ль *m* (4) Hotel *n*
отепля́ть (28), <отепли́ть> (13*e.*) winterfest machen
оте́ц *m* (1; отца́) Vater
оте́ческий (16) väterlich; Vater-
оте́чественный (14) vaterländisch; heimisch, Inlands-
оте́чество *n* (9) Vaterland
отжа́ть → ***отжима́ть***
отжима́ть (1), <отжа́ть> (отожму́, -мёшь; отжа́тый) ausdrücken, auspressen; auswringen
о́тзвук *m* (1) Widerhall, Nachhall; Nachwirkung *f*; Resonanz *f*
отзвуча́ть (4*e.*) *pf.* verhallen
о́тзыв *m* (1) Stellungnahme *f*; Gutachten *n*; Abberufung *f*
отзыва́ть (1), <отозва́ть> (отзову́, -вёшь) abberufen; zurückrufen; ***~ в сто́рону*** beiseite nehmen
отзы́вчивый (14*e.*) verständnisvoll, aufgeschlossen
отка́з *m* (1) Absage *f*; Weigerung *f*; Verzicht (**от** P auf); *Tech.* Ausfall
отка́зывать (1), <отказа́ть> (3) absagen, abschlagen, verweigern (**в** П *et.*); versagen; **-ся** verzichten (**от** P auf); ablehnen, sich weigern
отка́пывать, <откопа́ть> (1) ausgraben
отка́рмливать (1), <откорми́ть> (14) mästen
отка́т *m* (1) Rückstoß
отка́чивать, <откача́ть> (1) auspumpen; wieder beleben
отка́шливать (1), <отка́шлянуть> (20) aushusten; **-ся**, <отка́шляться> (28) sich räuspern
откидно́й (14) aufklappbar, Klapp-
отки́дывать (1), <отки́нуть> (20) zur Seite werfen, wegwerfen; zurückwerfen; aufklappen; fallen lassen; **-ся** sich zurücklehnen
откла́дывать (1), <отложи́ть> (16) beiseite legen; zurücklegen, sparen; aufschieben, vertagen; ***~ в до́лгий я́щик*** auf die lange Bank schieben
откле́ить (13) *pf.* loslösen
о́тклик *m* (1) Antwort *f*; Anklang
отклика́ться (1), <откли́кнуться> (20) antworten, sich äußern
отклоне́ние *n* (12) Abweichung *f*; Ablehnung *f*
отклоня́ть (28), <отклони́ть> (13; -нённый) zur Seite schieben, weg-

O

schieben; ablehnen; **-ся** abweichen; ausweichen (**от** P)
отключа́ть (1), <отключи́ть> (16*e.*) abschalten, ausschalten
откопа́ть → ***отка́пывать***
откорми́ть → ***отка́рмливать***
отко́с *m* (1) Böschung *f*
открепля́ть (28), <открепи́ть> (14*e.*) losmachen, lösen; **-ся** sich abmelden
открове́ние *n* (12) Offenbarung *f*
открове́нничать F (1) sich anvertrauen (**с** T *j-m*)
открове́нность *f* (8) Offenheit, Freimut *m*
открове́нный (14; -е́нен, -е́нна) aufrichtig; freimütig
открыва́лка F *f* (5; -лок) Öffner *m*
открыва́ть (1), <откры́ть> (22) öffnen, aufmachen; entdecken; enthüllen; freigeben; preisgeben; **-ся** aufgehen; sich anvertrauen; geöffnet werden
откры́тие *n* (12) Eröffnung *f*; Entdeckung *f*; Einweihung *f*
откры́тка *f* (5; -ток) Postkarte; **~ с** ***ви́дом*** Ansichtskarte
откры́тость *f* (8) Offenheit
откры́тый (14*K.*) offen; bloß; frei; *fig.* offenherzig; unverhohlen
отку́да woher, von wo (aus); **~-либо, ~-нибудь, ~-то** irgendwoher
отку́поривать (1), <отку́порить> (13) entkorken
отку́сывать (1), <откуси́ть> (15) abbeißen
отла́мывать, <отлома́ть> (1) abbrechen
отлепи́ть (14) *pf.* ablösen, loslösen
отлёт *m* (1) Abflug, Start
отлета́ть (1), <отлете́ть> (11*e.*) abfliegen
отли́в *m* (1) Ebbe *f*; Rückgang
отлива́ть (1), <отли́ть> (отолью́, -льёшь; о́тлил, -а́; отли́ты: -та́) abgießen; zurückfluten
отлипа́ть (1), <отли́пнуть> (21) sich ablösen, abgehen
отли́ть → ***отлива́ть***
отлича́ть (1), <отличи́ть> (16*e.*) unterscheiden; auszeichnen; **-ся** sich hervortun
отли́чие *n* (12) Unterschied *m*; Auszeichnung *f*
отличи́тельный (14) Unterscheidungs-, Kenn-
отли́чник *m* (1) bester Schüler *od.* Student
отли́чный (14; -чен, -чна) ausgezeichnet, vorzüglich
отло́гий (16*K.*) leicht abfallend
отложи́ть → ***откла́дывать***
отлома́ть → ***отла́мывать***
отломи́ть (14) *pf.* abbrechen
отма́лчиваться (1), <отмолча́ться> (4*e.*) sich in Schweigen hüllen
отма́тывать, <отмота́ть> (1) abwickeln
отма́хиваться (1) sich wehren (**от** P gegen), abwehren, abwinken
отмежёвывать (1), <отмежева́ть> (6 -у́-) abgrenzen; **-ся** sich distanzieren
о́тмель *f* (8) Untiefe; Sandbank
отме́на *f* (5) Aufhebung; Abschaffung
отменя́ть (28), <отмени́ть> (13; -ённый) abschaffen, aufheben; rückgängig machen; widerrufen
отмере́ть → ***отмира́ть***
отмерза́ть (1), <отмёрзнуть> (21) erfrieren
отме́ривать (1), **отмеря́ть** (28), <отме́рить> (13) abmessen
отмета́ть (1), <отмести́> (25 -т-) wegfegen; *fig.* verwerfen
отме́тка *f* (5; -ток) Kennzeichen *n*; Vermerk *m*; Zensur, Note
отмеча́ть (1), <отме́тить> (15) kennzeichnen; anmerken, vermerken; feststellen; begehen, feiern
отмира́ть (1), <отмере́ть> (отомрёт; о́тмер; -рла́; -е́рший) absterben; aussterben
отмолча́ться → ***отма́лчиваться***
отмора́живать (1), <отморо́зить> (15) sich abfrieren
отмота́ть → ***отма́тывать***
отмыва́ть (1), <отмы́ть> (22) abwaschen, auswaschen; **-ся** herausgehen; sauber werden
отмы́чка *f* (5; -чек) Dietrich *m*
отмы́ть(ся) → ***отмыва́ть(ся)***
отмя́кнуть (21) *pf.* weich werden
отнести́(сь) → ***относи́ть(ся)***
отнима́ть (1), <отня́ть> (-и́му,

-и́мешь; о́тнял, -ла́; о́тнятый: -та́) wegnehmen, abnehmen (**у** P *j-m*); in Anspruch nehmen
относи́тельно in Bezug (P auf), bezüglich, hinsichtlich
относи́тельность *f* (8) Relativität
относи́тельный (14; -лен, -льна) relativ; verhältnismäßig; (*o.K.*) *Gr.* Relativ-
относи́ть (15), <отнести́> (25 -с-) hintragen, wegtragen; zuschreiben (**к** Д); beziehen (auf); zurückführen (**к** Д auf); F abhauen; **-ся**, <-сь> sich verhalten (**к** Д gegenüber)
отноше́ние *n* (12) Verhältnis (**к** Д gegenüber); Beziehung *f*, Bezug *m* (**к** Д auf); ***во всех отноше́ниях*** in jeder Hinsicht
отны́не von nun an
отню́дь: ***~ не*** *od.* ***нет*** durchaus nicht, keineswegs
отня́ть → ***отнима́ть***
ото → ***от***
отобража́ть (1), <отобрази́ть> (15*e.*) abbilden
отобра́ть → ***отбира́ть***
отовсю́ду von überall her
отогна́ть → ***отгоня́ть***
отодвига́ть (1), <отодви́нуть> (20) wegschieben, beiseite schieben; hinausschieben, verschieben
отодра́ть → ***отдира́ть***
отождествля́ть (28), <отождестви́ть> (14*e.*) identifizieren
отозва́ние *n* (12) Abberufung *f*
отозва́ть → ***отзыва́ть***
отойти́ → ***отходи́ть***
отопи́тельный (14) Heiz-, Heizungs-
отопи́ть → ***ота́пливать***
отопле́ние *n* (12) Heizung *f*
отора́чивать (1), <оторочи́ть> (16*e.*) *pf.* einfassen; besetzen
оторва́ть(ся) → ***отрыва́ть(ся)***
оторочи́ть → ***отора́чивать***
отосла́ть → ***отсыла́ть***
отпада́ть (1), <отпа́сть> (25; *Prät. st.*) abfallen; wegfallen, entfallen; hinfällig werden
отпа́сть → ***отпада́ть***
отпере́ть(ся) → ***отпира́ть(ся)***
отпеча́ток *m* (1; -тка) Abdruck; Stempel
отпеча́тывать, <отпеча́тать> (1) abdrucken; *Foto* abziehen
отпива́ть (1), <отпи́ть> (отопью́, -пьёшь; о́тпил, -а́; отпе́й!; отпи́тый: -та́) abtrinken
отпи́ливать (1), <отпили́ть> (13) absägen
отпира́ть (1), <отпере́ть> (12; отопру́, -рёшь; о́тпер, -ла́; отпёрший: о́тпертый: -та́) aufmachen; öffnen; **-ся 1.** (отперся́, -рла́сь) aufgehen; **2.** F (отпёрся, -рлась) leugnen (**от** P *et.*), in Abrede stellen
отпи́ть → ***отпива́ть***
отпи́хивать F (1), <отпихну́ть> (20) zurückstoßen, abstoßen; wegschieben
отпла́чивать (1), <отплати́ть> (15) sich revanchieren; vergelten; heimzahlen
отплыва́ть (1), <отплы́ть> (23) wegschwimmen; *Mar.* auslaufen, in See stechen
отплы́тие *n* (12) Abfahrt *f*; Ausfahrt *f*
отпо́р *m* (1) Abfuhr *f*; Widerstand; ***дать ~*** e-e Abfuhr erteilen
отправи́тель *m* (4) Absender
отправле́ние *n* (12) Absendung *f*; Versand *m*; Sendung *f*
отправля́ть (28), <отпра́вить> (14) absenden, abschicken; abfertigen; **-ся** sich begeben; abfahren; abfliegen
отпра́шиваться (1), <отпроси́ться> (15) sich freigeben lassen; *impf.* um Erlaubnis bitten
отпры́гивать (1), <отпры́гнуть> (20) zurückspringen, beiseite springen
отпу́гивать (1), <отпугну́ть> (20) abschrecken; verscheuchen
о́тпуск *m* (1; *a.* в -у́; *pl. e., N* -а́) Urlaub
отпуска́ть (1), <отпусти́ть> (15) laufen lassen; loslassen; entlassen; nachlassen; lockern; bewilligen
отпускни́к *m* (1*e.*) Urlauber
отпускно́й (14) Urlaubs-
отраба́тывать, <отрабо́тать> (1) abarbeiten; durcharbeiten; *pf.* die Arbeit beenden
отра́ва *f* (5) Gift *n*
отравля́ть (28), <отрави́ть> (14) vergiften; verseuchen

О

отра́да *f* (5) Freude

отра́дный (14; -ден, -дна) erfreulich, tröstlich

отража́ть (1), <отрази́ть> (15*e.*) widerspiegeln, reflektieren; zurückweisen; abwehren

отраже́ние *n* (12) Widerspiegelung *f*; Spiegelbild, Abbild; Abwehr *f*

о́трасль *f* (8) Zweig *m*, Branche

отре́з *m* (1) Stoff; Schnitt

отреза́ть (1), <отре́зать> (3) abschneiden, abteilen

отрезвля́ться (28), <отрезви́ться> (14*e.*) nüchtern werden

отре́зок *m* (1; -зка) Abschnitt; Stück *n*

отрека́ться (1), <отре́чься> (26) verleugnen; verzichten (auf); sich lossagen (von)

отрица́ние *n* (12) Verneinung *f*

отрица́тельный (14; -лен, -льна) negativ, verneinend

отрица́ть (1) verneinen, negieren; leugnen; bestreiten

отро́дье P *n* (10; -дий) Ausgeburt *f*

отро́сток *m* (1; -тка) Schössling; *Anat.* Fortsatz; Auswuchs

о́трочество *n* (9) Knabenjahre *n/pl.*; Mädchenalter

отруба́ть (1), <отруби́ть> (14) abhauen, abschlagen

отры́в *m* (1) Loslösung *f*

отрыва́ть (1) **1.** <оторва́ть> (оторву́, -вёшь) abreißen, losreißen; trennen; **-ся** sich jäh lösen, den Blick abwenden; **2.** <отры́ть> (22) ausgraben

отры́вистый (14*K.*) abgerissen, abgehackt

отрывно́й (14) Abreiß-; ***~ календа́рь*** *m* Abreißkalender

отры́вок *m* (1; -вка) Bruchstück *n*, Fragment *n*; Auszug, Ausschnitt

отры́вочный (14; -чен, -чна) fragmentarisch, lückenhaft; unzusammenhängend

отры́ть → ***отрыва́ть 2***

отря́д *m* (1) Abteilung *f*; Trupp(e *f*)

отряжа́ть (1), <отряди́ть> (15*e.*) entsenden; abkommandieren

отса́живать (1), <отсади́ть> (15) wegsetzen; umpflanzen

отсве́чивать (1) reflektieren; schimmern

отсе́ивать (1), <отсе́ять> (27) aussieben, auslesen

отсека́ть (1), <отсе́чь> (26; отсёк, -екла́; отсе́кший) abhauen, abschneiden

отси́живать (1), <отсиде́ть> (11*e.*) absitzen

отска́кивать (1), <отскочи́ть> (16) abprallen, zurückprallen; abgehen, sich lösen

отсла́иваться (1), <отслои́ться> (13*e.*) sich schichtweise ablösen, abblättern

отслужи́ть (16) *pf.* abdienen; *Mil.* ableisten

отсове́товать (7) *pf.* abraten

отсоса́ть (-сосу́, -сосёшь; -со́санный) *pf.* absaugen

отсо́хнуть → ***отсыха́ть***

отсро́чивать (1), <отсро́чить> (16) *Fin.* stunden; *Pass* verlängern

отсро́чка *f* (5; -чек) Aufschub *m*; Verlängerung

отстава́ние *n* (12) Rückständigkeit *f*

отстава́ть (5), <отста́ть> (-а́ну, -а́нешь) zurückbleiben (**от** P hinter *j-m*); nicht nachkommen; *Uhr*: nachgehen

отста́вка *f* (5; -вок) Abschied *m*; Rücktritt *m*; ***в отста́вке*** im Ruhestand

отставля́ть (28), <отста́вить> (14) wegstellen, wegrücken

отста́ивать (1), <отстоя́ть> (-ою́, -ои́шь) erfolgreich verteidigen; behaupten, halten

отста́лый (14*K.*) zurückgeblieben; rückständig

отста́ть → ***отстава́ть***

отстёгивать (1), <отстегну́ть> (20) aufknöpfen; abschnallen; **-ся** aufgehen

отсто́й *m* (3) Bodensatz

отстоя́ть (-ою́, -ои́шь) **1.** entfernt sein; **2.** → ***отста́ивать***

отстране́ние *n* (12) Beseitigung *f*; Enthebung *f*

отстраня́ть (28), <отстрани́ть> (13*e.*) beseitigen; beiseite schieben; entheben; **-ся** ausweichen (**от** P); sich zurückziehen

отстрели́ть (13) *pf.* abschießen

отступа́ть (1), <отступи́ть> (14) zurücktreten, zurückweichen (**от** P

vor); sich zurückziehen; abweichen; *Typ.* einrücken; **-ся** verzichten; sich lossagen
отступле́ние *n* (12) Rückzug *m*; Abweichung *f*; Abschweifung *f*
отсту́пник *m* (1) Abtrünnige(r), Renegat
отступны́е *pl.* (14) Schutzgeld *n*
отсу́тствие *n* (12) Abwesenheit *f*; Fehlen; Mangel *m*
отсу́тствовать (7) abwesend sein; fehlen
отсчёт *m* (1) *Raumf.* Countdown
отсчи́тывать, <отсчита́ть> (1) abzählen
отсыла́ть (1), <отосла́ть> (отошлю́, -шлёшь) abschicken, wegschicken; verweisen (***к*** Д auf)
отсы́лка *f* (5; -лок) Absendung; Verweis *m*
отсыпа́ть (1), <отсы́пать> (2) abschütten
отсыпа́ться F (1), <отоспа́ться> (отосплю́сь, -пи́шься) sich ausschlafen
отсыха́ть (1), <отсо́хнуть> (21) verdorren
отсю́да von hier aus
отта́ивать (1), <отта́ять> (27) abtauen, auftauen (*a. fig.*)
отта́лкивать (1), <оттолкну́ть> (20) wegstoßen, abstoßen; *fig.* zurückstoßen
отта́скивать (1), <оттащи́ть> (16) wegschleppen, wegzerren
отта́чивать (1), <отточи́ть> (16) schleifen, schärfen
отта́ять → ***отта́ивать***
отте́нок *m* (1; -нка) Schattierung *f*, Nuance *f*
оттеня́ть (28), <оттени́ть> (13*e.*) abschatten, abtönen; betonen
о́ттепель *f* (8) Tauwetter *n* (*a. fig.*)
оттере́ть → ***оттира́ть***
оттесня́ть (28), <оттесни́ть> (13*e.*) abdrängen, wegdrängen; *fig.* verdrängen
оттира́ть (1), <оттере́ть> (12; ототру́, -рёшь) abreiben, ausreiben; warm reiben
о́ттиск *m* (1) Abdruck; *Typ.* Abzug
отти́скивать (1), <отти́снуть> (20) zurückdrängen, verdrängen; *Typ.* abdrucken, Abzüge machen
оттого́ deshalb, daher; **~ *что*** weil
оттолкну́ть → ***отта́лкивать***
отторга́ть (1), <отто́ргнуть> (21) entreißen (**от** Р), wegnehmen
отту́да von dort aus
оття́гивать (1), <оттяну́ть> (19) wegziehen; zurückziehen; hinausziehen, hinauszögern
отупе́лый F (14*K.*) stumpfsinnig
отуча́ть (1), <отучи́ть> (16) abgewöhnen
отхва́тывать (1), <отхвати́ть> (15) F abhauen, abschneiden; sich unter den Nagel reißen; ergattern
отхлебну́ть F (20) *pf.* abtrinken
отхлы́нуть (20) *pf.* zurückweichen
отхо́д *m* (1) Abfahrt *f*; *fig.* Abkehr *f*; *Mil.* Rückzug
отходи́ть (15), <отойти́> (отойду́, -дёшь) weggehen; beiseite treten; abfahren; zurückweichen; sich zurückziehen
отхо́ды *m/pl.* (1) Abfallstoffe *m/pl.*, Abfälle
отхо́жий (17) Wander-, Saison-
отцвета́ть (1), <отцвести́> (25 -т-) verblühen
отцепля́ть (28), <отцепи́ть> (14) loshaken; abhängen, abkuppeln
отцо́вский (16) väterlich, Vater-
отцо́вство *n* (9) Vaterschaft *f*
отча́иваться (1), <отча́яться> (27) verzweifeln (***в*** П an); die Hoffnung aufgeben (auf)
отча́сти zum Teil, teilweise
отча́яние *n* (12) Verzweiflung *f*
отча́янный (14*K.*) verzweifelt
отча́яться → ***отча́иваться***
отчего́ weshalb, weswegen
отчека́нивать (1) → ***чека́нить***
отчёркивать (1), <отчеркну́ть> (20) anstreichen
о́тчество *n* (9) Vatersname *m*
отчёт *m* (1) Rechenschaft *f* (***в*** П über); Rechenschaftsbericht; ***дать себе́ ~*** sich bewusst sein
отчётливый (14*K.*) deutlich, klar
отчётно-вы́борный (14) Jahreshaupt-
отчётный (14) Rechenschafts-
отчи́зна *f* (5) Vaterland *n*
о́тчим *m* (1) Stiefvater
отчисле́ние *n* (12) Abzug *m*
отчисля́ть (28), <отчи́слить> (13)

abziehen, einbehalten; entlassen; **-ся** ausscheiden

отчи́стить (15) *pf.* säubern

отчи́тывать, <отчита́ть> (1) F abkanzeln; **-ся** Rechenschaft ablegen

отчужде́ние *n* (12) Entfremdung *f*; Enteignung *f*

отчуждённый (14*K.*) entfremdet; fremd

отше́льник *m* (1) Einsiedler

отшу́чиваться (1), <отшути́ться> (15) mit e-m Scherz abtun

отщепе́нец *m* (1; -нца) Abtrünnige(r)

отщепля́ть (28), <отщепи́ть> (14*e.*) abspalten

отъе́зд *m* (1) Abreise *f*, Abfahrt *f*; ***в ~е*** verreist

отъезжа́ть (1), <отъе́хать> (-е́ду, -е́дешь) abfahren, wegfahren, abreisen

отъя́вленный F (14) abgefeimt, Erz-

оты́грывать, <отыгра́ть> (1) zurückgewinnen; *Ball*: wieder abnehmen (**у** P *j-m*); **-ся** s-n Verlust wettmachen

оты́скивать (1), <отыска́ть> (3) auffinden, ausfindig machen; **-ся** sich wieder finden

отягоща́ть (1), <отяготи́ть> (15*e.*; -т/щ-) beschweren, belasten

отягча́ть (1), <отягчи́ть> (16*e.*) belasten, beladen; erschweren

офице́р *m* (1) Offizier

офице́рский (16) Offiziers-

официа́льный (14; -лен, -льна) offiziell, amtlich; förmlich

официа́нт *m* (1) Kellner

оформле́ние *n* (12) Gestaltung *f*; Ausstattung *f*

оформля́ть (28), <офо́рмить> (14) gestalten, ausgestalten, ausstatten

ох! ach!, o weh!

оха́пка *f* (5; -пок) Armvoll *m*

о́хать (1), *einm.* <о́хнуть> (20) ächzen; seufzen, stöhnen

охва́тывать (1), <охвати́ть> (15) umfassen, umarmen; umgeben; ergreifen, packen

охладева́ть (1), <охладе́ть> (8) abkühlen, erkalten; gleichgültig werden

охлади́тельный (14) Kühl-

охлажда́ть (1), <охлади́ть> (15*e.*; -аждённый) abkühlen; erkalten lassen; **-ся** kalt werden

охлажде́ние *n* (12) Abkühlung *f*

о́хнуть → ***о́хать***

охо́та *f* (5) Jagd; Lust; ***с охо́той*** mit Vergnügen, gern

охо́титься (15) jagen, Jagd machen (auf)

охо́тник *m* (1) Jäger

охо́тничий (18) Jagd-, Jäger-

охо́тно gern

охра́на *f* (5) Bewachung; Wache; Schutz *m*; ***~ приро́ды*** Naturschutz *m*

охране́ние *n* (12) Bewachung *f*, Schutz *m*

охрани́тельный (14) Schutz-

охраня́ть (28), <охрани́ть> (13*e.*) bewachen; schützen, beschützen

охри́плый F (14*K.*) heiser

оце́нивать (1), <оцени́ть> (13; -нённый) schätzen; beurteilen; würdigen, zu schätzen wissen

оце́нка *f* (5; -нок) Schätzung, Bewertung; Würdigung; Einschätzung

оцепене́лый (14*K.*) erstarrt, starr

оцепене́ние *n* (12) Erstarrung *f*

оцепля́ть (28), <оцепи́ть> (14) absperren; umzingeln

оча́г *m* (1*e.*) Herd (*a. fig.*)

очарова́ние *n* (12) Zauber *m*

очарова́тельный (14; -лен, -льна) bezaubernd, reizend

очаро́вывать (1), <очарова́ть> (7) bezaubern

очеви́дец *m* (1; -дца) Augenzeuge

очеви́дный (14; -ден, -дна) offensichtlich, offenkundig

о́чень sehr

очередно́й (14) nächstfolgend, nächst; ordentlich

очерёдность *f* (8) Reihenfolge

о́чередь *f* (8; *ab Gpl. e.*) Reihe; Reihenfolge; *Mil.* Feuerstoß *m*; ***твоя́ ~*** du bist an der Reihe; ***я, в свою́ ~*** ich meinerseits; ***в пе́рвую ~*** in erster Linie; ***стать в ~*** sich anstellen

о́черк *m* (1) Skizze *f*, Abriss; Essay

очерня́ть (28), <очерни́ть> (13*e.*) anschwärzen, verleumden

очерта́ние *n* (12) *mst pl.* Umriss *m*

очиня́ть (28) → ***чини́ть 2***

очи́стка *f* (5; -ток) Reinigung

очи́стки *pl.* (1) Abfälle *m/pl.*

очища́ть (1), <очи́стить> (15) reinigen, säubern; räumen, ausräumen

очки́ *pl.* (1) Brille *f*; ***быть в очка́х*** e-e Brille tragen

очко́ *n* (9; *pl.* -ки́, -ко́в) *Ksp.* Auge; *Sp.* Punkt *m*

очковтира́тельство *n* (9) Augenwischerei *f*, Schwindelei *f*

очну́ться (20) *pf.* erwachen; zu sich kommen

о́чный (1) Direkt-; ***о́чная ста́вка*** *f* Gegenüberstellung

очути́ться (15) *pf.* geraten (***в*** П in); sich befinden

ошара́шивать F (1), <ошара́шить> (16) verblüffen

оше́йник *m* (1) Halsband *n*

ошеломля́ть (28), <ошеломи́ть> (14*e.*) überraschen, überrumpeln; verblüffen

ошеломля́ющий (17) verblüffend; erschütternd

ошиба́ться (1), <ошиби́ться> (-бу́сь, -бёшься; оши́бся, -блась) sich irren, sich täuschen

оши́бка *f* (5; -бок) Fehler *m*, Irrtum *m*

оши́бочный (14; -чен, -чна) falsch, irrig, fehlerhaft

ощу́пывать, <ощу́пать> (1) befühlen, betasten

ощути́мый (14*K.*) spürbar; wahrnehmbar; merklich

ощути́тельный (14; -лен, -льна) empfindlich; spürbar

ощуща́ть (1), <ощути́ть> (15*e.*; -т/щ-) wahrnehmen; empfinden, fühlen; **-ся** *impf.* spürbar sein, sich bemerkbar machen

ощуще́ние *n* (12) Empfindung *f*; Wahrnehmung *f*

П

павильо́н *m* (1) Pavillon; Gartenhaus *n*

павли́н *m* (1) Pfau

па́водок *m* (1; -дка) Hochwasser *n*

па́губный (14; -бен, -бна) verderblich, verhängnisvoll

па́даль *f* (8) Kadaver *m* (*pl.*), Aas *n*

па́дать (1) **1.** <упа́сть> (25; *Prät. st.*) fallen, hinfallen; umfallen, stürzen, umstürzen; sinken, herabsinken; *fig.* sinken; **2.** <па́сть> (25; *Prät. st.*) fallen; entfallen; *fig.* sinken; ***~ ду́хом*** den Mut verlieren

паде́ж *m* (1*e.*) Kasus, Fall

паде́ние *n* (12) Fallen, Fall *m*; Sturz *m*; *fig.* Verfall *m*, Niedergang *m*

па́дкий (16; -док, -дка) erpicht, versessen (***до*** Р auf)

паёк *m* (1; пайка́) Ration *f*

паз *m* (1; в -у́; *pl. e.*) Fuge *f*

па́зуха *f* (5) P Busen *m*; *Anat.* Höhle

пай *m* (3; *a.* в паю́; *pl.* пай, паёв) Anteil

па́йщик *m* (1) Teilhaber; Mitglied *n*

пакга́уз *m* (1) Lagerhaus *n*, Lager *n*

паке́т *m* (1) Paket *n*; Tüte *f*

Пакиста́н *m* (1) Pakistan *n*

пакова́ть (7), <у-, за-> einpacken, verpacken

па́костить F (15), <на-> gemein handeln

па́костный F (14; -тен, -тна) niederträchtig, gemein; scheußlich, abstoßend

па́кость *f* (8) Gemeinheit

пакт *m* (1) Pakt, Vertrag

пала́та *f* (5) Kammer; Abgeordnetenhaus *n*; Krankensaal *m*

пала́тка *f* (5; -ток) Zelt *n*; Kiosk *m*

пала́точный (14) Zelt-

пала́ч *m* (1*e.*; -е́й) Henker

палёный (14) angebrannt, versengt

па́лец *m* (1; -льца) Finger; Zehe *f*; ***знать как свой пять па́льцев*** F wie die eigene Westentasche kennen; ***смотре́ть сквозь па́льцы*** ein Auge zudrücken

палиса́дник *m* (1) Vorgarten
пали́тра *f* (5) Palette
пали́ть (13*e.*) **1.** <o> absengen, versengen; **2.** F brennen, sengen
па́лка *f* (5; -лок) Stock *m*; Spazierstock *m*; Stab *m*
пало́мник *m* (1) Pilger
пало́мничать (1) pilgern
пало́мничество *n* (9) Wallfahrt *f*
па́лочка *f* (5; -чек) Stöckchen *n*, Stäbchen *n*
па́лочный (14) Stock-
па́луба *f* (5) Deck *n*
па́льма *f* (5) Palme
пальто́ *n* (*unv.*) Mantel *m*
паля́щий (17) sengend, glühend
па́мятка *f* (5; -ток) Merkblatt *n*, Merkbuch *n*
па́мятник *m* (1) Denkmal *n*; **~ *Пу́шкину*** Puschkindenkmal
па́мятный (14; -тен, -тна) denkwürdig; (*o. K.*) Gedenk-
па́мять *f* (8) Gedächtnis *n;* Andenken *n;* Erinnerung; ***на* ~** auswendig
пане́ль *f* (8) Bürgersteig *m*; Täfelung
па́ника *f* (5) Panik
паникёрство *n* (9) Panikmache *f*
панихи́да *f* (5) Totenmesse
пани́ческий (16) panisch, Panik-
пансио́н *m* (1) Pension *f*
пансиона́т *m* (1) Pension *f*; Ferienheim *n*
панте́ра *f* (5) Panther *m*
па́нцирь *m* (4) Panzer, Harnisch
па́па *m* (5) **1.** Papa, Vati; **2.** Papst
папа́ха *f* (5) Pelzmütze
папиро́са *f* (5) Zigarette *mit Mundstück*
па́пка *f* (5; -пок) Mappe; Aktendeckel *m*
па́поротник *m* (1) Farn, Farnkraut *n*
па́пский (16) päpstlich
пар *m* (1; -а/-у; в -у́; *Tech. pl. e.*) Dampf; ***на всех ~а́х*** mit Volldampf
па́ра *f* (5) Paar *n*; ***~ми*** paarweise; ***на па́ру слов*** F auf ein Wort
Парагва́й *m* (3) Paraguay *n*
пара́д *m* (1) Parade *f*
пара́дный (14; -ден, -дна) feierlich; (*o. K.*) Parade-
парадокса́льный (14; -лен, -льна) paradox
парази́т *m* (1) Schmarotzer
паразити́ческий (16) parasitär, schmarotzerhaft
парализова́ть (7) *im*(*pf.*) lähmen; *fig.* lahm legen
парали́ч *m* (1*e.*; -е́й) Lähmung *f*, Paralyse *f*
паралле́ль *f* (8) Parallele; *Geogr.* Breitenkreis *m*
паралле́льный (14); -лен, -льна) parallel, Parallel-
парапе́т *m* (1) Brüstung *f*, Geländer *n*
парашю́т *m* (1) Fallschirm
парашюти́ст *m* (1) Fallschirmspringer; *Mil.* Fallschirmjäger
парашю́тный (14) Fallschirm-
па́рень F *m* (4; -рня; *ab Gpl. e.*) junger Mann, Bursche; Kerl
пари́ *n* (*unv.*) Wette *f*; ***держа́ть* ~** wetten
Пари́ж *m* (1) Paris
парик|ма́хер *m* (1) Friseur; **~ма́херская** *f* (14) Friseursalon *m*; **~ма́херша** F *f* (5) Friseuse
пари́ровать (7), <от-> abwehren
па́рить (13) **1.** <у-> dämpfen; **2.** <вы́->: ***па́рит*** es ist schwül, es ist drückend heiß
пари́ть (13*e.*) schweben; *Flgw.* segeln
парк *m* (1) Park; Depot *n*
парке́т *m* (1) Parkett *n*
парла́мент *m* (1) Parlament *n*
парламента́рный (14) parlamentarisch
парламентёр *m* (1) Unterhändler
парла́ментский (16) Parlaments-
парни́к *m* (1*e.*) Frühbeet *n*
парнико́вый (14) Treibhaus-; **~ *эффе́кт*** *m Met.* Treibhauseffekt
парнокопы́тные *pl.* (14) Paarhufer *m/pl.*
па́рный (14) paarig
парово́з *m* (1) Dampflokomotive *f*
парово́й (14) Dampf-
пароди́ровать (7) *im*(*pf.*) parodieren
паро́дия *f* (7) Parodie
паро́ль *m* (4) Parole *f*, Losungswort *n*
паро́м *m* (1) Fähre *f*; Fährschiff *n*
парохо́д *m* (1) Dampfer
па́рта *f* (5) Schulbank
парте́р *m* (1) *Thea.* Parkett *n*
партиза́нский (16) Partisanen-

парти́йный (14; -и́ен, -и́йна) parteilich; (*o.K.*) Partei-
па́ртия *f* (7) Partei; *Hdl.*, *Sp.* Partie, Posten *m*
партнёр *m* (1) Partner
партнёрство *n* (9) Partnerschaft *f*
партнёрша F *f* (5) Partnerin
па́рус *m* (1; *pl. e.*, *N* -а́) Segel *n*
паруси́на *f* (5) Segeltuch *n*
па́русник *m* (1) Segelschiff *n*, Segler
па́русный (14) Segel-
парфюме́рия *f* (7) Parfümerie
парфюме́рный (14) Parfüm-, Parfümerie-; ~ ***магази́н*** *m* Parfümerie *f*
парши́вый (14*K.*) grindig, räudig
па́сечник *m* (1) Imker, Bienenzüchter
па́смурный (14; -рен, -рна) trübe; dunkel; *fig.* finster; mürrisch
пасова́ть (7), <с-> passen; *fig.* sich geschlagen geben
па́спорт *m* (1; *pl. e.*, *N* -а́) Pass
па́спортный (14) Pass-
螺пасса́ж *m* (1; -ей) Passage *f*; Durchgang
пассажи́р *m* (1) Fahrgast, Fluggast
пассажи́рский (16) *Esb.* Personen-; Reise-
пасси́вный (14; -вен, -вна) passiv
па́стбище *n* (11) Weide *f*
пасте́ль *f* (8) Pastellstift *m*
пастеризова́ть (7) *im(pf.)* pasteurisieren
пасти́сь *v/i* (25 -с-) weiden
пасту́х *m* (1*e.*) Hirt
па́стырь *m* (4) Seelsorger
пасть[1] → ***па́дать 2***
пасть[2] *f* (8) Rachen *m*
Па́сха *f* (5) Ostern *n*
пасха́льный (14) Oster-
патентова́ть (7) *im(pf.)*, <за-> patentieren
патологи́ческий (16) pathologisch
патриа́рхия *f* (7) Patriarchat *n*
патриоти́ческий (16) patriotisch
патро́н *m* (1) **1.** Patrone *f*; *Tech.* Einsatz; Fassung *f*; **2.** Gönner
патрули́ровать (7) patrouillieren
патру́ль *m* (4*e.*) Streife *f*, Patrouille *f*
па́уза *f* (5) Pause
пау́к *m* (1*e.*) Spinne *f*
паути́на *f* (5) Spinngewebe *n*
па́фос *m* (1) Pathos *n*
пах *m* (1; в -у́) *Anat.* Leiste *f*
паха́ть (3) pflügen, ackern
па́хнуть (21) riechen, duften (*a. fig.*; T nach)
пахну́ть (20) *pf.* wehen
па́хта *f* (5) Buttermilch
па́чка *f* (5; -чек) Päckchen *n*, Packung
па́чкать (1), <вы́-, за-, ис-> beschmutzen; **-ся**, <за-, ис-> schmutzig werden
пачку́н F *m* (1*e.*) Schmierfink
па́шня *f* (6; -шен) Acker *m*
паште́т *m* (1; -а/-у) Pastete *f*
пая́льник *m* (1) Lötkolben
пая́ть (28) löten
певе́ц *m* (1; -вца́), **певи́ца** *f* (5) Sänger(in *f*)
певу́чий (17*K.*) melodisch, wohlklingend
пе́вчий (17) Sing-
педаго́г *m* (1) Pädagoge(-gin *f*), Lehrer(in *f*)
педагоги́ческий (16) pädagogisch; Lehr-
педагоги́чный (14; -чен, -чна) pädagogisch richtig
педа́ль *f* (8) Pedal *n*, Fußhebel *m*
педанти́зм *m* (1) Pedanterie *f*
педанти́чный (14; -чен, -чна) pedantisch, peinlich genau
педиа́тр *m* (1) Kinderarzt
педикю́р *m* (1) Pediküre *f*
пейза́ж *m* (1; -ей) Landschaft *f*; Landschaftsbild *n*
пейзажи́ст *m* (1) Landschaftsmaler
пека́рня *f* (6; -рен) Bäckerei
пе́карь *m* (4; *pl. a. e.*, *N* -ря́) Bäcker
пелена́ть (1), <за-> in Windeln wickeln
пеленгова́ть (7) *im(pf.)*, <за-> orten, anpeilen
пелёнка *f* (5; -нок) Windel; **с *пелёнок*** von klein auf
пельме́ни *m/pl.* (4) Maultaschen *f/pl.*
пе́на *f* (5) Schaum *m*; Gischt *m*
пена́льти *m* (*unv.*) Elfmeter
пе́ние *n* (12) Gesang *m*
пе́нистый (14*K.*) schaumig, schäumend
пе́ниться (13) schäumen
пе́нка *f* (5; -нок) Haut (*auf Milch*)
пенсионе́р *m* (1) Rentner
пенсио́нный (14) Renten-

П

пе́нсия *f* (7) Rente; Ruhestand *m*; ***досро́чная ~*** Vorruhestand *m*
пень *m* (4; пня) Baumstumpf
пеня́ть F (28), <по-> Vorwürfe machen, vorwerfen
пе́пел *m* (1; -пла) Asche *f*
пе́пельница *f* (5) Aschenbecher *m*
пе́рвенство *n* (8) Vorrang *m*; Meisterschaft *f*; ***~ по футбо́лу*** Fußballmeisterschaft *f*
пе́рвенствовать (7) Erster sein, in Führung liegen
перви́чный (14; -чен, -чна) primär
первобы́тный (14; -тен, -тна) ursprünglich
первокла́ссник *m* (1) Schüler der ersten Klasse
первокла́ссный (14) erstklassig, erstrangig
Первома́й *m* (3) Erste(r) Mai
первонача́льный (14; -лен, -льна) ursprünglich; anfänglich
первоо́браз *m* (1) Prototyp, Urbild *n*
перво|разря́дный (14) erstklassig; **~со́ртный** (14; -тен, -тна) erstklassig; **~степе́нный** (14; -е́нен, -е́нна) erstrangig, überragend
первоцве́т *m* (1) Primel *f*
пе́рвый (14) erste(r); ***пе́рвое вре́мя*** zuerst, anfangs; ***с пе́рвого взгля́да*** auf den ersten Blick
перебази́ровать (7) *im*(*pf.*) verlagern
перебаллотиро́вка *f* (5; -вок) Stichwahl
перебега́ть (1), <перебежа́ть> (-бегу́, -бежи́шь, -бегу́т) (В, ***через*** В über) laufen, überlaufen
перебе́жчик *m* (1) Überläufer
перебива́ть (1), <переби́ть> (-бью́, -бьёшь) erschlagen; unterbrechen; **-ся** F sich durchschlagen, durchkommen
перебира́ть (1), <перебра́ть> (-беру́, -берёшь) sichten, durchsehen; auslesen, aussortieren
переби́ть(ся) → ***перебива́ть(ся)***
перебо́й *m* (3) Stockung *f*, Unterbrechung *f*; Störung *f*; ***с перебо́ями*** unregelmäßig
переболе́ть (8) *pf.* überstehen (T); durchmachen
перебо́р F *m* (1) Überschuss
перебо́рка *f* (5; -рок) Trennwand
перебоpо́ть (17) *pf.* überwinden; *fig.* bezwingen
перебра́нка F *f* (5; -нок) Gezänk *n*, Wortwechsel *m*
перебра́сывать (1), <перебро́сить> (15) hinüberwerfen; eilig versetzen, verlegen; **-ся** hinüberspringen, überspringen; übergreifen, sich ausbreiten
перебра́ть → ***перебира́ть***
перебро́сить(ся) → ***перебра́сывать(ся)***
перева́л *m* (1) Gebirgspass
перева́ливать (1), <перевали́ть> (13) überqueren (***через*** В)
перева́лка *f* (5) Umladen *n*, Umschlag *m*
перева́ривать (1), <перевари́ть> (13) verdauen; noch einmal kochen; zerkochen
перевезти́ → ***перевози́ть***
перевёртывать (1), <переверну́ть> (20) umdrehen, wenden; **-ся** sich drehen; umkippen
переве́с *m* (1) Übergewicht *n*, Übermacht *f*
переве́сить(ся) → ***переве́шивать(ся)***
перевести́(сь) → ***переводи́ть(ся)***
переве́шивать (1), <переве́сить> (15) umhängen; nachwiegen; schwerer sein; **-ся** sich beugen (***через*** В über)
перево́д *m* (1) Versetzung *f*; Übersetzung *f*; *Fin.* Überweisung *f*
переводи́ть (15), <перевести́> (25) hinüberführen; *Schüler* versetzen; übersetzen, dolmetschen; *Fin.* überweisen; F vertilgen; vernichten; **-ся**, <-сь> überwechseln; sich versetzen lassen
перево́дный (14) übersetzt, Übersetzungs-
перево́дчик *m* (1), **перево́дчица** *f* (5) Übersetzer(in *f*); Dolmetscher(in *f*)
перево́з *m* (1) Beförderung *f*, Transport; Überfahrt *f*
перевози́ть (15), <перевезти́> (24) hinüberfahren; hinübersetzen; befördern
перево́зка *f* (5; -зок) Transport *m*
перево́зчик *m* (1) Fährmann
перевоплоща́ться (1), <перево-

плоти́ться> (15*e.*; -т/щ-) sich verwandeln; hineinwachsen

перевоплоще́ние *n* (12) Verwandlung *f*; Umgestaltung *f*

переворо́т *m* (1) Umwälzung *f*, Umsturz

перевоспита́ние *n* (12) Umerziehung *f*

перевоспи́тывать, <перевоспита́ть> (1) umerziehen

перевы́боры *pl.* (1) Neuwahlen *f/pl.*

перевыполня́ть (28), <перевы́полнить> (13) übererfüllen

перевя́зка *f* (5, -зок) Verbinden *n*; Verband *m*

перевя́зочный (14) Verband(s)-

перевя́зывать (1), <перевяза́ть> (3) verbinden; zubinden

пе́ревязь *f* (8) Schulterriemen *m*; (Arm-)Schlinge

переги́б *m* (1) Kniff, Knick; Überspitzung *f*, Übertreibung *f*

перегиба́ть (1), <перегну́ть> (20; пере́гнутый) umbiegen; falten; zu weit gehen; **~ *па́лку*** F den Bogen überspannen

перегласо́вка *f* (5; -вок) Umlaut *m*

перегля́дываться (1), *einm.* <переглану́ться> (19) *impf.* Blicke wechseln, *pf.* e-n Blick wechseln

перегна́ть → ***перегоня́ть***

перегнива́ть (1), <перегни́ть> (-иёт; -ила́) vermodern

перегно́й *m* (3) Humus

перегну́ть → ***перегиба́ть***

перегова́риваться (1) sich unterhalten, plaudern

переговори́ть (13*e.*) *pf.* sprechen, kurz besprechen; F mundtot machen

перегово́ры *pl.* (1) Verhandlungen *f/pl.*; Gespräch(e *pl.*) *n*

перего́н *m* (1) Streckenabschnitt; **~ка** *f* (5) Destillation

перего́нный (14) Destillier-

перегоня́ть (28), <перегна́ть> (-оню́, перего́нишь; -ла́; пере́гнанный) treiben, hinübertreiben; überholen; destillieren

перегора́живать (1), <перегороди́ть> (15) durch e-e Zwischenwand trennen; absperren

перегора́ть (1), <перегоре́ть> (9*e.*) durchbrennen; verbrennen; *fig.* abstumpfen

перегороди́ть → ***перегора́живать***

перегоро́дка *f* (5; -док) Trennwand, Zwischenwand

перегрева́ть (1), <перегре́ть> (8; -тый) überhitzen

перегружа́ть (1), <перегрузи́ть> (15/15e.) umladen; überladen, überlasten

перегру́зка *f* (5; -зок) Umladung; Überladung

перегруппиро́вка *f* (5; -вок) Umgruppierung

перегрыза́ть (1), <перегры́зть> (24; *Prät. st.*) durchnagen, durchbeißen

пе́ред, ~о (T) vor; **~ *тем как*** (*a.* + *Inf.*) bevor (+ *Ind.*)

перёд *m* (1) Vorderteil

передава́ть (5), <переда́ть> (-да́м, -да́шь -да́л, -дала́; -да́нный: -на́) übergeben, überreichen; übermitteln; *Rdf.* senden; **-ся** übergehen (B auf *j-n*), sich vererben

переда́тчик *m* (1) Sender

переда́ча *f* (5) Wiedergabe; Übermittlung; *Rdf.* Sendung, Übertragung; *Tech.* Getriebe *n*

передвига́ть (1), <передви́нуть> (20) verschieben (*a. fig.*), verrücken, *Termin* verlegen

передвиже́ние *n* (12) Fortbewegung *f*; Verschiebung *f*; Transport(e *pl.*) *m*

передвижно́й (14) Wander-; verschiebbar; verstellbar; fahrbar

переде́лать → ***переде́лывать***

переде́лка *f* (5; -лок) Umarbeitung

переде́лывать <переде́лать> (1) umarbeiten, umändern; umformen

переде́рживать (1), <передержа́ть> (4) zu lange lassen; *Fot.* überbelichten

переде́ржка *f* (5; -жек) Überbelichtung; F Fälschung

пере́дний (15) vordere(r), Vorder-

пере́дник *m* (1) Schürze *f*

пере́дняя *f* (15) Vorzimmer *n*; Hausflur *m*

передоверя́ть (28), <передове́рить> (13) anvertrauen

передови́ца F *f* (5) Leitartikel *m*

передовóй (14) vorderst; Vorder-; *Posten* vorgeschoben; fortschrittlich; führend

передохнýть (20) *pf.* Atem holen, F verschnaufen

передрáзнивать (1), <передразни́ть> (13; *a.* -нённый) nachäffen, nachmachen

передýмывать, <передýмать> (1) es sich anders überlegen, s-e Meinung ändern

переды́шка *f* (5; -шек) Atempause, Verschnaufpause

переедáть (1), <переéсть> (-éм, -éшь) zu viel essen

переéзд *m* (1) Überfahrt *f*; Umzug; Bahnübergang

переезжáть (1), <переéхать> (-éду, -éдешь; -езжáй!) überqueren; umziehen

переéсть → ***переедáть***

переéхать → ***переезжáть***

переждáть → ***пережидáть***

пережёвывать (1), <пережевáть> (6*e.*; -у-) zerkauen; F (*fig. impf.*) wiederkäuen

пережéчь → ***пережигáть***

переживáние *n* (12) Erlebnis

переживáть (1), <пережи́ть> (-живý, -живёшь; пéрежи́л, -á; пéрежи́тый: -тá) erleben, durchmachen; überleben

пережигáть (1), <пережéчь> (26 -г/ж-; -жгý, -жжёшь) zu stark brennen; durchbrennen

пережидáть (1), <переждáть> (-ждý, -ждёшь; -ждалá) abwarten, warten

пережи́ток *m* (1; -тка) Überbleibsel *n*, Überrest

пережи́ть → ***переживáть***

перезаключи́ть (16*e.*) *pf.* erneuern

перезаряжáть (1), <перезаряди́ть> (15*e.*/15) neu laden; ~ ***фотоаппарáт*** e-n neuen Film einlegen

перезвóн *m* (1) Glockengeläut *n*

перезимóвывать (1), <перезимовáть> (7) überwintern

перезрéть (8) *pf.* überreif werden

перeигрывать, <переигрáть> (1) *Spiel* wiederholen

переизбрáние *n* (12) Wiederwahl *f*, Neuwahl *f*

переиздавáть (5), <переиздáть> (-дáм, -дáшь; -дал, -á; -и́зданный: -анá) neu auflegen

переиздáние *n* (12) Neuauflage *f*, Neuausgabe *f*

переименовáние *n* (12) Umbenennung *f*

переименóвывать (1), <переименовáть> (7) umbenennen

переинáчивать F (1), <переинáчить> (16) umändern, ummodeln

перейти́ → ***переходи́ть***

перекáпывать, <перекопáть> (1) umgraben

перекáт *m* (1) Sandbank *f*

перекáтывать (1), <перекати́ть> (15) rollen, hinüberrollen

перекáшивать (1), <перекоси́ть> (15*e.*) verziehen, verzerren; **-ся** schief werden, sich verziehen

переквалифици́ровать (7) *pf.* umschulen; **-ся** umsatteln, e-n anderen Beruf erlernen

перекиднóй (14) Umlege-; Umhänge-

переки́дывать (1), <переки́нуть> (20); hinüberwerfen; *Brücke* schlagen; **-ся** hinüberspringen; sich ausbreiten, übergreifen; einander zuwerfen

перекипáть (1), <перекипéть> (10*e.*) auskochen

пéрекись *f* (8) Peroxyd *n*

переклáдина *f* (5) Querbalken *m*; *Sp.* Reck *n*

переклáдывать (1), <переложи́ть> (16) verlegen, legen; umlagern; umpacken, verpacken, einpacken

переклéивать (1), <переклéить> (13) umkleben; *Tapeten* wechseln

перекликáться (1), *einm.* <перекли́кнуться> (20) einander zurufen; *impf. fig.* nahe kommen, ähneln (**с** T)

перекли́чка *f* (5; -чек) Appell *m*; Namensaufruf *m*

переключáтель *m* (4) Umschalter, Schalter

переключáть (1), <переключи́ть> (16*e.*) umschalten; *fig.* umstellen

переключéние *n* (12) Umschaltung *f*; Umstellung *f*; ~ ***скоростéй*** *Kfz.* Gangschaltung *f*

перекóвывать (1), <перековáть>

(7*e.*) neu beschlagen; umerziehen
перекопáть → ***перекáпывать***
перекосить(ся) → ***перекáшивать(ся)***
перекрáивать (1), <перекрóить> (13*e.*; -óенный) neu zuschneiden; F umkrempeln, umformen
перекрáшивать (1), <перекрáсить> (15) umfärben, neu anstreichen
перекрёстный (14) Kreuz-
перекрёсток *m* (1; -тка) Straßenkreuzung *f*
перекрéщивать (1), <перекрестить> (15; -ещённый: -ещенá, -ó) umtaufen
перекричáть (4*e.*) *pf.* überschreien
перекрóить → ***перекрáивать***
перекрывáть (1), <перекры́ть> (22) *Dach* umdecken; *KSp.* stechen, ausstechen; überbieten
перекувырнýть F (20) *pf.* umkippen; **-ся** sich überschlagen
перекупáть (1), <перекупить> (14) aufkaufen; zurückkaufen; F wegschnappen (**у** P)
перекýпщик *m* (1) Aufkäufer
перекýр F *m* (1) Zigarettenpause *f*
перекурить (13) *pf.* aufrauchen; F e-e Zigarettenpause einlegen
перекýсывать (1), <перекусить> (15) durchbeißen; F e-n Bissen zu sich nehmen
перелагáть (1), <переложить> (16) verlegen; abwälzen; umpacken, umstapeln; **~ *на мýзыку*** vertonen
перелáмывать (1), <переломить> (14) zerbrechen, entzweibrechen; überwinden
перелезáть (1), <перелéзть> (24*st.*) hinüberklettern (***через*** B über)
перелéсок *m* (1; -ска) Waldstück *n*
перелёт *m* (1) Flug
перелетáть (1), <перелетéть> (11*e.*) überfliegen
переливáние *n* (12) Transfusion *f*
переливáть (1), <перелить> (-лью́, -льёшь) umgießen; zu viel eingießen; *Blut* übertragen; **-ся** überfließen, überlaufen
перелистывать, <перелистáть> (1) umblättern, durchblättern
перелить(ся) → ***переливáть(ся)***
перелицóвывать (1), <перелицевáть> (6 -ý-; -цóванный) *Kleidungsstück* wenden
переложéние *n* (12) Bearbeitung *f*, Umsetzung *f*
переложить → ***перекладывать***, ***перелагáть***
перелóм *m* (1) Bruch; Umbruch, Umschwung
переломáть (1) *pf.* zerbrechen; **-ся** kaputtgehen
переломить → ***перелáмывать***
перемáзать F (3) *pf.* beschmieren, beschmutzen
перемáлывать (1), <перемолóть> (17; -мелю́, -мéлешь; -меля́) mahlen
перемáнивать (1), <переманить> (13) weglocken; abwerben
перемáхивать F (1), <перемахнýть> (20) springen (***через*** B über); hinübersetzen
перемежáться (1) abwechseln
перемéна *f* (5) Änderung, Veränderung; Wechsel *m*; Pause
перемéнный (14) veränderlich; wechselnd; *El.* Wechsel-
перемéнчивый F (14*K.*) unbeständig
переменя́ть (28), <переменить> (13; -нённый: -ненá) wechseln, auswechseln; **-ся** F tauschen (T)
перемерзáть (1), <перемёрзнуть> (21) alle ... erfrieren; F durchfroren sein
перемéрить (13) *pf.* neu vermessen; erneut anprobieren
переместить(ся) → ***перемещáть(ся)***
перемéшивать, <перемешáть> (1) vermischen, vermengen; durchrühren; **-ся** durcheinander geraten
перемещáть (1), <переместить> (15*e.*) umstellen; verlagern; **-ся** sich verlagern; s-n Standort verlegen
перемещéние *n* (12) Umstellung *f*, Verlagerung *f*; Versetzung *f*
перемигиваться F (1), *einm.* <перемигнýться> (20) sich zublinzeln
перемирие *n* (12) Waffenstillstand *m*
перемóлвить(ся) F (14) *pf.* ein paar Worte wechseln

П

перемоло́ть → ***перема́лывать***
перемота́ть (1) *pf.* umwickeln; neu wickeln
перенапряга́ться (1), <перенапря́чься> (26 -г/ж-; -пря́г) sich überanstrengen
перенапряже́ние *n* (12) Überanstrengung *f*
перенаселе́ние *n* (12), **перенаселённость** *f* (8) Überbevölkerung *f*
перенести́ → ***переноси́ть***
перенима́ть (1), <переня́ть> (-ейму́, -еймёшь; пе́реня́л, -а́; пе́ренятый: -та́) übernehmen; sich aneignen
перено́с *m* (1) Verlagerung *f*, Verlegung *f*; Silbentrennung *f*
переноси́ть (15), <перенести́> (25 -с-; -нёс) hinübertragen, hinüberbringen; verlegen; vertagen; übertragen; übergeben
перено́сный (14) tragbar, transportabel; *fig.* übertragen
перено́счик *m* (1) *Med.* Überträger
переночева́ть → ***ночева́ть***
перенумерова́ть (7) *pf.* umnummerieren; durchnummerieren
переня́ть → ***перенима́ть***
переобору́довать (7) *pf.* neu ausstatten, neu ausrüsten
переобремени́ть (13*e.*) *pf.* überlasten
переодева́ть (1), <переоде́ть> (-де́ну, -де́нешь; -де́тый) umkleiden; *Kleidung* wechseln; **-ся** sich umkleiden
переоце́нивать (1), <переоцени́ть> (13; -нённый) *Ware* neu auszeichnen; überschätzen
переоце́нка *f* (5; -нок) Überbewertung; ~ ***це́нностей*** Umwertung der Werte
перепа́лка F *f* (5; -лок) Geplänkel *n*
перепа́чкать (1) *pf.* über und über beschmutzen
перепе́в *m* (1) Wiederholung *f*
перепеча́тка *f* (5; -ток) Nachdruck *m*
перепеча́тывать, <перепеча́тать> (1) nachdrucken; abschreiben, umschreiben
перепи́ска *f* (5; -сок) Briefwechsel *m*, Korrespondenz
пе́репись *f* (8) Zählung; Erfassung
переплавля́ть (28), <перепла́вить> (14) umschmelzen
перепланиро́вать (7) *pf.* umplanen, neu planen
перепла́чивать (1), <переплати́ть> (15) zu viel bezahlen
переплёт *m* (1) Einband
переплета́ть (1), <переплести́> (25 -т-) einbinden; ineinander verflechten
переплётный (14) Buchbinder-; Einband-; *Su. f* Buchbinderei
переплыва́ть (1), <переплы́ть> (23) hinüberschwimmen
переподгото́вка *f* (5; -вок) Fortbildung
переполня́ть (28), <перепо́лнить> (13) überfüllen, überladen; **-ся** übervoll werden
перепо́нка *f* (5; -нок) Häutchen *n*; Membran; ***бараба́нная*** ~ *Anat.* Trommelfell *n*
перепоручи́ть (16) *pf.* übertragen, übergeben
перепра́ва *f* (5) Übersetzen *n*; Überfahrt
переправля́ть (28), <перепра́вить) (14) übersetzen, hinüberbringen; **-ся** überqueren (***через*** В)
перепро́бовать (7) *pf.* durchprobieren
перепрода́жа *f* (5) Wiederverkauf *m*
перепроизво́дство *n* (9) Überproduktion *f*
перепры́гивать (1), <перепры́гнуть> (20) hinüberspringen, überspringen
перепу́г F *m* (1; -а/-у) Schreck (**с** P vor)
перепуга́ть (1) *pf.* erschrecken; **-ся** e-n Schreck bekommen
перепу́тывать, <перепу́тать> (1) verwirren, durcheinander bringen
перераба́тывать, <перерабо́тать> (1) umarbeiten, überarbeiten; verarbeiten
перерабо́тка *f* (5; -ток) Umarbeitung; Bearbeitung
перераспределе́ние *n* (12) Neuverteilung *f*
перераста́ть (1), <перерасти́> (-ту́, -тёшь; переро́с, -ла́) größer

werden, *j-m* über den Kopf wachsen
перерасхо́д *m* (1) Mehrverbrauch, Mehrausgabe(n *pl.*) *f*
перерасхо́довать (7) *pf.* zu viel verbrauchen
перерасчёт *m* (1) Neuberechnung *f*
перерва́ть → ***перерыва́ть 1***
перереза́ть, **переpéзывать** (1), <перере́зать> (3) durchschneiden; *Weg* abschneiden
перержа́веть F (8) *pf.* durchrosten
перерисова́ть (7) *pf.* abzeichnen; neu zeichnen
перерожда́ть (1), <переродить> (15*e.*; -ждённый) umgestalten, neugestalten; **-ся** sich völlig verwandeln; ein anderer Mensch werden
перерожде́ние *n* (12) Verwandlung *f*; Wiedergeburt *f*
переруба́ть (1), <перерубить> (14) durchhauen
переры́в *m* (1) Unterbrechung *f*; Pause *f*; ***без ~а*** durchgehend
перерыва́ть (1) **1.** <перерва́ть> (-ву́, -вёшь; -вала́; пере́рванный) zerreißen; **2.** <переры́ть> (22) umgraben
пересади́ть → ***переса́живать***
переса́дка *f* (5; -док) Verpflanzung; *Med.* Transplantation; Umsteigen *n*; ***без переса́дки*** ohne umzusteigen
переса́дочный (14) Umsteige-
переса́живать (1), <пересади́ть> (15) umsetzen; verpflanzen; *Med.* transplantieren
переса́живаться (1), <пересе́сть> (25*st.*; -ся́ду, -ся́дешь; -се́л) s-n Platz wechseln; umsteigen
переса́ливать (1), <пересоли́ть> (13/13*e.*; -со́ленный) versalzen; F übertreiben
пересдава́ть (5), <пересда́ть> (-а́м, -а́шь; -ала́; -ана́, -ано́) untervermieten, weitervermieten
пересека́ть (1), <пересе́чь> (26; -се́к) überqueren; durchkreuzen; *Weg* abschneiden
переселе́нец *m* (1; -нца) Umsiedler; Auswanderer, Aussiedler
переселе́ние *n* (12) Umsiedlung *f*; Auswanderung *f*
переселя́ть (28), <переселить> (13*e.*) umsiedeln; **-ся** übersiedeln; umziehen; auswandern
пересе́сть → ***переса́живаться***
пересече́ние *n* (12) Überquerung *f*; Überschneidung *f*
пересе́чь → ***пересека́ть***
переси́живать F (1), <пересиде́ть> (11*e.*) zu lange sitzen bleiben
переси́ливать (1), <переси́лить> (13) bezwingen; überwältigen
переска́з *m* (1) Nacherzählung *f*
переска́зывать (1), <пересказа́ть> (3) nacherzählen
перескаки́вать (1), <перескочи́ть> (16) hinüberspringen; *Text* überspringen
пересла́ть → ***пересыла́ть***
пересма́тривать (1), <пересмотре́ть> (9) nochmals durchsehen; überprüfen; revidieren
пересме́ивать F (1) bespötteln
пересмо́тр *m* (1) nochmalige Durchsicht *f*; Überprüfung *f*; Revision *f*
пересмотре́ть → ***пересма́тривать***
переснима́ть (1), <пересня́ть> (-ниму́, -ни́мешь; -няла́; -ня́та́) *Foto* nochmals aufnehmen; *Kopie* anfertigen
пересоздава́ть (5), <пересозда́ть> (-да́м, -да́шь; -дала́; -со́зданный: -ана́) neugestalten, umgestalten
пересоли́ть → ***переса́ливать***
пересо́хнуть → ***пересыха́ть***
переспра́шивать (1), <переспроси́ть> (15) nochmals fragen
перестава́ть (5), <переста́ть> (-а́ну, -а́нешь) aufhören
переставля́ть (28), <переста́вить> (14) *Möbel* umstellen
перестано́вка *f* (5; -вок) Umstellung
перестара́ться F (1) *pf.* des Guten zu viel tun, übereifrig sein
переста́ть → ***перестава́ть***
перестила́ть (1), <перестели́ть>, <перестла́ть> (-стелю́, -сте́лешь; пере́стланный) neu legen, neu dielen
перестира́ть (1) *pf.* nochmals waschen
перестла́ть → ***перестила́ть***
перестоя́ть (-ою́, -ои́шь) *pf.* zu lange stehen

П

перестрада́ть (1) *pf.* viel erdulden

перестра́ивать (1), <перестро́ить> (13) umbauen; umgestalten, umstrukturieren; *Instrument* umstimmen

перестрахо́вка *f* (5; -вок) Rückversicherung

перестрахо́вывать (1), <перестрахова́ть> (7) neu versichern; rückversichern; **-ся** sich rückversichern

перестре́лка *f* (5; -лок) Schusswechsel *m*, Feuergefecht *n*

перестреля́ть (28) *pf.* alle ... niederschießen, über den Haufen schießen

перестро́ить → ***перестра́ивать***

перестро́йка *f* (5; -óек) Umbau *m*, Umgestaltung

переступа́ть (1), <переступи́ть> (14) überschreiten, übertreten

пересуши́ть (16) *pf.* zu lange trocknen lassen

пересчи́тывать, <пересчита́ть> (1) nachrechnen, nachzählen; umrechnen

пересыла́ть (1), <пересла́ть> (-ешлю́, -ешлёшь; -е́сланный) übersenden, überweisen, schicken

пересы́лка *f* (5; -лок) Übersendung; Versand *m*

пересыха́ть (1), <пересо́хнуть> (21) austrocknen, vertrocknen

перета́скивать (1), <перетащи́ть> (16) hinüberschleppen; anderswohin schleppen

перетира́ть (1), <перетере́ть> (12) durchscheuern, durchreiben; trocken wischen, abtrocknen

перетолко́вывать (1), <перетолкова́ть> (7) missdeuten, falsch auslegen

перетря́хивать (1), <перетряхну́ть> (20) durchschütteln; aufschütteln

перетя́гивать (1), <перетяну́ть> (19) hinüberziehen

переубежда́ть (1), <переубеди́ть> (16*e.*; *o. 1. Pers. sg.*; -ждённый) *impf.* umzustimmen versuchen; *pf.* umstimmen, überreden

переу́лок *m* (1; -лка) Gasse *f*

переустро́йство *n* (9) Umgestaltung *f*

переутомле́ние *n* (12) Übermüdung *f*; Überanstrengung *f*

переутомля́ться (28), <переутоми́ться> (14*e.*) sich überanstrengen

переучёт *m* (1) Inventur *f*, Bestandsaufnahme *f*

переу́чивать (1), <переучи́ть> (16) umschulen; **-ся** umschulen, neu lernen

перефрази́ровать (7) *im*(*pf.*) umschreiben

перехва́тывать (1), <перехвати́ть> (15) abfangen, erwischen

перехва́тчик *m* (1): ***лётчик-~*** Abfangjäger

перехитри́ть (13*e.*) *pf.* überlisten

перехо́д *m* (1) Übergang, Überquerung *f*; ***подзе́мный ~*** Unterführung *f*

переходи́ть (15), <перейти́> (-ейду́, -ейдёшь; -ейдённый: -ена́) hinübergehen; überschreiten; überqueren; umziehen; ***~ к де́лу*** zur Sache kommen; ***~ че́рез у́лицу*** die Straße überqueren

переходно́й, **перехо́дный** (14) Übergangs-; Zwischen-; *Gr.* transitiv

переходя́щий (17) Wander-

пе́рец *m* (1; -рца/-рцу) Pfeffer

пе́речень *m* (4; -чня) Verzeichnis *n*

перечёркивать (1), <перечеркну́ть> (20) durchstreichen

перече́сть → ***перечи́тывать***

перечисле́ние *n* (12) Aufzählung *f*; Transfer *m*

перечисля́ть (28), <перечи́слить> (13) aufzählen; transferieren, überweisen

перечи́тывать, <перечита́ть> (1), <перече́сть> (-чту́, -чтёшь; -чёл, -чла́; -чтя́; -чтённый: -ена́) nochmals lesen

переше́ек *m* (1; -е́йка) Landenge *f*

перешёптываться (1) tuscheln

перешива́ть (1), <переши́ть> (-шью́, -шьёшь) umarbeiten, umnähen

пери́ла *pl.* (9) Geländer *n*

пери́на *f* (5) Federbett *n*

пери́од *m* (1) Periode *f*, Zeitraum; ***~ полураспа́да*** Halbwertszeit *f*

периоди́ческий (16) periodisch

периско́п *m* (1) Sehrohr *n*, Periskop *n*

пе́ристый (14) gefiedert
перифери́йный (16) peripher
перифери́я *f* (7) Peripherie, Randgebiet *n*
перламу́тр *m* (1) Perlmutter *f*
перманéнт *m* (1) Dauerwelle *f*
перна́тый (14) gefiedert
перо́ *n* (9; *pl.* пе́рья, -ьев) Feder *f*; *Tech.* Blatt
перочи́нный (14): **~ нож** *m* Taschenmesser *n*
перпендикуля́р *m* (1) Senkrechte *f*; Lot *n*
перпендикуля́рный (14; -рен, -рна) senkrecht, lotrecht
пе́рсик *m* (1) Pfirsich; Pfirsichbaum
пе́рсиковый (14) Pfirsich-
персо́на *f* (5) Person
персона́ж *m* (1; персона́жей) Gestalt *f*, Figur *f*
персона́л *m* (1) Personal *n*, Belegschaft *f*
перспекти́ва *f* (5) Perspektive; Aussicht
перспекти́вный (14; -вен, -вна) perspektivisch; (*o.K.*) Perspektiv-
пе́рстень *m* (4; -тня; *ab G pl. a. e.*) Fingerring
перфора́тор *m* (1) Locher
перха́ть F (1) hüsteln, sich räuspern
пе́рхоть *f* (8) *koll.* Kopfschuppen *f/pl.*
перча́тка *f* (5; -ток) Handschuh *m*
пе́рчи́ть (16/16*e.*), <по-> pfeffern
пёс *m* (1; пса) Hund, Köter
пе́сенка *f* (5; -нок) Liedchen *n*
пе́сенник *m* (1) Liederbuch *n*
песе́ц *m* (1; -сца́) Polarfuchs
пе́сня *f* (6; -сен) Lied *n*
песо́к *m* (1; -ска́/-ску́) Sand
песо́чница *f* (5) Sandkasten *m*
пессимисти́ческий (16), **пессимисти́чный** (14; -чен, -чна) pessimistisch
пестре́ть (8) bunt schimmern
пестри́ть (13*e.*) schmücken, ausschmücken (*a. fig.*)
пестрота́ *f* (5) Buntheit
пёстрый (14; пёстр, пестра́) bunt; bunt zusammengewürfelt
песча́ник m (1) Sandstein
песча́ный (14) sandig; Sand-
петли́ца *f* (5) Knopfloch *n*
петля́ *f* (6; *pl. st.*; -тель) Schlinge; Schlaufe; ***спусти́вшаяся* ~** Laufmasche
петру́шка *f* (5; -шек) Petersilie
пету́х *m* (1*e.*) Hahn
петуши́ться F (16*e.*) sich ereifern
петь (пою́, поёшь, пой!; пе́тый) **1.** <с-> singen (T); **2.** <про-> krähen
пехо́та *f* (5) Infanterie
пехоти́нец *m* (1; -нца) Infanterist
пехо́тный (14) Infanterie-
печа́литься (13), <о-> traurig sein
печа́ль *f* (8) Kummer *m*, Leid *n*, Trauer
печа́льный (14; -лен, -льна) traurig, betrübt
печа́тание *n* (12) Drucklegung *f*, Druck *m*
печа́тать (1), <на-> drucken; tippen; **-ся** *impf. Typ.* im Druck sein; s-e Werke drucken lassen
печа́тник *m* (1) Drucker
печа́тный (14) gedruckt, Druck-
печа́ть *f* (8) Stempel *m*; Siegel *n*; Druck *m*; Presse
печёнка *f* (5; -нок) Leber
печёный (14) gebacken
пе́чень *f* (8) Leber
пече́нье *n* (10; -ний) Gebäck
пе́чка *f* (5; -чек) Ofen *m*; ***танцева́ть от пе́чки*** F routinemäßig erledigen
печно́й (14) Ofen-
печь¹ *f* (8; в -чи́; *ab Gpl. e.*) Ofen *m*
печь² (26), <ис-> backen; **-ся** **1.** <ис-> backen; **2.** sich kümmern (**о** П um), sorgen (für)
пешехо́д *m* (1) Fußgänger
пе́ший (17) Fuß-; zu Fuß gehend
пе́шка *f* (5; -шек) *Schach*: Bauer *m*
пешко́м zu Fuß
пеще́ра *f* (5) Höhle
пиани́но *n* (*unv.*) Klavier
пивна́я *f* (14) Kneipe
пивно́й (14) Bier-
пи́во *n* (9) Bier
пивова́ренный (14): **~ *заво́д*** *m* Bierbrauerei *f*
пиджа́к *m* (1*e.*) Jacke *f*, Sakko *m*, *n*
пижа́ма *f* (5) Schlafanzug *m*
пизда́ V *f* (5; *pl. st.*) Scham, V Fotze
пик *m* (1) Bergspitze *f*; **часы́** *m/pl.* **~** Hauptverkehrszeit *f*
пика́нтный (14; -тен, -тна) pikant

П

пика́п *m* (1) *Kfz.* Kombiwagen
пике́т(чик) *m* (1) Streikposten *m/pl.*
пи́ки *pl.* (5) *Ksp.* Pik *n*
пики́ровать (7) *im(pf.),* <с-> im Sturzflug niedergehen
пикни́к *m* (1*e.*) Picknick *n*
пила́ *f* (5; *pl. st.*) Säge
пилёный (14): **~ *са́хар*** *m* Würfelzucker
пили́ть (13) sägen; feilen
пи́лка *f* (5; -лок) Sägen *n*; Laubsäge; Nagelfeile
пило́т *m* (1) Pilot, Flugzeugführer
пилю́ля *f* (6) Pille
пина́ть (1) F e-n Fußtritt versetzen
пингви́н *m* (1) Pinguin
пино́к *m* (1; -нка́) Fußtritt
пинце́т *m* (1) Pinzette *f*
пио́н *m* (1) Pfingstrose *f*
пионе́р *m* (1) Pionier
пипе́тка *f* (5; -ток) Pipette
пир *m* (1; на -у́; *pl. e.*) Festmahl *n*, Gelage *n*
пирами́да *f* (5) Pyramide
пирамида́льный (14; -лен, -льна) pyramidenförmig; (*o.K.*) Pyramiden-
пира́тский (14) Piraten-
пирова́ть (7) tafeln, prassen
пиро́г *m* (1*e.*) Pastete *f*, Pirogge *f*
пиро́жное *n* (14) Kuchen *m*
писа́ние *n* (12) Schreiben
пи́сарь *m* (4; *pl. a. e.*, *N* -ря́) Schreiber
писа́тель *m* (4), **писа́тельница** *f* (5) Schriftsteller(in *f*)
писа́тельский (16) Schriftsteller-, schriftstellerisch
писа́ть (3), <на-> schreiben; malen; ***не про тебя́ пи́сано*** F das ist zu hoch für dich; **-ся**: ***ему́ не пи́шется*** er hat keine Lust zu schreiben
пи́скнуть → ***пища́ть***
пистоле́т *m* (1) Pistole *f*
писчебума́жный (14) Schreibwaren-
пи́сьменность *f* (8) Schrift; Schrifttum *n*
пи́сьменный (14) schriftlich; Schreib-
письмо́ *n* (9; *pl. st.*, *G* пи́сем) Brief *m*; Schreiben; Schrift *f*
письмоно́сец *m* (1; -сца) Briefträger
пита́ние *n* (12) Nahrung *f*; Ernährung *f*; Verpflegung *f*
пита́тельность *f* (8) Nährwert *m*
пита́тельный (14; -лен, -льна) nahrhaft
пита́ть (1) ernähren; verpflegen; *fig.* hegen; **-ся** sich ernähren (T von)
пито́мник *m* (1) Baumschule *f*
пить (пью, пьёшь; пила́; пей!; пита́) trinken; ***как ~ дать*** todsicher
питьё *n* (10; *pl. nur G* -те́й) Getränk
питьево́й (14) trinkbar
пи́хта *f* (5) Edeltanne
пи́шущий (17) Schreib-
пи́ща *f* (5) Nahrung, Kost; ***гру́бая ~*** Rohkost
пища́ть (4*e.*), *einm.* <пи́скнуть> (20) piepsen, quieken
пищеваре́ние *n* (12) Verdauung *f*
пищево́д *m* (1) Speiseröhre *f*
пищево́й (14) Nahrungs-, Lebensmittel-
пла́вание *n* (12) Schwimmen; *Mar.* Seereise *f*
пла́вательный (14) Schwimm-
пла́вать (1) schwimmen; schwimmen können
пла́вить (14), <рас-> schmelzen
пла́вки *pl.* (5; -вок) Badehose *f*
пла́вкий (16; -вок, -вка) schmelzbar
плавни́к *m* (1*e.*) Flosse *f*
пла́вный (14; -вен, -вна) sanft, fließend; *Tech.* stufenlos
плаву́чий (17) Schwimm-
плака́т *m* (1) Plakat *n*; Aushang
пла́кать (3) weinen; schluchzen; **-ся** F klagen, sich beklagen (***на*** B über)
плаку́чий (17) Trauer-
пла́менный (14; -енен, -енна) flammend, glühend; glutrot
пла́мя *n* (13) Flamme *f*
план *m* (1) Plan, Grundriss; ***~ го́рода*** Stadtplan
плане́та *f* (5) Planet *m*
планета́рий *m* (3; -ии) Planetarium *n*
плани́рование *n* (12) Planung *f*, Projektierung *f*
плани́ровать (7) **1.** <за-> planen, entwerfen, projektieren; **2.** <с-> *Flgw.* gleiten, segeln
планиро́вка *f* (5; -вок) Planung, Projektierung

П

пла́нка *f* (5; -нок) Leiste, Latte
пла́новый (14) Plan-, Planungs-; ***пла́новая эконо́мика*** *f* Planwirtschaft
планоме́рный (14; -рен, -рна) planmäßig
планта́ция *f* (7) Plantage
пласт *m* (1*e.*) Schicht *f*; Lage *f*
пла́стик *m* (1) Kunststoff, Plastik *n*
пласти́нка *f* (5; -нок) Platte, Scheibe
пласти́ческий (16) plastisch
пласти́чный (14; -чен, -чна) wohlproportioniert; anmutig
пластма́сса *f* (5) Kunststoff *m*, Plastik *n*
пла́стырь *m* (4) Pflaster *n*
пла́та[1] *f* (5) Bezahlung; Lohn *m*
пла́та[2] *f* (5): ***матери́нская ~*** *EDV* Motherboard *n*
платёж *m* (1*e.*; -ежé́й) Zahlung *f*
платёжеспосо́бный (14; -бен, -бна) zahlungsfähig
платёжный (14) kostenpflichtig, gebührenpflichtig
плате́льщик *m* (1) Zahler
пла́тина *f* (5) Platin *n*
плати́ть (15) **1.** <за-, у-> zahlen, bezahlen; **2.** <за-> vergelten
пла́тный (14) Zahlungs-, Zahl-
плато́к *m* (1; -тка́) Tuch *n*
платфо́рма *f* (5) Bahnsteig *m*; Haltepunkt *m;* Rampe; Plattform
пла́тье *n* (10; -ьев) Kleid
платяно́й (14) Kleider-
плафо́н *m* (1) Stuckdecke *f*, bemalte Decke *f*
пла́ха *f* (5) Holzscheit *n*; *hist.* Richtstatt
плац *m* (1; на -у́) Exerzierplatz
плацда́рм *m* (1) Aufmarschgebiet *n*; Brückenkopf
плач *m* (1; -ей) Weinen *n*; Klage *f*
плаче́вный (14; -вен, -вна) kläglich, jämmerlich
плашмя́ der Länge nach
плащ *m* (1*e.*; -е́й) Regenmantel; Umhang
плева́тельница *f* (5) Spucknapf *m*
плева́ть (6*e.*), *einm.* <плю́нуть> (20) spucken, ausspucken
пле́вра *f* (5) Rippenfell *n*
плеври́т *m* (1) Rippenfellentzündung *f*
плед *m* (1) Reisedecke *f*, Plaid *n*
племенно́й (14) Stamm(es)-; Zucht-, Rasse-
пле́мя *n* (13) Stamm *m*, Volksstamm *m*
племя́нник *m* (1) Neffe
племя́нница *f* (5) Nichte
плен *m* (1; в -у́) Gefangenschaft *f*; ***взять в ~*** gefangen nehmen
плена́рный (14) Plenar-
плене́ние *n* (12) Gefangennahme *f*
плени́тельный (14; -лен, -льна) reizend, bezaubernd
плени́ть(ся) → ***пленя́ться***
плёнка *f* (5; -нок) Häutchen *n*; Film *m*; Tonband *n*
пле́нный (14) *Su.* Gefangene(r) *m*
пленя́ть (28) <плени́ть> (13*e.*) gefangen nehmen; *fig.* fesseln, bezaubern; **-ся** hingerissen sein (T von)
пле́сень *f* (8) Schimmel *m*; Moder *m*
плеска́ть (3) **1.** plätschern; **2.** *einm.* <плесну́ть> (20) spritzen, gießen; verschütten; **-ся** planschen
пле́сневеть (8), <за-> verschimmeln
плесну́ть → ***плеска́ть 2***
плести́ (25 -т-), <с-; за-> flechten; knüpfen; F faseln, schwatzen
плете́ние *n* (12) Flechten; Flechtwerk, Geflecht
плетёный (14) geflochten, Flecht-; Korb-
пле́чики F *pl.* (1) Kleiderbügel *m*
плечи́стый (14*K.*) breitschultrig
плечо́ *n* (9; *pl.* пле́чи, -еч, -еча́м) Schulter *f*; ***ему́ э́то не по плечу́*** F er ist der Sache nicht gewachsen
плеши́вый (8) (14*K.*) glatzköpfig, kahl
плита́ *f* (5; *pl. st.*) Platte; Fliese; Herd *m*
пли́тка *f* (5; -ток) Kachel, Fliese; Tafel
плове́ц *m* (1; -вца́) Schwimmer
пловчи́ха *f* (5) Schwimmerin
плод *m* (1*e.*) Frucht *f*; *pl.* Obst *n*
плоди́ть (15*e.*) **1.** <рас-> ziehen, züchten; **2.** hervorbringen, schaffen
плодови́тый (14*K.*) fruchtbar
плодово́дство *n* (9) Obstbau *m*
плодоно́сный (14; -сен, -сна) fruchtbringend, fruchtbar
плодоро́дие *n* (12) Fruchtbarkeit *f*

плодоро́дный (14; -ден, -дна) fruchtbar
плодотво́рный (14; -рен, -рна) fruchtbringend; ersprießlich
пло́мба *f* (5) Plombe, Zahnfüllung
пломби́р *m* (1) Eis *n* mit Früchten
пломбирова́ть (7), <за-> *Zahn* plombieren
пло́ский (16; -сок, -ска́) flach, eben, platt
плоского́рье *n* (10; -рий) Hochebene *f*
плоскогу́бцы *pl.* (1; -цев) Flachzange *f*
плоскосто́пие *n* (12) Plattfuß *m*
пло́скость *f* **1.** (8; *ab Gpl. e.*) Fläche, Ebene; **2.** (8; *ab Gpl. a. e.*) Bereich *m*, (**в** П auf) Gebiet *n*; Aspekt *m*, Gesichtspunkt *m*
плот *m* (1*e.*) Floß *n*
плоти́на *f* (5) Wehr *n*, Staudamm *m*
пло́тник *m* (1) Zimmermann
пло́тничать (1) zimmern
пло́тность *f* (8) Dichte
пло́тный (14; -тен, -тна́) dicht; fest; stämmig
плотовщи́к *m* (1*e.*) Flößer
плохо́й (16; плох, -а́; *Komp.* ху́же; *Sup.* ху́дший) schlecht; schlimm; *Gesundheit*: schwach
площа́дка *f* (5; -док) Platz *m*
пло́щадь *f* (8; *ab Gpl. e.*) Platz *m*; Fläche; ***жила́я ~*** Wohnraum *m*
плуг *m* (1; *pl. e.*) Pflug
плут *m* (1/1*e.*) Gauner, Schelm
плутова́тый F (14 *K.*) durchtrieben, gerissen
плутова́ть F (7) mogeln, schummeln
плутовско́й (16) schalkhaft, spitzbübisch; betrügerisch
плутовство́ *n* (9) Gaunerei *f*, Betrügerei *f*
плуто́ний *m* (3; -ии) Plutonium *n*
плыть (23) schwimmen; *Mar.* fahren
плю́нуть → ***плева́ть***
плюс *m* (1) Plus *n*, Pluszeichen *n*; F Vorteil
плю́хаться F (1), <плю́хнуться> (20) sich fallen lassen
плю́шка *f* (5; -шек) Milchbrötchen *n*
плющ *m* (1*e.* -ще́й) Efeu
плю́щить (16), <с-> abplatten
пляж *m* (1; -ей) Badestrand, Strand
пля́жный (14) Strand-
пляса́ть (3), <с-> tanzen
пля́ска *f* (5; -сок) Tanz *m*, Volkstanz *m*
плясово́й (14) Tanz-
плясу́н *m* F (1*e.*), **плясу́нья** F (6; -ний) Tänzer(in *f*)
пневмати́ческий (16) Pressluft-, Druckluft-
по 1. (Д) über; auf, an, in; entlang; für; nach, laut; mit; wegen; **2.** (В) bis an, bis zu
побе́г *m* (1) Flucht *f*
побе́гать (1) *pf.* e-e Zeit lang herumlaufen
побе́да *f* (5) Sieg *m*
победи́тель *m* (4) Sieger
победи́ть → ***побежда́ть***
побе́дный (14) Sieges-
победоно́сный (14; -сен, -сна) siegreich
побежа́ть (4*e.*; -егу́, -ежи́шь, -егу́т) *pf.* losrennen, loslaufen; die Flucht ergreifen
побежда́ть (1), <победи́ть> (15*e.*; *o. 1. Pers. sg.*; -еждённый) siegen (В über), besiegen; überwinden
побере́жье *n* (10; -жий) Küste *f*
побере́чь (26 -г/ж-; -егу́, -ежёшь) *pf.* aufheben, aufbewahren
побесе́довать (7) *pf.* sich e-e Weile unterhalten
побеспоко́ить → ***беспоко́ить 2***
побива́ть (1), <поби́ть> (-бью́, -бьёшь) erschlagen; *Sp.* schlagen; besiegen
побира́ться F (1) sich durchbetteln
поби́ть → ***побива́ть***
поблёклый (14) welk
побли́зости in der Nähe (***от*** Р)
побо́и *pl.* (3) Prügel *m/pl.*, Schläge *m/pl.*
поболта́ть (1) *pf.* ein wenig plaudern
побо́льше etwas mehr, etwas größer
поборо́ть (17) *pf.* bezwingen, besiegen
побо́чный (14; -чен, -чна) nebensächlich; (*o. K.*) Neben-
побоя́ться *pf.* (-бою́сь, -бои́шься) sich ein wenig fürchten
побрани́ть (13*e.*) *pf.* schelten; **-ся** sich verzanken
по-бра́тски brüderlich
побрести́ (25) *pf.* sich fortschleppen

побро́сать (1) *pf.* hinschmeißen; verlassen
побуди́тельный (14) anregend
побужда́ть (1), <побуди́ть> (15*e.*; -уждённый) bewegen, veranlassen
побужде́ние *n* (12) Antrieb *m* (***по*** Д aus); Anstoß *m*
побыва́ть (1) *pf.* verweilen; besuchen; teilnehmen (an)
побы́ть (-бу́ду, -бу́дешь; -была́) *pf.* e-e Weile bleiben, verweilen
побыстре́е schneller
пова́диться F (15) *pf.* sich angewöhnen; oft besuchen
по́вар *m* (1; *pl. e.*, *N* -á) Koch
пова́ренный (14) Koch-
повари́ха *f* (5) Köchin
по-ва́шему Ihrer *od.* eurer Meinung nach
поведе́ние *n* (12) Benehmen, Betragen; Verhalten
повезти́ (24) *pf.* abtransportieren, wegschaffen
повелева́ть (1) **1.** <повеле́ть> (9*e.*) befehlen; **2.** gebieten (Т über)
повели́тель *m* (4) Gebieter; Herrscher
повели́тельный (14; -лен, -льна) gebieterisch; ***повели́тельное наклоне́ние*** *n* Imperativ *m*
пове́ренный *m* (14) Bevollmächtigte(r); Vertraute(r)
пове́рить → ***поверя́ть***
пове́рка *f* (5; -рок) Überprüfung, Kontrolle
поверну́ть → ***повора́чивать***
пове́рочный (14) Prüfungs-, Kontroll-
поверте́ть (11) *pf.* ein wenig drehen
повёртывать → ***повора́чивать***
пове́рх (Р) oberhalb
пове́рхностный (14; -тен, -тна) oberflächlich; (*o. K.*) Oberflächen-
пове́рхность *f* (8) Oberfläche
поверя́ть (28), <пове́рить> (13) anvertrauen
повествова́ние *n* (12) Erzählung *f*
повествова́тель *m* (4) Erzähler
повествова́ть (7) erzählen
повести́ (25) *pf.* zu führen beginnen
пове́стка *f* (5; -ток) Vorladung; ***~ дня*** Tagesordnung
по́весть *f* (8; *ab Gpl. a. e.*) Erzählung, Novelle
пове́трие *n* (12) Modeerscheinung *f*
пове́ять (27) *pf.* zu wehen anfangen
повида́ть (1) *pf.* kurz sehen; besuchen
по-ви́димому anscheinend
пови́дло *n* (9) Marmelade *f*
пови́нная *f* (14) Geständnis *n*
пови́нность *f* (8) Pflicht, Verpflichtung
пови́нный (14; -и́нен, -и́нна) schuldig, schuld (***в*** П an)
повинова́ться (7) gehorchen; Folge leisten
повинове́ние *n* (12) Gehorsam *m*
повиса́ть (1), <пови́снуть> (21) hängen bleiben
повле́чь (26) *pf.* hinziehen, hinschleppen
по́вод *m* **1.** (1) Anlass; Vorwand; ***по ~у*** anlässlich; **2.** (1; в -ý; *pl.* -ья, -ьев) Zügel
поводи́ть (15) *pf.* e-e Zeit lang führen
пово́зка *f* (5; -зок) Fuhrwerk *n*
повора́чивать, **повёртывать** (1), <поверну́ть> (20; -вёрнутый) umdrehen, umkehren; wenden; abbiegen
поворо́т *m* (1) Drehung *f*; Wendung *f*; Kurve *f*; *fig.* Wende *f*
поворо́тливый (14*K.*) beweglich wendig; flink
поворо́тный (14) Wende-; ***~ моме́нт*** *m* Wendepunkt; ***~ круг*** *m* Drehscheibe *f*
поврежда́ть (1), <повреди́ть> (15*e.*; -еждённый) beschädigen; verletzen
поврежде́ние *n* (12) Beschädigung *f*; Verletzung *f*
повремени́ть F (13*e.*) *pf.* ein wenig abwarten
повседне́вный (14; -вен, -вна) alltäglich, Alltags-
повсеме́стный (14; -тен, -тна) überall; allgemein
повста́нец *m* (1; -нца) Aufständische(r)
повстреча́ться (1) *pf.* sich zufällig treffen
повсю́ду überall
повторе́ние *n* (12) Wiederholung *f*
повтори́тельный (14) Wiederholungs-

повто́рный (14; -рен, -рна) wiederholt, nochmalig

повторя́ть (28), <повтори́ть> (13*e.*) wiederholen; **-ся** sich wiederholen

повыша́ть (1), <повы́сить> (15) erhöhen, steigern; ***повы́сить по слу́жбе*** befördern

повыше́ние *n* (12) Erhöhung *f*; ***~ квалифика́ции*** Weiterbildung *f*

повы́шенный (14*K.*) erhöht, gesteigert

повя́зка *f* (5; -зок) Binde; Verband *m*

повя́зывать (1), <повяза́ть> (3) binden (***на*** B um), umbinden

пога́нка *f* (5; -нок) Giftpilz *m*

пога́ный (14*K.*) giftig; elend, ekelhaft

погаса́ть (1), <пога́снуть> (21/20) erlöschen, ausgehen

погаша́ть (1) tilgen

погаше́ние *n* (12) Tilgung *f*

погиба́ть (1), <поги́бнуть> (21) umkommen, sterben

поглоща́ть (1), <поглоти́ть> (15/15*e.* -т/щ-; -ощённый) verschlingen; aufsaugen; ganz in Anspruch nehmen

поглоще́ние *n* (12) Absorption *f*

погля́дывать F (1) ab und zu ansehen

погна́ть (-гоню́, -го́нишь; -гнала́; по́гнанный) *pf.* losjagen, treiben

поговори́ть (13*e.*) *pf.* e-e Weile sprechen; ***мы ещё поговори́м!*** wir sprechen uns noch!

погово́рка *f* (5; -рок) sprichwörtliche Redensart

пого́да *f* (5) Wetter *n*, Witterung; ***де́лать пого́ду*** entscheidend sein

пого́дный (14) alljährlich, Jahres-; Wetter-

пого́жий F (17*K.*) *Wetter*: heiter

поголо́вный (14) allgemein, total; ***поголо́вно*** ausnahmslos

поголо́вье *n* (10; -вий): ***~ скота́*** Viehbestand *m*

пого́н *m* (1) Schulterklappe *f*

пого́ня *f* (6) Verfolgung

погоня́ть (28) antreiben; zur Eile drängen

погоре́ть (9) *pf.* e-e Weile brennen

погости́ть (15*e.*) *pf.* e-e Zeit lang zu Gast sein

пограни́чник *m* (1) Grenzsoldat

пограни́чный (14) Grenz-

по́греб *m* (1; *pl. e., N* -á) Keller

погреба́льный (14) Beerdigungs-

погреба́ть (1), <погрести́> (25 -б-; погрёб, -ебла́) begraben, beerdigen

погребе́ние *n* (12) Beerdigung *f*, Begräbnis

погрему́шка *f* (5; -шек) Klapper

погре́ть (8; -тый) *pf.* ein wenig wärmen, aufwärmen

погре́шность *f* (8) Fehler *m*; Mangel *m*

погро́м *m* (1) Pogrom

погружа́ть (1), <погрузи́ть> (15/15*e.*) eintauchen, untertauchen; **-ся** sinken, versinken

погру́зка *f* (5; -зок) Beladen *n*; Einschiffung

погру́зочный (14) Lade-, Verlade-

погру́зчик *m* (1) Lader; ***ви́лочный ~*** Gabelstapler

погряза́ть (1), <погря́знуть> (20/21) tief einsinken, versinken

погуля́ть (28) *pf.* ein wenig spazieren gehen; F bummeln

под, ~о **1.** (B) unter; *Ort*: bis an, in die Nähe; *Zeit* gegen; am Vorabend; **2.** (T) unter; *Ort*: bei; in

подава́льщица *f* (5) Serviererin

подава́ть (5), <пода́ть> (-а́м, -а́шь; -а́л, -а́; -а́нный: -на́) reichen, geben; servieren, auftragen; einreichen; ***пода́ть в суд на кого́-либо*** j-n gerichtlich verklagen

подавле́ние *n* (12) Niederschlagung *f*

пода́вленный (14*K.*) niedergeschlagen, deprimiert

подавля́ть (28), <подави́ть> (14) niederschlagen; *fig.* unterdrücken

подавля́ющий (17) überwältigend, erdrückend

пода́гра *f* (5) Gicht

пода́льше F möglichst weit weg

пода́рок *m* (1; -рка) Geschenk *n*; ***в ~*** geschenkt

пода́тель *m* (4) Überbringer

пода́тливый (14*K.*) geschmeidig, elastisch; gefügig

пода́ть → ***подава́ть***

пода́ча *f* (5) Servieren *n*, Auftragen *n*; Einreichung; *Sp.* Angabe; Aufschlag *m*

подая́ние *n* (12) Almosen *n*
подбавля́ть (28), <подбáвить> (14) hinzutun
подбáдривать (1), **подбодря́ть** (28), <подбодри́ть> (13*e.*) aufmuntern, Mut zusprechen; **-ся** Mut fassen
подбегáть (1), <подбежáть> (4; -егу́, -ежи́шь, -егу́т) herbeilaufen, herbeirennen
подбивáть (1), <подби́ть> (подобью́, -бьёшь; подбе́й; подби́тый) von unten annageln; verleiten, anstiften; anschießen; verletzen
подбирáть (1), <подобрáть> (подберу́, -рёшь; подобралá; подо́бранный: -анá) auflesen, aufsammeln; aussuchen, auswählen; zusammenstellen
подби́ть → ***подбивáть***
подби́тый (14) *Auge*: blau
подбодри́ть, подбодря́ть → ***подбáдривать***
подбо́р *m* (1) Auswahl *f*, Auslese *f*
подборо́док *m* (1; -дка) Kinn *n*
подбоче́ниться (13) *pf.* die Arme in die Hüften stemmen
подбрáсывать (1), <подбро́сить> (15) in die Höhe werfen; *Brennstoff* nachlegen; heimlich zustecken
подвáл *m* (1) Kellergeschoss *n*, Keller
подвáльный (14) Keller-
подведе́ние *n* (12) *Fin.* Abschluss *m*
подвезти́ → ***подвози́ть***
подвергáть (1), <подве́ргнуть> (21) unterziehen; aussetzen; **-ся** ausgesetzt sein; sich unterziehen
подве́рженный (14*K.*) ausgesetzt; anfällig (Д für)
подвёртывать (1), <подверну́ть> (20; подвёрнутый) aufkrempeln; umschlagen; *Schraube* anziehen; **-ся** umknicken; sich verrenken
подве́сить → ***подве́шивать***
подве́ска *f* (5; -сок) Anhänger *m*; Anhängsel *n*; *Tech.* Aufhängung
подвесно́й (14) Hänge-; Außenbord-
подвести́ → ***подводи́ть***
подве́тренный (14) windgeschützt
подве́шивать (1), <подве́сить> (15) aufhängen
по́двиг *m* (1) Großtat *f*, Heldentat *f*
подвигáть (1), <подви́нуть> (20) heranrücken; zur Seite rücken
подвижно́й (14) beweglich; mobil; lebhaft
подви́жный (14; -жен, -жна) lebhaft, munter; wendig, rührig, aufgeweckt
подвинти́ть (15/15*e.*) *pf. Schraube* anziehen, anschrauben
подви́нуть → ***подвигáть***
подвлáстный (14; -тен, -тна) unterstellt, abhängig; *fig.* unterwürfig
подво́да *f* (5) Fuhrwerk *n*
подводи́ть (15), <подвести́> (25) heranführen (***к*** Д an); *Fundament* legen; F im Stich lassen
подво́дный (14) Unterwasser-; Untersee-; **~ *кáмень*** *m* Klippe *f*
подво́з *m* (1) Anfuhr *f*; Nachschub
подвози́ть (15), <подвезти́> (24) heranfahren, heranschaffen; mitnehmen
подвы́пивший F (17) angeheitert
подвя́зывать (1), <подвязáть> (3) von unten anbinden; umbinden
подгибáть (1), <подогну́ть> (20) nach unten biegen; umbiegen; **-ся** einknicken, zusammenknicken
подгля́дывать (1), <подгляде́ть> (11*e.*) spähen, (***за*** T *j-n*) belauern
подгнивáть (1), <подгни́ть> (-гниёт; -гнилá) unten faulen
подговáривать (1), <подговори́ть> (13*e.*) *pf.* anstiften (***на*** B zu), verleiten
подголо́вник *m* (1) Kopfstütze *f*
подгоня́ть (28), <подогнáть> (подгоню́, -го́нишь; подогналá; -о́гнанный) herantreiben; anpassen
подгорáть (1), <подгоре́ть> (9*e.*) anbrennen
подгоре́лый (14) *Essen*: angebrannt
подготáвливать (1), **подготовля́ть** (28), <подгото́вить> (14) vorbereiten; bereitstellen; ausbilden; **-ся** sich vorbereiten (***к*** Д für, auf)
подготови́тельный (14) Vorbereitungs-, Vor-
подгото́вка *f* (5; -вок) Vorbereitung (***к*** Д auf); Ausbildung
поддавáть (5), <поддáть> (-дáм, -дáшь; -дáл, -á; по́дданный: -нá)

nach oben werfen; hinzufügen; **-ся** nachgeben; ***не -ся описа́нию*** jeder Beschreibung spotten
подда́кивать (1), *einm.* <подда́кнуть> (20) zustimmen
по́дданный *m* (14) Untertan; Staatsangehörige(r)
по́дданство *n* (9) Staatsangehörigkeit *f*
подда́ть(ся) → ***поддава́ть(ся)***
поддева́ть (1), <подде́ть> (-е́ну, -е́нешь; -е́тый) aufgabeln; hochheben; *j-n* aufziehen, hänseln
подде́лка *f* (5; -лок) Fälschung; Imitation
подде́лыватель *m* (4) Fälscher
подде́лывать, <подде́лать> (1) fälschen; **-ся** nachahmen, nachmachen
подде́льный (14; -лен, -льна) gefälscht; unecht
подде́рживать (1), <поддержа́ть> (4) stützen; aufrechterhalten; *fig.* befürworten
подде́ржка *f* (5; -жек) Unterstützung; Stütze
подде́ть → ***поддева́ть***
поддо́н *m* (1) Untersatz
поде́лать (1) *pf.*: ***ничего́ не поде́лаешь*** da ist nichts zu machen
поде́лывать F (1) treiben; ***что поде́лываешь?*** wie geht's?
подёргивать (1) leicht zupfen
поде́ржанный (14*K.*) gebraucht, Gebraucht-
подёрнуть (20) *pf.* leicht überziehen, bedecken
поджа́ривать (1), <поджа́рить> (13) anbraten; toasten, rösten; grillen
поджа́ристый (14*K.*) braun gebraten; knusprig
поджа́ть → ***поджима́ть***
поджига́тель *m* (4) Brandstifter; *fig.* Anstifter
поджига́ть (1), <подже́чь> (26 -г/ж-; подожгу́, -ожжёшь; поджёг, подожгла́; подожжённый) anzünden, in Brand stecken
поджида́ть (1) warten (P auf), abwarten
поджима́ть (1), <поджа́ть> (подожму́, -мёшь; поджа́тый) *Beine* übereinander schlagen; *Lippen* aufeinander pressen
поджо́г *m* (1) Brandstiftung *f*
подзаголо́вок *m* (1; -вка) Untertitel
подзадо́ривать (1), <подзадо́рить> (13) aufstacheln, aufreizen
подзащи́тный *m* (14) Mandant
подзе́мный (14) unterirdisch; *Bgb.* Untertage-
подзо́рный (14): ***подзо́рная труба́*** *f* Fernrohr *n*
подзыва́ть (1), <подозва́ть> (подзову́, -вёшь; подозва́л, -а́; подо́званный) herbeirufen
подка́пывать, <подкопа́ть> (1) untergraben; unterminieren
подкарау́ливать (1), <подкарау́лить> (13) auflauern
подка́тывать (1), <подкати́ть> (15) heranrollen, heranwälzen; **-ся** F herbeirennen, herbeieilen
подка́шивать (1), <подкоси́ть> (15) abmähen; niederwerfen; **-ся** zusammenknicken; versagen
подки́дывать (1), <подки́нуть> (20) in die Höhe werfen; nachlegen; unterschieben
подки́дыш *m* (1; -ей) Findelkind *n*
подкла́дка *f* (5; -док) *Text.* Futter *n*; Unterlage
подкладно́й (14) Unterlege-
подкла́дывать (1), <подложи́ть> (16) unterlegen; nachlegen
подкле́ивать (1), <подкле́ить> (13) darunterkleben; ankleben
подключа́ть (1), <подключи́ть> (16*e.*) anschließen (***к*** Д an)
подко́ва *f* (5) Hufeisen *n*
подко́вывать (1), <подкова́ть> (7*e.*) beschlagen
подко́п *m* (1) Mine *f*, unterirdischer Gang; *fig.* Intrige *f*
подкопа́ть → ***подка́пывать***
подкоси́ть(ся) → ***подка́шивать(ся)***
подкра́дываться (1), <подкра́сться> (25; -а́лась) sich heranschleichen (***к*** Д an)
подкра́шивать (1), <подкра́сить> (15) leicht färben; *Lippen* nachziehen
подкрепля́ть (28), <подкрепи́ть> (14*e.*) verstärken, stärken; bekräftigen
по́дкуп *m* (1) Bestechung *f*

подкупа́ть (1), <подкупи́ть> (14) bestechen

подкупно́й (14) käuflich, bestechlich

подла́живаться (1), <подла́диться> (15) sich anpassen (***к*** Д), sich einschmeicheln

подла́мываться (1), <подломи́ться> (14) einknicken, zusammenbrechen

по́дле 1. *Prp.* (P) neben, bei, an; **2.** *Adv.* daneben

подлежа́ть (4*e.*) unterliegen

подлежа́щее *n* (17) Subjekt

подлеза́ть (1), <подле́зть> (24*st.*) unterkriechen

подле́сок *m* (1; -ска) Unterholz *n*

подлета́ть (1), <подлете́ть> (11*e.*) heranfliegen

подле́ц *m* (1*e.*) Schurke, Schuft

подлива́ть (1), <подли́ть> (подолью́, -льёшь; подли́л, -á; подли́тый: -тá) zugießen, nachgießen

подли́вка *f* (5; -вок) Soße

подли́зываться F (1) sich einschmeicheln (***к*** Д bei)

по́длинник *m* (1) Original *n*; Urtext

по́длинный (14; -инен, -инна) echt, authentisch; Original-

подли́ть → ***подлива́ть***

подло́г *m* (1) Fälschung *f*

подло́дка *f* (5; -док) U-Boot *n*

подложи́ть → ***подкла́дывать***

подло́жный (14; -жен, -жна) gefälscht, falsch

подлоко́тник *m* (1) Armlehne *f*

подломи́ться → ***подла́мываться***

по́длость *f* (8) Gemeinheit, Niedertracht

по́длый (14; подл, -á) gemein, niederträchtig

подма́зывать (1), <подма́зать> (3) einfetten, einschmieren; F schmieren, bestechen

подма́нивать F (1), <подма́нить> (13) herbeilocken, anlocken

подмасте́рье *m* (10; -рьев) Geselle

подма́чивать (1), <подмочи́ть> (16) anfeuchten

подме́нивать (1), **подменя́ть** (28), <подмени́ть> (13; -енённый) heimlich vertauschen; auswechseln

подмета́ть (1), <подмести́> (25 -т-; -мётший) zusammenkehren

подме́тить → ***подмеча́ть***

подмётка *f* (5; -ток) Schuhsohle

подмеча́ть (1), <подме́тить> (15) bemerken, wahrnehmen

подме́шивать, <подмеша́ть> (1) beimischen, beimengen

подми́гивать (1), *einm.* <подмигну́ть> (20) zublinzeln, zuzwinkern

подмина́ть (1), <подмя́ть> (подомну́, -нёшь; подмя́тый) niederdrücken, niedertreten

подмока́ть (1), <подмо́кнуть> (21) feucht werden

подмора́живать (1), <подморо́зить> (15) leicht gefrieren lassen; *unpers.* frieren

Подмоско́вье *n* (10) Großraum Moskau *m*

подмо́стки *pl.* (1) Gerüst *n*; Bühne *f*

подмочи́ть → ***подма́чивать***

подмыва́ть (1), <подмы́ть> (22) unterspülen

подмы́шка *f* (5; -шек) Achselhöhle

подмя́ть → ***подмина́ть***

поднево́льный (14; -лен, -льна) unfrei, abhängig

поднима́ть (1), <подня́ть> (-ниму́, -ни́мешь; по́днял, -á; по́днятый: -тá) aufheben, emporheben, hochheben; aufrichten; (B *j-m*) aufhelfen; wecken (*a. fig.*); *fig.* erregen; erhöhen, steigern; *Jur.* anstrengen; *Fahne* hissen; *Alarm* schlagen; **-ся** (-ня́лся́, -няла́сь) hinaufsteigen, hinaufgehen; aufstehen, sich erheben

подновля́ть (28), <поднови́ть> (14*e.*) erneuern; auffrischen

подно́жие *n* (12) Fuß *m*; Sockel *m*

подно́жка *f* (5; -жек) Trittbrett *n*; ***дать кому́-либо подно́жку*** j-m ein Bein stellen

подно́с *m* (1) Tablett *n*

подноси́ть (15), <поднести́> (25 -с-) überreichen; anbieten, bewirten

подноше́ние *n* (12) Präsent, Geschenk

подня́тие *n* (12) Heben, Aufheben; Hebung *f*; Steigerung *f*

подня́ть(ся) → ***поднима́ть(ся)***

подоба́ть (1) sich gehören

подоба́ющий (17) gebührend

подо́бие *n* (12) Ebenbild

подо́бный (14; -бен, -бна) ähnlich;

solch ein; ***и тому́ подо́бное*** und dergleichen mehr; ***ничего́ подо́бного!*** F keine Spur!
подобостра́стие *n* (12) Liebedienerei *f*, Kriecherei *f*
подобостра́стный (14; -тен, -тна) liebedienerisch, kriecherisch
подобра́ть → ***подбира́ть***
подогна́ть → ***подгоня́ть***
подогну́ть(ся) → ***подгиба́ть(ся)***
подогрева́ть (1), <подогре́ть> (8; -е́тый) aufwärmen, anwärmen
пододвига́ть (1), <пододви́нуть> (20) heranrücken, näherrücken; **-ся** näherrücken
пододея́льник *m* (1) Bettbezug
подожда́ть (-ду́, -дёшь) *pf.* abwarten, ein wenig warten
подозва́ть → ***подзыва́ть***
подозрева́ть (1) verdächtigen; vermuten
подозре́ние *n* (12) Verdacht *m*, Verdächtigung *f*; Vermutung *f*
подозри́тельность *f* (8) Argwohn *m*
подозри́тельный (14; -лен, -льна) verdächtig; argwöhnisch, misstrauisch
подойти́ → ***подходи́ть***
подоко́нник *m* (1) Fensterbrett *n*
подо́лгу lange, längere Zeit
подо́нки *m/pl.* (1) Bodensatz *m*; *fig.* Abschaum *m*
подопе́чный (14) unter Vormundschaft stehend
подо́пытный (14) Versuchs-
подорва́ть → ***подрыва́ть 1***
подосла́ть → ***подсыла́ть***
подоспе́ть (8) *pf.* zur rechten Zeit eintreffen
подостла́ть → ***подстила́ть***
подотчётный (14; -тен, -тна) rechenschaftspflichtig
подохо́дный (14) Lohn-, Einkommen(s)-
подо́шва *f* (5) Schuhsohle
подпада́ть (1), <подпа́сть> (25; *Prät. st.*) geraten (***под*** В unter)
подпа́ливать F (1), <подпали́ть> (13*e.*) anzünden, in Brand stecken
подпа́сть → ***подпада́ть***
подпере́ть(ся) → ***подпира́ть(ся)***
подпи́ливать (1), <подпили́ть> (13) ansägen; absägen
подпира́ть (1), <подпере́ть> (12; подопру́; подпёр, -ла) abstützen; **-ся** sich stützen (Т auf)
подписа́ние *n* (12) Unterzeichnung *f*
подпи́ска *f* (5; -сок) Abonnement *n*; schriftliche Verpflichtung
подписно́й (14) Abonnements-
подпи́счик *m* (1) Abonnent
подпи́сывать (1), <подписа́ть> (3) unterschreiben, unterzeichnen; signieren; **-ся** abonnieren
по́дпись *f* (8) Unterschrift
подплыва́ть (1), <подплы́ть> (23) heranschwimmen
подполза́ть (1), <подползти́> (24) herankriechen
подполко́вник *m* (1) Oberstleutnant
подпо́лье *n* (10; -лий/-льев) Keller *m*; Untergrund *m*, Illegalität *f*
подпо́льный (14) illegal, Untergrund-
подпо́рка *f* (5; -рок) Stütze; Pfeiler *m*
подпо́чва *f* (5) Untergrund *m*
подпоя́сывать (1), <подпоя́сать> (3) umgürten, Gürtel anlegen
подправля́ть (28), <подпра́вить> (14) in Ordnung bringen
подпры́гивать (1), <подпры́гнуть> (20) hochspringen, hüpfen
подпуска́ть (1), <подпусти́ть> (15) heranlassen (***к*** Д an); F einflechten
подраба́тывать F, <подрабо́тать> (1) dazuverdienen; ausarbeiten
подра́внивать (1), <подровня́ть> (28) geradeschneiden; *Mil.* ausrichten
подража́ние *n* (12) Nachahmung *f*
подража́тельный (14; -лен, -льна) nachahmend, Nachahmungs-
подража́ть (1) nachahmen (Д)
подразделе́ние *n* (12) Einteilung *f*; Gliederung *f*; *Mil.* Einheit *f*
подразделя́ть (28), <подраздели́ть> (13*e.*) einteilen, gliedern
подразумева́ть (1) darunter verstehen; meinen
подраста́ть (1), <подрасти́> (25; -расту́; -ро́с, -ла́) heranwachsen
подреза́ть, **подре́зывать** (1), <подре́зать> (3) verschneiden; stutzen

подро́бность *f* (8) Einzelheit, Detail *n*
подро́бный (14; -бен, -бна) ausführlich, eingehend, detailliert
подровня́ть → ***подра́внивать***
подро́сток *m* (1; -тка) Jugendliche(r), Halbwüchsige(r)
подру́га *f* (5) Freundin
по-друго́му anders, auf andere Weise
по-дру́жески freundschaftlich
подрумя́нивать (1), <подрумя́нить> (13) röten; rot schminken
подру́чный *m* (14) Handlanger
подры́в *m* (1) Sprengung *f*
подрыва́ть (1) **1.** <подорва́ть> (подорву́, -вёшь; подорвала́; подо́рванный) sprengen; *fig.* untergraben, ruinieren; **-ся** durch e-e Explosion umkommen; **2.** <подры́ть> (22) tiefer graben
подрывно́й (14) Spreng-; subversiv
подря́д[1] *m* (1) Kontrakt, Vertrag
подря́д[2] *Adv.* hintereinander; der Reihe nach
подря́дный (14) Vertrags-
подса́живать (1), <подсади́ть> (15) hinaufhelfen, hochhelfen; **-ся**, <подсе́сть> (-ся́ду, -ся́дешь; -се́л) sich setzen; sich mitnehmen lassen
подсве́чник *m* (1) Leuchter; Kerzenhalter
подсека́ть (1), <подсе́чь> (26; подсёк, -ла́; -сечённый: -чена́) unten abhauen; beschneiden, stutzen
подсе́сть → ***подса́живаться***
подсе́чь → ***подсека́ть***
подси́живать (1), <подсиде́ть> (11*e.*) auflauern (В); intrigieren (gegen *A*)
подска́зывать (1), <подсказа́ть> (3) vorsagen; e-n Tipp geben
подскака́ть (3) *pf.* heransprengen (*к* Д an)
подска́кивать (1), <подскочи́ть> (16) aufspringen; hochspringen
подсласти́ть (15*e.*) *pf.* ein wenig süßen
подсле́дственный (14) Untersuchungsgefangener *m*
подслу́живаться F (1), <подслужи́ться> (16) sich einschmeicheln (*к* Д bei)
подслу́шивать, <подслу́шать> (1) belauschen, mithören
подсма́тривать (1), <подсмотре́ть> (9) heimlich beobachten, belauern
подсме́иваться (1) sich lustig machen, spötteln
подсмотре́ть → ***подсма́тривать***
подсне́жник *m* (1) Schneeglöckchen *n*
подсо́вывать (1), <подсу́нуть> (20) unterschieben; zuschieben; zustecken
подсозна́ние *n* (12) Unterbewusstsein
подсозна́тельный (14; -лен, -льна) unterbewusst
подсо́лнечник *m* (1) Sonnenblume *f*
подсо́хнуть → ***подсыха́ть***
подста́вка *f* (5; -вок) Gestell *n*; Ständer *m*; Untersatz
подставля́ть (28), <подста́вить> (14) unterstellen; hinstellen; *Stuhl* anbieten
подстёгивать (1), <подстегну́ть> (20; -нутый) *fig.* antreiben
подстерега́ть (1), <подстере́чь> (26 -г/ж-) auflauern
подстила́ть (1), <подостла́ть> (подстелю́, -сте́лешь; -о́стланный), <подстели́ть> (подстелю́, -стелешь; -сте́ленный) darunterlegen; darunterstreuen
подсти́лка *f* (5; -лок) Unterlage; Streu
подстра́ивать (1), <подстро́ить> (13) anbauen (*к* Д an); stimmen (*под* В nach)
подстрека́тель *m* (4) Anstifter
подстрека́ть (1), <подстрекну́ть> (20) anstiften, aufwiegeln
подстре́ливать (1), <подстрели́ть> (13) anschießen
подстрига́ть (1), <подстри́чь> (26 -г/ж-; -игла; -и́женный) die Haare schneiden; stutzen
подстро́ить → ***подстра́ивать***
подступа́ть (1), <подступи́ть> (14) herantreten (*к* Д an); heranrücken, (*под* В bis)
подсуди́мый *m* (14) Angeklagte(r)
подсу́нуть → ***подсо́вывать***
подсу́шивать (1), <подсуши́ть>

(16) ein wenig trocknen lassen, abtrocknen lassen
подсчёт *m* (1) Berechnung *f*; Zählung *f*
подсчи́тывать, <подсчита́ть> (1) berechnen, zusammenrechnen
подсыла́ть (1), <подосла́ть> (-ошлю́, -ошлёшь) heimlich entsenden
подсыпа́ть (1), <подсы́пать> (2) noch hineinschütten; nachschütten
подсыха́ть (1), <подсо́хнуть> (21) trocknen, trocken werden
подта́ивать (1), <подта́ять> (27) ein wenig tauen *od.* schmelzen
подта́лкивать (1), <подтолкну́ть> (20) leicht anstoßen; *fig.* anspornen, antreiben
подта́ять → ***подта́ивать***
подтвержда́ть (1), <подтверди́ть> (15*e.*; -ерждённый) bestätigen, bekräftigen, **-ся** sich bewahrheiten
подтира́ть (1), <подтере́ть> (12; -дотру́, -дотрёшь) aufwischen; abwischen
подтолкну́ть → ***подта́лкивать***
подтя́гивать (1), <подтяну́ть> (19) heranziehen; festziehen; hochziehen; *Mil.* zusammenziehen, konzentrieren; **-ся** aufrücken, aufschließen; sich zusammennehmen
подтя́жки *pl.* (5; -жек) Hosenträger *m/pl.*
подтя́нутый (14*K.*) eingefallen; *fig.* akkurat, korrekt
поду́мать (1) *pf.* nachdenken; ***кто бы мог ~!*** F wer hätte das gedacht!; ***~ то́лько!*** F man stelle sich vor!
поду́ть (18) *pf.* zu wehen beginnen; ein wenig blasen
подучи́ть F (16) *pf.* anstiften; ein wenig beibringen; **-ся** hinzulernen
поду́шка *f* (5; -шек) Kopfkissen *n*; Polster *n*; ***~ безопа́сности*** *Kfz.* Airbag *m*
подфа́рник *m* (1) *Kfz.* Parkleuchte *f*
подхали́м *m* (1) Kriecher
подхали́мничать F (1) liebedienern
подхва́тывать (1), <подхвати́ть> (15) fassen, ergreifen; auffangen; erwischen
подхлёстывать (1), <подхлестну́ть> (20) mit der Peitsche antreiben
подхо́д *m* (1) Herantreten *n*, Heranrücken *n*; Zugang; *fig.* Herangehen *n* (**к** Д an); Betrachtungsweise *f*
подходи́ть (15), <подойти́> (-ойду́, -ойдёшь; -ошёл, -ошла́; -оше́дший; -ойдя́) herantreten, (*a. fig.*) herangehen; sich nähern; recht sein
подходя́щий (17*K.*) passend, geeignet
подцепля́ть (28), <подцепи́ть> (14) anhängen, anhaken
подча́с mitunter
подчёркивать (1), <подчеркну́ть> (20) unterstreichen; betonen, hervorheben
подчине́ние *n* (12) Unterordnung *f* (Д unter)
подчинённый (14) abhängig; *Gr.* untergeordnet; *Su. m* Untergebene(r)
подчиня́ть (28), <подчини́ть> (13*e.*) unterordnen; unterwerfen; **-ся** sich fügen, gehorchen
подчища́ть (1), <подчи́стить> (15) ein wenig säubern; ausradieren
подше́фный (14; -фен, -фна) Paten-
подшива́ть (1), <подши́ть> (подошью́, -ьёшь; подше́й!; -ши́тый) annähen; abheften, ablegen
подши́пник *m* (1) *Tech.* Lager *n*
подши́ть → ***подшива́ть***
подшу́чивать (1), <подшути́ть> (15) sich lustig machen (***над*** Т über)
подъе́зд *m* (1) Auffahrt *f*, Zufahrt *f*; Eingang, Aufgang
подъездно́й (14) Anfahrts-, Zufahrts-
подъезжа́ть (1), <подъе́хать> (подъе́ду, -е́дешь) heranfahren; vorfahren; F sich einschmeicheln (***к*** Д bei)
подъём *m* (1) Anstieg; Steigung *f*; *fig.* Elan, Begeisterung *f*
подъёмник *m* (1) Aufzug
подъёмный (14) *Tech.* Hebe-; Förder-; Zug-
подъе́хать → ***подъезжа́ть***
поды́скивать (1), <подыска́ть> (3) *pf.* finden, ausfindig machen
подыто́живать (1), <подыто-

П

жить> (16) summieren; zusammenfassen
подышáть (4) *pf.* ein wenig atmen
поедáть (1), <поéсть> (-éм, -éшь) aufessen; F zerfressen; *pf.* ein wenig essen
поеди́нок *m* (1; -нка) Zweikampf
пóезд *m* (1; *pl. e.*, *N* -á) Zug
поéздить (15) *pf.* viel herumreisen
поéздка *f* (5; -док) Reise; Fahrt; Ausflug *m*
поéсть → ***поедáть***
поéхать (поéду, поéдешь) *pf.* abfahren, losfahren
пожáлуй wohl; allenfalls; meinetwegen
пожáлуйста bitte, bitte sehr
пожáр *m* (1) Brand, Feuer *n*, Feuersbrunst *f*
пожáрище *n* (11) Brandstätte *f*
пожáрник (1) Feuerwehrmann
пожáрный (14) Brand-; Feuer-; *Su. m* Feuerwehrmann *n*; ***пожáрная комáнда*** *f* Feuerwehr
пожáть[1,2] → ***пожимáть***, ***пожинáть***
пожевáть (6*e.*; -у-) *pf.* kauen
пожелáние *n* (12) Wunsch *m*
пожелтéлый (14*K.*) vergilbt
пожéртвование *n* (12) Spende *f*
поживáть (1): ***как поживáете?*** wie geht es Ihnen?
пожи́зненный (14*K.*) lebenslänglich; auf Lebenszeit
пожилóй (14) älter, bejahrt
пожимáть (1), <пожáть[1]> (-жму́, -жмёшь; -жáтый) drücken
пожинáть (1), <пожáть[2]> (-жну́, -жнёшь; -жáтый) ernten
пожирáть (1) verschlingen, verzehren
пожи́тки F *pl.* (1) Habseligkeiten *f/pl.*, Siebensachen
пожи́ть (-иву́, -ивёшь; пóжил, -á) *pf.* e-e Zeit lang leben
пóза *f* (5) Pose, Haltung
позабóтиться (15) *pf.* sich die Mühe machen
позавчерá vorgestern
позади́ 1. *Adv.* hinten, dahinter; hinterher; 2. *Prp.* (P) hinter
позволéние *n* (12) Erlaubnis *f*, Genehmigung *f*; ***с вáшего позволéния*** wenn Sie erlauben
позволи́тельный (14; -лен, -льна) erlaubt; zulässig
позволя́ть (28), <позвóлить> (13) gestatten, erlauben, ermöglichen; ***позвóлить себé*** sich leisten; ***позвóльте ...*** darf ich ...
позвонóк *m* (1; -нкá) Wirbel
позвонóчник *m* (1) Wirbelsäule *f*
позвонóчные *pl.* (14) Wirbeltiere *n/pl.*
пóздний (15) spät; ***до пóздней нóчи*** bis tief in die Nacht
поздрави́тельный (14) Glückwunsch-
поздравлéние *n* (12) Glückwunsch *m*
поздравля́ть (28), <поздрáвить> (14) beglückwünschen, (В *j-m*) gratulieren (**с** T zu)
поземéльный (14) Grund-, Boden-
пóзже später
пози́ровать (7) Modell stehen
позити́вный (14; -вен, -вна) positiv
позициóнный (14) Stellungs-
пози́ция *f* (7) Position, Stellung
познавáть (5), <познáть> (1) erkennen; erleben; kennen lernen
познáние *n* (12) Erkennen, Erkenntnis *f*; *pl.* Kenntnisse *f/pl.*, Wissen *n*
позóр *m* (1) Schmach *f*, Schande *f*
позóрить (13), <о-> Schande antun (В *j-m*), blamieren
позóрный (14; -рен, -рна) schändlich, schmachvoll
позы́в *m* (1) Verlangen *n*, Drang
поигрáть (1) *pf.* ein wenig spielen
поимённый (14) Namen-; namentlich
поиму́щественный (14): ~ ***налóг*** *m* Vermögenssteuer *f*
пóиск *m* (1) Suche *f*
пóискóвый (14) Such-
поисти́не wahrhaft, wahrlich
пои́ть (13*e.*/13), <на-> zu trinken geben; tränken
поймáть → ***лови́ть***
пойти́ *pf.* **1.** → ***идти́ 2***; **2.** losgehen; ***пошли́!*** F gehen wir!
покá **1.** *Adv.* vorläufig, einstweilen; **2.** *Kj.* während, solange; **3.** *Part.* F ***~!*** bis dann!, bis später!
покáз *m* (1) Vorführung *f*, Schau *f*; ~ ***мод*** Modenschau *f*

показа́ние *n* (12) Angabe *f*; *Jur.* (*a. pl.*) Aussage *f*
показа́тель *m* (4) Kennziffer *f*; Merkmal *n*; *Math.* Exponent
показа́тельный (14; -лен, -льна) bezeichnend, kennzeichnend; Schau-
пока́зывать (1), <показа́ть> (3) aufzeigen; hinweisen; vorweisen; **~ себя́** sich bewähren; ***я ему́ покажу́!*** F dem werd ich's zeigen!; **-ся** erscheinen; sich ansehen lassen
покати́ть(ся) (15) *pf.* losfahren
пока́тость *f* (8) Abhang *m*
пока́тый (14*K.*) leicht abfallend
пока́шливать (1) hüsteln; sich räuspern
покая́ние *n* (12) Buße *f*; Beichte *f*; Reue *f*
покида́ть (1), <поки́нуть> (20) verlassen, im Stich lassen
покла́дистый (14*K.*) fügsam, nachgiebig
покло́н *m* (1) Verbeugung *f*; Gruß
поклоне́ние *n* (12) Anbetung *f*; Verehrung *f*
поклони́ться → ***кла́няться***
покло́нник *m* (1) Verehrer, Bewunderer; Liebhaber
поклоня́ться (28) anbeten, verehren, bewundern (Д)
поко́й *m* (3) Ruhe *f*, Frieden
поко́йник *m* (1) Verstorbene(r)
поко́йный (14; -о́ен, -о́йна) ruhig, friedlich; verstorben
поколе́ние *n* (12) Generation *f*
поко́нчить (16) *pf.* beenden, abschließen, Schluss machen; **~ с собо́й** sich das Leben nehmen
покоре́ние *n* (12) Eroberung *f*; Unterwerfung *f*
покори́тель *m* (4) Eroberer
поко́рный (14; -рен, -рна) ergeben, unterwürfig
покоря́ть (28), <покори́ть> (13*e.*) erobern; unterwerfen; **-ся** sich fügen
покро́в *m* (1) Decke *f*; Hülle *f*; *fig.* Deckmantel
покрови́тель *m* (4) Gönner, Beschützer
покрови́тельственный (14*K.*) gönnerhaft; (*o. K.*) Schutz-
покрови́тельство *n* (9) Schutz *m*, Protektion *f*
покрови́тельствовать (7) protegieren, fördern (Д *j-n*); begünstigen
покро́й *m* (3) Schnitt
покрыва́ло *n* (9) Decke *f*, Bettdecke
покрыва́ть (1), <покры́ть> (22) bedecken, zudecken; ausgleichen
покры́тие *n* (12) Abdeckung *f*, Deckung *f*
покры́шка *f* (5; -шек) Reifen *m*; Überzug *m*
покупа́тель *m* (4) Käufer; Kunde
покупа́тельный (14) Kauf-
покупа́ть (1), <купи́ть> (14) kaufen, einkaufen
поку́пка *f* (5; -пок) Kauf *m*, Einkauf *m*
покури́ть (13) *pf.* ein wenig rauchen
покуса́ть (1) *pf.* mehrmals beißen *od.* stechen
покуша́ться (1), <покуси́ться> (15*e.*) trachten (***на*** В nach); sich vergreifen (an)
покуше́ние *n* (12) Anschlag *m*, Attentat
пол *m* **1.** (1; -а/-у; на́ -; на -у́; *pl. e.*) Fußboden; **2.** (1; *ab Gpl. e.*) Geschlecht *n*
полага́ть (1) meinen, glauben; annehmen; **-ся** <положи́ться> (16) sich verlassen (***на*** В auf)
пола́дить F (15) *pf.* sich verständigen
полве́ка *m* (*G* полуве́ка) ein halbes Jahrhundert *n*
полго́да *m* (*G* полуго́да) ein halbes Jahr *n*
по́лдень *m* (*G* полу́дня/по́лдня, *Gpl.* полдне́й) Mittag; ***в*** **~** mittags
полдю́жины *f* (*G a.* полудю́жины) ein halbes Dutzend *n*
по́ле *n* (10; *pl. e.*) Feld, Acker *m*; *mst pl.* Rand *m*
полево́дство *n* (9) Ackerbau *m*, Feldwirtschaft *f*
полево́й (14) Feld-
поле́зный (14; -зен, -зна) nützlich, nutzbringend; brauchbar
поле́зть (-зу, -зешь) *pf.* losklettern
поле́мика *f* (5) Polemik
полеми́ческий (16) polemisch
поле́но *n* (9; *pl.* -нья, -ньев) Holzscheit

поле́сье *n* (10; -сий) waldiges Sumpfland
полёт *m* (1) Flug
полета́ть (1) *pf.* ein wenig fliegen
полете́ть (11) *pf.* losfliegen, abfliegen
по́лзать (1) herumkriechen
ползко́м kriechend, auf allen vieren
ползти́ (24) kriechen
ползу́чий (17) kriechend; Kriech-
полива́ть (1), <поли́ть> (-лью́, -льёшь; -ле́й!; по́ли́л, -а́; по́ли́тый: -та́) begießen, besprengen; ***поли́л дождь*** es begann stark zu regnen; **-ся** *pf.* sich ergießen, strömen
полиго́н *m* (1) Schießplatz, Truppenübungsplatz
полиграфи́я *f* (7) graphisches Gewerbe *n*
полиза́ть (3) *pf.* ein wenig lecken
полиня́лый (14*K.*) verschossen, verblichen
полирова́ть (7) polieren
полиро́вка *f* (5; -вок) Polieren *n*
поли́тик *m* (1) Politiker
поли́тика *f* (5) Politik
полити́ческий (16) politisch; ***~ де́ятель*** *m* Politiker
полити́чный F (14; -чен, -чна) diplomatisch, taktvoll
политу́ра *f* (5) Politur
поли́ть(ся) → ***полива́ть(ся)***
полице́йский (16) Polizei-; *Su. m* Polizist
поли́ция *f* (7) Polizei
поли́чное *n*: ***пойма́ть с поли́чным*** auf frischer Tat ertappen
полк *m* (1*e.*; в -у́) Regiment *n*
по́лка *f* (5; -лок) Fach *n*, Regal *n*; *Esb.* Liegeplatz *m*
полко́вник *m* (1) Oberst
полково́дец *m* (1; -дца) Feldherr
полне́ть (8), <по-> dicker werden, zunehmen
полно|ве́сный (14; -сен, -сна) gewichtig; vollgültig; **~вла́стный** (14; -тен, -тна) unumschränkt herrschend; **~во́дный** (14; -ден, -дна) wasserreich; **~во́дье** *n* (10; -дий) hoher Wasserstand *m*; **~зву́чный** (14; -чен, -чна) klangvoll; **~лу́ние** *n* (12) Vollmond *m*; **~мо́чие** *n* (12) *a. pl.* Vollmacht *f*; **~мо́чный** (14; -чен, -чна) bevollmächtigt; **~пра́вный** (14; -вен, -вна) vollberechtigt
по́лностью vollständig, völlig
полнота́ *f* (5) Körperfülle; Vollständigkeit
полноце́нный (14; -е́нен, -е́нна) vollwertig
полно́чный (14) mitternächtlich, Mitternachts-
по́лночь *f* (8; *G a.* полу́ночи) Mitternacht
по́лный (14; -лон, -лна́) voll; gefüllt; wohlbeleibt, korpulent; (*o.K.*) vollständig; ***~ сил*** kraftstrotzend
полови́к *m* (1*e.*) Läufer, Brücke (*Teppich*) *f*
полови́на *f* (5) Hälfte; ***два с полови́ной*** zweieinhalb
полови́нный (14) halb
полови́нчатый (14*K.*) halbherzig, unentschlossen
полови́ца *f* (5) Dielenbrett *n*
полово́дье *n* (10; -дий) Hochwasser
полово́й (14) **1.** Fußboden-; Scheuer-; **2.** Geschlechts-, geschlechtlich
поло́гий (16*K.*) leicht abfallend
положе́ние *n* (12) Lage *f*, Situation *f*; Stellung *f*; ***быть в (интере́сном) положе́нии*** in anderen Umständen sein
поло́женный (14) festgesetzt, festgelegt
положи́тельный (14; -лен, -льна) positiv, bejahend; praktisch
положи́ть → ***класть 1***
положи́ться → ***полага́ться***
по́лоз *m* (1; *pl.* поло́зья, -ьев) Schlittenkufe *f*
поло́мка *f* (5; -мок) Bruch *m*; Panne
полоса́ *f* (5; *pl.* по́лосы, -са́м) Streifen *m*; Landstrich *m*; ***взлётно-поса́дочная ~*** *Flgw.* Start- und Landebahn
полоса́тый (14*K.*) gestreift
поло́ска *f* (5; -сок) kleiner Streifen *m*
полоска́ние *n* (12) Spülen; Mundwasser
полоска́ть (3) spülen; gurgeln
по́лость *f* (8; *ab Gpl. e.*) Höhle
полоте́нце *n* (11; -нец) Handtuch
полотёр *m* (1) Bohnermaschine *f*
полотно́ *n* (9; *pl.* поло́тна, -тен) Leinwand *f*, Leinen; *Esb.* Bahn-

П

damm *m*; ***бе́лый как ~*** kreidebleich
полотня́ный (14) Leinen-, leinen
поло́ть (17) jäten
полпути́ *m*: ***на ~*** auf halbem Wege
полти́нник F *m* (1) *hist.* Fünfzigkopekenstück *n*
полтора́ *m/n*, **~ры́** *f* (*G* полу́тора) anderthalb
полуботи́нки *m/pl.* (1; *G* -нок) Halbschuhe
полуго́дие *n* (12) halbes Jahr; Halbjahr
полугоди́чный, **полугодово́й** (14) halbjährig; halbjährlich
полу́денный (14) Mittags-
полу|ди́кий (16*K.*, *f* -ка́) halbwild; **~живо́й** (14; -жи́в, -жива́) halb tot, mehr tot als lebendig; **~забы́тый** (14*K.*) halbvergessen; **~защи́тник** *m* (1) *Sp.* Läufer; **~кру́г** *m* (1) Halbkreis; **~кру́глый** (14*K.*, *f* -ла́) halbrund; **~мёртвый** (14*K.*, *f* -мертва́) halb tot; **~ме́сяц** *m* (1) Halbmond; **~ме́сячный** (14) halbmonatig; halbmonatlich; **~мра́к** *m* (1) Halbdunkel *n*; **~но́чник** F *m* (1) Nachtschwärmer; **~о́стров** *m* (1; *pl. e.*, *N* -а́) Halbinsel *f*; **~подва́л** *m* (1) Souterrain *n*; **~прице́п** *m* (1) Sattelanhänger, Sattelauflieger; **~проводни́к** *m* (1*e.*) Halbleiter; **~пусты́ня** *f* (6) Halbwüste; **~све́т** *m* (1) Dämmerlicht *n*; **~сла́дкий** (16; -док, -дка́) halbsüß; **~со́н** *m* (1; -сна́) Halbschlaf; **~со́нный** (14) schlaftrunken, schläfrig; **~сухо́й** (16) halbtrocken; **~тёмный** (14; -тёмен, -темна́) halbdunkel; **~те́нь** *f* (8; в -тени́) Halbschatten *m*; **~фабрика́т** *m* (1) Halbfabrikat *n*; **~фина́л** *m* (1) Halbfinale *n*
получа́тель *m* (4) Empfänger, Adressat
получа́ть (1), <получи́ть> (16) bekommen, erhalten; *Med.* sich zuziehen; **-ся** herauskommen, sich ergeben
полуша́рие *n* (12) Halbkugel *f*, Hemisphäre *f*
полушутя́ halb im Scherz
полчаса́ *m* (*G a.* получа́са) e-e halbe Stunde *f*
по́лый (14) hohl, Hohl-
полыха́ть (1) lodern, flammen
по́льза *f* (5) Nutzen *m*, Vorteil *m*; ***в по́льзу*** (P) zugunsten (von); ***кака́я от э́того ~?*** was nützt das?
по́льзование *n* (12) Nutzung *f*, Gebrauch *m*
по́льзоваться (7), <вос-> benutzen, gebrauchen; *impf. Ruf* genießen; ***~ изве́стностью*** bekannt sein
по́лька *f* (5; -лек) **1.** Polin; **2.** Polka
по́льский (16) polnisch
По́льша *f* (5) Polen *n*
полюби́ть (14) *pf.* lieb gewinnen; sich verlieben (B in)
по́люс *m* (1; *pl. a. e.*, *N* -а́) Pol (***на*** П am)
поля́к *m* (1) Pole
поля́на *f* (5) kleine Waldwiese, Lichtung
поля́рник *m* (1) Polarforscher
поля́рный (14; -рен, -рна) polar; (*o. K.*) Polar-
пома́зать (3) *pf.* beschmieren, einfetten
помазо́к *m* (1; -зка́) Pinsel
пома́лкивать F (1) stumm bleiben, den Mund halten, nichts sagen
пома́рка *f* (5; -рок) Verbesserung, Korrektur
поме́ньше etwas weniger, kleiner
помертве́лый (14*K.*) erstarrt; leichenblass
помести́тельный (14; -лен, -льна) geräumig
помести́ть(ся) → ***помеща́ть(ся)***
поме́стье *n* (10; -тий) Landgut
по́месь *f* (8) Kreuzung; Mischling *m*
поме́сячный (14) monatlich
поме́та *f* (5) Vermerk *m*; Bemerkung
поме́тить → ***помеча́ть***
поме́ха *f* (5) Hindernis *n*, Störung
помеча́ть (1), <поме́тить> (15) bezeichnen, vermerken; ***~ число́м*** datieren
поме́шанный (14*K.*) verrückt, wahnsinnig; *Su. m* Geisteskranke(r)
помеша́тельство *n* (9) Wahnsinn *m*
помеша́ть → ***меша́ть 3***
помеша́ться (1) *pf.* den Verstand verlieren
помеща́ть (1), <помести́ть> (15*e.*) unterbringen (***в*** B in); Platz anbieten; *Geld* anlegen; **-ся** Platz finden,

(**в** П in) hineingehen; einrichten
помещéние *n* (12) Raum *m*, Räumlichkeit *f*
помéщик *m* (1) Gutsbesitzer
помидóр *m* (1) Tomate *f*
поми́лование *n* (12) Begnadigung *f*
поми́ловать (7) *pf.* begnadigen; ***поми́луй!*** F aber ich bitte dich!
поми́мо (P) außer, abgesehen von
помина́ть (1), <помяну́ть> (19) gedenken (B, **о** П *j-s*); *Rel.* beten (für); ***~ добрóм*** in guter Erinnerung behalten
помину́тно jeden Augenblick
пóмнить (13) sich erinnern (**о** П an), daran denken; ***не ~ себя́ от гнéва*** außer sich sein vor Zorn
помога́ть (1), <помóчь> (-могу́, -мóжешь, -мóгут; помóг, -могла́) helfen
по-мóему meines Erachtens
помóйка F *f* (5; -óек) Abfallgrube
помóлвка *f* (5; -вок) Verlobung
помолча́ть (4*e.*) *pf.* e-e Weile schweigen
помóрье *n* (10; -рий) Küstengebiet
помóст *m* (1) Podium *n*, Podest *n*; Gerüst *n*
пóмочи *pl.* (8; *ab G e.*) Hosenträger *m/pl.*; Haltegurt *m*
помóчь → ***помога́ть***
помóщник *m* (1) Helfer; Gehilfe
пóмощь *f* (8) Hilfe, Unterstützung; ***на ~!*** Hilfe!
пóмпа *f* (5) Pomp *m*, Prunk *m*; *Tech.* Pumpe
помпéзный (14; -зен, -зна) pompös, prunkvoll
помрача́ть (1), <помрачи́ть> (16*e.*) verdüstern
помча́ться (4*e.*) *pf.* losrennen, losstürmen
пóмысел *m* (1; -сла) Gedanke, Absicht *f*; Vorhaben *n*
помышля́ть (28), <помы́слить> (13) daran denken; im Sinn haben, vorhaben
помяну́ть → ***помина́ть***
пона́добиться (14) *pf.* benötigen, brauchen; benötigt werden
понаслы́шке vom Hörensagen
по-настоя́щему richtig; wirklich
понача́лу F anfangs
по-на́шему nach unserer Meinung
поневóле notgedrungen
понедéльник *m* (1) Montag (**в** B am)
понедéльный (14) wöchentlich
по-немéцки deutsch, auf Deutsch
понемнóгу ein wenig, in kleinen Mengen; allmählich
понести́ (25 -с-) *pf.* davontragen, tragen; *Pferd:* durchgehen; **-сь** losrennen
понижа́ть (1), <пони́зить> (15) herabsetzen, senken, vermindern; degradieren; **-ся** sinken, sich verringern
понижéние *n* (12) Herabsetzung *f*, Minderung *f*, Degradierung *f*: ***~ цен*** Preissenkung *f*
поника́ть (1), <пони́кнуть> (21) *den Kopf* hängen lassen; ***пони́кнув головóй*** mit hängendem Kopf
понима́ние *n* (12) Verständnis, Auffassung *f*
понима́ть (1), <поня́ть> (пойму́, -мёшь; пóнял, -á; пóнятый: -та́) verstehen, begreifen
по-нóвому auf neue Art
понома́рь *m* (4*e.*) Küster
понóс *m* (1) Durchfall
поноси́ть[1] (15) beschimpfen, schmähen
поноси́ть[2] (15) *pf.* e-e Zeit lang tragen
понóшенный (14*K.*) abgetragen, abgenutzt
понужда́ть (1), <понýдить> (15; -уждённый) zwingen, nötigen
понуждéние *n* (12) Zwang *m*
понýрить (13) *pf. den Kopf* hängen lassen
понýрый (14*K.*) geknickt, bedrückt; mit hängendem Kopf
пóнчик *m* (1) gefüllter Pfannkuchen
поны́не bis jetzt, bis heute
понюхать (1) *pf.* → ***ню́хать***
поня́тие *n* (12) Begriff *m*, Vorstellung *f*, Idee *f*
поня́тливый (14*K.*) verständig, aufgeweckt
поня́тный (14; -тен, -тна) verständlich, begreiflich
поня́ть → ***понима́ть***
пóодаль in einiger Entfernung
поочерёдно der Reihe nach, nacheinander

поощре́ние *n* (12) Aufmunterung *f*, Förderung *f*; Belohnung *f*
поощря́ть (28), <поощри́ть> (13*e.*) fördern; ermuntern, aufmuntern
попада́ние *n* (12) Treffer *m*
попада́ть (1), <попа́сть> (25; *Prät. st.*) hingeraten, gelangen; *Ziel* treffen; ***не ~ в цель*** das Ziel verfehlen; ***кто попа́ло*** der erste Beste; **-ся** hineingeraten; ertappt werden; sich treffen, begegnen
попа́рно paarweise, in Paaren
поперёк *Adv.* quer, querdurch
попереме́нно abwechselnd
попере́чина *f* (5) Querbalken *m*
попере́чник *m* (1) Durchmesser
попере́чный (14) Quer-
поперхну́ться (20) *pf.* sich verschlucken
попече́ние *n* (12) Fürsorge *f*, Obhut *f*, Pflege *f*
поплаво́к *m* (1; -вка́) Schwimmer
попла́кать (3) *pf.* ein wenig weinen
поплы́ть (23) *pf.* zu schwimmen beginnen
попола́м in zwei Hälften, zu gleichen Teilen, halb
поползнове́ние *n* (12) Versuch *m*; Anspruch *m* (**к** Д auf)
поползти́ (24) *pf.* zu kriechen beginnen
пополне́ние *n* (12) Ergänzung *f*
пополня́ть (28), <попо́лнить> (13) auffüllen, ergänzen
пополу́дни nachmittags
поправи́мый (14*K.*) reparabel
попра́вка *f* (5; -вок) Verbesserung, Ausbesserung, Korrektur
поправля́ть (28), <попра́вить> (14) verbessern, ausbessern; berichtigen, korrigieren; **-ся** sich bessern, besser gehen; gesund werden; sich erholen; ***поправля́йтесь!*** gute Besserung!
по-пре́жнему wie früher, nach wie vor
по́прище *n* (11) Wirkungsbereich *m*, Wirkungskreis *m*
по́просту F ganz einfach, schlicht; ohne Umstände
попры́гать (1) *pf.* ein wenig herumhüpfen; nacheinander springen
попрыгу́н F *m* (1*e.*) Springinsfeld, Quirl
попрыгу́нья F *f* (6; -ний) flatterhaftes Ding *n*
попуга́й *m* (3) Papagei
популя́рный (14; -рен, -рна) populär, beliebt; gemeinverständlich
попусти́тельство *n* (9) allzu große Nachsicht *f*
по́пусту F unnütz, umsonst
попу́тный (14) an der Strecke liegend; *fig.* beiläufig; ***на попу́тной маши́не*** per Anhalter
попу́тчик *m* (1) Weggenosse, Reisegefährte; *fig.* Mitläufer
попыта́ть F (1) *pf.* versuchen
попы́тка *f* (5; -ток) Versuch *m*
пора́ 1. *f* (5; по́ру; *pl.* по́ры, пор, пора́м) Zeit, Periode, Zeitabschnitt *m*; ***ле́тняя ~*** Sommer *m*, Sommerzeit; **2.** *präd.* es ist Zeit; ***давно́ ~*** es ist höchste Zeit; ***с каки́х пор?*** seit wann?; ***до сих по́р*** bis jetzt, bis hierher; ***с тех по́р*** seither
порабо́тать (1) *pf.* e-e Zeit lang arbeiten
порабоща́ть (1), <поработи́ть> (15*e.*; -т/щ-) unterjochen, unterwerfen
порабоще́ние *n* (12) Versklavung *f*, Knechtung *f*
пора́довать (7) *pf.* ein wenig erfreuen
поража́ть (1), <порази́ть> (15*e.*) treffen, vernichten; *Med.* befallen; *fig.* verblüffen, in Erstaunen versetzen; **-ся** staunen (Д über), erstaunt sein
пораже́ние *n* (12) Niederlage *f*
пораже́нчество *n* (9) Defätismus *m*, Miesmacherei *f*
порази́тельный (14; -лен, -льна) verblüffend, erstaunlich
поразмы́слить F (13) *pf.* gründlich nachdenken
пора́нить (13) *pf.* leicht verletzen
пораста́ть (1), <порасти́> (25; -расту́; -ро́с, -росла́; -ро́сший) bewachsen
порва́ть(ся) → ***порыва́ть(ся)***
поре́з *m* (1) Schnittwunde *f*
поре́зать (3) *pf.* schneiden, durch e-n Schnitt verletzen
поре́й *m* (3) Porree
по́ристый (14*K.*) porös

порица́ние *n* (12) *a. pl.* Tadel *m*, Rüge *f*
порица́ть (1) tadeln, rügen
по́рка *f* (5) Auftrennen *n*; F Züchtigung, Prügel *pl.*
порну́ха *f* P Porno *m*
по́ровну zu gleichen Teilen
поро́г *m* (1) Schwelle *f*; Stromschnelle *f*
поро́да *f* (5) Rasse; Gattung; *Geol.* Gestein *n*
поро́дистый (14*K.*) rassig, Rasse-
порожда́ть (1), <породи́ть> (15*e.*; -ождённый) hervorbringen, hervorrufen, erzeugen
поро́жний F (15) leer; Leer-
по́рознь getrennt, einzeln; für sich
поро́й bisweilen, mitunter
поро́к *m* (1) Laster *n*; Mangel; Fehler
поросёнок *m* (2) Ferkel *n*; ***моло́чный ~*** Spanferkel *n*
по́росль *f* (8) junge Triebe *m/pl.*; Unterholz *n*; Gestrüpp *n*
поро́ть (17) **1.** <рас-> trennen, auftrennen; **2.** F <вы́-> verprügeln, versohlen
по́рох *m* (1; -а/-у) Schießpulver *n*
поро́чить (16), <о-> in Verruf bringen; schlecht machen
поро́чный (14; -чен, -чна) lasterhaft; fehlerhaft
поро́ша *f* (5) Neuschnee *m*
порошко́вый (14) Pulver-
порошо́к *m* (1; -шка́) Pulver *n*
поро́ю → ***поро́й***
порт *m* (1; в -у́; *ab Gpl. e.*) Hafen
портати́вный (14; -вен, -вна) tragbar
по́ртить (15), <ис-> verderben, ruinieren; ***~ кровь*** böses Blut machen; **-ся** faulen, verderben; schlecht werden, sich verschlechtern
портни́ха *f* (5) Schneiderin
портно́й *m* (14) Schneider
портови́к *m* (1*e.*) Hafenarbeiter
порто́вый (14) Hafen-
портре́т *m* (1) Bildnis *n*, Porträt *n*
портре́тный (14) Porträt-, Bild-
Португа́лия *f* (7) Portugal *n*
портфе́ль *m* (4) Aktentasche *f*, Mappe *f*
портье́ра *f* (5) Vorhang *m*
портя́нка *f* (5; -нок) Fußlappen *m*
поруби́ть F (14) *pf.* fällen, abholzen; zerhacken; e-e Weile hacken
поруга́ть F (1) *pf.* e-e Weile schelten, ausschimpfen; **-ся** F sich verzanken; schimpfen
пору́ка *f* (5) Bürgschaft
по-ру́сски russisch, auf Russisch
поруча́ть (1), <поручи́ть> (16) beauftragen; anvertrauen
поруча́ться → ***руча́ться***
поруче́ние *n* (12) Auftrag *m*
поручи́тель *m* (4) Bürge
поручи́тельство *n* (9) Bürgschaft *f*, Kaution *f*
поручи́ть → ***поруча́ть***
по́ручни *m/pl.* (4) Haltestange(n *pl.*) *f*, Geländer *n*
порха́ть (1), *einm.* <порхну́ть> (20) flattern, umherflattern
по́рция *f* (7) Portion; Ration
по́рча *f* (5) Beschädigung; Verderben *n*
по́рченый F (14) verdorben, ungenießbar
по́ршень *m* (4; -шня) *Tech.* Kolben
поры́в *m* (1) Windstoß, Bö *f*; *fig.* Aufwallung *f*; Elan, Schwung
порыва́ть (1), <порва́ть> (-ву́, -вёшь) *Beziehung* abbrechen (zu); *Vertrag* lösen; *pf.* **-ся** zerbrechen; *pf.* zerreißen
поры́вистый (14*K.*) heftig, ungestüm; ruckartig
порыже́лый (14*K.*) rötlich verfärbt
поря́дковый (14) laufend
поря́док *m* (1; -дка) Ordnung *f*; Reihenfolge *f*; Art *f*, Weise *f*; ***по поря́дку*** fortlaufend; ***в поря́дке веще́й*** ganz normal
поря́дочный (14; -чен, -чна) anständig; ordentlich, gehörig
посади́ть → ***сажа́ть***
поса́дка *f* (5; -док) Anpflanzung, Pflanzung; Landung
поса́дочный (14) Pflanz-, Setz-; Lande-
по-сво́ему auf s-e Art
посвяща́ть (1), <посвяти́ть> (15*e.*; -т/щ-) widmen; einweihen
посвяще́ние *n* (12) Widmung *f*; Einweihung *f*
посе́в *m* (1) Aussaat *f*, Saat *f*
посевно́й (14) Saat-
поседе́лый (14) ergraut

поселе́нец *m* (1; -нца) Siedler
поселе́ние *n* (12) Ansiedlung *f*
посёлок *m* (1; -лка) Siedlung *f*
поселя́ть (28), <посели́ть> (13*e.*) ansiedeln; einquartieren; **-ся** sich niederlassen; *fig.* sich einstellen
посереди́не in der Mitte
посети́тель *m* (4) Besucher
посеща́ть (1), <посети́ть> (15*e.*; -т/щ-) besuchen, aufsuchen
посеще́ние *n* (12) Besuch *m*
посе́ять (27) *pf.* → ***се́ять***
посиде́ть (11*e.*) *pf.* e-e Weile sitzen
поси́льный (14; -лен, -льна) nach Kräften
поскака́ть (3) *pf.* losspringen; davongaloppieren
поскользну́ться (20) *pf.* ausrutschen
поско́льку so weit, sofern; da, weil
поскоре́е schnell, schneller
послабле́ние *n* (12) *mst pl.* Nachsicht *f*
посла́нец *m* (1; -нца) Bote; Abgesandte(r)
посла́ние *n* (12) Botschaft *f*, Schreiben
посла́нник *m* (1) Gesandte(r)
посла́ть → ***посыла́ть***
по́сле 1. *Prp.* (P) nach; **~ *того́ как*** nachdem; **2.** *Adv.* nachher, später; danach
послевое́нный (14) Nachkriegs-
после́дний (15) letzte(r); jüngst, neuest; ***после́дние изве́стия*** *Rdf.* Nachrichten *f/pl.*
после́дователь *m* (4) Anhänger, Nachfolger
после́довательность *f* (8) Reihenfolge; Konsequenz
после́довательный (14; -лен, -льна) folgerichtig, konsequent
после́довать (7) *pf.* folgen
после́дствие *n* (12) Folge *f*, Ergebnis
после́дующий (17) folgend, nachfolgend
после|за́втра übermorgen; **~обе́денный** (14) Nachmittags-; **~сло́вие** *n* (12) Nachwort
посло́вица *f* (5) Sprichwort *n*
послужи́ть (16) *pf.* e-e Zeit lang dienen
послуша́ние *n* (12) Gehorsam *m*
послу́шать (1) *pf.* ein wenig horchen, zuhören; ***послу́шай!*** hör mal!
послу́шный (14; -шен, -шна) gehorsam, folgsam
посме́иваться (1) vor sich hin lachen; sich ein wenig lustig machen (***над*** T über)
посме́ртный (14) postum
посме́шище *n* (11) Gespött
посмея́ться (27*e.*) *pf.* ein wenig lachen
посмотре́ть → ***смотре́ть***
посо́бие *n* (12) Unterstützung *f*, Beihilfe *f*; Lehrbuch; ***нагля́дные посо́бия*** *pl.* Anschauungsmaterial *n*; ***социа́льное ~*** Sozialhilfe *f*
посо́бник *m* (1) Handlanger, Helfershelfer
посо́бничество *n* (9) Beihilfe *f*
посове́товаться (7) *pf.* sich beraten
посо́л *m* (1; -сла́) Botschafter
посо́льский (16) Botschafter-; Botschafts-
посо́льство *n* (9) Botschaft *f*
посо́хнуть F (21) *pf.* e-e Weile trocknen; vertrocknen
поспа́ть (-плю́, -пи́шь; -пала́) *pf.* ein wenig schlafen
поспева́ть F (1), <поспе́ть> (8) reif werden, reifen
поспеши́ть → ***спеши́ть***
поспе́шность *f* (8) Hast, Eile
поспе́шный (14; -шен, -шна) hastig, eilig
посрамля́ть (28), <посрами́ть> (14*e.*) bloßstellen, blamieren
посреди́, посреди́не (P) in der Mitte, mitten in
посре́дник *m* (1) Vermittler; *fig.* Schiedsrichter
посре́дничать (1) vermitteln
посре́дничество *n* (9) Vermittlung *f*
посре́дственный (14*K.*) mittelmäßig, mäßig, durchschnittlich
посре́дство *n* (9): ***при посре́дстве*** mittels, mit Hilfe
посре́дством mit Hilfe von, mittels
пост *m* **1.** (1*e.*; на -у́) Wachposten; *Esb.* Stellwerk *n*; **2.** (1*e.*; *a.* в -у́) Fastenzeit *f*
поста́вить → ***ста́вить*** *u.* ***поставля́ть***

постáвка *f* (5; -вок) Lieferung
поставля́ть (28), <постáвить> (14) liefern
поставщи́к *m* (1*e.*) Lieferant
постанóвка *f* (5; -вок) Aufstellung; Inszenierung; Aufführung
постановлéние *n* (12) Beschluss *m*; Verordnung *f*; Erlass *m*
постановля́ть (28), <постанови́ть> (14) beschließen; anordnen
постанóвочный (14) Aufführungs-
постанóвщик *m* (1) Regisseur
по-стáрому beim Alten; wie früher
постéль *f* (8) Bett *n*
постепéнный (14; -éнен, -éнна) allmählich
постигáть (1), <пости́гнуть, пости́чь> (21/20) begreifen, erfassen; treffen, ereilen
постижи́мый (14*K.*) verständlich, begreiflich
пости́ться (15*e.*; -т/щ-) fasten
пóстный (14) Fast-, Fasten-; F mager; *fig.* (*K.* -тен, -тна) scheinheilig, heuchlerisch
постовóй (14) *Su. m* Wachposten, Posten
постóльку: ~, поскóльку insofern als, sofern
посторóнний (15) fremd; *Su. m* Unbefugte(r)
постоя́нный (14; -я́нен, -я́нна) beständig, stetig; fortwährend; *El.* Gleich-
постоя́нство *n* (9) Beständigkeit *f*
постоя́ть (-ою́, -ои́шь) *pf.* e-e Zeit lang stehen; ***постóй(те)!*** warte(n Sie) mal!
пострадáвший *m* (17) Geschädigte(r), Opfer *n*
пострéл F *m* (1) Schlingel
постреля́ть (28) *pf.* e-e Zeit lang schießen
постригáть (1), <постри́чь> (26 -г/ж-; *Prät. st.*) Haare schneiden; **-ся** sich die Haare schneiden lassen
построéние *n* (12) Aufbau *m*; Struktur *f*; Konstruktion *f*
пострóйка *f* (5; -óек) Bau *m*, Gebäude *n*
поступáтельный (14; -лен, -льна) fortschreitend
поступáть (1), <поступи́ть> (14) handeln; verfahren, vorgehen; eintreten; eingehen, eintreffen; **-ся** verzichten (T auf), aufgeben
поступлéние *n* (12) Eintritt *m*; Eingang *m*; Zugang *m*
постýпок *m* (1; -пка) Tat *f*, Handlung *f*
посты́дный (14; -ден, -дна) schändlich
посýда *f* (5) Geschirr *n*
посýдина F *f* (5) Gefäß *n*; *Mar.* Schiff *n*
посýдный (14) Geschirr-
посудомóечный (14) Geschirrspül-
посуши́ть (16) *pf.* e-e Weile trocknen
посчастли́виться (14) *pf.* Glück haben; gelingen
посылáть (1), <послáть> (пошлю́, -лёшь; пóсланный) schicken, senden; holen lassen (***за*** T)
посы́лка *f* (5; -лок) Absendung; Paket *n*, Päckchen *n*
посы́лочный (14) Paket-
посы́льный *m* (14) Bote
посыпáть (1), <посы́пать> (2) bestreuen; *pf.* schütten
посягáтельство *n* (9) Anschlag *m*, Attentat
посягáть (1), <посягнýть> (20) trachten (***на*** B nach); e-n Anschlag verüben (***на*** B auf)
пот *m* (1; -а/-у; в -ý; *pl. e.*) Schweiß; ***весь в ~ý*** schweißgebadet
потайнóй (14) Geheim-
потакáть (1) nachsichtig sein
потáсканный F (14*K.*) abgetragen, schäbig
потасóвка F *f* (5; -вок) Rauferei
по-твóему deiner Ansicht nach
потвóрство *n* (9) Nachsicht *f*
потвóрствовать (7) nachsichtig sein
потёмки *pl.* (5; -мок) Dunkel *n*, Finsternis *f*; ***в потёмках*** *fig.* im Dunkeln
потéнция *f* (7) Potenz
потеплéние *n* (12) Erwärmung *f*
потерéть → ***потирáть***
потерпéть (10) ertragen, aushalten; *pf.* sich ein wenig gedulden
потёртый (14*K.*) abgetragen, schäbig
потéря *f* (6) Verlust *m*, Einbuße

потéрянный (14*K.*) verloren, verlassen; *fig.* verwirrt, fassungslos
потесни́ть → ***тесни́ть 1***
потесни́ться (13*e.*) *pf.* zusammenrücken; Platz machen
потéть (8) **1.** schwitzen; **2.** anlaufen, beschlagen
потéха *f* (5) Spaß *m*, Ulk *m*; Vergnügung
потешáть F (1) belustigen, amüsieren
потéшить F (16) *pf.* erfreuen, e-e Freude machen; **-ся** F *impf.* sich lustig machen (***над*** T über)
потéшный (14; -шен, -шна) komisch, amüsant
потирáть (1), <потерéть> (12) *impf.* sich reiben; *pf.* ein wenig einreiben
потихóньку F leise; gemächlich; allmählich; unbemerkt
пóтный (14; -тен, -тнá) schweißbedeckt; *Fenster:* angelaufen
потовóй (14) Schweiß-
потóк *m* (1) Strom; *fig.* Flut *f*, Schwall; *Tech.* Fließbandfertigung *f*
потолóк *m* (1; -лкá) Zimmerdecke *f*; F Höchstgrenze *f*
потолóчный (14) Decken-
потóм dann, danach; nachher
потóмок *m* (1; -мка) Nachkomme
потóмство *n* (9) Nachkommenschaft *f*; Nachwelt *f*
потомý deshalb, darum; **~ *что*** weil
потóп *m* (1) Sintflut *f*, Hochwasser *n*
поторопи́ться F (14) *pf.* sich beeilen
потóчный (14) *Tech.* Fließ-; Fließband-
потрáва *f* (5) Flurschaden *m*
потрáтить (15) *pf.* verbrauchen; ausgeben; verschwenden
потреби́тель *m* (4) Verbraucher, Konsument
потреби́тельный (14) Gebrauchs-
потреби́тельский (16) Gebrauchs-; Verbraucher-
потреблéние *n* (12) Verbrauch *m*, Konsum *m*
потребля́ть (28), <потреби́ть> (14*e.*) verbrauchen
потрéбность *f* (8) Bedarf *m*
потрéбный (14; -бен, -бна) notwendig, erforderlich
потрёпанный F (14*K.*) abgetragen, abgenutzt, zerschlissen
потрéскивать (1) leicht knistern
потрóгать (1) *pf.* leicht berühren
потрохá *m/pl.* (1) Eingeweide *n* (*mst pl.*), Innereien *pl.*
потроши́ть (16*e.*) ausweiden, ausnehmen
потруди́ться (15) *pf.* e-e Zeit lang arbeiten; sich die Mühe machen; ***стóит ~*** es lohnt die Mühe
потрясáть (1), <потрясти́> (25 -с-) erschüttern
потрясáющий (17*K.*) erschütternd, ergreifend
потрясéние *n* (12) Erschütterung *f*
потупля́ть (28), <потýпить> (14) senken, hängen lassen; **-ся** den Blick senken
потускнéлый (14*K.*) matt, glanzlos
потусторóнний (15; -óнен, -óння) jenseitig, überirdisch
потухáть (1), <потýхнуть> (21) erlöschen, ausgehen
потýхший (17) erloschen; leblos
потуши́ть → ***туши́ть 1***
потя́гивать F (1) schlürfen; **-ся** sich rekeln
потянýть (19) *pf.* losziehen; **-ся** dahinziehen, sich hinziehen
поутрý F morgens, früh
поучáть (1) belehren; F unterweisen
поучéние *n* (12) Belehrung *f*
поучи́тельный (14; -лен, -льна) lehrreich, aufschlussreich; erbaulich
похáживать F (1) hin und her gehen, auf und ab spazieren
похвалá *f* (5) *a. pl.* Lob *n*
похвáльный (14; -лен, -льна) lobenswert, löblich
похвáрывать F (1) kränkeln
похити́тель *m* (4) Räuber, Dieb; Entführer
похищáть (1), <похи́тить> (15; -т/щ-) rauben; entführen
похищéние *n* (12) Raub *m*; Entführung *f*
похлёбка *f* (5; -бок) Suppe
похлóпать (1) *pf.* mehrmals klopfen
похлóпывать F (1) ab und zu klatschen
похмéлье *n* (10; -лий) Kater *m*, Katzenjammer *m*

похо́д *m* (1) Feldzug; Marsch; Fahrt *f*; Ausflug
походи́ть (15) **1.** *pf.* ein wenig herumgehen, auf und ab gehen; **2.** *impf.* ähneln, gleichen
похо́дка *f* (5; -док) Gang *m*, Gangart *f*
похо́дный (14) Marsch-, Feld-
похожде́ние *n* (12) Abenteuer
похо́жий (17*K.*) ähnlich; ***на что э́то похо́же?*** F was soll das denn?; ***э́то ни на что не похо́же!*** F da hört sich doch alles auf!
похолода́ние *n* (12) Abkühlung *f*; Temperaturrückgang *m*
по́хороны *pl.* (5; -ро́н, -рона́м) Beerdigung *f*, Begräbnis *n*
по-хоро́шему F im Guten; gut
похотли́вый (14*K.*) lüstern, geil
по́хоть *f* (8) Wollust, Begierde
поцелу́й *m* (3) Kuss
по́чва *f* (5) Boden *m*, Grund *m*; Grundlage
почём F: ***~?*** zu welchem Preis?; ***~ я зна́ю?*** woher soll ich das wissen?; ***~ знать*** wer weiß
почему́ warum, weshalb; **~-либо**, **~-нибудь**, **~-то** aus irgendeinem Grund
по́черк *m* (1) Handschrift *f*
почеса́ть (3) *pf.* kratzen
по́честь *f* (8) Ehre, Ehrenbezeigung
почёт *m* (1) Ehre *f*; hohes Ansehen *n*
почётный (14; -тен, -тна) ehrenvoll; ehrenamtlich
по́чечный (14) Nieren-; Knospen-
почи́н *m* (1) Initiative *f*, Antrieb
почи́нка *f* (5; -нок) Reparatur, Ausbesserung
почи́стить (15) *pf.* ein wenig putzen, säubern
почита́ние *n* (12) Achtung *f*
почита́тель *m* (4) Verehrer, Bewunderer
почита́ть[1] (1) *pf.* ein wenig lesen
почита́ть[2] (1) ehren, achten; verehren
по́чка *f* (5; -чек) *Bot.* Knospe; *Anat.* Niere
по́чта *f* (5) Post; ***по́чтой*** *od.* ***по по́чте*** per Post; ***обра́тной по́чтой*** postwendend
почтальо́н *m* (1) Briefträger
почта́мт *m* (1) Postamt *n*
почте́ние *n* (12) Achtung *f*, Respekt *m*; Ehrfurcht *f*; Hochachtung *f*
почте́нный (14; -е́нен, -е́нна) ehrenwert, ehrwürdig; beträchtlich
почти́ fast, beinahe
почти́тельный (14; -лен, -льна) ehrerbietig, respektvoll
почти́ть (-чту́, -чти́шь) *pf.* ehren, Ehre erweisen
почто́вый (14) Post-; Brief-
пошевели́ть (13/13*e.*) *pf.* ein wenig bewegen; **-ся** sich rühren
пошепта́ть F (3) *pf.* ein wenig flüstern; **-ся** tuscheln
по́шлина *f* (5) Zoll *m*
по́шлость *f* (8) Banalität; Gemeinheit
по́шлый (14; пошл, -а́) banal, abgeschmackt; geschmacklos
пошту́чный (14) Stück-, pro Stück
поща́да *f* (5) Gnade
пощёчина *f* (5) Ohrfeige, Backpfeife
пощипа́ть F (2) *pf.* ein wenig *od.* einige Male zupfen
пощу́пать (1) *pf.* ein wenig befühlen
поэ́зия *f* (7) Poesie
поэ́ма *f* (5) Dichtung
поэ́т *m* (1) Dichter
поэте́сса *f* (5) Dichterin
поэти́ческий (16) dichterisch
поэти́чный (14; -чен, -чна) poetisch
поэ́тому deshalb, darum
появле́ние *n* (12) Erscheinen
появля́ться (28), <появи́ться> (14) erscheinen; auftauchen, auftreten; ***появи́ться на свет*** zur Welt kommen
по́яс *m* (1; *pl. e.*, *N* -а́) Gürtel, Gurt; Zone *f*
поясне́ние *n* (12) Erläuterung *f*, Erklärung *f*
поясни́тельный (14) erläuternd
поясни́ть → ***поясня́ть***
поясни́ца *f* (5) *Anat.* Kreuz *n*
поясня́ть (28), <поясни́ть> (13*e.*) erläutern, erklären
праба́бка *f* (5; -бок), **праба́бушка** *f* (5; -шек) Urgroßmutter
пра́вда 1. *f* (5) Wahrheit; Gerechtigkeit; **2.** *präd.* wahr; ***э́то ~?*** stimmt das?; ***не ~ ли?*** nicht wahr?; **3.** *Part.* wirklich, tatsächlich; ***по пра́вде говоря́*** F um die Wahrheit zu sagen
правди́вый (14*K.*) wahr, wahrhaftig

П

правдолю́бие *n* (12) Wahrheitsliebe *f*
правдоподо́бный (14; -бен, -бна) wahrscheinlich; glaubwürdig
пра́ведный (14; -ден, -дна) gerecht, gottesfürchtig
пра́вило *n* (9) Regel *f*; Vorschrift *f*; Grundsatz *m*; ***как ~*** in der Regel
пра́вильный (14; -лен, -льна) richtig, fehlerfrei; regelmäßig; gleichmäßig
прави́тельственный (14) Regierungs-
прави́тельство *n* (9) Regierung *f*
пра́вить (14) **1.** regieren (T); lenken, steuern; **2.** korrigieren
пра́вка *f* (5; -вок) Korrektur
правле́ние *n* (12) Regierung *f*, Vorstand *m*; Verwaltung *f*
пра́внук *m* (1) Urenkel
пра́внучка *f* (5; -чек) Urenkelin
пра́во *n* (9; *pl. e.*) Recht; Befugnis *f*, Berechtigung *f*; *pl.* Führerschein *m*
право|ве́дение *n* (12) Rechtswissenschaft *f*; **~ве́рный** (14; -рен, -рна) rechtgläubig, orthodox; **~во́й** (14) Rechts-; juristisch; **~защи́тник** *m* (1) Bürgerrechtler; **~ме́рный** (14; -рен, -рна) rechtmäßig, gesetzmäßig; **~наруше́ние** *n* (12) Rechtsbruch *m*; **~наруши́тель** *m* (4) Rechtsbrecher; **~писа́ние** *n* (12) Rechtschreibung *f*, Orthographie *f*; **~сла́вный** (14) orthodox; *Su. m* Orthodoxe(r); **~су́дие** *n* (12) Rechtspflege *f*, Justiz *f*
пра́вый 1. (14) recht; Rechts-; *Pol.* rechtsgerichtet; **2.** (14; прав, -á) gerecht; unschuldig; ***вы пра́вы*** Sie haben Recht
пра́вящий (17) herrschend, regierend
пра́дед *m* (1) Urgroßvater
пра́здник *m* (1) Feiertag, Festtag; Fest *n*
пра́здничный (14; -чен, -чна) Fest-, Feiertags-; festlich
пра́здновать (7) feiern, festlich begehen
пра́здность *f* (8) Müßiggang *m*, Nichtstun *n*
пра́здный (14; -ден, -дна) müßig; untätig; unnütz
пра́ктик *m* (1) Praktiker; praktisch veranlagter Mensch
пра́ктика *f* (5) Praxis; Praktikum *n*
практи́ческий (16), **практи́чный** (14; -чен, -чна) praktisch, praktisch veranlagt
пра́порщик *m* (1) Fähnrich
прах *m* (1) Asche *f*; sterbliche Hülle *f*
пра́чечная *f* (14) Wäscherei
пребыва́ние *n* (12) Aufenthalt *m*; Verbleib *m*
пребыва́ть (1) sich befinden, sich aufhalten
превзойти́ → ***превосходи́ть***
превозмога́ть (1), <превозмо́чь> (-могу́, -мо́жешь, -мо́гут; -мо́г, -ла́, -ло́) überwinden, bezwingen
превозноси́ть (15), <превознести́> (25 -с-) lobpreisen, rühmen
превосходи́ть (15), <превзойти́> (-йду́, -йдёшь; -ошёл, -ошла́, -ошло́; -ше́дший; -ойдя́; -ойдённый) übertreffen, überbieten; überlegen sein
превосхо́дный (14; -ден, -дна) vortrefflich, ausgezeichnet
превосхо́дство *n* (9) Überlegenheit *f*
превраща́ть (1), <преврати́ть> (15*e.*; -т/щ-) verwandeln, umgestalten
превраще́ние *n* (12) Umwandlung *f*, Umgestaltung *f*
превыша́ть (1), <превы́сить> (15) übersteigen, übertreffen; überschreiten
превыше́ние *n* (12) Überschreitung *f*
прегра́да *f* (5) Hindernis *n*, Schranke; ***грудобрю́шная ~*** Zwerchfell *n*
прегражда́ть (1), <прегради́ть> (15*e.*; -аждённый) versperren
пред → ***пе́ред***
предава́ть (5), <преда́ть> (-да́м, -да́шь) übergeben; preisgeben; verraten; ***~ гла́сности*** an die Öffentlichkeit bringen; **-ся** sich hingeben
преда́ние *n* (12) Überlieferung *f*; Sage *f*, Legende *f*
пре́данность *f* (8) Ergebenheit, Hingabe (Д an)
пре́данный (14*K.*) ergeben; treu; ***~ Вам*** Ihr ergebener
преда́тель *m* (4) Verräter
преда́тельский (16) verräterisch

преда́тельство *n* (9) Verrat *m*
преда́ть(ся) → ***предава́ть(ся)***
предвари́тельный (14; -лен, -льна) vorausgehend, vorherig; vorläufig
предвесе́нний (15) Vorfrühlings-
предве́стие *n* (12) Vorzeichen; Omen
предве́стник *m* (1) Vorbote, Vorzeichen *n*
предвзя́тый (14*K*.) vorgefasst; voreingenommen
предви́дение *n* (12) Voraussicht *f*
предви́деть (11) voraussehen, vorhersehen; **-ся** bevorstehen, abzusehen sein
предвкуше́ние *n* (12) Vorgefühl, Vorfreude *f*
предводи́тель *m* (4) Anführer
предводи́тельство *n* (9) Führung *f*
предводи́тельствовать (7) anführen, befehligen
предвосхища́ть (1), <предвосхи́тить> (15 -т/щ-) vorwegnehmen; zuvorkommen
предвы́борный (14) Wahl-; ***предвы́борная борьба́*** *f* Wahlkampf *m*
предго́рье *n* (10; -рий) Vorgebirge
преде́л *m* (1) Grenze *f*; Ende *n*; Höchstmaß *n*, Gipfel; ***в ~ах*** innerhalb; ***за ~ами*** außerhalb
преде́льный (14; -лен, -льна) äußerst, höchst; ***~ во́зраст*** *m* Altersgrenze *f*
предзнаменова́ние *n* (12) Vorzeichen; Omen
предисло́вие *n* (12) Vorwort
предлага́ть (1), <предложи́ть> (16) vorschlagen, vorlegen; anbieten; *Frage, Aufgabe* stellen
предло́г *m* (1) Vorwand; *Gr.* Präposition *f*, Verhältniswort *n*
предложе́ние *n* (12) Vorschlag *m*; Angebot; Antrag *m*; *Gr.* Satz *m*
предло́жный (14) präpositional; ***~ паде́ж*** *m* Präpositiv
предме́стье *n* (10; -тий) Vorort *m*
предме́т *m* (1) Gegenstand, Sache *f*, Ding *n*; Thema *n*; Fach *n*
предназнача́ть (1), <предназна́чить> (16) vorherbestimmen, vorausbestimmen
предназначе́ние *n* (12) Vorherbestimmung *f*
преднаме́ренный (14*K*.) vorsätzlich, vorbedacht, absichtlich
пре́док *m* (1; -дка) Vorfahr, Ahn
предопределе́ние *n* (12) Vorherbestimmung *f*
предопределя́ть (28), <предопредели́ть> (13*e*.) vorausbestimmen, vorherbestimmen
предоставле́ние *n* (12) Gewährung *f*
предоставля́ть (28), <предоста́вить> (14) überlassen (***на*** B); gewähren, einräumen; zur Verfügung stellen
предостерега́ть (1), <предостере́чь> (26 -г/ж-) warnen (***от*** P vor)
предостереже́ние *n* (12) Warnung *f*
предосторо́жность *f* (8) Vorsicht
предосуди́тельный (14; -лен, -льна) anstößig, verurteilungswürdig
предотвраща́ть (1), <предотврати́ть> (15*e*.; -т/щ-) verhüten, abwenden; vorbeugen (B)
предотвраще́ние *n* (12) Verhütung, Abwendung *f*
предохране́ние *n* (12) Schutz *m* (***от*** P vor)
предохрани́тель *m* (4) *El.* Sicherung *f*
предохрани́тельный (14) Schutz-; Sicherheits-; vorbeugend
предохраня́ть (28), <предохрани́ть> (13*e*.) schützen, vorbeugen (***от*** P vor); sichern
предписа́ние *n* (12) Vorschrift *f*; Anordnung *f*
предпи́сывать (1), <предписа́ть> (3) vorschreiben; anordnen, verordnen
предпле́чье *n* (10; -чий) Unterarm *m*
предполага́емый (14) voraussichtlich, mutmaßlich
предполага́ть (1), <предположи́ть> (16) annehmen, vermuten; *impf.* voraussetzen; **-ся** *impf.* geplant sein
предположе́ние *n* (12) Vermutung *f*, Annahme *f*
предположи́тельный (14; -лен, -льна) vermutlich
предпосле́дний (15) vorletzte(r)

предпосы́лка *f* (5; -лок) Voraussetzung
предпочита́ть (1), <предпоче́сть> (-чту́, -чтёшь; -чёл, -чла́; -чтённый: -чтена́) vorziehen, den Vorzug geben
предпочте́ние *n* (12) Bevorzugung *f*
предприи́мчивость *f* (8) Unternehmungsgeist *m*
предприи́мчивый (14*K.*) unternehmungslustig
предпринима́тель *m* (4) Unternehmer
предпринима́ть (1), <предприня́ть> (-иму́, -и́мешь; -и́нял, -а́; -и́нятый: -та́) unternehmen
предприя́тие *n* (12) Unternehmen, Betrieb *m*; ***совме́стное ~*** Joint-venture
предрасполага́ть (1), <предрасположи́ть> (16) von vornherein einnehmen (***к*** Д für)
предрасположе́ние *n* (12) Veranlagung *f*
предрасполо́женный veranlagt
предрассу́док *m* (1; -дка) Vorurteil *n*
предреша́ть (1), <предреши́ть> (16*e.*) im Voraus entscheiden; vorherbestimmen
председа́тель *m* (4) Vorsitzende(r), Präsident
председа́тельство *n* (9) Vorsitz *m*
председа́тельствовать (7) den Vorsitz führen
предсказа́ние *n* (12) Vorhersage *f*, Voraussage *f*; Prophezeiung *f*
предска́зывать (1), <предсказа́ть> (3) vorhersagen, voraussagen; prophezeien
представа́ть (5), <предста́ть> (-а́ну, -а́нешь; -а́нь!) erscheinen, auftauchen
представи́тель *m* (4) Vertreter, Repräsentant
представи́тельный (14; -лен, -льна) repräsentativ; ansehnlich, stattlich
представи́тельство *n* (9) Vertretung *f*, Repräsentation *f*
представле́ние *n* (12) Vorstellung *f*; *Thea.* Aufführung *f*; Auffassung *f*
представля́ть (28), <предста́вить> (14) vorstellen; vorführen, aufführen; darstellen; vorlegen
предста́ть → ***представа́ть***
предстоя́ть (-ои́т) bevorstehen
предстоя́щий (17) bevorstehend
предубежде́ние *n* (12) Vorurteil
предубеждённый (14*K.*) voreingenommen
предуга́дывать, <предугада́ть> (1) vorausahnen, voraussehen
предупреди́тельный (14; -лен, -льна) zuvorkommend, liebenswürdig; (*o.K.*) vorbeugend
предупрежда́ть (1), <предупреди́ть> (15*e.*; -еждённый) vorher aufmerksam machen; warnen; verhüten
предупрежде́ние *n* (12) Warnung *f*; Verhütung *f*
предусма́тривать (1), <предусмотре́ть> (9) voraussehen; vorsehen
предусмотри́тельный (14; -лен, -льна) umsichtig; vorsorglich
предчу́вствие *n* (12) Vorahnung *f*, Vorgefühl
предчу́вствовать (7) ahnen
предше́ственник *m* (1) Vorgänger, Vorläufer
предше́ствовать (7) vorangehen
предше́ствующий (17) vorangehend, vorhergehend
предъявля́ть (28), <предъяви́ть> (14) vorzeigen, vorweisen; *Ansprüche* geltend machen
предыду́щий (17) vorherig, vorig
пре́мник *m* (1) Nachfolger
пре́мственный (14*K.*) erblich; Erb-; aufeinander folgend
пре́жде 1. *Adv.* früher, vorher; zuerst; **2.** *Prp.* vor; ***~ всего́*** vor allem
преждевре́менный (14; -енен, -енна) vorzeitig; verfrüht
пре́жний (15) früher, ehemalig
президе́нтство *n* (9) Präsidentschaft *f*
презира́ть (1), <презре́ть> (9*e.*) *impf.* verachten
презре́ние *n* (12) Verachtung *f*; Geringschätzung *f*
презри́тельный (14; -лен, -льна) verächtlich
преиму́щественно vorzugsweise, vornehmlich
преиму́щественный (14*K.*) überwiegend

преиму́щество *n* (9) Vorzug *m*, Vorteil *m*; Privileg

прейскура́нт *m* (1) Preisliste *f*

преклоне́ние *n* (12) Verneigung *f*

прекло́нный (14; -о́нен, -о́нна) vorgerückt; ***прекло́нные го́ды*** *m/pl.* hohes Alter *n*

прекра́сный (14; -сен, -сна) sehr schön, herrlich; ***в оди́н ~ день*** e-s schönen Tages

прекраща́ть (1), <прекрати́ть> (15*e.*; -т/щ-) aufhören (B mit), beenden, einstellen; abbrechen; **-ся** aufhören; abbrechen

прекраще́ние *n* (12) Einstellung *f*, Beendigung *f*

преле́стный (14; -тен, -тна) reizend, entzückend

пре́лесть *f* (8) Reiz *m*, Anmut

прельща́ть (1), <прельсти́ть> (15*e.*) bezaubern, verlocken, verführen; **-ся** sich verführen lassen

премиа́льный (14) Prämien-

премирова́ть (7) *im*(*pf.*) prämieren

пре́мия *f* (7) Preis *m*; Prämie; ***Но́белевская ~*** Nobelpreis *m*

премье́р *m* (1) Premierminister; *Thea.* Hauptdarsteller

премье́ра *f* (5) Premiere, Uraufführung

премье́р-мини́стр *m* (1) Premierminister

пренебрега́ть (1), <пренебре́чь> (26 -г/ж-) verschmähen, gering schätzen (T); nicht beachten

пренебреже́ние *n* (12) Geringschätzung *f*; Vernachlässigung *f* (T)

пренебрежи́тельный (14; -лен, -льна) geringschätzig, verächtlich; nachlässig

пре́ние *n* (12) Faulen, Fäulnis *f*

пре́ния *pl.* (12) Diskussion *f*, Aussprache *f*; Debatte *f*

преоблада́ние *n* (12) Vorherrschaft *f*, Übergewicht

преоблада́ть (1) vorherrschen, überwiegen

преобража́ть (1), <преобрази́ть> (15*e.*) verwandeln, umgestalten

преображе́ние *n* (12) Umgestaltung *f*, Verwandlung *f*

преобразова́ние *n* (12) Umgestaltung *f*; Reform *f*

преобразо́вывать (1), <преобразова́ть> (7) umgestalten, umwandeln; *El.* transformieren

преодолева́ть (1), <преодоле́ть> (8) überwinden, bewältigen

преодоле́ние *n* (12) Überwindung *f*

преодоли́мый (14*K.*) überwindbar

препина́ние *n* (12): ***знак*** *m* ***препина́ния*** Satzzeichen, Interpunktionszeichen

препира́ться F (1) sich zanken

преподава́ние *n* (12) Unterricht *m*; Lehre *f*

преподава́тель *m* (4), **преподава́тельница** *f* (5) Lehrer(in *f*), Lehrkraft *f*; Lektor(in *f*)

преподава́тельский (16) Lehrer-; Lehr-

преподава́ть (5) unterrichten, lehren

преподноси́ть (15), <преподнести́> (25 -с-) feierlich überreichen

препровожда́ть (1), <препроводи́ть> (15; -ождённый) übersenden, absenden

препя́тствие *n* (12) Hindernis

препя́тствовать (7), <вос-> behindern, *pf.* hindern, verhindern

прерыва́ть (1), <прерва́ть> (-ву́, -вёшь) unterbrechen, abbrechen; **-ся** aufhören, abbrechen

преры́вистый (14*K.*) abgebrochen, unterbrochen; stockend

пресека́ть (1), <пресе́чь> (26; -сек, -секла́, -секло́) unterbinden, abstellen

пресле́дование *n* (12) Verfolgung *f*

пресле́дователь *m* (4) Verfolger

пресле́довать (7) verfolgen

преслову́тый (14*K.*) berüchtigt

пресмыка́ться (1) kriechen, katzbuckeln

пресмыка́ющееся *n* (17) Reptil

пресново́дный (14) Süßwasser-

пре́сный (14; -сен, -сна́) ungesalzen; *fig.* schal, fade

пресс *m* (1) *Tech.* Presse *f*

пре́сса *f* (5) *Zeitungen* Presse

пресс-бюро́ *n unv.* Pressebüro

пресс-конфере́нция *f* (7) Pressekonferenz

прессова́ть (7), <с-> pressen

престаре́лый (14*K.*) hochbetagt;

дом *m* ***для престаре́лых*** Altersheim *n*, Seniorenheim *n*
прести́ж *m* (1) Ansehen *n*, Prestige *n*
престо́л *m* (1) Thron
преступа́ть (1), <преступи́ть> (14) übertreten, verletzen
преступле́ние *n* (12) Verbrechen; ***заста́ть на ме́сте преступле́ния*** auf frischer Tat ertappen
престу́пник *m* (1) Verbrecher
престу́пность *f* (8) Kriminalität; ***организо́ванная ~*** organisierte Kriminalität
престу́пный (14; -пен, -пна) verbrecherisch
пресыще́ние *n* (12) Überdruss *m*
претворя́ть (28), <претвори́ть> (13*e.*): ***~ в жизнь*** verwirklichen, in die Tat umsetzen
претенде́нт *m* (1) Anwärter
претендова́ть (7) sich bewerben (***на*** В um); Anspruch erheben (***на*** В auf)
прете́нзия *f* (7) Anspruch *m*; Forderung, Anmaßung; ***с прете́нзиями*** anspruchsvoll; ***без прете́нзий*** anspruchslos
претерпева́ть (1), <претерпе́ть> (10) erleiden, erdulden
преть (8), <со-> faulen, modern; *Fenster*: anlaufen, schwitzen
преувеличе́ние *n* (12) Übertreibung *f*
преувели́ченный (14*K.*) übertrieben
преувели́чивать (1), <преувели́чить> (16) übertreiben
преуменьша́ть (1), <преуме́ньшить> (16) untertreiben, unterschätzen
преуменьше́ние *n* (12) Unterschätzung *f*
преуспева́ть (1), <преуспе́ть> (8) Fortschritte machen, vorankommen
пре́фикс *m* (1) Präfix *n*, Vorsilbe *f*
преходя́щий (17*K.*) vorübergehend, zeitweilig
при (П) bei, an; vor; unter, mit; ***~ э́том*** dabei; ***~ сём*** anbei; ***~ капитали́зме*** im Kapitalismus; ***име́ть ~ себе́*** bei sich haben
приба́вка *f* (5; -вок) Zulage, Zugabe; Gehaltserhöhung
прибавле́ние *n* (12) Ergänzung *f*; Zulage *f*, Zusatz *m*
прибавля́ть (28), <приба́вить> (14) hinzugeben, hinzufügen; *Fin.* erhöhen; ***~ ша́гу*** s-e Schritte beschleunigen; **-ся** zunehmen, anwachsen
приба́вочный (14) Zusatz-; Mehr-
прибалти́йский (16) baltisch; Ostsee-
прибега́ть (1), <прибежа́ть> (4; -бегу́, -бежи́шь, -бегу́т) herbeilaufen; hereingelaufen kommen
прибе́жище *n* (11) Zufluchtsort *m*; Zuflucht *f*
прибива́ть (1), <приби́ть> (-бью́, -бьёшь; -бе́й!; -би́тый) annageln, anschlagen; anspülen (***к*** Д an)
прибира́ть (1), <прибра́ть> (-беру́, -берёшь) aufräumen, wegräumen
приби́ть → ***прибива́ть***
приближа́ть (1), <прибли́зить> (15) näherrücken (***к*** Д an); näher bringen; **-ся** sich nähern, heranrücken
приближе́ние *n* (12) Herannahen; Annäherung *f*
приблизи́тельный (14; -лен, -льна) ungefähr, annähernd
прибо́й *m* (3) Brandung *f*
прибо́р *m* (1) Gerät *n*; Besteck *n*, Gedeck *n*; ***пи́сьменный ~*** Schreibzeug *n*
прибра́ть → ***прибира́ть***
прибре́жный (14) Küsten-; Ufer-, am Ufer gelegen
прибыва́ть (1), <прибы́ть> (-бу́ду, -бу́дешь; при́был, -а́) ankommen, eintreffen
при́быль *f* (8) Gewinn *m*, Profit *m*; Vorteil *m*
при́быльный (14; -лен, -льна) einträglich, Gewinn bringend, vorteilhaft
прибы́тие *n* (12) Ankunft *f*, Eintreffen
прибы́ть → ***прибыва́ть***
прива́л *m* (1) Rast *f*; Rastplatz
привари́ть (13) *pf.* anschweißen
привезти́ → ***привози́ть***
приве́дливый (14*K.*) wählerisch
приве́редничать F (1) mäkeln; wählerisch sein
приве́рженец *m* (1; -нца) Anhänger

приве́рженность *f* (8) Anhänglichkeit, Treue
приве́рженный (14*K.*) ergeben (***к*** Д); zugetan
привёртывать (1), <привернýть> (20; -вёрнутый) anschrauben, festschrauben
приве́сить → ***приве́шивать***
привести́ → ***приводи́ть***
приве́т *m* (1) Gruß; **~!** hallo!, grüß dich!
приве́тливый (14*K.*) freundlich
приве́тствие *n* (12) Gruß *m*; Begrüßung *f*, Begrüßungsworte *n/pl.*
приве́тствовать (7; *Prät. a. pf.*), <по-> begrüßen; willkommen heißen
приве́шивать (1), <приве́сить> (15) anhängen, aufhängen
прививáть (1), <приви́ть> (-вью́, -вьёшь) pfropfen; impfen; *fig.* anerziehen, beibringen; **-ся** anwachsen; *Med.* wirken; *fig.* sich einbürgern
приви́вка *f* (5; -вок) Impfung
привидéние *n* (12) Gespenst, Geist *m*
привилегирóванный (14*K.*) privilegiert
привилéгия *f* (7) Privileg *n*, Vorrecht *n*
приви́нчивать (1), <привинти́ть> (15*e.*; -ви́нченный) anschrauben, festschrauben
приви́ть(ся) → ***прививáть(ся)***
при́вкус *m* (1) Beigeschmack (*a. fig.*)
привлекáтельный (14; -лен, -льна) anziehend, attraktiv; fesselnd
привлекáть (1), <привлéчь> (26) heranziehen, anziehen; anlocken
привóд *m* (1) *Jur.* Vorführung *f*; *Tech.* Antrieb
приводи́ть (15), <привести́> (25) bringen, mitbringen; herholen, herschaffen; anführen, zitieren
приводнóй (14) Antriebs-
привóз *m* (1) Einfuhr *f*, Anlieferung *f*
привози́ть (15), <привезти́> (24) anfahren, anliefern
привознóй (14) eingeführt, Einfuhr-
приволáкивать F (1), <приволóчь> (26) herbeischleppen, heranschleppen
привóльный (14; -лен, -льна) weit, weitläufig
привра́тник *m* (1) Pförtner
привыкáть (1), <привы́кнуть> (21) sich gewöhnen (***к*** Д an), sich angewöhnen
привы́чка *f* (5; -чек) Gewohnheit
привы́чный (14; -чен, -чна) gewohnt, gewöhnt (***к*** Д an)
привя́занность *f* (8) Sympathie (***к*** Д für), Zuneigung
привя́занный (14*K.*) angebunden (***к*** Д an); anhänglich; zugetan
привя́зывать (1), <привязáть> (3) anbinden, festbinden (***к*** Д an); *fig.* fesseln; **-ся** Zuneigung empfinden (für), lieb gewinnen
при́вязь *f* (8) Leine
пригваждáть (1), <пригвозди́ть> (15*e.*; -ождённый) annageln; *fig.* festnageln
пригибáть (1), <пригнýть> (20) beugen, niederdrücken; **-ся** sich ducken
приглáживать (1), <приглáдить> (15) glatt streichen, glätten
приглашáть (1), <пригласи́ть> (15*e.*) einladen; kommen lassen
приглашéние *n* (12) Einladung *f*
пригнáть → ***пригоня́ть***
пригнýть(ся) → ***пригибáть(ся)***
приговáривать (1), <приговори́ть> (13*e.*) verurteilen
приговóр *m* (1) Urteil *n*
пригоди́ться (15*e.*) *pf.* nützlich sein; gebrauchen können
пригóдный (14; -ден, -дна) tauglich, brauchbar, geeignet
пригоня́ть (28), <пригнáть> (-гоню́, -гóнишь) herantreiben
пригорáть (1), <пригорéть> (9*e.*) anbrennen
пригорéлый (14*K.*) angebrannt
при́город *m* (1) Vorort, Vorstadt *f*
при́городный (14) Vorort-
пригóрок *m* (1; -рка) Anhöhe *f*
при́горшня *f* (6; -шен/-шней) Hand voll
приготовлéние *n* (12) Vorbereitung *f*; Zubereitung *f*
приготáвливать (1), **приготовля́ть** (28), <приготóвить> (14) vorbereiten (***к*** Д für); zubereiten; **-ся** sich vorbereiten, sich anschicken
пригу́бить (14) *pf.* nippen (В an)

придава́ть (5), <прида́ть> (-да́м, -да́шь) hinzufügen; verleihen, geben

прида́вливать (1), <придави́ть> (14) niederdrücken; quetschen, einklemmen

прида́ное *n* (14) Mitgift *f*, Aussteuer *f*

прида́ток *m* (1; -тка) Anhängsel *n*

прида́точный (14): ***прида́точное предложе́ние*** *n Gr.* Nebensatz *m*

прида́ть → ***придава́ть***

прида́ча *f* (5) Beigabe, Zugabe

придвига́ть (1), <придви́нуть> (20) heranrücken (***к*** Д an); **-ся** näherrücken

приде́лывать, <приде́лать> (1) anbringen, anfügen

приде́рживать (1), <придержа́ть> (4) festhalten; zurückhalten; **-ся** *impf. fig.* sich halten (P an); sich festhalten (an)

придира́ться (1), <придра́ться> (-деру́сь, -дерёшься; -драла́сь) herummäkeln, bekritteln, auszusetzen haben (***к*** Д an)

приди́рка *f* (5; -рок) *mst pl.* Nörgelei; Schikane

придоро́жный (14) am Wege gelegen

придра́ться → ***придира́ться***

приду́мывать, <приду́мать> (1) *pf.* sich ausdenken; ersinnen, erfinden

придуркова́тый F (14*K.*) dümmlich, beschränkt

приеда́ться F (1), <прие́сться> (-е́стся) langweilig werden

прие́зд *m* (1) Ankunft *f*

приезжа́ть (1), <прие́хать> (-е́ду, -е́дешь) ankommen, eintreffen

прие́зжий (17) angereist; *Su. m* Fremde(r), Zugereiste(r)

приём *m* (1) Annahme *f*; Aufnahme *f*; Empfang; Sprechstunde *f*

приёмка *f* (5; -мок) Abnahme *f*; Aufnahme *f*

прие́млемый (14*K.*) annehmbar, akzeptabel

приёмная *f* (14) Empfangszimmer *n*; Sprechzimmer *n*; Wartezimmer *n*

приёмник *m* (1) *Rdf.* Empfänger, Gerät *n*

приёмный (14) Empfangs-; Sprech-; Aufnahme-; Adoptiv-

прие́сться → ***приеда́ться***

прие́хать → ***приезжа́ть***

прижа́ть(ся) → ***прижима́ть(ся)***

прижива́ться (1), <прижи́ться> (-живу́сь, -живёшься; -жи́лся, -жила́сь) sich eingewöhnen

прижи́зненный (14) zu Lebzeiten erfolgt

прижима́ть (1), <прижа́ть> (-жму, -жмёшь; -жа́тый) niederdrücken, andrücken; bedrücken, bedrängen; **-ся** sich anschmiegen

прижи́ться → ***прижива́ться***

приз *m* (1) Preis

призаду́мываться, <призаду́маться> (1) nachdenklich werden

призва́ние *n* (12) Neigung *f*, Talent (***к*** Д für); Berufung *f*

призва́ть → ***призыва́ть***

призе́мистый (14*K.*) niedrig; untersetzt, stämmig

приземле́ние *n* (12) Landung *f*

приземля́ться (28), <приземли́ться> (13*e.*) landen

призёр *m* (1) Preisträger; *Sp.* Medaillengewinner

при́зма *f* (5) Prisma *n*

признава́ть (5), <призна́ть> (1) anerkennen; zugeben, zugestehen (***за*** Т *j-m*); **-ся** eingestehen (***в*** П), bekennen

при́знак *m* (1) Anzeichen *n*, Merkmal *n*; Symptom *n*

призна́ние *n* (12) Anerkennung *f*; Bekenntnis

при́знанный (14*K.*) anerkannt

призна́тельный (14; -лен, -льна) dankbar, erkenntlich

при́зрак *m* (1) Gespenst *n*; Trugbild *n*, Phantom *n*

при́зрачный (14; -чен, -чна) geisterhaft, gespenstisch

призы́в *m* (1) Aufruf, Appell; Losung *f*; *Mil.* Einberufung *f*; Flehen *n*, Bitte *f*

призыва́ть (1), <призва́ть> (-зову́, -зовёшь) herbeirufen; aufrufen, ermahnen

призывни́к *m* (1*e.*) Rekrut

при́иск *m* (1) Grube *f*, Mine *f*

прийти́(сь) → ***приходи́ть(ся)***

прика́з *m* (1) Befehl, Anordnung *f*

приказа́ние *n* (12) Anweisung *f*, Anordnung *f*

прика́зывать (1), <приказа́ть> (3) befehlen, anordnen
прикарма́нивать (1), <прикарма́нить> (13) in die eigene Tasche stecken
прикаса́ться (1), <прикосну́ться> (20) berühren; streifen
прика́тывать (1), <прикати́ть> (15) heranrollen; F ankommen, eintreffen
прики́дывать F (1), <прики́нуть> (20) *fig.* abschätzen, überschlagen; **-ся** (T) sich verstellen
прикла́д *m* (1) Gewehrkolben
прикладно́й (14) angewandt
прикла́дывать (1), <приложи́ть> (16) auflegen; anwenden
прикле́ивать (1), <прикле́ить> (13) ankleben; **-ся** kleben; F kleben bleiben
приклепа́ть (1; -клёпанный) *pf.* annieten
приключе́ние *n* (12) Abenteuer; Begebenheit *f*; ***иска́тель*** *m* ***приключе́ний*** Abenteurer
приключе́нческий (16) abenteuerlich, Abenteuer-
прико́вывать (1), <прикова́ть> (7*e.*) anschmieden (**к** Д an); fesseln
прикола́чивать F (1), <приколоти́ть> (15) annageln
прикомандиро́вывать (1), <прикомандирова́ть> (7) abkommandieren
прикоснове́ние *n* (12) Berührung *f*
прикосну́ться → ***прикаса́ться***
прикра́сы F *f/pl.* (5) Ausschmückung(en *pl.*)
прикра́шивать (1), <прикра́сить> (15) beschönigen, ausschmücken
прикрепи́тельный (14) Überweisungs-
прикрепле́ние *n* (12) Befestigung *f*
прикрепля́ть (28), <прикрепи́ть> (14*e.*) befestigen, festmachen; zuteilen, zuweisen
прикри́кнуть (20) *pf.* anschreien
прикру́чивать F (1), <прикрути́ть> (15) festbinden (**к** Д an)
прикрыва́ть (1), <прикры́ть> (22) zudecken, bedecken; *Mil.* decken; schützen (**от** P vor); *Tür* anlehnen; *fig.* bemänteln, verschleiern; **-ся** sich leicht zudecken; sich verschanzen (T hinter)
прикры́тие *n* (12) Deckung *f*; Schutz *m*
прику́ривать (1), <прикури́ть> (13) anrauchen; e-e Zigarette anzünden
прику́сывать (1), <прикуси́ть> (15) abbeißen
прила́вок *m* (1; -вка) Ladentisch, Theke *f*
прилага́тельное *n* (14) Adjektiv, Eigenschaftswort
прилага́ть (1), <приложи́ть> (16) beilegen, beifügen (**к** Д); anwenden; aufbieten
прила́живать F (1), <прила́дить> (15) anbringen (**к** Д an)
приласка́ть (1) *pf.* liebkosen, streicheln
прилега́ть (1) angrenzen (**к** Д an); eng anliegen
прилега́ющий (17) eng anliegend; angrenzend
прилежа́ние *n* (12) Fleiß *m*
приле́жный (14; -жен, -жна) fleißig
прилёт *m* (1) Ankunft *f*
прилета́ть (1), <прилете́ть> (11*e.*) heranfliegen, herbeifliegen
прили́в *m* (1) Flut *f*; Andrang
прилива́ть (1), <прили́ть> (-лью́, -льёшь) zugießen; herbeiströmen
прилипа́ть (1), <прили́пнуть> (21) festkleben (**к** Д an), kleben bleiben
прили́ть → ***прилива́ть***
прили́чие *n* (12) Anstand *m*
прили́чный (14; -чен, -чна) anständig, ordentlich
приложе́ние *n* (12) Anwendung *f*, Verwendung *f*; Beilage *f*, Anlage *f*
приложи́ть → ***прикла́дывать***, ***прилага́ть***
прилуне́ние *n* (12) Mondlandung *f*
прилуни́ться (13*e.*) *pf.* auf dem Mond landen
прима́заться (1) *pf.* sich einschleichen
прима́нивать (1), <примани́ть> (13; -а́ненный/-нённый) anlocken, verlocken
примене́ние *n* (12) Anwendung *f*, Verwendung *f*; Einsatz *m*
примени́мый (14*K.*) anwendbar
применя́ть (28), <примени́ть> (13; -нённый) anwenden, verwenden;

einsetzen; **-ся** sich richten (***к*** Д nach); verwendet werden
приме́р *m* (1) Beispiel *n*; Musterbeispiel *n*, Vorbild *n*; ***не в ~*** F ungleich, viel
приме́рить → ***примеря́ть***
приме́рка *f* (5; -рок) Anprobe
приме́рный (14; -рен, -рна) vorbildlich, mustergültig; annähernd, ungefähr
примеря́ть (28), <приме́рить> (13) anprobieren, anpassen
при́месь *f* (8) Beimischung
приме́та *f* (5) Kennzeichen *n*, Vorzeichen *n*; Merkmal *n*; ***име́ть на приме́те*** *fig.* im Auge haben
примета́ть (1; -мётанный) *pf.* anheften
приме́тить → ***примеча́ть***
приме́тливый F (14*K.*) aufmerksam
приме́тный (14; -тен, -тна) merklich, sichtbar
примеча́ние *n* (12) Anmerkung *f*, Bemerkung *f*; Fußnote *f*
примеча́тельный (14; -лен, -льна) bemerkenswert, beachtenswert
примеча́ть F (1), <приме́тить> (15) bemerken, beachten
приме́шивать, <примеша́ть> (1) beimischen, beimengen
примире́ние *n* (12) Versöhnung *f*, Aussöhnung *f*, Vergleich *m*
примири́тельный (14; -лен, -льна) versöhnlich
примиря́ть (28), <примири́ть> (13*e.*) versöhnen, aussöhnen; **-ся** sich aussöhnen; sich abfinden
примкну́ть → ***примыка́ть***
примо́лкнуть F (21) *pf.* verstummen
примо́рский (16) See-, Küsten-
примо́рье *n* (10; -рий) Küstengebiet
примо́чка *f* (5; -чек) feuchter Umschlag *m*
при́мула *f* (5) Primel
при́мус *m* (1) Petroleumkocher
примча́ться (4) *pf.* herbeisausen; angerannt kommen
примыка́ть (1), <примкну́ть> (20) sich anschließen (***к*** Д), dazustoßen
принадлежа́ть (4*e.*) gehören; angehören; zustehen
принадле́жность *f* (8) Zugehörigkeit; Eigenschaft; *pl.* Zubehör *n*
принести́ → ***приноси́ть***
принижа́ть (1), <прини́зить> (15) erniedrigen, demütigen
принима́ть (1), <приня́ть> (приму́, -и́мешь; -и́нял, -а́; -и́нятый: -та) annehmen, entgegennehmen; übernehmen; auf sich nehmen; *Maßnahmen* ergreifen; ***~ на рабо́ту*** einstellen; ***~ уча́стие*** teilnehmen; **-ся** (***за*** В *et.*) anfangen, in Angriff nehmen; sich machen (an)
прнора́вливать F (1), <приноровить> (14*e.*; -ро́вленный) anpassen
приноси́ть (15), <принести́> (25 -с-) bringen, mitbringen; einbringen, erbringen; herbeitreiben, herbeiwehen; *Dank* abstatten
приноше́ние *n* (12) Gabe *f*, Geschenk
при́нтер *m* (1) Drucker
принуди́тельный (14; -лен, -льна) Zwangs-, zwangsweise
принужда́ть (1), <прину́дить> (15; -уждённый) zwingen, nötigen
принужде́ние *n* (12) Zwang *m*, Nötigung *f*
принуждённый (14*K.*) gezwungen, genötigt
при́нцип *m* (1) Prinzip *n*, Grundsatz
принципиа́льный (14; -лен, -льна) grundsätzlich, prinzipiell; prinzipientreu
приня́тие *n* (12) Annahme *f*; Entgegennahme *f*
при́нятый (14; -ят, -ята́) angenommen; üblich, gebräuchlich; ***э́то при́нято*** das ist so üblich
приня́ть(ся) → ***принима́ть(ся)***
приободря́ть (28), <приободри́ть> (13*e.*) ein wenig aufmuntern, Mut machen
приобрета́ть (1), <приобрести́> (25 -т-) erwerben; sich anschaffen
приобрете́ние *n* (12) Erwerb *m*; Anschaffung *f*
приобща́ть (1), <приобщи́ть> (16*e.*) heranführen (***к*** Д an); beilegen, beifügen; **-ся** teilnehmen; sich anschließen
приостана́вливать (1), <приостанови́ть> (14) vorübergehend anhalten; *Jur.* aussetzen; **-ся** kurz halten, stocken
приоткрыва́ть (1), <приоткры́ть> (22) ein wenig öffnen

П

припада́ть (1), <припа́сть> (25; *Prät. st.*; -а́вший) sich anschmiegen

припа́док *m* (1; -дка) Anfall, Attacke *f*

припаса́ть F (1), <припасти́> (25 -с-) zurücklegen, sparen

припа́сть → ***припада́ть***

припа́сы *m/pl.* (1) Vorräte

припая́ть (28) *pf.* anlöten

припе́в *m* (1) Refrain, Kehrreim

припёк: ***на ~е*** in der prallen Sonne

припира́ть (1), <припере́ть> (12) F drücken, drängen; verrammeln

припи́ска *f* (5; -сок) Postskriptum *n*, Zusatz *m*

припи́сывать (1), <приписа́ть> (3) dazuschreiben, hinzufügen; *fig.* zuschreiben, zuschieben

припла́та *f* (5) Zuzahlung, Zuschlag *m*

припла́чивать (1), <приплати́ть> (15) dazuzahlen, zuzahlen

приплета́ть (1), <приплести́> (25 -т-) einflechten

приплыва́ть (1), <приплы́ть> (23) heranschwimmen; heransegeln (**к** Д an)

приплю́снутый (14*K.*) platt, plattgedrückt

приподнима́ть (1), <приподня́ть> (-ниму́, -ни́мешь) leicht anheben; **-ся** sich ein wenig erheben

приполза́ть (1), <приползти́> (24) herankriechen

припомина́ть (1), <припо́мнить> (13) sich erinnern (В an), sich besinnen (auf)

припра́ва *f* (5) Zutat(en *pl.*), Gewürz(e *pl.*) *n*

приправля́ть (28), <припра́вить> (14) würzen, anrichten

припря́тывать F (1), <припря́тать> (3) heimlich verstecken; zurücklegen

припуска́ть (1), <припусти́ть> (15) zugeben; *Saum* auslassen

припуха́ть (1), <припу́хнуть> (21) leicht anschwellen

припу́хлый F (14*K.*) leicht geschwollen

прираба́тывать, <прирабо́тать> F (1) dazuverdienen

при́работок F *m* (1; -тка) Nebenverdienst

прира́внивать (1), <приравня́ть> (28) gleichstellen; gleichsetzen

прираста́ть (1), <прирасти́> (25; -расту́, -растёшь; -ро́с, -ла́) anwachsen; sich vermehren

приревнова́ть (7) *pf.* eifersüchtig werden

прireза́ть, **прире́зывать** (1), <прире́зать> (3) zuteilen; die Kehle durchschneiden; *Vieh* abstechen

приро́да *f* (5) Natur; Wesen *n*, Naturell *n*

приро́дный (14) Natur-, natürlich

прирождённый (14*K.*) angeboren

приро́ст *m* (1) Zuwachs

прируча́ть (1), <приручи́ть> (16*e.*) zähmen

приса́сываться (1), <присоса́ться> (-осу́сь, -осёшься) sich festsaugen

присва́ивать (1), <присво́ить> (13) sich aneignen; verleihen, zuerkennen

присвое́ние *n* (12) Aneignung *f*, Verleihung *f*

присво́ить → ***присва́ивать***

приседа́ние *n* (12) Kniebeuge *f*

приседа́ть (1), <присе́сть> (-ся́ду, -ся́дешь) in die Knie gehen

приска́кивать (1), <прискака́ть> (3) heranhüpfen; herbeisprengen

приско́рбный (14; -бен, -бна) bedauerlich, betrüblich

присла́ть → ***присыла́ть***

прислоня́ть (28), <прислони́ть> (13*e.*/13) anlehnen (**к** Д an)

прислу́шиваться, <прислу́шаться> (1) lauschen, horchen; hinhören, auf *et.* hören

присмо́тр *m* (1) Aufsicht *f*

присоедине́ние *n* (12) Anschluss *m*; Beitritt *m*

присоединя́ть (28), <присоедини́ть> (13*e.*) anschließen (**к** Д an), eingliedern (in); **-ся** beitreten (**к** Д)

присоса́ться → ***приса́сываться***

присо́хнуть → ***присыха́ть***

приспева́ть (1), <приспе́ть> (8) F kommen, einsetzen

приспоса́бливать (1), **приспособля́ть** (28), <приспосо́бить> (14) anpassen (**к** Д); einrichten; **-ся** sich einstellen (**к** Д auf)

приспособле́ние *n* (12) Anpassung

f (**к** Д an); Einrichtung *f*, Vorrichtung *f*

приспосо́бленный (14*K.*) tauglich, geeignet

приспуска́ть (1), <приспусти́ть> (15) ein wenig herunterlassen; *Fahne* auf halbmast setzen

пристава́ть (5), <приста́ть> (-а́ну, -а́нешь; -а́нь!) haften bleiben; hängen bleiben; *Mar.* anlegen

приста́вка *f* (5; -вок) *Gr.* Präfix *n*, Vorsilbe

приставля́ть (28), <приста́вить> (14) anlehnen (**к** Д an)

приставно́й (14) Anlege-

при́стальный (14; -лен, -льна) unverwandt; aufmerksam

приста́нище *n* (11) Zuflucht *f*; Obdach

при́стань *f* (8; *ab Gpl. e.*) Anlegestelle

приста́ть → ***пристава́ть***

пристёгивать (1), <пристегну́ть> (20; -стёгнутый) anknöpfen; anschnallen; ***пристегни́те ремни́!*** *Flgw.* bitte anschnallen!

присто́йный (14; -о́ен, -о́йна) anständig

пристра́ивать (1), <пристро́ить> (13) anbauen (**к** Д an); unterbringen, e-e Stellung verschaffen; **-ся** sich einrichten; unterkommen

пристра́стие *n* (12) Vorliebe *f* (**к** Д für); Voreingenommenheit *f*

пристра́стный (14, -тен, -тна) voreingenommen (gegen); parteiisch

пристре́ливать (1), <пристрели́ть> (13) niederschießen

пристро́ить(ся) → ***пристра́ивать(ся)***

пристро́йка *f* (5; -о́ек) Anbau *m*, Nebengebäude *n*

пристрочи́ть (16/16*e.*) *pf.* ansteppen

присту́кнуть (20) *pf.* leicht aufschlagen; P totschlagen

при́ступ *m* (1) Anfall

приступа́ть (1), <приступи́ть> (14) beginnen, in Angriff nehmen; herantreten; **-ся** sich nähern (**к** Д); herankommen

присту́пок *m* (1; -пка) Trittbrett *n*

пристыди́ть (15*e.*) *pf.* beschämen

присужда́ть (1), <присуди́ть> (15; -уждённый) verurteilen; zuerkennen; verleihen

присужде́ние *n* (12) Verleihung *f*

прису́тствие *n* (12) Anwesenheit *f*, Gegenwart *f*

прису́тствовать (7) anwesend sein

прису́тствующий (17) *Su. m* Anwesende(r)

прису́щий (17*K.*) eigen

присчи́тывать , <присчита́ть> (1) dazuzählen, dazurechnen

присыла́ть (1), <присла́ть> (пришлю́, -шлёшь; при́сланный) zuschicken, herschicken

присы́лка *f* (5; -лок) Zusendung

присыпа́ть (1), <присы́пать> (2) dazuschütten

присы́пка *f* (5; -пок) Streupulver *n*, Puder *m*

присыха́ть (1), <присо́хнуть> (21) antrocknen, haften

прися́га *f* (5) Eid *m*, Schwur *m*

присяга́ть (1), <присягну́ть> (20) e-n Eid ablegen, schwören

прися́жный (14) *Su. m* Geschworene(r)

прита́иться (13*e.*) *pf.* sich verstecken

прита́птывать (1), <притопта́ть> (3) zertreten, zerstampfen

прита́скивать (1), <притащи́ть> (16) herbeischleppen, heranschleppen; **-ся** sich herschleppen

притво́рный (14; -рен, -рна) geheuchelt, vorgetäuscht

притво́рство *n* (9) Heuchelei *f*

притво́рщик *m* (1) Heuchler

притворя́ть (28), <притвори́ть> (13) anlehnen, nicht ganz zumachen; **-ся 1.** nicht ganz zugehen; **2.** (13*e.*) sich verstellen, so tun als ob

притека́ть (1), <прите́чь> (26) zufließen, zuströmen

притесне́ние *n* (12) Unterdrückung *f*

притесни́тель *m* (4) Unterdrücker

притесня́ть (28), <притесни́ть> (13*e.*) unterdrücken, drangsalieren

прите́чь → ***притека́ть***

притира́ть (1) einreiben, einschmieren

притиха́ть (1), <прити́хнуть> (21) verstummen

прито́к *m* (1) Nebenfluss, Zufluss, Zufuhr *f*

прито́м dabei; außerdem, obendrein

притопта́ть → ***прита́птывать***

прито́пывать (1), <прито́пнуть> (20) aufstampfen

приторможи́ть F (15*e.*) *pf.* abbremsen

притра́гиваться (1), <притро́нуться> (20) leicht berühren

притупля́ть (28), <притупи́ть> (14) stumpf machen; **-ся** stumpf werden; *fig.* abstumpfen

при́тча *f* (5) Gleichnis *n*, Parabel

притяга́тельный (14; -лен, -льна) anziehend; ***притяга́тельная си́ла*** *f* Anziehungskraft

притя́гивать (1), <притяну́ть> (19) heranziehen, herbeiziehen

притяжа́тельный (14) *Gr.* Possessiv-, besitzanzeigend

притяже́ние *n* (12) Anziehungskraft *f*

притяза́ние *n* (12) Anspruch *m*

притяза́тельный (14; -лен, -льна) anspruchsvoll

притяну́ть → ***притя́гивать***

приукра́шивать F (1), <приукра́сить> (15) schmücken; *fig.* ausschmücken, beschönigen

приуменьша́ть (1), <приуме́ньшить> (16) etwas verkleinern; bagatellisieren

приумножа́ть (1), <приумно́жить> (16) vermehren, vergrößern

приуны́ть (22) *pf.* traurig werden, den Kopf hängen lassen

приуро́чивать (1), <приуро́чить> (16) anberaumen; festlegen (**к** Д auf)

приуча́ть (1), <приучи́ть> (16) beibringen, anerziehen; **-ся** sich angewöhnen

прихва́рывать F (1) kränkeln

прихва́тывать (1), <прихвати́ть> (15) mitnehmen; locker zusammenbinden; feststecken

прихлёбывать F (1), <прихлебну́ть> (20) nippen; *impf.* ab und zu e-n Schluck nehmen

прихло́пнуть (20) *pf.* zuschlagen, zuwerfen

прихлы́нуть (20) *pf.* herbeiströmen

прихо́д *m* (1) Ankunft *f*, Eintreffen *n*; Antritt; *Fin.* Einnahme

приходи́ть (15), <прийти́> (-иду́, -идёшь) kommen, ankommen, eintreffen; ***~ в я́рость*** in Wut geraten; ***~ в себя́*** zu sich kommen; **-ся**, <-сь> fallen, treffen (**в** В auf); zusagen, gefallen; *unpers.* müssen; ***нам придётся здесь ночева́ть*** wir müssen hier übernachten; ***как придётся*** F wie es gerade kommt

прихо́дный (14) Einnahme-

прихо́довать (7), <за-, о-> als Einnahme buchen

прихо́жая *f* (17) Diele, Flur *m*, Vorzimmer *n*

прихотли́вый (14*K.*) launenhaft; wählerisch

при́хоть *f* (8) Laune, Grille

прице́л *m* (1) Zielen *n*; Visier *n*; ***взять на ~*** aufs Korn nehmen

прице́ливаться (1), <прице́литься> (13) zielen, richten

прице́льный (14) Ziel-, Visier-

прице́п *m* (1) Anhänger

прицепля́ть (28), <прицепи́ть> (14) anhängen, ankuppeln (**к** Д an)

прицепно́й (14) Anhänge(r)-

прича́л *m* (1) Anlegestelle *f*, Anlegeplatz

прича́ливать (1), <прича́лить> (13) anlegen (**к** Д an); vertäuen (an)

прича́льный (14) Anlege-

прича́стие *n* (12) *Gr.* Partizip; *Rel.* Abendmahl *n*

прича́стный (14; -тен, -тна) beteiligt (**к** Д an)

причаща́ться (1), <причасти́ться> (15*e.*) das Abendmahl empfangen

причём wobei

причёска *f* (5; -сок) Frisur

причёсывать (1), <причеса́ть> (3) kämmen, frisieren

причи́на *f* (5) Ursache; Grund *m*; ***по како́й причи́не?*** aus welchem Grund? ***~ в том ...*** der Grund liegt darin ...; ***в чём ~?*** woran liegt es?; ***без причи́ны*** grundlos

причи́нный (14) kausal, ursächlich

причиня́ть (28), <причини́ть> (13*e.*) verursachen

причисля́ть (28), <причи́слить> (13) hinzuzählen, hinzurechnen; beordern, zuteilen

причита́ться (1) zustehen, zukommen; zu zahlen haben

причу́да *f* (5) Schrulle, Grille

причу́дливый (14*K.*) wunderlich
прише́лец *m* (1; -льца) Ankömmling
пришива́ть (1), <приши́ть> (-шью́, -шьёшь) annähen
при́шлый (14) zugereist; fremd
пришпи́ливать (1), <пришпи́лить> (13) anstecken, anheften (**к** Д an)
пришпо́ривать (1), <пришпо́рить> (13) die Sporen geben
прищемля́ть (28), <прищеми́ть> (14*e.*) einklemmen
прищепля́ть (28), <прищепи́ть> (14*e.*) pfropfen
прище́пка *f* (5; -пок) Wäscheklammer
прищу́ривать (1), <прищу́рить> (13) zukneifen; **-ся** die Augen zusammenkneifen
прию́т *m* (1) Obdach *n*, Unterkunft *f*; Asyl *n*
приюти́ть (15*e.*) *pf.* Obdach gewähren, aufnehmen; **-ся** unterkommen; sich niederlassen
прия́тель *m* (4), **прия́тельница** *f* (5) Freund(in *f*)
прия́тельский (16) freundschaftlich
прия́тный (14; -тен, -тна) angenehm, sympathisch; ***прия́тного аппети́та!*** guten Appetit!
про (В) von, über; ***~ себя́*** für sich, bei sich
про́ба *f* (5) Probe; Versuch *m*; *Hdl.* Muster *n*
пробе́г *m* (1) Lauf; Rennen *n*; Fahrstrecke *f*
пробега́ть (1), <пробежа́ть> (4*e.*; -егу́, -ежи́шь, -егу́т) durchlaufen; vorbeilaufen, vorbeieilen; überfliegen, durchsehen
пробе́л *m* (1) Lücke *f*; Zwischenraum; *Typ.* Durchschuss
пробива́ть (1), <проби́ть> (-бью́, -бьёшь; -бе́й!; -би́тый) durchschlagen, durchstoßen; *Fahrkarte* lochen, knipsen; *Bresche* schlagen; **-ся** sich durchdrängen, sich durchzwängen; durchkommen; hervorsprießen; *pf.* sich abrackern
пробивно́й (14) Durchschlags-
пробира́ть F (1), <пробра́ть> (-беру́, -берёшь) vorknöpfen, ausschimpfen (**за** В wegen); durchdringen; F ***моро́з его́ пробира́ет*** er ist ganz durchfroren; ***дрожь его́ пробрала́*** er zittert am ganzen Leib; **-ся** sich hindurcharbeiten, sich den Weg bahnen
проби́рка *f* (5; -рок) Reagenzglas *n*
проби́ть(ся) → ***пробива́ть(ся)***
про́бка *f* (5; -бок) Kork(en) *m*, Pfropfen *m*, Stöpsel *m*; *Verkehr*: Stau *m*; ***глуп как ~*** F dumm wie Bohnenstroh
пробле́ма *f* (5) Problem *n*, Frage
проблемати́ческий (16), **проблемати́чный** (14; -чен, -чна) problematisch
про́блеск *m* (1) *a. pl.* Lichtschimmer, Schein
проблесну́ть (20) *pf.* aufleuchten, aufblitzen
про́бный (14) Probe-; Versuchs-
про́бовать (7) **1.** <по-, ис-> ausprobieren, erproben; **2.** <по-> kosten, abschmecken
пробо́ина *f* (5) Loch *n*, Leck *n*
проболта́ться (1) *pf.* sich verplappern
пробо́р *m* (1) Scheitel
про́бочник F *m* (1) Korkenzieher
пробра́ть(ся) → ***пробира́ть(ся)***
пробужда́ться (1), <пробуди́ться> (15) aufwachen, erwachen; *fig.* sich regen
пробужде́ние *n* (12) Erwachen
пробы́ть (-бу́ду, -бу́дешь; -бу́дь!; -про́бы́л, -а́) *pf.* sich aufhalten
прова́л *m* (1) Einsturz; Einsturzstelle *f*; Misserfolg, Fehlschlag
прова́ливать (1), <провали́ть> (13) zum Einsturz bringen, zu Fall bringen; durchfallen lassen; **-ся** einstürzen, einbrechen; scheitern, misslingen; ***гото́в сквозь зе́млю ~ся*** sich in Grund und Boden schämen
провари́ть (13) *pf.* gar kochen
прове́дать → ***прове́дывать***
проведе́ние *n* (12) Durchführung *f*; Bau *m*
прове́дывать, <прове́дать> F (1) besuchen; erfahren
провезти́ → ***провози́ть***
прове́ренный (14*K.*) bewährt
прове́рить → ***проверя́ть***
прове́рка *f* (5; -рок) Überprüfung, Prüfung; Durchsicht

П

проверну́ть (20; -вёрнутый) *pf.* durchbohren; durchdrehen
прове́рочный (14) Kontroll-, Prüfungs-
проверя́ть (28), <прове́рить> (13) überprüfen, nachprüfen; durchsehen; kontrollieren
провести́ → ***проводи́ть***
прове́тривать (1), <прове́трить> (13) lüften, belüften; **-ся** gelüftet werden; frische Luft schnappen
провиде́ние *n* (12) Vorsehung *f*
провини́ться (13*e.*) *pf.* sich schuldig machen, sich zuschulden kommen lassen
прови́нность *f* (8) Vergehen *n*, Verschulden *n*
провинциа́льный (14; -лен, -льна) provinziell, rückständig
прови́нция *f* (7) Provinz
провиса́ть (1), <прови́снуть> (21) durchhängen
про́вод *m* (1; *pl. e., N* -á) Leitung *f*; Draht; Kabel *n*
проводи́мость *f* (8) Leitfähigkeit
проводи́ть (15), <провести́> (25) hindurchführen, geleiten; verbringen; verlegen; durchführen, ausführen; streichen
прово́дка *f* (5; -док) Verlegung, Installation
проводни́к *m* (1*e.*) Fremdenführer; *Esb.* Schaffner; *El.* Leiter
про́воды *m/pl.* (1) Abschied *m*, Abschiedsfeier *f*
провожа́тый *m* (14) Begleiter
провожа́ть (1), <проводи́ть> (15) begleiten, geleiten; verabschieden
прово́з *m* (1) Beförderung *f*, Transport
провозвеща́ть (1), <провозвести́ть> (15*e.*) prophezeien; verkünden
провозглаша́ть (1), <провозгласи́ть> (15*e.*) verkünden; ausrufen
провозглаше́ние *n* (12) Verkündung *f*, Ausrufung *f*
провози́ть (15), <провезти́> (24) hinfahren, hinbringen
провока́тор *m* (1) Provokateur, Hetzer
провокацио́нный (14) provokatorisch
провока́ция *f* (7) Provokation
про́волока *f* (5) Draht *m*
проволо́чка *f* (5; -чек) Verzögerung, Verschleppung
про́волочный (14) Draht-
прово́рный (14; -рен, -рна) flink, gewandt
прово́рство *n* (9) Flinkheit *f*, Gewandtheit *f*
провоци́ровать (7) *im(pf.)*, <с-> provozieren, herausfordern
прога́лина *f* (5) Waldlichtung
прогиба́ть (1), <прогну́ть> (20) durchbiegen, krümmen
прогла́тывать (1), <проглоти́ть> (15) verschlucken, hinunterschlucken
прогля́дывать (1) **1.** <прогляде́ть> (11*e.*) F überfliegen, durchblättern; *pf.* sich anschauen; F übersehen; **2.** <прогляну́ть> (19) zum Vorschein kommen, hervorsehen
прогна́ть → ***прогоня́ть***
прогнива́ть (1), <прогни́ть> (-гниёт; -гни́л, -á) durchfaulen, verfaulen
прогно́з *m* (1) Prognose *f*; Vorhersage *f*
прогну́ть → ***прогиба́ть***
прогова́ривать (1), <проговори́ть> (13*e.*) sagen, sprechen, aussprechen; sich e-e Zeit lang unterhalten; **-ся** ausplaudern, sich verplappern
проголода́ться (1) *pf.* hungrig werden, Hunger bekommen
прогоня́ть (28), <прогна́ть> (-гоню́, -го́нишь) wegjagen, fortjagen; vertreiben
прогора́ть (1), <прогоре́ть> (9*e.*) verbrennen; Pleite machen, fehlschlagen
прого́рклый (14) ranzig
програ́мма *f* (5) Programm *n*; Programmheft *n*
программи́ровать (7) programmieren
программи́ст *m* (1) Programmierer
програ́ммный (14) Programm-; ***програ́ммное обеспе́чение*** *n* Software *f*
прогре́сс *m* (1) Fortschritt
прогресси́вный (14; -вен, -вна) progressiv, fortschrittlich
прогрыза́ть (1), <прогры́зть> (24;

Prät. st.) durchnagen, durchbeißen

прогу́л *m* (1) Arbeitsversäumnis *n*, Schwänzen *n*

прогу́ливать (1), <прогуля́ть> (28) e-e Zeit lang spazieren gehen; verbummeln; schwänzen; **-ся** e-n Spaziergang machen

прогу́лка *f* (5; -лок) Spaziergang *m*; Spazierfahrt

прогу́лочный (14) Ausflugs-

прогу́льщик *m* (1) Bummelant

продава́ть (5), <прода́ть> (-а́м, -а́шь; про́дал, -а́; про́данный: -на́) verkaufen

продаве́ц *m* (1; -вца́) Verkäufer

продавщи́ца *f* (5) Verkäuferin

прода́жа *f* (5) Verkauf *m*

прода́жный (14; -жен, -жна) verkäuflich

прода́ть → ***продава́ть***

продвига́ть (1), <продви́нуть> (20) vorrücken; **-ся** vorgehen; vorwärts kommen, Fortschritte machen

продвиже́ние *n* (12) Vorwärtsbewegung *f*, Vormarsch *m*

продева́ть (1), <проде́ть> (-е́ну, -е́нешь; -е́нь!; -е́тый) durchziehen, durchstecken; einfädeln

проде́лка F *f* (5; -лок) übler Streich *m*

проде́лывать, <проде́лать> (1) durchbrechen, durchstoßen; machen, leisten

продёргивать F (1), <продёрнуть> (20) durchziehen, einfädeln; F kritisieren

продержа́ть (4) *pf.* e-e Zeit lang halten; **-ся** sich halten können, aushalten

продёрнуть → ***продёргивать***

проде́ть → ***продева́ть***

продира́ть (1), <продра́ть> (-деру́, -дерёшь) F zerreißen, durchreißen; durchscheuern

продлева́ть (1), <продли́ть> (13*e.*) verlängern; hinausziehen

продле́ние *n* (12) Verlängerung *f*

продово́льственный (14) Lebensmittel-

продово́льствие *n* (12) Lebensmittel *n/pl.*; Verpflegung *f*

продолгова́тый (14*K.*) länglich

продолжа́ть (1), <продо́лжить> (16) fortsetzen, fortführen; verlängern; **-ся** dauern, andauern; *impf.* weitergehen

продолже́ние *n* (12) Fortsetzung *f*

продолжи́тельность *f* (8) Dauer

продолжи́тельный (14; -лен, -льна) anhaltend, lang anhaltend

продра́ть → ***продира́ть***

продува́ть (1), <проду́ть> (18) ausblasen, durchblasen

продувно́й F (14) durchtrieben, gerissen

проду́кт *m* (1) Erzeugnis *n*; *fig.* Ergebnis *n*; **~ы** *pl.* (***пита́ния***) Nahrungsmittel *n/pl.*, Lebensmittel *n/pl.*

продукти́вность *f* (8) Produktivität

продукти́вный (14; -вен, -вна) produktiv, ertragreich

продукто́вый (14) Lebensmittel-

проду́кция *f* (7) Produktion; Erzeugnisse *n/pl.*

проду́мывать, <проду́мать> (1) durchdenken, gründlich nachdenken (B über)

проду́ть → ***продува́ть***

продыря́вить F (14) *pf.* durchlöchern

проеда́ть (1), <прое́сть> (-е́м, -е́шь) zerfressen, zernagen

прое́зд *m* (1; -а/-у) Durchfahrt *f*; Durchreise *f*

проездно́й (14) Fahr-, Reise-

проезжа́ть (1), <прое́хать> (-е́ду, -е́дешь; -езжа́й!) durchfahren; zurücklegen

прое́зжий (17) Fahr-; *Su. m* Durchreisende(r)

прое́кт *m* (1) Projekt *n*, Entwurf; Vorhaben *n*

проекти́ровать (7) **1.** <с-> projektieren, entwerfen; **2.** <за-> planen

проекцио́нный (14) Projektions-

прое́кция *f* (7) Projektion

прое́сть → ***проеда́ть***

прое́хать → ***проезжа́ть***

прожа́ривать (1), <прожа́рить> (13) durchbraten

прожёвывать (1), <прожева́ть> (6*e.*; -у-) zerkauen, gut durchkauen

проже́ктор *m* (1; *pl. a. e.*, *N* -а́) Scheinwerfer

проже́чь → ***прожига́ть***

прожжённый F (14*K.*) abgefeimt; durchtrieben

прожива́ть (1), <прожи́ть> (-иву́,

-ивёшь; про́жил, -а́; про́житый:) leben (T von); e-e Zeit lang wohnen, sich aufhalten; **-ся** F (-и́лся, -ила́сь) sein Geld verprassen

прожига́ть (1), <проже́чь> (26 -г/ж-) durchbrennen

прожи́точный (14) Existenz-

прожи́ть → ***прожива́ть***

прожо́рливый (14*K.*) gefräßig

про́за *f* (5) Prosa

прозаи́чный (14; -чен, -чна) prosaisch; nüchtern, sachlich

про́звище *n* (11) Spitzname *m*

прозвуча́ть (4*e.*) *pf.* ertönen, erklingen

прозева́ть F (1) *pf.* verpassen; übersehen

прозра́чный (14; -чен, -чна) durchsichtig, durchscheinend; offensichtlich

прозрева́ть (1), <прозре́ть> (9) das Augenlicht wiedererlangen; *fig.* ein Licht aufgehen (И *j-m*)

проигрыва́тель *m* (4) Plattenspieler; ~ ***для компа́кт-ди́сков*** CD-Player

прои́грывать, <проигра́ть> (1) verspielen, verlieren; *Mus.* spielen, *Platte* abspielen; *pf.* e-e Zeit lang spielen; **-ся** F alles verspielen

про́игрыш *m* (1; -ей) Verlust; ***оста́ться в ~е*** verlieren

произведе́ние *n* (12) Werk; Produkt

произвести́ → ***производи́ть***

производи́тель *m* (4) Produzent, Hersteller

производи́тельность *f* (8) Produktivität; Leistung

производи́тельный (14; -лен, -льна) produktiv; (*o. K.*) Produktiv-

производи́ть (15), <произвести́> (25) produzieren, erzeugen; herstellen; hervorrufen

произво́дный (14) abgeleitet

произво́дственник *m* (1) Produktionsarbeiter

произво́дственный (14) Produktions-

произво́дство *n* (9) Produktion *f*, Fertigung *f*, Erzeugung *f*; Durchführung *f*, Ausführung *f*

произво́л *m* (1) Willkür *f*

произво́льный (14; -лен, -льна) willkürlich, selbstherrlich

произноси́ть (15), <произнести́> (25 -с-) aussprechen; sagen; *Rede* halten

произноше́ние *n* (12) Aussprache *f*

происходи́ть (15), <произойти́> (-ойдёт; -ошёл, -ошла́, -ошло́) sich ereignen, geschehen, erfolgen; entstehen, herrühren; abstammen

происхожде́ние *n* (12) Herkunft *f*, Abstammung *f*; Ursprung *m*

происше́ствие *n* (12) Vorfall *m*, Begebenheit *f*, Ereignis; ***ме́сто*** *n* ***происше́ствия*** Tatort *m*

пройдо́ха F *m/f* (5) Gauner *m*

пройти́(сь) → ***проходи́ть***, ***проха́живаться***

прока́за *f* (5) mutwilliger Streich *m*

прока́зник F *m* (1) Schelm, Schlingel

прокали́ть (13*e.*) *pf.* durchglühen

прока́лывать (1), <проколо́ть> (17) durchstechen, durchbohren

прока́пывать, <прокопа́ть> (1) ausgraben, graben

прока́т *m* (1) Verleih, Ausleihe *f*; *Tech.* Walzgut *n*

прока́тный (14) Ausleih-, Verleih-; *Tech.* Walz-

прока́тывать <проката́ть> (1) mangeln; *Tech.* walzen; *pf.* spazieren fahren

прока́шляться (28) *pf.* sich räuspern

прокипяти́ть (15*e.*) *pf.* aufkochen

прокла́дывать (1), <проложи́ть> (16) verlegen, anlegen

проклама́ция *f* (7) Flugblatt *n*; Aufruf *m*

проклами́ровать (7) *im(pf.)* verkünden, proklamieren

проклина́ть (1), <прокля́сть> (-яну́, -янёшь; про́клял, -яла́; про́клятый: -та́) verfluchen, verdammen

прокля́тие *n* (12) Fluch *m*, Verwünschung *f*

прокля́тый (14) verdammt, verflucht

проко́л *m* (1) Durchstich; Loch *n*; F Misserfolg

проколо́ть → ***прока́лывать***

прокопа́ть → ***прока́пывать***

прокопте́лый F (14) verrußt

прокопти́ть (15*e.*) *pf.* verräuchern, vollqualmen

прокра́дываться (1), <прокра́-

П

стъся> (25; *Prät. st.*) sich einschleichen
прокрича́ть (4*e.*) *pf.* laut schreien; ausposaunen
прокурату́ра *f* (5) Staatsanwaltschaft
прокури́ть F (13) *pf.* verräuchern, verrauchen
прокуро́р *m* (1) Staatsanwalt
прокуси́ть (15) *pf.* durchbeißen
прокути́ть F (15) *pf.* verjubeln, verprassen
прола́мывать <пролома́ть> (1) durchbrechen
пролега́ть (1), <проле́чь> (-ля́жет; -лёг, -легла́, -легло́) sich erstrecken
пролежа́ть (4*e.*) *pf.* liegen, liegen bleiben
пролеза́ть (1), <проле́зть> (24 *st.*) durchkriechen; sich durchzwängen; F sich einschleichen
пролёт *m* (1) Vorbeiflug; Vogelzug; Spannweite *f*
пролета́рий *m* (3; -ии) Proletarier
пролета́рский (16) proletarisch
пролета́ть (1), <пролете́ть> (11*e.*) vorbeifliegen (B an); wie im Flug vergehen; *Flgw.* zurücklegen
проле́чь → ***пролега́ть***
проли́в *m* (1) Meerenge *f*, Straße *f*
пролива́ть (1), <проли́ть> (-лью́, -льёшь; -ле́й!; про́ли́л, -а́; про́ли́тый: -та́) vergießen, verschütten; **-ся** überlaufen, überschwappen
проливно́й (14) strömend; **~ дождь** *m* Platzregen
проло́г *m* (1) Prolog, Vorspiel *n*
проложи́ть → ***прокла́дывать***
проло́м *m* (1) Durchbruch; Bresche *f*
пролома́ть → ***прола́мывать***
прома́зать (3) *pf.* schmieren, ölen; verkitten
прома́тываться F, <промота́ться> (1) sein Geld durchbringen
про́мах *m* (1) Fehlschuss; *fig.* Fehlgriff, Fehlschlag
промахну́ться (20) *pf.* nicht treffen, verfehlen; F e-n Fehler machen, e-n Bock schießen
промедле́ние *n* (12) Verzögerung *f*, Verzug *m*; ***без промедле́ния*** unverzüglich
промежу́ток *m* (1; -тка) Zwischenraum; Zwischenzeit *f*
промежу́точный (14) Zwischen-, Mittel-
промелькну́ть (20) *pf.* verfliegen, im Flug vergehen
проме́нивать (1), <променя́ть> (28) eintauschen, umtauschen (***на*** B gegen)
проме́р *m* (1) Messung *f*; Messfehler
промерза́ть (1), <промёрзнуть> (21) durchfrieren, durchfroren sein
промо́зглый (14*K.*) nasskalt
промока́тельный (14): ***промока́тельная бума́га*** *f* Löschpapier *n*
промока́ть (1) **1.** <промо́кнуть> (21) ganz nass werden; **2.** <промокну́ть> (20) *mit Löschpapier* löschen
промока́шка F *f* (5; -шек) Löschblatt *n*
промолча́ть (4*e.*) *pf.* schweigen; nichts erwidern
промота́ться → ***прома́тываться***
промочи́ть (16) *pf.* durchnässen
промтова́ры *pl.* (1) Industriewaren *f/pl.*
промча́ться (4) *pf.* vorbeirennen, vorbeisausen; im Flug vergehen
промыва́ть (1), <промы́ть> (22) auswaschen; durchspülen
про́мысел *m* (1; -сла) Gewerbe *n*, Handwerk *n*; Jagd *f*; Fang
промысло́вый (14) gewerblich, Gewerbe-
промы́ть → ***промыва́ть***
промы́шленник *m* (1) Industrielle(r)
промы́шленность *f* (8) Industrie
промы́шленный (14) Industrie-, industriell
пронести́ → ***проноси́ть***
пронза́ть (1), <пронзи́ть> (15*e.*) durchbohren, durchstechen; *fig.* durchdringen
пронзи́тельный (14; -лен, -льна) durchdringend; gellend, schrill
прони́зывать (1), <пронизать> (3) durchdringen, durch und durch gehen
проника́ть (1), <прони́кнуть> (21) eindringen, durchdringen
проникнове́ние *n* (12) Eindringen
проникнове́нный (14; -е́нен, -е́нна) eindringlich, zu Herzen gehend

понима́ть F (1), <проня́ть> (пройму́, -мёшь; про́нял, -á; про́нятый: -тá) durchdringen; *fig.* packen, rühren

проница́емый (14*K.*) durchlässig

проница́тельный (14; -лен, -льна) scharfsinnig

проноси́ть (15), <пронести́> (25 -с-) vorbeitragen, hintragen

проня́ть → ***понима́ть***

пропада́ть (1), <пропа́сть> (25; *Prät. st.*) verloren gehen, abhanden kommen; verschwinden; umkommen, zugrunde gehen; ***пропа́сть бе́з вести*** verschollen sein, vermisst werden

про́пасть *f* (8; *ab Gpl. e.*) Abgrund *m*, Kluft

пропаха́ть (3) *pf.* durchpflügen, durchackern

пропа́хнуть (21) *pf.* stark riechen (T nach)

пропека́ть (1), <пропе́чь> (26) durchbacken

пропи́ска *f* (5; -сок) Anmeldung; Aufenthaltserlaubnis

прописно́й (14) Anmelde-; ***прописна́я бу́ква*** *f* Großbuchstabe *m*

пропи́сывать (1), <прописа́ть> (3) *behördlich* anmelden; *Arznei* verschreiben, verordnen

про́писью in Worten

пропита́ние *n* (12) Lebensunterhalt *m*

пропи́тывать, <пропита́ть> (1) durchtränken; *Tech.* imprägnieren; **-ся** durchtränkt sein

проплыва́ть (1), <проплы́ть> (23) e-e Zeit lang schwimmen; vorbeischwimmen; *Mar.* vorbeifahren

пропове́дник *m* (1) Prediger; Verfechter

пропове́довать (7) predigen; *fig.* propagieren

про́поведь *f* (8) Predigt; *fig.* Propagierung

проползáть (1), <проползти́> (24) durchkriechen, hinkriechen

пропорциона́льный (14; -лен, -льна) proportional; ebenmäßig; ausgewogen

пропо́рция *f* (7) Verhältnis *n*

пропоте́ть (8) *pf.* durchschwitzen

про́пуск *m* (1; *pl. e.*, *N* -á) Passierschein; Parole *f*, Losung *f*

пропуска́ть (1), <пропусти́ть> (15) durchlassen, einlassen; passieren lassen; versäumen, verpassen

пропускно́й (14) Durchlass-, Passier-

праба́тывать, <прорабо́тать> (1) durcharbeiten, durchnehmen

прорабо́тка *f* (5; -ток) Ausarbeitung; F Kritik

прораста́ть (1), <прорасти́> (25; -растёт; -ро́с, -рослá) aufkeimen, sprießen

прорва́ть(ся) → ***прорыва́ть(ся)***

проре́з *m* (1) Ausschnitt; Schlitz

прореза́ть (1), <проре́зать> (3) durchschneiden; einschneiden

про́резь *f* (8) Schlitz *m*; Kimme

проре́ха F *f* (5) Riss *m*, Loch *n*; Hosenschlitz *m*

проржа́веть (8) *pf.* durchrosten

прорица́ть (1) prophezeien

проро́к *m* (1) Prophet

проро́ческий (16) prophetisch

проро́чество *n* (9) Prophezeiung *f*

проро́чить (16), <на-> prophezeien

прорубáть (1), <проруби́ть> (14) durchschlagen, durchhauen

проры́в *m* (1) Durchbruch; Rückstand

прорыва́ть (1) **1.** <прорва́ть> (-ву́, -вёшь; -валá; про́рванный) zerreißen, durchreißen; **-ся** zerreißen, platzen; aufbrechen; **2.** <проры́ть> (22) durchgraben

проса́чиваться (1), <просочи́ться> (16*e.*) durchsickern

просве́рливать (1), <просверли́ть> (13*e.*) durchbohren

просве́т *m* (1) Lichtschimmer; *fig* Lichtblick

просвети́тель *m* (4) Aufklärer

просвети́тельный (14) aufklärerisch, Aufklärungs-

просвети́ть[1,2] → ***просве́чивать, просвеща́ть***

просветле́ние *n* (12) Aufhellung *f*; Erleuchtung *f*

просветлённый (14*K.*) heiter, verklärt

просветле́ть (8) *pf.* sich aufhellen; aufleuchten

просве́чивать (1), <просвети́ть[1]> (15) durchleuchten, röntgen

просвещáть (1), <просветúть[2]> (15*e.*; -т/щ-) aufklären, bilden

просвещéние *n* (12) Aufklärung *f*; Bildung *f*

просвещённый (14*K.*) aufgeklärt, gebildet

просéивать (1), <просéять> (27) durchsieben

просёлок *m* (1; -лка) Feldweg

просéять → ***просéивать***

просúживать (1), <просидéть> (11*e.*; -сúженный) e-e Zeit lang sitzen bleiben; F durchsitzen

просúть (15), <по-> bitten; ersuchen; einladen

просиять (28) *pf.* erstrahlen, erglänzen

проскáльзывать (1), <проскользнýть> (20) durchrutschen, durchschlüpfen

прославлять (28), <прослáвить> (14) berühmt machen; verherrlichen

прослáвленный (14) berühmt

прослéживать (1), <проследúть> (15*e.*; -éженный) aufspüren, nachspüren (***за*** T)

прослýшивать, <прослýшать> (1) anhören; überhören; *Med.* abhorchen

просмáтривать (1), <просмотрéть> (9) durchsehen; nachsehen; übersehen

просмóтр *m* (1) Durchsicht *f*; *Film*: Vorführung *f*; Fehler, Versehen *n*

проснýться → ***просыпáться***

просóвывать (1), <просýнуть> (20) durchstecken, durchschieben

просолúть (13/13*e.*) *pf.* einsalzen

просóхнуть → ***просыхáть***

просочúться → ***просáчиваться***

проспáть → ***просыпáть***

проспéкт *m* (1) Avenue *f*; Ausfallstraße *f*

просрóчивать (1), <просрóчить> (16) *Frist* überschreiten; verfallen lassen

просрóчка *f* (5; -чек) Überschreitung; Verzug *m*

проставлять (28), <простáвить> (14) eintragen

простáивать (1), <простоять> (-ою́, -оúшь) e-e Zeit lang stehen *od.* stehen bleiben

простéнок *m* (1; -нка) Zwischenwand *f*

простирáть (1), <простерéть> (12) ausstrecken; *fig.* ausdehnen; **-ся** sich erstrecken

простúтельный (14; -лен, -льна) verzeihlich

проститýтка *f* (5; -ток) Prostituierte

простúть(ся) → ***прощáть(ся)***

прóсто direkt, geradezu

простовáтый F (14 *K.*) einfältig

простодýшный (14; -шен, -шна) treuherzig

простóй[1] (14; прост, -á; *Komp.* прóще) einfach, schlicht; gewöhnlich

простóй[2] *m* (3) Arbeitsausfall *m*; Standzeit *f*

простоквáша *f* (5) saure Milch

простонáть (-стонý, -стóнешь) *pf.* aufstöhnen

простóр *m* (1) Weite *f*, Raum

просторéчный (14) volkssprachlich, derb

простóрный (14; -рен, -рна) geräumig; weit

простосердéчный (14; -чен, -чна) treuherzig, offenherzig

простотá *f* (5) Einfachheit; Einfalt

простофúля F *m/f* (6) Einfaltspinsel *m*

простоять → ***простáивать***

прострáнный (14; -áнен, -áнна) weitläufig; *fig.* weitschweifig; ausführlich

прострáнство *n* (9) Raum *m*

прострéл *m* (1) Hexenschuss

простýда *f* (5) Erkältung

простужáться (1), <простудúться> (15) sich erkälten

простýпок *m* (1; -пка) Fehltritt; Vergehen *n*

простыня *f* (6; *pl.* прóстыни, простынь, -ынám) Bettlaken *n*

просýнуть → ***просóвывать***

просчёт *m* (1) Rechenfehler; Fehlkalkulation *f*

просчúтывать, <просчитáть> (1) nachzählen, nachrechnen; **-ся** sich verrechnen (*a. fig.*)

просыпáть (1) **1.** <проспáть> (-плю́, -пúшь; -палá) verschlafen; **-ся**, <проснýться> (20) aufwachen,

erwachen; **2.** <просы́пать> (2) verschütten, verstreuen
просыхáть (1), <просóхнуть> (21) austrocknen
прóсьба *f* (5) Bitte; Anliegen *n*; ***я к вам с прóсьбой*** ich habe e-e Bitte an Sie
протáлкивать, <протолкáть> F (1), *einm.* <протолкну́ть> (20) durchstoßen; **-ся** sich durcharbeiten
протáскивать (1), <протащи́ть> (16) durchschleppen (***в*** В durch); durchschmuggeln
протéз *m* (1) Prothese *f*
протекáть (1), <протéчь> (26) durchfließen; verlaufen, vergehen
протерéть → ***протирáть***
протéст *m* (1) Protest
протестáнтский (16) protestantisch
протестовáть (7) protestieren, Einspruch erheben
протéчь → ***протекáть***
прóтив 1. *Prp.* (Р) gegen, wider; **2.** *präd.* dagegen
проти́виться (14) sich widersetzen
проти́вник *m* (1) Gegner, Widersacher
проти́вно¹ *Prp.* (Д) gegen, wider
проти́вно² *Adv.* zuwider
проти́вный (14; -вен, -вна) widerlich, ekelhaft
противо|вéс *m* (1) Gegengewicht *n*; *fig.* Gegensatz; **~возду́шный** (14) Luftabwehr-, Fliegerabwehr-; **~гáз** *m* (1) Gasmaske *f*; **~дéйствие** *n* (12) Widerstand *m* (Д gegen); Gegenwirkung *f*; **~дéйствовать** (7) sich widersetzen, entgegenwirken; **~естéственный** (14*K.*) widernatürlich; **~закóнный** (14; -óнен, -óнна) gesetzwidrig, widerrechtlich; **~зачáточный** (14) empfängnisverhütend; **~лежáщий** (17) gegenüberliegend; **~пожáрный** (14) Brandschutz-
противополóжность *f* (8) Gegensatz *m*; Gegensätzlichkeit
противополóжный (14; -жен, -жна) gegensätzlich, gegenteilig
противопоставля́ть (28), <противопостáвить> (14) gegenüberstellen, vergleichen; entgegensetzen
противопоставлéние *n* (12) Gegenüberstellung *f*, Vergleich *m*
противо|речи́вый (14*K.*) widersprüchlich, widerspruchsvoll; **~рéчие** *n* (12) Widerspruch *m*; Gegensatz *m*; **~рéчить** (16) widersprechen
противостоя́ть (-ою́, -ои́шь) einander gegenüberstehen; sich widersetzen
противоудáрный (14) stoßgesichert
противоя́дие *n* (12) Gegengift
протирáть (1), <протерéть> (12) durchreiben; abreiben, blankreiben
проти́скиваться, <проти́скаться> F (1), <проти́снуться> (20) sich hindurchzwängen
проткну́ть → ***протыкáть***
протолкáть(ся), протолкну́ть(ся) → ***протáлкивать(ся)***
протóчный (14) fließend
протрáва *f* (5) Beize
протрезвля́ться (28), <протрезви́ться> (14*e.*) nüchtern werden
протухáть (1), <протýхнуть> (21) verfaulen, verderben
протýхший (17) faul, faulig
протыкáть (1), <проткну́ть> (20) durchstechen, durchbohren
протя́гивать (1), <протяну́ть> (19) ziehen, spannen; *Hand* entgegenstrecken (***к*** Д *j-m*); reichen
протяжéние *n* (12) Ausdehnung *f*; Strecke *f*
протя́жный (14; -жен, -жна) gedehnt; lang gezogen
проучи́ть (16) *pf. fig.* e-e Lektion erteilen, e-n Denkzettel verpassen
профáн *m* (1) Laie
профессионáл *m* (1) Profi
профессионáльный (14; -лен, -льна) beruflich, Berufs-
профéссия *f* (7) Beruf *m*
профилáктика *f* (5) Prophylaxe, Vorbeugung
профилакти́ческий (16) Vorbeugungs-
прóфиль *m* (4) Profil *n*, Seitenansicht *f*
профориентáция *f* (7) Berufsberatung
профсою́з *m* (1) Gewerkschaft *f*
профсою́зный (14) Gewerkschafts-
прохáживаться (1), <пройти́сь> (-йду́сь, -йдёшься; прошёлся, -шлáсь) spazieren gehen

прохлáда *f* (5) Kühle, Frische
прохладúтельный (14; -лен, -льна) kühlend, erfrischend
прохлáдный (14; -ден, -дна) kühl, frisch; *fig.* zurückhaltend
прохлаждáться (1), <прохладúться> (15*e.*) sich abkühlen, sich erfrischen
прохóд *m* (1; -а/-у) Durchgang
проходúть (15), <пройтú> (-йдý, -йдёшь; прошёл, -шлá, -шлó; -шéдший; прóйденный: -енá, -енó; пройдя́) hindurchgehen; durchkommen; vorbeigehen (***мúмо*** P an); passieren; zu Fuß zurücklegen; *Zeit* vergehen, verfliegen; *Strecke* zurücklegen; wischen; durchnehmen, behandeln; ableisten, absolvieren
проходнóй (14) Durchgangs-
процветáние *n* (12) Blütezeit *f*, Blüte *f*
процветáть (1) blühen, gedeihen
процедýра *f* (5) Verfahren *n*
процéнт *m* (1) Prozent *n*; *mst pl.* Zinsen
процéнтный (14) Prozent-, prozentual; Zins-
процéсс *m* (1) Prozess; Verlauf
процéссия *f* (7) Umzug *m*, Prozession
прочесáть (3) *pf.* durchkämmen
прочéсть → ***прочúтывать***
прóчий (17) übrig, andere(r); ***и прóчее*** und dergleichen
прочúстить → ***прочищáть***
прочúтывать F (1), <прочитáть> (1), <прочéсть> (прочтý, -чтёшь) durchlesen; vorlesen
прочищáть (1), <прочúстить> (15) putzen, reinigen
прóчность *f* (8) Festigkeit
прóчный (14; -чен, -чнá) fest, haltbar; dauerhaft, beständig
прочýвствовать (7) *pf.* tief empfinden
прочь weg, fort; ***~ с дорóги!*** aus dem Weg!; ***~ с моúх глаз!*** F geh mir aus den Augen!
прошéдший (17) vergangen; ***прошéдшее врéмя*** *n Gr.* Präteritum
прошибáть F (1), <прошибúть> (-бý, -бёшь; -шúб, -ла; -шúбленный) einschlagen; durchschlagen; ***пот егó прошúб*** ihm brach der Schweiß aus
прошлогóдний (15) vorjährig, vom letzten Jahr
прóшлый (14) vergangen; vorig; *Su. n* Vergangenheit *f*
прошмыгнýть F (20) *pf.* vorbeihuschen
прощáй(те)! lebe(n Sie) wohl!
прощáльный (14) Abschieds-
прощáние *n* (12) Abschied *m* (***на*** B zum)
прощáть (1), <простúть> (15*e.*) verzeihen, vergeben; **-ся** sich verabschieden (**с** T von) Abschied nehmen
прощéние *n* (12) Verzeihung *f*, Vergebung *f*
прощýпывать, <прощýпать> (1) abtasten; auskundschaften
проявлéние *n* (12) Äußerung *f*; *Fot.* Entwicklung *f*
проявля́ть (28), <проявúть> (14) zeigen, an den Tag legen; *Fot.* entwickeln; **-ся** sich äußern, zutage treten
проясня́ться (28), <прояснúться> (13*e.*) sich aufheitern; klar werden
пруд *m* (1*e.*/1; в -ý) Teich
пружúна *f* (5) Sprungfeder, Feder; *fig.* Triebfeder
пружúнистый (14*K.*) federnd; elastisch
прут *m* (1*e.*) (*pl.* прýтья, -ьев) Gerte *f*, Rute *f*
прыгать (1), <прыгнуть> (20) hüpfen, springen
прыгýн *m* (1*e.*) Springer
прыгýнья *f* (6; -ний) Springerin
прыжóк *m* (1; -жкá) Sprung; ***~ в длинý*** Weitsprung
прыскать F (1), *einm.* <прыснуть> (20) bespritzen, besprengen; ***~ сó смеху*** in Gelächter ausbrechen
прыщ *m* (1*e.*; -éй) Pickel
прядúльный (14) Spinn-
пря́жа *f* (5) Garn *n*
пря́жка *f* (5; -жек) Schnalle; Spange
прямáя *f* (14) Gerade
пря́мо geradeaus; *fig.* geradeheraus, geradezu
прямодýшный (14; -шен, -шна) offenherzig

П

прямо́й (14; прям, -á) gerade; direkt, unmittelbar; *fig.* aufrichtig, offen
прямолине́йный (14; -е́ен, -е́йна) geradlinig
прямота́ *f* (5) Geradheit; Offenheit
прямоуго́льник *m* (1) Rechteck *n*
прямоуго́льный (14) rechtwinklig, rechteckig
пря́ник *m* (1) Pfefferkuchen, Lebkuchen
пря́ность *f* (8) Würze; Gewürz *n*
пря́ный (14*K.*) würzig; *fig.* pikant
прясть (25; пряла́), <с-, вы́-> spinnen
пря́тать (3), <с-> verstecken, verbergen; einstecken; **-ся** sich verstecken
пря́тки *pl.* (5; -ток) Versteckspiel *n*
псало́м *m* (1; -лма́) Psalm
пса́рня *f* (6; -рен) Hundestall *m*, Hundezwinger *m*
псевдонау́чный (14; -чен, -чна) pseudowissenschaftlich
псевдони́м *m* (1) Pseudonym *n*
пси́хика *f* (5) Psyche
психи́ческий (16) psychisch, seelisch
психо́лог *m* (1) Psychologe
психологи́ческий (16) psychologisch
психоло́гия *f* (7) Psychologie
пти́ца *f* (5) Vogel *m*
птицево́дство *n* (9) Geflügelzucht *f*
птицефе́рма *f* (5) Geflügelfarm
пти́чий (18) Vogel-
пу́блика *f* (5) Publikum *n*
публика́ция *f* (7) Veröffentlichung
публикова́ть (7), <о-> veröffentlichen, publizieren
публи́чный (14; -чен, -чна) öffentlich
пу́гало *n* (9) Vogelscheuche *f*
пуга́ть (1), <ис-, на->, F *einm.* <пугну́ть> (20) erschrecken, Angst machen; **-ся** Angst haben, erschrecken
пуга́ч *m* (1*e.*) Schreckschusspistole *f*
пугли́вый (14*K.*) scheu; ängstlich
пу́говица *f* (5) Knopf *m*
пу́дра *f* (5) Puder *m*
пу́дрить (13), <на-> pudern
пузырёк *m* (1; -рька́) Bläschen *n*; Fläschchen *n*
пузы́рь *m* (4*e.*) Blase *f*; Beutel
пулемёт *m* (1) Maschinengewehr *n*
пуленепробива́емый (14*K.*) kugelsicher
пульвериза́тор *m* (1) Zerstäuber
пульс *m* (1) Puls, Pulsschlag
пу́ля *f* (6) Kugel; Geschoss *n*
пункт *m* (1) Punkt; Platz, Stelle *f*
пункти́р *m* (1) punktierte Linie *f*
пункти́рный (14) punktiert; gestrichelt
пунктуа́льный (14; -лен, -льна) pünktlich
пунктуа́ция *f* (7) Interpunktion, Zeichensetzung
пуп *m* (1*e.*) Nabel
пурга́ *f* (5) starker Schneesturm *m*, Schneegestöber *n*
пурпу́рный, пурпу́ровый (14) purpurrot
пуск *m* (1) Inbetriebnahme *f*
пуска́ть (1), <пусти́ть> (15) lassen, erlauben; loslassen; hineinlassen, hereinlassen; freilassen, entlassen; werfen, schleudern; *Tech.* anlassen, in Betrieb setzen; **-ся** F losziehen, losrennen; *Reise* antreten; sich einlassen; ***-ся в путь*** sich auf den Weg machen
пусте́ть (8), <о-> leer werden; veröden
пусти́ть(ся) → ***пуска́ть(ся)***
пустова́ть (7) leer stehen; brachliegen
пусто́й (14; пуст, -á) leer; hohl; öde, brachliegend; *fig.* nichts sagend; nutzlos; ***на ~ желу́док*** auf nüchternen Magen
пустота́ *f* (5; *pl. st.* пусто́ты) Leere; *Phys.* Vakuum *n*
пусты́нник *m* (1) Einsiedler
пусты́нный (14; -ы́нен, -ы́нна) öde; menschenleer
пусты́ня *f* (6) Wüste; Einöde
пусты́рь *m* (4*e.*) unbebautes Gelände *n*
пусть 1. *Part.* soll, mag, möge; ***ну и ~!*** F na schön!, meinetwegen!; ***~ бу́дет, что бу́дет*** mag kommen, was da will; **2.** *Kj.* wenn auch
пустя́к F *m* (1*e.*) Kleinigkeit *f*, Lappalie *f*; ***пустяки́!*** macht nichts!
пустяко́вый F, **пустя́чный** F (14) geringfügig, nichtig
пу́таница *f* (5) Verwirrung, Wirrwarr *m*

пу́таный (14*K.*) verwirrt, verworren
пу́тать (1) verwickeln, verwirren; durcheinander bringen; **-ся** durcheinander geraten; sich verheddern; sich einmischen
путёвка *f* (5; -вок) Einweisungsschein *m*
путеводи́тель (4) *m* Reiseführer
путево́й (14) Weg-; Reise-
путём mittels, durch
путеше́ственник *m* (1) Reisende(r)
путеше́ствие *n* (12) Reise *f*
путеше́ствовать (7) reisen
пу́ты *pl.* (5) Fesseln *f/pl.*
путь *m* (8*e.*; *I sg.* путём) Weg; Bahn *f*; Reise *f*, Fahrt *f*; *Esb.* Strecke *f*; ***по пути́*** unterwegs; ***по пути́ домо́й*** auf dem Nachhauseweg; ***во́дным путём*** zu Wasser; ***сухи́м путём*** zu Lande; ***таки́м путём*** auf diese Weise
пух *m* (1; -а/-у; в -у́) Flaum; Daunen *f/pl.*; ***ни пу́ха ни пера́!*** F Hals- und Beinbruch!
пу́хлый (14; пухл, -á) mollig, füllig
пу́хнуть (21) anschwellen
пухо́вый (14) Daunen-
пучи́на *f* (5) Strudel *m*, Untiefe *f*
пу́чить F (16) aufblähen
пучо́к *m* (1; -чка́) Bündel *n*; Büschel *n*; *Haar*: Knoten
пу́шечный (14) Kanonen-
пуши́стый (14*K.*) flaumig, flauschig
пу́шка *f* (5; -шек) Kanone
пушни́на *f* (5) Pelzwerk *n*
пу́ща *f* (5) Dickicht *n*, dichter Wald *m*
пчела́ *f* (5; *pl. st.* пчёлы) Biene
пчели́ный (14) Bienen-
пчелово́дство *n* (9) Bienenzucht *f*, Imkerei *f*
пшени́ца *f* (5) Weizen *m*
пшени́чный (14) Weizen-; Weiß-
пыл *m* (1; -а/-у; в -у́) Eifer
пыла́ть (1) lodern
пылесо́с *m* (1) Staubsauger
пыли́ть (13*e.*) stauben; Staub aufwirbeln
пы́лкий (16; -лок, -лка́) feurig, leidenschaftlich
пыль *f* (8) Staub *m*; ***в пыли́*** verstaubt, staubig
пы́льный (14; -лен, -льна́) staubig; verstaubt
пыта́ть (1) foltern; **-ся**, <по-> versuchen
пытли́вый (14*K.*) wissbegierig
пыхте́ть F (11*e.*) keuchen, schnaufen
пы́шный (14; -шен, -шна́) üppig; prächtig, prunkvoll
пье́са *f* (5) Theaterstück *n*; Musikstück *n*
пьяне́ть (8), <о-> betrunken werden
пья́ница *m/f* (5) Trinker(in *f*)
пья́нство *n* (9) Trunksucht *f*
пья́нствовать (7) trinken, saufen
пья́ный (14; пьян, -á) betrunken, berauscht
пюпи́тр *m* (1) Notenständer
пюре́ *n* (*unv.*) Mus; Brei *m*
пяти|бо́рье *n* (10; -рий) Fünfkampf *m*; **~деся́тый** (14) fünfzigste(r); **~дне́вный** (14) fünftägig, Fünftage-; **~зна́чный** (14) fünfstellig; **~кла́ссник** *m* (1) Schüler der fünften Klasse; **~кра́тный** (14) fünffach, fünfmalig; **~ле́тие** *n* (12) Jahrfünft; fünfter Jahrestag *m*; **~ле́тний** (15) fünfjährig; Fünfjahres-; **~ме́сячный** (14) fünfmonatig; **~мину́тный** (14) fünfminütig; **~неде́льный** (14) fünfwöchig; **~со́тый** (14) fünfhundertste(r)
пя́титься (15) zurückweichen, rückwärts gehen
пятиэта́жный (14) fünfstöckig
пя́тка *f* (5; -ток) Ferse, Hacke
пятна́дцатый (14) fünfzehnte(r)
пятна́дцать (35) fünfzehn
пятна́ть (1) beflecken, beschmutzen
пятни́стый (14*K.*) fleckig
пя́тница *f* (5) Freitag *m*
пятно́ *n* (9; *pl. st.*, *G* пя́тен) Fleck *m*; *fig.* Makel *m*
пя́тый (14) fünfte(r); ***пя́тое ма́я*** der fünfte Mai; ***пя́того ма́я*** am fünften Mai; ***пя́того числа́*** am fünften; ***одна́ пя́тая*** *f* ein Fünftel *n*
пять (35) fünf
пятьдеся́т (35) fünfzig
пятьсо́т (36) fünfhundert
пя́тью fünfmal

Р

раб *m* (1*e.*) Sklave; Knecht
рабá *f* (5) Sklavin
рабóта *f* (5) Arbeit; Werk *n*; *Tech.* Betrieb *m*
рабóтать (1) arbeiten; funktionieren; geöffnet sein; ***не рабóтает*** außer Betrieb
рабóтник *m* (1) Arbeiter; Mitarbeiter
рабóтница *f* (5) Arbeiterin; Mitarbeiterin
работодáтель *m* (4) Arbeitgeber
работоспосóбный (14; -бен, -бна) arbeitsfähig; leistungsfähig
рабóчий (17) Arbeiter-; Arbeits-; *Su. m* Arbeiter
рáбский (16) sklavisch
рáбство *n* (9) Sklaverei *f*; Knechtschaft *f*
рабы́ня *f* (6) Sklavin
рáвенство *n* (9) Gleichheit *f*
равнéние *n* (12) Ausrichtung *f*; **~ *напрáво!*** *Mil.* Augen rechts!
равни́на *f* (5) Ebene
равнó gleich, gleichermaßen, egal; ***~ как*** ebenso wie; ***всё ~*** ganz egal
равно|бéдренный (14) gleichschenklig; **~вéсие** *n* (12) Gleichgewicht; **~дéнствие** *n* (12) Tagundnachtgleiche *f*; **~дýшие** *n* (12) Gleichgültigkeit *f*; **~дýшный** (14; -шен, -шна) gleichgültig; **~знáчный** (14; -чен, -чна) gleichbedeutend, identisch (Д mit); **~мéрный** (14; -рен, -рна) gleichmäßig, gleichförmig; **~прáвие** *n* (12) Gleichberechtigung *f*; **~прáвный** (14; -вен, -вна) gleichberechtigt; **~си́льный** (14; -лен, -льна) gleichbedeutend; gleich stark; **~сторóнний** (15) gleichseitig; **~цéнный** (14; -éнен, -éнна) gleichwertig; ebenbürtig
рáвный (14; -вен, -внá) gleich; ***рáвным óбразом*** gleichermaßen
равня́ть (28) **1.** <с-> gleichmachen; **2.** gleichsetzen, vergleichen; **-ся** sich messen; sich richten (nach *j-m*); gleich sein; ***равня́йсь!*** *Mil.* richt't euch!

рад *m* froh, erfreut (Д über); ***я рáд(а f)*** ich freue mich
рáди (Р) wegen; um ... willen; ***~ негó*** seinetwegen
радиáтор *m* (1) Heizkörper; *Kfz.* Kühler
радиáция *f* (7) Strahlung
рáдий *m* (3; -ии) Radium *n*
радикáл *m* (1) Radikale(r); *Math.* Wurzelzeichen *n*
радикáльный (14; -лен, -льна) radikal; Radikal-
рáдио *n* (*unv.*) Rundfunk *m;* Radio
радиоакти́вный (14; -вен, -вна) radioaktiv
радио|вещáние *n* (12) Rundfunksendung *f*; **~грáмма** *f* (5) Funkspruch *m*; **~люби́тель** *m* (4) Amateurfunker; **~передáтчик** *m* (1) Rundfunksender; **~передáча** *f* (5) Rundfunksendung *f*; **~постанóвка** *f* (5; -вок) Hörspiel *n*; **~приёмник** *m* (1) Rundfunkempfänger, Radio *n*; **~пьéса** *f* (5) Hörspiel *n*; **~свя́зь** *f* (8) Funkverbindung, Funkverkehr *m*; **~слýшатель** *m* (4) Rundfunkhörer; **~стáнция** *f* (7) Rundfunksender *m*; **~телефóн** *m* (1) Funksprechgerät *n*; **~ýзел** *m* (1; -злá) Funkzentrale *f*; **~цéнтр** *m* (1) Rundfunkanstalt *f*
ради́ровать (7) *im*(*pf.*) funken
ради́ст *m* (1) Funker
рáдовать (7), <об-> erfreuen, (В *j-m*) Freude bereiten; **-ся** sich freuen (Д über, auf)
рáдостный (14; -тен, -тна) froh, freudig
рáдость *f* (8) Freude; ***на рáдостях*** F aus lauter Freude
рáдуга *f* (5) Regenbogen *m*
радýшный (14; -шен, -шна) gastfreundlich; herzlich
раз **1.** *m* (1; -а/-у; *pl. e., G* -) Mal *n* (***в*** В zum); mal; ***в сто ~*** hundertmal; ***не ~, нéсколько ~*** mehrmals; ***на э́тот ~*** diesmal; ***~ (и) навсегдá*** F ein für alle Mal; ***ни ~у*** F kein einziges Mal; **2.** *Adv.* einmal, e-s Tages; **3.** *Kj.* F wenn, wenn . . . schon

разбавля́ть (28), <разба́вить> (14) verdünnen
разбаза́рить F (13) *pf.* vergeuden
разбе́г *m* (1) Anlauf; **с ~а** *od.* **~у** in vollem Lauf
разбе́гаться (1), <разбежа́ться> (4*e.*; -егу́сь, -ежи́шься) Anlauf nehmen; auseinander laufen; ***глаза́ у него́ разбежа́лись*** er wusste nicht, wo er hinsehen sollte
разбива́ть (1), <разби́ть> (разобью́, -бьёшь) zerschlagen; zerstören; aufteilen, verteilen; *Zelt* aufschlagen; **-ся** zerbrechen; zersplittern, zerschellen; sich verletzen
разбинтова́ть (7) *pf.* den Verband abnehmen (В von)
разбира́тельство *n* (9) Untersuchung *f*; *Jur.* Verhandlung *f*
разбира́ть (1), <разобра́ть> (разберу́, -рёшь) auseinander nehmen, zerlegen; untersuchen, ergründen; *Handschrift* entziffern; begreifen; erörtern, besprechen; untersuchen; *Jur.* verhandeln; **-ся** sich zurechtfinden, sich klar werden (***в*** П über); auspacken, sich einrichten
разбитно́й F (14) flott, forsch
разби́тый (14*K.*) zerschlagen; müde
разби́ть(ся) → ***разбива́ть(ся)***
разбо́йник *m* (1) Räuber; F Schlingel
разбо́йничать (1) räubern; sein Unwesen treiben
разбо́йнический (14) räuberisch
разбомби́ть (14*e.*) *pf.* zerbomben
разбо́р *m* (1; -а/-у) Auswahl *f*; Analyse *f*; ***без ~а*** ohne Unterschied, wahllos; **с *~ом*** wählerisch
разбо́рный (14) zerlegbar
разбо́рчивый (14*K.*) leserlich, deutlich; wählerisch; anspruchsvoll
разбра́сывать, <разброса́ть> (1) verstreuen; F vergeuden
разбреда́ться (1), <разбрести́сь> (25) sich zerstreuen; auseinander gehen
разбро́санный (14*K.*) verstreut, zerstreut
разброса́ть → ***разбра́сывать***
разбры́згивать, <разбры́згать> (1) verspritzen; zerstäuben
разбуди́ть (15) *pf.* wecken, aufwecken
разбуха́ть (1), <разбу́хнуть> (21) aufquellen; F anschwellen; F sich aufblähen
разбушева́ться (6 -у́-) *pf.* stürmisch werden; in Wut geraten
разва́л *m* (1) Zerfall; Zusammenbruch
разва́ливать (1), <развали́ть> (13) zerstören; ruinieren, zerrütten; **-ся** einstürzen; *fig.* zusammenbrechen, zerfallen
разва́лина *f* (5) *mst pl.* Ruine; *pl.* Trümmer
разва́ривать (1), <развари́ть> (13) zerkochen; weich kochen
ра́зве 1. *Part.* denn, etwa; vielleicht; ***~?*** wirklich?; **2.** *Kj.* außer, es sei denn
развева́ться (1) wehen, flattern
разве́дать → ***разве́дывать***
разведе́ние *n* (12) Anbau *m*; Zucht *f*
разведённый (14) *Ehe*: geschieden
разве́дка *f* (5; -док) Aufklärung; Erkundung; Spionagedienst *m*
разве́дчик *m* (1) Aufklärer; Kundschafter; Spion
разве́дывать, <разве́дать> (1) auskundschaften, erkunden
развезти́ → ***развози́ть***
разве́ивать (1), <разве́ять> (27) verwehen; *fig.* vertreiben
развернуть(ся) → ***развёртывать(ся)***
развёрстка *f* (5; -ток) Verteilung; Aufteilung
разверста́ть (1) *pf.* aufteilen, aufschlüsseln
развёртывать (1), <развернуть> (20) entfalten, entrollen; *Buch* öffnen, aufschlagen; auswickeln; *fig.* entwickeln; *Fahrzeug* wenden; **-ся** aufgehen, sich entrollen; sich entfalten, sich entwickeln; *Fahrzeug*: wenden
развесели́ть (13) *pf.* belustigen, erheitern
развести́(сь) → ***разводи́ть(ся)***
разветвле́ние *n* (12) Verzweigung *f*, Gabelung *f*
разветвля́ться (28), <разветви́ться> (14*e.*) sich verzweigen, sich gabeln
разве́ять → ***разве́ивать***
развива́ть (1), <разви́ть> (разо-

Р

вью́, -вьёшь) entwickeln, entfalten; **-ся** sich lösen, aufgehen; sich entwickeln

разви́лка *f* (5; -лок) Abzweigung, Gabelung

разви́нчивать (1), <развинти́ть> (15*e.*; -ви́нченный) losschrauben, lockern; **-ся** F sich gehen lassen

разви́тие *n* (12) Entwicklung *f*

развито́й (14; ра́звит, -а́) entwickelt; gebildet

разви́ть(ся) → ***развива́ть(ся)***

развлека́тельный (14; -лен, -льна) unterhaltend

развлека́ть (1), <развле́чь> (26) unterhalten, zerstreuen; **-ся** sich vergnügen

развлече́ние *n* (12) Unterhaltung *f*, Zerstreuung *f*

разво́д *m* (1) Ehescheidung *f*; Aufzucht *f*

разводи́ть (15), <развести́> (25) auseinander bringen; *Ehe* scheiden; anpflanzen; züchten; *Feuer* anmachen; **-ся**, <-сь> sich scheiden lassen (**с** T von); sich vermehren

разво́з *m* (1) Transport, Versand

развози́ть (15), <развезти́> (24) hinfahren, hinbringen; zustellen

разворо́т *m* (1) Wenden *n*; Kurve *f*

развороти́ть F (15) *pf.* umwühlen; durcheinander werfen

разворoши́ть F (16*e.*) *pf.* durchwühlen

развра́т *m* (1) Unzucht *f*, Ausschweifung(en *pl.*) *f*

развратитель *m* (4) Verführer

развра́тник *m* (1) Wüstling

развра́тный (14; -тен, -тна) ausschweifend; lasterhaft

развраща́ть (1), <развратить> (15*e.*; -т/щ-) verführen, verderben; **-ся** sittlich verkommen

развращённый (14*K.*) sittlich verdorben

развя́зка *f* (5; -зок) Ausgang *m*, Lösung

развя́зный (14; -зен, -зна) ungeniert; ungezwungen

развя́зывать (1), <развяза́ть> (3) lösen, aufbinden; losbinden; **-ся** aufgehen; F loswerden; sich vom Halse schaffen

разга́дка *f* (5; -док) Lösung

разга́дывать, <разгада́ть> (1) lösen; enträtseln, erraten

разга́р *m* (1) Höhepunkt *m*; **~ *сезо́на*** Hochsaison *f*; ***в по́лном ~е*** in vollem Gange

разгиба́ть (1), <разогну́ть> (20) gerade biegen; auseinander biegen; **-ся** sich aufrichten

разгла́живать (1), <разгла́дить> (15) glattbügeln; glätten

разглаша́ть (1), <разгласи́ть> (15*e.*) ausplaudern; *Gerücht* verbreiten

разглаше́ние *n* (12) Verbreitung *f*

разгляде́ть (11*e.*) *pf.* erkennen, bemerken

разгля́дывать (1) genau betrachten

разгне́вать (1) *pf.* erzürnen

разгова́ривать (1) reden; sich unterhalten

разгово́р *m* (1; -а/-у) Gespräch *n*; Unterhaltung *f*; ***без ли́шних ~ов*** ohne viel zu reden; ***междунаро́дный ~*** Auslandsgespräch *n*

разговори́ться F (13*e.*) *pf.* ins Gespräch kommen

разгово́рник *m* (1) Sprachführer

разгово́рный (14) Gesprächs-, Konversations-; ***~ язы́к*** *m* Umgangssprache *f*

разгово́рчивый (14*K.*) gesprächig, redselig

разго́н *m* (1) Anlauf; Abstand

разгоня́ть (28), <разогна́ть> (разгоню́, -о́нишь) auseinander treiben, vertreiben; *Kfz.* beschleunigen, Gas geben

разгора́живать (1), <разгороди́ть> (15/15*e.*; -о́женный) abteilen, abzäunen

разгора́ться (1), <разгоре́ться> (9*e.*) entbrennen, auflodern; erglühen

разгороди́ть → ***разгора́живать***

разгорячённый (14*K.*) erhitzt

разграбля́ть (28), <разгра́бить> (14) ausrauben, ausplündern

разграни́чивать (1), <раграни́чить> (16) abgrenzen

разгреба́ть (1), <разгрести́> (25 -б-; -гре́б, -гребла́) aufgraben; wegschaufeln

разгро́м *m* (1) Zerstörung *f*, Vernichtung *f*; Verwüstung *f*

разгроми́ть (14*e.*) *pf.* vernichten, zerschlagen
разгружа́ть (1), <разгрузи́ть> (15/15*e.*) ausladen; *Mar.* löschen; *fig.* entlasten
разгру́зка *f* (5; -зок) Entladung
разгрыза́ть (1), <разгры́зть> (24; -гры́зла) zerbeißen; knacken
разгу́л *m* (1) Ausschweifung(en *pl.*) *f*; Zügellosigkeit *f*
разгу́ливать F (1) **1.** herumspazieren; **2.** <разгуля́ть> zerstreuen; munter machen; **-ся** F aus sich herausgehen; *Wetter*: sich aufheitern
разгу́льный F (14; -лен, -льна) ausschweifend; ausgelassen
раздава́ть (5), <разда́ть> (-да́м, -да́шь; *Prät. a.* ро́здал, -о; ро́зданный: ро́здан, ро́здана *u.* раздана́, ро́здано) verteilen, austeilen; **-ся** ertönen, erschallen
раздави́ть (14) *pf.* zerdrücken
разда́точный (14) Ausgabe-; Verteilungs-
разда́ть(ся) → ***раздава́ть(ся)***
разда́ча *f* (5) Verteilung, Austeilung
раздвига́ть (1), <раздви́нуть> (20) auseinander schieben; ausziehen; **-ся** sich öffnen, aufgehen
раздвижно́й (14) Auszieh-, Schiebe-
раздвое́ние *n* (12) Zweiteilung *f*; Spaltung *f*
раздева́лка F *f* (5; -лок); **раздева́льня** *f* (6; -лен) Garderobe; Umkleideraum *m*
раздева́ть (1), <разде́ть> (-е́ну, -е́нешь; -е́тый) ausziehen, entkleiden; **-ся** *Mantel* ablegen; sich ausziehen
разде́л *m* (1) Aufteilung *f*, Teilung *f*; Abschnitt
разде́лать → ***разде́лывать***
разделе́ние *n* (12) Einteilung *f*, Verteilung *f*
раздели́тельный (14) Trennungs-
раздели́ть(ся) → ***разделя́ть(ся)***
разде́лывать, <разде́лать> (1) herrichten, zurichten; **-ся** abrechnen, heimzahlen; Schluss machen, erledigen
разде́льный (14; -лен, -льна) getrennt; deutlich, klar
разделя́ть (28), <раздели́ть> (13; -лённый) einteilen, aufteilen; trennen; **-ся** zerfallen; sich trennen, auseinander gehen
разде́ть(ся) → ***раздева́ть(ся)***
раздира́ть F (1), <разодра́ть> (раздеру́, -рёшь) zerreißen, in Stücke reißen
раздобыва́ть F (1), <раздобы́ть> (-бу́ду, -бу́дешь; -бы́ла; -бы́тый) auftreiben, organisieren
раздо́лье *n* (10; -лий) Weite *f*; uneingeschränkte Freiheit *f*
раздо́льный (14; -лен, -льна) frei, ungebunden, sorglos
раздо́р *m* (1) Zwist, Zwietracht *f*
раздража́ть (1), <раздражи́ть> (16*e.*) reizen; **-ся** sich entzünden; verärgert sein
раздраже́ние *n* (12) Reiz *m*, Reizung *f*; Ärger *m*
раздражённый (14*K.*) gereizt; verärgert
раздражи́тельный (14; -лен, -льна) reizbar
раздразни́ть F (13; -нённый) *pf.* aufreizen, reizen; erregen
раздробля́ть (28), <раздроби́ть> (14) zertrümmern, zerschlagen
раздува́ть (1), <разду́ть> (18) aufblasen; *fig.* aufbauschen; **-ся** anschwellen
разду́мывать (1) **1.** <разду́мать> (1) es sich anders überlegen; **2.** nachdenken; ***не разду́мывая*** kurz entschlossen
разду́ть(ся) → ***раздува́ть(ся)***
разева́ть F (1), <рази́нуть> (20) aufsperren, aufreißen
разжа́ть(ся) → ***разжима́ть(ся)***
разжёвывать, <разжева́ть> (6*e.*; -у-) zerkauen
разжига́ть (1), <разже́чь> (26; разожгу́, -жжёшь; разжёг, разожгла́; разожжённый: -жена́) anzünden; *fig.* schüren, entfachen
разжима́ть (1), <разжа́ть> (разожму́, -мёшь; разжа́тый) öffnen; *Feder* loslassen; **-ся** sich entspannen
раззадо́рить F (13) *pf.* aufstacheln; anspornen; **-ся** sich ereifern
рази́нуть → ***разева́ть***
рази́тельный (14; -лен, -льна) auffallend, frappant
разлага́ть (1), <разложи́ть> (16)

zerlegen (**на** B in); *fig.* zersetzen; **-ся** zerfallen; *fig.* verfallen

разлáд *m* (1) Zwietracht *f*, Zwiespalt

разлáдить F (15) *pf.* kaputtmachen; vereiteln; entzweien; **-ся** kaputtgehen; sich zerschlagen

разлáмывать (1) **1.** <разломáть> (1) zerbrechen; abreißen, niederreißen; **2.** <разломи́ть> (14) zerbrechen

разлетáться (1), <разлетéться> (11*e.*) auseinander fliegen, auseinander stieben; sich zerstreuen

разли́в *m* (1) Hochwasser *n*, Überschwemmung *f*

разливáть (1), <разли́ть> (разолью́, -льёшь) vergießen, verschütten; eingießen, einschenken; **-ся** über die Ufer treten; sich ergießen

разли́тие *n* (12) Überschwemmung *f*; *Med.* Erguss *m*

различáть (1), <различи́ть> (16*e.*) unterscheiden

разли́чие *n* (12) Unterschied *m*; Verschiedenheit *f*

различи́тельный (14) Unterscheidungs-

разли́чный (14; -чен, -чна) verschieden, verschiedenartig

разложéние *n* (12) Zerlegung *f* (**на** B in); Zersetzung *f*

разложи́ть(ся) → ***разлагáть(ся)***, ***раскла́дывать***

разлóм *m* (1) Bruch; Bruchstelle *f*

разломáть, **разломи́ть** → ***разлáмывать***

разлу́ка *f* (5) Trennung; Abschied *m*

разлучáть (1), <разлучи́ть> (16*e.*) trennen (**с** T von)

размáзывать (1), <размáзать> (3) verschmieren

размáтывать, <размотáть> (1) abwickeln, loswickeln

размáх *m* (1; -а/-у) Spannweite *f*; *fig.* Schwung, Wucht *f*

размáхиваться (1), *einm.* <размахну́ться> (20) zum Schlag ausholen

размельчáть (1), <размельчи́ть> (16*e.*) zerkleinern, zerstoßen

размéнивать (1), <разменя́ть> (28) *Geld* wechseln

размéнный (14) Wechsel-, Klein-; ***размéнная монéта*** *f* Kleingeld *n*

размéр *m* (1) Ausmaß *n*; Größe *f*; Höhe *f*

размеря́ть (28), <размéрить> (13) vermessen, ausmessen

размеси́ть → ***размéшивать 1***

размести́ть(ся) → ***размещáть(ся)***

разметáть (3) *pf.* auseinander werfen, wegschleudern

размéтка *f* (5; -ток) Markierung

размечáть (1), <размéтить> (15) markieren; anreißen

размéшивать (1) **1.** <размеси́ть> (15) durchkneten; **2.** <размешáть> (1) umrühren, durchrühren

размещáть (1), <размести́ть> (15*e.*) aufstellen; unterbringen, *Mil.* einquartieren; **-ся** Platz finden; die Plätze einnehmen

размещéние *n* (12) Unterbringung *f*; Unterkommen

разминáть (1), <размя́ть> (разомну́, -нёшь; размя́тый) weichkneten; zerquetschen; F sich *die Beine* vertreten; **-ся** weich werden; F sich Bewegung verschaffen

размину́ться F (20) *pf.* einander verfehlen; aneinander vorbeikommen

размножáть (1), <размнóжить> (16) vervielfältigen; vermehren; **-ся** sich fortpflanzen

размножéние *n* (12) Vermehrung *f*

размолóть (17; -мелю́) *pf.* zermahlen

размотáть → ***размáтывать***

размочи́ть (16) *pf.* aufweichen

размывáть (1), <размы́ть> (22) unterspülen

размыкáть (1), <разомкну́ть> (20) lösen, öffnen; *El.* ausschalten

размы́ть → ***размывáть***

размышлéние *n* (12) Überlegung *f*, Betrachtung *f*

размышля́ть (28) nachdenken, sich überlegen

размягчáть (1), <размягчи́ть> (16*e.*) aufweichen, erweichen

размя́ть(ся) → ***разминáть(ся)***

разнáшивать (1), <разноси́ть> (15) *Schuhe* austreten

разнéживать F (1), <разнéжить> (16) verzärteln, verweichlichen; zärtlich stimmen; **-ся** sentimental werden

Р

разнести́ → ***разноси́ть***

разнима́ть (1), <разня́ть> (-ниму́, -ни́мешь; -няла́; -нята́) trennen

ра́зниться (13) sich unterscheiden; verschieden sein

ра́зница *f* (5) Unterschied *m*, Differenz

разнобо́й *m* (3) Diskrepanz *f*; Unstimmigkeit *f*

разно|ви́дность *f* (8) Abart, Variante; **~гла́сие** *n* (12) Meinungsverschiedenheit *f*; Widerspruch *m*; **~обра́зие** *n* (12) Mannigfaltigkeit *f*, Vielfalt *f*

разнообра́зный (14; -зен, -зна) verschiedenartig, mannigfaltig; abwechslungsreich

разноро́дный (14; -ден, -дна) verschiedenartig, heterogen

разноси́ть (15) **1.** <разнести́> (25; -с-) austragen, zustellen; verwehen; zerstreuen; zerschmettern; **2.** → ***разна́шивать***

разносторо́нний (15; -о́нен, -о́нння) vielseitig

ра́зность *f* (8) Verschiedenheit, Unterschied *m*; *Math.* Differenz

разно́счик *m* (1) Austräger, Zusteller; Bote

разно|цве́тный (14; -тен, -тна) mehrfarbig, bunt; **~шёрстный** (14; -тен, -тна) bunt, bunt gemischt; **~язы́чный** (14; -чен, -чна) verschiedensprachig, vielsprachig

разну́зданный F (14*K.*) zügellos

ра́зный (14; *K. pl.* -ны) verschieden, unterschiedlich

разня́ть → ***разнима́ть***

разоблача́ть (1), <разоблачи́ть> (16*e.*) entlarven; enthüllen

разоблаче́ние *n* (12) Entlarvung *f*, Aufdeckung *f*

разобра́ть(ся) → ***разбира́ть(ся)***

разобща́ть (1), <разобщи́ть> (16*e.*) trennen, absondern; entfremden

ра́зовый (14) einmalig; Einweg-

разогна́ть → ***разгоня́ть***

разогну́ть(ся) → ***разгиба́ть(ся)***

разогрева́ть (1), <разогре́ть> (8; -е́тый) erhitzen; aufwärmen; **-ся** heiß werden

разодева́ться (1), <разоде́ться> (-е́нусь, -е́нешься) sich herausputzen

разодра́ть → ***раздира́ть***

разойти́сь → ***расходи́ться***

ра́зом F auf einmal; auf e-n Schlag

разомкну́ть → ***размыка́ть***

разорва́ть(ся) → ***разрыва́ть(ся)***

разоре́ние *n* (12) Zerstörung *f*; Ruin *m*

разори́тельный (14; -лен, -льна) verheerend

разори́ть(ся) → ***разоря́ть(ся)***

разоружа́ть (1), <разоружи́ть> (16*e.*) entwaffnen; **-ся** abrüsten

разоруже́ние *n* (12) Abrüstung *f*

разоря́ть (28), <разори́ть> (13*e.*) zerstören, verwüsten; ruinieren; **-ся** ruiniert sein

разосла́ть → ***рассыла́ть***

разостла́ть → ***расстила́ть***

разохо́титься (15) *pf.* Lust bekommen

разочарова́ние *n* (12) Enttäuschung *f*

разочаро́вывать (1), <разочарова́ть> (7) enttäuschen; **-ся** enttäuscht sein

разраба́тывать, <разрабо́тать> (1) erarbeiten, ausarbeiten; *Bgb.* abbauen

разрабо́тка *f* (5; -ток) Erarbeitung; Abbau *m*

разража́ться (1), <разрази́ться> (15*e.*) ausbrechen (T in); sich entladen

разраста́ться (1), <разрасти́сь> (25 -ст-) stark wachsen; sich ausbreiten; wuchern

разрежа́ть (1), <разреди́ть> (15*e.*) lichten; verdünnen

разре́з *m* (1) Schnitt; Einschnitt; Schlitz; Ausschnitt; *Bgb.* Tagebau

разреза́ть (1), <разре́зать> (3) zerschneiden

разреша́ть (1), <разреши́ть> (16*e.*) erlauben; genehmigen; lösen; entscheiden; **-ся** sich aufklären, sich regeln

разреше́ние *n* (12) Erlaubnis *f*, Genehmigung *f*; Lösung *f*

разреши́мый (14*K.*) lösbar

разрисова́ть (7) *pf.* ausmalen

разро́зненный (14*K.*) vereinzelt; unvollständig

разруба́ть (1), <разруби́ть> (14) spalten; zerhauen

разру́ха *f* (5) Zerrüttung, Ruin *m*
разруша́ть (1), <разру́шить> (16) zerstören; ruinieren; **-ся** verfallen; einstürzen, zusammenbrechen
разруше́ние *n* (12) Zerstörung *f*
разруши́тельный (14; -лен, -льна) verheerend, verderblich
разры́в *m* (1) Riss, Sprung; Abbruch; Explosion *f*; Diskrepanz *f*
разрыва́ть (1) **1.** <разорва́ть> (-ву́, -вёшь) zerreißen; sprengen; abbrechen; **-ся** explodieren; zerreißen; **2.** <разры́ть> (22) aufgraben, ausgraben; F durchwühlen
разры́ть → ***разрыва́ть 2***
разря́д *m* (1) Kategorie *f*; Klasse *f*; Lohngruppe *f*; *El.* Entladung *f*
разря́дка *f* (5; -док) *Typ.* Sperrung; ***~ напряжённости*** *Pol.* Entspannung
разряжа́ть (1), <разряди́ть> (15*e.*/15) entladen; *fig.* entspannen
разубежда́ть (1), <разубеди́ть> (15*e.*; -еждённый) ausreden, abbringen (*j-n* von); **-ся** s-e Meinung ändern
разува́ться (1), <разу́ться> (18) (sich) die Schuhe ausziehen
разузнава́ть F (5), <разузна́ть> (1) herausbekommen, herauskriegen
ра́зум *m* (1) Vernunft *f*, Verstand
разуме́ться (8) gemeint sein; ***само́ собо́й разуме́ется*** selbstverständlich
разу́мный (14; -мен, -мна) vernünftig, verständig
разу́ться → ***разува́ться***
разу́чивать (1), <разучи́ть> (16) einstudieren, einüben; **-ся** verlernen
разъеда́ть (1), <разъе́сть> (-е́ст; -едя́т; -е́денный) zerfressen; zersetzen
разъединя́ть (28), <разъедини́ть> (13*e.*) trennen (**с** T von); unterbrechen
разъе́зд *m* (1) Abreise *f*, Aufbruch
разъезжа́ть (1) herumreisen; **-ся**, <разъе́хаться> (-е́дусь, -е́дешься) wegfahren; aufbrechen; aneinander vorbeifahren
разъе́сть → ***разъеда́ть***
разъе́хаться → ***разъезжа́ться***
разъясне́ние *n* (12) Erklärung *f*
разъясни́тельный (14) erläuternd
разъясня́ть (28), <разъясни́ть> (13*e.*) erklären
разы́грывать, <разыгра́ть> (1) spielen; verlosen; F zum Narren halten
разы́скивать (1), <разыска́ть> (3) auffinden, ausfindig machen
рай *m* (3; в раю́) Paradies *n* (*a. fig.*)
райо́н *m* (1) Bezirk; Gebiet *n*, Region *f*
райо́нный (14) Bezirks-
ра́йский (16) paradiesisch, Paradies-
рак *m* (1) *Zool.*, *Med.* Krebs
раке́та *f* (5) Rakete; ***~-носи́тель*** *f* Trägerrakete
раке́тка *f* (5; -ток) Tennisschläger *m*
раке́тный (14) Raketen-
ра́ковина *f* (5) Muschel; Spülbecken *n*; Ausguss *m*
ра́ма *f* (5) Rahmen *m*
ра́мка *f* (5; -мок) kleiner Rahmen *m*
ра́мпа *f* (5) *Thea.* Rampe
ра́на *f* (5) Wunde
ранг *m* (1) Rang
ра́нее → ***ра́ньше***
ране́ние *n* (12) Verwundung *f*, Verletzung *f*
ра́неный *m* (14) verwundet; *Su. m* Verletzte(r)
ра́нец *m* (1; -нца) Schulranzen
ранжи́р *m* (1) Ordnung *f*; ***по ~у*** der Größe nach
ра́нить (13) *im*(*pf.*) verwunden, verletzen
ра́нний (15) früh; Früh-; ***с ра́нних лет*** von klein auf
ра́ньше früher, eher; vor; ***~, чем ...*** bevor
ра́порт *m* (1) Meldung *f*, Bericht
рапсо́дия *f* (7) Rhapsodie
ра́са *f* (5) Rasse
раси́стский (16) rassistisch
раска́иваться (1), <раска́яться> (27) bereuen (***в*** П *et.*)
раскалённый (14*K.*) glühend, glühend heiß
раска́лывать (1), <расколо́ть> (17) entzweibrechen
раска́пывать, <раскопа́ть> (1) aufgraben, ausgraben
раска́тывать <раската́ть> (1) aufrollen, ausrollen
раска́чивать, <раскача́ть> (1) stark schaukeln, in Schwingung

bringen; F rütteln; lockern; **-ся** in Schwung kommen; sich aufraffen
раска́шляться (28) *pf.* stark husten
раска́яние *n* (12) Reue *f*
раска́яться → ***раска́иваться***
расквартирова́ть (7) *pf.* einquartieren
расквита́ться (1) *pf.* abrechnen
раски́дывать (1) **1.** <раскида́ть> (1) verstreuen, zerstreuen; **2.** <раски́нуть> (20) weit ausbreiten; *Zelt* aufschlagen
раскладно́й (14) Klapp-; zusammenlegbar
раскладу́шка F *f* (5; -шек) Klappbett *n*
раскла́дывать (1), <разложи́ть> (16) auslegen; ausbreiten; aufteilen, verteilen
раскле́ивать (1), <раскле́ить> (13; -е́ю, -е́ишь) ankleben, aufkleben; **-ся** abgehen, sich lösen
раско́л *m* (1) Spaltung *f*; *hist.* Kirchenspaltung *f*
расколо́ть → ***раска́лывать***
раскопа́ть → ***раска́пывать***
раско́пки *f/pl.* (5; -пок) Ausgrabung(en *pl.*) *f*
раскорми́ть (14) *pf.* mästen
раскра́шивать (1), <раскра́сить> (15) bemalen, kolorieren
раскритикова́ть (7) *pf.* scharf kritisieren, verreißen
раскру́чивать (1), <раскрути́ть> (15) abwickeln; aufdrehen, aufschrauben
раскрыва́ть (1), <раскры́ть> (22) öffnen, aufmachen; aufdecken; enthüllen; **-ся** aufgehen; sich zeigen, sich herausstellen
раскрыва́емость (8) *f* Aufklärungsquote
раскупа́ть (1), <раскупи́ть> (14) aufkaufen
раску́поривать (1), <раску́порить> (13) entkorken, öffnen
раску́ривать (1), <раскури́ть> (13) *Zigarette* anrauchen, anstecken
раску́сывать (1), <раскуси́ть> (15) zerbeißen; knacken; *pf.* durchschauen
раску́тывать, <раску́тать> (1) auswickeln, loswickeln
ра́совый (14) Rassen-
распа́д *m* (1) Zerfall
распада́ться (1), <распа́сться> (-адётся; -а́лся) zerfallen
распако́вывать (1), <распакова́ть> (7) auspacken
распа́рывать (1), <распоро́ть> (17) auftrennen, zertrennen
распа́сться → ***распада́ться***
распа́хивать (1) **1.** <распаха́ть> (3) aufpflügen, umpflügen; **2.** <распахну́ть> (20) aufreißen, weit öffnen; aufschlagen; **-ся** aufgehen, sich weit öffnen
распеча́тывать, <распеча́тать> (1) *Briefumschlag* aufmachen, aufreißen
распи́ливать (1), <распили́ть> (13) zersägen, durchsägen
распина́ть (1), <распя́ть> (-пну, -пнёшь; -пя́тый) kreuzigen
расписа́ние *n* (12) Plan *m*; **~ *поездо́в*** *Esb.* Fahrplan *m*; ***по расписа́нию*** fahrplanmäßig
распи́ска *f* (5; -сок) Quittung, Bescheinigung
распи́сываться (1), <расписа́ться> (3) quittieren, unterschreiben; sich standesamtlich trauen lassen
расплавля́ть (28) → ***пла́вить***
распла́каться (3) *pf.* in Tränen ausbrechen
распласта́ться (1) *pf.* sich der Länge nach ausstrecken
распла́та *f* (5) Abrechnung
распла́чиваться (1), <расплати́ться> (15) bezahlen; abrechnen
расплёскивать (1), <расплеска́ть> (3), *einm.* <расплесну́ть> (20; -плёснутый) verschütten, vergießen, verspritzen
расплета́ть (1), <расплести́> (25 -т-) entflechten
расплыва́ться (1), <расплы́ться> (23) zerfließen
расплы́вчатый (14*K.*) verschwommen
распознава́ть (5), <распозна́ть> (1) erkennen, unterscheiden
располага́ть (1) **1.** <расположи́ть> (16) anordnen; einnehmen (***к*** Д für); **-ся** sich niederlassen; es sich bequem machen; **2.** verfügen (Т über)

располага́ющий (17) einnehmend, sympathisch
расположе́ние *n* (12) *Mil.* Anordnung *f*, Aufstellung *f*; Zuneigung *f*, Sympathie *f*; F Stimmung *f*, Laune *f*
располо́женный (14 *K.*) *fig.* geneigt, gewogen
расположи́ть(ся) → ***распола-га́ть(ся)***
распоро́ть → ***распа́рывать***
распоряди́тель *m* (4) Ordner; Organisator
распоряди́тельный (14; -лен, -льна) umsichtig; geschickt
распоря́док *m* (1; -дка) Ordnung *f*; ***пра́вила*** *n/pl.* ***вну́треннего распоря́дка*** Hausordnung *f*
распоряжа́ться (1), <распоряди́ться> (15*e.*) anordnen; verfügen (T über)
распоряже́ние *n* (12) Anordnung *f*; Verfügung *f*; ***быть в распоряже́нии кого́-либо*** j-m zur Verfügung stehen
распра́ва *f* (5) Abrechnung
расправля́ть (28), <распра́вить> (14) glätten; gerade biegen; ausstrecken; **-ся** abrechnen (**с** T mit)
распределе́ние *n* (12) Verteilung *f*
распредели́тельный (14) Verteilungs-
распределя́ть (28), <распредели́ть> (13*e.*) verteilen; einteilen
распродава́ть (5), <распрода́ть; -да́м, -да́шь; -о́дал, -а́; -о́данный) alle ... verkaufen; ***кни́га распро́дана*** das Buch ist vergriffen
распрода́жа *f* (5) Ausverkauf *m*
распростира́ть (1), <распростере́ть> (12) ausbreiten, weit ausstrecken; ausdehnen; **-ся** sich ausstrecken
распростране́ние *n* (12) Verbreitung *f*, Ausbreitung *f*
распространённый (14*K.*) verbreitet
распространя́ть (28), <распространи́ть> (13*e.*) verbreiten; ausdehnen; **-ся** sich erstrecken; sich fortpflanzen; F sich auslassen
распуска́ть (1), <распусти́ть> (15) entlassen; auflösen; zerlassen, auslassen; auftrennen; *Schirm* aufspannen; *Fahne* entrollen; lockern; verbreiten, in Umlauf bringen; **-ся** aufblühen; aufgehen; sich öffnen; sich gehen lassen
распу́тать → ***распу́тывать***
распу́тный (14) ausschweifend, lasterhaft
распу́тство *n* (9) Ausschweifung *f*
распу́тывать, <распу́тать> (1) entwirren
распу́тье *n* (10; -тий) Kreuzweg *m*, Scheideweg *m* (**на** П am)
распуха́ть (1), <распу́хнуть> (21) anschwellen, aufquellen
распу́хший (17) geschwollen, gequollen
распыли́тель *m* (4) Zerstäuber; Spraydose *f*
распыля́ть (28), <распыли́ть> (13*e.*) zerstäuben, pulverisieren
распя́тие *n* (12) Kreuzigung *f*; Kruzifix
распя́ть → ***распина́ть***
расса́дник *m* (1) Baumschule *f*; *fig.* Mittelpunkt
расса́живать (1), <рассади́ть> (15) die Plätze anweisen; auseinander setzen; anpflanzen; **-ся**, <рассе́сться> sich niederlassen; die Plätze einnehmen
рассве́т *m* (1) Morgendämmerung *f*, Morgengrauen *n*
рассвета́ть (1), <рассвести́> (25) dämmern, Tag werden
рассе́ивать (1), <рассе́ять> (27) zerstreuen; vertreiben
рассека́ть (1), <рассе́чь> (26) zerhauen, zerhacken, spalten; verletzen
рассе́лина *f* (5) Riss *m*, Spalt(e *f*) *m*
расселя́ть (28), <расседи́ть> (13*e.*) getrennt ansiedeln; **-ся** sich niederlassen; sich ausbreiten
рассе́сться → ***расса́живаться***
рассе́чь → ***рассека́ть***
рассе́янность *f* (8) Zerstreutheit
рассе́янный (14*K.*) verstreut; zerstreut
рассе́ять → ***рассе́ивать***
расска́з *m* (1) Erzählung *f*, Geschichte *f*
расска́зчик *m* (1), **расска́зчица** *f* (5) Erzähler(in *f*)
расска́зывать (1), <рассказа́ть> (3) erzählen

P

расслáбленный (14*K.*) abgespannt, schlaff

расслаблять (28), <расслáбить> (14) schwächen, entkräften; **-ся** ausspannen, sich entspannen

расслéдование *n* (12) Untersuchung *f*, Nachforschung *f*

расслéдовать (7) *im*(*pf.*) eingehend untersuchen, nachforschen

расслы́шать (16) *pf.* deutlich hören, vernehmen

рассмáтривать (1), <рассмотрéть> (9) betrachten; prüfen, begutachten

рассмея́ться (27*e.*) *pf.* laut auflachen, in Gelächter ausbrechen

рассмотрéние *n* (12) Betrachtung *f*; Begutachtung *f*; Untersuchung *f*; Durchsicht *f*, Prüfung *f*

рассмотрéть → ***рассмáтривать***

рассóльник *m* (1) Fleischsuppe *f od.* Fischsuppe *f* mit sauren Gurken

рассóриться (13) *pf.* sich verzanken, sich verfeinden

расспрáшивать (1), <расспроси́ть> (15) sich erkundigen (***о*** П nach); ausfragen

рассредотóчить (16) *pf.* dezentralisieren

рассрóчивать (1), <рассрóчить> (16) stunden

рассрóчка *f* (5; -чек) Stundung; Teilzahlung; ***в рассрóчку*** auf Raten

расставáться (5), <расстáться> (-áнусь, -áнешься) sich trennen (**с** T von); Abschied nehmen

расставля́ть (28), <расстáвить> (14) aufstellen; anordnen

расстанóвка *f* (5; -вок) Aufstellung; Anordnung

расстáться → ***расставáться***

расстёгивать (1), <расстегну́ть> (20) aufknöpfen, aufmachen

расстилáть (1), <разостлáть> (-стелю́, -стéлешь; разóстланный) ausbreiten

расстоя́ние *n* (12) Entfernung *f*

расстрáивать (1), <расстрóить> (13) verwirren; vereiteln; zerrütten; **-ся** durcheinander geraten; verstimmt sein; sich zerschlagen

расстрéливать (1), <расстреля́ть> (28) erschießen; *Munition* verschießen

расстрóить(ся) → ***расстрáивать-(ся)***

расстрóйство *n* (9) Verstimmung *f*, Verwirrung *f*, Verdruss *m*; Zerrüttung *f*

рассуди́тельный (14; -лен, -льна) besonnen

рассуди́ть (15) *pf.* entscheiden; überlegen, bedenken

рассу́док *m* (1; -дка) Verstand

рассуждáть (1) überlegen; argumentieren

рассуждéние *n* (12) Erörterung *f*; Überlegung *f*

рассчи́тывать, <рассчитáть> (1) ausrechnen, berechnen; richtig einschätzen; entlohnen, entlassen

рассылáть (1), <разослáть> (-ошлю́, -ошлёшь) aussenden, versenden

рассы́лка *f* (5; -лок) Versand *m*

растáптывать (1), <растоптáть> (3) zertreten; *fig.* mit Füßen treten

раствóр *m* (1) *Chem.* Lösung *f*

раствори́мый (14*K.*) lösbar, löslich

раствори́тель *m* (4) Lösungsmittel *n*

растворя́ть (28) **1.** <раствори́ть> (13) öffnen, aufsperren; **2.** <раствори́ть> (13*e.*) lösen

растекáться (1), <растéчься> (26) auseinander fließen, zerfließen

растéние *n* (12) Pflanze *f*, Gewächs

растениевóдство *n* (9) Pflanzenzucht *f*

растерéть → ***растирáть***

растéрянный (14*K.*) fassungslos; verwirrt

растеря́ться (28) *pf.* verloren gehen; verwirrt sein

растéчься → ***растекáться***

расти́ (25) (-сту́; рос, -лá), <вы-> wachsen; heranwachsen; zunehmen

растирáть (1), <растерéть> (12; разотру́; растёр) zerreiben, verreiben; einreiben

расти́тельность *f* (8) Pflanzenwelt, Vegetation

расти́тельный (14) Pflanzen-, pflanzlich

расти́ть (15*e.*) züchten; aufziehen, großziehen

растолкóвывать (1), <растолковáть> (7) klarmachen, begreiflich machen
растоптáть → ***растáптывать***
расторгáть (1), <растóргнуть> (21) aufheben, annullieren
расторжéние *n* (12) Aufhebung *f*, Annullierung *f*
расторóпный (14; -пен, -пна) flink
расточáть (1), <расточи́ть> (16*e.*) verschwenden, vergeuden
расточи́тель *m* (4) Verschwender
расточи́тельный (14; -лен, -льна) verschwenderisch
расточи́тельство *n* (9) Verschwendung *f*
растравля́ть (28), <растрави́ть> (14) reizen, zur Entzündung bringen
растрáта *f* (5) Unterschlagung, Veruntreuung
растрáчивать (1), <растрáтить> (15) vergeuden, verschwenden; unterschlagen, veruntreuen
растрёпанный (14*K.*) zerzaust, struppig
растрепáть (2) *pf.* zerzausen, zerknittern; zerfetzen
растрóгать (1) *pf.* tief anrühren; **-ся** gerührt sein
растя́гивать (1), <растянýть> (19) strecken, ausdehnen; in die Länge ziehen
растяжéние *n* (12) Dehnung *f*, Ausdehnung *f*
растяжи́мый (14*K.*) dehnbar
расфранти́ться F (15*e.*) *pf.* sich herausputzen
расхáживать (1) umhergehen, auf und ab gehen
расхвáливать (1), <расхвали́ть> (13) über die Maßen loben
расхищáть (1), <расхи́тить> (15; -т/щ-) rauben, plündern
расхищéние *n* (12) Plünderung *f*
расхóд *m* (1) Verbrauch; Aufwand; Ausgabe *f*; *Fin.* Soll *n*; ***ввести́ в ~*** in Unkosten stürzen
расходи́ться (15), <разойти́сь> (-ойдýсь, -ойдёшься; -ошёлся) auseinander gehen, sich trennen; sich zerstreuen; sich auflösen; *Gerücht*: sich verbreiten; ausverkauft *od.* vergriffen sein; ***~ во взгля́дах*** verschiedener Meinung sein
расхóдование *n* (12) Verbrauch *m*
расхóдовать (7), <из-> ausgeben, verausgaben, verbrauchen
расхождéние *n* (12) Auseinandergehen (*a. fig.*); *fig.* Divergenz *f*; ***~ во взгля́дах*** Meinungsverschiedenheit *f*
расхотéть F (-очý, -óчешь) *pf.* nicht mehr mögen, keine Lust mehr haben
расхохотáться (3) *pf.* loslachen
расцвéт *m* (1) Blüte *f*, Blütezeit *f*; ***в ~е сил*** in den besten Jahren
расцветáть (1), <расцвести́> (25 -т-) aufblühen, erblühen
расцéнивать (1), <расцени́ть> (13; -нённый) den Preis abschätzen, einschätzen; werten
расцéнка *f* (5; -нок) Preis *m*; Schätzung *f*
расчёсывать (1), <расчесáть> (3) durchkämmen
расчёт *m* (1) Berechnung *f*, Abrechnung *f*; Entlohnung *f*; ***в ~е*** F quitt
расчётливый (14*K.*) sparsam; umsichtig
расчётный (14) Rechen-; Lohn-
расчи́стка *f* (5; -ток) Säuberung
расчищáть (1), <расчи́стить> (15) aufräumen, säubern; lichten
расчленя́ть (28), <расчлени́ть> (13*e.*) zergliedern, aufteilen (***на*** B in)
расшáтанный (14*K.*) wackelig; locker
расшвыря́ть F (28) *pf.* durcheinander werfen
расшивáть (1), <расши́ть> (разошью́, -шьёшь) auftrennen
расширéние *n* (12) Ausweitung *f*, Ausdehnung *f*; Erweiterung *f*
расши́ренный (14*K.*) erweitert
расширя́ть (28), <расши́рить> (13) erweitern, verbreitern; ausdehnen
расши́ть → ***расшивáть***
расшифрóвывать (1), <расшифровáть> (7) entziffern, entschlüsseln
расщéлина *f* (5) Spalt *m*
расщеплéние *n* (12) Spaltung *f*
расщепля́ть (28), <расщепи́ть> (14*e.*) spalten; zersplittern
рáтуша *f* (5) Rathaus *n*
рафинáд *m* (1) Würfelzucker

рахи́т *m* (1) Rachitis *f*
рахити́чный (14; -чен, -чна) rachitisch
рацио́н *m* (1) Ration *f*
рациона́льный (14; -лен, -льна) rationell, zweckmäßig
ра́ция *f* (7) Funkstation; Funkgerät *n*
ра́шпиль *m* (4) Raspel *f*
рвану́ть (20) *pf.* reißen, ziehen
рва́ный (14) zerrissen
рвань F *f* (8) Lumpen *m/pl.*
рвать (рву, рвёшь; рвала́) zerreißen; abbrechen; abpflücken; ausreißen; ***его́ рвёт*** er muss brechen
рве́ние *n* (12) Eifer *m*
рво́та *f* (5) Erbrechen *n*; Erbrochene(s) *n*
рдеть (8) rot schimmern
реабилита́ция *f* (7) Rehabilitierung
реабилити́ровать (7) *im(pf.)* rehabilitieren
реаги́ровать (7), <от-, с-> reagieren
реакти́вный (14; -вен, -вна) reaktiv; Düsen-; Raketen-; ***~ самолёт*** *m* Düsenflugzeug *n*
реакцио́нный (14; -о́нен, -о́нна) reaktionär
реа́кция *f* (7) Reaktion
реализа́ция *f* (7) Realisierung, Verwirklichung
реализова́ть (7) *im(pf.)* realisieren, verwirklichen
реалисти́ческий (16), **реалисти́чный** (14; -чен, -чна) realistisch
реа́льность *f* (8) Realität
реа́льный (14; -лен, -льна) real, wirklich
ребёнок *m* (2; *pl.* де́ти; F ребя́та, -я́т) Kind *n*
ребро́ *n* (9; *pl. st.* рёбра, рёбер) Rippe *f*
ребя́ческий (16) kindlich; kindisch
рёв *m* (1) Gebrüll *n*, Geheul *n*
реванши́стский (16) revanchistisch
реве́нь *m* (4e.) Rhabarber
реве́ть (-ву́, -вёшь) brüllen; heulen
ревизио́нный (14) Revisions-
реви́зия *f* (7) Revision, Überprüfung
ревмати́зм *m* (1) Rheumatismus, Rheuma *n*
ревмати́ческий (16) rheumatisch
ревни́вый (14*K*.) eifersüchtig
ревнова́ть (7) eifersüchtig sein (***к*** Д/В auf *j-n* wegen)
ре́вностный (14; -тен, -тна) eifrig
ре́вность *f* (8) Eifersucht
револьве́р *m* (1) Revolver
революционе́р *m* (1) Revolutionär
революцио́нный (14; -о́нен, -о́нна) revolutionär; Revolutions-
револю́ция *f* (7) Revolution
ревю́ *n (unv.)* Revue *f*
регио́н *m* (1) Region *f*
региона́льный (14) regional, Regional-
реги́стр *m* (1) Register *n*
регистра́ция *f* (7) Eintragung; ***~ бра́ка*** Eheschließung
регистри́ровать (7), <за-> registrieren, eintragen
регла́мент *m* (1) Reglement *n*, Dienstordnung *f*
регламенти́ровать (7) *im(pf.)* reglementieren, regeln
регре́сс *m* (1) Rückschritt
регресси́вный (14; -вен, -вна) rückschrittlich
регули́ровать (7) regeln, regulieren
регулиро́вщик *m* (1) Verkehrspolizist
регуля́рный (14; -рен, -рна) regelmäßig; regulär
регуля́тор *m* (1) Regler
редакти́ровать (7), <от-> redigieren
реда́ктор *m* (1) Redakteur
редакцио́нный (14) Redaktions-; redaktionell
реда́кция *f* (7) Redaktion; Fassung, Version
реде́ть (8), <по-> sich lichten; dünner werden
реди́с *m* (1), **реди́ска** F *f* (5; -сок) Radieschen *n*
ре́дкий (16; -док, -дка́; *Komp.* ре́же; *Sup.* редча́йший) selten, rar; spärlich
ре́дкость *f* (8) Seltenheit, Rarität
ре́дька *f* (5; -дек) Rettich *m*
рее́стр *m* (1) Register *n*; Verzeichnis *n*
режи́м *m* (1) Regime *n*, Regierungsform *f*
режиссёр *m* (1) Regisseur
режиссёрский (16) Regie-
режисси́ровать (7) Regie führen

Р

режиссýра *f* (5) Regie
рéзать (3) **1.** <раз-> schneiden, zerschneiden; **2.** <за-> schlachten
резвúться (14*e.*) ausgelassen sein, herumtollen
рéзвый (14; резв, -á) munter; flink; ausgelassen
резéрв *m* (1) Reserve *f*; Vorrat
резéрвный (14) Reserve-; Vorrats-
резéц *m* (1; -зцá) Meißel; Schneidezahn
резúна *f* (5) Gummi *m*
резúнка *f* (5; -нок) Radiergummi *m*; Gummiband *n*
рéзкий (16; -зок, -зкá) scharf, schneidend; heftig, stark; grell, schrill; schroff, drastisch
рéзкость *f* (8) Schärfe; Schroffheit
резолю́ция *f* (7) Entschluss, Resolution
результáт *m* (1) Ergebnis *n*, Resultat *n*
рéзчик *m* (1) Schnitzer; Graveur
резьбá *f* (5) Schnitzwerk *n*; Gravieren *n*; *Tech.* Gewinde *n*
резюмé *n* (*unv.*) Resümee, Zusammenfassung *f*
резюмúровать (7) *im*(*pf.*) zusammenfassen, resümieren
рейд *m* (1) Reede *f*
рéйка *f* (5; рéек) Leiste; Messlatte
рейс *m* (1) Fahrt *f*, Reise *f*; Route *f*
рекá (5; *Asg.* рéку/рекý; *pl. st.*) Fluss *m*, Strom *m*
реклáма *f* (5) Reklame, Werbung
рекламáция *f* (7) Reklamation, Beanstandung
рекламúровать (7) **1.** *im*(*pf.*) Reklame machen, werben (В für); **2.** reklamieren, beanstanden
реклáмный (14) Werbe-
рекомендáция *f* (7) Empfehlung
рекомендовáть (7) *im*(*pf.*) empfehlen; anraten; ***рекомендýется*** es empfiehlt sich
реконструúровать (7) *im*(*pf.*) umbauen, rekonstruieren
реконстрýкция *f* (7) Umgestaltung, Rekonstruktion
рекóрдный (14) Rekord-, Spitzen-, Höchst-
рекордсмéн *m* (1), **рекордсмéнка** *f* (5; -нок) Rekordhalter(in *f*), Rekordler(in *f*)
религиóзный (14; -зен, -зна) religiös
релúгия *f* (7) Religion
рельéф *m* (1) Relief *n*
рельс *m* (1) Schiene *f*; *pl.* Gleise *n/pl.*; ***сойтú с ~ов*** entgleisen
ремéнь *m* (4; -мня́) Riemen; Gurt, Gürtel
ремéсленник *m* (1) Handwerker
ремéсленный (14) Handwerks-; handwerklich
ремеслó *n* (9; *pl.* ремёсла, -сел) Handwerk; Gewerbe
ремóнт *m* (1) Reparatur *f*; Instandsetzung *f*, Renovierung *f*
ремонтúровать (7), <от-> reparieren, ausbessern; instandsetzen
ремóнтный (14) Reparatur-; Instandsetzungs-
рéнта *f* (5) Rente
рентáбельный (14; -лен, -льна) rentabel, einträglich
рентгéн *m* (1) Röntgenstrahlen *m/pl.*; Röntgenapparat; ***сдéлать ~*** röntgen (Д *j-n*); sich röntgen lassen
рентгéнов (19): ***~ы лучú*** (1*e. pl.*) Röntgenstrahlen
рентгéновский (16) Röntgen-
реорганизáция *f* (7) Umgestaltung, Reorganisation
рéпа *f* (5) Rübe
репертуáр *m* (1) Spielplan
репетúция *f* (7) Probe
рéплика *f* (5) Erwiderung, Antwort; Zwischenruf *m*
репортáж *m* (1; -жей) Reportage *f*; Berichterstattung *f*
репортёр *m* (1) Reporter
репрéссия *f* (7) Repressalie
репутáция *f* (7) Ruf *m*, Ansehen *n*
реснúца *f* (5) Wimper
респýблика *f* (5) Republik
республикáнец *m* (1; -нца) Republikaner
республикáнский (16) republikanisch; Republik-
рессóра *f* (5) Feder *f*; *pl.* Federung *f*; ***на ~х*** gefedert
реставрáция *f* (7) Restaurierung
реставрúровать (7) *im*(*pf.*) restaurieren, wiederherstellen
ресторáн *m* (1) Restaurant *n*, Gaststätte *f*

ресу́рсы *m/pl.* (1) Quellen *f/pl.*; Vorräte
рети́вый (14*K.*) eifrig, beflissen
рефера́т *m* (1) Referat *n*, Vortrag
рефере́ндум *m* (1) Volksbefragung *f*, Volksentscheid
ре́фери *m* (*unv.*) Schiedsrichter
рефле́ктор *m* (1) Rückstrahler; Heizsonne *f*
рефо́рма *f* (5) Reform
реформа́тор *m* (1) Reformator; Reformer
реформа́торский (16) reformatorisch, Reform-
реформи́ровать (7) *im*(*pf.*) reformieren
рефре́н *m* (1) Refrain, Kehrreim
рефрижера́тор *m* (1) Kühlschiff *n*; Kühlwagen
рефрижера́торный (14) Kühl-
рецензи́ровать (7), <про-> rezensieren
реце́нзия *f* (7) Rezension
реце́пт *m* (1) Rezept *n*
ре́чка *f* (5; -чек) Flüsschen *n*
речно́й (14) Fluss-, Binnen-
речь *f* (8; *ab Gpl. e.*) Rede; Sprache; ***о чём ~?*** worum geht es?; ***~ идёт о том, что́бы ...*** es handelt sich darum, dass ...; ***об э́том не мо́жет быть и ре́чи*** davon kann keine Rede sein
реша́ть (1), <реши́ть> (16*e.*) beschließen; entscheiden; lösen; **-ся** sich entschließen (***на*** B zu)
реша́ющий (17) entscheidend, ausschlaggebend
реше́ние *n* (12) Entscheidung *f*; Entschluss *m*; *Jur.* Urteil
решётка *f* (5; -ток) Gitter *n*; Rost *m*
решето́ *n* (9; *pl. st.* решёта, решёт) Sieb
решётчатый (14*K.*) gitterförmig
реши́мость *f* (8) Entschlossenheit
реши́тельный (14; -лен, -льна) entschlossen, entschieden; entscheidend
реши́ть(**ся**) → ***реша́ть***(***ся***)
ре́ять (27) schweben; wehen
ржаве́ть (8), <за-> rosten, verrosten
ржа́вчина *f* (5) Rost *m*
ржа́вый (14*K.*) rostig
ржано́й (14) Roggen-
ржать (ржу, ржёшь) wiehern

ри́млянин *m* (1; *pl.* -яне, -ян), **ри́млянка** *f* (5; -нок) Römer(in *f*)
ри́мский (16) römisch
рис *m* (1) Reis
риск *m* (1) Risiko *n*; Wagnis *n*
риско́ванный (14*K.*) riskant, gewagt
рискова́ть (7), *einm.* <рискну́ть> (20) riskieren; aufs Spiel setzen
рисова́ть (7), <на-> zeichnen, malen
ри́совый (14) Reis-
рису́нок *m* (1; -нка) Zeichnung *f*; Muster *n*
ритм *m* (1) Rhythmus
ри́тмика *f* (5) Rhythmik
ритми́ческий (16), **ритми́чный** (14; -чен, -чна) rhythmisch
рито́рика *f* (5) Rhetorik
ритори́ческий (16), **ритори́чный** (14; -чен, -чна) rhetorisch
риф *m* (1) Riff *n*, Klippe *f*
ри́фма *f* (5) Reim *m*
рифмова́ть (7), <за-> reimen
робе́ть (8), <о-> Angst haben; ängstlich *od.* schüchtern sein
ро́бкий (16; -бок, -бка́) schüchtern; zaghaft; ängstlich
ро́бкость *f* (8) Schüchternheit
ров *m* (1; рва; во рву) Graben
рове́сник *m* (1) Altersgenosse
ро́вно genau; absolut
ро́вный (14; -вен, -вна́) eben, glatt; gerade; ruhig, gelassen
ровня́ть (28), <вы́-, раз-> ebnen; planieren
рог *m* (1; *pl. e.*, *N* -а́) Horn *n*; *pl.* Geweih *n*
рога́тый (14*K.*) gehörnt; (*o.K.*) Horn-
рогови́ца *f* (5) Hornhaut *am Auge*
род *m* **1.** (1; *ab Gpl. e.*) Art *f*, Gattung *f*; **2.** *Gr.* Genus *n*, Geschlecht *n*; ***вся́кого ~а*** allerlei
роди́льный (14) Entbindungs-
ро́дина *f* (5) Heimat, Vaterland *n*; ***изме́на f ро́дине*** Landesverrat *m*
роди́тели *pl.* (4) Eltern
роди́тельный (14): ***~ паде́ж*** *m* Genitiv
роди́ть (15*e.*; -и́ла/*pf.* -ила́; рождённый) *im*(*pf.*) gebären, zur Welt bringen; *fig.* erzeugen, hervorbringen; **-ся** (*pf. a.* -ился́, -ила́сь, -ило́сь) geboren werden; entstehen

родни́ться (13*e.*), <по-> **1.** sich verschwägern; **2.** <с-> sich annähern
родно́й (14) leiblich; heimatlich, Heimat-; *Ling.* Mutter-; **~ язы́к** Muttersprache *f*
родня́ *f* (6) Verwandte *pl.*
родово́й (14) *Bio.* Gattungs-; *Gr.* Genus-, Geschlechts-
родонача́льник *m* (1) Stammvater; Begründer
ро́дственник *m* (1), **ро́дственница** *f* (5) Verwandte(r)
ро́дственный (14*K.*) verwandt
родство́ *n* (9) Verwandtschaft *f*; **в родстве́** verwandt
ро́ды *pl.* (1) Geburt *f*; Entbindung *f*
рожда́емость *f* (8) Geburtenziffer
рожда́ть(ся) (1) *impf.* → **роди́ть(ся)**
рожде́ние *n* (12) Geburt *f*; Geburtstag *m*
рожде́ственский (16) Weihnachts-
рождество́ *n* (9) Weihnachten
рожо́к *m* (1; -жка́) Hörnchen *n*; *Mus.* Horn *n*; Schuhanzieher
рожь *f* (8; ржи; ро́жью) Roggen *m*
ро́за *f* (5) Rose
ро́зга *f* (5; -зог) Rute
розе́тка *f* (5; -ток) Rosette; *El.* Steckdose
ро́зничный (14) Einzelhandels-
ро́зовый (14*K.*) rosa; rosig; (*o.K.*) Rosen-
ро́зыгрыш *m* (1; -ей) Ziehung *f*, Verlosung *f*; *Sp.* Spiel *n*; Austragung *f*
ро́зыск *m* (1) Suche *f*, Fahndung *f*; Ermittlung *f*; **уголо́вный ~** Kriminalpolizei *f*
ройться (13*e.*) ausschwärmen
рой *m* (3; *pl. e.*) Schwarm
рокво́й (14) verhängnisvoll
ро́кот *m* (1) Getöse *n*
ро́лик *m* (1) Rolle *f*; *pl.* Rollschuhe
роль *f* (8; *ab Gpl. e.*) Rolle *a. fig.*
ром *m* (1; -а/-у) Rum
рома́н *m* (1) Roman; Liebesverhältnis *n*
романи́ст *m* (1) Romanautor, Romancie; Romanist
рома́нский (16) romanisch
романти́зм *m* (1) Romantik *f*
романти́ческий (16), **романти́чный** (14; -чен, -чна) romantisch
рома́шка *f* (5; -шек) Kamille
ромб *m* (1) Rhombus
роня́ть (28), <урони́ть> (13) fallen lassen; verlieren; herabsetzen, erniedrigen
ро́пот *m* (1) Murren *n*
ропта́ть (3; ропщу́, ро́пщешь) murren (**на** В über)
роса́ *f* (5; *pl. st.*) Tau *m*
роско́шный (14; -шен, -шна) luxuriös; prächtig
ро́скошь *f* (8) Luxus *m*; Pracht, Prunk *m*
ро́слый (14; *K. f* -сла) hoch gewachsen
ро́спуск *m* (1) Auflösung *f*; Entlassung *f*
росси́йский (16) russisch
Росси́я *f* (7) Russland *n*
ро́ссыпь *f* (8) *Geol.* Feld *n*, Lager *n*
рост *m* (1) Wachstum *n*; Wuchs, Größe *f*
ростовщи́к *m* (1*e.*) Wucherer
ростовщи́ческий (16) Wucher-
росто́к *m* (1; -тка́) Keim, Trieb
рот *m* (1; рта; во рту) Mund
ро́та *f* (5) Kompanie
ро́тный (14) Kompanie-
ротозе́й F *m* (3) Gaffer
ротозе́йничать F (1) gaffen
ро́ща *f* (5) Hain *m*, Wäldchen *n*
роя́ль *m* (4) Flügel
рту́тный (14) Quecksilber-
ртуть *f* (8) Quecksilber *n*
руба́нок *m* (1; -нка) Hobel
руба́шка *f* (5; -шек) Hemd *n*
рубе́ж *m* (1*e.*; -е́й) Grenze *f*; *Mil.* Abschnitt; **за рубежо́м** im Ausland
рубе́ц *m* (1; -бца́) Naht *f*; Saum; Narbe *f*; Striemen
руби́ть (14), <с-> fällen, abholzen; hauen; **-ся** kämpfen, sich schlagen
рублёвый (14) Rubel-
ру́бленый (14) gehackt
рубль *m* (4*e.*) Rubel
ру́брика *f* (5) Rubrik, Spalte
рубцева́ться (6 -у́-), <за-> vernarben
ру́бчатый (14*K.*) gerippt
ру́гань *f* (8) Schimpfen *n*; Geschimpfe *n*
руга́тельный (14) Schimpf-
руга́тельство *n* (9) Schimpfwort
руга́ть (1), <вы́-> beschimpfen; **-ся** einander beschimpfen; sich zanken

Р

рудá *f* (5; *pl. st.*) Erz *n*
рудни́к *m* (1*e.*) Bergwerk *n*
рудникóвый, рудни́чный (14) Gruben-
рýдный (14) Erz-
ружьё *m* (10; *pl. st., G* рýжей) Gewehr *n*; ***под ~м*** unter Waffen
руи́на *f* (5) Ruine
рукá *f* (5; *Asg.* рýку; *pl.* рýки, рук, рукáм) Hand; Arm *m*; Handschrift; ***~ óб руку*** Hand in Hand; ***взять себя́ в рýки*** sich zusammennehmen; ***из пéрвых рук*** aus erster Hand; ***по рукáм!*** F abgemacht!; ***пóд руку*** Arm in Arm, eingehakt; ***рукóй подáть*** F ein Katzensprung; ***обéими рукáми*** *fig.* F sehr gern
рукáв *m* (1*e.*; *Npl.* -á) Ärmel
рукави́ца *f* (5) Fausthandschuh *m*
руководи́тель *m* (4) Leiter, Führer
руководи́ть (15) leiten, führen; **-ся** sich leiten lassen (T von), sich richten (nach)
руковóдство *n* (9) Leitung *f*, Führung *f* (T *G*); Anleitung *f*; Leitfaden *m*, Handbuch
руковóдствоваться (7) sich leiten lassen (T von), sich richten (nach)
руководя́щий (17) führend, leitend; Leit-
рукодéлие *n* (12) Handarbeit *f*
рукопи́сный (14) handschriftlich
рýкопись *f* (8) Manuskript *n*; Handschrift *f*
рукоплескáния *n/pl.* (12) Beifall *m*, Applaus *m*
рукопожáтие *n* (12) Händedruck *m*
рукоя́тка *f* (5; -ток), **рукоя́ть** *f* (8) Griff *m*
рулевóй (14) Lenk-; Steuer-; *Su. m* Steuermann (*a. fig.*)
рулéтка *f* (5; -ток) Bandmaß *n*; Roulett(e) *n*
руль *m* (4*e.*) Lenkrad *n*; Lenkstange *f*; *Mar.* Steuerruder *n*
румы́н *m* (1) Rumäne
Румы́ния *f* (7) Rumänien *n*
румы́нка *f* (5; -нок) Rumänin
румы́нский (16) rumänisch
румя́на *pl.* (9) rote Schminke *f*, Rouge *n*
румя́нец *m* (1; -нца) Röte *f*
румя́нить (13), <на-> röten; rot schminken
рýпор *m* (1) *fig.* Sprachrohr *n*
русáк *m* (1*e.*) Feldhase; F Russe
русáлка *f* (5; -лок) Nixe
рýсло *n* (9; -сел) Flussbett
рýсская *f* (16) Russin
рýсский (16) russisch; Russen-; *Su. m* Russe
рýсый (14*K.*) dunkelblond
рýхлядь F *f* (8) altes Gerümpel *n*
рýхнуть (20) *pf.* einstürzen, zusammenstürzen; auseinander brechen
ручáтельство *n* (9) Bürgschaft *f*; Gewähr *f*
ручáться (1), <поручи́ться> (16) bürgen, sich verbürgen
ручéй *m* (3; *pl.* -чья́; -чьёв) Bach
рýчка *f* (5; -чек) Händchen *n*; Griff *m*; Henkel *m*; Federhalter *m*; ***шáриковая ~*** Kugelschreiber *m*
ручнóй (14) Hand-; Armband-; zahm, zutraulich
рýшить (16) niederreißen; zerstören; **-ся**, <об-> einfallen, einstürzen
ры́ба *f* (5) Fisch *m*; ***ни ~ ни мя́со*** F weder Fisch noch Fleisch
рыбáк *m* (1*e.*) Fischer
рыбáцкий (16), **рыбáчий** (18) Fischer-
рыбáчить F (16) Fischfang treiben
ры́бий (18) Fisch-
рыбовóдство *n* (9) Fischzucht *f*
рыболóв *m* (1) Angler; Fischer
рыболóвство *n* (9) Fischfang *m*, Fischerei *f*
рывóк *m* (1; -вкá) Ruck *m*; ***рывкáми*** ruckweise
рыдáть (1) schluchzen
ры́жий (17; рыж, -á) rothaarig, rotblond
ры́кать (1) brüllen
ры́нок *m* (1; -нка) Markt; ***кры́тый ~*** Markthalle *f*
ры́ночный (14) Markt-
рысáк *m* (1*e.*) Traber
ры́скать (2) umherschweifen
рысь *f* (8; на рыси́) Trab *m*; *Zool.* Luchs *m*
рыть (22), <вы́-> graben, ausheben; ausgraben; **-ся** wühlen; kramen
рыхлéть (8) locker werden
рыхли́ть (13*e.*) auflockern
ры́хлый (14; рыхл, -á) locker; mürbe; porös
ры́царский (16) ritterlich

Р

ры́царь *m* (4) Ritter
рыча́г *m* (1*e.*) Hebel
рыча́ть (4*e.*) brüllen; knurren
рья́ный F (14*K.*) eifrig, übereifrig
рэ́кет *m* (1) Schutzgelderpressung *f*, organisiertes Verbrechen *n*
рю́мка *f* (5; -мок) Schnapsglas, Weinglas *n*
рябúна *f* (5) Eberesche *f*; Vogelbeere(n *pl.*)
ряби́ть (14*e.*) sich kräuseln
ряд *m* (1; -а/-у; *2, 3, 4* -á; *pl. e.*) **1.** (в -ý) Reihe *f*; Serie *f*; ***постро́иться в ~ы́*** *pl.* sich in Reih und Glied aufstellen; **2.** (в -е) Anzahl *f*; ***~áми*** reihenweise; ***в пе́рвых ~áх*** *fig.* in vorderster Front
рядово́й (14) gewöhnlich, alltäglich; *Su. m* Soldat
ря́дом 1. *Adv.* nebeneinander; nebenan; **2.** *Prp.* (**с** T) neben
ря́са *f* (5) Kutte

С

с, со **1.** (T) mit; ***мы с тобо́й*** wir beide; ***что с ним?*** was fehlt ihm?; **2.** (P) von . . . aus *od.* her; von ... herab; von ... an, seit; ***с ро́дины*** aus der Heimat; ***со дня ...*** gerechnet vom Tage ...; ***с каки́х пор?*** seit wann?; **3.** (B) etwa, ungefähr; ***с ме́сяц наза́д*** vor etwa einem Monat
са́бля *f* (6; -бель) Säbel *m*
савота́ж *m* (1; -ей) Sabotage *f*
саботá́жник *m* (1) Saboteur
саботи́ровать (7) *im*(*pf.*) sabotieren
сад *m* (1; в -ý; *pl. e.*) Garten
сади́ться (15*e.*), <сесть> (25*st.*; ся́ду, -дешь; сел) sich setzen (***за*** B an, zu), sich hinsetzen; sich niederlassen; landen; einsteigen; *Stoff*: eingehen, einlaufen; *Sonne*: untergehen; ***~ за рабо́ту*** sich an die Arbeit machen
садо́вник, садово́д *m* (1) Gärtner
садово́дство *n* (9) Gartenbau *m*; Gärtnerei *f*
садо́вый (14) Garten-
са́жа *f* (5) Ruß *m*
сажа́ть (1), <посади́ть> (15) setzen (***за*** B an); e-n Platz anbieten; *Bot.* pflanzen; *ins Gefängnis*: sperren; *Flgw.* zur Landung bringen, aufsetzen
са́женец *m* (1; -нца) Setzling, Steckling
саза́н *m* (1) Karpfen
са́йка *f* (5; са́ек) Semmel
саквоя́ж *m* (1; -ей) Reisetasche *f*
саксо́нец *m* (1; -нца) Sachse
Саксо́ния *f* (7) Sachsen *n*
саксо́нка *f* (5; -нок) Sächsin
саксо́нский (16) sächsisch
сала́зки *pl.* (5; -зок) Rodelschlitten *m*
сала́тница *f* (5) Salatschüssel
са́ло *n* (9) Speck *m*; Fett; Talg *n*; ***топлёное ~*** Schmalz
салфе́тка *f* (5; -ток) Serviette
салю́т *m* (1) Salut
сам *m*, -á *f*, -ó *n*, са́ми *pl.* (30) selbst, selber; allein; ***~ по себе́*** für sich, an und für sich
саме́ц *m* (1; -мцá) Männchen *n*
са́мка *f* (5; -мок) Weibchen *n*
самобы́тность *f* (8) Eigenart
самобы́тный (14; -тен, -тна) eigenständig
само|вла́стный (14; -тен, -тна) selbstherrlich, unumschränkt; **~во́льный** (14; -лен, -льна) eigenwillig, eigenmächtig: **~восхвале́ние** *n* (12) Eigenlob; **~де́льный** (14) selbst gemacht, selbstgebastelt; **~держа́вие** *n* (12) Autokratie *f*; **~держа́вный** (14; -вен, -вна) autokratisch; **~де́ятельность** *f* (8) Eigeninitiative; Laienkunst; **~де́ятельный** (14; -лен, -льна) selbsttätig; durch eigene Initiative; Laienkunst-; **~дово́льный** (14; -лен, -льна) selbstzufrieden, selbst-

gefällig; **~защи́та** *f* (5) Selbstverteidigung; Notwehr
самокри́тика *f* (5) Selbstkritik
самолёт *m* (1) Flugzeug *n*
само|люби́вый (14*K.*) ehrgeizig; **~лю́бие** *n* (12) Ehrgefühl, Ehrgeiz *m*; **~мне́ние** *n* (12) Eigendünkel *m*, Einbildung *f*; **~наде́янный** (14*K.*) anmaßend, überheblich; **~облада́ние** *n* (12) Selbstbeherrschung *f*; **~обма́н** *m* (1) Selbstbetrug *m*, Selbsttäuschung *f*; **~оборо́на** *f* (5) Selbstverteidigung; **~обслу́живание** *n* (12) Selbstbedienung *f*; **~окупа́емость** (8) *f* Rentabilität; **~определе́ние** *n* (12) Selbstbestimmung *f*
самоотве́рженный (14*K.*) selbstlos, aufopfernd
само|оце́нка *f* (5; -нок) Selbsteinschätzung; **~поже́ртвование** *n* (12) Selbstaufopferung *f*; **~позна́ние** *n* (12) Selbsterkenntnis *f*; **~рекла́ма** *f* (5) Selbstdarstellung; **~ро́док** *m* (1; -дка) gediegenes Metall *n*; Naturtalent *n*; **~сва́л** *m* (1) Kipper; **~созна́ние** *n* (12) Selbstbewusstsein; **~стоя́тельность** *f* (8) Selbständigkeit, Eigenständigkeit; **~стоя́тельный** (14; -лен, -льна) selbständig, eigenständig
самосу́д *m* (1) Lynchjustiz *f*
самотёк *m* (1) Selbstlauf
самотёком von selbst, spontan
само|уби́йство *n* (9) Selbstmord *m*; **~уби́йца** *m/f* (5) Selbstmörder(in *f*); **~уваже́ние** *n* (12) Selbstachtung *f*; **~уве́ренность** *f* (8) Selbstvertrauen *n*; **~уве́ренный** (14*K.*) selbstbewusst, selbstsicher; **~управле́ние** *n* (12) Selbstverwaltung *f*; **~упра́вство** *n* (9) Willkür *f*, Eigenmächtigkeit *f*; **~утвержде́ние** *n* (12) Selbstbehauptung *f*; **~учи́тель** *m* (4) Lehrbuch *n* für den Selbstunterricht; **~у́чка** *m/f* (5; -чек) Autodidakt *m*; **~хва́льство** *n* (9) Eigenlob, Prahlerei *f*; **~хо́дный** (14) selbstfahrend; (voll)motorisiert; **~цве́т** *m* (1) Halbedelstein; **~це́ль** *f* (8) Selbstzweck *m*
самочу́вствие *n* (12) Befinden; ***как ва́ше ~?*** wie geht es Ihnen?
са́мый (14) **1.** ***э́тот ~*** ebendieser, genau derselbe; **2.** ganz; gerade; *zur Bildung des Sup.*: ***~ краси́вый дом*** das schönste Haus; ***са́мое бо́льшее*** höchstens; ***са́мое ме́ньшее*** mindestens; ***са́мое по́зднее*** spätestens; ***в са́мом де́ле*** tatsächlich
сан *m* (1) Rang, Würde *f*
санато́рий *m* (3; -ии) Sanatorium *m*
санда́лии *f/pl.* (7) Sandalen
са́ни *pl.* (8; *ab G e.*) Schlitten *m*
санита́р *m* (1), **~ка** *f* (5; -рок) Sanitäter(in *f*), Krankenpfleger(in *f*)
санита́рный (14) Sanitäts-; sanitär
са́нки *pl.* (5; -нок) Rodelschlitten *m*
санкциони́ровать (7) *im(pf.)* sanktionieren, bestätigen
са́нкция *f* (7) Sanktion
са́нный (14) Schlitten-
санте́хник *m* (1) Installateur
сантиме́тр *m* (1) Zentimeter *n*
сапёр *m* (1) *Mil.* Pionier
сапо́г *m* (1*e.*; -о́г) Stiefel
сапо́жник *m* (1) Schuhmacher, Schuster
сапо́жный (14) Schuster-; Stiefel-
сара́й *m* (3) Schuppen; Scheune *f*
саранча́ *f* (5) Heuschrecke(n *pl.*)
сарафа́н *m* (1) Trägerrock, Kleiderrock
сарде́лька *f* (5; -лек) Knackwurst
саркасти́ческий (16), **саркасти́чный** (14; -чен, -чна) sarkastisch
сатана́ *m* (5) Satan, Teufel
сати́ра *f* (5) Satire
сати́рик *m* (1) Satiriker
сатири́ческий (16) satirisch
са́хар *m* (1; -а/-у) Zucker
сахари́стый (14*K.*) zuckerhaltig
са́харить (13), <по-> zuckern
са́харница *f* (5) Zuckerdose
са́харный (14) Zucker-; ***са́харная пу́дра*** *f* Puderzucker *m*
сачо́к *m* (1; -чка́) Kescher, Fangnetz *n*
сбавля́ть (28), <сба́вить> (14) herabsetzen, vermindern; ermäßigen; *Gas* wegnehmen
сбега́ть (1), <сбежа́ть> (4; -егу́, -ежи́шь, -егу́т) davonlaufen, fliehen, entlaufen
сберега́тельный (14) Spar-
сберега́ть (1), <сбере́чь> (26 -г/ж-)

aufbewahren, aufheben; beschützen; schonen; einsparen

сбереже́ние *n* (12) Aufbewahrung *f*; Einsparung *f*; *pl.* Ersparnisse *f/pl.*

сбер|ка́сса *f* (5) Sparkasse; **~кни́жка** *f* (5; -жек) Sparbuch *n*

сбива́ть (1), <сбить> (собью́, -бьёшь) herunterschlagen; *vom Weg* abbringen; *Flugzeug* abschießen; verwirren, aus der Fassung bringen; *Sahne* schlagen; **~ *с ног*** zu Boden werfen; **-ся** *vom Weg* abkommen; verrutschen; sich zusammenrotten; ***-ся с ноги́*** aus dem Schritt kommen; ***-ся с то́лку*** irrewerden

сби́вчивый (14*K.*) konfus, verworren

сближа́ться (1), <сбли́зиться> (15) sich näher kommen

сбо́ку seitlich, von der Seite; daneben

сбор *m* (1) Sammeln *n*; Versammlung *f*; *Steuern*: Erhebung *f*, Einnahme *f*; Gebühr *f*, Abgabe *f*; ***в сбо́ре*** versammelt, anwesend

сбо́рка *f* (5; -рок) Montage; Falte

сбо́рник *m* (1) Sammelband, Sammlung *f*

сбо́рный (14) Sammel-; Montage-; zusammengesetzt; *Sp.* Auswahl-; *Su. f* Auswahlmannschaft

сбо́рочный (14) Montage-

сбо́рщик *m* (1) Monteur

сбра́сывать (1), <сбро́сить> (15) abwerfen, hinunterwerfen

сбрива́ть (1), <сбрить> (сбре́ю, -е́ешь) abrasieren

сбро́сить → ***сбра́сывать***

сбру́я *f* (6) Pferdegeschirr *n*

сбыва́ть (1), <сбыть> (сбу́ду, -дешь; сбыл, -а́) absetzen, verkaufen; **~ *с рук*** sich vom Halse schaffen

сбыт *m* (1) Absatz, Vertrieb

сва́дебный (14) Hochzeits-

сва́дьба *f* (5; -деб) Hochzeit

сва́ливать (1), <свали́ть> (13) umwerfen; hinwerfen; niederstrecken; F abladen, abkippen; **-ся** herunterfallen; einstürzen; ***-ся с ног*** zusammenbrechen

сва́лка *f* (5; -лок) Schuttabladeplatz *m*; Mülldeponie; F Rauferei, Schlägerei

сва́ривать (1), <свари́ть> (13) zusammenschweißen

сва́рка *f* (5; -рок) Schweißen *n*

сварли́вый (14*K.*) zänkisch, streitsüchtig

сварно́й (14), **сва́рочный** (14) Schweiß-

сва́рщик *m* (1) Schweißer

сва́я *f* (6; свай) Pfahl *m*

све́дение *n* (12) Nachricht *f*; Kenntnis *f*; *pl.* Angaben *f/pl.*, Daten

све́дущий (17*K.*) bewandert; sachkundig, kompetent

свежезаморо́жен(н)ый (14) Tiefkühl-, Feinfrost-

све́жесть *f* (8) Frische; Kühle

све́жий (17; свеж, -а́) frisch, Frisch-

свезти́ → ***свози́ть***

свёкла *f* (5) Rübe(n *pl.*)

свёкор *m* (1; -кра) Schwiegervater

свекро́вь *f* (8) Schwiegermutter

сверга́ть (1), <све́ргнуть> (21/20) stürzen; abschütteln

сверже́ние *n* (12) Sturz *m*

све́рить → ***сверя́ть***

све́рка *f* (5; -рок) Vergleich *m*; Kontrolle

сверка́ть (1), *einm.* <сверкну́ть> (20) blitzen, *pf.* aufblitzen; glitzern, funkeln

сверли́льный (14) Bohr-

сверли́ть (13*e.*), <про-> bohren, *pf.* durchbohren

сверло́ *n* (9; *pl. st.* -ё-) Bohrer *m*

сверну́ть → ***свёртывать***

свёрток *m* (1; -тка) Rolle *f*, Paket *n*

свёртывать (1), <сверну́ть> (20) zusammenrollen, zusammenwickeln; abbauen; einstellen, stilllegen

сверх (P) über; über ... hinaus; **~ *ме́ры*** übermäßig; **~ *того́*** überdies

сверх|держа́ва *f* (5) Supermacht; **~звуково́й** (14) Überschall-

све́рху *Adv.* von oben; oben

сверх|уро́чный (14) Überstunden-; **~шта́тный** (14) außerplanmäßig; **~ъесте́ственный** (14*K.*) übernatürlich

сверчо́к *m* (1; -чка́) Grille *f*

сверя́ть (28), <све́рить> (13) vergleichen, überprüfen

све́сить(ся) → ***све́шивать(ся)***

свести́(сь) → ***своди́ть(ся)***

свет *m* **1.** (1; -а/-у; на -у́) Licht *n*;

С

Schein; ***чуть ~*** in aller Frühe; ***высота́*** *f* ***в ~у́*** lichte Höhe; **2.** (1) Welt *f*; Erde *f*; ***тот ~*** Jenseits *n*

света́ть (1) tagen, hell werden

свети́ло *n* (9) Himmelskörper *m*; *fig.* Leuchte *f*, Koryphäe *f*

свети́льник *m* (1) Leuchter; Beleuchtungskörper

свети́ть (15) leuchten; scheinen; **-ся** schimmern; scheinen; *fig.* strahlen (T vor)

светле́ть (8), <по-> hell werden; sich aufheitern

све́тлый (14; -тел, -тла́) hell; licht; *fig.* heiter

светово́й (14) Licht-, Leucht-

светоси́ла *f* (5) Lichtstärke

светосто́йкий (16; -о́ек, -о́йка) lichtbeständig

светофо́р *m* (1) Verkehrsampel *f*

светочувстви́тельный (14; -лен, -льна) lichtempfindlich

све́тский (16) weltlich; Welt-

светя́щийся (17) Leucht-

свеча́ *f* (5; *Npl. st.*, *G* -че́й) Kerze; ***запа́льная ~*** Zündkerze

све́шивать (1), <све́сить> (15) herabhängen lassen; **-ся** herabhängen

свива́ть (1), <свить> (совью́, -ьёшь) winden, flechten; zusammenrollen; *Nest* bauen

свида́ние *n* (12) Wiedersehen; Treffen, Zusammenkunft *f*; Stelldichein; ***до свида́ния!*** auf Wiedersehen!

свиде́тель *m* (4), **~ница** *f* (5) Augenzeuge *m*

свиде́тельский (16) Zeugen-

свиде́тельство *n* (9) Zeugnis; Bescheinigung *f*; Urkunde *f*; ***~ о рожде́нии*** Geburtsurkunde *f*

свиде́тельствовать (7) **1.** bezeugen; **2.** <за-> beglaubigen, bescheinigen

свина́рник *m* (1) Schweinestall

свине́ц *m* (1; -нца́) Blei *n*

свини́на *f* (5) Schweinefleisch *n*

сви́нка *f* (5; -нок) Schweinchen *n*; *Med.* Ziegenpeter *m*

свиново́дство *n* (9) Schweinezucht *f*

свино́й (14) Schweine-, Schweins-

сви́нский F (16) schweinisch, säuisch

сви́нство F *n* (9) Schweinerei *f*, Sauerei *f*

свинцо́вый (14) Blei-, bleiern

свинья́ *f* (6; *pl. st.*, *G* -не́й) Schwein *n*

свирепе́ть (8), <рас-> wütend werden

свире́пствовать (7) wüten, toben

свире́пый (14*K.*) grimmig, grausam; rasend, wütend

свиса́ть (1), <сви́снуть> (21) herabhängen

свист *m* (1) Pfiff; Pfeifen *n*

свиста́ть (3), **свисте́ть** (11*e.*), *einm.* <сви́стнуть> (20) pfeifen

свисто́к *m* (1; -тка́) Trillerpfeife *f*; Pfiff

свисту́н F *m* (1*e.*) Pfeifer; Schwätzer

сви́тер *m* (1; *pl. a.* -а́, -о́в) Pullover

сви́ток *m* (1; -тка) Rolle *f*

сви́ть → ***свива́ть***

свобо́да *f* (5) Freiheit; ***~ де́йствий*** freie Hand

свобо́дный (14; -ден, -дна) frei, Frei-; ungebunden, ungezwungen; *Kleidung*: weit, lose; *Fin.* flüssig, disponibel

свободо|люби́вый (14*K.*) freiheitsliebend; **~лю́бие** *n* (12) Freiheitsliebe *f*

свод *m* (1) Gewölbe *n*, Bogen

своди́ть[1] (15), <свести́> (25) hinunterführen; zusammenführen, zusammenbringen; reduzieren, zurückführen (***к*** Д auf); ***~ на нет*** zunichte machen

своди́ть[2] (15) *pf.* führen, bringen; **-ся**, <свести́сь> *impf.* hinauslaufen (***к*** Д auf)

сво́дка *f* (5; -док) Zusammenstellung; Zusammenfassung; Bericht *m*

свое|во́лие *n* (12) Eigenwille *m*, Eigensinn *m*; **~во́льный** (14; -лен, -льна) eigenwillig, eigensinnig; **~вре́менный** (14; -енен, -енна) rechtzeitig; termingerecht; **~коры́стный** (14; -тен, -тна) eigennützig; **~нра́вие** *n* (12) Eigensinn *m*; **~нра́вный** (14; -вен, -вна) eigensinnig, eigenwillig; **~обра́зие** *n* (12) Eigenart *f*; **~обра́зный** (14; -зен, -зна) eigenartig, eigentümlich; originell

свози́ть (15), <свезти́> (24) hinfahren; hinunterfahren; wegfahren, wegschaffen

свой *m*, своя́ *f*, своё *n*, свои́ *pl.* (24)

sein(e), mein(e), dein(e), ihr(e), unser(e), eur(e); eigene

сво́йственный (14*K*.) eigen, eigentümlich

сво́йство *n* (9) Eigenschaft *f*; Beschaffenheit *f*

свора́чивать (1), <свороти́ть> F (15) umstürzen, niederreißen; abbiegen, ausweichen

свoя́к *m* (1*e.*) Schwager

свoя́ченица *f* (5) Schwägerin

свыка́ться (1), <свы́кнуться> (21) sich gewöhnen (**с** T an)

свысока́ von oben herab, geringschätzig

свя́занный (14) gehemmt, befangen

свя́зка *f* (5; -зок) Bündel *n*; Bund *n*

свя́зный (14) zusammenhängend

свя́зывать (1), <связа́ть> (3) zusammenbinden; verbinden, in Verbindung setzen; fesseln (***по*** Д an); **-ся** in Verbindung treten, sich in Verbindung setzen

связь *f* (8; в -зи́) Verbindung; Zusammenhang *m*; Verhältnis *n*; Beziehung; Post- und Fernmeldewesen *n*; ***в связи́ с э́тим*** in diesem Zusammenhang

святи́ть (15*e.*), <o-> weihen

свято́й (14; свят, -á) heilig, geheiligt; *Su*. Heilige(r)

святота́тство *n* (9) Gotteslästerung *f*

святы́ня *f* (6) Heiligtum *n*

свяще́нник *m* (1) Geistliche(r), Priester

свяще́нный (14*K*.) heilig, geheiligt

сгиб *m* (1) Biegung *f*; Knick; *Anat.* Gelenk *n*

сгиба́ть (1), <согну́ть> (20) biegen, krümmen; beugen; **-ся** sich beugen, sich krümmen; sich ducken

сгла́живать (1), <сгла́дить> (15) glätten; ebnen; ausgleichen

сгнива́ть (1), <сгнить> (-ию́, -иёшь; сгнил, -á) verfaulen

сгова́риваться (1), <сговори́ться> (13*e.*) sich verabreden; sich einig werden

сго́вор *m* (1) Abmachung *f*

сгово́рчивый (14*K*.) nachgiebig, umgänglich

сгоня́ть (28), <согна́ть> (сгоню́, сго́нишь) vertreiben, verscheuchen; zusammentreiben

сгора́ние *n* (12) Verbrennung *f*

сгора́ть (1), <сгоре́ть> (9*e.*) verbrennen, abbrennen

сгоряча́ in der Hitze des Gefechts, im Eifer

сгреба́ть (1), <сгрести́> (25 -б-) zusammenharken; zusammenschaufeln; zusammenraffen

сгружа́ть (1), <сгрузи́ть> (15/15*e.*) ausladen, abladen

сгу́сток *m* (1; -тка) Klumpen; Gerinnsel *n*

сгуща́ть (1), <сгусти́ть> (15*e.*) eindicken, kondensieren; verdichten; **-ся** dicht werden; sich verdichten

сгуще́ние *n* (12) Verdickung *f*; Verdichtung *f*

сгущённый (14) Büchsen-, Kondens-

сда́бривать (1), <сдо́брить> (13) würzen; schmackhaft machen

сдава́ть (5), <сдать> (сдам, сдашь) *v/t* übergeben, abgeben, abliefern; vermieten; *Examen* ablegen, *pf.* bestehen; *v/i* nachlassen; **-ся** sich ergeben; nachgeben; ***сдаётся*** zu vermieten

сда́вливать (1), <сдави́ть> (14) zusammendrücken, zusammenpressen; ***сда́вленный*** *Stimme*: unterdrückt, verhalten

сда́ть(ся) → ***сдава́ть(ся)***

сда́ча *f* (5) Übergabe, Abgabe; Vermietung, Verpachtung; Wechselgeld *n*

сдвиг *m* (1) Verlagerung *f*; Wandlung *f*, Umschwung

сдвига́ть (1), <сдви́нуть> (20) schieben, rücken; zusammenrücken

сде́лать(ся) → ***де́лать(ся)***

сде́лка *f* (5; -лок) Geschäft *n*, Abmachung; Vergleich *m*

сде́льный (14) Akkord-

сде́ржанность *f* (8) Zurückhaltung

сде́ржанный (14*K*.) verhalten; zurückhaltend, reserviert

сде́рживать (1), <сдержа́ть> (4) festhalten, aufhalten, zurückhalten

сдира́ть (1), <содра́ть> (сдеру́, -рёшь) abziehen, abschälen; herunterreißen

сдо́ба *f* (5) Milchbrötchen *n*

сдо́бный (14) Butter-; Milch-

сдо́брить → ***сда́бривать***

сдружи́ться (16*e.*) *pf.* sich anfreunden
сдува́ть (1), <сдуть> (18), F *einm.* <сду́нуть> (20) wegblasen, wegwehen; abschreiben, spicken
сеа́нс *m* (1) Vorstellung *f*, Vorführung *f*; *Med.* Behandlung *f*
себесто́имость *f* (8) Selbstkosten *pl.*
себя́ (21) sich, mich, dich, uns, euch; ***в себе́*** an sich; ***не в себе́*** außer sich; ***про ~*** für sich; vor sich hin; ***у ~*** zu Hause
себялюби́вый (14*K.*) selbstsüchtig, egoistisch
себялю́бие *n* (12) Egoismus *m*; Eigenliebe *f*
сев *m* (1) Aussaat *f*, Saat *f*
се́вер *m* (1) Norden (***на*** П im)
се́верный (14) Nord-, nördlich
се́веро-восто́к *m* (1) Nordosten
се́веро-восто́чный (14) nordöstlich, Nordost-
се́веро-за́пад *m* (1) Nordwesten
се́веро-за́падный (14) nordwestlich, Nordwest-
сего́дня heute
сего́дняшний (15) heutig
седа́лищный (14) Gesäß-; Ischias-
седе́ть (8), <по-> ergrauen, grau werden
седина́ *f* (5) graue Haare *n/pl.*
седло́ (9; *pl. st.* -ё-, *G* -дел) Sattel *m*
седоволо́сый (14*K.*) weißhaarig, grauhaarig
седо́й (14; сед, -á) grau, weißhaarig
седьмо́й (14) sieb(en)te(r)
сезо́н *m* (1) Saison *f*, Jahreszeit *f*
сезо́нный (14) Saison-
сей *m*, сия́ *f*, сие́ *n*, сии́ *pl.* (29): ***при сём*** anbei; ***до сих пор*** bis jetzt
сейф *m* (1) Panzerschrank, Tresor; Schließfach *n*
сейча́с jetzt; sofort, augenblicklich
секре́т *m* (1) Geheimnis *n*; ***по ~у*** im Vertrauen; ***под стро́гим ~ом*** streng geheim
секрета́рша F *f* (5) Sekretärin
секрета́рь *m* (4*e.*) Sekretär; Schriftführer
секре́тничать F (1) geheim tun; tuscheln
секре́тный (14; -тен, -тна) geheim; vertraulich
сексуа́льность *f* (8) Sexualität
сексуа́льный (14; -лен, -льна) sexuell, Sexual-
се́кта *f* (5) Sekte
се́ктор *m* (1) Sektor; Abschnitt; Abteilung *f*
секу́нда *f* (5) Sekunde
секундоме́р *m* (1) Stoppuhr *f*
се́кция *f* (7) Sektion
селёдка *f* (5; -док) Hering *m*
селезёнка *f* (5; -нок) Milz
се́лезень *m* (4; -зня) Erpel
селе́ние *n* (12) Siedlung *f*
сели́тра *f* (5) Salpeter *m*
сели́ть (13*e.*), <по-> ansiedeln; **-ся** sich niederlassen
село́ *n* (9; *pl. st.* -ё-) Dorf; ***на селе́*** auf dem Lande
сельдере́й *m* (3) Sellerie
сельдь *f* (8; *ab Gpl. e.*) Hering *m*
се́льский (16) Dorf-, Land-
сельскохозя́йственный (14) landwirtschaftlich
се́льтерский (16) Selter-, Mineral-
сема́нтика *f* (5) Semantik
семанти́ческий (16) semantisch
семафо́р *m* (1) *Esb.* Signal *n*
сёмга *f* (5) Salm *m*, Lachs *m*
семе́йный (14) Familien-; ***он челове́к ~*** er hat Familie, er ist Familienvater
семе́йство *n* (9) Familie *f*
семёрка *f* (5; -рок) Sieben
семе́стр *m* (1) Semester *n*
се́мечко *n* (9; *pl.* -чки, -чек) Samen *m*, Samenkorn; *pl.* Sonnenblumenkerne *m/pl.*
семи|деся́тый (14) siebzigste(r); **~кра́тный** (14) siebenfach; **~ле́тний** (15) siebenjährig; **~эта́жный** (14) siebenstöckig
семна́дцатый (14) siebzehnte(r)
семна́дцать (35) siebzehn
семь (35*e.*) sieben
се́мьдесят (35) siebzig
семьсо́т (36) siebenhundert
се́мью siebenmal
семья́ *f* (6; *pl. st.*, *G* семе́й) Familie
се́мя *n* (13; семена́, семя́н) Samen *m*
се́ни *pl.* (8; *ab G e.*) Flur *m*; Diele *f*
се́но *n* (9) Heu
сеноко́с *m* (1) Heuernte *f*, Mahd *f*
сенсацио́нный (14; -о́нен, -о́нна) sensationell

С

сенса́ция *f* (7) Sensation
сенте́нция *f* (7) Sentenz
сентимента́льный (14; -лен, -льна) sentimental, empfindsam
сентя́брь *m* (4*e.*) September
се́ра *f* (5) Schwefel *m*; Ohrenschmalz *n*
серб *m* (1) Serbe
Се́рбия *f* (7) Serbien *n*
се́рбка *f* (5; -бок) Serbin
се́рбский (16) serbisch
сервирова́ть (7) *im(pf.)* decken; servieren
сервиро́вка *f* (5; -вок) Gedeck *n*, Geschirr *n*
серде́чный (14; -чен, -чна) herzlich, innig; (*o.K.*) Herz(ens)-
серди́тый (14*K.*) zornig, böse; aufgebracht
серди́ть (15), <рас-> ärgern, erzürnen; **-ся** böse sein (***на*** В auf)
се́рдце *n* (11; *pl. e.*, *G* -де́ц) Herz; ***тяжело́ на ~*** schwer ums Herz
сердцебие́ние *n* (12) Herzklopfen
сердцеви́на *f* (5) Mark *n*; Kerngehäuse *n*
сердцее́д F *m* (1) Herzensbrecher
серебри́стый (14*K.*) silb(e)rig; silberhell
серебри́ться (13*e.*) silbern schimmern
серебро́ *n* (9) Silber
сере́бряный (14) Silber-, silbern
середи́на *f* (5) Mitte; ***в середи́не пути́*** auf halbem Wege; ***на середи́не*** mittendrin
середи́нный (14) mittlere(r), Mittel-
серёжка *f* (5; -жек) Ohrring *m*
сере́ть (8) **1.** grau schimmern; **2.** <по-> grau werden
сери́йный (14) Serien-, Reihen-
се́рия *f* (7) Serie; *Film*: Folge
се́рна *f* (5) Gämse
се́рный (14) Schwefel-
серова́тый (14*K.*) gräulich, graufarben
серп *m* (1*e.*) Sichel *f*
серпанти́н *m* (1) Papierschlange *f*
се́рый (14; сер, -á) grau; *fig.* blass, farblos
серьга́ *f* (5; *Npl. st.*, *G* -рёг, *ab D a. e.*) Ohrring *m*
серьёзность *f* (8) Ernst *m*
серьёзный (14; -зен, -зна) ernst, ernsthaft
се́ссия *f* (7) Tagung; Sitzungsperiode
сестра́ *f* (5; *pl. st.*: сёстры, сестёр) Schwester (*a. Med.*)
се́стринский (16) schwesterlich; Schwestern-
сесть → ***сади́ться***
се́тка *f* (5; -ток) kleines Netz *n*, Einkaufsnetz *n*
се́товать (7), <по-> klagen, sich beklagen (***на*** В über)
сетча́тка *f* (5; -ток) Netzhaut
се́тчатый (14) Netz-, netzartig
сеть *f* (8; в -ти́; *ab Gpl. e.*) Netz *n*
сече́ние *n* (12) Schnitt *m*
сечь (26; сёк, секла́; сечённый: -ена́) **1.** <вы́-> auspeitschen, prügeln; **2.** zerhacken, zerhauen
се́ять (27), <по-> säen
сжа́литься (13) *pf.* sich erbarmen (***над*** Т), Mitleid haben (mit)
сжа́тие *n* (12) Kompression *f*
сжа́тый (14*K.*) knapp, gedrängt; (*o.K.*) *Tech.* Druck-, Press-
сжа́ть → ***сжима́ть***
сжига́ть (1), <сжечь> (26; сожгу́, сожжёшь, сожгу́т) verbrennen, versengen
сжима́ть (1), <сжать> (сожму́, -мёшь) zusammendrängen; komprimieren
сза́ди **1.** *Adv.* hinten; dahinter; **2.** *Prp.* (Р) hinter
сзыва́ть → ***созыва́ть***
сиби́рский (16) sibirisch
сибиря́к *m* (1*e.*), **сибиря́чка** *f* (5; -чек) Sibirier(in *f*)
сига́ра *f* (5) Zigarre
сигаре́та *f* (5) Zigarette
сигна́л *m* (1) Signal *n*; Alarmzeichen *n*; ***пожа́рный ~*** Feuermelder
сигнализа́ция *f* (7) Signalgebung
сигнализи́ровать (7) *im(pf.)*, <про-> Signale *od.* Zeichen geben
сигна́льный (14) Signal-, Alarm-, Warn-
сиде́лка *f* (5; -лок) Krankenpflegerin
сиде́нье *n* (10; -нии) Sitz *m*
сиде́ть (11*e.*; си́дя) sitzen; dasitzen; ***~ сложа́ ру́ки*** die Hände in den Schoß legen
сидя́чий (17) sitzend; F Sitz-

си́ла *f* (5) Kraft; Stärke; Gewalt; *pl. Mil.* Streitkräfte; ***рабо́чая ~*** Arbeitskräfte *f/pl.*; ***в си́лу*** (P) kraft, infolge; ***изо всех сил*** unter Aufbietung aller Kräfte; nach Kräften
сила́ч *m* (1*e.*; -е́й) Athlet
си́литься F (13) sich anstrengen
си́лой mit Gewalt, gewaltsam
си́лос *m* (1) Silo; Silofutter *n*
силуэ́т *m* (1) Silhouette *f*; Scherenschnitt
си́льный (14; -лён/-лен, -льна́) stark, kräftig; mächtig
си́мвол *m* (1) Symbol *n*, Sinnbild *n*
символизи́ровать (7) symbolisieren
симво́лика *f* (5) Symbolik
символи́ческий (16), **символи́чный** (14; -чен, -чна) symbolisch, sinnbildlich
симметри́ческий (16), **симметри́чный** (14; -чен, -чна) symmetrisch
симме́три́я *f* (7) Symmetrie
симпати́чный (14; -чен, -чна) sympathisch
симпа́тия *f* (7) Sympathie
симфони́ческий (16) symphonisch, Symphonie-
симфо́ния *f* (7) Symphonie
сине́ть (8) blau werden, blau schimmern
си́ний (15; синь, синя́) blau
сини́ть (13*e.*) blau färben
сини́ца *f* (5) Meise
сино́ним *m* (1) Synonym *n*
си́нтаксис *m* (1) Syntax *f*, Satzlehre *f*
синтакси́ческий (16) syntaktisch
си́нтез *m* (1) Synthese *f*
синтети́ческий (14) synthetisch, Synthese-
синхронизи́ровать (7) *im*(*pf.*) synchronisieren
синхро́нный (14; -о́нен, -о́нна) synchron; Simultan-
синя́к *m* (1*e.*) blauer Fleck; ***синяки́ под глаза́ми*** Augenringe *pl.*
сипе́ть (10*e.*) heiser sprechen, krächzen
си́плый (14; сипл, -а́) heiser, belegt
си́пнуть (21), <о-> heiser werden
сире́на *f* (5) Sirene; Nebelhorn *n*
сире́нь *f* (8) Flieder *m*
Си́рия *f* (7) Syrien *n*
сиро́п *m* (1) Sirup
сирота́ *m/f* (5; *pl. st.*) Waise *f*, Waisenkind *n*
систе́ма *f* (5) System *n*; Ordnung; ***операцио́нная ~*** *EDV* Betriebssystem *n*
систематизи́ровать (7) *im*(*pf.*) systematisieren
системáтика *f* (5) Systematik
системати́ческий (16) systematisch
си́течко *n* (9; -чек) Teesieb
си́то *n* (9) Sieb
ситуа́ция *f* (7) Situation, Lage
сия́ние *n* (12) Schein *m*; Glanz *m*
сия́ть (28) strahlen, leuchten; glänzen
скабрёзный (14; -зен, -зна) schlüpfrig, anstößig
сказа́ние *n* (12) Sage *f*, Legende *f*
сказа́ть → ***говори́ть 2; так ~*** sozusagen; ***лу́чше ~*** besser gesagt
ска́зочный (14; -чен, -чна) märchenhaft, sagenhaft
сказу́емое *n* (14) Prädikat
ска́зываться (1), <сказа́ться> (3) zum Ausdruck kommen; sich auswirken; F sich ausgeben (T als)
скака́ть (3), *einm.* <скакну́ть> (20) springen, hüpfen; galoppieren
скала́ *f* (5; *pl. st.*) Fels *m*, Felsen *m*
ска́лить (13), <о-> grinsen; ***~ зу́бы*** die Zähne fletschen
ска́лка *f* (5; -лок) Rolle; Mangel
скаме́йка *f* (5; -е́ек), **скамья́** *f* (6; *pl. a. st.*, *G* -ме́й) Bank
сканда́л *m* (1) Skandal, Krach, Radau
сканда́лить F (13) randalieren, Krach machen
сканда́льный (14; -лен, -льна) skandalös, anstößig
Скандина́вия *f* (7) Skandinavien *n*
скандина́вский (16) skandinavisch
ска́нер *m* (1) *EDV* Scanner
скани́ровать (7) *EDV* scannen
ска́пливать (1), <скопи́ть> (14) zusammensparen
ска́редный F (14; -ден, -дна) knauserig; ärmlich
скарлати́на *f* (5) Scharlach *m*
скат *m* (1) Hang, Abhang
ска́терть *f* (8) Tischdecke, Tischtuch *n*
ска́тывать, <ската́ть> (1) zusammenrollen

С

ска́чка *f* (5; -чек) Galopp *m*; *pl.* Pferderennen *n*

скачкообра́зный (14; -зен, -зна) sprunghaft

скачо́к *m* (1; -чка́) Sprung

сква́жина *f* (5) Spalte, Ritze

сквер *m* (1) Grünanlage *f*

скве́рный (14; -рен, -рна́) übel, widerlich

сквози́ть (15*e.*) blasen; durchscheinen, durchschimmern; durchsichtig sein; ***сквози́т*** es zieht

сквозно́й (14) durchgehend, Durchgangs-; durchscheinend

сквозня́к *m* (1*e.*) Zugluft *f*, Durchzug

сквозь (В) durch, durch ... hindurch

скворе́ц *m* (1; -рца́) Star

скворе́чник *m* (1), **скворе́чня** *f* (6; -чен) Starkasten *m*

скеле́т *m* (1) Skelett *n*; Gerippe *n*

ске́птик *m* (1) Skeptiker

скепти́ческий (16) skeptisch

ски́дка *f* (5; -док) Preisnachlass *m*, Rabatt *m*; Zugeständnis *n*

ски́дывать (1), <ски́нуть> (20) abwerfen, hinunterwerfen

скипида́р *m* (1) Terpentin *n*

скиса́ть (1), <ски́снуть> (21) sauer werden

скита́ться (1) umherwandern, umherirren

склад *m* **1.** (1) Lager *n*, Speicher; **2.** (1; -а/-у) Äußere(s) *n*; Weise *f*; Wesen *n*, Charakter; **~ *ума́*** Mentalität *f*

скла́дка *f* (5; -док) Falte; Runzel

складно́й (14) Klapp-; Falt-; **~ *зо́нтик*** *m* Taschenschirm

скла́дочный (14), **складско́й** (16) Lager-

скла́дывать (1), <сложи́ть> (16) zusammenlegen; zusammenfalten, zusammenklappen; addieren; *Koffer* packen; **-ся** sich herausbilden, entstehen; sich gestalten

склева́ть (6*e.*) *pf.* aufpicken

скле́ивать (1), <скле́ить> (13) zusammenkleben, zusammenleimen

склеп *m* (1) Gruft *f*

склеро́з *m* (1) Sklerose *f*

склон *m* (1) Abhang; ***на ~е лет*** am Lebensabend

склоне́ние *n* (12) *Gr.*, *Phys.* Deklination *f*

склони́ть → ***склоня́ть***

скло́нность *f* (8) Neigung, Hang *m*; Zuneigung

скло́нный (14; -о́нен, -онна́) geneigt; veranlagt; bereit

склоня́ть (28) **1.** <склони́ть> (13; -онённый) neigen, senken, beugen; überreden; **2.** <про-> deklinieren; **-ся** sich neigen, sich beugen (***перед*** T); F sich bereit erklären

скоба́ *f* (5; *Npl. st.*, *ab Dpl. a. st.*) Klammer, Bügel *m*

ско́бка *f* (5; -бок) *Typ.* Klammer; ***в ско́бках*** *fig.* nebenbei

ско́ванный (14) gehemmt; befangen

скова́ть → ***ско́вывать***

сковорода́ *f* (5; *pl.* ско́вороды, сковоро́д, сковорода́м) Pfanne

ско́вывать (1), <скова́ть> (7*e.*) aneinander ketten, fesseln

скольже́ние *n* (12) Gleiten

скользи́ть (15*e.*), *einm.* <скользну́ть> (20) gleiten, rutschen; ausrutschen

ско́льзкий (16; -зок, -зка́) rutschig, glatt; glitschig; *fig.* schlüpfrig

ско́лько (32) wie viel; ***~ раз?*** wie oft?; ***~ вре́мени?*** F wie spät ist es?; ***~ вам лет?*** wie alt sind Sie?; ***~-нибудь*** ein wenig, etwas

сконфу́женный (14*K.*) verlegen, verwirrt

сконча́ться (1) *pf.* sterben

скопи́ть → ***ска́пливать***

ско́пище *n* (11) Schar *f*, Bande *f*, Haufen *m*

скопле́ние *n* (12) Ansammlung *f*; Auflauf *m*

ско́рбный (14; -бен, -бна) kummervoll; traurig

скорбь *f* (8) Gram *m*, Kummer *m*

скоре́е **1**. *Komp. von* ***ско́рый***; **2.** *Adv.* eher; lieber; **~ *всего́*** höchstwahrscheinlich

ско́ро *Adv.* bald, demnächst

скорлупа́ *f* (5; *pl. st.* скорлу́п) Schale

скорогово́рка *f* (5; -рок) Zungenbrecher *m*

скоро|пали́тельный F (14; -лен, -льна) überstürzt, voreilig; **~по́ртящийся** (17) leicht verderblich; **~пости́жный** (14; -жен, -жна)

С

plötzlich, jäh; **~спе́лый** (14*K.*) frühreif; Früh-

скоростно́й (14) Schnell-

ско́рость *f* (8; *ab Gpl. e.*) Geschwindigkeit, Schnelligkeit, Tempo *n*; *Kfz.* Gang *m*; ***груз большо́й ско́рости*** *Esb.* Eilgut *n*; ***груз ма́лой ско́рости*** *Esb.* Frachtgut

скоросшива́тель *m* (4) Schnellhefter

ско́рый (14; скор, -а́) schnell, rasch; baldig; ***в ско́ром вре́мени*** bald, demnächst; ***ско́рая по́мощь*** *f* erste Hilfe; F Krankenwagen *m*

скот *m* (1*e.*) Vieh *n*; ***кру́пный рога́тый ~*** Rinder *n/pl.*, Rindvieh *n*

ското|бо́йня *f* (6; -о́ен) Schlachthof *m*; **~во́д** *m* (1) Viehzüchter; **~во́дство** *n* (9) Viehzucht *f*

ско́тский (16) Vieh-

скра́дывать (1) verbergen, verdecken

скра́шивать (1), <скра́сить> (15) verschönen; erträglicher machen

скрежета́ть (3 -т/щ-; -щу́) knirschen

скре́пка *f* (5; -пок) Büroklammer

скрепле́ние *n* (12) Befestigung *f*

скрепля́ть (28), <скрепи́ть> (14*e.*) verbinden; zusammenheften; bekräftigen; besiegeln; ***скрепя́ се́рдце*** F schweren Herzens, widerstrebend

скрести́ (25 -б-; -рёб, -ребла́) kratzen; schaben

скрести́ть → **скре́щивать**

скреще́ние *n* (12) Kreuzung *f*, Schnittpunkt *m*

скре́щивание *n* (12) *Bio.* Kreuzung *f*

скре́щивать (1), <скрести́ть> (15*e.*) kreuzen

скрипа́ч *m* (1*e.*; -е́й) Geiger

скрипе́ть (10*e.*), *einm.* <скри́пнуть> (20) knarren; knirschen

скрипи́чный (14) Violin-, Geigen-

скри́пка *f* (5; -пок) Geige, Violine

скри́пнуть → ***скрипе́ть***

скро́мничать F (1) bescheiden sein

скро́мность *f* (8) Bescheidenheit

скро́мный (14; -мен, -мна́) bescheiden; anspruchslos

скрупулёзный (14; -зен, -зна) peinlich genau

скру́чивать (1), <скрути́ть> (15) zusammendrehen; festbinden

скрыва́ть (1), <скрыть> (22) verbergen (***от*** P vor), verheimlichen, (*j-m*) verschweigen; **-ся** sich verstecken; verschwinden

скры́тный (14; -тен, -тна) verschlossen, zurückhaltend

скры́тый (14*K.*) versteckt, verborgen

скря́га F *m/f* (5) Geizhals *m*

ску́дный (14; -ден, -дна́) dürftig, spärlich, armselig

ску́ка *f* (5) Langeweile

скули́ть (13*e.*) winseln

ску́льптор *m* (1) Bildhauer

скульпту́ра *f* (5) Skulptur; Bildhauerkunst

ску́мбрия *f* (7) Makrele

скупа́ть (1), <скупи́ть> (14) aufkaufen

скупе́ц *m* (1; -пца́) Geizhals

скупи́ться (14*e.*), <по-> geizig sein; knausern, geizen (***на*** B mit)

ску́пка *f* (5; -пок) Ankauf *m*, Aufkauf *m*

скупо́й (14; скуп, -а́) geizig, knauserig; ***~ на слова́*** wortkarg

ску́пость *f* (8) Geiz *m*

ску́пщик *m* (1) Aufkäufer

скуча́ть (1) sich langweilen

ску́ченный (14*K.*) zusammengedrängt, zusammengepfercht

ску́чный (14; -чен, -чна́) langweilig, fade; ***ему́ ску́чно*** er langweilt sich

слабе́ть (8), <о-> schwach werden, nachlassen

слаби́тельное *n* (14) Abführmittel

сла́бить (14) abführen; ***его́ сла́бит*** er hat Durchfall

слабова́тый (14*K.*) recht schwach

слабо|во́льный (14; -лен, -льна) willensschwach; **~гру́дый** (14*K.*) schwachbrüstig; **~не́рвный** (14; -вен, -вна) nervenschwach; **~ра́звитый** (14*K.*) unterentwickelt; **~си́льный** (14; -лен, -льна) kraftlos, schwach

сла́бость *f* (8) Schwäche; *fig.* Vorliebe *f* (***к*** Д für)

слабо|у́мный (14; -мен, -мна) geistesschwach, schwachsinnig; **~хара́ктерность** *f* (8) Charakterschwäche; **~хара́ктерный** (14; -рен, -рна) charakterlos

сла́бый (14; слаб, -а́) schwach; schwächlich, kränklich
сла́ва *f* (5) Ruhm *m*, Ehre; Ruf *m*; *~ Бо́гу!* Gott sei Dank!
слави́стика *f* (5) Slawistik
славистическиий (16) slawistisch
сла́вить (14), <про-> rühmen, preisen; **-ся** berühmt sein
сла́вный (14; -вен, -вна́) ruhmreich; berühmt
славолюби́вый (14*K.*) ruhmsüchtig
славяни́н *m* (1; *pl.* -я́не, -я́н), **славя́нка** *f* (5; -нок) Slawe(-win *f*)
славянове́дение *n* (12) Slawistik *f*
славя́нский (16) slawisch
слага́ть (1), <сложи́ть> (16) dichten, komponieren; *Amt* niederlegen
сла́дкий (16; -док, -дка́) süß
сладкова́тый (14*K.*) süßlich
сла́дкое *n* (14) Süßspeise *f*, Nachtisch *m*
сладостра́стие *n* (12) Wollust *f*
сладостра́стный (14; -тен, -тна) wollüstig; sinnlich
сла́дость *f* (8) Süße; *pl.* Süßigkeiten
сла́живать F (1), <сла́дить> (15) einrichten, gestalten
слайд *m* (1) Dia *n*, Lichtbild *n*
сла́мывать (1), <сломи́ть> (14) brechen; *fig.* bezwingen, überwinden; *сломя́ го́лову* F Hals über Kopf
сла́нец *m* (1; -нца) Schiefer
сласти́ть F (15*e.*) **1.** *v/t* <по-> süßen; **2.** *v/i* e-n süßlichen Geschmack haben
сласть *f* (8; ab *Gpl. e.*) Süßwaren; Vergnügen *n*, Genuss *m*
слать (шлю, шлёшь; -сланный), <по-> schicken, senden
слаща́вый (14*K.*) süßlich
сле́ва von links; links
слегка́ leicht, leichthin; ein wenig
след *m* (1*e.*/1; *a.* -у; -ом; на -у́; *pl. e.*) Spur *f*, Fährte *f*, Fußstapfe *f*; *без ~а́* spurlos; *его́ и ~ просты́л* er ist (längst) über alle Berge
следи́ть (15*e.*) verfolgen, beobachten; Acht geben (auf); bespitzeln
сле́дование *n* (12) Fahrt *f*; *по́езд да́льнего сле́дования* Fern-(schnell)zug *m*
сле́дователь *m* (4) Untersuchungsrichter
сле́довательно folglich, also
сле́довать (7) folgen, nachfolgen; gebühren; befolgen, verfolgen (Д); *сле́дует* man muss, es ist nötig; *как сле́дует* F wie es sich gehört, ordentlich
сле́дом gleich hinterher; *идти́ ~ за ке́м-либо* j-m auf dem Fuße folgen
сле́дственный (14) Untersuchungs-
сле́дствие *n* (12) Untersuchung *f*, Ermittlungsverfahren; Folge *f*, Folgerung *f*; *под ~м* in Untersuchungshaft
сле́дуемый (14) zustehend
сле́дующий (17) folgende(r), nächste(r); *сле́дующим о́бразом* folgendermaßen, wie folgt
слеза́ (5; *Npl. st.* слёзы, слёз, слеза́м) Träne; *сквозь слёзы* unter Tränen
слеза́ть (1), <слезть> (24*st.*) heruntersteigen, herabsteigen
слезли́вый (14*K.*) weinerlich
слезоточи́вый (14*K.*) tränend; (*o.K.*) Tränen-
слезть → *слеза́ть*
слепля́ть (28), <слепи́ть> (14) zusammenkleben; modellieren
сле́пнуть (21), <о-> blind werden, erblinden
слепо́й (14; слеп, -а́) blind; *Su. m* Blinde(r)
слепота́ *f* (5) Blindheit
слеса́рный (14) Schlosser-
сле́сарь *m* (4; *pl.* F *e.*, *N* -я́) Schlosser
слета́ть (1), <слете́ть> (11*e.*) wegfliegen; F herunterstürzen, herunterfallen; **-ся** herbeifliegen
слечь (сля́гу, сля́жешь) *pf.* ernsthaft erkranken, bettlägerig werden
сли́ва *f* (5) Pflaumenbaum *m*; Pflaume
слива́ть (1), <слить> (солью́, -льёшь) zusammengießen; abgießen; **-ся** zusammenfließen; sich vereinigen
сли́вки *pl.* (5; *G* -вок) Sahne *f*, Rahm *m*
сли́вовый (14) Pflaumen-
сли́вочник *m* (1) Sahnekännchen *n*
сли́вочный (14) Sahne-; *сли́вочное ма́сло n* Tafelbutter *f*
сли́зистый (14*K.*) schleimig

сли́зывать (1), <слиза́ть> (3), *einm.* <слизну́ть> (20) ablecken
слизь *f* (8) Schleim *m*
слипа́ться (1), <сли́пнуться> (21) zusammenkleben; *Augen*: zufallen
сли́тный (14; -тен, -тна) verbunden
сли́ток *m* (1; -тка) Barren *von Metall*; Block
сли́ть(ся) → ***слива́ть(ся)***
слича́ть (1), <сличи́ть> (16*e.*) vergleichen
сли́шком zu, allzu, viel zu, zu sehr
слия́ние *n* (12) Zusammenfluss (***на*** П am); Verschmelzung *f*
слова́к *m* (1) Slowake
Слова́кия *f* (7) Slowakei
слова́рь *m* (4*e.*) Wörterbuch *n*; Lexikon *n*
слова́цкий (16) slowakisch
слова́чка *f* (5; -чек) Slowakin
слове́нец *m* (1; -нца) Slowene
Слове́ния *f* (7) Slowenien *n*
слове́нка *f* (5; -нок) Slowenin
слове́нский (16) slowenisch
слове́сный (14) Wort-; verbal
сло́вник *m* (1) Wörterverzeichnis *n*
сло́вно wie; als ob
сло́во *n* (9; *pl. e.*) Wort; Rede *f*, Ansprache *f*; ***ни сло́ва*** keine Silbe; keinen Laut!; ***~ в ~*** Wort für Wort; ***одни́м ~м*** mit e-m Wort, kurzum
слово|образова́ние *n* (12) Wortbildung *f*; **~сочета́ние** *n* (12) Wortverbindung *f*; **~употребле́ние** *n* (12) Wortgebrauch *m*
слог *m* **1.** (1; *ab Gpl. e.*) Silbe *f*; **2.** (1) Stil
слоёный (14) Blätterteig-
сложе́ние *n* (12) Addition *f*; Körperbau *m*, Statur *f*
сложи́ть(ся) → ***скла́дывать(ся)***, ***слага́ть***
сло́жность *f* (8) Kompliziertheit; ***в о́бщей сло́жности*** insgesamt, im Ganzen
сло́жный (14; -жен, -жна́) kompliziert, verwickelt; zusammengesetzt
слои́стый (14*K.*) Schicht(en)-
слой *m* (3; *pl.* слои́, -оёв) Schicht *f*, Lage *f*
слом *m* (1) Abbruch
слома́ть → ***сла́мывать***
слон *m* (1*e.*) Elefant; *Schach*: Läufer
слоно́вый (14) Elefanten-; ***слоно́вая кость*** *f* Elfenbein *n*
слоня́ться F (28) herumschlendern; herumlungern
слуга́ *m* (5; *pl. st.*) Diener
слу́жащий *m* (17) Angestellte(r); Beamte(r)
слу́жба *f* (5) Dienst *m*; Dienststelle; *Mil.* Dienstzeit; *Rel.* Gottesdienst *m*, Messe
служе́бный (14; -бен, -бна) Dienst-, dienstlich
служи́ть (16) dienen, in Diensten stehen
слух *m* (1) Gehör *n*; Gerücht *n*; ***по слу́хам*** vom Hörensagen, wie man hört
слухово́й (14) Gehör-, Hör-
слу́чай *m* (3) Zufall; Vorfall, Begebenheit *f*; Gelegenheit *f*; ***по слу́чаю*** wegen, infolge; ***при слу́чае*** gelegentlich
случа́йность *f* (8) Zufall *m*
случа́йный (14; -а́ен, -а́йна) zufällig, Zufalls-; ***не случа́йно*** nicht von ungefähr
случа́ть (1), <случи́ть> (16*e.*) paaren
случа́ться (1), <случи́ться> (16*e.*) sich ereignen, geschehen, passieren; ***что случи́лось?*** was ist los?
слу́шание *n* (12) Zuhören; *Jur.* Verhandlung *f*; *Pol.* Anhörung *f*
слу́шатель *m* (4) Hörer; Zuhörer
слу́шать (1) **1.** hören; zuhören; horchen; *Jur.* verhandeln; **2.** <по-> hören (В auf *j-n*); ***слу́шаю!*** *Mil.* zu Befehl!; **-ся**, <по-> gehorchen
слыть (23) gelten (Т als), im Ruf stehen
слы́шать (4), <у-> hören, vernehmen; **-ся**, <по-> zu hören sein
слы́шимость *f* (8) Hörbarkeit; *Fmw.* Verständigung; *Rdf.* Empfang *m*
слы́шно *unpers.* man kann hören; ***что ~?*** F was gibt's Neues?
слы́шный (14; -шен, -шна́) hörbar, vernehmbar
слюна́ *f* (5), **слю́ни** *pl.* (6; *ab G e.*) Speichel *m*
слюни́ть (13*e.*), <на-> mit Speichel anfeuchten
слю́нки: F ***у него́ ~ теку́т*** ihm läuft das Wasser im Munde zusammen
сля́коть *f* (8) Schlamm *m*, Matsch *m*

смáзать → ***смáзывать***
смáзка *f* (5; -зок) Einschmieren *n*; Schmiermittel *n*
смáзочный (14) Schmier-
смáзывать (1), <смáзать> (3) einschmieren, einfetten; F *fig.* verwischen
смак F *m* (1; -a/-y) Genuss; Reiz, Würze *f*; ***со ~ом*** F genüsslich
смáнивать F (1), <сманúть> (13) locken; verlocken; abwerben
смáтывать, <смотáть> (1) aufwickeln; abwickeln
смáчивать (1), <смочúть> (16) anfeuchten
смáчный F (14; -чен, -чнá) wohlschmeckend, schmackhaft
смежáть (1), <смежúть> (16*e.*) schließen
смéжный (14; -жен, -жна) angrenzend, benachbart
смекáлка F *f* (5; -лок) Geist *m*, Intelligenz
смекáть F (1), <смекнýть> (20) kapieren, mitkriegen
смелéть (8), <o-> kühn werden
смéлость *f* (8) Kühnheit, Mut *m*
смéлый (14; смел, -á) kühn, mutig; dreist
смельчáк F *m* (1*e.*) Wagehals, mutiger Kerl
смéна *f* (5) Wechsel *m*; Ablösung; Schicht; *Wäsche* Garnitur
смéнный (14) Schicht-
сменя́емый (14*K.*) auswechselbar
сменя́ть (28), <сменúть> (13; -нённый: -енá) wechseln; auswechseln; **-ся** wechseln; abgelöst werden
смердéть (11*e.*) stinken
смеркáться (1), <смéркнуться> (21) dunkel werden, dämmern
смертéльный (14 ; -лен, -льна) tödlich, Tod(es)-
смéртность *f* (8) Sterblichkeit
смéртный (14; -тен, -тна) sterblich
смертонóсный (14; -сен, -сна) todbringend
смерть *f* (8; *ab Gpl. e.*) Tod *m*
сместú → ***сметáть***
сместúть → ***смещáть***
смесь *f* (8) Mischung; Gemisch *n*
смéта *f* (5) Kostenvoranschlag *m*
сметáна *f* (5) saure Sahne
сметáть (1), <сместú> (25 -т-) abfegen; zusammenkehren; *fig.* hinwegfegen
сметь (8), <по-> wagen; ***не смей!*** untersteh dich!
смех *m* (1; -a/-y) Lachen *n*; Gelächter *n*; ***рáди ~а*** zum Spaß
смехотвóрный (14; -рен, -рна) lächerlich, lachhaft
смéшанный (14*K.*) gemischt, vermischt; Misch-
смéшивать, <смешáть> (1) vermischen, vermengen; durcheinander bringen; verwechseln; **-ся** sich vermischen; verschmelzen; durcheinander geraten
смешнóй (14; -шóн, -шнá, -шнó) komisch, lustig; lächerlich; ***это же смешнó!*** F das ist zum Lachen!
смещáть (1), <сместúть> (15*e.*) absetzen, entlassen; verschieben
смея́ться (27*e.*) lachen, sich lustig machen (***над*** T über)
сминáть (1), <смять> (сомнý, -нёшь; смя́тый) zerknittern; zertreten, zertrampeln; bezwingen; **-ся** zerknittert sein
смирéние *n* (12) Demut *f*; Sanftmut *f*
смúрный (14; -рен, -рнá) still, ruhig; sanft
смиря́ть (28), <смирúть> (13*e.*) bändigen, besänftigen; **-ся** klein beigeben; sich legen; sich abfinden
смолá *f* (5; *pl. st.*) Harz *n*; Teer *m*; Pech *n*
смолúстый (14 *K.*) harzig
смолúть (13*e.*), <вы́-> teeren
смолкáть (1), <смóлкнуть> (21/20) verstummen
смóлоду F von Jugend auf; in jungen Jahren
смолчáть (4*e.*) *pf.* schweigen
смоль: ***чёрный как ~*** pechschwarz
сморкáться (1), <вы́-> sich schnäuzen
сморóдина *f* (5) Johannisbeere(n *pl.*)
смóрщенный (14*K.*) runz(e)lig
смотáть → ***смáтывать***
смотр *m* (1; на -ý; *pl. e.*) Inspektion *f*, Besichtigung *f*
смотрéть (9), <по-> sehen; anschauen, ansehen (***на*** B); betrachten; Acht geben, aufpassen (***за*** T auf); **~**

С

в окно́ zum Fenster hinaussehen; **-ся** *impf.* sich betrachten
смотри́тель *m* (4) Wärter, Aufseher
смочи́ть → ***сма́чивать***
смрад *m* (1) Gestank
сму́глый (14; смугл, -á) braun gebrannt; dunkelhäutig
сму́та *f* (5) Zwietracht
смути́ть(ся) → ***смуща́ть(ся)***
сму́тный (14; -тен, -тна́) unruhig, wirr; ***сму́тное вре́мя*** *n hist.* Zeit der Wirren
смуща́ть (1), <смути́ть> (15*e.*; -т/щ-) verwirren, verlegen machen; **-ся** verlegen werden; verwirrt sein
смуще́ние *n* (12) Verlegenheit *f*; Verwirrung *f*
смыва́ть (1), <смыть> (22) abwaschen; wegspülen
смыка́ть (1), <сомкну́ть> (20) schließen; ***не сомкну́ть глаз*** kein Auge zutun; **-ся** sich zusammenschließen; *Augen*: zufallen
смысл *m* (1) Sinn, Bedeutung *f*
смыслово́й (14) Bedeutungs-, Sinn-
смы́ть(ся) → ***смыва́ть***
смы́чка *f* (5; -чек) Zusammenfügung, Zusammenschluss *m*
смычко́вый (14) *Mus.* Streich-
смышлёный F (14 *K.*) gescheit, aufgeweckt
смягча́ть (1), <смягчи́ть> (16*e.*) weich machen; erweichen (*a. Ling.*); mildern, besänftigen
смяте́ние *n* (12) Verwirrung *f*; Tumult *m*; Panik *f*
снабжа́ть (1), <снабди́ть> (15*e.*) versorgen, beliefern; ausrüsten
снабже́ние *n* (12) Versorgung *f*, Belieferung *f*; Ausrüstung *f*
сна́йпер *m* (1) Scharfschütze
снару́жи *Adv.* von außen; außen
снаря́д *m* (1) Geschoss *n*, Granate *f*
снаряжа́ть (1), <снаряди́ть> (15*e.*) ausrüsten, ausstatten; **-ся** F sich ausrüsten; ausstatten
снаряже́ние *n* (12) Ausrüstung *f*
снача́ла zuerst, zunächst
сна́шивать F (1), <сноси́ть> (15) abtragen, abnutzen
снег *m* (1; -а/-у; в -у́; *pl. e.*, *N* -á) Schnee; ***идёт ~*** es schneit
снегови́к *m* (1) Schneemann
снегово́й (14) Schnee-
снегоочисти́тель *m* (4) Schneepflug
снегопа́д *m* (1) Schneefall
снежи́нка *f* (5; -нок) Schneeflocke
сне́жный (14) Schnee-; verschneit
снежо́к *m* (1; -жка́) Schneeball; ***игра́ть в снежки́*** e-e Schneeballschlacht machen
снести́(сь) → ***сноси́ть(ся)***
снижа́ть (1), <сни́зить> (15) senken, herabsetzen, vermindern; **-ся** sinken; zurückgehen, sich vermindern; *Flugzeug:* heruntergehen
сниже́ние *n* (12) Senkung *f*, Rückgang *m*
снизойти́ → ***снисходи́ть***
сни́зу *Adv.* von unten; unten
снима́ть (1), <снять> (сниму́, -и́мешь; снял, -á; сня́тый: -тá) abnehmen; ausziehen, ablegen; entfernen; abberufen, entlassen; *Maß* nehmen; *Hörer* abnehmen; *Geld* abheben; *Fot.* aufnehmen; *von der Tagesordnung* absetzen (**с** P von); ***~ с рабо́ты*** entlassen; **-ся** abgehen, sich lösen; sich fotografieren lassen; aufbrechen
сни́мок *m* (1; -мка) Aufnahme *f*, Fotografie *f*
снисходи́тельный (14; -лен, -льна) nachsichtig; herablassend
снисходи́ть (15), <снизойти́> (снизойду́, -дёшь; -ошёл) sich herablassen
снисхожде́ние *n* (12) Nachsicht *f*
сни́ться (13*e.*), <при-> träumen; ***мне сни́лось*** ich hatte e-n Traum
сно́ва erneut, wieder, von neuem
сновиде́ние *n* (12) Traum *m*
сноп *m* (1*e.*) Garbe *f*
сноро́вка *f* (5; -вок) Routine, Fertigkeit
снос *m* (1) Abbruch
сноси́ть (15) **1.** <снести́> (25 -с-) hinuntertragen; wegschwemmen; forttragen; abreißen, niederreißen; **-ся** sich in Verbindung setzen; **2.** *pf.* → ***сна́шивать***
сно́ска *f* (5; -сок) Fußnote
сно́сный F (14; -сен, -сна) erträglich, leidlich
снотво́рный (14; -рен, -рна) Schlaf-; ***снотво́рное*** *Su. n* Schlafmittel

сноха́ *f* (5; *pl. st.*) Schwiegertochter
сноше́ние *n* (12) Verkehr *m*; *mst pl.* Beziehungen *f/pl.*, Verbindungen *f/pl.*
сня́тие *n* (12) Aufhebung *f*; Abberufung *f*, Entlassung *f*
снять(ся) → ***снима́ть(ся)***
соа́втор *m* (1) Mitverfasser, Mitautor
соба́ка *f* (5) Hund *m*
собаково́дство *n* (9) Hundezucht *f*
соба́чий (18) Hunde-; hündisch
собе́с (1) *m* Sozialfürsorge *f*
собесе́дник *m* (1) Gesprächspartner
собесе́дование *n* (12) Gespräch *n*; Beratung *f*
собира́тель *m* (4) Sammler
собира́тельный (14; -лен, -льна) Sammel-; kollektiv
собира́ть (1), <собра́ть> (соберу́, -рёшь; -брала́; со́бранный: -ана́) sammeln; versammeln; pflücken; ernten; *Tech.* zusammenbauen, montieren; **-ся** zusammenkommen, zusammentreten; sich fertig machen; sich anschicken; ***-ся с ду́хом*** Mut fassen; ***-ся в доро́гу*** sich reisefertig machen
собла́зн *m* (1) Versuchung *f*, Verlockung *f*
соблазни́тель *m* (4) Verführer
соблазни́тельный (14; -лен, -льна) verlockend, verführerisch
соблазня́ть (28), <соблазни́ть> (13*e.*) verlocken, verführen; **-ся** sich verleiten lassen
соблюде́ние *n* (12) Beachtung *f*, Befolgung *f*
соблюда́ть (1), <соблюсти́> (25) beachten, befolgen
соболе́знование *n* (12) Beileid, Mitgefühl; Anteilnahme *f*
соболе́зновать (7) mitfühlen (Д mit), sein Beileid ausdrücken
собо́р *m* (1) Kathedrale *f*, Dom
собра́ние *n* (12) Versammlung *f*; Sammlung *f*; ***~ сочине́ний*** gesammelte Werke *n/pl.*; ***по́лное ~ сочине́ний*** sämtliche Werke *n/pl.*
собра́ть(ся) → ***собира́ть(ся)***
со́бственник *m* (1) Eigentümer, Besitzer
со́бственно: ***~ говоря́*** eigentlich, im Grunde genommen
собственнору́чный (14; -чен, -чна) eigenhändig
со́бственность *f* (8) Eigentum *n*, Besitz *m*
со́бственный (14) eigen; Eigen-; eigentlich
собы́тие *n* (12) Ereignis; Begebenheit *f*
сова́ *f* (5; *pl. st.*) Eule
сова́ть (7*e.*), <су́нуть> (20) hineinstecken, hineinstopfen; F zustecken; **-ся** *fig.* sich einmischen
соверша́ть (1), <соверши́ть> (16*e.*) vollbringen, vollziehen; *Hdl.* abschließen; **-ся** geschehen, erfolgen
совершенноле́тний (16) volljährig, mündig
соверше́нный (14; -е́нен, -е́нна) vollkommen; vollständig, völlig; *Gr.* perfektiv
соверше́нство *n* (9) Vollkommenheit *f*, Vollendung *f*
соверше́нствование *n* (12) Vervollkommnung *f*
соверше́нствовать (7), <у-> vervollkommnen
со́веститься F (15) <по-> Gewissensbisse haben; sich schämen
со́вестливый (14*K.*) gewissenhaft
со́весть *f* (8) Gewissen *n*; ***по со́вести*** gewissenhaft
сове́т *m* (1) Rat, Ratschlag; Beirat
сове́тник *m* (1) Ratgeber, Berater; *Adm.* Rat
сове́товать (7), <по-> raten, *pf.* e-n Rat geben; **-ся** sich beraten; um Rat fragen
совеща́ние *n* (12) Beratung *f*, Besprechung *f*, Konferenz *f*
совеща́тельный (14) beratend; Beratungs-
совеща́ться (1) sich beraten, konferieren
совмести́мый (14*K.*) vereinbar, verträglich
совме́стный (14; -тен, -тна) gemeinsam, vereint; Gemeinschafts-
совмеща́ть (1), <совмести́ть> (15*e.*) vereinen, vereinigen; **-ся** zusammenfallen; verschmelzen
совмеще́ние *n* (12) Vereinigung *f*; *Math.* Kongruenz *f*
совоку́пность *f* (8) Gesamtheit; ***в совоку́пности*** insgesamt

совпада́ть (1), <совпа́сть> (25; *Prät. st.*) zusammenfallen; übereinstimmen; *Math.* kongruieren

совпаде́ние *n* (12) Übereinstimmung *f*; Kongruenz *f*

совраща́ть (1), <соврати́ть> (15*e.*; -т/щ-) verleiten, verführen

совреме́нник *m* (1) Zeitgenosse

совреме́нность *f* (8) Gegenwart; Aktualität

совреме́нный (14; -е́нен, -е́нна) zeitgenössisch; Gegenwarts-, gegenwärtig; modern

совсе́м ganz, völlig

согла́сие *n* (12) Zustimmung *f*, Einwilligung *f*, Einverständnis; Einvernehmen

согласи́ться → ***соглаша́ться***

согла́сно *Prp.* (Д) gemäß, laut, zufolge

согла́сный (14; -сен, -сна) **1.** harmonisch; übereinstimmend; *Su. m* Konsonant; **2.** *mst präd.* einverstanden (**с** T mit)

согласова́ние *n* (12) Koordinierung *f*; Übereinstimmung *f*; *Gr.* Kongruenz *f*

согласо́вывать (1), <согласова́ть> (7) aufeinander abstimmen, in Einklang bringen

согласова́ться *im(pf.)* übereinstimmen, in Einklang stehen

соглаша́ться (1), <согласи́ться> (15*e.*) einwilligen (***на*** B in), einverstanden sein; zustimmen, beipflichten; zugeben

соглаше́ние *n* (12) Übereinkommen; Vereinbarung *f*; Abkommen

согна́ть → ***сгоня́ть***

согну́ть(ся) → ***сгиба́ть(ся)***

согрева́ть (1), <согре́ть> (8) erwärmen, aufwärmen

соде́йствие *n* (12) Unterstützung *f*, Beistand *m*; Mithilfe *f*

соде́йствовать (7) *im(pf.)* unterstützen, fördern

содержа́ние *n* (12) Inhalt *m*; Gehalt *m*; Inhaltsverzeichnis

содержа́тельный (14; -лен, -льна) inhaltsreich; gehaltvoll

содержа́ть (4) unterhalten, erhalten; enthalten; **-ся** enthalten sein, sich befinden

содра́ть → ***сдира́ть***

содрога́ться (1), <содрогну́ться> (20) erbeben, erschaudern (**от** P vor)

содру́жество *n* (9) Zusammenwirken; Gemeinschaft *f*; Vereinigung *f*

соедине́ние *n* (12) Verbindung *f*, Vereinigung *f*; *Tech.* Kupplung *f*

соединённый (14) vereinigt, vereint

соедини́тельный (14) Verbindungs-; Binde-

соединя́ть (28), <соедини́ть> (13*e.*) vereinigen, vereinen, verbinden; **-ся** sich vereinigen, sich verbinden

сожале́ние *n* (12) Bedauern; Mitleid

сожале́ть (8) bedauern (***о*** П)

сожже́ние *n* (12) Verbrennung *f*; Einäscherung *f*

сожи́тель *m* (4) Mitbewohner

сожи́тельство *n* (12) Zusammenleben; Wohngemeinschaft *f*

созва́ниваться F (1), <созвони́ться> (13*e.*) sich telefonisch in Verbindung setzen

созва́ть → ***созыва́ть***

созве́здие *n* (12) Sternbild, Gestirn

созву́чие *n* (12) Gleichklang *m*; Harmonie *f*

созву́чный (14; -чен, -чна) gleichklingend; harmonisch

создава́ть (5), <созда́ть> (-да́м, -да́шь; со́здал, -а́; со́зданный: -на́) schaffen; gründen, begründen, ins Leben rufen; **-ся** entstehen; *Eindruck* gewinnen

созда́ние *n* (12) Schaffung *f*; Schöpfung *f*, Werk; Geschöpf

созда́тель *m* (4) Schöpfer; Begründer

созерца́ние *n* (12) Betrachtung *f*

созерца́тельный (14; -лен, -льна) beschaulich

созида́тельный (14; -лен, -льна) schöpferisch; Aufbau-

сознава́ть (5), <созна́ть> (1) sich bewusst sein (B); erkennen; einsehen; **-ся** eingestehen, bekennen, zugeben

созна́ние *n* (12) Bewusstsein; Besinnung *f*; ***без созна́ния*** bewusstlos, besinnungslos

созна́тельность *f* (8) Pflichtbewusstsein *n*

созна́тельный (14; -лен, -льна) bewusst, pflichtbewusst; absichtlich, vorsätzlich
созрева́ть (1), <созре́ть> (8) reif werden, heranreifen
созы́в *m* (1) Einberufung *f*
созыва́ть (1), <созва́ть> (созову́, -вёшь) einladen; einberufen
соиска́тель *m* (4) Bewerber (P für)
сойти́(сь) → ***сходи́ть(ся)***
сок *m* (1; -а/-у; *a.* в -у́) Saft
со́кол *m* (1) Falke
сокраща́ть (1), <сократи́ть> (15*e.*; -т/щ-) kürzen; abkürzen, verkürzen; verringern, einschränken; F entlassen; **-ся** kürzer werden; sich verkürzen, sich zusammenziehen; *impf. Math.* gekürzt werden
сокраще́ние *n* (12) Kürzung *f*; Abkürzung *f*, Verkürzung *f*; Verringerung *f*; Entlassung *f*, Kündigung *f*; *Math.* Kürzung *f*
сокрове́нный (14 *K.*; -е́нен, -е́нна) geheim; verborgen
сокро́вище *n* (11) Schatz *m*; Kostbarkeit *f*
сокруша́ть (1), <сокруши́ть> (16*e.*) zerschmettern, zerstören; vernichten; **-ся** *impf.* untröstlich sein, sich grämen
сокруше́ние *n* (12) Vernichtung *f*, Zerstörung *f*; Erschütterung *f*
сокруши́тельный (14; -лен, -льна) vernichtend, niederschmetternd
солда́т *m* (1; *G pl.* солда́т) Soldat
солда́тский (16) Soldaten-, soldatisch
солёный (14*K.*) salzig; Salz-; eingesalzen
солидариз(и́р)ова́ться (7) *im(pf.)* sich solidarisch erklären
солида́рность *f* (8) Solidarität
солида́рный (14; -рен, -рна) solidarisch
соли́дный (14; -ден, -дна) solide, gediegen; gründlich
соли́ть (13/13*e.*; со́ленный), <по-, за-> salzen; einsalzen
со́лнечный (14; -чен, -чна) sonnig; (*o.K.*) Sonnen-; ***со́лнечное затме́ние*** *n* Sonnenfinsternis *f*
со́лнце *n* (11) Sonne *f*
солнцеворо́т *m* (1), **солнцестоя́ние** *n* (12) Sonnenwende *f*
солове́й *m* (3; -вья́) Nachtigall *f*
со́лод *m* (1; -а/-у) Malz *n*
соло́ма *f* (5) Stroh *n*
соло́менный (14) Stroh-; strohblond
соло́минка *f* (5; -нок) Strohhalm *m*
солони́на *f* (5) Pökelfleisch *n*
соло́нка *f* (5; -нок) Salzstreuer *m*
соль *f* (8; *ab Gpl. e.*) Salz *n*; *fig.* Witz *m*, Pointe
со́льный (14) Solo-
соля́нка *f* (5; -нок) *Art* Fleischsuppe, Soljanka
соля́рий *m* (3; -ии) Solarium *n*
сомкну́ть(ся) → ***смыка́ть(ся)***
сомнева́ться (1) zweifeln (**в** П an)
сомне́ние *n* (12) Zweifel *m*
сомни́тельный (14; -лен, -льна) zweifelhaft, fragwürdig; verdächtig
сомно́житель *m* (4) *Math.* Multiplikator
сон *m* (1; сна) Schlaf; ***без сна*** schlaflos
сонли́вый (14 *K.*) schläfrig
со́нный (14) Schlaf-; schlafend; verschlafen; schlaftrunken
со́ня (6; со́ней) *m/f* F Schlafmütze *f*, Langschläfer *m*
сообража́ть (1), <сообрази́ть> (15*e.*) erfassen, begreifen; nachdenken; ***пло́хо ~*** schwer von Begriff sein
соображе́ние *n* (12) Überlegung *f*, Erwägung *f*
сообрази́тельность *f* (8) Auffassungsgabe, Intelligenz
сообрази́тельный (14; -лен, -льна) aufgeweckt, intelligent
сообра́зно (Д, **с** Т) gemäß, entsprechend
сообра́зность *f* (8) Übereinstimmung
сообра́зный (14; -зен, -зна) angemessen, adäquat
сообща́ gemeinsam, zusammen
сообща́ть (1), <сообщи́ть> (16*e.*) mitteilen, benachrichtigen; vermitteln; **-ся** *impf.* Verbindung haben
сообще́ние *n* (12) Mitteilung *f*, Nachricht *f*; *Presse*: Meldung *f*; *Tech.* Verkehr *m*; ***ме́стное ~*** Nahverkehr *m*
соо́бщество *n* (9) Gemeinschaft *f*
соо́бщник *m* (1) Mittäter, Komplice

сообщничество *n* (9) Mittäterschaft *f*

сооружа́ть (1), <сооруди́ть> (15*e.*) errichten, erbauen

сооруже́ние *n* (12) Errichtung *f*, Bau *m*

соотве́тственно (Д, **с** Т) entsprechend, gemäß

соотве́тственный (14 *K.*) entsprechend, angemessen

соотве́тствие *n* (12) Übereinstimmung *f*, Entsprechung *f*

соотве́тствовать (7) entsprechen

соотве́тствующий (17) entsprechend; passend

соотéчественник *m* (1) Landsmann

соотéчественница *f* (5) Landsmännin

соотноси́тельный (14; -лен, -льна) korrelativ, wechselseitig

соотноси́ть (15), <соотнести́> (25 -с-) in Wechselbeziehung bringen

сопе́рник *m* (1) Rivale, Nebenbuhler; Konkurrent

сопе́рничать (1) wetteifern; konkurrieren

сопе́рничество *n* (9) Rivalität *f*; Wettbewerb *m*; Konkurrenz *f*

сопе́ть (10*e.*) schnaufen, schnauben

со́пка *f* (5; -пок) Kuppe

сопло́ *n* (9; *pl. st.*, *G a.* со́пел) Düse *f*

сопостави́мый (14*K.*) vergleichbar

сопоставле́ние *n* (12) Gegenüberstellung *f*, Vergleich *m*

сопоставля́ть (28), <сопоста́вить> (14) gegenüberstellen (**с** Т), vergleichen

сопра́но *n* (*unv.*) Sopran *m*, Sopranstimme *f*

соприкоснове́ние *n* (12) Berührung *f*, Fühlung *f*, Kontakt *m*

сопроводи́тельный (14) Begleit-

сопровожда́ть (1), <сопроводи́ть> (15*e.*; -ждённый) begleiten, geleiten; **-ся** *impf.* nach sich ziehen, zur Folge haben

сопровожда́ющий (17) *Su. m* Begleiter, Betreuer

сопровожде́ние *n* (12) Begleitung *f*, Geleit *n*

сопротивле́ние *n* (12) Widerstand *m*

сопротивля́емость *f* (8) Widerstandsfähigkeit

сопротивля́ться (28) Widerstand leisten; sich widersetzen

сопряже́ние *n* (12) *Tech.* Koppelung *f*

сопу́тствовать (7) begleiten

сор *m* (1; -а/-у) Kehricht, Unrat

соразме́рный (14; -рен, -рна) gemäß, entsprechend, angemessen

соразмеря́ть (28), <соразме́рить> (13) abstimmen; anpassen (*D*)

сора́тник *m* (1) Kampfgefährte

сорване́ц F *m* (1; -нца́) Wildfang, Schlingel

сорва́ть(ся) → ***срыва́ть(ся)***

соревнова́ние *n* (12) Wettbewerb *m*, Wettstreit *m*; *pl.* Wettkämpfe *m/pl.*

соревнова́ться (7) wetteifern, sich messen

сори́ть (13*e.*), <на-> beschmutzen; Schmutz machen

сорня́к *m* (1*e.*) *mst pl.* Unkraut *n*

со́рок (35) vierzig

соро́ка *f* (5) Elster

сороково́й (14) vierzigste(r)

сороконо́жка *f* (5; -жек) Tausendfüßler *m*

соро́чка *f* (5; -чек) Hemd *n*

сорт *m* (1; *pl. e.*, *N* -а́) Sorte *f*; Qualität *f*, Güteklasse *f*

сортирова́ть (7), <рас-> sortieren

сортиро́вка *f* (5; -вок) Sortierung; *Esb.* Rangieren *n*

сортово́й (14) Sorten-

соса́ть (-су́, -сёшь; со́санный) saugen (В an); lutschen

сосе́д *m* (1/*pl.* 4: -и), **сосе́дка** *f* (5; -док) Nachbar(in *f*)

сосе́дний (15) Nachbar-, benachbart

сосе́дский (16) Nachbar-, nachbarlich

сосе́дство *n* (9) Nachbarschaft *f*

соси́ска *f* (5; -сок) Würstchen *n*, Wiener Würstchen *n*

со́ска *f* (5; -сок) Schnuller *m*

соска́бливать (1), <соскобли́ть> (14/14*e.*; -о́бленный) abschaben, abkratzen

соска́кивать (1), <соскочи́ть> (16) hinabspringen, abspringen; herunterspringen; herunterfallen

соска́льзывать (1), <соскольз-

ну́ть> (20) hinunterrutschen, abrutschen
соскобли́ть → ***соска́бливать***
соскользну́ть → ***соска́льзывать***
соскочи́ть → ***соска́кивать***
соскреба́ть F (1), <соскрести́> (25 -б-) abschaben, abkratzen
соску́читься (16) *pf.* sich langweilen; Sehnsucht bekommen (***по*** Д, ***о*** П nach)
со́слать(ся) → ***ссыла́ть(ся)***
сосло́вие *n* (12) Stand *m*; F Zunft *f*
сосло́вный (14) Standes-
сослужи́вец *m* (1; -вца) Kollege, Arbeitskollege
сослужи́ть (16) *pf.*: ~ ***кому́-н. слу́жбу*** j-m einen Dienst erweisen
сосна́ *f* (5; *pl. st., G* -сен) Kiefer
сосно́вый (14) Kiefern-
сосня́к *m* (1*e.*) Kiefernwald
сосо́к *m* (1; -ска́) Brustwarze *f*
сосредото́чение *n* (12) Konzentration *f*
сосредото́ченность *f* (8) gespannte Aufmerksamkeit, Konzentration
сосредото́ченный (14 *K.*) konzentriert; angespannt; in Gedanken vertieft
сосредото́чивать (1), <сосредото́чить> (16) konzentrieren (***на*** П auf)
соста́в *m* (1) Zusammensetzung *f*; Bestand; Personal *n*; *Thea.* Besetzung *f*
составитель *m* (4) Herausgeber; Verfasser
составле́ние *n* (12) Aufstellung *f*, Zusammenstellung *f*; Abfassung *f*
составля́ть (28), <соста́вить> (14) zusammenstellen, zusammensetzen; abfassen, verfassen; *Summe* betragen, ausmachen
составно́й (14) Bestand-; *Gr.* zusammengesetzt
состоя́ние *n* (12) Zustand *m*; Verfassung *f*; Befinden; ***в состоя́нии*** imstande
состоя́тельный (14; -лен, -льна) vermögend, wohlhabend; begründet, stichhaltig
состоя́ть (-ою́, -ои́шь) bestehen; Mitglied sein; angehören (***при*** П); sein, sich befinden; ~ ***на слу́жбе*** angestellt sein; **-ся** *pf.* stattfinden
сострада́ние *n* (12) Mitleid, Mitgefühl
сострада́тельный (14; -лен, -льна) mitleidig, mitfühlend
сострада́ть (1) Mitleid haben (Д mit)
сострига́ть (1), <остри́чь> (26 -г/ж-; -и́женный) abschneiden
состри́ть F (13*e.*) *pf.* e-n Witz machen
сострога́ть (1) *pf.* abhobeln
состяза́ние *n* (12) Wettstreit *m*; *Sp.* Wettkampf *m*
состяза́ться (1) wetteifern; *Sp. am Wettkampf* teilnehmen
сосу́д *m* (1) Gefäß *n*
сосу́лька *f* (5; -лек) Eiszapfen *m*
сосу́н *m* (1*e.*) Säugling
сосуществова́ние *n* (12) Koexistenz *f*
сотворе́ние *n* (12) Erschaffung *f*
сотова́рищ *m* (1; -ей) Kollege
со́товый: *со́товая связь* *f* Mobilfunk *m*; ~ ***телефо́н*** *m* Mobiltelefon *n*
сотру́дник *m* (1), **сотру́дница** *f* (5) Mitarbeiter(in *f*)
сотру́дничать (1) zusammenarbeiten, mitarbeiten (***в*** П an)
сотру́дничество *n* (9) Zusammenarbeit *f*, Mitarbeit *f*
сотряса́ть (1), <сотрясти́> (25 -с-) erbeben lassen; erschüttern; **-ся** erbeben
сотрясе́ние *n* (12) Erschütterung *f*
со́ты *m/pl.* (1) Wabe(n *pl.*) *f*
со́тый (14) hundertste(r)
со́ус *m* (1) Soße *f*
соуча́ствовать (7) mitbeteiligt sein, mitwirken (***в*** П an)
соуча́стие *n* (12) Beteiligung *f*, Mitwirkung *f*
соуча́стник *m* (1) Beteiligte(r), Teilnehmer
соучени́к *m* (1*e.*), **соучени́ца** *f* (5) Mitschüler(in *f*)
со́фт-вер *m* (1) *EDV* F Software *f*
со́хнуть (21) **1.** <вы́-> trocknen, *pf.* austrocknen; **2.** <вы́-, за-> vertrocknen
сохране́ние *n* (12) Erhaltung *f*, Aufbewahrung *f*
сохра́нный (14; -а́нен, -а́нна) heil, unversehrt

сохраня́ть (28), <сохрани́ть> (13*e.*) erhalten, aufrechterhalten; bewahren; aufbewahren, verwahren; **-ся** erhalten bleiben; übrig bleiben; *EDV* speichern

социа́льный (14) sozial, Sozial-

соче́льник *m* (1) Heiligabend (***в*** В am)

сочета́ние *n* (12) Verbindung *f*; Kombination *f*

сочета́ть (1) verbinden, vereinigen; kombinieren; **-ся** sich vereinigen; zueinander passen

сочине́ние *n* (12) Werk; Abhandlung *f*; Aufsatz *m*

сочиня́ть (28), <сочини́ть> (13*e.*) verfassen, schreiben; komponieren

сочи́ться (16*e.*) sickern, rinnen

сочлене́ние *n* (12) Gelenk

со́чный (14; -чен, -чна́) saftig; *Farbe*: satt

сочу́вственный (14 *K.*) mitfühlend, teilnahmsvoll

сочу́вствие *n* (12) Mitgefühl (***к*** Д mit), Anteilnahme *f*, Sympathie(n *pl.*)

сочу́вствовать (7) Anteil nehmen (Д an), mitfühlen; sympathisieren (Д mit)

сочу́вствующий *m* (17) Sympathisant

сою́з *m* (1) Bund, Bündnis *n*; Union *f*; *Gr.* Konjunktion *f*

сою́зник *m* (1) Verbündete(r), Alliierte(r); Bundesgenosse

сою́зный (14) verbündet, alliiert; Bundes-

спад *m* (1) Rückgang; Rückschlag

спада́ть (1), <спасть> (25; *Prät. st.*) hinunterfallen, fallen; nachlassen

спа́ивать (1), <спая́ть> (28) zusammenlöten; *fig.* zusammenschweißen, verbinden

спа́льный (14) Schlaf-

спа́льня *f* (6; -лен) Schlafzimmer *n*

спа́ржа *f* (5) Spargel *m*

спасе́ние *n* (12) Rettung *f*

спаса́тель *m* (4) Rettungsschwimmer

спаса́тельный (14) Rettungs-, Bergungs-

спаса́ть (1), <спасти́> (25 -с-; спасу́; спас, -ла́) retten (***от*** Р vor); bergen, in Sicherheit bringen

спасе́ние *n* (12) Rettung *f* (***от*** Р vor); Bergung *f*

спаси́бо danke; ***~ вам*** ich danke Ihnen; ***большо́е ~!*** vielen Dank!

спаси́тель *m* (4) Retter

спасти́ → ***спаса́ть***

спасть → ***спада́ть***

спать (сплю, спишь; спала́) schlafen; **-ся**: ***мне не спи́тся*** ich kann nicht schlafen *od.* einschlafen

спая́ть → ***спа́ивать***

спекта́кль *m* (4) Vorstellung *f*, Aufführung *f*

спектр *m* (1) Spektrum *n*

спекули́ровать (7) schieben, spekulieren; Geschäfte machen

спекуля́нт *m* (1) Schieber, Schwarzhändler

спекуляти́вный (14; -вен, -вна) Schwarz-; spekulativ

спекуля́ция *f* (7) Schiebung, Spekulation

спе́лость *f* (8) Reife

спе́лый (14; спел, -á) reif

сперва́ F zuerst, anfangs

спе́реди **1.** *Adv.* von vorn; vorn; **2.** *Prp.* (Р) vor

спёртый F (14*K.*) stickig, dumpf

спеси́вый (14 *K.*) hochmütig, arrogant

спесь *f* (8) Dünkel *m*, Hochmut *m*

спеть (8), <по-> reifen, reif werden

специализи́роваться (7) *im*(*pf.*) sich spezialisieren (***в*** П, ***на*** П auf)

специали́ст *m* (1) Fachmann

специа́льность *f* (8) Fach *n*; Fachrichtung

специа́льный (14; -лен, -льна) Spezial-; speziell

специ́фика *f* (5) Spezifische(s) *n*, Besonderheiten *f/pl.*

специфика́ция *f* (7) Spezifizierung; Stückliste

специфи́ческий (16) spezifisch, besonder

спецоде́жда *f* (5) Berufskleidung, Arbeitskleidung

спецслу́жба *f* (5) Geheimdienst *m*

спеши́ть (16*e.*), <по-> sich beeilen, es eilig haben; ***не спеша́*** gemächlich, in aller Ruhe

спе́шка F *f* (5; -шек) Eile, Hast

СПИД *m* (1) Aids *n*

спидо́метр *m* (1) Tachometer *n*

спи́ливать (1), <спили́ть> (13) absägen

спина́ *f* (5; спи́ну; за́, на́ спину; *pl. st.*) Rücken *m*

спи́нка *f* (5; -нок) Rückenlehne; Rückenteil *n*

спинно́й (14) Rücken-

спира́ль *f* (8) Spirale

спира́льный (14) Spiral-; spiralförmig

спирт *m* (1; -а/-у; в -е/в -у́; *pl. e.*) Spiritus

спиртно́й (14) alkoholisch; *Su. n* F Schnaps *m*, Spirituosen *pl.*

спиртово́й (14) Spiritus-

спи́сок *m* (1; -ска) Liste *f*, Verzeichnis *n*

спи́сывать (1), <списа́ть> (3) abschreiben (**у** P von *j-m*); **-ся** sich brieflich in Verbindung setzen

спи́ца *f* (5) Stricknadel; Speiche; ***после́дняя ~ в колесни́це*** *Spr.* das fünfte Rad am Wagen

спи́чечный (14) Streichholz-

спи́чка *f* (5; -чек) Streichholz *n*

сплав *m* (1) **1.** Legierung *f*; **2.** Flößerei *f*

сплавля́ть (28), <спла́вить> (14) **1.** legieren; **2.** flößen

спла́чивать (1), <сплоти́ть> (15*e.*) zusammenschließen; zusammenfügen

сплета́ть (1), <сплести́> (25 -т-) zusammenflechten

сплё́тник *m* (1), **сплё́тница** *f* (5) Klatschmaul *n*

сплё́тничать (1) klatschen, tratschen

сплё́тня *f* (6; -тен) *mst pl.* Klatsch *m*, Tratsch *m*

сплоти́ть → ***спла́чивать***

сплохова́ть F (7) *pf.* e-n Fehler machen

сплоче́ние *n* (12) Zusammenschluss *m*

сплочё́нный (14*K.*) fest gefügt, geschlossen

сплошно́й (14) kompakt; lückenlos; durchgängig

сплошь völlig; ausnahmslos

сплыть F (23) *pf.* stromab treiben; überlaufen

сплю́нуть (20) *pf.* spucken; F ausspucken

сплю́щивать (1), <сплю́щить> (16) plattdrücken

споить F (13/13*e.*) *pf.* betrunken machen

споко́йный (14; -о́ен, -о́йна) ruhig, still; gelassen; friedlich; ***споко́йной но́чи!*** gute Nacht!; ***бу́дьте споко́йны!*** seien Sie unbesorgt!

споко́йствие *n* (12) Ruhe *f*, Stille *f*; Gelassenheit *f*

споля́скивать F (1), <сполосну́ть> (20) abspülen

сполза́ть (1), <сползти́> (24) hinabkriechen, hinunterkriechen; abrutschen

сполна́ vollständig

сполосну́ть → ***споля́скивать***

сponта́нный (14; -а́нен, -а́нна) spontan

спор *m* (1; -а/-у) Streit, Wortwechsel, Auseinandersetzung *f*; ***спо́ру нет*** F kein Zweifel, unbestritten

спо́рить (13), <по-> streiten, sich streiten

спори́ться F (13/13*e.*) gut vorankommen

спо́рный (14; -рен, -рна) strittig; umstritten

споро́ть (17) *pf.* abtrennen

спорти́вный (14; -вен, -вна) sportlich; (*o.K.*) Sport-

спортсме́н *m* (1), **спортсме́нка** *f* (5; -нок) Sportler(in *f*)

спо́соб *m* (1) Art *f*, Weise *f*; Verfahren *n*, Methode *f*

спосо́бность *f* (8) Fähigkeit; Kapazität; Begabung

спосо́бный (14; -бен, -бна) fähig; begabt (**к** Д für)

спосо́бствовать (7) fördern, begünstigen

спотыка́ться (1), <споткну́ться> (20) stolpern; straucheln

спохва́тываться F (1), <спохвати́ться> (15) sich plötzlich besinnen

спра́ва von rechts; rechts

справедли́вость *f* (8) Gerechtigkeit; Richtigkeit; ***по справедли́вости*** von Rechts wegen

справедли́вый (14 *K.*) gerecht; berechtigt; richtig

спра́вка *f* (5; -вок) Auskunft; Erkundigung; Bescheinigung

справля́ть (28), <спра́вить> (14) feiern, festlich begehen; beschaffen; **-ся 1.** sich erkundigen (**о** П nach), nachfragen (nach); **2.** fertig werden; bewältigen, bezwingen
спра́вочник *m* (10) Nachschlagewerk *n*; Handbuch *n*
спра́вочный (14) Auskunfts-; Nachschlage-
спра́шивать (1), <спроси́ть> (15) fragen; bitten (P, B um); **-ся** F um Erlaubnis bitten
спрова́живать F (1), <спрова́дить> (15) abschieben, hinauskomplimentieren
спрос *m* (1; -а/-у) Nachfrage *f* (***на*** B nach)
спроси́ть(ся) → ***спра́шивать(ся)***
проста́ F arglos; unumwunden
спры́гивать (1), <спры́гнуть> (20) abspringen, hinunterspringen
спры́скивать F (1), <спры́снуть> (20) besprengen; F begießen, feiern
спряга́ть (1), <про-> konjugieren
спряже́ние *n* (12) Konjugation *f*
спу́гивать (1), <спугну́ть> (20) aufscheuchen, verscheuchen
спуск *m* (1) Abstieg; Abhang, Böschung *f*; *Waffe*: Abzug; *Fot.* Auslöser
спуска́ть (1), <спусти́ть> (15) hinunterlassen, herunterlassen; *Luft, Wasser* ablassen; vom Stapel laufen lassen; *Fot.* auslösen; **-ся** hinuntergehen, hinuntersteigen; hinunterkommen; *Flgw.* niedergehen, landen
спусково́й (14) Abzugs-; Auslöse-
спустя́ (B) nach, nach Verlauf von
спу́танный (14*K.*) wirr, zerzaust
спу́тать(ся) → ***спу́тывать(ся)***
спу́тник *m* (1) Reisegefährte, Weggefährte; Satellit, Trabant
спу́тница *f* (5) Reisegefährtin
спу́тывать, <спу́тать> (1) verwirren; fesseln; **-ся** sich verwirren; aus dem Konzept kommen
спя́тить (15) *pf.* übergeschnappt sein, e-n Vogel haben
спя́щий (17) schlafend; ***спя́щая краса́вица*** *f* Dornröschen *n*
сраба́тывать, <срабо́тать> (1) funktionieren; **-ся** sich abnutzen, verschleißen
сравне́ние *n* (12) Vergleich *m*; ***сте́пень*** *f* ***сравне́ния*** *Gr.* Komparativ *m*
сра́внивать (1) **1.** <сравни́ть> (13*e.*) vergleichen; **-ся** sich messen, sich vergleichen; **2.** <сравня́ть> (28) gleichstellen, ausgleichen; **3.** <сровня́ть> (28) einebnen; ***сровня́ть с землёй*** dem Erdboden gleichmachen
сравни́тельный (14) vergleichend; *Gr.* Vergleichs-
сража́ть (1), <срази́ть> (15*e.*) niederstrecken, niederwerfen; *fig.* bezwingen; **-ся** sich schlagen, kämpfen
сраже́ние *n* (12) Schlacht *f*; F Streit *m*
сра́зу auf einmal; sogleich, sofort
срам F *m* (1; -а/-у) Schande *f*
срами́ть F (14*e.*), <о-> Schande machen (B *j-m*)
среста́ться (1), <сpасти́сь> (25; -стётся; сро́сся, -сла́сь) zusammenwachsen; verwachsen
среда́ *f* **1.** (5; *pl. st.*) Umgebung, Milieu *n*; **2.** (5; *Asg.* сре́ду) Mittwoch *m* (**в** B am)
среди́ (P) mitten, inmitten
средиземномо́рский (16) Mittelmeer-, mediterran
средне|веко́вый (14) mittelalterlich; **~веко́вье** *n* (10; -вий) Mittelalter; **~европе́йский** (16) mitteleuropäisch
сре́дний (15) mittlere(r); Mittel-, Durchschnitts-; *Su. n* Durchschnitt *m*; ***~ род*** *m Gr.* Neutrum *n*
средото́чие *n* (12) Mittelpunkt *m*
сре́дство *n* (9) Mittel (**от** P gegen); ***без средств*** unbemittelt; ***жить не по сре́дствам*** über s-e Verhältnisse leben; ***сре́дства*** *pl.* ***к жи́зни*** Lebensunterhalt *m*; ***аппара́тные сре́дства*** *EDV* Hardware *f*
среза́ть, **сре́зывать** (1), <сре́зать> (3) abschneiden; tödlich treffen
срисо́вывать (1), <срисова́ть> (7) abzeichnen, nachzeichnen
сровня́ть → ***сра́внивать 3***
сро́дный (14; -ден, -дна) verwandt; eigen
сродство́ *n* (9) Verwandtschaft *f*
срок *m* (1; -а/-у) Frist *f*, Termin; ***в ~***

С

fristgemäß, termingerecht; ***без сро́ка*** unbefristet; ***на ~*** befristet
сро́чный (14; -чен, -чна) eilig, dringend; Sofort-
сруба́ть (1), <сруби́ть> (14) fällen, abholzen
срыв *m* (1) Vereitelung *f*
срыва́ть (1), <сорва́ть> (сорву́, -вёшь) abreißen, herunterreißen; pflücken; *fig.* vereiteln, zum Scheitern bringen; **-ся** sich losreißen; abstürzen; scheitern
сса́дина *f* (5) Abschürfung, Schramme
сса́живать (1), <ссади́ть> (15) **1.** abschürfen, schrammen; **2.** absetzen; beim Aussteigen helfen
ссо́ра *f* (5) Streit *m*, Zank *m*; ***в ссо́ре*** zerstritten
ссо́рить (13), <по-> entzweien, verfeinden; **-ся** sich zanken, streiten
ссу́да *f* (5) Darlehen *n*, Kredit *m*; Anleihe
ссужа́ть (1), <ссуди́ть> (15) leihen
ссыла́ть (1), <сосла́ть> (сошлю́, -лёшь; со́сланный) verbannen; **-ся** sich berufen (***на*** В auf)
ссы́лка *f* (5; -лок) Verbannung; Exil *n*; Verweis *m*
ссы́льный *m* (14) Verbannte(r)
ссыпа́ть (1), <ссы́пать> (2) zusammenschütten; speichern
стабилиза́ция *f* (7) Stabilisierung
стаби́льный (14; -лен, -льна) stabil, fest; Fest-
ста́вень *m* (4; -вня) Fensterladen
ста́вить (14), <по-> stellen, hinstellen, aufstellen; setzen; einsetzen, einstellen; *Kfz.* abstellen, parken; *Thea.* aufführen; inszenieren; ***~ в тупи́к*** in die Enge treiben; ***~ высоко́*** hoch achten, schätzen
ста́вка *f* (5; -вок) Einsatz *m*; Satz *m*, Tarif *m*; *Mil.* Hauptquartier *n*, Stab *m*; ***де́лать ста́вку на что́-либо*** s-e Hoffnung auf et. setzen
стадио́н *m* (1) Stadion *n*
ста́дия *f* (7) Stadium *n*, Phase
ста́дный (14) Herden-
ста́до *n* (9; *pl. e.*) Herde *f*
стаж *m* (1; -ей) Dienstalter *n*
стажёр *m* (1) Praktikant
стажи́ровать(ся) (7) s-n Praktikum machen
стажиро́вка *f* (5; -вок) Praktikum *n*; Probezeit; Forschungsaufenthalt *m* (***на*** П während)
ста́ивать (1), <ста́ять> (27) abtauen
ста́йер *m* (1) Langstreckenläufer
стака́н *m* (1) (Trink-) Glas *n*
стака́нчик *m* (1) Gläschen *n*
сталева́р *m* (1) Stahlgießer, Stahlwerker
сталелите́йный (14): ***~ цех*** *m* Stahlwerk *n*
ста́лкивать (1), <столкну́ть> (20) hinabstoßen, beiseite stoßen, zusammenstoßen; zusammenführen; **-ся** zusammenstoßen, zusammenprallen, zusammentreffen; konfrontiert werden
сталь *f* (8) Stahl *m*
стально́й (14) Stahl-, stählern; stahlhart
стан *m* (1) Gestalt *f*, Figur *f*; *Tech.* Straße *f*, Werk *n*; ***прока́тный ~*** Walzstraße *f*
станда́рт *m* (1) Standard, Norm *f*
стандартиза́ция *f* (7) Standardisierung
стандартиз(и́р)ова́ть (7) *im(pf.)* standardisieren
станда́ртный (14; -тен, -тна) standardisiert
стани́на *f* (5) *Tech.* Rahmen *m*, Gestell *n*
станкострое́ние *n* (12) Werkzeugmaschinenbau *m*
станкострои́тельный (14) Werkzeugmaschinen-
станови́ться (14), <стать> (-а́ну -а́нешь) **1.** werden; ***он стал писа́телем*** er ist Schriftsteller geworden; **2.** sich stellen; aufstehen; stehen bleiben, anhalten; ***стать в о́чередь*** sich (in der Reihe) anstellen; ***во что бы то ни ста́ло*** koste es was es wolle, um jeden Preis
становле́ние *n* (12) Werden; Werdegang *m*; Entstehung *f*, Herausbildung *f*
стано́к *m* (1; -нка́) Werkzeugmaschine *f*, Werkbank *f*; ***тка́цкий ~*** Webstuhl *m*
станцио́нный (14) Bahnhofs-, Stations-; ***~ зал*** *m* Wartesaal
ста́нция *f* (7) Station; Haltestelle;

Bahnhof *m*; *Met.* (Wetter-)Warte
ста́птывать (1), <стопта́ть> (3) abtragen; schief treten
стара́ние *n* (12) Bemühung *f*, Anstrengung *f*; Eifer *m*
стара́тельный (14; -лен, -льна) fleißig; eifrig; sorgfältig
стара́ться (1), <по-> sich bemühen, sich Mühe geben
старе́ть (8) alt werden, altern; veralten
ста́рец *m* (1; -рца) alter Mönch
стари́к *m* (1*e.*) alter Mann, Greis
старина́ (5) *f* alte Zeit(en)
стари́нный (14; -и́нен, -и́нна) sehr alt; altertümlich
ста́рить (13), <со-> alt machen; **-ся** alt werden
старода́вний (15) uralt, altertümlich
старо|мо́дный (14; -ден, -дна) altmodisch; **~обра́зный** (14; -зен, -зна) ältlich, alt aussehend; **~славя́нский** (16) altkirchenslawisch
ста́роста *m* (5) Älteste(r)
ста́рость *f* (8) Alter *n*, Lebensabend *m*
старт *m* (1) Start; ***на ~!*** *Sp.* auf die Plätze!
стартёр *m* (1) *Tech.* Anlasser
стартова́ть (7) *im*(*pf.*) starten
стару́ха *f* (5) alte Frau, Greisin
ста́рческий (16) altersbedingt; altersschwach; senil
ста́рший (17) älter; ältest; Ober-; *Su.* Vorgesetzte(r)
старшинство́ *n* (9) Alter, Rangfolge *f*
ста́рый (14; стар, -á, -ó) alt; altbekannt
старьё F *n* (10) alte Sachen *f/pl.*, alter Kram *m*
старьёвщик *m* (1) Altwarenhändler
ста́скивать (1), <стащи́ть> (16) herunterziehen; wegziehen; *pf.* F klauen, stibitzen
ста́тика *f* (5) Statik
стати́ст *m* (1) Komparse
стати́стика *f* (5) Statistik
статисти́ческий (16) statistisch
ста́тный (14; -тен, -тнá) stattlich, wohlgebaut
стату́т *m* (1) Satzung *f*, Statut *n*
стату́этка *f* (5; -ток) Statuette
ста́туя *f* (6; -уй) Statue, Standbild *n*
стать[1] → ***станови́ться***
стать[2] *f* (8) Gestalt, Figur
статья́ *f* (6; -те́й) Artikel *m*; Aufsatz *m*; *Ware*: Posten *m*; *Jur.* Paragraph *m*
стациона́рный (14) stationär; ortsfest
ста́чечник *m* (1) Streikende(r)
ста́чечный (14) Streik-
ста́чка *f* (5; -чек) Streik *m*, Ausstand *m*
стащи́ть → ***ста́скивать***
ста́я *f* (6; -ай) Schwarm *m*; Rudel *n*
ста́ять → ***ста́ивать***
ствол *m* (1*e.*) *Bot.* Stamm; *Waffe:* Lauf; Rohr *n*
сте́бель *m* (4; -бля; *ab Gpl. a. e.*) Stiel, Stängel; Halm
стега́ть (1; стёганный) **1.** <вы́-, про-> *Wattestoff* steppen; **2.** *einm.* <стегну́ть> (20; стёгнутый) auspeitschen
стека́ть (1), <стечь> (26) abfließen, ablaufen; **-ся** zusammenfließen; *fig.* zusammenströmen, sich ansammeln
стекло́ *n* (9; *pl. st.* стёкла, стёкол) Glas; *Fenster*: Scheibe *f*
стекло|ви́дный (14; -ден, -дна) gläsern; glasartig; (*o.K.*) Glas-; **~волокно́** *n* (9) Glasfaser *f*; **~очисти́тель** *m* (4) Scheibenwischer; **~ре́з** *m* (1) Glasschneider
стекля́нный (14) Glas-, gläsern
стеко́льный (14) Glas-
стели́ть → ***стлать***
стелла́ж *m* (1*e.*; -е́й) Gestell *n*; Regal *n*
сте́лька *f* (5; -лек) Einlegesohle
стена́ *f* (5; *ASg.* сте́ну; *pl. st.*) Wand; Mauer
стенд *m* (1) Stand; Schaukasten
сте́нка *f* (5; -нок) Wand
стенно́й (14) Wand-
стенографи́ровать (7), <за-> stenographieren
стеногра́фия *f* (7) Stenographie, Kurzschrift
степе́нный (14; -е́нен, -е́нна) würdevoll; gesetzt
сте́пень *f* (8; *ab Gpl. e.*) Grad *m*, Stufe; Maß *n*; *Math.* Potenz; ***положи́тельная ~*** *Gr.* Positiv *m*; ***сравни́тельная ~*** *Gr.* Komparativ *m*; ***превосхо́дная ~*** *Gr.* Superlativ *m*;

в вы́сшей сте́пени äußerst, überaus; ***в не́которой сте́пени*** gewissermaßen

степно́й (14) Steppen-

степь *f* (8/8*e*.; в -пи́; *Npl. st., ab G e.*) Steppe

стерео|ти́пный (14; -пен, -пна) stereotyp; *fig.* abgedroschen; **~труба́** *f* (5; *pl. st.*) Scherenfernrohr *n*; **~фони́ческий** (16) Stereo-

стере́ть(ся) → ***стира́ть(ся)***

стере́чь (26 -г/ж-) hüten, bewachen; behüten; (В *j-m*) auflauern

сте́ржень *m* (4; -жня; *ab Gpl. a. e.*) Kiel; *Tech.* Schaft, Stange *f*; *fig.* Kern, Kernstück *n*

стерпе́ть (10) *pf.* aushalten, ertragen, erdulden; an sich halten, sich beherrschen

стёртый (14) abgenutzt, abgegriffen; verwischt, unleserlich

стесне́ние *n* (12) Beengung *f*, Einengung *f*; Beklemmung *f*; Befangenheit *f*, Schüchternheit *f*; ***без стесне́ния*** ungezwungen

стеснённый (14*K*.) beengt; befangen

стесни́тельный (14; -лен, -льна) beengend, unbequem; schüchtern

стесня́ть (28), <стесни́ть> (13*e*.) beengen, einengen; einschränken; verlegen machen; **-ся** sich drängen; sich einschränken; *impf.* sich genieren, verlegen sein

стече́ние *n* (12) Zusammenfluss *m*; *fig.* Zusammentreffen; ***~ наро́да*** Menschenansammlung *f*

стечь(ся) → ***стека́ть(ся)***

стили́стика *f* (5) Stilistik, Stilkunde

стиль *m* (4) Stil, Stilrichtung *f*; ***по но́вому сти́лю*** nach dem gregorianischen Kalender; ***по ста́рому сти́лю*** nach dem julianischen Kalender

сти́льный (14; -лен, -льна) stilecht, stilvoll

сти́мул *m* (1) Stimulus, Anreiz, Ansporn

стипе́ндия *f* (7) Stipendium *n*

стира́льный (14) Wasch-

стира́ть (1) **1.** <стере́ть> (12; сотру́, -рёшь; стёр) abwischen; ausradieren; wegwischen; zerreiben, wund reiben; *Aufnahme* löschen; **-ся** sich verwischen; abgegriffen sein; **2.** <вы́-> *Wäsche* waschen; **-ся** gewaschen werden

сти́рка *f* (5) Wäsche, Waschen *n*

стих *m* (1*e*.) Vers; *pl.* Gedicht *n*

стиха́ть (1), <сти́хнуть> (21) still werden; verstummen; aufhören; nachlassen

стихи́йный (14; -и́ен, -и́йна) elementar; spontan

стихи́я *f* (7) Element *n*, Elementargewalt; Naturkraft

сти́хнуть → ***стиха́ть***

стихо|творе́ние *n* (12) Gedicht; **~тво́рный** (14) Vers-, Gedicht-

стлать (стелю́, сте́лешь; -стланный) ausbreiten; legen; *Bett* machen

сто (35) hundert

сто́имость *f* (8) Wert *m*; Preis *m*, Kosten *pl.*

сто́ить (13) kosten; wert sein; sich lohnen; ***сто́ит то́лько ...*** man braucht nur ...; ***не сто́ит!*** keine Ursache!

сто́йка *f* (5; -о́ек) Ladentisch *m*; Schanktisch *m*, Tresen *m*

сто́йкий (16; -о́ек, -о́йка́) standhaft; fest

сто́йкость *f* (8) Standhaftigkeit; Widerstandskraft; Stabilität

сто́йло *n* (9) Stand *m*, Box *f*; Verschlag *m*

сток *m* (1) Abfluss

стол *m* (1*e*.) Tisch; Kost *f*, Verpflegung *f*

столб *m* (1*e*.) Pfosten; Pfahl; Säule *f*

столбе́ц *m* (1; -бца́) *Typ.* Spalte *f*, Rubrik *f*

столбня́к *m* (1*e*.) Starrkrampf; F Erstarrung *f*

столе́тие *n* (12) Jahrhundert; hundertster Jahrestag *m*

столе́тний (15) hundertjährig

сто́лик *m* (1) Tischchen *n*, Tisch

столи́ца *f* (5) Hauptstadt

столи́чный (14) hauptstädtisch; der Hauptstadt

столкнове́ние *n* (12) Zusammenstoß *m*, Zusammenprall *m*; Konflikt *m*

столкну́ть(ся) → ***ста́лкивать(ся)***

столо́вая *f* (14) Esszimmer *n*, Speisezimmer *n*; Kantine

столо́вый (14) Tisch-, Tafel-; Ess-
столп *m* (1*e.*) Säule *f*, Stütze *f*
столпи́ться (14*e.*) *pf.* sich zusammendrängen, sich drängen
столпотворе́ние F *n* (12) wirres Durcheinander
сто́лько (32) so viel; ***~ же*** ebenso viel; ***ещё ~ же*** noch einmal so viel
столя́р *m* (1*e.*) Tischler
столя́рный (14) Tischler-
стон *m* (1) *a. pl.* Stöhnen *n*
стона́ть (стону́ *u.* стона́ю, сто́нешь) stöhnen, ächzen
стопа́ *f* (5) Fuß *m*; ***идти́ по чьим-либо стопа́м*** in j-s Fußstapfen treten
сто́пка *f* (5; -пок) kleiner Stoß *m*
стоп-кра́н *m* (1) *Esb.* Notbremse *f*
сто́порить (13), <за-> stoppen
стопроце́нтный (14; -тен, -тна) hundertprozentig
стопта́ть → ***ста́птывать***
сторгова́ться F (7) *pf.* sich einigen; handelseins werden
сто́рож *m* (1; *pl. e.*: -а́, -е́й) Wächter; Wärter
сторожи́ть (16*e.*) bewachen; (В *j-m*) auflauern
сторо́жка *f* (5; -жек) Wärterhäuschen *n*
сторона́ *f* (5; *ASg.* сто́рону; *pl.* сто́роны, сторо́н, сторона́м) Seite; *Jur.* Partei; ***стороно́й*** auf Umwegen; unter der Hand; ***в сто́рону*** seitwärts, beiseite; ***в стороне́*** abseits, beiseite; ***из стороны́ в сто́рону*** von e-r Seite auf die andere; ***по э́ту сто́рону*** diesseits; ***по ту сто́рону*** jenseits; ***по сторона́м*** seitlich; ***с мое́й стороны́*** meinerseits; ***с обе́их сторо́н*** beiderseits; ***ни с то́й ни с друго́й стороны́*** von keiner Seite; ***со стороны́*** (P) von auswärts; seitens; ***со стороны́ отца́*** väterlicherseits; ***со всех сторо́н*** *fig.* allseits
сторони́ться (13/13*e.*), <по-> beiseite treten, Platz machen; meiden, aus dem Weg gehen
сторо́нник *m* (1) Anhänger
сто́чный (14) Abfluss-
стоя́нка *f* (5; -нок) Halt *m*, Haltestelle; Parkplatz *m*
стоя́ть (стою́, -ои́шь) stehen; stillstehen; *fig.* einstehen; stehen bleiben; halten; *Mil.* liegen; *fig.* eintreten, sich einsetzen; ***стой!*** halt!
стоя́чий (17) Steh-, stehend; aufrecht
сто́ящий F (17*K.*) lohnend
стра́вливать (1), **стравля́ть** (28), <страви́ть> (14) aufeinander hetzen
страда́ние *n* (12) Leiden, Qual *f*
страда́тельный (14) passiv
страда́ть (1) **1.** leiden (T an); **2.** <по-> Schaden nehmen
стра́жа *f* (5) Wache
страна́ *f* (5; *pl. st.*) Land *n*; Gegend; ***стра́ны све́та*** Himmelsrichtungen
страни́ца *f* (5) Seite
стра́нник *m* (1) Wanderer
стра́нный (14; -а́нен, -а́нна) seltsam, sonderbar, merkwürdig
странове́дение *n* (12) Landeskunde *f*
странове́дческий (16) landeskundlich
стра́нствовать (7) reisen, umherreisen; wandern
стра́стный (14; -тен, -тна) leidenschaftlich
страсть *f* (8; *ab Gpl. e.*) Leidenschaft; Hingabe
стратеги́ческий (16) strategisch
страте́гия *f* (7) Strategie
стратосфе́ра *f* (5) Stratosphäre
стра́ус *m* (1) *Zool.* Strauß
страх *m* (1; -а/-у) Angst *f*; Furcht *f*; ***под стра́хом сме́ртной ка́зни*** bei Todesstrafe
страхова́ние *n* (12) Versicherung *f*
страхова́тель *m* (4) Versicherte(r)
страхова́ть (7), <за-> versichern (***от*** P gegen); e-n Versicherungsvertrag abschließen; **-ся** sich versichern
страхо́вка *f* (5; -вок) Versicherung; Versicherungsprämie
страхово́й (14) Versicherungs-
страши́лище F *n* (11) Schreckgespenst
страши́ть (16*e.*) Angst machen, ängstigen; **-ся** sich fürchten (P vor)
стра́шный (14; -шен, -шна́) furchtbar, schrecklich; ***мне стра́шно*** ich fürchte mich, ich habe Angst

стрекоза́ *f* (5; *pl. st.* стреко́зы) Libelle
стрела́ *f* (5; *pl. st.*) Pfeil *m*
стре́лка *f* (5; -лок) Zeiger *m*; *Esb.* Weiche
стрелко́вый (14) Schieß-; Schützen-
стрело́к *m* (1; -лка́) Schütze
стрельба́ *f* (5; *pl. st.*) Schießen *n*
стре́льбище *n* (11) Schießplatz *m*
стре́льчатый (14) Spitzbogen-; pfeilförmig
стреля́ть (28), *einm.* <стрельну́ть> (20) schießen, feuern, abfeuern
стремгла́в jäh, Hals über Kopf
стреми́тельный (14; -лен, -льна) ungestüm, heftig
стреми́ться (14*e.*) streben (***к*** Д nach), trachten; anstreben
стремле́ние *n* (12) Streben, Bestreben; Bestrebung *f*
стре́мя *n* (13; *Gpl.* стремя́н) Steigbügel *m*
стремя́нка *f* (5; -нок) Bockleiter, Stehleiter
стри́женый (14) kurz geschnitten; mit kurzem Haar
стри́жка *f* (5; -жек) Schneiden *n*; Haarschnitt *m*
стричь (26 -г/ж-; *Prät. st.*) *Haare* schneiden; *Bäume* beschneiden; *Rasen* mähen; **-ся** sich die Haare schneiden lassen
строга́ть (1) hobeln
стро́гий (16; строг, -а́) streng; strikt, genau
стро́гость *f* (8) Strenge
строево́й (14) Bau-; Kampf-
строе́ние *n* (12) Bau *m*; Struktur *f*; Gebäude
строи́тель *m* (4) Baumeister; Bauarbeiter
строи́тельный (14) Bau-
строи́тельство *n* (9) Bau *m*, Aufbau *m*; Bauunternehmen
стро́ить (13) **1.** <по-, вы́-> bauen, errichten; **2.** <по-> bauen, aufbauen; konstruieren; *Programm* zusammenstellen; *Pläne* schmieden
строй *m* **1.** (3; в -ою́; *pl. e.*: -ои́, -оёв) Reihe(n *pl.*) *f*; Glied *n*; *Mar.* Formation *f*; *Tech.* Betrieb; **2.** (3; *pl. e.*) Gesellschaftsordnung *f*; Bau, Aufbau, Struktur *f*
стро́йка *f* (5; -о́ек) Bau *m*; Bauvorhaben *n*; Baustelle *f*
стройматериа́лы *m/pl.* (1) Baumaterial *n*, Baustoffe
стро́йный (14; -о́ен, -ойна́) schlank; wohlgebaut; wohl geordnet; harmonisch
строка́ *f* (5; *Npl. st.*) Zeile
стропи́ло *n* (9) Dachsparren *m*
стропти́вый (14 *K.*) widerspenstig, störrisch
строфа́ *f* (5; *pl. a. st., N st.*) Strophe
строчи́ть (16*e.*/16; -о́ченный) **1.** <про-, вы́-> steppen; F nähen; **2.** <на-> F hastig schreiben, hinkritzeln
струга́ть (1) hobeln
стру́жка *f* (5; -жек) Hobelspan *m*
стру́йный: ~ ***при́нтер*** *m* Tintenstrahldrucker *m*
струи́ться (13*e.*) rinnen, rieseln; strömen
структу́ра *f* (5) Struktur
структу́рный (14) strukturell; Struktur-
струна́ *f* (5; *pl. st.*) Saite
стру́нный (14) Saiten-; Streich-
струп *m* (1; *pl.* -ья, -ьев) Schorf; Grind
стру́сить (15) *pf.*, **струхну́ть** F (20) *pf.* Angst bekommen, es mit der Angst zu tun bekommen
стручко́вый (14) Hülsen-
стручо́к *m* (1; -чка́) Schote *f*, Hülse *f*
струя́ *f* (6; *pl. st.*: стру́и, -у́й) Strahl *m*; Strom *m*
стря́пать F (1), <со-> kochen, zubereiten; fabrizieren
стрясти́сь F (25 -с-) *pf.* passieren (**с** Т *j-m*), zustoßen
стря́хивать (1), <стряхну́ть> (20) abschütteln
студени́стый (14*K.*) gallertartig
студе́нт *m* (1), **студе́нтка** *f* (5; -ток) Student(in *f*)
студе́нческий (16) Studenten-, studentisch
студе́нчество *n* (9) Studentenschaft *f*; Studienzeit *f*
сту́день *m* (4; -дня) Sülze *f*
студи́ть (15), <о-> abkühlen
сту́дия *f* (7) Studio *n*; Atelier *n*
стук *m* (1) Klopfen *n*, Pochen *n*; ***без ~а*** ohne anzuklopfen

сту́кать (1), *einm.* <сту́кнуть> (20) anklopfen; **-ся** sich stoßen
стул *m* (1; *pl.* -ья, -ьев) Stuhl; *Med.* Stuhlgang
ступа́ть (1), <ступи́ть> (14) betreten; *impf.* schreiten
ступе́нь *f* (8) Stufe
ступе́нька *f* (5; -нек) Stufe; Sprosse
ступи́ца *f* (5) Radnabe
ступня́ *f* (6; -не́й) Fuß *m*; Fußsohle *f*
стуча́ть (4*e.*) klopfen, pochen (***в*** В an); **-ся** anklopfen (***к*** Д bei)
стушёвываться (1), <стушева́ться> (6 -у́-) sich verwischen; verblassen (***перед*** Т gegenüber)
стыд *m* (1*e.*) Scham *f* (***от***, ***со*** Р vor); Schande *f*
стыди́ть (15*e.*) beschämen; **-ся** sich schämen; sich genieren
стыдли́вый (14*K.*) schüchtern; verschämt
сты́дно es ist e-e Schande; ***мне*** ~ ich schäme mich
сты́дный F (14; -ден, -дна) beschämend, peinlich
стык *m* (1) *Tech.* Fuge *f*, Stoß; Berührungspunkt
стыкова́ть (7), <со-> *Tech.* zusammenkoppeln; *Raumf.* ankoppeln
стыко́вка *f* (5; -вок) Kopplungsmanöver *n*, Andocken *n*
сты́(ну)ть (20), <о-> kalt werden; abkühlen
сты́чка *f* (5; -чек) Zusammenstoß *m*, Scharmützel *n*; *fig.* Wortwechsel *m*
стя́гивать (1), <стяну́ть> (19) zusammenziehen; zusammenschnüren; F klauen
суббо́та *f* (5) Sonnabend *m*, Samstag *m*
субсиди́ровать (7) *im(pf.)* subventionieren; finanziell unterstützen
субси́дия *f* (7) Subvention; Zuschuss *m*
субста́нция *f* (7) Substanz
субти́льный F (4; -лен, -льна) zart, subtil
субтро́пики *pl.* (1) Subtropen
субтропи́ческий (16) subtropisch
субъе́кт *m* (1) Subjekt *n*
сувени́р *m* (1) Souvenir *n*, Andenken *n*
суверените́т *m* (1) Souveränität *f*
сувере́нный (14; -е́нен, -е́нна) souverän
сугро́б *m* (1) Schneewehe *f*
сугу́бый (14*K.*) äußerst, höchst
суд *m* (1*e.*) Gericht *n*; Gerichtsverhandlung *f*, Gerichtsverfahren *n*; Gerichtsgebäude *n*; Urteil *n*; ***Федера́льный конституцио́нный*** ~ Bundesverfassungsgericht *n*
суде́бный (14) Gerichts-, gerichtlich; Justiz-
суде́йский (16) *Jur.* Richter-; *Sp.* Schiedsrichter-
суди́мость *f* (8) Vorstrafe(n *pl.*)
суди́ть (15; -дя́) zu Gericht sitzen, richten; vor Gericht stellen; urteilen, beurteilen; *Sp.* als Schiedsrichter leiten; **-ся** vor Gericht stehen; prozessieren
су́дно *n* (9; *pl.* суда́, судо́в) Schiff
судове́рфь *f* (8) Schiffswerft
судово́й (14) Schiffs-
судо́к *m* (1; -дка́) Menage *f*, Gewürzständer
судопроизво́дство *n* (9) Gerichtsverfahren
су́дорога *f* (5) Krampf *m*
су́дорожный (14; -жен, -жна) krampfartig, verkrampft
судо|строе́ние *n* (12) Schiff(s)bau *m*; **~строи́тельный** (14) Schiff(s)-bau-; **~хо́дный** (14; -ден, -дна) schiffbar; **~хо́дство** *n* (9) Schifffahrt *f*
судьба́ *f* (5; *pl. st.*, *G* -деб) Schicksal *n*; Los *n*
судья́ *m* (6; *pl. st.*, *G* -де́й) *Jur.* Richter (*a. fig.*); *Sp.* Schiedsrichter
суеве́рие *n* (12) Aberglaube *m*
суеве́рный (14; -рен, -рна) abergläubisch
суета́ *f* (5) Hast, Hektik
суети́ться (15*e.*) hasten; geschäftig sein
суетли́вый (14*K.*) geschäftig; hektisch, ruhelos
сужа́ть, **су́живать** (1), <су́зить> (15) verengen, einengen; *fig.* einschränken; **-ся** enger werden
сужде́ние *n* (12) Urteil, Meinung *f*
суже́ние *n* (12) Verengung *f*
су́зить(ся) → ***сужа́ть(ся)***
сук *m* (1*e.*; на -у́; *pl. a.* су́чья, -ьев) Ast

С

су́ка *f* (5) Hündin
сукно́ *n* (9; *pl. st.*, *G* су́кон) Tuch; ***класть под ~*** auf die lange Bank schieben
сукова́тый (14*K.*) knorrig
суко́нный (14) Tuch-; ***~ язы́к*** *m* hölzerne Sprache *f*
сумасбро́дный (14; -ден, -дна) närrisch, töricht
сумасбро́дство *n* (9) Torheit *f*, Narretei *f*
сумасше́дший (17) wahnsinnig, verrückt; *Su. m* Verrückte(r)
сумасше́ствие *n* (12) Wahnsinn *m*, Verrücktheit *f*
сумато́ха *f* (5) Durcheinander *n*; Wirrwar *m*
сумбу́р *m* (1) Durcheinander *n*, Chaos *n*
сумбу́рный (14; -рен, -рна) verworren, chaotisch
су́меречный (14; -чен, -чна) dämm(e)rig, Dämmer-
су́мерки *pl.* (5; -рек) Dämmerung *f*
суме́ть (8) *pf.* es fertig bringen, können
су́мка *f* (5; -мок) Tasche; Handtasche
су́мма *f* (5) Summe, Betrag *m*; Gesamtheit
сумма́рный (14; -рен, -рна) Gesamt-; summarisch
сумми́ровать (7) *im*(*pf.*) summieren, zusammenrechnen
су́мочка *f* (5; -чек) Handtasche
су́мрак *m* (1) Dämmerung *f*, Halbdunkel *n*
су́мрачный (14; -чен, -чна) dämm(e)rig; trübe; *fig.* finster; trostlos
сунду́к *m* (1*e.*) Truhe *f*; Koffer
су́нуть(ся) → ***сова́ть(ся)***
суп *m* (1; -а/-у; *a.* в -у́; *pl. e.*) Suppe *f*
суперобло́жка *f* (5; -жек) Schutzumschlag *m*
су́пница *f* (5) Suppenschüssel
супру́г *m* (1), **супру́га** *f* (5) Gemahl(in *f*), Gatte(-tin *f*), Ehemann *m*, Ehefrau *f*; *pl.* Eheleute
супру́жеский (16) Ehe-, ehelich
супру́жество *n* (9) Ehe *f*; Ehestand *m*
суро́вость *f* (8) Härte; Strenge
суро́вый (14*K.*) hart, rau; streng
суро́к *m* (1; -рка́) Murmeltier *n*
су́сло *n* (9) Most *m*
суста́в *m* (1) Gelenk *n*
суставно́й (14) Gelenk-
су́тки *pl.* (5; -ток) Tag und Nacht, vierundzwanzig Stunden; ***кру́глые ~*** rund um die Uhr
су́толока *f* (5) Gedränge *n*, Gewühl *n*
су́точный (14) Tages-
суту́литься (13), <с-> den Rücken krümmen
суту́лый (14*K.*) gekrümmt, gebeugt
суть *f* (8) Wesen *n*; Grund *m*; ***по су́ти де́ла*** im Grunde genommen, eigentlich
суфлёр *m* (1) Souffleuse *f*, Souffleur
су́ффикс *m* (1) Suffix *n*
суха́рь *m* (4*e.*) Zwieback; Keks
сухожи́лие *n* (12) Sehne *f*
сухо́й (14; сух, -а́) trocken; dürr; *fig.* gefühllos, steif; ***вы́йти сухи́м из воды́*** F mit heiler Haut davonkommen
сухопа́рый F (14*K.*) hager
сухопу́тный (14) Land-
су́хость *f* (8) Trockenheit
сухофру́кты *pl.* (1) Dörrobst *n*
сухоща́вый (14*K.*) hager, sehnig
сучкова́тый (14*K.*) knorrig
сучо́к *m* (1; -чка́) kleiner Ast
су́ша *f* (5) Festland *n*
сушёный (14) getrocknet, Dörr-
суши́лка *f* (5; -лок) Trockner *m*; Trockenraum *m*
суши́ть (16), <вы́-> trocknen, *pf.* austrocknen; *impf.* auszehren, entkräften; **-ся** trocknen
сушь F *f* (8) Trockenheit, Dürre
суще́ственный (14*K.*) wesentlich
существи́тельное *n* (14) Substantiv
существо́ *n* (9) Wesen, das Wesentliche; Geschöpf; ***по существу́*** im Grunde
существова́ние *n* (12) Existenz *f* Dasein
существова́ть (7) bestehen, existieren
су́щность *f* (8) Wesen *n*, das Wesentliche
сфе́ра *f* (5) Sphäre, Bereich *m*; *fig.* Element *n*
схва́тка *f* (5; -ток) Zusammenstoß *m*, Gefecht *n*, Handgemenge *n*
схва́тывать (1), <схвати́ть> (15)

packen, fassen, ergreifen; *fig.* erfassen, begreifen; **-ся** greifen (***за*** В nach); sich festhalten (an); aneinander geraten
схе́ма *f* (5) Schema *n*; Plan *m*; Skizze; *El.* Schaltbild *n*
схемати́ческий (16), **схемати́чный** (14; -чен, -чна) schematisch
схитри́ть (13*e.*) *pf.* mogeln
сход *m* (1) Abstieg
сходи́ть (15), <сойти́> (сойду́, -дёшь; сошёл, -шла́; соше́дший; сойдя́) hinabsteigen; aussteigen (**с** Р aus); hinuntergehen; abweichen, sich lösen; ***сойдёт*** es wird schon gehen; ***~ с ума́*** den Verstand verlieren, verrückt werden; **-ся**, <-сь> zusammenkommen, sich versammeln; sich anfreunden; übereinstimmen
схо́дный (14; -ден, -дна́) ähnlich
схо́дство *n* (9) Ähnlichkeit *f*
схо́жий (17*K.*) ähnlich
сцара́пывать, <сцара́пать> (1) abkratzen
сце́живать (1), <сцеди́ть> (15) abgießen
сце́на *f* (5) Bühne; Auftritt *m*; F Szene
сцена́рий *m* (3; -ии) Drehbuch *n*
сцени́ческий (16) Bühnen-
сце́пка *f* (5; -пок) Kupplung *f*
сцепле́ние *n* (12) Einkuppeln; Kupplung *f*
сцепля́ть (28), <сцепи́ть> (14) kuppeln; **-ся** ineinander greifen; F aneinander geraten, sich in die Haare geraten
счастли́вец *m* (1; -вца) Glückspilz
счастли́вый (14; -ли́в, -ли́ва) glücklich; ***счастли́вого пути́!*** gute Reise!
сча́стье *n* (10; -тий) Glück; ***к сча́стью*** zum Glück, glücklicherweise
счесть → ***счита́ть 2***
счёт *m* (1; -а/-у; *a.* на счету́; *pl. e.*, *N* счета́) Rechnen *n*; Konto *n*; Rechnung *f*; *Sp.* Ergebnis *n*, Endstand; ***в два счёта*** im Handumdrehen; ***в коне́чном счёте*** letzten Endes
счетово́дство *n* (9) Buchführung *f*, Rechnungsführung *f*
счётчик *m* (1) Zähler
счи́стить → ***счища́ть***
счита́ть (1), <со-, счесть> (сочту́, -тёшь; счёл, сочла́; сочтя́; сочтённый: -ена́) zählen, zusammenzählen; **-ся 1.** <по-> Rücksicht nehmen (**с** Т auf); ***не счита́ясь*** ohne Rücksicht; **2.** gelten (Т als)
счища́ть (1), <счи́стить> (15) abwischen; abschälen
сшиба́ть (1), <сшиби́ть> (-бу́, -бёшь; сшиб, -ла) umstoßen; ***~ с ног*** umrennen
сшива́ть (1), <сшить> (сошью́, -ьёшь) zusammennähen
съеда́ть (1), <съесть> (съем, -ешь) aufessen
съедо́бный (14; -бен, -бна) essbar
съёживаться (1), <съёжиться> (16) zusammenschrumpfen
съезд *m* (1) Kongress; Abfahrt *f*
съе́здить (15) *pf.* hinfahren
съезжа́ть (1), <съе́хать> (съе́ду, -дешь) hinunterfahren; hinunterrutschen; abbiegen, einbiegen; **-ся** zusammenkommen, zusammentreffen
съёмка *f* (5; -мок) Aufnahme, Foto
съёмный (14) abnehmbar; *Obst*: reif
съёмщик *m* (1) Mieter, Pächter
съесть → ***съеда́ть***
съе́хать(ся) → ***съезжа́ть(ся)***
сы́воротка *f* (5; -ток) Heilserum *n*; Impfstoff *m*
сыгра́ть → ***игра́ть***
сын *m* (1; *pl.* сыновья́, -ве́й, -вья́м; *fig.* сыны́, -но́в) Sohn
сы́пать (2) schütten, streuen; verschwenden; überschütten; **-ся** herabrieseln, herabfallen
сыпу́чий (17*K.*) Streu-; Schütt-
сыпь *f* (8) Ausschlag *m*
сыр *m* (1; -а/-у; *a.* в -у́; *pl. e.*) Käse; ***как ~ в ма́сле ката́ться*** F wie die Made im Speck leben
сыре́ть (8), <от-> feucht werden
сы́рник *m* (1) Quarkkeulchen *n*, (kleiner) Quarkpfannkuchen
сы́рный (14) Käse-
сыро́й (14; сыр, -а́) feucht; roh, ungekocht
сы́рость *f* (8) Feuchtigkeit
сырьё *n* (10) Rohstoff *m*, Rohmaterial
сыска́ть F (3) *pf.* auffinden

сы́тный (14; -тен, -тна́) sättigend; nahrhaft
сы́тый (14; сыт, -а́) satt
сы́щик *m* (1) Detektiv; Kriminalpolizist
сюда́ hierher
сюже́т *m* (1) Sujet *n*, Stoff
сюрпри́з *m* (1) Überraschung *f*

Т

таба́к *m* (1*e.*; -а́/-у́) Tabak
таба́чный (14) Tabak(s)-
та́бель *m* (4) Liste *f*, Tabelle *f*; Zwischenzeugnis *n*
та́бельный (14) Kontroll-
табле́тка *f* (5; -ток) Tablette
табли́ца *f* (5) Tabelle, Tafel; **~ *умноже́ния*** Einmaleins *n*
та́бор *m* (1) Zigeunerlager *n*, Lager *n*
табу́н *m* (1*e.*) Herde *f*
табуре́т *m* (1), **табуре́тка** *f* (5; -ток) Hocker *m*, Schemel *m*
таз *m* (1; в -у́; *pl. e.*) Becken *n* (*a. Anat.*); Waschbecken *n*; Schüssel *f*
тазобе́дренный (14) Hüft-
та́зовый (14) Becken-
таи́нственный (14*K.*) geheim; geheimnisvoll
та́инство *n* (9) *Rel.* Sakrament
таи́ть (13*e.*), <у-> verheimlichen, verhehlen, verbergen; **-ся** sich verstecken (**от** P vor); verborgen bleiben
тайга́ *f* (5) Taiga, sibirischer Urwald *m*
тайко́м heimlich, insgeheim; **~ *от меня́*** hinter meinem Rücken
тайм *m* (1) *Sp.* Halbzeit *f*
та́йна *f* (5) Geheimnis *n* (**от** P vor); ***держа́ть в та́йне*** geheim halten
тайни́к *m* (1*e.*) Versteck *n*, Schlupfwinkel; Geheimfach *n*
та́йный (14) geheim; heimlich
так so; dermaßen; dann; also; **~ *же*** ebenso; ***не ~ ли?*** nicht wahr?; **~ *себе́*** F soso, so lala; **~ *и есть*** F tatsächlich; **(*и*) ~ *и ся́к*** F mal so, mal so; ***и ~ да́лее*** und so weiter; **~ *то́чно!*** *Mil.* jawohl!
такела́ж *m* (1; -ей) Takelwerk *n*
та́кже auch; gleichfalls, ebenfalls; ***а* ~** sowie
тако́в *m*, -а́ *f*, -о́ *n*, -ы́ *pl.* so; so ein; ***и был* ~** F und weg war er
тако́й (16) solcher, so ein *od.* einer; **~ *же*** genau derselbe; ***кто ~?*** wer ist das eigentlich?; ***что тако́е?*** was gibt's?, was ist (hier) los?; ***что э́то тако́е?*** was ist das?
та́кса *f* (5) **1.** Taxe, Tarif *m*; **2.** Dackel *m*
такси́ *n* (*unv.*) Taxi
таксист *m* (1) Taxifahrer
такт *m* (1) *Mus.* Takt; *fig.* Takt, Feingefühl *n*
та́ктика *f* (5) Taktik
такти́ческий (16) taktisch
такти́чность *f* (8) Taktgefühl *n*
такти́чный (14; -чен, -чна) taktvoll, feinfühlig
так что so dass
тала́нт *m* (1) Talent *n*, Begabung *f*
тала́нтливый (14*K.*) talentiert, begabt
та́лия *f* (7) Taille
тало́н *m* (1) Talon, Gutschein; Abschnitt
та́лый (14) tauend, matschig
там dort, da; F dann; **~ *же*** ebenda; **(*и*) ~ *и сям*** F hie und da
та́мбур *m* (1) *Arch.* Windfang
тамбури́н *m* (1) Schellentrommel *f*
тамо́женник *m* (1) Zollbeamte(r)
тамо́женный (14) Zoll-
тамо́жня *f* (6; -жен) Zollamt *n*
та́нец *m* (1; -нца) Tanz
танк *m* (1) Panzer; Tank
та́нкер *m* (1) Tanker
танцева́льный (14) Tanz-
танцева́ть (6; -у-), <с-> tanzen

танцо́вщик *m* (1), **танцо́вщица** *f* (5) Balletttänzer(in *f*) *m*
танцо́р *m* (1), **танцо́рка** *f* (5; -рок) Tänzer(in *f*) *m*
тапёр *m* (1) Klavierspieler
та́почки *f/pl.* (5; -чек) Schuhe *m/pl.*, Turnschuhe *m/pl.*
та́ра *f* (5) Verpackung, Leergut *n*
тарака́н *m* (1) *Zool.* Schabe *f*, Kakerlake *f*
тара́нить (13), <про-> rammen; durchbrechen
тара́нтул *m* (1) Tarantel *f*
тарато́рить F (13) plappern, schnattern
тарато́рка F *m/f* (5; -рок) Plappermaul *n*
тарахте́ть F (11*e.*) rattern; klappern
таре́лка *f* (5; -лок) Teller *m*
тари́фный (14) Tarif-; nach Tarif
таска́ть (1) schleppen, schleifen; ziehen; **-ся** F sich herumtreiben, herumlungern
тасова́ть (7), <с-, пере-> mischen
татуи́ровать (7) *im(pf.)*, <вы́-> tätowieren
татуиро́вка *f* (5; -вок) Tätowierung
тафта́ *f* (5) Taft *m*
тафтяно́й (14) Taft-
тахта́ *f* (5) Liege
тача́нка *f* (5; -нок) leichter Wagen *m*
тача́ть (1), <вы́-> zusammennähen, steppen
та́чка *f* (5; -чек) Schubkarren *m*; F Karre, Kiste (*Auto*)
тащи́ть (16), <вы́-> schleppen, ziehen; **-ся** F sich schleppen, sich mit Mühe fortbewegen
та́ять (27), <рас-> tauen, auftauen, schmelzen; zergehen; F *fig.* vergehen, schmachten (***от*** P vor)
тверде́ть (8), <за-> hart werden; sich verhärten
тверди́ть (15*e.*) **1.** ständig wiederholen; **2.** <вы́-, за-> F auswendig lernen
твердока́менный (14; -енен, -енна) steinhart; felsenfest
твердоло́бый F (14*K.*) stur, halsstarrig
твёрдость *f* (8) Härte, Festigkeit
твёрдый (14; твёрд, тверда́) fest, Fest-; hart, unerschütterlich; steif, starr; stark; standhaft
твой *m*, твоя́ *f*, твоё *n*, твои́ *pl.* (24) dein(e); der (die, das) deine; ***твоё*** *n/pl.* das Deine
творе́ние *n* (12) Schöpfung *f*, Werk; *pl.* Schaffen *n*
творе́ц *m* (1; -рца́) Schöpfer
твори́тельный (14): ***~ паде́ж*** *m* Instrumental
твори́ть (13*e.*), <со-> schaffen, erzeugen; **-ся** F geschehen, passieren
тво́ро́г *m* (1*e.*/1; тво́рога́/ тво́рогу́) Quark
творо́жник *m* (1) Quarkkeulchen *n*
тво́рческий (16) schöpferisch, Schaffens-
тво́рчество *n* (9) Schaffen; Werk
теа́тр *m* (1) Theater *n*; ***~ вое́нных де́йствий*** Kriegsschauplatz *m*
театра́л *m* (1) Theaterliebhaber
театра́льный (14; -лен, -льна) theatralisch (*a. fig.*); (*o.K.*) Theater-
театрове́дение *n* (12) Theaterwissenschaft *f*
те́зис *m* (1) These *f*; Lehrsatz
текст *m* (1) Text; Wortlaut
тексти́ль *m* (4) *koll.* Textilien *f/pl.*
тексти́льный (14) Textil-
тексти́льщик *m* (1) Textilarbeiter
текстово́й (14) Text-
теку́честь *f* (8) Fluktuation
теку́чий (17*K.*) flüssig; wechselhaft
теку́щий (17) *Monat*, *Jahr*: laufend; gegenwärtig; **~ счёт** *m* Girokonto *n*
телеба́шня *f* (6; -шен) Fernsehturm *m*
телеви́дение *n* (12) Fernsehen; ***ка́бельное ~*** Kabelfernsehen
телевизио́нный (14) Fernseh-
телеви́зор *m* (1) Fernseher, Fernsehgerät *n*; ***по ~у*** im Fernsehen; ***смотре́ть ~*** fernsehen
теле́га *f* (5) Leiterwagen *m*
телегра́мма *f* (5) Telegramm *n*
телегра́ф *m* (1) Fernmeldeamt *n*; ***по ~у*** telegrafisch
телеграфи́ровать (7) *im(pf.)* telegrafieren
телегра́фный (14) telegrafisch
теле́жка *f* (5; -жек) kleiner Wagen *m*; Karren *m*
теле|зри́тель *m* (4) Fernsehzuschauer; **~ка́мера** *f* (5) Fernsehkamera
телёнок *m* (2) Kalb *n*

теле|компа́ния *f* (7) Fernsehanstalt; **~переда́ча** *f* (5) Fernsehsendung; **~сериа́л** *m* (1) Fernsehserie *f*
теле́сный (14; -сен, -сна) körperlich, physisch
теле|та́йп *m* (1) Fernschreiber; **~управле́ние** *n* (12) Fernsteuerung *f*, Fernbedienung *f*; **~фа́кс** *m* (1) Telefax *n*; **~фи́льм** *m* (1) Fernsehfilm
телефо́н *m* (1) Telefon *n*; ***по ~у*** telefonisch; ***вас к ~у*** Sie werden am Telefon verlangt; ***говори́ть по ~у*** telefonieren, anrufen; ***моби́льный ~*** Mobiltelefon *n*, Handy *n*
телефо́нный (14) Telefon-; telefonisch
телеэкра́н *m* (1) Bildschirm
те́ло *n* (9; *pl. e.*) Körper *m*, Leib *m*; *Geschütz*: Lauf *m*
тело|гре́йка *f* (5; -е́ек) Weste; ärmellose Jacke; Wattejacke; **~движе́ние** *n* (12) Körperbewegung *f*; **~сложе́ние** *n* (12) Körperbau *m*, Statur *f*; **~храни́тель** *m* (4) Leibwächter, Bodyguard
те́льце *n* (11; *pl. e., G* -ле́ц) schmächtiger Körper *m*; ***кровяны́е тельца́*** Blutkörperchen *pl.*
теля́тина *f* (5) Kalbfleisch *n*
тем umso; ***~ не ме́нее*** nichtsdestoweniger; ***~ са́мым*** damit, dadurch
те́ма *f* (5) Thema *n*
темати́ческий (16) Themen-, thematisch
тембр *m* (1) Timbre *n*; Klangfarbe *f*
темне́ть (8) **1.** <по-> dunkler werden; sich verfinstern; **2.** sich dunkel abheben
темни́ть (13*e.*) abdunkeln
темно́ es ist dunkel
темноволо́сый (14*K.*) dunkelhaarig
темнота́ *f* (5) Dunkelheit, Finsternis
тёмный (14; тёмен, темна́) dunkel, finster (*a. fig.*); unklar, ungewiss
темп *m* (1) Tempo *n*
темпера́мент *m* (1) Temperament *n*
темпера́ментный (14; -тен, -тна) temperamentvoll
температу́ра *f* (5) Temperatur; F Fieber *n*
те́мя *n* (13) *Anat.* Scheitel *m*
тенденцио́зный (14; -зен, -зна) tendenziös
тенде́нция *f* (7) Tendenz; Neigung
тенево́й (14) Schatten-, schattig
тени́стый (14*K.*) schattig
те́ннис *m* (1) Tennis *n*
тенниси́ст *m* (1), **~ка** *f* (5; -ток) Tennisspieler(in *f*)
те́нор *m* (1; *pl. a. e., N* -а́) Tenor, Tenorstimme *f*
тент *m* (1) Sonnendach *n*
тень *f* (8; в -ни́; *ab Gpl. a. e.*) Schatten *m*; ***кита́йские те́ни*** *pl.* Schattenspiel *n*
теоре́тик *m* (1) Theoretiker
теорети́ческий (16) theoretisch
тео́рия *f* (7) Theorie, Lehre
тепе́решний F (15) jetzig, heutig
тепе́рь jetzt, nun
тепле́ть (8), <по-> warm werden, sich erwärmen
тепли́ца *f* (5) Treibhaus *n*, Gewächshaus *n*
тепло́ *n* (9) Wärme *f*
теплова́тый (14*K.*) lau, lauwarm
теплово́з *m* (1) Diesellokomotive *f*
теплово́й (14) Wärme-
теплоизоля́ция *f* (7) Wärmedämmung
тепло|кро́вные *pl.* (14) Warmblüter *m/pl.*; **~обме́н** *m* (1) Wärmeaustausch *m*; **~прово́дный** (14) wärmeleitend; **~сто́йкий** (16; -о́ек, -о́йка) wärmebeständig
теплота́ *f* (5) Wärme (*a. fig.*)
теплофика́ция *f* (7) Fernheizung
теплохо́д *m* (1) Motorschiff *n*
тёплый (14; тёпел, тепла́) warm (*a. fig.*), *Wetter*: mild; *fig.* warmherzig, herzlich
терапе́вт *m* (1) Therapeut
терапи́я *f* (7) Therapie
тере́ть (12) reiben; einreiben; scheuern
терза́ние *n* (12) Qual *f*
терза́ть (1) quälen, peinigen
тёрка *f* (5; -рок) Reibe, Reibeisen *n*
те́рмин *m* (1) Terminus, Fachausdruck
терминоло́гия *f* (7) Terminologie
терми́ческий (16) thermisch, Wärme-
термоизоля́ция *f* (7) Wärmedämmung
термо́метр *m* (1) Thermometer *n*
те́рмос *m* (1) Thermosflasche *f*

…рмоя́дерный (14) thermonuklear, Kern-
тёрн *m* (1) Schlehdorn, Schlehe *f*
терни́стый (14*K.*) dornig; *fig.* dornenreich
терно́вник *m* (1) Schlehdorn, Schlehe *f*
терпели́вость *f* (8) Geduld, Langmut
терпели́вый (14*K.*) geduldig, langmütig
терпе́ние *n* (12) Geduld *f*; Fassung *f*
терпе́ть (10) **1.** ertragen, aushalten; F sich gedulden; **не ~** nicht ausstehen; **2.** <по-> erleiden; ***вре́мя те́рпит*** das hat Zeit; **-ся** aushalten; ***мне не те́рпится*** ich kann es kaum erwarten
терпи́мость *f* (8) Toleranz
терпи́мый (14*K.*) tolerant; erträglich, leidlich
те́рпкий (16; -пок, -пка́) herb
терра́рий *m* (3; -ии) Terrarium *n*
терра́са *f* (5) Terrasse
территориа́льный (14) territorial
террито́рия *f* (7) Territorium *n*, Gebiet *n*
терро́р *m* (1) Terror
тёртый (14) gerieben (*a. fig.* F)
теря́ть (28), <по-> verlieren, einbüßen; **-ся** verloren gehen; verschwinden; *Gedächtnis*: nachlassen
теса́к *m* (1*e.*) Axt *f*
теса́ть (3), <о-, об-> behauen, zuhauen
тесни́ть (13*e.*), <по-> bedrängen, zurückdrängen; **-ся 1.** sich zusammendrängen; **2.** <с-> eng beisammenstehen; beengt wohnen
теснота́ *f* (5) Enge; Platzmangel *m*; ***в тесноте́*** beengt
те́сный (14; -сен, -сна́) eng; gedrängt
те́сто *n* (9) Teig *m*
тесть *m* (4) Schwiegervater
тесьма́ *f* (5) Band *n*, Borte
тетива́ *f* (5) Sehne; Leine
тётка *f* (5; -ток) Tante
тетра́дь *f* (8) Heft *n*, Schreibheft *n*
тётя *f* (6; -тей) Tante
те́фтели *pl.* (6; -лей) Fleischklöße *m/pl.*
те́хник *m* (1) Techniker
те́хника *f* (5) Technik; Gerät *n*
те́хникум *m* (1) Fachschule *f*; Ingenieurschule *f*
техни́ческий (16) technisch
техно́лог *m* (1) Technologe
технологи́ческий (16) technologisch
техноло́гия *f* (7) Technologie
техосмо́тр *m* (1) Inspektion *f*, technische Durchsicht *f*
тече́ние *n* (12) Fluss *m*; Lauf *m*, Verlauf *m*; Strömung *f*, Tendenz *f*; ***в ~*** (P) während, im Laufe; ***с тече́нием вре́мени*** mit der Zeit
течь[1] (26) fließen, strömen; vergehen, verrinnen; leck sein
течь[2] *f* (8) Leck *n*
тёща *f* (5) Schwiegermutter
тигр *m* (1) Tiger
тик *m Med.* Tick, nervöses Zucken *n*
ти́кать (1) ticken
ти́льда *f* (5) Tilde
ти́на *f* (5) Algenschlamm *m*; *fig.* Sumpf *m*
ти́нистый (14*K.*) schlammig; verschlammt
тип *m* (1) Typ, Typus; Art *f*
типи́ческий (16), **типи́чный** (14; -чен, -чна) typisch
типово́й (14) Typen-, Muster-
типогра́фия *f* (7) Druckerei
тир *m* (1) Schießstand
тира́ж *m* (1*e.*; -е́й) Ziehung *f*, Auslosung *f*; *Bücher*: Auflage *f*
тира́н *m* (1) Tyrann (*a. fig.*)
тира́нить (13) tyrannisieren
тирани́ческий (16) tyrannisch; grausam
тирани́я *f* (7) Tyrannei *f*
тире́ *n* (*unv.*) Gedankenstrich *m*
тис *m* (1) Eibe *f*, Taxus
ти́скать (1), <ти́снуть> drucken, abdrucken; drücken, pressen; **-ся** F sich drängen
тиски́ *pl.* (1*e.*) Schraubstock *m*, Zwinge *f*
тисне́ние *n* (12) Prägung *f*, Abdruck *m*
тиснёный (14) geprägt; bedruckt
тисни́ть (13*e.*) prägen; bedrucken
ти́снуть → ***ти́скать***
титр *m* (1) *Film*: Zwischentitel
ти́тул *m* (1) Titel; Titelblatt *n*
тиф *m* (1) Typhus

тифо́зный (14) Typhus-; *Su. m* Typhuskranke(r)
ти́хий (16; тих, -á) leise; still, ruhig; langsam; ***ти́хо!*** Ruhe!
тихо́нько F ganz leise
тихоокеа́нский (16) pazifisch; Pazifik-
тихохо́дный (14; -ден, -дна) langsam laufend
тишина́ *f* (5) Stille, Ruhe
ткань *f* (8) Gewebe *n*; Stoff *m*; *pl.* Textilien
ткать (тку, ткёшь; ткал, -á; тка́нный: -нá), <со-> (со́тканный: -нá) weben
тка́цкий (16) Web-; Weber-
ткну́ть(ся) → ***ты́кать(ся)***
тле́ние *n* (12) Verwesung *f*; Fäulnis *f*; Glimmen
тлеть (8) faulen, modern, verwesen; glimmen
тмин *m* (1; -a/-y) Kümmel
то *Kj.* **~ ..., ~** bald ..., bald ...; ***не ~, не ~*** halb ..., halb...; entweder ... oder ...; ***а ~*** oder aber; ***не ~ что*** nicht gerade; geschweige denn
това́р *m* (1) Ware *f*, Artikel
това́рищ *m* (1; -ей) Genosse, Genossin *f*; Kollege, Kollegin *f*
това́рищеский (16) kameradschaftlich, freundschaftlich, kollegial
това́рищество *n* (9) Kameradschaft *f*, Freundschaft *f*; Kollegialität *f*
това́рность *f* (8) Marktanteil *m*
това́рный (14) Waren-; *Esb.* Güter-
товаро|обме́н *m* (1) Warenaustausch; **~оборо́т** *m* (1) Warenumsatz
тогда́ damals; dann, darauf, danach; ***~ же*** zur selben Zeit; ***~ как*** während, wohingegen
тогда́шний F (15) damalig
то́ есть das heißt
тож(д)е́ственный (14*K.*) identisch (*a.* Д mit), gleichbedeutend; übereinstimmend
то́ж(д)ество *n* (9) Identität *f*, Gleichheit *f*
то́же auch, ebenfalls
ток *m* (1; -a/-y) *El.* Strom
тока́рный (14) Dreh-; Drechsel-; ***~ стано́к*** *m* Drechselbank *f*; ***~ цех*** *m* Dreherei *f*
то́карь *m* (4; *pl. a.* F *e.*, *N* -я́) Dreher; Drechsler
токоприёмник *m* (1) Stromabnehmer
токси́ческий (16) toxisch, giftig
то́левый (1) aus Dachpappe
толк *m* F (1; -a/-y) Sinn; Nutzen; Gerüchte *n/pl.*; ***бе́з толку*** sinnlos, nutzlos; ***с то́лком*** mit Sinn und Verstand; ***взять в ~*** kapieren; ***сбить с то́лку*** verwirren, aus dem Konzept bringen
толка́ние *n* (12) Stoßen (*a. Sp.*)
толка́ть (1), *einm.* <толкну́ть> (20) stoßen; anstoßen; *fig.* antreiben, vorantreiben; **-ся** F sich drängeln; anklopfen (bei)
толкова́ние *n* (12) Auslegung *f*, Deutung *f*, Interpretation *f*, Erklärung *f*
толкова́ть (7), <ис-> auslegen, deuten, interpretieren; *impf.* F erklären
толко́вый (14*K.*) erklärend; F gescheit, verständig
то́лком F vernünftig; verständlich
толкотня́ F *f* (6) Gedränge *n*
толку́чка P *f* (5; -чек) Trödelmarkt *m*, Flohmarkt *m*
толо́чь (26; толку́; толо́к, толкла́; толчённый: -ченá), <рас-, ис-> zerstoßen, zerstampfen; **-ся** *impf.* sich drängeln; sich herumtreiben; herumstehen
толпа́ *f* (5; *pl. st.*) Menschenmenge, Schar
толпи́ться (14*e.*) sich zusammendrängen
толсте́ть (8), <по-> dicker werden
толсти́ть F (15*e.*) dick machen
толстова́тый F (14*K.*) ziemlich dick
то́лстый (14; толст, -á) dick, beleibt
толстя́к F *m* (1*e.*) Dicke(r)
толчея́ F *f* (6; -че́й) Gedränge *n*
толчо́к *m* (1; -чка́) Stoß; *Sp.* Abstoß; *fig.* Anstoß
то́лща *f* (5) Schicht; Masse
толщина́ *f* (5) Dicke, Stärke
толь *m* (4) Dachpappe *f*
то́лько nur, bloß, allein; erst; sobald; ***~ что*** soeben, eben erst; ***е́сли ~*** wenn irgend
том *m* (1; *pl. e.*, *N* -á) *Buch:* Band
тома́т *m* (1) Tomate *f*, Tomatenmark *n*

тома́тный (14) Tomaten-
томи́тельный (14; -лен, -льна) quälend, qualvoll; drückend; ermüdend
томи́ть (14e.) plagen, quälen; schmachten lassen; **-ся** schmachten; leiden; vergehen (T vor)
то́мный (14; -мен, -мна́) schmachtend
тон *m* (1; *pl. a. e., N* -а́) Ton; Klang
тона́льность *f* (8) Tonart, Tonlage
то́нкий (16; -нок, -нка́) dünn; fein, zart; schlank
то́нкость *f* (8) Dünne; Feinheit; Schlankheit
то́нна *f* (5) Tonne
тонна́ж *m* (1) Tonnage *f*, Ladefähigkeit *f*
то́нный F (14; то́нна) aufgeblasen
тону́ть (19), <у-, F по-> versinken, untergehen; ertrinken
тонча́ть F (1), <по-> dünner werden
то́пать (1), *einm.* <то́пнуть> (20) stampfen, trampeln
топи́ть (14) **1.** <вы́-, ис-, рас-> heizen; **2.** <рас-> schmelzen, zerlassen; *impf.* dämpfen; **3.** <по-, у-> versenken; ertränken; **-ся** *impf.* brennen; geheizt werden; schmelzen
то́пка *f* (5; -пок) Heizen *n*, Heizung; Feuerung
то́пкий (16; -пок, -пка́) sumpfig, morastig
топлёный (14) geschmolzen
то́пливо *n* (9) Heizmaterial; Kraftstoff *m*, Treibstoff *m*; ***жи́дкое ~*** Heizöl
топографи́ческий (16) topographisch
то́поль *m* (1; *pl. e., N* -ля́) Pappel *f*
топо́р *m* (1e.) Beil *n*, Axt *f*
топо́рный (14; -рен, -рна) grob; ungehobelt, ungeschlacht
топо́рщить F (16), <вс-> sträuben, aufplustern; **-ся** steif abstehen; sich sträuben
топота́ть (3) trampeln; stampfen, aufstampfen
топта́ть (3), <по-> zertreten, zerstampfen
топча́н *m* (1) Liege *f*
топь *f* (8) Morast *m*, Moor *n*; *pl.* Sumpfland *n*
торг *m* (1; на -у́; *pl. e.*) Handel; *pl.* Versteigerung *f*, Auktion *f*
торгова́ть (7) **1.** handeln, Handel treiben (T mit); **2.** <с-> handeln, feilschen (***из-за*** P, ***за*** B um)
торго́вец *m* (1; -вца), **торго́вка** *f* (5; -вок) Händler(in *f*)
торго́вля *f* (6) Handel *m* (T mit)
торгово-промы́шленный (14) Industrie- und Handels-
торго́вый (14) Handels-
торгпре́д *m* (1) Handelsvertreter
торгпре́дство *n* (9) Handelsvertretung *f*
торже́ственный (14K.) feierlich, festlich
торжество́ *n* (9) *a. pl.* Feier *f*, Fest, Festlichkeit *f*, Triumph *m*; ***с ~м*** triumphierend
торжествова́ть (7) triumphieren (***над*** T über); feiern
торможе́ние *n* (12) Bremsen, Bremsung *f*
то́рмоз *m* **1.** (1; *pl. e., N* -а́) Bremse *f*; **2.** (1) *fig.* Hemmschuh
тормози́ть (15e.), <за-> bremsen; hemmen, behindern
тормozно́й (14) Brems-
торопи́ть (14) **1.** <по-> zur Eile antreiben, drängen; **2.** beschleunigen; **-ся** eilen, sich beeilen; ***не торопя́сь*** gemächlich; in Ruhe
торопли́вость *f* (8) Hast
торопли́вый (14K.) eilig, hastig; überstürzt
торпе́да *f* (5) Torpedo *m*
торпеди́ровать (7) *im(pf.)* torpedieren
торс *m* (1) Rumpf; Torso
торт *m* (1) Torte *f*
торча́ть (4e.) hervorragen, herausragen; emporragen; abstehen
торше́р *m* (1) Stehlampe *f*
тоска́ *f* (5) Wehmut, Schwermut; Trauer; ***~ по ро́дине*** Heimweh *n*
тосkли́вый (14K.) wehmütig, schwermütig
тоскова́ть (7) traurig sein, bedrückt sein; sich sehnen (***по*** Д, ***о*** П nach); ***~ по до́му*** Heimweh haben
тост *m* (1) Toast, Trinkspruch
тот *m*, та *f*, то *n*, те *pl.* (28) jener, jene, jenes, jene; der, die, das, die; ***~ же*** derselbe; eben der; ***~ и друго́й*** dieser und jener; ***с тем что́бы*** um

Т

zu, damit; ***тому́ наза́д*** vor; ***и то сказа́ть*** tatsächlich
тота́льный (14; -лен, -льна) total
то́-то F eben; deshalb; also; ***~ и есть*** F das ist es ja eben
то́тчас sogleich, sofort
точёный (14) geschliffen; wie aus Stein gemeißelt
точи́лка F *f* (5; -лок) (Bleistift-) Spitzer *m*
точи́ло *n* (9) Schleifstein *m*
точи́льный (14) Schleif-, Wetz-
точи́ть (16) **1.** <на-> schleifen, schärfen; **2.** <вы́-> drechseln; drehen; ***~ зу́бы на*** B Groll hegen gegen
то́чка *f* (5; -чек) Punkt *m*; ***~ с запято́й*** Semikolon *n*; ***~ зре́ния*** Standpunkt *m*; ***попа́сть в то́чку*** ins Schwarze treffen; ***ста́вить то́чку*** *fig.* e-n Punkt machen
то́чно 1. *Adv.* wirklich, tatsächlich; **2.** *Kj.* gleichsam, als ob
то́чность *f* (8) Genauigkeit
то́чный (14; -чен, -чна́) genau, exakt; präzise; pünktlich
точь-в-то́чь F ganz genau, haargenau
тошни́ть (-и́т), <с->: ***меня́ тошни́т*** mir ist übel
тошнота́ *f* (5) Übelkeit, Brechreiz *m*
тошнотво́рный (14; -рен, -рна), **то́шный** F (14; -шен, -шна́) ekelhaft, widerlich
тоща́ть F (1), <о-> abmagern, abnehmen
то́щий (17; тощ, -а́) mager, hager, dünn; F *Magen*: nüchtern
трава́ *f* (5; *pl. st.*) Gras *n*; Kraut *n*
трави́нка *f* (5; -нок) Grashalm *m*
трави́ть (14), <за-> hetzen (*a. fig.*; B gegen); *pf.* zu Tode hetzen
тра́вля *f* (6; -лей) Hetzjagd; *fig.* Kesseltreiben *n*, Verfolgung
тра́вма *f* (5) Trauma *n*; Schock *m*
травмати́ческий (16) traumatisch
травни́к *m* (1*e.*) Kräuterlikör
травяно́й (14) Gras-; Kraut-; Kräuter-
трагеди́йный (14) Tragödien-
траге́дия *f* (7) Tragödie
траги́ческий (16) tragisch
траги́чность *f* (8) Tragik
траги́чный (14; -чен, -чна) tragisch
традицио́нный (14; -о́нен, -о́нна) traditionell, überliefert
тради́ция *f* (7) Tradition, Überlieferung; ***по тради́ции*** traditionsgemäß
траекто́рия *f* (7) Flugbahn
трактова́ть (7) auffassen; behandeln
тракто́вка *f* (5; -вок) Behandlung; Deutung
тра́ктор *m* (1; *pl. a. e.*, *N* -а́) Traktor
трактори́ст *m* (1) Traktorfahrer
тра́кторный (14) Traktor(en)-
трал *m* (1) Schleppnetz *n*
тра́лить (13) **1.** mit dem Schleppnetz fischen; **2.** <про-> Minen räumen
тра́льщик *m* (1) Trawler; Minensuchboot *n*
трамбова́ть (7), <у-> feststampfen
трамва́й *m* (3) Straßenbahn *f*
трамва́йный (14) Straßenbahn-
трампли́н *m* (1) Sprungbrett *n*; Sprungschanze *f*; Trampolin *n*
транжи́рить F (13), <рас-> verschwenden, vergeuden
транзи́стор *m* (1) Kofferradio *n*
транзи́тный (14) Transit-, Durchreise-
трансли́ровать (7) *im(pf.)* *Rdf.* übertragen, senden
трансля́ция *f* (7) *Rdf.* Übertragung, Sendung
транспара́нт *m* (1) Transparent *n*, Spruchband *n*
тра́нспорт *m* (1) Transport, Beförderung *f*; Verkehrswesen *n*
транспорта́бельный (14; -лен, -льна) transportfähig
транспортёр *m* (1) Förderband *n*, Fließband *n*
транспорти́ровать (7) *im(pf.)* befördern
тра́нспортник *m* (1) Transportarbeiter
тра́нспортный (14) Transport-, Verkehrs-; Förder-
трансформа́тор *m* (1) *El.* Transformator, Trafo
трансформи́ровать (7) *im(pf.)* transformieren, umformen
транше́йный (14) Graben-
транше́я *f* (6; -е́й) *Mil.* Laufgraben *m*, Schützengraben *m*
трап *m* (1) Gangway *f*; *Mar.* Fallreep *n*
трапе́ция *f* (7) Trapez *n*

T

тра́сса *f* (5) Trasse, Strecke, Weg *m*

тра́та *f* (5) Verbrauch *m*, Aufwand *m*

тра́тить (15), <по-, ис-> ausgeben, verbrauchen; vergeuden; **-ся** sich verausgaben, Geld aufwenden

тра́ур *m* (1) Trauer *f*, Leid *n*; Trauerkleidung *f*

тра́урный (14) Trauer-

трафаре́т *m* (1) Schablone *f* (*a. fig.*)

трафаре́тный (14; -тен, -тна) schematisch

тра́хать F (1), *einm.* <тра́хнуть> (20) krachen, knallen; P bumsen

трахе́я *f* (6; -хей) Luftröhre

тра́хнуть → ***тра́хать***

тре́бование *n* (12) Forderung *f*, Verlangen; *a. pl.* Bedarf *m*; Ansprüche *m/pl.*

тре́бовательный (14; -лен, -льна) anspruchsvoll, streng

тре́бовать (7), <по-> (P, B) verlangen, fordern; bedürfen, brauchen; **-ся** erforderlich sein (***на*** B für)

требуха́ *f* (5) Innereien *pl.*, Eingeweide *pl.*

трево́га *f* (5) Unruhe, Besorgnis; Aufregung; Alarm *m*

трево́жить (16) **1.** <вс-> beunruhigen, in Unruhe versetzen; **2.** stören; **-ся**, <вс-> sich aufregen; besorgt sein (***за*** B um)

трево́жный (14; -жен, -жна) beunruhigt; alarmierend

тре́звенник *m* (1) Abstinenzler

трезве́ть (8), <о-> nüchtern werden

трезво́н *m* (1; -а/-у) Glockengeläut *n*; Spektakel *n*

тре́звость *f* (8) Nüchternheit; Abstinenz

тре́звый (14; трезв, -á) nüchtern, besonnen; enthaltsam

трек *m* (1) Radrennbahn *f*

трель *f* (8) Triller(n *n*) *m*

тре́нер *m* (1) Trainer

тре́ние *n* (12) Reibung *f*; *pl.* Reibereien *f/pl.*, Differenzen *f/pl.*

тренирова́ть (7), <на-> trainieren; **-ся** üben, trainieren

трениро́вка *f* (5; -вок) Training *n*

трениро́вочный (14) Trainings-

тре́пет *m* (1) Beben *n*, Zittern *n*

трепета́ть (3 -т/щ-) zittern, beben; flackern

тре́петный (14; -тен, -тна) zitternd; scheu, furchtsam

треск *m* (1) Knacken *n*, Krachen *n*; Prasseln *n*; ***с ~ом провали́ться*** F mit Pauken und Trompeten durchfallen

треска́ *f* (5) Kabeljau *m*, Dorsch *m*

тре́скаться (1), <по-> platzen, springen

треску́чий F (17*K.*) krachend; *Frost*: klirrend

тре́снуть (20) *pf.* krachen; knacken; bersten, e-n Riss bekommen

трест *m* (1) Trust

трете́йский (16) Schieds-; ***~ судья́*** *m* Schiedsrichter

тре́тий (18) dritte(r); ***тре́тьего дня*** vorgestern

трети́ровать (7) gering schätzen, geringschätzig behandeln

треть *f* (8; *ab Gpl. e.*) Drittel *n*

тре́тье *n* (18) Nachtisch *m*

третьестепе́нный (14; -е́нен, -е́нна) drittrangig

треуго́льник *m* (1) Dreieck *n*

треуго́льный (14) dreieckig

трёх|годи́чный, ~годова́лый (14) dreijährig; **~зна́чный** (14) dreistellig; **~ко́мнатный** (14) Dreizimmer-; **~кра́тный** (14) dreifach; **~ле́тний** (15) dreijährig; **~ме́рный** (14) dreidimensional; **~ме́стный** (14) dreisitzig; **~сторо́нний** (15) dreiseitig; **~то́мный** (14) dreibändig; **~фа́зный** (14) Dreiphasen-; *El.* Dreh-; **~цве́тный** (14) dreifarbig; **~чле́нный** (14) dreigliedrig; **~эта́жный** (14) dreistöckig

треща́ть (4*e.*) krachen, knacken; knistern

тре́щина *f* (5) Riss *m*, Sprung *m*; Spalte

трещо́тка *f* (5; -ток) Klapper, Rassel; F Plappermaul *n*

три (34) drei

трибу́на *f* (5) Tribüne

трибуна́л *m* (1) Tribunal *n*, Gerichtshof

тривиа́льность *f* (8) Trivialität

тривиа́льный (14; -лен, -льна) trivial, banal

тридцатиле́тний (15) dreißigjährig

тридца́тый (14) dreißigste(r)

три́дцать (35*e.*) dreißig

три́жды dreimal, dreifach
трико́ *n* (*unv.*) Trikot; Schlüpfer *m*
трикота́ж *m* (1) *koll.* Trikotagen *f/pl.*, Wirkwaren *f/pl.*
трина́дцатый (14) dreizehnte(r)
трина́дцать (35) dreizehn
три́ста (36) dreihundert
триу́мф *m* (1) Triumph (**с** T im)
триумфа́льный (14) triumphal, Triumph-
тро́гательный (14; -лен, -льна) rührend, ergreifend
тро́гать (1), <тро́нуть> (20) berühren, anfassen; *fig.* rühren, bewegen; **-ся** sich in Bewegung setzen, aufbrechen; *fig.* gerührt sein; ***лёд тро́нулся*** der Eisgang hat begonnen; *fig.* das Eis ist gebrochen
тро́е (37) drei
троекра́тный (14) dreimalig
тро́ица *f* (5) Dreieinigkeit; Pfingsten *n*
тро́йка *f* (5; -о́ек) Drei (*a. Schulnote* „befriedigend"); Dreigespann *n*, Troika
тройно́й (14) dreifach
тро́йня *f* (6; тро́ен) Drillinge *m/pl.*
тролле́йбус *m* (1) Oberleitungsbus
тромбо́з *m* (1) Thrombose *f*
тромбо́н *m* (1) Posaune *f*
трон *m* (1) Thron
тро́нуть(ся) → ***тро́гать(ся)***
тропа́ *f* (5; *pl. st.*) Pfad *m*, Fußweg *m*
тро́пик *m* (1) Wendekreis; *pl.* Tropen
тропи́нка *f* (5; -нок) Pfad *m*
тропи́ческий (16) tropisch; Tropen-
трос *m* (1) Tau *n*, Seil *n*
тростни́к *m* (1*e.*) Schilf *n*, Rohr *n*
трость *f* (8; *ab Gpl. e.*) Rohrstock *m*, Spazierstock *m*
тротуа́р *m* (1) Gehweg, Bürgersteig
трофе́й *m* (3) Trophäe *f*
троя́кий (16*K.*) dreierlei
труба́ *f* (5; *pl. st.*) Rohr *n*, Röhre; Schornstein *m*; Trompete
труба́ч *m* (1*e.*; -е́й) Trompeter
труби́ть (14*e.*) blasen, trompeten
тру́бка *f* (5; -бок) Rohr *n*, Röhrchen *n*; (Telefon-) Hörer *m*
трубопрово́д *m* (1) Rohrleitung *f*
трубочи́ст *m* (1) Schornsteinfeger
тру́бочный (14) Rohr-, Röhren-
труд *m* (1*e.*) Arbeit *f*; Mühe *f*; Werk *n*, Schrift *f*; ***не сто́ит ~а́*** es ist nicht der Mühe wert; ***свои́м ~о́м*** von s-r Hände Arbeit
труди́ться (15) sich abmühen, arbeiten (***над*** T an)
трудно|ва́тый F (14*K.*) ziemlich schwer; **~досту́пный** (14; -пен, -пна) schwer zugänglich; **~проходи́мый** (14*K.*) schwer passierbar
тру́дность *f* (8) Schwierigkeit
тру́дный (14; -ден, -дна́) schwer, schwierig; mühsam; ***тру́дно ему́*** es fällt ihm schwer
трудово́й (14) Arbeits-; werktätig; verdient
трудо|ёмкий (16; -мок, -мка) arbeitsintensiv, mühevoll; **~люби́вый** (14*K.*) arbeitsam, fleißig; **~спосо́бный** (14; -бен, -бна) arbeitsfähig
трудя́щийся (17) werktätig; *Su. m* Werktätige(r)
тру́женик *m* (1) arbeitsamer Mensch; Werktätige(r)
труни́ть (13*e.*), <под-> spötteln, sich lustig machen (***над*** T über)
труп *m* (1) Leiche *f*, Leichnam
тру́ппа *f* (5) Truppe
трус *m* (1) Feigling
тру́сики *pl.* (1) Turnhose *f*; Badehose *f*
тру́сить (15) Angst haben, sich fürchten
трусли́вый (14*K.*) ängstlich, feige
тру́сость *f* (8) Feigheit
трусы́ *pl.* (1) Turnhose *f*, Badehose *f*
трущо́ба *f* (5) Dickicht *n*; Elendsquartier *n*; *pl.* Elendsviertel *n* (*pl.*), Slums
трюк *m* (1) Trick, Kniff
трю́фель *m* (4; *pl. a. e.*, *N* -ля́) Trüffel *f*
тря́пка *f* (5; -пок) Lappen *m*, Lumpen *m*; *fig.* Waschlappen *m*
тряпьё *n* (10) *koll.* Lumpen *m/pl.*
тряси́на *f* (5) Sumpf *m*, Moor *n*
тря́ский (16; -сок, -ска) wack(e)lig, klapp(e)rig; holp(e)rig
трясти́ (24 -с-), <по->, *einm.* <тряхну́ть> (20) schütteln (T); rütteln; **-сь** *impf.* beben; sich schütteln (vor); F zittern (***за*** B um)
туале́т *m* (1) Toilette *f*
туале́тный (14) Toiletten-
туберкулёз *m* (1) Tuberkulose *f*, Tbc *f*

туберкулёзный (14) tuberkulös; Tuberkulose-
туго́й (14; туг, -á) straff; prall; streng; schwerfällig
туда́ dorthin, dahin; **~ же** ebendahin
тужу́рка *f* (5; -рок) Jacke, Joppe
туз *m* (1*e.*) Ass *n*
тузе́мец *m* (1; -мца) Eingeborene(r)
тузе́мный (14) eingeboren, einheimisch
ту́ловище *n* (11) Rumpf *m*
тума́н *m* (1; -а/-у) Nebel
тума́нить (13), <за-, о-> verhüllen, verschleiern (*a. fig.*); **-ся** sich in Nebel hüllen
тума́нный (14; -áнен, -áнна) neb(e)lig, diesig; schleierhaft, verschwommen
ту́мба *f* (5) Bordstein *m*; F Tollpatsch *m*
ту́мбочка *f* (5; -чек) Nachttisch *m*
туне́ц *m* (1; -нцá) Thunfisch
тунея́дец *m* (1; -дца) Nichtstuer, Müßiggänger; Schmarotzer
тунея́дство *n* (9) Müßiggang *m*; Schmarotzertum
тунея́дствовать (7) nichts tun, schmarotzen
тунне́ль *m* (4) Tunnel; Unterführung *f*
тупе́ть (8), <о-> abstumpfen; F stumpf werden
тупи́к *m* (1*e.*) Sackgasse *f* (*a. fig.*); Abstellgleis *n*
тупи́ть (14), <за-> stumpf machen; **-ся** stumpf werden
тупоголо́вый F (14*K.*) borniert, stumpfsinnig
тупо́й (14; туп, -á) stumpf; stumpfsinnig
тупоуго́льный (14) stumpfwinklig
тупоу́мие *n* (12) Stumpfsinn *m*
тупоу́мный (14; -мен, -мна) stumpfsinnig
тур *m* (1) Tour *f*; Runde *f*; Etappe *f*
тура́ F *f* (5) *Schach*: Turm *m*
турба́за *f* (5) Touristenstation
турби́на *f* (5) Turbine
турби́нный (14) Turbinen-
туре́цкий (16) türkisch
тури́зм *m* (1) Fremdenverkehr, Tourismus
тури́ст *m*, **тури́стка** *f* (5; -ток) Tourist(in *f*)
тури́стский (16) Touristen-
турне́ *n* (*unv.*) Tournee *f*, Gastspielreise *f*
турни́к *m* (1*e.*) Reck *n*
турни́р *m* (1) Turnier *n*
ту́рок *m* (1; -рка) Türke
Ту́рция *f* (7) Türkei
турча́нка *f* (5; -нок) Türkin
ту́склый (14; тускл, -á) matt, trübe; *fig.* glanzlos
тускне́ть (8), <по-> matt *od.* trübe werden; *fig.* verblassen
тут hier; da
ту́фля *f* (6; -фель) Schuh *m*; ***дома́шняя ~*** Pantoffel *m*
ту́хлый (14; тухл, -á) faulig, faul, verdorben
ту́хнуть (21/20) **1.** <про-> verfaulen, verderben; **2.** <по-> erlöschen; ausgehen
ту́ча *f* (5) Wolke; Unmenge
тучне́ть (8), <по-> fett werden
ту́чный (14; -чен, -чнá) fett, wohlbeleibt; fruchtbar
туше́ние *n* (12) (Aus-) Löschen
тушёный (14) gedünstet, Schmor-
туши́ть (16) **1.** <за-, по-> löschen, auslöschen; **2.** <с-> dämpfen, schmoren
тушь *f* (8) Tusche
тща́тельный (14; -лен, -льна) sorgfältig
тщеду́шный (14; -шен, -шна) schwächlich, kränklich
тщесла́вие *n* (12) Eitelkeit *f*
тщесла́вный (14; -вен, -вна) eitel
тще́тный (14; -тен, -тна) vergeblich, nutzlos
ты (21) du; ***на ~*** per du; ***мы с ним на ~*** wir duzen uns
ты́кать (1), <ткнуть> (20) hineinstecken, stoßen; zeigen (***в*** B auf); **-ся** sich stoßen (***в*** B an)
ты́ква *f* (5) Kürbis *m*
тыл *m* (1; -а/-у; в -ý; *pl. e.*) Rücken; Hinterland *n*; *Mil.* Etappe *f*
тылово́й (14) rückwärtig; Etappen-
ты́льный (14) Rück-
тын *m* (1) Pfahlzaun, Staketenzaun
ты́сяча *f* (5; *a.* -чью) tausend, Tausend *n*; ***в ты́сячу раз*** F tausendmal; ***на ты́сячу*** pro mille; ***ты́сячу***

извине́ний! ich bitte tausendmal um Verzeihung!
тысячеле́тний (15) tausendjährig
тьма *f* (5) Finsternis, Dunkelheit; *fig.* Unwissenheit
тю́бик *m* (1) Tube *f*
тюк *m* (1) Packen, Ballen
тюле́нь *m* (4) Robbe *f*, Seehund
тюльпа́н *m* (1) Tulpe *f*
тюрба́н *m* (1) Turban
тюре́мный (14) Gefängnis-
тюре́мщик *m* (1) Gefängniswärter
тюрьма́ *f* (5; *pl. st.*, *G* -рем) Gefängnis *n*
тюфя́к *m* (1*e.*) Strohsack, Matratze *f*
тя́вкать (1), *einm.* <тя́вкнуть> (20) kläffen
тя́га *f* (5) Zug *m*, Zugkraft
тяга́ться F (1), <по-> sich messen, es aufnehmen (**с** T mit)
тяга́ч *m* (1*e.*; -е́й) Schlepper, Zugmaschine *f*
тя́гостный (14; -тен, -тна) peinlich, unangenehm
тя́гость *f* (8) Last; ***быть кому́-либо в ~*** j-m zur Last fallen
тяготе́ние *n* (12) Schwerkraft *f*, Gravitation *f*
тяготе́ть (8) tendieren; e-n Hang haben (**к** Д zu)
тяготи́ть (15*e.* -т/щ) lästig sein (B), zur Last fallen
тягу́чий (17*K.*) dickflüssig, zähflüssig; lang gezogen, gedehnt
тяжеле́ть (8), <о-, по-> schwer werden; schwerfällig werden
тяжелоатле́т *m* (1) Schwerathlet
тяжелове́с *m* (1) Schwergewichtler
тяжёлый (14; тяжёл, тяжела́) schwer; schwierig, mühevoll
тя́жесть *f* (8) Schwere; Gewicht *n*; Last, Bürde; ***центр*** *m* ***тя́жести*** Schwerpunkt *m*
тя́жкий (16; -жек, -жка́) sehr schwer, schwierig
тяну́ть (19) **1.** ziehen (**за** B an); schleppen; **2.** <про-> hinziehen, zögern; **-ся** <про-> sich hinziehen, sich erstrecken
тя́пка *f* (5; -пок) Hackmesser *n*

У

у (P) an, neben, bei; ***~ меня́ есть*** ich habe; ***~ меня́ был*** ich hatte
убавля́ть (28), <уба́вить> (14) vermindern, verringern; verkürzen; enger machen; **-ся** abnehmen
убега́ть (1), <убежа́ть> (4; -егу́, -ежи́шь, -егу́т) weglaufen, davonlaufen; fliehen
убеди́тельность *f* (8) Überzeugungskraft
убеди́тельный (14; -лен, -льна) überzeugend, einleuchtend; eindringlich
убежа́ть → ***убега́ть***
убежда́ть (1), <убеди́ть> (15*e.*; *o. 1. Pers. sg.*; убеждённый) überzeugen, überreden; **-ся** sich vergewissern (**в** П)
убежде́ние *n* (12) Überzeugung *f*
убеждённый (14*K.*) überzeugt (**в** П von); prinzipienfest
убе́жище *n* (11) Zufluchtsort *m*; Asyl; Schutzkeller *m*; *Mil.* Unterstand *m*
уберега́ть (1), <убере́чь> (26 -г/ж-) bewahren, behüten (**от** P vor)
убива́ть (1), <уби́ть> (убью, убьёшь) töten, erschlagen, umbringen; ermorden; **-ся** F tödlich verunglücken, umkommen
уби́йственный (14*K.*) tödlich; *fig.* mörderisch
уби́йство *n* (9) Ermordung *f*, Mord *m*
уби́йца *m/f* (5) Mörder(in *f*)
убира́ть (1), <убра́ть> (уберу́, -рёшь) wegräumen, aufräumen; wegtun; *Tisch* abdecken (**со** P); unterbringen; ernten, einbringen; herausputzen; **-ся** F sich davonma-

У

chen, abhauen; aufräumen, in Ordnung bringen
уби́ть(ся) → ***убива́ть(ся)***
убо́гий (16*K.*) ärmlich; dürftig, armselig
убо́жество *n* (9) Armut *f*, Armseligkeit *f*
убо́й *m* (3) Schlachten *n*, Schlachtung *f*
убо́йный (14) Schlacht-
убо́р *m* (1): ***головно́й ~*** Kopfbedeckung *f*
убо́ристый (14*K.*) eng beschrieben, eng bedruckt
убо́рка *f* (5; -рок) Reinemachen, Aufräumen *n*; ***~ урожа́я*** Ernte
убо́рная *f* (14) Toilette, Klosett *n*; *Thea.* Garderobe
убо́рочный (14) Ernte-
убо́рщица *f* (5) Reinemachefrau, Raumpflegerin
убра́нство *n* (9) Ausstattung *f*, Ausschmückung *f*
убра́ть(ся) → ***убира́ть(ся)***
убыва́ть (1), <убы́ть> (убу́ду, -дешь; у́был, -а́) abnehmen, nachlassen; ausscheiden, ausfallen
у́быль *f* (8) Abnahme, Schwund *m*; Verlust *m*
убыстря́ть (28), <убыстри́ть> (13*e.*) beschleunigen
убы́ток *m* (1; -ка/-ку) Verlust, *a.pl.* Schaden
убы́точный (14; -чен, -чна) unrentabel, verlustbringend
убы́ть → ***убыва́ть***
уважа́емый (14) sehr geehrter
уважа́ть (1) achten, ehren, respektieren
уваже́ние *n* (12) Achtung *f* (***к*** Д vor), Ehrerbietung *f*, Respekt *m*; ***с ~м*** hochachtungsvoll
уважи́тельный (14; -лен, -льна) triftig, stichhaltig; respektvoll
ува́жить F (16) *pf.* berücksichtigen; Ehre erweisen (В *j-m*)
уведомле́ние *n* (12) Benachrichtigung *f*; Bescheid *m*
уведомля́ть (28), <уве́домить> (14) benachrichtigen, in Kenntnis setzen
увезти́ → ***увози́ть***
увекове́чивать (1), <увекове́чить> (16) verewigen
увеличе́ние *n* (12) Erhöhung *f*; Vergrößerung *f*; Zunahme *f*
увели́чивать (1), <увели́чить> (16) erhöhen; vergrößern; verstärken; **-ся** zunehmen, anwachsen
увеличи́тельный (14) Vergrößerungs-
уве́нчивать (1), <увенча́ть> (16) krönen
увере́ние *n* (12) Zusicherung *f*
уве́ренность *f* (8) Gewissheit; Zuversicht; Vertrauen *n* (auf)
уве́ренный (14*K.*) sicher (***в*** П); überzeugt (von); zuversichtlich; ***бу́дьте уве́рены*** F seien Sie versichert
уве́рить → ***уверя́ть***
уверну́ться → ***увёртываться***
уве́ровать (7) *pf.* fest glauben (***в*** В an)
увёртка *f* (5; -ток) Ausflucht, Ausrede
увёртливый F (14*K.*) gewandt, pfiffig
увёртываться (1), <уверну́ться> (20) ausweichen; Ausflüchte machen
уверя́ть (28), <уве́рить> (13) versichern; *impf.* beteuern
увеселе́ние *n* (12) Belustigung *f*, Vergnügung *f*
увесели́тельный (14) Vergnügungs-
увеселя́ть (28) belustigen, amüsieren, erheitern
увести́ → ***уводи́ть***
уве́чить (16) zum Krüppel machen
уве́чье *n* (10; -чий) Körperverletzung *f*, Verstümmelung *f*
уве́шивать, <уве́шать> (1) behängen, vollhängen
увеща́ть (1) ermahnen; belehren
увива́ть (1), <уви́ть> (увью́, -ьёшь) umwickeln; umranken
уви́деть (11) *pf.* sehen, erblicken
уви́ливать F (1), <увильну́ть> (20) ausweichen (***от*** Р)
уви́ть → ***увива́ть***
увлажня́ть (28), <увлажни́ть> (13*e.*) feucht machen, befeuchten
увлека́тельный (14; -лен, -льна) interessant, spannend
увлека́ть (1), <увле́чь> (26) mitschleppen; hinreißen, begeistern;

-ся sich hinreißen lassen, sich begeistern (T für); sich verlieben (in)
увлече́ние *n* (12) *a.pl.* Begeisterung *f*, Leidenschaft *f* (T für)
увлечённый (14*K*.) begeistert, hingerissen
увле́чь → ***увлека́ть***
уводи́ть (15), <увести́> (25) wegführen, fortführen; mit sich nehmen; stehlen
увози́ть (15), <увезти́> (25) wegbringen, wegschaffen, abtransportieren; entführen
увола́кивать F (1), <уволо́чь> (26) wegschleppen, fortschleppen
увольне́ние *n* (12) Entlassung *f*
увольни́тельный (14) Entlassungs-; Urlaubs-
увольня́ть (28), <уво́лить> (13) entlassen; beurlauben; **-ся** s-e Stelle aufgeben, *den Dienst* quittieren
увяда́ть (1), <увя́нуть> (20) welken, verwelken (*a. fig.*)
увяза́ть[1] (1), <увя́знуть> (21) einsinken, stecken bleiben; *fig.* hängen bleiben, sich verheddern
увя́зывать F (1), <увяза́ть[2]> (3) zusammenschnüren, verschnüren; in Einklang bringen, aufeinander abstimmen
увя́нуть → ***увяда́ть***
уга́дывать, <угада́ть> (1) erraten; durchschauen
уга́р *m* (1) Kohlengas *n*; Gasvergiftung *f*
угаса́ть (1), <уга́снуть> (21/20) verlöschen, ausgehen; dahinsiechen
угле|во́д *m* (1) Kohlehydrat *n*; **~водоро́д** *m* (1) Kohlenwasserstoff; **~добы́ча** *f* (5) Kohlenförderung; **~кислота́** *f* (5) Kohlensäure
углеки́слый (14) kohlensauer; **~ *газ*** *m* Kohlendioxid *n*
углеро́д *m* (1) Kohlenstoff
углова́тый (14*K*.) eckig, kantig; linkisch
углово́й (14) Eck-; *Tech.* Winkel-
угломе́р *m* (1) Winkelmesser
углубле́ние *n* (12) Vertiefung *f*
углублённый (14*K*.) vertieft; gründlich
углубля́ть (28), <углуби́ть> (14*e*.) vertiefen, tiefer machen
угна́ть → ***угоня́ть***
угнета́тель *m* (4) Unterdrücker
угнета́ть (1) unterdrücken; bedrücken, quälen
угнете́ние *n* (12) Unterdrückung *f*
угнетённый (14*K*.) unterdrückt; niedergeschlagen, deprimiert
угова́ривать (1), <уговори́ть> (13*e*.) überreden; *impf.* (B) *j-m* zureden; **-ся** F sich verabreden
уговóр *m* (1; -а/-у) *mst pl.* Überredung *f*; F Abmachung *f*
уго́да: ***в уго́ду*** zuliebe, zu Gefallen
уго́дливый (14*K*.) diensteifrig; liebedienerisch
уго́дничать F (1) liebedienern, katzbuckeln
уго́дно beliebt, recht, gefällig; ***кто ~*** jeder Beliebige; ***как вам ~*** wie Sie wünschen; ***что вам ~?*** was wünschen Sie?
уго́дный (14; -ден, -дна) gefällig, angenehm
угожда́ть (1), <угоди́ть> (15*e*.) gefällig sein, es recht machen
у́гол *m* (1; угла́; в углу́) Ecke *f*; Winkel *a. Math.*; ***за угло́м*** um die Ecke; ***из-за угла́*** meuchlings, heimtückisch
уголо́вник F *m* (1) Kriminelle(r)
уголо́вный (14) kriminell. Kriminal-; Straf-; ***~ ро́зыск*** *m* Kriminalpolizei *f*
уголо́к *m* (1; -лка́) kleine Ecke; Winkel
у́голь *m* (4/4*e*.; у́гля́) Kohle *f*
уго́льник *m* (1) Winkelmaß *n*; *Tech.* Winkeleisen *n*
у́гольный (14) Kohle(n)-
у́гольщик *m* (1) F Bergmann
угомони́ть F (13*e*.) *pf.* beruhigen, besänftigen; **-ся** sich austoben; zur Ruhe kommen
уго́н *m* (1) *Flgw.* Entführung *f*
угоня́ть (28), <угна́ть> (угоню́, -о́нишь) wegtreiben, forttreiben; = stehlen; *Flugzeug* entführen
угоре́лый F (14) närrisch, verrückt
у́горь *m* (4*e*.; угря́) Aal; Mitesser
угоща́ть (1), <угости́ть> (15*e*.) bewirten; anbieten (T *et.*), spendieren; **-ся** es sich schmecken lassen; ***угоща́йтесь!*** greifen Sie zu!, bedienen Sie sich!

У

угощéние *n* (12) Bewirtung *f*
угревáтый (14*K.*) voller Pickel
угрожáть (1) (Д) drohen, *j-n* bedrohen
угрожáющий (17) drohend; bedrohlich
угрóза *f* (5) Drohung, Bedrohung; ***под угрóзой наказáния*** bei Strafe
угрóзыск *m* (1) Kriminalpolizei *f*
угрызéние *n* (12): ***угрызéния*** *pl.* ***сóвести*** Gewissensbisse *m/pl.*
угрю́мый (14*K.*) griesgrämig, verdrießlich, mürrisch
удáв *m* (1) Riesenschlange *f*, Boa *f*
удавáться (5; удаётся), <удáться> (удáстся; удáлся, -лáсь, -лóсь) gelingen, glücken; ***не ~*** misslingen
удáвливать (1), <удави́ть> (14) erwürgen, erdrosseln; **-ся** sich erhängen
удалéние *n* (12) Beseitigung *f*, Entfernung *f*; *Med.* Extraktion *f*
удалённый (14*K.*) entlegen
удалéц F *m* (1; -льцá) Draufgänger, Mordskerl
удали́ть(ся) → ***удаля́ть*(ся)**
удалóй F (14; удáл, -á) verwegen, draufgängerisch
у́даль *f* (8), **удальствó** F *n* (9) Verwegenheit *f*, Draufgängertum *n*
удаля́ть (28), <удали́ть> (13*e.*) entfernen; beseitigen; *Zahn* ziehen; **-ся** sich zurückziehen
удáр *m* (1) Schlag, Hieb, Stoß; *Med.* Schlaganfall; Sonnenstich; *Mil.* Vorstoß, Angriff; ***быть в ~е*** gut aufgelegt sein; ***под ~ом*** in Gefahr
ударéние *n* (12) Betonung *f*, Akzent *m*; *fig.* Nachdruck *m*
удáрный (14) Stoß-; Schlag-
ударя́емый (14*K.*) betont
ударя́ть (28), <удáрить> (13) schlagen; *pf.* e-n Schlag versetzen; einschlagen; losschlagen; ***удáрил гром*** es hat gedonnert; **-ся** sich stoßen (**о** B an, gegen); aufschlagen, aufprallen (**о** B auf); F *fig.* verfallen; sich *e-r Sache* ergeben
удáться → ***удавáться***
удáча *f* (5) Glück *n*, Erfolg *m*; gutes Gelingen *n*
удáчник F *m* (1) Glückspilz

удáчный (14; -чен, -чна) gelungen; glücklich, erfolgreich
удвáивать (1), <удвóить> (13) verdoppeln
удвоéние *n* (12) Verdoppelung *f*
удéл *m* (1) Los *n*, Schicksal *n*
удéльный spezifisch; ***~ вес*** *m* spezifisches Gewicht *n*
уделя́ть (28), <удели́ть> (13) zuteilen, abtreten; schenken, widmen
удéрживать (1), <удержáть> (4) festhalten; abhalten, zurückhalten; bewahren; unterdrücken; **-ся**: sich halten, sich behaupten; an sich halten; sich enthalten
удешевля́ть (28), <удешеви́ть> (14*e.*) verbilligen
удиви́тельный (14; -лен, -льна) wunderbar, erstaunlich; bewundernswert; ***не удиви́тельно, что ...*** es ist kein Wunder, dass ...; ***в э́том нет ничегó удиви́тельного*** das ist nichts Besonderes
удивлéние *n* (12) Erstaunen, Verwunderung *f*
удивля́ть (28), <удиви́ть> (14*e.*) in Erstaunen versetzen; **-ся** staunen (Д über)
уди́льщик *m* (1) Angler
удирáть F (1), <удрáть> (удерý, удерёшь) davonlaufen, ausreißen, abhauen
уди́ть (15) angeln
удлиня́ть (28), <удлини́ть> (13*e.*) länger machen; verlängern
удóбно es passt, es ist angenehm
удóбный (14; -бен, -бна) bequem; geeignet, passend; günstig
удобо|вари́мый (14*K.*) leicht verdaulich; **~поня́тный** (14; -тен, -тна) leicht verständlich
удобрéние *n* (12) Düngung *f*, Dünger *m*, Düngemittel
удобря́ть (28), <удóбрить> (13) düngen
удóбство *n* (9) Bequemlichkeit *f*; *a. pl.* Komfort *m*
удовлетворéние *n* (12) Befriedigung *f*; Genugtuung *f*
удовлетворённый (14*K.*) zufrieden, befriedigt
удовлетвори́тельный (14; -лен, -льна) befriedigend, zufrieden stellend

удовлетворя́ть (28), <удовлетворúть> (13*e.*) befriedigen, zufrieden stellen; **-ся** sich zufrieden geben, sich begnügen
удовóльствие *n* (12) Vergnügen; Freude *f*, Spaß *m*
удóй *m* (3) Milchertrag
удорожáть (1), <удорожúть> (16*e.*) verteuern
удостáивать (1), <удостóить> (13) für würdig erachten; auszeichnen (Р mit); *Titel* verleihen; **-ся** würdig sein; für würdig erachtet werden
удостоверéние *n* (12) Bescheinigung *f*, Beglaubigung *f*, Ausweis *m*; Zeugnis
удостоверя́ть (28), <удостовéрить> (13) beglaubigen; bescheinigen; **-ся** sich vergewissern
удостóить(ся) → ***удостáивать(ся)***
удочеря́ть (28), <удочерúть> (13*e.*) *pf.* adoptieren (*als Tochter*)
ýдочка *f* (5; -чек) Angel
удрáть → ***удирáть***
удручáть (1), <удручúть> (16*e.*) niederdrücken, deprimieren
удручённый (14 *K.*) deprimiert, niedergeschlagen
удýшливый (14*K.*) stickig; bedrückend, beklemmend
удýшье *n* (10; -ший) Atemnot *f*
уединéние *n* (12) Abgeschiedenheit *f*, Einsamkeit *f*
уединённый (14*K.*) zurückgezogen; abgeschieden, einsam
уединя́ться (28), <уединúться> (13*e.*) sich zurückziehen
уезжáть (1), <уéхать> (уéду, уéдешь) abfahren, wegfahren, abreisen
уж[1] *m* (1*e.*; -éй) Natter *f*
уж[2] *Adv.* schon, bereits
ýжас *m* (1) Schrecken, Entsetzen *n*, Grauen *n*
ужасáть (1), <ужаснýть> (20) erschrecken; **-ся** entsetzt sein (Д über)
ужáсный (14; -сен, -сна) schrecklich, entsetzlich, furchtbar
ужé schon, bereits; **~ *не*** nicht mehr
уживáться (1), <ужúться> (-ивýсь, -ивёшься) sich einleben, sich eingewöhnen; sich vertragen, gut auskommen
ужúвчивый (14*K.*) verträglich, umgänglich
ýжин *m* (1) Abendessen *n*, Abendbrot *n*
ýжинать (1), <по-> zu Abend essen
ужúться → ***уживáться***
узакóнивать (1), <узакóнить> (13) legitimieren, gesetzlich regeln
уздá *f* (5; *pl. st.*) Zaum *m*, Zügel *m*
ýзел *m* (1*e.*; узлá) Knoten; Knotenpunkt; Bündel *n*; *Fmw.* Amt *n*
ýзкий (16; ýзок, узкá, узкó) schmal; eng; knapp; ***ýзкое мéсто*** *n* Engpass *m*
узкоколéйка F *f* (5; -éек) Schmalspurbahn, Kleinbahn
узколóбый (14*K.*) engstirnig
узловóй (14) Knoten-; *fig.* Haupt-
узнавáть (5), <узнáть> (1) erfahren; sich erkundigen (В nach); kennen lernen
узóр *m* (1) Muster *n*
узóрный (14), **узóрчатый** (14*K.*) gemustert
ýзость *f* (8) Enge
ýйма F *f* (5) Unmenge, Masse
уйтú → ***уходúть***
укáз *m* (1) Erlass, Verordnung *f*
указáние *n* (12) Hinweis *m*; Weisung *f*, Anweisung *f*
укáзанный (14*K.*) genannt, erwähnt
указáтель *m* (4) Anzeiger; Register *n*, Verzeichnis *n*
указáтельный (14) Hinweis-; *Gr* hinweisend, Demonstrativ-
укáзка *f* (5; -зок) Zeigestock *m*; Weisung
укáзывать (1), <указáть> (3) zeigen; hinweisen; angeben
укáтывать (1) **1.** <укатáть> (1) glattwalzen; **2.** <укатúть> (15) wegrollen
уклáд *m* (1) Ordnung *f*, System *n*; Form *f*
уклáдывать (1), <уложúть> (16) legen; schlafen legen; einpacken; einräumen; lagern; **-ся** Platz finden, hineinpassen (***в*** П in); *Zeit*: auskommen (mit)
уклóн *m* (1) Gefälle *n*, Steigung *f*; Abhang; *fig.* Neigung *f*; ***под*** **~** bergab

уклоне́ние *n* (12) Abweichung *f*
уклоня́ться (28), <уклони́ться> (13) ausweichen (**от** P); abweichen; abschweifen
уко́л *m* (1) Stich; Spritze *f*, Injektion *f*
уко́р *m* (1) Vorwurf
укора́чивать (1), <укороти́ть> (15*e.*) kürzen, abkürzen, verkürzen; **-ся** kürzer werden
укореня́ться (28), <укорени́ться> (13*e.*) Wurzeln schlagen; sich einbürgern, festen Fuß fassen
укори́зна *f* (5) Vorwurf *m*
укори́зненный (14*K.*) vorwurfsvoll
укороти́ть(ся) → ***укора́чивать(ся)***
укоря́ть (28), <укори́ть> (13*e.*) vorwerfen, Vorwürfe machen
укра́дкой F heimlich, verstohlen
Украи́на *f* (5) Ukraine
украи́нец *m* (1; -нца), **украи́нка** *f* (5; -нок) Ukrainer(in *f*)
украи́нский (16) ukrainisch
украша́ть (1), <укра́сить> (15) schmücken, verzieren; verschönern
украше́ние *n* (12) Ausschmückung *f*, Verzierung *f*, Verschönerung *f*; Zierde *f*
укрепле́ние *n* (12) Festigung *f*, Stärkung *f*; Befestigung *f*
укрепля́ть (28), <укрепи́ть> (14*e.*) befestigen, festigen; stärken, kräftigen; **-ся** erstarken; sich verschanzen
укро́мный (14; -мен, -мна) abgelegen, einsam
укро́п *m* (1; -а/-у) Dill
укроти́тель *m* (4) Dompteur
укроща́ть (1), <укроти́ть> (15*e.*; -т/щ-) bändigen, zähmen; *fig.* besänftigen
укроще́ние *n* (12) Bändigung *f*, Zähmung *f*
укрупня́ть (28), <укрупни́ть> (13*e.*) vergrößern; erweitern
укрыва́тель *m* (4) Hehler
укрыва́ть (1), <укры́ть> (22) bedecken; verhüllen; verbergen
укры́тие *n* (12) Schutz *m*, Deckung *f*; Unterstand *m*
у́ксус *m* (1; -а/-у) Essig
уку́с *m* (1) Biss
уку́тывать, <уку́тать> (1) einhüllen, einwickeln
ула́вливать (1), <улови́ть> (14) wahrnehmen, auffangen; erfassen; **~ моме́нт** e-n Zeitpunkt abpassen
ула́живать (1), <ула́дить> (15) regeln, in Ordnung bringen; beilegen, schlichten; **-ся** in Ordnung kommen
у́лей *m* (3; у́лья) Bienenstock
улета́ть (1), <улете́ть> (11*e.*) wegfliegen, davonfliegen; verfliegen, entschwinden
улету́чиваться (1), <улету́читься> (16) sich verflüchtigen
уле́чься (уля́гусь, уля́жешься) *pf.* sich hinlegen, sich niederlegen; sich ablagern; *fig.* nachlassen; ***~ спать*** schlafen gehen
улизну́ть F (20) *pf.* abhauen, sich davonmachen
ули́ка *f* (5) Beweis *m*, Beweisstück *n*
ули́тка *f* (5; -ток) Schnecke
у́лица *f* (5) Straße; ***на у́лице*** F draußen; ***зелёная ~*** grüne Welle
улича́ть (1), <уличи́ть> (16*e.*) überführen, ertappen (bei)
у́личный (14) Straßen-
уло́в *m* (1) Fang, Fischfang
улови́ть → ***ула́вливать***
уло́вка *f* (5; -вок) Kniff *m*, Trick *m*
уложи́ть(ся) → ***укла́дывать(ся)***
улуча́ть F (1), <улучи́ть> (16*e.*) abpassen; *Zeit* finden
улучша́ть (1), <улу́чшить> (16) verbessern; **-ся** sich bessern
улучше́ние *n* (12) Verbesserung *f*, Besserung *f*
улыба́ться (1), <улыбну́ться> (20) lächeln (Д über)
улы́бка *f* (5; -бок) Lächeln *n*
ультимати́вный (14; -вен, -вна) ultimativ
ультра|зву́к *m* (1) Ultraschall; **~коро́ткий** (16) Ultrakurz-; **~коротковолно́вый** (14) Ultrakurzwellen-, UKW-
ум *m* (1*e.*) Verstand; Geist; Vernunft *f*; ***быть в своём ~е́*** s-e fünf Sinne beisammen haben; ***быть себе́ на ~е́*** es faustdick hinter den Ohren haben; F ***быть без ~а́ от*** P von *et.* ganz hin sein
умали́ть → ***умаля́ть***
умалишённый (14) geisteskrank
ума́лчивать (1), <умолча́ть> (4*e.*) verschweigen; mit Stillschweigen übergehen

умаля́ть (28), <умали́ть> (13*e.*) herabsetzen, schmälern
ума́яться P (27) *pf.* erschöpft sein, ganz erledigt sein
уме́лец *m* (1; -льца) Könner, Meister
уме́лый (14*K.*) geschickt, gekonnt; sachkundig
уме́ние *n* (12) Fähigkeit *f*, Fertigkeit *f*, Können
уменьша́ть (1), <уме́ньшить> (16) verkleinern, verringern, vermindern; **-ся** abnehmen, nachlassen, zurückgehen
уменьше́ние *n* (12) Verminderung *f*, Abnahme *f*, Rückgang
уменьши́тельный (14) *Ling.* Verkleinerungs-
уме́ренный (14*K.*) gemäßigt, mäßig; maßvoll
умере́ть → ***умира́ть***
уме́рить → ***умеря́ть***
уме́рший *m* (17) Verstorbene(r)
умерщвля́ть (28), <умертви́ть> (14*e.*; -т/щ-) abtöten
умеря́ть (28), <уме́рить> (13) mäßigen, einschränken
умести́ть(ся) → ***умеща́ть*(*ся*)**
уме́стный (14; -тен, -тна) angebracht, am Platz
уме́ть (8) können, verstehen, vermögen
умеща́ть (1), <умести́ть> (15*e.*) unterbringen; **-ся** Platz finden
умиле́ние *n* (12) Rührung *f*
умили́тельный (14; -лен, -льна) rührend, ergreifend
уми́льный (14; -лен, -льна) gefällig, einschmeichelnd
умиля́ть (28), <умили́ть> (13*e.*) rühren, bewegen; **-ся** gerührt sein
умина́ть (1), <умя́ть> (умну́, умнёшь) F durchkneten
умира́ть (1), <умере́ть> (12; у́мер, -ла́; уме́рший) sterben; **~ *со́ смеху*** F sich totlachen
умиротворя́ть (28), <умиротвори́ть> (13*e.*) befrieden, besänftigen; **-ся** sich versöhnen; sich beruhigen
умне́ть (8), <по-> klüger werden, vernünftig werden
у́мник F *m* (1), **у́мница** F *m/f* (5) kluger Kopf *m*, kluges Kind *n*
у́мничать F (1) klug reden, kluge Reden führen
умножа́ть (1), <умно́жить> (16) vermehren; vergrößern, verstärken; *Math.* multiplizieren
умноже́ние *n* (12) Vermehrung *f*, Vergrößerung *f*; *Math.* Multiplikation *f*
у́мный (14; умён, умна́, умно́) klug, gescheit; vernünftig
умозаключе́ние *n* (12) Schlussfolgerung *f*
умоли́ть → ***умоля́ть***
умолка́ть (1), <умо́лкнуть> (21) verstummen
умолча́ть → ***ума́лчивать***
умоля́ть (28), <умоли́ть> (13) anflehen, beschwören
умори́ть F (13*e.*) *pf.* umbringen; fertig machen; ermüden; **-ся** erschöpft sein
у́мственный (14) geistig, Geistes-
у́мствовать (7) philosophieren
умудря́ть (28), <умудри́ть> (13*e.*) belehren, klug machen
умыва́льная *f* (14) Waschraum *m*
умыва́льник *m* (1) Waschbecken *n*
умыва́льный (14) Wasch-
умыва́ть (1), <умы́ть> (22) waschen, sich waschen
у́мысел *m* (1; -сла) böse Absicht *f*, Vorsatz; **с *у́мыслом*** vorsätzlich
умы́ть → ***умыва́ть***
умы́шленный (14*K.*) vorsätzlich
умя́ть → ***умина́ть***
унести́(сь) → ***уноси́ть*(*ся*)**
универма́г *m* (1) Kaufhaus *n*, Warenhaus *n*
универса́льный (14; -лен, -льна) universal, universell; (*o. K.*) Universal-
универса́м *m* (1) Supermarkt
университе́т *m* (1) Universität *f*; ***вече́рний ~, наро́дный ~*** Volkshochschule *f*
университе́тский (16) Universitäts-; akademisch
унижа́ть (1), <уни́зить> (15) erniedrigen, demütigen; herabsetzen
униже́ние *n* (12) Erniedrigung *f*, Demütigung *f*
уни́женный (14) gedemütigt
унизи́тельный (14; -лен, -льна) demütigend, erniedrigend

уника́льный (14; -лен, -льна) einzigartig, einmalig

унима́ть (1), <уня́ть> (уйму́, -мёшь; уня́л, -а́; уня́тый: -та́) beruhigen, beschwichtigen; *Blut* stillen; **-ся** aufhören; sich legen; F sich zufrieden geben

унита́з *m* (1) Klosettbecken *n*

унифика́ция *f* (7) Vereinheitlichung

уничтожа́ть (1), <уничто́жить> (16) vernichten; beseitigen; abschaffen

уничтоже́ние *n* (12) Vernichtung *f*; Beseitigung *f*; Abschaffung *f*

уноси́ть (15), <унести́> (25 -с-; унёс) wegtragen, forttragen, wegbringen; F mitgehen lassen; **-ся**, <-сь> davoneilen, davonjagen; *Gedanken*: schweifen

уныва́ть (1) den Mut verlieren, verzagen

уны́лый (14*K*.) verzagt, mutlos

уны́ние (12) Verzagtheit *f*, Niedergeschlagenheit *f*

уня́ть(ся) → ***унима́ть(ся)***

упа́д: *до ~у* F bis zum Umfallen, bis zur völligen Erschöpfung; ***смея́ться до ~у*** F sich halb totlachen

упа́док *m* (1; -дка) Verfall, Niedergang; ***~ ду́ха*** Mutlosigkeit *f*

упа́дочничество *n* (9) Dekadenz *f*, Verfall *m*

упа́дочный (14) Verfalls-, Depressions-; dekadent

упако́вка *f* (5; -вок) Verpacken *n*, Verpackung

упако́вочный (14) Pack-, Verpackungs-

упако́вывать (1), <упакова́ть> (7) verpacken, einpacken

упа́сть → ***па́дать***

упека́ть F (1), <упе́чь> (26) durchbacken

упере́ть(ся) → ***упира́ть(ся)***

упе́чь → ***упека́ть***

упира́ть (1), <упере́ть> (12) stemmen (***в*** В gegen), stützen (auf); **-ся** sich stemmen, sich stützen (***в*** В auf)

упи́танный (14*K*.) wohlgenährt

упла́та *f* (5) Bezahlung, Zahlung

упла́чивать (1), <уплати́ть> (15) einzahlen; entrichten; *Rechnung* begleichen

уплотня́ть (28), <уплотни́ть> (13*e*.) verdichten, abdichten; intensiver nutzen

уплыва́ть (1), <уплы́ть> (23) davonschwimmen; vergehen, schwinden

уподобле́ние *n* (12) Vergleich *m*; *Ling.* Assimilation *f*

уподобля́ть (28), <уподо́бить> (14) vergleichen; **-ся** ähnlich werden

упое́ние *n* (12) Begeisterung *f*; Rausch *m*

упои́тельный (14; -лен, -льна) berauschend, entzückend

уполза́ть (1), <уползти́> (24) fortkriechen, davonkriechen

уполномо́ченный *m* (14) Bevollmächtigte(r); Beauftragte(r)

уполномо́чивать (1), <уполномо́чить> (16) ermächtigen, bevollmächtigen

упомина́ние *n* (12) Erwähnung *f*

упомина́ть (1), <упомяну́ть> (19) erwähnen (***о*** П), nennen

упо́р *m* (1) Stütze *f*, Anschlag; *Esb.* Prellbock; ***де́лать ~ на что́-либо*** Nachdruck legen auf et.; ***сказа́ть в ~*** ins Gesicht sagen

упо́рный (14; -рен, -рна) beharrlich, hartnäckig; unverwandt

упо́рство *n* (9) Hartnäckigkeit *f*, Beharrlichkeit *f*; Starrsinn *m*

упо́рствовать (7) beharren, hartnäckig bestehen (***в*** П auf)

упорхну́ть (20) *pf.* davonflattern

упоря́дочивать (1), <упоря́дочить> (16) regeln, ordnen, in Ordnung bringen

употреби́тельный (14; -лен, -льна) gebräuchlich, üblich

употребле́ние *n* (12) Gebrauch *m*; Verwendung *f*, Anwendung *f*

употребля́ть (28), <употреби́ть> (14*e*.) gebrauchen, verwenden, benutzen; ***~ во зло́*** missbrauchen

управдо́м *m* (1) Hausverwalter

управле́ние *n* (12) Verwaltung *f*, Leitung *f*; *Tech.* Lenkung *f*, Steuerung *f*; *Gr.* Rektion *f*

управля́емый (14*K*.) gelenkt, gesteuert

управля́ть (28) verwalten, leiten; *Tech.* lenken, steuern

упражне́ние *n* (12) Übung *f*

упражня́ть (28) trainieren, üben; **-ся** sich üben, trainieren
упраздня́ть (28), <упраздни́ть> (13*e.*) abschaffen, aufheben, annullieren
упра́шивать (1), <упроси́ть> (15) mit Bitten bestürmen
упрёк *m* (1) Vorwurf
упрека́ть (1), <упрекну́ть> (20) vorwerfen, zum Vorwurf machen
упроси́ть → ***упра́шивать***
упрости́ть → ***упроща́ть***
упро́чение *n* (12) Festigung *f*
упро́чивать (1), <упро́чить> (16) festigen; sichern
упроща́ть (1), <упрости́ть> (15*e.*) vereinfachen
упру́гий (16*K.*) elastisch, federnd; biegsam
упру́гость *f* (8) Elastizität; Geschmeidigkeit
упря́жка *f* (5; -жек) Gespann *n*
у́пряжь *f* (8) *Pferde:* Geschirr *n*
упря́мец F *m* (1; -мца) Dickkopf
упря́миться (14) sich widersetzen
упря́мство *n* (9) Eigensinn *m*, Starrsinn *m*
упря́мый (14*K.*) eigensinnig, starrsinnig, widerspenstig
упря́тывать F (1), <упря́тать> (3) sorgfältig verstecken
упуска́ть (1), <упусти́ть> (15) loslassen; entkommen lassen; verpassen, versäumen; ~ ***из ви́ду*** außer Acht lassen
упуще́ние *n* (12) Versäumnis, Unterlassung *f*; Versehen
уравне́ние *n* (12) Gleichstellung *f*; *Math.* Gleichung *f*
ура́внивать (1) **1.** <уравня́ть> (28) gleichmachen; gleichstellen; ausgleichen; **2.** <уровня́ть> (28) ebnen, nivellieren
уравнове́шенный (14*K.*) ausgeglichen
уравнове́шивать (1), <уравнове́сить> (15) ausgleichen, ins Gleichgewicht bringen; *Rad* auswuchten
уравня́ть → ***ура́внивать***
ураѓан *m* (1) Orkan, Wirbelsturm
урага́нный (14) orkanartig, stürmisch
уразумева́ть (1), <уразуме́ть> (8) begreifen
урегули́ровать (7) *pf.* regeln; beilegen
уреза́ть, уре́зывать (1), <уре́зать> (3) beschneiden, einschränken; kürzen
урезо́нивать F (1), <урезо́нить> (13) zur Vernunft bringen, überreden
уре́зывать → ***уреза́ть***
у́рна *f* (5) Urne
у́ровень *m* (1; -вня) Niveau *n*, Ebene *f*; Stand; *Mar.* Spiegel
уровня́ть → ***ура́внивать***
уро́д *m* (1) Missgeburt *f*; Scheusal *n*
уроди́ть (15*e.*; урождённый) *pf.* erzeugen, hervorbringen; **-ся** gedeihen; gut stehen
уро́дливый (14*K.*) missgestaltet; hässlich, scheußlich
уро́довать (7), <из-> verunstalten, verstümmeln; entstellen; verderben
уро́дство *n* (9) Missbildung *f*, Hässlichkeit *f*, Entstellung *f*
урожа́й *m* (3) Ernte *f*
урожа́йный (14) fruchtbar, ergiebig; ertragreich; ~ ***год*** *m* gutes Erntejahr *n*
уроже́нец *m* (1; -нца) gebürtig
уро́к *m* (1) Unterrichtsstunde *f*, Stunde *f*; Hausaufgabe *f*; *fig.* Lehre *f*
уро́н *m* (1) Verlust, Schaden
уро́чный (14) festgesetzt, festgelegt; vereinbart
урча́ть (4*e.*), <про-> knurren; schnurren
уса́дебный (14) Guts-, Gutsherren-
усади́ть → ***уса́живать***
уса́дьба *f* (5; -деб) Gut *n*, Gutshof *m*; Bauernhof *m*; Gehöft *n*
уса́живать (1), <усади́ть> (15) setzen, Platz nehmen lassen; bepflanzen; **-ся**, <усе́сться> (updated усядусь, -дешься> sich setzen, Platz nehmen
усва́ивать (1), <усво́ить> (13) sich aneignen; sich einprägen, erlernen
усвое́ние *n* (12) Aneignung *f*; Erlernen
усе́ивать (1), <усе́ять> (27) besäen
усе́рдие *n* (12) Eifer *m*, Fleiß *m*
усе́рдный (14; -ден, -дна) eifrig, fleißig
усе́сться → ***уса́живаться***
усе́ять → ***усе́ивать***

усидéть (11*e.*) *pf.* sitzen bleiben; F sich halten
уси́дчивый (14*K.*) ausdauernd, beharrlich
усилéние *n* (12) Verstärkung *f*
уси́ленный (14*K.*) verstärkt; gesteigert
уси́ливать (1), <уси́лить> (13) verstärken; steigern; **-ся** stärker werden, zunehmen
уси́лие *n* (12) Anstrengung *f*, Bemühung *f*
усили́тель *m* (4) Verstärker
ускáкивать (1), <ускакáть> (3) davonsprengen, davongaloppieren
ускользáть (1), <ускользну́ть> (20) entgleiten; verloren gehen; sich davonstehlen; *fig.* entschwinden
ускорéние *n* (12) Beschleunigung *f*
ускоря́ть (28), <ускóрить> (13) beschleunigen; **-ся** schneller werden; früher eintreten
услáвливаться → ***услóвливаться***
услéживать (1), <уследи́ть> (15*e.*) beobachten, aufpassen
услóвие *n* (12) Bedingung *f*, Voraussetzung *f*; Abmachung *f*, Vereinbarung *f*; *pl.* Verhältnisse; ***по услóвию*** verabredungsgemäß; ***при услóвии*** vorbehaltlich
услóвленный (14*K.*) vereinbart, verabredet
услóвливаться (1), <услóвиться> (14*K.*) vereinbaren, verabreden (***о*** П *et.*)
услóвный (14; -вен, -вна) bedingt; vereinbart; ***услóвные знáки*** *m/pl.* Zeichenerklärung *f*
усложнéние *n* (12) Komplikation *f*
усложня́ть (28), <усложни́ть> (13*e.*) komplizieren; erschweren; **-ся** kompliziert *od.* komplizierter werden
услу́га *f* (5) Dienst *m*; Gefallen *m*, Gefälligkeit; *pl.* Dienstleistungen
услужи́ть (16) *pf.* e-n Dienst erweisen
услу́жливый (14*K.*) diensteifrig, gefällig
услыхáть (4*st.*), **услы́шать** (4) hören, zu Ohren kommen
усмáтривать (1), <усмотрéть> (9) erkennen; bemerken; Acht geben (***за*** T auf)
усмехáться (1), <усмехну́ться> (20) schmunzeln, grinsen
усмéшка *f* (5; -шек) spöttisches Lächeln *n*, Grinsen *n*
усмиря́ть (28), <усмири́ть> (13*e.*) bändigen, zähmen, besänftigen
усмотрéние *n* (12) Ermessen, Gutdünken
усмотрéть → ***усмáтривать***
уснащáть F (1), <уснасти́ть> (15*e.*) reichlich versehen, ausschmücken
усну́ть (20) *pf.* einschlafen; eingehen
усовершéнствование *n* (12) Vervollkommnung *f*; Fortbildung *f*
усóвещивать F (1), <усóвестить> (15) ins Gewissen reden (B *j-m*)
усомни́ться (13*e.*) *pf.* Zweifel hegen
усóхнуть → ***усыхáть***
успевáемость *f* (8) Leistungsstand *m*
успевáть (1), <успéть> (8) zurechtkommen (***на*** B zu), erreichen; es schaffen; *impf.* mitkommen, gute Leistungen aufweisen (***по*** Д in)
успéх *m* (1) Erfolg
успéшный (14; -шен, -шна) erfolgreich
успокáивать (1), <успокóить> (13) beruhigen, beschwichtigen; **-ся** nachlassen, sich legen
успокоéние *n* (12) Beruhigung *f*; Ruhe *f*
успокои́тельный (14; -лен, -льна) beruhigend
устáв *m* (1) Statut *n*, Satzung *f*
уставáть (5), <устáть> (-áну, -áнешь) müde werden, ermüden; überdrüssig werden
уставля́ть (28), <устáвить> (14) aufstellen; *Blick* unverwandt richten; **-ся** F Platz finden; (***на*** B) anstarren
устáвный (14) vorschriftsmäßig
устáивать (1), <устоя́ть> (-ою́, -ои́шь) das Gleichgewicht halten, sich halten; standhalten, widerstehen; **-ся** *Wasser*: klar werden; F sich stabilisieren
устáлость *f* (8) Ermüdung; Müdigkeit
устáлый (14*K.*) müde, ermüdet; erschöpft

устана́вливать (1), <установи́ть> (14) aufstellen; einrichten; einstellen; festlegen; feststellen, konstatieren; **-ся** sich herausbilden; sich festigen; beständig sein; andauern

устано́вка *f* (5; -вок) Aufstellung; Einrichtung, Anlage; Richtlinie

установле́ние *n* (12) Errichtung *f*; Herstellung *f*; Festsetzung *f*; Feststellung *f*

устарева́ть (1), <устаре́ть> (8) veralten, überholt sein

устаре́лый (14*K.*) veraltet, überholt; unmodern

уста́ть → ***устава́ть***

у́стный (14; *K. f* -на, *n* -но) mündlich

усто́й *m* (3) Stütze *f*, Pfeiler; *fig. mst pl.* Prinzipien *n/pl.* Grundsätze

усто́йчивость *f* (8) Stabilität; Beständigkeit

усто́йчивый (14*K.*) standfest, stabil; beständig

устоя́ть(ся) → ***уста́ивать(ся)***

устра́ивать (1), <устро́ить> (13) einrichten, herrichten; regeln, ordnen; **-ся** sich regeln; unterkommen; zurechtkommen; e-e Stelle bekommen

устране́ние *n* (12) Beseitigung *f*

устраня́ть (28), <устрани́ть> (13*e.*) beseitigen, entfernen; entlassen; **-ся** sich zurückziehen

устраша́ть (1), <устраши́ть> (16*e.*) in Angst versetzen; erschrecken; **-ся** Angst bekommen

устраше́ние *n* (12) Abschreckung *f*

устремле́ние *n* (12) Richten, Ausrichten; *mst pl.* Bestrebungen *f/pl.*

устремля́ть (28), <устреми́ть> (14*e.*) richten, lenken; **-ся** sich stürzen; dahineilen, stürmen; sich richten, sich wenden

устро́ить → ***устра́ивать***

устро́йство *n* (9) Einrichtung *f*, Vorrichtung *f*; Veranstaltung *f*; Aufbau *m*, Struktur *f*

усту́п *m* (1) Absatz, Stufe *f*

уступа́ть (1), <уступи́ть> (14) abtreten, überlassen; nachgeben; *Weg* freigeben

усту́пка *f* (5; -пок) Abtretung, Überlassung; Zugeständnis *n*, Konzession

усту́пчивый (14*K.*) nachgiebig

устыди́ть (15*e.*) *pf.* beschämen; **-ся** sich schämen

у́стье *n* (10; -ьев) Mündung *f*

усугубля́ть (28), <усугуби́ть> (14*e.*/14) vergrößern; verstärken

усы́ *m/pl.* (1) Schnurrbart

усыновле́ние *n* (12) Adoption *f*

усыновля́ть (28), <усынови́ть> (14*e.*) adoptieren (*als Sohn*)

усыпа́льница *f* (5) Gruft

усыпа́ть (1), <усы́пать> (2) bestreuen; übersäen, überschütten

усыпля́ть (28), <усыпи́ть> (14*e.*) einschläfern, einlullen; betäuben

усыха́ть (1), <усо́хнуть> (21) eintrocknen; F vertrocknen

ута́ивать (1), <утаи́ть> (13*e*) verbergen, verheimlichen; unterschlagen

ута́йка F *f* (5; -а́ек) Verheimlichung; Unterschlagung

ута́птывать (1), <утопта́ть> (3) festtreten, feststampfen

ута́скивать (1), <утащи́ть> (16) wegschleppen, wegschleifen; F mitnehmen, mitgehen lassen

у́тварь *f* (8) Gerät *n*, Gerätschaften *pl.*

утверди́тельный (14; -лен, -льна) bejahend; zustimmend

утвержда́ть (1), <утверди́ть> (15*e.*) bekräftigen, bestärken; sanktionieren, bestätigen; **-ся** festen Fuß fassen; sich einbürgern

утвержде́ние *n* (12) Bestätigung *f*; Behauptung *f*

утека́ть (1), <уте́чь> (26) auslaufen, ausströmen; verfließen, vergehen

утепля́ть (28), <утепли́ть> (13*e.*) abdichten, winterfest machen

утере́ть → ***утира́ть***

уте́ря *f* (6) Verlust *m*

утёс *m* (1) Felsen; Klippe *f*

уте́ха F *f* (5) Spaß *m*, Vergnügen *n*; Trost *m*

уте́чь → ***утека́ть***

утеша́ть (1), <уте́шить> (16) trösten; F e-e Freude machen

утеше́ние *n* (12) Trost *m*

утеши́тельный (14; -лен, -льна) tröstlich, erfreulich

утилиза́ция *f* (7) Nutzung, Verwertung

утилизи́ровать (7) *im(pf.)* nutzen, nutzbar machen, verwerten

ути́ль *m* (4), **утильсырьё** *n* (10) Altstoff(e *pl.*) *m*, verwertbare Abfälle *m/pl.*
утира́ть (1), <утере́ть> (12) abwischen; abtrocknen
утиха́ть (1), <ути́хнуть> (21) verstummen; aufhören; nachlassen; sich beruhigen
утихоми́рить F (13) *pf.* beschwichtigen, besänftigen
у́тка *f* (5; у́ток) Ente
уткну́ть → ***утыка́ть***
утоли́ть → ***утоля́ть***
утолще́ние *n* (12) Verdickung *f*, Anschwellung *f*
утоля́ть (28), <утоли́ть> (13) stillen; lindern
утоми́тельный (14; -лен, -льна) ermüdend, anstrengend
утомле́ние *n* (12) Ermüdung *f*, Müdigkeit *f*
утомлённый (14*K.*) müde; erschöpft
утомля́ть (28), <утоми́ть> (14*e.*) ermüden; überanstrengen; **-ся** müde werden
утонча́ть (1), <утончи́ть> (16*e.*) dünner machen; verjüngen
утончённый (14*K.*) verfeinert, raffiniert
утопа́ть (1), <утону́ть> (19) ertrinken; untergehen
утопа́ющий *m* (17) Ertrinkende(r)
утопи́ть (14) *pf.* ertränken
утопи́ческий (16), **утопи́чный** (14; -чен, -чна) utopisch
уто́пия *f* (7) Utopie
утопта́ть → ***ута́птывать***
уточне́ние *n* (12) Präzisierung *f*
уточня́ть (28), <уточни́ть> (13*e.*) präzisieren
утра́ивать (1), <утро́ить> (13) verdreifachen
утра́та *f* (5) Verlust *m*
утра́чивать (1), <утра́тить> (15) verlieren, einbüßen; **-ся** verloren gehen
у́тренний (15) morgendlich, Morgen-
у́тренник *m* (1) Matinee *f*
утри́ровать (7) *im*(*pf.*) übertreiben, überspitzen
у́тро *n* (9; с, до, от утра́, к утру́) Morgen *m*; ***по утра́м*** morgens
утро́ба *f* (5) Mutterleib *m*, Schoß *m*
у́тром *Adv.* am Morgen, morgens
утряса́ть (1), <утрясти́> (25 -с-) zusammenschütteln, rütteln
утыка́ть (1) **1.** <уты́кать> F (1) vollstecken; **2.** <уткну́ть> F (20) hineinstecken, stecken
утю́г *m* (1*e.*) Bügeleisen *n*
утю́жить (16), <вы́-> bügeln
утяжели́ть (13*e.*) *pf.* beschweren, schwerer machen
уха́б *m* (1) Schlagloch *n*
уха́бистый F (14*K.*) holp(e)rig
уха́живать (1) pflegen, versorgen (***за*** T); *j-m* den Hof machen
ухва́тка F *f* (5; -ток) Handgriff *m*; Geschick *n*
ухва́тывать (1), <ухвати́ть> (15) ergreifen, packen; begreifen, kapieren; **-ся** sich festhalten (***за*** B an)
ухитря́ться F (28), <ухитри́ться> (13*e.*) es fertig bringen
ухищрённый (14*K.*) raffiniert
ухмыля́ться F (28), <ухмыльну́ться> (20) schmunzeln; grinsen
у́хо *n* (9; ***за́*** B/T; *pl.* у́ши, уше́й) Ohr; ***дать по́ уху*** F e-e Ohrfeige verpassen
ухо́д *m* (1) Weggang; Rücktritt; Abfahrt *f*; Pflege *f*; Wartung *f*
уходи́ть (15), <уйти́> (уйду́, -дёшь) weggehen, fortgehen; *Zeit*: vergehen
ухудша́ть (1), <уху́дшить> (16) verschlechtern, verschlimmern
ухудше́ние *n* (12) Verschlechterung *f*
уцеле́ть (8) *pf.* unversehrt bleiben; am Leben bleiben
уцени́ть (13*e.*) *pf. Preis* reduzieren
уцепля́ться (28), <уцепи́ться> (14) sich festklammern, sich festhalten (***за*** B an)
уча́ствовать (7) teilnehmen, sich beteiligen (***в*** П an); mitwirken, mitarbeiten
уча́стие *n* (12) Teilnahme *f*, Beteiligung *f*, Mitwirkung *f*; Anteilnahme *f*, Mitgefühl (***к*** Д für); ***принима́ть ~*** teilnehmen
уча́стник *m* (1) Teilnehmer; Teilhaber
уча́сток *m* (1; -тка) Grundstück *n*; Parzelle *f*; Abschnitt, Bereich
у́часть *f* (8) Los *n*, Schicksal *n*
уча́щийся *m* (17) Schüler; Student
учёба *f* (5) Lernen *n*; Studium *n*; Lehre
уче́бник *m* (1) Lehrbuch *n*

уче́бный (14) Lehr-, Schul-, Unterrichts-; Studien-
уче́ние *n* (12) Lernen, Studium; Unterricht *m*; Lehre *f*
учени́к *m* (1*e.*), **учени́ца** *f* (5) Schüler(in *f*); Lehrling *m*
учени́ческий (16) Schul-, Schüler-; Lehr-, Lehrlings-
учёный (14) gelehrt; wissenschaftlich; *Su. m* Gelehrte(r), Wissenschaftler
уче́сть → ***учи́тывать***
учёт *m* (1) Erfassung *f*; Inventur *f*; Berücksichtigung *f*; Rechnungsführung *f*, Rechnungswesen *n*; ***вести́ ~*** Buch führen; ***взять на ~*** eintragen, anmelden; ***снять с ~а*** abmelden; ***стать на ~*** sich anmelden
учи́лище *n* (11) Schule *f*, Lehranstalt *f*
учиня́ть (28), <учини́ть> (13) begehen, durchführen
учи́тель *m* **1.** (4; *pl.e.*, *N* -ля́) Lehrer; **2.** (4) Lehrmeister
учи́тельница *f* (5) Lehrerin
учи́тельский (16) Lehrer-
учи́тельство *n* (9) Lehrerschaft *f*
учи́тывать (1), <уче́сть> (25; учту́, учтёшь) erfassen, aufnehmen; berücksichtigen; einkalkulieren
учи́ть (16) **1.** <на-, об-> lehren (В/Д *j-n et.*), beibringen (*j-m*); *impf.* unterrichten (*j-n* in); **2.** <вы́-> lernen, studieren; **-ся** <вы́-, на-, об-> lernen (Д *et.*), studieren
учреди́тель *m* (4) Gründer, Stifter
учреди́тельный (14) Gründungs-, konstituierend
учрежда́ть (1), <учреди́ть> (15*e.*; -еждённый) gründen; einführen
учрежде́ние *n* (12) Gründung *f*; Institution *f*, Einrichtung *f*; Behörde *f*
учти́вый (14*K.*) höflich
уша́нка *f* (5; -нок) Mütze mit Ohrenklappen
у́ши → ***у́хо***
ушиб *m* (1) Stoß, Aufprall; Prellung *f*
ушиба́ть (1), <ушиби́ть> (-бу́, -бёшь; уши́б, -ла; уши́бленный) stoßen (В an), verletzen
ушива́ть (1), <уши́ть> (ушью́, -ьёшь) enger machen; abnähen
ушко́ *n* (9; *pl.* ушки́, ушко́в) Öse *f*; Öhr, Nadelöhr; Henkel *m*
уще́листый (14*K.*) zerklüftet
уще́лье *n* (10; -лий) Schlucht *f*, Kluft *f*
ущемля́ть (28), <ущеми́ть> (14*e.*) einklemmen, quetschen; *fig.* verletzen, kränken
уще́рб *m* (1) Verlust; Schaden, Nachteil
ущерблённый (14*K.*) *fig.* gekränkt, verletzt
ущипну́ть (20) *pf.* kneifen, zwicken
ую́т *m* (1) Gemütlichkeit *f*
ую́тный (14; -тен, -тна) gemütlich, behaglich
уязви́мый (14*K.*) verwundbar, verletzlich (*a. fig.*)
уязвля́ть (28), <уязви́ть> (14*e.*) verletzen, kränken
уясне́ние *n* (12) Klärung *f*
уясня́ть (28), <уясни́ть> (13*e.*) sich klarmachen, sich klar werden (В über)

Ф

фа́брика *f* (5) Fabrik, Werk *n*
фабри́чный (14) Fabrik(s)-; maschinell, fabrikmäßig
фа́була *f* (5) Fabel
фаго́т *m* (1) Fagott *n*
фа́за *f* (5) Phase, Stadium *n*
фа́кел *m* (1) Fackel *f*
фа́кельный (14) Fackel-
фа́кельщик *m* (1) Fackelträger
факс *m* (1) Fax *n*
факт *m* (1) Tatsache *f*
факти́ческий (16) tatsächlich, wirklich
факультати́вный (14; -вен, -вна) fakultativ, Wahl-
факульте́т *m* (1) Fakultät *f*

фальсифика́т *m* (1) Fälschung *f*
фальсифика́тор *m* (1) Fälscher
фальсифика́ция *f* (7) Fälschung
фальсифици́ровать (7) *im(pf.)* verfälschen, fälschen
фальста́рт *m* (1) *Sp.* Fehlstart
фальши́вить (14), <с-> unaufrichtig sein, heucheln; falsch singen *od.* spielen
фальши́вый (14 *K.*) falsch; gefälscht; unaufrichtig
фальшь *f* (8) Falschheit; Unaufrichtigkeit; Betrug *m*; *Mus.* falsches Singen *od.* Spielen *n*
фами́лия *f* (7) Familienname *m*; ***как ва́ша ~?*** wie heißen Sie (mit Familiennamen)?
фами́льный (14) Familien-
фамилья́рный (14; -рен, -рна) familiär, vertraulich
фана́т (1) *m* Fan, Anhänger
фана́тик *m* (1) Fanatiker
фанати́ческий (16) fanatisch
фанати́чность *f* (8) Fanatismus *m*
фанати́чный (14; -чен, -чна) fanatisch
фане́ра *f* (5) Furnier *n*; Sperrholz *n*
фане́рный (14) Furnier-, Sperrholz-
фант *m* (1) Pfand *n*
фантазёр *m* (1) Phantast
фантази́ровать (7) phantasieren; *Mus.* improvisieren
фанта́зия *f* (7) Phantasie, Einbildungskraft; *Mus.* Fantasie
фантасти́ческий (16), **фантасти́чный** (14; -чен, -чна) phantastisch, wunderlich
фанфа́ра *f* (5) Fanfare; Fanfarenstoß *m*
фа́ра *f* (5) *Kfz.* Scheinwerfer *m*
фарва́тер *m* (1) Fahrwasser *n*
фарисе́йство *n* (9) *fig.* Heuchelei *f*
фармаци́я *f* (7) Pharmazie, Arzneimittelkunde
фарс *m* (1) Farce *f*, Posse *f*
фа́ртук *m* (1) Schürze *f*
фарфо́р *m* (1) Porzellan *n*
фарфо́ровый (14) Porzellan-
фарш *m* (1) Hackfleisch *n*, Gehacktes *n*
фарширова́ть (7), <за-> füllen
фаса́д *m* (1) Fassade *f*, Front *f*
фаса́дный (14) Fassaden-, Stirn-
фасова́ть (7), <рас-> abpacken, abfüllen
фасо́ль *f* (8) *koll.* Bohnen *f/pl.*
фасо́н *m* (1) Fasson *f*, Machart *f*; Schnitt
фасо́нный (14) Fasson-, Form-
фата́ *f* (5) Schleier *m*
фата́льный (14; -лен, -льна) fatal
фая́нс *m* (1) Steingut *n*; Fayence *f*
фая́нсовый (14) Steingut-
февра́ль *m* (4*e.*) Februar
февра́льский (16) Februar-
федера́льный (14) Bundes-; föderal
федерати́вный (14) Bundes-; föderativ
федера́ция *f* (7) Föderation, Bund *m*
феери́ческий (16) märchenhaft, zauberhaft
фейерве́рк *m* (1) Feuerwerk *n*
фе́льдшер *m* (1; *pl. a. e.*, *N* -á), **фельдшери́ца** *f* (5) Arzthelfer(in *f*)
фельето́н *m* (1) Glosse *f*, Feuilleton *n*
фен *m* (1) Haartrockner, Fön
фено́мен *m* (1) Phänomen *n*
феномена́льный (14; -лен, -льна) phänomenal
феода́льный (14) feudal, Feudal-
ферзь *m* (4*e.*) *Schach*: Dame *f*
фе́рма *f* (5) Farm
фе́рмер *m* (1) Farmer
фестива́ль *m* (4) Festival *n*, Festspiele *pl.*
фети́ш *m* (1/1*e*; -е́й) Fetisch
фетр *m* (1) Filz
фе́тровый (14) Filz-
фехтова́льщик *m* (1), **фехтова́льщица** *f* (5) Fechter(in *f*)
фехтова́ть (7) fechten
фе́я *f* (6; фей) Fee
фиа́лка *f* (5; -лок) Veilchen *n*
фи́бра *f* (5) Fiber, Faser
фи́га *f* (5) Feige; Feigenbaum *m*
фигля́рничать F (1) Possen reißen
фи́говый (14) Feigen-
фигу́ра *f* (5) Figur, Gestalt
фигура́льный (14; -лен, -льна) bildlich, übertragen
фигури́ровать (7) erscheinen, auftreten
фигури́ст *m* (1), **фигури́стка** *f* (5; -ток) Eiskunstläufer(in *f*)

фигу́рный (14) Figuren-; ***фигу́рное ката́ние*** *n* ***на конька́х*** Eiskunstlauf *m*

фи́зик *m* (1) Physiker

фи́зика *f* (5) Physik

физиологи́ческий (16) physiologisch

физиоло́гия *f* (7) Physiologie

физионо́мия *f* (7) Physiognomie, Gesicht *n*

физи́ческий (16) physikalisch, Physik-; physisch, körperlich

физкульту́ра *f* (5) Körperkultur, Sport *m*

физкульту́рный (14) Sport-, Sportler-

фикси́ровать (7) *im(pf.)*, <за-> fixieren; festhalten; festlegen

фикти́вный (14; -вен, -вна) fiktiv

фи́кус *m* (1) Gummibaum

филантро́п *m* (1) Menschenfreund

филармони́ческий (16) philharmonisch

филармо́ния *f* (7) Philharmonie

филатели́ст *m* (1) Briefmarkensammler

филателисти́ческий (16) Briefmarken-

филиа́л *m* (1) Filiale *f*, Zweigstelle *f*

филиа́льный (14) Filial-, Zweig-

филигра́нный (14; -а́нен, -а́нна) *fig.* filigranartig, ziseliert

филигра́нь *f* (8) Filigran *n*; Filigranarbeit; Wasserzeichen *n*

фи́лин *m* (1) Uhu

фило́лог *m* (1) Philologe

филологи́ческий (16) philologisch

филоло́гия *f*(7) Philologie

фило́соф *m* (1) Philosoph

филосо́фия *f* (7) Philosophie

филосо́фский (16) philosophisch

филосо́фствовать (7) philosophieren

фильм *m* (1) Film

фильтр *m* (1) Filter

фильтрова́льный (14) Filter-, Filtrier-

фильтрова́ть (7), <про-> filtrieren, filtern

фимиа́м *m* (1) Weihrauch; ***кури́ть кому́-либо ~*** j-n beweihräuchern

фина́л *m* (1) Finale *n*, Abschluss; *Sp.* Endspiel *n*

фина́льный (14) Schluss-, End-

финанси́ровать (7) *im(pf.)* finanzieren

финанси́ст *m* (1) Finanzfachmann

фина́нсовый (14) Finanz-, finanziell

фина́нсы *pl.* (1) Finanzen

фи́ник *m* (1) Dattel *f*

фи́никовый (14) Dattel-

фи́ниш *m* (1; -ей) Endspurt, Endkampf; Ziel *n*

фи́нка *f* (5; -нок) Finnin

Финля́ндия *f* (7) Finnland *n*

финн *m* (1) Finne

фи́нский (16) finnisch

фиоле́товый (14*K.*) violett

фи́рма *f* (5) Firma

фи́рменный (14) Firmen-; Marken-

фисгармо́ния *f* (7) Harmonium *n*

фиста́шка *f* (5; -шек) Pistazie

фи́стула *f* (5) *Med.* Fistel

фити́ль *m* (4*e.*) Docht; Lunte *f*, Zündschnur *f*

флаг *m* (1) Fahne *f*, Flagge *f*

фла́гман *m* (1) Flaggschiff *n*

флагшто́к *m* (1) Fahnenmast, Fahnenstange *f*

флажо́к *m* (1; -жка́) kleine Fahne *f*, Flagge *f*

флако́н *m* (1) Fläschchen *n*

фланг *m* (1) Flanke *f*, Flügel

фланго́вый (14) Flanken-; *Su. m* Flügelmann

фла́нец *m* (1; -нца) Flansch

фланки́ровать (7) *im(pf.)* flankieren

флегмати́чный (14; -чен, -чна) phlegmatisch, lässig, träge; gleichmütig

фле́йта *f* (5) Flöte

флейти́ст *m* (1) Flötenspieler

фле́ксия *f* (7) Flexion, Beugung

флекти́вный (14) Flexions-

фли́гель *m* (4; *pl. a. e.*, *N* -ля́) *Arch.* Flügel, Seitengebäude *n*

флирт *m* (1) Flirt

флиртова́ть (7) flirten

флома́стер *m* (1) Filzstift

флот *m* (1; *pl. a. e.*) Flotte *f*; ***морско́й ~*** Marine *f*

флоти́лия *f* (7) Flotille

фло́тский (16) Flotten-; Marine-

флюс *m* **1.** (1) *Med.* Zahngeschwür *n*; **2.** (1; *pl. e.*) *Tech.* Flussmittel *n*

фля́га *f* (5), **фля́жка** *f* (5; -жек) Feldflasche

фóкус *m* (1) **1.** Fokus, (*a. fig.*) Brennpunkt; **2.** Kunststück *n*, Trick
фóкусник *m* (1) Zauberkünstler; F Schlitzohr *n*
фóльга *f* (5) Folie
фольклóр *m* (1) Folklore *f*
фольклори́ст *m* (1) Volkskundler
фольклори́стика *f* (5) Volkskunde
фольклóрный (14) Folklore-, folkloristisch
фон *m* (1) Grund, Hintergrund
фонáрик *m* (1) kleine Laterne *f*; Taschenlampe *f*; ***цветнóй ~*** Lampion
фонáрь *m* (4*e.*) Laterne *f*; Leuchte *f*
фонд *m* (1) Fonds; Bestand
фонéтика *f* (5) Phonetik, Lautlehre
фонети́ческий (16) phonetisch, Laut-
фонтáн *m* (1) Springbrunnen, Fontäne *f*
фóрвард *m* (1) *Sp.* Stürmer
форéль *f* (8) Forelle *f*
фóрма *f* (5) Form; Uniform; Formular *n*
формáльность *f* (8) Formalität
формáльный (14; -лен, -льна) formal, formell; formalistisch
формáт *m* (1) Format *n*
фóрменный (14) Uniform-; ***фóрменная одéжда*** *f* Uniform
формировáние *n* (12) Bildung *f*; Formierung *f*; *Mil.* Formation *f*
формировáть (7), <c-> formen, formieren, bilden
формовáть (7), <от-, с-> formen, modellieren
формóвка *f* (5; -вок) Formen *n*; Formung
формовóй (14) Form-
фóрмула *f* (5) Formel
формули́ровать (7) *im*(*pf.*), <c-> formulieren
формулирóвка *f* (5; -вок) Formulierung
формуля́р *m* (1) Formular *n*, Vordruck
форси́ровать (7) *im*(*pf.*) forcieren, beschleunigen; *Mil.* vorstoßen
форси́ть F (15*e.*) angeben, wichtig tun
форсу́нка *f* (5; -нок) Düse; Zerstäuber *m*
фортификáция *f* (7) Befestigungsanlage
фóрточка *f* (5; -чек) Klappfenster *n*
фóсфорный (14) Phosphor-
фóто *n* (*unv.*) Foto
фото|аппарáт *m* (1) Kamera *f*, Fotoapparat; **~вспы́шка** *f* (5; -шек) Blitzlicht *n*
фотогени́чный (14; -чен, -чна) fotogen
фотóграф *m* (1) Fotograf
фотографи́ровать (7), <c-> fotografieren, aufnehmen; **-ся** sich fotografieren lassen
фотографи́ческий (16) fotografisch, Foto-
фото|грáфия *f* (7) Fotografie; **~кáрточка** F *f* (5; -чек) Lichtbild *n*, Passbild *n*; **~кóпия** *f* (7) Fotokopie; **~люби́тель** *m* (4) Amateurfotograf; **~сни́мок** *m* (1; -мка) Aufnahme *f*, Foto *n*; **~элемéнт** *m* (1) Fotozelle *f*
фрагмéнт *m* (1) Fragment *n*, Bruchstück *n*
фрагментáрный (14; -рен, -рна) fragmentarisch, bruchstückhaft
фрáза *f* (5) Satz *m*; Phrase; *pl.* leeres Geschwätz *n*
фразеолóгия *f* (7) Phraseologie
фракциóнный (14) Fraktions-
фрáкция *f* (7) Fraktion
франт *m* (1) Stutzer, Geck
франти́ть F (15*e.*) sich herausputzen, Staat machen
Фрáнция *f* (7) Frankreich *n*
францу́женка *f* (5; -нок) Französin
францу́з *m* (1) Franzose
францу́зский (16) französisch
фрахтовáть (7), <за-> befrachten, chartern
фрегáт *m* (1) Fregatte *f*
фрезá *f* (5; *pl. st.*) *Tech.* Fräser *m*, Fräse
фрéзерный (14) Fräs-, Fräser-
фрéска *f* (5; -сок) Fresko *n*; Freskomalerei
фривóльный (14; -лен, -льна) frivol, leichtfertig
фрикадéлька *f* (5; -лек) Frikadelle, Fleischklößchen *n*
фронт *m* (1; *pl. e.*) Front *f*; ***пострóить во ~*** antreten lassen
фронтáльный (14; -лен, -льна) frontal, Frontal-
фронтови́к *m* (1*e.*) Frontkämpfer

фронтово́й (14) Front-
фронто́н *m* (1) Giebel
фрукт *m* (1) Frucht *f*; *pl.* Obst *n*
фрукто́вый (14) Obst-, Frucht-
фрустра́ция *f* (7) P Frust *m*
фтор *m* (1) Fluor *n*
фуга́с *m* (1) Landmine *f*
фунда́мент *m* (1) Fundament *n*
фундамента́льный (14; -лен, -льна) fundamental
фуникулёр *m* (1) Drahtseilbahn *f*
функциона́льный (14; -лен, -льна) funktional, funktionell
функциони́ровать (7) funktionieren; fungieren
фу́нкция *f* (7) Funktion; Aufgabe
фунт *m* (1) Pfund *n* (= *0,41kg*); *Fin.* Pfund *n*
фу́нтик F *m* (1) Tüte *f*
фура́ж *m* (1*e.*) Futter *n*, Futtermittel *n*
фура́жка *f* (5; -жек) Schirmmütze
фурго́н *m* (1) Planwagen
фурниту́ра *f* (5) Zubehör *n*
фуру́нкул *m* (1) Furunkel
футбо́л *m* (1) Fußballspiel *n*, Fußball
футболи́ст *m* (1) Fußballspieler
футбо́льный (14) Fußball-
футля́р *m* (1) Futteral *n*; Etui *n*; Hülle *f*
футуристи́ческий (16) futuristisch
фуфа́йка *f* (5; -а́ек) Strickjacke
фырка́ть (1), *einm.* <фы́ркнуть> (20) schnauben; schnaufen
фюзеля́ж *m* (1; -ей) Rumpf

Х

ха́ла *f* (5) Zopfbrot *n*, Zopf *m*
хала́т *m* (1) Schlafrock, Morgenrock; Kittel
хала́тный (14; -тен, -тна) nachlässig, fahrlässig
халту́ра F *f* (5) Pfuscharbeit; Stümperei; Nebenerwerb *m*
халту́рить F (13) pfuschen, stümpern; dazuverdienen
халту́рщик F *m* (1) Pfuscher, Stümper
хам P *m* (1) Flegel, Rüpel
хамелео́н *m* (1) Chamäleon *n*
хами́ть F (14*e.*) sich flegelhaft benehmen (Д gegen)
хамова́тый F (14*K.*) unverfroren
ха́мский F (16) flegelhaft, ordinär
хандра́ *f* (5) Schwermut, Trübsinn *m*
хандри́ть (13*e.*) Trübsal blasen
ханжа́ *m/f* (5; -же́й) Scheinheilige(r), Heuchler(in *f*)
ха́нжеский (16) scheinheilig, heuchlerisch
ха́нжество́ *n* (9) Scheinheiligkeit *f*, Heuchelei *f*
хао́с *m* (1) Chaos *n*, Durcheinander *n*
хаоти́ческий (16), **хаоти́чный** (14; -чен, -чна) chaotisch, verworren, wüst
хара́ктер *m* (1) Charakter, Wesen *n*; Eigenart *f*, Beschaffenheit *f*
характеризова́ть (7) *im(pf.)*, <о-> charakterisieren, kennzeichnen; **-ся** gekennzeichnet sein
характери́стика *f* (5) Charakterisierung, Charakteristik; Beurteilung
хара́ктерный (14; -рен, -рна) charakteristisch, kennzeichnend; ausdrucksvoll
ха́рд-вер (1) *m EDV* Hardware *f*
ха́ркать F (1), *einm.* <ха́ркнуть> (20) spucken
ха́ртия *f* (7) Charta, Urkunde
ха́та *f* (5) Bauernhaus *n*; Hütte
хвала́ *f* (5) Lob *n*; ***воздава́ть хвалу́*** preisen (Д)
хвале́бный (14; -бен, -бна) lobend; (*o.K*) Lob-
хвали́ть (13), <по-> loben; **-ся** sich rühmen, prahlen
хва́стать (1), <по->, **-ся** prahlen, sich brüsten
хвастли́вый (14*K.*) prahlerisch, angeberisch

хвастовство́ *n* (9) Prahlerei *f*, Angeberei *f*
хвасту́н F *m* (1*e.*), **хвасту́нья** F *f* (6; -ний) Prahlhans *m*, Angeber(in *f*)
хвата́ть (1), <хвати́ть> (15) packen, fassen; ergreifen, fangen; reichen, ausreichen; ***мне не хвата́ет*** mir fehlt *od.* fehlen; ***хва́тит*** es reicht, es genügt
хва́тка *f* (5; -ток) Griff *m*; Biss *m*; Geschick *n*
хво́йный (14) Nadel-
хвора́ть F (1) krank sein, kränkeln
хво́рост *m* (1; -а/-у) Reisig *n*
хворости́на *f* (5) Gerte, Rute
хвост *m* (1*e.*) Schwanz, Schweif; *pl.* Rückstände
хвостово́й (14) Schwanz-, Heck-
хво́я *f* (6) *koll.* Nadeln *f/pl.*; Zweige *m/pl.* von Nadelbäumen
хи́жина *f* (5) Hütte, Kate
хиле́ть F (8), <за-> schwach werden, abbauen
хи́лый (14; хил, -á) schwächlich, kränklich
химе́ра *f* (5) Schimäre; Trugbild *n*, Hirngespinst *n*
хи́мик *m* (1) Chemiker
хими́ческий (16) chemisch, Chemie-
хи́мия *f* (7) Chemie
хире́ть F (8), <за-> dahinsiechen; verkümmern
хирурги́ческий (16) chirurgisch
хирурги́я *f* (7) Chirurgie
хитре́ц *m* (1*e.*) Schlaumeier
хитри́ть (13*e.*), <с-> sich verstellen; trickreich vorgehen
хи́трость *f* (8) List; Schlauheit; ***не велика́*** ~ F das ist kein Kunststück
хитроу́мный (14; -мен, -мна) raffiniert; einfallsreich; kunstvoll
хи́трый (14; -тёр, -трá, -трó) listig, schlau; gewandt, geschickt; F knifflig, kompliziert
хихи́канье F *n* (10; -ний) Gekicher
хихи́кать F (1), *einm.* <хихи́кнуть> (20) kichern
хище́ние *n* (12) Raub *m*; Diebstahl *m*
хи́щник *m* (1) Raubtier *n*, Raubvogel; *fig.* Räuber
хи́щнический (16) räuberisch, Raub-; Räuber-
хи́щничество *n* (9) Raub *m*, Räuberei *f*
хи́щный (14; -щен, -щна) raubgierig; (*o.K.*) Raub-
хладнокро́вие *n* (12) Kaltblütigkeit *f*
хладнокро́вный (14; -вен, -вна) kaltblütig
хлам F *m* (1) Kram *m*, Plunder *m*, Gerümpel *n*
хлеб *m* (1) Brot *n*; *koll.* Getreide *n*, Korn *n*; ***~ с ма́слом*** Butterbrot *n*; *pl.* F Nahrung *f*, Unterhalt *m*
хлеба́ть (1), *einm.* <хлебну́ть> (20) F schlürfen; löffeln
хле́бный (14) Brot-; Korn-, Getreide-; einträglich
хлебо|заво́д *m* (1) Brotfabrik *f*; **~па́шество** *n* (9) Ackerbau *m*; **~пека́рня** *f* (6; -рен) Bäckerei; **~проду́кты** *m/pl.* (1) Backwaren *f/pl.*; **~ре́зка** *f* (5; -зок) Brotschneidemaschine; **~со́льный** (14; -лен, -льна) gastfreundlich; **~со́льство** *n* (9) Gastfreundschaft *f*; **~убо́рка** *f* (5; -рок) Getreideernte
хле́б-соль F *f* (1/8) Bewirtung; Gastfreundschaft
хлев *m* (1; *a.* в -ý; *pl.e.*, *N* -á) Stall
хлеста́ть (3), *einm.* <хлестну́ть> (20) peitschen, schlagen; strömen, sprudeln
хло́пать (1), *einm.* <хло́пнуть> zuschlagen, zuklappen; knallen; klatschen, applaudieren
хло́пковый (14) Baumwoll-
хло́пнуть → ***хло́пать***
хло́пок *m* (1; -пка) Baumwolle *f*
хлопота́ть (3) geschäftig sein, sich zu schaffen machen; sich bemühen (**о** П um), sich einsetzen (***за*** В für)
хлопотли́вый (14*K.*) geschäftig; hektisch; mühevoll
хло́поты *pl.* (5; *G* хлопо́т) Sorgen *f/pl.*, Bemühungen *f/pl.*, Scherereі(en *pl.*) *f*
хлопу́шка *f* (5; -шек) Fliegenklappe; Knallbonbon *n*, Knallkörper *m*
хлопчатобума́жный (14) Baumwoll-
хло́пья *pl.* (10; -ьев) Flocken *f/pl.*
хлор *m* (1) Chlor *n*
хло́ристый (14) chlorhaltig
хло́рный (14) Chlor-
хлыст *m* (1*e.*) Gerte *f*; Reitpeitsche *f*
хмелево́й (14) Hopfen-

хмелёк F: ***под хмелькóм*** beschwipst
хмелéть (8), <о-, за-> e-n Rausch bekommen
хмель *m* (4; -ля/-лю) Hopfen
хмельнóй (14; -лён, -льнá) berauscht, betrunken
хмýрить (13), <на-> *Stirn* runzeln; *Brauen* zusammenziehen; ***-ся*** finster dreinschauen; sich eintrüben
хмýрый (14*K.*) finster, düster; trübe
хны́кать F (3/1) flennen; jammern
хóбот *m* (1) Rüssel
ход *m* (1; -а/-у; *a.* в -ý; *pl.a.e.*) Gang, Lauf; Fahrt *f*, Verlauf, Entwicklung *f*, Zug (*a. fig.*); *Ksp.* Ausspielen *n*; ***в ~ý*** im Gebrauch, gebräuchlich; ***в большóм ~ý*** sehr gefragt; ***пускáть в ~*** einsetzen, Gebrauch machen (B von); ***ваш ~, ~ за вáми*** Sie sind am Zug
ходáтайство *n* (9) Fürsprache *f*, Befürwortung *f*; Gesuch
ходáтайствовать (7; *Prät. a. pf.*) sich verwenden, sich einsetzen; ansuchen (**о** П um)
ходи́ть (15) **1.** hin und her gehen; laufen; herumlaufen; fahren, verkehren; besuchen; **2.** <с-> ziehen, e-n Zug machen; *Ksp.* ausspielen
хóдкий F (16; -док, -дкá) gängig; leicht gängig; gebräuchlich
ходовóй (14) Lauf-; Zug-
ходóк *m* (1*e.*) Fußgänger
ходýли *f/pl.* (6; *a.* -лей) Stelzen
ходýльный (14; -лен, -льна) geschraubt, gekünstelt
ходьбá *f* (5) Gehen *n*, Wandern *n*
ходя́чий (17) gängig, weit verbreitet; nicht bettlägerig
хождéние *n* (12) Gehen, Gang *m*; ***имéть ~*** in Gebrauch sein; ***~ по мýкам*** Leidensweg *m*
хозя́ин *m* (1; *pl.* -я́ева, -я́ев), **хозя́йка** *f* (5; -я́ек) Hauswirt(in *f*), Hausherr(in *f*); Eigentümer(in *f*)
хозя́йничать (1) die Wirtschaft *od.* den Haushalt führen, wirtschaften
хозя́йственник *m* (1) F Wirtschaftler
хозя́йственный (14*K.*) wirtschaftlich, ökonomisch; (*o.K.*) Wirtschafts-; Haushalt(s)-
хозя́йство *n* (9) Wirtschaft *f*, Haushalt *m*; *Agr.* Hof *m*
хозя́йствовать (7) wirtschaften; den Haushalt führen
хоккéй *m* (3) Hockey *n*; ***~ на льду*** Eishockey *n*
холéра *f* (5) Cholera
хóлить (13) hätscheln, hegen, pflegen
холл *m* (1) Halle *f*, Diele *f*
холм *m* (1*e.*) Hügel
холми́стый (14*K.*) hügelig, Hügel-
хóлод *m* (1; -а/-у; *a.* на -ý; *pl.e.*, *N* -á) Kälte *f*
холодáть (1), **холодéть** (8), <по-> kalt *od.* kälter werden, sich abkühlen
холоди́льник *m* (1) Kühlschrank; Kühlhaus *n*; ***вагóн-~*** *Esb.* Kühlwagen
холоди́льный (14) Kühl-, Gefrier-
холоди́ть (15*e.*) *fig.* erstarren lassen
холоднокрóвные *pl.* (14) Kaltblüter
холóдный (14; хóлоден, -днá) kalt
холодóк F *m* (1; -дкá) Kühle *f*, Frische *f*; *fig.* Kälte *f*, Gleichgültigkeit *f*
холодостóйкий (16; -óек, -óйка) kältebeständig
холостóй (16; хóлост, -á) ledig *Tech.* Leer-
холостя́к *m* (1*e.*) Junggeselle
холощёный (14*K.*) kastriert
холст *m* (1*e.*) Leinwand *f*; Leinen *n*; Ölgemälde *n*
холсти́нный, холстянóй (14) Leinen-
холщóвый (14) Leinen-
хомя́к *m* (1*e.*) Hamster
хор *m* (1; *pl.e.*) Chor
хорвáт *m* (1) Kroate
Хорвáтия *f* (7) Kroatien *n*
хорвáтка *f* (5; -ток) Kroatin
хорвáтский (16) kroatisch
хорёк *m* (1; -рькá) Iltis
хори́ст *m*, **хори́стка** *f* (5; -ток) Chorsänger(in *f*)
хоровóд *m* (1) Reigen
хоровóй (14) Chor-
хóром im Chor; *fig.* gemeinsam
хорони́ть (13), <по-, за-> beerdigen, begraben; verbergen
хорóшенький (16) hübsch, niedlich

Х

хороше́нько F ordentlich, gehörig, richtig
хороше́ть (8), <по-> schöner *od.* hübscher werden
хоро́ший (17; хоро́ш, -á, -ó; *Komp.* лу́чше; *Sup.* лу́чший) gut; schön; ***что хоро́шего?*** was gibt's Neues?; ***вам хорошо́ говори́ть*** Sie haben gut reden
хо́ры *pl.* (1) Empore *f*
хоте́ть (хочу́, хо́чешь, хо́чет, хоти́м, -ти́те, -тя́т) (P, B) wollen, wünschen, mögen; ***хо́чешь не хо́чешь*** wohl oder übel
хоть sogar; obwohl, obgleich; ***~ бы и так*** selbst wenn es so wäre; ***ему́ ~ бы что*** ihm macht es gar nichts aus
хотя́ obwohl, obgleich; ***~ бы*** selbst wenn
хо́хот *m* (1) Gelächter *n*, lautes Lachen *n*
хохота́ть (3) laut *od.* schallend lachen
храбре́ть F (8) mutig werden
хра́брость *f* (8) Tapferkeit; Mut *m*
хра́брый (14; храбр, -á) tapfer, kühn, mutig
хране́ние *n* (12) Verwahrung *f*, Aufbewahrung *f*
храни́лище *n* (11) Aufbewahrungsort *m*
храни́ть (13*e.*), <со-> aufbewahren, aufheben; hüten
храпе́ть (10*e.*) schnarchen; schnauben
хребе́т *m* (1; -бтá) Rückgrat *n*, Wirbelsäule *f*; Gebirgskette *f*
хрен *m* (1; -а/-у) Meerrettich
хрестома́тия *f* (7) Chrestomathie
хрип *m* (1) Röcheln *n*
хрипе́ть (10*e.*) mit heiserer Stimme reden; röcheln
хри́плый (14; хрипл, -á) heiser
хри́пнуть (21), <о-> heiser werden
хрипота́ *f* (5) Heiserkeit
христиани́н *m* (1; *pl.* -áне, -áн), **христиа́нка** *f* (5; -нок) Christ(in *f*)
христиа́нский (16) christlich
христиа́нство *n* (9) Christentum; Christenheit *f*
Христо́с *m* (1; -тá) Christus
хром *m* (1) Chrom *n*
хромати́ческий (16) chromatisch
хрома́ть (1) hinken, lahmen; nachhinken, zurückbleiben
хроме́ть F (8), <о-> lahm werden
хроми́ровать (7) *im(pf.)* verchromen
хро́мистый (14) Chrom-, chromhaltig
хро́мовый (14) Chrom-
хромо́й (14; хром, -á) lahm, hinkend; *Su. m* Lahme(r)
хромоно́гий F (16*K.*) hinkend
хромота́ *f* (5) Hinken *n*
хро́ник *m* F (1) chronisch Kranke(r)
хро́ника *f* (5) Chronik
хрони́ческий (16) chronisch
хронологи́ческий (16) chronologisch
хроноло́гия *f* (7) Chronologie, Zeitfolge
хроно́метр *m* (1) Chronometer *n*
хру́пкий (16; -пок, -пкá) brüchig, zerbrechlich, spröde; gebrechlich; schwächlich
хруста́ль *m* (4*e.*) Kristallglas *n*, Kristall *n*
хруста́льный (14) Kristall-, kristallen
хрусте́ть (11), *einm.* <хру́стнуть> (20) knirschen
хрущ *m* (1*e.*; -е́й) Maikäfer
хрю́кать (1), *einm.* <хрю́кнуть> (20) grunzen
хрящ *m* (1*e.*; -е́й) Knorpel
хрящева́тый (14*K.*), **хрящево́й** (14) knorpelig
ху́денький (16) schmächtig
худе́ть (8), <по-> abmagern, abnehmen
худо́жественный (14*K.*) künstlerisch, kunstvoll; belletristisch
худо́жество (9) *n vera.* bildende Kunst *f*; F Streich *m*; ***без вся́ких там худо́жеств*** ohne viel Federlesen
худо́жник *m* (1), **худо́жница** *f* (5) Künstler(in *f*); Maler(in *f*)
худо́й (14; худ, -á) **1.** mager, hager; **2.** F (ху́же; ху́дший) schlecht, schlimm, übel; ***на ~ коне́ц*** F schlimmstenfalls; ***не говоря́ худо́го сло́ва*** ohne ein Wort zu verlieren
худоща́вый (14*K.*) hager, dürr
ху́дший (17) schlechtest, schlimmst

хуже (→ ***худой 2*** *u.* ***плохой***) schlechter, schlimmer

хуй V *m* (3; на хую; *pl. e.*) Penis, V Schwanz

хулиган *m* (1) Rowdy

хулиганский (16) Rowdy-, rabaukenhaft

хулиганство *n* (9) Rowdytum; grober Unfug *m*

хулить (13*e.*) schmähen, sehr tadeln

хутор *m* (1; *pl.e.*, *N* -á) Vorwerk *n*, Gehöft *n*

Ц

царапанье *n* (10; -ний) Kratzen; Gekritzel

царапать (1) **1.** <о-, по->, *einm.* <царапнуть> kratzen; zerkratzen; **2.** F <на-> kritzeln

царапина *f* (5) Kratzer *m*, Kratzwunde, Schramme

царить (13*e.*) herrschen

царица *f* (5) Zarin

царский (16) Zaren-; zaristisch

царство *n* (9) Zarenreich

царствовать (7) regieren, (*a. fig.*) herrschen

царь *m* (4*e.*) Zar

цвести (25 -т-) blühen (*a. fig.*); gedeihen

цвет *m* **1.** (1; *pl.e.*, *N* -á) Farbe *f*, Färbung *f*; **2.** (1; -а/-у; *a.* в -ý) *koll.* Blüte *f*; *fig.* Blüte *f*, Elite *f*

цветистый (14 *K.*) voller Blumen; farbenprächtig

цветник *m* (1*e.*) Blumengarten; Blumenbeet *n*

цветной (14) bunt, farbig; Farb-

цветоводство *n* (9) Blumenzucht *f*; Gärtnerei *f*

цветок *m* (1; -тка; *pl. mst* цветы) Blume *f*; Blüte *f*

цветочный (14) Blumen-; Blüten-

цветущий (17) blühend (*a. fig.*)

цедить (15), <про-> durchseihen; filtern

целебный (14; -бен, -бна) Heil-; heilsam, heilkräftig

целевой (14) Ziel-; zweckgebunden

целе|направленный (14*K.*) zielgerichtet; **~сообразный** (14; -зен, -зна) zweckmäßig; **~устремлённый** (14*K.*) zielstrebig, zielgerichtet

целиком im Ganzen, vollständig, völlig

целить (13) zielen (**в** B auf)

целовать (7), <по-> küssen; **-ся** sich küssen

целое *n* (14) Ganze(s); *Math.* ganze Zahl *f*; ***в целом*** im Ganzen; ***в общем и целом*** im Großen und Ganzen

целомудренный (14*K.*) keusch

целомудрие *n* (12) Keuschheit *f*

целостный (14; -тен, -тна) ganz, ganzheitlich; einheitlich

целый (14; цел, -á) ganz; heil, unversehrt; vollständig

цель *f* (8) Ziel *n*; Zweck

цельный (14; -лен, -льна) aus e-m Stück; ganz, unversehrt; einheitlich; geschlossen

Цельсий *m* (3; -ии) Celsius

цементировать (7) *im(pf.)*, <за-, *fig.* с-> zementieren

цементный (14) Zement-

цена *f* (5; цену; *pl. st.*) Preis *m*; Wert *m*; ***любой ценой*** um jeden Preis; ***этому цены нет*** das ist nicht mit Geld zu bezahlen

цензура *f* (5) Zensur

ценить (13; ценённый: -ена), <о-> schätzen; bewerten; *fig.* einschätzen, würdigen

ценность *f* (8) Wert *m*; Wertgegenstand *m*; Wertsache *f*

ценный (14; ценен, ценна) wertvoll, kostbar

центнер *m* (1) Doppelzentner (*100 kg*)

центр *m* (1) Zentrum *n*, Mittelpunkt

централиза́ция *f* (7) Zentralisierung
централизова́ть (7) *im(pf.)* zentralisieren
центра́льный (14; -лен, -льна) zentral; (*o.K.*) Zentral-
центрифу́га *f* (5) Zentrifuge, Schleuder
цепене́ть (8), <о-> erstarren (***от*** P vor), steif werden
це́пкий (16; -пок, -пка́) fest, festhaftend
цепля́ться (28) sich anklammern, sich festhalten, hängen bleiben (***за*** B an)
цепно́й (14) Ketten-
цепо́чка *f* (5; -чек) kleine Kette, Kettchen *n*
цепь *f* (8; *a.* с -пи́; на -пи́; *ab Gpl. e.*) Kette
церемониа́л *m* (1) Zeremoniell *n*
церемониа́льный (14) zeremoniell, förmlich; Parade-
церемо́ниться F (13), <по-> Umstände machen, sich zieren
церемо́ния *f* (7) Zeremonie; Umstände *m/pl.*, Förmlichkeiten *pl.*
церемо́нный (14; -о́нен, -о́нна) förmlich, steif
церковнославя́нский (16) kirchenslawisch
церко́вный (14) kirchlich; Kirchen-
це́рковь *f* (8; *Gsg.* -кви; *Isg.* -ковью; *pl.* -кви, -кве́й, -ква́м) Kirche
цех *m* (1; *a.* в -у́; *pl.* F *a. e.*, *N* -а́) Werksabteilung *f*
цехово́й (14) Werk-, Abteilungs-
цивилиза́ция *f* (7) Zivilisation
цивилизо́ванный (14*K.*) zivilisiert, gesittet
цивилизова́ть (7) *im(pf.)* zivilisieren
цикл *m* (1) Zyklus; Reihe *f*
цикламе́н *m* (1) Alpenveilchen *n*
цикли́ческий (16), **цикли́чный** (14; -чен, -чна) zyklisch
цикло́н *m* (1) Tiefdruckgebiet *n*, Tief *n*; Wirbelsturm
цили́ндр *m* (1) *Tech.* Zylinder; Zylinderhut
цилиндри́ческий (16) zylindrisch
ци́ник *m* (1) Zyniker
цини́ческий (16) zynisch
цини́чность *f* (8) Zynismus *m*
цини́чный (14; -чен, -чна) zynisch
цинк *m* (1) Zink *n*
ци́нковый (14) Zink-
цирк *m* (1) Zirkus
цирково́й (14) Zirkus-
циркули́ровать (7) zirkulieren, in Umlauf sein
ци́ркуль *m* (4) Zirkel
циркуля́р *m* (1) Rundschreiben *n*
циркуля́ция *f* (7) Zirkulation, Umlauf *m*, Kreislauf *m*
цисте́рна *f* (5) Zisterne, Behälter *m*; Tankwagen *m*
цитаде́ль *f* (8) Zitadelle
цита́та *f* (5) Zitat *n*
цити́ровать (7), <про-> zitieren, anführen
ци́тра *f* (5) Zither
ци́трусовые *pl.* (14) Zitrusfrüchte *f/pl.*
ци́фра *f* (5) Ziffer; Zahl
цифрово́й (14) Ziffern-, Zahlen-; Digital-
цо́коль *m* (4) Sockel; *El.* Fassung *f*
цыга́н *m* (1; *pl.* -е, -), **цыга́нка** *f* (5; -нок) Zigeuner(in *f*)
цыга́нский (16) Zigeuner-
цыплёнок *m* (2) Küken *n*
цы́почки: *на цы́почках* auf Zehenspitzen

Ч

чад *m* (1; -а/-у; в -у́) Dunst, Qualm; *fig.* Rausch
чади́ть (15*e.*) qualmen
ча́дный (14; -ден, -дна) qualmig, dunstig
чадра́ *f* (5) Schleier *m*

чаевы́е F *pl.* (14) Trinkgeld *n*
чай *m* (3; чая/чаю) Tee; ***на*** ~ Trinkgeld *n*; ***ча́шка*** *f* ***ча́ю*** e-e Tasse Tee
ча́йка *f* (5; ча́ек) Möwe
ча́йная *f* (14) Teestube
ча́йник *m* (1) Teekanne *f*, Teekessel
ча́йный (14) Tee-
чайхана́ *f* (5) Teestube
чан *m* (1; *a.* в -у́; *pl.e.*) Kübel, Bottich
чароде́й *m* (3) Zauberer
чару́ющий (17) bezaubernd
ча́ры *pl.* (5) Reiz(e *pl.*) *m*
час *m* (1; -а/-у; *2, 3, 4* -а́; *a.* в -у́; *pl.* e.) Stunde *f*; Uhr; Zeit *f*; ~ ein Uhr; ***два часа́, пять часо́в*** zwei, fünf Uhr; ***кото́рый ~ ?*** wie spät ist es?; ***че́рез ~*** e-e Stunde danach; ***пя́тый ~*** es ist nach vier; ***часа́ми*** stundenlang; ***по часа́м*** stundenweise; ***стоя́ть на часа́х*** Wache stehen
часо́вня *f* (6; -вен) Kapelle
часово́й (14) **1.** einstündig; Stunden-; **2.** Uhr-, Uhren-; **3.** *Su. m* Wachposten, Posten
часовщи́к *m* (1*e.*) Uhrmacher
часте́нько F recht oft
части́ца *f* (5) Teilchen *n*; *Gr.* Partikel
части́чный (14; -чен, -чна) teilweise; ***части́чно безрабо́тный*** *m* Kurzarbeiter
ча́стник F *m* (1) Privatunternehmer
частновладе́льческий (16) privat
ча́стное *n* (14) Quotient *m*
ча́стность *f* (8) *mst pl.* Einzelheit, Detail *n*; ***в ча́стности*** insbesondere
ча́стный (14) besonder, speziell; Sonder-; privat, Privat-; ***ча́стным о́бразом*** privat
ча́сто oft, öfter(s)
частоко́л *m* (1) Pfahlzaun
частота́ (5; *pl. st.* -о́ты) Häufigkeit; *Rdf.* Frequenz
часто́тный (14) Häufigkeits-; Frequenz-
ча́стый (14; част, -а́; ча́ще) häufig, oftmalig
часть *f* (8; *ab Gpl.e.*) Teil *m*, Stück *n*; *Tech.* Teil *n*; Abteilung (*a. Mil.*); F Fach *n*, Bereich *m*; ***тре́тья ~*** Drittel *n*; ***~ ре́чи*** *Gr.* Wortart; ***бо́льшая ~*** die meisten
ча́стью zum Teil, teilweise
часы́ *pl.* (1) Uhr *f*; ***ручны́е ~*** Armbanduhr *f*; ***~ спеша́т*** die Uhr geht vor; ***~ отстаю́т*** die Uhr geht nach
ча́хлый (14*K.*) verkümmert; kränklich, siech; spärlich
ча́хнуть (21/20), <за-> verkümmern; dahinsiechen
ча́ша *f* (5) Schale; Becher *m*
ча́шечка *f* (5; -чек) Tässchen *n*, Schälchen *n*
ча́шка *f* (5; -шек) Tasse, Schale; Waagschale
ча́ща *f* (5) Dickicht *n*
ча́ще → ***ча́стый***
чва́ниться F (13) sich brüsten, angeben
чванли́вый F (14*K.*), F **чва́нный** (14; -а́нен, -а́нна) hochmütig, hochnäsig
чего́ F wozu; weshalb
чей *m*, чья *f*, чьё *n*, чьи *pl.* (26) **1.** wessen; **2.** dessen, deren
чек *m* (1) Scheck; Kassenzettel
чека́нить (13), <вы́-, от-> prägen, schlagen
чека́нка *f* (5; -нок) Prägung
чека́нный (14) Präge-; geprägt
че́ковый (14) Scheck-
чёлка *f* (5; -лок) *Frisur*: Pony *m*
чёлн *m* (1*e.*) Kahn
челно́к *m* (1*e.*) Kahn; Weberschiffchen *n*; ***косми́ческий ~*** Raumfähre *f*
челове́к *m* (1; *pl.* → ***лю́ди***) Mensch; Mann; ***нас бы́ло пять ~*** wir waren fünf (Personen)
человеко|люби́вый (14*K.*) menschenfreundlich, human; **~лю́бие** *n* (12) Menschenliebe *f*; **~ненави́стнический** (16) menschenfeindlich; **~обра́зный** (14; -зен, -зна) menschenähnlich; (*o.K.*) Menschen-
челове́ческий (16) menschlich; Menschen-
челове́чество *n* (9) Menschheit *f*
челове́чность *f* (8) Menschlichkeit, Humanität
челове́чный (14; -чен, -чна) menschlich, human
че́люсть *f* (8) Kiefer *m*; *Tech.* Greifer *m*
чем als; F statt, anstatt
чемода́н *m* (1) Koffer; ***на ~ах*** auf gepackten Koffern

чемода́нный (14) Koffer-; ***чемода́нное настрое́ние*** *n* Reisefieber

чемпио́н *m* (1) *Sp.* Meister; ***~ ми́ра по ша́хматам*** Schachweltmeister

чемпиона́т *m* (1) Meisterschaft *f*

чемпио́нский (16) Meister-

чепе́ц *m* (1; -пца́) Haube *f*

чепуха́ F *f* (5) Unsinn *m*, Blödsinn *m*

чепухо́вый F (14) nichts sagend, nichtig; blödsinnig

че́пчик *m* (1) Häubchen *n*

червеобра́зный (14; -зен, -зна) wurmförmig

че́рви *pl.* (8; *ab G e.*) *Ksp.* Herz *n*

черви́вый (14*K.*) wurmstichig, madig

че́рвы *pl.* (5) → ***че́рви***

червь *m* (4*e.*; *Npl. st.*) Wurm

червя́к *m* (1*e.*) Wurm; *Tech.* Schnecke *f*

черда́к *m* (1*e.*) Dachboden

черда́чный (14) Boden-, Dach-

черёд *m* (1*e.*; в череду́) Reihe *f*, Reihenfolge *f*; ***ваш ~*** Sie sind an der Reihe

чередова́ние *n* (12) Wechsel *m*, Alternation *f*

чередова́ть (7) abwechseln; **-ся** sich ablösen

че́рез (B) durch; über; *Zeit*, *Entfernung*: in, nach; mittels, mit Hilfe (*G*); ***~ день*** jeden zweiten Tag

черено́к *m* (1; -нка́) Griff, Stiel; Pfropfreis *n*

че́реп *m* (1; *pl.e.*, *N* -а́) Schädel

черепа́ха *f* (5) Schildkröte

черепа́ховый (14), **черепа́ший** (18) Schildkröten-; ***черепа́шьим ша́гом*** *fig.* im Schneckentempo

черепи́ца *f* (5) (*a. koll.*) Dachziegel (*a.pl.*) *m*

черепи́чный (14) Ziegel-

черепно́й (14) Schädel-; Hirn-

черепо́к *m* (1; -пка́) Scherbe *f*

чересчу́р F viel zu, über die Maßen; ***э́то уж ~!*** das geht zu weit!

чере́шня *f* (6; -шен) Süßkirsche; Süßkirschbaum *m*

черка́ть, чёркать F (1), *einm.* <черкну́ть> (20) ausstreichen, durchstreichen

черне́ть (8) **1.** (*a.* **-ся**) sich schwarz abzeichnen *od.* abheben; **2.** <по-> schwarz werden

черни́ка *f* (5) *koll.* Heidelbeere(n *pl.*)

черни́ла *pl.* (9) Tinte *f*

черни́льный (14) Tinten-

черни́ть (13*e.*) **1.** <вы-, за-> schwärzen; **2.** <о-> anschwärzen, verleumden

чёрно-бе́лый (14) Schwarzweiß-

чернови́к *m* (1*e.*) Entwurf, Konzept *n*

черново́й (14) im Entwurf, Roh-

черно|зём *m* (1) Schwarzerde *f*; **~зёмный** (14) Schwarzerde-; **~ле́сье** *n* (10; -лий) Laubwald *m*; **~мо́рский** (16) Schwarzmeer-; **~рабо́чий** *m* (17) ungelernter Arbeiter, Hilfsarbeiter; **~сли́в** *m* (1) *koll.* Backpflaumen *f/pl.*

чернота́ *f* (5) Schwärze; Dunkelheit

чёрный (14; чёрен, черна́) schwarz; finster, unheilvoll; ***ви́деть в чёрном све́те*** schwarzsehen; ***чёрным по бе́лому*** schwarz auf weiß

черпа́к *m* (1*e.*), **черпа́лка** F *f* (5; -лок) Schöpfkelle *f*; Baggereimer *m*

черпа́ть (1), *einm.* <черпну́ть> (20) schöpfen (*a. fig.*); baggern

черстве́ть (8), <за-> hart werden; hartherzig werden

чёрствый (14; чёрств, черства́) hart; *fig.* hart, hartherzig, gefühllos

чёрт *m* (1; *pl.*че́рти, черте́й) Teufel; ***~ возьми́!*** F hol's der Teufel!; ***~ его́ зна́ет!*** F weiß der Teufel!; ***~ с ним!*** F meinetwegen!, soll er sich zum Teufel scheren!

черта́ *f* (5) Strich *m*, Linie; Grenze; Zug *m*, Merkmal *n*

чертёж *m* (1*e.*; -ежей) Zeichnung *f*

чертёжник *m* (1) technischer Zeichner

чертёжный (14) Reiß-, Zeichen-

черти́ть (15), <на-> zeichnen, entwerfen

чёртов (19) Teufels-

чертополо́х *m* (1) Distel *f*

чёрточка *f* (5; -чек) kleiner Strich *m*; Bindestrich *m*

черче́ние *n* (12) technisches Zeichnen

чеса́ть (3) **1.** kämmen; **2.** kratzen; **-ся** jucken (***у*** P *j-m*)

чесно́к *m* (1*e.*) Knoblauch

чесно́чный (14) Knoblauch-

че́ствование *n* (12) Ehrung *f*
че́ствовать (7) ehren, feiern
чести́ть (15*e.*) F beschimpfen
че́стный (14; -тен, -тна́) ehrlich, redlich, rechtschaffen
честолюби́вый (14*K.*) ehrgeizig
честолю́бие *n* (12) Ehrgeiz *m*
честь *f* (8; *a.* в -ти́) Ehre; Ehrung; **с ~ю** ehrenvoll; ***отда́ть ~*** *Mil.* salutieren
чета́ *f* (5) Paar *n;* ***супру́жеская ~*** Ehepaar *n*
четве́рг *m* (1*e.*) Donnerstag
четвёрка *f* (5; -рок) Vier (*a. Schulnote* „gut“)
четверно́й F (14) vierfach
че́тверо (37) vier
четвёртый (14) vierte(r)
че́тверть *f* (8; *ab Gpl. e.*) Viertel *n*; Quartal *n*, Vierteljahr *n*
чёткий (16; чёток, четка́) deutlich, klar; gut leserlich
чёткость *f* (8) Klarheit, Deutlichkeit
четы́ре (34) vier
четы́режды viermal; vierfach
четы́реста (36) vierhundert
четырёх|годи́чный (14) vierjährig; **~дне́вный** (14) viertägig; **~кра́тный** (14) viermalig; **~ле́тний** (15) vierjährig; **~со́тый** (14) vierhundertste(r); **~уго́льник** *m* (1) Viereck *n*; **~уго́льный** (14) viereckig; **~цве́тный** (14) vierfarbig, Vierfarben-; **~эта́жный** (14) vierstöckig
четы́рнадцатый (14) vierzehnte(r)
четы́рнадцать (35) vierzehn
чех *m* (1) Tscheche
чехарда́ *f* (5) Bockspringen *n*
Че́хия *f* (7) Tschechien *n*
чехо́л *m* (1; -хла́) Überzug, Schoner; Futteral *n*
чечеви́ца *f* (5) *koll.* Linse(n *pl.*)
чечеви́чный (14) Linsen-
чече́нец *m* (1; -нца) Tschetschene
чече́нка *f* (5; -нок) Tschetschenin
чече́нский (16) tschetschenisch
че́шка *f* (5; -шек) Tschechin
че́шский (16) tschechisch
чешу́йка *f* (5; -у́ек) Schuppe
чешуя́ *f* (6) *koll.* Schuppen *f/pl.*
Чи́ли *m unv.* Chile *n*
чили́ец *m* (1; -ийца) Chilene
чили́йка *f* (5; -йек) Chilenin
чили́йский (16) chilenisch
чин *m* (1; *pl. e.*) Rang, Dienstgrad
чини́ть (13) **1.** <по-, F за-> ausbessern, reparieren; **2.** <о-> anspitzen
чи́нный (14; -и́нен, -и́нна́) gesittet, anständig, manierlich
чино́вник *m* (1) Beamte(r); *fig.* Bürokrat
чино́внический (16) Beamten-; bürokratisch
чип *m* (1) *EDV* Chip
чи́рей F *m* (3; -рья) Furunkel *m, n*
чири́канье *n* (10; -ний) Gezwitscher
чири́кать (1), *einm.* <чири́кнуть> (20) zwitschern
чи́ркать (1), *einm.* <чи́ркнуть> (20) anreißen, anzünden
чи́сленность *f* (8) Zahl, Anzahl; *Mil.* Stärke
чи́сленный (14) zahlenmäßig, quantitativ
числи́тель *m* (4) *Math.* Zähler
числи́тельное *n* (14) Zahlwort, Numerale
чи́слить (13) zählen (**в** П *pl.* zu); **-ся** geführt *od.* aufgeführt werden; verzeichnet sein
число́ *n* (9; *pl. st.*; чи́сел) Zahl *f*, Datum; *Gr.* Numerus *m*; ***без числа́*** zahllos; ***быть в числе́*** gehören (P zu); ***в том числе́*** darunter; ***како́е сего́дня ~?*** den Wievielten haben wir heute?
числово́й (14) Zahlen-
чи́стить (15) **1.** <вы́-> putzen; reinigen, säubern; *Müllbehälter* leeren; **2.** <о-> *Obst*, *Gemüse* schälen, putzen
чи́стка *f* (5; -ток) Säuberung, Reinigung
чистови́к F *m* (1*e.*) Reinschrift *f*
чистокро́вный (14; -вен, -вна) reinrassig, Vollblut-
чистопло́тный (14; -тен, -тна) reinlich, sauber; anständig, rechtschaffen
чистосерде́чный (14; -чен, -чна) offenherzig; aufrichtig; treuherzig
чистота́ *f* (5) Reinheit, Sauberkeit
чи́стый (14; чист, -а́) rein, sauber; sorgfältig; reinlich; lauter; ***чи́стое не́бо*** wolkenloser Himmel
чита́льня *f* (6; -лен) Lesesaal *m*
чита́тель *m* (4), **чита́тельница** *f* (5) Leser(in *f*)
чита́ть, <про-> (1), <проче́сть> (25

-чту́, -чтёшь; -чёл, -чла́, -чло́; -чтённый; *Advp. Prät.* -чтя́) lesen, vorlesen; *Gedicht* vortragen; *Vorlesung* halten
чиха́ть (1), *einm.* <чихну́ть> (20) niesen
член *m* (1) Glied *n* (*a. Gr.*); Mitglied *n*; *Gr.* Artikel; *pl.* Gliedmaßen
члене́ние *n* (12) Gliederung *f*, Aufgliederung *f*
члени́ть (13*e.*), <рас-> gliedern, aufgliedern
чле́нский (16) Mitglieds-, Mitglieder-
чле́нство *n* (9) Mitgliedschaft *f*
чмо́кать F (1), *einm.* <чмо́кнуть> (20) schmatzen
чо́каться (1), *einm.* <чо́кнуться> (20) *mit den Gläsern* anstoßen
чо́порный (14; -рен, -рна) prüde, spröde
чрева́тый (14*K.*) *fig.* drohend, verheißend; **~ после́дствиями** folgenschwer
чрезвыча́йный (14; -а́ен, -а́йна) außergewöhnlich, außerordentlich
чрезме́рный (14; -рен, -рна) übermäßig, maßlos
чте́ние *n* (12) Lesen, Lektüre *f*; *Pol.* Lesung *f*; Vortrag *m*; **кни́га** *f* **для чте́ния** Lesebuch *n*
чтить (15; чту, чтишь) ehren, verehren, achten
что (23) **1.** *Pron.* was; der, die, das, *pl.* die; **~?** was gibt's?; **~ за** F was für ein; **~ с тобо́й?** was fehlt dir?; **не́ за ~** keine Ursache; **ни за ~** auf keinen Fall; **с чего́ он э́то взял?** wo hat er das her?; wie kommt er darauf?; **2.** *Kj.* dass
что́бы (+*Inf.*) damit, um ... zu (+ *Inf.*)
чуб *m* (1; *pl. e.*) *Haare*: Schopf
чуба́рый (14*K.*) gesprenkelt, gefleckt
чува́к (1) *m* P Typ, Kerl
чу́вственный (14*K.*) sinnlich; (*o.K.*) Sinnes-
чувстви́тельность *f* (8) Empfindlichkeit; Sensibilität; Sentimentalität
чувстви́тельный (14; -лен, -льна) empfindlich, sensibel; empfindsam
чу́вство *n* (9) Gefühl, Empfindung *f*; Sinn *m*; **без чувств** besinnungslos; **о́рганы** *m/pl.* **чувств** Sinnesorgane *n/pl.*
чу́вствовать (7), <по-> fühlen, empfinden, spüren; **-ся** sich bemerkbar machen, zu spüren sein
чугу́н *m* (1*e.*) Gusseisen *n*, Roheisen *n*
чугу́нный (14) gusseisern
чуда́к *m* (1*e.*) Sonderling, Kauz
чудакова́тый F (14*K.*) wunderlich, schrullig, kauzig
чуде́сный (14; -сен, -сна) wunderbar, wunderschön, wundervoll
чудно́й F (14; -дён, -дна́, -дно́) sonderbar, wunderlich, komisch
чу́дный (14; -ден, -дна) wundervoll, wunderbar
чу́до *n* (9; *pl.* -деса́) Wunder
чудо́вище *n* (11) Ungeheuer; Scheusal
чудо́вищный (14; -щен, -щна) ungeheuer, ungeheuerlich, unheimlich
чудотво́рец *m* (1; -рца) Wundertäter
чудотво́рный (14; -рен, -рна) wundertätig; (*o. K.*) Wunder-
чужби́на *f* (5) Fremde
чу́ждый (14; чужд, -а́) fremd; fern
чужо́й (16) fremd; **чужи́е края́** *m/pl.* Fremde *f*
чула́н *m* (1) Abstellkammer *f*, Rumpelkammer *f*
чуло́к *m* (1; -лка́) Strumpf
чуло́чный (14) Strumpf-
чума́ *f* (5) Pest
чурба́н *m* (1) Klotz, Holzklotz (*a. fig.* F); F *fig.* Tölpel
чу́ткий (16; -ток, -тка́) hellhörig; feinfühlig; *Hund*: wachsam; *Schlaf*: leicht
чу́ть 1. *Adv.* kaum; **~-~** ein ganz klein wenig; **2.** *Kj.* sobald; **~ то́лько** kaum
чутьё *n* (10) Spürsinn *m*, Witterung *f*; Gespür
чу́чело *n* (9) Vogelscheuche *f*
чушь F *f* (8) Blödsinn *m*, Quatsch *m*
чу́ять (27), <по-> wittern; F spüren, empfinden
чьё *n*, **чьи** *pl.*, **чья** *f* → **чей**

Ш

шаба́ш! *Part.* F basta!
шабло́н *m* (1) Schablone *f*; Muster *n*
шабло́нный (14; -óнен, -óнна) schablonenhaft, banal
шаг *m* (1; -а/-у; *2, 3, 4* -á; в -ý; *pl. e.*) Schritt, Tritt; Gang; ***в двух ~áх*** e-n Katzensprung; ***на ка́ждом ~ý*** auf Schritt und Tritt
шага́ть (1), *einm.* <шагну́ть> (20) schreiten, ausschreiten
ша́гом im Schritt, Schritt
ша́йба *f* (5) Scheibe; Hockeyscheibe, Puck *m*
ша́йка *f* (5; ша́ек) Bande (*Gauner, Diebe*)
шаловли́вый (14*K.*) ausgelassen; übermütig
ша́лость *f* (8) Streich *m*, Unfug *m*
шалу́н *m* (1*e.*), **шалу́нья** *f* (6; -ний) Schelm(in *f*) *m*, Wildfang
шалфе́й *m* (3) Salbei *m*, *f*
шаль *f* (8) Schal *m*; Umschlagtuch *n*
ша́мкать F (1) undeutlich sprechen, nuscheln
шампа́нское *n* (14) Sekt *m*, Champagner *m*
шампу́нь *m* (4) Shampoo *n*
шанс *m* (1) Chance *f*, Aussicht *f*
шанта́ж *m* (1*e.*; -е́й) Erpressung *f*
шантажи́ровать (7) erpressen
шантажи́ст *m* (1), **шантажи́стка** *f* (5; -ток) Erpresser(in *f*)
шантрапа́ P *m/f* (5) Pack *n*, Gesindel *n*
ша́пка *f* (5; -пок) Mütze, Kappe; *Zeitung*: Kopf *m*; ***получи́ть по ша́пке*** eins auf den Deckel kriegen
ша́почка *f* (5; -чек) Mützchen *n*; ***Кра́сная ~*** Rotkäppchen *n*
шар *m* (1; *2, 3, 4* -á; *pl. e.*) Kugel *f*; Ball; ***как ~*** kugelrund; ***хоть шаро́м покати́*** F wie leergefegt
шара́да *f* (5) Silbenrätsel *n*
шара́хаться F (1) jäh zurückweichen; sich stoßen
шарж *m* (1; -ей) Karikatur *f*
ша́рик *m* (1) kleine Kugel *f*
ша́риковый (14) Kugel-; ***ша́риковая авторучка*** *f* Kugelschreiber *m*
шарикоподши́пник *m* (1) Kugellager *n*
ша́рить (13) suchen; stöbern
ша́ркать (1), *einm.* <ша́ркнуть> (20) scharren; schlurfen
шарлата́нство *n* (9) Scharlatanerie *f*
шарма́нка *f* (5; -нок) Drehorgel, Leierkasten *m*
шарни́р *m* (1) Scharnier *n*
шарни́рный (14) Gelenk-
шарова́ры *pl.* (5) Pluderhose *f*
шарови́дный (14; -ден, -дна), **шарово́й** (14), **шарообра́зный** (14; -зен, -зна) Kugel-, kugelförmig
шарф *m* (1) Schal
шасси́ *n* (*unv.*) Fahrgestell, Fahrwerk, Chassis
шата́ние *n* (12) Schwanken, Schaukeln
шата́ть (1), *einm.* <шатну́ть> (20) hin und her bewegen, schaukeln; **-ся** wanken
шатёр *m* (1; -трá) Zelt *n*
ша́ткий (16; -ток, -ткá) wackelig, wankend, schwankend; unsicher; wankelmütig
шатро́вый (14) Zelt-; Turm-, Kegel-
шату́н *m* (1*e.*) Pleuelstange *f*; P Herumtreiber, Vagabund
шах *m* (1) *im Schachspiel*: Schach *n*
шахмати́ст *m* (1) Schachspieler
ша́хматный (14) Schach-
ша́хматы *pl.* (5) Schachspiel *n*; Schachfiguren *f/pl.*
ша́хта *f* (5) Grube, Schacht *m*
шахтёр *m* (1) Bergmann, Grubenarbeiter
ша́хтный (14) Gruben-, Schacht-
ша́шечница *f* (5) Damebrett *n*
ша́шка *f* (5; -шек) Säbel *m*; Damestein *m*; *pl.* Damespiel *n*
шва́бра *f* (5) Schrubber *m*
швартова́ть (7), <при-, о-> vertäuen, festmachen
швед *m* (1), **шве́дка** *f* (5; -док) Schwede (-din *f*)
шве́дский (16) schwedisch, Schweden-; *Sp.* Sprossen-
шве́йный (14) Näh-

швейца́р *m* (1) Portier, Pförtner
швейца́рец *m* (1; -рца), **швейца́рка** *f* (5; -рок) Schweizer(in *f*)
швейца́рский (16) Schweizer, schweizerisch
Швейца́рия *f* (7) Schweiz
Шве́ция *f* (7) Schweden *n*
швея́ *f* (6; швей) Näherin
швыря́ть F (28), *einm.* <швырну́ть> (20) schmeißen, schleudern
шевели́ть (13*e.*/13; -лённый: -лена́), *einm.* <шевельну́ть> (20) bewegen, rühren
шеде́вр *m* (1) Meisterwerk *n*
ше́йный (14) Hals-
шелесте́ть (11*e.*) rauschen, rascheln, säuseln
шёлк *m* (1; -а/-у) Seide *f*
шелкови́стый seidig, seidenweich
шелкови́ца *f* (5) Maulbeerbaum *m*
шелково́дство *n* (9) Seidenzucht *f*
шёлковый (14) seiden, Seiden-
шелохну́ть *pf.* (20) rühren, leicht bewegen
шелуха́ *f* (5) Schale, Hülse
шелуши́ть (16*e.*) aushülsen, schälen; **-ся** sich schälen
ше́льма P *m/f* (5) Spitzbube(-bübin *f*); Schelm(in *f*)
шельмова́ть (7), <о-> anprangern, entehren
шепеля́вить (14) lispeln, zischeln
шепеля́вый (14*K.*) lispelnd
шёпот *m* (1) Flüstern *n*; Flüsterton
шепта́ть (3), <про->, *einm.* <шепну́ть> (20) flüstern; *j-m* zuflüstern
шере́нга *f* (5) Glied *n*, Reihe
шерохова́тый (14*K.*) uneben, rau; holperig
шерсти́нка *f* (5; -нок) Wollfaden *m*
шерсти́стый (14*K.*) wollig, flauschig
шерсть *f* (8) Haar *n*, Fell *n*; Wolle
шерстяно́й (14) wollen, Woll-
шерша́веть (8), <за-> rau werden
шерша́вый (14*K.*) *Haut*: rau
ше́ршень *m* (4; -шня) Hornisse *f*
шест *m* (1*e.*) Stange *f*; Stab; ***прыжо́к*** *m* ***с шесто́м*** Stabhochsprung
ше́ствие *n* (12) Umzug *m*, Prozession *f*
ше́ствовать (7) einherschreiten, stolzieren
шестерня́ *f* (6; -рён) Zahnrad *n*
ше́стеро sechs
шести|гра́нный (14) sechskantig; **~дне́вный** (14) sechstägig, Sechstage-; **~зна́чный** (14) sechsstellig; **~кла́ссник** *m* (1) Schüler der sechsten Klasse; **~кра́тный** (14) sechsfach, sechsmalig; **~ле́тний** (15) sechsjährig; **~ме́сячный** (14) sechsmonatig; **~уго́льник** *m* (1) Sechseck *n*; **~уго́льный** (14) sechseckig; **~часово́й** (14) sechsstündig; **~эта́жный** (14) sechsstöckig
шестна́дцатый (14) sechzehnte(r)
шестна́дцать (35) sechzehn
шестови́к *m* (1*e.*) Stabhochspringer
шесто́й (14) sechste(r)
шесть (35*e.*) sechs
шестьдеся́т (35) sechzig
шестьсо́т (36) sechshundert
ше́стью sechsmal
шеф *m* (1) Chef; Betreuer
ше́фство *n* (9) Patenschaft *f* (***над*** T über)
ше́фствовать (7) Chef sein; Pate sein
ше́я *f* (6; шей) Hals *m*; ***дать по ше́е*** P e-e runterhauen
шик *m* (1; -а/-у) F Schick, Eleganz *f*
шика́рный (14; -рен, -рна) F schick; fein, elegant
ши́кать F (1), *einm.* <ши́кнуть> (20) (Д *j-n*) auszischen
ши́ло *n* (9; *pl.* -лья, -льев) Ahle *f*, Pfriem *m*
шимпанзе́ *m* (*unv.*) Schimpanse
ши́на *f* (5) Reifen *m*; *pl.* Bereifung *f*; *Med.* Schiene; ***наложи́ть ши́ну*** schienen
шине́ль *f* (8) Mantel *m*
шинкова́ть (7) schneiden, schnitzeln
ши́нный (14) Reifen-
шип *m* (1*e.*) Dorn, Stachel; Zapfen
шипе́ть (10) zischen; fauchen
шипо́вник *m* (1) *koll.* Heckenrose *f*; Hagebutten *f/pl.*
шипу́чий (17*K.*) schäumend; Brause-
шипу́чка F *f* (5; -чек) Brauselimonade
шипя́щий (17) zischend; *Ling.* Zisch-
ширина́ *f* (5) Breite; Weite
ши́рить (13) ausweiten; **-ся** sich ausweiten; sich verbreiten
ши́рма *f* (5) *a. pl.* Wandschirm *m*, spanische Wand; *fig.* Deckmantel *m*

широ́кий (16; широ́к, -á, -ó; *Komp.* ши́ре; *Sup.* широча́йший) breit; weit; weitreichend, weit ausholend; **~ в плеча́х** breitschulterig

широко|пле́чий (17*K.*) breitschulterig; **~экра́нный** (14) Breitwand-

широта́ *f* (5; *pl. st.* широ́ты) *fig.* Breite, Weite; *pl.* Breitengrade *m/pl.*

ширпотре́б F *m* (1) *koll.* Gebrauchsgegenstände *m/pl.*, Massenbedarfsartikel *m/pl.*

ширь *f* (8) Weite; F Breite

шить (шью, шьёшь), <с-> nähen; sticken

шитьё *n* (10) Nähen, Näharbeit *f*; Sticken, Stickerei

шифр *m* (1) Chiffre *f*; Signatur *f*

шифрова́ть (7), <за-> chiffrieren, verschlüsseln

ши́шка *f* (5; -шек) Beule; *Bot.* Zapfen *m*; **ело́вая ~** Tannenzapfen *m*

шкала́ *f* (5; *pl. st.*) Skala

шкату́лка *f* (5; -лок) Schatulle, Schmuckkästchen *n*

шкаф *m* (1; в -ý; *pl. e.*) Schrank

шка́фчик *m* (1) Schränkchen *n*

шквал *m* (1) Bö *f*, Windstoß

шква́листый (14*K.*), **шква́льный** (14) böig

шки́пер *m* (1; *pl. a. e.*, *N* -á) Kapitän

шко́ла *f* (5) Schule

шко́льник *m* (1), **шко́льница** *f* (5) Schüler(in *f*)

шко́льный (14) Schul-, schulisch

шку́ра *f* (5) Fell *n*; Pelz *m*; Balg *m*

шку́рка *f* (5; -рок) Schmirgelpapier *n*

шку́рник F *m* (1) Halsabschneider; Blutsauger

шку́рничество F *n* (9) Eigennutz *m*

шлагба́ум *m* (1) Schranke *f*

шлак *m* (1) Schlacke *f*

шланг *m* (1) Schlauch

шлем *m* (1) Helm; Kappe *f*

шлёпанцы F *m/pl.* (1; -цев) Pantoffeln, Latschen

шлёпать (1), *einm.* <шлёпнуть> (20) klatschen; F schlurfen, latschen; **-ся** F hinplumpsen

шлепо́к Klaps (**по** Д auf)

шлифова́льный (14) Schleif-

шлифова́ть (7), <от-> schleifen; polieren; feilen

шлюз *m* (1) Schleuse *f*

шлюзова́ть (7) schleusen

шлюзово́й (14) Schleusen-

шлю́пка *f* (5; -пок) Boot *n*; Schaluppe

шля́па *f* (5) Hut *m*; **де́ло в шля́пе** F die Sache ist geritzt

шля́пка *f* (5; -пок) Hütchen *n*, Damenhut *m*

шмель *m* (4*e.*) Hummel *f*

шмы́гать F (1), *einm.* <шмыгну́ть> (20) huschen, flitzen; *impf.* hin und her huschen

шни́цель *n* (4; *pl. a.e.*, *N* -ля́) Schnitzel *n*

шнур *m* (1*e.*) Schnur *f*; *El.* Litze *f*

шнурова́ть (7), <за-> schnüren, zuschnüren

шнуро́к *m* (1; -рка́) dünne Schnur; Schnürsenkel

шныря́ть F (28), *einm.* <шнырну́ть> (20) hin und her flitzen

шов *m* (1; шва) Naht *f*; *fig.* F Fuge *f*

шовинисти́ческий (16) chauvinistisch

шокола́д *m* (1) Schokolade *f*

шокола́дка F *f* (5; -док) (Schokoladen-) Riegel *m*

шокола́дный (14) Schokoladen-; schokoladenbraun

шо́рник *m* (1) Sattler

шо́рный (14) Sattler-; ***шо́рная мастерска́я*** *f* Sattlerei

шо́рох *m* (1) Rascheln *n*

шо́ры *pl.* (5) Scheuklappen *f/pl.*

шоссе́ *n* (*unv.*) Landstraße *f*

шофёр *m* (1; *pl.* P *a. e.*, *N* -ера́) Kraftfahrer, Fahrer, Chauffeur

шофёрский (16) Fahr-, Fahrer-

шпа́га *f* (5) Degen *m*

шпага́т *m* (1) Bindfaden; *Sp.* Spagat

шпаклева́ть (6), <за-> spachteln, verspachteln

шпа́ла *f* (5) *Esb.* Schwelle

шпале́ры *f/pl.* (5) Spalier *n*; ***стоя́ть шпале́рами*** (ein) Spalier bilden

шпарга́лка F *f* (5; -лок) Spickzettel *m*

шпа́рить (13), <о-> brühen, verbrühen, mit kochendem Wasser übergießen

шпенёк *m* (1; -нька́) *Tech.* Stift

шпик[1] *m* (1; -а/-у) Schweinespeck

шпик[2] F *m* (1*e.*) Spitzel

шпи́лька *f* (5; -лек) Haarnadel; *Tech.* Stift *m*; *pl. fig.* Nadelstiche *m/pl.*

шпиона́ж *m* (1) Spionage *f*
шпио́нить F (13) spionieren, (***за*** T *j-m*) nachspionieren
шпио́нский (16) Spionage-
шпиц *m* (1) *Zool.* Spitz
шпо́нка *f* (5; -нок) Dübel *m*
шпо́ра *f* (5) Sporn *m am Reitstiefel*; ***дать шпо́ры*** die Sporen geben (B)
шприц *m* (1; *pl.* F *a. e.*) *Med.* Spritze *f*; ***однора́зовый ~*** Einwegspritze *f*
шпро́ты *f/m/pl.* (5/1) Sprotten *f/pl.*
шпу́лька *f* (5; -лек) Spule
шрам *m* (1) Narbe *f*, Schramme *f*
шрифт *m* (1; *pl. a. e.*) Schrift *f*; ***ме́лким ~ом*** klein gedruckt
штаб *m* (1; *pl. a. e.*) *Mil.* Stab
шта́бель *m* (4; *pl. a. e.*, *N* -ля́) Stapel
штаб-кварти́ра *f* (5) Stabsquartier *n*, Hauptquartier *n*
штамп *m* (1) Stempel, Briefkopf; *Tech.* Stanze *f*
штампова́ть (7) **1.** stempeln; **2.** <от-, про-> stanzen
шта́нга *f* (5) *Tech.* Stange; *Sp.* Torpfosten *m*; Torlatte
штанги́ст *m* (1) Gewichtheber
штани́на F *f* (5) Hosenbein *n*
штани́шки *pl.* (5; -шек) kurze Hose *f*
штаны́ *pl.* (1) Hose *f*
шта́пельный (14) Zellwoll-; Stapel-
штат *m* (1) **1.** Personal *n*, Personalbestand; *mst pl.* Stellenplan *m*; ***зачи́слить в ~*** fest anstellen; ***состоя́ть в шта́те*** fest angestellt sein; **2.** Staat
штати́в *m* (1) Gestell *n*; Stativ *n*
шта́тный (14) etatmäßig, fest angestellt; Plan-; Stellen-
шта́тский (16) zivil; *Su. m* Zivilist; ***в шта́тском*** in Zivil
штемпелева́ть (6), <за-> stempeln
ште́мпель *m* (4; *pl. a. e.*, *N* -я́) Stempel
ште́псель *m* (4; *pl. a. e.*, *N* -ля́) Stecker
ште́псельный (14) Steck-
штиль *m* (4) Windstille *f*
што́льня *f* (6; -лен) *Bgb.* Stollen *m*
што́пать (1), <за-> stopfen
што́пор *m* (1) Korkenzieher
што́ра *f* (5) Fenstervorhang *m*; Rollo *n*
шторм *m* (1) Sturm
штормово́й (14) Sturm-, stürmisch
штормо́вка *f* (5; -вок) Windjacke
штраф *m* (1; -а/-у) Geldstrafe *f*
штрафно́й (14) Straf-
штрафова́ть (7), <о-> mit e-r Geldstrafe belegen
штрек *m* (1) *Bgb.* Strecke *f*, Schlag
штрих *m* (1*e.*) Strich
штрихова́ть (7), <за-> schraffieren
штрихо́вка *f* (5; -вок) Schraffierung
штуди́ровать (7), <про-> studieren, durcharbeiten
шту́ка *f* (5) Stück *n*; Ballen *m*; Sache; Kunststück *n*; ***вот так ~!*** F e-e schöne Geschichte!; ***в то́м-то и ~!*** F das ist es eben!
штукату́р *m* (1) Stuckarbeiter; Putzer
штукату́рить (13), <вы́-, о-, от-> verputzen
штукату́рка *f* (5; -рок) Putz *m*, Stuck *m*
штурва́л *m* (1) Steuerrad *n*, Lenkrad *n*
штурва́льный (14) Steuer-
штурм *m* (1) Sturmangriff, Sturm
шту́рман *m* (1; *pl.* F *a. e.*, *N* -а́) Steuermann; Navigator
штурмова́ть (7) stürmen; *fig.* erstürmen, erobern
штурмово́й (14) Sturm-; Stoß-
шту́чный (14) Stück-, stückweise
штык *m* (1*e.*) Bajonett *n*; Seitengewehr *n*
шу́ба *f* (5) Pelzmantel *m*, Pelz *m*
шу́бный (14) Pelz-
шу́лерство *n* (9) Falschspielerei *f*
шум *m* (1; -а/-у) Lärm; Geräusch(e *pl.*) *n*; *fig.* Aufsehen *n*, Aufheben(s) *n*
шуме́ть (10*e.*) lärmen, Lärm machen; Aufsehen erregen
шумли́вый (14 *K.*) lärmend, polternd
шу́мный (14; -мен, -мна́) geräuschvoll, laut; lärmend
шумово́й (14) Geräusch-; Schlag-, Schlagzeug-
шу́рин *m* (1) Schwager
шурова́ть (7) schüren
шуру́п *m* (1) Holzschraube *f*
шурша́ние *n* (12) Rascheln, Rauschen
шурша́ть (4*e.*) rascheln, rauschen

шу́стрый F (14*K. u.* -тёр, -тра́) flink, flott; rege, gewandt
шут *m* (1*e.*) Narr; Possenreißer; **~ горо́ховый** F Hanswurst
шути́ть (15), <по-> scherzen, Spaß machen; sich lustig machen (**над** T über); spielen; **не ~** es ernst meinen
шу́тка *f* (5; -ток) Scherz *m*, Spaß *m*; Witz *m*; *Thea.* Schwank *m*; **кро́ме шу́ток** im Ernst; **шу́тки в сто́рону** Spaß beiseite
шутли́вый (14 *K.*) scherzhaft, spaßhaft, spaßig
шутни́к *m* (1*e.*) Spaßvogel, Witzbold
шутовско́й (16) Narren-, närrisch
шу́точный (14; -чен, -чна) scherzhaft; (*o.K.*) Scherz-
шутя́ im Scherz; **не ~** allen Ernstes
шушу́канье *n* (10; -ний) Getuschel
шушу́каться F (1) tuscheln, die Köpfe zusammenstecken

Щ

щади́ть (15*e.*), <по-> schonen, verschonen
ще́бень *m* (4; -бня) Schotter *m*, Splitt *m*
ще́бет *m* (1), **щебета́ние** *n* (12) Gezwitscher *n*
щебета́ть (3) zwitschern; F plappern
щёголь *m* (4) Stutzer, Geck
щегольско́й (16) elegant, stutzerhaft
щеголя́ть (28) sich herausputzen
ще́дрый (14; щедр, -а́) freigebig, großzügig; reichlich; **ще́дрой руко́й** mit vollen Händen
щека́ *f* (5; *A sg.* щёку, *pl.* щёки, щёк, щека́м) Wange, Backe
щеко́лда *f* (5) Türklinke
щекота́ть (3), <по-> kitzeln
щекотли́вый (14*K.*) heikel; kitzelig
щели́стый F (14*K.*) rissig
щёлка *f* (5; -лок) kleine Spalte
щёлкать (1), *einm.* <щёлкнуть> (20) **1.** *v/i Peitsche*: knallen, klatschen; *Zähne*: klappern; *Zunge*: schnalzen; **2.** *v/t Nüsse* knacken
щелку́нчик *m* (1) Nussknacker
щёлок *m* (1) Lauge *f*
щелочно́й (14) alkalisch, Alkali-
щёлочь *f* (8; *ab Gpl. e.*) Lauge
щель *f* (8) Spalt *m*, Ritze, Schlitz *m*
щеми́ть (14*e.*) klemmen, zuschnüren; **у меня́ се́рдце щеми́т** mir ist schwer ums Herz
щени́ться (13*e.*), <о-> Junge werfen
щено́к *m* (1; -нка́) Welpe, Hündchen *n*
щепа́ *f* (5; *Npl. st.*) Span *m*
щепети́льный (14; -лен, -льна) peinlich genau, übergenau, pedantisch
ще́пка *f* (5; -пок) Span *m*; **худо́й как ~** spindeldürr
щерба́тый (14 *K.*) schartig, schrammig; F pockennarbig
щерби́на *f* (5) Scharte, Schramme; F Pockennarbe
щети́на *f* (5) Borsten *f/pl.*
щети́нистый (14 *K.*) borstig
щети́ниться (13), <о-> *Fell*: sich sträuben, abstehen
щётка *f* (5; -ток) Bürste
щёточный (14) Bürsten-
щи *pl.* (5; щей) Kohlsuppe *f*
щи́колотка *f* (5; -ток) Knöchel *m*
щипа́ть (2) **1.** *einm.* <(у)щипну́ть> (20) kneifen, zwicken; **2.** <о-, об-> rupfen, zupfen; **3.** *Frost*: beißen, brennen
щипко́вый (14): **щипко́вые инструме́нты** *pl.* Zupfinstrumente
щипну́ть → **щипа́ть**
щипцы́ *pl.* (1) Zange *f*; **~ для оре́хов** Nussknacker *m*
щит *m* (1*e.*) Schild
щитови́дный (14) *Anat.* Schild-; **щитови́дная железа́** *f* Schilddrüse
щу́ка *f* (5) Hecht *m*

щуп *m* (1) *Tech.* Sonde *f*
щу́пальце *n* (11; -лец/-льцев) *Zool.* Fühler *m*
щу́пать (1), <по-> befühlen, betasten; *Puls* fühlen
щу́плый F (14; щупл, -á) schmächtig; gebrechlich
щу́рить (13), <со-, при-> *Augen* zusammenkneifen; **-ся** die Augen zusammenkneifen; blinzeln

Э

эвакуа́ция *f* (7) Evakuierung
эвакуи́ровать (7) *im(pf.)* evakuieren; räumen
эволюцио́нный (14) Evolutions-
эволю́ция *f* (7) Evolution, Entwicklung
эги́да *f* (5) Schutz *m*, Schutzherrschaft
эгоисти́ческий (16), **эгоисти́чный** (14; -чен, -чна) egoistisch
эгоисти́чность *f* (8) Egoismus *m*
эквивале́нт *m* (1) Äquivalent *n*, Gegenwert
эквивале́нтный (14; -тен, -тна) äquivalent, gleichwertig
экза́мен *m* (1) Examen *n*, Prüfung
экзамена́тор *m* (1) Prüfer
экзаменацио́нный (14) Prüfungs-
экзаменова́ть (7), <про-> prüfen; **-ся** e-e Prüfung ablegen, geprüft werden
экзе́ма *f* (5) Ekzem *n*
экземпля́р *m* (1) Exemplar *n*; ***в трёх ~ах*** in dreifacher Ausfertigung
экзоти́ческий exotisch
э́кий F (16*K*., *o. m*) so eine, so ein
экипа́ж *m* (1; -ей) Kutsche *f*, Mannschaft *f*, Besatzung *f*, Crew *f*
экологи́ческий (16) ökologisch; Umwelt-
эколо́гия *f* (7) Ökologie
эконо́мика *f* (5) Wirtschaft; Wirtschaftssystem *n*
экономи́ст *m* (1) Wirtschaftswissenschaftler; Wirtschaftler
эконо́мить (14), <с-> sparen, einsparen
экономи́ческий (16) ökonomisch, wirtschaftlich, Wirtschafts-
экономи́чный (14; -чен, -чна) wirtschaftlich, rentabel
эконо́мия *f* (7) Einsparung; Sparsamkeit; Ökonomie
эконо́мный (14; -мен, -мна) sparsam; wirtschaftlich
экра́н *m* (1) Leinwand *f*; Bildschirm; *EDV* F Monitor
экранизи́ровать (7) *im(pf.)* verfilmen
экскава́тор *m* (1) Bagger
экскава́торный (14) Bagger-
экскава́торщик *m* (1) Baggerführer
э́кскурс *m* (1) Abschweifung *f*, Exkurs
экскурсио́нный (14) Ausflugs-, Exkursions-; Touristen-
экску́рсия *f* (7) Ausflug *m*, Exkursion
экскурсово́д *m* (1) Fremdenführer, Reiseleiter
экспанси́вный (14; -вен, -вна) unbeherrscht; impulsiv
экспансиони́стский (16) Expansions-
экспа́нсия *f* (7) Expansion; Ausbreitung
экспеди́тор *m* (1) Spediteur
экспедицио́нный (14) Speditions-; Expeditions-
экспеди́ция *f* (7) Abfertigung, Versand *m*; Expedition
экспериме́нт *m* (1) Experiment *n*, Versuch
эксперимента́льный (14) experimentell, Versuchs-
эксперименти́ровать (7) experimentieren
экспе́рт *m* (1) Experte, Sachverständige(r)

экспертиза *f* (5) Expertise, Begutachtung
экспертный (14) Experten-, Sachverständigen-
эксплуататор *m* (1) Ausbeuter
эксплуатация *f* (7) Ausbeutung, Ausnutzung, Nutzung; Betrieb *m*
эксплуатировать (7) ausbeuten, ausnutzen; betreiben, in Betrieb nehmen
экспонат *m* (1) Exponat *n*, Ausstellungsstück *n*
экспонент *m* (1) Aussteller
экспонировать (7) *im(pf.)* ausstellen; *Fot.* belichten
экспонометр *m* (1) Belichtungsmesser
экспорт *m* (1) Ausfuhr *f*, Export
экспортировать (7) *im(pf.)* ausführen, exportieren
экспортный (14) Export-, Ausfuhr-
экспресс *m* (1) Schnellzug
экспрессивный (14; -вен, -вна) ausdrucksvoll
экспромтом aus dem Stegreif
экспроприировать (7) *im(pf.)* enteignen
экстаз *m* (1) Ekstase *f*, Verzückung *f*
экстенсивный (14; -вен, -вна) extensiv
экстравагантный (14; -тен, -тна) extravagant
экстраординарный (14; -рен, -рна) außergewöhnlich, außerordentlich
экстренный (14*K.*) außerordentlich; (*o. K.*) Sonder-, Extra-
эластичный (14; -чен, -чна) elastisch, geschmeidig
элеватор *m* (1) Aufzug; Getreidesilo *m/n*, Getreidespeicher
элегантность *f* (8) Eleganz
элегантный (14; -тен, -тна) elegant
электрик *m* (1) Elektriker; Elektrotechniker; ***инженер-~*** Elektroingenieur *m*
электрификация *f* (7) Elektrifizierung
электрический (16) elektrisch, Elektro-
электричество *n* (9) Elektrizität *f*
электричка F *f* (5; -чек) Vorortbahn, S-Bahn
электро|бритва *f* (5) Elektrorasierer *m*; **~воз** *m* (1) elektrische Lokomotive *f*, E-Lok *f*; **~двигатель** *m* (4) Elektromotor; **~динамический** (16) elektrodynamisch; **~кипятильник** *m* (1) Tauchsieder; **~магнитный** (14) elektromagnetisch; **~монтёр** *m* (1) Elektromonteur
электроника *f* (5) Elektronik
электронный (14) Elektronen-, elektronisch
электро|оборудование *n* (12) elektrische Ausrüstung *f*; **~плита** *f* (5; *pl. st.* -и-) Elektroherd *m*; **~снабжение** *n* (12) Stromversorgung *f*; **~станция** *f* (7) Kraftwerk *n*, Elektrizitätswerk *n*; **~техника** *f* (5) Elektrotechnik; **~технический** (16) elektrotechnisch
элемент *m* (1) Element *n*; Grundstoff
элементарный (14; -рен, -рна) elementar; grundlegend; (*o.K.*) Elementar-
эллипс *m* (1) *Math.* Ellipse *f*
эллиптический (16) elliptisch
эмалевый (14) Email-
эмалированный (14) emailliert; Email-
эмаль *f* (8) Emaille, Email *n*; Zahnschmelz *m*
эмансипация *f* (7) Emanzipierung
эмансипировать (7) *im(pf.)* emanzipieren
эмиграция *f* (7) Emigration, Auswanderung
эмигрировать (7) *im(pf.)* emigrieren, auswandern
эмоциональный (14; -лен, -льна) emotional, gefühlsbetont
энергетика *f* (5) Energiewirtschaft
энергетический (16) Energie-, energetisch
энергичность *f* (8) Tatkraft
энергичный (14; -чен, -чна) energisch, tatkräftig
энергия *f* (7) Energie, Tatkraft
энтузиазм *m* (1) Enthusiasmus, Begeisterung *f*
энциклопедический (16) enzyklopädisch; Konversations-
энциклопедия *f* (7) Enzyklopädie, Lexikon *n*
эпидемический (16) epidemisch
эпидемия *f* (7) Epidemie, Seuche

эпизо́д *m* (1) Episode *f*
э́пика *f* (5) Epik
эпице́нтр *m* (1) Epizentrum *n*
э́пос *m* (1) Epos *n*
эпо́ха *f* (5) Epoche
эпоха́льный (14; -лен, -льна) epochal, Epoche machend
э́ра *f* (5) Ära, Zeitalter *n*; Zeitrechnung; ***до на́шей э́ры*** vor Christus; ***на́шей э́ры*** nach Christus
эро́тика *f* (5) Erotik
эска́дра *f* (5) Geschwader *n*
эскадро́н *m* (1) Schwadron *f*
эскала́тор *m* (1) Rolltreppe *f*
эски́з *m* (1) Skizze *f*; Entwurf
эски́зный (14; -зен, -зна) skizzenhaft
эскимо́с *m* (1) Eskimo
эскимо́ска *f* (5; -сок) Eskimofrau
эско́рт *m* (1) Eskorte *f*, Geleit *n*
эсми́нец *m* (1; -нца) *Mar.* Zerstörer
эссе́ *n* (*unv.*) Essay *m*
эссе́нция *f* (7) Essenz
эстафе́та *f* (5) Stafette
эсте́тика *f* (5) Ästhetik
эстети́ческий (16), **эстети́чный** (14; -чен, -чна) ästhetisch
эсто́нец *m* (1; -нца) Este
Эсто́ния *f* (7) Estland *n*
эсто́нка *f* (5; -нок) Estin
эсто́нский (16) estnisch
эстра́да *f* (5) Kleinkunstbühne
эстра́дный (14) Unterhaltungs-
эта́ж *m* (1*e.*; -е́й) Stockwerk *n*, Etage *f* (***на*** П in)
этаже́рка *f* (5; -рок) Regal *n*, Gestell *n*
эта́п *m* (1) Etappe *f*
э́тика *f* (5) Ethik
этике́т *m* (1) Etikette *f*; Umgangsformen *f/pl.*
этике́тка *f* (5; -ток) Etikett *n*; Preisschild *n*
этимологи́ческий (16) etymologisch
этимоло́гия *f* (7) Etymologie
эти́ческий (16), **эти́чный** (14; -чен, -чна) ethisch, sittlich
э́тот *m*, **э́та** *f*, **э́то** *n*, **э́ти** *pl. Pron.* (27) dieser, diese, dieses, diese
этю́д *m* (1) Studie *f*; *Mus.* Etüde *f*
эфи́р *m* (1) Äther
эффе́кт *m* (1) Effekt, Wirkung *f*
эффекти́вный (14; -вен, -вна) effektiv, wirksam
эффе́ктный (14; -тен, -тна) effektvoll; eindrucksvoll
э́хо *n* (9) Echo

Ю

юбиле́й *m* (3) Jubiläum *n*
юбиле́йный (14) Jubiläums-
ю́бка *f* (5; -бок) Rock *m für Frauen*
ювели́рный (14) Juwelier-; Schmuck-
юг *m* (1) Süden
юго-восто́к *m* (1) Südosten
юго-восто́чный (14) Südost-, südöstlich
юго-за́пад *m* (1) Südwesten
юго-за́падный (14) Südwest-, südwestlich
ю́жный (14) Süd-, südlich
ю́мор *m* (1) Humor
юмори́ст *m* (1) Humorist; humorvoller Mensch
юмористи́ческий (16) humoristisch, humorvoll
ю́нга *m* (5) Schiffsjunge
ю́ность *f* (8) Jugend, frühe Jugend
ю́ноша *m* (5; -шей) Jüngling, junger Mann
ю́ношеский (16) jugendlich, Jugend-
ю́ношество *n* (9) Jugend *f*
ю́ный (16; юн, -а́) jung, jugendlich
юриди́ческий (16) juristisch, Rechts-
юри́ст *m* (1) Jurist, Rechtskundige(r)
ю́ркий (16; -рок, -рка́) flink; flott
юсти́ция *f* (7) Justiz, Rechtspflege
юти́ться (15*e.*) nisten, hausen; dicht aufeinander sitzen

Я

я (20) ich; ***по мне*** meiner Meinung nach; ***~ вас!*** F euch werd' ich's zeigen!
я́бедник F *m* (1) Verleumder
я́бедничать F (1) verleumden
я́блоко *n* (9; *Npl.* -ки) Apfel *m*
я́блоня *f* (6) Apfelbaum *m*
я́блочный (14) Apfel-
я́вка *f* (5; я́вок) Erscheinen *n*
явле́ние *n* (12) Erscheinung *f*, Phänomen; Erscheinen; *Thea.* Auftritt *m*
явля́ться (28), <яви́ться> (14) erscheinen, sich einfinden; sich melden; sich erweisen
я́вный (14; -вен, -вна) offensichtlich, evident, unverkennbar
я́вственный (14*K.*) deutlich, klar
я́вствовать (7) hervorgehen
явь *f* (8) Wirklichkeit
ягнёнок *m* (2) Lamm *n*
я́года *f* (5) Beere; ***одного́ по́ля ~*** F vom gleichen Schlag
яд *m* (1; -а/-у) Gift *n*
я́дерный (14) Kern-, Nuklear-, Atom-
я́дерщик F (1) Kernforscher, Kerntechniker
ядови́тый (14*K.*) Gift-, giftig; *fig.* boshaft
ядохимика́ты *m/pl.* (1) Pflanzenschutzmittel *n/pl.*
ядрёный F (14*K.*) kernig, kräftig
ядро́ *n* (9; *pl. st.*; я́дер) Kern *m* (*a. fig.*); *Sp.* Kugel *f*
я́зва *f* (5) Geschwür *n* (*a. fig.*); *fig.* Übel *n*, Plage
язви́тельный (14; -лен, -льна) höhnisch, beißend, sarkastisch
язви́ть (14*e.*) verhöhnen; spotten, sticheln
язы́к *m* (1*e.*) Zunge *f*; Sprache *f*; Klöppel; ***у него́ ~ без косте́й*** er hat ein loses Mundwerk
языкове́д *m* (1) Sprachwissenschaftler
языкове́дение *n* (12) Sprachwissenschaft *f*
языкове́дческий (16) sprachwissenschaftlich
языково́й (14) Sprach-, sprachlich
языкозна́ние *n* (12) Sprachwissenschaft *f*, Linguistik *f*
язы́ческий (16) heidnisch
язы́чник *m* (1), **язы́чница** *f* (5) Heide(-din *f*) *m*
язы́чный (14) Zungen-
яи́чко *n* (9; *pl.* -чки, -чек) kleines Ei; *Anat.* Hoden *m*
яи́чник *m* (1) Eierstock
яи́чница *f* (5) Eierspeise, Omelett *n*
яйцеви́дный (14; -ден, -дна) eiförmig
яйцо́ *n* (9; *pl. st.*; яиц) Ei
я́кобы angeblich, vermeintlich
я́корь *m* (4; *pl. e.*, *N* -ря́) Anker; ***стоя́ть на я́коре*** ankern
я́ма *f* (5) Grube
янва́рский (16) Januar-
янва́рь *m* (4*e.*) Januar
янта́рный (14) Bernstein-; bernsteingelb
янта́рь *m* (1*e.*) Bernstein
япо́нец *m* (1; -нца) Japaner
Япо́ния *f* (7) Japan *n*
япо́нка *f* (5; -нок) Japanerin
япо́нский (16) japanisch
я́ркий (16; -рок, -рка́) grell, hell; leuchtend; lebhaft; krass; überzeugend
я́ркость *f* (8) Helligkeit; Leuchtkraft; Ausgeprägtheit
ярлы́к *m* (1*e.*), **ярлычо́к** *m* (1*e.*; -чка́) Etikett *n*
я́рмарка *f* (5; -рок) Jahrmarkt *m*, Messe
я́рмарочный (14) Jahrmarkts-, Messe-
ярмо́ *n* (9; *pl. st.* ярма́м) Joch (*a. fig.*)
я́ростный (14; -тен, -тна) wütend, grimmig; wild; verbissen
я́рость *f* (8) Wut, Raserei
я́рус *m* (1) *Geol.* Schicht *f*, *Thea.* Rang
я́рый **1.** (14*K.*) heftig, wütend; **2.** (14) leidenschaftlich
я́сень *m* (4) Esche *f*
я́сли *pl.* (4) Futterkrippe *f*; Kinderkrippe *f*

ясне́ть (8) **1.** hell werden; **2.** <про-> sich aufheitern
ясновидец *m* (1; -дца), **ясновидица** *f* (5) Hellseher(in *f*)
я́сный (14; я́сен, ясна́) klar; hell; ***я́сно как день*** sonnenklar
я́стреб *m* (1; *pl. a. e.*, *N* -á) Habicht
я́хта *f* (5) Jacht
ячейка *f* (5; -éек) Zelle; Masche
ячме́нный (14) Gersten-
ячме́нь *m* (4e.) Gerste *f*; *Med.* Gerstenkorn *n*
я́щерица *f* (5) Eidechse
я́щик *m* (1) Kasten, Kiste *f*; Schubfach *n*, Lade *f*

Wörterverzeichnis Deutsch-Russisch

A

a, A *n Mus.* ля *n*; ***von A bis Z*** от а до зет, от нача́ла до конца́; ***das A und O*** а́льфа и оме́га
Aal *m* у́горь *m*
aalen F: ***sich ~*** не́житься
aalglatt ско́льзкий (как у́горь)
Aas *n* па́даль *f*; *Schimpfw.* сте́рва *f*; **~geier** *m* стервя́тник
ab 1. *Prp.* (*D*) с, от (Р); ***~ heute*** (начина́я) с сего́дняшнего дня; ***~ sofort, ~ jetzt*** с настоя́щего моме́нта; **2.** *Adv.* ***~ und zu*** иногда́, вре́мя от вре́мени; ***der Knopf ist ~*** пу́говица отлете́ла
abändern изменя́ть <-ни́ть>
Abänderung *f* измене́ние *n*
abarbeiten отраба́тывать <-бо́тать>; ***sich ~*** зараба́тываться <-бо́таться>
Abart *f* разнови́дность *f*, видоизмене́ние *n*
abartig ненорма́льный
Abbau *m Bgb.* го́рная вы́работка *f*, разрабо́тка *f*; (*v. Personal*) сокраще́ние *n*
abbauen *v/t Bgb.* разраба́тывать; демонти́ровать (*im*)*pf.*, разбира́ть <-зобра́ть>; *Personal* сокраща́ть <-рати́ть>; *Misstrauen* уменьша́ть <уме́ньшить>
ab|beißen отку́сывать <-си́ть>; **~bekommen** F получа́ть <-чи́ть> (***s-n Teil*** свою́ до́лю)
abberufen отзыва́ть <отозва́ть>
Abberufung *f* отозва́ние *n*, отзы́в *m*
abbestellen *v/t* отменя́ть <-ни́ть> зака́з (на В); ***die Zeitung ~*** прекраща́ть <-рати́ть> вы́писку газе́ты
abbiegen *v/i Fahrzeug*: свора́чивать <сверну́ть> (***nach links*** нале́во)
Abbild *n* отображе́ние
abbilden изобража́ть <-брази́ть>
Abbildung *f* изображе́ние *n*; иллюстра́ция
abbinden *v/t* отвя́зывать <-за́ть>; *Ader* накла́дывать <наложи́ть> жгут (на В)
Abbitte *f*: ***j-m ~ leisten*** проси́ть проще́ния у кого́-либо
ab|blasen сду(ва́)ть; F *fig. Streik* отменя́ть <-ни́ть>; **~blättern** *v/i* <от>лупи́ться; **~blenden** *v/i* переключа́ть <-чи́ть> на бли́жний свет; *Fot.* диафрагми́ровать
Abblendlicht *n* бли́жний свет *m*
abblitzen F получи́ть *pf.* отка́з; ***~ lassen*** F отши́ть *pf.*
abbrausen: *sich ~* принима́ть <-ня́ть> душ
abbrechen *v/t* отла́мывать <-лома́ть>; *Haus* сноси́ть <снести́>; *Zelt* разбира́ть <разобра́ть>; *Stift* слома́ть *pf.*; *Gespräch, Beziehungen* прер(ы)ва́ть; ***das Lager ~*** сня́ться с ла́геря
abbrennen *v/t* выжига́ть <вы́жечь>; *v/i* сгора́ть <-ре́ть>
abbringen (***von***) склони́ть *pf.*, отказа́ться (от Р); ***vom rechten Weg ~*** сби(ва́)ть с пра́вильного пути́
abbröckeln *v/i* кроши́ться, осыпа́ться <осы́паться>
Abbruch *m* (*Haus*) слом, снос; *Unterhaltung*) прекраще́ние *n*; (*Beziehung*) разры́в; ***e-r Sache ~ tun*** наноси́ть <нанести́> уще́рб чему́-либо
abbruchreif подлежа́щий сно́су
abbuchen спи́сывать <-са́ть> со счёта
Abbuchung *f* за́пись *f* в де́бет счёта, спи́сывание *n* со счёта
ab|bürsten <по>чи́стить (щёткой); **~büßen** *Strafe* отбы́(ва́)ть
Abc *n* а́збука *f*; **ABC-Waffen** *pl.* а́томное, бактериологи́ческое и хими́ческое ору́жие *n*
abdanken *v/i* отрека́ться <-ре́чься> от престо́ла

Abdankung *f* отрече́ние *n*
abdecken *v/t* откры́(ва́)ть; ***der Sturm deckte das Dach ab*** бу́рей снесло́ кры́шу;· ***den Tisch ~*** уб(и)ра́ть со стола́
abdichten уплотня́ть <-ни́ть>; *Leck* заде́л(ыв)ать
abdrängen оттесня́ть <-ни́ть>
abdrehen *Wasser*, *Gas* завёртывать <-верну́ть>, закры́(ва́)ть
Abdruck *m* отпеча́ток, о́ттиск; (*in Gips*) сле́пок
abebben *v/i* стиха́ть <сти́хнуть>
Abend *m* ве́чер; ***am ~*** ве́чером; ***am ~ vor*** накану́не (P); ***gegen ~*** по́д вечер, к ве́черу; ***heute ~*** сего́дня ве́чером; ***guten ~!*** до́брый ве́чер!; ***zu ~ essen*** <по>у́жинать; ***es wird ~*** вечере́ет
Abend|brot *n* у́жин *m*; **~dämmerung** *f* (вече́рние *n*) су́мерки *f/pl*; **~essen** *n* у́жин
abendfüllend *Film*: полнометра́жный
Abend|gesellschaft *f* вечери́нка, (зва́ный) ве́чер *m*; **~kleid** *n* вече́рнее пла́тье; **~land** *n* За́пад *m*
abendländisch за́падный
Abend|mahl *n Rel.* Та́йная Ве́черя *f*, (*Sakrament*) прича́стие; **~rot** *n* вече́рняя заря́ *f*
abends ве́чером; по вечера́м; ***um sechs Uhr ~*** в шесть часо́в ве́чера
Abend|stern *m* вече́рняя звезда́ *f*; **~vorstellung** *f* вече́рний сеа́нс *m*; **~zeitung** *f* вече́рняя газе́та
Abenteuer *n* приключе́ние; (*Liebesabenteuer*) похожде́ние; (*Wagnis*) аванти́ора *f*
abenteuerlich бога́тый приключе́ниями; (*gefährlich*) авантюристи́ческий, авантюри́стский
Abenteurer(in *f*) *m* иска́тель(ница *f*) *m* приключе́ний
aber но, а; (*jedoch*) одна́ко (же); ***~ ja!*** ну коне́чно!
Aber *n*: ***kein ~!*** никаки́х „но"!; **~glaube** *m* суеве́рие *n*
abergläubisch суеве́рный
aberkennen *Jur.* лиша́ть <-ши́ть> (P)
Aberkennung *f*: ***~ der Rechte*** лише́ние *n* прав
aber|malig втори́чный; **~mals** втори́чно, опя́ть
abernten соб(и)ра́ть
abfahren *v/t* вывози́ть <вы́везти>; *v/i* отправля́ться <-пра́виться>; *Zug a.*: отходи́ть <отойти́>; *Schiff a.*: отплы́(ва́)ть
Abfahrt *f* отъе́зд *m*; отправле́ние *n*, отхо́д *m*; отплы́тие *n*
Abfahrts|lauf *m Sp.* скоростно́й спуск; **~zeit** *f* вре́мя *n* отправле́ния
Abfall *m* отхо́ды *m/pl*, отбро́сы *m/pl*; **~beseitigung** *f* ликвида́ция отхо́дов; **~eimer** *m* ведро́ *n* для отхо́дов
abfallen отпада́ть <-па́сть>; *Blätter*: опада́ть <опа́сть>
abfällig неблагоприя́тный
Abfall|produkt *n* побо́чный проду́кт *m*; *pl. a.* отхо́ды *m/pl.*; **~verwertung** *f* утилиза́ция отхо́дов
abfangen *Brief*, *Flugzeug* перехва́тывать <-ти́ть>
Abfangjäger *m* истреби́тель-перехва́тчик
abfärben *v/i* кра́ситься; *fig.* ***~ auf*** влия́ть на (B)
ab|fassen составля́ть <-а́вить>; **~faulen** отгни́(ва́)ть; **~fegen** смета́ть <смести́>
abfertigen *Zug* отправля́ть <-ра́вить>; *Kunden* обслу́живать <-жи́ть>; ***die Reisenden ~*** проверя́ть <-ве́рить> у пассажи́ров докуме́нты; ***j-n kurz ~*** бы́стро спрова́дить кого́-либо
Abfertigung *f* отправле́ние *n*; обслу́живание *n*
abfeuern стреля́ть; ***e-n Schuss ~*** вы́стрелить
abfinden *Gläubiger* удовлетворя́ть <-ри́ть>; ***sich ~*** примиря́ться <-ри́ться> (***mit*** с T)
Abfindung *f* удовлетворе́ние *n*
Abfindungssumme *f* су́мма де́нежной компенса́ции
abflauen *Wind*: стиха́ть <сти́хнуть>; *Konjunktur*: ухудша́ться <уху́дшиться>
abfliegen *v/i* вы-, от-лета́ть <вы́-, от-лете́ть>
abfließen с-, вы-тека́ть <стечь, вы́течь>

Abflug *m* вы́лет; отлёт; **~zeit** *f* вре́мя *n* вы́лета
Abfluss *m* сток; **~graben** *m* сто́чная кана́ва *f*; **~rohr** *n* сто́чная труба́ *f*
Abfuhr *f* отво́з *m*, вы́воз *m*; *fig.* **e-e ~ erteilen** дать (досто́йный) отпо́р
abführen *v/t* от-, у-води́ть <-вести́>; *Geld* отчисля́ть <-чи́слить>; *v/i* опорожня́ть <-ни́ть> кише́чник
Abführmittel *n* слаби́тельное (сре́дство)
abfüllen разли́(ва́)ть (**in Flaschen** по буты́лкам)
Abgabe *f* отда́ча; (*v. Waren, Energie*) о́тпуск *m*; (*v. Stimmzetteln*) пода́ча; *Ball* переда́ча; (*Steuern*) нало́г *m*, сбор *m*
abgaben|frei свобо́дный от нало́гов/сбо́ров; **~pflichtig** подлежа́щий обложе́нию нало́гом
Abgang *m* ухо́д (*a. Thea.*), отхо́д (*a. Esb.*); *Med.*, *Bio.* выделе́ние *n*; *Hdl.* сбыт; (*v. d. Schule*) оконча́ние *n*
Abgangszeugnis *n* свиде́тельство *n* об оконча́нии учёбного заведе́ния
Abgas *n* отрабо́тавший/отходя́щий газ *m*; *pl. Kfz.* выхлопны́е га́зы *m/pl.*
abgasarm малотокси́чный
Abgastest *m* испыта́ние *n* дви́гателя на токси́чность
abgearbeitet натруди́вшийся; *Hände*: натру́женный
abgeben отда́(ва́)ть; *Ball* переда́(ва́)ть; *Gepäck*, *Wäsche* сда(ва́)ть (в В); *Stimme* пода́(ва́)ть; *Erklärung* <с>де́лать; F **sich mit j-m ~** вози́ться с ке́м-либо
abgebrannt F *fig.* без копе́йки (за душо́й)
abgebrüht F матёрый; **er ist gegen alles ~** его́ ниче́м не прошибёшь
abgedroschen *fig.* изби́тый, зата́сканный, заёзженный
abgegriffen *Buch*: потрёпанный; *Münze*: стёртый
abgehärtet закалённый
abgehen *v/i* уходи́ть <уйти́> (*a. Thea.*); *Zug*: отходи́ть <отойти́>; *Farbe*, *Haut*: сходи́ть <сойти́>; *Tapete*: откле́и(ва)ться; F *Knopf*: оторва́ться *pf.*; **von seiner Meinung ~** отка́зываться <-за́ться> от своего́ мне́ния
abgekämpft измо́танный (в боя́х)
abgeklärt уравнове́шенный
abgelagert *Wein*: вы́держанный
abgelegen отдалённый
abgemacht: F **~!** по рука́м!, решено́!
abgemagert исхуда́лый
abgeneigt: nicht ~ (**zu**) не прочь (+*Inf*)
Abgeordnete(**r**) депута́т(ка *f*) *m*
Abgeordnetenhaus *n* пала́та *f* депута́тов
abgepackt расфасо́ванный
Abgesandte(**r**) посла́нец *m*
abgeschieden уединённый
Abgeschiedenheit *f* уедине́ние *n*
abgeschlagen: *Sp.* **weit ~** далеко́ отста́вший
abge|schlossen за́пертый; **~schmackt** по́шлый
abgesehen: ~ von ... не счита́я ... (Р); **davon ~, dass ...** не говоря́ (уже́) о том, что ...; **es ~ haben auf** ме́тить в (Р)
abge|spannt утомлённый; **~standen** *Wasser*: теплова́тый
abgestorben *Gewebe*: омертве́лый
abgewöhnen отуча́ть <-чи́ть> (**j-m** *A* кого́-либо от Р); **sich ~** отуча́ться <-чи́ться>
Ab|glanz *m* о́тблеск (*a. fig.*); **~gott** *m* и́дол, куми́р
abgöttisch: ~ lieben боготвори́ть
abgrenzen размежёвывать <-жева́ть>
Ab|grenzung *f* разграниче́ние *n*; **~grund** *m* бе́здна *f*, про́пасть *f*; **~guss** *m* отли́вка *f*
ab|hacken отруба́ть <-би́ть>, отсека́ть <-се́чь>; **~haken** отцепля́ть <-пи́ть>; (*im Text*) отмеча́ть <-ме́тить> га́лочкой; **~halten** (*zurückhalten*) уде́рживать <-жа́ть> (**von** от Р); (*ablenken*) отвлека́ть <-ле́чь> (**von der Arbeit** от рабо́ты); *Sitzung* проводи́ть <-вести́>; *Gottesdienst* отправля́ть
abhandeln трактова́ть о (П); *vom Preis* вы́торговать *pf.*
ab'handen: ~ kommen <по>теря́ться

Ab|handlung *f* (нау́чная) статья́; **~hang** *m* склон, скат, отко́с
abhängen *v/t Bild* снима́ть <снять>; *Anhänger* отцепля́ть <-пи́ть>; *v/i* зави́сеть (***von*** от Р)
abhängig зави́симый; **~ *sein*** находи́ться в зави́симости
Abhängigkeit *f* зави́симость *f*
abhärten (***sich***) закаля́ть(ся) <-ли́ть(ся)> (***gegen*** к Д)
abhauen *v/i* F (*verschwinden*) сма́тываться <смота́ться>, смы́(ва́)ться; P ***hau ab!*** прова́ливай!
abheben *v/t* снима́ть <снять> (*a.* ***vom Konto*** со счёта); *v/i KSp.* сре́зать *pf.* (коло́ду карт); *Flgw.* отрыва́ться <оторва́ться> от земли́; ***sich ~ von*** выделя́ться <вы́делиться> на фо́не (Р)
ab|heften *Akten* подши́(ва́)ть (к де́лу); **~helfen** устраня́ть <-ни́ть>; ***dem muss abgeholfen werden*** э́то положе́ние на́до измени́ть
Abhilfe *f*: **~ *schaffen*** устрани́ть *pf.* недоста́ток
ab|hobeln сострáгивать <-рога́ть>; **~holen** *v/t* заходи́ть <-йти́>; (*mit Fahrzeug*) заезжа́ть <-е́хать> за (Т); встреча́ть <-ре́тить> (***vom Bahnhof*** на вокза́ле); **~holzen** вырубáть <вы́рубить> (лес); **~hören** прослу́шивать <прослу́шать>; *Med.* выслу́шивать <вы́слушать>
abhörsicher защищённый от подслу́шивания
Abi'tur *n* экза́мен *m* на аттеста́т зре́лости
Abituri'ent(in *f*) *m* абитурие́нт(ка *f*)
abkanzeln F отчи́тывать <-та́ть>, проб(и)ра́ть
abkapseln: *sich ~* *fig.* отгора́живаться <-роди́ться> (от всех)
abkaufen покупа́ть <купи́ть> (***j-m*** у кого́-либо); F ***das kaufe ich dir nicht ab!*** я тебе́ не ве́рю!
Abkehr *f* (***von***) отхо́д *m* (от Р)
Abklatsch *m fig.* ко́пия *f*
ab|klingen *fig. Krankheit*: проходи́ть <пройти́>; *Schmerz*: стиха́ть <сти́хнуть>; **~knöpfen** отстёгивать <отстегну́ть>; **~kochen** <с>вари́ть; *Milch*, *Wasser* <вс>кипяти́ть; **~kommandieren** откомандиро́вывать <-рова́ть>; **~kommen** сби́(ва́)ться (***v. Weg*** с доро́ги); отклоня́ться <-ни́ться> (***v. Thema*** от те́мы)
Abkommen *n* соглаше́ние *n* (***über*** о П)
abkömmlich (вре́менно) свобо́дный; ***er ist nicht ~*** он не мо́жет отлучи́ться
Abkömmling *m* пото́мок
ab|kratzen *v/t* соска́бливать <-скобли́ть>, соскреба́ть <-рести́>; *v/i* F протяну́ть но́ги ; **~kühlen** *v/t* охлажда́ть <-лади́ть> (*a. fig.*); *v/i* (*a.* ***sich*** -ся) охлажда́ться <-лади́ться>; *Speisen*: остыва́ть <-ты́ть>
Abkühlung *f* охлажде́ние *n* (*a. fig.*)
ab|kuppeln отцепля́ть <-пи́ть>; **~kürzen** сокраща́ть <-рати́ть>
Abkürzung *f* сокраще́ние *n*
abladen выгружа́ть <вы́грузить>; *Fahrzeug* разгружа́ть <-узи́ть>; *Schüttgut*, *fig.* сва́ливать <-ли́ть>
Ablage *f* подши́вка (и хране́ние) докуме́нтов/бума́г; (*im Büro*) архи́в *m*
ablagern *v/t* отлага́ть <-ложи́ть> (***sich*** -ся); *v/i* откла́дываться <-ложи́ться>
Ablagerung *f* отложе́ние *n*; *Geol. a.* наслое́ние *n*
ablassen *v/t Wasser* спуска́ть <-сти́ть>; *Luft*, *Dampf* выпуска́ть <вы́пустить>; *v/i* (***von***) отставля́ть <-а́вить> (от Р)
Ablauf *m* (*Abfolge*) после́довательность *f*; (*e-s Prozesses*) истече́ние *n*, протека́ние *n*; ***nach ~ der Frist*** по истече́нии сро́ка; ***nach ~ einer Woche*** неде́лю спустя́
ab|laufen *v/i* (*verlaufen*) протека́ть <-те́чь>; *Uhr*: останови́ться *pf.*; *Frist*: истека́ть <-те́чь>; *v/t Schuhe* ста́птывать <стопта́ть>; **~lecken** обли́зывать <-за́ть>; **~legen** *v/t* откла́дывать <отложи́ть>; *Last* опуска́ть <-сти́ть> (на зе́млю); *KSp.* сбра́сывать <-ро́сить>; *Kleider* снима́ть <снять>; *Prüfung* сда(ва́)ть; *Akten* подшива́ть <-ши́ть> (к де́лу); *Eid* приноси́ть <-нести́>; *v/i Schiff*: отва́ливать <-ли́ть>

Ableger *m Bot.* отвóдок

ablehnen *v/t* отклоня́ть <-ни́ть>, отвергáть <-вéргнуть>; откáзывать <-зáть> (***Bitte*** в прóсьбе); *Kandidaten* отводи́ть <-вести́>

Ablehnung *f* отклонéние *n*; откáз *m*; отвóд *m*; ***auf ~ stoßen*** быть отвéргнутым

ab|leisten *Wehrdienst* отбы́(вá)ть; **~leiten** *Wasser* отводи́ть <-вести́>; *fig.* (***aus, von***) производи́ть (от Р)

Ableitung *f* отвóд *m*; *Ling.* произвóдное слóво *n*

ablenken отклоня́ть <-ни́ть>; *Verdacht* отводи́ть <-вести́>; ***vom Thema ~*** перевести́ разговóр на другу́ю тéму

Ablenkung *f* отклонéние *n*; отвлечéние *n*

Ablenkungsmanöver *n* отвлекáющий манёвр *m*

ablesen <про>читáть; *Skala* снимáть <снять> показáния (Р); ***j-m e-n Wunsch von den Augen ~*** угáдывать желáния когó-либо по глазáм

abliefern сдa(вá)ть

Ablieferung *f* сдáча

ablösen отделя́ть <-ли́ть>; *Geklebtes* отклéи(ва)ть; *Wache* сменя́ть <-ни́ть>; ***sich ~*** отделя́ться <-ли́ться>; сменя́ться <-ни́ться>

Ablösung *f* смéна (*a. Mil.*); отстранéние *n* (от дóлжности)

abmachen *v/t fig.* (*vereinbaren*) услóвливаться <-лóвиться> (***mit*** *j-m et.* с Т о П); (*entfernen*) удаля́ть <-ли́ть>

Abmachung *f* соглашéние *n*; ***eine ~ treffen*** заключáть <-чи́ть> соглашéние

abmagern <по>худéть

Abmagerungskur *f* курс *m* лечéния для похудáния

Abmarsch *m* выступлéние *n*

abmarschieren выступáть <вы́ступить> (в похóд)

abmelden сообщáть <-щи́ть> об ухóде/об отъéзде; *Auto* снимáть <снять> с учёта; ***sich ~*** снимáться <сня́ться> с учёта; (*polizeilich*) выпи́сываться <вы́писаться>

Abmeldung *f* сообщéние *n* об ухóде; сня́тие *n* с учёта; вы́писка

abmessen <от>мéрить; *fig.* оцéнивать <-ни́ть>

Abmessung *f* размéр *m*; *mst pl.* габари́ты *m/pl.*

abmontieren разбирáть <-зобрáть>, демонти́ровать (*im*)*pf.*; *Einzelteil a.* снимáть <снять>

abmühen: *sich ~ mit* неутоми́мо труди́ться над (Т), би́ться над (Т)

ab|mustern *Mar.* спи́сывать <-сáть> (-ся *v/i*) с корабля́; **~nagen** отгрызáть <-гры́зть>; *Knochen* оглáдывать <-глодáть>

Ab|näher *m* вы́тачка *f*; **~nahme** *f* сня́тие *n*; (*Kauf*) поку́пка; (*Parade*) приня́тие *n*; (*Verminderung*) уменьшéние *n*

abnehmen *v/t Hut, Hörer usw.* снимáть <снять>; *Bein* отнимáть <-ня́ть>; *Versprechen* брать <взять> (***j-m*** с когó-либо); (*abkaufen*) покупáть <купи́ть> (***j-m*** у когó-либо); *Parade* принимáть <-ня́ть>; *Verpflichtung* брать <взять> на себя́; *v/i Vorrat* уменьшáться <-éншиться>; *Tage* убавля́ться <убáвиться>; *Kräfte* убы́(ва)ть, идти́ <пойти́> на у́быль; ***an Gewicht ~*** <по>теря́ть в вéсе; ***~der Mond*** лунá на ущéрбе

Abnehmer(**in** *f*) *m* покупáтель(ница *f*) *m*

Abneigung *f* нерасположéние *n*, нелюбóвь *f* (***gegen*** к Д); антипáтия

abnorm анормáльный

Abnormi'tät *f* ненормáльность *f*

abnutzen, abnützen изнáшивать <-носи́ть> (***sich*** -ся)

Abnutzung *f* изнáшивание *n*, изнóс *m*

Abon|ne'ment *n* абонемéнт *m*; (*Zeitung*) подпи́ска *f*; **~'nent**(**in** *f*) *m* абонéнт(ка *f*); подпи́счик (-ица *f*)

abon'nieren абони́ровать (*im*)*pf.*; выпи́сывать <вы́писать>

abordnen командировáть (*im*)*pf.*

Abordnung *f* депутáция

Abort *m* убóрная *f*

ab|packen <рас>фасовáть; **~passen** *Moment* улучáть <-чи́ть>

Abpfiff *m* финáльный свистóк

ab|pflücken срывáть <сорвáть>,

~prallen отскáкивать <-скочи́ть> (рикошéтом); **~putzen** очищáть <очи́стить>; *Haus* <о>штукатýрить
abquälen F: ***sich ~*** <за>мýчиться (***mit*** над T)
abrackern F: ***sich ~*** труди́ться без ýстали
abraten отсовéтовать; ***ich rate davon ab*** не совéтую дéлать э́того
Abraum *m Bgb.* вскры́ша *f*
abräumen уб(и)рáть (***den Tisch*** со столá)
abreagieren да(вá)ть вы́ход (Д); ***sich ~*** осты́ть *pf.*
abrechnen *v/t* отчислять <-чи́слить>; *v/i* подводи́ть <-вести́> итóги; да(вá)ть отчёт (***über*** о П); (*a. fig.*) рассчи́тываться <-тáться> (***mit*** с T)
Abrechnung *f* (финáнсовый) отчёт *m*; расчёт *m*
abreiben от-, с-тирáть <-терéть>; *Körper* об-, рас-тирáть <-терéть> (***mit*** T)
Abreibung *f Med.* обтирáние *n*
Abreise *f* отъéзд *m*
abreisen уезжáть <уéхать>
abreißen *v/t* от-, с-рывáть < ото-, со-рвáть>; *v/i Verbindungen*: прерывáться <-рвáться>; ***das reißt nicht ab*** э́тому концá нет
Abreißkalender *m* отрывнóй календáрь
ab|richten *Hund* натáскивать <-кáть>; **~riegeln** запирáть <-перéть> на засóв; *Straße* перекры́(вá)ть
Abriss *m* (*Haus*) слом, снос; (*Übersicht, Darstellung*) óчерк
ab|rollen *v/t* размáтывать <-мотáть>; *Fuß* плáвно сгибáть (при ходьбé); *v/i fig.* (*verlaufen*) проходи́ть <пройти́>; **~rücken** *v/t* отодвигáть <-дви́нуть>
Abruf *m* (*v. Daten*) вы́зов; *Hdl.* ***auf ~*** по трéбованию
ab|rufen *Programm* вызывáть <вы́звать>; **~runden** за-, *Zahlen* о-круглять <-ли́ть>
ab'rupt внезáпный
abrüsten *v/i* разоружáться <-ружи́ться>
Abrüstung *f* разоружéние *n*
Abrüstungs|konferenz *f* конферéнция по разоружéнию; **~kontrolle** *f* контрóль *m* за разоружéнием
abrutschen соскáльзывать <-скользнýть> (***von*** с P) *Boden*: оползáть <оползти́>
Absage *f* откáз *m*; *fig.* óтповедь *f* (***an*** Д)
absagen *v/t Termin* отменя́ть <-ни́ть>
ab|sägen отпи́ливать <-ли́ть>; **~satteln** *v/t* рассёдлывать <-седлáть>
Absatz *m* (*Schuh*) каблýк; (*im Text*) абзáц; *Hdl.* сбыт; ***mit hohen Absätzen*** на высóких каблукáх; **~krise** *f* кри́зис сбы́та; **~markt** *m* ры́нок сбы́та
ab|saugen отсáсывать <отсосáть>; *Teppich* пропылесóсить *pf.*; **~schaben** соскáбливать <-скобли́ть>; **~schaffen** *Institution* упраздня́ть <-ни́ть>; *Mängel* устраня́ть <-ни́ть>; *Gesetz* отменя́ть <-ни́ть>; **~schalten** *v/t* выключáть <вы́ключить>; *Telefon, Strom* отключáть <-чи́ть>
abschätz|en оцéнивать <-ни́ть>; **~ig** пренебрежи́тельный
Abschaum *m*: *fig.* ***~ der Menschheit*** подóнки *m/pl.* óбщества
Abscheu *m* отвращéние *n*; ***~ erregend*** вызывáющий отвращéние
ab'scheulich отврати́тельный
abschicken отсылáть <отослáть>, отправля́ть <-прáвить>
Abschied *m* прощáние *n*; (*Entlassung*) отстáвка *f*, увольнéние *n*; ***~ nehmen*** (*a. fig.*) <по>прощáться (***von*** с T); ***beim ~, zum ~*** на прощáние
Abschieds|brief *m* прощáльное письмó *n*; (*vor d. Tod*) предсмéртное письмó *n*; **~feier** *f* прощáльный вéчер *m*; **~kuss** *m* прощáльный поцелýй
abschießen *Pfeil, Torpedo* выпускáть <вы́пустить>; *Rakete* запускáть <-сти́ть>; *Flugzeug* сбить *pf.*
abschirmen защищáть <-щити́ть> (***gegen*** от P)
Ab|schirmung *f* защи́та; **~schlag**

m Vorschuss ава́нс; (*v. Preis*) ски́дка *f* (с цены́)
abschlagen отби́(ва́)ть; (*abhacken*) отсека́ть <-се́чь>; *Angriff* отража́ть <-рази́ть>; *Bitte* отка́зывать <-за́ть> (в П)
abschlägig: *~e Antwort* отка́з *m*
Abschlagszahlung *f* зада́ток *m*; (*Vorschuss*) ава́нс *m*
abschleifen отшлифо́вывать <-фова́ть>; *fig.* сгла́живаться <сгла́диться>
Abschleppdienst *m* букси́рная слу́жба *f*
abschleppen <от>букси́ровать
Abschleppseil *n* букси́рный кана́т *m*
abschließen *v/t* запира́ть <-пере́ть> на́ ключ; *Vertrag* заключа́ть <-чи́ть>; *Arbeit* заверша́ть <-ши́ть>; **~d** заключи́тельный
Abschluss *m* оконча́ние *n*; заключе́ние *n*; заверше́ние *n*; **~kommuniqué** *n* заключи́тельное коммюнике́; **~prüfung** *f* выпускно́й экза́мен *m*; **~zeugnis** *n* аттеста́т *m* об оконча́нии шко́лы
ab|schmecken доба́вить *pf.* по вку́су; **~schmieren** *v/t* сма́з(ыв)ать; **~schnallen** отстёгивать <-стегну́ть>, снима́ть <снять>
abschneiden *v/t* отре́з(ыв)ать; *Haar* обстрига́ть <-стри́чь>; (*Weg abkürzen*) сокраща́ть <-ати́ть>; (*Weg verlegen*) перере́з(ыв)ать, пересека́ть <-се́чь>; ***j-m das Wort ~*** ре́зко оборва́ть кого́-либо; *v/i* ***gut ~*** показа́ть хоро́ший результа́т (***in*, *bei*** в, на П)
Abschnitt *m* отре́зок; *Math.* сегме́нт; (*der Front*) уча́сток; (*im Text*) разде́л; (*e-s Gesetzes*) статья́ *f*; (*Kontrollschein*) тало́н
ab|schnüren *Med* перевя́зывать <-язა́ть>; **~schrauben** отви́нчивать <-винти́ть>, отвёртывать <-верну́ть>
abschrecken отпу́гивать <-гну́ть> (***von*** от Р); ***~des Beispiel*** устраша́ющий приме́р
abschreiben переписывать <-са́ть>, (*voneinander*) спи́сывать <-са́ть>; *Ök.* амортизи́ровать (*im*)*pf.*
Abschreibung *f* амортиза́ция
abschreiten обходи́ть <обойти́>
Abschrift *f* ко́пия
abschürfen: *sich die Haut am Bein ~* содра́ть *pf.* себе́ ко́жу на ноге́, ссади́ть *pf.* себе́ но́гу
Ab|schürfung *f* сса́дина; **~schuss** *m* вы́стрел; (*e-r Rakete*) за́пуск; (*v. Wild*) отстре́л
abschüssig пока́тый, накло́нный
Abschussrampe *f* пускова́я устано́вка
abschütteln стря́хивать <-хну́ть>; *fig. Joch* сбра́сывать <сбро́сить>; *Verfolger* оставля́ть <-та́вить> позади́
abschwächen ослабля́ть <-а́бить>; ***sich ~*** <о>слабе́ть
ab|schweifen отклоня́ться <-ни́ться> (***von*** от Р); **~schwellen** *v/i* опада́ть <опа́сть>; **~schwören** отрека́ться <-ре́чься> (от Р)
absehbar предви́димый; ***in ~er Zeit*** в обозри́мом бу́дущем
absehen *v/t* предви́деть *pf.*; ***es ist kein Ende abzusehen*** конца́ не ви́дно; *v/i* ***~ von*** отка́зываться <-каза́ться> (от Р); ***wenn man von ... absieht*** е́сли не счита́ть (Р)
abseifen <вы́>мыть с мы́лом
abseilen: *sich ~* спуска́ться <-сти́ться> на верёвке
abseits *Adv.*, *Prp.* в стороне́ (*G*, ***von*** от Р); ***~ stehen*** стоя́ть в стороне́
Abseits *n Sp.* офса́йд *m*
absenden высыла́ть <вы́слать>, отправля́ть <-а́вить>
Absender(in *f*) *m* отправи́тель(ница *f*)
absetzbar *Pers.* сменя́емый; *Ware*: находя́щий сбыт; *steuerlich* не облага́емый нало́гом
absetzen *v/t* снима́ть <снять>; *Sache a.* скла́дывать <сложи́ть>, <по>ста́вить; *fig.* снима́ть <снять>; *Pers.* смеща́ть <-ести́ть>; *Herrscher* низлага́ть <-ложи́ть>; *Ware* прода́(ва́)ть; *Termin* отменя́ть <-ни́ть>; ***von der Steuer ~*** вы́честь из су́ммы нало́га; ***sich ~*** *fig. Pers.* скры́(ва́)ться; отрыва́ться <оторва́ться>
Absetzung *f* смеще́ние *n*, сня́тие *n*; низложе́ние *n*

Absicht *f* наме́рение *n*; ***die ~ haben*** намерева́ться
ab'sichtlich (пред)наме́ренный, умы́шленный
Absichtserklärung *f* заявле́ние *n* о наме́рениях
abso'lut абсолю́тный
Absoluti'on *f*: ***~ erteilen*** да(ва́)ть отпуще́ние грехо́в
Absol'vent(in *f*) *m* выпускни́к (-и́ца *f*)
absol'vieren *v/t Schule, Lehre* (успе́шно) ока́нчивать <око́нчить>; *Pensum* выполня́ть <вы́полнить>
ab'sonderlich стра́нный
absondern отделя́ть <-ли́ть>; *Bio.* выделя́ть <вы́делить>; ***sich ~*** уединя́ться <-ни́ться>
Absonderung *f* отделе́ние *n*; выделе́ние *n*
absor'bieren абсорби́ровать (*im*)*pf.*, (*a. fig.*) поглоща́ть <-лоти́ть>
Absorpti'on *f* абсо́рбция
abspeisen *fig.* отде́л(ыв)аться (***j-n mit*** от кого́-либо Т)
abspenstig F: ***j-m ~ machen*** отби́(ва́)ть у кого́-либо
absperren запира́ть <-пере́ть>; *Gas, Wasser* отключа́ть <-чи́ть>
Absperr|hahn *m* запо́рный кран; **~kette** *f* оцепле́ние *n*
Absperrung *f konkr.* загражде́ние *n*; (*Posten*) кордо́н *m*
abspielen *Platte* прои́грывать <-ра́ть>; *Ball* переда́(ва́)ть; ***sich ~*** происходи́ть <-изойти́>, разы́грываться <-гра́ться>
Absprache *f* сго́вор *m*
absprechen (*vereinbaren*) догова́риваться <-вори́ться>; *das Recht* отка́зывать <-за́ть> (в П)
abspringen соска́кивать <соскочи́ть>, спры́гивать <-гнуть> (***von*** с Р); ***mit dem Fallschirm ~*** выбра́сываться <вы́броситься> с парашю́том
Absprung *m* соско́к; *mit dem Fallschirm* прыжо́к (вниз, с парашю́том)
ab|spülen спола́скивать <-лосну́ть>; **~stammen** происходи́ть <-изойти́> (***von*** от Р)
Abstammung *f* происхожде́ние *n*
Abstammungslehre *f* уче́ние *n* о происхожде́нии ви́дов
Abstand *m* диста́нция *f*, расстоя́ние *n*; (*zeitl.*) промежу́ток; ***~ halten*** держа́ть диста́нцию; ***mit ~*** намно́го
ab|statten *Besuch* <с>де́лать, наноси́ть <-нести́>; *Dank* выража́ть <вы́разить>; **~stauben** *v/t* стира́ть <стере́ть> пыль (с Р); **~stechen** *v/t Tier* <за>коло́ть
Abstecher *m* экску́рсия; ***e-n ~ machen nach*** (попу́тно) зае́хать в (В)
ab|stecken *Bauplatz* разби́(ва́)ть, размеча́ть <-ме́тить>; *Kleid* нака́лывать <-коло́ть>; **~stehen** *v/i* отстоя́ть
abstehend: ***~e Ohren*** оттопы́ренные у́ши *n/pl.*
ab|steigen сходи́ть <сойти́>; спуска́ться <-сти́ться> (***von*** с Р); (*einkehren*) остана́вливаться <-нови́ться>; **~steigend** нисходя́щий; **~stellen** <по>ста́вить в сто́рону; *Last* опуска́ть <-сти́ть>; *Auto* <по>ста́вить на (дли́тельную) стоя́нку; *Wecker, Radio* выключа́ть <вы́ключить>; *Missstand* устраня́ть <-ни́ть>
Abstell|gleis *n* запасно́й путь *m*; **~raum** *m* чула́н
ab|stempeln <за>штемпелева́ть; **~sterben** отмира́ть <-мере́ть>; *Glieder*: <о>неме́ть, <о>мертве́ть
Abstieg *m* спуск; (*Weg*) сход; *fig.* упа́док, сниже́ние *n*; *Sp.* перехо́д/перево́д в ни́зшую ли́гу; ***sozialer ~*** социа́льная деграда́ция *f*
abstimmen *v/t* (*aufeinander*) согласо́вывать <-сова́ть>; *Radio* настра́ивать <-стро́ить>; *v/i* голосова́ть; (***über***) проголосова́ть *pf.* (В)
Abstimmung *f* голосова́ние *n* (***über*** о П); *Rdf.* настро́йка
Abstimmungsergebnis *n* результа́т *m* голосова́ния
Absti'nenz *f* воздержа́ние *n*, абстине́нция; **~ler(in** *f*) *m* тре́звенник (-ица *f*)
Abstoß *m Sp.* уда́р от воро́т
abstoßen отта́лкивать <-толкну́ть>; *Ware* сбы(ва́)ть (по ни́зким

це́нам); *Aktien* прода́(ва́)ть; *v/i* отча́ли(ва)ть; **~d** отта́лкивающий
abstra'hieren абстраги́ровать *(im)pf.*
ab'strakt абстра́ктный
abstreiten *v/t* отрица́ть
Abstrich *m Med.* мазо́к; *fig.* ***~e machen*** сокраща́ть <-ати́ть>
abstufen дифференци́ровать; *Farben* оттеня́ть <-ни́ть>
Abstufung *f* града́ция; (*Farben*) отте́нок *m*
abstumpfen *v/t* (*a. fig.*) притупля́ть <-пи́ть>; *v/i* <о>тупе́ть
Absturz *m* паде́ние *n*; *Flgw.* возду́шная катастро́фа *f*; *EDV* авари́йный отка́з
ab|stürzen па́дать <упа́сть>, срыва́ться <сорва́ться> (***von*** с Р); *Flugzeug*: разби́(ва́)ться; **~stützen** подпира́ть <-пере́ть>; <за>крепи́ть сто́йками; **~suchen** обы́скивать <-ска́ть> (***nach*** в по́исках Р)
ab'surd абсу́рдный
Absurdi'tät *f* абсу́рдность *f*, неле́пость *f*
Ab'szess *m* нары́в, абсце́сс
ab|tasten ощу́п(ыв)ать; **~tauen** *v/i u. v/t* отта́ивать <-та́ять>
Ab|'tei *f* абба́тство *n*; **~'teil** *n Esb.* купе́
abteilen отделя́ть <-ли́ть>; *Worte* <раз>дели́ть
Ab'teilung *f* отделе́ние *n*, отде́л *m*; (*e-r Fabrik*) цех *m*; (*Gruppe*) отря́д *m*; *Mil. a.* подразделе́ние *n*
Ab'teilungsleiter(in *f*) *m* заве́дующий (-щая *f*) отде́лом, нача́льник (-ица *f*) отде́ла
ab|töten умерщвля́ть <-ртви́ть>; **~tragen** *Hügel* сры(ва́)ть; *Bauwerk* сноси́ть <снести́>; *Kleidung* из-, с-на́шивать <-носи́ть>
abträglich: ***~ sein*** <по>вреди́ть
Abtransport *m* вы́воз
abtreiben *v/i Mar.* сноси́ться ве́тром/тече́нием; *v/t* ***ein Kind ~*** <с>де́лать або́рт
Abtreibung *f* або́рт *m*
abtrennen отделя́ть <-ли́ть>; *Genähtes* отпа́рывать <-поро́ть>
abtreten *v/t* ста́птывать <стопта́ть>; ***sich die Füße ~*** вытира́ть <вы́тереть> но́ги; (***an***) уступа́ть <-пи́ть> (Д); *Amt* переда́(ва́)ть (Д); *v/i* уходи́ть <уйти́> (***von*** с Р)
Abtretung *f* усту́пка
abtrocknen вытира́ть <вы́тереть> (на́сухо; *a.* ***sich*** -ся)
abtrünnig измени́вший (Д); ***~ werden*** изменя́ть <-ни́ть> (Д)
Abtrünnige(r) изме́нник (-ица *f*)
ab|tupfen осуша́ть <-ши́ть> (ва́ткой); **~urteilen** осужда́ть <осуди́ть>; **~verlangen** тре́бовать (***j-m*** у, от кого́-либо); **~wägen** взве́шивать <-ве́сить>
abwälzen *fig.* сва́ливать <-ли́ть>; ***von sich ~*** снять с себя́
abwandeln изменя́ть <-ни́ть>
Abwanderung *f* переселе́ние *n*, мигра́ция
abwarten <подо>жда́ть (Р, В); *Unwetter* переж(и)да́ть; *Gelegenheit* выжида́ть <вы́ждать> (В); **~d** выжида́тельный
abwärts вниз (по Д)
Abwasch *m* гря́зная посу́да *f*; мытьё *n* посу́ды
abwaschbar отмыва́ющийся; *Tapete*: влагосто́йкий
abwaschen от-, с-мы(ва́)ть; *Geschirr* <вы́-, пере->мы́ть посу́ду
Abwaschwasser *n* помо́и *pl.*
Abwasser *n* сто́чные во́ды *f/pl.*; **~reinigung** *f* очи́стка сто́чных вод
abwechseln: ***sich/einander ~*** чередова́ться (друг с дру́гом); **~d** переме́нный
Abwechslung *f* переме́на; чередова́ние *n*; разнообра́зие *n*; ***zur ~*** для разнообра́зия
abwechslungsreich разнообра́зный; ***~ gestalten*** разнообра́зить
Abweg *m*: ***auf ~e geraten*** сби(ва́)ться с пра́вильного пути́
abwegig ло́жный
Abwehr *f* (*e-s Angriffs*) отраже́ние *n*; (*Luftabwehr*) оборо́на; (*Schutz*, *a. Sp.*) защи́та
abwehren *Angriff* отража́ть <-рази́ть>; *Schlag* отби́(ва́)ть; *Unglück* отвраща́ть <-рати́ть>
Abwehrspieler *m* игро́к защи́ты
abweichen[1] *v/t* отма́чивать <-мочи́ть>; *v/i* отмока́ть <-мо́кнуть>
abweichen[2] *v/i* отклоня́ться <-ни́-

ться> (***von*** от P); (*v. d. Regel*) отступа́ть <-пи́ть> (от P); **~d** отлича́ющийся, ино́й
Abweichung *f* отклоне́ние *n*; отступле́ние *n*; расхожде́ние *n*; *Pol.* укло́н *m*
abweisen отклоня́ть <-ни́ть>; отка́зывать <-за́ть>; **~d** отрица́тельный
abwenden: ***sich ~*** отвора́чиваться <-верну́ться> (***von*** от P); *Blick, Gefahr* отводи́ть <-вести́>
ab|werben перема́нивать <-ни́ть>; **~werfen** сбра́сывать <-ро́сить>; *Gewinn* приноси́ть <-нести́>; **~werten** умаля́ть <-ли́ть>; *Geld* девальви́ровать
Abwertung *f* девальва́ция
abwesend отсу́тствующий; (*zerstreut*) рассе́янный; ***~ sein*** отсу́тствовать
Abwesenheit *f* отсу́тствие *n*
ab|wickeln разма́тывать <-мота́ть>; *Geschäft* выполня́ть <вы́полнить>; *Betrieb* ликвиди́ровать (*im*)*pf.*; **~wiegen** раз-, от-ве́шивать <-ве́сить>; **~wischen** *Staub* стира́ть <стере́ть>; *Gesicht, Schweiß* обтира́ть <-тере́ть>; *Tränen* утира́ть <утере́ть>
Abwurf *m* сбра́сывание *n*; *Sp.* бросо́к от воро́т
ab|würgen <за>души́ть (*a. fig.*); F *Motor* заглуши́ть *pf.*; **~zahlen** выпла́чивать <вы́платить> в рассро́чку; **~zählen** пересчи́тывать <-ита́ть>
Abzahlung *f* платёж *m* /вы́плата по частя́м; ***auf ~*** в рассро́чку
abzapfen *Blut* брать <взять>
Abzeichen *n* (нагру́дный) знак *m*, значо́к *m*
abzeichnen срисо́вывать <-ова́ть>; *Akte* подпи́сывать <-са́ть> (инициа́лами); ***sich ~*** вырисо́вываться <-ова́ться> (***gegen*** на фо́не P); *fig.* намеча́ться <-ме́титься>
Abziehbild *n* переводна́я карти́нка *f*
abziehen *v/t* снима́ть <снять> (***von*** с P); *Fell* <со>дра́ть; *Truppen* отводи́ть <-вести́>; *Math.* вычита́ть <вы́честь> (***von*** из P); (*v. Lohn*) уде́рживать <-жа́ть>; *v/i* уходи́ть <уйти́> *Gewitter*: проходи́ть <пройти́>; *Rauch*: уходи́ть *pf.*
Abzug *m* отхо́д; (*an Waffen*) спуск; (*v. Lohn*) вы́чет; *von Truppen* отступле́ние *n*; *Fot.* ко́пия *f*
abzüglich за вы́четом
Abzugs|graben *m* (водо)отво́дная кана́ва; **~rohr** *n* вытяжна́я труба́ *f*
Abzweig *m* ответвле́ние *n*
abzweigen *v/i* (*a.* ***sich***) ответвля́ться <-ви́ться>; *v/t Mittel* выделя́ть <вы́делить>
Abzweigung *f* ответвле́ние *n*; ветвь *f*
ach ах!, эх!; ***~ so!*** во́т как!; ***~ wo!*** нисколько!
Achse *f* ось *f*; F ***auf ~ sein*** разъезжа́ть
Achsel *f* плечо́ *n*; (*Armhöhle*) подмы́шка; ***die ~n zucken*** пожима́ть <-жа́ть> плеча́ми; **~höhle** *f* подмы́шечная впа́дина
acht во́семь; *koll.* (*a.* ***zu ~***) во́сьмеро; ***in ~ Tagen*** за/че́рез неде́лю; ***vor ~ Tagen*** неде́лю наза́д
Acht[1] *f* (ци́фра) во́семь, восьмёрка
Acht[2] *f*: ***außer ~ lassen*** упуска́ть <-сти́ть> и́з виду; ***sich in ~ nehmen vor*** остерега́ться (P); ***~ geben*** (***auf***) (*aufpassen*) присма́тривать, <при>смотре́ть (за T); ***gib ~!*** береги́сь!
achtbar почте́нный
achte восьмо́й; ***am ~n April*** восьмо́го апре́ля; ***heute ist der ~ März*** сего́дня восьмо́е ма́рта
achtel: ***drei ~*** три восьмы́х
Achtel *n* восьма́я (часть) *f*
achten *v/t* уважа́ть; *v/i* обраща́ть <-ати́ть> внима́ние *n* (***auf*** на B)
ächten объявля́ть <-ви́ть> вне зако́на
achtens в-восьмы́х
Achter *m Boot* восьмёрка *f*; **~bahn** *f* ру́сские го́ры *f/pl.*
achtfach восьмикра́тный
acht|hundert восемьсо́т; **~jährig** восьмиле́тний
acht|los не обраща́я внима́ния; **~sam** внима́тельный; осторо́жный, бе́режный
achtseitig восьмисторо́нний

Achtstundentag *m* восьмичасово́й рабо́чий день
achttägig восьмидне́вный
Achtung *f* внима́ние *n*; (*Ehrerbietung*) почте́ние *n*, уваже́ние *n* (**vor** к Д); *Mil.* **~!** сми́рно!; ***alle ~*** здо́рово
achtzehn восемна́дцать
achtzig во́семьдесят; **~jährig** восьмидесятиле́тний
ächzen о́хать, кряхте́ть
Acker *m* па́шня *f*; (*Feld*) по́ле *n*; (*Maß*) акр; **~bau** *m* земледе́лие *n*; **~land** *n* па́хотная земля́ *f*
Adamsapfel *m* ада́мово я́блоко *n*, кады́к
A'dapter *m* ада́птер, перехо́дное устро́йство *n*
ad'dieren слага́ть <сложи́ть>; сумми́ровать
Additi'on *f* сложе́ние *n*; сумми́рование *n*
a'de проща́й(те)
Adel *m* дворя́нство *n*; *fig.* благоро́дство *n*
adeln *fig.* облагора́живать <-ро́дить>
Ader *f Med.* кровено́сный сосу́д *m*; *Geol.* жи́ла ; *fig.* жи́лка; **~lass** *m* кровопуска́ние *n*
Adjektiv *n* (и́мя) прилага́тельное *n*
adjek'tivisch в значе́нии прилага́тельного
Adler *m* орёл; **~blick** *m* орли́ный взгляд
adlig дворя́нский; *fig* благоро́дный
Administrati'on *f* администра́ция
administra'tiv администрати́вный
Admi'ral *m* адмира́л; **~i'tät** *f* адмиралте́йство *n*
adop'tieren усыновля́ть <-ви́ть>, *Mädchen* удочеря́ть <-ри́ть>
Adopti'on *f* усыновле́ние *n*, удочере́ние *n*
Adop'tiv|eltern *pl.* приёмные роди́тели; **~kind** *n* приёмыш *m*
Adres'sat *m* адреса́т
A'dresse *f* а́дрес *m*
adres'sieren адресова́ть (*im*)*pf.* (**an** Д)
a'drett наря́дный
A-Dur *n* ля *n* мажо́р
Ad'vent *m* Адве́нт
Ad'verb *n* наре́чие
adverbi'al употребля́емый как наре́чие
Adverbi'alpartizip *n* деепричáстие
Ae'robic *n* аэро́бика *f*
aerody'namisch аэродинами́ческий
Af'färe *f* сканда́л *m*; ***sich aus der ~ ziehen*** вы́йти из положе́ния
Affe *m* обезья́на *f*
Af'fekt *m* аффе́кт; **~handlung** *f* де́йствие *n* в состоя́нии аффе́кта
affek'tiert аффекти́рованный
Af'ghan|e *m* (**~in** *f*) афга́нец (-нка *f*)
af'ghanisch афга́нский
Afri'kaner(in *f*) *m* африка́нец (-нка *f*)
afri'kanisch африка́нский
After *m* за́дний прохо́д
A'gent *m* аге́нт
Agen'tur *f* аге́нтство *n*
Aggre'gat *n* агрега́т; **~zustand** *m* агрега́тное состоя́ние *n*
Aggressi'on *f* агре́ссия
aggres'siv агресси́вный
Ag'gressor *m* агре́ссор
a'gieren поступа́ть <-пи́ть>, де́йствовать; *Thea.* игра́ть
Agitati'on *f* агита́ция
agita'torisch агитацио́нный
agi'tieren агити́ровать
Ago'nie *f* аго́ния
A'grar|land *n* агра́рная страна́ *f*
~politik *f* агра́рная поли́тика
Ägypter(in *f*) *m* египтя́нин (-я́нка *f*)
ägyptisch еги́петский
Ahle *f* ши́ло *n*
Ahne *m* пре́док
ahnden кара́ть
ähneln походи́ть, быть похо́жим (на В)
ahnen предчу́вствовать; (*vermuten*) дога́дываться (о П)
ähnlich похо́жий (**mit** на В); (*mst nicht v. Pers.*) схо́дный, подо́бный (Д); ***das sieht ihm ~*** э́то на него́ похо́же
Ähnlichkeit *f* схо́дство *n*, подо́бие *n*
Ahnung *f* предчу́вствие *n*; ***keine (blasse) ~ haben*** не име́ть (ни мале́йшего) поня́тия (**von** о П)
ahnungslos не име́ющий поня́тия
Ahorn *m* клён
Ähre *f* ко́лос *m*
Aids *n* СПИД *m*; **~kranke(r)** боль-

но́й (-на́я) СПИДом; **~test** *m* обсле́дование *n*/ана́лиз на СПИД
Airbag *m Kfz.* поду́шка *f* безопа́сности
Akade'mie *f* акаде́мия; **~mitglied** *n* акаде́мик (*a. f*) *m*
Akademiker(in *f*) *m* челове́к (же́нщина) с вы́сшим образова́нием
akademisch академи́ческий; ***~er Grad*** *m* учёная сте́пень *f*
akklimati'sieren: ***sich ~*** акклиматизи́роваться (*im*)*pf.*
Ak'kord *m Mus.* акко́рд; ***im ~ arbeiten*** рабо́тать сде́льно; **~arbeit** *f* акко́рдная рабо́та
Ak'kordeon *n* аккордео́н *m*
Ak'kordlohn *m* акко́рдная за́работная пла́та *f*
Akku(mu'lator) *m* аккумуля́тор
Akkusativ *m* вини́тельный паде́ж
Akri'bie *f* (педанти́чная) то́чность *f*
Akro'bat(in *f*) *m* акроба́т(ка *f*)
Akt *m* акт; *Thea. a.* де́йствие *n*; (*Kunst*) обнажённая нату́ра *f*; ***festlicher ~*** торже́ственная церемо́ния *f*
Akte *f* акт *m*, докуме́нт *m*; де́ло *n*; ***zu den ~n legen*** *fig.* списа́ть в архи́в
Akten|deckel *m* па́пка *f* (для дел); **~mappe** *f* портфе́ль *m*; **~notiz** *f* за́пись *f* в де́ле; **~ordner** *m* регистра́тор; **~tasche** *f* портфе́ль *m*; **~zeichen** *n* но́мер *m* де́ла
Aktie *f* а́кция
Aktien|gesellschaft *f* акционе́рное о́бщество *n*; **~markt** *m* ры́нок а́кций; (*Börse*) фо́ндовая би́ржа *f*
Akti'on *f* де́йствие *n*; (*diplomatische*) а́кция; ***konzertierte ~*** согласо́ванные де́йствия *n/pl.*
Aktio'när *m* акционе́р
ak'tiv акти́вный; *Pers. a.* де́ятельный; *Mil. Dienst*: действи́тельный
Aktiv *n Gr.* действи́тельный зало́г *m*
aktivieren активизи́ровать (*im*)*pf.*
Aktivität *f* акти́вность *f*; (*Tätigkeit*) де́ятельность *f*
Aktuali'tät *f* актуа́льность *f*
aktuell актуа́льный
Akupunk'tur *f* акупункту́ра, иглоука́лывание *n*
Akustik *f* аку́стика
akustisch акусти́ческий
a'kut *Med.* о́стрый (*a. Frage*); *Gefahr*: непосре́дственный
Ak'zent *m* акце́нт (*a. fig.*)
akzentu'ieren акценти́ровать (*im*)*pf.*
akzep|'tabel прие́млемый (***für*** для P); **~'tieren** принима́ть <-ня́ть>
A'larm *m* (***blinder*** ло́жная) трево́га *f*; **~bereitschaft** *f Mil.* боева́я гото́вность *f*
alar'mieren поднима́ть <-ня́ть> по трево́ге; *fig.* <вс>трево́жить; **~d** трево́жный
A'larmsignal *n* сигна́л *m* трево́ги
Al'baner(in *f*) *m* алба́нец (-нка *f*)
al'banisch алба́нский
albern дура́шливый
Albernheit *f* дура́шливость *f*
Albtraum *m* → ***Alptraum***
Album *n* альбо́м *m*
Alge *f* во́доросль *f*
Algebra *f* а́лгебра
alge'braisch алгебраи́ческий
Al'gerier(in *f*) *m* алжи́рец (-рка *f*)
al'gerisch алжи́рский
Alibi *n* а́либи
Alkohol *m* алкого́ль *m*
alkohol|frei безалкого́льный; **~haltig** содержа́щий алкого́ль
Alko'holiker(in *f*) *m* алкого́лик (-и́чка *f*)
alko'holisch алкого́льный; *Getränk*: спиртно́й
Alkohol|missbrauch *m* злоупотребле́ние *n* алкого́лем; **~vergiftung** *f* алкого́льное отравле́ние *n*
all весь *m*; ***~ das*** всё э́то; **~e** все; ***für uns ~e*** для всех нас; ***vor ~em*** пре́жде всего́; ***~e drei Stunden*** ка́ждые три часа́
All *n* вселе́нная *f*
alle *Adv.* F: ***~ sein*** ко́нчиться *pf.*, вы́йти *pf.*; ***das Geld ist ~*** де́ньги (все) вы́шли
alle'dem: ***bei ~*** при всём том; кро́ме всего́ про́чего; ***trotz ~*** несмотря́ на всё э́то
Al'lee *f* алле́я
allegorisch аллегори́ческий
al'lein *Adj. präd.* оди́н; (*selbst*) сам; ***ganz ~*** совсе́м оди́н; *Kj.* но, одна́ко; ***~ stehend*** одино́кий

Al'leingang *m fig.* самочи́нство *n*; ***im ~*** в одино́чку
Al'leinherrschaft *f* единовла́стие *n*; *hist.* (*Russland*) самодержа́вие *n*
al'leinig еди́(нствен)ный
Al'leinsein *n* одино́чество
alle'mal: ***ein für ~*** раз (и) навсегда́
allenfalls ра́зве (то́лько)
allenthalben везде́
allerbeste са́мый лу́чший, наилу́чший; ***am ~n*** лу́чше всего́
allerdings коне́чно, пра́вда
Aller'gie *f* аллерги́я
al'lergisch аллерги́ческий; ***er ist ~ gegen Staub*** пыль вызыва́ет у него́ аллерги́ческую реа́кцию, у него́ аллерги́я на пыль
aller'hand *unv.* вся́кий, всевозмо́жный; F ***das ist ja ~!*** вот э́то здо́рово!
Aller'heiligen(**fest**) *n* Пра́здник *m* Всех святы́х
allerlei *unv.* вся́кий, вся́кого ро́да
Allerlei *n* вся́кое, вся́кая вся́чина *f*
aller|letzte са́мый после́дний; **~liebst** са́мый люби́мый; **~seits** (*für alle*) всем
alles всё; ***das ist ~*** э́то всё; ***~ in allem*** всё вме́сте взя́тое
allesamt все вме́сте
Alles|fresser *m* всея́дное живо́тное *n*; **~kleber** *m* универса́льный клей
allezeit всегда́, всё вре́мя
allge'mein (все)о́бщий; ***im Allgemeinen*** в о́бщем; ***~ gültig*** общепри́нятый; ***~ verständlich*** общепоня́тный
Allge'mein|befinden *n* о́бщее самочу́вствие; **~bildung** *f* о́бщее образова́ние *n*; **~gut** *n* (все)о́бщее достоя́ние; **~heit** *f* обще́ственность *f*
Allge'meinmedizin *f* о́бщая медици́на; ***Facharzt für ~*** врач *m* о́бщего про́филя
Allheilmittel *n* универса́льное сре́дство
Alli'anz *f* сою́з *m*, алья́нс *m*
Alli'ierte(**r**) сою́зник (-ица *f*)
alljährlich ежего́дный
Allmacht *f* всемогу́щество *n*
all|mächtig всемогу́щий; **~'mählich** постепе́нный; **~monatlich** ежеме́сячный
Allradantrieb *m* приво́д на все колёса
allseitig всесторо́нний
Alltag *m* бу́дний день, бу́дни *pl.*
alltäglich повседне́вный; (*gewöhnlich*) обы́денный
Allüren *pl.* пова́дки *f/pl.*, мане́ры *f/pl.*
allwissend всеве́дущий
allzu сли́шком, чересчу́р; ***~ viel*** *Adv.* сли́шком мно́го
Alm *f* го́рный/альпи́йский луг *m*
Almosen *n* ми́лостыня *f*
Alpenveilchen *n* цикла́мен *m*
Alpha'bet *n* алфави́т *m*, а́збука *f*
alpha|'betisch алфави́тный; **~nu'merisch** алфави́тно-цифрово́й
al'pin альпи́йский
Alpi'nist(**in** *f*) *m* альпини́ст(ка *f*)
Alptraum *m* кошма́р
als *Kj.* когда́; (*nach Komp.*) чем *oder mit G*: ***älter ~ ich*** ста́рше меня́; (*in der Eigenschaft*) в ка́честве (P), как (*a. durch I*): ***~ Vertreter*** как представи́тель, в ка́честве представи́теля; ***~ Erster kommen*** прийти́ пе́рвым; ***nichts ~ Ärger*** одни́ (то́лько) неприя́тности; ***kein anderer ~*** никто́ ино́й как; ***~ ob*** бу́дто (бы); **~'bald** вско́ре, то́тчас; **~'dann** зате́м
also ита́к; (*folglich*) зна́чит; ***~ doch!*** всё-таки!; ***na ~!*** ну вот (ви́дишь)!
alt ста́рый; (*vorig*) пре́жний; (*vergangen*) да́вний; (*hinfällig*) дря́хлый; (*baufällig*) ве́тхий; (*altertümlich*) дре́вний; ***~ werden*** <по>старе́ть; ***in ~en Zeiten*** в старину́; ***wie ~ bist du?*** ско́лько тебе́ лет?; ***ich bin 20 Jahre ~*** мне два́дцать лет; ***beim Alten bleiben*** оста́(ва́)ться по-пре́жнему
Al'tar *m* алта́рь *m*
altbacken чёрствый
Altbau *m* дом ста́рой постро́йки
altbekannt и́здавна изве́стный
Alte[1] *f* стару́ха
Alte[2] *m* стари́к
alteingesessen коренно́й; ***~e Bevölkerung*** *f* старожи́лы *m/pl.*
Altenwohnheim *n* дом *m* престаре́лых
Alter *n* во́зраст *m*; (*Greisenalter*) ста́рость *f*; ***im ~ von 10 Jahren*** в

во́зрасте десяти́ лет; ***er ist in meinem ~*** мы с ним рове́сники
älter ста́рший, бо́лее ста́рый; (*nicht mehr jung*) пожило́й; ***er ist fünf Jahre ~ als ich*** он ста́рше меня́ на пять лет
altern <по>старе́ть, <со>ста́риться
Alternative *f* альтернати́ва (***zu*** Д)
alters: ***seit ~, von ~ her*** искони́, и́здавна
Alters|erscheinung *f* при́знак *m* ста́рости; **~genosse** *m* рове́сник, све́рстник; **~genossin** *f* рове́сница, све́рстница; **~grenze** *f* возрастна́я грани́ца; **~heim** *n* дом *m* престаре́лых; **~rente** *f* пе́нсия по ста́рости
altersschwach дря́хлый
Alters|schwäche *f* ста́рческая сла́бость *f*, дря́хлость *f*; **~unterschied** *m* ра́зница *f* в во́зрасте; **~versorgung** *f* обеспече́ние *n* по ста́рости
Altertum *n* дре́вность *f*, старина́ *f*
altertümlich стари́нный
älteste са́мый ста́рый, старе́йший; ста́рше всех
althergebracht старода́вний
altklug у́мный не по года́м
ältlich пожило́й
Altmetall *n* металли́ческий лом *m*
altmodisch старомо́дный
Alt|öl *n* отрабо́танное ма́сло; **~papier** *n* макулату́ра *f*; **~stadt** *f* ста́рая часть *f* го́рода
Alufolie *f* алюми́ниевая фо́льга
Alu'minium *n* алюми́ний *m*
Ama'teur(in *f*) *m* люби́тель(ница *f*)
ambu'lant *Hdl.* вразно́с; *Med.* амбулато́рный
Ambu'lanz *f* амбулато́рия
Ameise *f* мураве́й *m*
Ameisenhaufen *m* мураве́йник
Amen *n* ами́нь *m*
Ameri'kaner(in *f*) *m* америка́нец (-нка *f*)
ameri'kanisch америка́нский
Amme *f* корми́лица
Amne'stie *f* амни́стия
Ampel *f Verkehr* светофо́р *m*
Am'pere *n* ампе́р *m*
Am'pulle *f* а́мпула
ampu'tieren ампути́ровать (*im*)*pf.*
Amsel *f Zool.* чёрный дрозд *m*
Amt *n* до́лжность *f*; (*Behörde*) учрежде́ние, ве́домство; *Fmw.* (телефо́нная) ста́нция
am'tieren исполня́ть обя́занности (***als*** Р)
amtlich официа́льный
Amts|antritt *m* вступле́ние *n* в до́лжность; **~blatt** *n* ве́домственный бюллете́нь *m*; **~eid** *m* служе́бная прися́га *f*; **~gericht** *n* суд *m* пе́рвой инста́нции; **~handlung** *f* официа́льный акт *m*; **~missbrauch** *m* злоупотре́бление *n* служе́бным положе́нием; **~person** *f* до́лжностное лицо́ *n*; **~sitz** *m* (официа́льная) резиде́нция *f*; **~vorsteher** *m* нача́льник учрежде́ния
amü'sant заба́вный
amü'sieren забавля́ть; ***sich ~*** развлека́ться <-ле́чься>
an[1] *Prp.* **1.** *mit D* (wo?) (*bei*) у (Р); (*neben*) о́коло, во́зле; (*auf*) на (П); (*an ... entlang*) по (Д); ***am Ende*** в конце́; ***~ Bord*** на борту́; ***~ deiner Stelle*** на твоём ме́сте; **2.** *mit A* (*wohin?*) к (Д); (*auf*) на (В); ***bis ~*** до (са́мого) ...; **3.** (*wann?*) (*A od. D, weder zeitl. noch örtl.*) ***~ ... erkranken*** заболе́ть (Т); ***reich ~ ...*** бога́тый (Т); ***es liegt ~ dir*** э́то зави́сит от тебя́; ***arbeiten ~*** рабо́тать над (Т); ***~ sich halten*** сде́рживать <-жа́ть> себя́; ***~ (und für) sich*** само́ по себе́
an[2] *Adv.*: ***von heute ~*** с сего́дняшнего дня; ***von nun ~*** отны́не
ana'log аналоги́чный
Analphabet(in *f*) *m* негра́мотный (-ная *f*)
Ana'lyse *f* ана́лиз *m*
analy'sieren анализи́ровать (*im*)*pf.*
ana'lytisch аналити́ческий
Anämie *f* анеми́я
Ananas *f* анана́с *m*
Anar'chie *f* ана́рхия
Anato'mie *f* анато́мия
ana'tomisch анатоми́ческий
anbahnen завя́зывать <-за́ть>; класть <положи́ть> нача́ло (Д); ***sich ~*** *Freundschaft* завя́зываться <-за́ться>; *Entwicklung* намеча́ться <-ме́титься>
anbändeln F *v/i* (***mit***) заи́грывать (с Т)

Anbau *m Agr.* возде́лывание *n*; *Arch.* пристро́йка *f*
anbauen возде́лывать; *Arch.* пристра́ивать <-тро́ить> (***an*** к Д)
Anbau|fläche *f* посевна́я пло́щадь *f*; **~möbel** *n/pl.* секцио́нная ме́бель *f*
anbehalten *v/t* не снима́ть (Р)
an'bei при э́том, при сём
an|beißen *v/t* надку́сывать <-си́ть>; *v/i* клева́ть <клю́нуть>; **~beten** поклоня́ться <-ни́ться> (Д); *fig.* обожа́ть
Anbetracht: ***in ~*** ввиду́ (Р)
anbiedern: ***sich ~*** прима́з(ы-в)аться (***bei*** к Д)
anbieten *v/t* предлага́ть <-ложи́ть>; *Essen a.* угоща́ть <угости́ть> (Т); ***sich ~*** *Pers.*: вызыва́ться <вы́зваться> (*Inf.*); *Gedanke*: напра́шиваться
anbinden *v/t* привя́зывать <-за́ть> (***an*** к Д)
Anblick *m* вид; ***beim ~*** при ви́де (Р)
anblicken *v/t* <по>смотре́ть (на В)
an|braten обжа́ри(ва)ть; **~brechen** надла́мывать <-ломи́ть>; *Vorrat* нач(ин)а́ть; *v/i* наст(ав)а́ть, наступа́ть <-пи́ть>; **~brennen** *v/i* загора́ться <-ре́ться>; *Speise*: пригора́ть <-ре́ть>; **~bringen** прикрепля́ть <- пи́ть>, приде́л(ыв)ать (***an*** к Д); *Bitte, Beschwerde* под(ав)а́ть
Anbruch *m* нача́ло *n*, наступле́ние *n*; ***vor ~ des Tages*** до рассве́та, пе́ред рассве́том; ***bei ~ der Nacht*** с наступле́нием но́чи
anbrüllen *v/t* ора́ть (на В)
Andacht *f* благогове́ние *n*; (*Gebet*) моли́тва
andächtig благогове́йный
andauern продолжа́ться, дли́ться; **~d** F постоя́нный
Andenken *n* па́мять *f*; сувени́р *m*, пода́рок *m* (на па́мять); ***zum ~ an et.*** в па́мять о чём-либо
andere|r друго́й; ***das ist etwas ganz ~s*** э́то совсе́м друго́е де́ло; ***einer nach dem ~n*** оди́н за други́м; ***eins zum ~n*** одно́ к одному́; ***nichts ~s als*** ничто́ ино́е, как; ***unter ~m*** ме́жду про́чим; ***mit ~n Worten*** други́ми слова́ми
andererseits с друго́й стороны́
andermal: ***ein ~*** в друго́й раз
ändern изменя́ть <-ни́ть>; *Kleidung* переде́л(ыв)ать; ***sich ~*** изменя́ться <-ни́ться>
andernfalls в проти́вном слу́чае
anders ина́че; ***niemand ~ als*** никто́ ино́й, как; ***jemand ~*** кто́-то друго́й; **~wo** в друго́м ме́сте
anderthalb полтора́
Änderung *f* измене́ние *n*; (*von Gesetzen*) попра́вка; (*am Kleid*) переде́лка
andeuten да(ва́)ть поня́ть
Andeutung *f* намёк *m*
andeutungsweise намёками
andichten припи́сывать <-писа́ть> (***j-m*** кому́-либо В)
Andrang *m* (*Zustrom*) наплы́в; (*von Blut*) прили́в
androhen <при>грози́ть (***j-m*** кому́-либо Т)
Androhung *f* угро́за
andrücken приж(им)а́ть (***an*** к Д)
aneignen: ***sich ~*** усва́ивать <усво́ить>; *Kenntnisse* приобрета́ть <-ести́>; (*widerrechtlich*) присва́ивать <-сво́ить> (себе́); (*gewaltsam*) захва́тывать <-ти́ть>
Aneignung *f* усвое́ние *n*; присвое́ние *n*; захва́т *m*
anein'ander (*sich gewöhnen*) друг к дру́гу; (*denken*) друг о дру́ге
Anek'dote *f* анекдо́т *m*
anekeln *v/t* внуша́ть <-ши́ть> отвраще́ние *n* (Д); ***das ekelt mich an*** меня́ тошни́т от э́того
anerkannt (обще)при́знанный
anerkenn|en призна́(ва́)ть (***als*** за В); (*schätzen*) уважа́ть; **~end** похва́льный; **~enswert** досто́йный призна́ния
Anerkennung *f* призна́ние *n*; (*lobende*) одобре́ние *n*
anfahren *v/t* при-, подвози́ть <-везти́>; (*rammen*) наезжа́ть <-е́хать> (на В); *v/i* тро́гаться <тро́нуться> (с ме́ста)
Anfall *m* припа́док, при́ступ
anfallen *v/t* напада́ть <-па́сть> (на В); *v/i* получа́ться (***als*** в ка́честве Р)
anfällig восприи́мчивый (***für*** к Д)
Anfälligkeit *f* восприи́мчивость *f*

Anfang *m* нача́ло; ***am ~*** в нача́ле; ***von ~ an*** с (са́мого) нача́ла; ***den ~ machen*** нач(ин)а́ть
anfangen *v/t* нач(ин)а́ть; принима́ться <-ня́ться>; ***was soll ich damit ~?*** что мне с э́тим де́лать?; ***nichts anzufangen wissen mit*** не знать, что <с>де́лать с (Т)
Anfänger(in *f*) *m* начина́ющий (-щая *f*); (*Neuling*) новичо́к *m*
anfangs *Adv.* снача́ла, внача́ле
Anfangsbuchstabe *m* нача́льная бу́ква *f*; ***großer ~*** загла́вная бу́ква
Anfangsstadium *n* нача́льная ста́дия *f*
an|fassen *v/t* тро́гать (В), дотра́гиваться <-ро́нуться> (до Р); **~fechten** оспа́ривать <-по́рить>; *Jur. a.* обжа́ловать *pf.*; **~fertigen** изготовля́ть <-то́вить>; *Liste* составля́ть <-та́вить>; **~feuchten** увлажня́ть <-ни́ть>; **~flehen** моли́ть, умоля́ть (***um*** о П)
Anflug *m* прилёт; ***im ~ sein*** прилета́ть
anfordern затре́бовать *pf.*, запра́шивать <-роси́ть>
Anforderung *f* тре́бование *n*, зая́вка; ***den ~en genügen*** отвеча́ть тре́бованиям
Anfrage *f* запро́с *m* (***an*** Д)
anfragen (***bei***) запра́шивать <-проси́ть> (В)
anfreunden: *sich ~* <с-, по>дружи́ться
an|fügen добавля́ть <-ба́вить>; **~führen** *v/t* возглавля́ть; *Gründe* приводи́ть <-вести́>; (*necken*) разы́грывать <-ра́ть>
Anführer(in *f*) *m* предводи́тель(ница *f*) *m*; (*Boss*) вожа́к
Anführungszeichen *n/pl.*: ***in ~ setzen*** брать <взять> в кавы́чки
Angabe *f* указа́ние *n*; *Jur.*, *Tech.* показа́ние *n*; *Sp.* пода́ча; F (*Prahlerei*) хвастовство́ *n*; *pl.* да́нные *n/pl.*
angeben *v/t* ука́зывать <-за́ть>; (*nennen*) наз(ы)ва́ть; *v/i Sp.* пода́(ва́)ть; (*prahlen*) хваста́ться (***mit*** Т)
Angeber(in *f*) *m* хвасту́н(ья *f*)
an|geblich мни́мый; **~geboren** врождённый, приро́дный
Angebot *n* предложе́ние *n*
angebracht уме́стный; ***es wäre ~*** сле́довало бы
angeheitert подвы́пивший; *präd.* навеселе́
angehen *v/t* (*betreffen*) каса́ться (Р); ***was mich angeht*** что каса́ется меня́; *v/i Licht*: загора́ться <-ре́ться>
angehören принадлежа́ть (*D* к Д); быть чле́ном (***e-r Partei*** па́ртии)
Angehörige(r) ро́дственник (-ица *f*); *pl. a.* родны́е, бли́зкие *n*
Angeklagte(r) подсуди́мый (-мая *f*)
Angel *f* у́дочка; (*e-r Tür*) пе́тля
Angelegenheit *f* де́ло *n*; ***in welcher ~?*** по како́му де́лу?
ange|lehnt *Tür*: непло́тно закры́тый; **~lernt** *Arbeiter*: сре́дней квалифика́ции
Angelhaken *m* рыболо́вный крючо́к
angeln *v/i* уди́ть
Angel|punkt *m fig.* основно́й пункт; **~rute** *f* уди́лище *n*
ange|messen соотве́тствующий; подоба́ющий; **~nehm** прия́тный
angenommen: *~, dass ...* (пред)поло́жим, что ...
ange|sehen ви́дный, авторите́тный; **~sichts** (*G*) ввиду́ (Р); пе́ред лицо́м (Р); **~spannt** напряжённый
Angestellte(r) слу́жащий (-щая *f*)
angetrunken подвы́пивший; ***im ~en Zustand*** в нетре́звом состоя́нии
angewandt *Kunst*: прикладно́й
angewiesen: *~ sein auf* зави́сеть от (Р)
angewöhnen приуча́ть <-чи́ть> (***j-m*** кого́ к Д); ***sich ~*** привыка́ть <-вы́кнуть> (к Д *od. Inf*)
Angewohnheit *f* привы́чка
Angina *f* анги́на
angleichen приводи́ть <-вести́> в соотве́тствие (с Т)
Angler(in *f*) *m* уди́льщик (-ица *f*)
angliedern присоединя́ть <-ни́ть> (*D* к Д)
Angliederung *f* присоедине́ние *n*
angreifen *v/t Sp.*, *Mil.* напада́ть <-па́сть> (на В), атакова́ть (*im*)*pf.*; (*vorrücken*) наступа́ть; ***angegriffen werden von*** *fig.* подверга́ться напа́дкам со стороны́ (Р)

Angreifer *m* нападáющий, атакýющий; агрéссор
angrenzen (***an***) прилегáть, грани́чить (с Т); **~d** смéжный
Angriff *m* нападéние *n*, атáка *f*; *Mil. a.* наступлéние *n*; ***in ~ nehmen*** брáться <взя́ться> (за В)
Angriffskrieg *m* наступáтельная войнá *f*
angriffslustig агресси́вный
Angst *f* страх *m* (***vor*** Р, пéред Т); ***vor ~*** со стрáху; ***~ haben*** боя́ться, страши́ться (Р)
Angsthase *m* трус(и́ха *f*)
ängstigen: ***sich ~*** боя́ться
ängstlich боязли́вый
angurten: ***sich ~*** пристёгиваться <-егнýться>
anhaben быть одéтым в (В); ***sie konnten ihm nichts ~*** они́ ни в чём не могли́ егó обвини́ть
anhalten *v/t* останáвливать <-нови́ть>, задéрживать <-жáть>; *Atem* затаи́ть *pf.*; *v/i* останáвливаться <-нови́ться>; (*dauern*) продолжáться <-óлжиться>
anhaltend дли́тельный; *Regen*: затяжнóй
Anhalter F *m*: ***per ~ fahren*** éхать на попýтках
Anhaltspunkt *m fig.* основáние *n*
Anhang *m* дополнéние *n* (***zu*** к Д)
Anhängerkupplung *f* сцепнóе устрóйство *n*
anhängen *v/t* прицепля́ть <-цепи́ть> (***an*** к Д); навéшивать <-вéсить> (***an*** на В)
Anhänger *m Kfz.* прицéп; (*Schmuck*) брелóк; *Pers.* (*a.* **~in** *f*) сторóнник (-ица *f*); *Sp.* болéльщик (-ица *f*)
anhänglich привя́зчивый; (*zugetan*) привя́занный
Anhängsel *n fig.* придáток *m*
anhäufen накáпливать <-копи́ть> (***sich*** -ся)
Anhäufung *f* накоплéние *n*, скоплéние *n*
an|heben *v/t* приподнимáть <-ня́ть>; *Lohn* повышáть <-вы́сить>; **~heften** прикрепля́ть <-пи́ть>; (*annähen*) примётывать <-метáть>
Anhieb *m*: F ***auf ~*** с пéрвого рáза
Anhöhe *f* возвы́шенность *f*
anhören слýшать; *Musik* прослýш(ив)ать, выслýшивать <вы́слушать>; *Rede* заслýш(ив)ать
Anhörung *f* слýшание *n*; заслýшивание *n*
animieren настрáивать <-рóить> (***zu*** на В)
ankämpfen: ***~ gegen*** борóться с (Т)
ankaufen покупáть <купи́ть>, закупáть <-пи́ть>
Anker *m* я́корь *m* (*a. El.*); ***vor ~ gehen*** стать на я́корь; ***vor ~ liegen*** стоя́ть на я́коре
ankern станови́ться на я́корь; (*Anker werfen*) бросáть <брóсить> я́корь
anketten сажáть <посади́ть> нá цепь
Anklage *f* обвинéние *n*; ***~ erheben gegen*** предъяви́ть обвинéние прóтив (Р); **~bank** *f* скамья́ подсуди́мых
anklagen обвиня́ть <-ни́ть>
Ankläger(in *f*) *m* обвини́тель(-ница *f*)
anklammern прикрепля́ть <-пи́ть> скобóй (***an*** к Д)
Anklang *m*: ***~ finden*** находи́ть <найти́> óтклик (***bei*** у Р)
ankleben *v/t* (***an***) прилепля́ть <-пи́ть>, приклéи(ва)ть (к Д); *Plakate* расклéи(ва)ть
Ankleidekabine *f* раздевáлка
an|klopfen <по>стучáться (***an die Tür*** в дверь); **~knipsen** включáть <-чи́ть>; **~knüpfen** *v/t* привя́зывать <-зáть>; *Gespräch* заводи́ть <-вести́>
ankommen прибы́(вá)ть, приходи́ть <прийти́>; (*fahrend a.*) приезжáть <-éхать>; ***~ auf*** зави́сеть от (Р); ***es kommt darauf an, dass ...*** дéло (заключáется) в том, чтó(бы) ...; ***es kommt nicht auf ... an*** за (Т) дéло не стáнет
an|koppeln *v/t* прицепля́ть <-пи́ть> (***an*** к Д); *Raumobjekt* состыковáть(ся *v/i*) *pf.*; **~kündigen** объявля́ть <-ви́ть>; *Besuch* извещáть <-сти́ть>
Ankunft *f* прибы́тие *n*; прихóд *m*; (*mit Fahrzeug*) приéзд *m*

anlächeln улыба́ться <-бну́ться> (Д)
Anlage *f* (*Einrichtung*) устро́йство *n*, сооруже́ние *n*; *Tech.* устано́вка; (*von Geld*) вложе́ние *n*; (*Plan*) план *m*; **~n** *f/Pl* па́рки и сады́
Anlage|berater *m* консульта́нт по вложе́нию капита́ла; **~beratung** *f* консульта́ция по вложе́нию капита́ла; **~kapital** *n* основно́й капита́л *m*
Anlass *m* по́вод (***zu*** к Д); (*Gelegenheit*) слу́чай; ***aus*** **~** по слу́чаю (Р); ***ohne jeden*** **~** без вся́кой причи́ны
anlassen *Motor* запуска́ть <-сти́ть>, заводи́ть <-вести́>; F *Licht* не выключа́ть <вы́ключить> (Р); *Mantel* не снима́ть <снять> (Р)
Anlasser *m* ста́ртер
anlässlich по по́воду
Anlauf *m* разбе́г; (*Beginn*) нача́ло *n*; ***mit*** **~** с разбе́га; **~** ***nehmen*** разбега́ться <-бежа́ться>
anlaufen разбега́ться <-бежа́ться>; (*beginnen*) нач(ин)а́ться; *Brille*: запоте́(ва́)ть; *v/t Hafen* заходи́ть <зайти́> (в В)
Anlegebrücke *f* при́стань *f*
anlegen *v/t* прикла́дывать <приложи́ть> (***an*** к Д); *Verband* накла́дывать <наложи́ть>; *Kapital* вкла́дывать <вложи́ть>; *Garten* разби́(ва́)ть; *Weg* прокла́дывать <проложи́ть>; ***e-n strengen Maßstab*** **~** ***an*** предъяви́ть высо́кие тре́бования к (Д); *v/i Gewehr* <при>це́литься; *Schiff* прича́ли(ва)ть
anlehnen прислоня́ть <-ни́ть>, опира́ть <опере́ть>; *Tür* притворя́ть <-ри́ть>; ***sich*** **~** прислоня́ться <-ни́ться>
Anleihe *f* заём *m*
anleiten проинструкти́ровать (*im*)*pf.*
Anleitung *f* руково́дство *n*, инстру́кция (о П)
an|lernen обуча́ть <-чи́ть> (***als*** Д); **~liefern** доставля́ть <-та́вить>; **~liegen** прилега́ть (***an*** к Д)
Anliegen *n* (*Bitte*) про́сьба *f*; (*Wunsch*) жела́ние
an|locken прима́нивать <-ни́ть>; **~lügen** *v/t* говори́ть <сказа́ть> непра́вду (Д); **~machen** F (*befestigen*) прикрепля́ть <-пи́ть>; *Feuer* разводи́ть <-вести́>; (*zubereiten*) заправля́ть <-пра́вить>; *Licht* включа́ть <-чи́ть>
anmaßen: ***sich*** **~** присва́ивать <-сво́ить> себе́
anmaßend надме́нный
Anmaßung *f* надме́нность *f*
Anmeldeformular *n* бланк заявле́ния (для пропи́ски)
anmelden запи́сывать <-са́ть>; *Besucher* докла́дывать <доложи́ть> (о П); (*polizeilich*) пропи́сывать <-са́ть>; ***sich*** **~** (*beim Arzt*) запи́сываться <-иса́ться>
Anmeldung *f* регистра́ция; зая́вка (на В, о П); за́пись *f* (к Д, на В); пропи́ска
anmerken помеча́ть <-ме́тить>; (*kennzeichnen*) отмеча́ть <-ме́тить>; (*bemerken*) замеча́ть <-ме́тить>; ***man merkt es ihm an, dass ...*** по его́ лицу́ ви́дно, что ...; ***sich nichts*** **~** ***lassen*** не пока́з(ыв)а́ть ви́ду
Anmerkung *f* примеча́ние *n*; заме́тка
Anmut *f* пре́лесть *f*; (*der Bewegung*) гра́ция
anmutig пре́лестный; грацио́зный
an|nageln приби́(ва́)ть гвоздя́ми; **~nähen** приши́(ва́)ть (***an*** к Д)
annähernd приблизи́тельно; ***nicht*** **~** далеко́ не
Annäherung *f* приближе́ние *n*; *fig.* сближе́ние *n*
Annäherungsversuch *m* попы́тка *f* сближе́ния
Annahme *f* приня́тие *n*, приём; (*Vermutung*) предположе́ние *n*; ***in der*** **~** полага́я
An'nalen *f/pl.* ле́топись *f*, анна́лы *pl.*
annehmbar прие́млемый (***für*** для Р)
annehmen принима́ть <-ня́ть>; *Gewohnheit* усва́ивать <усво́ить>; (*vermuten*) предполага́ть <-ложи́ть>
Annehmlichkeiten *f/pl.* удо́бства *n/pl.*
annek'tieren аннекси́ровать (*im*)*pf.*

An'nonce *f* объявле́ние *n*
annon'cieren объявля́ть <-ви́ть>
annul'lieren аннули́ровать (*im*)*pf.*
A'node *f* ано́д *m*
ano'nym анони́мный
Anonymi'tät *f* анони́мность *f*
Anorak *m* ано́рак
anordnen располага́ть <-ложи́ть>; (*vorschreiben*) предпи́сывать <-писа́ть>; (*verfügen*) распоряжа́ться <-ряди́ться>, прика́з(ыв)ать
Anordnung *f* расположе́ние *n*; распоряже́ние *n*, приказа́ние *n*
anorganisch неоргани́ческий
anpacken хвата́ть <схвати́ть>; *fig.* бра́ться <взя́ться> (за В)
anpassen *Teile* пригоня́ть <-гна́ть>; ***sich*** **~** приспоса́бливаться <-со́биться>
Anpassung *f* приго́нка; приспособле́ние *n*
anpassungsfähig уме́ющий приспоса́бливаться
Anpfiff *m* свисто́к к нача́лу (игры́)
an|pflanzen сажа́ть <посади́ть>; **~pöbeln** *v/t* груби́ть (Д)
Anprall *m* уда́р
anprallen ударя́ться <уда́риться> (***gegen*** о В)
anprangern: *j-n* ~ *als* заклейми́ть кого́-либо как (В)
anpreisen превозноси́ть <-нести́>
Anprobe *f* приме́рка; **~kabine** *f* приме́рочная
an|probieren примеря́ть <-ме́рить>; **~raten** <по>сове́товать; **~rechnen** зачи́тывать <-че́сть> (***auf*** в В); *Punkt, Zeit* засчи́тывать <-чита́ть> (***auf*** в В)
Anrecht *n* пра́во (***auf*** на В)
Anrede *f* обраще́ние *n* (***an*** к Д)
an|reden *v/t* обраща́ться <-рати́ться> (к Д), загова́ривать <-говори́ть> (с Т); **~regen** *Appetit* возбужда́ть <-буди́ть>; стимули́ровать (*im*)*pf.*; **~regend** возбужда́ющий, стимули́рующий; *Lektüre*: занима́тельный
Anregung *f* побужде́ние *n*; ***auf* ~ *von*** по предложе́нию (Р)
anreichern обогаща́ть <-гати́ть>
Anreise *f* прие́зд *m*
Anreiz *m* сти́мул
anrichten приготовля́ть <-гото́вить>; *Schaden* причиня́ть <-ни́ть>; *Unheil* натвори́ть *pf.*
anrüchig сомни́тельный
Anruf *m* (телефо́нный) звоно́к; **~beantworter** *m* (телефо́нный) автоотве́тчик
anrufen <по>звони́ть (Д)
anrühren тро́гать, затра́гивать <-тро́нуть>; (*zubereiten*) заме́шивать <-еси́ть>; *Farben* разводи́ть <-вести́>
Ansage *f* сообще́ние *n*, объявле́ние *n*
ansagen *v/t* объявля́ть <-ви́ть>
Ansager(in *f*) *m Rdf.* ди́ктор(ша F *f*)
ansammeln: *sich* ~ нака́пливать <-копи́ть>
Ansammlung *f* накопле́ние *n*; *Pers.* скопле́ние *n*
ansässig (постоя́нно) живу́щий, прожива́ющий
Ansatz *m* (*Beginn*) появле́ние *n*; (*Versuch*) попы́тка *f* (***zu*** Р); **~punkt** *m* исхо́дная то́чка *f*
anschaffen приобрета́ть <-брести́>; ***sich*** **~** (*sich versorgen*) обзаводи́ться <-вести́сь> (Т)
Anschaffung *f* приобрете́ние *n*
anschau|en <по>смотре́ть; **~lich** нагля́дный
Anschauung *f* взгляд *m*; ***aus eigener* ~** по со́бственному о́пыту
Anschein *m* (вне́шний) вид; ***allem* ~ *nach*** по-ви́димому, по всей ви́димости
anscheinend по-ви́димому, ка́жется
Anschlag *m Mus.* уда́р, туше́ *n*; *Tech.* упо́р; (*Plakat*) афи́ша *f*, плака́т; (*Attentat*) посяга́тельство *n*, покуше́ние *n* (***auf das Leben*** на жизнь)
anschlagen *v/t* приби́(ва́)ть; *Plakat* прикрепля́ть <-пи́ть>; *Bekanntmachung* выве́шивать <вы́весить>; *Mus. Tasten* ударя́ть <уда́рить>; *v/i Hund*: заля́ять *pf.*; *Arznei*: <по>де́йствовать
Anschlagsäule *f* афи́шный столб *m*
anschließen *v/t Fahrrad* привя́зывать <-за́ть> це́пью с замко́м; *El.* подключа́ть <-чи́ть> (***an*** к Д);

sich ~ присоединя́ться <-ни́ться>; **~d** (по)сле́дующий; *präd.* зате́м

Anschluss *m* присоедине́ние *n*; *Gerät* подключе́ние *n*; *El.* включе́ние *n*; *Fmw.* связь *f*; ***k-n ~ bekommen*** *Fmw.* не мочь дозвони́ться; *Esb.* ***guten ~ haben*** име́ть удо́бную переса́дку; ***~ suchen*** иска́ть знако́мств; ***im ~ an*** вслед за (Т)

anschmiegen: ***sich ~ an*** приж(им)а́ться к (Д)

anschnallen пристёгивать <-стегну́ть>; ***bitte ~!*** пристегни́те ремни́!; ***sich ~*** пристегну́ть реме́нь

Anschnallgurt *m* привязно́й реме́нь *m*

an|schneiden *Brot* отреза́ть <-ре́зать> пе́рвый кусо́к; *Frage* затра́гивать <-тро́нуть>; **~-schrauben** приви́нчивать <-винти́ть> (***an*** к Д); **~schreiben** запи́сывать <-са́ть>; **~schreien** *v/t* <на>крича́ть (на В)

Anschrift *f* а́дрес *m*

Anschuldigung *f* обвине́ние *n*

an|schwärzen F *fig.* <о>черни́ть; **~schweißen** прива́ривать <-ри́ть>

anschwellen *Med.* опуха́ть, <о>пу́хнуть; *Lärm*: уси́ли(ва)ться; ***der Fluss schwillt an*** воды́ в реке́ прибыва́ет

an|schwemmen наноси́ть <-нести́> (тече́нием); **~schwindeln** F обма́нывать <-ну́ть>

ansehen *v/t* <по>смотре́ть, осма́тривать <-мотре́ть>; ***~ als*** счита́ть <счесть> (Т), принима́ть <-ня́ть> за (В); ***sieh mal an!*** смотри́-ка!

Ansehen *n* (*Achtung*) уваже́ние *n*, призна́ние *n*; ***~ genießen*** по́льзоваться авторите́том; ***ohne ~ der Person*** невзира́я на ли́ца

ansehnlich представи́тельный; *Betrag* значи́тельный

ansetzen *v/t* присоединя́ть <-ни́ть>; *Termin* назнача́ть <-на́чить>

Ansicht *f* вид *m*; (*Meinung*) взгляд *m*, мне́ние *n*; ***zur ~*** для просмо́тра; ***ich bin der ~, dass ...*** я того́ мне́ния, что ...

Ansichts|karte *f* видова́я откры́тка, откры́тка с ви́дом (***von*** Р); **~sache** *f* де́ло *n* вку́са

ansiedeln поселя́ть <-ли́ть> (***sich*** -ся)

Ansiedlung *f* поселе́ние *n*

Ansinnen *n* тре́бование

anspannen *Saite* натя́гивать <-тяну́ть>; *Kräfte, Muskeln* напряга́ть <-ря́чь>; *Pferd* запряга́ть <-ря́чь>

Anspannung *f* напряже́ние *n*

anspielen нач(ин)а́ть игру́; *fig.* намека́ть <-кну́ть> (***auf*** на В)

Anspielung *f* намёк *m*

anspitzen *Bleistift* <за>точи́ть

Ansporn *m* поощре́ние *n*

anspornen *fig.* поощря́ть <-ри́ть>

Ansprache *f* речь *f*, выступле́ние *n*; ***e-e ~ halten*** вы́ступить с ре́чью

ansprechen *v/t* (*sich wenden an*) обраща́ться <-ати́ться>; (*gefallen*) <по>нра́виться (Д); **~d** прия́тный, симпати́чный

anspringen *v/i Motor*: зарабо́тать *pf.*

Anspruch *m* прете́нзия *f*; ***~ erheben*** претендова́ть (***auf*** на В); ***in ~ nehmen*** *Zeit* занима́ть <-ня́ть>

anspruchs|los невзыска́тельный; **~voll** тре́бовательный

anstacheln подстрека́ть <-кну́ть> (***zu*** к Д)

Anstalt *f* учрежде́ние *n*, заведе́ние *n*

Anstand *m* прили́чие *n*; ***mit ~*** с досто́инством

anständig прили́чный; (*ehrbar*) поря́дочный

anstandslos без возраже́ний

an'statt вме́сто, взаме́н; *Kj.* ***~ dass, ~ zu*** вме́сто того́, что́бы

anstecken прика́лывать <-коло́ть>; *Ring* наде́(ва́)ть; *Haus* поджига́ть <-жечь>; *Feuer* зажига́ть <-же́чь>; *Zigarette* заку́ривать <-кури́ть>; *Med.* заража́ть <-рази́ть>; ***sich ~*** заража́ться <-ази́ться> (***von*** от Р); **~d** зара́зный; *fig.* зарази́тельный

Ansteckung *f Med.* зараже́ние *n*

Ansteckungsgefahr *f* опа́сность *f* зараже́ния

an|stehen *Pers.* стоя́ть в о́череди (***nach*** за Т); **~steigen** *Gelände*

поднима́ться <-ня́ться>; *Weg a.*: идти́ в го́ру
an'stelle (*G*, ***von***) вме́сто (Р)
anstellen *Pers.* нанима́ть <-ня́ть> (на рабо́ту), зачисля́ть <-чи́слить> на слу́жбу (***als*** в ка́честве Р); (*machen*) <с>де́лать; (*einschalten*) включа́ть <-чи́ть>; *Unfug* <на>твори́ть; ***sich*** ~ станови́ться <стать> в о́чередь (***nach*** за Т); ***sich dumm*** ~ поступа́ть <-пи́ть> глу́по
An|stellung *f* (*Stelle*) ме́сто *n*, до́лжность *f*; **~stieg** *m* подъём; *Erhöhung* повыше́ние *n*; (*der Preise*) рост
anstiften подстрека́ть <-кну́ть> (***zu*** к Д)
Anstiftung *f* подстрека́тельство *n*
anstimmen *Lied* запе́(ва́)ть
Anstoß *m Sp.* нача́льный толчо́к; уда́р; ~ ***erregen*** вызыва́ть возмуще́ние *n*; ***Stein des ~es*** ка́мень *m* преткнове́ния
anstoßen *v/t* толка́ть <-кну́ть>; *v/i* (***an***) ударя́ться <уда́риться> (о В); ***mit der Zunge*** ~ шепеля́вить; ***mit den Gläsern*** ~ чо́каться <-кнуться>; ***auf j-s Gesundheit*** ~ вы́пить за здоро́вье кого́-либо
an|stößig непристо́йный; **~strahlen** *v/t* освеща́ть <-вети́ть>; *fig.* смотре́ть сия́ющими глаза́ми (на В); **~streben** *v/t* стреми́ться (к Д); **~streichen** <по>кра́сить, окра́шивать <-ра́сить>; *Fehler* отмеча́ть <-ме́тить>
Anstreicher *m* маля́р
anstrengen напряга́ть <-пря́чь>; (*ermüden*) утомля́ть <-ми́ть>; *Prozess* возбужда́ть <-буди́ть>; ***sich*** ~ напряга́ться <-пря́чься>, <по>стара́ться
anstrengend утоми́тельный
Anstrengung *f* напряже́ние *n*; ***alle ~en machen*** прилага́ть все стара́ния
Ansturm *m* (*Andrang*) на́тиск
antago'nistisch антагонисти́ческий
ant'arktisch антаркти́ческий
antasten *Thema*, *Ehre* затра́гивать <-ро́нуть>
Anteil *m* до́ля *f* (***an*** в П); *fig.* ~ ***nehmen an et.*** принима́ть <-ня́ть> уча́стие в чём-либо
anteilig соразме́рный до́ле уча́стия
Anteilnahme *f* уча́стие *n*
An'tenne *f* анте́нна
Antialko'holiker *m* непью́щий
antiautori'tär антиавторита́рный
Anti|babypille *f* противозача́точная пилю́ля; **~bi'otikum** *n* антибио́тик *m*
antifa'schistisch антифаши́стский
an'tik анти́чный
Antike *f* анти́чность *f*
Anti'quar *m* букини́ст
Antiquari'at *n* букинисти́ческий магази́н *m*
anti|'quarisch антиква́рный; *Buch*: букинисти́ческий; **~'quiert** устаре́лый
Antiqui'tät *f* антиква́рный предме́т *m*
Antiqui'tätenladen *m* антиква́рный магази́н
Antlitz *n* лик *m*, лицо́
Antrag *m* предложе́ние *n*; (*Gesuch*) заявле́ние *n*; ~ ***stellen*** внести́ предложе́ние, пода́ть заявле́ние
Antragsformular *n* бланк заявле́ния
Antragsteller(**in** *f*) *m* заяви́тель(ница *f*), а́втор предложе́ния
antreffen заста́(ва́)ть
an|treiben *v/t* погоня́ть; (*drängen*) подгоня́ть <подогна́ть>; *Tech.* приводи́ть <-вести́> в движе́ние *n*; *v/i Strandgut*: приноси́ть <-нести́> тече́нием; **~treten** *v/t Erbe*, *Amt* вступа́ть <-пи́ть> (в В); *Reise* отправля́ться <-пра́виться> (в В); *v/i Sp.* выступа́ть <вы́ступить> (***gegen*** про́тив Р); *Mil.* <вы́-, по>стро́иться (***in Linie*** в лине́йку)
Antrieb *m* побужде́ние *n*; (*äußerer Anlass*) сти́мул; *Tech.* приво́д; (*Triebwerk*) дви́гатель *m*; ***aus eigenem*** ~ по со́бственному почи́ну
Antritt *m* (*e-s Amtes*) вступле́ние *n*
Antritts|besuch *m* пе́рвый визи́т; **~rede** *f* речь *f* по слу́чаю вступле́ния (в до́лжность)
antun причиня́ть <-ни́ть> (***j-m*** кому́-либо В); ***Gewalt*** ~ примени́ть наси́лие; ***sich et.*** ~ наложи́ть на себя́ ру́ки

Antwort *f* отвéт *m*; (*fig.*) óтклик *m*
antworten отвечáть <-вéтить> (*a. fig.*); откликáться <-кли́кнуться>
anvertrauen *Geheimnis* доверя́ть <-вéрить>; ***sich j-m ~*** доверя́ться <-вéриться> комý-либо
Anwalt *m* адвокáт, защи́тник (*a. fig.*)
Anwältin *f* адвокáт(ша F), защи́тница
Anwärter(**in** *f*) *m* кандидáт(ка *f*)
anweisen (*beauftragen*) поручáть <-чи́ть>; (*anleiten*) <про>инструкти́ровать; *Geld* переводи́ть <-вести́>
Anweisung *f* укaзáние *n*; поручéние *n*; *Fin.* перевóд *m*; ***auf ~ des Arztes*** по укaзáнию врачá
anwendbar примени́мый
anwenden применя́ть <-ни́ть>; *Sorgfalt* прилагáть <-ложи́ть>
Anwendung *f* применéние *n*
anwesend присýтствующий; ***~ sein*** присýтствовать (***bei*** при П)
Anwesenheit *f* присýтствие *n*
Anwesenheitsliste *f* спи́сок *m* присýтствующих
Anzahl *f* числó *n*, коли́чество *n*
anzahlen <с>дéлать пéрвый взнос
Anzahlung *f* пéрвый взнос *m*, задáток *m*
anzapfen *Fass* поч(ин)áть; *Telefon* подключáться <-чи́ться> (к Д)
Anzeichen *n* при́знак *m*
Anzeige *f* объявлéние *n*; (*Meldung*) сообщéние *n*; *Jur.* заявлéние *n*; ***~ erstatten*** <с>дéлать заявлéние
anzeigen *v/t* объявля́ть <-ви́ть>; *Diebstahl* заявля́ть <-ви́ть>
anziehen *v/t Kleidung* надé(вá)ть (***j-m*** на В); (*Pers.*) одé(вá)ть; *Schuhe* обувáть <обýть>; (*heranziehen*) притя́гивать <-тянýть>; *fig.* привлекáть <-влéчь>; *Schraube* подтя́гивать <-тянýть>; *v/i Preise*: повышáться <-вы́ситься>; **~d** *fig.* привлекáтельный; интерéсный
Anziehungskraft *f* си́ла притяжéния; *fig.* привлекáтельность *f*
Anzug *m* костю́м; ***im ~ sein*** надвигáться
anzüglich двусмы́сленный
anzünden зажигáть <-жéчь>; *Zigarette* закýривать <-ри́ть>
Anzünder *m* зажигáлка *f*
anzweifeln стáвить под сомнéние
a'part интерéсный
A'partment *n* однокóмнатная (комфортáбельная) квarти́ра *f*
a'pathisch апати́чный
Apfel *m* я́блоко *n*; **~baum** *m* я́блоня *f*; **~kuchen** *m* пирóг с я́блоками; **~mus** *n* я́блочное пюрé; **~saft** *m* я́блочный сок; **~sine** *f* апельси́н *m*; **~wein** *m* я́блочное винó *n*, сидр
Apostel *m* апóстол; **~geschichte** *f* деяния *n/pl.* апóстолов
apos'tolisch апóстольский
Apo'stroph *m* апострóф
Apo'theke *f* аптéка
Apo'theker(**in** *f*) *m* фармацéвт (*a. f*)
Appa'rat *m* аппарáт
Ap'pell *m* при́зыв, обращéние *n*; (*Antreten*) линéйка *f*
appel'lieren обращáться <-рати́ться> (***an*** к Д)
Appe'tit *m* аппети́т; ***guten ~!*** прия́тного аппети́та!
appe'tit|anregend возбуждáющий аппети́т; **~lich** аппети́тный
applau'dieren аплоди́ровать
Ap'plaus *m* аплодисмéнты *m/pl.*
Apri'kose *f* абрикóс *m*
A'pril *m* aпрéль *m*; **~scherz** *m* первоапрéльская шýтка *f*; **~wetter** *n* перемéнчивая погóда *f*
Aqua'rell *n* акварéль *f*
A'quarium *n* аквáриум *m*
Ä'quator *m* эквáтор
Äquiva'lent *n* эквивалéнт *m*
Ära *f* э́ра, эпóха
Araber(**in** *f*) *m* арáб(ка *f*); (*Pferd*) арáбская лóшадь *f*
a'rabisch арáбский
Arbeit *f* рабóта; ***bei der ~*** за рабóтой; ***sich an die ~ machen*** приступи́ть к рабóте, приня́ться за рабóту; ***zur ~ gehen*** ходи́ть/идти́ на рабóту
arbeiten рабóтать, труди́ться (***an*** над Т; ***für*** за В)
Arbeiter *m* рабóтник; (*Lohnempfänger*) рабóчий; **~bewegung** *f* рабóчее движéние *n*; **~führer** *m* ли́дер (профсою́за); **~in** *f* рабóтница; **~partei** *f* рабóчая пáртия; **~schaft** *f* рабóчие *m/pl.*

Arbeitgeber(**in** *f*) *m* работодатель(ница *f*)
Arbeitnehmer(**in** *f*) *m* рабочий (-ая *f*); *Angestellte* служащий(-ая *f*)
arbeitsam трудолюбивый
Arbeits|amt *n* бюро по трудоустройству, биржа *f* труда; **~bedingungen** *f/pl.* условия *n/pl.* труда; **~beschaffungsmaßnahme** *f* мероприятие *n* по обеспечению работой (безработных), оплачиваемые общественные работы; **~erlaubnis** *f* разрешение *n* на занятие трудовой деятельностью
arbeitsfähig работоспособный, трудоспособный
Arbeits|gebiet *n* сфера *f* деятельности; **~gemeinschaft** *f* кружок *m*; **~gericht** *n* суд *m* по трудовым спорам
arbeitsintensiv трудоёмкий
Arbeits|kampf *m* стачечная борьба *f*; **~kleidung** *f* спецодежда; **~kraft** *f Pers.* работник *m*, рабочий *m*; *oft pl.* рабочая сила; **~leistung** *f* выработка, выполненная работа; **~lohn** *m* заработная плата *f*
arbeitslos безработный
Arbeitslose(**r**) безработный (-ная *f*)
Arbeitslosen|geld *n*, **~hilfe** *f* пособие *n* по безработице; **~versicherung** *f* страхование *n* на случай безработицы
Arbeitslosigkeit *f* безработица
Arbeits|markt *m* рынок труда; **~mittel** *n/pl.* средства *n/pl.* труда; **~moral** *f* отношение *n* к труду; **~niederlegung** *f* прекращение *n* работы; (*Streik*) забастовка; **~platz** *m* рабочее место *n*; **~produktivität** *f* производительность *f* труда; **~raum** *m* рабочее помещение *n*; **~recht** *n* трудовое право; **~schutz** *m* охрана *f* труда; **~stelle** *f* место *n* работы; **~tag** *m* рабочий день; **~teilung** *f* разделение *n* труда; **~unfall** *m* несчастный случай на производстве; **~vermittlung** *f* трудоустройство *n*; **~vertrag** *m* трудовой договор; **~weise** *f* метод *m* работы
Arbeitszeit *f* рабочее время *n*; **~verkürzung** *f* сокращение *n* рабочего времени
Arbeitszimmer *n* рабочая комната *f*, кабинет *m*
Archäolo'gie *f* археология
archäo'logisch археологический
Archi'tekt(**in** *f*) *m* архитектор (*a. f*)
Architek'tur *f* архитектура
Ar'chiv *n* архив *m*
A'rena *f* арена
Ärger *m* досада *f*; ***aus ~*** от досады, со зла (***über*** на В); ***~ haben*** иметь неприятности
ärgerlich сердитый; (*peinlich*) досадный; ***das ist ~*** это досадно
ärgern <рас>сердить, <разо>злить (***sich*** -ся)
Ärgernis *n* досада *f*; неприятности *f/pl.*
arglos простосердечный
Argwohn *m* подозрение *n*
argwöhnisch подозрительный
aristo'kratisch аристократический, аристократичный
Arith'metik *f* арифметика
arith'metisch арифметический
arktisch арктический
arm бедный, нищий
Arm *m* рука *f*; (*e-s Flusses*) рукав; ***~ in ~*** рука об руку; ***in die ~e nehmen*** заключить в объятия; ***unter dem ~*** под мышкой; *fig.* ***auf den ~ nehmen*** разыгрывать <-рать>
Arma'turenbrett *n* щиток *m* приборов
Armband *n* браслет *m*; **~uhr** *f* наручные часы *m/pl.*
Armbinde *f* (нарукавная) повязка
Ar'mee *f* армия (*a. fig.*)
Ärmel *m* рукав
ärmellos безрукавный, без рукавов; ***~e Jacke*** безрукавка
Ar'menier(**in** *f*) *m* армянин (-янка *f*)
ar'menisch армянский
Armlehne *f* подлокотник *m*
ärmlich убогий
armselig жалкий
Armvoll *m* охапка *f*
A'roma *n* аромат *m*
aro'matisch ароматический; (*duftend*) ароматный
Arrange'ment *n* расположение *n*; *Mus.* аранжировка *f*

arran'gieren *Fest* устра́ивать <устро́ить>; *Mus.* аранжи́ровать (*im*)*pf.*; ***sich ~*** догова́риваться <-вори́ться>
Ar'rest *m* аре́ст
arro'gant надме́нный, зано́счивый
Arro'ganz *f* надме́нность *f*, зано́счивость *f*
Art *f* род; *Bio.* вид; (*Weise*) спо́соб, мане́ра ; ***e-e ~ von*** не́что вро́де (P); ***auf diese ~*** таки́м о́бразом; ***nach ~ von*** наподо́бие (P); ***nach ~ des Hauses*** по со́бственному реце́пту; ***aus der ~ schlagen*** вы́родиться
Ar'terie *f* арте́рия
Ar'terienverkalkung *f* артериосклеро́з *m*
artig послу́шный
Ar'tikel *m* статья́ *f*; (*Ware*) предме́т; арти́кул; *Gr.* член, арти́кль *m*
Artille'rie *f* артилле́рия
Arti'schocke *f* артишо́к *m*
Ar'tist(in *f*) *m* цирково́й (-ва́я) арти́ст(ка *f*); арти́ст(ка *f*) эстра́ды
ar'tistisch цирково́й; эстра́дный; виртуо́зный
Arz'nei *f* лека́рство *n*; **~mittel** *n* лече́бное сре́дство
Arzt *m* врач
Arzthelferin *f* по́мощница врача́
Ärztin *f* (же́нщина-)врач
ärztlich враче́бный
As *n* → ***Ass***
As'best *m* асбе́ст
Asche *f* пе́пел *m*, зола́; (*e-s Toten*) прах *m*
Aschen|bahn *f* гарева́я доро́жка; **~becher** *m* пе́пельница *f*
Aschermittwoch *m* пе́рвая среда́ *f* Вели́кого поста́
äsen пасти́сь
Aserbai'dschaner(in *f*) *m* азербайджа́нец (-нка *f*)
aserbai'dschanisch азербайджа́нский
Asi'at(in *f*) *m* азиа́т(ка *f*)
asi'atisch азиа́тский
As'ke|se *f* аске́за; **~t** *m* аске́т
as'ketisch аскети́ческий
asozial асоциа́льный
As'pekt *m* аспе́кт; *Gr.* вид; ***unter diesem ~*** в э́том све́те
As'phalt *m* асфа́льт
asphal'tieren <за>асфальти́ровать (*im*)*pf.*
Aspi'rant(in *f*) *m* аспира́нт(ка *f*)
Ass *n* туз *m*; *fig.* ас *m*
assimi'lieren ассимили́ровать (*im*)*pf.*
Assis'tent|(in *f*) *m* ассисте́нт(ка *f*); ***medizinisch-technische ~in*** фе́льдшер-лабора́нтка *f*
assis'tieren ассисти́ровать
Ast *m* сук, *pl.* су́чья
Aster *f* а́стра
äs'thetisch эстети́ческий; (*schön*) эстети́чный
Asthma *n* а́стма *f*
asth'matisch астмати́ческий
Astro'log|e *m* (**~in** *f*) астро́лог (*a. f*)
Astro|lo'gie *f* астроло́гия; **~'naut(in** *f*) *m* астрона́вт (*a. f*); **~no'mie** *f* астроно́мия; **~'nom(in** *f*) *m* астроно́м (*a. f*)
astro'nomisch астрономи́ческий
A'syl *n* убе́жище
Asy'lant(in *f*) *m* просящий (-щая *f*) убе́жища
A'sylantrag *m*: ***e-n ~ stellen*** пода́(ва́)ть заявле́ние на предоставле́ние убе́жища
A'sylrecht *n* пра́во убе́жища
asymmetrisch асимметри́чный
Ate'lier *n* ателье́
Atem *m* дыха́ние *n*; ***~ holen*** перевести́ дух; ***außer ~ kommen*** запыха́ться
atemberaubend захва́тывающий дух
Atembeschwerden *f/pl.* затруднённое дыха́ние *n*
atemlos запыха́вшийся; (*lauschen*) зата́ив дыха́ние
Atem|not *f* уду́шье *n*; **~pause** *f fig.* переды́шка; **~übungen** *f/pl.* дыха́тельные упражне́ния *n/pl.*; **~zug** *m* вдох (и вы́дох), вздох
Athe'ismus *m* атеи́зм
athe'istisch атеисти́ческий
Äther *m* эфи́р
Ath'let(in *f*) *m* атле́т(ка *f*)
ath'letisch атлети́ческий
at'lantisch атланти́ческий
Atlas *m* а́тлас
atmen дыша́ть
Atmo'sphäre *f* атмосфе́ра
atmo'sphärisch атмосфе́рный

Atmung *f* дыхáние *n*
atmungsaktiv *Stoff*: воздухопроницáемый
A'tom *n* áтом
ato'mar áтомный
A'tom|bombe *f* áтомная бóмба; **~energie** *f* áтомная энéргия; **~kern** *m* áтомное ядрó *n*; **~kraftwerk** *n* áтомная электростáнция *f*; **~versuch** *m* испытáние *n* ядерного орýжия; **~waffe**(**n** *pl.*) *f* ядерное орýжие *n*
a'tomwaffenfrei: ***~e Zone*** *f* безáтомная зóна
At'tacke *f* атáка
Atten|'tat *n* покушéние *n*; **~'täter**(**in** *f*) *m* совершúвший (-шая *f*) покушéние
At'test *n* свидéтельство
Attrakti'on *f* (*Glanznummer*) аттракциóн *m*
attrak'tiv привлекáтельный
At'trappe *f* бутафóрия
Attri'but *n* атрибýт; *Gr.* определéние
ätzend éдкий (*a. fig.*)
Auber'gine *f* баклажáн *m*
auch тáкже, тóже; ***wenn ~*** хотя (бы) и; ***wie dem ~ sei*** как бы то нú было
Audi'enz *f* аудиéнция
audiovisuell аудиовизуáльный
Audi'torium *n* аудитóрия *f*
Auenwald *m* пóйменный лес
auf[1] *Prp.* на, в (*A, wohin?* В; *D, wo?* П), по (Д); (*A, zeitl. nacheinander*) за (Т); ***~ den Tisch*** на стол; ***~ dem Hof*** во дворé; ***~ der Straße*** на/по ýлице; ***~ der Welt*** на свéте; ***~ Russisch*** по-рýсски; ***~ beiden Seiten*** по óбе стóроны; ***~ dieser Seite*** по э́ту стóрону
auf[2] *Adv.*: ***~!*** встать!; ***~ und ab*** взад и вперёд; ***~sein*** не спать; (*offen sein*) быть открытым; *Laden*: рабóтать
Aufbau *m* строúтельство *n*, сооружéние *n*; *Ök., Pol.* создáние *n*; (*Struktur,Gliederung*) строéние *n*; *Arch.* надстрóйка *f*
aufbauen *v/t* <по>стрóить, сооружáть <-рудúть>; *Gerüst, Bude, Maschine* устанáвливать <-новúть>; *Existenz* создá(вá)ть; *v/i* оснóвываться, базúроваться (***auf*** на П)
aufbäumen: *sich ~* вста(вá)ть на дыбы́; *fig.* восставáть <-стáть>
aufbauschen *v/t fig.* раздувáть <-дýть>
aufbehalten не снимáть (Р); ***den Hut ~*** остáться в шля́пе
auf|bereiten обрабáтывать <-бóтать>; *Erz* обогащáть <-гатúть>; **~bessern** *Gehalt* повышáть <-вы́сить>; **~bewahren** хранúть; (*hüten*) сохраня́ть <-нúть>
Aufbewahrung *f* (со)хранéние *n*
auf|bieten *Brautpaar* оглашáть <-ласúть>; *Verstand, Kräfte* напрягáть <-ря́чь>; **~blasen** надý(вá)ть; **~bleiben** не (ложúться) спать; **~blenden** *v/i* включáть <-чúть> дáльний свет; **~blühen** *Blüte* распускáться <-стúться>, (*a. fig.*) расцветáть <-вестú>
aufbrausen (*vor Zorn*) вспылúть *pf.*; **~d** вспы́льчивый
auf|brechen *v/t Tür, Safe* взлáмывать <-ломáть>; (*zur Reise*) отправля́ться <-прáвиться> (***nach*** в В); **~bringen** (*beschaffen*) (раз)добывáть <-бы́ть>, достá(вá)ть; *Verständnis* проявля́ть <-вúть>
Aufbruch *m* ухóд, отъéзд; (*v. Gästen*) разъéзд
auf|brühen *Tee* завáривать <-рúть>; **~bürden** взвáливать <-лúть> (***j-m*** на когó-либо В); **~decken** *v/t* снимáть <снять> одея́ло (с Р); *Verbrechen* раскры́(вá)ть
aufdrängen навя́зывать <-зáть>; ***sich ~*** навя́зываться <-зáться>, напрáшиваться <-просúться>
auf|drehen *v/t* откры́(вá)ть; **~dringlich** навя́зчивый, назóйливый
aufein'ander друг на дрýге; ***~ folgen*** <по>слéдовать друг за дрýгом; ***~ legen*** класть <положúть> друг на дрýга; ***~ prallen*** стáлкиваться <столкнýться> друг с дрýгом; ***~ warten*** поджидáть друг дрýга
Aufenthalt *m* пребывáние *n*; ***ohne ~*** без останóвки
Aufenthalts|genehmigung *f* раз-

решéние *n* на проживáние, вид *m* на жи́тельство; **~raum** *m* кóмната *f* óтдыха
auferlegen (*D*) *Pflicht* возлагáть <-ложи́ть> (на В); *Strafe* налагáть <-ложи́ть> (на В)
Auferstehung *f* воскресéние *n*
auffahren *v/i* (*erschrecken*) вскáкивать <вскочи́ть> (***aus*** с, от Р); *Auto, Zug*: наезжáть <наéхать> (***auf*** на В)
Auffahrt *f* (*zur Autobahn*) въезд *m*
Auffahrunfall *m* наéзд
auffallen бросáться <брóситься> в глазá; ***mir ist aufgefallen*** я замéтил; **~d, auffällig** бросáющийся в глазá
auf|fangen *Ball* подхвáтывать <-ти́ть>; *Worte* улáвливать <уловúть>; **~fassen** понимáть <-ня́ть>
Auffassung *f* (*Deutung*) понимáние *n*
Auffassungsgabe *f* сообрази́тельность *f*
Auffassungssache *f*: ***das ist ~*** об э́том мóжно суди́ть по-рáзному
auf|finden находи́ть <найти́>, отыскáть *pf.*; **~flackern** засверкáть *pf.*, засвети́ться *pf.*, вспы́хивать <-хнуть> (*a. fig.*); **~fordern** приглашáть <-ласи́ть> (***zu*** на В, к Д)
Aufforderung *f* приглашéние *n*
auf|forsten засаждáть <-сади́ть> лéсом, облеси́ть *pf.*: **~frischen** *Kenntnisse* освежáть <-жи́ть>; *Erinnerungen* оживля́ть <-ви́ть>
aufführen *Drama* <по>стáвить; *Mus.* исполня́ть <-пóлнить>; ***sich ~*** вести́ себя́
Aufführung *f Thea.* представлéние *n*
Aufgabe *f* задáча, задáние *n*; (*Hausaufgabe*) урóк *m*; (*Schließung*) ликвидáция, закры́тие *n*; (*e-s Briefes*) сдáча; ***es sich zur ~ machen*** <по>стáвить себé задáчей
Aufgang *m Astr.* восхóд; (*Treppe*) лéстница *f*
aufgeben *v/t Aufgabe* задá(вá)ть; *Brief* отправля́ть <-рáвить>; *Inserat* да(вá)ть; *Rätsel* загáдывать <-дáть>; *Geschäft* закрывáть <-кры́ть>
Aufgebot *n* оглашéние вступáющих в брак
aufgedunsen *Gesicht*: обрю́зглый, одутловáтый
aufgehen *Astr.* восходи́ть <взойти́>; *Saat*: всходи́ть <взойти́>; (*sich öffnen*) откры́(вá)ться; *Tür*: растворя́ться <-ри́ться>; *Geschwür*: прор(ы)вáться; *Knoten*: развя́зываться <-зáться>; *Naht*: распáрываться <-порóться>; *Geknöpftes*: расстёгиваться <-стегнýться>; ***in Flammen ~*** сгорéть *pf.*
aufgeklärt просвещённый; *Jugend*: осведомлённый
aufgelegt располóженный (***zu*** к Д); ***ich bin nicht zum Scherzen ~*** мне не до шýток
aufgeregt взволнóванный
aufgeschlossen *fig.* общи́тельный; ***~ sein*** интересовáться (***für*** Т)
auf|gießen *Tee* завáривать <-ри́ть>; **~graben** раскáпывать <-копáть>; **~greifen** *Pers.* хватáть <схвати́ть>; *fig. Vorschlag* подхвáтывать <-ти́ть>
Aufguss *m* настóй, завáрка *f*; **~beutel** *m* бумáжный пакéтик
aufhaben *v/t Mütze* имéть на себé ; *Hausaufgabe* имéть задáние; ***wir haben für morgen nichts auf*** нам на зáвтра ничегó не зáдано; *v/i* ***das Geschäft hat noch auf*** магази́н ещё рабóтает
aufhalten задéрживать <-жáть>; (*geöffnet halten*) держáть откры́тым; *Sack, Hand* подставля́ть <-стáвить>; ***sich ~*** (*verweilen*) пребывáть, задержáться *pf.*
aufhängen вéшать <повéсить> (***an*** на В, П); *Wäsche* развéш(ив)ать
Aufhänger *m* вéшалка *f*
aufheben поднимáть <-ня́ть>; *Urteil* отменя́ть <-ни́ть>; *Strafe, Verbot* снимáть <снять>; *Sitzung* закры́(вá)ть; ***die Tafel ~*** встáть из-за столá
Aufheben *n*: ***viel ~s machen von*** поднимáть <-ня́ть> мнóго шýму из-за (Р)
Aufhebung *f* отмéна; сня́тие *n*; закры́тие *n*
aufheitern развеселя́ть <-ли́ть>;

sich ~ *Wetter*: проясня́ться <-ни́ться>
auf|hetzen натра́вливать <-рави́ть> (***gegen*** на В); **~holen** *v/t Zeit, Arbeit* навёрстывать <-верста́ть>; *v/i Sp.* сокраща́ть <-рати́ть> диста́нцию; **~hören** *v/i* переста́(ва́)ть, прекраща́ться <-рати́ться>; **~klaren** *v/i* проясня́ться <-ни́ться>
aufklären выясня́ть <вы́яснить> (***j-n über*** кому́-либо В); *Geheimnis* раскры́(ва́)ть; *Mil.* производи́ть <-вести́> разве́дку (Р); ***sich*** ~ выясня́ться <вы́ясниться>
Aufklärung *f* выясне́ние *n*; просвеще́ние *n*; *Mil.* разве́дка
Aufklärungsquote *f* раскрыва́емость *f*
aufkleben накле́и(ва)ть
Aufkleber *m* накле́йка *f*, ярлы́к
auf|knöpfen расстёгивать <-стегну́ть>; **~kommen** *v/i Gewitter*: надвига́ться <-ви́нуться>; *Nebel, Wind*: поднима́ться <-ня́ться>; (*entstehen*) возника́ть <-ни́кнуть>; (*Mode werden*) входи́ть <войти́> в мо́ду; (*für Schaden, Kosten*) возмеща́ть <-мести́ть>
aufkrempeln засу́чивать <-чи́ть>
Auflage *f Typ.* тира́ж *m*; (*Ausgabe*) изда́ние *n*; (*Verpflichtung*) обяза́тельство *n*
auf|lassen *Tür* оставля́ть <-та́вить> откры́тым; **~lauern** (*D*) подкарау́ли(ва)ть (В)
Auflauf *m* стече́ние *n* наро́да; *Kochk.* запека́нка *f*
auf|leben ожи́(ва́)ть, оживля́ться <-ви́ться>; **~legen** *v/t* накла́дывать <наложи́ть>; *Tischtuch* постила́ть <-стлать>; *Gedeck* пода́(ва́)ть; *Hörer* класть <положи́ть>; *Schallplatte* <по>ста́вить; *Buch* выпуска́ть <вы́пустить>
auflehnen: *fig.* ***sich*** ~ ***gegen*** восстава́ть <-ста́ть> про́тив (Р)
auflesen подбира́ть <подобра́ть>
auflösen развя́зывать <-вяза́ть>; *Haare*; *Versammlung* распуска́ть <-пусти́ть>; *Chem.* растворя́ть <-ри́ть> (***in*** в П); *Geschäft* ликвиди́ровать (*im*)*pf.*; *Klammern* раскры́(ва́)ть; ***sich*** ~ (*in Flüssigkeit*) растворя́ться <-ри́ться>; *Ansammlung*: расходи́ться <разойти́сь>; *Nebel*: рассе́иваться <-се́яться>
Auflösung *f* ликвида́ция; ро́спуск *m*
aufmachen (*öffnen*) откры́(ва́)ть; *Fenster, Tür* растворя́ть <-ри́ть>; *Behälter* вскры(ва́)ть; *Flasche* отку́пори(ва)ть; ***sich*** ~ соб(и)ра́ться в путь
Aufmachung *f* оформле́ние *n*; (*e-r Ware*) упако́вка
aufmerksam внима́тельный; *Pers., Blick* наблюда́тельный; ~ ***machen auf*** обрати́ть внима́ние на (В)
Aufmerksamkeit *f* внима́ние *n*; внима́тельность *f*
aufmuntern взба́дривать <-бодри́ть>
Aufnahme *f* приём *m*; (*Beginn*) нача́ло *n*; (*v. Beziehungen*) установле́ние *n*; *Fot.* съёмка *f*; (*Bild*) сни́мок *m*; (*Tonband*) за́пись *f*
Aufnahme|antrag *m* заявле́ние *n* о приёме; **~prüfung** *f* вступи́тельный/приёмный экза́мен *m*; **~studio** *n* съёмочный павильо́н *m*
aufnehmen поднима́ть <-ня́ть>; *Mitglied* принима́ть <-ня́ть>; (*einbeziehen*) включа́ть <-чи́ть>; (*beginnen*) нач(ин)а́ть, приступа́ть <-пи́ть> (к Д); *Protokoll* составля́ть <-а́вить>; *Ton, Video* запи́сывать <-са́ть>; *Fot.* снима́ть <снять>
aufpassen быть внима́тельным; (*vorsichtig sn*) быть осторо́жным
Aufprall *m* (*v. Fahrzeugen*) нае́зд
aufprallen наска́кивать <-скочи́ть>
Aufpreis *m* наце́нка *f*, надба́вка *f*
auf|pumpen нака́чивать <-ача́ть>; **~putschen** возбужда́ть <-буди́ть>, разжига́ть <-же́чь>
Aufputschmittel *n* стимуля́тор *m*, возбужда́ющее сре́дство
aufraffen: *fig.* ***sich*** ~ собира́ться <-бра́ться>
aufräumen уб(и)ра́ть; *Zimmer* приб(и)ра́ть
aufrecht прямо́й (*a. fig.*); **~erhalten** подде́рживать <-держа́ть>; *Ordnung* соблюда́ть <-блюсти́>
aufregen <вз>волнова́ть; ***sich*** ~

<вз>волнова́ться; **~d** волну́ющий; (*spannend*) захва́тывающий
Aufregung *f* волне́ние *n*, возбужде́ние *n*
aufreißen *v/t Brief, Packung* откры́(ва́)ть; *Tür* распа́хивать <-хну́ть>; *Augen* <вы́>тара́щить; *Straßenpflaster* разбира́ть <разобра́ть>; *v/i Naht*: <рас>поро́ться; *Wolkendecke*: <по>реде́ть
aufrichten поднима́ть <-ня́ть>; ***sich ~*** поднима́ться <-ня́ться>, выпрямля́ться <вы́прямиться>
aufrichtig и́скренний; (*Charakter*) открове́нный
Aufrichtigkeit *f* и́скренность *f*; открове́нность *f*
aufrollen развёртывать <-верну́ть>
Aufruf *m* призы́в; (*namentlich*) перекли́чка *f*
aufrufen приз(ы)ва́ть (***zu*** к Д); (*namentlich*) выклика́ть
Aufruhr *m* мяте́ж
Aufrührer(**in** *f*) *m* мяте́жник (-ица *f*), бунтовщи́к (-и́ца *f*)
aufrührerisch мяте́жный; *Reden*: бунтовско́й
auf|runden округля́ть <ли́ть>; **~rüsten** *v/t* вооружа́ть <-жи́ть>
Aufrüstung *f* вооруже́ние *n*
auf|rütteln растормоши́ть *pf.*; *fig.* расшеве́ливать <-ли́ть>; **~sagen** *v/t* <про>чита́ть наизу́сть; (*kündigen*) отка́зывать <-за́ть> (в П)
Aufsatz *m* (*Schulaufgabe*) сочине́ние *n*; (*Möbel*) на(д)ста́вка *f*
auf|saugen вса́сывать <всоса́ть>, впи́тывать <-та́ть>; **~scheuchen** (в)спу́гивать <-гну́ть>; **~schieben** *fig.* откла́дывать <отложи́ть>; *Frist* отсро́чи(ва)ть
Aufschlag *m* уда́р; (*Revers*) отворо́т; (*am Ärmel*) обшла́г; (*Tennis*) пода́ча *f*; (*Preise*) нacéнка *f*
auf|schlagen *v/t Buch* откры́(ва́)ть; *Zeitung* развёртывать <-верну́ть>; *Schale* разби́(ва́)ть; *Zelt* <по>ста́вить; *Lager* располага́ться <-ложи́ться> (Т); (*auf d. Preis*) набавля́ть <-ба́вить>; **~schließen** *v/t* отпира́ть <-пере́ть>
Aufschluss *m* объясне́ние *n*
aufschneiden *v/t* разреза́ть <-е́зать>; (*in Scheiben*) наре́зать *pf.*
Aufschnitt *m Kochk.* ассорти́ из мясны́х изде́лий
auf|schrauben разви́нчивать <-винти́ть>; (*auf et.*) нави́нчивать <-винти́ть>; **~schrecken** *v/t* вырыва́ть <вы́рвать>
Aufschrei *m* вы́крик
auf|schreiben запи́сывать <-са́ть>; **~schreien** вскри́кивать <-кнуть>
Aufschrift *f* на́дпись *f*
Aufschub *m* отсро́чка *f*; ***keinen ~ dulden*** не терпе́ть отлага́тельства
auf|schütten насыпа́ть <-сы́пать>; **~schwatzen** F навя́зывать <-вяза́ть>
Aufschwung *m Sp.* подъём переворо́том; *fig.* ***e-n ~ nehmen*** пережива́ть подъём
Aufsehen *n*:***~ erregen*** привлека́ть <-вле́чь> внима́ние; ***~ erregend*** сенсацио́нный
Aufseher(**in** *f*) *m* надзира́тель(ница *f*) *m*
aufsetzen *v/t Brille, Hut* наде́(ва́)ть; *Essen*; *Kegel* <по>ста́вить; *Brief* составля́ть <-ста́вить>; ***sich ~*** сади́ться <сесть> (пря́мо)
Aufsicht *f* надзо́р *m*, присмо́тр *m*
aufspannen натя́гивать <-тяну́ть>; *Schirm* раскры́(ва́)ть
aufsperren распа́хивать <-пахну́ть>; *Mund* разева́ть <-зи́нуть>; ***die Augen ~*** смотре́ть в о́ба
aufspielen наи́грывать (мело́дию для та́нцев); ***sich ~*** ва́жничать
auf|springen вска́кивать <вскочи́ть> (***auf*** на В); *Deckel*: подска́кивать <-скочи́ть>; **~spüren** высле́живать <вы́следить>
Aufstand *m* восста́ние *n*
aufständisch восста́вший
Aufständische(**r**) повста́нец (*m u. f*)
auf|stehen вста(ва́)ть (***vom Tisch*** из-за стола́); **~steigen** *Rauch, Vogel*: поднима́ться <-ня́ться>; *aufs Pferd* сади́ться <сесть> (***auf*** на В); *Gestirn, Bergsteiger*: восходи́ть <взойти́>
aufstellen <по>ста́вить; *Posten*

расставля́ть <-ста́вить>; *Maschine* устана́вливать <-нови́ть>; *Rechnung, Plan* составля́ть <-ста́вить>; *Kandidaten* выдвига́ть <вы́двинуть>; ***sich ~*** станови́ться <стать>; ***sich ~ lassen*** (*als Kandidat*) баллоти́роваться

Aufstellung *f* расстано́вка; выставле́ние *n*; созда́ние *n*, формирова́ние *n*; (*räumlich*) расположе́ние *n*; составле́ние *n*; *Sp.* (*Mannschaft*) соста́в *m* кома́нды

Aufstieg *m* (*e-s Flugzeugs*) взлёт; подъём; (*auf e-n Berg*) восхожде́ние *n*; (*im Beruf*) продвиже́ние *n* по слу́жбе

aufstoßen *v/t Tür, Fenster* распа́хивать <-пахну́ть>; *v/i* отры́гиваться <-гну́ться> (T)

Auftakt *m Mus.* зата́кт

auf|tanken *v/t* заправля́ть <-ра́вить> (*v/i* -ся); **~tauchen** *U-Boot*: всплы(ва́)ть; *Taucher, Tier*: выны́ривать <вы́нырнуть>; **~tauen** *v/t* размора́живать <-ро́зить>, (*a. v/i u. fig.*) отта́ивать <-та́ять>; **~teilen** разделя́ть <-ли́ть> (***unter*** ме́жду T)

Auftrag *m* поруче́ние *n*; (*Aufgabe*) зада́ние *n*; *Hdl.* зака́з; ***im ~*** по поруче́нию

auftragen *Speisen* подава́ть <-да́ть>; *Arbeit* поруча́ть <-чи́ть>; *Farbe* наноси́ть <-нести́>; *Schminke* накла́дывать <наложи́ть>

Auftragsbestätigung *f* подтвержде́ние *n* зака́за

auf|treiben (*beschaffen*) раздобыва́ть <-бы́ть>; **~treten** *v/i* наступа́ть <-пи́ть> (***auf*** на B); (*öffentlich*) выступа́ть <вы́ступить>

Auf|treten *n* выступле́ние *n*; (*Benehmen*) поведе́ние *n*; **~trieb** *m Phys.* подъёмная си́ла *f*; **~tritt** *m* выступле́ние *n*; *Thea.* вы́ход (на сце́ну)

auf|wachen просыпа́ться <-сну́ться>; **~wachsen** <вы́>расти́

Aufwand *m* (*Einsatz*) расхо́д; (*Ausgaben*) затра́ты *f/pl.* (***für*** на B), изде́ржки *pl.*

aufwärmen подогре́(ва́)ть

aufwärts вверх

auf|wecken <раз>буди́ть; **~wenden** *Zeit, Geld* <по>тра́тить; **~wendig** расточи́тельный; **~werfen** *Frage* поднима́ть <-ня́ть>; **~werten** *v/t* ревальви́ровать (*im*)*pf.*

Aufwertung *f* ревальва́ция

auf|wickeln нама́тывать <-мота́ть>; **~wiegeln** подстрека́ть <-кну́ть>; **~wiegen** *fig.* опра́вдывать <-да́ть>; **~wirbeln** *v/t* взвива́ть <взвить>; **~wischen** подтира́ть <-тере́ть>; **~zählen** перечисля́ть <-чи́слить>

Aufzählung *f* перечисле́ние *n*

aufzeichnen (*schriftlich, magnetisch*) запи́сывать <-са́ть>

Aufzeichnung *f* за́пись *f*

aufziehen *v/t* поднима́ть <-ня́ть>; *Uhr* заводи́ть <-вести́>; *Saite* натя́гивать <-тяну́ть>; *Kind* воспи́тывать <-та́ть>; ***ein Gewitter zieht auf*** надвига́ется гроза́

Auf|zucht *f* разведе́ние *n*; **~zug** *m* ше́ствие *n*; (*feierlicher*) проце́ссия *f*; (*Fahrstuhl*) лифт; *Thea.* де́йствие *n*

aufzwingen навя́зывать <-за́ть>

Auge *n* глаз *m*; *Bot.* глазо́к *m*; (*auf Würfeln, im Kartenspiel*) очко́; ***~ um ~*** о́ко за о́ко; ***im ~ haben*** име́ть в виду́; ***ein ~ haben auf*** следи́ть за (T); ***so weit das ~ reicht*** наско́лько хвата́ет глаз; ***vor aller ~n*** у всех на глаза́х; ***unter vier ~n*** с гла́зу на глаз, наедине́; ***aus den ~n verlieren*** <по>теря́ть и́з виду; ***ins ~ fallen*** броса́ться в глаза́; ***mit einem blauen ~ davonkommen*** дёшево отде́латься

Augen|arzt *m*, **~ärztin** *f* глазно́й врач *m*, (*a. f*), врач-окули́ст(ка *f*)

Augenblick *m* мгнове́ние *n*, миг; ***im ~*** в да́нный моме́нт

augenblicklich мгнове́нный; (*gegenwärtig*) настоя́щий; *präd.* в настоя́щее вре́мя; (*sofort*) сейча́с

Augenbraue *f* бровь *f*

augenfällig очеви́дный

Augen|leiden *n* глазна́я боле́знь *f*; **~licht** *n* зре́ние; **~lid** *n* ве́ко

Augenmaß *n* глазоме́р *m*; ***nach ~*** на глаз

Augenmerk *n*: ***sein ~ richten auf*** обраща́ть <-рати́ть> внима́ние на (B)

Augenschein *m*: ***in ~ nehmen*** осма́тривать <-мотре́ть>
augenscheinlich очеви́дный
Augen|tropfen *m/pl.* глазны́е ка́пли *f/pl.*; **~zeuge** *m* (**-gin** *f*) очеви́дец (-дица *f*)
Au'gust *m* а́вгуст
Auktion *f* аукцио́н *m*
Aula *f* а́ктовый зал *m*
aus[1] *Prp.* (*D*) из (Р), из-за (Р); ***~ Berlin*** из Берли́на; ***~ Eisen*** из желе́за; ***~ Zorn*** от гне́ва; ***~ dem Ausland*** из-за грани́цы; ***~ der Heimat*** с ро́дины; ***~ freien Stücken*** по до́брой во́ле; ***~ Versehen*** по оши́бке; ***~ sein*** ока́нчиваться <око́нчиться>; ***~ sein auf*** стреми́ться к (Д)
aus[2] *Adv.* ***von hier ~*** отсю́да; ***Licht ~!*** вы́ключите свет!; ***~!*** Р шаба́ш!
aus|arbeiten разраба́тывать <-рабо́тать>; **~arten** *fig.* превраща́ться <-рати́ться>, переходи́ть <-йти́>; **~atmen** выдыха́ть <вы́дохнуть>
Ausbau *m Arch.* отде́лка *f*; (*Erweiterung*) расшире́ние *n*; *fig.* разви́тие *n*
aus|bauen *Arch.* производи́ть <-вести́> отде́лочные рабо́ты; (*erweitern*) расширя́ть <-ши́рить>; **~bessern** починя́ть, <по>чини́ть
Ausbeute *f* добы́ча; *fig.* результа́т *m*
ausbeuten эксплуати́ровать; *Bgb.* разраба́тывать
Ausbeuter(in *f*) *m* эксплуата́тор (*a. f*)
Ausbeutung *f* эксплуата́ция; разрабо́тка
ausbilden обуча́ть <-чи́ть> (***j-n als*** кого́-либо Д), подготовля́ть, <под>гото́вить; *Fähigkeit* разви́(ва́)ть
Ausbilder(in *f*) *m* инстру́ктор (*a. f*)
Ausbildung *f* обуче́ние *n*; (*berufliche*) подгото́вка
ausbleiben *Pers.* не приходи́ть <прийти́>; *Lieferung*: не поступа́ть <-пи́ть>
Ausblick *m* вид
aus|brechen *v/t* выла́мывать <вы́ломать> (***aus*** из Р); *v/i Häftling*: <с>бежа́ть; *Tier*: вырыва́ться <вы́рваться>; *Epidemie, Feuer*: вспы́хивать <-хнуть>; *Krieg*: разража́ться <-рази́ться>; *Vulkan*: нача́ть де́йствовать; **~breiten** *Sachen* раскла́дывать <разложи́ть>; *Arme* распростира́ть <-стере́ть>
Aus|breitung *f* распростране́ние *n*; **~bruch** *m* (*Gefühle, Epidemie*) вспы́шка; (*Entstehung*) возникнове́ние *n*; (*e-s Vulkans*) изверже́ние *n*; (*Flucht*) побе́г (***aus*** из Р)
ausbürsten <вы́>чи́стить щёткой
Ausdauer *f* выно́сливость *f*, вы́держка
ausdauernd выно́сливый
ausdehnen (*alle a.* ***sich*** -ся) (*strecken*) растя́гивать <-тяну́ть>; *Einfluss* расширя́ть <-ши́рить>, распространя́ть <-ни́ть>; *zeitl.* продлева́ть <-ли́ть>, затя́гивать <-тяну́ть>
Ausdehnung *f* растяже́ние *n*; расшире́ние *n*, распростране́ние *n*; (*im Raum*) протяже́ние *n*; *zeitlich* продле́ние *n*
ausdenken: *sich ~* выду́мывать <вы́думать>
Ausdruck *m* выраже́ние *n*; ***zum ~ bringen*** выража́ть <вы́разить>
ausdrucken *Daten* выводи́ть <вы́вести> на печа́ть
ausdrücken *Geschwür* выда́вливать <вы́давить>; (*auspressen*) выжима́ть <вы́жать>; *Zigarette* <за>гаси́ть; ***sich ~*** (*sich äußern*) выража́ться <вы́разиться>
ausdrücklich *Erlaubnis*: специа́льный; *Verbot*: категори́ческий; *Wunsch*: насто́ятельный
Ausdruckskraft *f* вырази́тельность *f*, си́ла выраже́ния
ausdrucks|los невырази́тельный; **~voll** вырази́тельный
Ausdrucksweise *f* спо́соб *m* выраже́ния
ausein'ander врозь, отде́льно; ***weit ~*** далеко́ друг от дру́га; ***~ fallen*** распада́ться <-па́сться>, разва́ливаться <-ли́ться>; ***~ gehen*** расходи́ться <разойти́сь> (*a. Meinungen*); ***~ halten*** различа́ть <-чи́ть>; ***~ nehmen*** разбира́ть <-зобра́ть>; ***~ setzen*** *Thema* растолко́вывать <-толкова́ть>; ***sich ~ setzen*** (крити́чески)

разбира́ть <-зобра́ть> (***mit e-m Problem*** вопро́с); ***sich mit j-m ~ setzen*** спо́рить с ке́м-либо
Ausein'andersetzung *f* спор *m*, диску́ссия
ausfahren *v/t* вывози́ть <вы́везти>; *Fahrgestell* выпуска́ть <вы́пустить>; *v/i* выезжа́ть <вы́ехать>; *Bgb.* поднима́ться <-ня́ться>
Ausfahrt *f* вы́езд *m*; вы́ход *m*; (*Tor*) воро́та *pl.*; (*von d. Autobahn*) съезд *m*
Ausfall *m* выпаде́ние *n*; (*Einbuße*) недоста́ча *f*; (*von Unterricht*) отме́на *f*; (*Panne*) вы́ход из стро́я, ава́рия *f*
ausfallen *v/i* выпада́ть <вы́пасть>; *Maschine*: выходи́ть <вы́йти> из стро́я; *Sitzung*: не состоя́ться
ausfällig гру́бый; ***~ werden gegen*** <на>груби́ть (Д)
ausfertigen составля́ть <-а́вить>, оформля́ть <офо́рмить>
Ausfertigung *f* составле́ние *n*, оформле́ние *n*; ***in zweifacher ~*** в двух экземпля́рах
ausfindig: ***~ machen*** поды́скивать <-ыска́ть>
aus|fliegen *v/i* вылета́ть <вы́лететь>; **~fließen** вытека́ть <вы́течь>
Ausflucht *f* (пуста́я) отгово́рка; ***Ausflüchte machen*** отгова́риваться
Ausflug *m* экску́рсия *f* (***nach*** в В), прогу́лка *f*
Ausfluss *m* (*Öffnung*) сток; *Med.* выделе́ние *n*
ausfragen расспра́шивать <-спроси́ть>
Ausfuhr *f* вы́воз *m*, э́кспорт *m*; **~artikel** *m* предме́т э́кспорта
ausführen *Hund* выводи́ть <вы́вести>; *Ware* экспорти́ровать (*im*)*pf.*, вывози́ть <вы́везти>; *Auftrag* выполня́ть <вы́полнить>; *Plan* осуществля́ть <-ви́ть>; (*darlegen*) излага́ть <-ложи́ть>
Ausfuhrgenehmigung *f* разреше́ние на э́кспорт
ausführlich подро́бный
Ausführung *f* выполне́ние *n*; осуществле́ние *n*; (*Modell*) тип *m*, моде́ль *f*; изложе́ние *n*
Ausfuhrverbot *n* запре́т *m* э́кспорта
ausfüllen *Formular* заполня́ть <-по́лнить>; *Raum* занима́ть <-ня́ть>
Ausgabe *f* вы́дача; (*Verteilung*) разда́ча; *EDV* вы́вод *m*; *Buch* изда́ние *n*; (*Geldausgabe, mst pl.*) расхо́д *m*
Ausgang *m* вы́ход; (*Ergebnis*) результа́т; (*Lösung*) развя́зка *f*
Ausgangspunkt *m* исхо́дный пункт
ausgeben вы́да(ва́)ть; (*verteilen*) разда́(ва́)ть; *Geld* <из>расхо́довать, <по>тра́тить
ausgebucht: ***das Hotel ist ~*** все номера́ за́няты
Ausgeburt *f* порожде́ние *n*; ***~ der Hölle*** исча́дие *n* а́да
ausge|dient отслужи́вший; **~fallen** необыча́йный, стра́нный; **~glichen** уравнове́шенный
ausgehen выходи́ть <вы́йти>; (*spazieren gehen*) ходи́ть; (*einkehren*) идти́ <пойти́> в рестора́н; *Licht*: <по>ту́хнуть; (*enden*) зака́нчиваться, <за>ко́нчиться; ***davon ~, dass ...*** исходи́ть из того́, что ...
ausge|hungert изголода́вшийся, **~klügelt** хитроу́мный; **~kocht** F *fig.* отъя́вленный; **~lassen** (*lustig*) весёлый; **~leiert** F разбо́лтанный; **~nommen** *Prp.* кро́ме (Р), за исключе́нием; **~prägt** я́рко выраженный; **~rechnet** как раз, и́менно
ausgeschlossen: ***~!*** и ду́мать не́чего!; ***es ist nicht ~, dass ...*** не исключено́, что ...
ausge|sprochen *Adjp.* очеви́дный; (*Lump*) отъя́вленный; **~storben** *Adjp.* вы́мерший; **~sucht** отбо́рный; **~wogen** *fig.* взве́шенный; **~zeichnet** отли́чный, превосхо́дный
ausgiebig оби́льный
ausgießen вы́ли(ва́)ть
Ausgleich *m* (*von Interessen*) ура́внивание *n*; (*Übereinkommen*) соглаше́ние *n*, компроми́сс; ***zum ~*** в ви́де компенса́ции
ausgleichen *v/t* компенси́ровать (*im*)*pf.*; выра́внивать <вы́ровнять>; *v/i Sp.* сравня́ть *pf.* счёт

ausgraben (*a. fig.*) раска́пывать <-копа́ть>

Ausgrabung *f mst. pl.* раско́пки *f/pl.*

Ausguss *m*, **~becken** *n* ра́ковина *f*

aushalten *v/t* выде́рживать <вы́держать>; ***es ist nicht zum Aushalten*** э́то невыноси́мо

aushändigen вы́да(ва́)ть (на́ руки), вруча́ть <-чи́ть>

Aushang *m* объявле́ние *n*

aushängen *v/t* выве́шивать <вы́весить>

Aushängeschild *n* вы́веска (*a. fig.*) *f*

aus|harren терпели́во выжида́ть <вы́ждать>; **~heben** *Tür* снима́ть <снять> (с пе́тель); **~helfen** помога́ть <помо́чь>

Aushilfe *f* (вре́менная) по́мощь; F (*Frau*) вре́менная рабо́тница

aushöhlen выда́лбливать <вы́долбить>

ausholen разма́хиваться <-махну́ться>; *fig.* ***weit ~*** заводи́ть <-вести́> речь издалека́

aus|horchen *v/t* выве́дывать <вы́ведать> у (Р); **~kehren** вымета́ть <вы́мести> **auskennen: *sich ~ in*** разбира́ться, ориенти́роваться в (П)

aus|klammern *fig.* исключа́ть <-чи́ть>; **~kochen** выва́ривать <вы́варить>

auskommen: *gut ~* хорошо́ ла́дить (***mit*** с Т)

aus|kosten *v/t* наслажда́ться <-лади́ться> (Т); **~kundschaften** разве́д(ыв)ать, выве́дывать <вы́ведать>

Auskunft *f* спра́вка, информа́ция

Auskunftsbüro *n* спра́вочное бюро́

aus|kuppeln *v/i* выключа́ть <вы́ключить> сцепле́ние *n*; **~lachen** высме́ивать <вы́смеять> (В); **~laden** *v/t Ware* выгружа́ть <вы́грузить>; *Fahrzeug* разгружа́ть <-грузи́ть>; *Truppen* выса́живать <вы́садить>

Ausland *n* заграни́ца *f*; ***im ~*** за грани́цей; ***ins ~*** за грани́цу

Ausländer *m* иностра́нец; **~feindlichkeit** *f* вражде́бность *f* к иностра́нцам; **~in** *f* иностра́нка

ausländisch иностра́нный, заграни́чный

Auslands|gespräch *n* междунаро́дный телефо́нный разгово́р *m*; **~korrespondent** *m* зарубе́жный корреспонде́нт; **~reise** *f* пое́здка за грани́цу

auslassen выпуска́ть <вы́пустить>; *Wort* пропуска́ть <-сти́ть>; *Speck* выта́пливать <вы́топить>; *Wut* вымеща́ть <вы́местить>, срыва́ть <сорва́ть> (***an*** на П); ***sich ~ über*** распространя́ться, разглаго́льствовать о (П)

Auslauf *m* (*für Tiere*) вы́гул

auslaufen *Flüssigkeit*: вытека́ть <вы́течь>; *Schiff*: выходи́ть <вы́йти> в мо́ре; (*enden*) зака́нчиваться <-ко́нчиться>

auslegen (*ausbreiten*) раскла́дывать <разложи́ть>; (*mit Teppich*) выстила́ть <вы́стлать> (***mit*** Т); *Geld* <за>плати́ть (***für*** за В); (*deuten*) <ис>толкова́ть

Auslegung *f* толкова́ние *n*; тракто́вка

aus|leihen да(ва́)ть напрока́т; *Geld* да(ва́)ть взаймы́; **~lernen** *v/i* зака́нчивать <-ко́нчить> учёбу/обуче́ние *n*

Auslese *f* отбо́р *m*

aus|liefern *Ware* поставля́ть <-та́вить> (***an*** Д); *Verbrecher* вы́да(ва́)ть; **~losen** реша́ть <-ши́ть> жеребьёвкой; **~lösen** (*hervorrufen*) вызыва́ть <вы́звать>; (*in Gang setzen*) пуска́ть <пусти́ть>

ausmachen (*ausschalten*) выключа́ть <вы́ключить>; (*löschen*) <по>гаси́ть; (*vereinbaren*) догова́риваться <-вори́ться>; (*bilden, ergeben*) составля́ть <-ста́вить>; ***das macht mir nichts aus*** э́то мне не соста́вит труда́

Ausmass *n* разме́р *m*

aus|merzen устраня́ть <-ани́ть>; **~messen** вымеря́ть <вы́мерить>

Ausnahme *f* исключе́ние *n*; ***mit ~ von*** за исключе́нием Р; **~zustand** *m* чрезвыча́йное положе́ние *n*

ausnahms|los без исключе́ния; **~weise** в ви́де исключе́ния

ausnehmen *Tier* <вы́>потроши́ть; **~d** *Adv.* исключи́тельно

aus|nutzen, ~nützen испо́льзовать (*im*)*pf.*; (*ausbeuten*) эксплуати́ровать; **~packen** распако́вывать <-кова́ть>; *v/i* (*im Verhör*) раска́лываться <-коло́ться>; **~pfeifen** осви́стывать <-ста́ть>; **~plündern** <о>гра́бить; **~pressen** выжима́ть <вы́жать>; **~probieren** <по>про́бовать

Auspuff *m* вы́хлоп; **~rohr** *n* выхлопна́я труба́ *f*

aus|radieren стира́ть <стере́ть>; **~rangieren** выбрако́вывать <вы́браковать>; **~rasieren** подбри́(ва́)ть; **~rasten** *v/i* расцепля́ться <-пи́ться>; **~räumen** *Raum* освобожда́ть <-боди́ть>; *Sachen* уб(и)ра́ть; *Bedenken* рассе́ивать <-се́ять>; **~rechnen** вычисля́ть <вы́числить>

Ausrede *f* отгово́рка

ausreden *v/t* отгова́ривать <-говори́ть> (***j-m*** кого́-либо от P); *v/i j-n* **~ *lassen*** да(ва́)ть договори́ть (Д)

Ausreise *f* вы́езд *m*

aus|reisen выезжа́ть <вы́ехать>; **~reißen** *v/t* вырыва́ть <вы́рвать>; *v/i* F уд(и)ра́ть; **~richten** выра́внивать <вы́ровнять>; *Fest* устра́ивать <устро́ить>; (*im*)*pf.*; (*erreichen*) доби́(ва́)ться (***bei j-m*** у кого́-либо P); *Gruß* переда́(ва́)ть; **~rotten** искореня́ть <-ни́ть>

Ausruf *m* восклица́ние *n*, во́зглас

ausrufen *v/i* восклица́ть <-кли́кнуть>; *v/t* провозглаша́ть <-гласи́ть> (***zu*** Т); *Streik*, *Haltestelle* объявля́ть <-ви́ть>

Ausrufezeichen *n* восклица́тельный знак *m*

ausruhen (*a.* ***sich***) отдыха́ть <-дохну́ть> (***von*** от P)

ausrüsten (*ausstatten*) оснаща́ть <-насти́ть> (***mit*** Т); *Expedition* снаряжа́ть <-яди́ть>

Ausrüstung *f* оснаще́ние *n*; снаряже́ние *n*

ausrutschen поскользну́ться *pf.*

Aussage *f* выска́зывание *n*; *Jur.* показа́ния *n/pl.*

aus|sagen да(ва́)ть показа́ния; (*ausdrücken*) выража́ть <вы́разить>; **~schalten** выключа́ть <вы́ключить>

Ausschau *f*: **~ *halten*** высма́тривать

aus|scheiden *v/t Med.* выделя́ть <вы́делить>; *Chem.* осажда́ть <осади́ть>; *v/i* вы́бы(ва́)ть; (*nicht in Frage kommen*) исключа́ться; **~schenken** *v/t* разлива́ть <-ли́ть>; **~schimpfen** <вы́>руга́ть

ausschlafen *v/i* высыпа́ться <вы́спаться>; *v/t* ***den Rausch*** **~** проспа́ться *pf.*

Ausschlag *m Med.* сыпь *f*; ***den ~ geben*** име́ть реша́ющее значе́ние

ausschlagen *v/t* (*ablehnen*) отка́зываться <-за́ться> (от P); *v/i Zeiger*: отклоня́ться <-ни́ться>; *Pferd*:ляга́ться; *Baum*: распуска́ться <-сти́ться>

ausschlaggebend реша́ющий

ausschließen исключа́ть <-чи́ть>

ausschließlich исключи́тельный; *Prp.* (*G*) за исключе́нием (P)

Ausschluss *m* исключе́ние *n*; ***unter ~ der Öffentlichkeit*** при закры́тых дверя́х

ausschneiden выре́зывать <вы́резать>

Ausschnitt *m* (*aus d. Zeitung*) вы́резка *f*; (*am Kleid*) вы́рез, декольте́ *n*

ausschreiben (*ausstellen*) выпи́сывать <вы́писать>; (*bekannt geben*) объявля́ть <-ви́ть>

Ausschreitung *f* бесчи́нства *n/pl.*

Ausschuss *m* комите́т; (*bei Produktion*) брак

ausschütten высыпа́ть <вы́сыпать>; (*ausgießen*) вылива́ть <вы́лить>; *Dividende* выпла́чивать <вы́платить>

ausschweifend *Phantasie*: необу́зданный; *Leben*: распу́тный

Ausschweifungen *f/pl.* необу́зданность *f*, распу́тство *n*

aussehen *v/i* вы́глядеть (как, Т); ***es sieht nach Regen aus*** похо́же на то, что бу́дет дождь; ***so siehst du aus!*** ка́к бы не так!

Aussehen *n* вне́шний вид *m*, нару́жность *f*

außen снару́жи; ***nach ~*** нару́жу; ***von ~*** снару́жи

Außen|aufnahmen *f/pl.* нату́рные

съёмки *f/pl.*; **~bordmotor** *m* подвесно́й дви́гатель; **~handel** *m* вне́шняя торго́вля *f*; **~minister** *m* мини́стр иностра́нных дел; **~politik** *f* вне́шняя поли́тика; **~seiter** *m* аутса́йдер; **~spiegel** *m* нару́жное зе́ркало *n* за́днего ви́да; **~stelle** *f* филиа́л; **~stürmer** *m* кра́йний напада́ющий

außer *Prp.* кро́ме (Р); **~ *Betrieb*** не рабо́тает; **~ *der Reihe*** вне о́череди; **~ *sich sein*** быть вне себя́

außerdem кро́ме того́

äußere вне́шний, нару́жный

Äußere(s) *n* вне́шний вид *m*; *Pers.* вне́шность *f*, нару́жность *f*

außer|ehelich внебра́чный; **~gewöhnlich** чрезвыча́йный, необыча́йный

außerhalb *Prp.* вне (Р), за преде́лами (Р)

äußerlich вне́шний, нару́жный

äußern выража́ть <вы́разить>; (*aussprechen*) выска́зывать <вы́сказать>; ***sich*** **~** выража́ться <вы́разиться>, выска́зываться <вы́сказаться>

außer|ordentlich (*Ereignis*) чрезвыча́йный; (*Professur*) экстраордина́рный; (*außer d. Reihe*) внеочередно́й; **~planmäßig** внепла́новый

äußerst 1. *Adv.* кра́йне; **2.** *Adj.* кра́йний; ***am ~en Ende*** на са́мом краю́

außer'stande: *ich bin ~* я не в состоя́нии

Äußerung *f* выска́зывание *n*; *fig.* выраже́ние *n*

aussetzen *Pflanzen* выса́живать <вы́садить>; *Kind* подки́дывать <-ки́нуть>; *Tier* броса́ть <бро́сить>; *Belohnung* назнача́ть <-на́чить>; ***e-r Gefahr ~*** подверга́ть <-ве́ргнуть> опа́сности; ***et. auszusetzen haben*** находи́ть каки́е-либо недоста́тки

Aussicht *f* вид *m*; *fig.* перспекти́ва; ***keine ~en*** никаки́х ша́нсов

aussichtslos безнадёжный; *Lage*: безвы́ходный

Aussichtsturm *m* вы́шка *f* с обзо́рной площа́дкой

aussiedeln выселя́ть <вы́селить>

Aussiedler(in *f*) *m* переселе́нец (-нка *f*)

aussöhnen: *sich ~ mit* <по>мири́ться с (Т)

Aussöhnung *f* примире́ние *n*

aus|sondern отделя́ть <-ли́ть>; **~sortieren** отсортиро́вывать <-рова́ть>; **~spannen** *Pferd* выпряга́ть <вы́прячь>; *Werkstück* раскрепля́ть <-пи́ть>; *v/i* (*ausruhen*) отдыха́ть <-дохну́ть>; **~sperren** не впуска́ть <-сти́ть>; *Arbeiter* объявля́ть <-ви́ть> локау́т (Д)

Aussperrung *f* локау́т *m*

ausspielen *v/t Karte* <с>ходи́ть (с Р, Т); *Gegner* обы́грывать <-ра́ть>

Aussprache *f* произноше́ние *n*; (*Meinungsaustausch*) обме́н *m* мне́ниями

aussprechen *Wort* произноси́ть <-нести́>; (*äußern*) выска́зывать <вы́сказать>; ***sich ~*** выска́зываться <вы́сказаться>; объясня́ться <-ни́ться> (***mit*** с Т)

Ausspruch *m* изрече́ние *n*

aus|spucken *v/t* выплёвывать <вы́плюнуть>; *v/i* плева́ть <(с)плю́нуть>; **~spülen** выпола́скивать <вы́полоскать>

Ausstand *m*: ***in den ~ treten*** нача́ть забасто́вку

ausstatten снабжа́ть <-бди́ть>; *Raum* обставля́ть <-та́вить>; *Labor* обору́довать

Ausstattung *f* снабже́ние *n*; обору́дование *n*

ausstehen *v/i*: ***die Entscheidung steht noch aus*** реше́ние *n* ещё не при́нято; *v/t* испы́тывать <-та́ть>; ***j-n nicht ~ können*** не выноси́ть кого́-либо

aus|steigen выходи́ть <вы́йти> (***aus*** из, с Р); **~stellen** *Ware* выставля́ть <вы́ставить>, экспони́ровать (*im*)*pf.*; *Dokument* вы́да(ва́)ть

Ausstellung *f* (*e-s Dokuments*) вы́дача, оформле́ние *n*; (*Schau*) вы́ставка, экспози́ция

aussterben вымира́ть <вы́мереть>

Aussteuer *f* прида́ное *n*

Ausstieg *m* вы́ход

aus|stopfen наби́(ва́)ть (***mit*** Т);

~stoßen *Rauch* выпускáть <вы́пустить>; *Schrei* испускáть <-сти́ть>; **~strahlen** *v/t* излучáть; *Rdf.* передá(вá)ть, трансли́ровать (*im*)*pf.*
Ausstrahlung *f* излучéние *n*; передáча
ausstrecken протя́гивать <-тянýть>; ***sich ~*** растя́гиваться <-тянýться>
aus|streichen вычёркивать <вы́черкнуть>; **~strömen** *v/i* вытекáть <вы́течь>; *Gas*: выходи́ть <вы́йти>; **~suchen** выбирáть <вы́брать>
Austausch *m* обмéн; (*Ersatz*) замéна *f*
aus|tauschen заменя́ть <-ни́ть>; *Gedanken* обмéниваться <-ня́ться> (Т); **~teilen** раздá(вá)ть (***an*** Д)
Auster *f* ýстрица
austragen *Post* разноси́ть <-нести́>; *Spiel* проводи́ть <-вести́>; *Kind* вынáшивать <вы́>носить
Austragung *f* разнóс *m*; *Sp.* проведéние *n*
Austragungsort *m* мéсто проведéния
Au'stralier(in *f*) *m* австрали́ец (-и́йка *f*)
au'stralisch австрали́йский
austreiben *Teufel* изгоня́ть <-гнáть>
austreten *v/t Feuer* затáптывать <-топтáть>; *v/i* выходи́ть <вы́йти> (***aus*** из Р); ***ich muss ~*** мне нáдо вы́йти (по нуждé)
austrinken вы́пи(вá)ть
Austritt *m* вы́ход
aus|trocknen *v/i* высыхáть <вы́сохнуть>; **~üben** *Gewerbe*, *Sport* занимáться (Т); *Beruf* рабóтать (Т); *Amt* занимáть
Ausverkauf *m* распродáжа *f*
Auswahl *f* вы́бор *m*; *Sp.* сбóрная (комáнда)
auswählen выбирáть <вы́брать>; *Passendes* подбирáть <подобрáть>
Auswanderer *m* эмигрáнт(ка *f*)
auswandern эмигри́ровать (*im*)*pf.*
Auswanderung *f* эмигрáция
auswärtig нездéшний, иногорóдний; ***Auswärtiges Amt*** министéрство инострáнных дел
auswärts (*nicht zu Hause*) вне дóма
aus|waschen вы́мы(вá)ть; **~wechseln** заменя́ть <-ни́ть>
Ausweg *m* вы́ход (из положéния)
ausweglos безвы́ходный
ausweichen уступáть <-пи́ть> дорóгу (Д); *Pers.* <по>сторони́ться; (*e-r Frage*) уклоня́ться <-ни́ться> (от Р)
Ausweis *m* докумéнт, удостоверéние *n* ли́чности
ausweisen (принуди́тельно) высылáть <вы́слать>; ***sich ~*** предъявля́ть <-ви́ть> докумéнт
Ausweispapiere *n/pl.* докумéнты *m/pl*
Ausweisung *f* вы́сылка
aus|weiten расширя́ть <-ши́рить>; **~wendig** наизýсть; **~werten** (*ausnutzen*) испóльзовать; *Daten* обрабáтывать <-бóтать>
Auswertung *f* обрабóтка; оцéнка
auswickeln развёртывать <-вернýть>
Auswirkung *f* послéдствие *n*, эффéкт *m*
Auswuchs *m* нарóст
auswuchten *Rad* <с>баланси́ровать
auszahlen выплáчивать <вы́платить>; *Pers.* расплáчиваться <-лати́ться> (с Т); ***sich ~*** окупáться <-пи́ться>
aus|zählen подсчи́тывать <-читáть>; **~zeichnen** (*markieren*) выделя́ть <вы́делить>; (*ehren*) отмечáть <-мéтить>, отличáть <-чи́ть>
Auszeichnung *f* награждéние *n*; (*Orden*) нагрáда; ***mit ~*** с отли́чием
ausziehen *v/t Schubfach* выдвигáть <вы́двинуть>; (*entkleiden*) раздé(вá)ть; *Schuhe* снимáть <снять>; *v/i* ***aus der Wohnung ~*** съéхать с квартиры; ***sich ~*** раздевáться <-дéться>
Ausziehtisch *m* раздвижнóй стол
Auszubildende(r) учени́к (-и́ца *f*)
Auszug *m* (*Extrakt*) вы́тяжка *f*; (*vom Konto*) вы́писка *f*
Auto *n* (авто)маши́на *f*; **~atlas** *m* áтлас автомоби́льных дорóг
Autobahn *f* автострáда, автомагистрáль *f*; **~auffahrt** *f* въезд *m*

на автостраду; **~ausfahrt** *f* съезд *m* с автострады
Autobiographie *f* автобиография
Auto|bus *m* автобус; **~diebstahl** *m* угон автомобиля; **~fähre** *f* автопаром *m*; **~fahrer(in** *f*) *m* автоводитель(ница *f* F) *m*; **~fahrt** *f* автомобильная поездка
Auto'gramm *n* автограф *m*
Auto|'mat *m* автомат; **~'matik** *f* автоматика
auto'matisch автоматический
automati'sieren автоматизировать (*im*)*pf.*
Automechaniker *m* автомеханик
auto'nom автономный
Autono'mie *f* автономия
Autor *m* автор
Auto|radio *n* авто(радио)приёмник *m*; **~reifen** *m* автошина *f*; **~reparaturwerkstatt** *f* авторемонтная мастерская
Au'torin *f* автор(ша F)
autori'tär авторитарный
Autori'tät *f* авторитет *m*
Auto|schlüssel *m* ключ от машины; **~schlosser** *m* слесарь-авторемонтник; **~unfall** *m* автомобильная катастрофа *f*; **~waschanlage** *f* моечная установка; пункт *m* мойки автомобилей
Axt *f* топор *m*
Aza'lee *f* азалия

B

Baby *n* (грудной) ребёнок *m*
Bach *m* ручей
Backbord *n* левый борт *m*, бакборт *m*
Backe *f* щека
backen *v/t* <ис>печь, выпекать <выпечь>
Backenzahn *m* коренной зуб
Bäcker *m* пекарь, булочник
Bäcke'rei *f* (хлебо)пекарня; (*Laden*) булочная
Bäckermeister *m* мастер-пекарь
Back|fisch *m fig.* (девочка-)подросток; **~form** *f* форма для выпечки; **~hähnchen** *n* жареный цыплёнок *m*; **~ofen** *m* хлебная печь *f*; (*im Herd*) духовка *f*; **~pfeife** *f* оплеуха; **~pulver** *n* искусственные дрожжи *pl.*; **~ware** *f* хлебобулочные изделия *n/pl.*
Bad *n* (*Wannenbad*) ванна *f*, (*Badezimmer*) ванная *f*, (*Kurort*) курорт *m*; ***ein ~ nehmen*** принимать <-нять> ванну
Bade|anstalt *f* бассейн *m* (для плавания); **~anzug** *m* купальный костюм; **~hose** *f* плавки *pl.*; **~kappe** *f* купальная шапочка; **~mantel** *m* купальный халат; **~meister** *m* дежурный по бассейну; (*Sauna*, *Stadtbad*) банщик
baden <вы>купать(ся *v/i*)
Bade|ofen *m* ванная колонка *f*; **~strand** *m* пляж; **~tuch** *n* купальная простыня *f*, **~wanne** *f* ванна; **~zimmer** *n* ванная *f* (комната)
bagatelli'sieren преуменьшать <-меньшить> (значение чего-либо)
Bagger *m* экскаватор; (*Schwimmbagger*) землечерпалка *f*
baggern разрабатывать <-ботать> экскаватором
Bahn *f Esb.* железная дорога; *Strecke* путь *m*; *Sp.* трек *m*; *Astr.* орбита; (*Stoff*, *Tapete*) полотнище *n*; ***mit der ~*** по железной дороге
bahnbrechend открывающий новые пути
Bahndamm *m* железнодорожная насыпь *f*
bahnen *Weg* прокладывать <-ложить>, проби(ва)ть; ***sich e-n Weg ~*** прокладывать <-ложить> себе дорогу

Bahn|fahrt *f* поéздка по желéзной дорóге; **~hof** *m* вокзáл; **~steig** *m* перрóн, платфóрма *f*; **~übergang** *m* железнодорóжный переéзд
Bahre *f* (*Totenbahre*) катафáлк *m*
Bak'terie *f* бактéрия
Ba'lance *f* равновéсие *n*
bald скóро; **~ig** скóрый
Baldrian *m* валериáна *f*
balgen: ***sich ~*** вози́ться
Balken *m* бревнó *n*; (*vierkantig*) брус
Bal'kon *m* балкóн (*a. Thea.*)
Ball¹ *m* мяч; (*klein*) мя́чик; ***~ spielen*** игрáть в мяч
Ball² *m* (*Tanzvergnügen*) бал
Bal'lett *n* балéт *m*; **~tänzer(in** *f*) *m* арти́ст(ка *f*) балéта
Bal'lon *m* аэростáт
Ballspiel *n* игрá *f* в мяч
Bal'lungsgebiet *n* агломерáция *f* (городóв)
Balsam *m* бальзáм
baltisch (при)балти́йский
ba'nal банáльный
Ba'nane *f* банáн *m*
band → ***binden***
Band¹ *m Buch* том
Band² *n Stoff* лéнта *f*; (*Borte*) тесьмá *f*; *Anat.* свя́зка *f*; ***auf ~ sprechen*** наговори́ть на плёнку; *fig.* ***am laufenden ~*** беспрестáнно
Bande *f* бáнда, шáйка
bändigen *zähmen* укрощáть <-роти́ть>; *Wut* обýздывать <-дáть>
Ban'dit *m* банди́т
Band|maß *n* мéрная лéнта *f*, рулéтка *f*; **~scheibe** *f* межпозвонóчный хрящ *m*; **~wurm** *m* солитёр
bange тревóжный; ***mir wurde angst und ~*** мне стáло стрáшно
Bank¹ *f* скамья́, скамéйка; ***auf die lange ~ schieben*** отложи́ть в дóлгий я́щик
Bank² *f* банк *m* (*a. im Spiel*)
Ban'kett *n* банкéт *m*
Ban'kier *m* банки́р
Bank|konto *n* (текýщий) счёт *m* в бáнке; **~leitzahl** *f* идентификациóнный код *m* бáнка; **~note** *f* банкнóт *m*, купю́ра; **~räuber** *m* граби́тель *m* бáнков
bank'rott обанкрóтившийся; ***~ sein*** обанкрóтиться *pf.*
Bank|'rott *m* банкрóтство *n*; **~schließfach** *n* индивидуáльный сейф *m* в бáнке
Bann *m Rel.* анáфема *f*; (*Zauber*) чáры *m/pl.*; ***in s-n ~ ziehen*** заворожи́ть
bar *Fin.* нали́чный; ***~es Geld*** нали́чные (дéньги) *pl.*; ***in ~*** нали́чными
Bar *f* бар *m*; (*Theke*) буфéт *m*
Bär *m* медвéдь *m*
Ba'racke *f* барáк *m*
Bardame *f* бáрменша
barfuß *Adv.* босикóм
barg → ***bergen***
Bargeld *n* нали́чные (дéньги) *pl.*
bargeldlos безнали́чный
Bariton *m* баритóн
Barkeeper *m* бáрмен
barm'herzig милосéрдный
Barm'herzigkeit *f* милосéрдие *n*
Ba'rock *n* (стиль *m*) барóкко
Baro'meter *n* барóметр *m*
Barren *m* (*Gold*) сли́ток; *Sp.* (параллéльные) брýсья
Barri'kade *f* баррикáда
Barscheck *m* дéнежный чек
barst → ***bersten***
Bart *m* бородá *f*; (*Schnurrbart*) усы́ *m/pl.*
bärtig бородáтый
Barzahlung *f* плáта нали́чными
Ba'sar *m* базáр
ba'sieren бази́роваться (***auf*** на П)
Basis *f* бáза
Baskenmütze *f* берéт *m*
Basketball *m* баскетбóл
Bass *m* бас; **~geige** *f* контрабáс *m*
Bastard *m Bio.* бастáрд; гибри́д
basteln *v/t* <с>мастери́ть
Bastler *m* люби́тель *m* мастери́ть
bat → ***bitten***
Bataillon *n* батальóн *m*
Batte'rie *f* батарéя; *El. a.* батарéйка
Bau *m* строи́тельство *n*; *Baustelle* стрóйка *f*, (*Gebäude*) пострóйка *f*, строéние *n*; (*Tierhöhle*) норá *f*; **~arbeiten** *f/pl.* строи́тельные рабóты *f/pl.*; **~arbeiter** *m* строи́тельный рабóчий, строи́тель *m*
Bauch *m* живóт
bauchig пузáтый
Bauch|landung *f* посáдка на

брю́хо/на фюзеля́ж; **~schmerzen** *m/pl.* бо́ли *f/pl.* в животе́

Baude *f* го́рная турба́за

Baudenkmal *n* па́мятник *m* архитекту́ры

bauen *v/t* <по>стро́ить; *Nest* сви(ва́)ть; *v/i* полага́ться <-ложи́ться> (***auf*** на В)

Bauer[1] *m* крестья́нин; (*Schach*) пе́шка *f*

Bauer[2] *n* кле́тка *f*

Bäuerin *f* крестья́нка

Bauern|hof *m* крестья́нская уса́дьба *f*; **~regel** *f* наро́дная приме́та

baufällig обветша́лый, ве́тхий

Bau|genehmigung *f* разреше́ние *n* на строи́тельство; **~gerüst** *n* (строи́тельные) леса́ *pl.*; **~gewerbe** *n* строи́тельное де́ло, строи́тельство; **~herr** *m* застро́йщик; **~ingenieur** *m* инжене́р-строи́тель

Baukasten *m* ку́бики *m/pl.*; **~system** *n* агрега́тная констру́кция *f*; ме́тод *m* агреги́рования

Bau|klotz *m* ку́бик; **~leiter** *m* нача́льник строи́тельного уча́стка

Baum *m* де́рево *n*

Bau|maschine *f* строи́тельная маши́на; **~material** *n* строи́тельный материа́л *m*

Baumblüte *f* цвете́ние *n* дере́вьев

Baumeister *m* архите́ктор, строи́тель *m*

Baum|schule *f* древе́сный пито́мник *m*; **~stamm** *m* ствол; **~stumpf** *m* пень *m*

Baumwolle *f Bot.* хлопча́тник *m*; *Text.* хло́пок *m*; (*Stoff*) (хлопчато)бума́жная ткань *f*

Bauplatz *m* строи́тельный уча́сток

Bau|stelle *f* стро́й(площа́д)ка; **~stil** *m* архитекту́рный стиль *m*; **~unternehmen** *n* строи́тельное предприя́тие; **~weise** *f* строи́тельный ме́тод *m*; тип *m* постро́йки; **~werk** *n* сооруже́ние

Bayer(**in** *f*) *m* бава́рец (-рка *f*)

bayerisch, bayrisch бава́рский

be'absichtigen намерева́ться

be'acht|en *v/t* обраща́ть <-рати́ть> внима́ние (на В); **~lich** значи́тельный

Be'amt|e(**r**) *m* чино́вник, (госуда́рственный) слу́жащий; **~in** *f* (госуда́рственная) слу́жащая

be'anspruchen *v/t* претендова́ть (на В); *Zeit*, *Platz* <по>тре́бовать; *Pers.* (*beruflich*) поглоща́ть <-лоти́ть>; *Tech.* подверга́ть <-ве́ргнуть> напряже́нию

Be'anspruchung *f* напряже́ние *n*, нагру́зка

be'anstanden *v/t* (*einwenden*) возража́ть <-рази́ть> (про́тив Р), оспа́ривать <-по́рить> (В); (*reklamieren*) заявля́ть <-ви́ть> прете́нзию

Be'anstandung *f* возраже́ние *n*; прете́нзия

be|'antragen *v/t* пода́(ва́)ть заявле́ние (о П); *Rente* оформля́ть; **~'antworten** *v/t* отвеча́ть <-ве́тить> (на В); **~'arbeiten** обраба́тывать <-бо́тать> (*a.* F *j-n*); *Holz*, *Stein* обде́л(ыв)ать; *Thema* разраба́тывать <-бо́тать>; *Akten* рассма́тривать <-мотре́ть>; (*für Bühne*, *Film*) перераба́тывать <-бо́тать>

Be'arbeitung *f* обрабо́тка; отде́лка; разрабо́тка; рассмотре́ние *n*

be'auf|sichtigen *v/t* смотре́ть, присма́тривать <-смотре́ть> (за Т); (*amtlich*) надзира́ть (за Т); **~tragen** поруча́ть <-чи́ть> (***j-n mit*** кому́-либо В)

be'bauen *Arch.* застра́ивать <-ро́ить>

beben *Erde*: сотряса́ться

Becher *m* ча́ша *f*; (*aus Pappe*) стака́нчик

Becken *n* (*Waschbecken*) ра́ковина *f*; (*Schüssel*, *Anat.*) таз *m*; (*Schwimmbecken*) бассе́йн *m*

be'danken: ***sich* ~** <по>благодари́ть (***bei j-m für*** кого́-либо за В)

Be'darf *m* потре́бность *f* (***an*** в П); ***bei* ~** в слу́чае необходи́мости

be'dauerlich приско́рбный; ***es ist sehr ~, dass ...*** о́чень жаль, что ...

be'dauern *v/t* сожале́ть (о П); <по>жале́ть

be'dauernswert досто́йный сожале́ния

be'deck|en покры́(ва́)ть (***sich*** -ся); **~t** *Himmel*: о́блачный

be'denken <по>ду́мать, разду́м(ы-в)ать
Be'denken *n/pl.* сомне́ния *n/pl.*; возраже́ния *n/pl.*
be'denklich сомни́тельный; (*gefährlich*) опа́сный
be'deuten зна́чить, означа́ть; **~d** значи́тельный, (*a. Pers.*) кру́пный, ви́дный
Be'deutung *f* значе́ние *n*; (*Wichtigkeit*) зна́чимость *f*
be'dienen *v/t* обслу́живать <-жи́ть>; *KSp.* <с>ходи́ть в масть; ***sich ~*** (*e-r Sache*) <вос>по́льзоваться (Т); (*bei Tisch*) угоща́ться <угости́ться>; ***~ Sie sich!*** прошу́ вас!
Be'dienung *f* обслу́живание *n*
Be'dienungsanleitung *f* руково́дство *n* по эксплуата́ции
Be'dingung *f* усло́вие *n*; ***unter der ~, dass ...*** при усло́вии, что ...
be'dingungslos безусло́вный; *Kapitulation*: безогово́рочный
be'drängen притесня́ть <-тесни́ть>
be'droh|en грози́ть, угрожа́ть (***j-n mit*** кому́-либо Т); **~lich** угрожа́ющий
Be'drohung *f* угро́за
be'drücken *v/t Sorgen*: угнета́ть; **~d** угнета́ющий
Be'dürfnis *n* потре́бность *f*; **~anstalt** *f* туале́т *m*
be'dürftig нужда́ющийся (в П)
Beefsteak *n* бифште́кс *m*
be'eilen: *sich ~* <по>тороп́иться
be'ein|drucken *v/t* производи́ть впечатле́ние (на В); **~flussen** *v/t* ока́зывать <-за́ть> влия́ние, <по-> влия́ть (на В); **~trächtigen** ока́зывать <-за́ть> отрица́тельное влия́ние; *Interessen*, *Rechte* ущемля́ть <-ми́ть>
be|'enden конча́ть <ко́нчить>, за-, о-ка́нчивать <-ко́нчить>; **~'erben** получа́ть <-чи́ть> насле́дство (от Р); **~'erdigen** <по>хорони́ть
Be'erdigung *f* по́хороны *pl.*
Beere *f* я́года
Beet *n* гряда́ *f*, гря́дка *f*
Be'fähigung *f* спосо́бность *f*
be'fahl → ***befehlen***
be'fahrbar *Straße*: прое́зжий
be'fangen (*verlegen*) смущённый; (*voreingenommen*) предвзя́тый, пристра́стный
Be'fangenheit *f* смуще́ние *n*; пристра́стность *f*
be'fassen: *sich ~ mit* занима́ться <-ня́ться> (Т)
Be'fehl *m* прика́з; (*Auftrag*) приказа́ние *n*; *EDV* кома́нда *f*; ***auf ~*** по прика́зу
be'fehlen прика́зывать <-за́ть>, веле́ть (*im*)*pf.*
Be'fehls|haber *m* (***oberster*** главно-) кома́ндующий; **~verweigerung** *f* отка́з *m* от исполне́ния прика́за
be'festigen *Mil.* укрепля́ть <-пи́ть>; (*Ufer*) упрочня́ть <-ни́ть>; (*festmachen*) прикрепля́ть <-пи́ть> (***an*** к Д)
Be'festigung *f* укрепле́ние *n*; прикрепле́ние *n*
be'fiehlt → ***befehlen***
be'finden: *sich ~* находи́ться (***in*** в П)
Be'finden *n* состоя́ние здоро́вья; (*Wohlbefinden*) самочу́вствие
be|'folgen *Rat* <по>сле́довать (Д); **~'fördern** транспорти́ровать, перевози́ть <-везти́>; *Post* отправля́ть <-пра́вить>; *im Dienst* повыша́ть <-вы́сить> по слу́жбе
Be'förderung *f* тра́нспорт(иро́вка), прово́з *m*; отпра́вка; повыше́ние *n* по слу́жбе
be|'fragen опра́шивать <-проси́ть>; (*um Rat fragen*) обраща́ться <-рати́ться> (к Д); **~'freien** *Land*, *Gefangene* освобожда́ть <-боди́ть>; (*erlösen*) избавля́ть <-ба́вить>
Be'freiung *f* освобожде́ние *n*
be'freunden: *sich ~ mit* по-, сдружи́ться *pf.* с (Т)
be'freundet дру́жественный; ***~ sein mit*** дружи́ть с (Т)
be'friedigen удовлетворя́ть <-ри́ть>; *Bedürfnis* утоля́ть <-ли́ть>; **~d** удовлетвори́тельный
Be'friedigung *f* удовлетворе́ние *n*
be'fristet ограни́ченный сро́ком
Be'fruchtung *f* оплодотворе́ние *n*: осемене́ние *n*
Be'fugnis *f* полномо́чие *n*

be'fugt: ~ sein имéть прáво, быть уполномóченным (**zu** на В *od. Inf.*)
Be'fund *m Med.* результáт (медицúнского) обслéдования; **ohne ~** результáт обслéдования негатúвен
be'fürchten *v/t* опасáться (Р)
Be'fürchtung *f* опасéние *n*
be'fürworten *Antrag* поддéрживать <-жáть>
Be'fürwortung *f* поддéржка
be'gabt даровúтый
Be'gabung *f* даровúтость *f*; (*Pers.*) талáнт *m* (к Д)
be'geben: sich ~ отправля́ться <-прáвиться> (**nach, zu** в В); подвергáться <-вéргнуться> (**in Gefahr** опáсности); (*sich ereignen*) случáться <-чúться>
be'gegnen встречáть <встрéтить>
Be'gegnung *f* встрéча
be|'gehen *Fest* <от>прáздновать; *Fehler* допускáть <-стúть>; *Verbrechen* совершáть <-шúть>; **~'gehren** *v/t* стрáстно желáть, жáждать (Р)
be'geistern воодушевля́ть <-вúть>, вдохновля́ть <-вúть> (**für** на В); **sich für et. ~** увлекáться <-лéчься> чéм-либо
Be'geisterung *f* воодушевлéние *n*, вдохновéние *n*; (*Jubel*) востóрг *m*
Be'gierde *f* жáжда
be'gierig жáдный (**auf, nach** к Д, на В)
Be'ginn *m* начáло *n*; **zu ~** в (сáмом) начáле; **von ~ an** с сáмого начáла
be|'ginnen *v/t* нач(ин)áть; *v/i* нач(ин)áться, брать <взять> начáло; **~'glaubigen** заверя́ть <-вéрить>; *Pol.* аккредитовáть (*im*)*pf.*
Be'glaubigung *f* засвидéтельствование *n*; аккредитовáние *n* (послá)
be|'gleichen *Summe* оплáчивать <оплатúть>; *Schuld* погашáть <-гасúть>; **~'gleiten** *v/t* провожáть <-водúть>; (*im Gefolge*) сопровождáть <-водúть> (В); *Mus.* аккомпанúровать (Д)
Be'gleiter(in *f*) *m* сопровождáющий (-щая *f*), провожáтый (-тая *f*); (*auf der Reise*) спýтник (-ица *f*); *Mus.* аккомпаниáтор(ша F *f*)
Be'gleitung *f* сопровождéние *n*; аккомпанемéнт *m*
be|'glückwünschen поздравля́ть <-рáвить> (**zu** с Т); **~'gnadigen** помúловать *pf.*
be'gnügen: sich ~ mit <у>довóльствоваться (Т)
be'graben <по>хоронúть
Be'gräbnis *n* пóхороны *pl.*
be'greifen понимáть <-ня́ть>
be'greiflich: j-m ~ machen растолкóвывать <-ковáть> комý-либо
be'grenzen ограни́чи(ва)ть
Be'griff *m* поня́тие *n*; **im ~ sein** (**zu**) собирáться, намеревáться
be|'gründen (*motivieren*) обоснóвывать <-новáть> (**mit** Т); **~'grüßen** привéтствовать (*a. fig.*), <по>здорóваться (с Т; *a.* **sich**); *beim Empfang* встречáть <встрéтить> (**mit Blumen** цветáми)
Be'grüßung *f* привéтствие *n*; встрéча
be|'günstigen *v/t* способствовать (Д), благоприя́тствовать (Д); (*protegieren*) покровúтельствовать (Д); **~'gutachten** *v/t* да(вá)ть óтзыв/заключéние (о П)
be'haglich прия́тный; *Raum*: ую́тный; *Sessel*: удóбный
be'halten оставля́ть <-тáвить>; (*sich merken*) запоминáть <-пóмнить>; **für sich ~** сохраня́ть <-нúть> в себé/при себé
Be'hälter *m* вместúлище *n*
be'handeln *v/t* обращáться, *Pers. a.* обходúться <обойтúсь> (с Т); *Tech.* обрабáтывать <-рабóтать>; *Thema* разрабáтывать <-рабóтать>; *Med.* лечúть
Be'handlung *f* обращéние *n*; обрабóтка; лечéние *n*
be'harren (**auf**) (*bestehen*) не отступáть <-пúть> (от Р); **auf s-r Meinung ~** стоя́ть на своём
be'harrlich упóрный, настóйчивый
be'haupten утверждáть; (*Stellung verteidigen*) удéрживать <-жáть>, отстáивать <-стоя́ть>
be'helfen: sich ~ обходúться <обойтúсь> (**mit** Т)
be'herbergen *v/t* предоставля́ть

<-тáвить> прию́т (Д); *Gast* принимáть <-ня́ть>
be'herrschen *v/t* (*herrschen über*) госпо́дствовать (над Т); *Sprache* владéть (Т); (*zügeln*) сдéрживать <-жáть>; ***sich ~*** владéть собóй, сдéрживаться <-жáться>
Be'herrschung *f* госпо́дство *n*; владéние *n*; (*Selbstbeherrschung*) самообладáние *n*
be'herzigen принимáть <-ня́ть> к сéрдцу; *Rat a.* <по>слу́шаться (Р)
be'hilflich: ***~ sein*** помогáть <-мо́чь> (***bei*** в П)
be'hinder|n *v/t* <по>мешáть (***j-n bei*** комý-либо в П); *Sp.* задéрживать <-жáть>; **~t** *Med.* ущéрбный
Be'hinderte(r) инвали́д *m* (*a. f*)
Be'hinderung *f* затруднéние *n*; задéржка; (***körperliche*** физи́ческая) ущéрбность *f*
Be'hörde *f* учреждéние *n*, вéдомство *n*
be'hüten оберегáть <-рéчь> (***vor*** от Р)
be'hutsam осторо́жный, бéрежный
bei *Prp.* (*D*) у (Р); в, на (П); во́зле (Р); при (П); ***~ der Bank/Post*** в бáнке/на пóчте; ***~ sich*** при себé; ***~ Moskau*** под Москвóй; ***~ der Arbeit*** во врéмя рабóты; ***~ Nacht*** нóчью
Beichte *f* и́споведь *f*; ***j-m die ~ abnehmen*** исповéд(ов)ать когó-либо
beichten исповéд(ов)аться (в П)
beide óба *m u. n*, óбе *f*; ***wir ~*** мы с вáми/с тобóй; ***einer von ~n*** оди́н из двух; ***keiner von ~n*** ни тот ни другóй
Bei|fahrer *m* сидя́щий ря́дом с води́телем автомоби́ля; **~fall** *m* аплодисмéнты *m/pl.*; (*Anerkennung*) одобрéние *n*
beifügen прилагáть <-ложи́ть> (к Д)
beige беж, бéжевый
Bei|geschmack *m* при́вкус; **~hilfe** *f* посóбие *n*; *Jur.* посо́бничество *n* (***zu*** в П)
Beil *n* топóр *m*
Beilage *f* (*Zeitung*) приложéние *n*; *Kochk.* ***als ~*** на гарни́р
Beileid *n* соболéзнование
beimessen *Bedeutung* придá(вá)ть
Bein *n*ногá *f*; (*vom Tisch*) нóжка *f*; *fig.* ***sich auf die ~e machen*** отправля́ться в путь
beinahe почти́; ***er wäre ~ gefallen*** он чуть не упáл
Beinbruch *m* перелóм ноги́; ***Hals- und ~!*** ни пу́ха ни перá!
be'irren: ***sich nicht ~ lassen*** не да(вá)ть сбить себя́ с тóлку
bei'sammen вмéсте
Bei'sammensein *n* (***geselliges*** весёлая) встрéча *f*, (*abends*) вечери́нка *f*
bei'seite в стóрону; ***Scherz ~*** шу́тки в стóрону
beisetzen <по>хорони́ть
Beispiel *n* примéр *m*; ***zum ~*** напримéр; ***sich ein ~ nehmen an*** брать <взять> примéр с (Р)
beispiel|haft примéрный; **~los** беспримéрный; (*unerhört*) неслы́ханный
beispielsweise *Adv.* к примéру, напримéр
beißen кусáть <укуси́ть>; *v/i* (*bissig sein*) кусáться; *Frost*, *Rauch*: щипáть; *Gewürz*: жечь; ***sich auf die Zunge ~*** прикуси́ть язы́к
Beistand *m* пóмощь *f*
beistehen помогáть <-мо́чь>
Beitrag *m* (*Geld*) взнос; *fig.* вклад
beitreten вступáть <-пи́ть> (в В); присоединя́ться <-ни́ться> (к Д)
Beitritt *m* вступлéние *n* (***zu*** в В); присоединéние *n*
bei'zeiten заблаговрéменно
be'jahen *v/t* отвечáть <-вéтить> утверди́тельно (на В)
be'jahrt пожилóй
be'kämpfen *v/t* борóться (с Т)
be'kannt (*berühmt*) извéстный (***für*** Т); (*persönlich ~*) знакóмый; ***allgemein ~*** общеизвéстный; ***~ machen*** *Pers.* <по>знакóмить (***mit*** с Т); (*veröffentlichen*) <о>публиковáть, объявля́ть <-ви́ть>
Be'kannt|e(r) знакóмый *m* (-мая *f*); **~gabe** *f* объявлéние *n*, оглашéние *n*; опубликовáние *n*
be'kanntlich *Adv.* как извéстно
Be'kannt|machung *f* объявлéние *n*; **~schaft** *f* знакóмство *n*

be'kennen (*zugeben*) призн(ав)а́ться; ***sich schuldig ~*** призн(ав)а́ть себя́ вино́вным; ***sich ~ zu*** *Rel.*, *fig.* испове́довать (В)

be'klagen *v/t* (*bedauern*) <по>жале́ть; ***sich ~*** <по>жа́ловаться (***über*** на В)

be'klagenswert досто́йный сожале́ния; *Lage*: приско́рбный

be'kleiden облача́ть <-чи́ть> (***mit*** в В); *Amt* занима́ть

Be'kleidung *f* оде́жда

be'kommen *v/t* получа́ть <-чи́ть>; *Übung*, *Vorstellung* приобрета́ть <-рести́>; *Arbeit* находи́ть <найти́>; ***was ~ Sie?*** ско́лько с меня́?; ***wo bekommt man ...?*** где мо́жно получи́ть ...?; ***sie hat ein Kind ~*** у неё роди́лся ребёнок; *v/i* ***gut ~*** пойти́ на по́льзу; ***schlecht ~*** быть во вред; ***wohl bekomm's!*** на здоро́вье!

be'kömmlich поле́зный (для здоро́вья)

be'laden *v/t* нагружа́ть <-грузи́ть> (на В; ***mit*** Т); *Fahrzeug* загружа́ть <-рузи́ть>; *Lasttier* навью́чи(ва)ть

Be'lag *m* (*Überzug*) покры́тие *n*; (*dünne Schicht*, *a. Med.*) налёт; (*Brotbelag*) то, что кладётся на бутербро́д

be'lagern осажда́ть <-ади́ть>

Be'lagerung *f* оса́да

Be'lang *m*: ***von ~ sein*** име́ть значе́ние

be'langlos незначи́тельный

be|'lasten (*beladen*) нагружа́ть <-рузи́ть>; *fig.* (*bedrücken*) отягоща́ть <-готи́ть>; *Beziehungen* обременя́ть <-ни́ть> (***mit*** Т); заноси́ть <-нести́> в де́бет (***Konto*** счёта); *Umwelt* загрязня́ть <-ни́ть>; **~'lästigen** *v/t* <по-> беспоко́ить; (*zudringlich werden*) пристава́ть (к Д)

Be'lastung *f* нагру́зка (*a. fig.*); обремене́ние *n*; загрязне́ние *n*

be'laufen: *sich ~ auf* составля́ть <-та́вить> (В), исчисля́ться (Т, в В)

be'lebt оживлённый, живо́й; *Straße* (много)лю́дный; *Gr.* одушевлённый

Be'leg *m* (оправда́тельный) докуме́нт; (*Quittung*) распи́ска *f*

be'legen (***mit***) (*bedecken*) покры́(ва́)ть (Т); *Fußboden* уст(и)ла́ть (Т)

Be'legschaft *f* персона́л *m*, ли́чный соста́в *m*

be'legt *Platz*: за́нятый; *Zunge*: обло́женный; *Stimme*: си́плый; ***~es Brötchen*** бутербро́д *m*

be'leibt по́лный

be'leidig|en обижа́ть <оби́деть>, *schwer* оскорбля́ть <-би́ть>; **~end** оби́дный, оскорби́тельный; **~t** оби́женный

Be'leidigung *f* оскорбле́ние *n*

be'lesen начи́танный

be'leuchten освеща́ть <-вети́ть>

Be'leuchtung *f* освеще́ние *n*

Belgier(**in** *f*) бельги́ец (-и́йка *f*)

belgisch бельги́йский

be'lichten *Fot.* экспони́ровать (*im*)*pf.*

Be'lichtung *f* экспози́ция

Be'lichtungsmesser *m* экспоно́метр

Be'lieben *n*: ***nach ~*** по усмотре́нию

be'liebig любо́й; ***~ viel*** ско́лько уго́дно

be'liebt люби́мый; популя́рный; ***er ist ~*** его́ лю́бят

Be'liebtheit *f* популя́рность *f*

be'liefern (***j-n mit***) поставля́ть <-ста́вить> (кому́-либо В), снабжа́ть <-бди́ть> (кого́-либо Т)

Be'lieferung *f* поста́вка, снабже́ние *n*

bellen <за>ла́ять

be'lohnen (воз)награжда́ть <(воз)награди́ть> (***für*** за В; ***mit*** Т)

Be'lohnung *f* (воз)награжде́ние *n*

belorussisch белору́сский

be'lügen *v/t* <на>лга́ть (Д)

be'mächtigen: *sich ~* за-, овладе́(ва́)ть (Т)

be|'mängeln *v/t* ука́зывать <-за́ть> на недоста́тки; **~'mannt** с экипа́жем

be'merkbar заме́тный; ***sich ~ machen*** обраща́ть <-рати́ть> на себя́ внима́ние (***durch*** Т)

be'merken *v/t* замеча́ть <-ме́тить>

be'merkenswert за-, примеча́тельный

Be'merkung *f* замеча́ние *n*; (*Anmerkung*) примеча́ние *n*, заме́тка

be'mitleiden <по>жалéть
be'mühen: ***sich*** **~** потрудиться *pf.*, старáться; (*sich kümmern*) забóтиться (***um*** о П); (*sich anstrengen*) добивáться (***um*** Р); хлопотáть (***um*** о П)
Be'mühung *f* старáние *n*, усилие *n*
be'nachbart сосéдний
be'nachrichtigen уведомля́ть <увéдомить>, извещáть <-вестить> (***von*** о П)
Be'nachrichtigung *f* уведомлéние *n*, извещéние *n*
be'nachteiligen (*bei Beförderung*) обходить <обойти>; (*bei Zuteilung*) обделя́ть <-лить>
be'nehmen: ***sich*** **~** вести себя́
be'neiden <по>завидовать; ***j-n um seine Erfolge*** **~** завидовать чьим-либо успéхам
be'neidenswert завидный
be|'nennen наз(ы)вáть (***nach ihm*** егó имéнем); *Zeugen* представля́ть <-áвить>; *Kandidaten* выдвигáть <вы́двинуть>; **~'nötigen** *v/t* нуждáться (в П); **~'nutzen** *v/t* употребля́ть <-бить>; (*anwenden*) <вос>пóльзоваться (Т); испóльзовать (*im*)*pf.* (В)
Be'nutz|er(in *f*) *m* пóльзующийся (-щаяся *f*) (Т); **~ung** *f* (ис)пóльзование *n*
Ben'zin *n* бензин *m*
be'obachten *v/t* наблюдáть (В, за Т); (*observieren*) следить (за Т)
Be'obacht|er(in *f*) *m* наблюдáтель(ница *f*) *m*; **~ung** *f* наблюдéние *n*
be'quem удóбный; (*mühelos*) лёгкий; ***es sich ~ machen*** устрóиться поудóбнее
Be'quemlichkeit *f* удóбство *n*; ***aus*** **~** по лéности
be'raten да(вá)ть совéты (Р), <про>консультировать (В); (*erörtern*) обсуждáть <-судить>; ***sich mit j-m*** **~** <по>совéтоваться с кéм-либо; ***schlecht ~ sein*** послéдовать плохóму совéту
Be'rater(in *f*) *m* совéтник (-ица *f*), консультáнт(ка *f*)
Be'ratung *f* консультáция; обсуждéние *n*; (*Konferenz*) совещáние *n*
be'rechenbar исчисли́мый; *fig. Verhalten*: предвидимый, предсказýемый
be'rechnen вычисля́ть <вы́числить>; (*veranschlagen*) рассчитывать <-тáть> (***für*** на В); (*in Rechnung stellen*) <по>стáвить в счёт; **~d** расчётливый
Be'rechnung *f* вычислéние *n*; расчёт *m*
be'rechtig|en да(вá)ть прáво (***j-n zu*** комý-либо на В); **~t** *Forderung* обоснóванный; **~ *sein zu*** имéть прáво на (В)
Be'rechtigung *f* прáво *n*; (*Rechtmäßigkeit*) основáние *n*
Be'reich *m* óбласть *f*; (*der Gültigkeit*) сфéра *f*
be'reichern: ***sich*** **~** обогащáться <-гатиться>
Be'reicherung *f* обогащéние *n*
Be'reifung *f* шины *f/pl.*
be'reit готóвый (***zu*** к Д, на В); **~ *sein*** быть наготóве
be'reiten *Essen* приготовля́ть <-тóвить>, <при>готóвить; *Sorgen* причиня́ть <-нить>; *Überraschung* <с>дéлать
be'reits ужé
Be'reitschaft *f* готóвность *f*; ***in*** **~** наготóве
be'reuen *Sünde* <по>кáяться (в П); *Fehler* раскáиваться <-кáяться> (в П)
Berg *m* горá *f*; ***die Haare standen ihm zu ~e*** у негó вóлосы встáли ды́бом
berg'ab пóд гору, с горы́; ***es geht mit ihm ~*** егó делá идýт под уклóн
berg'auf в гóру, нá гору; ***es geht ~*** дéло идёт в гóру
Bergbau *m* гóрная промы́шленность *f*
bergen (*retten*) спасáть <-сти>; *gesunkenes Schiff* поднимáть <-ня́ть>
Berg|führer *m* проводник в горáх; **~hütte** *f* гóрная хижина
bergig гористый
Berg|mann *m* горня́к; **~rücken** *m* гóрный хребéт; **~steiger(in** *f*) *m* альпинист(ка *f*); **~wandern** *n* (высоко)гóрный туризм *m*; **~werk** *n* рудник *m*, шáхта *f*
Be'richt *m* (*Mitteilung*) доклáд; (*Re-*

chenschaft) отчёт; *Mil.* сво́дка *f*; (*in der Presse*) сообще́ние *n*
be'richten сообща́ть <-щи́ть>; докла́дывать <доложить>
Be'richterstatter(in *f*) *m* корреспонде́нт(ка *f*)
be'richtigen ис-, по-правля́ть <-ра́вить>
Be'richtigung *f* исправле́ние *n*; (*korrigierte Mitteilung*) попра́вка
Bernstein *m* янта́рь *m*
bersten <рас>тре́скаться, тре́снуть *pf.*
be'rüchtigt пресловýтый
be'rücksichtigen принима́ть <-ня́ть> во внима́ние, учи́тывать <учéсть>
Be'rücksichtigung *f* учёт *m*; ***unter ~*** (*G*) с учётом (Р), принима́я во внима́ние (В)
Be'ruf *m* профе́ссия *f*, специа́льность *f*; ***von ~*** по профе́ссии
be'rufen *v/t* приглаша́ть <-ласи́ть> (***zu, als*** Т, на до́лжность Р); (*ernennen*) назнача́ть <-на́чить> (Т); ***sich ~ auf*** ссыла́ться <сосла́ться> на (В)
be'ruflich профессиона́льный; *Pflichten* служе́бный
Be'rufsausbildung *f* профессиона́льное обуче́ние *n*
be'rufsbedingt свя́занный/в связи́ с профе́ссией
Be'rufs|beratung *f* профориента́ция; **~erfahrung** *f* профессиона́льный о́пыт *m*; **~kleidung** *f* спецоде́жда; **~krankheit** *f* профессиона́льное заболева́ние *n*; **~schule** *f* профессиона́льная шко́ла, те́хникум *m*
be'rufstätig рабо́тающий
Be'rufung *f* (*Ernennung*) приглаше́ние *n*; (*Neigung*) призва́ние *n*; *Jur.* ***~ einlegen*** пода́(ва́)ть апелля́цию; ***unter ~ auf*** ссыла́ясь на (В)
Be'rufungsgericht *n* апелляцио́нный суд *m*
be'ruhen осно́вываться (***auf*** на П); ***auf sich ~ lassen*** оставля́ть <оста́вить> так, как есть
be'ruhigen успока́ивать <-ко́ить> (***sich ~***); **~d** успока́ивающий
Be'ruhigung *f* успокое́ние *n*
Be'ruhigungsmittel *n* успокои́тельное сре́дство
be'rühmt знамени́тый, изве́стный; ***~ sein*** сла́виться (Т)
Be'rühmtheit *f* знамени́тость *f*
be'rühren *v/t* тро́гать <тро́нуть> (В); (*streifen, a. fig.*) каса́ться <косну́ться> (Р)
Be'rührung *f* прикоснове́ние *n*; (*Kontakt*) соприкоснове́ние *n*
Be'satzung *f* (*Mannschaft*) экипа́ж *m*; *Mar. a.* кома́нда; *Mil.* гарнизо́н *m*
Be'satzungs|macht *f* оккупи́рующая держа́ва; **~truppen** *f/pl.* оккупацио́нные войска́ *n/pl.*
be'schädigen поврежда́ть <-вреди́ть>
Be'schädigung *f* поврежде́ние *n*
be'schäftigen занима́ть <-ня́ть> (***sich mit*** -ся Т)
Be'schäftigung *f* заня́тие *n*
be'schämend посты́дный
Be'scheid *m* сообще́ние *n*; (*amtlich*) реше́ние *n*; ***~ geben*** сообщи́ть, информи́ровать; ***~ wissen*** разбира́ться (***in*** в П)
be'scheiden скро́мный
Be'scheidenheit *f* скро́мность *f*
be'scheinigen <за>свиде́тельствовать
Be'scheinigung *f* удостовере́ние *n*; *konkr. a.* спра́вка
be'schenken ода́ривать, одаря́ть <-ри́ть> (***mit*** Т)
Be'scherung *f* (*zu Weihnachten*) разда́ча пода́рков; *fig.* ***e-e schöne ~!*** вот тебе́ и на!
be'schimpfen <об>руга́ть, поноси́ть
Be'schlagnahme *f* изъя́тие *n*, конфиска́ция
be|'schlagnahmen изыма́ть <изъя́ть>, конфискова́ть (*im*)*pf.*; **~'schleunigen** *v/t* ускоря́ть <-ко́рить>
Be'schleunigung *f* ускоре́ние *n*
be'schließen реша́ть <-ши́ть>; (*behördlich*) постановля́ть <-ви́ть>; (*beenden*) зака́нчивать <-ко́нчить>
Be'schluss *m* реше́ние *n*; (*offizieller*) постановле́ние *n*; ***e-n ~ fassen*** приня́ть реше́ние; **~fähigkeit** *f* кво́рум *m*

be|'schmutzen <за>грязни́ть, <ис>па́чкать; *fig.* оскверня́ть <-ни́ть>; **~'schneiden** *Baum* об-, под-ре́з(ыв)ать; *Hecke* подстрига́ть <-стри́чь>; (*schmälern*) уре́з(ыв)ать; **~'schönigen** при(у)-кра́шивать <-кра́сить>; **~'schränken** ограни́чи(ва)ть (***auf*** T; ***sich auf*** -ся T); **~'schrankt** *Esb.* со шлагба́умом; **~'schränkt** ограни́ченный

Be'schränkung *f* ограниче́ние *n*

be'schreiben опи́сывать <-са́ть>; *Blatt Papier* испи́сывать <-са́ть>

Be'schreibung *f* описа́ние *n*

be|'schuldigen обвиня́ть <-вини́ть> (***j-n*** кого́-либо в П); **~'schützen** защища́ть <-ити́ть> (***vor, gegen*** от Р); *Grenze* охраня́ть <-ни́ть>

Be'schwerde *f* (*Klage*) жа́лоба; (*körperlich*) *pl.* недомога́ния *n/pl.*

be'schweren: *sich* ~ <по>жа́ловаться (***bei j-m über*** кому́-либо на В)

be'schwerlich тру́дный; (*lästig*) тя́гостный

be|'schwichtigen утихоми́ри(ва)ть; **~'schwören** *v/t* подкрепля́ть <-епи́ть> прися́гой (В), <по-> кля́сться (в П); (*anflehen*) умоля́ть <-ли́ть>; **~'seitigen** устраня́ть <-ни́ть>; *Abfall, Schnee* уб(и)ра́ть

Besen *m* щётка *f*; (*aus Reisig*) метла́ *f*

be'sessen *fig.* одержи́мый (***von*** T); (*rasend*) поме́шанный (***auf*** на П)

be'setzen *Platz* занима́ть <-ня́ть>; *Kleid* отде́л(ыв)ать, обши́(ва́)ть; *Land* оккупи́ровать (*im*)*pf.*

be'setzt за́нятый; оккупи́рованный; ***~!*** за́нято!; ***alles ~!*** мест нет!

Be'setzung *f* оккупа́ция; *Thea.* распределе́ние *n* роле́й

be'sichtigen осма́тривать <осмотре́ть>

Be'sichtigung *f* осмо́тр *m*

be'siedeln заселя́ть <-ли́ть>

be'siegen побежда́ть <-беди́ть>; *KSp.* обы́грывать <-гра́ть>

be'sinnen: *sich* ~ опо́мниться *pf.*; ***sich ~ auf*** вс-, при-помина́ть <-по́мнить> (В, о П); ***sich e-s Besseren ~*** переду́м(ыв)ать

Be'sinnung *f* созна́ние *n*, чу́вство *n*; ***die ~ verlieren*** теря́ть созна́ние; ***zur ~ kommen*** прийти́ в чу́вство

be'sinnungslos бессозна́тельный

Be'sitz *m* (*Eigentum*) со́бственность *f*, (*Grundbesitz*) владе́ние *n*; ***~ ergreifen von*** за-, о-владе́(ва́)ть (T)

be'sitzen *v/t* владе́ть, (*a. fig.*) облада́ть (T)

Be'sitzer *m* владе́лец, облада́тель *m*

be'sohlen *v/t* <по>ста́вить/подби́(ва́)ть подмётки (к Д)

be'sondere осо́бый, ча́стный; специа́льный; ***im Besonderen*** в осо́бенности, в ча́стности

Be'sonderheit *f* осо́бенность *f*

be'sonders (*vor allem*) осо́бенно

be'sorgen *v/t* (*beschaffen*) доста́(ва́)ть

Be'sorgnis *f*: ***~ erregend*** вызыва́ющий опасе́ния

Be'sorgung *f*: ***~en machen*** де́лать поку́пки

be'sprechen обсужда́ть <-суди́ть>; *Buch* <про>рецензи́ровать

Be'sprechung *f* обсужде́ние *n*; совеща́ние *n*; реце́нзия

besser *Adj.* лу́чший; *Adv.* лу́чше; ***~ gesagt*** точне́е говоря́; ***es geht ihm ~*** его́ состоя́ние улу́чшилось

bessern улучша́ть <улу́чшить>; ***sich ~*** улучша́ться <улу́чшиться>; *Pers.* исправля́ться <-ра́виться>

Besserung *f* улучше́ние *n*; (*der Gesundheit*) попра́вка; (*moralisch*) исправле́ние *n*

Be'stand *m* (*Bestehen*) (дальне́йшее) существова́ние *n*; (*Stand*) соста́в; ***~ haben*** сохраня́ться

be'ständig постоя́нный; *Wetter*: усто́йчивый

Be'standteil *m* составна́я часть *f*

be'stätigen *Erhalt* подтвержда́ть <-ерди́ть>; (*in Kraft setzen*) утвержда́ть <-ерди́ть>

Be'stätigung *f* подтвержде́ние *n*; утвержде́ние *n*

be'statten погреба́ть <-гребсти́>

beste (наи)лу́чший, са́мый лу́чший; ***der erste Beste*** пе́рвый попа́вшийся, пе́рвый встре́чный; ***am ~n*** лу́чше всего́; ***in ~r Ordnung*** в по́лном поря́дке; ***j-n zum Besten halten*** дура́чить кого́-либо

Beste *n* добро́, са́мое лу́чше; ***ich tue mein ~s*** де́лаю всё что могу́

be'stechen подкупа́ть <-пи́ть>; ***sich ~ lassen*** брать взя́тку

be'stechlich подкупно́й, прода́жный

Be'stechung *f* по́дкуп *m*

Be'steck *n* прибо́р *m*

be'stehen *v/i* существова́ть; (*gegeben sein*) име́ться; (*zum Inhalt haben*) состоя́ть (***aus*** из Р; ***in*** в П); (*beharren*) наста́ивать <-стоя́ть> (***auf*** на П); *v/t Prüfung* сдать *pf.*

be'steigen *v/t Berg, Turm* поднима́ться <-ня́ться>, всходи́ть <взойти́>; *Pferd* сади́ться <сесть> на В

be'stellen зака́зывать <-за́ть>; *Grüße* переда́(ва́)ть

Be'stellung *f* зака́з *m*; назначе́ние *n*; ***auf ~*** по зака́зу

besten|falls в лу́чшем слу́чае; **~s** лу́чше всего́

be'steuern облага́ть <-ложи́ть> нало́гом

Be'steuerung *f* налогообложе́ние *n*

be'stimmen *v/t* определя́ть <-ли́ть>; *Erben, Preis* устана́вливать <-нови́ть>, назнача́ть <-на́чить>; *v/i* распоряжа́ться (***über*** Т)

be'stimmt 1. *Adjp.* определённый; назна́ченный; **2.** *Adv.* (*ohne Zweifel*) несомне́нно

Be'stimmung *f* определе́ние *n*; (*Festsetzung*) назначе́ние *n*

Be'stimmungsort *m* ме́сто *n* назначе́ния

be'strafen нака́зывать <-за́ть>(***für, wegen*** за В); (*streng*) <по>кара́ть

Be'strafung *f* наказа́ние *n*, ка́ра

be'strebt: *~ sein* стреми́ться, стара́ться

be|'streiken *v/t* объявля́ть <-ви́ть> забасто́вку; **~streiten** *Aussage* оспа́ривать <-по́рить>; *Kosten* покры́(ва́)ть; **~'stürmen** *fig.* осажда́ть <осади́ть> (***mit*** Т); **~'stürzt** *Adjp.* поражённый

Be'such *m* посеще́ние *n*; (*offiziell*) визи́т (***in*** в В); *Pers.* гость *m*, го́сти *pl.*; ***wir haben ~*** у нас го́сти; ***zu ~ sein bei*** быть в гостя́х у Р

be'suchen посеща́ть <-сети́ть>

Be'sucher(**in** *f*) *m* посети́тель(ница *f*) *m*

Be'suchszeit *f* вре́мя *n* посеще́ния

be'tätigen *Gerät* приводи́ть <-вести́> в де́йствие; *Knopf* нажа(им)а́ть; ***sich ~*** занима́ться <-ня́ться> Т

be'täuben (*durch Schlag, Lärm*) оглуша́ть <-ши́ть>; *Gewissen, Schmerz* заглуша́ть <-ши́ть>

be'teiligen *v/t* <с>де́лать уча́стником; ***sich ~ an*** уча́ствовать в (П)

Be'teiligung *f* уча́стие *n*

beten *v/i* <по>моли́ться (***zu*** Д)

be'teuern заверя́ть <-ве́рить>

Be'ton *m* бето́н

be'tonen *v/t* <с>де́лать ударе́ние (на П); *fig.* подчёркивать <-черкну́ть>

beto'nieren <за>бетони́ровать

Be'tonung *f* ударе́ние *n* (*a. fig.*)

Be'tracht *m*: ***in ~ ziehen*** принима́ть <-ня́ть> во внима́ние; ***das kommt nicht in ~*** об э́том не мо́жет быть и ре́чи

be'trachten <по>смотре́ть (на В), рассма́тривать <-смотре́ть> (*a. fig.*, ***als*** как)

be'trächtlich значи́тельный

Be'trachtung *f* рассмотре́ние *n*, разгля́дывание *n*

Be'trag *m* су́мма *f*

be'tragen *v/t* составля́ть <-ста́вить>; ***sich ~*** вести́ себя́

Be'tragen *n* поведе́ние

be'treff|en *v/t* каса́ться (Р); ***was ... betrifft*** что каса́ется (Р); **~end** (*entsprechend*) соотве́тствующий

be'treffs относи́тельно, каса́тельно

be'treten[1] *v/t Weg* вступа́ть <-пи́ть> (на В); *Raum* входи́ть <войти́> (в В)

be'treten[2] *Adj. fig.* смущённый; *Schweigen*: нело́вкий

be'treuen *v/t* забо́титься (о П); *Gäste* обслу́живать

Be'trieb *m* (*Werk*) предприя́тие *n*;

(*Arbeit*, *Tätigkeit*) рабо́та *f*; (*Verkehr*) движе́ние *n*; ***... ist in/außer ~*** ... (не) рабо́тает, (не) де́йствует; ***in ~ setzen*** пусти́ть в ход

be'trieb|lich заводско́й; **~sam** де́ятельный, акти́вный

Be'triebs|anleitung *f* инстру́кция по эксплуата́ции; **~kapital** *n* оборо́тный капита́л *m*; **~klima** *n* атмосфе́ра *f* на предприя́тии; **~kosten** *pl.* произво́дственные расхо́ды *m/pl.*; **~leiter(in** *f*) *m* руководи́тель(ница *f*) *m* /дире́ктор предприя́тия; **~leitung** *f* управле́ние *n* предприя́тием; **~rat** *m* сове́т предприя́тия; **~system** *n EDV* операцио́нная систе́ма *f*; **~wirtschaft** *f* эконо́мика и организа́ция произво́дства

be'trinken: ***sich ~*** напи́(ва́)ться пья́ным

Be'trug *m* обма́н

be'trügen обма́нывать <-ну́ть> (*a.* ***um*** на В); *Ehepartner* изменя́ть <-ни́ть> (Д)

Be'trüger(in *f*) *m* обма́нщик (-щица *f*)

be'trügerisch моше́ннический

be'trunken пья́ный; ***~ machen*** спа́ивать <спои́ть>

Bett *n* крова́ть *f*; (*mit Bettzeug*) посте́ль *f*; ***das ~ machen*** <по>стла́ть посте́ль; **~bezug** *m* пододея́льник; **~decke** *f* одея́ло *n*

betteln <по>проси́ть ми́лостыню

bettlägerig лежа́чий; ***~ sein*** лежа́ть в посте́ли по боле́зни

Bettlaken *n* простыня́ *f*

Bettler(in *f*) *m* ни́щий (-щая *f*)

beugen сгиба́ть <согну́ть>; (*nach unten*) наклоня́ть <-ни́ть>; *Recht* наруша́ть <-ру́шить>; ***sich ~*** склоня́ться <-ни́ться> (***über*** над Т)

Beule *f* ши́шка; *Med.* желва́к *m*

be|'unruhigen *v/t* <о>беспоко́ить, <вс>трево́жить; **~'urlauben** да(ва́)ть о́тпуск; *Mil.* увольня́ть <уво́лить> в о́тпуск; (*vom Amt*) вре́менно освобожда́ть <-оди́ть> от обя́занностей; **~'urteilen** *v/t* суди́ть (о П); (*bewerten*) оце́нивать <-ни́ть> (В)

Beute *f* добы́ча; *Mil.* трофе́й *m*

Beutel *m* су́мка *f*; (*Säckchen*) мешо́чек

be'völkern населя́ть <-ли́ть>

Bevölkerung *f* населе́ние *n*

Be'völkerungs|dichte *f* пло́тность *f* населе́ния; **~explosion** *f* демографи́ческий взрыв *m*; **~zahl** *f* чи́сленность *f* населе́ния

be'vollmächtigen уполномо́чи(ва)ть (***zu*** на В)

be'vor пре́жде чем; ***~ nicht*** пока́ не

be'vor|munden (ме́лочно) опека́ть; **~stehen** предстоя́ть; **~zugen** предпочита́ть <-че́сть>

be|'wachen охраня́ть, стере́чь; **~'waffnen** вооружа́ть <-жи́ть> (***sich*** -ся); **~'wahren** сохраня́ть <-ни́ть>; (*aufbewahren*) храни́ть; (*schützen*) убере́чь *pf.* (***vor*** от Р)

be'währen: ***sich ~*** хорошо́ показа́ть себя́; *Verfahren* опра́вдывать <-да́ть> себя́

be'währt *Pers.* (много)о́пытный; *Sache*: испы́танный

Be'währung *f* прове́рка, испыта́ние *n*; *Jur.* ***mit ~*** усло́вно

Be'währungsprobe *f* испыта́ние *n*

be|'wältigen *v/t Arbeit* справля́ться <-ра́виться> (с Т); (*überwinden*) преодолева́ть <-ле́ть>; *Stoff*, *Portion* осили(ва)ть; **~'wandert** све́дущий (***in*** в П); **~'wässern** ороша́ть <-оси́ть>, обводня́ть <-ни́ть>

be'wegen[1] *v/t* дви́гать <дви́нуть>; сдвига́ть <-ви́нуть> (***von der Stelle*** с ме́ста); *Hände*, *Lippen* <по-> шевели́ть (Т); ***sich ~*** дви́гаться <дви́нуться>, передвига́ться <-дви́нуться>

be'wegen[2] (*veranlassen*) побужда́ть <-буди́ть>, склоня́ть <-ни́ть> (***zu*** к Д *od. Inf.*)

Be'weggrund *m* моти́в

be'weglich подвижно́й; (*rege*) живо́й; ***~e Habe*** дви́жимое иму́щество *n*

be'wegt *Meer*, *Leben*: бу́рный; (*lebhaft*) оживлённый

Be'wegung *f* движе́ние *n*; (*Unruhe*) волне́ние *n*; ***in ~ setzen*** привести́ в движе́ние

be'wegungslos неподви́жный

Be'weis *m* доказа́тельство *n*; ***zum ~, als ~*** в доказа́тельство (Р)

be'weisen докáзывать <-зáть>; *Mut* проявля́ть <-ви́ть>

Be'weiskraft *f* доказáтельственная си́ла

be'wenden: ***es dabei ~ lassen*** остáвить э́то, как есть/бы́ло

be'werben: ***sich ~ um*** <по>проси́ть о приёме на рабóту; (*schriftlich*) подá(вá)ть заявлéние (о П)

Be'werb|er(in *f*) *m* кандидáт(ка *f*); **~ung** *f* прóсьба; (*schriftliche*) заявлéние *n*

Be'werbungsschreiben *n* заявлéние о приёме (на рабóту)

be|'willigen *Gelder* ассигновáть, отпускáть <-сти́ть>; (*genehmigen*) разрешáть <-ши́ть>; **~'wirken** *v/t* вызывáть <вы́звать> (В); **~'wirten** угощáть <угости́ть>; **~'wohnen** *v/t* (*bevölkern*) населя́ть (В), обитáть (в П); *Haus* жить (в П)

Be'wohner(in *f*) *m* жи́тель(ница *f*) *m*, обитáтель(ница *f*) *m*; (*Hausbewohner*) жилéц (жили́ца *f*)

be'wölken: ***sich ~*** покры́(вá)ться облакáми

Be'wölkung *f* óблачность *f*

be'wundern восхищáться <-хити́ться> (Т); (*verehren*) преклоня́ться (пéред Т)

be'wundernswert достóйный восхищéния

be'wusst сознáтельный; (*gewollt*) обдýманный; (*bekannt*) извéстный; ***sich e-r Sache ~ sein*** отдавáть себé отчёт в чём-либо; ***sich ~ werden*** осознáть, уясни́ть себé (В); ***ich bin mir keiner Schuld ~*** я не чýвствую себя́ виновáтым; **~los** бессознáтельный

Be'wusstsein *n* сознáние; ***bei vollem ~*** в пóлном сознáнии

be'zahlen <за-, у->плати́ть; *Rechnung* оплáчивать <оплати́ть>; *fig.* поплати́ться *pf.* (***mit*** Т); ***sich bezahlt machen*** окупáться <-пи́ться>

Be'zahlung *f* (о)плáта; ***gegen ~*** за плáту

be'zaubern очарóвывать <-ровáть>; **~d** очаровáтельный

be'zeichnen (*kennzeichnen*) отмечáть <-éтить>; (*bedeuten*) обозначáть <-нáчить> (*impf. a. fig.*); <о>характеризовáть (*im*)*pf.*; (*nennen*) наз(ы)вáть (***als*** Т); **~d** покáзательный

be'zeugen <за>свидéтельствовать

be'ziehen *Möbel* оби́(вá)ть, обтя́гивать <-тянýть>; *Bett* покры́(вá)ть; *Gehalt* получáть <-чи́ть>; *Ware* покупáть <купи́ть>; *Wohnung* въезжáть <въéхать> (в В); ***sich ~*** *Himmel*: заволáкиваться <-лóчься>; относи́ться <-нести́сь> (***auf*** к Д)

Be'ziehung *f* отношéние *n*; *pl. a.* свя́зи *f/pl.*; ***in dieser ~*** в э́том отношéнии; ***in jeder ~*** во всех отношéниях

be'ziehungsweise (*oder*) и́ли (же); (*besser gesagt*) точнée (говоря́)

Be'zirk *m* óбласть *f*; (*Stadtteil*) рáйóн; (*Verwaltungsbezirk*) óкруг

Be'zug *m Hdl.* закýпка *f*, приобретéние *n*; ***~ nehmen auf*** ссылáться <сослáться> (на В); ***in ~ auf*** что касáется

be|'zwecken имéть цéлью; **~'zweifeln** *v/t* сомневáться, усомни́ться *pf.* (в П)

Bibel *f* Би́блия

Biblio'thek *f* библиотéка

Bibliothe'kar(in *f*) *m* библиотéкарь (-рша F *f*) *m*

biblisch библéйский

biegen гнуть, изгибáть <изогнýть>; (*nach unten*) нагибáть <-гнýть>; *v/i* поворáчивать <-вернýть> (***um die Ecke*** за ýгол)

biegsam ги́бкий

Biegung *f* (*Fluss*) изги́б *m*; (*Straße*) поворóт *m*

Biene *f* пчелá

Bier *n* пи́во; ***helles ~*** свéтлое пи́во; ***dunkles ~*** тёмное пи́во; **~deckel** *m* подстáвка *f* (для пивнóй крýжки); **~dose** *f* бáнка с пи́вом; (*leer*) бáнка из-под пи́ва

bieten *Chance, Belohnung, Vorteil* да(вá)ть, предлагáть <-ложи́ть>; ***sich ~*** *Gelegenheit* представля́ться <-тáвиться>; ***das lasse ich mir nicht ~*** я э́того не потерплю́

Biga'mie *f* бигáмия

Bi'lanz *f* балáнс *m*; ***~ ziehen*** *fig.* подвести́ итóг

bilateral двусторóнний

Bild *n* картíна *f*; *Fot.* снíмок *m*; (*Rdf.*, *Kino*) изображéние ; ***im ~e sein*** быть в кýрсе дéла; ***sich ein ~ machen von*** состáвить себé представлéние о П; **~band** *m* альбóм (репродýкций); **~bericht** *m* фоторепортáж

bilden образóвывать <-зовáть>, <с>формировáть; *Teil, Ganzes* составлять <-тáвить>; ***sich ~*** (*entstehen*) образóвываться <-зовáться>; (*geistig*) учíться

Bilderbuch *n* дéтская кнíга *f* с картíнками

Bildfläche *f* плóщадь *f* изображéния; ***von der ~ verschwinden*** исчезáть <-чéзнуть> (íз виду)

Bildhauer(**in** *f*) *m* скýльптор (*a. f*)

bildlich óбразный; ***~e Darstellung*** изображéние *n*

Bildnis *n* портрéт *m*

Bild|röhre *f* кинескóп *m*; **~schirm** *m* (теле)экрáн; **~schirmtext** *m* телетéкст

Bildung *f* образовáние *n* (*a. fig.*); (*Bildungsgrad*) образóванность *f*

Bildungs|lücke *f* пробéл *m* в образовáнии; **~politik** *f* полíтика в óбласти образовáния; **~reise** *f* познавáтельное путешéствие *n*

Billard *n* бильярд *m*; **~kugel** *f* бильярдный шар *m*

billig дешёвый

billigen одобрять <одóбрить>

Binde *f* повязка; *Med.* бинт *m*; **~gewebe** *n Anat.* соединíтельная ткань *f*; **~glied** *n* связýющее звенó; **~haut** *f* конъюнктíва; **~hautentzündung** *f* конъюнктивíт *m*

binden <с>вязáть; *Kranz* <с>плестí; *Krawatte* повязывать <-зáть>; *Buch* переплетáть <-плестí>

Bindestrich *m* дефíс

Bind|faden *m* шпагáт; **~ung** *f* связь *f* (*a. Chem.*); *Text.* переплетéние *n*; (*an Skiern*) креплéние *n*; (*Verpflichtung*) обязáтельство *n*

binnen *Prp.* (*D u. G*) в течéние (Р); ***~ acht Tagen*** в недéльный срок

Binnen|handel *m* внýтренняя торгóвля *f*; **~schifffahrt** *f* судохóдство *n* по внýтренним вóдным путям

Binse *f* сíтник *m*

Binsenwahrheit *f* прописнáя íстина

Bio|che'mie *f* биохíмия; **~gra'phie** *f* биогрáфия; **~'loge** *m* (**~'login** *f*) биóлог (*a. f*); **~lo'gie** *f* биолóгия

bio'logisch биологíческий

Bio'top *m od. n* биотóп *m*

birgt → ***bergen***

Birke *f* берёза

Birnbaum *m* грýша *f*

Birne *f* грýша; *El.* лáмпочка

birst → ***bersten***

bis *Präp* (*A*) до (Р); ***~ an, ~ zu*** до сáмого, вплоть до (Р); ***~ dann!*** покá!

Bischof *m* епíскоп

bischöflich епíскопский; епископáльный

bis'her до сих пор; **~ig** прéжний

biss → ***beißen***

Biss *m* укýс

bisschen: *ein ~* немнóжко; ***kein ~*** ничýть

Bissen *m* кусóк; ***k-n ~ anrühren*** не дотрóнуться до еды́

bissig кусáющийся; ***~er Hund*** *m* злáя собáка *f*

bist → ***sein***

Bistum *n* епíскопство

bitte пожáлуйста, прошý; (***wie***) ***~?*** что вы сказáли?

Bitte *f* прóсьба (***an*** к Д)

bitten <по>просíть (***j-n um*** когó-либо о П); ***darf ich ~?*** разрешíте?; ***ich bitte Sie!*** помíлуйте!

bitter гóрький; *Not*: крáйний

Bitt|schrift *f* прошéние *n*; **~steller**(**in** *f*) *m* просíтель(ница *f*) *m*

Bi'tumen *n* битýм *m*

Biwak *n* бивáк *m*

bi'zarr стрáнный

Bizeps *m* бíцепс

Blähungen *f/pl.* (кишéчные) гáзы *m/pl.*

bla'mabel позóрный

Bla'mage *f* позóр *m*

bla'mieren <о>срамíть (***sich*** -ся)

blank блестящий; (*sauber*) чíстый; (*bloß*) гóлый (*a. Draht*); ***völlig ~ sein*** быть без грошá

Blankoscheck *m* блáнковый чек

Bläschen *n* пузырёк *m*

Blase *f* пузы́рь *m*; (*Harnblase*) мочево́й пузы́рь *m*; (*am Fuß*) волды́рь *m*

blasen *v/i* <по>ду́ть; *v/t Mus.* игра́ть (на П)

Bläser *m Mus.* музыка́нт, игра́ющий на духово́м инструме́нте

Blas|instrument *n* духово́й инструме́нт *m*; **~kapelle** *f* духово́й орке́стр *m*; **~musik** *f* духова́я му́зыка

Blasphe'mie *f* кощу́нство *n*

blass бле́дный; **~ *werden*** <по-> бледне́ть (***vor*** от Р)

Blässe *f* бле́дность *f*

blassgesichtig бледноли́цый

bläst → ***blasen***

Blatt *n* лист *m* (*a. Papier*); ***kein ~ vor den Mund nehmen*** говори́ть пря́мо

blättern листа́ть, перели́стывать (***in*** В)

Blätterteig *m* слоёное те́сто *n*

Blatt|pflanze *f* декорати́вно-ли́ственное расте́ние *n*; **~salat** *m* листово́й сала́т

blau си́ний; (*hellblau*) голубо́й; (*betrunken*) пья́ный; ***~er Fleck*** синя́к

Blaubeere *f* я́года черни́ки

Blaulicht *n* сигна́льная фа́ра *f* си́него цве́та

blaumachen F прогу́ливать <-ля́ть>

Blazer *m* бле́йзер

Blech *n* жесть *f*; (*Backblech*) про́тивень *m*; **~büchse** *f*, **~dose** *f* жестя́нка; **~schaden** *m* поврежде́ние *n* ку́зова

Blei *n* свине́ц *m*

Bleibe F *f* приста́нище *n*

bleiben оста́(ва́)ться; ***ich bleibe dabei, dass ...*** я наста́иваю на том, что́бы ...; ***dabei bleibt es!*** решено́!; **~ *lassen*** F *v/t* оставля́ть <-та́вить>

bleich бле́дный

bleichen *v/t* отбе́ливать <-ли́ть>

bleiern свинцо́вый (*a. fig.*)

bleifrei *Benzin*: неэтили́рованный

Bleistift *m* каранда́ш; **~spitzer** *m* точи́лка *f* для карандаше́й

Blende *f Fot.* диафра́гма

blenden слепи́ть (*a. v/i*), (*a. fig.*) ослепля́ть <-пи́ть>

blendend *fig.* блестя́щий

Blick *m* взгляд, взор; ***e-n ~ werfen auf*** бро́сить взгляд на (В); ***auf den ersten ~*** на пе́рвый взгляд; (*Liebe*) с пе́рвого взгля́да

blicken <по>смотре́ть, <по>гляде́ть; ***sich ~ lassen*** появля́ться <-ви́ться>

blieb → ***bleiben***

blies → ***blasen***

blind слепо́й (*a. fig.*); *Alarm*: ло́жный; **~ *werden*** <о>сле́пнуть; *Glas*: <по>тускне́ть

Blinddarm *m* слепа́я кишка́ *f*; **~entzündung** *f* воспале́ние *n* слепо́й кишки́

Blinde(r) слепо́й (-па́я *f*)

Blindheit *f* слепота́ (*a. fig.*)

blindlings вслепу́ю

blinken *v/i Stern*: мерца́ть; *Auto*: пода́(ва́)ть светов́ые сигна́лы

Blinker *m Kfz.* мига́ющий указа́тель поворо́та

blinzeln мига́ть <-гну́ть>, мо́ргать <-гну́ть>

Blitz *m* мо́лния *f*; ***wie vom ~ getroffen*** как гро́мом поражённый

Blitzableiter *m* громоотво́д

blitzartig *fig.* молниено́сный

blitzen *v/i* сверка́ть <-кну́ть> (*a. fig.*)

Blitzlicht *n* фотовспы́шка

blitzschnell молниено́сный

Block *m* блок; (*Notizblock*) блокно́т; (*Häuserblock*) ко́рпус

Blo'ckade *f* блока́да

Blockflöte *f* блокфле́йта

blockfrei *Staat*: неприсоедини́вшийся

Blockhütte *f* бреве́нчатый до́м(ик) *m*

blo'ckieren блоки́ровать (*im*)*pf.*

Blockschrift *f* бруско́вый шрифт *m*

blöde слабоу́мный, глу́пый

Blödsinn *m* слабоу́мие *n*, глу́пость *f*

blond светловоло́сый, белоку́рый

bloß¹ (*nackt*) го́лый; (*allein*) оди́н; ***mit ~em Kopf*** с непокры́той голово́й; ***mit ~em Auge*** невооружённым гла́зом

bloß² *Adv.* то́лько

Blöße *f* нагота́; *fig.* сла́бое ме́сто *n*; ***sich e-e ~ geben*** обнару́жить своё незна́ние

bloßstellen <с>компрометúровать (*sich* -ся)
blühen цвестú; *fig.* процветáть
Blume *f* цветóк *m*; (*Wein*) букéт *m*; (*Bier*) пéна; ***durch die ~ sagen*** дать понять
Blumen|kohl *m* цветнáя капýста *f*; **~strauß** *m* букéт (цветóв); **~topf** *m* цветóчный горшóк
blumig цветúстый
Bluse *f* блýзка
Blut *n* кровь *f*; ***ruhig ~!*** спокóйно!
Blut|armut *f* малокрóвие *n*; **~bad** *n* кровáвая бóйня *f*; **~druck** *m* кровянóе давлéние *n*
Blüte *f* цветóк *m*; *fig.* (*Elite*) цвет *m*; (*das Blühen*) цвет *m*, цветéние *n*
Blutegel *m* пиявка *f*
bluten кровоточúть
Blut|entnahme *f* взятие *n* крóви; **~erguss** *m* кровоизлияние *n*; **~gefäß** *n* кровенóсный сосýд *m*; **~gruppe** *f* грýппа крóви
blutig кровáвый; (*blutbefleckt*) окровáвленный
blutjung ю́ный
Blut|konserve *f* консервúрованная кровь *f*; **~körperchen** *n* кровянóе тéльце; **~kreislauf** *m* кровообращéние *n*; **~probe** *f* анáлиз *m* крóви; **~spender** *m* дóнор
blutstillend кровоостанáвливающий
Bluttransfusion *f* переливáние *n* крóви
Blutung *f* кровотечéние *n*
Blut|vergiftung *f* заражéние *n* крóви; **~wurst** *f* кровянáя колбасá
Bö *f* шквал *m*
Bob *m* бóбслей; **~bahn** *f* бобслéйная трáсса
Bock *m* (*Ziegenbock*) козёл; (*Schafbock*) барáн; ***e-n ~ schießen*** дать мáху
bocken *Tier*: упрямиться (*im*)*pf*.; *Kind*: капри́зничать
Boden *m* земля *f*; (*Erdreich*) пóчва *f*, (*Dachboden*) чердáк; *fig.* ***den ~ unter den Füßen verlieren*** <по>терять пóчву под ногáми
Boden|bearbeitung *f* обрабóтка пóчвы; **~frost** *m* зáморозки *m/pl.* на пóчве
bodenlos бездóнный; ***~e Frechheit*** *f* неслы́ханная дéрзость *f*
Boden|personal *n* назéмный обслýживающий персонáл *m*; **~schätze** *m/pl.* полéзные ископáемые *n/pl.*; **~truppen** *f/pl.* назéмные войскá *n/pl.*; **~turnen** *n* вóльные упражнéния *n/pl.*
Body|guard *m* телохранúтель *m*; **~building** *n* культурúзм *m*
bog → ***biegen***
Bogen *m* дугá *f*, *Arch.* áрка *f*, (*Blatt Papier*) лист бумáги; (*Waffe*) лук; (*Geige*) смычóк; ***e-n ~ machen um*** обходúть (В)
Bogen|lampe *f* дуговáя лáмпа; **~schießen** *n* стрельбá *f* из лýка
Bohne *f Bot.* фасóль *f*, (*Kaffeebohne*) зернó *n*
Bohnen|kaffee *m* натурáльный кóфе; **~suppe** *f* суп *m* из фасóли
bohnern натирáть <-терéть> (мастúкой)
Bohnerwachs *n* мастúка *f* (для натирáния полóв)
bohren *v/t* <про>сверлúть; (*in Holz*) <про>бурáвить; *v/i* бурúть сквáжину (***nach*** в пóисках Р); **~d** *Schmerz*, *Blick*: сверлящий
Bohrer *m* сверлó *n*; (*für Holz*) бурáв; (*Zahnbohrer*) бор
Bohr|insel *f* (плавýчая) платфóрма для морскóго бурéния; **~maschine** *f* сверлúльный станóк *m*; (*Handbohrmaschine*) электродрéль *f*; **~turm** *m* буровáя вы́шка *f*
böig шквáлистый, шквáльный
Boje *f* буй *m*
Bolzen *m* болт
bombar'dieren бомбардировáть
Bombe *f* бóмба
Bomben|angriff *m* налёт бомбардирóвочной авиáции; **~anschlag** *m* покушéние *n* с применéнием бóмбы; **~drohung** *f* угрóза взорвáть; **~erfolg** *m* грандиóзный успéх
bombensicher *fig.* абсолю́тно надёжный; *präd.* наверня́кá
Bomber *m* бомбардирóвщик
Bon *m* талóн; (*Kassenschein*) чек
Bonbon *n* конфéта *f*
Bonus *m* бóнус
Boot *n* лóдка *f*
Boots|schuppen *m* помещéние *n*

для хранéния лóдок; **~verleih** *m* прокáт лóдок
Bord *m Mar., Flgw.* борт; ***an ~*** на бортý; ***an ~ gehen*** садúться на корáбль, *ins Flugzeug* в самолёт; ***von ~ gehen*** сойтú на бéрег
Bor'dell *n* бордéль *m*
Bord|karte *f* посáдочный талóн *m*; **~stein** *m* бордю́рный кáмень *m*
borgen да(вá)ть взаймы́; брать <взять> взаймы́, занимáть <-нять> (***von*** у Р)
bor'niert ограни́ченный
Börse *f Hdl., Fin.* би́ржа; (*Geldtasche*) кошелёк *m*
Börsen|makler *m* брóкер; **~schluss** *m* закры́тие *n* би́ржи
Borste *f* щети́на
Borte *f* каймá
bösartig злóстный; *Med.* злокáчественный
Böschung *f* откóс *m*
böse злой; ***~ sein*** зли́ться (***auf*** на В; ***über*** из-за Р)
boshaft злóбный
Bosheit *f* злость *f*, злóба; (*Tücke*) ехи́дство *n*
Bosnien *n* Бóсния *f*
bosnisch босни́йский
Boss *m* босс
böswillig злóстный
bot → ***bieten***
Bo'tanik *f* ботáника
bo'tanisch ботани́ческий
Bote *m* посы́льный
Botin *f* посы́льная
Botschaft *f* (*Nachricht*) весть *f*, извéстие *n*; (*schriftliche*) послáние *n*; *Pol.* посóльство *n*; **~er(in** *f*) *m* посóл (*a. f*)
Bottich *m* чан
Bouil'lon *f* бульóн *m*
Boule'vard *m* бульвáр; **~presse** *f* бульвáрная прéсса
Bou'tique *f* бути́к *m*
Bowle *f* крюшóн *m*; (*Gefäß*) чáша для крюшóна
Box *f* (*Schachtel*) корóбка
boxen бокси́ровать
Boxer *m* боксёр
Boxkampf *m* состязáние *n* по бóксу
Boy'kott *m* бойкóт
boykot'tieren бойкоти́ровать
brach → ***brechen***
brachliegen *fig.* остá(вá)ться неиспóльзованным
brachte → ***bringen***
Branche *f* óтрасль *f*
Brand *m* пожáр; *Tech.* óбжиг; *Med.* гангрéна *f*; ***in ~ geraten*** загорéться *pf.*; ***in ~ stecken*** поджигáть <-жéчь>
Brandanschlag *m* поджóг (***auf*** Р)
branden *Meer*: разбивáться <-биться>(с шýмом) (***an*** о В)
Brand|schutz *m* противопожáрная защи́та *f*, пожáрная охрáна *f*; **~sohle** *f* стéлька; **~stifter(in** *f*) *m* поджигáтель(ница *f*) *m*; **~stiftung** *f* поджóг *m*
Brandung *f* прибóй *m*
Brandwunde *f* ожóг *m*, ожóговая рáна
brannte → ***brennen***
Branntwein *m* вóдка *f*
Brasili'aner(in *f*) *m* брази́лец (-зильянка *f*)
brasili'anisch брази́льский
brät → ***braten***
braten <за>жáрить; *v/i fig.* ***in der Sonne ~*** жáриться на сóлнце
Braten *m* жаркóе *n*
Brat|hähnchen *n* жáреный цыплёнок *m*; **~kartoffeln** *f/pl.* жáреный картóфель *m*; **~pfanne** *f* сковородá
Bratsche *f* альт *m*
Bratwurst *f* жáреная соси́ска
Brauch *m* обы́чай
brauchbar (при)гóдный (***für***, ***zu*** на В, к Д); (*nützlich*) полéзный
brauchen *v/t* нуждáться (в П); ***ich brauche das Buch*** мне нужнá э́та кни́га; ***du brauchst keine Angst zu haben*** тебé нéчего боя́ться
brauen *Bier* вари́ть
Braue'rei *f* пивовáренный завóд *m*
braun кори́чневый; *Fell*: бýрый; *Augen*: кáрий; *Haar*: каштáновый; *Teint*: смýглый; (*sonnengebräunt*) загорéлый; ***~ gebrannt*** *Pers.* загорéлый; ***~ werden*** <по>бурéть, (*von der Sonne*) загорéть
Bräune *f* (*Sonnenbräune*) загáр *m*
bräunen *v/t Kochk.* поджáривать <-жáрить>; ***sich ~*** (***lassen***) загорáть

Braunkohle *f* бýрый ýголь *m*
bräunlich коричневáтый; *Haut*: смугловáтый
Brause *f* душ *m*; (*Getränk*) шипýчка
Braut *f* невéста
Bräutigam *m* жених́
Braut|jungfer *f* подрýжка (невéсты); **~kleid** *n* венчáльное плáтье; **~paar** *n* жених́ и невéста, новобрáчные *pl.*
brav послýшный
brechen *v/t* <c>ломáть (*a. Steine, Widerstand*); *Rekord* поби́ть *pf.*; *Vertrag, Wort* нарушáть <-рýшить>; ***die Ehe ~*** нарýшить супрýжескую вéрность; *v/i* <c>ломáться, перелáмываться <-ломи́ться>; *Eis*: <по>трéскаться; *Damm*: прорвáться *pf.*; *Herz*: разрывáться (у Р); ***er musste ~*** егó вы́рвало; ***sich ~*** *Wellen*: разбивáться (***an*** о В)
Brech|reiz *m* тошнотá *n*; **~stange** *f* лом *m*
Brei *m* кáша *f*
breit широ́кий; ***zehn Meter ~*** дéсять мéтров в ширинý
Breite *f* ширинá
Breitengrad *m* грáдус широты́
breitschult(e)rig широкоплéчий
Bremsbelag *m* тормознáя колóдка *f*
Bremse¹ *f Zool.* слепéнь *m*
Bremse² *f* тóрмоз *m*; ***auf die ~ treten*** нажáть на тóрмоз
bremsen <за>тормози́ть
Brems|flüssigkeit *f* тормознáя жи́дкость; **~kraftverstärker** *m* усили́тель *m* тормознóго привóда; **~licht** *n* стоп-сигнáл *m*; **~pedal** *n* педáль *f* тóрмоза; **~spur** *f* след *m* торможéния
brennbar горю́чий
brennen *v/i* <c>горéть, (*lichterloh*) пылáть; *Sonne*: печь; *Wunde*: жечь; *v/t Ziegel, Kalk* обжигáть <-жéчь>; *Schnaps* гнать; ***es brennt!*** гори́т!, пожáр!
Brenn|nessel *f* крапи́ва; **~holz** *n* дровá *pl.*; **~punkt** *m Phys.* фóкус; *fig.* центр; **~spiritus** *m* денатурáт; **~weite** *f* фóкусное расстоя́ние *n*
brenzlig (*gefährlich*) опáсный
Brett *n* доскá *f*; ***das schwarze ~*** доскá объявлéний; *fig.* ***die ~er*** *pl.* (*Skier*) лы́жи *f/pl.*
Bretterzaun *m* дощáтый забóр
Brettspiel *n* настóльная игрá *f*
bricht → ***brechen***
Brief *m* письмó *n*; **~bogen** *m* лист почтóвой бумáги; **~bombe** *f* письмó-бóмба *n*; **~kasten** *m* почтóвый я́щик; (*am Haus*) я́щик для пи́сем; **~kopf** *m* шáпка *f* (письмá)
brieflich пи́сьменный
Briefmarke *f* почтóвая мáрка
Briefmarken|album *n* альбóм *m* для (почтóвых) мáрок; **~sammler(in** *f*) *m* филатели́ст(ка *f*)
Brief|papier *n* почтóвая бумáга *f*; **~tasche** *f* бумáжник *m*; **~taube** *f* почтóвый гóлубь *m*; **~träger(in** *f*) *m* почтальóн(ша F *f*); **~umschlag** *m* конвéрт
briet → ***braten***
Bri'gade *f* бригáда
Bri'kett *n* брикéт *m*
bril'lant блестя́щий
Bril'lant *m* бриллиáнт
Brille *f* очки́ *pl.*; ***mit ~*** в очкáх
Brillen|etui *n* футля́р *m* для очкóв; **~gestell** *n* очкóвая опрáва *f*
bringen (*her~*) приноси́ть <-нести́>; (*hin~*) заноси́ть; (*geleiten*) приводи́ть <-вести́>; *Theaterstück* <по>стáвить; ***es mit sich ~*** <по>влéчь за собóй (В), быть причи́ной (Р); ***es zu etwas ~*** достигáть <-сти́чь> чегó-либо
Brise *f* бриз *m*
Brite *m* британец
Britin *f* брита́нка
britisch бритáнский
Brocken *m* кусóк; (*Felsstück*) облóмок; ***ein harter ~*** твёрдый орéшек
Bro'kat *m* парчá *f*
Brombeere *f* ежеви́ка
Bron'chitis *f* бронхи́т *m*
Bronze *f* брóнза
Brosche *f* брошь *f*, брóшка
Bro'schüre *f* брошю́ра
Brot *n* хлеб *m*; (*Laib a.*) бухáнка *f*, (*rund*) каравáй *m*
Brötchen *n* бýлочка *f*
Brotfabrik *f* хлебозавóд *m*
brotlos: *~e Kunst* бездохóдное заня́тие
Brot|messer *n* хлеборéзный нож

m; **~(schneide)maschine** *f* хлеборе́зка

Bruch *m* поло́мка *f*; (*Fraktur*) перело́м; *Math.* дробь *f*; *fig.* наруше́ние *n*; ***zu ~ gehen*** разби́(ва́)ться; ***in die Brüche gehen*** *Freundschaft*: ру́хнуть

brüchig ло́мкий, хру́пкий

Bruch|landung *f* авари́йная поса́дка; **~rechnung** *f* исчисле́ние *n* дробе́й; **~strich** *m* дро́бная черта́ *f*; **~stück** *n* обло́мок *m*; *fig.* отры́вок *m*, фрагме́нт *m*; **~teil** *m* до́ля *f*

Brücke *f* мост *m*; (*Teppich*) полови́к *m*

Brückenkopf *m Mil.* плацда́рм

Bruder *m* брат

brüderlich бра́тский

Brüderschaft *f* бра́тство *n*; ***~ trinken*** пить на брудерша́фт

Brühe *f* бульо́н *m*; (*von Gemüse*) отва́р *m*

brüllen *Tiere*: реве́ть, рыча́ть; *Pers.* <за>ора́ть

brummen (*mit tiefer Stimme*) ворча́ть; *Motor*: гуде́ть; ***mir brummt der Kopf*** у меня́ голова́ трещи́т

brü'nett *Haar*: тёмный

Brunnen *m* коло́дец; (*Mineralquelle*) минера́льный исто́чник

brüsk ре́зкий

Brust *f* грудь *f*

brüsten: *sich ~ mit* кичи́ться (Т)

Brust|korb *m* грудна́я клётка *f*; **~schwimmen** *n* брасс *m*

Brüstung *f* парапе́т *m*

Brustwarze *f* (грудно́й) сосо́к *m*

Brut *f* выси́живание *n*; *konkr.* вы́водок *m*; F (*Gesindel*) отро́дье *n*

bru'tal *Pers.* жесто́кий; *Verbrechen*: зве́рский

Brutali'tät *f* жесто́кость *f*; зве́рство *n*

brüten выси́живать <вы́сидеть>; F *fig.* лома́ть себе́ го́лову (***über*** над Т)

Brut|kasten *m Med.* инкуба́тор; **~stätte** *f fig.* расса́дник *m*

brutto бру́тто

Brutto|gehalt *n*, **~lohn** *m* за́работная пла́та *f* без вы́четов; **~sozialprodukt** *n* валово́й социа́льный проду́кт *m*

Buch *n* кни́га *f*; ***~ führen*** вести́ учёт (***über*** Д)

Buchdruck *m* книгопеча́тание *n*

Buche *f* бук *m*

buchen *Reise* зака́зывать <-за́ть>

Bücherbord *n* кни́жная по́лка *f*

Büche'rei *f* библиоте́ка

Bücher|regal *n* стелла́ж *m* для книг; **~schrank** *m* кни́жный шкаф

Buch|führung *f* счетово́дство *n*; **~halter(in** *f*) *m* бухга́лтер(ша F *f*), счетово́д; **~haltung** *f* бухгалте́рия; **~handel** *m* книготорго́вля *f*; **~händler(in** *f*) *m* книготорго́вец (*a. f*); **~handlung** *f* кни́жный магази́н *m*; **~messe** *f* кни́жная я́рмарка

Büchse *f* (*Dose*) ба́нка; (*Gewehr*) ружьё *n*

Büchsenöffner *m* консе́рвный нож

Buchstabe *m* бу́ква *f*; ***großer ~*** прописна́я бу́ква; ***kleiner ~*** стро́чная бу́ква

buchsta'bieren <про>чита́ть по бу́квам

buchstäblich буква́льный

Bucht *f Geogr.* зали́в *m*, (*kleinere*) бу́хта

Buchung *f* бухга́лтерская за́пись *f*; (*e-r Reise*) брони́рование *n*

Buchweizen *m* гречи́ха *f*

Buckel *m* горб

buck(e)lig горба́тый

bücken: *sich ~* нагиба́ться <-гну́ться> (***nach*** за Т)

Bückling[1] *m*: ***e-n ~ machen*** отве́сить покло́н

Bückling[2] *m* копчёная сельдь *f*

Bude *f* (*Kiosk*) пала́тка, ларёк *m*; (*kleines Zimmer*) клету́шка

Budget *n* бюдже́т *m*

Bü'fett *n* буфе́т *m*; ***kaltes ~*** холо́дные заку́ски *f/pl*

Büffel *m* бу́йвол

Bug *m* нос, носова́я часть *f*

Bügel *m* (*für Kleidung*) ве́шалка *f*; (*e-r Säge*) дуга́ *f*; (*der Brille*) ду́жка *f*; **~brett** *n* глади́льная доска́ *f*; **~eisen** *n* утю́г *m*; **~falte** *f* (заутю́женная) скла́дка

bügelfrei немну́щийся

bügeln <по>гла́дить, <вы>утю́жить

buhlen: ***um die Gunst ~*** зáискивать (пе́ред Т)
Bühne *f* сце́на
Bühnen|bild *n* декора́ции *f/pl.*; **~bildner(in** *f*) *m* худо́жник-декора́тор
Bu'lette *f* ру́бленая котле́та
Bul'gar|e *m* (**~in** *f*) болга́рин (-рка *f*)
bul'garisch болга́рский
Bull|dogge *f* бульдо́г *m*; **~dozer** *m* бульдо́зер
Bulle *m* бык; *verä.* (*Polizist*) фарао́н
Bulle'tin *n* бюллете́нь *m*
Bumerang *m* бумера́нг
Bummel *m* прогу́лка *f*; ***e-n ~ machen*** пойти́ прогуля́ться
bummeln гуля́ть; (*trödeln*) копа́ться
Bummelstreik *m* рабо́та *f* заме́дленными те́мпами
Bund¹ *n* (*Kräuter usw.*) пучо́к *m*
Bund² *m* сою́з; (*Hosenbund*) по́яс
Bündel *n* пучо́к *m*; (*von Akten*) па́чка *f*
bündeln свя́зывать <-за́ть> в пучо́к /в у́зел
Bundes|bank *f* федера́льный банк *m*; **~bürger** *m* граждани́н Федерати́вной Респу́блики Герма́нии; **~gebiet** *n* террито́рия *f* федера́ции; **~grenzschutz** *m* федера́льная пограни́чная охра́на *f*; **~kabinett** *n* федера́льный кабине́т *m* мини́стров; **~kanzler** *m* федера́льный ка́нцлер; **~land** *n* федера́льная земля́ *f*; **~präsident** *m* федера́льный президе́нт; **~regierung** *f* федера́льное прави́тельство *n*; **~republik** *f* федерати́вная респу́блика; **~tag** *m* бундеста́г; **~verfassungsgericht** *n* федера́льный конституцио́нный суд; **~wehr** *f* бундесве́р *m*
Bündnis *n* сою́з *m*
Bunker *m* (бомбо)убе́жище *n*; (*Lagerraum*) бу́нкер
bunt цветно́й; (*gemischt*) пёстрый; ***jetzt wird es mir zu ~*** э́то уж сли́шком
Buntstift *m* цветно́й каранда́ш
Burg *f* за́мок *m*
Bürge *m* поручи́тель *m*
bürgen руча́ться <поручи́ться> (***für*** за В)
Bürger(in *f*) *m* граждани́н (-а́нка *f*)
Bürger|initiative *f* гражда́нская инициати́ва; **~krieg** *m* гражда́нская война́ *f*
bürgerlich *Jur.* гражда́нский
Bürger|meister(in *f*) *m* бургоми́стр; **~rechtler(in** *f*) *m* правозащи́тник (-ица *f*); **~steig** *m* тротуа́р
Bürgschaft *f* поручи́тельство *n*
Bü'ro *n* бюро́; **~angestellte(r)** слу́жащий (-щая *f*) бюро́; **~klammer** *f* скре́пка
Büro'krat(in *f*) *m* бюрокра́т(ка *f*)
Bürokra'tie *f* бюрокра́тия
büro'kratisch бюрократи́ческий
Bursche *m* па́рень *m*
Bürste *f* щётка
bürsten <по>чи́стить щёткой; *Haar* пригла́живать <-ла́дить> щёткой
Bus *m* авто́бус; **~bahnhof** *m* автовокза́л
Busch *m* куст
Busen *m* грудь *f*, бюст
Bus|fahrer *m* води́тель *m* авто́буса; **~haltestelle** *f* авто́бусная остано́вка
Buße *f* *Rel.* покая́ние *n*; *Jur.* *Geldbuße* штраф *m*
büßen *v/t* искупа́ть <-пи́ть> (***die Schuld*** вину́); *Rel.* <по>ка́яться
Büste *f* бюст *m*
Büstenhalter *m* бюстга́льтер
Butter *f* (сли́вочное) ма́сло *n*; **~brot** *n* хлеб *m* с ма́слом; **~krem** *f* сли́вочный крем *m*; **~milch** *f* па́хта

C

C

Café n кафé
Camper(in f) m отдыхáющий (-щая f) в кéмпинге
campen жить в палáтке
Camping n óтдых m в кéмпинге; **~platz** m кéмпинг
Caravan m дáча-прицéп f
CD f компáкт-диск m; **~player** m проúгрыватель для компáкт-дúсков
Cel'list(in f) m виолончелúст(ка f)
Cello n виолончéль f
Celsius : ... *Grad* ~ ... грáдусов по Цéльсию
Cham'pagner m шампáнское n; **~glas** n фужéр m
Champignon m шампиньóн
Chance f шанс m
Chancengleichheit f рáвенство n возмóжностей
Chaos n хáóс m
Cha'rakter m харáктер; **~eigenschaft** f свóйство n харáктера
charakteri'sieren <o>характеризовáть
Charakte'ristik f характерúстика
charakte'ristisch харáктéрный
cha'rakterlos бесхарáктерный
Cha'rakterzug m чертá f харáктера
char'mant очаровáтельный
Charme m шарм
Charta f хáртия
Charter|flug m чáртерный рейс/полёт; **~maschine** f чáртерный самолёт m
chartern <за>фрахтовáть
Chauf'feur m шофёр
Chaus'see f шоссé n
Chauvi'nismus m шовинúзм
Checkliste f контрóльный спúсок
Chef m начáльник; **~arzt** m глáвный врач; **~pilot** m стáрший пилóт; **~redakteur** m глáвный редáктор; **~sekretärin** f секретáрь (-áрша F f) начáльника
Che'm|ie f хúмия; **~i'kalien** f/pl. химикáлии pl.; **~iker(in** f) m хúмик (a. f)
chemisch химúческий
Chemothera'pie f химиотерапúя
Chiffre f шифр m
Chi'nes|e m китáец; **~in** f китаянка
chi'nesisch китáйский
Chip m EDV чип
Chi'rurg m хирýрг
Chirur'gie f хирургúя
chi'rurgisch хирургúческий
Chlor n хлор m
Cholera f холéра
Choleste'rin n холестерúн m
Chor m хор; ***im* ~** хóром; в хóре
Cho'ral m хорáл
Christ m христиáнин; **~baum** m рождéственская ёлка f
Christentum n христиáнство
Christin f христиáнка
christlich христиáнский
Chrom n хром m
Chronik f хрóника
chronisch хронúческий
Clique f клúка
Clown m клóун
Cocktail m коктéйль m
Comics m/pl. кóмиксы m/pl.
Com'puter m компьютер
Con'tainer m контéйнер
Couch f дивáн m
Countdown m od. n (предстáртовый) отсчёт m врéмени; **~ *läuft*** врéмя отсчúтывается
Cou'rage f смéлость f
Cou'sin m кузéн; **~e** f кузúна
Creme f крем m
Crew f экипáж m, (a. Sp.) комáнда
Cup m кýбок
Cursor m курсóр

D

da *Adv.* (*hier*) (вот) тут, здесь; (*dort*) там; *zeitl.* тогда́; ***~ und dort*** тут и там, там и сям; ***von ~*** отту́да; ***~ sein*** быть (здесь); ***ist jemand ~?*** здесь кто́-нибудь есть?; ***es ist niemand ~*** никого́ нет; ***noch nie ~ gewesen*** небыва́лый; ***wer ist ~?*** кто там?; ***~ ist dein Buch*** вот твоя́ кни́га; *Kj.* (*weil*) поско́льку; (*als*) когда́

dabei (*bei diesem, zudem*) при э́том; ***was ist schon ~?*** (ну) что ж тут тако́го?; ***es bleibt ~!*** догово-ри́лись!; F ***ich bin ~!*** я согла́сен!; ***~ sein*** (***bei***) быть, прису́тствовать (при П); ***~ bleiben*** оста́(ва́)ться (при П)

Dach *n* кры́ша *f*, кро́вля *f*; **~boden** *m* черда́к; **~decker** *m* кро́вельщик; **~fenster** *n* слуховóе окно́; **~gepäckträger** *m* бага́жник на кры́ше; **~geschoss** *n* манса́рда *f*; **~organisation** *f* головна́я организа́ция; **~pappe** *f* (кро́вельный) толь *m*; **~rinne** *f* кро́вельный (водосто́чный) жёлоб *m*

Dachs *m* барсу́к

dachte, dächte → ***denken***

Dachziegel *m* черепи́ца *f*

Dackel *m* та́кса *f*

dadurch (*infolge*) вслéдствие чего́/ э́того; ***~, dass ...*** вслéдствие того́, что ...

dafür за э́то; ***~, dass*** за то, что́(бы); (*stattdessen*) вмéсто э́того; (*verwenden*) для э́того, на э́то; ***~ können: dafür kann ich nichts*** я тут ни в чём не пови́нен; ***~ sorgen*** <по>забо́титься об э́том/о том; ***wer ist ~?*** кто за?

da'gegen *Adv.* про́тив (э́того); ***nichts ~ haben*** не имéть ничего́ про́тив

da'heim до́ма; (*in d. Heimat*) на ро́дине

daher *Adv.* отту́да; *fig.* (*Ursache*) оттого́; *Kj.* поэ́тому

dahin (вон) туда́; ***bis ~*** до того́ мéста; **~gestellt: *~ sein lassen*** оставля́ть <-а́вить> откры́тым

da'hinten там позади́

dahinter (*wo?*) за э́тим; ***~ kommen*** (*erraten*) разга́дывать <-да́ть>; ***~ stecken*** *v/i fig.* скрыва́ться <скры́ться> за э́тим

dalassen оставля́ть <-та́вить> (там)

damals тогда́, в то врéмя

Dame *f* да́ма (*a. KSp.*); (*im Damespiel*) да́мка; (*Schach*) ферзь *m*; ***~ spielen*** игра́ть в ша́шки

Damen|bekleidung *f* жéнская одéжда; **~binde** *f* гигиени́ческий по́яс *m*; **~rad** *n* да́мский велосипéд *m*; **~wahl** *f*: (***es ist***) ***~!*** приглаша́ют да́мы!

damit *Adv.* с ним, (с) э́тим; ***ich bin ~ einverstanden*** я с э́тим согла́сен; ***was wollen Sie ~ sagen?*** что вы имéете в виду́?; *Kj.* (для того́,) что́бы

Damm *m* на́сыпь *f* (*a. Esb.*); (*Deich*) да́мба *f*; (*Staudamm*) плоти́на *f*

dämmerig су́мрачный

dämmern: *es dämmert* *morgens* светáет; *abends* смеркáется

Dämmerung *f* (*abends*) су́мерки *pl.*; (*morgens*) рассвéт

Dampf *m* пар; **~bügeleisen** *n* паровóй утю́г *m*

dampfen *v/i* дыми́ться

dämpfen *Kochk.* па́рить; *Stimme* понижа́ть <-ни́зить>; *Stösse* амортизи́ровать (*im*)*pf.*; *Lärm* приглуша́ть <-ши́ть>; *Licht* приту́шивать <-туши́ть>

Dampfer *m* парохо́д

Dampf|heizung *f* паровóе отоплéние *n*; **~walze** *f* паровóй като́к *m*

danach пото́м, затéм; по́сле э́того; (*handeln*) сообра́зно с э́тим; (*fragen*) об э́том; ***5 Jahre ~*** пять лет спустя́; ***es sieht nicht ~ aus*** непохо́же на то

Däne *m* датча́нин

da'neben (***dicht*** совсéм) ря́дом, во́зле; (*außerdem*) кро́ме того́, наряду́ с э́тим

Dänin *f* датча́нка

dänisch да́тский

D

dank (*D*, *G*) благодаря́ (Д)
Dank *m* благода́рность *f*; ***vielen ~!*** большо́е спаси́бо!; ***Gott sei ~!*** сла́ва Бо́гу!
dankbar благода́рный; ***ich bin Ihnen sehr ~*** я вам о́чень благода́рен (-рна)
Dankbarkeit *f* благода́рность *f*
danken <по>благодари́ть (***j-m für*** кого́-либо за В); ***ich danke Ihnen!*** благодарю́ вас!; ***danke sehr!*** большо́е спаси́бо!
Dankschreiben *n* благода́рственное письмо́
dann (*danach*) зате́м, пото́м; ***~ und wann*** иногда́; ***bis ~!*** пока́!
daran (*hängen v/i*) на э́том; (*hängen v/t*) на э́тот; (*haften*) к э́тому (*denken*) об э́том; ***ich glaube nicht ~*** я э́тому не ве́рю; ***mir liegt nichts ~*** мне всё равно́
darauf (*sich befinden*) на (э́)том; (*stellen*, *legen*) на (э́)тот; ***am Tag ~*** на сле́дующий день; ***wie kommst du ~?*** почему́ ты так ду́маешь?
'darauf'hin (*danach*) по́сле э́того; (*als Antwort*) в отве́т на э́то
daraus из э́того; ***~ folgt*** из э́того сле́дует; ***er macht sich nichts ~*** он к э́тому равноду́шен; ***~ wird nichts*** из э́того ничего́ не вы́йдет
darf → ***dürfen***
darin в (э́)том
darlegen излага́ть <-ложи́ть>
Darlehen *n* ссу́да *f*
Darm *m* кишка́ *f*
darstellen представля́ть <-ста́вить>; *Thea.* исполня́ть <-по́лнить>; ***~de Kunst*** сцени́ческое иску́сство
Darstell|er(**in** *f*) *m* исполни́тель(ница *f*); **~ung** *f* изображе́ние *n*; *Thea.* исполне́ние *n*
darüber (*wo?*) над э́тим; (*davon*) об э́том; ***ich freue mich ~*** я рад э́тому; ***~ hinaus*** сверх того́
darum (*um dieses*) об э́том; (*deshalb*) поэ́тому, ***es handelt sich ~, dass ...*** де́ло в том, что ...
darunter (*wo?*) под э́тим; (*wohin?*) под (э́)тот; (*weniger als das*) ни́же, ме́ньше; ***was verstehen Sie ~?*** что вы под э́тим понима́ете?
Dasein *n* существова́ние
dass что; (*bei Befehl*, *Bitte*, *Wunsch*) что́бы; ***es sei denn, ~ ...*** ра́зве что ...; ***ohne ~ er ... gesehen hat*** не уви́дев (Р); ***so ~*** так что
dastehen стоя́ть
Da'tei *f EDV* файл *m*, масси́в *m* да́нных
Daten *n/pl.* да́нные *pl.*; *Tech. a.* пара́метры *m/pl.*; **~bank** *f* банк *m* да́нных; **~schutz** *m* защи́та *f* данных/информа́ции; **~träger** *m* носи́тель *m* информа́ции; **~verarbeitung** *f* (маши́нная) обрабо́тка да́нных
da'tieren дати́ровать (*im*)*pf.*
Dativ *m* да́тельный паде́ж
Dattel *f* фи́ник *m*; **~palme** *f* фи́никовая па́льма
Datum *n* да́та *f*, число́; ***welches ~ haben wir heute?*** како́е сего́дня число́?
Dauer *f* продолжи́тельность *f*, дли́тельность *f*; ***von*** (***langer***) ***~*** дли́тельный; ***von kurzer ~*** кратковре́менный
dauerhaft про́чный
Dauerlauf *m* дли́тельный бег
dauern продолжа́ться <-до́лжиться>, <про>дли́ться; ***es dauert mir zu lange*** э́то (дли́тся) для меня́ сли́шком до́лго; ***wie lange wird es ~?*** ско́лько вре́мени э́то продли́тся?; **~d** постоя́нный
Dauer|welle *f* перманéнт *m*; **~wurst** *f* твёрдокопчёная колбаса́
Daumen *m* большо́й па́лец; ***ich drücke dir die ~!*** в до́брый час!
Daunen *f/pl.* пух *m*
Daunendecke *f* пухо́вое одея́ло *n*
davon от э́того; (*von dieser Menge*) из э́того; (*darüber*) об э́том; ***das kommt ~, dass ...*** э́то оттого́, что ...
da'von|eilen (по)спе́шно удали́ться; **~kommen: *mit dem Leben ~*** отде́латься *pf.*; ***mit heiler Haut ~*** вы́йти сухи́м из воды́; ***mit dem Schrecken ~*** отде́латься испу́гом; **~laufen** убега́ть <убежа́ть>
davor пе́ред э́тим; *zeitl.* ра́ньше; ***er hat Angst ~*** он э́того бои́тся
dazu к э́тому; (*dafür*) для э́того, для э́той це́ли; (*zusätzlich*) сверх/кро́ме того́; ***was sagst du ~?*** что ты

на э́то ска́жешь?; ***noch ~*** (и) к тому́ же
da'zu|gehören принадлежа́ть/относи́ться к чему́-либо; **~gehörig** принадлежа́щий / относя́щийся к чему́-либо
Dealer *m* (*illegaler Rauschgifthändler*) гоне́ц
da'zwischen ме́жду э́тим; **~kommen** <по>меша́ть (Д)
De'batte *f* деба́ты *pl.*; *Pol. a.* пре́ния *pl.*; ***zur ~ stehen*** подлежа́ть обсужде́нию
debat'tieren дебати́ровать (***über*** В)
dechiff'rieren дешифр(и́р)ова́ть (*im*)*pf.*
Deck *n* па́луба *f*; **~bett** *n* пери́на *f*, пухови́к *m*
Decke *f* покрыва́ло *n*; (*Tischdecke*) ска́терть *f*; (*Bettdecke*) одея́ло *n*; (*Zimmerdecke*) потоло́к *m*
Deckel *m* кры́шка *f*
decken *Dach* крыть; *zudecken* покрыва́ть <-ры́ть> (*a. fig.*); *Mil.* прикрыва́ть <-кры́ть>; ***den Tisch ~*** накры́(ва́)ть на стол; ***sich ~*** *identisch sein* совпада́ть <-па́сть>
Deckung *f der Kosten* покры́тие *n*; *Mil.* прикры́тие *n*; *Sp.* защи́та
deckungsgleich взаимосовпада́ющий
De'coder *m* дешифра́тор
de'fekt испо́рченный
De'fekt *m* поврежде́ние *n*
defen'siv оборони́тельный
defi'nieren определя́ть <-ли́ть>
Definiti'on *f* дефини́ция
Defizit *n* дефици́т *m*
dehnbar растяжи́мый (*a. fig.*)
dehnen растя́гивать <-яну́ть>
Deich *m* да́мба *f*
Deichsel *f* ды́шло *n*
dein твой (твоя́ *f*, твоё *n*, твои́ *pl.*), (*auf Subjekt bezogen*) свой (своя́, своё, свои́)
deinerseits с твое́й стороны́
deinetwegen из-за тебя́, ра́ди тебя́
deka'dent декаде́нтский
Deklinati'on *f* склоне́ние *n*
deklinieren *Gr.* <про>склоня́ть
Dekolleté *n* декольте́
Dekora|teur *m* (**-rin** *f*) декора́тор (*a. f*); *Thea.* драпиро́вщик (-ица *f*); **~ti'on** *f* (худо́жественное) оформле́ние *n*
deko|ra'tiv декорати́вный; **~'rieren** декори́ровать (*im*)*pf.*
Delegati'on *f* делега́ция
dele'gieren делеги́ровать (*im*)*pf.*
Delegierte(**r**) делега́т(ка *f*)
deli'kat *Speise*: изы́сканный, то́нкий; *Problem* делика́тный
Delika'tesse *f* деликате́с *m*
De'likt *n* дели́кт *m*
Dema'go|ge *m* (**~gin** *f*) демаго́г (*a. f*)
demagogisch демагоги́ческий
De'menti *n* опроверже́ние
dementieren опроверга́ть <-ве́ргнуть>, отрица́ть
dementsprechend соотве́тственно э́тому
dem|nach сле́довательно; **~nächst** в ближа́йшее вре́мя
Demo|'krat(**in** *f*) *m* демокра́т(ка *f*); **~kra'tie** *f* демокра́тия
demokratisch демократи́ческий
demolieren поврежда́ть <-еди́ть>
Demon'strant(**in** *f*) *m* демонстра́нт(ка *f*)
Demonstrati'on *f* демонстра́ция
demonstrativ демонстрати́вный
demon'strieren <*v/t a.* про>демонстри́ровать
demon'tieren демонти́ровать (*im*)*pf.*
demütig смире́нный; **~en** унижа́ть <уни́зить>
Demütigung *f* униже́ние *n*
denkbar мы́слимый; (*möglich*) возмо́жный
denken мы́слить, <по>ду́мать (***an***, ***über***, ***von*** о П); (*beabsichtigen*) намерева́ться; ***daran ist nicht zu ~*** об э́том не́чего и помышля́ть; ***wer hätte das gedacht!*** кто бы поду́мал!; ***das habe ich mir gedacht*** так я и ду́мал(а *f*)
Denkmal *n* па́мятник *m*; **~schutz** *m* охра́на *f* па́мятников (исто́рии и культу́ры)
denkwürdig па́мятный, знамена́тельный
denn так как, потому́ что; (*verstärkend in Fragesätzen*) ***wo ~?*** где же?; (*vergleichend*) чем; ***mehr ~ je***

бо́льше чем когда́-либо; ***es sei ~, dass ...*** ра́зве что ...
dennoch всё-таки, тем не ме́нее
Denunzi'ant(in *f*) *m* доно́счик (-ица *f*)
D
denun'zieren доноси́ть <-нести́> (на В; ***bei*** Д, в В)
Deodo'rant *n* дезодора́нт *m*
Depo'nie *f* (*Müllablage*) сва́лка; ***geordnete ~*** упоря́доченные сва́лки
depo'nieren депони́ровать (*im*)*pf.*
Depot *n* депо́; (*bei d. Bank*) отде́л *m* вкла́дов
Depressi'on *f* депре́ссия
depres'siv депресси́вный
depri'mier|en удруча́ть <-чи́ть>; **~end** удруча́ющий; **~t** удручённый
der (die, das) *Artikel fehlt im Russischen*; **~artig** тако́го ро́да, подо́бный
derb твёрдый, кре́пкий
der'gleichen: ***und ~ mehr*** и тому́ подо́бное; ***nichts ~*** ничего́ подо́бного
derjenige тот; ***~, welcher*** тот, кто
der'selbe тот (же) са́мый; ***aus demselben Grund*** по той же са́мой причи́не
Deser'teur *m* дезерти́р
deser'tieren дезерти́ровать (*im*)*pf.*
deshalb по́этому; ***~, weil ...*** потому́, что ...
Design *n* диза́йн *m*; **~er(in** *f*) *m* диза́йнер (*a. f*)
desinfi'zieren <про>дезинфици́ровать (*im*)*pf.*
Dessert *n* десе́рт *m*; ***zum ~*** на десе́рт
Dessin *n* рису́нок *m*
destil'lieren дистилли́ровать (*im*)*pf.*
desto тем; ***je eher, ~ besser*** чем ра́ньше, тем лу́чше
deswegen по́этому
De'tail *n* дета́ль *f*
Detek'tiv *m* детекти́в, сы́щик
Detonati'on *f* детона́ция, взрыв *m*
deut|en *v/t* толкова́ть, истолко́вывать <-кова́ть>; *v/i* ука́зывать <-за́ть> (***auf*** на В); **~lich** отчётливый, я́вственный; (*gut lesbar a.*) чёткий; (*gut hörbar a.*) вня́тный
deutsch неме́цкий; *präd.* по-неме́цки; *Pol. oft* герма́нский; ***Deutsche Mark*** неме́цкая ма́рка
Deutsch *n* неме́цкий язы́к *m*; **~e(r)** не́мец *m* (не́мка *f*)
Deutschland *n* Герма́ния *f*
Deutung *f* толкова́ние *n*
De'vise *f* деви́з *m*
De'visen *pl. Fin.* (иностра́нная) валю́та *f*; **~kurs** *m* валю́тный курс
De'zember *m* дека́брь *m*
de'zent *Benehmen*: такти́чный; *Duft*: нерéзкий; *Farbe, Kleidung*: небро́ский; *Musik*: негро́мкий
Dezi'mal|bruch *m* десяти́чная дробь *f*; **~system** *n* десяти́чная систе́ма *f* счисле́ния
Dia *n* слайд *m*
Dia'be|tes *m* диабе́т; **~tiker(in** *f*) *m* диабе́тик (*a. f*)
Diag'nose *f* диа́гноз *m*
diago'nal диагона́льный
Dia'lekt *m* диале́кт, наре́чие *n*
Dia'log *m* диало́г
Dia'mant *m* алма́з
Dia|positiv *n* диапозити́в *m*, слайд *m*; **~projektor** *m* диапрое́ктор
Di'ät *f* дие́та; ***~ einhalten*** приде́рживаться дие́ты; **~en** *pl.* су́точные *pl.*
dicht густо́й; *Regen, Netz, usw.*: ча́стый; *Verkehr*: интенси́вный; (*undurchlässig*) непроница́емый; (*kompakt*) пло́тный; ***dicht bevölkert*** густонаселённый; ***das Boot ist ~*** в ло́дку не протека́ет вода́
Dichte *f* густота́; пло́тность *f*
dichten *v/t* (*Gedichte schreiben*); *v/i* писа́ть/сочиня́ть стихи́
Dichter(in *f*) *m* писа́тель(ница *f*) *m*, по́эт(е́сса *f*)
Dichtung[1] *f Tech.* уплотне́ние *n*
Dichtung[2] *f* худо́жественная литерату́ра; по́эзия; (*Werk*) худо́жественное произведе́ние *n*
dick то́лстый, по́лный
Dickicht *n* гу́ща *f*, ча́ща *f*
Dickkopf *m* упря́мец
Dieb *m* вор; **~in** *f* воро́вка
Diebstahl *m* кра́жа *f*, воровство́ *n*
diejenige та
Diele *f* (*Vorraum*) пере́дняя
dienen служи́ть (***als*** Т, в ка́честве Р)

Dienst *m* слу́жба *f*; (*Dienen*) служе́ние *n*; (*Bereitschaftsdienst*) дежу́рство *n*; *pl.* услу́ги *f/pl.*; ***den ~ antreten*** поступи́ть на слу́жбу; заступи́ть на дежу́рство; ***~ haben*** дежу́рить; ***im*** (***öffentlichen***) ~ на (госуда́рственной) слу́жбе
Dienstag *m* вто́рник; ***am ~*** во вто́рник
dienstags по вто́рникам
Dienstalter *n* служе́бный стаж *m*
dienstfrei свобо́дный от слу́жбы
Dienst|gebrauch *m*: ***für den ~*** для служе́бного по́льзования; **~grad** *m* чин, ранг; **~leistung** *f* услу́га
dienstlich служе́бный
Dienst|reise *f* командиро́вка; **~stelle** *f* (служе́бная) инста́нция; **~wagen** *m* служе́бная маши́на *f*; **~weg** *m*: ***auf dem ~*** в служе́бном поря́дке
Diesel|kraftstoff *m* ди́зельное то́пливо *n*; **~motor** *m* ди́зельный дви́гатель *m*
diese(r, -s) э́тот *m*, э́та *f*, э́то *n*; ***dieses Mal*** на э́тот раз; ***dieser Tage*** на днях
diesig мгли́стый
dies|jährig э́того го́да; **~mal** на э́тот раз; **~seits** по э́ту сто́рону
diffa'mieren оклевета́ть *pf.*
Diffe'renz *f* ра́зница; *fig.* разногла́сие *n*
differen'zieren дифференци́ровать (*im*)*pf.*
Digi'tal|anzeige *f* дигита́льное изображе́ние *n*; **~uhr** *f* дигита́льные часы́ *pl.*
Dik'tat *n* дикта́нт *m*, дикто́вка *f*; ***nach ~ schreiben*** писа́ть под дикто́вку
Dik'tator *m* дикта́тор
dikta'torisch дикта́торский
Dikta'tur *f* диктату́ра
dik'tieren диктова́ть
Dik'tiergerät *n* диктофо́н *m*
Dill *m* укро́п
Dimensi'on *f* *Math.* измере́ние *n*; *Phys.* разме́рность *f*; (*Ausmaß*) разме́р *m*
Dimmer *m* регуля́тор си́лы све́та
Ding *n* вещь *f*; (*Gegenstand*) предме́т *m*; ***vor allen ~en*** пре́жде всего́; ***das geht nicht mit rechten ~en zu*** тут что-то нечи́сто; ***ein ~ drehen*** F обтя́пать де́льце
Dioxyd *n* двуо́кись *f*
Diphthe'rie *f* дифтери́я
Di'plom *n* дипло́м *m*; **~arbeit** *f* дипло́мная рабо́та
Diplo'mat *m* диплома́т
Diploma'tie *f* диплома́тия
Diplo'matin *f* диплома́тка
diplo'matisch дипломати́ческий; *fig.* дипломати́чный
Di'plomingenieur *m* диплоии́рованный инжене́р
dir (*D v.* ***du***) тебе́
di'rekt прямо́й, непосре́дственный
Di'rektflug *m* беспоса́дочный полёт
Direkti'on *f* дире́кция
Di'rektor *m* дире́ктор
Direk'torin *f* дире́ктор, директри́са
Di'rektübertragung *f* пряма́я переда́ча
Diri'gent(in *f*) *m* дирижёр (*a. f*)
diri'gieren *v/t* дирижи́ровать (T)
Disharmo'nie *f* дисгармо́ния
Dis'kette *f* диске́та
Dis'kettenlaufwerk *n* дисково́д *m*
Disko *f* дискоба́р *m*, дискоклу́б *m*; **~musik** *f* ди́ско-му́зыка
Dis'kont *m* диско́нт; **~satz** *m* учётная ста́вка *f*
Disko'thek *f* дискоте́ка
Diskre'panz *f* расхожде́ние *n*
dis'kret (*vertraulich*) конфиденциа́льный; (*taktvoll*) такти́чный, делика́тный
Diskreti'on *f* такт *m*
diskrimi'nieren дискримини́ровать (*im*)*pf.*
Diskrimi'nierung *f* дискримина́ция
Diskus *m* диск
Diskussi'on *f* диску́ссия; ***zur ~ stellen*** поста́вить на обсужде́ние
Diskuswerf|en *n* мета́ние ди́ска; **~er(in** *f*) *m* дискобо́л(ка *f*)
disku'tieren дискути́ровать
Display *n* *EDV* диспле́й
disqualifi'zieren дисквалифици́ровать (*im*)*pf.*
Dis'tanz *f* диста́нция
distan'zieren: ***sich ~ von*** дистанци́роваться (*im*)*pf.* от P
Distel *f* чертополо́х *m*
Dis'trikt *m* райо́н, регио́н

D

Diszi'plin *f* дисципли́на; вид *m* спо́рта
Divi'dende *f* дивиде́нд *m*
divi'dieren <раз>дели́ть
Divisi'on *f Math.* деле́ние *n*; *Mil.* диви́зия
doch *Kj.* (*aber*) одна́ко, но; *Adv.* (*dennoch*) всё-таки, всё же; ***das weißt du ~*** (да) ты ведь/же э́то зна́ешь; ***mach es ~ selbst*** сде́лай-ка сам(а́ *f*); ***ja ~*** ну, коне́чно
Docht *m* фити́ль *m*
Dock *n* док *m*
Dogma *n* до́гма
Doktor *m* до́ктор; **~arbeit** *f* кандида́тская диссерта́ция
Dok'trin *f* доктри́на
Doku'ment *n* докуме́нт *m*
Dokumen'tarfilm *m* документа́льный фильм
Dolch *m* кинжа́л
dolmetschen у́стно переводи́ть <-вести́>
Dolmetscher(in *f*) *m* перево́дчик (-ица *f*)
Dom *m* кафедра́льный собо́р
domi'nieren домини́ровать
Donner *m* гром; ***wie vom ~ gerührt*** как гро́мом поражённый
donnern греме́ть; ***es donnert*** гром греми́т
Donnerstag *m* четве́рг; ***am ~*** в четве́рг
donnerstags по четверга́м
Donnerwetter: *zum ~* к чёрту
doof глу́пый
Doping *n* примене́ние до́пинга
Doppel *n* дублика́т *m*; *Sp.* па́рная игра́ *f*; **~bett** *n* дву(х)спа́льная крова́ть *f*; **~fenster** *n* двойно́е окно́; **~gänger(in** *f*) *m* двойни́к (*a. f*); **~punkt** *m* двоето́чие *n*
doppelt двойно́й, двоя́кий; ***~ so groß wie*** вдво́е бо́льше чем
Doppel|zentner *m* це́нтнер; **~zimmer** *n* двухме́стный но́мер *m*, но́мер *m* на двои́х
Dorf *n* село́, дере́вня; **~bewohner(in** *f*) *m* жи́тель(ница *f*) *m* села́/дере́вни
Dorn *m* шип; *Bot.* колю́чка *f*
dornig колю́чий
dort там; **~'her** отту́да; **~'hin** туда́
Dose *f* ба́нка; (*Box*) коро́б(оч)ка
dösen дрема́ть
Dosen|bier *n* ба́ночное пи́во; **~öffner** *m* консе́рвный нож
do'sieren дози́ровать
Dotter *n* желто́к *m*
Do'zent(in *f*) *m* доце́нт (*a. f*)
Drachen *m* (*Fluggerät*) змей; *Sp.* дельтапла́н; ***e-n ~ steigen lassen*** запусти́ть змея́; **~fliegen** *n* дельтапланери́зм *m*
Draht *m* про́волока *f*
drahtlos беспро́волочный
Drahtseilbahn *f* кана́тная доро́га
Drama *n* дра́ма *f*
Dra'matiker(in *f*) *m* драмату́рг (*a. f*)
dra'matisch драмати́ческий; *fig.* драмати́чный
dran: *ich bin ~* моя́ о́чередь
Drang *m* тя́га *f*, стремле́ние *n* (***nach*** к Д); скло́нность *f* (***zu*** к Д); *Med.* позы́в
drang → ***dringen***
Dränge'lei F *f* да́вка
dräng|eln F *v/i* напира́ть; **~en** *v/t* <по>тесни́ть, оттесня́ть <-ни́ть> (***zur Seite*** в сто́рону); (*zur Eile*) <по>торопи́ть (***zu*** с Т)
drastisch ре́зкий; *Maßnahme*: радика́льный; *Schilderung*: нагля́дный; *Ausdruck*: гру́бый, кре́пкий
drauf F: ***~ und dran sein*** как ра́з соб(и)ра́ться (+ *Inf.*)
Draufgänger *m* сорвиголова́ *m*
draufgehen F *Geld* уходи́ть <уйти́>
draußen на дворе́, на у́лице; (*außen*) снару́жи; ***nach ~*** на двор, на у́лицу; ***von ~*** со двора́
Dreck F *m* (*Schlamm, Schmutz*) грязь *f*; (*Wertloses*) дрянь *f*
dreckig F гря́зный; ***es geht ihm ~*** его́ дела́ пло́хи
Dreh|buch *n* сцена́рий; **~bühne** *f* враща́ющаяся сце́на
drehen *v/t* враща́ть, верте́ть; (*Zigarette*) крути́ть; *Film* снима́ть <сня́ть>; *Schlüssel, Kopf, Rad* повора́чивать <-верну́ть>; *Werkstück* выта́чивать <вы́точить>; ***sich ~*** (*im Kreis*) враща́ться (***um*** вокру́г Р), кружи́ть(ся) (***um*** вокру́г Р); *fig.* ***es dreht sich um*** речь идёт о (П)
Dreh|moment *n Phys.* враща́ющий

моме́нт *m*; **~sessel** *m* кре́сло-верту́шка *n*; **~strom** *m* трёхфа́зный ток; **~tür** *f* враща́ющаяся дверь

Drehung *f* враще́ние *n*; *des Körpers* поворо́т *m*

Drehzahl *f* частота́ враще́ния; **~messer** *m* тахо́метр

drei три; *Pers. a.* тро́е; **~ *mal* ~** три на три; *Math.* три́жды три

Drei *f* тро́йка; (*Straßenbahn*) тре́тий (но́мер) *m*; **~bettzimmer** *n* но́мер *m* на трои́х

dreidimensional трёхме́рный

Dreieck *n* треуго́льник *m*

dreieckig треуго́льный

drei|erlei троя́кий; **~fach** тройно́й; *Adv.* втро́е; **~farbig** трёхцве́тный

dreihundert три́ста

dreijährig трёхгоди́чный; (*Lebewesen*) трёхле́тний

Drei|rad *n* трёхколёсный велосипе́д *m*; **~sprung** *m* тройно́й прыжо́к

dreißig три́дцать

dreist де́рзкий

drei|stöckig трёхэта́жный; **~tägig** трёхдне́вный

dreizehn трина́дцать

dreschen молоти́ть

Dress *m* спорти́вная фо́рма *f*

dres'sieren <вы́>дрессирова́ть

Dres'sur *f* дрессиро́вка

Drillinge *pl.* тро́йня

dringen (***durch***) проника́ть <-ни́кнуть>; *Sonne* проби́(ва́)ться (че́рез, сквозь В); (*Gerücht*) доходи́ть <дойти́> (***bis*** до Р); **~ *auf et.*** наста́ивать <-тоя́ть> на чём-либо

dringend (*eilig*) сро́чный, неотло́жный; (*nachdrücklich*) настоя́тельный

Dringlichkeit *f* сро́чность *f*, неотло́жность *f*

drinnen внутри́

drischt → ***dreschen***

dritt: *zu* ~ втроём; **~e** тре́тий; ***Länder der Dritten Welt*** стра́ны тре́тьего ми́ра

Drittel *n* тре́тья часть *f*, треть *f*; ***ein* ~** одна́ треть

drittens в-тре́тьих

Droge *f* нарко́тик *m*

drogenabhängig: ~ *sein* страда́ть наркома́нией

Drogen|beratungsstelle *f* наркологи́ческий диспансе́р *m*; **~handel** *m* торго́вля *f* нарко́тиками

Droge'rie *f* магази́н *m* апте́карских и космети́ческих това́ров

Dro'gist(in *f*) *m* торго́вец (*a. f*) апте́карскими и космети́ческими това́рами

drohen грози́ть, угрожа́ть

dröhnen *Motor, Erde*: гуде́ть

Drohung *f* угро́за

drollig заба́вный

Drops *m od. n* леденцо́вая лепёшка *f*

drosch → ***dreschen***

Drossel *f Zool.* дрозд *m*

drosseln *Tech.* дроссели́ровать (*im*)*pf.*; *Tempo, Einfuhr* ограни́чи(ва)ть; *Produktion* сокраща́ть <-ати́ть>; ***die Heizung* ~** пони́зить температу́ру

drüben по ту сто́рону

drüber F → ***darüber***

Druck *m* давле́ние *n* (*a. fig.*); (*Zwang*) нажи́м; *Typ.* печа́тание *n*, (*Schriftart*) печа́ть *f*; **~ *ausüben auf*** ока́зывать давле́ние на В

Druckbuchstabe *m* ли́тера *f*

drucken <на>печа́тать

drücken *v/t* <на>дави́ть, наж(им)а́ть; (*umarmen*) обнима́ть <-ня́ть>; *v/i Schuh*: жать; ***sich* ~** (*verschwinden*) скрыва́ться <скры́ться>

drückend *Hitze*: томи́тельный

Drucker *m Typ.* печа́тник; *EDV* при́нтер

Drücker *m* (*an d. Tür*) ру́чка *f*

Drucke'rei *f* типогра́фия

Druck|fehler *m* опеча́тка *f*; **~knopf** *m* кно́пка *f*; **~luft** *f* сжа́тый во́здух *m*; **~sache** *f* (*Post*) „Печа́тное" *n*; **~schrift** *f* типогра́фский шрифт *m*

drunter F → ***darunter***; ***alles geht* ~ *und drüber*** всё идёт вверх дном

Drüse *f* железа́

Dschungel *m* джу́нгли *pl.* (*a. fig.*)

du ты; ***per* ~ *sein mit j-m*** быть на ты с ке́м-либо

Dübel *m* дю́бель *m*

ducken: *sich* ~ пригиба́ться <-гну́ться>

Dudelsack *m* волы́нка *f*

Du'ell *n* дуэ́ль *f*; ***im ~*** на дуэ́ли; ***zum ~*** на дуэ́ль
Du'ett *n* дуэ́т *m*
Duft *m* за́пах
duft|en благоуха́ть, па́хнуть (***nach*** Т); **~ig** лёгкий, возду́шный
dulden терпе́ть; (*tolerieren*) допуска́ть <-сти́ть>
dumm глу́пый; ***~es Zeug*** ерунда́ *f*
Dumm|heit *f* глу́пость *f*; **~kopf** *m* дура́к
dumpf *Laut*: глухо́й; *Schmerz*: тупо́й; *Ahnung*: сму́тный
Dumpingpreis *m* де́мпинговая цена́ *f*
Düne *f* дю́на
Dung *m* наво́з
düngen удобря́ть <удо́брить>
Dünger *m* удобре́ние *n*
dunkel тёмный (*a. fig.*); ***~ werden*** темне́ть
Dunkel|heit *f* темнота́; **~kammer** *f* тёмная (фото)лаборато́рия; **~ziffer** *f* скры́тые да́нные *pl*
dünn то́нкий; *Stimme*: сла́бый; *Suppe*: жи́дкий; *Luft*: разрежённый
Dünndarm *m* то́нкая кишка́ *f*
Dunst *m Meteo.* ды́мка; (*oft pl.*) испаре́ния *n/pl.*
dünsten *Fleisch*, *Fisch* <с>туши́ть; *Gemüse* пассерова́ть
Dunstglocke *f* дымово́й ку́пол *m*
dunstig насы́щенный пара́ми
Duo *n* дуэ́т *m*
Dupli'kat *n* дублика́т *m*
Dur *n* мажо́р *m*; ***in ~*** мажо́рный
durch *Prp.* (*A*) че́рез (В), (*bsd. durch et. Dichtes*) сквозь (В); (*kreuz u. quer*) по (Д); (*mit Hilfe von*) посре́дством, путём; ***~ die Stadt*** *Fahrt*: че́рез го́род; *Rundgang*: по го́роду; ***~ fünf teilen*** подели́ть на пять; ***die ganze Nacht ~*** всю ночь напролёт; *Adv.* ***~ und ~*** насквóзь, совсе́м
durcharbeiten праба́тывать <-бо́тать>
durch'aus (*völlig*) вполне́, совсе́м; ***~ nicht*** во́все не
Durchblick *m*: ***den ~ haben*** разбира́ться <разобра́ться>
durchblicken <по>смотре́ть (***durch*** че́рез В); ***~ lassen*** да(ва́)ть поня́ть
Durchblutung *f* кровоснабже́ние *n*, кровото́к *m*
durch|brechen[1] *v/t* перела́мывать <-ломи́ть> (*v/i* -ся); *Wand* прола́мывать <-ломи́ть>; *Öffnung* проби́(ва́)ть; *v/i* (*einbrechen*) прова́ливаться <-ли́ться> (***durch*** сквозь В); **~'brechen**[2] *Front* прор(ы)ва́ть; *Schallmauer* преодоле́(ва́)ть
durch|brennen *v/i Feuer*: прогора́ть <-ре́ть>; *Glühlampe*, *Sicherung*: перегора́ть <-ре́ть>; **~bringen** *Verletzte* выха́живать <вы́ходить>; *Vermögen* прома́тывать <-мота́ть>
Durchbruch *m* проло́м, проры́в
durch'dacht проду́манный
durchdringen *v/i* проника́ть <-ни́кнуть> (***durch*** сквозь В); **~d** прони́зывающий; (*Schrei*) пронзи́тельный
durchein'ander *Adv.* впереме́шку, как попа́ло; ***~ bringen*** приводи́ть <-вести́> в беспоря́док; (*verwechseln*) перепу́т(ыв)ать; ***~ geraten*** переме́шиваться <-ша́ться>, <с>пу́таться
Durchein'ander *n* неразбери́ха *f*, беспоря́док *m*
durch|fahren[1] *v/i* проезжа́ть <-е́хать>; (*nicht anhalten*) проезжа́ть без остано́вки; **~'fahren**[2] *v/t* (*bereisen*) объезжа́ть <-е́здить, -е́хать>; *Strecke* проезжа́ть <-е́хать>, проходи́ть <пройти́>
Durchfahrt *f* прое́зд *m*; ***auf der ~*** прое́здом
Durchfall *m* поно́с
durchfallen *v/i durchs Examen*: прова́ливаться <-ли́ться>
durchführ|bar выполни́мый; **~en** проводи́ть <-вести́>; *Reparatur* производи́ть <-вести́>; (*ausführen*) проводи́ть <-вести́> в жизнь, реализова́ть (*im*)*pf.*
Durchgang *m* прохо́д
Durchgangsverkehr *m* сквозно́е движе́ние *n*
durchgehen *v/i* проходи́ть <пройти́>; **~d** сквозно́й; ***~er Zug*** по́езд прямо́го сообще́ния; ***das Geschäft ist ~ geöffnet*** магази́н рабо́тает без переры́ва
durchgreifen: *energisch ~ gegen*

принима́ть <-ня́ть> реши́тельные ме́ры

durchhalten выде́рживать <вы́держать>

durch|'kreuzen *fig.* расстра́ивать <-ро́ить>, срыва́ть <сорва́ть>; **~lassen** пропуска́ть <-сти́ть>; **~lässig** проница́емый

durchlaufen¹ *v/i* пробега́ть <-бежа́ть>; *Flüssigkeit*: протека́ть <-те́чь>

durch'laufen² *v/t Strecke* пробега́ть <-бежа́ть>; *Schule* проходи́ть <пройти́>

Durchlauferhitzer *m* прото́чный водонагрева́тель *m*

durch|lesen прочи́тывать <-та́ть>; **~leuchten** просве́чивать (***durch*** сквозь В); **~machen** *Krise, Not* испы́тывать <-та́ть>, пережива́ть

Durchmesser *m* диа́метр

durch'näßt промо́кший; **~ *sein*** промока́ть <-мо́кнуть>

durch|nehmen *Thema* проходи́ть <пройти́>; **~'queren** пересека́ть <-се́чь>; **~rechnen** <с>де́лать расчёт

Durchreise *f*: ***auf der ~ sein nach*** быть прое́здом в В

durchreißen *v/t* перер(ы)ва́ть (*v/i* -ся)

Durchsage *f* сообще́ние *n* (по ра́дио *usw.*)

durch|sagen перед(ав)а́ть; **~'schauen** *v/t* разга́дывать <-да́ть>

Durchschlag *m* ко́пия *f*; (*Sieb*) дуршла́г

durchschlagen: ***sich ~*** проби́(ва́)ться; **~d** *Erfolg*: поража́ющий

Durchschlagpapier *n* копирова́льная бума́га *f*, копи́рка F *f*

Durchschlagskraft *f* пробивна́я си́ла

durchschneiden перереза́ть <-ре́зать>

Durchschnitt *m* сре́дняя величина́ *f*, сре́дний у́ровень; ***im ~*** в сре́днем

Durchschnitts|geschwindigkeit *f* сре́дняя ско́рость *f*; **~preis** *m* сре́дняя цена́ *f*

Durchschrift *f* ко́пия

durch|sehen *v/i* <по>смотре́ть (***durch*** че́рез, сквозь В); *v/t Akten* просма́тривать <-смотре́ть>; **~setzen** (*realisieren*) проводи́ть <-вести́>; *Meinung* настоя́ть *pf.* (на П); ***seinen Willen ~*** настоя́ть *pf.* на своём; ***sich ~*** (*Anerkennung erlangen*) доби́ться *pf.* призна́ния

Durchsicht *f* просмо́тр *m*

durchsichtig прозра́чный

durch|sickern проса́чиваться <-сочи́ться> (*a. fig.*); **~sprechen** обгова́ривать <-вори́ть>; **~stehen** *fig.* выде́рживать <вы́дер-жать>; **~strei-chen** перечёркивать <-черкну́ть>; **~'suchen** обы́скивать <-ка́ть>

Durch'suchung *f* о́быск *m*

Durch'suchungsbefehl *m* о́рдер на о́быск

durch'wachsen *Adj. Speck*: с просло́йками мя́са

Durchwahl *f* прямо́й набо́р *m*

durchwählen име́ть пряму́ю (автомати́ческую) связь

durchweg(s) сплошь; (*überall*) везде́

Durchzug *m* сквозня́к

dürfen: ***ich darf*** (***darf nicht***) мне мо́жно (нельзя́); ***ich durfte nicht*** мне нельзя́ бы́ло; ***darf ich?*** мо́жно?

dürftig убо́гий, ску́дный

dürr сухо́й; (*mager*) то́щий

Dürre *f Meteo.* за́суха

Durst *m* жа́жда *f*; ***ich habe ~*** мне хо́чется пить; **~ *löschen*** утоли́ть жа́жду

dürsten *fig.* жа́ждать (***nach*** Р)

durstig жа́ждущий; ***ich bin sehr ~*** мне о́чень хо́чется пить

Dusche *f* душ *m*

duschen *v/i.* принима́ть <-ня́ть> душ

Dusch|kabine *f* душева́я каби́на; **~raum** *m* душева́я *f*

Düse *f* сопло́ *n*, (*am Vergaser*) жиклёр *m*

Düsen|antrieb *m*: ***mit ~*** реакти́вный, с реакти́вным дви́гателем; **~flugzeug** *n* реакти́вный самолёт; **~triebwerk** *n* реакти́вный дви́гатель *m*

düster су́мрачный, мра́чный

Dutzend *n* дю́жина *f*; ***ein halbes ~*** полдю́жины

duzen ты́кать; ***wir ~ uns*** мы на ты
dy'namisch динами́ческий
Dyna'mit *n* динами́т *m*
Dynamo *m* дина́мо *n unv.*
Dyna'stie *f* дина́стия
D-Zug *m* ско́рый по́езд (прямо́го сообще́ния)

E

Ebbe *f* отли́в *m*
eben[1] *Adj.* ро́вный; *Math.* пло́ский
eben[2] *Adv.* (*gerade jetzt*) как раз, (*kurz zuvor*) то́лько (что), то́лько-то́лько; (*genau*) и́менно; (***ja***) ***~!*** (вот) и́менно!; ***so ist es ~*** так уж есть
Ebene *f* равни́на; *Math.* пло́скость *f*; ***auf höchster ~*** на вы́сшем у́ровне
eben|erdig на у́ровне земли́; **~falls** та́кже, то́же
ebenso (то́чно) так же; ***~ viel*** сто́ль(ко) же; ***~ wenig*** так же не (***wie*** как)
Eber *m* хряк
ebnen выра́внивать <вы́ровнять>; *fig. Weg* прокла́дывать <проложи́ть>
Echo *n* э́хо; *fig.* о́тклик *m*
echt по́длинный; настоя́щий; *Farbe*: про́чный
Echtheit *f* по́длинность *f*
Eck|ball *m* углово́й (уда́р); **~e** *f* у́гол *m* (*a. Sp.*)
eckig углова́тый; *Klammer*: квадра́тный
Eck|pfeiler *m* углово́й столб; **~stoß** *m* углово́й (уда́р); **~zahn** *m* клык
edel благоро́дный
Edel|gas *n* ине́ртный газ *m*; **~metall** *n* благоро́дный мета́лл *m*; **~mut** *m* благоро́дство *n*, велико́душие *n*; **~stahl** *m* высокока́чественная сталь *f*; **~stein** *m* драгоце́нный ка́мень *m*
Efeu *m* плющ
Ef'fekt *m* эффе́кт; **~en** *pl. Fin.* це́нные бума́ги *f/pl.*
effek'tiv эффекти́вный
ef'fektvoll эффе́ктный
e'gal одина́ковый; ***das ist mir ~*** мне э́то безразли́чно
Ego'ismus *m* эгои́зм
Ego'ist(**in** *f*) *m* эгои́ст (-ка *f*)
ego'istisch эгоисти́ческий, эгоисти́чный
eh(**e**) пре́жде чем; ***~ ... nicht*** пока́ не
Ehe *f* брак *m*, супру́жество *n*; ***e-e ~ eingehen*** вступа́ть <-пи́ть> в брак
Ehe|beratung *f* консульта́ция по вопро́сам бра́ка; **~bett** *n* двух(х)-спа́льная крова́ть *f*; **~bruch** *m* наруше́ние *n* супру́жеской ве́рности; **~frau** *f* жена́; **~leute** *pl.* супру́ги *m/pl.*
ehelich бра́чный, супру́жеский; *Kind*: рождённый в (зарегистри́рованном) бра́ке
ehe|malig пре́жний, бы́вший; **~mals** пре́жде, ра́ньше
Ehe|mann *m* муж; **~paar** *n* чета́ *f*, супру́ги *m/pl.*; **~partner** *m* супру́г
eher ра́ньше (***als*** чем, P); (*vielmehr*) скоре́е; (*lieber*) лу́чше; ***je ~, desto besser*** чем скоре́е, тем лу́чше
Ehe|ring *m* обруча́льное кольцо́ *n*; **~scheidung** *f* разво́д *m*, расторже́ние *n* бра́ка; **~schließung** *f* бракосочета́ние *n*, заключе́ние *n* бра́ка
Ehre *f* честь *f*; ***zu ~n*** в честь (P)
ehren почита́ть, чтить
ehrenamtlich неопла́чиваемый, обще́ственный
Ehrenbürger *m* почётный граждани́н
ehren|haft че́стный; почте́нный; **~halber** почётный
Ehren|mal *n* па́мятник *m* поги́бшим (во́инам); **~mann** *m* че́стный челове́к; **~mitglied** *n* по-

чётный член *m*; **~recht** *n*: ***die bürgerlichen ~e*** гражда́нские права́ *n/pl.*; **~wort** *n* че́стное сло́во
Ehrfurcht *f* благогове́ние *n*
Ehrgeiz *m* честолю́бие *n*
ehr|geizig честолюби́вый; **~lich** че́стный; **~ *gesagt*** че́стно говоря́
Ehrlichkeit *f* че́стность *f*
Ehrung *f* че́ствование *n*; *pl. a.* по́чести *f/pl.*
Ei *n* яйцо́
Eiche *f* дуб *m*
Eichel *f* жёлудь *m*
Eichhörnchen *n* бе́лка *f*
Eid *m* прися́га *f*; ***e-n ~ leisten*** присяга́ть <-гну́ть>, приноси́ть <-нести́> прися́гу; ***j-m den ~ abnehmen*** привести́ к прися́ге (В); ***unter ~*** под прися́гой; ***an ~es statt*** взаме́н прися́ги
Eidechse *f* я́щерица
eidesstattlich: *~e Erklärung* заявле́ние *n* равноси́льное прися́ге
Eier|becher *m* рю́мка *f* для яйца́; **~kuchen** *m* омле́т; **~likör** *m* яи́чный ликёр; **~schale** *f* яи́чная скорлупа́; **~stock** *m Anat.* яи́чник
Eifer *m* усе́рдие *n*, рве́ние *n* (***für*** к Д); ***im ~*** в пылу́; **~sucht** *f* ре́вность *f*
eifersüchtig ревни́вый; ***~ sein*** <при>ревнова́ть (***auf*** В)
eifrig ре́вностный, усе́рдный
Eigelb *n* (яи́чный) желто́к *m*
eigen со́бственный; (*eigentümlich*) сво́йственный
Eigenart *f* своеобра́зие *n*
eigen|artig своеобра́зный; **~händig** собственнору́чный
Eigen|heim *n* со́бственный дом *m*; **~kapital** *n* со́бственный капита́л *m*; **~lob** *n* самовосхвале́ние
eigenmächtig самово́льный
Eigenname *m* со́бственное и́мя *n*
eigennützig своекоры́стный
Eigenschaft *f* сво́йство *n*, ка́чество *n*
Eigenschaftswort *n* и́мя *n* прилага́тельное
eigen|sinnig своенра́вный, упря́мый; **~ständig** самостоя́тельный; *Kultur*: самобы́тный
eigentlich настоя́щий, со́бственный
Eigen|tum *n* со́бственность *f*; **~tümer(in** *f*) *m* со́бственник (-ица *f*), владе́лец (-лица *f*)
eigentümlich своеобра́зный; (*seltsam*) стра́нный
Eigentumswohnung *f* со́бственная кварти́ра
eigenwillig своеобра́зный; *Pers.* своево́льный
eignen: *sich ~* (***zu, für*** для Р) годи́ться, подходи́ть <подойти́>
Eignung *f* (при)го́дность *f*
Eil|bote *m*: ***durch ~n*** с на́рочным; **~brief** *m* спе́шное письмо́ *n*
Eile *f* поспе́шность *f*, спе́шка
eilen <по>спеши́ть, <по>торопи́ться
eilig (по)спе́шный; ***er hat es ~*** он спеши́т, он торо́пится
Eilzug *m* ско́рый по́езд
Eimer *m* ведро́ *n*; *Tech.* ковш
ein[1] *Art.* (*im Russ. ohne Entsprechung*): ***~ Haus*** дом; ***~es Tages*** в оди́н прекра́сный день; ***so ~ ...*** тако́й ...; *Pron.* кто́-то, кто́-нибудь, кто́-либо; что́-то, что́-нибудь, что́-либо; *Num.* оди́н *m*, одна́ *f*, одно́ *n*; ***~ Uhr*** (пе́рвый) час; ***~ für alle Mal*** раз (и) навсегда́
ein[2]: *Adv.* ***bei j-m ~ und aus gehen*** ча́сто быва́ть у кого́-либо
ein'ander друг дру́га
einarbeiten *Nachfolger* вводи́ть <ввести́> в курс де́ла; ***sich ~*** входи́ть <войти́> в курс де́ла
einatmen вдыха́ть <вдохну́ть>
Ein|bahnstraße *f* у́лица с односторо́нним движе́нием; **~band** *m* переплёт
Einbau *m Schrank* встро́йка *f*; *Tech.* вмонти́рование *n*
einbauen встра́ивать <-ро́ить>; <в>монти́ровать
Einbau|küche *f* ку́хня со встро́енным обору́дованием; **~schrank** *m* встро́енный шкаф
einberufen соз(ы)ва́ть; *Mil.* приз(ы)ва́ть (на слу́жбу)
Einberufung *f* созы́в *m*; *Mil.* призы́в *m*
Einbettzimmer *n Hotel* одноме́стный но́мер *m*
ein|beziehen включа́ть <-чи́ть>; **~biegen** *v/i mit Fahrzeug* свора́чи-

E

вать <свернýть>; **~bilden: *sich* ~** воображáть <-разúть> себé
Einbildung *f* воображéние *n*; (*Dünkel*) самомнéние *n*
Einbildungskraft *f* сúла воображéния
Einblick *m*: **~ *gewähren in*** да(вá)ть возмóжность ознакóмиться
einbrechen *v/i* влáмываться <вломúться>, совершáть <-шúть> крáжу со взлóмом; *Eis, Decke*: пролáмываться <-ломúться>; *Pers. auf d. Eis*: providence провáливаться <-лúться>
Einbrecher(**in** *f*) *m* взлóмщик (-ица *f*)
einbringen *Antrag* вносúть <внестú>; *Ernte* уб(и)рáть; *Gewinn* приносúть <-нестú>
Einbruch *m* (*gewaltsamer*) взлом
einbürgern предостáвить <-авлять> прáво граждáнства
Einbuße *f* ущéрб *m*; **~ *erleiden*** понестú ущéрб
ein|büßen *v/t* лишáться <-шúться> (P); **~dämmen** запрýживать <-рудúть>; *Brand*, *Seuche* локализовáть (*im*)*pf.*; **~decken: *sich* ~** запасáться <-стúсь> (***mit*** T)
eindeutig недвусмы́сленный, я́сный
eindring|en проникáть <-нúкнуть>; *Mil.* вторгáться <втóргнуться>; **~lich** *Bitte*: настоя́тельный
Eindruck *m fig.* впечатлéние *n*
eindrucksvoll внушúтельный
einein'halb полторá
Einer *m* (*Boot*) одинóчка *f*
einer'lei: *das ist* ~ э́то безразлúчно
Einer'lei *n* однообрáзие
einerseits с однóй стороны́
einfach простóй
Einfachheit *f* простотá
ein|fädeln вде(вá)ть; **~fahren** *v/t Ernte* свозúть <свезтú>; *Auto* обкáтывать <-тáть>; *v/i Bgb.* спускáться <-стúться> (в шáхту)
Einfahrt *f* въезд *m*; *Bgb.* спуск *m*
Einfall *m* (*Idee*) (внезáпная) мысль *f*, идéя *f*; ***er hatte den* ~** емý пришлó на ум
einfallen *Licht*: пáдать; (*gewaltsam*) вторгáться <втóргнуться>; (*e-e Idee haben*) приходúть <прийтú> в гóлову; ***wieder* ~** припóмниться *pf.*; ***was fällt Ihnen ein!*** что вы себé дýмаете!
Einfamilienhaus *n* одноквартúрный дом *m*
einfarbig одноцвéтный
ein|fetten смáз(ыв)ать жúром; **~finden: *sich* ~** являться <явúться>; **~fließen** вливáться <влúться>
Einflugschneise *f* входнóй (воздýшный) коридóр *m*
Einfluss *m* влия́ние *n*; **~nahme** *f* воздéйствие *n*
einflussreich влия́тельный
einförmig однообрáзный, монотóнный
ein|frieren *v/t* заморáживать <-морóзить>; *v/i* замерзáть <-мёрзнуть>; **~fügen** вставля́ть <встáвить>; ***sich* ~** включáться <-чúться>
Einfühlungsvermögen *n* спосóбность *f* проникновéния
Einfuhr *f* ввоз *m*, úмпорт *m*
einführen *Waren* ввозúть <ввезтú>; *in ein Amt* вводúть <ввестú>
Einfuhrerlaubnis *f* разрешéние *n* на ввоз
Einführung *f* введéние *n*
Einfuhr|verbot *n* запрещéние вво́за; **~zoll** *m* вво́зная пóшлина *f*
Eingabe *f* (*Gesuch*) заявлéние *n*; *EDV* ввод *m*
Eingang *m* вход; (*von Post*, *Waren*) поступлéние *n*
ein|geben *Arznei* да(вá)ть; *Daten* вводúть <ввестú>; *fig.* внушáть <-шúть>; **~gebildet** воображáющий о себé; *Krankheit*: мнúмый; **~ *sein*** быть высóкого мнéния о себé
eingehen *Briefe*: поступáть <-пúть>; *Pflanze*: погибáть <-гúбнуть>; *Tier*: околéть *pf.*; *Firma*: прекращáть <-ратúть> свою́ дéятельность; *Kleidung*: садúться <сесть>; **~ *auf*** соглашáться <-ласúться> (с Т); *v/t Bündnis*, *Vertrag* заключáть <-чúть>; *Verpflichtung* брать <взять> на себя́; **~d** подрóбный; *Bericht*: обстоя́тельный
einge|nommen: *von sich* ~ *sein*

мно́го мнить о себе́; **~schränkt** ограни́ченный; **~schrieben** *Brief*: заказно́й
Eingeständnis *n* призна́ние
eingestehen *v/t* призна́(ва́)ться (в П)
Eingeweide *n/pl.* вну́тренности *f/pl.*
ein|gewöhnen: *sich* ~ осва́иваться <-во́иться>; **~gießen** нали́(ва́)ть; **~gleisig** одноколе́йный; **~gliedern** (***in***) включа́ть <-чи́ть> (в В); **~graben** зака́пывать <-копа́ть>; **~greifen** вме́шиваться <-ша́ться> (***in*** в В); *Tech.* зацепля́ться
Eingriff *m Med.* вмеша́тельство *n*
Einhalt *m*: **~ *gebieten*** положи́ть *pf.* коне́ц (Д)
einhalten *v/t Regel* соблюда́ть <-люсти́>; *Termin* укла́дываться <уложи́ться> (в В); *Versprechen* сде́рживать <-жа́ть>
einhändig одноpу́кий
einhängen *v/t Tür* наве́шивать <-ве́сить>
einheimisch ме́стный
Einheimische(r) ме́стный жи́тель *m* (ме́стная жи́тельница *f*)
Einheit *f* еди́нство *n*; (*e-s Maßes*) едини́ца; *Mil.* (во́инская) часть
einheitlich еди́ный
einholen *v/t* догоня́ть <-гна́ть>; *Versäumtes* навёрстывать <-верста́ть>; *Flagge* спуска́ть <-сти́ть>
einig согла́сный, единоду́шный; ***sich ~ sein*** быть согла́сным
einige не́сколько, не́которые; ***~ Male*** не́сколько раз; ***~ wenige*** немно́гие
einigen объединя́ть <-ни́ть>; ***sich ~*** соглаша́ться <-си́ться>
einig|er'maßen до не́которой сте́пени; **~es** ко́е-что
Einigkeit *f* согла́сие *n*
Einigung *f* соглаше́ние *n*; ***e-e ~ erreichen*** достига́ть <-сти́чь> соглаше́ния
Einkauf *m* поку́пка *f*
einkaufen покупа́ть <купи́ть>; ***~ gehen*** идти́ <пойти́> за поку́пками
Einkaufs|bummel *m* прогу́лка *f* по магази́нам; **~korb** *m* инвента́рная корзи́н(к)а *f*; **~tasche** *f* су́мка для поку́пок; **~wagen** *m* теле́жка *f* для поку́пок; **~zentrum** *n* торго́вый центр *m*
einkehren заезжа́ть <-е́хать> (***bei*** к Д)
Einklang *m* согла́сие *n*
ein|kleben вкле́и(ва)ть; **~kleiden** одева́ть <оде́ть>; ***sich ~*** покупа́ть себе́ (ну́жную) оде́жду; **~klemmen** прищемля́ть <-ми́ть>; **~kochen** консерви́ровать в стекля́нных ба́нках
Einkommen *n* дохо́д *m*; **~(s)steuer** *f* подохо́дный нало́г *m*
einkreisen окружа́ть <-жи́ть>
Einkünfte *pl.* дохо́ды *m/pl.*
ein|kuppeln *v/i* включа́ть <-чи́ть> сцепле́ние; **~laden** *Ware* погружа́ть <-рузи́ть>; *Gast* приглаша́ть <-ласи́ть>
Einladung *f* приглаше́ние *n*
Einlage *f* вкла́дка; (*im Schuh*) супина́тор *m*; *Fin.* вклад *m*; взнос *m*
einlagern закла́дывать <заложи́ть> на хране́ние
Einlass *m* (*Zutritt*) вход
einlassen впуска́ть <-сти́ть>; *Wasser* напуска́ть (В) <-сти́ть (Р)>; ***sich ~ auf*** пуска́ться <-сти́ться> на В
Einlauf *m Sp.* финиши́рование *n*; *Med.* кли́зма *f*
ein|laufen *Schiff*: входи́ть <войти́>; *Zug*: прибыва́ть <-бы́ть>; *Stoff*: сади́ться <сесть>; **~leben: *sich ~*** прижи́(ва́)ться (***in*** в П); **~legen** вкла́дывать <вложи́ть>; **~leiten** *Abwässer* сбра́сывать <сбро́сить>; *Prozess* возбужда́ть <-буди́ть>
Einleitung *f* (*Einführung*) введе́ние *n*
einleuchten быть убеди́тельным; ***das leuchtet mir ein*** э́то меня́ убежда́ет; **~d** убеди́тельный
ein|liefern *Pers.* помеща́ть <-мести́ть> (***in*** в П); **~lösen** *Pfand* выкупа́ть <вы́купить>; *Scheck* предъявля́ть <-ви́ть> к платежу́
einmal (оди́н) раз; ***auf ~*** вдруг; ***alle auf ~*** все сра́зу
Einmal'eins *n* табли́ца *f* умноже́ния

einmalig однокра́тный; (*einzigartig*) уника́льный
Einmarsch *m* вступле́ние *n*
ein|marschieren вступа́ть <-пи́ть>; **~mischen:** ***sich*** **~** вме́шиваться <-ша́ться>
Einmischung *f* вмеша́тельство *n*
einmünden *Fluss*: впада́ть (***in*** в В); *Straße*: выходи́ть (на В)
einmütig единоду́шный
Einnahme *f* прихо́д *m*; (*Erlös*) вы́ручка; *Mil.* взя́тие *n*, заня́тие *n*
einnehmen получа́ть <-чи́ть>; (*als Erlös*) выруча́ть <вы́ручить>; *Arznei* принима́ть <-ня́ть>; *Platz*, *Stellung* занима́ть <-ня́ть>; **~d** привлека́тельный
Einöde *f* глушь *f*
einordnen располага́ть <-ложи́ть>; ***sich*** **~** перестра́иваться <-стро́иться>; ***sich rechts*** **~** заня́ть пра́вую по́лосу́
ein|packen *v/t* упако́вывать <-кова́ть>; **~parken** <по>ста́вить маши́ну; **~pflanzen** сажа́ть, выса́живать <вы́садить>; **~prägen:** ***sich*** **~** запечатлева́ться <-ле́ться> в (П), запомина́ть <-по́мнить>; **~quartieren** помеща́ть <-мести́ть> на кварти́ру; **~rahmen** вставля́ть <вста́вить> в ра́мку; **~räumen** размеща́ть <-мести́ть>, обставля́ть <-ста́вить>; (*zugeben*) допуска́ть <-сти́ть>; **~reden** *v/t* внуша́ть <-ши́ть>; *v/i* ***auf j-n*** **~** (насто́йчиво) угова́ривать кого́-либо; **~reiben** *v/t* втира́ть <втере́ть> (В); *Körper* натира́ть <-тере́ть>; **~reichen** *Gesuch* пода́(ва́)ть; **~reihen:** ***sich*** **~** *fig.* включа́ться <-чи́ться>
Einreise *f* въезд *m*
ein|reisen въезжа́ть <въе́хать>; **~reißen** *v/t* надрыва́ть <-дорва́ть>; **~renken** вправля́ть <впра́вить>; **~richten** *Wohnung* обставля́ть <-ста́вить>; *Labor* обору́довать (*im*)*pf.*; (*möglich machen*) устра́ивать <-ро́ить>
Einrichtung *f* обору́дование *n*; (*Mobiliar*) обстано́вка; (*Institution*) учрежде́ние *n*
einrosten <за>ржа́веть
eins оди́н *m*; (*beim Zählen*) раз; ***um*** **~** в час; **~** ***nach dem Anderen*** одно́ за други́м
einsam одино́кий; (*Gegend*) уединённый
Einsamkeit *f* одино́чество *n*, уедине́ние *n*
einsammeln соб(и)ра́ть
Einsatz *m* (*im Spiel*) ста́вка *f*; (*in e-r Wette*) закла́д; (*Mittel*, *Kräfte*) примене́ние *n*, испо́льзование *n*; (*v. Pers.*) уча́стие *n*
ein|schalten включа́ть <-чи́ть>; **~schätzen** оце́нивать <-ни́ть>; **~schenken** нали́(ва́)ть; **~schicken** посыла́ть <-сла́ть>; **~schieben** вдвига́ть <вдви́нуть>; **~schlafen** засыпа́ть <-сну́ть>; *Glieder*: <о>неме́ть; **~schläfern** *Tier* усыпля́ть <-пи́ть>
Einschlag *m* (*vom Blitz*) уда́р; (*e-r Bombe*) попада́ние *n*
einschlagen *v/t Nagel* в-, заби́(ва́)ть; *Scheibe* разби́(ва́)ть; (*einwickeln*) завёртывать <-верну́ть>; *fig. Laufbahn* избира́ть <-бра́ть>; *v/i Geschoss*: попада́ть <-па́сть>; *Blitz*: ударя́ть <уда́рить>
einschlägig соотве́тствующий
ein|schleichen: ***sich*** **~** прокра́дываться <-кра́сться>; **~schleppen** *Krankheit* заноси́ть <-нести́>; **~schließen** запира́ть <-пере́ть> (на ключ); (*umgeben*) окружа́ть <-жи́ть>; **~schließlich** включа́я (В)
einschneidend радика́льный
Einschnitt *m* надре́з; (*im Gelände*) прова́л
einschränken ограни́чи(ва)ть; *Ausgaben* сокраща́ть <-ати́ть>; ***sich*** **~** ограни́чи(ва)ться
Einschränkung *f* ограниче́ние *n*; ***mit*** **~** с огово́ркой
Einschreibebrief *m* заказно́е письмо́ *n*
einschreiben вписывать <вписа́ть>
ein|schreiten (***gegen***) принима́ть <-ня́ть> ме́ры (про́тив Р); **~schüchtern** запу́гивать <-га́ть>; ***sich nicht*** **~** ***lassen*** не дать себя́ запуга́ть; **~sehen** просма́тривать <-мотре́ть>; (*begreifen*) понима́ть <-ня́ть>; *Fehler* осознава́ть

<-на́ть>; **~senden** прис(ы)ла́ть
Einsendeschluss *m* (после́дний) срок поступле́ния
Einsendung *f* присы́лка
einsetzen *v/t* вставля́ть <вста́вить>; *Mil.* вводи́ть <ввести́> в бой; ***j-n als Erben ~*** назнача́ть <-зна́чить> кого́-либо насле́дником; ***sein Leben ~*** рискова́ть жи́знью; ***sich ~ für*** вступа́ться <-пи́ться> за (В)
Einsicht *f* (***in***) просмо́тр *m* (Р); (*Erkenntnis*) позна́ние *n*; ***zur ~ kommen*** образу́миться
einsichtig (благо)разу́мный
Einsiedler *m* отше́льник; *Mönch* затво́рник
ein|sinken *Boden*: оседа́ть <осе́сть>; (*im Schnee*) прова́ливаться <-ли́ться>; (*im Morast*) <за>вя́знуть; **~spannen** *Pferd* запряга́ть <-пря́чь>; *Blatt Papier* вставля́ть <вста́вить>; *Werkstück* зажима́ть <-жа́ть>; **~sparen** <с>эконо́мить; **~sperren** запира́ть <-пере́ть>; *Pers.* сажа́ть <посади́ть> под замо́к; **~spritzen** впры́скивать <-снуть>
Einspruch *m* возраже́ние *n*, проте́ст
einspurig *Straße*: с одно́й полосо́й движе́ния; *Esb.* одноколе́йный
einst не́когда, когда́-то; (*künftig*) когда́-нибудь
ein|stecken *Brief* бро́сить *pf.* (в я́щик); *in die Tasche* класть <положи́ть> (в карма́н); *Niederlage* потерпе́ть *pf.*; **~steigen** *Fahrgast*: сади́ться <сесть> (***in*** в, на В); **~stellen** *v/t* (*abstellen*) помеща́ть <-мести́ть>; *Pers.* принима́ть <-ня́ть> (на рабо́ту); *Rdf., TV* настра́ивать <-ро́ить>; *Fot.* наводи́ть <-вести́> на ре́зкость; *Rekord* устана́вливать <-нови́ть>; (*aufhören mit*) прекраща́ть <-рати́ть>
Einstellung *f* регулиро́вка; приня́тие *n* на рабо́ту; прекраще́ние *n*; приостановле́ние *n*; (*Haltung*) отноше́ние *n* (***zu*** к Д)
Einstellungsgespräch *n* собесе́дование пе́ред приёмом
einstimmen (*in ein Lied*) подпева́ть, подхвати́ть *pf.* (***in*** В)
ein|stimmig *fig.* единогла́сный; **~stöckig** одноэта́жный
ein|studieren разу́чивать <разучи́ть>; **~stufen** классифици́ровать
Einsturz *m* обва́л (Р)
einstürzen *v/i* обру́ши(ва)ться
einstweil|en пока́, тем вре́менем; **~ig** вре́менный
eintägig однодне́вный
ein|tauschen выме́нивать <вы́менять> (***gegen*** на В); **~teilen** разделя́ть <-ли́ть> (***in*** на В); (*verteilen*) распределя́ть <-ли́ть>
Einteilung *f* разделе́ние *n*; распределе́ние *n*
eintönig однообра́зный, моното́нный
Eintönigkeit *f* однообра́зие *n*, моното́нность *f*
Eintracht *f* согла́сие *n*, единоду́шие *n*
einträchtig дру́жный
ein|tragen (*einschreiben*) в-, за-носи́ть <-нести́>; **~träglich** дохо́дный, при́быльный; **~treffen** прибы́(ва́)ть; *Voraussage*: сбы́(ва́)ться; **~treten** *v/i* входи́ть <войти́>; (*in e-e Firma*) вступа́ть <-пи́ть> (в В); (*beginnen*) наступа́ть <-пи́ть>; *v/t Tür* вышиба́ть <вы́шибить>
Eintritt *m* вход; вступле́ние *n*; (*Beginn*) наступле́ние *n*
Eintritts|geld *n* входна́я пла́та *f*; **~karte** *f* входно́й биле́т *m*
Einvernehmen *n* согла́сие
einverstanden: ~ *sein* быть согла́сным
Einverständnis *n* согла́сие
Einwand *m* возраже́ние *n*
Einwander|er *m* (**~in** *f*) иммигра́нт(ка *f*)
einwandern иммигри́ровать (*im*)*pf*
Einwanderung *f* иммигра́ция
einwandfrei безупре́чный, безукори́зненный
Einweg|flasche *f* буты́лка ра́зового употребле́ния; **~spritze** *f* однора́зовый шприц *m*
einweisen направля́ть <-ра́вить> (***in*** в, на В); (*in ein Amt*) ознакомля́ть <-о́мить> с рабо́той; *Auto* помога́ть <-мо́чь> маневри́ровать

E

Einweisung *f* направле́ние *n*; ознакомле́ние *n* с рабо́той
ein|wenden возража́ть <-рази́ть>; **~werfen** *Ball* вбра́сывать <вбро́сить>; *Münze*, *Brief* опуска́ть <-сти́ть>; *Scheibe* выбива́ть <вы́бить>; *Bemerkung* вставля́ть <вста́вить>; **~wickeln** завёртывать <-верну́ть>; **~willigen** соглаша́ться <-гласи́ться> (***in*** на В)
Einwilligung *f* согла́сие *n*
einwirken возде́йствовать (*im*)*pf.*
Einwohner(**in** *f*) *m* жи́тель(ница *f*) *m*; **~meldeamt** *n* а́дресный стол *m*
Einwurf *m Ball-Sp.* вбра́сывание *n* / бросо́к из „а́ута"; (*Briefschlitz*) щёль *f*
Einzahl *f* еди́нственное число́ *n*
einzahlen упла́чивать <-лати́ть>
Einzahlung *f* взнос *m*, платёж *m*
einzäunen обноси́ть <-нести́> забо́ром
Einzel|fall *m* едини́чный слу́чай; **~gänger**(**in** *f*) *m* одино́чка *m/f*; **~handel** *m* ро́зничная торго́вля *f*; **~heit** *f* подро́бность *f*, дета́ль *f*
einzeln отде́льный, едини́чный; (*einzeln stehend*) одино́кий; ***jeder Einzelne*** ка́ждый (в отде́льности)
Einzel|teil *n* дета́ль *f*; **~zimmer** *n* (*im Hotel*) одноме́стный но́мер *m*; (*im Krankenhaus*) одноме́стная пала́та *f*
einziehen *v/t* втя́гивать <втяну́ть>; *Faden* вде́(ва́)ть; *Fahrgestell* убира́ть <убра́ть>; *Fahne* спуска́ть <-сти́ть>; *Erkundigungen* наводи́ть <-вести́>; *v/i Mieter*: въезжа́ть <въе́хать>
einzig еди́нственный; ***kein Einziger*** ни оди́н; **~artig** еди́нственный в своём ро́де
Ein'zimmerwohnung *f* одноко́мнатная кварти́ра
Einzug *m* (*in e-e Wohnung*) въезд
Eis *n* лёд *m*; (*Speiseeis*) моро́женое; **~bahn** *f* като́к *m*; **~bär** *m* бе́лый медве́дь *m*; **~becher** *m* ва́зочка *f* (для) моро́женого; **~berg** *m* а́йсберг; **~brecher** *m Mar.* ледоко́л; **~diele** *f* кафе́-мороженое *unv.-n*
Eisen *n* желе́зо
Eisenbahn *f* желе́зная доро́га; **~er**(**in** *f*) *m* железнодоро́жник (-ица *f*); **~verbindung** *f* железнодоро́жное сообще́ние *n*
Eisen|erz *n* желе́зная руда́ *f*; **~waren** *f/pl.* скобяны́е изде́лия *n/pl.*
eisern желе́зный
eis|frei свобо́дный ото льда; **~gekühlt** охлаждённый на льду; со льдом
Eishockey *n* хокке́й *m* (с ша́йбой)
eisig ледяно́й (*a. fig.*)
eiskalt холо́дный как лёд
Eiskunst|lauf *m* фигу́рное ката́ние *n* (на конька́х); **~läufer**(**in** *f*) *m* фигури́ст(ка *f*)
Eis|schnelllauf *m* скоростно́й бег (на конька́х); **~scholle** *f* льди́на; **~tanz** *m* спорти́вные та́нцы *m/pl.* на льду; **~würfel** *m* куби́к льда́; **~zapfen** *m* ледяна́я сосу́лька *f*; **~zeit** *f* леднико́вый пери́од *m*
eitel тщесла́вный
Eitelkeit *f* тщесла́вие *n*
Eiter *m* гной
eitern гнои́ться, нагна́иваться <-нои́ться>
eitrig гно́йный
Eiweiß *n* бело́к *m*
Eizelle *f* яйцекле́тка
Ekel[1] F *n* отврати́тельный тип *m*
Ekel[2] *m* (*Abscheu*) отвраще́ние *n* (***vor*** к Д)
ekelhaft отврати́тельный, проти́вный
ekeln: ***sich ~*** (***vor***) <по>чу́вствовать отвраще́ние (к Д)
Ek'stase *f* восто́рг *m*, экста́з *m*
Ek'zem *n* экзе́ма *f*
E'lan *m* подъём, энтузиа́зм
e'lastisch эласти́чный
Elastizi'tät *f* эласти́чность *f*
Ele'fant *m* слон
ele'gant элега́нтный
Ele'ganz *f* элега́нтность *f*
E'lektriker *m* эле́ктрик
e'lektrisch электри́ческий
Elektrizi'tät *f* электри́чество *n*
Elektrizi'tätswerk *n* электроста́нция *f*
Elek'trode *f* электро́д *m*
E'lektro|herd *m* электроплита́ *f*; **~motor** *m* электродви́гатель *m*
Elek'tron *n* электро́н *m*
Elek'tronenmikroskop *n* электро́нный микроско́п *m*

Elek'tronik *f* электро́ника
elek'tronisch электро́нный
E'lektro|rasierer *m* электробри́тва *f*; **˜technik** *f* электроте́хника
Ele'ment *n* элеме́нт *m* (*a. fig.*); (*Naturkraft*) стихи́я *f*
elemen'tar элемента́рный; (*heftig*) стихи́йный
elend жа́лкий; (*ärmlich*) убо́гий
Elend *n* (*Armut*) нищета́ *f*; (*Leid*) беда́ *f*
Elends|quartier *n* трущо́ба *f*; **˜viertel** *n* трущо́бы *f/pl.*
elf оди́ннадцать
Elf F *f* (футбо́льная) кома́нда
Elfenbein *n* слоно́вая кость *f*
Elf'meter F *m* одиннадцатиметро́вый уда́р
elfte оди́ннадцатый
Ellbogen *m* ло́коть *m*
Elster *f* соро́ка
Eltern *pl.* роди́тели *m/pl.*; **˜haus** *n* родно́й дом
E-Mail *f* электро́нная по́чта
Email *n*, **˜le** *f* эма́ль *f*
Emanzipati'on *f* эмансипа́ция
emanzi'piert эмансипи́рованный
Em'bargo *n* эмба́рго (на В)
Embryo *m* эмбрио́н
Emi|'grant(in *f*) *m* эмигра́нт(ка *f*); **˜grati'on** *f* эмигра́ция
emi'grieren эмигри́ровать (*im*)*pf.*
Emissi'on *f* эми́ссия; *Phys.* излуче́ние *n*
emotio'nal эмоциона́льный
emp'fahl → ***empfehlen***
Emp'fang *m* (*Erhalt*) получе́ние *n*; (*Rdf.*, *der Gäste*) приём
emp'fangen *v/t* получа́ть <-чи́ть>, (*a. Pers.*) принима́ть <-ня́ть>
Emp'fänger(in *f*) *m* получа́тель(ница *f*) *m*
emp'fänglich восприи́мчивый (***für*** к Д); (*für Eindrücke*) впечатли́тельный
Emp'fängnis *f* зача́тие *n*; **˜verhütung** *f* предотвраще́ние *n* бере́менности
Emp'fangs|bestätigung *f* распи́ска в получе́нии; **˜chef** *m* администра́тор; **˜halle** *f* вестибю́ль *m*, холл *m*
emp'fehlen <по>рекомендова́ть; ***es empfiehlt sich ...*** рекоменду́ется ...
emp'fehlenswert досто́йный рекоменда́ции
Emp'fehlung *f* рекоменда́ция; (*Gruß*) приве́т *m*
emp'find|en <по>чу́вствовать, ощуща́ть <ощути́ть>; *Freude, Abscheu* испы́тывать <-та́ть>; **˜lich** чувстви́тельный
Emp'findlichkeit *f* чувстви́тельность *f*
emp'findsam сентимента́льный, чувстви́тельный
Emp'findung *f* ощуще́ние *n*; (*Gefühl*) чу́вство *n*
emp'fohlen → ***empfehlen***
em'por вверх, ввысь
em'pören: *sich ˜* возмуща́ться <-мути́ться> (***über*** Т)
em'porragen вы́ситься, (*a. fig.*) возвыша́ться (***über*** над Т)
em'pört возмущённый
Em'pörung *f* возмуще́ние *n*
emsig усе́рдный, трудолюби́вый
Emulsi'on *f* эму́льсия
Ende *n* коне́ц *m*; (*Schluss*) оконча́ние; ***letzten ˜s*** в конце́ концо́в; ***am ˜ sein*** *fig.* вы́дохнуться; ***zu ˜ sein*** (о)ко́нчиться *pf.*; *Vorräte*: исся́кнуть
enden конча́ться, ока́нчиваться <-ко́нчиться>
Endergebnis *n* оконча́тельный результа́т *m*; ***im ˜*** в коне́чном счёте
endgültig оконча́тельный
end|lich *Größe*: коне́чный; *Adv.* наконе́ц; **˜los** бесконе́чный
End|produkt *n* коне́чный проду́кт *m*; **˜spiel** *n* фина́л *m*; **˜spurt** *m* фи́нишный рыво́к; **˜station** *f* коне́чная ста́нция/остано́вка
Endung *f* оконча́ние *n*
Ener'gie *f* эне́ргия; **˜bedarf** *m* потре́бность *f* в эне́ргии; **˜quelle** *f* энергоисто́чник *m*; **˜verbrauch** *m* энергопотребле́ние *n*; **˜versorgung** *f* энергоснабже́ние *n*; **˜wirtschaft** *f* энергети́ческое хозя́йство *n*
eng те́сный
enga'gieren приглаша́ть <-ласи́ть>; ***sich ˜*** принима́ть акти́вное уча́стие

Enge *f* теснота́; ***in die ~ treiben*** загна́ть в у́гол

Engel *m* а́нгел

Engländer *m* англича́нин; **~in** *f* англича́нка

englisch англи́йский

Engpass *m Ök.* нехва́тка *f*

Enkel *m* внук; **~in** *f* вну́чка

e'norm огро́мный; *Adv.* о́чень

En'semble *n* анса́мбль *m*

ent'behren *v/t* нужда́ться (в П)

ent'behrlich изли́шний

Ent'behrungen *f/pl.* лише́ния *n/pl.*

ent'binden *v/t* освобожда́ть <-боди́ть> (***von*** от Р); *v/i Frau*: рожа́ть <роди́ть>

Ent'bindung *f* освобожде́ние *n* (***von*** от Р); *Med.* ро́ды *m/pl.*

ent|'blößen обнажа́ть <-жи́ть>; **~'decken** откры́(ва́)ть; (*bemerken*) обнару́жи(ва)ть

Ent'deck|er(in *f*) *m* (перво)открыва́тель(ница *f*) *m*; **~ung** *f* откры́тие *n*

Ente *f* у́тка (*a. fig.*)

ent'eignen экспроприи́ровать (*im*)*pf.*

Ent'eignung *f* экспроприа́ция, отчужде́ние *n*

ent'erben лиша́ть <-ши́ть> насле́дства

ent|'fallen выпада́ть <вы́пасть> (***dem Gedächtnis*** из па́мяти); (*nicht in Frage kommen*) отпада́ть <-па́сть>; **~'falten** развёртывать <-верну́ть>; *fig.* (*Mut, Initiative usw.*) проявля́ть <-ви́ть>; (*entwickeln*) разви́(ва́)ть; ***sich ~*** *Blüte*: распуска́ться <-сти́ться>; *Pers.* разви́(ва́)ться; **~'fernen** удаля́ть <-ли́ть>, устраня́ть <-ни́ть>; *Fleck* снима́ть <снять>, выводи́ть <вы́вести>; ***sich ~*** удаля́ться <-ли́ться>

ent'fernt отдалённый; (*Verwandte*) да́льний

Ent'fernung *f* (*Beseitigung*) удале́ние *n*, устране́ние *n*; (*Entlassung*) отстране́ние *n* (от Р); (*Abstand*) расстоя́ние *n*

ent'führen похища́ть <-хи́тить>; *Flugzeug* угоня́ть <угна́ть>

Ent'führ|er(in *f*) *m* похити́тель(ница *f*) *m*; уго́нщик (-ица *f*); **~ung** *f* похище́ние *n*; уго́н *m*

ent'gegen *Adv. u. Prp.* (*D*) (на)про́тив (Р), навстре́чу (Д); (*Widerspruch*) вопреки́ (Д); **~gehen** идти́ <пойти́> навстре́чу; **~gesetzt** противополо́жный, проти́вный; **~kommen** *v/i* идти́ <пойти́> навстре́чу (*a. fig.*)

Ent'gegenkommen *n* предупреди́тельность *f*, любе́зность *f*

ent'gegenkommend предупреди́тельный, любе́зный

ent'gegen|nehmen принима́ть <-ня́ть>; **~sehen** (*D*) *fig.* ожида́ть (Р); **~treten** (*D*) выступа́ть <вы́ступить> про́тив

ent|'gegnen возража́ть <-ази́ть>; **~'gehen** (*D*) избега́ть <-бе́гнуть> (Р)

Ent'gelt *n* вознагражде́ние

ent'gleisen сходи́ть <сойти́> с ре́льсов

Ent'gleisung *f fig.* беста́ктность *f*

ent|'gleiten выска́льзывать <вы́скользнуть> (***den Händen*** из рук); **~'halten** содержа́ть; ***~ sein*** (***in***) содержа́ться (в П)

ent'haltsam возде́ржанный, уме́ренный

Ent'haltsamkeit *f* уме́ренность *f*, возде́ржанность *f*

ent'hüllen откры́(ва́)ть

Ent'hüllung *f* откры́тие *n*

Enthusi'asmus *m* энтузиа́зм

enthusi'astisch по́лный энтузиа́зма, восто́рженный

ent'kalken освобождать <-боди́ть> от и́звести

ent|'kommen убега́ть <убежа́ть>; **~'korken** отку́пори(ва)ть; **~'kräften** обесси́ли(ва)ть; (*widerlegen*) опрове́ргнуть *pf.*; **~'laden** разгружа́ть <-грузи́ть>; (*Batterie*) разряжа́ть <-ряди́ть>; ***sich ~*** (*Gewitter*) разража́ться <-рази́ться>

ent'lang *Prp.* (*D, A*), *Adv.* вдоль (Р)

ent|'larven разоблача́ть <-чи́ть>; **~'lassen** *Häftling* освобожда́ть <-боди́ть>; (*kündigen*) увольня́ть <уво́лить>; *Patienten* выпи́сывать <вы́писать>

Ent'lassung *f* освобожде́ние *n*; увольне́ние *n*; вы́писка

ent'lasten разгружа́ть <-грузи́ть>

Ent'lastungszeuge(gin *f*) *m* свиде́тель(ница *f*) *m* защи́ты
ent|'ledigen: ***sich*** **~** (*G*) избавля́ться <-ба́виться> (от Р); **~'leeren** опорожня́ть <-рожни́ть>; **~'legen** отдалённый; **~'locken** (*D*) *Geheimnis* выве́дывать <вы́ведать>; *Töne* извлека́ть <-ле́чь> (из Р); **~'lohnen** вознагражда́ть <-ради́ть>; **~'machten** лиша́ть <-ши́ть> вла́сти; **~'mündigen** *v/t* учрежда́ть <-реди́ть> опе́ку (над Т); **~'mutigen** обескура́жи(ва)ть; **~'nehmen** (*D*) брать <взять>, вынима́ть <вы́нуть> (из Р); **~'puppen:** ***sich*** **~** *fig.* ока́зываться <-за́ться> (***als*** Т); **~'reißen** вырыва́ть <вы́рвать> (***j-m*** у кого́-либо, из рук Р); **~'richten** упла́чивать <-лати́ть>; **~'rosten** удаля́ть <-ли́ть> ржа́вчину; **~'rüsten:** ***sich*** **~** ***über*** возмуща́ться <-мути́ться> (Т)
Ent'rüstung *f* негодова́ние *n*, возмуще́ние *n*
ent|'salzen опресня́ть <-ни́ть>; **~'schädigen** возмеща́ть <-ести́ть>, компенси́ровать (*im*)*pf.* (***für*** В)
Ent'schädigung *f* возмеще́ние *n*, компенса́ция
ent|'schärfen *v/t Bombe* обезвре́живать <-вре́дить>
ent|'scheiden реша́ть <-ши́ть> (***über*** В); ***sich*** **~** ***für*** реша́ться <-ши́ться> (на В); **~'scheidend** реша́ющий, реши́тельный
Ent'scheidung *f* реше́ние *n*
ent'schieden *Adjp.* реши́тельный
ent'schließen: ***sich*** **~** (***zu***) реша́ться <-ши́ться> (на В); ***ich habe mich entschlossen*** я реши́лся
ent'schlossen *Adjp.* реши́тельный; ***fest*** **~** преиспо́лненный реши́мости
Ent'schlossenheit *f* реши́мость *f*
Ent'schluss *m* реше́ние *n*
ent'schlüsseln расшифро́вывать <-ова́ть>
ent'schuldigen извиня́ть <-ни́ть>; ***sich bei j-m für et.*** **~** извиня́ться <-ни́ться> пе́ред ке́м-либо за что́-либо; **~** ***Sie!*** извини́те!
Ent'schuldigung *f* извине́ние *n*
Ent'setzen *n* у́жас *m*; ***vor*** **~** от у́жаса
ent'setzlich ужа́сный
ent|'sinnen: ***sich*** **~** (*G*) вспомина́ть <-о́мнить>; **~'sorgen** устраня́ть <-ани́ть> отхо́ды
Ent'sorgung *f* устране́ние *n* отхо́дов
ent'spannen ослабля́ть <осла́бить> напряже́ние; *Muskeln* расслабля́ть <-сла́бить>; *Pol.* разряжа́ть <-ряди́ть>; ***sich*** **~** (*ausruhen*) отдыха́ть <-дохну́ть>
Ent'spannung *f* ослабле́ние *n* напряже́ния; расслабле́ние *n*; *Pol.* разря́дка
Ent'spannungspolitik *f* поли́тика разря́дки
ent'sprechen (*D*) соотве́тствовать, отвеча́ть (Д); **~d** соотве́тствующий
ent|'springen бра́ть (*fig. a. pf.* взять) нача́ло (***in*** в П); **~'stehen** возника́ть <-ни́кнуть> (***aus*** из Р)
Ent'stehung *f* возникнове́ние *n*
ent'täuschen разочаро́вывать <-рова́ть>
Ent'täuschung *f* разочарова́ние *n*
ent'waffnen обезору́жи(ва)ть
Ent'warnung *f* отбо́й *m* (трево́ги)
ent'wässern обезво́живать <-во́дить>; *Moor* осуша́ть <-ши́ть>
Ent'wässerung *f* обезво́живание *n*; осуше́ние *n*
entweder и́ли; **~ ...** ***oder*** и́ли ... и́ли, ли́бо ... ли́бо
ent|'weichen *Rauch*: выходи́ть; **~'wenden** похища́ть <-хи́тить>; **~'werfen** <за>проекти́ровать; **~'werten** обесце́ни(ва)ть; *Briefmarke* погаша́ть <-гаси́ть>
Ent'werter *m* (*für Fahrkarten*) компо́стер
ent'wickeln развива́ть <разви́ть>; *Fot.* проявля́ть <-ви́ть>; ***sich*** **~** развива́ться <-ви́ться>
Ent'wicklung *f* разви́тие *n*; *Fot.* проявле́ние *n*
Ent'wicklungs|hilfe *f* по́мощь развива́ющимся стра́нам; **~land** *n* развива́ющаяся страна́ *f*
ent'wöhnen *Kind* отнима́ть <-ня́ть> (от гру́ди)

E

ent'würdigend унизи́тельный
Ent'wurf *m* прое́кт; (*Skizze*) эски́з
ent'ziehen (***j-m***) лиша́ть <-ши́ть> (кого́-либо Р); ***sich*** ~ (*D*) уклоня́ться <-ни́ться> (от Р)
Ent'ziehungskur *f* лече́ние *n* воздержа́нием
ent'ziffern разбира́ть <-зобра́ть>
ent'zückend восхити́тельный
ent'zückt восхищённый
ent'zünden зажига́ть <-же́чь>; (*fig.*) воспламеня́ть <-ни́ть>; ***sich*** ~ загора́ться <-ре́ться>; *Med.* воспаля́ться <-ли́ться>
Ent'zündung *f Med.* воспале́ние *n*
ent'zwei (*kaputt*) испо́рченный; (*zerbrochen*) сло́манный; *Glas*: разби́тый; **~en** <по>ссо́рить *pf.* (***sich*** -ся)
Enzyklopä'die *f* энциклопе́дия
Epide'mie *f* эпиде́мия
Epi'sode *f* эпизо́д *m*
E'poche *f* эпо́ха, пери́од *m*
er он
er'achten счита́ть <счесть>
er'bärmlich жа́лкий
er'barmungslos безжа́лостный
er'bauen <по>стро́ить, сооружа́ть <-руди́ть>; ***nicht erbaut sein von*** быть не в восто́рге от Р
Er'bauer *m* строи́тель *m*
Erbe[1] *m* насле́дник
Erbe[2] *n* насле́дство; *fig.* насле́дие
erben насле́довать (*im*)*pf.*, унасле́довать *pf.*
er'beuten захва́тывать <-вати́ть>
Erb|folge *f* поря́док *m* насле́дования; **~gut** *n Bio.* насле́дственный материа́л *m*
Erbin *f* насле́дница
er'bittert ожесточённый
Er'bitterung *f* ожесточе́ние *n*, озлобле́ние *n*
Erblasser(in *f*) *m* наследода́тель(ница *f*) *m*
erblich насле́дственный
er|'blicken <у>ви́деть *pf.*; **~'blinden** <о>сле́пнуть
Erbmasse *f Jur.* насле́дственное иму́щество *n*
er'brechen *v/t Brief* вскрыва́ть <-ры́ть>; *Med.* <вы́>рвать (Т); ***er erbrach sich*** его́ стошни́ло
Erbrecht *n* насле́дственное пра́во; (*Anspruch*) пра́во насле́дования
Erbschaft *f* насле́дство *n*
Erbschaftssteuer *f* нало́г *m* с насле́дства
Erbse *f* горо́шина; *pl. koll.* горо́х
Erb|stück *n* вещь *f*, переше́дшая по насле́дству; **~teil** *m* до́ля *f* насле́дства
Erd|ball *m* земно́й шар; **~beben** *n* землетрясе́ние
Erd|beere *f* клубни́ка; (*Walderdbeere*) земляни́ка; **~boden** *m* земля́ *f*; по́чва *f*
Erde *f* земля́; *Astr.* Земля́
erden *El.*, *Rdf.* заземля́ть <-ли́ть>
er'denklich возмо́жный
Erd|gas *n* приро́дный газ *m*; **~geschoss** *n* пе́рвый эта́ж *m*; **~kugel** *f* земно́й шар *m*; **~kunde** *f* геогра́фия; **~nuss** *f* ара́хис *m*, земляно́й оре́х *m*; **~öl** *n* нефть *f*
Erdölverarbeitung *f* нефтеперерабо́тка
Erdreich *n* земля́ *f*
er|'dreisten: *sich* ~ осме́ли(ва)ться; **~'drosseln** <за>души́ть; **~'drücken** задави́ть *pf.*; *fig.* подавля́ть <-ви́ть>
Erd|rutsch *m* о́ползень *m*; **~stoß** *m* подзе́мный толчо́к; **~teil** *m* часть *f* све́та; **~ umlaufbahn** *f* околозе́мная орби́та
er|'eifern: *sich* ~ горячи́ться (***über*** из-за Р); **~'eignen: *sich*** ~ случа́ться <-чи́ться>, происходи́ть <-изойти́>
Er'eignis *n* собы́тие
Erekti'on *f* эре́кция
er'fahren[1] *v/t* узна́(ва́)ть (В, о П)
er'fahren[2] *Adj.* о́пытный
Er'fahrung *f* о́пыт *m*; ***aus eigener*** ~ по своему́ о́пыту
Er'fahrungsaustausch *m* обме́н о́пытом
er|'fassen *v/t* (*begreifen*) понима́ть <-ня́ть>; *Angst*: охва́тывать <-ти́ть>; *Daten* <за>регистри́ровать; **~'finden** изобрета́ть <-рести́>; (*sich ausdenken*) выду́мывать <вы́думать>
Er'finder(in *f*) *m* изобрета́тель(ница *f*) *m*
er'finderisch изобрета́тельный

Er'findung *f* изобрете́ние *n*; (*Lüge*) измышле́ние *n*
Er'folg *m* успе́х; (*Ergebnis*) результа́т; **~ haben** име́ть успе́х
er'folgen <по>сле́довать *pf.*
er'folg|los безуспе́шный; **~reich** успе́шный
er'folgversprechend обеща́ющий успе́х
er'forderlich необходи́мый
er'fordern *v/t* <по>тре́бовать (Р)
Er'fordernis *n* тре́бование, потре́бность *f*
er'forschen иссле́довать (*im*)*pf.*
Er'forschung *f* иссле́дование *n*; *Geol.* разве́дка
er'freu|en <по>ра́довать (**mit** Т); **sich ~** <по>любова́ться, наслажда́ться (**an** Т); **~lich** ра́достный
er'frieren замерза́ть <-мёрзнуть>; *Pflanze*: вымерза́ть <вы́мерзнуть>
Er'frierung *f* обмороже́ние *n*
er'frischen освежа́ть <-жи́ть> (**sich** -ся)
er'frischend освежа́ющий; *Getränke* прохлади́тельный
Er'frischung *f* освеже́ние *n*; (*Getränk*) прохлади́тельный напи́ток *m*
er'füllen наполня́ть <-по́лнить> (**mit** Т); *Aufgabe*, *Plan* выполня́ть <вы́полнить>; *Vertrag*, *Bitte* исполня́ть <-по́лнить>; **sich ~** исполня́ться <-по́лниться>, сбы́(ва́)ться
Er'füllung *f* выполне́ние *n*; исполне́ние *n*
er'gänzen дополня́ть <-по́лнить>; *Vorrat* пополня́ть <-по́лнить>
Er'gänzung *f* дополне́ние *n*
er'geben¹ *v/t* составля́ть <-та́вить> (В); **sich ~** (*kapitulieren*) сдава́ться <сда́ться>; **sich ~ aus** сле́довать из (Р)
er'geben² *Adj.* пре́данный
Er'gebnis *n* результа́т *m*; (*Schlussfolgerung*) вы́вод *m*
er'gebnislos безрезульта́тный
er'gehen: über sich ~ lassen терпели́во сноси́ть <снести́>; **wie ist es dir ergangen?** как тебе́ жило́сь?
er'giebig экономи́чный; (*ertragreich*) плодоро́дный; *Vorkommen*: бога́тый
er|'götzen: sich ~ (**an**) наслажда́ться <-лади́ться> (Т); **~'greifen** *v/t* схва́тывать <-ти́ть>; *Beruf* выбира́ть <вы́брать>; *Chance* воспо́льзоваться *pf.* (Т); *Maßnahmen* принима́ть <-ня́ть>
er'haben возвы́шенный (*a. fig.*); **~ sein über** стоя́ть вы́ше (Р)
er'halten¹ получа́ть <-чи́ть>; (*bewahren*) сохраня́ть <-ни́ть>
erhalten²: gut ~ в хоро́шем состоя́нии
er'hältlich досту́пный для приобрете́ния
er|'hängen ве́шать <пове́сить> (**sich** -ся); **~'heben** поднима́ть <-ня́ть>; *im Rang* возводи́ть <-вести́>; *Anklage* предъявля́ть <-ви́ть>; *Steuern* взима́ть; **sich ~** (*aufstehen*) поднима́ться <-ня́ться>; (*rebellieren*) восста́(ва́)ть
er'heblich значи́тельный
er|'hoffen *v/t* наде́яться (на В); **~'höhen** *Preise* повыша́ть <-вы́сить>
Er'höhung *f* повыше́ние *n*
er'holen: sich ~ отдыха́ть <-дохну́ть>
Er'holung *f* о́тдых *m*; **zur ~** на о́тдых
Er'holungsheim *n* дом *m* о́тдыха
er'innern напомина́ть <-по́мнить> (**j-n an** кому́-либо о П); **sich ~** вспомина́ть <-по́мнить> (*G*, **an** в, о П)
Er'innerung *f* воспомина́ние *n*; **zur ~** на па́мять; в па́мять (**an** Р)
er'kälten: sich ~ простужа́ться <-туди́ться>
Er'kältung *f* просту́да
er'kennen *v/t* узн(ав)а́ть (**an** по П); (*identifizieren*) распозн(ав)а́ть; (*einsehen*) (о)созн(ав)а́ть (**als** как)
er'kenntlich призна́тельный; **sich ~ zeigen** отблагодари́ть *pf.*
Er'kenntnis *f* позна́ние *n*
Erker *m* э́ркер
er'klär|en объясня́ть <-ни́ть>; (*äußern*) заявля́ть <-ви́ть>; **~lich** поня́тный
Er'klärung *f* объясне́ние *n*; заявле́ние *n*; объявле́ние *n*

E

er'kranken заболе́(ва́)ть (***an*** Т)

Er'krankung *f* заболева́ние *n*

er'kundigen: *sich* ~ справля́ться <-ра́виться>, осведомля́ться <-ве́домиться> (***bei*** у Р, ***nach*** о П)

er'langen *v/t* достига́ть <-сти́гнуть, -сти́чь> (Р)

Er'lass *m* ука́з; (*Befreiung*) освобожде́ние *n*

er|'lassen *Gesetz* изда́(ва́)ть; *Strafe* освобожда́ть <-боди́ть> (***j-m*** кого́-либо от Р); **~'lauben** разреша́ть <-ши́ть>, позволя́ть <-во́лить>

Er'laubnis *f* разреше́ние *n* (***für, zu*** на В), позволе́ние *n*

er'läutern поясня́ть <-ни́ть>

Er'läuterung *f* поясне́ние *n*

Erle *f* ольха́

er'leben (*durchmachen*) пережи́(ва́)ть, испы́тывать <-та́ть>; (*dabei sein*) дожи́(ва́)ть (до Р)

Er'lebnis *n* пережива́ние

er'ledigen (*ausführen*) выполня́ть <вы́полнить>; (*beenden*) поко́нчить *pf.* (с Т); (*in Ordnung bringen*) ула́живать <ула́дить>

er'leichtern облегча́ть <-чи́ть>

Er'leichterung *f* облегче́ние *n*

er|'leiden <по>терпе́ть; *Verletzung* получи́ть *pf.*; **~'liegen** подда́(ва́)ться (***der Versuchung*** искуше́нию)

er'lischt → ***erlöschen***

Er'lös *m* вы́ручка *f*

er'löschen <по>га́снуть; (*Vulkan*) <по>ту́хнуть; *Vertrag*: <по>теря́ть си́лу; *Mitgliedschaft*: прекраща́ться <-рати́ться>

er|'lösen избавля́ть <-ба́вить> (***von*** от Р); **~'mächtigen** уполномо́чи(ва)ть (***zu*** на В); **~'mahnen** увещева́ть; **~'mäßigen** *Preis* снижа́ть <сни́зить>; ***sich ~ um*** снижа́ться <сни́зить-ся> на (В)

Er'mäßigung *f* сниже́ние *n*; ски́дка

er'mitteln *v/t Täter* разы́скивать <-ыска́ть>; *v/i Jur.* производи́ть <-вести́> дозна́ние (***gegen*** по де́лу Р)

Er'mittlung *f Jur.* дозна́ние *n*, рассле́дование *n*

er|'möglichen *v/t* <с>де́лать возмо́жным (В), да(ва́)ть возмо́жность; **~'morden** уби́(ва́)ть

Er'mordung *f* уби́йство *n*

er|'müden *v/t* утомля́ть <-ми́ть> (***durch*** Т); *v/i* утомля́ться <-ми́ться>, уста́(ва́)ть; **~'muntern** ободря́ть <-ри́ть> (***zu*** *et.* к Д); **~'nähren** пита́ть, <про>корми́ть; ***sich ~*** пита́ться (***von*** Т), корми́ться

Er'nährung *f* пита́ние *n*

er'nennen назнача́ть <-на́чить> (***zu*** Т)

Er'nennung *f* назначе́ние *n*

er'neuern обновля́ть <-ви́ть>

Er'neuerung *f* (воз)обновле́ние *n*

er'neut повто́рный; *präd.* опя́ть, сно́ва

er'niedrigen унижа́ть <уни́зить>

ernst серьёзный

Ernst *m* серьёзность *f*; ***im ~*** всерьёз; ***allen ~es*** со всей серьёзностью

ernsthaft серьёзный

Ernte *f* урожа́й *m*; (*das Ernten*) убо́рка (урожа́я)

ernten соб(и)ра́ть урожа́й

Er'oberer *m* завоева́тель *m*

er'obern завоёвывать <-воева́ть>

Er'oberung *f* завоева́ние *n*

er'öffnen откры́(ва́)ть; (*mitteilen*) сообща́ть <-и́ть>

Er'öffnung *f* откры́тие *n*; сообще́ние *n*

er'örtern обсужда́ть <-суди́ть>

Er'örterung *f* обсужде́ние *n*

e'rotisch эроти́ческий

er'pressen шантажи́ровать

Er'press|er(in *f*) *m* шантажи́ст(ка *f*); (*von Schutzgeld*) рэкети́р; **~ung** *f* шанта́ж *m*; вымога́тельство *n*

er|'proben испы́тывать <-та́ть>; **~'raten** *v/t* уга́дывать <-да́ть>; **~'regen** возбужда́ть <-буди́ть>

Er'reg|er *m* возбуди́тель *m*; **~ung** *f* возбужде́ние *n*

er'reichbar достижи́мый

er|'reichen *v/t* (*fassen können*) доста́(ва́)ть; (*hingelangen*) доходи́ть <дойти́> (до Р); *Ziel, Ufer* достига́ть <-ти́гнуть> (Р); **~'richten** *Gebäude* возводи́ть <-вести́>, воздвига́ть <-дви́гнуть>; **~'ringen** доби́(ва́)ться, достига́ть <-ти́гнуть, -ти́чь>; **~'röten** <по>красне́ть

Er'rungenschaft *f* достижéние *n*
Er'satz *m* замéна *f*, *konkr.* заменитель *m*; **~mann** *m* заместитель *m*; **~spieler** *m* запаснóй игрóк; **~teil** *n* запасная часть *f*, запчáсть *f*
er|'scheinen появляться <-виться>; (*vor Gericht*) являться <явиться>; *Buch* выходить <выйти> (из печáти); **~'schießen** застрелить *pf.*; **~'schlagen** уби́(вá)ть; **~'schließen** *Gebiet* осваивать <освóить>; *Märkte* откры́(вá)ть; **~'schöpfen** исчéрп(ыв)ать; **~'schöpft** изнурённый
Er'schöpfung *f* исчерпáние *n*; истощéние *n*; изнурённость *f*
er'schrak → ***erschrecken***
er'schrecken *v/t* <ис>пугáть; *v/i* <ис>пугáться (***über*** P)
er'schrickt → ***erschrecken***
er'schüttern потрясáть <-сти́>; *Gesundheit* подрывáть <-дорвáть>; *Überzeugung* <по>колебáть
Er'schütterung *f* сотрясéние *n* (*a. Med.*); *fig.* потрясéние *n*
er'schweren осложнять <-нить>, затруднять <-нить>
er'schwinglich: ***zu ~en Preisen*** по достýпным цéнам
er'setzen заменять <-нить>
er'sichtlich видимый; ***~ sein*** явствовать
er'sparen скáпливать <скопить>; *fig.* (***j-m*** *A*) избавлять <-бáвить> (когó-либо от P)
Ersparnisse *f/pl.* сбережéния *n/pl.*
erst *Adv.* сначáла, сперва́; (*nur*) тóлько; ***eben ~*** тóлько что
er|'statten *Kosten* возмещáть <-местить>; *Bericht*, *Anzeige* да(вá)ть, <с>дéлать; **~'staunen** *v/i* удивляться <-виться>
er'staunlich удивительный
erste пéрвый; ***in ~r Linie*** пéрвым дéлом; ***zum ~n Mal*** в пéрвый раз; ***auf den ~n Blick*** с пéрвого взгляда
erstens во-пéрвых
er'sticken *v/t* <за>душить; *Feuer* <по>тушить; *v/i* задыхáться <-дохнýться>
erstklassig первоклáссный
er|'strecken: ***sich ~*** простирáться <-стерéться>; **~'suchen** <по>просить; **~'tappen** ловить <поймáть>; **~'tragen** терпéть, переносить <-нести́>
er'träglich снóсный
er|'tränken *v/t* <у>топить; **~'trinken** <у>тонýть; **~'übrigen** выгáдывать <вы́гадать>; ***sich ~*** быть (из)лишним; **~'wachen** просыпáться <-снýться>, пробуждáться <-будиться>
Er'wachsene(r) взрóслый (-лая *f*)
er|'wägen *v/t* взвéшивать <-вéсить> (B), обдýмывать <-мать>; **~'wähnen** упоминáть <-мянýть> (о П); **~'wärmen** *Raum* обогрé(вá)ть; ***sich ~*** обогрé(вá)ться; **~'warten** *v/t* ждать, ожидáть
er'wartungsvoll пóлный ожидáния
er|'wecken *Gefühl* вызывáть <вы́звать>, порождáть <-родить>; **~'weisen** окáзывать <-зáть>; **~'weitern** расширять <-ширить>; **~'werben** приобретáть <-брести́>
er'werbs|los безрабóтный; **~tätig** рабóтающий, трудовóй
er'widern отвечáть <-вéтить>
er'wünscht желáтельный
Erz *n* рудá *f*
er'zählen расскáзывать <-зáть>
Er'zählung *f* расскáз *m*; (*als Form der Dichtung*) пóвесть *f*
er'zeugen производить <-вести́>; *fig.* (*hervorrufen*) порождáть <-родить>
Er'zeugnis *n* продýкт *m*; издéлие
er'ziehen воспитывать <-тáть>
Er'zieher(in *f*) *m* воспитáтель(ница *f*) *m*
Er'ziehung *f* воспитáние *n*
er|'zielen *Erfolg* добивáться <-биться>, достигáть <-сти́чь>; **~'zwingen** вынуждáть <вы́нудить>
es онó; ***~ gibt, ~ ist, ~ sind*** есть; ***~ ist spät*** пóздно; ***~ regnet*** дождь идёт
Esel *m* осёл
Eskalati'on *f* эскалáция
Eskimo *m* эскимóс
Es'korte *f* эскóрт *m*; *Mil.* конвóй *m*
essbar съедóбный
Esse *f* (дымовáя) трубá
essen *v/t* <по>éсть, <по>кýшать

Essen *n* еда́ *f*; (*Speise*) ку́шанье; **beim ~** во вре́мя еды́
Es'senz *f* эссе́нция
Essig *m* у́ксус
Ess|löffel *m* столо́вая ло́жка *f*; **~tisch** *m* обе́денный стол; **~zimmer** *n* столо́вая *f*
Est|e *m* (**~in** *f*) эсто́нец (-нка *f*)
estnisch эсто́нский
E'tage *f* эта́ж *m*
E'tagenheizung *f* эта́жное (центра́льное) отопле́ние *n*
E'tappe *f* эта́п *m*; *Mil.* тыл *m*
E'tat *m* бюдже́т
Ethik *f* э́тика
ethisch эти́ческий
Eti'kett *n* этике́тка *f*, ярлы́к *m*; **~e** *f* этике́т *m*
Etui *n* футля́р *m*
etwa (*ungefähr*) приблизи́тельно, (*a. zum Beispiel*) приме́рно; (*Alter*) **~ fünfzig** лет пяти́десяти
etwaig возмо́жный
etwas (*Beliebiges*) что́-нибудь, что́-либо; (*Bestimmtes*) что́-то; (*substantivisch*) не́что; (*einiges*) ко́е-что; (*ein wenig*) немно́го, чуть
euer ваш
Eule *f* сова́; (*Falter*) со́вка; **~n-** сови́ный
Euro *m* е́вро *n*; ***die Einführung des Euro*** введе́ние еди́ной (европе́йской) валю́ты
Eurocheque *m* евроче́к
Euro'päer(**in** *f*) *m* европе́ец (-пе́йка *f*)
euro'päisch европе́йский; *bei politischen Institutionen*: ***Europäischer Gerichtshof*** *m* Европе́йский суд; ***Europäische Investitionsbank*** *f* Европе́йский инвестицио́нный банк *m*; ***Europäische Kommission*** *f* Европе́йская коми́ссия; ***Europäischer Rechnungshof*** *m* Счётная пала́та *f*; ***Europäische Union*** (***EU***) *f* Европе́йский Сою́з (ЕС) *m*; ***Europäisches Währungssystem*** *n* Европе́йская валю́тная систе́ма *f*; ***Europäische Währungsunion*** *n* валю́тный сою́з *m*; ***Europäische Zentralbank*** *f* Центра́льный банк *m* Евро́пы
Eu'ropa|meister(**in** *f*) *m* чемпио́н(ка *f*) Евро́пы; **~rat** *m* Европе́йский сове́т
Euter *n* вы́мя *n*
evaku'ieren эвакуи́ровать (*im*)*pf.*
evan'gelisch евангели́ческий
eventu'ell возмо́жный
ewig ве́чный
Ewigkeit *f* ве́чность *f*
ex'akt то́чный
E'xamen *n* экза́мен *m*
Exeku'tive *f* исполни́тельная власть *f*
Exem'plar *n* экземпля́р *m*
E'xil *n* изгна́ние
Exi'stenz *f* существова́ние *n*; **~minimum** *n* прожи́точный ми́нимум *m*
exi'stieren существова́ть
Expansi'on *f* экспа́нсия
Expediti'on *f* экспеди́ция
Experi'ment *n* экспериме́нт *m*
experimen'tieren эксперименти́ровать
Ex'per|te *m* (**~tin** *f*) экспе́рт (*a. f*)
explo'dieren взрыва́ться <взорва́ться>
Explosion *f* взрыв *m*
explo'siv взры́вчатый
Ex'port *m* э́кспорт
Expor'teur *m* экспортёр
expor'tieren экспорти́ровать (*im*)*pf.*
Ex'portland *n* страна́-экспортёр *f*
extra *Adv.* осо́бо; (*zusätzlich*) дополни́тельно
ex'trem кра́йний, экстрема́льный
Ex'trem *n* кра́йность *f*
Extre'mist *m* экстреми́ст
extre'mistisch экстреми́стский
Exzel'lenz *f* превосходи́тельство *n*
ex'zentrisch эксцентри́чный

F

Fabel *f* ба́сня
fabelhaft *fig.* замеча́тельный; **~!** прекра́сно!
Fa'brik *f* фа́брика, заво́д *m*
Fabri'kant *m* фабрика́нт
Fa'brikarbeiter(in *f*) *m* фабри́чный рабо́чий (-ная рабо́тница *f*)
Fabri'kat *n* фабрика́т *m*
Fabrikati'on *f* произво́дство *n*
fabri'zieren *fig.* изготовля́ть <-о́вить>
Fach *n* (*im Regal*) по́лка *f*; (*Schubfach*) я́щик *m*; (*Lehrfach*) предме́т *m*; **~arbeiter** *m* квалифици́рованный рабо́чий; **~arzt** *m* врач-специали́ст; **~ausbildung** *f* специа́льное образова́ние *n*; **~ausdruck** *m* те́рмин; **~buch** *n* кни́га *f* по специа́льности
Fach|gebiet *n* специа́льность *f*; **~geschäft** *n* специализи́рованный магази́н *m*; **~hochschule** *f* специа́льное вы́сшее уче́бное заведе́ние *n*; **~kenntnisse** *f/pl.* специа́льные зна́ния *n/pl.*; **~mann** *m* специали́ст
fachmännisch профессиона́льный; *Rat*: компете́нтный
Fach|schule *f* профессиона́льно-техни́ческое учи́лище *n*, те́хникум *m*; **~werkhaus** *n* фахве́рковый дом *m*; **~zeitschrift** *f* специа́льный/отраслево́й журна́л *m*
Fackel *f* фа́кел *m*; **~zug** *m* фа́кельное ше́ствие *n*
fade (*Speise*) безвку́сный; *fig.* ску́чный
Faden *m* ни́тка *f*, нить *f*
fähig спосо́бный
Fähigkeit *f* спосо́бность *f*
fahnden (***nach***) разы́скивать (В), производи́ть ро́зыск (Р)
Fahndung *f* ро́зыск *m*
Fahne *f* флаг *m*; *Mil.* зна́мя *n*
Fahnenflucht *f* дезерти́рство *n*
Fahrbahn *f* прое́зжая часть *f* (доро́ги)
Fähre *f* паро́м *m*
fahren *v/t* води́ть, вести́; (***ein***) ***Auto ~*** вести́ маши́ну; (***mit dem***) ***Auto ~*** е́хать на маши́не; ***Auto ~ können*** води́ть маши́ну
Fahrer *m* води́тель *m*, шофёр; **~flucht** *f*: ***~ begehen*** скры́ться *pf.* с ме́ста происше́ствия
Fahr|gast *m* пассажи́р(ка *f*); **~geld** *n* пла́та *f* за прое́зд; **~gestell** *n Kfz.* шасси́ *n*; **~karte** *f* (проездно́й) биле́т *m*
Fahrkarten|automat *m* биле́тный автома́т; **~schalter** *m* биле́тная ка́сса *f*
fahrlässig неосторо́жный
Fahr|lehrer *m* инстру́ктор по вожде́нию (автомоби́ля); **~plan** *m* расписа́ние *n* поездо́в; **~preis** *m* сто́имость *f* прое́зда; **~rad** *n* велосипе́д *m*; **~schein** *m* биле́т; **~schule** *f* автошко́ла; **~stuhl** *m* лифт
Fahrt *f* езда́; (*Reise*) пое́здка
Fährte *f* след *m*
Fahr|werk *n Flgw.* шасси́ *n*; **~zeug** *n* тра́нспортное сре́дство
fair (*ehrlich*) че́стный; *Sp.* корре́ктный
Faktor *m* фа́ктор
Fakul'tät *f* факульте́т *m*
Falke *m* со́кол
Fall *m* (*Sturz*) паде́ние *n*; (*Umstand*) слу́чай ; *Jur.* де́ло *n*; *Gr.* паде́ж; ***von ~ zu ~*** от слу́чая к слу́чаю; ***für alle Fälle*** на вся́кий слу́чай; ***auf keinen ~*** ни в ко́ем слу́чае
Falle *f* западня́, лову́шка
fallen *v/i* па́дать <упа́сть> (*a. fig.*); *Soldat*: пасть *pf.*
fällen *Baum* <по>вали́ть, руба́ть <-би́ть>; *Urteil* выноси́ть <вы́нести>
fällig *Zahlung*: подлежа́щий упла́те
Fälligkeit *f* срок *m* платежа́
Fallobst *n* па́данец *m*
falls (в слу́чае,) е́сли
Fallschirm *m* парашю́т; **~springer(in** *f*) *m* парашюти́ст(ка *f*)
falsch *Adj.* (*unrichtig*) оши́бочный; (*unwahr*) неве́рный; (*unecht*) подде́льный; (*unaufrichtig*) фальши́вый

F

fälschen *Urkunde, Geld* подде́л(ыв)ать; *Fakten* фальсифици́ровать *(im)pf.*
Fälscher(in *f*) *m* фальсифика́тор(ша *f* F)
Falschgeld *n* фальши́вые де́ньги *pl.*
fälschlich оши́бочный
Fälschung *f* подде́лка; (*Tätigkeit*) фальсифика́ция
Faltboot *n* складна́я байда́рка *f*
Falte *f* скла́дка; (*im Rock*) сбо́рка; (*Runzel*) морщи́на
falten скла́дывать <сложи́ть>
Faltenrock *m* ю́бка *f* в скла́дку
faltig (*Haut*) морщи́нистый
famili'är фамилья́рный
Fa'milie *f* семья́; *Bio.* семе́йство *n*
Fa'milien|angehörige(r) член семьи́; **~betrieb** *m* семе́йное предприя́тие *n*; **~leben** *n* семе́йная жизнь *f*; **~name** *m* фами́лия *f*; **~stand** *m* семе́йное положе́ние *n*; **~vater** *m* оте́ц семе́йства
Fan F *m* боле́льщик(-ица *f*)
Fa'natiker(in *f*) *m* фана́тик (-и́чка *f* F)
fa'natisch фанати́чный
fand → ***finden***
Fan'fare *f* фанфа́ра
Fang *m* ло́в(ля *f*); (*Beute*) уло́в
fangen лови́ть <пойма́ть>
Fanta'sie *f* фанта́зия
Farbband *n* ле́нта *f* для пи́шущей маши́нки
Farbe *f* цве́т *m*; (*zum Malen*) кра́ска
farbecht нелиня́ющий
färben <по>кра́сить, окра́шивать <-ра́сить>
farbenblind страда́ющий дальтони́змом
Farb|fernseher *m* цветно́й телеви́зор; **~film** *m* цветно́й (кино-) фи́льм; (*Material*) цветна́я плёнка *f*; **~fotografie** *f* цветна́я фотогра́фия; (*Bild a.*) цветно́й сни́мок *m*
farbig цветно́й
farblos бесцве́тный (*a. fig.*)
Farbstift *m* цветно́й каранда́ш
Färbung *f* окра́ска; *fig.* отте́нок *m*
Farn *m* па́поротник
Fa'san *m* фаза́н
Fasching *m* карнава́л; **~s-** карнава́льный
Faser *f* волокно́ *n*
Fass *n* бо́чка *f*, бочёнок *m*
Fas'sade *f* фаса́д *m*
fassen *v/t* хвата́ть, схва́тывать <-ти́ть>; (*verstehen*) понима́ть <-ня́ть>; *v/r* ***sich ~*** успока́иваться <-ко́иться>; ***~ Sie sich kurz*** бу́дьте кра́тки
fasslich: ***leicht ~*** дохо́дчивый
Fas'son *f* фасо́н *m*
Fassung *f* (*Einfassung*) опра́ва; *El.* патро́н *m*; (*e-s Textes*) формулиро́вка, реда́кция; (*Selbstbeherrschung*) самооблада́ние *n*; ***aus der ~ bringen*** вы́вести из себя́; ***die ~ verlieren*** потеря́ть самооблада́ние
fassungslos изумлённый
Fassungsvermögen *n* ёмкость *f*
fast почти́
fasten *v/i* соблюда́ть дие́ту; *Rel.* пости́ться, гове́ть
Fastenzeit *f* (Вели́кий) пост *m*
Fastnacht *f* кану́н *m* Вели́кого поста́; карнава́л *m*
faszi'nieren очаро́вывать <-ро-ва́ть>
fa'tal рокова́й, фата́льный
fata'listisch фаталисти́ческий
faul (*verfault*) гнило́й; *Fleisch, Fisch*: ту́хлый; (*träge*) лени́вый; ***die Sache ist ~*** де́ло дрянь; ***auf der ~en Haut liegen*** безде́льничать
faulen гнить; *Speisen*: <про>ту́хнуть
faulenzen лентя́йничать
Faulenzer(in *f*) *m* лентя́й(ка *f*)
Faulheit *f* лень *f*
Fäulnis *f* (*das Faulen*) гние́ние *n*
Faulpelz *m* лентя́й
Faust *f* кула́к *m*; ***auf eigene ~*** на свой страх и риск; **~handschuh** *m* рукави́ца *f*; (*gestrickter*) ва́режка *f*; **~regel** *f* просто́е пра́вило *n*; **~schlag** *m* уда́р кулако́м
Favo'rit *m* фавори́т
faxen передава́ть <-да́ть> по фа́ксу
Fax(gerät) *n* факс *m*
Fazit *n* ито́г *m*, вы́вод *m*
Februar *m* февра́ль *m*
fechten фехтова́ть
Fechter(in *f*) *m* фехтова́льщик (-ица *f*)

Feder *f* перó *n*; *Tech.* пружи́на; (*am Fahrzeug*) рессóра; **~ball** *m* (*Spiel*) бадминтóн; **~bett** *n* пери́на *f*; **~gewicht** *n Sp.* полулёгкий вес *m*; **~halter** *m* рýчка *f*
feder'leicht лёгкий как пёрышко
federn *v/i* пружи́нить
Federstrich *m*: ***mit e-m ~*** одни́м рóсчерком перá
Federung *f* пружи́нная подвéска
fegen *v/t* мести́, подметáть <-мести́>; *Schornstein* <вы́-> чи́стить
fehl: ***~ am Platz*** не к мéсту
Fehlbetrag *m* недочёт
fehlen (*mangeln*) недоставáть, не хватáть <-ти́ть> (P); (*abwesend sn*) отсýтствовать; ***was fehlt Ihnen?*** что с вáми?; ***mir fehlt nichts*** со мной всё в поря́дке
Fehlentscheidung *f* оши́бочное решéние *n*
Fehler *m* оши́бка *f*; (*Mangel*) недостáток
fehler|frei безоши́бочный; **~haft** оши́бочный, непрáвильный; **~los** безоши́бочный
Fehlerquelle *f* истóчник *m* оши́бок
Fehl|geburt *f* вы́кидыш *m*; **~konstruktion** *f* непрáвильно рассчи́танная констрýкция; **~planung** *f* непрáвильное плани́рование *n*; **~schlag** *m fig.* неудáча *f*; **~start** *m* фальстáрт; **~tritt** *m fig.* простýпок, лóжный шаг; **~zündung** *f Kfz.* откáз *m* зажигáния
Feier *f* прáзднество *n*; **~abend** *m* конéц рабóчего дня; ***~ machen*** кончáть <кóнчить> рабóту
feierlich торжéственный
Feierlichkeit *f* торжéственность *f*; (*Feier*) торжествó *n*, прáзднество *n*
feiern *v/t* <от>прáздновать, отмечáть <-мéтить>
Feiertag *m* прáздник
feige трусли́вый
Feige *f* инжи́р *m*, фи́га
Feig|heit *f* трýсость *f*; **~ling** *m* трус
Feile *f* напи́льник *m*
feilen опи́ливать <-ли́ть> напи́льником; (*am Text*) <от>шлифовáть (***an*** B)
feilschen торговáться (***um*** из-за P)
fein *Sand*: мéлкий; *Linie, Gewebe, Gehör*: тóнкий; (*erlesen*) изы́сканный
Feinbäckerei *f* конди́терская
Feind(in *f*) *m* враг, проти́вник (-ница *f*)
feindlich враждéбный; *Mil. a.* вражеский
Feindschaft *f* враждá
feindselig враждéбный
Feindseligkeit *f* враждéбность *f*; *pl. Mil.* воéнные дéйствия *n/pl.*
feinfühlig чýткий
Fein|gebäck *n* конди́терские издéлия *n/pl.*; **~gefühl** *n* чýткость *f*, тáкт *m*; **~gold** *n* чи́стое зóлото; **~heit** *f* тóнкость *f* (*a. fig.*); *mst pl.* тóнкие различия *n/pl.*; **~kost** *f* гастронóмия
Fein|kostgeschäft *n* магази́н *m* деликатéсов; **~mechanik** *f* тóчная механика; **~schmecker(in** *f*) *m* гурмáн(ка *f*)
feist жи́рный
Feld *n* пóле; (*im Brettspiel*) игровóе пóле; клéтка *f*; ***das ~ räumen*** ретировáться; ***ins ~ führen*** приводи́ть <-вести́> (дóводы); **~arbeit** *f mst pl.* полевы́е рабóты *f/pl.*; **~flasche** *f* похóдная фля́га; **~herr** *m* полковóдец; **~küche** *f* похóдная кýхня; **~stecher** *m* полевóй бинóкль; **~weg** *m* просёлочная дорóга *f*; **~zug** *m* похóд; (*fig.*) кампáния *f*
Felge *f* óбод *m* (колесá); *Sp.* оборóт *m*
Fell *n* шерсть *f*; (*abgezogenes*) шкýра *f*, (*von Pelztieren*) мех *m*
Fels *m* скалá *f*; **~block** *m* кáменная глы́ба *f*
felsenfest твёрдый
felsig скали́стый
Felswand *f* отвéсная скалá
Feministin *f* фемини́стка
Fenster *n* oкнó; **~brett** *n* подокóнник *m*; **~flügel** *m* окóнная створка *f*; **~platz** *m* мéсто *n* у окнá; **~rahmen** *m* окóнная рáма *f*; **~scheibe** *f* (окóнное) стеклó *n*
Ferien *f/pl.* кани́кулы *pl.*; (*Urlaub*) óтпуск *m*; **~haus** *n* коттéдж *m*
Ferkel *n* поросёнок *m*
fern далёкий, дáльний
Fern|amt *n* междугорóдная

фóнная стáнция *f*; **~bedienung** *f* дистанциóнное управлéние *n*
Ferne *f* даль *f*; ***aus der ~*** úздали; ***in der ~*** вдалú, вдалекé; ***in weiter ~*** *zeitl.* далекó впередú
ferner дальнéйший; *Adv.* дáльше; дáлее; *Kj.* (*außerdem*) крóме тогó
Fernfahrer *m* водúтель грузовикá для дáльних перевóзок
ferngelenkt телеуправля́емый
Fern|gespräch *n* междугорóдный разговóр *m*; **~glas** *n* бинóкль *m*; **~heizung** *f* централизóванное теплоснабжéние *n*; **~heizwerk** *n* теплоцентрáль *f*; **~licht** *n* *Kfz.* дáльний свет *m*; **~meldeamt** *n* ýзел *m* телефóнной свя́зи; **~rohr** *n* подзóрная трубá *f*; *Astr.* телескóп *m*; **~schreiber** *m* телетáйп
fernsehen смотрéть телевúзор
Fernseh|en *n* телевúдение; ***im ~en*** по телевúдению; **~er** *m*, **~gerät** *n* телевúзор *m*; **~sender** *m* телецéнтр
Fern|sicht *f* перспектúва; **~sprechamt** *n* телефóнная стáнция *f*; **~steuerung** *f* дистанциóнное управлéние *n*, телеуправлéние *n*; **~studium** *n* заóчное обучéние *n*; **~verkehr** *m* движéние *n* трáнспорта, дáльнего слéдования
Ferse *f* пя́тка
fertig готóвый; ***ich bin ~*** я готóв(а); ***~ machen*** закáнчивать <-кóнчить>; ***sich ~ machen*** приготовля́ться <-тóвиться>; ***~ stellen*** закáнчивать <-кóнчить>; ***~ werden mit*** справля́ться <-áвиться> с Т
Fertig|gericht *n* консервúрованное готóвое блю́до; **~haus** *n* сбóрный дом *m*
Fertigkeit *f* сноровка (***in*** в П); (*Geschicklichkeit*) лóвкость *f*
Fertigung *f* изготовлéние *n*
Fessel *f* *mst pl.* кандалы́ *pl.*; **~ballon** *m* привязнóй аэростáт
fesseln свя́зывать <-зáть>; *Tier* спýт(ыв)ать; *fig.* *Aufmerksamkeit* прикóвывать <-ковáть>; **~d** увлекáтельный, захвáтывающий
fest твёрдый; (*haltbar*) прóчный; (*straff*) плóтный; (*kräftig*) крéпкий; *Wohnsitz*: постоя́нный
Fest *n* прáздник *m*
festbinden привя́зывать <-зáть> (***an*** к Д)
Fest|essen *n* банкéт *m*; **~geld** *n* долгосрóчный вклад *m*
festhalten *v/t* (крéпко) держáть; (*aufzeichnen*) запечатлевáть <-лéть>; ***sich ~ an*** держáться за В
festigen укрепля́ть <-пúть>
Festigkeit *f* твёрдость *f*
Festland *n* сýша *f*
festlegen (*bestimmen*) устанáвливать <-новúть>; *Termin* назначáть <-áчить>; ***sich ~ auf*** связáть себя́ (Т)
festlich прáздничный
festmachen *v/t* (*befestigen*) прикрепля́ть <-пúть>; *fig.* (*vereinbaren*) договáриваться <-ворúться>
Festnahme *f* задержáние *n*
festnehmen задéрживать <-жáть>
Fest|platte *f* *EDV* жёсткий диск *m*; **~rede** *f* торжéственная речь; **~saal** *m* парáдный зал
festsetzen *Termin* назначáть <-нáчить>; (*inhaftieren*) сажáть <посадúть> в тюрьмý
Festspiele *n/pl.* фестивáль *m*
fest|stehen быть устанóвленным; ***es steht fest, dass ...*** несомнéнно, что ...; **~stellen** устанáвливать <-новúть>; (*konstatieren*) констатúровать (*im*)*pf.*; *Tech.* <за-> фиксúровать
Feststellung *f* установлéние *n*; констатáция
Festtag *m* прáздничный день
Festung *f* крéпость *f*
fett жúрный; *Boden*: тýчный
Fett *n* жир *m*; **~fleck** *m* жúрное пятнó *n*
fettig жúрный; (*beschmutzt*) засáленный
fett|leibig тýчный, пóлный; **~löslich** растворúмый в жúре
Fett|näpfchen *n*: *fig.* ***ins ~ treten*** совершúть *pf.* оплóшность; **~sucht** *f* ожирéние; **~wanst** *m* *verä.* брю́хо; *Pers.* толстя́к
Fetzen *m* лоскýт; тря́пка *f*
feucht влáжный, сырóй
Feuchtigkeit *f* влáжность *f*, сы́рость *f*
Feuer *n* огóнь *m* (*a. Mil.*); (*Brand*)

пожáр *m*; ~ ***machen*** (*im Ofen*) затопи́ть; ~ ***fangen*** загорáться <-рéться>; **~alarm** *m* пожáрная тревóга *f*; **~bestattung** *f* кремáция; **~eifer** *m* рвéние *n*, усéрдие *n*
feuer|fest огнеупóрный; **~gefährlich** огнеопáсный
Feuer|löscher *m* огнетуши́тель *m*; **~melder** *m* пожáрный сигнáл
feuern топи́ть (***mit*** Т); (*schießen*) стрелять <вы́стрелить> (***auf*** по Д)
Feuersbrunst *f* пожáр *m*
Feuer|stein *m* кремéнь *m*; **~wehr** *f* пожáрная комáнда; **~wehrmann** *m* пожáрный *m*; **~werk** *n* фейервéрк *m*; **~zeug** *n* зажигáлка *f*
Feuilleton *n* фельетóн *m*
feurig óгненный; *fig.* плáменный
ficht → ***fechten***
Fichte *f* ель *f*
fi'del весёлый
Fieber *n* (повы́шенная) температýра *f*, лихорáдка *f*; ***er hat*** ~ у негó жар
fieberhaft лихорáдочный
Fieberthermometer *n* грáдусник *m*, термóметр *m*
fiel → ***fallen***
Fi'gur *f* фигýра; ***e-e gute ~ machen*** производи́ть хорóшее впечатлéние
Filet *n* филé; *Kochk. a.* филéй
Filiale *f* филиáл *m*
Film *m* (*Fotomaterial*) плёнка *f*; (*Kinofilm*) (кино)фи́льм
filmen *v/t* производи́ть (кино)съёмку (Р); *v/i* снимáть <снять> фильм
Film|festspiele *n/pl.* кинофестивáль *m*; **~kamera** *f* кинокáмера; **~kunst** *f* киноискýсство *n*; **~schauspieler(in** *f*) *m* киноактёр (-актри́са *f*); **~star** кинозвездá *f*
Filter *m od. n* фильтр *m*; **~papier** *n* фильтровáльная бумáга *f*; **~zigarette** *f* сигарéта с фи́льтром
filtern <про>фильтровáть
Filz *m* вóйлок, фетр; **~stiefel** *m* вáленок (*mst pl.*); **~stift** *m* фломáстер
Finale *n* финáл *m*
Fi'nanz|amt *n* финáнсово-налóговое управлéние; **~en** *f/pl.* финáнсы *pl.*
finan|zi'ell финáнсовый, дéнежный; **~'zieren** финанси́ровать (*im*)*pf.*
Fi'nanzminister *m* мини́стр финáнсов
finden находи́ть <найти́>; ***wie ~ Sie das?*** как вам э́то нрáвится?; ***das wird sich*** ~ посмóтрим, ви́дно бýдет
Finder(in *f*) *m* нашéдший (-шая *f*); **~lohn** *m* вознаграждéние *n* за нахóдку
fing → ***fangen***
Finger *m* пáлец; ***der kleine ~*** мизи́нец; ***die ~ von et. lassen*** не свя́зываться с чéм-либо; **~abdruck** *m* отпечáток пáльца; **~hut** *m* напёрсток; *Bot.* наперстя́нка *f*; **~nagel** *m* нóготь *m* пáльца руки́; **~spitze** *f* кóнчик *m* пáльца; **~spitzengefühl** *n fig.* тóнкое чутьё
Fink *m* зя́блик
Finn|e *m* (**~in** *f*) финн (фи́нка *f*)
finnisch фи́нский
finster тёмный; *Miene*: угрю́мый
Finsternis *f* темнотá
Firma *f* фи́рма
Firmung *f* конфирмáция
Firnis *m* (*Lack*) лак
Fisch *m* ры́ба *f*; *pl. Astr.* Ры́бы
fischen лови́ть ры́бу
Fischer *m* рыбáк; **~boot** *n* рыболóвная лóдка *f*; **~dorf** *n* рыбáцкий посёлок *m*
Fische'rei *f* рыболóвство *n*, ры́бный прóмысел *m*; **~hafen** *m* рыболовéцкая гáвань *f*
Fischfilet *n* ры́бное филé *n uv.*
Fisch|gräte *f* ры́бья кость *f*; **~kutter** *m* рыболóвный кáтер; **~stäbchen** *n/pl.* ры́бные пáлочки *f/pl.*
fit: ~ ***sein*** быть в фóрме
Fitnesscenter *n* физкультýрно-оздорови́тельный центр *m*
fix (*schnell*) бы́стрый; (*gewandt*) бóйкий; ***ich bin ~ und fertig*** (*erschöpft*) я совсéм вы́дохся
fixen P сидéть на иглé
Fixer(in *f*) *m* наркомáн(ка *f*)
fi'xieren (*notieren, festlegen*) <за>фикси́ровать
Fixstern *m* неподви́жная звездá *f*
FKK-Strand *m* нуди́стский пляж

flach (*Gelände*) плóский; (*nicht tief*) мéлкий
Fläche *f* плóщадь *f*; (*Ebene*) плóскость *f*
Flachland *n* равни́на *f*, равни́нная мéстность *f*
Flachs *m* лён
flackern мерцáть
Flagge *f* флаг *m*
Flamme *f* плáмя *n* (*a. fig.*); ***in ~n stehen*** пылáть, горéть
Fla'nell *m* фланéль *f*
Flanke *f* бок *m*; *Ball-Sp.* поперéчная передáча; (*Turnen*) перемáх *m* двумя́ в стóрону
flan'kieren стоя́ть/идти́ по бокáм от P
Flasche *f* буты́лка; (*für Babys*) рожóк *m*
Flaschen|bier *n* буты́лочное пи́во; **~öffner** *m* ключ для открывáния буты́лок, F открывáлка *f*; **~zug** *m* полиспáст
flattern порхáть; *Flagge, Haar*: развевáться
Flaute *f Mar.* штиль *m*; *Hdl.* застóй *m*
flechten плести́; *Zopf* заплетáть <-плести́>
Fleck *m* пятнó *n*; (*Stelle*) мéсто *n*; ***blauer ~*** синя́к, F фонáрь *m*; ***nicht vom ~ kommen*** не дви́гаться с мéста
fleckenlos без пя́тен
Fleckenwasser *n* жи́дкий пятновыводи́тель *m*
fleckig пятни́стый, в пя́тнах
Fledermaus *f* летýчая мышь *f*
Flegel *m fig.* хам; хулигáн
flegelhaft грýбый; (*frech*) дéрзкий
flehen *v/i* моли́ть, умоля́ть (***um*** о П)
Fleisch *n* мя́со; ***~ fressend*** плотоя́дный
Fleischbrühe *f* (мяснóй) бульóн *m*
Fleischer *m* мясни́к
Fleische'rei *f* мяснáя (лáвка)
fleisch|ig мяси́стый; **~lich** телéсный
Fleisch|salat *m* мяснóй салáт; **~vergiftung** *f* отравлéние *n* мя́сом; **~waren** *f/pl.* мясны́е издéлия *n/pl.*, мясопродýкты *m/pl.*; **~wolf** *m* мясорýбка *f*

Fleiß *m* прилежáние *n*, усéрдие *n*
fleißig прилéжный, усéрдный
fle'xibel ги́бкий
flicht → ***flechten***
Flicken *m* заплáта *f*
flicken наклáдывать <наложи́ть> заплáту
Flieder *m* сирéнь *f*
Fliege *f* мýха, (*kleine*) мýшка; (*Krawatte*) гáлстук-бáбочка
fliegen *v/i* <по>летéть, летáть; ***in die Luft ~*** взлетéть на вóздух; *v/t Flugzeug* вести́, пилоти́ровать
Fliegen|fenster *n* сéтка *f* (на óкнó) от мух; **~gewicht** *n* наилегчáйший вес *m*
Flieger *m* лётчик; (*Flugzeug*) самолёт; **~alarm** *m* воздýшная тревóга *f*
fliehen *v/i* бежáть, убегáть <убежáть>
Fliehkraft *f* центробéжная си́ла
Fliese *f* (керами́ческая) пли́тка
Fliesenleger *m* облицóвщик
Fließband *n* конвéйер *m*
fließen <по>тéчь (*a. fig.*); **~d** текýщий, текýчий; *Gewässer*: протóчный; *Rede*: плáвный; *Verkehr*: дви́жущийся; ***~ Russisch sprechen*** говори́ть свобóдно по-русски
flink провóрный
Flinte *f* ружьё *n*; *fig.* ***die ~ ins Korn werfen*** <с>пасовáть
Flirt *m* флирт
flirten флиртовáть
Flitterwochen *f/pl.* медóвый мéсяц
flockig пуши́стый
flog → ***fliegen***
floh → ***fliehen***
Floh *m* блохá *f*; **~markt** *m* барахóлка *f*, толкýчка *f*
flo'rieren процветáть
Floskel *f* пустáя фрáза
floss → ***fließen***
Floß *n* плот *m*
Flosse *f* плавни́к *m*; (*aus Gummi*) ласт *m*
Flöte *f* флéйта
flott (*flink*) бы́стрый; (*lebhaft*) бóйкий
Flotte *f* флот *m*
Fluch *m* прокля́тие *n*; (*Kraftwort*) ругáтельство *n*

Flucht *f* бе́гство *n*, побе́г *m*
flüchten <с>бежа́ть
flüchtig бе́глый; *fig.* мимолётный; (*oberflächlich*) пове́рхностный
Flüchtigkeitsfehler *m* оши́бка *f* по невнима́тельности
Flüchtling *m* (*Vertriebene*) бе́женец (-нка *f*)
Flüchtlingslager *n* ла́герь *m* для бе́женцев
Flug *m* полёт; **~bahn** *f* траекто́рия; **~blatt** *n* листо́вка *f*
Flügel *m* крыло́ *n*; (*Gebäude*) фли́гель *m*; (*Fenster*) ство́рка *f*; *Mus.* роя́ль *m*; **~mutter** *f* бара́шковая га́йка; **~tür** *f* двуство́рчатая дверь *f*
Flug|gast *m* авиапассажи́р(ка *f*); **~gesellschaft** *f* авиакомпа́ния; **~hafen** *m* аэропо́рт; **~kapitän** *m* команди́р корабля́; **~körper** *m* лета́ющий объе́кт; **~linie** *f* авиали́ния; **~lotse** *m* авиадиспе́тчер; **~platz** *m* аэродро́м; **~verkehr** *m* возду́шное сообще́ние *n*
Flugzeug *n* самолёт *m*; **~absturz** *m* авиакатастро́фа *f*; **~entführung** *f* уго́н *m* самолёта; **~führer** *m* пило́т; **~träger** *m* авиано́сец
Fluktuati'on *f* теку́честь *f*
Flur *m* коридо́р; (*Diele*) пере́дняя *f*
Fluss *m* река́ *f*; (*Fließen*) тече́ние *n*
fluss|'ab(wärts) вниз по реке́; **~'auf(wärts)** вверх по реке́
flüssig жи́дкий; *Kapital*: свобо́дный, ликви́дный
Flüssig|keit *f* жи́дкость *f*; **~kristall** *n* жи́дкий криста́лл *m*
Fluss|pferd *n* гиппопота́м *m*, бегемо́т *m*; **~schifffahrt** *f* речно́е судохо́дство *n*
flüstern *v/t* шепта́ть <-пну́ть> (***ins Ohr*** на́ ухо); *v/i* шепта́ться
Flut *f* (*Ggs. Ebbe*) прили́в *m*; *fig.* пото́к *m* (***von*** Р); **~licht** *n* проже́кторное освеще́ние; **~welle** *f* волна́ прили́ва
focht → ***fechten***
Födera'lismus *m* федерали́зм
Fohlen *n* жеребёнок *m*
Föhn *m* фен
föhnen суши́ть фе́ном
Folge *f* (*Auswirkung*, *Ergebnis*) (по)сле́дствие *n*; (*Fortsetzung*) продолже́ние *n*; ***zur ~ haben*** <по>влечь за собо́й; ***die ~n tragen*** отвеча́ть за после́дствия
folgen <по>сле́довать; (*mit d. Augen, geistig*) следи́ть (за Т); (*gehorchen*) <по>слу́шаться (Р)
folgendermaßen сле́дующим о́бразом
folgerichtig после́довательный
folgern заключа́ть <-чи́ть>
Folgerung *f* заключе́ние *n*, вы́вод *m*
folglich сле́довательно
Folie *f* фо́льга́; (*Kunststoff*) плёнка
Folk'lore *f* фолькло́р *m*
Folter *f* пы́тка
foltern пыта́ть
Fonds *m* фонд
Fon'täne *f* фонта́н *m*
forcieren форси́ровать (*im*)*pf.*
Förderband *n* ле́нточный конве́йер *m*
förderlich поле́зный (для Р)
fordern <по>тре́бовать (Р, В)
fördern *v/t* соде́йствовать (Д), поощря́ть <-ри́ть>; (*unterstützen*) подде́рживать <-ержа́ть>
Forderung *f* тре́бование *n*
Förderung *f* соде́йствие *n* (Д), поощре́ние *n*; *Bgb.* добы́ча
Fo'relle *f* форе́ль *f*
Form *f* фо́рма; ***in ~ sein*** быть в фо́рме; ***in ~ von*** в ви́де (Р)
formal форма́льный
Formali'tät *f* форма́льность *f*
For'mat *n* форма́т *m*, разме́р *m*
Formel *f* фо́рмула
formell форма́льный
formen придава́ть <-да́ть> фо́рму; *Tech.* <с>формова́ть
for'mieren <с>формирова́ть
förmlich форма́льный; (*regelrecht*) фо́рменный
formlos бесфо́рменный
Formu'lar *n* бланк *m*, формуля́р *m*
formulieren <с>формули́ровать
forschen иссле́довать (*im*)*pf.*
Forsch|er(in *f*) *m* иссле́дователь(ница *f*) *m*; **~ung** *f* иссле́дование *n*
Forschungs|institut *n* (нау́чно-)иссле́довательский институ́т *m*; **~programm** *n* програ́мма *f* (нау́чных) иссле́дований
Forst *m* лес

F

Förster *m* лесни́чий

fort прочь; ***in einem ~*** беспреста́нно; ***und so ~*** и так да́лее; **~bestehen** продолжа́ть существова́ть; **~bewegen** дви́гать <дви́нуть> (вперёд); **~bilden: *sich ~*** повыша́ть <-вы́сить> свою́ квалифика́цию

Fort|bildung *f* повыше́ние *n* квалифика́ции; **~dauer** *f* продолже́ние *n*

fort|dauern продолжа́ться <-до́лжиться>; **~fahren** (*weitermachen*) продолжа́ть; **~geschritten** (*Schüler*) продви́нутый; *Stadium*: разби́тый; *Alter*: пожило́й; **~laufend** (*ständig*) беспреры́вный; **~pflanzen: *sich ~*** *Phys.*, *fig.* распространя́ться <-ни́ться>; *Bio.* размножа́ться <-мно́житься>; (*vererbt werden*) переда́(ва́)ться по насле́дству

Fortpflanzung *f* распростране́ние *n*; размноже́ние *n*; переда́ча по насле́дству

fortschreiten продвига́ться <-дви́нуться> (вперёд); *Krankheit*: прогресси́ровать

Fortschritt *m* прогре́сс

fortschrittlich прогресси́вный, передово́й

fortsetzen продолжа́ть <-до́лжить>

Fortsetzung *f* продолже́ние *n*

Foto *n* фо́то; **~apparat** *m* фотоаппара́т; **~'graf(in** *f*) *m* фото́граф (*a. f*); **~gra'fie** *f* фотогра́фия

fotogra'fieren <с>фотографи́ровать

Foto|ko'pie *f* ксероко́пия; **~modell** *n* фотомоде́ль *f*; **~reporter(in** *f*) *m* фоторепортёр(ша *f* F)

Fracht *f* фрахт *m*, груз *m*; **~er** *m* *Mar.* грузово́е су́дно *n*

Frack *m* фрак

Frage *f* вопро́с *m*; ***e-e ~ stellen*** <по>ста́вить вопро́с; ***das kommt nicht in ~*** об э́том не мо́жет быть и ре́чи

Fragebogen *m* анке́та *f*

fragen спра́шивать <спроси́ть> (***j-n nach*** у кого́-либо о П)

Fragezeichen *n* вопроси́тельный знак *m*

frag|lich сомни́тельный, спо́рный; **~los** *Adv.* несомне́нно

Frag'ment *n* фрагме́нт *m*

fragwürdig сомни́тельный

Frakti'on *f* фра́кция

Frakti'onsführer(in *f*) *m* ли́дер (*a. f*) фра́кции

fran'kieren опла́чивать <оплати́ть> (письмо́), франки́ровать (*im*)*pf.*

Fran|'zose *m* францу́з; **~'zösin** *f* францу́женка

französisch францу́зский

Frau *f* же́нщина; (*Ehefrau*) жена́; (*Anrede*) госпожа́

Frauen|arzt *m* гинеко́лог; **~bewegung** *f* же́нское движе́ние *n*; **~klinik** *f* гинекологи́ческая кли́ника; **~krankheit** *f* же́нская боле́знь *f*

Fräulein *n* де́вушка *f*

frech де́рзкий, наха́льный

Frechheit *f* де́рзость *f*, наха́льство *n*

frei свобо́дный; (*befreit*) освобождённый (**von** от Р); *Mitarbeiter*: внешта́тный; *Stelle im Betrieb*: вака́нтный; (*gratis*) беспла́тный; ***~er Tag*** выходно́й (день); ***~ haben*** не име́ть заня́тий, не рабо́тать

Freibad *n* откры́тая купа́льня *f*

freiberuflich на гонора́рной осно́ве

Freie *n*: ***im ~n*** на (откры́том) во́здухе, под откры́тым не́бом

Freiexemplar *n* беспла́тный экземпля́р *m*

freigebig ще́дрый

Freigebigkeit *f* ще́дрость *f*

Frei|gehege *n* волье́ра *f*; **~hafen** *m* во́льная га́вань *f*; **~handelszone** *f* зо́на свобо́дной торго́вли

freihändig (*zeichnen*) от руки́; (*Rad fahren*) не держа́сь за руль; (*schießen*) без упо́ра

Freiheit *f* свобо́да; ***j-m die ~ geben*** отпусти́ть кого́-либо на во́лю

Freiheitsstrafe *f* наказа́ние *n* лише́нием свобо́ды

Freikarte *f* беспла́тный биле́т *m*

freilassen выпуска́ть <вы́пустить> на свобо́ду

freilich коне́чно; (*zwar*) пра́вда; ***~!*** ещё бы!, разуме́ется!

Freilichtbühne *f* ле́тний теа́тр *m*

Frei|spruch *m* оправда́ние *n*,

оправда́тельный пригово́р; **~staat** *m* респу́блика *f*

freistehen: ***es steht Ihnen frei zu bleiben*** вы мо́жете оста́ться

Frei|stoß *m* свобо́дный уда́р; **~tag** *m* пя́тница *f*; ***am ~*** в пя́тницу

freitags по пя́тницам

freiwillig доброво́льный

Frei|willige(r) доброво́лец (*a. f*); **~wurf** *m Sp.* свобо́дный бросо́к

Freizeit *f* свобо́дное вре́мя *n*, досу́г *m*; **~beschäftigung** *f* заня́тие *n* на досу́ге; **~gestaltung** *f* организа́ция досу́га

fremd чужо́й; *fig.* чу́ждый; (*außen stehend*) посторо́нний; ***ich bin hier ~*** я нездéшний (-няя *f*); **~artig** необы́чный, стра́нный

Fremde[1] *f* чужби́на, чужо́й край *m*; ***in der ~*** на чужби́не

Fremde(r)[2] чужо́й (-жа́я *f*)

Fremden|führer *m* гид, экскурсово́д; **~verkehr** *m* тури́зм; **~zimmer** *n* ко́мната *f* для прие́зжих (госте́й)

fremdgehen име́ть свя́зи на стороне́

Fremd|herrschaft *f* инозе́мное госпо́дство *n*; **~körper** *m* инoро́дное те́ло *n*; **~sprache** *f* иностра́нный язы́к *m*

fremdsprachig на иностра́нном языке́

Fremd|wort *n* иностра́нное сло́во; **~wörterbuch** *n* слова́рь *m* иностра́нных слов

Fre'quenz *f* частота́

fressen *Futter* <съ>есть

Freude *f* ра́дость *f*; ***vor ~*** с ра́дости; ***~ haben an et.*** ра́доваться чему́-либо

freudig ра́достный

freuen: ***sich ~ über/auf*** <об>ра́доваться (Д)

Freund *m* друг, прия́тель *m*; **~in** *f* подру́га, прия́тельница

freundlich приве́тливый; *Wetter*: я́сный, хоро́ший

Freundschaft *f* дру́жба; ***~ schließen mit j-m*** подружи́ться *pf.* с ке́м-либо

freundschaftlich дру́жественный; дру́жеский

Freundschafts|dienst *m* дру́жеская услу́га *f*; **~vertrag** *m* догово́р о дру́жбе

Frieden *m* мир; (*Ruhe*) поко́й; ***in ~ lassen*** оста́вить в поко́е

Friedens|bewegung *f* движе́ние *n* сторо́нников ми́ра; **~konferenz** *f* конфере́нция миролюби́вых сил; **~nobelpreis** *m* Но́белевская пре́мия *f* ми́ра; **~schluss** *m* заключе́ние *n* ми́ра; **~verhandlungen** *f/pl.* ми́рные перегово́ры *m/pl.*; **~vertrag** *m* ми́рный догово́р

Friedhof *m* кла́дбище *n*

fried|lich ми́рный; (*ruhig*) споко́йный; **~liebend** миролюби́вый

frieren мёрзнуть, зя́бнуть; ***ich friere, mich friert*** я зя́бну, мне хо́лодно

frisch све́жий; (*munter*) бо́дрый; ***auf ~er Tat*** с поли́чным; ***sich ~ machen*** освежа́ться <-жи́ться>

Friseur *m* парикма́хер; **~salon** *m* парикма́херская *f*

Friseuse *f* (же́нщина-)парикма́хер *m*

fri'sieren <c>де́лать причёску, причёсывать <-чеса́ть>>; *Motor* повы́сить мо́щность (Р); ***sich ~ lassen*** причёсываться <-чеса́ться>

friss(t) → ***fressen***

Frist *f* срок *m*

frist|gemäß в срок; **~los:** ***~ entlassen*** увольня́ть <-во́лить> без предупрежде́ния

Fri'sur *f* причёска

froh (*erfreut*) ра́достный; (*heiter*) весёлый; ***ich bin ~*** я ра́д(а) (***über, dass*** Д, что)

fröhlich весёлый

Fröhlichkeit *f* весёлость *f*, весе́лье *n*

fromm благочести́вый, на́божный

Frömmigkeit *f* благоче́стие *n*, на́божность *f*

Front *f* фронт *m*; *Arch.* фаса́д *m*; ***an der ~*** на фро́нте

fron'tal фронта́льный

Frontantrieb *m* пере́дний приво́д

fror → ***frieren***

Frosch *m* лягу́шка *f*; **~mann** *m* лёгкий водола́з

Frost *m* моро́з

frostig моро́зный; *fig.* ледяно́й

F

Frostschutzmittel *n* антифри́з *m*
Frot'teehandtuch *n* махро́вое полоте́нце
Frucht *f* плод *m*, фрукт *m*; *fig. mst pl.* плоды́
fruchtbar плодови́тый; *Boden*: плодоро́дный; *fig.* плодотво́рный
Fruchtbarkeit *f* плодови́тость *f*; плодоро́дие *n*
Fruchtsaft *m* фрукто́вый сок
früh *Adj.* ра́нний; ***am ~en Morgen*** ра́нним у́тром; *Adv.* ра́но; (*zeitig*) зара́нее; ***zu ~*** (сли́шком) ра́но; ***morgen ~*** за́втра у́тром
Frühe *f* рань *f*; ***in aller ~*** чуть све́т
früher **1.** *Adj.* пре́жний, бы́вший; **2.** *Adv.* пре́жде, ра́ньше; ***~ oder später*** ра́но и́ли по́здно
frühestens са́мое ра́ннее; не ра́ньше как
Früh|geburt *f* преждевре́менные ро́ды *pl.*; (*Kind*) недоно́шенный ребёнок *m*; **~jahr** *n*, **~ling** *m* весна́ *f*; ***im ~*** весно́й; **~stück** *n* за́втрак *m*; ***zum ~*** на за́втрак
frühstücken <по>за́втракать
Frust F *m*, **Frustrati'on** *f* фрустра́ция *f*
frust'riert фрустри́рованный, разочаро́ванный
Fuchs *m* лиси́ца *f*, лиса́ *f*; (*Pferd*) ло́шадь *f* ры́жей ма́сти; *fig.* ***schlauer ~*** хитре́ц
Fuchsschwanz *m* (*Säge*) ножо́вка *f*
Fuge *f Arch.* шов *m*; ***aus den ~n geraten*** располза́ться по швам
fügen: ***sich ~ in*** покоря́ться <-ри́ться> (Д)
fühlbar ощути́мый
fühlen <по>чу́вствовать; (*betasten*) <по>щу́пать; ***sich wohl ~*** <по>чу́вствовать себя́ хорошо́
Fühler *m* щу́пальце *n*; *fig.* ***s-e ~ ausstrecken*** прощу́пывать по́чву
fuhr → ***fahren***
führen *v/t* вести́, води́ть; (*hin~*) приводи́ть <-вести́> (***in***, ***zu*** к Д); (*handhaben*) владе́ть (Т); *Mil.* кома́ндовать (Т); (*leiten*) возглавля́ть <-гла́вить>; *Betrieb* руководи́ть (Т); *Waren* име́ть в прода́же; *Namen*, *Titel* носи́ть; ***bei sich ~*** име́ть при себе́; *v/i* вести́ (***durch, nach*** че́рез, в, на В, к Д); лиди́ровать; **~d** веду́щий; *Pol.* руководя́щий; *Sp.* лиди́рующий
Führer *m* вождь; (*Ortskundiger*) проводни́к; **~schein** *m* води́тельское удостовере́ние *n*; **~scheinprüfung** *f* экза́мен *m* на права́ води́теля
Führung *f* руково́дство *n*; *e-r Organisation*: управле́ние *n* (Т); (*Betragen*) поведе́ние *n*; (*im Museum*) экску́рсия; *Sp.* пе́рвенство *n*; ***in ~ liegen*** вести́ в счёте
Fuhrwerk *n* пово́зка *f*
füllen наполня́ть <-по́лнить>; *Kochk.* начиня́ть <-ни́ть> (***mit*** Т); *Glas* нали́(ва́)ть
Füllung *f* (*in Speisen*) начи́нка
Füll|er *m*, **~(feder)halter** *m* автору́чка *f*
Fund *m* нахо́дка *f*
Funda'ment *n* фунда́мент *m*
fundament'al фундамента́льный
Fund|büro *n* стол *m* нахо́док; **~grube** *f fig.* сокро́вищница
fünf пять; *koll. Pers.* пя́теро
Fünf *f* число́ *n* пять; пятёрка
fünf|fach пятикра́тный; **~hundert** пятьсо́т; **~mal** пять раз; **~malig** пятикра́тный; **~stellig** пятизна́чный; **~stöckig** пятиэта́жный
fünfte пя́тый
Fünftel *n* пя́тая (часть) *f*
fünftens в-пя́тых
fünfzehn пятна́дцать
fünfzig пятьдеся́т
Funk *m* ра́дио *n*; **~amateur** *m* радиолюби́тель *m*
Funke *m* и́скра *f*
funkeln сверка́ть <-кну́ть>
funken ради́ровать (*im*)*pf.*
Funken *m* и́скра *f*
Funk|er(in *f*) *m* ради́ст(ка *f*), радиоопера́тор; **~gerät** *n* ра́ция *f*; **~kontakt** *m*: ***im ~ stehen*** име́ть радиоконта́кт; **~sprechgerät** *n* карма́нная ра́ция *f*; **~spruch** *m* радиогра́мма *f*; **~streife(nwagen** *m*) *f* патру́льная маши́на; **~taxi** *n* радиотакси́ *n*; **~telefon** *n* радиотелефо́н *m*
Funkti'on *f* фу́нкция
Funktio'när *m* функционе́р
funktio'nieren функциони́ровать
für *Prp.* для (Р); (*zugunsten von*) за

(В); (*vorgesehene Zeit*) на (В); ***an und ~ sich*** собственно говоря
Für *n*: ***das ~ und Wider*** (все) „за" и „про́тив"
Furcht *f* боя́знь *f*, страх *m*; ***aus ~ vor*** из боя́зни (Р)
furchtbar стра́шный, ужа́сный
fürchten *v/t u.* ***sich ~ vor*** <по-> боя́ться (Р), опаса́ться
fürchterlich стра́шный, ужа́сный
furcht|los бесстра́шный, безбоя́зненный; **~sam** боязли́вый
fürein'ander друг к дру́гу
Für|sorge *f* забо́та; (*Betreuung*) попече́ние *n*; **~sprache** *f* хода́тайство *n*
Fürst *m* князь *m*
Fürstentum *n* кня́жество
Fürstin *f* княги́ня
Furt *f* брод *m*
Fu'runkel *m od. n* фуру́нкул *m*
Fürwort *n* местоиме́ние
furzen перде́ть
Fusi'on *f* слия́ние *n*
fusion'ieren сли́(ва́)ться
Fuß *m* нога́ *f*; (*e-r Säule*) подно́жие *n*; ***auf eigenen Füßen stehen*** стоя́ть на со́бственных нога́х; ***auf gutem ~ stehen mit*** быть на дру́жеской ноге́ с Т; ***zu ~*** пешко́м; ***~ fassen*** *Pers.* устро́иться
Fußball *m* футбо́л; (*Ball a.*) футбо́льный мяч; ***~ spielen*** игра́ть в футбо́л; **~platz** *m* футбо́льное по́ле *n*; **~schuhe** *m/pl.* бу́тсы *f/pl.*; **~spiel** *n* игра́ *f* в футбо́л; *einzelnes*: футбо́льный матч *m*; **~spieler(in** *f*) *m* футболи́ст(ка *f*)
Fuß|bank *f* скаме́ечка для ног; **~boden** *m* пол; **~bremse** *f* ножно́й то́рмоз *m*
Fußgänger(in *f*) *m* пешехо́д; **~überweg** *m* пешехо́дный перехо́д; **~zone** *f* пешехо́дная зо́на
Fuß|marsch *m* пе́ший перехо́д; **~note** *f* сно́ска; **~pflege** *f* педикю́р *m*; **~sohle** *f* подо́шва; **~(s)tapfe** *f* след *m* (ноги́); ***in die ~n treten*** идти́ по стопа́м (Р); **~tritt** *m* пино́к; **~weg** *m* доро́жка *f*
Futter[1] *n* корм *m*
Futter[2] *n Text.* подкла́дка *f*
Futte'ral *n* футля́р *m*
füttern[1] *Tier* <на>корми́ть
füttern[2] *v/t Text.* подши́(ва́)ть (***mit*** Т)
Futternapf *m* корму́шка *f*
Fu'tur *n Gr.* бу́дущее вре́мя

G

gab → ***geben***
Gabe *f* дар *m*
Gabel *f* ви́лка; (*Heugabel*) ви́лы *pl.*
gabeln: ***sich ~*** разветвля́ться <-тви́ться>
Gabel|stapler *m* ви́лочный погру́зчик; **~ung** *f* разветвле́ние *n*; *einzelne*: разви́лина, разви́лка
gackern куда́хтать
gaffen глазе́ть
Gage *f* гонора́р *m*
gähnen зева́ть <-вну́ть>; *Abgrund*: зия́ть
Gala *f* пара́дная оде́жда
ga'lant гала́нтный
Galante'riewaren *f/pl.* галанте́рейные това́ры *m/pl.*
Galavorstellung *f* гала́представле́ние *n*
Gale'rie *f* галере́я *a. Thea.*
Galgen *m* ви́селица *f*; **~frist** *f* кратковре́менная отсро́чка; **~humor** *m* ю́мор ви́сельника, мра́чный ю́мор
Galle *f* жёлчь *f*
Gallenstein *m* жёлчный ка́мень *m*
Ga'lopp *m* гало́п; ***im ~*** гало́пом
galop'pieren галопи́ровать, скака́ть
Gämse *f* се́рна
gang: ***das ist ~ und gäbe*** э́то де́ло жите́йское

Gang *m* ход; (*Art des Gehens*) походка *f*; (*Verlauf*) ход; *Kfz.* скорость *f*, передача *f*; (*Durchgang*) проход; (*Flur*) коридор; *Kochk.* блюдо *n*; ***im zweiten ~ fahren*** ехать на второй скорости; ***... ist im vollen ~e*** ... в полном разгаре
gängig ходкий
Gangschaltung *f* механизм *m* переключения скоростей
Gangster *m* гангстер
Gangway *f* трап *m*
Ga'nove *m* жулик
Gans *f* гусь *m*; *fig.* ***dumme ~*** дура, дурёха
Gänse|blümchen *n* маргаритка *f*; **~braten** *m* жареный гусь *m*; **~haut** *f*: ***er bekommt e-e ~*** у него мурашки бегают по телу; **~marsch** *m*; ***im ~*** гуськом
Gänserich *m* гусак
ganz весь; (*unversehrt*) целый; *Adv.* вполне, совсем, (*völlig*) полностью, всецело; ***den ~en Tag*** целый/весь день; ***im Ganzen*** в общем; ***~ gut*** довольно хорошо; ***~ wie Sie wünschen*** как вам угодно
Ganze *n* целое; ***aufs ~ gehen*** идти <пойти> на всё
gänzlich *präd.* совсем
gar[1] *Kochk.* готовый
gar[2] *Adv.* совсем, вовсе; ***~ nicht*** вовсе не, никак (не); ***ganz und ~*** совершенно; ***~ nichts*** абсолютно ничего
Ga'rage *f* гараж *m*
Garan'tie *f* гарантия; **~frist** *f* гарантийный срок *m*
garantieren (***für***) гарантировать (*im*)*pf.* (B)
Garantieschein *m* гарантийное свидетельство *n*
Garde'robe *f* гардероб *m*; (*Raum a.*) раздевалка; (*im Flur*) вешалка
Gar'dine *f* гардина, занавеска
gären бродить
Garn *n* нитки *f/pl.*
gar'nieren гарнировать (*im*)*pf.*
Garni'son *f* гарнизон *m*
Garni'tur *f* гарнитур *m*
Garten *m* сад; (*Gemüsegarten*) огород; **~bau** *m* садоводство *n*; огородничество *n*; **~haus** *n* садовый домик *m*; **~lokal** *n* ресторан *m* в саду
Gärtner *m* садовник; (*Kleingärtner*) огородник
Gärtner'ei *f* (*Betrieb*) садово-огородное хозяйство *n*
Gärtnerin *f* садовница; огородница
Gärung *f* брожение *n* (*a. fig.*)
Gas *n* газ *m*; ***~ geben*** дать газ; ***~ wegnehmen*** сбавить газ
Gas|anzünder *m* газовая зажигалка *f*; **~beton** *m* газобетон; **~flasche** *f* газовый баллон *m*; **~geruch** *m* запах газа; **~heizung** *f* газовое отопление *n*; **~herd** *m* газовая плита *f*; **~leitung** *f* газопровод *m*; **~maske** *f* противогаз *m*; **~pedal** *n* педаль *f* акселератора, акселератор *m*
Gasse *f* переулок *m*
Gast *m* гость *m*; (*Feriengast*) отдыхающий (-щая *f*); ***zu ~ sein bei j-m*** быть в гостях у кого-либо
Gastarbeiter *m* рабочий-иммигрант
Gäste|buch *n* книга *f* отзывов; **~zimmer** *n* комната *f* для гостей
gastfreundlich гостеприимный
Gastfreundschaft *f* гостеприимство *n*
Gastgeber *m* хозяин; **~in** *f* хозяйка
Gasthaus *n* трактир *m*
ga'stieren *Thea.* гастролировать
gastlich гостеприимный
Gastrono'mie *f* гастрономия
Gast|spiel *n* гастроли *f/pl.*; **~stätte** *f* ресторан *m*, (*einfache*) столовая; **~stube** *f* общий зал *m* трактира
Gastwirt(in *f*) *m* владелец (-лица *f*) ресторана; **~schaft** *f* ресторан *m*
Gas|vergiftung *f* отравление *n* газом; **~zähler** *m* газовый счётчик
Gatt|e *m* супруг; **~in** *f* супруга
Gattung *f Bio.* род *m*; (*Kunst*) жанр *m*
Gaumen *m* нёбо *n*
Gauner *m* мошенник, проходимец
Gauner'ei *f* мошенничество *n*
Ge'bäck *n* печенье
Ge'bälk *n* балки *f/pl.*
ge'bar → ***gebären***
Ge'bärde *f* жест *m*
ge'bären рождать; ***er ist am 5. Mai***

geboren он роди́лся пя́того ма́я
Ge'bärmutter *f* ма́тка
Ge'bäude *n* зда́ние
geben *v/t* да(ва́)ть; *Karten* сда(ва́)ть (*a. v/i*); *Thea. Stück* <по>ста́вить; *v/r* ***sich ~*** *Pers.* держа́ть себя́, держа́ться; ***es gibt*** есть, име́ется; ***was gibt es heute zum Mittagessen?*** что сего́дня на обе́д?; ***das gibt's nicht!*** не мо́жет быть!; ***das gab es noch nie*** тако́го ещё не́ было
Ge'bet *n* моли́тва *f*
ge'beten → ***bitten***
Ge'biet *n* террито́рия *f*; о́бласть *f* (*a. fig.*)
Ge'bilde *n* образова́ние
ge'bildet образо́ванный, культу́рный
Ge'birge *n* го́ры *f/pl.*
ge'birgig гори́стый, го́рный
Ge'birgszug *m* го́рная цепь *f*
Ge'biss *n* зу́бы *m/pl.*; (*Prothese*) вставна́я че́люсть *f*
ge'bissen → ***beißen***
Ge'bläse *n* воздуходу́вка *f*
ge'borgen → ***bergen***; ***sich ~ fühlen*** чу́вствовать себя́ под надёжной защи́той
Ge'borgenheit *f* защищённость *f*
Ge'bot *n bibl.* за́поведь *f*; (*Grundsatz*) при́нцип *m*; *Auktion* предложе́ние *n*; ***ein ~ der Vernunft*** веле́ние *n* ра́зума
ge'boten → (***ge***)***bieten***
ge'bracht → ***bringen***
ge'brannt → ***brennen***
ge'braten жа́реный
Ge'brauch *m* (**von**) употребле́ние *n* (P), по́льзование *n* (T); (*Sitte*) обы́чай *m/pl.*; ***~ machen von*** <вос>по́льзоваться (T), примен-я́ть <-и́ть> (B); ***vor ~ schütteln*** пе́ред употребле́нием взболта́ть
ge'brauchen *v/t* употребля́ть <-би́ть> (B), <вос>по́льзоваться (T); (*nutzen*) испо́льзовать (B); ***... kann ich gut ~*** ... мне о́чень пригоди́тся
ge'bräuchlich употреби́тельный
Ge'brauchs|anweisung *f* руково́дство *n* по эксплуата́ции; **~gegenstand** *m* предме́т дома́шнего обихо́да
ge'braucht подéржанный
Ge'brauchtwagen *m* подéржанная (авто)маши́на *f*
Ge'brechen *n* физи́ческий недоста́ток *m*
ge|'brechlich не́мощный; **~'brochen** → ***brechen***; *Adjp.* ло́маный; ***~ Deutsch sprechen*** говори́ть на ло́маном неме́цком языке́
Ge'brüll *n* (*von Vieh*) мыча́ние
Ge'bühr *f* (де́нежный) сбор *m*; (*Leihgebühr*) (о)пла́та
ge'bührend до́лжный, подоба́ющий
ge'bühren|frei свобо́дный от по́шлины; **~pflichtig** подлежа́щий обложе́нию по́шлиной
Ge'burt *f* рожде́ние *n* (*a. fig.*); ***von ~ an*** с рожде́ния
Ge'burten|kontrolle *f*, **~regelung** *f* регули́рование *n* рожда́емости
ge'burten|schwach ни́зкой рожда́емости; **~stark** высо́кой рожда́емости
ge'bürtig: *er ist ~er Berliner* он уроже́нец Берли́на
Ge'burts|datum *n* да́та *f* рожде́ния; **~helferin** *f* акуше́рка; **~hilfe** *f* родовспоможе́ние *n*; (*als Fach*) акуше́рство *n*; **~jahr** *n* год *m* рожде́ния; **~ort** *m* ме́сто *n* рожде́ния; **~tag** *m* день *m* рожде́ния
Ge'burtstags|feier *f* пра́зднование *n* дня рожде́ния; **~geschenk** *n* пода́рок *m* ко дню рожде́ния; **~karte** *f* откры́тка-поздравле́ние *f* с днём рожде́ния; **~kind** *n* имени́нник *m* (-и́нница *f*)
Ge'burtsurkunde *f* свиде́тельство *n* о рожде́нии
Ge'büsch *n* куста́рник *m*
ge'dacht → (***ge***)***denken***
Ge'dächtnis *n* па́мять *f*; ***im ~ behalten*** удержа́ть в па́мяти
Ge'danke *m* мысль *f*; ***in ~n*** машина́льно; (*im Geiste*) мы́сленно; ***auf den ~n kommen*** приходи́ть <прийти́> в го́лову; ***sich ~n machen über*** беспоко́иться о П; ***mir kam der ~*** мне пришла́ в го́лову мысль
Ge'danken|austausch *m* обме́н мы́слями; **~freiheit** *f* свобо́да мы́сли
ge'dankenlos безду́мный

G

Ge'dankenstrich *m* тирé *n*
Ge'deck *n* (столóвый) прибóр *m*; (*Speisenfolge*) меню
ge|'deihen (хорошó) расти́, развивáться; **~'denken** вспоминáть <-пóмнить> (P, о П); (*beabsichtigen*) намеревáться (*Inf.*)
Ge'denk|feier *f* торжествó *n*, посвящённое пáмяти (P); **~minute** *f* минýта молчáния; **~stätte** *f* пáмятное мéсто *n*; **~tafel** *f* мемориáльная доскá
Ge'dicht *n* стихотворéние
ge'diegen добрóтный; соли́дный; *Gold*: саморóдный
ge'dieh, ~en → ***gedeihen***
Ge'dränge *n* дáвка *f*
Ge'duld *f* терпéние *n*; (*Eigenschaft a.*) терпели́вость *f*; ***die ~ verlieren*** терять терпéние; ***ihm riss die ~*** егó терпéние лóпнуло
ge'dulden: *sich ~* (*abwarten*) потерпéть
ge'duldig терпели́вый
ge'ehrt: *sehr ~er* (*Anrede*) многоуважáемый
ge'eignet подходя́щий, (при)гóдный
Ge'fahr *f* опáсность *f*, угрóза (Д); ***auf eigene ~*** на свой (страх и) риск; ***bei ~*** в слýчае опáсности
ge'fährden *v/t* подвергáть <-вéргнуть> опáсности
Ge'fahrenzone *f* опáсная зóна
ge'fährlich опáсный
ge'fahrlos безопáсный
Ge'fährt|e *m* (**~in** *f*) компаньóн(ка *f*)
Ge'fälle *n* уклóн *m*
ge'fallen[1] <по>нрáвиться; ***sich et. ~ lassen*** терпéть, сноси́ть (B)
ge'fallen[2] →***fallen***
Ge'fallen[1] *m* любéзность *f*, одолжéние *n*; ***tun Sie mir den ~*** сдéлайте одолжéние
Ge'fallen[2] *n* удовóльствие; ***~ finden an*** находи́ть удовóльствие в П
Ge'fälligkeit *f* услýга, одолжéние *n*; ***aus ~*** в поря́дке любéзности
ge'fangen → ***fangen***; ***~ nehmen*** брать <взять> в плен
Ge'fangene(r) *Mil.* плéнный *m*, плéнник *m*
Gefangenschaft *f Mil.* плен *m*; ***in ~ geraten*** попáсть в плен
Ge'fängnis *n* тюрьмá *f*; **~strafe** *f* тюрéмное заключéние *n*
Ge'fäß *n* сосýд *m*
ge'fasst (*ruhig*) спокóйный, сдéржанный; ***sich ~ machen auf*** <при>готóвиться к Д
Ge'fecht *n* бой *m*; ***außer ~ setzen*** вы́вести из стрóя
Ge'fieder *n* оперéние
Ge'flügel *n koll.* (домáшняя) пти́ца *f*
geflügelt крылáтый; ***~es Wort*** *n* крылáтое слóво
ge'fochten → ***fechten***
ge'fräßig прожóрливый
Ge'freite(r) ефрéйтор *m*
ge'frieren *v/i* замерзáть <-мёрзнуть>
Gefrier|fach *n* морози́льная кáмера *f*; **~fleisch** *n* морóженое мя́со; **~punkt** *m* тóчка *f* замерзáния; **~schrank** *m*, **~truhe** *f* морози́льник *m*
ge'froren → ***frieren***
gefügig послýшный
Ge'fühl *n* чýвство; (*Empfindung*) ощущéние; ***im ~ haben*** чýвствовать
gefühllos (*mst fig.*) бесчýвственный; *Glieder*: онемéвший
Gefühllosigkeit *f* бесчýвственность *f*, *Med.* отсýтствие *n* чувстви́тельности
ge'fühlvoll чувстви́тельный
ge'funden → ***finden***
ge'gangen → ***gehen***
ge'gebenenfalls в слýчае; (*notfalls*) при необходи́мости
gegen *Prp. zeitl.* óколо (P); (*entgegengesetzt*) прóтив (P); (*im Vergleich zu*) прóтив (P), по сравнéнию с (T); (*Mittel*, *Schutz ~ et.*) прóтив, от (P)
Gegen|angriff *m* контратáка *f*; **~argument** *n* контраргумéнт *m*; **~beweis** *m* контраргумéнт
Gegend *f* мéстность *f*; (*Umgebung*) окрéстность *f*
gegenein'ander друг прóтив дрýга
Gegen|frage *f* встрéчный вопрóс *m*; **~gewicht** *n* противовéс *m*; **~kandidat(in** *f*) *m* контркандидáт(ка *f*); **~leistung** *f* ответная

услу́га; **~liebe** *f* взаи́мная любо́вь *f*; **~maßnahme** *f* контрме́ра; ***~n treffen*** приня́ть контрме́ры; **~mittel** *n* противоде́йствующее сре́дство; **~offensive** *f* контрнаступле́ние *n*; **~probe** *f* (контро́льная) прове́рка; (*bei Abstimmungen*) ***~?*** (кто) про́тив?; **~satz** *m* противополо́жность *f*; (*der Interessen*) противоре́чие *n*; ***im ~ zu*** в противополо́жность (Д)

gegensätzlich противополо́жный

Gegenseite *f* противополо́жная сторона́

gegenseitig взаи́мный, обою́дный

Gegenseitigkeit *f* взаи́мность *f*, обою́дность *f*

Gegen|spieler(in *f*) *m* проти́вник(-ица *f*); (*bei Verhandlungen*) партнёр (по Д); **~stand** *m* предме́т

gegen|ständlich предме́тный; **~standslos** беспредме́тный; (*unbegründet*) безоснова́тельный

Gegen|stimme *f* го́лос *m* про́тив; **~teil** *n* противополо́жность *f*; ***im ~*** напро́тив

gegenteilig противополо́жный

gegen'über *Prp.* (*D*) напро́тив (Р); (*in Bezug auf*) по отноше́нию к (Д); (*im Vergleich zu*) по сравне́нию с (Р); ***einander ~*** друг про́тив дру́га; **~liegen** находи́ться/быть располо́женным напро́тив (Р); ***auf der ~den Seite*** на противополо́жной стороне́; **~stehen:** ***sich/einander ~*** стоя́ть напро́тив; *fig.* противостоя́ть

Gegen|verkehr *m* встре́чное движе́ние *n*; **~vorschlag** *m* контрпредложе́ние *n*; **~wart** *f* настоя́щее вре́мя *n* (*a. Gr.*); (*Jetztzeit*) совреме́нность *f*, совреме́нная эпо́ха; (*Beisein*) прису́тствие *n*

gegenwärtig настоя́щий; совреме́нный; *präd.* в настоя́щее вре́мя

Gegen|wehr *f* сопротивле́ние *n*; **~wert** *m* эквивале́нт; **~wind** *m* встре́чный ве́тер

ge|'gessen → ***essen***; **~'glichen** → ***gleichen***; **~'glitten** → ***gleiten***; **~'glommen** → ***glimmen***

Gegner(in *f*) *m* проти́вник (-ица *f*); *Sp.* сопе́рник (-ица *f*)

ge|'golten → ***gelten***; **~'goren** → ***gären***; **~'gossen** → ***gießen***; **~'griffen** → ***greifen***

Ge'hackte(s) *n* ру́бленое мя́со, фарш *m*

Ge'halt[1] *n* зарпла́та *f*, жа́лованье

Ge'halt[2] *m* содержа́ние *n*

Ge'halts|empfänger(in *f*) *m* получа́тель *m* зарпла́ты; **~erhöhung** *f* повыше́ние *n* зарпла́ты; **~konto** *n* счёт *m* за́работной пла́ты

ge|'haltvoll содержа́тельный; **~'hangen** → ***hängen***; **~'hässig** язви́тельный; (*feindselig*) злопыха́тельский

Gehässigkeit *f* язви́тельность *f*, злопыха́тельство *n*

Ge'häuse *n* (*Uhr*, *Kamera*) ко́рпус *m*

ge'heim та́йный, секре́тный; *Gedanken*: сокрове́нный; ***streng ~!*** соверше́нно секре́тно!; ***~ halten*** держа́ть вта́йне

Ge'heim|dienst *m* секре́тная слу́жба *f*; **~fach** *n* потайно́й я́щик *m*, тайни́к *m*

Ge'heimnis *n* та́йна *f*, секре́т *m*; **~krämerei** *f* секретома́ния

geheimnisvoll таи́нственный

Ge'heim|polizei *f* та́йная поли́ция; **~zahl** *f* ли́чный код *m*

ge'heizt *Raum*: прото́пленный

gehen *v/i* идти́ <пойти́>; (*regelmäßig besuchen*) ходи́ть (***zur Schule*** в шко́лу; ***zur Arbeit*** на рабо́ту); *Maschine*: рабо́тать, де́йствовать; ***in sich ~*** уйти́ в себя́; ***vor sich ~*** происходи́ть; *unpers.* ***es geht*** (*ist zu machen*) э́то мо́жно сде́лать; ***es geht nicht*** э́то невозмо́жно; ***wie geht's?*** как дела́?; как здоро́вье?; ***wie geht es Ihnen?*** как (Вы) пожива́ете?; ***es geht mir gut*** я живу́ хорошо́; ***es geht um ...*** речь идёт о (Т); ***sich ~ lassen*** распуска́ться <-сти́ться>

Ge'heul *n* завыва́ние, вой *m*

Ge'hilf|e *m* помо́щник; **~in** *f* помо́щница

Ge'hirn *n* (головно́й) мозг *m*; **~erschütterung** *f* сотрясе́ние *n* (головно́го) мо́зга

ge'hoben → ***heben***; *Adjp. Stellung*:

G

высо́кий; *Stimmung*: припо́днятый
ge'holfen → ***helfen***
Ge'hör *n* слух; ***nach dem ~*** по слу́ху; ***~ schenken*** (*D*) вы́слушать (В); ***sich ~ verschaffen*** доби́ться внима́ния
ge|'horchen (*D*) <по>слу́шаться (Р), повинова́ться (Д); **~'hören** принадлежа́ть (*D*), ***das gehört sich nicht*** так (поступа́ть) не годи́тся; ***wie es sich ~*** как подоба́ет
ge'hörig надлежа́щий; (*beträchtlich*) поря́дочный
ge'hörlos глухо́й
ge'horsam послу́шный, поко́рный
Ge'horsam *m* послуша́ние *n*
Gehweg *m* доро́жка *f*; тротуа́р
Geier *m* ко́ршун
Geige *f* скри́пка; ***~ spielen*** игра́ть <сыгра́ть> на скри́пке
Geiger *m* скрипа́ч
Geigerzähler *m* счётчик Ге́йгера
geil *Pers.* похотли́вый; F кла́ссный
Geisel *f* зало́жник *m* (-ица *f*); **~nahme** *f* захва́т *m* зало́жников; **~nehmer(in** *f*) *m* взя́вший (-шая *f*) зало́жника/-ков
Geist *m* дух; (*Verstand*) ум; ***im ~e*** в ду́хе; ***den ~ aufgeben*** *iron.* испусти́ть дух
Geisterbahn *f* доро́га у́жасов
geistesabwesend рассе́янный; *Blick*: отсу́тствующий
Geistesgegenwart *f* прису́тствие *n* ду́ха
geistes|gegenwärtig *präd.* не теря́я самооблада́ния; **~krank** душевнобольно́й
Geisteswissenschaften *f/pl.* гуманита́рные нау́ки
geistig духо́вный; (*intellektuell*) у́мственный
geistlich духо́вный; религио́зный
Geistliche(r) свяще́нник *m*
geist|reich остроу́мный; **~voll** (остро)у́мный
Geiz *m* ску́пость *f*
geizen <по>скупи́ться (***mit*** на В)
Geizhals *m* скупе́ц, скря́га *m/f*
geizig скупо́й, жа́дный
ge'kannt → ***kennen***
ge'klungen → ***klingen***
ge'kniffen → ***kneifen***
ge'konnt → ***können***
Gel *n* гель *m*
Ge'lächter *n* смех *m*, хо́хот *m*
Ge'lage *n* кутёж *m*, пир *m*
ge'lähmt парализо́ванный
Ge'lände *n* ме́стность *f*, террито́рия *f*
ge'ländegängig вездехо́дный
Ge'länder *n* пери́ла *pl.*
Ge'ländewagen *m* автомоби́ль повы́шенной проходи́мости
ge'lang → ***gelingen***
ge'langen (***bis, nach, zu***) достига́ть <-ти́гнуть, -ти́чь> (Р), доб(и)ра́ться (к Д, до Р); (***in, nach***) попада́ть <-па́сть> (в, на В)
ge|'lassen споко́йный; **~'läufig** (обще)при́нятый; **~'launt: *gut* (*schlecht*) *~*** (не) в ду́хе
gelb жёлтый; **~lich** желтова́тый
Gelbsucht *f* желту́ха
Geld *n* де́ньги *pl.*; ***schnelles ~*** жива́я копе́йка; ***er schwimmt im ~*** у него́ де́нег ку́ры не клюю́т; ***das geht ins ~*** э́то бьёт по карма́ну; *et.* ***zu ~ machen*** обрати́ть в де́ньги
Geld|anlage *f* помеще́ние *n* де́нег; **~automat** *m* де́нежный автома́т, банкома́т; **~börse** *f* кошелёк *m*; **~buße** *f* де́нежный штраф *m*; **~geber(in** *f*) *m* кредито́р (*a. f*); **~schein** *m* де́нежный знак; **~schrank** *m* сейф; **~strafe** *f* де́нежный штраф *m*; **~stück** *n* моне́та *f*
Ge'lee *n od. m* желе́ *n*
ge'legen (*passend*) подходя́щий; ***das kam ihm sehr ~*** э́то бы́ло ему́ о́чень кста́ти
Ge'legenheit *f* подходя́щий слу́чай *m*; ***die ~ ergreifen*** <вос>по́льзоваться слу́чаем; ***bei ~*** при слу́чае
Ge'legenheitsarbeit *f* случа́йная рабо́та
ge'legentlich случа́йный; *präd.* (*manchmal*) поро́й, иногда́
ge'lehrig поня́тливый
Ge'lehrte(r) учёный (-ная *f*)
Ge'leit *n* сопровожде́ние *n*
Ge'lenk *n* суста́в *m*; *Tech.* сочлене́ние
ge'lenkig ги́бкий; (*agil*) прово́рный
Ge'liebte(r) любо́вник (-ица *f*)
ge'liehen → ***leihen***

ge'lingen уда́(ва́)ться; ***es gelang ihm*** (***zu***) ему́ удало́сь (*Inf.*)

ge'litten → ***leiden***

ge'loben торже́ственно обеща́ть

gelten (*wert sn*) сто́ить; (*gültig sn*) быть действи́тельным; (***nicht***) ***~ lassen*** (не) признава́ть; ***~ als*** счита́ться; ***das gilt nicht*** э́то не счита́ется

Geltung *f* де́йствие *n*, си́ла; ***zur ~ bringen*** подчёркивать, предста́вить в вы́годном све́те

Geltungsbedürfnis *n* тщесла́вие

Ge'lübde *n* обе́т *m*

ge'lungen → ***gelingen***; *Adjp.* уда́чный

ge'mächlich неторопли́вый, ме́дленный

Ge'mahl(**in** *f*) *m* супру́г(а *f*)

Ge'mälde *n* карти́на *f*; **~galerie** *f* карти́нная галере́я

ge'mäß *Adj.* соотве́тствующий; *Prp.* в соотве́тствии с (Т)

ge'mäßigt уме́ренный

ge'mein (*niederträchtig*) по́длый; (*ordinär*) по́шлый; ***~er Kerl*** подле́ц

Ge'meinde *f* общи́на; (*Pfarrgemeinde*) прихо́д *m*; **~amt** *n* общи́нное управле́ние; **~rat** *m* общи́нный сове́т; **~verwaltung** *f* муниципа́льная администра́ция; **~wahlen** *f/pl.* коммуна́льные вы́боры *m/pl.*

ge'meingefährlich социа́льно опа́сный

Ge'mein|gut *n* о́бщее достоя́ние; **~heit** *f* по́длость *f*

ge'meinnützig обще́ственно-поле́зный

ge'meinsam о́бщий; *Arbeit*, *Unternehmen*: совме́стный; *präd.* вме́сте, сообща́

Ge'meinsamkeit *f* о́бщность *f*

Ge'meinschaft *f* соо́бщество *n*; (*Gesellschaft*) о́бщество *n*; (*von Freunden*) содру́жество *n*

Ge'meinschaftsraum *m* бытово́е помеще́ние *n*

Ge'meinwohl *n* о́бщее бла́го

Ge'metzel *n* резня́ *f*, бо́йня *f*

Ge'misch *n* смесь *f*

ge'mocht → ***mögen***

ge'molken → ***melken***

Gemse *f* → ***Gämse***

Ge'murmel *n* бормота́ние

Ge'müse *n koll.* о́вощи *m/pl.*; (*Beilage*) гарни́р *m* из овоще́й; **~anbau** *m* овощево́дство *n*; **~garten** *m* огоро́д

ge'musst → ***müssen***

Ge'müt *n* душа́ *f*; ***die ~er erregen*** вы́звать броже́ние умо́в; ***die ~er beruhigen*** успоко́ить возбуждённые умы

ge'mütlich ую́тный; *Pers.* доброду́шный; ***es sich ~ machen*** расположи́ться как (у себя́) до́ма

Ge'mütlichkeit *f* ую́т(ность *f*) *m*

Ge'müts|bewegung *f* душе́вный поры́в *m*, эмо́ция; **~mensch** *m* доброду́шный челове́к; **~ruhe** *f* споко́йствие *n* ду́ха, невозмути́мость *f*

ge'mütvoll задуше́вный

Gen *n* ген *m*

ge'nau то́чный, аккура́тный; *Adv.* то́чно; ***ganz ~*** соверше́нно то́чно; ***~ genommen*** точне́е говоря́

Ge'nauigkeit *f* то́чность *f*; аккура́тность *f*

ge'nehmigen разреша́ть <-ши́ть>

Ge'nehmigung *f* разреше́ние *n*

Gene'ral *m* генера́л; **~direktor**(**in** *f*) *m* генера́льный дире́ктор (*a. f*); **~konsulat** *n* генера́льное ко́нсульство; **~probe** *f* генера́льная репети́ция; **~sekretär** *m* генера́льный секрета́рь *m*; **~streik** *m* всео́бщая забасто́вка *f*; **~versammlung** *f* генера́льная асамбле́я, о́бщее собра́ние *n*

Generati'on *f* поколе́ние *n*

Gene'rator *m* генера́тор

gene'rell (все)о́бщий; *präd.* вообще́

ge'nesen выздора́вливать <вы́здороветь> (***von*** по́сле Р)

Ge'nesung *f* выздоровле́ние *n*

Ge'netik *f* гене́тика

ge'netisch генети́ческий

Genforschung *f* иссле́дование *n* ге́нов

geni'al гениа́льный

Genialität *f* гениа́льность *f*

Ge'nick *n* заты́лок *m*; ***sich das ~ brechen*** слома́ть <-ми́ть> себе́ ше́ю

Ge'nie *n* ге́ний *m*

G

ge'nieren: ***sich*** **~** <по>стесня́ться
ge'nießbar (*Speisen*) съедо́бный
ge'nießen *v/t* наслажда́ться <-лади́ться> (Т), *Ansehen* по́льзоваться (Т)
Ge'nießer(in *f*) *m* гурма́н(ка *f*)
Geni'talien *n/pl.* половы́е о́рганы *m/pl.*
Genitiv *m Gr.* роди́тельный паде́ж
ge'nommen → ***nehmen***
ge'normt стандáртный
ge'noss → ***genießen***
Ge'nosse *m* това́рищ
ge'nossen → ***genießen***
Ge'nossenschaft *f* кооперати́в *m*
Ge'nossin *f* това́рищ *m*
Genre *n* жанр *m*
Gentechnik *f* ге́нная инжене́рия
gentechnisch ге́нно-инжене́рный
ge'nug дово́льно, доста́точно; ***mehr als ~*** предоста́точно; ***~ damit!*** хва́тит!, дово́льно!; ***ich habe nicht ~ Zeit*** мне не хвата́ет вре́мени
Ge'nüge *f*: ***zur ~*** доста́точно
ge'nüg|en быть доста́точным, хвата́ть <-ти́ть>; ***das genügt*** э́того доста́точно; **~end** доста́точный; (*Zensur*) удовлетвори́тельно; **~sam** нетре́бовательный
Ge'nugtuung *f* удовлетворе́ние *n*
Ge'nuss *m* (*Verzehr*) потребле́ние *n*; *fig.* наслажде́ние *n*; ***in den ~ kommen*** (***von***) войти́ во вкус (Р)
Ge'nussmittel *n* проду́кты *m/pl.* вкусово́й промы́шленности
Geogra'phie *f* геогра́фия
geo'graphisch географи́ческий
Geolo'gie *f* геоло́гия
geo'logisch геологи́ческий
Geome'trie *f* геоме́трия
geo'metrisch геометри́ческий
Ge'orgier(in *f*) *m* грузи́н(ка *f*)
ge'orgisch грузи́нский
Ge'päck *n* бага́ж *m*; **~annahme** *f* приём *m* багажа́; **~aufbewahrung** *f* хране́ние *n* багажа́; *konkr.* ка́мера хране́ния (багажа́); **~ausgabe** *f* вы́дача багажа́; **~netz** *n* се́тка *f* для багажа́; **~schein** *m* бага́жная квита́нция *f*; **~stück** *n* бага́жное ме́сто; **~träger** *m* (*am Fahrrad*) бага́жник; *Pers.* носи́льщик; **~wagen** *m* (*Waggon*) бага́жный ваго́н
ge'pfiffen → ***pfeifen***
ge'pflegt (*bsd. Äußeres*) хо́леный
Ge|'pflogenheit *f* обы́чай *m*; **~'plänkel** *n fig.* препира́тельство; **~'polter** *n* гро́хот *m*
ge'rade *Adj.* прямо́й (*a. fig.*); *Zahl:* чётный; *Adv.* (*soeben, zufällig*) как раз; **~** (***erst***) то́лько (что); ***nun ~!*** тепе́рь и пода́вно!; ***das fehlte ~ noch!*** э́того ещё не хвата́ло!; ***das wollte ich ~ sagen*** я как раз э́то и хоте́л сказа́ть; ***nun ~ nicht!*** вот уж нет!
Ge'rade *f* пряма́я
gerade|'aus напрями́к, пря́мо; **~her'aus** напрями́к; **~zu** *Adv.* пря́мо, про́сто
Ge'rät *n* прибо́р *m*; *Sp.* снаря́д *m*; *Mil.* (техни́ческое) иму́щество
ge'raten *v/i*: ***in e-e Lage ~*** попада́ть <-па́сть> в положе́ние; ***in Schwierigkeiten ~*** ока́зываться <-за́ться> в затрудни́тельном положе́нии; ***außer Kontrolle ~*** вы́йти из-под контро́ля
Ge'räte|schuppen *m* сара́й для (маши́н и) ору́дий; **~turnen** *n* спорти́вная гимна́стика *f* на снаря́дах
Gerate'wohl *n*: ***aufs ~*** наугáд
Ge'rätschaften *f/pl.* у́тварь *f*
ge'räuchert копчёный
ge'räumig просто́рный
Ge'räusch *n* шум *m*, (*leise*) шо́рох *m*
ge'räusch|los бесшу́мный; **~voll** шу́мный
gerben <вы́>дуби́ть
ge'recht справедли́вый
Ge'rechtigkeit *f* справедли́вость *f*
Ge'rede *n* болтовня́ *f*
ge'reizt раздражённый
Ge'richt[1] *n Kochk.* ку́шанье, блю́до
Ge'richt[2] *n* суд *m*; ***vor ~ klagen*** обжа́ловать в суде́; ***vor ~ stellen*** отда́(ва́)ть под суд
ge'richtlich суде́бный
Ge'richts|hof *m* суд, трибуна́л; **~medizin** *f* суде́бная медици́на; **~stand** *m* подсу́дность *f*; **~urteil** *n* пригово́р *m* суда́; **~verfahren** *n* судопроизво́дство; **~verhandlung**

f суде́бное разбира́тельство *n*; **~vollzieher** *m* суде́бный исполни́тель *m*

ge'rieben → ***reiben***

ge'ring ма́лый, небольшо́й; (*Qualität*) ни́зкий; ***nicht im Geringsten*** нисколько, ничу́ть; **~fügig** незначи́тельный; **~schätzig** пренебрежи́тельный

ge'rinnen свёртываться <сверну́ться>

Ge'rippe *n* скеле́т *m*

ge'rissen → ***reißen***; *Adjp.* ло́вкий, хи́трый

gern, ~e *Adv.* охо́тно; ***~ haben*** люби́ть (+ *Inf.*); ***ich möchte ~*** мне хоте́лось бы; ***~!*** с (больши́м) удово́льствием!; ***~ geschehen!*** не сто́ит благода́рности!

ge'rochen → ***riechen***

Ge'röll *n* га́лька *f*

ge'ronnen → ***gerinnen***

Gerste *f* ячме́нь *m*

Ge'ruch *m* за́пах; (*Sinn*) обоня́ние *n*; *Zool.* чутьё *n*

ge'ruchlos непа́хнущий, без за́паха

Ge'ruchssinn *m* обоня́ние *n*

Ge'rücht *n* слух *m*; ***es geht das ~*** хо́дят слу́хи

Ge'rümpel *n* ру́хлядь *f*, хлам *m*

Ge'rüst *n Arch.* леса́ *pl.*

ge'samt весь, це́лый

Ge'samt|ansicht *f* о́бщий вид *m*; **~ausgabe** *f* по́лное собра́ние *n* сочине́ний; **~eindruck** *m* о́бщее впечатле́ние *n*; **~heit** *f* совоку́пность *f*; **~schule** *f* общеобразова́тельная / еди́ная шко́ла; **~summe** *f* о́бщая су́мма

ge'sandt → ***senden***

Ge'sandte(r) посла́нник (-ица *f*)

Ge'sang *m* пе́ние *n*; (*Lied*) пе́сня *f*; **~buch** *n* сбо́рник *m* (церко́вных) песнопе́ний; **~verein** *m* пе́вческое о́бщество *n*

Ge'säß *n* зад *m*, я́годицы *f/pl.*; **~tasche** *f* за́дний карма́н *m*

Ge'schäft *n* де́ло; (*Laden*) магази́н *m*

ge'schäft|ig делови́тый; **~lich** делово́й

Ge'schäfts|bedingungen *f/pl.* усло́вия *n/pl.* сде́лки; **~frau** *f* делова́я же́нщина; **~führer(in** *f*) *m* управля́ющий (-щая *f*) (дела́ми), заве́дующий (-щая *f*); **~inhaber(in** *f*) *m* владе́лец (-лица *f*) фи́рмы/магази́на; **~mann** *m* делово́й челове́к, бизнесме́н; **~ordnung** *f* регла́мент *m*; ***zur ~*** (*sprechen*) по вопро́су поря́дка собра́ния; **~partner** *m* делово́й партнёр; **~reise** *f* делова́я пое́здка, командиро́вка; **~schluss** *m* оконча́ние *n* рабо́ты

ge'schäftstüchtig делови́тый

ge'schah → ***geschehen***

ge'schehen происходи́ть <произойти́>, соверша́ться <-ши́ться>; ***was ist ~?*** что случи́лось?; ***das geschieht ihm recht*** так ему́ и на́до

Ge'schehen *n* собы́тие

ge'scheit у́мный, толко́вый

Ge'schenk *n* пода́рок *m*; ***zum ~*** в пода́рок; **~artikel** *m* пода́рок

Ge'schichte *f* исто́рия; (*Erzählung*) расска́з *m*; ***in die ~ eingehen*** войти́ в исто́рию

ge'schichtlich истори́ческий

Ge'schichts|auffassung *f* понима́ние *n* исто́рии; **~buch** *n* учё́бник *m* исто́рии; **~wissenschaft** *f* историогра́фия

Ge'schick *n* (*Schicksal*) судьба́ *f*; (*Gewandtheit*) ло́вкость *f*

Ge'schicklichkeit *f* ло́вкость *f*

ge'schickt иску́сный, ло́вкий

ge'schieden → ***scheiden***; *Adjp.* разведённый

ge'schieht → ***geschehen***

Ge'schirr *n koll.* посу́да *f*; **~spüler** *m*, **~spülmaschine** *f* посудомо́ечная маши́на *f*; **~tuch** *n* посу́дное полоте́нце

Ge'schlecht *n* пол *m*; (*Sippe*) пле́мя, (*a. Gr.*) род *m*

ge'schlechtlich полово́й

Ge'schlechts|akt *m* полово́й акт; **~krankheit** *f* венери́ческая боле́знь; **~organ** *n* полово́й о́рган *m*

ge'schlechtsreif половозре́лый

Ge'schlechtsverkehr *m* полово́е сноше́ние *n*

ge|'schlichen → ***schleichen***; **~'schliffen** → ***schleifen***; *Adjp. Glas, Stein*: гранёный; *Sprache*: отто́ченный

ge'schlossen → ***schließen***; *Adjp.* закры́тый; (*einmütig*) сплочённый
ge'schlungen → ***schlingen***
Ge'schmack *m* вкус; ***nach ~*** по вку́су; ***~ finden an*** находи́ть удово́льствие в П; ***auf den ~ kommen*** войти́ во вкус
ge'schmacklos безвку́сный
Ge'schmack|losigkeit *f* безвку́сица; **~sache** *f* де́ло *n* вку́са
ge'schmackvoll изя́щный; *präd.* со вку́сом
ge'schmeidig ги́бкий; *Leder*: мя́гкий
ge|'schmissen → ***schmeißen***; **~'schmolzen** → ***schmelzen***; **~'schnitten** → ***schneiden***; **~'schoben** → ***schieben***
Ge'schöpf *n* созда́ние, существо́
ge'schoren → ***scheren***
Ge'schoss *n* снаря́д *m*; (*Kugel*) пу́ля *f*; *Arch.* эта́ж *m*
ge'schossen → ***schießen***
Ge'schrei *n* кри́к(и *pl.*) *m*
ge|'schrieben → ***schreiben***; **~'schrien** → ***schreien***
ge'schult *Auge, Hand*: намётанный; *Pers.* квалифици́рованный
Ge'schütz *n* ору́дие
Ge'schwader *n* эска́дра *f*
Ge'schwätz *n* болтовня́ *f*
ge'schwätzig болтли́вый
ge'schweige: ***~ denn*** не говоря́ уже́ о том
Ge'schwindigkeit *f* ско́рость *f*
Ge'schwindigkeitsbegrenzung *f* ограниче́ние *n* ско́рости
Ge'schwindigkeitsüberschreitung *f* превыше́ние *n* ско́рости
Ge'schwister *pl.* брат и сестра́, *pl.* бра́тья и сёстры
ge|'schwommen → ***schwimmen***; **~'schworen** → ***schwören***
Ge|'schworene(r) прися́жный (-ная *f*); **~'schwulst** *f* о́пухоль *f*
ge'schwungen → ***schwingen***
Ge'schwür *n* я́зва *f* (*a. fig.*); (*eitriges*) нары́в *m*, гнойни́к *m*
Ge'selle *m* (*Handwerker*) подмасте́рье *m*
ge'sellig общи́тельный
Ge'selligkeit *f* общи́тельность *f*
Ge'sellschaft *f* о́бщество *n*; *Ök. a.* това́рищество *n*; ***fröhliche ~*** весёлая компа́ния; ***in j-s ~*** в о́бществе кого́-либо; ***~ leisten*** соста́вить компа́нию; ***~ mit beschränkter Haftung*** о́бщество с ограни́ченной отве́тственностью
ge'sellschaftlich обще́ственный
Ge'sellschafts|ordnung *f* обще́ственный строй; **~spiel** *n* (насто́льная) игра́
ge'sessen → ***sitzen***
Ge'setz *n* зако́н *m*; ***nach dem ~*** по зако́ну; **~blatt** *n* ве́стник *m* зако́нов; **~buch** *n* ко́декс *m*; **~geber** *m* законода́тель *m*; **~gebung** *f* законода́тельство *n*
ge'setzlich зако́нный; ***~ geschützt*** охраня́емый зако́ном
ge'setzmäßig закономе́рный
ge'setzt степе́нный; ***im ~en Alter*** в пожило́м во́зрасте
ge'setzwidrig противозако́нный
Ge'sicht *n* лицо́; ***ins ~ sagen*** сказа́ть в лицо́
Ge'sichts|ausdruck *m* выраже́ние *n* лица́; **~farbe** *f* цвет *m* лица́; **~punkt** *m* то́чка *f* зре́ния; ***unter diesem ~*** с э́той то́чки зре́ния; **~züge** *m/pl.* черты́ *f/pl.* лица́
Ge'sims *n* карни́з *m*
Ge'sindel *n* сброд *m*, сво́лочь *f*
ge'sinnt: ***freundlich ~*** хорошо́ настро́енный (к Д)
Ge'sinnung *f* о́браз *m* мы́слей, убежде́ния *n/pl.*
Ge'sinnungswandel *m* переме́на *f* в убежде́ниях
ge'sittet благовоспи́танный, культу́рный
ge'spannt напряжённый; (*gestrafft*) натя́нутый; ***~ sein auf*** с нетерпе́нием ждать (Р)
Ge'spenst *n* привиде́ние
Ge'spött *n* насме́шка *f*; ***zum ~ machen*** <с>де́лать посме́шищем
Ge'spräch *n* разгово́р *m*, бесе́да *f*; ***ins ~ kommen*** завяза́ть разгово́р; ***ein ~ führen*** вести́ разгово́р
ge'sprächig разгово́рчивый
Ge'sprächs|partner(in *f*) *m* собесе́дник (-ица *f*); **~stoff** *m* предме́т разгово́ра
ge|'sprochen → ***sprechen***; **~'sprungen** → ***springen***
Ge'stalt *f* фо́рма; (*des Körpers*)

фигу́ра; *Thea.* персона́ж *m*; ***in ~ von*** в ви́де (Р)
ge'stalten оформля́ть <офо́рмить>
Ge'staltung *f* оформле́ние *n*
ge'ständig: *er ist ~* он признаёт себя́ вино́вным
Ge'ständnis *n* призна́ние (своей́ вины́); ***ein volles ~ ablegen*** созна́ться в своей́ вине́
Ge'stank *m* смрад, злово́ние *n*
ge'statten позволя́ть <-во́лить>; ***~ Sie*** позво́льте
Geste *f* жест *m*
ge'stehen *v/t* призна́(ва́)ться (в П); ***offen gestanden*** открове́нно говоря́
Ge'stell *n* стелла́ж *m*; (*e-r Brille*) опра́ва *f*
gestern вчера́; ***seit ~*** со вчера́шнего дня; ***~ Abend*** вчера́ ве́чером
Ge'stirn *n* свети́ло
ge'stochen → ***stechen***; ***~ scharf*** *Fot.* ре́зкий; ***wie ~*** *Handschrift*: чёткий; **~'stohlen** → ***stehlen***; **~'storben** → ***sterben***
ge|'streift полоса́тый, в поло́ску; **~'strichen** → ***streichen***
gestrig вчера́шний
ge'stritten → ***streiten***
Ge'strüpp *n* густа́я за́росль *f*
ge'stunken → ***stinken***
Ge'stüt *n* конезаво́д *m*
Ge'such *n* заявле́ние, хода́тайство
ge'sund здоро́вый; *Ansichten*: здра́вый, разу́мный; ***~ sein*** быть здоро́вым
Ge'sundheit *f* здоро́вье *n*; ***~!*** бу́дьте здоро́вы!
ge'sundheitlich относя́щийся к здоро́вью; ***aus ~en Gründen*** по состоя́нию здоро́вья
Ge'sundheitsamt *n* отде́л *m* здравоохране́ния
ge'sundheitsschädlich вре́дный для здоро́вья
Ge'sundheits|wesen *n* здравоохране́ние; **~zustand** *m* состоя́ние *n* здоро́вья
Ge'sundung *f fig.* оздоровле́ние *n*
ge'sungen → ***singen***
ge'sunken → ***sinken***
ge'tragen *Kleidung*: поно́шенный; *Melodie*: протя́жный
Ge'tränk *n* напи́ток *m*
Ge'tränkeautomat *m* автомат для прода́жи напи́тков
Ge'tränkekarte *f* ка́рта напи́тков
ge'trauen: *sich ~* отва́жи(ва)ться
Ge'treide *n* (хле́бные) зла́ки *m/pl.*, зерновы́е культу́ры *f/pl.*; (*Körner*) хлеб *m*; **~ernte** *f* убо́рка зерна́; (*Ertrag*) урожа́й *m* зерновы́х; хлебоубо́рка, убо́рка зерна́; *in Zssgn* зерноубо́рочный; **~erzeugung** *f* произво́дство *n* зерна́; **~silo** *m od. n* си́лос для зерна́; **~speicher** *m* зернохрани́лище *n*
ge'trennt (*separat*) отде́льный
Ge'triebe *n* переда́ча *f*; (*im Auto*) коро́бка *f* переда́ч
ge'troffen → ***treffen***
Ge'tümmel *n* сумато́ха *f*
ge'übt иску́сный; (*Auge*) намётанный
Ge'wächs *n* расте́ние; **~haus** *n* тепли́ца *f*
ge|'wagt *Adjp.* риско́ванный; **~'wählt** *Sprache*: изы́сканный
Ge'währ *f* руча́тельство *n*; ***ohne ~*** без руча́тельства
ge'währen *Bitte* удовлетворя́ть <-ри́ть>; (*gestatten*) позволя́ть <-о́лить>; *Asyl* предоставля́ть <-ста́вить>
ge'währleisten обеспе́чи(ва)ть
Ge'wahrsam *m*: ***j-n in ~ nehmen*** взять кого́-либо под стра́жу
Ge'walt *f* власть *f*; (*Stärke*) си́ла; (*Zwang*) наси́лие *n*; ***höhere ~*** непреодоли́мая си́ла; ***mit aller ~*** все́ми си́лами; ***in seine ~ bringen*** захвати́ть; ***sich in der ~ haben*** владе́ть собо́й; **~herrschaft** *f* деспоти́зм *m*
ge'waltig (*riesig*) огро́мный; (*mächtig*) си́льный; ***sich ~ irren*** серьёзно ошиба́ться
ge'walt|los ненаси́льственный; **~sam , ~tätig** наси́льственный
ge'wandt *Adjp.* ло́вкий, уме́лый
Ge'wässer *n* во́ды *f/pl.*
Ge'webe *n* ткань *f*
Ge'wehr *n* ружьё; *Mil.* винто́вка *f*
Ge'weih *n* рога́ *m/pl.*
Ge'werbe *n* про́мысел *m*, ремесло́; **~gebiet** *n* индустриа́льный райо́н *m*; **~treibende(r)** промы́шленник (-ица *f*)

ge'werblich промысло́вый, реме́сленный

Ge'werkschaft *f* профсою́з *m*; **~er(in** *f*) *m* член профсою́за (*a. f*)

ge'werkschaftlich профсою́зный

Ge'werkschaftsbund *m* объедине́ние *n* профсою́зов

Ge'wicht *n* вес *m* (*a. fig.*); (*zum Wiegen*) ги́ря *f*; ***ins ~ fallen*** име́ть вес; ***nicht ins ~ fallen*** не име́ть значе́ния

Ge'wichtheber *m* тяжелове́с, штанги́ст

Ge'winde *n* резьба́ *f*

Ge'winn *m* при́быль *f*; ***~ bringend*** при́быльный; **~beteiligung** *f* уча́стие *n* в при́былях

ge'winnen *v/t* вы́игрывать <вы́играть>; *Vertrauen* доби́ться *pf.* (Р); *Einfluss* приобрета́ть <-рести́>; *Wahl* победи́ть *pf.* (в П); *Bgb.* добы́(ва́)ть

ge'winnend привлека́тельный, симпати́чный

Ge'winner(in *f*) *m* (*Sieger*) победи́тель(ница *f*) *m*

Ge'winnung *f* добы́ча

Ge'wirr *n* пу́таница *f*

ge'wiss 1. не́который, изве́стный; ***ein ~er Schmidt*** не́кий Шмит; ***unter ~en Bedingungen*** при изве́стных усло́виях; **2.** *Adv.* коне́чно, несомне́нно

Ge'wissen *n* со́весть *f*

ge'wissen|haft добросо́вестный; **~los** бессо́вестный

Ge'wissens|bisse *m/pl.* угрызе́ния *n/pl.* со́вести; **~konflikt** *m* конфли́кт со свое́й со́вестью

gewisser'maßen мо́жно сказа́ть

Ge'wissheit *f* уве́ренность *f*

Ge'witter *n* гроза́ *f*

ge'wittrig (пред)грозово́й

ge'wöhnen приуча́ть <-чи́ть> (***an*** к Д); ***sich ~ an*** свыка́ться <свы́кнуться> с (Т)

Ge'wohnheit *f* привы́чка; ***aus ~*** по привы́чке; ***die ~ haben*** име́ть обыкнове́ние

ge'wohnheitsmäßig привы́чный; *präd.* по привы́чке

Ge'wohnheitsrecht *n* обы́чное пра́во

ge'wöhnlich обы́чный, обыкнове́нный

ge'wohnt привы́чный; ***ich bin es ~*** (***zu***) я привы́к(ла *f*) (*Inf.*)

Ge'wöhnung *f* привыка́ние *n*

Ge'wölbe *n* свод *m*; (*Kellerraum*) (ка́менный) подва́л *m*

ge|'wonnen → ***gewinnen***; **~'worben** → ***werben***; **~'worden** → ***werden***; **~'worfen** → ***werfen***

Ge'wühl *n* да́вка *f*, су́толока *f*

Ge'würz *n* пря́ность *f*; **~gurke** *f* марино́ванный огуре́ц *m*

ge'wusst → ***wissen***

Ge'zeiten *pl.* прили́вы и о́тли́вы *m/pl.*; **~kraftwerk** *n* прили́вная электроста́нция *f*

ge|'zielt *fig.* целенапра́вленный; **~'ziert** жема́нный; **~'zogen** → ***ziehen***

Ge'zwitscher *n* щёбет *m*, чири́канье

ge'zwungen → ***zwingen***; *Adjp. fig.* принуждённый; *Lächeln*: натя́нутый; **~ermaßen** понево́ле

gib(s)t → ***geben***

Gicht *f Med.* пода́гра

Giebel *m* фронто́н; **~wand** *f* фронто́нная стена́

Gier *f* жа́дность *f*, а́лчность *f*

gierig жа́дный (***nach*** к Д)

gießen лить, нали́(ва́)ть; *Blume* поли́(ва́)ть; *Tech.* лить, отли́(ва́)ть

Gieße'rei *f konkr.* лите́йный цех *m*, лите́йная мастерска́я

Gießkanne *f* ле́йка

Gift *n* яд *m*, отра́ва *f*; **~gas** *n* ядови́тый газ *m*

giftig ядови́тый

Gift|müll *m* токси́чные отхо́ды *m/pl.*; **~pilz** *m* ядови́тый гриб; **~schlange** *f* ядови́тая змея́

gi'gantisch гига́нтский

gilt → ***gelten***

ging → ***gehen***

Gipfel *m* верши́на *f*, верх, пик; ***das ist der ~!*** э́то уже́ сли́шком!; **~punkt** *m* вы́сшая то́чка *f*; **~treffen** *n* встре́ча *f* в верха́х

Gips *m* гипс; **~abdruck** *m* ги́псовый сле́пок; **~verband** *m* ги́псовая повя́зка *f*

Gi'raffe *f* жира́фа

Gir'lande *f* гирля́нда

Girokonto *n* жиросчёт *m*

Gi'tar|re *f* гитáра; **~'rist(in** *f*) *m* гитари́ст(ка *f*)
Gitter *n* решётка *f*; ***hinter ~n sitzen*** сидеть за решёткой
Glanz *m* блеск; (*Politur*) гля́нец; ***in vollem ~*** во всём блéске
glänzen блестéть <-сну́ть>; (*sich auszeichnen*) блистáть (***durch*** Т); *Nase, Stoff*: лосни́ться
glänzend блестя́щий
Glanzleistung *f* блестя́щее достижéние *n*
glanz|los ту́склый, без блéска; **~voll** блистáтельный
Glas *n* стеклó; (*Trinkglas*) стакáн *m*; **~bläser** *m* стеклоду́в
Glaser *m* стекóльщик
gläsern стекля́нный
Glasfaser *f* стекловолокнó *n*
gla'sieren глазировáть
glasig *Augen*: стекля́нный
glasklar (прозрáчный) как стёклышко
Glas|scheibe *f* (*im Fenster*) окóнное стеклó *n*; **~schneider** *m* стеклорéз; **~tür** *f* стекля́нная дверь *f*
Gla'sur *f* глазу́рь *f*
glatt глáдкий; (*eben*) рóвный; (*rutschig*) скóльзкий
Glätte *f* глáдкость *f*; скóльзкость *f*
Glatteis *n* гололéдица *f*
glätten разглáживать <-глáдить>; ***sich ~*** *fig.* успокóиться
Glatz|e *f* плешь *f*, лы́сина; ***e-e ~ bekommen*** <об>лысéть; **~kopf** *m* лы́сая головá *f*
Glaube *m* вéра *f* (***an*** в В); *Rel. a.* вéрование *n*; ***j-m ~n schenken*** повéрить кому́-либо
glauben (***an***) <по>вéрить (Д, в В); (*vermuten*) полагáть, ду́мать; ***an Gott ~*** вéрить в Бóга; ***ich glaube, dass ...*** мне ду́мается, что ...; ***kaum zu ~*** тру́дно повéрить
Glaubensbekenntnis *n* вероисповéдание
glaubhaft правдоподóбный
gläubig вéрующий
Gläubige(r) вéрующий (-щая *f*)
glaubwürdig правдоподóбный; (*zuverlässig*) достовéрный
gleich 1. *Adj.* (*ebenso*) одинáковый, рáвный; ***am ~en Tag*** в тóт же день; ***zur ~en Zeit*** в то же врéмя; ***~ groß*** рáвный по величинé, *Pers.* одинáкового рóста; ***es ist mir ~*** мне безразли́чно; **2.** *Adv.* сейчáс; ***er kommt ~*** он сейчáс придёт; ***es ist ~ 3 Uhr*** скóро три часá; ***bis ~!*** до скóрого!; ***~ bleiben*** не изменя́ться <-ни́ться>; ***~ bleibend*** постоя́нный; ***~ lautend*** идenти́чный
gleich|altrig *präd.* одногó вóзраста; **~artig** однорóдный; **~bedeutend** (***mit***) равнознáчный (с Т), равноси́льный (Д); **~berechtigt** равнопрáвный
Gleichberechtigung *f* равнопрáвие *n*
gleichen походи́ть (на В), быть схóдным (с Т)
gleicher|maßen, ~weise рáвным óбразом
gleichfalls тáкже, тóже; ***danke, ~!*** спаси́бо, и вам/тебé тáкже!
gleichförmig однообрáзный
Gleichgewicht *n* равновéсие; ***das ~ verlieren*** терять равновéсие
gleichgültig безразли́чный, равноду́шный (***gegen*** к Д)
Gleichgültigkeit *f* безразли́чие *n*, равноду́шие *n*
Gleichheitszeichen *n* знак *m* рáвенства
gleichmäßig равномéрный
Gleichmut *m* равноду́шие *n*
Gleichnis *n* при́тча *f*
Gleichschritt *m*: ***im ~*** (ногá) в нóгу
gleichseitig равносторóнний
Gleich|stand *m Sp.* рáвный счёт; **~strom** *m El.* постоя́нный ток
Gleichung *f* уравнéние *n*
gleich|wertig равноцéнный; **~zeitig** одноврéменный
Gleis *n* (рéльсовый) путь *m*
gleiten скользи́ть, скользну́ть *pf.*; ***aus der Hand ~*** выскáльзывать <вы́скользнуть> из рук
Gleitflug *m* паря́щий полёт
Gletscher *m* ледни́к, глéтчер
glich → ***gleichen***
Glied *n* (*Bein*, *Arm*) конéчность *f*; (*e-r Kette*) звенó; (*Penis*) член *m*
gliedern расчленя́ть <-ни́ть>, (под)разделя́ть; ***sich ~*** подразделя́ться

Gliederung *f* (раз)деле́ние *n*, расчлене́ние *n*
Gliedmaßen *pl.* коне́чности *f/pl.*
glimmen тлеть
glitschig ско́льзкий
glitt → ***gleiten***
glitzern сверка́ть, высве́ркивать
glo'bal глоба́льный
Globetrotter *m* мно́го путеше́ствующий челове́к
Globus *m* гло́бус
Glocke *f* ко́локол *m*; (*Klingel*) звоно́к *m*; ***et. an die große ~ hängen*** трезвони́ть о чём-либо повсю́ду
Glocken|blume *f* колоко́льчик *m*; **~spiel** *n* кура́нты *pl.*; **~turm** *m* колоко́льня *f*
glomm → ***glimmen***
glorreich знамени́тый, сла́вный
Glück *n* сча́стье; ***auf gut ~*** науда́чу, науга́д; ***zum ~*** к сча́стью; ***er hat ~*** ему́ везёт; ***sie hatte kein ~*** ей не повезло́; ***viel ~!*** (жела́ю) уда́чи!
glücken уда́(ва)ться
glücklich счастли́вый; (*günstig*) уда́чный, благополу́чный; ***der*** (***die***) ***Glückliche*** счастли́вец (-вица); ***~ machen*** осчастли́вить
glücklicherweise к сча́стью
Glücks|fall *m* счастли́вый слу́чай; **~kind** *n*, **~pilz** *m* счастли́вчик; **~sache** *f* де́ло *n* сча́стья; **~spiel** *n* аза́ртная игра́ *f*; **~zahl** *f* счастли́вое число́ *n*
Glückwunsch *m* поздравле́ние *n*; ***herzlichen ~ zum Geburtstag!*** серде́чно поздравля́ю с днём рожде́ния!
Glühbirne *f* (электри́ческая) ла́мпочка
glühen *v/i* *Kohle*: горе́ть; *Metall*: накаля́ться <-ли́ться>; *Himmel*, *Wangen*: пыла́ть
glühend раскалённый; *fig.* горя́чий
Glüh|lampe *f* ла́мпа нака́ливания; **~wein** *m* глинтве́йн; **~würmchen** *n* светлячо́к *m*
Glut *f* жар *m*; (*Sonnenhitze*) зной *m*
Gnade *f* ми́лость *f*
Gnaden|frist *f* льго́тный срок *m* (Д); **~gesuch** *n* хода́тайство о поми́ловании
gnadenlos беспоща́дный
Gold *n* зо́лото
golden золото́й
Gold|fisch *m* золота́я ры́бка *f*; **~grube** *f fig.* золото́е дно *n*; **~medaille** *f* золота́я меда́ль *f*; **~schmied**(**in** *f*) *m* ювели́р (*a. f*)
Golf[1] *m Geogr.* зали́в
Golf[2] *m* гольф; **~platz** *m* площа́дка *f* для го́льфа; **~spieler**(**in** *f*) *m* игро́к *m* в гольф
Gondel *f* гондо́ла
gönnen жела́ть (***j-m*** кому́-либо Р); ***nicht ~*** зави́довать; ***sich ~*** позволя́ть <-во́лить> себе́
Gönner(**in** *f*) *m* покрови́тель(ница *f*) *m*
Go'rilla *m* гори́лла *f*
goss → ***gießen***
Gosse *f* сто́чная кана́ва
gotisch *Arch.* готи́ческий
Gott *m* бог; ***bei ~!*** ей-Бо́гу!; ***~ sei Dank!*** сла́ва Бо́гу!; ***um ~es willen!*** ра́ди Бо́га!; ***großer ~!*** Бо́же мой!
Gottes|dienst *m* церко́вная слу́жба *f*, богослуже́ние *n*; **~haus** *n* дом *m* бо́жий, це́рковь *f*; **~lästerung** *f* богоху́льство *n*
Gottheit *f* божество́ *n*, бог *m*
Göttin *f* боги́ня
göttlich боже́ственный
gott|'lob сла́ва Бо́гу; **~los** безбо́жный
Grab *n* моги́ла *f*
graben копа́ть, рыть
Graben *m* кана́ва *f*; *Mil.* око́п
Grab|mal *n* надгро́бный па́мятник *m*; **~stein** *m* моги́льная плита́ *f*
Grad *m* гра́дус; (*Stufe*) сте́пень *f*; *Mil.* зва́ние *n*; ***im höchsten ~e*** в вы́сшей сте́пени; ***zehn ~ Kälte*** де́сять гра́дусов моро́за
Graf *m* граф
Graf'fiti *m/pl.* граффи́ти *pl.*
Gräfin *f* графи́ня
Grafschaft *f* гра́фство *n*
Gramm *n* грамм *m*
Gram'matik *f* грамма́тика
gram'matisch граммати́ческий
Gra'nate *f* грана́та
grandi'os грандио́зный
Gra'nit *m* грани́т
Grapefruit *f* гре́йпфрут *m*
Graphik *f* гра́фика; **~er**(**in** *f*) *m* гра́фик (*a. f*)

graphisch графи́ческий
Gra'phit *m* графи́т
Gras *n* трава́ *f*; ***ins ~ beißen*** протяну́ть но́ги
grasen пасти́сь
grässlich ужа́сный; (*ekelhaft*) омерзи́тельный
Grat *m* (*e-s Berges*) (го́рный) хребе́т
Gräte *f* ры́бья кость *f*
Gratifikati'on *f* награ́дные *pl.*
gratis *Adv.* беспла́тно
Gratu|'lant(in *f*) *m* поздрави́тель(ница *f*) *m*; **~lati'on** *f* поздравле́ние *n*
gratu'lieren поздравля́ть <-дра́вить> (***j-m zu*** кого́-либо с Т)
grau се́рый; *Haar*: седо́й
Gräuel *m* у́жас; ***das ist mir ein ~*** мне э́то внуша́ет отвраще́ние
grauen: *mir graut vor* бою́сь э́того
Grauen *n* у́жас *m*
grauenhaft ужа́сный
grausam жесто́кий
Grausamkeit *f* жесто́кость *f*
gra'vieren <вы́>гравирова́ть
gra'vierend серьёзный
Gravitati'on *f* тяготе́ние *n*, гравита́ция
grazi'ös грацио́зный
greifbar находя́щийся под руко́й; ***in ~er Nähe*** в непосре́дственной бли́зости
greifen *v/t* хвата́ть, схва́тывать <-ти́ть>; (*nehmen*) брать <взять>; *v/i* хвата́ться <схвати́ться> (***nach*** за В); ***zur Feder ~*** бра́ться <взя́ться> за перо́; ***um sich ~*** распространя́ться
Greis *m* стари́к
Greisenalter *n* ста́рческий во́зраст *m*
Greisin *f* фару́ха
grell я́ркий; (*Ton*) ре́зкий
Gremium *n* гру́ппа *f*, коми́ссия *f*
Grenze *f* грани́ца, рубе́ж *m*; *fig.* преде́л *m*; ***die ~(n) überschreiten*** выходи́ть <вы́йти> за преде́лы
grenzenlos безграни́чный
Grenz|er *m* пограни́чник; **~gebiet** *n* пригрaни́чный райо́н *m*; **~linie** *f* пограни́чная ли́ния; **~posten** *m* пограни́чный пост; *Pers.* пограни́чник; **~schutz** *m* пограни́чная охра́на *f*; **~übergang** *m* пункт перехо́да грани́ц; **~verkehr** *m* пограни́чное сообще́ние *n*
Griech|e *m* грек; **~in** *f* греча́нка
griechisch гре́ческий
Grieß *m* ма́нная крупа́ *f*
griff → ***greifen***
Griff *m* (*derber*) хва́тка *f*, (*Türgriff*) рукоя́тка *f*, ру́чка *f*
Grill *m* гриль *m*
Grille *f* *Zool.* сверчо́к *m*
grillen жа́рить на гри́ле
Gri'masse *f* грима́са; ***~n schneiden*** ко́рчить грима́сы
grimmig свире́пый
grinsen ухмыля́ться <-льну́ться>
Grippe *f* грипп *m*
Grips F *m* смека́лка *f*
grob гру́бый (*a. fig.*); *Arbeit*: члрный
Grobheit *f* гру́бость *f*
Grobian *m* грубия́н(ка *f*)
grölen горла́нить
Groll *m* зло́ба *f*
grönländisch гренла́ндский
Groschen *m* грош
groß большо́й; (*Maßstab*) кру́пный; (*Bedeutung*) вели́кий; ***Groß und Klein*** *Pers.* (и) стар и млад; ***~ werden*** вы́расти; ***im Großen und Ganzen*** в о́бщем и це́лом; ***Peter der Große*** Пётр Вели́кий
großartig великоле́пный; (*prachtvoll*) грандио́зный, превосхо́дный
Groß|aufnahme *f* съёмка кру́пным пла́ном; **~betrieb** *m* кру́пное предприя́тие *n*; **~buchstabe** *m* прописна́я бу́ква *f*
Größe *f* величина́; (*Ausmaß*, *Kleidung*) разме́р *m*; (*Flächeninhalt*) пло́щадь *f*, (*Berühmtheit*) знамени́тость *f*
Großeltern *pl.* ба́бушка и де́душка
Größenordnung *f* поря́док *m* (величи́н)
größenwahnsinnig страда́ющий ма́нией вели́чия
Groß|grundbesitzer(in *f*) *m* кру́пный (-ная *f*) поме́щик (-ица *f*); **~handel** *m* опто́вая торго́вля *f*
großherzig великоду́шный
Groß|industrie *f* кру́пная промы́шленность *f*; **~macht** *f* вели́кая держа́ва; **~mut** *m* великоду́шие *n*; **~mutter** *f* ба́бушка

Großraum *m* большо́е помеще́ние *n*; (*Stadtumland*) при́городная зо́на *f*
großräumig просто́рный
Groß|reinemachen *n* генера́льная убо́рка *f*; **~stadt** *f* большо́й го́род *m*
größtenteils бо́льшей ча́стью
Groß|unternehmen *n* кру́пное предприя́тие; **~vater** *m* де́д(ушка *m*); **~veranstaltung** *f* ма́ссовое мероприя́тие *n*
groß|ziehen выра́щивать <вы́растить>; **~zügig** великоду́шный; (*freigebig*) ще́дрый; *Hilfe*: всесторо́нний
gro'tesk гроте́скный, гроте́сковый
Grotte *f* грот *m*, пеще́ра
grub → ***graben***
Grube *f* я́ма; *Bgb.* ша́хта
grübeln (***über***) лома́ть себе́ го́лову (над Т)
Gruft *f* склеп *m*
grün зелёный; (*unreif*) незре́лый; ***~er Junge*** зелёный юне́ц
Grün *n* (*Pflanzen*) зе́лень *f*; **~anlage** *f* сквер *m*, зелёные насажде́ния *n/pl.*
Grund *m* (*Erdboden*) грунт; (*von Gewässern*) дно *n*; (*Ursache*) причи́на *f*; (*Anlass*) по́вод; ***auf ~ laufen*** сесть на грунт; ***auf ~ von*** на основа́нии (Р), по (Д); ***e-r Sache auf den ~ gehen*** вника́ть <вни́кнуть> в суть де́ла; ***aus diesem ~*** по э́той причи́не; ***aus welchem ~?*** на како́м основа́нии?; ***im ~e*** в су́щности, по су́ти де́ла; ***von ~ auf*** в ко́рне
Grund|bedingung *f* основно́е усло́вие *n*; **~begriff** *m* основно́е поня́тие *n*; **~besitz** *m* земе́льная со́бственность *f*, землевладе́ние *n*; **~buch** *n* поземе́льная кни́га *f*
gründen *v/t* осно́вывать <-нова́ть>, учрежда́ть <-реди́ть>
Gründer(**in** *f*) *m* основа́тель(ница *f*)
Grund|fläche *f* пло́щадь *f* основа́ния; **~gebühr** *f* основно́й тари́ф *m*; **~gedanke** *m* основна́я мысль *f*; **~gesetz** *n* основно́й зако́н *m*, конститу́ция *f*; **~lage** *f* осно́ва; **~lagenforschung** *f* фундамента́льные иссле́дования *n/pl.*
grundlegend основополага́ющий; основно́й
gründlich основа́тельный
grundlos беспричи́нный, необосно́ванный
Grün'donnerstag *m* Вели́кий четве́рг
Grund|recht *n* основно́е пра́во; **~regel** *f* основно́е пра́вило *n*; **~riss** *m* горизонта́льная прое́кция *f*; **~satz** *m* при́нцип
grundsätzlich принципиа́льный
Grund|schule *f* нача́льная шко́ла; **~steuer** *f* поземе́льный нало́г *m*; **~stück** *n* земе́льный уча́сток *m*
Gründung *f* основа́ние *n*, учрежде́ние *n*
Grund|wasser *n* грунто́вые во́ды *f/pl.*; **~wortschatz** *m* основно́й запа́с слов; **~zahl** *f* просто́е число́ *m*
Grüne *n*: ***im ~n*** за́ городом; ***ins ~*** за́ город; ***die ~n*** па́ртия зелёных
Grün|fläche *f* пло́щадь *f* зелёных насажде́ний; **~futter** *n* зелёный корм *m*; **~span** *m* (ме́дная) зе́лень *f*
grunzen хрю́кать
Gruppe *f* гру́ппа
grup'pieren <с>группирова́ть (***um*** вокру́г Р)
gruselig жу́ткий
Gruß *m* приве́т; *Mil.* отда́ние *n* че́сти; ***e-n ~ senden*** слать приве́т; ***mit freundlichen Grüßen*** с дру́жеским приве́том
grüßen приве́тствовать; ***~ lassen*** переда́(ва́)ть приве́т
gucken F <по>гляде́ть, взгляну́ть *pf.*
Gulasch *m* гуля́ш
gültig действи́тельный; (*in Kraft*) де́йствующий
Gültigkeit *f* действи́тельность *f*
Gummi *n od. m* рези́на *f*; **~band** *n* рези́новая тесьма́ *f*, рези́нка *f*; **~baum** *m* (*Zierpflanze*) фи́кус; **~handschuh** *m* рези́новая перча́тка *f*; **~knüppel** *m* рези́новая па́лка *f*; **~stiefel** *m/pl.* рези́новые сапоги́ *m/pl.*
Gunst *f* (*Gnade*) ми́лость *f*; (*Gewogenheit*) благоскло́нность *f*; ***zu Ihren ~en*** в ва́шу по́льзу

günstig благоприя́тный; *Gelegenheit*: удо́бный; *Wind*: попу́тный; *Kauf*: вы́годный
Gurgel *f* го́рло *n*
gurgeln полоска́ть го́рло
Gurke *f* огуре́ц *m*
Gurt *m* реме́нь *m*, по́яс
Gürtel *m* по́яс; **~linie** *f* ли́ния по́яса; ***unterhalb der ~*** ни́же по́яса
Guss *m Tech.* литьё *n*; (*Regen*) ли́вень *m*; ***aus einem ~*** це́льный; **~eisen** *n* чугу́н *m*
gut хоро́ший; (*charakterlich*) до́брый; ***nicht ~*** нехорошо́; ***sei so ~*** будь (так) добр(а́ *f*); ***schon ~*** ла́дно; ***du hast es ~*** тебе́ хорошо́ (живётся); ***es ~ meinen mit j-m*** жела́ть добра́ кому́-либо; ***zu ~er Letzt*** наконе́ц; ***mach's ~!*** всего́ (хоро́шего)!; ***~ aussehend*** с прия́тной вне́шностью; ***~ gelaunt*** в хоро́шем настрое́нии; ***~ situiert*** состоя́тельный, обеспе́ченный; ***~ tun*** <по>де́йствовать благотво́рно (на В); ***das hat mir ~ getan*** э́то мне принесло́ облегче́ние
Gut *n* (*Besitz*) иму́щество; (*Landgut*) име́ние; (*Ware*) груз *m*, това́ры *m/pl.*
Gutacht|en *n* эксперти́за *f*; **~er(in** *f*) *m* экспе́рт (*a. f*)
gutartig *Med.* доброка́чественный
Gute *n* хоро́шее; ***alles ~!*** всего́ до́брого!
Güte *f* доброта́; (*Qualität*) ка́чество; ***ach du meine ~!*** ба́тюшки (мои́)!
Güter|bahnhof *m* това́рная ста́нция *f*; **~trennung** *f* разде́льность *f* иму́щества; **~wagen** *m* това́рный ваго́н; **~zug** *m* това́рный по́езд
gutgläubig дове́рчивый
Guthaben *n* акти́вы *m/pl.*
güt|ig до́брый; **~lich** полюбо́вный
gutmütig доброду́шный
Gutmütigkeit *f* доброду́шие *n*
Gut|schein *m* тало́н; **~schrift** *f* за́пись *f* в кре́дит
gutwillig стара́тельный
Gymnasiast(in *f*) *m* гимнази́ст(ка *f*)
Gym'nasium *n* гимна́зия *f*
Gym'nastik *f* гимна́стика
Gynäko'lo|ge *m* (**~gin** *f*) гинеко́лог (*a. f*); **~'gie** *f* гинеколо́гия

H

Haar *n* во́лос *m*; *koll.* во́лосы *m/pl.*; *fig.* ***an den ~en herbeigezogen*** притя́нутый за во́лосы; ***um ein ~*** на волосо́к; ***sich keine grauen ~e wachsen lassen*** не беспоко́иться; ***j-m kein ~ krümmen*** не тро́нуть волоска́ у кого́-либо
Haar|ausfall *m* выпаде́ние *n* воло́с; **~bürste** *f* щётка для воло́с
Haaresbreite *f*: ***um ~*** на волосо́к
haargenau F абсолю́тно то́чный; *präd.* в то́чности
haarig волоса́тый; (*schwierig*) сло́жный
Haar|klemme *f* зако́лка (для воло́с); **~nadel** *f* шпи́лька (для воло́с); **~netz** *n* се́тка *f* для воло́с; **~pflege** *f* ухо́д *m* за волоса́ми; **~riss** *m* то́нкая тре́щина *f*
haarscharf F о́чень то́чный; ***~ an et. vorbei*** на волосо́к от чего́-либо
Haar|schnitt *m* причёска *f*; **~spalte'rei** *f* буквое́дство *n*; **~spray** *m od. n* лак(-аэрозо́ль) *m* для воло́с
haarsträubend ужа́сный
Haar|waschmittel *n* сре́дство для мытья́ воло́с; **~wasser** *n* туале́тная вода́ *f* для воло́с; **~wuchs** *m* рост воло́с
Hab: ***~ und Gut*** всё достоя́ние; **~e** *f* иму́щество *n*
haben *v/t* (*besitzen*) име́ть; *mst*: ***ich habe ...*** у меня́ есть ... ; ***ich hatte ...***

у меня́ был ... ; ***da haben wir's!*** так оно́ и есть!; ***ich habe zu tun*** я за́нят(а́ *f*); ***et. ~ gegen j-n*** име́ть что́-то про́тив кого́-либо; ***was hat er?*** что с ним?

Habenichts *m* бедня́к

Habgier *f* корыстолю́бие *n*, жа́дность *f*

habgierig корыстолюби́вый

Habicht *m* я́стреб

Habilitati'on *f* защи́та до́кторской диссерта́ции

habili'tieren: ***sich ~*** защища́ть <-ити́ть> до́кторскую диссерта́цию

Habseligkeiten *f/pl.* пожи́тки *pl.*

Hackbraten *m* (мясно́й) форшма́к

Hacke *f Agr.* моты́га; (*Spitzhacke*) кирка́; (*Ferse*) пя́тка

hacken *v/t* <на>руби́ть; *Holz* <на>коло́ть; *v/i Agr.* моты́жить

Hack|fleisch *n* ру́бленое мя́со, мясно́й фарш *m*; **~klotz** *m* коло́да *f* для ко́лки (дров)

hadern <по>ссо́риться

Hafen *m* порт, га́вань *f*; **~arbeiter** *m* порто́вый рабо́чий, до́кер; **~rundfahrt** *f* экску́рсия по по́рту; **~stadt** *f* порто́вый го́род *m*; **~viertel** *n* порто́вый райо́н *m*

Hafer *m* овёс; **~flocken** *f/pl.* овся́ные хло́пья *pl.*

Haft *f* (тюре́мное) заключе́ние *n*; ***in ~ nehmen*** арестова́ть; **~anstalt** *f* тюрьма́

haftbar отве́тственный (***für*** за В)

Haftbefehl *m* о́рдер на аре́ст

haften[1]**:** ***im Gedächtnis ~*** запечатле́ться в па́мяти

haften[2] (***für***) отвеча́ть, нести́ отве́тственность (за В)

Haftentlassung *f* освобожде́ние *n* из (тюре́много) заключе́ния

Häftling *m* заключённый (-ная *f*)

Haftpflicht *f* отве́тственность *f*; **~versicherung** *f* страхова́ние *n* от отве́тственности

Haftung *f* отве́тственность *f*

Hagebutte *f* плод *m* шипо́вника

Hagel *m* град; **~korn** *n* гра́дина *f*

hageln: ***es hagelt*** идёт град; *fig.* ***es hagelte Vorwürfe*** упрёки посы́пались гра́дом

hager худоща́вый

Hahn *m* пету́х; *Tech.* кран; ***kein ~ kräht danach*** э́то никого́ не интересу́ет

Hai *m* аку́ла *f*

Hain *m* ро́ща *f*

Häkchen *n* крючо́к *m*; (*Merkzeichen*) га́лочка *f*

häkeln вяза́ть крючко́м

Häkelnadel *f* вяза́льный крючо́к *m*

haken *v/i* застрева́ть

Haken *m* крюк; (*klein*) крючо́к; *Box-Sp.* боково́й уда́р; ***~ schlagen*** петля́ть; *fig.* ***die Sache hat e-n ~*** в э́том де́ле есть своя́ загво́здка

Hakenkreuz *n* сва́стика *f*

halb *Adj.* полови́нный; (*unentschlossen*) полови́нчатый; *Adv.* наполови́ну; ***e-e ~e Stunde*** полчаса́; ***auf ~em Wege*** на полпути́; ***~ so viel*** наполови́ну ме́ньше; ***~ so schlimm*** полбеды́; ***~ so teuer*** вдво́е деше́вле

halbautomatisch полуавтомати́ческий

Halb|dunkel *n* полумра́к *m*; **~edelstein** *m* самоцве́т; **~fabrikat** *n* полуфабрика́т *m*; **~finale** *n* полуфина́л *m*

hal'bieren <раз>дели́ть попола́м

Halb|insel *f* полуо́стров *m*; **~jahr** *n* полуго́дие; **~kreis** *m* полукру́г; **~kugel** *f* полуша́рие *n*; **~leiter** *m* полупроводни́к

halbmast: ***~ flaggen*** приспуска́ть <-сти́ть> флаг

Halb|mond *m* полуме́сяц; **~pension** *f* пансио́н *m* с непо́лным содержа́нием; **~schatten** *m* полуте́нь *f*; **~schlaf** *m* полусо́н; **~schuhe** *m/pl.* полуботи́нки *m/pl.*; **~starke(r)** хулига́нистый подро́сток (*a. f*)

halbtags полдня́; ***~ arbeiten*** рабо́тать при непо́лном рабо́чем дне

halbwegs до не́которой сте́пени

Halb|welt *f* полусве́т *m*; **~wertzeit** *f Phys.* пери́од *m* полураспа́да; **~zeit** *f Sp.* тайм *m*

Halde *f* (*Deponie*) гру́да; *Bgb.* отва́л *m*

half → ***helfen***

Hälfte *f* полови́на; ***zur ~*** наполови́ну

Halfter *m od. n* (*Pferdehalfter*) недоу́здок *m*
Halle *f* зал *m*; (*Vorsaal*) холл *m*; (*für Ausstellungen*) павильо́н *m*; (*e-r Fabrik*) цех *m*
hallen разда́(ва́)ться
Hallenbad *n* (за)кры́тый (пла́вательный) бассе́йн *m*
hal'lo! эй!; (*am Telefon*) алло́!
Halluzinati'on *f* галлюцина́ция
Halm *m* сте́бель *m*
Halo'genlampe *f* галоге́нная ла́мпа
Hals *m* ше́я *f*; (*Kehle*) го́рло *n*; (*e-r Flasche*) го́рлышко *n*; ***aus vollem ~e*** во всё го́рло; ***~ über Kopf*** сломя́ го́лову; ***sich den ~ brechen*** сверну́ть себе́ ше́ю; ***um den ~ fallen*** броса́ться на ше́ю; ***vom ~e bleiben*** отвя́зываться <-за́ться> (от Р); ***sich vom ~ schaffen*** отде́л(ыв)аться (от Р)
Halsband *n* оше́йник *m*; (*Schmuck*) ожере́лье
halsbrecherisch головоло́мный
Hals|entzündung *f* ларинги́т *m*; **~kette** *f* наше́йная цепо́чка; ожере́лье *n*; **~-Nasen-Ohren-Arzt** *m* оториноларинго́лог, F у́хогорло-нос; **~schmerzen** *m/pl.* боль *f* в го́рле
halsstarrig упря́мый
Halstuch *n* ше́йный плато́к *m*, косы́нка *f*
halt! стой!, стоп!
Halt *m* (*Stopp*) остано́вка *f*; (*Rast*) стоя́нка *f*; (*Stütze*) опо́ра *f*; ***ohne ~*** без остано́вки; ***~ machen*** остана́вливаться <-нови́ться>; ***den ~ verlieren*** <по>теря́ть равнове́сие
haltbar про́чный; (*Kleidung*) сто́йкий; (*Lebensmittel*) долгохраня́щийся
Haltbarkeit *f* про́чность *f*; сто́йкость *f*
halten *v/t* держа́ть; (*zurückhalten*) заде́рживать <-жа́ть>; *Fallendes* уде́рживать <-жа́ть>; *Ordnung* соблюда́ть <-люсти́>; *Versprechen* выполня́ть <вы́полнить>; *v/i* (*stoppen*) остана́вливаться <-нови́ться>; (*haltbar sein*) держа́ться; ***~ für*** счита́ть <счесть> (Т), принима́ть <-ня́ть> за (В); ***was ~ Sie von …*** что вы ду́маете о П; ***ich halte viel von ihm*** я высо́кого мне́ния о нём; ***zu j-m ~*** держа́ть сто́рону кого́-либо; ***j-n kurz ~*** не дава́ть во́ли кому́-либо; ***sich ~*** держа́ться; ***sich ~ an*** *fig.* приде́рживаться (Р)
Halter *m* (*Eigentümer*) владе́лец
Halte|stelle *f* остано́вка; **~verbot** *n* запреще́ние остано́вки; (*Schild*) остано́вка запрещена́
haltlos *Behauptung*: безоснова́тельный, необосно́ванный; ***~ machen*** остана́вливаться <-нови́ться>
Haltung *f* (*Körperhaltung*) оса́нка; *Sp.*, *Mil.* вы́правка; *fig.* самооблада́ние *n*; ***~ bewahren*** сохрани́ть самооблада́ние
Ha'lunke *m* мерза́вец
hämisch ехи́дный
Hammel *m* бара́н; **~braten** *m* жа́реная бара́нина *f*; **~fleisch** *n* бара́нина *f*
Hammer *m* молото́к, мо́лот
hämmern *v/t* обраба́тывать <-бо́тать> мо́лотом/молотко́м; *v/i* стуча́ть
Hammer|werfen *n Sp.* мета́ние мо́лота; **~werfer(in** *f*) мета́тель(ница *f*) *m* мо́лота
Hämorrho'iden *f/pl.* геморро́й *m*
Hamster *m* хомя́к
hamstern жа́дно копи́ть
Hand *f* рука́; *Anat.* кисть *f* (руки́); ***flache ~*** ладо́нь *f*; ***hohle ~*** при́горшня, горсть *f*; ***an der ~ halten*** держа́ть за́ руку; ***das liegt (klar) auf der ~*** э́то (соверше́нно) очеви́дно; ***aus erster ~*** из пе́рвых рук; ***nicht aus der ~ geben*** не выпуска́ть из рук; ***in der ~ halten*** держа́ть в рука́х; ***~ in ~*** рука́ о́б руку; ***unter der ~*** тайко́м; по секре́ту; ***von ~ zu ~*** из рук в ру́ки; ***j-m freie ~ lassen*** предоставля́ть <-ста́вить> кому́-либо свобо́ду де́йствий; ***s-e ~ ins Feuer legen für*** руча́ться голово́й за В; ***alle Hände voll zu tun haben*** быть за́нятым по го́рло; ***mit vollen Händen*** *fig.* ще́дрой руко́й; ***~ voll*** горсть *f*
Hand|arbeit *f* ручна́я рабо́та; (*Nä-*

H

hen) рукоде́лие *n*; **~ball** *m* ручно́й мяч, гандбо́л; **~besen** *m* щётка *f* с ру́чкой; **~bewegung** *f* жест *m*; **~breit:** ***e-e* ~** на ширину́ ладо́ни
Hand|bremse *f* ручно́й то́рмоз *m*; **~buch** *n* спра́вочник *m*; **~creme** *f* крем *m* для рук
Händedruck *m* рукопожа́тие *n*
Handel *m* торго́вля *f*; ***~ treiben*** вести́ торго́влю
handeln де́йствовать; (*Handel treiben*) торгова́ть; (*feilschen*) торгова́ться; ***das Buch handelt von ...*** в кни́ге речь идёт о (П); ***worum handelt es sich?*** в чём де́ло?
Handels|abkommen *n* торго́вое соглаше́ние; **~beziehungen** *f/pl.* торго́вые отноше́ния *n/pl.*; **~bilanz** *f* торго́вый бала́нс *m*; **~gesellschaft** *f* торго́вая фи́рма; **~kammer** *f* торго́вая пала́та; **~marine** *f* торго́вый флот *m*; **~schiff** *n* торго́вое су́дно; **~schule** *f* комме́рческое учи́лище *n*; **~vertreter** *m* торго́вый представи́тель *m*; **~vertretung** *f* торго́вое представи́тельство *n*
Handfeger *m* щётка *f* с ру́чкой
handfest *fig.* конкре́тный
Hand|fläche *f* ладо́нь *f*; **~gelenk** *n* лучезапя́стный суста́в *m*, F запя́стье *n*; **~gemenge** *n* потасо́вка *f*, сва́лка *f*; **~gepäck** *n* ручно́й бага́ж *m*; **~granate** *f* ручна́я грана́та
handgreiflich: ***~ werden*** да(ва́)ть во́лю рука́м
Handgriff *m fig.* приём
handhaben *Gerät usw.* по́льзоваться (Т); обраща́ться (с Т)
Handikap *n* гандика́п *m*
Hand|kuss *m* целова́ние *n* руки́; *fig.* ***mit ~*** с больши́м удово́льствием; **~langer** *m* прислу́жник
Händler(in *f*) *m* торго́вец (-вка *f*)
handlich удо́бный; сподру́чный
Handlung *f* посту́пок *m*; де́йствие *n*
handlungsfähig дееспосо́бный
Handlungs|freiheit *f* свобо́да де́йствий; **~vollmacht** *f* полномо́чие *n*; **~weise** *f* о́браз *m* де́йствий
Handschellen *pl.* нару́чники *m/pl.*
Handschlag *m* рукопожа́тие *n*; ***mit ~ begrüßen*** приве́тствовать рукопожа́тием
Handschrift *f* по́черк *m*; (*Werk*) ру́копись *f*
Handschuh *m* перча́тка *f*; **~fach** *n* (*im Auto*) я́щик *m* для веще́й
Hand|stand *m Sp.* сто́йка *f* на рука́х; **~tasche** *f* (да́мская) су́мка
Handtuch *n* полоте́нце
Handumdrehen *n*: ***im ~*** в оди́н миг
Handwerk *n* ремесло́; ***j-m das ~ legen*** положи́ть коне́ц чьи́м-либо про́искам
Handwerker *m* реме́сленник
handwerklich реме́сленный
Handwerks|betrieb *m* реме́сленное предприя́тие *n*; **~zeug** *n* инструме́нт(ы *pl.*)
Handwörterbuch *n* насто́льный слова́рь(-спра́вочник) *m*
Handy *n* моби́льный телефо́н *m*
Hanf *m* конопля́ *f*; (*Faser*) пенька́ *f*
Hang *m* склон; (*Neigung*) скло́нность *f*
Hänge|brücke *f* вися́чий мост *m*; **~matte** *f* гама́к *m*
hängen *v/i* висе́ть; *fig.* быть привя́занным (***an*** к Д); ***~ bleiben*** (***an***) зацепи́ться *pf.* (за В); ***~ lassen*** оставля́ть <оста́вить> висе́ть
Hansestadt *f* ганзе́йский го́род *m*
han'tieren вози́ться
Happen *m* кусо́к (пи́щи)
Hardware *f* аппара́тные сре́дства *n/pl*; P желе́зо *n*
Harfe *f* а́рфа
Harke *f* гра́бли *pl.*
harken сгреба́ть <-ести́> гра́блями
harmlos безоби́дный; *fig.* неви́нный
Harmo'nie *f* гармо́ния
harmo'nieren гармони́ровать
har'monisch гармони́чный
Harn *m* моча́ *f*; **~blase** *f* мочево́й пузы́рь *m*
Har'pune *f* гарпу́н *m*
hart твёрдый; (*nicht elastisch*) жёсткий; (*rau, streng*) жесто́кий, суро́вый (***gegen*** к Д); ***~ gekocht: ~es Ei*** яйцо́ вкруту́ю
Härte *f* твёрдость *f*, жёсткость *f*, жесто́кость *f*, суро́вость *f*
härten зака́ливать <-ли́ть>

Hartgeld *n* металли́ческие де́ньги *pl.*
hart|herzig жестокосе́рдный; **~näckig** упо́рный
Harz *n* смола́ *f*
Haschisch *n* гаши́ш *m*
Hase *m* за́яц
Haselnuss *f* лесно́й opéx *m*
Hasenscharte *f* за́ячья губа́
Hass *m* не́нависть *f* (***gegen*** к Д)
hassen ненави́деть
hässlich некраси́вый; (*abstoßend*) безобра́зный
hast → ***haben***
Hast *f* (по)спе́шность *f*; ***ohne ~*** не спеша́
hasten <по>торопи́ться
hastig торопли́вый, (по)спе́шный
hat, hatte → ***haben***
Haube *f* чепе́ц *m*
Hauch *m* дыха́ние *n*; (*Lufthauch*) дунове́ние *n*
hauchdünn тонча́йший
hauchen *v/i* дохну́ть *pf.*
hauen (*verprügeln*) бить; (*in Stein*) выруба́ть <вы́рубить>, высека́ть <вы́сечь>
Haufen *m* ку́ча *f*; (*Heuhaufen*) копна́ *f*; ***über den ~ rennen*** сши-би́ть с ног
häufen: *sich ~* нака́пливаться <-ко-пи́ться>
häufig ча́стый
Häufigkeit *f* частота́
Häufung *f* накопле́ние *n*
Haupt *n* голова́ *f*; *fig.* глава́ *m*
hauptamtlich шта́тный
Hauptbahnhof *m* гла́вный вокза́л
hauptberuflich по основно́й профе́ссии
Haupt|buchhalter *m* гла́вный бухга́лтер; **~darsteller(in** *f*) *m* ис-полни́тель(ница *f*) *m* гла́вной ро́ли; **~eingang** *m* гла́вный вход; **~fach** *n* основно́й предме́т *m*; **~gebäude** *n* гла́вный ко́рпус *m*
Hauptgewicht *n*: *fig.* ***das ~ legen*** де́лать упо́р (***auf*** на В, П)
Hauptgewinn *m* гла́вный выи-грыш
Häuptling *m* глава́рь *m*
Haupt|mann *m* капита́н; **~person** *f* гла́вное (де́йствующее) лицо́ *n*; **~postamt** *n* гла́вный почта́мт *m*; **~probe** *f Thea.* генера́льная репе-ти́ция; **~quartier** *n* штаб-кварти́ра *f*; **~rolle** *f* гла́вная роль *f*
Hauptsache *f* гла́вное (де́ло) *n*; ***in der ~*** в основно́м
hauptsächlich основно́й; *präd.* гла́вным о́бразом
Haupt|saison *f* разга́р *m* сезо́на; **~satz** *m Gr.* гла́вное предложе́ние *n*; **~stadt** *f* столи́ца; **~straße** *f* гла́вная у́лица; **~verkehrsstraße** *f* магистра́ль *f*; **~verkehrszeit** *f* часы́ *m/pl.* пик; **~verwaltung** *f* гла́вное управле́ние *n*; **~wort** *n Gr.* (и́мя) существи́тельное
Haus *n* дом *m*; ***nach ~e*** домо́й; ***zu ~e*** до́ма; ***außer ~*** вне до́ма
Haus|apotheke *f* дома́шняя апте́чка; **~arbeit** *f* дома́шняя рабо́та; (*im Haushalt*) рабо́та по до́му; **~arrest** *m* дома́шний аре́ст; **~arzt** *m* дома́шний врач; **~aufga-be** *f* дома́шнее зада́ние *n*
Haus|besitzer(in *f*) *m* домо-владе́лец (-лица *f*); **~besuch** *m* посеще́ние *n* на дому́; **~bewoh-ner(in** *f*) *m* жиле́ц (-ли́ца *f*)
Häuschen *n* до́мик *m*; *fig.* ***aus dem ~ sein*** быть вне себя́ (***vor*** от Р)
hausen юти́ться
Häuserblock *m* кварта́л (домо́в)
Haus|flur *m* прихо́жая *f*; **~frau** *f* (домо)хозя́йка; **~friedensbruch** *m* наруше́ние *n* неприкоснове́н-ности жили́ща
Hausgebrauch *m*: ***für den ~*** для дома́шнего употребле́ния
hausgemacht дома́шнего изго-товле́ния
Haushalt *m* дома́шнее хозя́йство *n*
haushalten (***mit***) бережли́во рас-хо́довать (В)
Haushaltsartikel *m* предме́т до-ма́шнего обихо́да
Hausherr(in *f*) *m* хозя́ин (хозя́йка *f*) (до́ма)
haushoch: *fig.* *j-m* ***~ überlegen sein*** быть на́ голову вы́ше (Р); ***~ gewinnen/verlieren*** вы́-/про-игра́ть с кру́пным счётом
hau'sieren торгова́ть вразно́с
häuslich дома́шний; ***sich ~ nieder-lassen*** *fig.* расположи́ться как до́ма

Haus|meister *m* двóрник; **~mittel** *n* домашнее срéдство; **~musik** *f* (домáшнее) музицúрование *n*; **~nummer** *f* нóмер *m* дóма; **~ordnung** *f* прáвила *n/pl.* внýтреннего распорядка; **~rat** *m* домáшняя ýтварь *f*; **~schlüssel** *m* ключ от дóма; **~schuh** *m* (домáшняя) тýфля *f*; **~tier** *n* домáшнее живóтное; **~tür** *f* нарýжная дверь; **~wirtschaft** *f* домáшнее хозяйство *n*

Haut *f* кóжа; (*vom Tier*) шкýра; (*der Milch*) пéнка; ***nass bis auf die ~*** промóк(ший) до нúтки; ***aus der ~ fahren*** выйти из себя

Haut|arzt *m* дерматóлог, врач по кóжным болéзням; **~creme** *f* крем *m* для кóжи

häuten: *sich ~* сбрáсывать <-рóсить> с себя кóжу

hauteng плóтно облегáющий

Haut|farbe *f* цвет *m* кóжи; **~krankheit** *f* кóжная болéзнь *f*; **~pflege** *f* ухóд *m* за кóжей

Hava'rie *f* авáрия

Hebamme *f* акушéрка

Hebel *m* рычáг; *fig.* ***alle ~ in Bewegung setzen*** F пускáть <-стúть> в ход все срéдства

heben поднимáть <-нять> (*a. fig*); *Stimme*, *Umsatz* повышáть <-вы́сить>; *Schatz* извлекáть <-лéчь>

hebräisch еврéйский, иврúтский

Hecht *m* щýка *f*

Heck *n* хвостовáя часть *f*; *Mar.* кормá *f*; **~antrieb** *m* привóд на зáдние колёса

Hecke *f* живáя ú згородь

Hecken|rose *f* шипóвник; **~schere** *f* секáтор *m*

Heck|klappe *f* зáдняя дверь *f*; **~motor** *m* двúгатель *m* зáдней установки; **~scheibe** *f* зáднее стеклó *n*

Heer *n* áрмия *f*; (*Landstreitkräfte*) сухопýтные войскá *n/pl.*; **~führer** *m* военачáльник; **~lager** *n* воéнный лáгерь *m*

Hefe *f* дрóжжи *pl.*; **~teig** *m* дрожжевóе тéсто *n*

Heft[1] *n* тетрáдь *f*

Heft[2] *n* (*Griff*) рукоятка *f*

heften *v/t* прикреплять <-пúть> (***an*** к Д); *Typ.* сши(вá)ть

heftig сúльный; *Debatte*: бýрный

Heft|klammer *f* скрéпка; **~pflaster** *n* лúпкий плáстырь *m*

Hegemo'nie *f* гегемóния

hegen *v/t* оберегáть; ***Verdacht ~*** подозревáть; ***~ und pflegen*** забóтливо ухáживать (за Т)

Hehl *n od. m*: ***kein(en) ~ machen aus*** не скрывáть (Р, что ...)

Hehler(in *f*) *m* укрывáтель(ница *f*) *m*

Hehle'rei *f* укрывáтельство *n*

Heide *f* вéресковая пýстошь *f*; **~kraut** *n* вéреск *m*

Heidelbeere *f koll.* черникa

Heidenangst *f* ужáсный страх *m*; ***e-e ~ haben*** ужáсно боя́ться (***vor*** Р)

heidnisch язы́ческий

heikel щекотлúвый

heil *Adj.* цéлый; (*unversehrt*) невредúмый; (*gesund*) здорóвый

Heil *n* блáго, счáстье

Heiland *m Rel.* Спасúтель *m*

Heil|anstalt *f* лечéбница; **~bad** *n* бальнеологúческий курóрт *m*

Heilbutt *m Zool.* пáлтус

heilen *v/t* <вы́>лечúть, исцелять <-лúть>; *v/i Wunde*: зажú(вá)ть

heilfroh: *er ist ~* он рад-радёшенек

Heilgymnastik *f* лечéбная гимнáстика

heilig святóй

Heilig'abend *m* Рождéственский сочéльник

Heilige(r) святóй (-áя *f*)

Heiligtum *n* (*a. fig.*) святúлище, святы́ня *f*

Heilkraft *f* целéбная сúла

heilkräftig целúтельный

heillos стрáшный, ужáсный

Heil|mittel *n* лечéбное срéдство; **~pflanze** *f* лекáрственное растéние *n*

heilsam *fig.* благотвóрный

Heilung *f* (из)лечéние *n*

heim *Adv.* домóй

Heim *n* домáшний очáг; **~arbeit** *f* рабóта на домý

Heimat *f* рóдина; ***in der ~*** на рóдине

Heimat|kunde *f* краевéдение *n*; **~land** *n* роднáя странá *f*

heimat|lich роднóй; **~los** безрóдный; без рóдины

Heimatort *m* роднóй гóрод, роднáя дерéвня *f*
heimbringen провожáть <-водúть> домóй
Heimcomputer *m* домáшний компьютер
Heimfahrt *f* поéздка домóй
heimgehen идтú <пойтú> домóй
heimisch роднóй; ***sich ~ fühlen*** чýвствовать себя́ как дóма
Heimkehr *f* возвращéние *n* домóй/ *in die Heimat* на рóдину
heimkehren возвращáться <-ратúться> домóй
Heimleiter(in *f*) *m* завéдующий (-щая *f*) общежúтием
heimlich (*geheim*) тáйный; скры́тый
Heimreise *f* путешéствие *n* домóй/ *in die Heimat* на рóдину
heimsuchen постигáть <-тúгнуть>
heimtückisch ковáрный
Heimweg *m* дорóга *f* домóй; ***auf dem ~*** по путú домóй
Heimweh *n* тоскá *f* по рóдине; ***~ haben*** тосковáть по рóдине
Heimwerker *m* самодéльщик
Heirat *f Frau*: замýжество *n*; *Mann*: женúтьба
heiraten *v/t Mann*: женúться (на П), *Frau*: выходúть <вы́йти> зáмуж (за В); *v/i* поженúться *pf.*
Heirats|antrag *m* предложéние *n*; **~anzeige** *f* (*Bekanntgabe*) объявлéние *n* о бракосочетáнии; **~urkunde** *f* свидéтельство *n* о брáке; **~vermittlung** *f* посрéдничество *n* при бракосочетáнии
heiser хрúплый
Heiserkeit *f* (о)хрúплость *f*, хрипотá
heiß жáркий; горя́чий (*a. fig.*); ***mir ist ~*** мне жáрко
heißen *v/i* наз(ы)вáться; (*bedeuten*) знáчить; ***wie ~ Sie?*** как вас зовýт?, *mit Zunamen* как вáша фамúлия?; ***das heißt*** э́то знáчит; ***was soll das ~?*** что э́то знáчит?
Heißhunger *m* вóлчий аппетúт
heiter весёлый; (*Wetter*) я́сный
Heiterkeit *f* весёлость *f*
Heizdecke *f* электроодея́ло *n*
heizen *Raum* отáпливать <отопúть>; *Ofen* топúть
Heizer *m* истопнúк; кочегáр
Heiz|kissen *n* электрогрéлка *f*; **~körper** *m* радиáтор, батарéя *f*; **~kosten** *pl.* расхóды *m/pl.* на отоплéние; **~material** *n* тóпливо; **~öl** *n* жúдкое тóпливо
Heizung *f* отоплéние *n*
Hektar *n u. m* гектáр
hektisch лихорáдочный
Held *m* герóй
heldenhaft геройческий, герóйский
Helden|sage *f* геройческий э́пос *m*; сáга; **~tat** *f* пóдвиг *m*
Heldin *f* герóиня
helfen помогáть <-мóчь>; *j-m* ***aus der Not ~*** вы́ручить из бедьí (В); ***sich zu ~ wissen*** найтú вы́ход (из положéния); ***es hilft nichts*** ничегó не подéлаешь
Helfer(in *f*) *m* помóщник (-ица *f*)
hell свéтлый; *Ton*: звóнкий; ***~ werden*** <по>светлéть; **~blau** светло-сúний, (светло-)голубóй; **~blond** белокýрый
helllicht: ***am ~en Tag*** средь бéла дня
Hellseher(in *f*) *m* ясновúдец (-дица *f*)
Helm *m* кáска *f*, шлем
Hemd *n* рубáшка *f*, сорóчка *f*
Hemi'sphäre *f* полушáрие *n*
hemmen задéрживать <-ержáть>
Hemmung *f* задéржка; ***~en haben*** быть стеснúтельным
hemmungslos безýдержный
Hengst *m* жеребéц
Henkel *m* рýчка *f*
Henne *f* кýрица
Hepa'titis *f* гепатúт *m*
her *örtl.* сюдá; ***komm ~*** идú сюдá; ***hin und ~*** тудá и сюдá; ***~ damit!*** давáй сюдá!; ***das ist schon lange ~*** э́то бы́ло ужé давнó
her'ab вниз; ***von oben ~*** *fig.* свысокá
her'ablassen спускáть <-стúть>, *fig.* ***sich ~*** снисходúть <снизойтú> (***zu*** к Д, до Р)
her'ablassend снисходúтельный
her'ab|setzen *Preis* снижáть <снúзить>; *Pers.* принижáть <-нúзить>; **~steigen** сходúть <сойтú>, спускáться <-стúться>

H

her'an к (Д), ближе к (Д); **~kommen** подходи́ть <подойти́> (***an*** к Д)
her'anmachen: ***sich ~*** (***an*** *j-n*) пристава́ть <-ста́ть> (к Д)
her'an|nahen приближа́ться <-ли́зиться>; **~treten** *fig.* обраща́ться <-рати́ться> (***an*** к Д); **~wachsen** подраста́ть <-сти́>
her'auf вверх, наве́рх
her'auf|beschwören вызыва́ть <вы́звать>; **~kommen** поднима́ться <-ня́ться>; **~ziehen** *v/i Gewitter*: надвига́ться <-ви́нуться>
her'aus: ***~!*** вон!; ***von innen ~*** изнутри́; ***~ damit!*** выкла́дывай!
her'aus|bekommen (*erraten*) разга́дывать <-ада́ть>, выве́дывать <вы́ведать>; *Fleck* выводи́ть <вы́вести>; *Restgeld* получа́ть <-чи́ть> (сда́чу); **~finden** *v/t* дои́скиваться <-ка́ться>; *v/i* (*e-n Ausweg finden*) находи́ть <найти́> вы́ход
her'ausfordern вызыва́ть <вы́звать> (***zu*** на В)
Her'ausforderung *f* вы́зов *m*
her'ausgeben вы́да(ва́)ть; *Buch* изда́(ва́)ть, выпуска́ть <вы́пустить>; *Geld* да(ва́)ть сда́чу
Her'ausgeber(in *f*) *m* изда́тель(ница *f*) *m*
her'ausgehen выходи́ть <вы́йти>; *Fleck*: отходи́ть <отойти́>; ***aus sich ~*** стать открове́нным
her'aushalten: ***sich ~*** не вме́шиваться (в В)
her'auskommen выходи́ть <вы́йти>; *Geheimnis*: стать *pf.* изве́стным; *Ergebnis*: получа́ться <-чи́ться>; ***es kommt nichts dabei heraus*** из э́того ничего́ не вы́йдет
her'ausnehmen вынима́ть <вы́нуть>, доста́(ва́)ть; ***sich ~*** позволя́ть <-во́лить> себе́
her'ausputzen: ***sich ~*** наряжа́ться <-ряди́ться>
her'ausragen выделя́ться <вы́делиться>; **~d** выдаю́щийся
her'ausreden: ***sich ~*** отгова́риваться <-говори́ться> (***mit*** Т)
her'ausreißen вырыва́ть <вы́рвать>
her'ausrücken выдвига́ть <вы́двинуть>; ***mit der Wahrheit ~*** вы́ложить пра́вду
her'ausschlagen вы́би(ва́)ть; *fig.* F *Vorteil* извлека́ть <-вле́чь>
her'ausstellen выставля́ть <вы́ставить>; ***sich ~*** ока́зываться <-за́ться> (***als*** Т)
her'austreten выступа́ть <вы́ступить>
her'auswagen: ***sich ~*** осме́ли(ва)ться вы́йти
herb те́рпкий
her'bei сюда́
her'bei|rufen призыва́ть <-зва́ть>; **~schaffen** *v/t* приноси́ть <-нести́>; **~strömen** *fig.* стека́ться, сбега́ться <сбежа́ться>
her|bekommen доста́(ва́)ть, добы́(ва́)ть; **~bemühen:** ***sich ~*** <по-> труди́ться прийти́
Herberge *f* тури́стская ба́за
herbestellen вызыва́ть <вы́звать>
herbringen приноси́ть <-нести́>; (*fahrend*) привози́ть <-везти́>
Herbst *m* о́сень *f*; ***im ~*** о́сенью
herbstlich осе́нний
Herd *m* плита́ *f*; *fig.*, *Med.* оча́г
Herde *f* ста́до *n*; (*Schafe*) ота́ра
her'ein внутрь (Р), в, во (В); ***~!*** войди́(те)!
her'ein|bitten <по>проси́ть войти́; **~brechen** *Winter*, *Nacht*: наступа́ть <-пи́ть>; *Unglück*: постига́ть <-ти́чь, -ти́гнуть> (***über*** В); **~fallen** *fig.* попада́ться <-па́сться> (***auf*** на В)
her'ein|kommen входи́ть <войти́>; **~lassen** впуска́ть <-сти́ть>; **~legen** обма́нывать <-ну́ть>; **~stürmen** врыва́ться <ворва́ться>
Herfahrt *f* пое́здка (сюда́); ***auf der ~*** по доро́ге сюда́
herfallen набра́сываться <-ро́ситься> (***über*** на В)
Hergang *m* ход
her|geben да(ва́)ть; **~holen** приноси́ть <нести́>, (*fahrend*) привози́ть <везти́> (сюда́); *Pers.*: приводи́ть <-вести́> сюда́
Hering *m* сельдь *f*, селёдка *f*; (*Zelt*) ко́лышек
her|kommen приходи́ть <прийти́>; **~kömmlich** обы́чный
Herkunft *f* происхожде́ние *n*

hermachen: ***sich*** **~** бра́ться <взя́ться> (***über*** за В)
her'metisch гермети́ческий
hernehmen брать <взять>
Hero'in *n* герои́н *m*
he'roisch герои́ческий
Herr *m* господи́н; ***aus aller ~en Länder*** со всех концо́в (све́та); ***meine ~en!*** господа́!
Herren|artikel *m/pl.* мужска́я галантере́я *f*; **~bekleidung** *f* мужска́я оде́жда
herrenlos бесхо́зный
Herren|rad *n* мужско́й велосипе́д *m*; **~zimmer** *n* кабине́т *m*
Herrgott *m* Госпо́дь *m* (Бог)
Herrin *f* хозя́йка
herrisch вла́стный
herrlich прекра́сный; (*sehr gut*) великоле́пный
Herrschaft *f* господство *n*; (*Gewalt*) власть *f*; ***meine ~en!*** господа́!
herrschen госпо́дствовать (***über*** над Т); *Wetter*: стоя́ть
Herrscher *m* власти́тель *m*; (*Monarch*) госуда́рь *m*; **~in** *f* власти́тельница; госуда́рыня
Herrschsucht *f* властолю́бие *n*
herrschsüchtig властолюби́вый
her|rühren (***von***) происходи́ть <-изойти́> (от Р); **~stellen** *Produkt* изготовля́ть <-то́вить>; *Kontakt*, *Ordnung* устана́вливать <-нови́ть>
Hersteller *m* (фи́рма-)изготови́тель *m*; *Typ.* техни́ческий реда́ктор
Herstellung *f* изготовле́ние *n*; (*von Kontakten*) установле́ние *n*; *Typ.* произво́дственно-техни́ческий отде́л *m*
Hertz *n Phys.* герц *m*
her'über сюда́
her'um вокру́г (***um*** Р); ***um die Ecke ~*** за угло́м; **~fuchteln** разма́хивать (***mit*** Т); **~führen** *v/t* води́ть (***in*** по Д)
her'umgehen обходи́ть <обойти́> (***um*** В, вокру́г Р); ***... geht im Kopf herum*** ... ве́ртится в голове́
her'umkommandieren F распоряжа́ться
her'umkommen: ***weit ~*** мно́го путеше́ствовать
her'um|kriegen F угова́ривать <уговори́ть>; **~lungern** окола́чиваться (без де́ла)
her'umplagen: ***sich ~*** му́читься (***mit*** с Т)
her'umschlagen F: ***sich ~*** *fig.* би́ться (***mit*** с, над Т)
her'umsitzen безде́льничать
her'umsprechen: ***sich ~*** разноси́ться <-нести́сь>
her'umstehen стоя́ть без де́ла
her'umtreiben: ***sich ~*** слоня́ться
her'unter вниз
her'unter|kommen (*verfallen*) приходи́ть <прийти́> в упа́док; *Pers.* (*moralisch*, *gesundheitlich*) опуска́ться <-сти́ться>; **~lassen** спуска́ть <-сти́ть>; **~machen** F разноси́ть <-нести́>; **~wirtschaften** приводи́ть <-вести́> в упа́док
her'vor из-за, из-под (Р); **~bringen** *Töne*, *Wort* произноси́ть <-нести́>; (*verursachen*) порожда́ть <-роди́ть>
her'vor|gehen выходи́ть <вы́йти> (***als Sieger*** победи́телем); ***daraus geht hervor*** из э́того сле́дует; **~heben** подчёркивать <-черкну́ть>; **~locken** выма́нивать <вы́манить> (***aus*** из Р); **~ragend** выдаю́щийся; **~rufen** вызыва́ть <вы́звать>; **~stechen** *fig.* броса́ться в глаза́
her'vortun: ***sich ~*** отлича́ться <-чи́ться> (***durch*** Т)
Herz *n* се́рдце; *KSp.* че́рви *pl.*; ***ans ~ legen*** от всего́ се́рдца проси́ть; ***was hast du auf dem ~en?*** что у тебя́ на се́рдце?; ***aus tiefstem ~en*** от всего́ се́рдца; ***ins ~ schließen*** полюби́ть; ***schweren ~ens*** с тяжёлым се́рдцем; ***von ganzem ~en*** от всего́ се́рдца, от всей души́; ***von ~en gern*** с больши́м удово́льствием
Herzanfall *m* серде́чный при́ступ
Herzenslust *f*: ***nach ~*** ско́лько душе́ уго́дно, вво́лю
Herzenswunsch *m* заве́тное жела́ние *n*
Herzfehler *m* поро́к се́рдца
herzhaft *Essen* кре́пкий
Herz|infarkt *m* инфа́ркт миока́рда; **~klopfen** *n* сердцебие́ние

herzkrank: ***er ist ~*** он страда́ет боле́знью се́рдца
herzlich серде́чный; ***~ gern*** о́чень охо́тно; ***~en Glückwunsch*** от (всей) души́ поздравля́ю
herzlos бессерде́чный
Herzogtum *n* ге́рцогство
Herz|schlag *m* бие́ние се́рдца *n*; **~schrittmacher** *m* кардиостимуля́тор; **~stillstand** *m* остано́вка *f* се́рдца; **~transplantation** *f* транспланта́ция се́рдца
herzzerreißend душераздира́ющий
hetero'gen гетероге́нный
Hetze *f* тра́вля (***gegen*** В)
hetzen *v/t* трави́ть (***mit*** Т), натра́вливать <-ви́ть>; *v/i* (***gegen***) вести́ кампа́нию тра́вли (про́тив Р)
Hetzjagd *f* охо́та с го́нчими
Heu *n* се́но; F ***er hat Geld wie ~*** у него́ де́нег ку́ры не клюю́т
Heuche'lei *f* лицеме́рие *n*
heucheln лицеме́рить
Heuchler(**in** *f*) *m* лицеме́р(ка *f*)
heuchlerisch лицеме́рный
heulen *Wind*: выть; *Sirene*: гуде́ть
Heu|schnupfen *m* аллерги́ческий на́сморк; **~schrecke** *f* саранча́
heute сего́дня; ***bis ~*** до сего́дняшнего дня; ***von ~ an*** с сего́дняшнего дня; ***~ Morgen*** сего́дня у́тром; ***~ Abend*** сего́дня ве́чером; ***~ vor acht Tagen*** неде́лю тому́ наза́д
heutig сего́дняшний
heutzutage ны́нче, в настоя́щее вре́мя
Hexe *f* ве́дьма; (*in Märchen*) ба́ба-яга́
Hexenschuss *m* простре́л
Hexe'rei *f* колдовство́ *n*
Hieb *m* уда́р
hielt → ***halten***
hier здесь; ***~ ist/sind ...*** вот ...; ***von ~ an*** отсю́да; ***ich bin nicht von ~*** я нежде́шний (-няя); ***~ bleiben*** оста́(ва́)ться здесь
hier|auf *zeitl.* зате́м, по́сле э́того; **~aus** из э́того, отсю́да; **~bei** при э́том; **~durch** таки́м о́бразом, э́тим
hierher сюда́; ***bis ~*** до э́того ме́ста; *zeitl.* до сих пор
hier|hin сюда́; **~mit** (с) э́тим, настоя́щим; **~nach** соотве́тственно э́тому; **~von** от э́того; об э́том; **~zu** к э́тому; **~zulande** в э́той стране́, здесь
hiesig ме́стный, зде́шний
hieß → ***heißen***
Hi-Fi- ... высо́кого ка́чества
Hilfe *f* по́мощь *f*; *Pers.* помо́щник (-ица *f*); ***erste ~*** ско́рая по́мощь; ***mit ~*** (***von***, *G*) с по́мощью (Р), при по́мощи (Р); (***zu***) ***~!*** на по́мощь!, карау́л!; ***~ leisten*** ока́зывать по́мощь
Hilferuf *m* крик о по́мощи
Hilfestellung *f* по́мощь *f*; *Sp.* страхо́вка
hilflos беспо́мощный
Hilflosigkeit *f* беспо́мощность *f*
Hilfs|aktion *f* мероприя́тия по оказа́нию по́мощи; **~arbeiter** *m* разнорабо́чий
hilfs|bedürftig нужда́ющийся в по́мощи; **~bereit** гото́вый помо́чь
Hilfs|kraft *f* помо́щник (-ица *f*); *pl. a.* подсо́бные рабо́чие си́лы; **~mittel** *n* вспомога́тельное сре́дство; **~verb** *n* вспомога́тельный глаго́л *m*
hilft → ***helfen***
Himbeere *f* мали́на; (*Beere*) я́года мали́ны
Himbeersaft *m* мали́новый сок
Himmel *m* не́бо *n* ; ***am ~*** на не́бе; ***unter freiem ~*** под откры́тым не́бом; ***um ~s willen!*** ра́ди Бо́га!
himmelblau небесно-голубо́й
Himmelfahrt *f*: ***Christi ~*** Вознесе́ние *n* Христо́во
himmelschreiend вопию́щий
Himmels|körper *m* небе́сное те́ло *n*; **~richtung** *f* страна́ све́та
himmlisch небе́сный; *fig.* чу́д(е́с)ный
hin туда́; ***vor sich ~*** про себя́; ***~ und her*** туда́ и сюда́; (*überlegen*) со всех сторо́н, всесторо́нне; ***~ und zurück*** туда́ и обра́тно; ***~ und wieder*** *zeitl.* вре́мя от вре́мени
hin'ab вниз (***den Fluss*** по реке́); **~steigen** спуска́ться <-сти́ться>
hinarbeiten: ***auf et. ~*** стреми́ться (к Д)
hin'auf вверх (***die Treppe*** по ле́стнице), наве́рх

hin'auf|klettern *v/t* <вс>кара́бкаться (по П, на В); **~steigen** *Treppe* поднима́ться <-ня́ться>

hin'aus нару́жу; ***~ mit dir!*** вон отсю́да!; ***zum Fenster ~*** из окна́

hin'aus|gehen выходи́ть <вы́йти>; **~jagen** выгоня́ть <вы́гнать>

hin'auslaufen *fig.* выбега́ть <вы́бежать>; ***das läuft auf eins hinaus*** э́то сво́дится к одному́ и тому́ же

hin'ausschieben *zeitl.* откла́дывать <отложи́ть>

hin'ausschießen: *übers Ziel ~* заходи́ть <зайти́> сли́шком далеко́

hin'aus|werfen выбра́сывать <вы́бросить>; **~wollen:** *fig.* ***hoch ~*** высоко́ ме́тить

Hinblick *m*: ***im ~ auf*** ввиду́ (Р)

hinbringen носи́ть <нести́> (туда́); (*fahrend*) вози́ть <везти́> (туда́)

hinderlich: *~ sein* быть поме́хой

hindern <вос>препя́тствовать (Д); (*stören*) <по>меша́ть (***bei*** в, при П)

Hindernis *n* препя́тствие; (*Störung*) поме́ха *f*; **~lauf** *m* бег с препя́тствиями

hindeuten ука́зывать <-за́ть>

hin'durch сквозь, че́рез; ***die ganze Nacht ~*** всю ночь

hin'ein в, во (В); ***bis in die Nacht ~*** до по́здней но́чи

hin'ein|gehen входи́ть <войти́>; **~geraten** попада́ть <-па́сть>; **~passen** вмеща́ться <вмести́ться> (***in*** в П)

hin'einstecken всо́вывать <всу́нуть>

hin'einversetzen: *sich ~* представля́ть <-ста́вить> себя́ (***in*** на ме́сте Р)

Hinfahrt *f* пое́здка (туда́); ***auf der ~*** по пути́ туда́

hinfallen па́дать <упа́сть>

hinfällig не́мощный

Hinflug *m* полёт (туда́)

hinführen приводи́ть <-вести́> туда́

hing → ***hängen***

Hingabe *f* (*Aufopferung*) самоотве́рженность *f*

hingeben: *sich ~* отда́(ва́)ться (Д)

hin'gegen напро́тив

hin|gehen идти́ <пойти́> (туда́); **~halten** *v/t* протя́гивать <-тяну́ть>; ***den Kopf ~*** рискова́ть голово́й (***für*** за В)

hinken хрома́ть

hin|knien опуска́ться <-сти́ться> на коле́ни; **~legen** класть <положи́ть>; ***sich ~*** ложи́ться <лечь>

Hinreise *f* пое́здка туда́

hinreißen: *sich ~ lassen* <по>теря́ть самооблада́ние

hinreißend захва́тывающий

hinrichten казни́ть (*im*)*pf.*

Hinrichtung *f* казнь

hinsetzen: *sich ~* сади́ться <сесть>

Hinsicht *f*: ***in dieser ~*** в э́том отноше́нии; ***in jeder ~*** во всех отноше́ниях

hinsichtlich относи́тельно

hinstellen <по>ста́вить; ***sich ~*** станови́ться <стать>

hinten сза́ди; ***ganz ~*** в/на конце́; ***nach ~*** наза́д; ***von ~*** сза́ди

hintenherum око́льным путём; (*verkaufen*) из-под полы́, нале́во

hinter *Prp.* за, позади́ (Р); ***~ ... her*** вслед (Д); ***~ sich bringen*** довести́ до конца́; ***~ sich lassen*** оста́вить позади́

Hinterachse *f* за́дняя ось *f*

Hinterbliebene(r) член *m* семьи́ уме́ршего (-шей)

hintere за́дний

hinterein'ander оди́н за други́м

Hintereingang *m* вход со двора́; ***durch den ~*** с чёрного хо́да

Hintergedanke *m* за́дняя мысль *f*

hinter'gehen обма́нывать <-ману́ть>

Hintergrund *m* за́дний план, фон

Hinterhalt *m* заса́да *f*; ***aus dem ~*** из-за угла́

hinterhältig кова́рный

hinter'her сле́дом; *zeitl.* пото́м, зате́м; **~rennen** <по>бежа́ть вслед

Hinter|hof *m* за́дний двор; **~kopf** *m* заты́лок; **~land** *n Mil.* тыл *m*

hinter|'lassen оставля́ть <-та́вить> (***als Erbe*** в насле́дство); **~'legen** депони́ровать (*im*)*pf.*; (*als Pfand*) оставля́ть <-та́вить> в зало́г

Hinterlist *f* кова́рство *n*

hinterlistig кова́рный

Hintern *m* зад

Hinterradantrieb *m* привóд на зáдние колёса
hinterrücks (*heimtückisch*) ковáрно, веролóмно
Hintertreffen *n*: ***ins ~ geraten*** попáсть в невы́годное положéние
Hintertür *f* зáдняя дверь
hinter'ziehen *Steuern* уклоня́ться <-ни́ться> от уплáты (Р)
hin'über на ту стóрону; **~gehen** переходи́ть <перейти́> на ту стóрону
Hin- und Rückfahrt *f* ездá тудá и обрáтно
hin'unter вниз; **~schlucken** проглáтывать <-лоти́ть> (*a. fig.*)
hin'weg: *~ mit ...!* долóй (В)!
Hinweg *m* путь *m* (тудá)
hin'weg|kommen (***über***) пережи́ть *pf.* (В); **~sehen** *fig.* закры́(вá)ть глазá (***über*** на В)
hin'wegsetzen: *sich ~* не считáться (***über*** с Т)
Hinweis *m* указáние *n*; (*Anmerkung*) ссы́лка *f* (***auf*** на В)
hinweisen (***auf***) укáзывать <-зáть> (на В)
hinziehen: *sich hingezogen fühlen zu* чу́вствовать симпáтию к Д
hin'zu к э́тому; **~fügen** добавля́ть <-бáвить>; **~zählen** приплюсóвывать <-совáть>
Hirn *n* (головнóй) мозг *m*
hirnverbrannt F сумасбрóдный
Hirsch *m* олéнь *m*
Hirse *f* прóсо *n*
Hirt *m* пасту́х
hissen поднимáть <-ня́ть>
Hi'storiker(in *f*) *m* истóрик (*a. f*)
hi'storisch истори́ческий
Hit *m* хит
Hitze *f* жарá; (*Wetter*) зной *m*; ***in der ~ des Gefechts*** в пылу́ сражéния
hitzebeständig жаростóйкий
Hitzewelle *f* волнá горя́чего вóздуха
hitzig горя́чий, вспы́льчивый
Hitz|kopf F *m* вспы́льчивый человéк; **~schlag** *m* тепловóй удáр
HIV *n* ВИЧ *m*
hob → ***heben***
Hobby *n* хóбби *n*
Hobel *m* рубáнок
hobeln <вы́>строгáть

hoch *Adj.* высóкий; *Fest, Ehre*: большóй; ***das Haus ist zehn Meter ~*** высотá дóма дéсять мéтров; ***~ begabt*** высокоодарённый; ***~ prozentig*** высокопроцéнтный; ***~ qualifiziert*** высококвалифици́рованный
Hoch *n Meteo.* антициклóн *m*
Hochachtung *f* глубóкое уважéние *n*, почтéние *n*
hochachtungsvoll с глубóким уважéнием
Hochaltar *m* глáвный алтáрь *m*
Hochbau *m* надзéмное строи́тельство *n*
Hochbetrieb *m* большóе оживлéние *n*
hochdeutsch вéрхненемéцкий; ***~ sprechen*** говори́ть на литерату́рном немéцком языкé
Hochdruck *m* высóкое давлéние *n*; *fig.* ***mit ~*** уси́ленно
Hochdruckgebiet *n* óбласть *f* повы́шенного давлéния, антициклóн *m*
Hochebene *f* плоскогóрье *n*
hocherfreut: *~ sein* óчень рáдоваться (***über*** Д)
Hochform *f*: *Sp.* ***in ~*** в отли́чной фóрме
Hoch|frequenz *f* высóкая частотá; **~gebirge** *n* высокогóрье
Hoch|genuss *m* высóкое наслаждéние *n*; **~glanz** *m* зéркальный блеск
hochgradig *präd.* в вы́сшей стéпени
Hochhaus *n* высóтное здáние
hoch|heben поднимáть <-ня́ть>; **~interessant** весьмá интерéсный; **~klappen** отки́дывать <-ки́нуть> (вверх)
Hoch|konjunktur *f* высóкая конъюнкту́ра; **~land** *n* плоскогóрье, нагóрье
hochleben: *j-n ~ lassen* провозглашáть <-ласи́ть> здрáвицу (в честь Р)
Hochleistungssport *m* спорт вы́сших достижéний
hochmodern ультрамóдный
Hochmut *m* высокомéрие *n*
hoch|mütig высокомéрный; **~näsig** занóсчивый

Hochofen *m* до́менная печь *f*, до́мна *f*; **~rechnung** *f* экстраполя́ция; **~saison** *f* разга́р *m* сезо́на

Hochschule *f* вуз *m*, вы́сшее уче́бное заведе́ние *n*

Hochschul|lehrer *m* преподава́тель *m* ву́за; **~reife** *f* аттеста́т *m* зре́лости; **~studium** *n* учёба *f* в вы́сшем учёбном заведе́нии

Hoch|sommer *m* середи́на *f* ле́та; **~spannung** *f* высо́кое напряже́ние *n*; **~sprung** *m* прыжо́к в высоту́

höchst *Adv.* чрезвыча́йно, кра́йне

Hochstapler(in *f*) *m* афери́ст(ка *f*)

höchste (наи)вы́сший, са́мый высо́кий, высоча́йший; ***am ~n*** вы́ше всех

höchstens са́мое бо́льшее

Höchst|geschwindigkeit *f* максима́льная ско́рость; **~leistung** *f* максима́льная мо́щность *f*

höchstpersönlich самоли́чно

Höchststrafe *f* вы́сшая ме́ра наказа́ния

höchstwahrscheinlich *Adv.* вероя́тнее всего́, по всей вероя́тности

Hochtouren *f/pl.*: ***auf ~ laufen*** идти́ по́лным хо́дом

hoch|tourig быстрохо́дный; **~verehrt** глубокоуважа́емый

Hoch|verrat *m* госуда́рственная изме́на *f*; **~wasser** *n* наводне́ние

hochwertig высокока́чественный

Hochzeit *f* сва́дьба

Hochzeits|nacht *f* бра́чная ночь; **~reise** *f* сва́дебное путеше́ствие *n*; **~tag** *m* день *m*/(*Jahrestag*) годовщи́на *f* сва́дьбы

hocken сиде́ть согну́вшись

Hocker *m* табуре́т

Hockey *n* хокке́й *m* на траве́

Hoden *m* яи́чко *n*

Hof *m* двор; *Astr.* орео́л, вене́ц; *j-m* ***den ~ machen*** уха́живать за (Т)

hoffen *v/i* наде́яться (***auf*** на В)

hoffentlich наде́юсь (*1. Pers. sg.*), наде́емся (*1. Pers. pl.*) (что)

Hoffnung *f* наде́жда; ***sich keine ~en machen*** не теши́ть себя́ наде́ждой

hoffnungs|los безнадёжный; **~voll** по́лный наде́жд(ы)

höflich ве́жливый, учти́вый

Höflichkeit *f* ве́жливость *f*, учти́вость *f*

Höhe *f* высота́; (*Niveau*) у́ровень *m*; ***in ~ von ...*** (*Betrag*) разме́ром; *fig.* ***auf der ~ sein*** быть на высоте́ положе́ния; F ***das ist die ~!*** э́то уж сли́шком!

Hoheits|gebiet *n* госуда́рственная террито́рия *f*; **~gewässer** *n/pl.* территориа́льные во́ды *f/pl.*

Höhen|messer *m* высотоме́р; **~ruder** *n* руль *m* высоты́; **~sonne** *f* ква́рцевая ла́мпа

Höhepunkt *m* вы́сшая то́чка *f*

hohl по́лый; (*dumpf klingend*) глухо́й

Höhle *f* пеще́ра; (*Tierhöhle*) нора́

Höhlenforscher *m* спелео́лог

Hohl|maß *n* ме́ра *f* ёмкости; **~raum** *m* по́лость *f*; пустота́ *f*

Hohn *m* издева́тельство *n*, насме́шка *f*; **~gelächter** *n* язви́тельный смех *m*

höhnisch издева́тельский

holen *v/t* приноси́ть <-нести́>; (*Pers.*) приводи́ть <-вести́>); *Arzt* вызыва́ть <вы́звать> (В); *Rat* обраща́ться <-рати́ться> (за Т); ***sich ~*** *Krankheit* схвати́ть *pf.*

Holländer(in *f*) *m* голла́ндец (-дка *f*)

holländisch голла́ндский

Hölle *f* ад *m*; *j-m* ***die ~ heiß machen*** задава́ть <-да́ть> жа́ру (Д)

Höllenlärm *m* а́дский шум

höllisch а́дский

Holocaust *m* ма́ссовое уничтоже́ние *n*, Холоко́ст

Hologra'phie *f* гологра́фия

holperig уха́бистый

holpern трясти́сь

Ho'lunder *m* бузина́ *f*

Holz *n* де́рево; (*Nutzholz*) древеси́на *f*, (*Brennholz*) дрова́ *pl.*

hölzern деревя́нный

Holzfäller *m* лесору́б

holzig деревяни́стый

Holz|kohle *f* древе́сный у́голь *m*; **~schnitt** *m* *konkr.* гравю́ра *f* на де́реве; **~schraube** *f* шуру́п *m*; **~schutzmittel** *n* консерва́нт *m* древеси́ны; **~weg** *m*: *fig.* ***auf dem ~ sein*** идти́ по ло́жному пути́

H

homo'gen гомоге́нный
Homöopa'thie *f* гомеопа́тия
homöo'pathisch гомеопати́ческий
homosexuell гомосексуа́льный
Homosexuelle(r) гомосексуа-ли́ст(ка *f*)
Honig *m* мёд
Hono'rar *n* гонора́р *m*
hono'rieren <за>плати́ть гонора́р; (*würdigen*) вознагражда́ть <-гра-ди́ть>
Hopfen *m* хмель *m*
hopsen подпры́гивать <-гнуть>
hörbar слы́шимый
horchen прислу́шиваться <-слу́-шаться>; (*heimlich*) подслу́ш(и-в)ать
Horde *f* орда́
hören *v/t* слы́шать; *Radio* <по>-слу́шать; *v/i* (*gehorchen*) <по>слу́-шаться (Р); ***schwer ~*** пло́хо слы́шать; (**es ist**) ***nichts zu ~*** ничего́ не слы́шно; ***ich habe ge-hört*** я слыха́л(а) (***dass*** что); (***nichts***) ***von sich ~ lassen*** (не) да(ва́)ть знать о себе́
Hörer *m* слу́шатель *m*; (*Telefon*) тру́бка *f*; **~in** *f* слу́шательница
Hör|funk *m* ра́дио *n*; **~gerät** *n* слухово́й аппара́т *m*
Hori'zont *m* горизо́нт; *fig.* кругозо́р
horizon'tal горизонта́льный
Hor'mon *n* гормо́н *m*
Horn *n* рог *m*; *Mus.* рожо́к *m*, горн *m*
Hörnchen *n* (*Gebäck*) рожо́к *m*
Hornhaut *f* (*Schwiele*) мозо́ль *f*; (*Auge*) роговая оболо́чка
Hor'nisse *f* ше́ршень *m*
Horo'skop *n* гороско́п *m*
hor'rend ужа́сный
Horror *m* у́жас
Hör|saal *m* аудито́рия *f*; **~spiel** *n* радиопье́са *f*
Hort *m* (*Kinderhort*) (шко́льная) гру́ппа *f* продлённого дня
horten <на>копи́ть
Hörweite *f*: ***außer ~*** вне зо́ны слы́-шимости
Höschen *n* штани́шки *pl.*
Hose *f* брю́ки *pl.*; (*kurze*) шо́рты *pl.*
Hosen|anzug *m* брю́чный костю́м; **~bein** *n* штани́на *f*; **~träger** *m od. pl.* подтя́жки *f/pl.*
Hospi'tal *n* больни́ца *f*, го́спиталь *m*
Ho'stess *f* хосте́сса
Ho'tel *n* гости́ница; **~gast** *m* прожива́ющий (в гости́нице); **~halle** *f* вестибю́ль *m* гости́ницы; **~zimmer** *n* но́мер *m* в гости́нице
Hubraum *m* рабо́чий объём (ци-ли́ндра)
hübsch краси́вый, хоро́ш(еньк)ий; ***sich ~ machen*** принаряди́ться
Hubschrauber *m* вертолёт
huckepack на закорках
Huf *m* копы́то *n*; **~eisen** *n* подко́ва *f*; **~schmied** *m* (ко́вочный) кузне́ц
Hüfte *f* бедро́ *n*
Hüftgelenk *n* тазобе́дренный суста́в *m*
Hügel *m* холм
hügelig холми́стый
Huhn *n* ку́рица *f*
Hühnchen *n* ку́рочка *f*
Hühner|auge *n* мозо́ль *f*; **~stall** *m* куря́тник
Hülle *f* оболо́чка, покро́в *m*; (*Buch-hülle*) обёртка; ***in ~ und Fülle*** в изоби́лии; ***die sterbliche ~*** бре́н-ные оста́нки *m/pl.*
hüllen оку́т(ыв)ать (***in*** Т); ***sich in Schweigen ~*** храни́ть молча́ние
Hülse *f* ги́льза; *Tech.* вту́лка
Hülsenfrüchte *f/pl.* бобо́вые расте́-ния *n/pl.*
hu'man гума́нный
Huma'nismus *m* гумани́зм
humani'tär гуманита́рный
Humani'tät *f* гума́нность *f*
Hummel *f* шмель *m*
Hummer *m* ома́р
Hu'mor *m* ю́мор
humo'ristisch юмористи́ческий
hu'mor|los без чу́вства ю́мора; **~voll** заба́вный
humpeln ковыля́ть
Humus *m* гу́мус, перегно́й *m*
Hund *m* соба́ка *f*, пёс; ***auf den ~ kommen*** опусти́ться
Hundefutter *n* корм *m* для соба́ки
Hunde|hütte *f* конура́, бу́дка; **~'kälte** *f* соба́чий хо́лод *m*; **~leine** *f* поводо́к *m*
hunde'müde: ***~ sein*** уста́ть как соба́ка
hundert сто

hundertfach стокра́тный
Hundert'jahrfeier *f* столе́тний юбиле́й *m*
hundert|jährig столе́тний; **~mal** (в) сто раз
Hundert'meterlauf *m* бег на сто ме́тров
hundertprozentig стопроце́нтный
Hundertstel *n* со́тая часть *f*
Hündin *f* су́ка
Hunger *m* го́лод; ***~ haben*** быть голо́дным
Hunger|kur *f* лече́ние *n* го́лодом; **~lohn** *m* ни́щенская (зар)пла́та *f*
hungern голода́ть
Hungersnot *f* го́лод *m*
Hungerstreik *m* голодо́вка *f*
hungrig голо́дный
Hupe *f* клаксо́н *m*, гудо́к *m*
hupen сигна́лить
hüpfen <по>скака́ть
Hürde *f Sp.* барье́р *m*
Hürden|lauf *m* бег с барье́рами; **~läufer(in** *f*) *m* барьери́ст(ка *f*)
Hure *f* ку́рва, проститу́тка
husten ка́шлять, (*einmal*) ка́шлянуть *pf.*
Husten *m* ка́шель *m*; **~anfall** *m* при́ступ ка́шля; **~bonbon** *m od. n* караме́ль *f* от ка́шля; **~saft** *m* сиро́п от ка́шля
Hut¹ *f*: ***auf der ~ sein*** быть начеку́
Hut² *m* шля́па *f*
hüten *v/t Vieh* пасти́; ***das Bett ~*** лежа́ть в посте́ли; ***sich ~*** остерега́ться (***vor*** P); ***ich werde mich ~!*** и не поду́маю!
Hütte *f* хи́жина
Hy'äne *f* гие́на
Hya'zinthe *f Bot.* гиаци́нт *m*
Hy'drant *m* гидра́нт
hy'draulisch гидравли́ческий
Hydrokultur *f* гидропо́ника
Hygi'ene *f* гигие́на
hygi'enisch гигиени́ческий
Hymne *f* гимн *m*
Hyp'nose *f* гипно́з *m*
hypnoti'sieren гипнотизи́ровать
Hypo'thek *f* ипоте́ка
Hypo'these *f* гипо́теза
hypo'thetisch гипотети́ческий
Hyste'rie *f* истери́я
hy'sterisch истери́ческий

I

ich я; ***~ bin es*** э́то я
ide'al идеа́льный
Ide'al *n* идеа́л *m*
ideali'sieren идеализи́ровать (*im*)*pf.*
Idea'lismus *m* идеали́зм
Idea'list(**in** *f*) *m* идеали́ст(ка *f*)
idea'listisch идеалисти́ческий
I'dee *f* иде́я; ***auf die ~ kommen*** напа́сть на мысль
ide'ell иде́йный; духо́вный
identifi'zieren *v/t* опозна́(ва́)ть; *Pers.* устана́вливать <-нови́ть> ли́чность (P)
i'dentisch иденти́чный
Identi'tät *f* иденти́чность *f*
Ideolo'gie *f* идеоло́гия
ideo'logisch идеологи́ческий
idio'matisch идиомати́ческий
Idi'ot *m* идио́т; **~in** *f* идио́тка
idi'otisch идио́тский
I'dol *n* и́дол *m*, куми́р *m*
idyllisch идилли́ческий
Igel *m* ёж
Ignorant *m* неве́жда
Igno'ranz *f* неве́жество *n*
igno'rieren <про>игнори́ровать (*im*)*pf.*
ihm (*D v.* ***er***) ему́
ihn (*A v.* ***er***) его́; **~en** (*D. v.* ***sie*** *pl.*) им
Ihnen Вам
ihr *Pron.* (*sg., D v.* ***sie***) ей; (*2. Pers. pl.*) вы; *poss.* (*3. Pers. sg.*) её; (*3. Pers. pl.*) их
Ihr *poss.* ваш

ihrerseits с её/со своéй стороны́; *pl.* с их стороны́
ihres'gleichen подóбный ей/вам, подóбные им/вам
ihretwegen рáди *od.* (*wegen*) из-за неё/*pl.* них
I'kone *f* икóна
illegal нелегáльный
Illegali'tät *f* нелегáльность *f*
illegitim *Kind*: незакóнный
Illusi'on *f* иллю́зия
illu'sorisch иллюзóрный
Illustrati'on *f* иллюстрáция
illu'strieren иллюстри́ровать (*im*)*pf.*
Illu'strierte *f* иллюстри́рованный журнáл *m*
Iltis *m* хорёк
im = ***in dem***; → ***in***
Image *n* и́мидж *m*
imagi'när воображáемый, мни́мый
Imbiss *m* закýска *f*; **~stube** *f* закýсочная
Imitati'on *f* имитáция
imi'tieren имити́ровать <сымити́ровать>
Imker *m* пчеловóд
Immatrikulati'on *f* зачислéние *n* в вуз
im'mens огрóмный
immer всегдá; ***für ~*** навсегдá; ***~ noch*** всё ещё; ***~ besser*** всё лýчше; ***wer auch ~*** кто бы ни; **~hin** всё-таки, всё же; **~zu** всё врéмя
Immo'bilie *f* недви́жимое имýщество *n*
im'mun иммýнный, невосприи́мчивый (***gegen*** к Д)
Immuni'tät *f* иммуни́тéт *m*
Im'munschwäche *f* иммунодефици́т *m*
Im|perativ *m Gr.* повели́тельное наклонéние *n*; **~perfekt** *n Gr.* имперфéкт *m*
Imperia'lismus *m* империали́зм
imperialistisch империалисти́ческий
impfen *v/t* прививáть <-ви́ть>, <с>дéлать приви́вку (***gegen*** прóтив Р)
Impfausweis *m* свидéтельство *n* о приви́вке
Impfung *f* приви́вка
impo'nieren импони́ровать
Im'port *m* и́мпорт
Impor'teur *m* импортёр
impor'tieren импорти́ровать (*im*)*pf.*
impo'sant импозáнтный
impotent импотéнтный
Impotenz *f* импотéнция, половóе бесси́лие *n*
imprä'gnieren пропи́тывать <-тáть>
improvi'sieren <за>импровизи́ровать (*im*)*pf.*
impul'siv импульси́вный
im'stande: ***~ sein*** быть в состоя́нии
in[1] *Prp. örtl. wo?* в, на (П); *wohin?* В на (В); *zeitl.* (*D*) в, на (В, П); (*nach Ablauf v.*) чéрез (В); ***~ der Stadt*** в гóроде; ***~s Gesicht*** в лицó; ***im Gesicht*** на лицé; ***~ den Süden*** на юг; ***im März*** в мáрте; ***~ einer Stunde*** за/чéрез час; ***~ der Nacht*** нóчью; ***im Winter*** зимóй; ***im Fernsehen*** по телеви́зору
in[2]**:** ***~ sein*** быть в мóде
inbegriffen включáя
in'dem тем, что
Inder(**in** *f*) *m* инди́ец (индиáнка *f*)
Index *m* и́ндекс
Indi'aner(**in** *f*) *m* индéец (индиáнка *f*)
Indikativ *m Gr.* изъяви́тельное наклонéние *n*
indirekt кóсвенный; *Beleuchtung*: отражённый
indisch инди́йский
indiskret нескрóмный
Indiskreti'on *f* болтли́вость *f*; ***gezielte ~*** целенапрáвленная вы́дача секрéта
indiskutabel неприéмлемый
Individuali'tät *f* индивидуáльность *f*
individu'ell индивидуáльный
Indi'viduum *n* индиви́д *m*; *verä.* тип *m*
In'diz *n Jur.* (кóсвенная) ули́ка *f*
Industriali'sierung *f* индустриализáция
Indu'strie *f* промы́шленность *f*, индýстрия; **~betrieb** *m* промы́шленное предприя́тие *n*; **~gebiet** *n* индустриáльная зóна *f*
industri'ell промы́шленный, индустриáльный

Industrielle(**r**) промы́шленник
Indu'strie|produktion *f* промы́шленное произво́дство *n*; **~spionage** *f* промы́шленный шпиона́ж *m*; **~staat** *m* промы́шленное госуда́рство *n*; **~zweig** *m* о́трасль *f* промы́шленности
Infante'rie *f* пехо́та
Infekti'on *f* инфе́кция
Infekti'onskrankheit *f* инфекцио́нное заболева́ние *n*
Infinitiv *m* инфинити́в
infi'zieren заража́ть <-рази́ть> (***sich*** -ся)
Inflati'on *f* инфля́ция
Inflati'onsrate *f* у́ровень *m* инфля́ции
in'folge (*G od.* **von**) всле́дствие; **~dessen** всле́дствие э́того
Infor'matik *f* информа́тика
Informati'on *f* информа́ция
Informati'onsbüro *n* информацио́нное бюро́
informa'tiv информати́вный
infor'mieren <про>информи́ровать (*im*)*pf.*; ***sich*** **~** осведомля́ться <осве́домиться>
infrarot инфракра́сный
Infrastruktur *f* инфраструкту́ра
Infusi'on *f Med.* влива́ние *n*
Ingeni'eur(**in** *f*) *m* инжене́р (*a. f*)
Ingeni'eur|büro *n* прое́ктно-констру́кторское бюро́; **~schule** *f* вы́сшее техни́ческое учи́лище *n*
Inhaber *m* владе́лец; **~in** *f* владе́лица
inhaf'tieren аресто́вывать <-ова́ть>
inha'lieren вдыха́ть <вдохну́ть>
Inhalt *m* содержа́ние *n*; (*e-r Tasche*) содержи́мое *n*; (*Rauminhalt*) ёмкость *f*
Inhalts|angabe *f* (кра́ткое) изложе́ние *n* содержа́ния; **~verzeichnis** *n* оглавле́ние
Initiative *f* инициати́ва; ***die ~ ergreifen*** вы́ступить с инициати́вой
Injekti'on *f* инъе́кция, впры́скивание *n*
inklu'sive включи́тельно; ***alles ~*** включа́я всё
inkonsequent непосле́довательный
Inland *n* страна́ *f*; ***im ~*** внутри́ страны́
inländisch оте́чественный, вну́тренний
in'mitten среди́ (P)
innen внутри́; ***nach ~*** (F во)вну́трь
Innen|architekt *m* архите́ктор по интерье́ру; **~einrichtung** *f* вну́тренняя отде́лка; **~ministerium** *n* министе́рство вну́тренних дел; **~politik** *f* вну́тренняя поли́тика
innenpolitisch внутриполити́ческий
Innenstadt *f* центр *m* го́рода
innerbetrieblich внутризаводско́й
innere вну́тренний; **~ *Medizin*** вну́тренняя медици́на *f*
Inne'reien *f/pl.* вну́тренности *f/pl.*; (*Kochk.*) потроха́ *pl.*
inner|halb внутри́ (P); *zeitl.* в тече́ние (P); **~lich** вну́тренний
innig (*eng*) бли́зкий; (*tief empfunden*) глубо́кий; задуше́вный
Innung *f* корпора́ция ремесленников
inoffiziell неофициа́льный
ins = ***in das***
Insass|e *m* (**~in** *f*) пассажи́р(ка *f*); (*im Gefängnis*) заключённый (-ная *f*)
insbe'sondere в осо́бенности
Inschrift *f* на́дпись *f*
In'sekt *n* насеко́мое
In'sektenstich *m* уку́с насеко́мого
Insekti'zid *n* инсектици́д *m*
Insel *f* о́стров *m*; **~bewohner**(**in** *f*) *m* жи́тель(ница *f*) *m* о́строва
Inse'rat *n* объявле́ние
inse'rieren да(ва́)ть объявле́ние
insge|heim вта́йне; **~'samt** в о́бщей сло́жности
in'sofern *Adv.* в э́том отноше́нии; *Kj.* **~ *als*** посто́льку, поско́льку
Inspekti'on *f* инспе́кция
In'spek|tor *m*, **~'torin** *f* инспе́ктор
Inspirati'on *f* вдохнове́ние *n*
inspi'rieren вдохновля́ть <-ви́ть> (***zu*** на B)
inspi'zieren инспекти́ровать (*im*)*pf.*
Installa'teur *m* монтёр; F (*für Wasser*) водопрово́дчик; (*für Gas*) газопрово́дчик
Installati'on *f* монта́ж *m*, устано́вка
instal'lieren устана́вливать <-нови́ть>; *Leitung* проводи́ть <-вести́>

I

in'stand: ~ ***halten*** содержáть в испрáвности; ~ ***setzen*** привестú в испрáвность
instándig настоя́тельный
In'stanz *f* инстáнция
In'stinkt *m* инстúнкт
instink'tiv инстинктúвный
Insti'tut *n* инститýт *m*
Instituti'on *f* учреждéние *n*
instru'ieren <про>инструктúровать (*im*)*pf.*
Instrukti'on *f* инстрýкция
instruk'tiv поучúтельный
Instru'ment *n* инструмéнт *m*; (*Gerät*) прибóр *m*
instrumen'tal инструментáльный
Instrumen'tal *m Gr.* творúтельный падéж
Insu'lin *n* инсулúн *m*
insze'nieren *Thea.* <по>стáвить; *fig.* инсценúровать (*im*)*pf.*
Insze'nierung *f Thea.* постанóвка; *konkr. a.* инсценирóвка
in'takt испрáвный
Inte'gralrechnung *f* интегрáльное исчислéние *n*
Integrati'on *f* интегрáция
inte'grieren интегрúровать (*im*)*pf.*
Integri'tät *f Pol.* цéлостность *f*
intellektu'ell интеллектуáльный
Intellektu'elle(r) интеллектуáл(ка *f*)
intelli'gent интеллигéнтный
Intelli'genz *f* интеллигéнтность *f*; (*soziale Schicht*) интеллигéнция
Inten'dant *m* интендáнт
Intensi'tät *f* интенсúвность *f*
inten'siv интенсúвный
intensi'vieren интенсифицúровать (*im*)*pf.*
Inten'sivstation *f* отделéние *n* интенсúвной терапúи
interes'sant интерéсный; (*fesselnd*) занимáтельный
Inte'resse *n* интерéс *m*; ~ ***haben*** быть заинтересóванным
Inte'ressengebiet *n* сфéра *f* интерéсов
Interes'sent(in *f*) *m* заинтересóванное лицó *n*
interes'sieren интересовáть; ***sich*** ~ <за>интересовáться (***für*** T)
in'tern внýтренний
Inter'nat *n* интернáт *m*
internatio'nal международный, интернационáльный
Inter'nist(in *f*) *m* терапéвт (*a. f*)
Inter'pret(in *f*) *m Thea.* исполнúтель(ница *f*) *m*
interpre'tieren интерпретúровать (*im*)*pf.*
Interpunkti'on *f* пунктуáция
Inter'vall *n* интервáл *m*
interve'nieren вмéшиваться <-шáться>
Interventi'on *f Mil., Pol.* интервéнция
Interview *n* интервью́ *n*
interviewen интервьюúровать
in'tim интúмный
Intimi'tät *f* интúмность *f*
In'timsphäre *f* интúмная сфéра
intolerant нетерпúмый
Intoleranz *f* нетерпúмость *f*
intransitiv *Gr.* непереходный
In'trige *f* интрúга
intri'gieren интриговáть
Inva'lide *m* инвалúд(ка *f*)
Invasi'on *f* вторжéние *n*
Inven'tar *n* инвентáрь *m*
Inven'tur *f* инвентаризáция
inve'stieren инвестúровать (*im*)*pf.*
Investiti'on *f* инвестúция
In'vestor *m* инвéстор
inwie|'fern, ~**'weit** наскóлько, в какóй мéре
in'zwischen мéжду тем, тем врéменем
I'raker(in *f*) *m* жúтель (-ница *f*) *m* Ирáка
i'rakisch ирáкский
I'raner(in *f*) *m* ирáнец (-нка *f*)
i'ranisch ирáнский
Ire *m* ирлáндец
irgend: ***wenn*** ~ éсли тóлько
irgend|ein какóй-то; (*beliebig*) какóй-нибудь; ~**etwas** чтó-то; (*beliebig*) чтó-нибудь; ~**jemand** ктó-то; (*ein Beliebiger*) ктó-нибудь; ~**wann** когдá-то; (*künftig*) когдá-нибудь; ~**wie** кáк-то, кáк-нибудь; ~**wo** гдé-то; (*egal wo*) гдé-нибудь
Irin *f* ирлáндка
irisch ирлáндский
Iro'nie *f* ирóния
i'ronisch ironúческий
irre сумасшéдший

Irre[1] *f*: ***in die ~ gehen*** сби́(ва́)ться с доро́ги; ***in die ~ führen*** заводи́ть <-вести́> по ло́жному пути́
Irre[2] *f*, **~(r)** *m* сумасше́дший (-шая *f*)
irren: *sich ~* ошиба́ться <-би́ться>
Irrgarten *m* лабири́нт
irrig оши́бочный
irri'tieren сби(ва́)ть с то́лку
Irrsinn *m* сумасше́ствие *n*
irrsinnig сумасше́дший
Irrtum *m* заблужде́ние *n*, оши́бка *f*
irrtümlich оши́бочный
Irrweg *m* ло́жный путь *m*
Ischias *m od. n* и́шиас *m*
Is'lam *m* исла́м
is'lamisch исла́мский
Isländer(in *f*) *m* исла́ндец (-дка *f*)
isländisch исла́ндский
Isolati'on *f* изоля́ция
Iso'lierband *n* изоляцио́нная ле́нта *f*
iso'lieren изоли́ровать (*im*)*pf.*
Isra'eli *m od. f* израильтя́нин (-нка *f*)
isra'elisch изра́ильский
isst → ***essen***
ist → ***sein***
Itali'ener(in *f*) *m* италья́нец (-нка *f*)
itali'enisch италья́нский

J

ja да; (*doch*) ведь, же; (*sogar*) да́же; ***das ist es ~!*** вот то-то!; ***~ doch*** коне́чно; ***lass das ~ sein !*** ра́ди бо́га, оста́вь э́то!; ***vergiss es ~ nicht!*** да не забу́дь!
Ja *n* да; ***mit ~ stimmen*** голосова́ть „за"
Jacht *f* я́хта
Jacke *f* ку́ртка; (*für Damen*) ко́фта
Ja'ckett *n* пиджа́к *m*
Jagd *f* охо́та; *fig.* пого́ня (***nach*** за Т); ***auf die ~ gehen*** идти́ <пойти́> на охо́ту; **~flugzeug** *n* (самолёт-) истреби́тель *m*; **~gewehr** *n* охо́тничье ружьё; **~hund** *m* охо́тничья соба́ка *f*; **~revier** *n* охо́тничий уча́сток *m*
jagen *v/t* охо́титься (на В); *fig.* (*verfolgen*) <по>гна́ться, гоня́ться (за Т)
Jäger(in *f*) *m* охо́тник (-ница *f*)
Jaguar *m* ягуа́р
jäh внеза́пный; (*steil*) круто́й
Jahr *n* год *m*; ***viele ~e*** мно́го лет; ***im ... ~e*** в ... году́; ***ein ganzes ~*** *a.* кру́глый год; ***in einem ~*** че́рез год; ***nach vielen ~en*** спустя́ мно́го лет; ***~ für ~*** из го́да в год; ***von ~ zu ~*** год от го́да; ***vor fünf ~en*** пять лет тому́ наза́д
jahr'aus: *~, jahrein* из го́да в год
Jahrbuch *n* ежего́дник *m*
jahrelang многоле́тний
Jahresbericht *m* годово́й отчёт
Jahresende *n*: ***zum ~*** к концу́ го́да
Jahres|tag *m* годовщи́на *f*; **~wechsel** *m* наступле́ние *n* но́вого го́да; **~zeit** *f* вре́мя *n* го́да
Jahrgang *m Pers.* год рожде́ния; (*e-r Zeitschrift*) год вы́пуска
Jahr'hundert *n* век *m*, столе́тие; ***ein halbes ~*** полве́ка
jährlich ежего́дный
Jahr|markt *m* я́рмарка *f*; **~'tausend** *n* тысячеле́тие; **~'zehnt** *n* десятиле́тие
Jähzorn *m* вспы́льчивость *f*
jähzornig вспы́льчивый
Jalou'sie *f* жалюзи́ *n*
Jammer *m* плач; ***es ist ein ~!*** про́сто беда́!
jämmerlich жа́лкий; *Geschrei*: жа́лобный
jammern ныть; (*heulen*) пла́каться (***über*** на В)
Januar *m* янва́рь *m*
Ja'paner(in *f*) *m* япо́нец (-нка *f*)
ja'panisch япо́нский
Jar'gon *m* жарго́н
jäten <про>поло́ть
Jauche *f* наво́зная жи́жа
jauchzen ликова́ть

jaulen выть
ja'wohl! так то́чно!
Jazz *m* джаз; **~band** *f* джаз-бáнд *m*
je *Adv.* (*jemals*) когдá-нибудь; ***~ nach*** смотря́ по (Д); *Prp.* (*vor Zahlen*) по; с (Р); *Preis*: за (В); ***~ Monat*** за (кáждый) мéсяц; ***~ Hektar*** с гектáра; *Kj.* ***~ ..., desto*** чем ..., тем; ***seit eh und ~*** во все временá
Jeans *pl.* джи́нсы *pl.*
jeder кáждый; (*jeglicher*) вся́кий; ***~ für sich*** кáждый сам по себé; ***jeden zweiten Tag*** чéрез день; ***in jedem Fall*** во вся́ком слу́чае; ***auf jeden Fall*** на вся́кий слу́чай
jedenfalls во вся́ком слу́чае
jedermann кáждый; ***das ist nicht ~s Geschmack*** э́то не кáждому по вку́су
jederzeit в любóе врéмя; (*immer*) всегдá
je'doch однáко, ... же
jeher: ***seit ~*** и́здавна, с дáвних пор
jemals когдá-нибудь, когдá-либо
jemand ктó-то; (*beliebige Pers.*) ктó-нибудь
jener тот; ***zu ~ Zeit*** в то врéмя
jenseits *Prp., Adv.* по ту стóрону (*G*, **von** Р)
Jenseits *n* потусторóнний мир *m*; ***ins ~ befördern*** отпрáвить на тот свет
Jesu'it *m* иезуи́т
jetzig ны́нешний
jetzt тепéрь; (*in diesem Moment*) сейчáс; ***bis ~*** до сих пор, доны́не; ***von ~ an*** отны́не
jeweilig соотвéтствующий
jeweils кáждый раз
Job *m* рабóта *f*
Joch *n* ярмó
Jockei *m* жокéй
Jod *n* йод *m*
joggen бéгать трусцóй
Joghurt *m od. n* йогу́рт *m*
Jo'hannisbeere *f* сморóдина; (*einzelne*) я́года сморóдины
johlen горлáнить
Joint-venture *n* совмéстное предприя́тие
Joystick *m* джóйстик
Joker *m* джóкер
Jong'leur *m* жонглёр
jong'lieren жонгли́ровать
jor'danisch иордáнский
Jour'nal *n* журнáл *m*
Journa'list(in *f*) *m* журнали́ст(ка *f*)
Jubel *m* ликовáние *n*
jubeln ликовáть
Jubi'lar(in *f*) *m* юбиля́р(ша *f* F)
Jubi'läum *n* юбилéй *m*
jucken *v/i* чесáться
Juckreiz *m* зуд
Jude *m* еврéй
Jüdin *f* еврéйка
jüdisch еврéйский
Judo *n* дзюдó
Jugend *f* мóлодость *f*, ю́ность *f*; (*junge Leute*) молодёжь *f*; ***von ~ an*** с ю́ных лет
Jugend|amt *n* управлéние по делáм молодёжи; **~austausch** *m* молодёжный обмéн
jugendfrei: ***nicht ~*** (тóлько) для взрóслых
Jugend|freund(in *f*) *m* друг (подру́га *f*) ю́ности; **~herberge** *f* молодёжная тури́стская бáза
jugendlich ю́ношеский, молодёжный; *Aussehen*: моложáвый
Jugendliche(r) *Jur.* подрóсток *m*, несовершеннолéтний (-няя *f*)
Jugend|stil *m* стиль *m* сецессиóн; **~sünde** *f* грех *m* мóлодости; **~zentrum** *n* молодёжный центр *m*
Juli *m* ию́ль *m*
jung молодóй; ***~es Gemüse*** рáнние/пéрвые óвощи
Junge[1] *m* мáльчик
Junge[2] *n Zool.* детёныш *m*
jünger бóлее молодóй, (по)молóже; ***zwei Jahre ~ als ich*** на два гóда молóже меня́
Jünger *m* (учени́к-)послéдователь *m*
Jungfernfahrt *f Mar.* пéрвое плáвание *n*
Jungfrau *f* дéвственница
jungfräulich дéвственный
Junggeselle *m* холостя́к; ***eingefleischter ~*** закоренéлый холостя́к
Jüngling *m* ю́ноша *m*
jüngster сáмый млáдший
Juni *m* ию́нь *m*
Junior *m* юниóр

Jura (*unv.*) юриспрудéнция
Ju'rist *m* (**~in**) юрист (*a. f*)
ju'ristisch юриди́ческий
Jury *f* жюри́ *n*
Ju'stiz *f* юсти́ция; **~irrtum** *m* судéбная оши́бка *f*; **~ministerium** *n* министéрство юсти́ции
Juwe'lier *m* ювели́р

K

Kaba'rett *n* теáтр *m* эстрáды
Kabaret'tist(in *f*) *m* арти́ст(ка *f*) эстрáды
Kabel *n* кáбель *m*; **~fernsehen** *n* кáбельное телеви́дение
Kabeljau *m* трескá *f*
Ka'bine *f* каби́на; *Mar.* каю́та
Kabi'nett *n* кабинéт *m* (*a. Pol.*)
Kabrio'lett *n* кабриолéт *m*
Kachel *f* кáфель *m*, изразéц *m*; **~ofen** *m* кáфельная/изразцóвая печь *f*
Ka'daver *m* труп; *pl. a.* пáдаль *f*
Ka'dett *m* кадéт; *Mar. a.* курсáнт
Käfer *m* жук
Kaffee *m* кóфе *m*; **~bohne** *f* кофéйный боб *m*; **~kanne** *f* кофéйник *m*; **~maschine** *f* кофевáрка; **~mühle** *f* кофемóлка
Käfig *m* клéтка *f*
kahl гóлый; (*haarlos*) лы́сый, плеши́вый
Kahlkopf *m* лы́сая/плеши́вая головá *f*
Kahn *m* лóдка *f*; (*Lastkahn*) бáржá *f*
Kai *m* нáбережная *f*; (*Anlegestelle*) причáл
Kaiser *m* императóр; **~in** *f* императри́ца
kaiserlich императóрский
Kaiser|reich *n* импéрия *f*; **~schnitt** *m* кéсарево сечéние *n*
Kajak *m od. n* байдáрка *f*
Ka'jüte *f* каю́та
Ka'kao *m* какáо *n*
Kak'tee *f*, **Kaktus** *m* кáктус *m*
Kalb *n* телёнок *m*
Kalbfleisch *n* теля́тина *f*
Kalbsbraten *m* жаркóе *n* из теля́тины
Ka'lender *m* календáрь *m*; **~jahr** *n* календáрный год *m*
Ka'liber *n* кали́бр *m*
Kalium *n* кáлий *m*
Kalk *m* и́звесть *f*; ***gelöschter ~*** гашёная и́звесть
kalken *Boden* известковáть (*im*)*pf.*
Kalkstein *m* известня́к
Kalkulati'on *f* калькуля́ция
kalku'lieren <с>калькули́ровать
Kalo'rie *f* калóрия
kalo'rienarm малокалори́йный
Kalo'riengehalt *m* калори́йность *f*
kalo'rienreich (высоко)калори́йный
kalt холóдный; ***es ist ~*** хóлодно; ***~ lassen: das lässt mich kalt*** э́то меня́ не трóгает; ***~ stellen*** <по>стáвить на хóлод
kaltblütig *fig.* хладнокрóвный
Kälte *f* хóлод *m*; (*anhaltende*) холодá *m/pl.*; *fig.* хóлод(ность *f*); ***3 Grad ~*** три грáдуса морóза
Kälte|einbruch *m* внезáпное похолодáние *n*; **~periode** *f* периóд *m* холодóв
kaltherzig чёрствый
Kalt|schale *f* фруктóвый суп *m*; **~start** *m* холóдный зáпуск
Kalzium *n* кáльций *m*
kam → ***kommen***
Ka'mel *n* верблю́д *m*
Kamera *f* кáмера
Kame'rad(in *f*) *m* товáрищ (*a. f*)
Kame'radschaft *f* товáрищество *n*
kame'radschaftlich товáрищеский
Kameramann *m* оперáтор
Ka'mille *f* ромáшка
Ka'millentee *m* настóй ромáшки
Ka'min *m*ками́н; (*Schornstein*) дымовáя трубá *f*

Kamm *m* (*Haarkamm*) гребёнка *f*, расчёска *f*; (*Bergrücken*) гре́бень *m*
kämmen расчёсывать <-чеса́ть> (***sich*** -ся)
Kammer *f* (*kleiner Wohnraum*) ко́мнатка; (*Abstellraum*) чула́н *m*
Kammermusik *f* ка́мерная му́зыка
Kammgarn *n* камво́льная пря́жа *f*
Kam'pagne *f* кампа́ния
Kampf *m* бой, борьба́ *f*
kämpfen боро́ться (***um, für*** за В); *Mil. a.* сража́ться <срази́ться>
Kämpfer(**in** *f*) *m* бое́ц, боре́ц (*a. f*)
kämpferisch боево́й
Kampf|flugzeug *n* боево́й самолёт *m*; **~geist** *m* боево́й дух; **~handlungen** *f/pl.* боевы́е де́йствия *n/pl.*; **~kraft** *f* боева́я мощь *f*; **~richter**(**in** *f*) *m* (спорти́вный) судья́ (*a. f*)
kam'pieren располага́ться <-ложи́ться> ла́герем
Ka'nadier(**in** *f*) *m* кана́дец (-дка *f*)
ka'nadisch кана́дский
Ka'nal *m* кана́л
Kanalisati'on *f* канализа́ция
Ka'narienvogel *m* канаре́йка *f*
Kandi'dat(**in** *f*) *m* кандида́т(ка *f*)
Kandida'tur *f* кандидату́ра
kandi'dieren баллоти́роваться
Kandiszucker *m* крупнокристалли́ческий са́хар
Känguru *n* кенгуру́ *m*
Ka'ninchen *n* кро́лик *m*
Ka'nister *m* кани́стра *f*
kann → ***können***
Kännchen *n* порцио́нный кофе́йник *m* /ча́йник *m*
Kanne *f* (*für Kaffee*) кофе́йник *m*; (*für Tee*) ча́йник *m*
kannte → ***kennen***
Ka'none *f* пу́шка
Kan'tate *f* канта́та
Kante *f* край *m*; (*e-r Kiste*) ребро́ *n*; (*Besatz*) кант *m*; ***auf die hohe ~ legen*** отложи́ть (P) на чёрный день
Kan'tine *f* столо́вая
Kan'ton *m* канто́н
Kanu *n* кано́э *n*
Kanzel *f* (*in d. Kirche*) ка́федра; *Flgw.* каби́на пило́та
Kanz'lei *f* канцеля́рия
Kanzler *m* ка́нцлер; **~amt** *n* пост *m* ка́нцлера

Kap *n* мыс *m*
Kapazi'tät *f* ёмкость *f*, вмести́мость *f*; *fig.* кру́пный специали́ст *m*
Ka'pelle *f* (*Kirche*) часо́вня; *Mus.* капе́лла, орке́стр *m*
kapern захва́тывать <-ти́ть>
ka'pieren F сообража́ть <-ази́ть>
Kapi'tal *n* капита́л *m*; **~anlage** *f* помеще́ние *n* капита́ла, капиталовложе́ние *n*; **~ertragssteuer** *f* нало́г *m* на дохо́д с капита́ла
Kapita'lismus *m* капитали́зм
kapita'listisch капиталисти́ческий
Kapi'talverbrechen *n* тя́жкое (уголо́вное) преступле́ние
Kapi'tän *m* капита́н
Ka'pitel *n* глава́ *f*
Kapitulati'on *f* капитуля́ция
kapitu'lieren капитули́ровать (*im*)*pf.*
Kap'lan *m* капела́н
Kappe *f* ша́пка
Kapsel *f* ка́псула
ka'putt (*funktionsuntüchtig*) испо́рченный; (*erschöpft*) разби́тый; (*zerbrochen*) сло́манный; **~gehen** *Sache*: <с>лома́ться; (*zerbrochen werden*) разби́(ва́)ться
ka'puttlachen: *sich* ~ смея́ться до упа́ду
ka'puttmachen <с>лома́ть; (*zerschlagen*) разбива́ть <-би́ть>
Ka'puze *f* капюшо́н *m*
Kara'biner *m* караби́н
Ka'raffe *f* графи́н *m*
Karambo'lage *f* столкнове́ние *n*
Kara'mell(**bonbon**) *m od. n* карамéль *f*
Kara'wane *f* карава́н *m*
Kar'danwelle *f* карда́нный вал *m*
Kardi'nal *m* кардина́л; **~zahl** *f* коли́чественное числи́тельное *n*
Kar'freitag *m* Вели́кая пя́тница *f*
karg ску́дный (*ärmlich*), убо́гий
ka'riert клéтчатый, в клéтку
Karies *f* ка́риес *m*
Karika'tur *f* карикату́ра
Karikatu'rist *m* карикатури́ст
kari'kieren представля́ть <-ста́вить> в карикату́ре
karita'tiv благотвори́тельный
Karneval *m* карнава́л
Karo *n* клéтка *f*, *KSp.* бу́бны *f/pl.*
Karosse'rie *f* ку́зов *m*

K

Ka'rotte *f* морковь *f*, каротéль *f*
Karpfen *m* карп
Karre *f* (*Schubkarre*) тáчка
Kar'riere *f* карьéра; **~ *machen*** <с>дéлать карьéру
Karte *f* (*Landkarte*) кáрта; (*Postkarte*) откры́тка; ***alles auf e-e ~ setzen*** постáвить всё на кáрту
Kar'tei *f* картотéка; **~karte** *f* картотéчная кáрточка
Kar'tell *n* картéль *m*
Karten|spiel *n* кáрточная игрá *f*; (*ein Spiel Karten*) колóда *f* карт; **~vorverkauf** *m* предвари́тельная продáжа *f* билéтов
Kar'toffel *f* картóфелина; *Bot., pl. koll.* картóфель *m*; **~brei** *m* картóфельное пюрé *n*; **~puffer** *m* картóфельная олáдья *f*; **~suppe** *f* картóфельный суп *m*
Kar'ton *m* картóн; (*Schachtel*) картóнка *f*
Karus'sell *n* карусéль *f*; **~ *fahren*** катáться на карусéли
Karwoche *f* Страстнáя недéля
Ka'sach|e *m* (**~in** *f*) казáх (-зáшка *f*)
ka'sachisch казáхский
Käse *m* сыр; (*Unsinn*) ерундá *f*
Ka'serne *f* казáрма
Ka'sino *n* (*Spielkasino*) казинó; (*für Offiziere*) офицéрский клуб *m*
Kaskoversicherung *f* страховáние *n* кáско
Kasperletheater *n* кýкольный теáтр *m*
Kasse *f* кáсса
Kassen|bon *m* чек (на товáр); **~patient(in** *f*) *m* застрахóванный (-ная *f*) больнóй (-нáя *f*); **~sturz** *m* реви́зия *f* кáссы
Kas'sette *f* кассéта
Kas'settenrecorder *m* кассéтный магнитофóн
kas'sieren получáть <-чи́ть> дéньги
Kas'sierer(in *f*) *m* касси́р(ша *f* F)
Ka'stanie *f* каштáн *m*
Kästchen *n* корóб(оч)ка *f*, шкатýлка *f*
Kasten *m* я́щик
ka'strieren кастри́ровать (*im*)*pf.*
Kasus *m Gr.* падéж
Kata'log *m* каталóг
Kataly'sator *m* катализáтор
Ka'tarrh *m* катáр
katastro'phal катастрофи́ческий
Kata'strophe *f* катастрóфа
Kata'strophen|gebiet *n* райóн *m* стихи́йного бéдствия; **~schutz** *m* защи́та *f* от катастрóф
Katego'rie *f* категóрия
kate'gorisch категори́ческий, категори́чный
Kater *m* кот
Ka'theder *m od. n* кáфедра *f*
Kathe'drale *f* кафедрáльный собóр *m*
Ka'thode *f* катóд *m*
Katho'lik(in *f*) *m* катóлик (-ли́чка *f*)
ka'tholisch католи́ческий
Katze *f* кóшка; F ***die ~ im Sack kaufen*** купи́ть котá в мешкé
Katzen|musik *f* кошáчий концéрт *m*; **~sprung** *m*: ***nur ein ~*** рукóй подáть
Kauderwelsch *n* тарабáрщина *f*
kauen жевáть
kauern (*a.* ***sich***) сидéть на кóрточках
Kauf *m* (*Kaufen*) кýпля *f*; (*Gekauftes*) покýпка *f*; *fig.* ***in ~ nehmen*** примири́ться с (T)
kaufen покупáть <купи́ть>
Käufer(in *f*) *m* покупáтель(ница *f*)
Kauf|haus *n* универмáг *m*; **~kraft** *f* покупáтельная спосóбность *f*
käuflich продáжный (*a. fig.*); ***~ erworben*** кýпленный, приобретённый за дéньги
Kaufmann *m* коммерсáнт; (*Händler*) купéц
kaufmännisch коммéрческий; купéческий; ***~e Angestellte*** контóрская слýжащая *f*
Kaugummi *m* жевáтельная рези́нка *f*, F жевáчка *f*
Kaulquappe *f* головáстик *m*
kaum (*fast nicht*) почти́ не; (*schwerlich*) вряд ли, едвá ли; (*mit Mühe*) с трудóм; (*gerade erst*) тóлько что; ***~ jemand*** почти́ никтó
Kauti'on *f* залóг *m*
Kautschuk *m* каучýк
Kava'lier *m* кавалéр
Kava'liersdelikt *n* пустякóвый простýпок *m*
Kavallerie *f* кавалéрия
Kaviar *m* икрá *f*

Kegel *m* ко́нус; (*beim Spiel*) ке́гля *f*; **~bahn** *f* кегельба́н *m*
kegeln игра́ть в ке́гли
Kehle *f* го́рло *n*, гло́тка
Kehlkopf *m* горта́нь *f*
kehren[1] (*fegen*) мести́, вымета́ть <вы́мести>
kehren[2] (*umdrehen*) повора́чивать <-верну́ть>
Kehricht *m od. n* сор *m*, му́сор *m*
Kehrmaschine *f* подмета́льно-убо́рочная маши́на
Kehr|reim *m* припе́в; **~seite** *f* обра́тная сторона́
kehrtmachen повора́чиваться <-верну́ться> круго́м
Keil *m* клин
Keiler *m* каба́н, сека́ч
keilförmig клинови́дный, клинообра́зный
Keil|kissen *n* подголо́вник *m*; **~riemen** *m* клиново́й реме́нь *m*
Keim *m* заро́дыш; *Bot.* росто́к; *Med.* (*Erreger*) микро́б; *fig.* ***im ~ ersticken*** подави́ть в заро́дыше
keimen прораста́ть <-расти́>; *fig.* зарожда́ться <-роди́ться>
keimfrei стери́льный
Keimzelle *f* заро́дышевая кле́тка; *fig.* (перви́чная) яче́йка
kein ни оди́н, никто́; (*qualitativ*) никако́й; ***~ Wort*** ни сло́ва; ***~ Mensch*** ни оди́н челове́к; ***ich habe ~ ...*** у меня́ нет (Р); ***~ anderer als*** никто́ ино́й как
keinerlei никако́й
keines|falls ни в ко́ем слу́чае; **~wegs** отню́дь не
keinmal ни ра́зу
Keks *m* (сухо́е) пече́нье *n*
Kelch *m* ча́ша *f*, ку́бок; *Bot.* ча́шечка *f*
Kelle *f* (*der Polizei*) сигна́льный диск *m*; *Arch.* мастеро́к *m*; *Kochk.* разлива́тельная ло́жка
Keller *m* подва́л
Keller|meister *m* смотри́тель *m* ви́нного по́греба; **~treppe** *f* подва́льная ле́стница
Kellner(**in** *f*) *m* официа́нт(ка *f*)
kennen знать; (*bekannt sein*) быть знако́мым (с Т); ***wir ~ uns*** мы знако́мы; ***~ lernen*** *v/t* <по>знако́миться (с Т)
Kenner(**in** *f*) *m* знато́к (*a. f*)
kenntlich: ***~ an*** отлича́ющийся (Т); ***~ machen*** обознача́ть <-зна́чить>
Kenntnis *f* зна́ние *n*; *pl.* (по)зна́ния *n/pl.*; ***zur ~ nehmen*** приня́ть к све́дению (В); ***in ~ setzen*** поста́вить в изве́стность (В)
Kennzeichen *n* отличи́тельный знак *m*; *Kfz.* номерно́й знак *m*; ***besondere ~*** осо́бые приме́ты *f/pl.*
kennzeichnen <по>ме́тить; характеризова́ть (*im*)*pf.*
kennzeichnend характе́рный
Kennziffer *f* показа́тель *m*
kentern *v/i* опроки́дываться <-ки́нуться> (ки́лем вверх)
Ke'ramik *f* кера́мика
ke'ramisch керами́ческий
Kerbe *f* зару́бка
Kerker *m hist.* тюрьма́ *f*
Kerl *m* па́рень *m*; ***ein ganzer ~*** молодчи́на *m/f*
Kern *m* ядро́ *n* (*a. fig.*); (*Steinobst*) ко́сточка *f*; (*Kernobst*) се́мечко *n*; (*das Wesentliche*) суть *f*, су́щность *f*
Kern|energie *f* я́дерная эне́ргия; **~forschung** *f* я́дерные иссле́дования *n/pl.*; **~fusion** *f* (термо)я́дерный си́нтез *m*; **~gehäuse** *n Bot.* семенно́е гнездо́
kerngesund соверше́нно здоро́вый
Kernkraftwerk *n* а́томная электроста́нция *f*
Kern|obst *n* се́мечковые плоды́ *m/pl.*; **~physik** *f* я́дерная фи́зика; **~reaktor** *m* я́дерный реа́ктор; **~seife** *f* ядро́вое мы́ло *n*; **~spaltung** *f* расщепле́ние *n* ядра́; **~waffen** *f/pl.* я́дерное ору́жие *n*
Kerze *f* свеча́, све́чка
kerzenge'rade прямо́й (как стрела́)
Kerzenhalter *m* подсве́чник
Kerzenlicht *n* свет *m* свечи́; ***bei ~*** при свеча́х
Kessel *m* котёл; *Geol.* котлови́на *f*; **~wagen** *m* ваго́н-цисте́рна *m*
Ketchup *m od. n* ке́тчуп *m*
Kette *f* цепь *f* (*a. fig.*)
Ketten|fahrzeug *n* маши́на *f* на гу́сеничном ходу́; **~glied** *n* звено́ (це́пи); **~reaktion** *f* цепна́я реа́кция

Ketzer(**in** *f*) *m* ерети́к (-и́чка *f*)
keuchen тяжело́ дыша́ть
Keuchhusten *m* коклю́ш
Keule *f* дуби́на; (*Turnen*) булава́; *Kochk.* костре́ц *m*
keusch целому́дренный
Keuschheit *f* целому́дрие *n*
kichern хихи́кать
kidnappen похища́ть <-хи́тить>
Kiefer[1] *f* сосна́
Kiefer[2] *m* че́люсть *f*
Kiel *m Mar.* киль *m*
Kieme *f* жа́бра
Kies *m* гра́вий
Kiesel(**stein**) *m* га́лька *f*
Kiesgrube *f* грави́йный карье́р *m*
Kilo *n* кило́; **~'gramm** *n* килогра́мм *m*
Kilo'meter *m* киломе́тр; **~zähler** *m* счётчик пробе́га
Kilowattstunde *f* килова́тт-час *m*
Kimme *f* про́резь *f* прице́ла
Kind *n* ребёнок *m*, дитя́ *n*; ***ein ~ bekommen*** роди́ть ребёнка; ***von ~ auf*** с де́тства
Kinder *n/pl.* де́ти *pl.*; (*a. Anrede*) ребя́та *pl.*; **~arzt** *m* (**~ärztin** *f*) педиа́тр, де́тский врач (*a. f*); **~bett** *n* де́тская крова́тка *f*; **~buch** *n* де́тская кни́га *f*; **~erziehung** *f* воспита́ние *n* дете́й; **~garten** *m* де́тский сад; **~gärtnerin** *f* сестра́-воспита́тельница (в де́тском саду́); **~geld** *n* посо́бие на дете́й; **~heim** *n* де́тский дом *m*, детдо́м *m*; **~krankheit** *f* де́тская боле́знь; **~krippe** *f* (де́тские) я́сли; **~lähmung** *f* полиомиели́т *m*
kinder|'leicht о́чень лёгкий; **~lieb** лю́бящий дете́й; **~los** безде́тный
Kindermädchen *n* ня́ня *f*
kinderreich многоде́тный
Kinderschuhe *m/pl. koll.* де́тская о́бувь; *fig.* ***in den ~n stecken*** ещё не вы́йти из пелёнок
Kinderspiel *n* де́тская игра́ *f*; *fig.* ***das ist ein ~*** э́то су́щий пустя́к
Kinder|spielplatz *m* де́тская площа́дка *f*; **~wagen** *m* де́тская коля́ска *f*; **~zimmer** *n* де́тская (ко́мната) *f*
Kindheit *f* де́тство *n*; ***von ~ an*** с де́тства
kindisch ребя́ческий, ребя́чливый
kindlich де́тский
Kinn *n* подборо́док *m*; **~haken** *m* уда́р в подборо́док
Kino *n* кино́; **~besucher**(**in** *f*) кинозри́тель(ница *f*); **~karte** *f* биле́т *m* в кино́
Kiosk *m* кио́ск
Kippe[1] *f* (*Zigarette*) оку́рок *m*
Kippe[2] *f* (*Halde*) отва́л *m*
kippen *v/t* опроки́дывать <-ки́нуть> (*v/i* -ся)
Kippschalter *m* перекидно́й выключа́тель *m*
Kirche *f* це́рковь *f*
Kirchen|lied *n* церко́вная пе́снь *f*; **~steuer** *f* церко́вный нало́г *m*; **~tag** *m* церко́вный съезд
kirchlich церко́вный
Kirchturm *m* церко́вная ба́шня *f*
Kir'gis|e *m* (**~in** *f*) кирги́з(ка *f*)
kir'gisisch кирги́зский
Kirsche *f* ви́шня, (*Süßkirsche*) чере́шня
Kissen *n* поду́шка *f*; **~bezug** *m* на́волочка *f*
Kiste *f* я́щик *m*
Kitsch *m* кич
kitschig безвку́сный
Kitt *m* зама́зка *f*
Kittel *m* (рабо́чий) хала́т
kitten *Fenster* зама́зывать <-зать>; *fig.* скле́и(ва)ть
kitzelig щекотли́вый (*a. fig.*)
kitzeln <по>щекота́ть
kläffen тя́вкать
Klage *f* жа́лоба; *Jur. a.* иск *m*; ***e-e ~ einreichen*** подава́ть <-да́ть> жа́лобу
Klagelied *n* плач *m*
klagen <по>жа́ловаться; *Jur.* пода́(ва́)ть в суд (***gegen*** на В)
Kläger(**in** *f*) *m* исте́ц (исти́ца *f*)
kläglich жа́лкий, плаче́вный
klamm вла́жный; (*vor Kälte*) окочене́лый
Klammer *f Tech.* скоба́; *Typ.* ско́бка; (*Büroklammer*) скре́пка; (*Wäscheklammer*) прище́пка; ***in ~n setzen*** <по>ста́вить в ско́бки
klammern скрепля́ть <-пи́ть> скобо́й; ***sich ~*** цепля́ться <уцепи́ться> (***an*** за В)
Kla'motten *f/pl.* ве́щи *f/pl.*
klang → ***klingen***

K

Klang *m* звук; (*Klangbild*) звуча́ние *n*
klangvoll зву́чный
Klappbett *n* откидна́я крова́ть *f*
Klappe *f* кла́пан *m*; (*Ofentür*) засло́нка; (*Film*) хлопу́шка; ***die ~ halten*** пома́лкивать
klappen *v/t*: ***nach oben ~*** отки́дывать <-ки́нуть>; ***nach unten ~*** опуска́ть <-сти́ть>; *v/i fig.* <за>ла́диться; ***es klappt*** всё идёт хорошо́
klappern стуча́ть (***mit dem Geschirr*** посу́дой, ***mit den Zähnen*** зуба́ми)
klapprig дря́хлый
Klapp|sitz *m* откидно́е сиде́нье *n*; **~stuhl** *m* складно́й стул; **~tisch** *m* откидно́й стол
klar я́сный; (*durchsichtig*) прозра́чный; ***~ werden*** <по>светле́ть; ***sich ~ werden*** (***über***) уясня́ть <-ни́ть> самому́ себе́ (В); ***sich im Klaren sein*** отдава́ть себе́ отчёт (***über*** в П)
Kläranlage *f* очистно́е сооруже́ние *n*
klären очища́ть <очи́стить>; *fig.* выясня́ть <вы́яснить>; ***sich ~*** *Himmel*: проясня́ться <-ни́ться>
Klarheit *f* я́сность *f*; (*Duchsichtigkeit*) прозра́чность *f*
Klari'nette *f* кларне́т *m*
klarkommen F (***mit***) справля́ться <спра́виться> (с Т)
Klarsichtfolie *f* полиэтиле́новая плёнка
klarstellen дава́ть <дать> поясне́ние (по Д)
Klärung *f* выясне́ние *n*
Klärwerk *n* очи́стная ста́нция *f*
Klasse *f* класс *m*
Klassen|arbeit *f* кла́ссная рабо́та; **~buch** *n* кла́ссный журна́л *m*; **~kamerad(in** *f*) *m* однокла́ссник (-ица *f*); **~kampf** *m* кла́ссовая борьба́ *f*; **~lehrer(in** *f*) *m* кла́ссный (-ная *f*) руководи́тель(ница *f*) *m*; **~treffen** *n* встре́ча *f* однокла́ссников; **~zimmer** *n* кла́ссная (ко́мната) *f*
klassifi'zieren классифици́ровать (*im*)*pf.*
Klassiker(in *f*) *m* кла́ссик (*a. f*)
klassisch класси́ческий
Klatsch *m* (*Gerede*) сплётня *f* (*mst pl.*); **~base** *f* сплётница, болту́нья
klatschen *v/i* хло́пать; *Regen*: стуча́ть (по Д); *v/t Beifall*: рукоплеска́ть; ***in die Hände ~*** хло́пать в ладо́ши
klatsch'nass мо́крый как мышь
Klaue *f* (*Pfote*) ла́па; (*Kralle*) ко́готь *m*; F ***e-e fürchterliche ~ haben*** писа́ть как ку́рица ла́пой
klauen F <с>тащи́ть, стяну́ть *pf.*
Klausel *f* кла́узула, огово́рка
Klau'sur *f* экзаменацио́нная (кла́ссная) рабо́та; **~tagung** *f* закры́тое заседа́ние *n*
Kla'vier *n* фортепья́но, пиани́но; ***~ spielen*** игра́ть на пиани́но
Kla'vier|konzert *n* фортепья́нный конце́рт *m*; **~spieler(in** *f*) *m* пиани́ст(ка *f*); **~stimmer** *m* настро́йщик
Klebeband *n* кле́йкая ле́нта *f*
kleben *v/t* кле́ить, накле́и(ва)ть (***an, auf*** на В); *v/i* кле́иться; F *j-m* ***e-e ~*** влепи́ть оплеу́ху (Д)
klebrig кле́йкий, ли́пкий
Klebstoff *m* клей
kleckern *v/i* ка́пать <-пнуть>
Klecks *m* пятно́ *n*; (*Tintenfleck*) кля́кса *f*
klecksen посади́ть *pf.* кля́ксу, сажа́ть кля́ксы
Klee *m* кле́вер
Kleid *n* пла́тье
kleiden наряжа́ть <-ряди́ть>; (*gut aussehen*) быть к лицу́
Kleider|bügel *m* пле́чики *n/pl.*; **~bürste** *f* платяна́я щётка; **~haken** *m* ве́шалка *f*; **~schrank** *m* платяно́й шкаф; **~ständer** *m* (стоя́чая) ве́шалка *f*
kleidsam: *~ sein* быть к лицу́
Kleidung *f* оде́жда
Kleidungsstück *n* предме́т *m* оде́жды
klein ма́ленький; (*von Wuchs*) ма́лый; ***von ~ auf*** с ма́лых лет; ***~ kariert*** в ме́лкую кле́тку; ***~ schneiden*** ме́лко нареза́ть <-ре́зать>; ***das ~ Gedruckte*** напеча́танное ме́лким шри́фтом
Klein|anzeige *f* кра́ткое объявле́ние *n*; **~bahn** *f* узкоколе́йка;

~bildkamera *f* малоформа́тный фотоаппара́т *m*; **~buchstabe** *m* стро́чная бу́ква *f*; **~bürger** *m* ме́лкий буржуа́ *m*, мещани́н
kleinbürgerlich мелкобуржуа́зный, меща́нский
Kleinbus *m* микроавто́бус
Klein|geld *n* ме́лочь *f*; **~hirn** *n* мозжечо́к *m*
Kleinigkeit *f* ме́лочь *f*; (*Lappalie*) пустя́к *m*
kleinkariert F *fig.* недалёкий; ме́лочный
Klein|kind *n* ма́ленький ребёнок *m*; **~kram** F *m* ме́лочи; **~krieg** *m* F *fig.* ссо́ры *f/pl.*
kleinlich ме́лочный
Kleinmut *m* малоду́шие *n*
kleinmütig малоду́шный
Kleinod *n* драгоце́нность *f*
Kleinstadt *f* ма́ленький городо́к *m*; **~wagen** *m* малолитра́жный автомоби́ль *m*
Kleister *m* кле́йстер
Klemme *f* зажи́м *m*; *fig.* затрудни́тельное положе́ние *n*; ***in der ~ sitzen*** попа́сть в передря́гу
klemmen *v/i Tür*: заеда́ть <-е́сть>
Klempner *m* жестя́нщик
kleri'kal клерика́льный
Klerus *m* клир
Klette *f* лопу́х *m*, репе́йник *m*; ***wie e-e ~ hängen*** приста́ть как репе́й (***an*** к Д)
klettern ла́зить, ла́зать; (***auf***) взлез(а́)ть (на В)
Kletterpflanze *f* выющееся расте́ние *n*
Klettverschluss *m* репе́йник
Kli'ent(in *f*) *m* клие́нт(ка *f*); *Jur.* подзащи́тный *m* (-ная *f*)
Klima *n* кли́мат *m* (*a. fig.*); **~anlage** *f* кондиционе́р *m*
kli'matisch климати́ческий
Klimawechsel *m* переме́на *f* кли́мата
Klimmzug *m* подтя́гивание *n* на рука́х
klimpern бренча́ть (***auf*** на П)
Klinge *f* ле́звие *n*
Klingel *f* звоно́к *m*; **~knopf** *m* кно́пка *f* звонка́
klingeln звони́ть; ***es klingelt!*** звоно́к!
klingen звуча́ть; *Glas*: звене́ть
Klinik *f* кли́ника
klinisch клини́ческий; ***~ tot*** клини́чески мёртвый
Klinke *f* (дверна́я) ру́чка
klipp: ***~ und klar*** ко́ротко и я́сно
Klippe *f* утёс *m*; *pl. fig.* подво́дные ка́мни *m/pl.*
klirren звя́кать <-кнуть>; (*vibrieren*) <за>дребезжа́ть **~d:** ***~e Kälte*** треску́чий моро́з
Kli'schee *n* клише́ (*a. fig.*)
Klo F *n* туале́т *m*, клозе́т *m*
Klo'ake *f* клоа́ка
klobig неуклю́жий
klonen клони́ровать
klopfen *Teppich* выбива́ть <вы́бить>; *v/i* (*an d. Tür*) <по>стуча́ть (***an*** в В); *Herz*: би́ться; ***es klopft!*** стуча́т!
Klops *m* бито́к
Klo'sett *n* клозе́т *m*, убо́рная *f*; **~becken** *n* унита́з *m*; **~brille** *f* стульча́к *m*
Kloß *m* клёцка *f*
Kloster *n* монасты́рь *m*
Klotz *m* коло́да *f*
Klub *m* клуб
Kluft¹ *f* (*Felsenkluft*) рассе́лина; (*Schlucht*) про́пасть *f*
Kluft² F *f iron.* одея́ние *n*
klug у́мный; ***nicht ~ werden aus*** (*j-m*) не разобра́ться (в П)
Klugheit *f* ум *m*; (*Vernunft*) благоразу́мие *n*
Klumpen *m* ком; (*aus Eis*) глы́ба *f*
knabbern грызть; (*naschen*) ла́комиться
Knabe *m* ма́льчик
Knäckebrot *n* хрустя́щий хлебе́ц *m*
knacken *v/i* треща́ть, тре́снуть *pf.*; *v/t Nüsse* щёлкать; *Safe* взлома́ть *pf.*
knackig хрустя́щий
Knacks *m* треск; (*Sprung*) тре́щина *f*
Knall *m* хлопо́к; (*Explosion*) гро́хот; ***er hat e-n ~*** он совсе́м рехну́лся
knallen хло́пать <-пнуть>
Knallkörper *m* хлопу́шка *f*
knapp (*eng*) у́зкий, те́сный; (*spärlich*) ску́дный; *Ware*: дефици́тный; *Mehrheit*: незначи́тельный; ***~ bei Kasse sein*** нужда́ться в деньга́х;

die Zeit wird ~ вре́мя ухо́дит
knarren *Tür*: скрипе́ть
Knast F *m* тюрьма́ *f*
knattern *Motor*: тарахте́ть; *Waffe*: строчи́ть
Knäuel *m od. n* клубо́к *m*
Knauf *m* (*am Stock*) набалда́шник
knauserig ска́редный
knausern <по>скупи́ться
Knebel *m* кляп
knebeln *v/t* всу́нуть *pf.* в рот кляп (Д)
Knecht *m* батра́к; *fig.* холо́п
knechten порабоща́ть <-оти́ть>
Knechtschaft *f* ра́бство *n*, кабала́
kneifen щипа́ть, ущипну́ть; *v/i Kleid*: жать
Kneifzange *f* куса́чки *pl.*
Kneipe *f* тракти́р *m*, каба́к *m*, пивна́я
kneten *Teig* меси́ть
Knick *m* (*Falz*) сгиб, заги́б
knicken надла́мывать <-ломи́ть>; *Papier* сгиба́ть <согну́ть>
knickerig F скупо́й
Knie *n* коле́но; ***auf*** (***den***) ***~n*** на коле́нях; ***übers ~ brechen*** де́лать на́спех
Knie|beuge *f* приседа́ние; **~gelenk** *n* коле́нный суста́в *m*; **~kehle** *f* подколе́нная впа́дина
knien стоя́ть на коле́нях; ***sich ~*** станови́ться <стать> на коле́ни
Knie|scheibe *f* коле́нная ча́шечка; **~schützer** *m* наколе́нник; **~strümpfe** *m/pl.* го́льфы *m/pl.*
kniff → ***kneifen***
Kniff *m fig.* фо́кус, трюк; (*Falte*) скла́дка *f*
kniffelig замыслова́тый, хитроу́мный
knipsen F *v/t Foto* снима́ть <снять>; *Fahrkarte* <про>компости́ровать
Knirps *m* карапу́з
knirschen скрипе́ть; ***mit den Zähnen ~*** скрежета́ть зуба́ми
knistern потре́скивать; *Seide, Papier*: шурша́ть
knitterfrei немну́щийся
knittern *v/i* <из>мя́ться
Knoblauch *m* чесно́к; **~zehe** *f* зу́бчик *m* чеснока́
Knöchel *m* щи́колотка *f*, лоды́жка *f*; (*e-s Fingers*) костя́шка *f*
Knochen *m* кость *f*; ***sich bis auf die ~ blamieren*** вконе́ц осрами́ться
Knochen|bau *m* строе́ние *n* косте́й; **~bruch** *m* перело́м ко́сти; **~gerüst** *n* костя́к *m*; **~mark** *n* ко́стный мозг *m*
knochig кости́стый
Knödel *m/pl.* кне́дли *f/pl.*
Knolle *f* клу́бень *m*
Knopf *m* пу́говица *f*; *El.* кно́пка *f*
knöpfen застёгивать <-тегну́ть>
Knopfloch *n* петля́ *f*
Knorpel *m* хрящ
knorpelig хрящева́тый
knorrig *Holz, Hände*: узлова́тый; *Baum*: коря́вый
Knospe *f* по́чка
knoten завя́зывать <-за́ть> узло́м
Knoten *m* у́зел
Knotenpunkt *m Esb.* узлова́я ста́нция *f*
knüpfen <с>вяза́ть; *Netz* <с>плести́; *fig.* свя́зывать <-за́ть> (***an*** с Т)
Knüppel *m* дуби́нка *f*; *Tech.* рыча́г, ру́чка *f*; *fig.* ***j-m e-n ~ zwischen die Beine werfen*** вставля́ть кому́-либо па́лки в колёса
knurren <за>ворча́ть; ***mir knurrt der Magen*** у меня́ урчи́т в желу́дке
knusperig поджа́ристый, хрустя́щий
knutschen F обнима́ть <-ня́ть>
Koaliti'on *f* коали́ция
Koaliti'onsregierung *f* коалицио́нное прави́тельство *n*
Kobalt *n* ко́бальт *m*
Koch *m* по́вар; **~buch** *n* пова́ренная кни́га *f*
kochen *v/t* <с>вари́ть; (*zubereiten*) <при>гото́вить; *Tee, Kaffee* зава́ривать <-ри́ть>; *Milch, Wäsche* <вс>кипяти́ть; *v/i* (*sieden*) <вс>кипе́ть
Kocher *m* (электро)пли́тка *f*
kochfertig: *~e Suppe* концентра́т *m* су́па
Koch|gelegenheit *f* помеще́ние *n* для приготовле́ния пи́щи; **~geschirr** *n* ку́хонная посу́да *f*; *Mil.* котело́к *m*
Köchin *f* повари́ха
Koch|löffel *m* поварска́я ло́жка *f*; **~nische** *f* ку́хонная ни́ша; **~salz** *n*

пова́ренная соль *f*; **~topf** *m* кастрю́ля *f*
Köder *m* прима́нка *f*
ködern прима́нивать <-ни́ть>
Kodex *m* ко́декс
Koeffizi'ent *m* коэффицие́нт
Koexistenz *f* сосуществова́ние *n*
koffe'infrei не содержа́щий кофеи́на
Koffer *m* чемода́н; **~anhänger** *m* именна́я би́рка *f*; **~radio** *n* портати́вный радиоприёмник *m*; **~raum** *m* бага́жник; **~schreibmaschine** *f* портати́вная пи́шущая маши́нка
Kognak *m* конья́к
Kohl *m* капу́ста *f*; F *fig.* вздор
Kohle *f* у́голь *m*; *pl. fig.* F деньжа́та *pl.*; (***wie***) ***auf ~n sitzen*** сиде́ть как на у́гольях
Kohlen|dioxid *n* двуо́кись *f* углеро́да; **~grube** *f* у́гольная ша́хта; **~hydrat** *n* углево́д *m*; **~monoxid** *n* о́кись *f* углеро́да; **~säure** *f* углекислота́; **~staub** *m* у́гольная пыль *f*; **~stoff** *m* углеро́д
Kohlepapier *n* копирова́льная бума́га *f*
Kohl|'rabi *m* кольра́би *n*; **~roulade** *f* голубе́ц *m*
Koje *f* ко́йка; (*Raum*) каби́на
Koka'in *n* кокаи́н *m*
ko'kett коке́тливый
koket'tieren коке́тничать
Kokos|nuss *f* коко́совый оре́х *m*; **~palme** *f* коко́совая па́льма
Koks *m* кокс
Kolben *m Chem.* ко́лба *f*; (*Motor*) по́ршень *m*; (*Gewehr*) прикла́д
Kol'chose *f* колхо́з *m*
Kolibri *m* коли́бри *m od. f*
Kolik *f* ко́лики *pl.*
Kollaps *m* колла́пс
Kol'lege *m* колле́га *m*
kollegi'al това́рищеский
Kol'legin *f* колле́га *f*
Kol'legium *n* колле́гия *f*
Kollekti'on *f* колле́кция
kollek'tiv коллекти́вный
kolli'dieren ста́лкиваться <столкну́ться>; *zeitl.* совпада́ть по вре́мени
Kollisi'on *f* столкнове́ние *n*
Kolo'nie *f* коло́ния
koloni'sieren колонизи́ровать (*im*)*pf.*
Ko'lonne *f* коло́нна
kolo'rieren раскра́шивать <-ра́сить>
Koloss *m* коло́сс
kolos'sal колосса́льный
Ko'lumne *f Typ.* полоса́
Kombi *m* (*Auto*) ко́мби *m*
Kombinati'on *f* комбина́ция; (*Arbeitsanzug*) комбинезо́н *m*
kombi'nieren <с>комбини́ровать
Kombizange *f* пассати́жи *pl.*
Ko'met *m* коме́та *f*
Kom'fort *m* комфо́рт; ***mit allem ~*** со всеми удо́бствами
komfor'tabel комфорта́бельный
Komik *f* коми́зм *m*
Komiker(in *f*) *m* ко́мик (*a. f*)
komisch коми́ческий, коми́чный
Komi'tee *n* комите́т *m*
Komma *n* запята́я *f*
Komman|'dant *m* коменда́нт; **~deur** *m* команди́р
komman'dieren *v/t* кома́ндовать (Т)
Kom'mando *n* (*Befehlsgewalt*) кома́ндование; (*Befehl*) кома́нда *f*; (*kleine Abteilung*) отря́д *m*
kommen приходи́ть <прийти́>, прибыва́ть <-бы́ть>; *Winter, Nacht*: наступа́ть <-пи́ть>; ***angelaufen ~*** прибега́ть <-бежа́ть>; ***~ lassen*** (*z.B. Arzt*) вызыва́ть <вы́звать>; ***es ~ sehen*** предви́деть; ***wie kommt es, dass ...?*** почему́ ...?; ***das kommt daher, dass ...*** э́то происхо́дит от того́, что ...; ***er kommt in die Schule*** он бу́дет ходи́ть в шко́лу; ***nichts ~ lassen auf*** не позволя́ть <-во́лить> пло́хо говори́ть о (П); ***~ hinter*** *fig.* дога́дываться <-да́ться> (о П); *fig.* ***in die Jahre ~*** возмужа́ть *pf.*; ***ich komme zu nichts*** у меня́ постоя́нная нехва́тка вре́мени; ***zu sich ~*** прийти́ в себя́
kommend наступа́ющий; ***in der ~en Woche*** на сле́дующей неде́ле
Kommen'tar *m* коммента́рий
kommen'tieren <про>комменти́ровать
kommerzi'ell комме́рческий

Kommili'ton|e *m* (**~in** *f*) това́рищ (*a. f*) по учёбе, соку́рсник (-ица *f*)
Kommis'sar(**in** *f*) *m* комисса́р(ша *f* F)
Kommissi'on *f* коми́ссия
Kom'mode *f* комо́д *m*
kommu'nal коммуна́льный
Kommu'nal|politik *f* коммуна́льная поли́тика; **~wahlen** *f/pl.* коммуна́льные вы́боры *m/pl.*
Kom'mune *f* комму́на
Kommu|'nismus *m* коммуни́зм; **~'nist**(**in** *f*) *m* коммуни́ст(ка *f*)
kommu'nistisch коммунисти́ческий
Ko'mödie *f* коме́дия
kom'pakt компа́ктный
Kompa'nie *f* *Mil.* ро́та; **~chef** *m* команди́р ро́ты
Komparativ *m* *Gr.* сте́пень *f* сравне́ния
Kompass *m* ко́мпас
kompa'tibel совмести́мый
Kompensation *f* компенса́ция
kompen'sieren компенси́ровать (*im*)*pf.*
kompe'tent компете́нтный
Kompe'tenz *f* компете́нция; (*Fähigkeiten*) компете́нтность *f*; **~bereich** *m* круг полномо́чий, компете́нция *f*
kom'plett компле́ктный
kom'plex ко́мплексный
Komplikati'on *f* осложне́ние *n*
Kompli'ment *n* комплиме́нт *m*
Kom'plize *m* соо́бщник
kompli'ziert сло́жный
Kom'plizin *f* соо́бщница
Kom'plott *n* за́говор *m*, компло́т *m*
kompo'nieren *Mus.* сочиня́ть <-ни́ть>; *fig.* <с>компонова́ть
Kompo|'nist(**in** *f*) *m* компози́тор(ша *f* F); **~siti'on** *f* музыка́льное произведе́ние *n*
Kom'post *m* компо́ст
Kom'pott *n* компо́т *m*
Kom'pres|se *f* компре́сс *m*; **~sor** *m* компре́ссор
kompri'mieren сж(им)а́ть
Kompro'miss *m* компроми́сс; ***e-n ~ schließen*** идти́ <пойти́> на компроми́сс
kompro'misslos бескомпроми́ссный
kompromit'tieren <с>компромети́ровать
Konden'sator *m* конденса́тор
konden'sieren <с>конденси́ровать (*im*)*pf.*
Kon'dens|milch *f* сгущённое молоко́ *n*; **~wasser** *n* конденсацио́нная вода́ *f*
Konditi'on *f* усло́вие *n*
Konditio'nal *m* усло́вное наклоне́ние *n*
Kon'ditor *m* конди́тер
Kondi'torin *f* конди́терша F
Kondito'rei *f* конди́терская
kondo'lieren выража́ть <вы́разить> соболе́знование
Kon'dom *n od. m* презервати́в *m*
Kon'fekt *n* (шокола́дные) конфе́ты *f/pl.*
Konfekti'on *f* гото́вое пла́тье *n*
Konfekti'ons|anzug *m* гото́вый костю́м; **~größe** *f* разме́р *m* оде́жды
Konfe'renz *f* конфере́нция, совеща́ние *n* (***über*** по Д); **~raum** *m* конфере́нц-за́л
Konfessi'on *f* вероисповеда́ние *n*
konfessio'nell конфессиона́льный
Kon'fetti *n* конфетти́ *n*
Konfir|'mand(**in** *f*) *m* конфирма́нд(ка *f*); **~mati'on** *f* конфирма́ция
konfir'mieren конфирмова́ть (*im*)*pf.*
Konfi'türe *f* варе́нье *n*, конфитю́р *m*
Kon'flikt *m* конфли́кт
Konfrontati'on *f* конфронта́ция
konfron'tieren (***mit***) ста́лкиваться <столкну́ться> (с Т)
kon'fus запу́танный, нея́сный
Konglome'rat *n* конгломера́т *m*
Kon'gress *m* конгре́сс
König *m* коро́ль *m*; **~in** *f* короле́ва
königlich короле́вский
Königreich *n* короле́вство
Konjugati'on *f* *Gr.* спряже́ние *n*
konju'gieren <про>спряга́ть
Konjunkti'on *f* *Gr.* сою́з *m*
Konjunktiv *m* *Gr.* сослага́тельное наклоне́ние *n*
Konjunk'tur *f* конъюнкту́ра; **~aufschwung** *m* подъём конъюнкту́ры

konjunktu'rell конъюнкту́рный
kon'kav во́гнутый
kon'kret конкре́тный
Konkur'rent(**in** *f*) *m* конкуре́нт(ка *f*), сопе́рник (-ица *f*)
Konkur'renz *f* конкуре́нция; ***außer ~*** *Sp.* вне ко́нкурса
konkur'renzfähig конкурентоспосо́бный
Konkur'renzkampf *m* конкуре́нтная борьба́ *f*
konkur'rieren конкури́ровать
Kon'kurs *m* банкро́тство *n*; **~verwalter** *m* управля́ющий *m* ко́нкурсной ма́ссой
können <c>мочь; (*beherrschen*) <c>уме́ть, знать; ***man kann sagen*** мо́жно сказа́ть; ***es kann sein, dass ...*** возмо́жно, что ...; ***ich kann nicht mehr*** я бо́льше не в состоя́нии; ***er kann Deutsch*** он зна́ет неме́цкий язы́к; ***er kann russisch sprechen*** он мо́жет говори́ть по-ру́сски; ***ich kann schwimmen*** я уме́ю пла́вать
Können *n* уме́ние, мастерство́
Könner *m* ма́стер (своего́ де́ла); **~in** *f* мастери́ца
konnte → ***können***
konse'quent после́довательный
Konse'quenz *f* после́довательность *f*; (*Folge*) (по)сле́дствие *n*; ***die ~en ziehen aus*** сде́лать вы́воды из (P)
konserva'tiv консервати́вный
Kon'serve *f* консе́рвы *pl.*
Kon'servendose *f* консе́рвная ба́нка
konser'vieren <за>консерви́ровать (*im*)*pf.*
Konser'vierungsmittel *n* консерви́рующее сре́дство
Kon'sole *f* консо́ль *f*
Konso'nant *m* согла́сный (звук)
kon'stant постоя́нный
Konstellati'on *f fig.* положе́ние *n*
Konstituti'on *f* конститу́ция
konstitutio'nell конституцио́нный; *Med.* органи́ческий
konstru'ieren <c>конструи́ровать
Konstruk|'teur(**in** *f*) *m* констру́ктор(ша *f* F); **~ti'on** *f* констру́кция; *Math.* построе́ние *n*
Konstrukti'onsbüro *n* констру́кторское бюро́
Konsul *m* ко́нсул
Konsu'lat *n* ко́нсульство
konsul'tieren *v/t* <про>консульти́роваться (с Т)
Kon'sum *m* (*Verbrauch*) потребле́ние *n*
Konsu'ment(**in** *f*) *m* потреби́тель(ница *f*) *m*
konsu'mieren потребля́ть <-би́ть>
Kon'takt *m* конта́кт; ***in ~ treten*** вступа́ть <-пи́ть> в конта́кт
Kon'taktlinse *f* конта́ктная ли́нза
Konterrevolution *f* контрреволю́ция
Kontinent *m* контине́нт, матери́к
kontinen'tal континента́льный
Kontin'gent *n* континге́нт *m*
kontinu'ierlich непреры́вный
Konto *n* счёт *m*; **~auszug** *m* вы́писка *f* из счёта; **~inhaber**(**in** *f*) *m* владе́лец (-лица *f*) (ли́чного) счёта; **~nummer** *f* но́мер *m* счёта; **~stand** *m* са́льдо *n*
kontra *Prp., Adv.* про́тив
Kontrabass *m* контраба́с
Kontra'hent(**in** *f*) *m* контраге́нт (*a. f*)
kon'trär противополо́жный
Kon'trast *m* контра́ст
Kon'trolle *f* контро́ль *m*; ***unter ~ bringen*** взять под контро́ль
Kontrol'leur *m* контролёр(ша *f* F)
kontrol'lieren <про>контроли́ровать
Kontro'verse *f* спор *m*; разногла́сие *n*
Kon'tur *f* ко́нтур *m*
Konventi'on *f Pol.* конве́нция, соглаше́ние *n*
Konversati'on *f* разгово́р *m*, бесе́да
konver'tierbar *Fin.* конверти́руемый
kon'vex вы́пуклый
Kon'voi *m* конво́й
Konzen'trat *n* концентра́т *m*
Konzentrati'on *f* концентра́ция
Konzentrati'onslager *n* концентрацио́нный ла́герь *m*
konzen'trieren: ***sich ~*** <c>концентри́роваться, сосредото́чи(ва)ться (***auf*** на П)

Kon'zept *n* набро́сок *m*; план *m*; ***aus dem ~ bringen*** сби́(ва́)ть(ся) с то́лку
Kon'zern *m* конце́рн
Kon'zert *n* конце́рт
Kon'zertsaal *m* конце́ртный зал
Konzessi'on *f* конце́ссия; ***~en machen*** идти́ <пойти́> на усту́пки
konzili'ant обходи́тельный
Kooperati'on *f* коопери́рование *n*
koope'rieren сотру́дничать, коопери́роваться *(im)pf.*
koordi'nieren <с>координи́ровать *(im)pf.*
Kopf *m* голова́ *f* (*a. fig.*); (*Stecknadel*) голо́вка *f*; ***~ an ~*** голова́ в го́лову; ***ein kluger ~*** у́мная голова́; ***auf den ~ stellen*** поста́вить с ног на́ голову; ***sich den ~ zerbrechen*** лома́ть себе́ го́лову; ***pro ~ der Bevölkerung*** на ду́шу населе́ния; ***von ~ bis Fuß*** с головы́ до пят; ***vor den ~ stoßen*** оби́деть, заде́ть; ***s-n ~ durchsetzen*** настоя́ть на своём; ***sich in den ~ setzen*** вбить себе́ в го́лову
Kopf|bahnhof *m* тупико́вая ста́нция *f*; **~ball** *m* уда́р голово́й
köpfen *Sp.* игра́ть голово́й
Kopf|hörer *m, mst pl.* нау́шники *m/pl.*; **~kissen** *n* поду́шка *f*
kopflos безголо́вый
Kopfrechnen *n*: ***ich bin im ~ schwach*** я пло́хо счита́ю в уме́
Kopfsalat *m* коча́нный сала́т
Kopfschmerz *m* головна́я боль *f*; ***ich habe ~en*** у меня́ боли́т голова́
Kopf|sprung *m* прыжо́к (в во́ду) голово́й вперёд; **~stand** *m* сто́йка *f* на голове́; **~steinpflaster** *n* булы́жная мостова́я *f*; **~stütze** *f* подголо́вник *m*; **~tuch** *n* головно́й плато́к *m*
kopf'über голово́й вперёд, кувырко́м
Kopfzerbrechen *n*: ***das bereitet viel ~*** над э́тим на́до лома́ть себе́ го́лову
Ko'pie *f* ко́пия
ko'pieren <с>копи́ровать
Ko'piergerät *n* копирова́льный аппара́т *m*
koppeln (*verbinden*) свя́зывать <-за́ть>
Koppelung *f* соедине́ние *n*; *Raumf.* стыко́вка *f*
Koproduktion *f* совме́стное произво́дство *n*
Ko'ralle *f* кора́лл *m*
Ko'rallenriff *n* кора́лловый риф *m*
Korb *m* корзи́на *f*; ***j-m e-n ~ geben*** отказа́ть кому́-либо
Kordel *f* плетёный шнур *m*
Kore'aner(in *f*) *m* коре́ец (коре́янка *f*)
kore'anisch коре́йский
Kork(en) *m* про́бка *f*
Korkenzieher *m* што́пор
Korn[1] *n* зерно́; (*Getreide*) хлеб *m*, жи́то; (*an Waffen*) му́шка *f*; ***aufs ~ nehmen*** взять на прице́л (*a. fig.*)
Korn[2] *m* (хле́бная) во́дка *f*
Kornblume *f* василёк *m*
körnig зерни́стый
Kornkammer *f fig.* жи́тница
Körper *m* те́ло *n*; ко́рпус (*a. Tech., fig.*); **~bau** *m* телосложе́ние *n*
körperbehindert с физи́ческим недоста́тком
Körper|größe *f* рост *m*; **~kultur** *f* физкульту́ра
körperlich физи́ческий, теле́сный
Körper|pflege *f* ли́чная гигие́на; **~teil** *m* часть *f* те́ла
korpu'lent по́лный
kor'rekt корре́ктный, пра́вильный
Korrek'tur *f* исправле́ние *n*; *Typ.* корректу́ра
Korrespon|'dent(in *f*) *m* корреспонде́нт(ка *f*); **~'denz** *f* корреспонде́нция; (*Briefwechsel*) перепи́ска
korrespon'dieren перепи́сываться
Korridor *m* коридо́р
korri'gieren исправля́ть <-а́вить>; *Text* вноси́ть <внести́> попра́вки
Korrosi'on *f* корро́зия
korrum'pieren коррумпи́ровать
kor'rupt прода́жный
Koryphäe *f* корифе́й *m*
Ko'sak *m* каза́к
Kosename *m* ласка́тельное и́мя *n*
Kos'metik *f* косме́тика
Kos'metikerin *f* космети́чка
kosmetisch космети́ческий
kosmisch косми́ческий
Kosmo'naut(in *f*) *m* космона́вт (*a. f*)

Kost *f* пи́ща; (*Beköstigung*) стол *m*

kostbar драгоце́нный

Kostbarkeit *f* драгоце́нность *f*

kosten[1] *v/i* сто́ить (В); ***was kostet das?*** ско́лько э́то сто́ит?; ***koste es, was es wolle*** любо́й цено́й

kosten[2] *v/t* <по>про́бовать

Kosten *pl.* расхо́ды *m/pl.*, изде́ржки *f/pl.*; ***auf ~ von*** на счёт (Р); ***auf s-e ~ kommen*** не оста́ться в накла́де; *fig.* получи́ть большо́е удово́льствие

kostenlos беспла́тный

Kostensenkung *f* сниже́ние *n* расхо́дов

köstlich изы́сканный, ла́комый; *fig.* ***sich ~ amüsieren*** отме́нно <по->весели́ться

Kostprobe *f* про́ба

kostspielig дорогосто́ящий

Ko'stüm *n* костю́м *m*; **~ball** *m* маскара́д

Kot *m* кал; (*der Tiere*) помёт

Kote'lett *n* (отбивна́я) котле́та *f*

Köter *m* пёс

Kotflügel *m* грязезащи́тное крыло́ *n*

kotzen блева́ть

Krabbe *f* краб *m*

Krach *m* шум; F (*Streit*) ссо́ра *f*; ***~ machen*** шуме́ть

krachen *v/i* треща́ть <тре́снуть>; F налете́ть (***gegen*** на В)

krächzen ка́ркать <-кнуть>

kraft *Prp.* (*G*) в си́лу (Р)

Kraft *f* си́ла; ***aus eigener ~*** свои́ми си́лами; ***mit aller ~*** изо всех сил; ***in ~ setzen*** привести́ в де́йствие; ***in ~ treten*** вступи́ть в си́лу; ***nach Kräften*** по ме́ре сил

Kraft|ausdruck *m* кре́пкое словцо́ *n*; **~fahrer(in** *f*) *m* шофёр (*a. f*); **~fahrzeug** *n* автомоби́ль *m*

Kraftfahrzeugbrief *m* па́спорт автомоби́ля

kräftig кре́пкий, си́льный

kraftlos бесси́льный, обесси́ленный

Kraft|probe *f* про́ба сил; **~stoff** *m* горю́чее *n*; **~verkehr** *m* автотра́нспорт

kraftvoll си́льный, энерги́чный

Kraftwerk *n* электроста́нция *f*

Kragen *m* воротни́к; *fig.* F ***ihm platzte der ~*** его́ терпе́ние ло́пнуло

Krähe *f* воро́на

krähen *Hahn*: <про>кукаре́кать

Kralle *f* ко́готь *m* (*a. fig.*)

krallen: *sich ~* уцепля́ться <уцепи́ться> (***an*** за В)

Kram *m* хлам; (*Angelegenheiten*) дела́ *n/pl.*

kramen ры́ться (***in*** в П)

Krampf *m* су́дорога *f*, спазм; **~adern** *f/pl.* расшире́ние *n* вен

krampfhaft су́дорожный (*a. fig.*)

Kran *m* подъёмный кран; **~führer(in** *f*) *m* крановщи́к (-и́ца *f*)

Kranich *m* жура́вль *m*

krank больно́й; ***~ werden*** заболева́ть <-ле́ть>; ***er ist ~*** он бо́лен; *j-n* ***~ schreiben*** вы́дать больни́чный лист (Д)

Kranke(r) больно́й (-на́я *f*)

kränkeln прихва́рывать

kränken обижа́ть <оби́деть>

Kranken|besuch *m* посеще́ние *n* больно́го (-но́й); **~geld** *n* посо́бие по боле́зни; **~haus** *n* больни́ца *f*; **~kasse** *f* больни́чная ка́сса; **~pfleger(in** *f*) *m* санита́р(ка *f*); **~schein** *m* направле́ние *n* к врачу́; **~schwester** *f* медсестра́; **~versicherung** *f* медици́нское страхова́ние *n*; **~wagen** *m* санита́рная автомаши́на *f*

krankhaft боле́зненный

Krankheit *f* боле́знь *f*

Krankheitserreger *m* возбуди́тель *m* боле́зни

krankschreiben вы́дать больни́чный лист (Д)

Kränkung *f* оби́да, оскорбле́ние *n*

Kranz *m* вено́к

krass ре́зкий

Krater *m* кра́тер

kratzen цара́пать <-пнуть>; *v/i* цара́паться; (*bei Juckreiz*) <по->чеса́ть; ***der Pullover kratzt*** пуло́вер куса́ется; *fig.* ***das kratzt mich nicht*** меня́ э́то не волну́ет

Kratzer *m* цара́пина *f*

kraulen[1] *v/i* пла́вать кро́лем

kraulen[2] (легко́) <по>чеса́ть

kraus курча́вый

kräuseln: *sich ~* *Haar*: курча́-

ви́ться; ***das Wasser kräuselt sich*** во́ду ряби́т

Kraut *n* (*von Rüben*) ботва́ *f*, (*Kohl*) капу́ста *f*

Kräutertee *m* чай из трав

Kra'wall *m* сканда́л; *pl.* (*Unruhen*) беспоря́дки *m/pl.*

Kra'watte *f* га́лстук *m*

krea'tiv тво́рческий

Krea'tur *f* творе́ние *n*

Krebs *m* рак (*a. Med.*); ~ ***erregend*** канцероге́нный

krebskrank больно́й ра́ком

Kre'dit *m* креди́т (*a. fig.*); ***auf*** ~ в креди́т; ***e-n*** ~ ***aufnehmen*** брать/взять креди́т

Kre'ditkarte *f* креди́тная ка́рточка

Kreide *f* мел *m*; F ***in der*** ~ ***stehen*** быть в долгу́ (***bei*** у Р)

kreide'bleich бле́дный как мел

Kreis *m* круг; (*Bezirk*) райо́н; ***sich im*** ~ ***bewegen*** дви́гаться по кру́гу

kreischen визжа́ть

Kreisel *m* юла́ *f*; *Tech.* гироско́п

kreisen *v/i* кружи́ться; *Gestirne, Gedanken*: враща́ться (***um*** вокру́г Р)

Kreis|lauf *m* циркуля́ция *f*, (*d. Lebens, Wassers*) круговоро́т; **~säge** *f* ди́сковая пила́

Kreißsaal *m* роди́льный зал

Kreisverkehr *m* кругово́е движе́ние *n*

Krem *f* крем *m*

Krema'torium *n* крема́то́рий *m*

Krempel F *m* хлам, барахло́ *n*

kre'pieren (*sterben*) околева́ть <-ле́ть>

Krepp *m* креп; **~papier** *n* кре́повая бума́га *f*

kreuz: ~ ***und quer*** вдоль и попере́к

Kreuz *n* крест *m*; *Anat.* поясни́ца *f*, кресте́ц *m*; *KSp.* тре́фы *f/pl.*; ***zu*** **~*e*** ***kriechen*** стать на коле́ни

kreuzen *v/t* скре́щивать <-рести́ть> (*a. Bio.*); ***sich*** ~ (*Wege*) пересека́ться <-се́чься>

Kreuzfahrt *f* круи́з *m*

Kreuzfeuer *n* перекрёстный ого́нь *m*; ***ins*** ~ ***geraten*** попада́ть <-па́сть> под перекрёстный ого́нь

Kreuz|otter *f* гадю́ка обыкнове́нная; **~schmerzen** *m/pl.* поясни́чные бо́ли *f/pl.*; **~ung** *f* (*von Straßen*) перекрёсток *m*; *Bio.* скре́щивание *n*; *konkr.* гибри́д *m*; **~verhör** *n* перекрёстный допро́с *m*; **~worträtsel** *n* кроссво́рд *m*

kriechen по́лзать, <по>ползти́; *fig.* пресмыка́ться (***vor*** пе́ред Т)

Kriecher(**in** *f*) *m* подхали́м(ка *f*)

Kriech|spur *f* полоса́ ма́лой ско́рости; **~tier** *n* пресмыка́ющееся

Krieg *m* война́ *f*; ***im*** ~ на войне́; ~ ***führen gegen*** вести́ войну́ про́тив (Р)

kriegen F (*bekommen*) получа́ть <-чи́ть>

kriegerisch вои́нственный; *Handlungen*: вое́нный

Kriegs|ausbruch *m* нача́ло *n* войны́; ***bei*** ~ когда́ начала́сь война́, с нача́лом войны́; **~dienst** *m* → ***Wehrdienst***; **~erklärung** *f* объявле́ние *n* войны́; **~fall** *m*: ***im*** ~ в слу́чае войны́; **~film** *m* вое́нный фильм; **~gefahr** *f* угро́за войны́; **~gefangene**(**r**) *m* военнопле́нный; **~recht** *n* вое́нное пра́во; **~schiff** *n* вое́нный кора́бль *m*; **~treiber** *m* поджига́тель *m* войны́

Kriegsverbrecher *m* вое́нный престу́пник

Krimi F *m Film, Roman* детекти́в

Krimi'nalbeamt|e(**r**) *m* (**~in** *f*) слу́жащий (-щая *f*) уголо́вной поли́ции

Krimi'nalfilm *m* кинодетекти́в

Kriminali'tät *f* престу́пность *f*; ***organisierte*** ~ организо́ванная престу́пность

Krimi'nal|polizei *f* уголо́вный ро́зыск *m*; **~roman** *m* детекти́вный рома́н

krimi'nell уголо́вный, кримина́льный

Krippe *f* я́сли *pl.* (*a. f. Kinder*)

Krise *f* кри́зис *m*

Krisenstab *m* операти́вная гру́ппа *f*

Kri'stall *n* (*Glas*) хруста́ль *m*

Kri'terium *n* крите́рий *m*

Kri'tik *f* кри́тика; (*Rezension*) реце́нзия; ~ ***üben*** (***an***) подве́ргнуть кри́тике (В); **Kritiker**(**in** *f*) *m* кри́тик (*a. f*)

kritisch крити́ческий

kriti'sieren критикова́ть

kritzeln нацара́п(ыв)ать
Kro'at|e *m* (**~in** *f*) хорва́т(ка *f*)
kro'atisch хорва́тский
kroch → ***kriechen***
Kroko'dil *n* крокоди́л *m*
Krokus *m* кро́кус
Krone *f* коро́на; (*vom Baum*) кро́на; (*Zahnkrone*) коро́нка
krönen короновать (*im*)*pf.*; *fig.* <у>-венча́ть
Kron|leuchter *m* лю́стра *f*; **~prinz** *m* кронпри́нц; **~prinzessin** *f* кронпринце́сса
Krönung *f* корона́ция; *fig.* вене́ц *m*
Kronzeug|e *m* (**~in** *f*) гла́вный (-ная) свиде́тель(ница *f*) *m*
Kropf *m* зоб
Kröte *f* жа́ба
Krücke *f* косты́ль *m*
Krückstock *m* клюка́ *f*
Krug *m* кувши́н
Krümel *m* (хле́бный) мя́киш
krumm криво́й; ***~e Geschäfte*** нечи́стые дела́
krümmen *Finger usw.* сгиба́ть <согну́ть>; ***sich ~*** сгиба́ться <согну́ться>
Krümmung *f* поворо́т *m*, изги́б *m*
Kruste *f* ко́рка
Kruzifix *n* распя́тие
Kübel *m* бадья́ *f*, ка́дка *f*
Ku'bikmeter *m od. n* куби́ческий метр *m*, кубоме́тр *m*
Küche *f* ку́хня; ***kalte ~*** холо́дные заку́ски *f/pl.*
Kuchen *m* (сла́дкий) пиро́г
Küchen|chef(in *f*) *m* шеф-по́вар (*a. f*); **~messer** *n* ку́хонный нож *m*; **~schrank** *m* ку́хонный шкаф
Kuckuck *m* куку́шка *f*; F ***weiß der ~*** шут (его́) зна́ет
Kuckucksuhr *f* часы́ *m/pl.* с куку́шкой
Kugel *f* шар *m*; (*Geschoss*) пу́ля
Kugellager *n* шарикоподши́пник *m*
kugel'rund шарови́дный
Kugelschreiber *m* ша́риковая ру́чка *f*
kugelsicher пуленепробива́емый
Kugelstoßen *n* толка́ние ядра́
Kuh *f* коро́ва
kühl прохла́дный; *Empfang*: холо́дный
Kühle *f* прохла́да
kühlen охлажда́ть <-лади́ть>
Kühler *m Kfz.* радиа́тор; **~grill** *m* решётка *f* радиа́тора; **~haube** *f* облицо́вка радиа́тора
Kühl|haus *n* холоди́льник-склад *m*; **~schrank** *m* холоди́льник; **~truhe** *f* ларь-морози́льник *m*; **~wasser** *n* охлажда́ющая вода́ *f*
kühn сме́лый; (*mutig*) отва́жный
Kühnheit *f* сме́лость *f*
Kuhstall *m* коро́вник
Küken *n* цыплёнок *m*
kuli'narisch кулина́рный
Ku'lissen *f/pl. Thea.* кули́сы *pl.*
Kult *m* культ
kulti'vieren культиви́ровать (*a. fig.*)
kulti'viert *Pers.* культу́рный; *Geschmack*: изы́сканный
Kul'tur *f* культу́ра
kultu'rell культу́рный
Kul'tur|denkmal *n* па́мятник *m* культу́ры; **~film** *m* нау́чно-популя́рный фильм; **~geschichte** *f* исто́рия культу́ры
kul'turpolitisch культу́рно-полити́ческий
Kultusministerium *n* министе́рство просвеще́ния и культу́ры
Kümmel *m* тмин; (*alkohol. Getränk*) тми́нная во́дка *f*
Kummer *m* го́ре *n*
kümmerlich жа́лкий; (*dürftig*) убо́гий
kümmern: *sich ~* <по>забо́титься (***um*** о П)
Kumpel *m* (*Bergmann*) горня́к; (*Freund*) това́рищ
Kunde *m* клие́нт; покупа́тель *m*
Kundendienst *m* обслу́живание *n* покупа́телей
Kundgebung *f* ми́тинг *m*
kündigen *Vertrag* расторга́ть <-то́ргнуть>; (*entlassen*) увольня́ть <уво́лить>; (*s-e Stellung*) заявля́ть <-ви́ть> об ухо́де (с Р); *v/i* (*vom Vermieter*) отка́зывать <-каза́ть> квартира́нту; (*vom Mieter*) отка́зываться <-каза́ться> от кварти́ры
Kündigung *f* (*vom Betrieb*) увольне́ние *n*; (*e-s Abkommens*) расторже́ние *n*; ***fristlose ~*** увольне́ние без предупрежде́ния
Kündigungs|frist *f* (*durch Betrieb*)

срок *m* увольне́ния с рабо́ты; (*durch Beschäftigten*) срок *m* для ухо́да с рабо́ты; (*bei Vertrag*) срок *m* для расторже́ния догово́ра; **~schutz** *m* защи́та *f* от необосно́ванного увольне́ния
Kundin *f* клие́нтка; покупа́тельница
Kundschaft *f* клиенту́ра; покупа́тели *m/pl.*
künftig бу́дущий
Kunst *f* иску́сство *n*; (*Können*) уме́ние *n*, мастерство́ *n*; ***das ist keine ~!*** э́то ничего́ не сто́ит; **~akademie** *f* акаде́мия худо́жеств; **~ausstellung** *f* худо́жественная вы́ставка *f*; **~druck** *m konkr.* худо́жественная репроду́кция *f*; **~dünger** *m* минера́льное удобре́ние *n*; **~faser** *f* синтети́ческое волокно́ *n*; **~flug** *m* вы́сший пилота́ж; **~geschichte** *f* исто́рия иску́сства; **~gewerbe** *n* худо́жественный про́мысел *m*; **~historiker(in** *f*) *m* искусствове́д (*a. f*)
Künstler(in *f*) *m* худо́жник (-ица *f*)
künstlerisch худо́жественный
künstlich иску́сственный
Kunstlicht *n*: ***bei ~*** при иску́сственном освеще́нии
Kunstseide *f* иску́ственный шёлк *m*
Kunststoff *m* пластма́сса *f*
Kunststück *n* фо́кус *m*, трюк *m*
kunstvoll иску́сный
Kunstwerk *n* произведе́ние иску́сства
kunterbunt разнообра́зный
Kupfer *n* медь *f*; **~draht** *m* ме́дная про́волока *f*; **~stich** *m* гравю́ра *f* на ме́ди
Kuppe *f* (*Berg*) (окру́глая) верши́на
Kuppel *f* ку́пол *m*
kuppeln *v/i Kfz.* наж(им)а́ть педа́ль сцепле́ния
Kuppler(in *f*) *m* сво́дник (-ица *f*)
Kupplung *f Tech.* му́фта (сцепле́ния); *Kfz.* сцепле́ние *n*; (*für Anhänger*) сце́пка (*a. Esb.*)
Kur *f* (куро́ртное) лече́ние *n*
Kür *f* произво́льная програ́мма; (*Eiskunstlauf*) произво́льное ката́ние *n*
Kurbel *f* рукоя́тка; **~welle** *f* коле́нчатый вал *m*
Kürbis *m* ты́ква *f*
Kurgast *m* куро́ртник (-ица *f*)
Ku'rier *m* курье́р
ku'rieren <вы́>лечи́ть
kuri'os стра́нный
Kurort *m* куро́рт
Kurpfuscher(in *f*) *m* зна́харь (-рка *f*)
Kurs *m* курс; ***zum ~ von*** по ку́рсу в; **~buch** *n* железнодоро́жный спра́вочник *m*
Kürschner(in *f*) *m* скорня́к (*a. f*)
kur'siv курси́вный
Kurswagen *m* ваго́н прямо́го сообще́ния
Kurswert *m* курсова́я сто́имость *f*
Kurtaxe *f* куро́ртный сбор
Kurve *f* крива́я; (*Straße*) поворо́т *m*
kurz коро́ткий, кра́ткий; ***~ und gut*** сло́вом, коро́че говоря́; ***es ist ~ vor drei*** ско́ро три; ***seit ~em*** неда́вно, с неда́внего вре́мени; ***vor ~em*** неда́вно; ***~ entschlossen*** не до́лго ду́мая; ***~ und klein schlagen*** разнести́ вдре́безги
Kurzarbeit *f* непо́лное рабо́чее вре́мя *n*
kurzärmelig с коро́ткими рука-ва́ми
Kürze *f* кра́ткость *f*; ***in ~*** (*bald*) вско́ре; ***in aller ~*** (*schildern*) вкра́тце
kürzen укора́чивать <-роти́ть>; *Math.* сокраща́ть <-рати́ть>
Kurzfilm *m* короткометра́жный фильм
kurzfristig краткосро́чный
Kurzgeschichte *f* (коро́ткий) расска́з *m*
kürzlich *Adv.* неда́вно
Kurzschluss *m* коро́ткое замыка́ние *n*
Kurzschrift *f* стеногра́фия
kurzsichtig близору́кий; *fig.* недальнови́дный
Kürzung *f* сокраще́ние *n*
Kurz|waren *f/pl.* галантере́йные това́ры *m/pl.*; **~welle** *f* коро́ткие во́лны *f/pl.*
Ku'sine *f* двою́родная сестра́
Kuss *m* поцелу́й

K

kussecht стóйкий
küssen <по>целовáть
Küste *f* морскóй бéрег *m*, побере́жье *n*
Küstenschutz *m* защи́та *f* прибре́жной полосы́
Kutsche *f* карéта
Kutscher *m* кýчер
Kutte *f* (монáшеская) ря́са
Kutter *m* кáтер
Kyber'netik *f* кибернéтика
ky'rillisch: ***~e Schrift*** кири́ллица *f*

L

la'bil лаби́льный
La'bor *n* лаборатóрия *f*
Labo'rant(**in** *f*) *m* лаборáнт(ка *f*)
Labora'torium *n* лаборатóрия *f*
Laby'rinth *n* лабири́нт *m*
Lache *f* (*Pfütze*) лýжа
lächeln улыбáться <-бнýться>
Lächeln *n* улы́бка *f*
lachen <по>смея́ться (***über*** над Т); ***laut ~*** хохотáть; ***sich krank ~*** помирáть có смеху; ***da gibt es nichts zu ~*** тут (уж) не до смéху
Lachen *n* смех; (*lautes*) хóхот; ***vor ~*** có смеху
lächerlich смешнóй; ***das ist ja ~*** э́то прóсто смешнó; ***mach dich nicht ~*** не будь смешны́м
lachhaft смешнóй
Lachs *m* сёмга *f*, лóсось *m*
Lack *m* лак; **~farbe** *f* лáковая крáска
la'ckieren <от>лакировáть
Ladegerät *n El.* заря́дное устрóйство
laden (*beladen*) погружáть <-грузи́ть>; *Mil.*, *El.* заряжáть <-ряди́ть>; (*vorladen*) вызывáть <вы́звать>
Laden *m* (*Geschäft*) лáвка *f*, магази́н; **~diebstahl** *m* крáжа *f* в магази́не; **~hüter** F *m* залежáвшийся товáр; **~schluss** *m* закры́тие *n* магази́на
lädt → ***laden***
Ladung *f* груз *m*; *Mil.*, *El.* заря́д *m*; *Jur.* (*Vorladung*) вы́зов *m*
lag → ***liegen***
Lage *f* положéние *n*, ситуáция; (*e-s Ortes*) расположéние *n*; (*Schicht*) слой *m*; ***in der ~ sein*** быть в состоя́нии (*Inf.*); ***sich in j-s ~ versetzen*** войти́ в положéние когó-либо
Lager *n* (*Unterkunft, Partei*) лáгерь *m*; (*von Waren*) склад *m*; *Tech.* подши́пник *m*; ***auf ~ haben*** имéть в запáсе
Lager|feuer *n* костёр *m*; **~halle** *f* храни́лище *n*
lagern *v/t* храни́ть на склáде; *v/i* храни́ться; (*kampieren*) располагáться <-ложи́ться> (лáгерем)
Lagerplatz *m* складскóе мéсто *n*; (*Rastplatz*) месторасположéние *n* лáгеря
Lagerung *f* хранéние *n* (на склáде), складúрование *n*
La'gune *f* лагýна
lahm хромóй
lähmen парализовáть (*im*)*pf.*
Laib *m* коври́га *f*, каравáй *m*
Laich *m* икрá *f*
laichen метáть икрý
Laie *m* (*Nichtfachmann*) дилетáнт
laienhaft дилетáнтский
Laken *n* простыня́ *f*
La'kritze *f* лакри́ца
lallen лепетáть
La'melle *f* пласти́нка, ламéль *f*
Lamm *n* ягнёнок *m*; **~fell** *n* мерлýшка *f*
Lampe *f* лáмпа
Lampen|fieber *n* волнéние пéред вы́ходом на сцéну; **~schirm** *m* абажýр
Land *n* (*Staat*) странá *f*; (*Gegend*) край *m*; (*Boden*) земля́ *f*; ***an ~ gehen*** сойти́ на бéрег; ***auf dem ~e*** в дерéвне, на селé; **~arzt** *m* (**~ärztin**

f) се́льский врач (*a. f*); **~bevölkerung** *f* се́льское населе́ние *n*
Landebahn *f* взлётно-поса́дочная полоса́
landen *v/i Flgw.* приземля́ться <-ли́ться>, соверша́ть <-ши́ть> поса́дку
Länderspiel *n* междунаро́дный матч *m*
Landes|farben *f/pl.* национа́льные цвета́ *m/pl.*; **~kunde** *f* странове́дение *n*; **~regierung** *f* прави́тельство *n* земли́; **~sprache** *f* национа́льный язы́к *m*; **~verteidigung** *f* оборо́на страны́; **~währung** *f* национа́льная валю́та
Land|flucht *f* мигра́ция (се́льского населе́ния) в города́; **~haus** *n* (за́городная) да́ча *f*, за́городный дом *m*; **~karte** *f* географи́ческая ка́рта
ländlich се́льский, дереве́нский
Landschaft *f* ландша́фт *m*; (*auf Gemälde*) пейза́ж *m*
Landschaftsschutzgebiet *n* ландша́фтный запове́дник *m*
Lands|mann *m*, **~männin** *f* земля́к, земля́чка
Land|straße *f* шоссе́ *n*; **~streicher**(**in** *f*) *m* бродя́га *m/f*; **~streitkräfte** *f/pl.* сухопу́тные войска́ *n/pl.*; **~tag** *m* ландта́г
Landung *f Flgw.* приземле́ние *n*, поса́дка
Landwirtschaft *f* се́льское хозя́йство *n*
landwirtschaftlich сельскохозя́йственный
lang дли́нный; *zeitl.* до́лгий, дли́тельный; ***seit ~em*** давно́; ***vor ~er Zeit*** давны́м-давно́
lang|ärmelig с дли́нными рукава́ми; **~atmig** ску́чный
lange до́лго; ***nicht ~*** недо́лго; ***noch ~ nicht*** далеко́ не; ***schon ~*** уже́ давно́; ***wie ~*** ско́лько вре́мени
Länge *f* длина́; (*Dauer*) продолжи́тельность *f*; ***der ~ nach*** (*hinfallen*) во всю длину́; ***sich in die ~ ziehen*** затя́гиваться <-тяну́ться>
langen (*ausreichen*) быть доста́точным, хвата́ть <-ти́ть>; F *j-m* ***e-e ~*** дать затре́щину (Д)
Längengrad *m* гра́дус долготы́
Lange'weile *f* ску́ка; ***aus ~*** со ску́ки; ***~ haben*** скуча́ть
langfristig долгосро́чный
Langlauf *m Ski-Sp.* лы́жные го́нки *f/pl.*
langlebig (*haltbar*) долгове́чный
länglich продолгова́тый
längs *Prp., Adv.* вдоль (Р)
langsam ме́дленный
Langspielplatte *f* долгоигра́ющая пласти́нка
längst *Adv.* давно́; ***~ nicht*** далеко́ не; **~ens** не по́зже, чем ...
langstielig *Blume*: с дли́нным сте́блем
Langstrecken|lauf *m* бег на дли́нные диста́нции; **~läufer**(**in** *f*) *m* ста́йер (*a. f*)
langweilen *v/t* наводи́ть <-вести́> ску́ку (на В); ***sich ~*** скуча́ть; ***ich langweile mich*** мне ску́чно
langweilig ску́чный
Langwelle *f* дли́нные во́лны *f/pl.*
langwierig затяжно́й, дли́тельный
Lanze *f* пи́ка, копьё *n*
Lap'palie *f* пустя́к *m*
Lappen *m* тря́пка *f*; *fig. j-m* ***durch die ~ gehen*** улизну́ть (от Р)
Laptop *m* портати́вный компью́тер
Lärche *f* ли́ственница
Lärm *m* шум; ***viel ~ um nichts*** мно́го шу́му из ничего́; **~belästigung** *f* шумовы́е перегру́зки *f/pl.*
lärmen шуме́ть
Larve *f Zool.* личи́нка
las → ***lesen***
lasch F вя́лый
Laser *m* ла́зер; **~drucker** *m* ла́зерный при́нтер
lassen *v/t* пуска́ть <-сти́ть>; (*erlauben*) позволя́ть <-во́лить>, допуска́ть <-сти́ть>; (*belassen*) оставля́ть <оста́вить>; (*aufhören mit*) броса́ть <бро́сить>; ***machen ~ Anzug usw.*** зака́зывать <-за́ть>; ***reparieren ~*** отда́ть в ремо́нт; ***lasst uns gehen!*** пойдём(те)!; ***das lässt sich machen*** э́то мо́жно сде́лать
lässig небре́жный
lässt → ***lassen***
Last *f* груз *m*; (*Bürde*) бре́мя *n*; ***j-m zur ~ fallen*** быть кому́-либо в

тя́гость; ***j-m zur ~ legen*** <по>ста́вить кому́-либо в вину́
Laster *n* поро́к *m*
lasterhaft поро́чный
lästern кощу́нствовать (***über*** над П); (*klatschen*) злосло́вить
lästig тя́гостный; (*zudringlich*) назо́йливый; ***j-m ~ fallen*** надоеда́ть <-е́сть> кому́-либо
Last(kraft)wagen *m* грузово́й автомоби́ль *m*, грузови́к
Lastschrift *f* за́пись *f* в де́бет (счёта)
Lastzug *m* автопо́езд
La'tein *n* латы́нь *f*
la'teinisch лати́нский
La'terne *f* фона́рь *m*
Latte *f* ре́йка, пла́нка; *Sp.* перекла́дина
lau теплова́тый
Laub *n* листва́ *f*; **~baum** *m* ли́ственное де́рево *n*
Laube *f* бесе́дка, садо́вый до́мик *m*
Laub|frosch *m* ква́кша *f*; **~säge** *f* ло́бзик *m*; **~wald** *m* ли́ственный лес
Lauch *m* зелёный лук
Lauer *f*: ***auf der ~ liegen*** подстерега́ть <-ре́чь>
lauern подстерега́ть <-ре́чь>
Lauf *m* бег; *fig.* ход; *Sp.* забе́г; (*Fluss*) ру́сло *n*; (*Gewehr*) ствол; ***freien ~ lassen*** да(ва́)ть во́лю (Д)
Laufbahn *f* карье́ра
laufen <по>бежа́ть, бе́гать; *Maschine*: рабо́тать; *Film*: идти́; *Vertrag*: быть действи́тельным; ***s-e Nase läuft*** у него́ течёт из но́са
laufend (*ununterbrochen*) непреры́вный; *Jahr, Ausgaben*: теку́щий; ***auf dem Laufenden sein*** F быть в ку́рсе де́ла
Läufer *m* бегу́н; (*Teppich*) (ковро́вая) доро́жка *f*; (*Schach*) слон
Laufmasche *f* спусти́вшаяся пе́тля
Laufschritt *m* бе́глый шаг; ***im ~*** бего́м
Lauf|steg *m* площа́дка *f* для демонстра́ции мод; **~werk** *n* ходово́й механи́зм *m*; *EDV* дисково́д *m*; **~zeit** *f* (*Vertrag*) срок *m* де́йствия
Lauge *f* щёлок *m*
Laune *f* настрое́ние *n*; (*Einfall*) капри́з *m*; ***schlechte ~ haben*** быть не в ду́хе
launisch капри́зный
Laus *f* вошь *f*
Lausbub *m* постре́л
lauschen (внима́тельно) слу́шать (В); (*horchen*) подслу́шивать
lauschig ую́тный
laut[1] *Adj.* гро́мкий; шу́мный; ***~ sein*** шуме́ть
laut[2] *Prp.* (*G*) согла́сно (Д)
Laut *m* звук; ***k-n ~ von sich geben*** не издава́ть ни зву́ка
lauten звуча́ть; *Jur.* гласи́ть
läuten <по>звони́ть
lauter (*rein*) чи́стый; *fig.* че́стный; (*nichts als*) оди́н то́лько
lautlos беззву́чный
Lautschrift *f* фонети́ческая транскри́пция
Lautsprecher *m* громкоговори́тель *m*
lautstark громогла́сный
Lautstärke *f* гро́мкость *f*
lauwarm теплова́тый
Lava *f* ла́ва
La'vendel *m* лава́нда *f*
La'wine *f* лави́на
Lay'out *n* маке́т *m*
Laza'rett *n* (вое́нный) го́спиталь *m*
Leasing *n* ли́зинг *m*
leben жить; (*wohnen*) прожи́(ва́)ть; ***er lebt noch*** он ещё жив; ***es lebe ...!*** да здра́вствует ...!; ***~ Sie wohl!*** проща́йте!, бу́дьте здоро́вы!
Leben *n* жизнь *f*; ***am ~ bleiben*** оста́(ва́)ться в живы́х; ***ins ~ rufen*** *fig.* вы́звать к жи́зни; ***sich das ~ nehmen*** поко́нчить с собо́й; ***ums ~ kommen*** поги́бнуть
le'bendig живо́й; *fig. a.* оживлённый
Lebens|abend *m* зака́т жи́зни; **~alter** *n* во́зраст *m*; **~art** *f* о́браз *m* жи́зни; **~bedingungen** *f/pl.* усло́вия *n/pl.* жи́зни; **~dauer** *f* продолжи́тельность *f* жи́зни
Lebensende *n*: ***bis zum ~*** до конца́ жи́зни
Lebens|erfahrung *f* жи́зненный о́пыт *m*; **~erwartung** *f* вероя́тная продолжи́тельность *f* жи́зни; **~freude** *f* жизнера́достность *f*

L

lebensfroh жизнера́достный
Lebensgefahr *f* опа́сность *f* для жи́зни; ***unter*** **~** с ри́ском для жи́зни
lebensgefährlich опа́сный для жи́зни
Lebensgefährt|e *m* (**~in** *f*) спу́тник (-ица *f*) жи́зни
Lebenshaltungskosten *pl.* сто́имость *f* жи́зни
lebenslänglich пожи́зненный
Lebenslauf *m* биогра́фия
lebenslustig жизнера́достный
Lebensmittel *n/pl.* проду́кты *m/pl.*, продово́льствие *n*; **~geschäft** *n* продово́льственный магази́н *m*
lebens|müde уста́вший от жи́зни; **~notwendig** жи́зненно необходи́мый
Lebens|standard *m* жи́зненный у́ровень *m*; **~unterhalt** *m* сре́дства *f/pl.* к существова́нию; **~versicherung** *f* страхова́ние *n* жи́зни; **~wandel** *m* о́браз жи́зни; **~werk** *n* де́ло (всей) жи́зни
lebenswichtig жи́зненно ва́жный
Lebens|zeichen *n* при́знак *m* жи́зни; **~zeit:** ***auf*** **~** на всю жизнь
Leber *f* пе́чень *f*; *Kochk.* печёнка
Leber|fleck *m* роди́мое пятно́ *n*; **~tran** *m* ры́бий жир; **~wurst** *f* ли́верная колбаса́
Lebewesen *n* живо́е существо́
lebhaft оживлённый, живо́й; *Pers.* бо́йкий
Lebkuchen *m* пря́ник
leblos безжи́зненный
Leck *n* пробо́ина *f*
lecken *v/t* лиза́ть <-зну́ть>, обли́зывать <-за́ть>
lecker ла́комый, вку́сный
Leckerbissen *m* ла́комство *n*
Leder *n* ко́жа *f*; ***aus*** **~** ко́жаный; **~jacke** *f* ко́жаная ку́ртка; **~waren** *f/pl.* ко́жаные изде́лия *n/pl.*
ledig холосто́й, нежена́тый; *Frau*: незаму́жняя; **~lich** *Adv.* то́лько, лишь
leer пусто́й; ***auf ~en Magen*** натоща́к
Leere *f* пустота́
leeren опорожня́ть <-ро́жнить>; *Glas a.* осуша́ть <-ши́ть>; ***sich*** **~** <о>пусте́ть
Leer|gut *n* та́ра *f*; **~lauf** *m* холосто́й ход; **~taste** *f* кла́виша пробе́ла; **~ung** *f* опорожне́ние *n*; (*des Briefkastens*) вы́емка (пи́сем)
le'gal лега́льный
legali'sieren легализова́ть (*im*)*pf.*
Legali'tät *f* лега́льность *f*
legen класть <положи́ть>; *Ei* <с>нести́; ***sich*** **~** ложи́ться <лечь>; *Aufregung*: уле́чься *pf.*, пройти́ *pf.*
legen'där легенда́рный
Le'gende *f* леге́нда
le'ger лёгкий, свобо́дный
Leggins *pl.* лоси́ны *f/pl.*
Le'gierung *f* сплав *m*
Legisla|'tive *f* законода́тельная власть *f*; **~'turperiode** *f* легислату́ра
legi'tim зако́нный
Legitimati'on *f* легитима́ция
legiti'mieren узако́нивать <-ко́нить>; ***sich*** **~** удостоверя́ть <-е́рить> свою́ ли́чность
Lehm *m* гли́на *f*
lehmig гли́нистый
Lehne *f* спи́нка
lehnen: ***sich*** **~** прислоня́ться <-ни́ться> (***an, gegen*** к Д); ***sich aus dem Fenster*** **~** высо́вываться <вы́сунуться> из окна́
Lehnwort *n* заи́мствованное сло́во
Lehr|amt *n* учи́тельская до́лжность *f*; **~buch** *n* уче́бник *m*
Lehre[1] *f* уче́ние *n*; (*Ausbildung*) учёба
Lehre[2] *f* кали́бр *m*
lehren *v/t* преподава́ть
Lehrer(**in** *f*) *m* учи́тель(ница *f*) *m*
Lehrgang *m* (уче́бный) курс
Lehrgeld *n*: *fig.* **~** ***zahlen*** <на>учи́ться на го́рьком о́пыте
Lehr|jahr *n* уче́бный год *m*; **~körper** *m* преподава́тельский соста́в
Lehrling *m* учени́к (-и́ца *f*) (на произво́дстве)
Lehrplan *m* уче́бная програ́мма *f*
lehrreich поучи́тельный
Lehr|stelle *f* ме́сто *n* учёбы; **~stuhl** *m* ка́федра *f*; **~zeit** *f* вре́мя *n* обуче́ния
Leib *m* те́ло *n*; ***bei lebendigem ~e*** за́живо; ***am eigenen*** **~** на со́бственной шку́ре; ***sich j-n vom***

~e halten держа́ться пода́льше от кого́-либо
Leibeigenschaft *f* крепостни́чество *n*
Leibesvisitation *f* ли́чный о́быск *m*
Leibgericht *n* люби́мое блю́до
leiblich физи́ческий; *Bruder*: родно́й
Leib|schmerzen *m/pl.* боль *f* в животе́; **~wächter** *m* телохрани́тель *m*
Leiche *f* труп *m*
Leichen|halle *f* поко́йницкая; **~wagen** *m* катафа́лк
Leichnam *m* труп
leicht лёгкий; *Schlaf a.*: чу́ткий; ***du hast ~ reden*** тебе́ легко́ говори́ть; ***~ fallen*** легко́ дава́ться; ***das fällt mir nicht ~*** э́то мне нелегко́; ***~ nehmen*** *v/t* легко́ смотре́ть (на В); ***~ verständlich*** вразуми́тельный, поня́тный
Leichtathletik *f* лёгкая атле́тика
leicht|fertig необду́манный; **~gläubig** легкове́рный
Leichtigkeit *f* лёгкость *f*
Leicht|industrie *f* лёгкая промы́шленность *f*; **~metall** *n* лёгкий мета́лл *m*
Leichtsinn *m* легкомы́слие *n*
leichtsinnig легкомы́сленный
leid *Adj. präd.* жаль, жа́лко
Leid *n* го́ре; ***j-m sein ~ klagen*** <по>дели́ться свои́м го́рем с ке́м-либо; ***es tut mir ~*** мне жаль (Р), я сожале́ю (о П); ***er tut mir ~*** мне его́ жаль
leiden страда́ть; ***Hunger ~*** испы́тывать го́лод; ***nicht ~ können*** не выноси́ть; ***gut ~ können*** люби́ть
Leidenschaft *f* страсть *f*; (*Vorliebe*) пристра́стие *n* (***für*** к Д)
leidenschaftlich стра́стный
leider к сожале́нию
Leihbücherei *f* (публи́чная) библиоте́ка
leihen ода́лживать <одолжи́ть>
Leihgebühr *f* пла́та за прока́т
Leihwagen *m* маши́на *f*, взя́тая напрокат
leihweise напрока́т
Leim *m* клей; *fig.* ***aus dem ~ gehen*** раскле́иться; *Pers.* растолсте́ть
leimen <с>кле́ить
Leine *f* верёвка; (*Hundeleine*) поводо́к *m*
Leinen *n* холст *m*, полотно́
Leinwand *f* полотно́ *n*; (*im Kino*) экра́н *m*
leise ти́хий
Leiste *f* пла́нка, ре́йка; *Anat.* пах *m*
leisten *v/t* <с>де́лать; (*Hilfe*) ока́зывать <-аза́ть>; ***sich ~*** позволя́ть <-во́лить> себе́
Leistenbruch *m* пахова́я гры́жа *f*
Leistung *f* (*Arbeit*) рабо́та; (*Ergebnis*) вы́работка; (*Errungenschaft*) достиже́ние *n*; *Tech., El.* мо́щность *f*; ***soziale ~en*** *pl.* социа́льные льго́ты
leistungsfähig мо́щный
Leistungs|fähigkeit *f* мо́щность *f*; работоспосо́бность *f*; **~gesellschaft** *f* о́бщество *n* высо́кой эффекти́вности; **~prinzip** *n* при́нцип *m* опла́ты по труду́; **~sport** *m* спорт высо́ких достиже́ний; **~sportler** *m* спортсме́н-разря́дник
Leitartikel *m* передова́я статья́ *f*
leiten *v/t* (*a. fig.*) вести́; *Betrieb* руководи́ть (Т); ***sich ~ lassen*** руково́дствоваться (***von*** Т)
leitend руководя́щий; *El.* проводя́щий
Leiter[1]**(in** *f*) *m* руководи́тель(ница *f*) *m*, заве́дующий (-щая *f*); *El.* проводни́к
Leiter[2] *f* ле́стница, стремя́нка
Leit|fähigkeit *f* проводи́мость *f*; **~gedanke** *m* основна́я мысль *f*; **~motiv** *n* (*a. fig.*) лейтмоти́в *m*; **~planke** *f* огражде́ние *n* доро́ги
Leitung *f* руково́дство *n*, управле́ние *n*; *Tech.* про́вод *m*; *El.* ли́ния
Leitungswasser *n* водопрово́дная вода́
Lekti'on *f* уро́к *m*
Lektor(in *f*) *m* ле́ктор (*a. f*)
Lek'türe *f* чте́ние *n*; (*Buch*) кни́га для чте́ния
Lende *f* поясни́ца; *Kochk.* филе́йная часть
lenken управля́ть, пра́вить (Т); *Wagen, Schiff a.* води́ть <вести́>; *Aufmerksamkeit* обраща́ть <-рати́ть> (***auf*** на В); *Gespräch* наводи́ть <-вести́>

Lenker *m* (*Lenkstange*) руль *m*
Lenk|rad *n Kfz.* руль *m*, рулевóе колесó; **~stange** *f* руль *m*
Lenkung *f* управлéние *n*
Leo'pard *m* леопáрд
Lerche *f* жáворонок *m*
lernen *v/i* учи́ться, обучáться; *v/t* <вы́>учи́ть, изучáть <-чи́ть>
lesbar чёткий, разбóрчивый
Lesbe *f* лесбия́нка
lesbisch лесбийский
Lesebuch *n* кни́га *f* для чтéния
lesen *v/t* <про>читáть; *Messe* <от-> служи́ть
Leser(**in** *f*) *m* читáтель(ница *f*)
leserlich чёткий, разбóрчивый
Lese|saal *m* читáльный зал; **~zeichen** *n* заклáдка *f*
Lesung *f* чтéние *n*
Lette *m* латы́ш
Letter *f* ли́тера, бýква
Lettin *f* латы́шка
lettisch латы́шский
letzte послéдний; ***bis ins Letzte*** до крáйности; ***zu guter Letzt*** в конéчном итóге; ***~n Endes*** в концé концóв; ***zum ~n Mal*** в послéдний раз
leuchten свети́ть(ся); (*strahlen*) сия́ть
Leuchter *m* подсвéчник
Leucht|feuer *n* сигнáльный огóнь *m*; **~kugel** *f* сигнáльная ракéта; **~reklame** *f* светореклáма; **~turm** *m* мая́к
leugnen *v/t* отрицáть
Leukä'mie *f* лейкеми́я
Leumund *m* репутáция
Leute *m/pl.* лю́ди
Leutnant *m* лейтенáнт
lexiko'graphisch лексикографи́ческий
Lexikon *n* энциклопéдия *f*
Li'belle *f* стрекозá
libe'ral либерáльный
liberali'sieren либерализовáть (*im*)*pf.*
Libero *m* свобóдный защи́тник
Licht *n* свет *m*; (*Kerze*) свечá *f*; ***~ machen*** включáть <-чи́ть> свет; ***ans ~ bringen*** вы́явить, раскры́ть; ***hinters ~ führen*** провести́; ***mir ging ein ~ auf*** меня́ осени́ло
Licht|bild *n* фотогрáфия *f*; **~blick** *m* просвéт
lichten *Wald* очищáть <очи́стить>, разрежáть <-реди́ть>; ***den Anker ~*** снимáться <сня́ться> с я́коря; ***sich ~*** <по>редéть; *Nebel, Dunkelheit*: рассéиваться <-сéяться>
lichterloh: ***~ brennen*** горéть я́рким плáменем
Licht|hupe *f* световóй сигнáл *m*; **~jahr** *n* световóй год *m*; **~maschine** *f* генерáтор *m*; **~quelle** *f* истóчник *m* свéта; **~schalter** *m* выключáтель *m* освещéния; **~schranke** *f* фотоэлектри́ческий барьéр *m*
Lichtung *f* поля́на
Lid *n* вéко; **~schatten** *m* тéни *f/pl.* для век
lieb ми́лый, люби́мый, дорогóй; ***den ~en langen Tag*** день-деньскóй; ***sei so ~*** будь так добр; ***es wäre mir ~*** мне бы́ло бы прия́тно; ***~ haben*** люби́ть
liebäugeln носи́ться (***mit*** с Т)
Liebe *f* любóвь *f*; ***~ auf den ersten Blick*** любóвь с пéрвого взгля́да
lieben люби́ть; ***nicht mehr ~*** разлюби́ть
liebens|wert достóйный любви́; **~würdig** любéзный, ми́лый
Liebenswürdigkeit *f* любéзность *f*
lieber милéе, дорóже; (*besser*) лýчше; ***~ haben*** бóльше люби́ть; ***~ nicht*** лýчше (бы) не
Liebes|brief *m* любóвное письмó *n*; **~erklärung** *f* объяснéние *n* в любви́; **~kummer** *m* любóвная тоскá *f*; **~paar** *n* любóвная пáра *f*
liebevoll лáсковый, нéжный
Liebhaber *m* (*Verehrer*) любóвник; (*Kenner*) люби́тель *m*
Liebhabe'rei *f* люби́мое заня́тие *n*
lieb'kosen ласкáть
lieblich милови́дный, хорóшенький; (*Geschmack*) прия́тный
Liebling *m* люби́мец (-мица *f*); (*Anrede*) люби́мый (-мая *f*)
lieblos чёрствый
Liebreiz *m* прéлесть *f*
Lied *n* пéсня *f*
Liederbuch *n* пéсенник
liederlich неря́шливый
Liedermacher *m* поэ́т-пéсенник
lief → ***laufen***

Liefe'rant *m* поставщи́к
lieferbar име́ющийся в прода́же/на скла́де
liefern поставля́ть <-ста́вить>; (*zustellen*) доставля́ть <-ста́вить>
Lieferschein *m* накладна́я *f*
Lieferung *f* поста́вка; доста́вка
Lieferwagen *m* автофурго́н
Liege *f* тахта́
liegen лежа́ть; *Ort*: быть располо́женным; *Schiff*, *Truppen*: стоя́ть; ***woran liegt es?*** отчего́ э́то?; ***das liegt an ihm*** э́то зави́сит от него́; ***es liegt daran, dass ...*** де́ло в том, что ...; ***das liegt mir nicht*** э́то мне не по душе́; ***~ bleiben*** (остава́ться) лежа́ть; *Arbeit*: оста́(ва́)ться несде́ланным; *Auto*: потерпе́ть *pf.* ава́рию; ***~ lassen*** оставля́ть <-та́вить> (лежа́ть); (*vergessen*) забыва́ть <-бы́ть>
Liege|sitz *m* сиде́нье *n* с откидно́й спи́нкой; **~stuhl** *m* шезло́нг; **~stütz** *m* отжима́ние *n* в упо́ре лёжа; **~wagen** *m* *Esb.* ваго́н с места́ми для лежа́ния
lieh → ***leihen***
liest → ***lesen***
ließ → ***lassen***
Lift *m* лифт
Li'kör *m* ликёр
lila лило́вый
Lilie *f* ли́лия
Limo'nade *f* лимона́д *m*
Limou'sine *f* лимузи́н *m*
Linde *f* ли́па
lindern облегча́ть <-чи́ть>
Linderung *f* облегче́ние *n*
Line'al *n* лине́йка *f*
Lingu'istik *f* лингви́стика
Linie *f* ли́ния; (*Strich*) черта́; ***in erster ~*** в пе́рвую о́чередь
Linien|bus *m* маршру́тный авто́бус; **~flug** *m* регуля́рный авиаре́йс; **~richter** *m* судья́ на ли́нии
linke ле́вый
Linke *f* ле́вая рука́; *Pol.* ле́вые *pl.*
linkisch неуклю́жий
links вле́во, нале́во; ***von ~*** сле́ва
Linksabbieger *m* повора́чивающий *m* нале́во
Links|'außen *m* ле́вый кра́йний (напада́ющий); **~händer(in** *f*) *m* левша́ *m/f*; **~kurve** *f* ле́вый поворо́т *m*
linksradikal левоэкстреми́стский
Linse *f* чечеви́ца; (*Optik*) ли́нза; (*Auge*) хруста́лик *m*
Lippe *f* губа́
Lippenstift *m* губна́я пома́да *f*
liqui'dieren ликвиди́ровать (*im*)*pf.*
lispeln шепеля́вить
List *f* хи́трость *f* (*a. Trick*); ***zu e-r ~ greifen*** пойти́ на хи́трость
Liste *f* спи́сок *m*
listig хи́трый, лука́вый
Litauer(in *f*) *m* лито́вец (-вка *f*)
litauisch лито́вский
Liter *m* литр
lite'rarisch литерату́рный
Litera'tur *f* литерату́ра; **~geschichte** *f* исто́рия литерату́ры; **~wissenschaft** *f* литературове́дение *n*
Litfasssäule *f* афи́шная ту́мба
litt → ***leiden***
Litur'gie *f* литурги́я
Livesendung *f* пряма́я переда́ча
Li'zenz *f* лице́нзия
Lob *n* похвала́ *f*; ***~ spenden*** <по>хвали́ть
loben <по>хвали́ть (***für, wegen*** за В)
lobenswert похва́льный, заслу́живающий похвалы́
Loblied *n* дифира́мб *m*
Loch *n* дыра́ *f*; *kleines*: ды́рка *f*; (*elende Behausung*) нора́ *f*
lochen проби́(ва́)ть отве́рстие; *Fahrkarte* <про>компости́ровать
Locher *m* (*im Büro*) дыроко́л
löcherig дыря́вый
Locke *f* ло́кон *m*; *pl. a.* ку́дри *pl.*
locken мани́ть
Lockenwickel *m* бигуди́ *pl.*
locker *Boden*: ры́хлый; *Sitten* свобо́дный; **~lassen** F: ***nicht ~*** не уступа́ть
lockern *Boden* разрыхля́ть <-ли́ть>; (*wackelig*) шата́ющийся; *Gürtel* ослабля́ть <-ла́бить>; *Muskeln* расслабля́ть <-ла́бить>; ***sich ~*** ослабева́ть <-бе́ть>; *Zahn*: расша́тываться <-шата́ться>
lockig кудря́вый, курча́вый
lodern пыла́ть
Löffel *m* ло́жка *f*

L

log → ***lügen***
Logarithmus *m* логари́фм
Loge *f* ло́жа
Loggia *f* ло́джия
Logik *f* ло́гика
logisch логи́ческий
Lo'gistik *f* логи́стика
Lohn *m* за́работная пла́та *f*, F зарпла́та *f*; (*Belohnung*) награ́да *f*
Lohn|arbeit *f* наёмный труд *m*; **~empfänger** *m* рабо́тающий по на́йму
lohnen: *sich ~* сто́ить; ***es lohnt sich*** (***zu***) сто́ит (*Inf.*)
Lohn|erhöhung *f* повыше́ние *n* за́работной пла́ты; **~kosten** *pl.* расхо́ды *m/pl.* по за́работной пла́те; **~steuer** *f* нало́г *m* на за́работную пла́ту
Lok *f* локомоти́в *m*
lo'kal лока́льный, ме́стный
Lo'kal *n* рестора́н *m*; *kleines*: кафе́; (*Raum*) помеще́ние
lokali'sieren локализова́ть (*im*)*pf.*
Lokomo'tiv|e *f* локомоти́в *m*; **~führer** *m* машини́ст (локомоти́ва)
Looping *n* мёртвая петля́ *f*
Lorbeer *m* лавр
Lore *f* вагоне́тка
los: *ich bin ihn ~* я отде́лался (-лась) от него́; ***was ist ~?*** что случи́лось?; в чём де́ло?; ***was ist ~ mit dir?*** что с тобо́й?; ***na ~!*** дава́й!
Los *n* (*Lotterie*) биле́т *m*; (*Schicksal*) у́часть *f*; ***das große ~ ziehen*** вы́играть са́мую кру́пную су́мму
lösbar разреши́мый
losbinden отвя́зывать <-за́ть>
löschen *Feuer, Licht* <по>туши́ть; *Daten, Bandaufnahme* стира́ть <стере́ть>; *Durst* утоля́ть <-ли́ть>
Löschpapier *n* промока́тельная бума́га *f*
lose (*locker*) незакреплённый; (*frei*) свобо́дный; *Sitten*: распу́щенный; (*wackelig*) расша́танный
Lösegeld *n* вы́куп *m*
losen броса́ть <бро́сить> жре́бий
lösen снима́ть <снять>; *Rätsel* разга́дывать <-гада́ть>; *Fahrkarte* покупа́ть <купи́ть>; *Problem* разреша́ть <-реши́ть>; ***sich ~*** *Knoten*: развя́зываться <-за́ться>; *Problem*: реша́ться <реши́ться>
los|gehen (*anfangen*) нач(ин)а́ться; ***es kann ~!*** мо́жно начина́ть!; ***es geht los!*** начина́ется!; ***der Schuss ging los*** разда́лся вы́стрел; **~lassen** отпуска́ть <-пусти́ть>
löslich раствори́мый
los|machen F отвя́зывать <-вяза́ть>; **~reißen: *sich ~*** срыва́ться <сорва́ться> (***von der Kette*** с це́пи); **~sagen: *sich ~*** отрека́ться <-ре́чься> (***von*** от P); **~stürmen, ~stürzen** броса́ться <бро́ситься> (***auf*** на B)
Losung *f* ло́зунг *m*; (*Kennwort*) паро́ль *m*
Lösung *f* (*e-s Problems*) реше́ние *n*; (*e-s Rätsels*) разга́дка; (*e-s Vertrages*) расторже́ние *n*; *Chem.* раство́р *m*
Lösungsmittel *n* раствори́тель *m*
loswerden *v/t* избавля́ться <-ба́виться> (от P)
löten <за>пая́ть
Loti'on *f* лосьо́н *m*
Lötkolben *m* пая́льник
Lotse *m* ло́цман
lotsen *Mar.* проводи́ть <-вести́>
Lotte'rie *f* лотере́я
Lotto *n* (цифрово́е) лото́; **~schein** *m* лотере́йный биле́т
Löwe *m* лев
Löwenzahn *m Bot.* одува́нчик
Löwin *f* льви́ца
loy'al лоя́льный
Loyali'tät *f* лоя́льность *f*
Luchs *m* рысь *f*
Lücke *f* пусто́е ме́сто *n*; (*Abstand*) промежу́ток *m*
Lückenbüßer *m* заты́чка *f*
lücken|haft непо́лный, с пробе́лами; *Wissen*: отры́вочный; **~los** без пробе́лов, по́лный
lud → ***laden***
Luder *n verä.* сте́рва *f*
Luft *f* во́здух *m*; ***an der frischen ~*** на откры́том во́здухе; (***tief***) ***~ holen*** перевести́ дух; ***~ schnappen*** подыша́ть све́жим во́здухом; ***aus der ~ greifen*** взять с потолка́; ***an die ~ setzen*** вы́ставить за дверь; ***~ sein*** не существова́ть (***für*** для P); F *fig.* ***er ging in die ~*** его́ взорва́ло

Luft|angriff *m* (возду́шный) налёт; **~ballon** *m* возду́шный ша́рик; **~bild** *n* аэрофотосни́мок *m*; **~brücke** *f* возду́шный мост *m*
luftdicht воздухонепроница́емый
Luftdruck *m* возду́шное давле́ние *n*
lüften прове́три(ва)ть; *Geheimnis* раскрыва́ть <-кры́ть>
Luft|fahrt *f* авиа́ция; **~feuchtigkeit** *f* вла́жность *f* во́здуха; **~filter** *m* фи́льтр для очи́стки во́здуха; **~fracht** *f* авиагру́з *m*; **~gewehr** *n* пневмати́ческое ружьё
luftig (хорошо́) прове́триваемый; *Kleid*: возду́шный
Luft|kissenboot *n* су́дно на возду́шной поду́шке; **~kurort** *m* климати́ческий куро́рт
luftleer безвозду́шный
Luft|linie *f* пряма́я ли́ния; **~matratze** *f* надувно́й матра́с *m*; **~pirat** *m* возду́шный пира́т; **~post** *f* авиапо́чта; **~pumpe** *f* возду́шный насо́с *m*; **~röhre** *f Anat.* трахе́я; **~schiff** *n* дирижа́бль *m*; **~schutzraum** *m* бомбоубе́жище *n*
Luftsprung *m*: ***e-n ~ machen*** подпры́гнуть *pf.* (от ра́дости)
Luft|streitkräfte *f/pl.* вое́нно-возду́шные си́лы; **~temperatur** *f* температу́ра во́здуха
Lüftung *f* прове́тривание *n*, вентиля́ция
Luftverschmutzung *f* загрязне́ние *n* во́здуха
Luftweg *m*: ***auf dem ~(e)*** возду́шным путём, по во́здуху
Luft|widerstand *m* сопротивле́ние *n* во́здуха; **~zug** *m* сквозня́к
Lüge *f* ложь *f*
lügen <со>лга́ть, <со-, на>вра́ть
Lügner(in *f*) *m* лгу́н(ья *f*), лжец
Luke *f* люк *m*
lukra'tiv при́быльный, вы́годный
Lümmel *m* грубия́н, наха́л
Lump *m* негодя́й, подле́ц
Lumpen *m* тря́пка *f*
lumpig дрянно́й, жа́лкий
Lunge *f* лёгкое *n*
Lungen|entzündung *f* воспале́ние *n* лёгких; **~flügel** *m* до́ля лёгкого
lungenkrank страда́ющий лёгочным заболева́нием
Lungenkrebs *m* рак лёгких
Lupe *f* лу́па; *fig.* ***unter die ~ nehmen*** тща́тельно прове́рить
Lust *f* охо́та (***zu*** к Д); (*Freude*) ра́дость; ***ich habe ~*** мне хо́чется (***auf*** *Inf.*)
lüstern похотли́вый
lustig весёлый; заба́вный; ***sich ~ machen*** смея́ться (***über*** над Т)
Lustspiel *n* коме́дия *f*
lutschen <по>cocáть
Lutscher *m* караме́ль *f* на па́лочке
luxuri'ös роско́шный
Luxus *m* ро́скошь *f*
Lymphknoten *m* лимфати́ческий у́зел
lynchen линчева́ть (*im*)*pf.*
Lyrik *f* ли́рика
lyrisch лири́ческий

M

Machart *f* фасо́н *m*
machbar осуществи́мый
machen <с>де́лать; (*anfertigen*) изготовля́ть <-о́вить>; (*zubereiten*) <при>гото́вить; ***~ lassen*** *Kleidung* зака́зывать <-за́ть>; (***das***) ***macht nichts*** ничего́; ***da kann man nichts ~*** (тут) ничего́ не поде́лаешь; (***da ist***) ***nichts zu ~!*** э́то не пройдёт!; ***wie viel macht das?*** ско́лько (э́то) сто́ит?; ***mach's gut!*** пока́; ***er macht sich nichts daraus*** ему́ хоть бы что
Macht *f* власть *f*; ***an die ~ kommen*** прийти́ к вла́сти; ***an der ~*** у вла́сти; ***mit aller ~*** все́ми си́лами
Machthaber *m* власти́тель *m*, прави́тель *m*

M

mächtig могу́щественный, могу́чий
Machtkampf *m* борьба́ *f* за власть
machtlos бесси́льный
Machtprobe *f* про́ба сил
machtvoll мо́щный
Machtwort *n*: ***ein ~ sprechen*** сказа́ть *pf.* реша́ющее сло́во
Mädchen *n* де́вочка *f*; (*erwachsen*) де́вушка *f*; ***~ für alles*** ма́льчик *m* на побегу́шках
mädchenhaft де́вичий
Mädchenname *m* де́вичья фами́лия *f*; (*Vorname*) же́нское и́мя *n*
Made *f* личи́нка
madig черви́вый
mag → ***mögen***
Maga'zin *n* (*Lager*) склад *m*; (*e-r Waffe*) магази́н *m*
Magen *m* желу́док; **~geschwür** *n* я́зва *f* желу́дка
magenkrank страда́ющий желу́дочным заболева́нием
Magen|säure *f* желу́дочная кислота́; **~schmerzen** *m/pl.* боль *f* в желу́дке; **~verstimmung** *f* расстро́йство *n* желу́дка
mager худо́й; (*Speise*) то́щий; *Fleisch*: нежи́рный
Mager|keit *f* худоба́; **~milch** *f* снято́е молоко́ *n*
Ma'gie *f* ма́гия
magisch маги́ческий
Magi'strale *f* магистра́ль *f*
Ma'gnesium *n* ма́гний *m*
Ma'gnet *m* магни́т (*a. fig.*)
Ma'gnetfeld *n* магни́тное по́ле
ma'gnetisch магни́тный
Maha'goni *n* кра́сное де́рево
Mähdrescher *m* зернов́ой комба́йн
mähen <с>коси́ть
Mahl *n* еда́ *f*
mahlen <с>моло́ть
Mahlzeit *f* еда́; F ***~!*** приве́т! *m*; (*am Tisch*) прия́тного аппети́та!
Mähne *f* гри́ва
mahnen напомина́ть <-по́мнить>
Mahnmal *n* мемориа́л *m*
Mahnung *f* напомина́ние *n*
Mai *m* май; ***der Erste ~*** Пе́рвое ма́я
Mai|baum *m* ма́йское де́рево *n*; **~glöckchen** *n* ла́ндыш *m*; **~käfer** *m* ма́йский жук
Mais *m* кукуру́за *f*; **~kolben** *m* поча́ток кукуру́зы
Maje'stät *f* вели́чие *n*, вели́чественность *f*; ***Seine ~*** Его́ Вели́чество
maje'stätisch вели́чественный
Ma'jor *m* майо́р
Majoran *m* майора́н
ma'kaber ужа́сный, жу́ткий
Makel *m* пятно́ *n*; (*Fehler*) поро́к
makellos безупре́чный
mäkeln придира́ться (***an*** к Д)
Make-'up *n* макия́ж *m*
Makka'roni *pl.* макаро́ны *m/pl.*
Makler *m* ма́клер
Ma'krele *f* ску́мбрия
Makula'tur *f* макулату́ра
mal: *zwei ~ zwei* два́жды два; *ab 5 mit Instrumental* ***fünf ~ fünf*** пя́тью пять; F *Adv.* ***komm ~ her*** пойди́-ка сюда́
Mal[1] *n* раз *m*; ***zum ersten ~*** в пе́рвый раз, впервы́е; ***jedes ~*** ка́ждый/вся́кий раз
Mal[2] *n* (*Zeichen*) знак *m*; *Med.* роди́мое пятно́
Ma'laria *f* маляри́я
malen <на>писа́ть; (*streichen*) <по>кра́сить; (*zeichnen*) <на>рисова́ть
Maler *m* худо́жник; (*Anstreicher*) маля́р
Male'rei *f* жи́вопись *f*
Malerin *f* худо́жница
malerisch живопи́сный
malnehmen <у>мно́жить, умножа́ть
Malz *n* со́лод *m*; **~bier** *n* солодо́вое пи́во; **~kaffee** *m* ячме́нный ко́фе
Mama *f* ма́ма
Mammut *n* ма́монт *m*
man: *~ sagt* говоря́т; ***wenn ~ bedenkt*** е́сли поду́мать
Management *n* ме́неджмент *m*
Manager(in *f*) *m* ме́неджер (*a. f*)
mancher ино́й; *pl. a.* не́которые; ***manch einer*** ко́е-кто́
mancherlei *attr.* разли́чный
manchmal иногда́
Man'dant(in *f*) *m* манда́нт, довери́тель(ница *f*) *m*
Manda'rine *f* мандари́н *m*
Man'dat *n* манда́т *m*; *Pol.* парла́ментский манда́т *m*
Mandel *f* минда́ль *m*; *Anat.* мин-

M

да́лина; **~entzündung** *f* воспале́ние *n* минда́лин
Mando'line *f* мандоли́на
Ma'nege *f* (*Zirkus*) аре́на
Man'gan *n* ма́рганец *m*
Mangel *m* недоста́ток; ***aus ~ an*** за недоста́тком (P)
mangelhaft недоста́точный; (*fehlerhaft*) дефе́ктный; (*Note*) пло́хо
mangeln недостава́ть; ***es mangelt ihm an nichts*** у него́ всего́ вдо́воль
mangels за неиме́нием (P)
Mangelware *f* дефици́тный това́р *m*
Ma'nie *f* ма́ния
Ma'nier *f* мане́ра
ma'nierlich благовоспи́танный
Mani|'fest *n* мани́фест *m*; **~'küre** *f* маникю́р *m*; *Pers.* маникю́рша
Manipulati'on *f* манипуля́ция
manipu'lieren *v/t* манипули́ровать (T)
Manko *n* недоста́ток *m*, недочёт *m*
Mann *m* мужчи́на *m*; (*Ehemann*) муж; ***junger ~*** молодо́й челове́к; ***der kleine ~*** *fig.* ме́лкая со́шка *f*; ***wie ein ~*** (*alle*) все как оди́н; ***~ für ~*** оди́н за други́м; ***von ~ zu ~*** (*reden*) как мужчи́на с мужчи́ной
Männchen *n* (*Tier*) саме́ц *m*
Mannequin *n* манеке́нщица *f*
mannigfach разнообра́зный
männlich мужско́й; (*mannhaft*) му́жественный
Männlichkeit *f* (*Charakter*) му́жественность *f*
Mannschaft *f* *Sp.* кома́нда; (*Besatzung*) экипа́ж *m*
Ma'növer *n* *Mil.* манёвры *m/pl.*
manö'vrieren маневри́ровать
Man'sarde *f* манса́рда
Man'schette *f* манже́та
Man'schettenknopf *m* за́понка *f*
Mantel *m* пальто́ *n*; *Mil.* шине́ль *f*; ***den ~ nach dem Wind hängen*** держа́ть нос по́ ветру
manu'ell ручно́й; *präd.* вручну́ю
Manu'skript *n* ру́копись *f*
Mappe *f* па́пка; (*Aktentasche*) портфе́ль *m*
Marathonlauf *m* марафо́нский бег
Märchen *n* ска́зка *f*; *fig.* небыли́ца *f*; **~buch** *n* кни́га *f* ска́зок
märchenhaft ска́зочный
Marder *m* куни́ца *f*
Marga'rine *f* маргари́н *m*
Marge'rite *f* маргари́тка
Ma'rienkäfer *m* бо́жья коро́вка *f*
Marihu'ana *n* марихуа́на *f*
Ma'rine *f* (вое́нно-)морско́й флот *m*
Mario'nette *f* марионе́тка
Mark[1] *n* *Anat.* ко́стный мозг *m*
Mark[2] *f* *Fin.* ма́рка
mar'kant характе́рный
Marke *f* ма́рка
Markenartikel *m* фи́рменное изде́лие *n*
Marker *m* маркиро́вочный каранда́ш
mar'kieren *v/t* маркирова́ть (*im*)*pf.*
Mar'kierung *f* маркиро́вка
Mar'kise *f* марки́за
Markt *m* ры́нок; ***auf den ~ bringen*** выбра́сывать <вы́бросить> на ры́нок
marktbeherrschend домини́рующий на ры́нке
Markt|halle *f* кры́тый ры́нок *m*; **~platz** *m* ры́ночная пло́щадь *f*; **~wirtschaft** *f* ры́ночная эконо́мика; ***soziale ~*** социа́льное ры́ночное хозя́йство *n*
marktwirtschaftlich *mst* ры́ночный
Marme'lade *f* пови́дло *n*
Marmor *m* мра́мор
Ma'rone *f* (съедо́бный) кашта́н *m*
Ma'rotte *f* прич́уда
Mars *m* Марс
Marsch *m* марш (*a. Mus.*), похо́д
Marschflugkörper *m* крыла́тая ракéта *f*
mar'schieren маршировáть
Marschroute *f* маршру́т *m*
Martinshorn *n* сире́на *f*
Märtyrer(in *f*) *m* му́ченик (-ица *f*)
Mar'xismus *m* маркси́зм
März *m* март
Marzipan *n* марципа́н *m*
Masche *f* петля́; (*e-s Netzes*) яче́я
Maschendraht *m* про́волочная се́тка *f*
Ma'schine *f* маши́на; стано́к *m*
maschi'nell маши́нный
Ma'schinen|bau *m* машинострое́ние *n*; **~gewehr** *n* пулемёт

M

m; **~pistole** *f* пистолéт-пулемёт *m*, автомáт *m*; **~schaden** *m* авáрия *f* маши́ны; **~schlosser** *m* слéсарь-механик *m*
ma'schineschreiben печáтать на (пи́шущей) маши́нке
Maschi'nist *m* машини́ст
Masern *f/pl. Med.* корь *f*
Maserung *f* тексту́ра
Maske *f* мáска
Maskenball *m* бал-маскарáд
Maske'rade *f* маскарáд *m*
mas'kieren <за>маскировáть (***sich*** -ся)
masku'lin *Gr.* мужскóго рóда
maß → ***messen***
Maß *n* мéра *f*, (*Ausmaß, Größe*) размéр *m*; **~ *halten*** соблюдáть <-люсти́> мéру; **~ *nehmen*** *Schneider*: снять мéрку; ***nach*** **~** по мéрке; ***in ~en*** в мéру; ***in höchstem ~e*** в вы́сшей стéпени; ***über alle ~en*** сверх (вся́кой) мéры
Mas'sage *f* массáж *m*
Mas'saker *n* бóйня *f*, мáссовое уби́йство
Maß|anzug *m* костю́м индивиду́ального поши́ва; **~arbeit** *f fig.* филигрáнная рабóта
Masse *f* мáсса (*a. fig.*); ***in ~n*** *Pers.* толпóй
Massen|bedarfsartikel *m* товáр ширóкого потреблéния; *pl. koll.* ширпотрéб; **~entlassung** *f* мáссовое увольнéние *n*; **~grab** *n* брáтская моги́ла *f*
massenhaft мáссовый; *präd.* мáссами
Massen|medien *n/pl.* срéдства *n/pl.* мáссовой информáции; **~sport** *m* мáссовый спорт; **~verkehrsmittel** *n* срéдство общéственного трáнспорта
massenweise мáссами, в большóм коли́честве
Mas'seur(**in** *f*) *m* массажи́ст(ка *f*)
maßgebend решáющий; *Person*: авторитéтный, компетéнтный
mas'sieren *v/t* масси́ровать (*im*)*pf.*
massig масси́вный
mäßig умéренный
mäßigen умеря́ть <умéрить>; ***sich*** **~** сдéрживать <-жáть> себя́
mas'siv масси́вный
Mas'siv *n* масси́в *m*
maßlos безмéрный
Maßnahme *f* мéра; (*umfassend*) мероприя́тие *n*; ***~n ergreifen*** принимáть <-ня́ть> мéры
Maßschneiderei *f konkr.* ателье́ *n* индивиду́ального поши́ва
Maßstab *m* масштáб
maßvoll умéренный
Mast[1] *f* (*von Vieh*) откóрм *m*, откáрмливание *n*
Mast[2] *m* мáчта *f*
mästen откáрмливать <-корми́ть>
Materi'al *n* материáл *m*
Materia'lismus *m* материали́зм
materia'listisch материалисти́ческий
Ma'terie *f* матéрия
materi'ell материáльный
Mathema'tik *f* матемáтика
mathe'matisch математи́ческий
Mati'nee *f* у́тренник *m*
Ma'tratze *f* матрáс *m*, матрáц *m*
Ma'trose *m* матрóс
Matsch *m*, **~wetter** *n* сля́коть *f*
matt (*schwach*) слáбый; (*glanzlos*) мáтовый; (*trübe*) ту́склый; ***j-n ~ setzen*** <по>стáвить комý-либо мат
Matte *f* цинóвка; *Sp.* мат *m*; ковёр *m*
Mattscheibe *f* мáтовое стеклó *n*
Mauer *f* (кáменная) стенá
mauern <по>стрóить из кирпичá
Maul *n* рот *m*, пасть *f*; (*Schnauze*) мóрда *f*; ***halt's ~!*** заткни́сь!
Maul|esel *m* лошáк; **~korb** *m* намóрдник; **~tier** *n* мул *m*; **~wurf** *m* крот
Maurer *m* кáменщик
Maus *f* мышь *f*
Mausefalle *f* мышелóвка
Mausklick *m EDV* щелчóк мы́шью
Mauso'leum *n* мавзолéй *m*
Maut(**gebühr**) *f* дорóжная пóшлина
maxi'mal максимáльный
Ma'xime *f* макси́ма
Maximum *n* мáксимум *m*
Mayon'naise *f* майонéз *m*
Me'chanik *f* механика
Me'chaniker *m* механик
me'chanisch механи́ческий
Mecha'nismus *m* механи́зм

meckern *Ziege*: бле́ять; (*nörgeln*) ныть (***über*** о П)
Me'daille *f* меда́ль *f*
Medail'lon *n* медальо́н *m*
Medien *n/pl.* сре́дства *n/pl.* ма́ссовой информа́ции
Medika'ment *n* медикаме́нт *m*
Meditati'on *f* медита́ция
Medi'zin *f* (*Wissenschaft*) медици́на; (*Arznei*) лека́рство *n*
Medi'ziner(in *f*) *m* ме́дик (меди́чка F *f*)
medi'zinisch медици́нский
Meer *n* мо́ре; ***am ~*** у мо́ря; ***aufs ~*** в мо́ре
Meer|busen *m* (морско́й) зали́в; **~enge** *f* проли́в *m*
Meeresspiegel *m*: ***über dem ~*** над у́ровнем мо́ря; ***unter dem ~*** ни́же у́ровня мо́ря
Meer|rettich *m* хрен; **~schweinchen** *n* морска́я сви́нка *f*
Megahertz *n* мегаге́рц *m*
Mehl *n* мука́ *f*
mehlig мучни́стый
Mehlspeise *f* мучно́е (блю́до) *n*; (*Süßspeise*) сла́дкое (блю́до) *n*
mehr бо́льше; (*in höherem Maße, stärker*) бо́лее; ***immer ~*** всё бо́льше; ***nicht ~*** бо́льше не; ***nichts ~*** бо́льше ничего́; ***~ oder weniger*** бо́лее или ме́нее; ***umso ~*** тем бо́лее
Mehrarbeit *f* сверхуро́чная рабо́та; приба́вочный труд *m*
mehrdeutig многозна́чный
mehrere (*einige*) не́которые; (*viele*) мно́гие
mehrfach многокра́тный
Mehrfamilienhaus *n* многокварти́рный дом *m*
Mehrheit *f* большинство́ *n*
Mehrheitswahlrecht *n* мажорита́рное избира́тельное пра́во
mehr|jährig многоле́тний; **~mals** неоднокра́тно, не раз
Mehrparteiensystem *n* многопарти́йная систе́ма *f*
mehr|stöckig многоэта́жный; **~tägig** многодне́вный
Mehr|wertsteuer *f* нало́г *m* на доба́вленную сто́имость; **~zahl** *f* большинство́ *n*
meiden *v/t* избега́ть <-бежа́ть> (Р)
Meile *f* ми́ля
Meilenstein *m fig.* ве́ха *f*
meilenweit: ***~ entfernt*** о́чень далеко́ (***von*** от Р)
mein мой, (*wenn Subjekt in d. 1. Pers. sg.*) свой
Meineid *m* лжеприся́га *f*, клятвопреступле́ние *n*
meinen ду́мать, полага́ть; ***was ~ Sie?*** как вы полага́ете?; ***man sollte ~*** на́до полага́ть; ***es gut ~*** жела́ть добра́ (***mit*** Д)
meinerseits с мое́й стороны́
meinetwegen из-за/ра́ди меня́
Meinung *f* мне́ние *n*; ***meiner ~ nach*** на мо́й взгляд, по-мо́ему; ***ich bin der ~, dass ...*** я того́ мне́ния, что ...; ***j-m gehörig die ~ sagen*** сказа́ть кому́-либо па́ру тёплых слов
Meinungs|forschung *f* изуче́ние *n* обще́ственного мне́ния; **~freiheit** *f* свобо́да сло́ва; **~umfrage** *f* опро́с *m* обще́ственного мне́ния; **~verschiedenheit** *f* разногла́сие *n*
Meise *f* сини́ца
Meißel *m* резе́ц
meißeln обраба́тывать <-бо́тать> резцо́м
meist *Adv.* бо́льшей ча́стью; *zeitl.* ча́ще всего́
meiste: ***am ~n*** бо́льше всего́; ***die ~n*** (***Leute***) большинство́ (люде́й); ***in den ~n Fällen*** в большинстве́ слу́чаев
Meister *m* ма́стер
meisterhaft мастерско́й, превосхо́дный
Meisterin *f* ма́стер
meistern *v/t* справля́ться <-ра́виться>
Meisterschaft *f* мастерство́ *n*; *Sp.* чемпиона́т *m*
Meisterwerk *n* (*d. Kunst*) шеде́вр *m*
melan'cholisch меланхоли́ческий
Meldeamt *n* бюро́ пропи́ски
melden *v/t* (*mitteilen*) сообща́ть <-щи́ть>; *polizeilich*: пропи́сывать <-писа́ть>; *Vergehen* заявля́ть <-ви́ть>; (*mst Mil.*) рапортова́ть (*im*)*pf.* (о П); ***sich ~***явля́ться <яви́ться> (***bei*** в В, к Д); (*sich bemerkbar machen*) заявля́ть <-ви́ть> о себе́; да(ва́)ть о себе́

M

знать; *Schüler*: поднимáть <-нять> рýку; (*am Telefon*) отвечáть <-вéтить>
Meldepflicht *f*: ***polizeiliche ~*** обязанность *f* прописки
Meldung *f* сообщéние *n*; (*dienstlich*) донесéние *n*
melken <по>доúть
Melo'die *f* мелóдия
me'lodisch мелодúчный
Me'lone *f* дыня
Me'moiren *pl.* мемуáры *pl.*
Menge *f* большóе колúчество *n*; (*Vielzahl*) мáсса; ***jede ~*** скóлько угóдно
mengen: ***sich ~*** смéшиваться <-шáться> (***unter*** с Т)
Mengenrabatt *m* колúчественная скúдка *f*
Mensa *f* студéнческая столóвая
Mensch *m* человéк; *pl.* лю́ди; ***kein ~*** никтó; ***unter ~en*** средú людéй
Menschen|affe *m* человекообрáзная обезья́на *f*; **~kenntnis** *f* знáние *n* людéй; **~leben** *n* человéческая жизнь *f*
menschenleer безлю́дный
Menschen|menge *f* толпá людéй; **~rechte** *n/pl.* правá человéка
menschenscheu *Pers.* нелюдúмый
Menschenwürde *f* человéческое достóинство *n*
Menschheit *f* человéчество *n*
menschlich человéческий; (*human*) человéчный
Menschlichkeit *f* человéчность *f*
Menstruati'on *f* менструáция
Mentali'tät *f* менталитéт *m*
Me'nü *n* меню́ *n* (*a. EDV*)
merken замечáть <-мéтить>; ***sich ~*** запоминáть <-пóмнить>
merklich замéтный; (*erheblich*) зрúмый
Merkmal *n* прúзнак *m*
merkwürdig стрáнный
messbar измерúмый
Messe *f Hdl.* я́рмарка *f*; *Rel.* мécca *f*; **~halle** *f* я́рмарочный павильóн *m*
messen мéрить, измеря́ть <-мéрить>; ***sich ~*** (***mit***) <по>мéриться (сúлами)
Messer *n* нож *m*
Messerstich *m* удáр ножóм
Messe|stadt *f* гóрод *m* я́рмарок; **~stand** *m* я́рмарочный стенд
Messgerät *n* измерúтельный прибóр *m*
Messing *n* латýнь *f*
Messung *f* измерéние *n*
Me'tall *n* металл *m*; ***~ verarbeitend*** металлообрабáтывающий; **~arbeiter** *m* рабóчий-металлúст; **~bearbeitung** *f* металлообрабóтка
me'tallisch металлúческий
Me'tapher *f* метáфора
Meta'stase *f* метастáз *m*
Meteo'rit *m* метеорúт
Meteoro'lo|ge *m* (**~gin** *f*) метеорóлог (*a. f*); **~'gie** *f* метеоролóгия
Meter *m* метр; **~maß** *n* (*Zollstock*) (складнóй) метр *m*
Me'than *n* метáн *m*
Me'thode *f* мéтод *m*
me'thodisch методúческий; *Vorgehen*: методúчный
metrisch метрúческий
Metro'pole *f* столúца
Metzger *m* мяснúк
Metzge'rei *f* мяснáя лáвка
Meute'rei *f* мятéж *m*, бунт *m*
meutern бунтовáть, взбунтовáться *pf.*
mich (*A v.* ***ich***) меня́
mied → ***meiden***
Miene *f* мúна; ***keine ~ verziehen*** и глáзом не моргнýть
mies F сквéрный
Miesmuschel *f* мúдия
Miete *f* (*für Wohnung*) квартúрная плáта, квартплáта; ***zur ~ wohnen*** жить в наёмной квартúре
mieten снимáть <снять>; *Auto, Gerät* брать <взять> напрокáт
Mieter(in *f*) *m* (квартиро)съёмщик (-ица *f*)
Mieterschutz *m* охрáна *f* прав квартиросъёмщиков
Miet|vertrag *m* договóр о нáйме; **~wagen** *m* машúна *f*, взя́тая напрокáт; **~wohnung** *f* наёмная квартúра
Mi'gräne *f* мигрéнь *f*
Mikro|biologie *f* микробиолóгия; **~chip** *m* микропроцéссор; **~elektronik** *f* микроэлектрóника; **~'fon** *n* микрофóн *m*; **~prozessor** *m* микропроцéссор; **~'skop** *n* микро-

ско́п *m*; **~wellenherd** *m* микроволно́вая печь *f*
Milch *f* молоко́ *n*; **~flasche** *f* моло́чная буты́лка; **~glas** *n* моло́чное стекло́
Milch|kaffee *m* ко́фе *m* с молоко́м; **~kännchen** *n* моло́чник *m*; **~pulver** *n* сухо́е молоко́; **~reis** *m* ри́совая моло́чная ка́ша *f*; **~straße** *f* Мле́чный Путь *m*; **~zahn** *m* моло́чный зуб
mild мя́гкий; *Tabak*: сла́бый
Milde *f* мя́гкость *f*; ***~ walten lassen*** быть великоду́шным
mildern смягча́ть <-чи́ть>; *Schmerz* утоля́ть <-ли́ть>; ***~de Umstände*** смягча́ющие обстоя́тельства *n/pl.*
Mi'lieu *n* среда́ *f*
mili'tant вои́нствующий
Mili'tär *n* войска́ *f*, а́рмия *f*; **~dienst** *m* вое́нная слу́жба *f*
mili'tärisch вое́нный
Milita'rismus *m* милитари́зм
Mili'tär|polizei *f* вое́нная поли́ция; **~regierung** *f* вое́нное прави́тельство *n*
Milli'arde *f* миллиа́рд *m*
Milli|gramm *n* миллигра́мм *m*; **~'meter** *m* миллиме́тр
Milli'on *f* миллио́н *m*
Millio'när(in *f*) *m* миллионе́р(ша F *f*)
Milz *f* селезёнка
Mimik *f* ми́мика
minder *Adv.* ме́нее
minderbemittelt малообеспе́ченный; F ***geistig ~*** не наделённый (больши́м) умо́м
mindere *Adj.* ме́ньший, ни́зкий, пони́женный; ***~ Qualität*** ни́зкое ка́чество *n*
Minderheit *f* меньшинство́ *n*
minderjährig несовершенноле́тний
mindern уменьша́ть <уме́ньшить>
minderwertig недоброка́чественный, низкока́чественный
Minderwertigkeitskomplex *m* ко́мплекс неполноце́нности
Mindestalter *n* возрастно́й ценз *m*
mindeste мале́йший, наиме́ньший; ***nicht im Mindesten*** ничу́ть, нисколько
mindestens по ме́ньшей ме́ре
Mindestmaß *n* ми́нимум *m*
Mine *f Mil.* ми́на; *Bgb.* рудни́к *m*; (*Kugelschreiber*) сте́ржень *m*
Mine'ral *n* минера́л *m*
Mine'ral|öl *n* нефть *f*; **~quelle** *f* минера́льный исто́чник *m*; **~wasser** *n* минера́льная вода́ *f*
Minia'tur *f* миниатю́ра
mini'mal минима́льный
Mini|mum *n* ми́нимум *m*; **~rock** *m* мини-ю́бка *f*
Mi'nister *m* мини́стр
Mini'sterium *n* министе́рство
Mi'nister|präsident *m* премье́р-мини́стр; **~rat** *m* сове́т мини́стров
minus ми́нус
Minus *n* ми́нус *m*
Minuspol *m* отрица́тельный по́люс
Mi'nute *f* мину́та; ***auf die ~ (genau)*** мину́та в мину́ту
Mi'nutenzeiger *m* мину́тная стре́лка *f*
mir (*D v.* ***ich***) мне
Misch|batterie *f* кран-смеси́тель *m*; **~brot** *n* ржа́но-пшени́чный хлеб *m*
mischen меша́ть, сме́шивать <-ша́ть>; *Karten* <пере>тасова́ть
Misch|pult *n* ми́кшерный пульт *m*; **~ung** *f* смесь *f*; **~wald** *m* сме́шанный лес
mise'rabel никуды́шный, скве́рный
miss'achten *v/t* пренебрега́ть <-ре́чь> (Т), проявля́ть <-ви́ть> неуваже́ние (к Д)
Miss|achtung *f* пренебреже́ние *n*, неуваже́ние *n*; **~bildung** *f* уро́дство *n*
miss'billigen не одобря́ть <одо́брить>
Miss|billigung *f* неодобре́ние *n*; **~brauch** *m* злоупотребле́ние *n* (Т)
miss'brauchen *v/t* злоупотребля́ть <-би́ть> (Т); (*ausnützen*) испо́льзовать *pf.* в (свои́х) коры́стных це́лях
Miss|erfolg *m* неуда́ча *f*; **~ernte** *f* неурожа́й *m*
miss'fallen не <по>нра́виться
Miss|fallen *n* недово́льство; **~geburt** *f* уро́д(ец) *m*; **~geschick** *n* несча́стье

M

miss|'glücken не уда́(ва́)ться; **~'gönnen** <по>зави́довать; **~'handeln** *v/t* жесто́ко обраща́ться (с Т), истяза́ть (В)
Misshandlung *f* жесто́кое обраще́ние *n*, истяза́ние *n*
Missi'on *f* ми́ссия
Missio'nar(in *f*) *m* миссионе́р(ка *f*)
Misskredit *m*: ***in ~ bringen*** дискредити́ровать (*im*)*pf.*
miss'lingen не уда́(ва́)ться
missmutig угрю́мый
Missstand *m* недоста́ток
misst → ***messen***
miss'trauen не доверя́ть (Д)
Misstrauen *n* недове́рие (***gegen*** к Д)
misstrauisch недове́рчивый
Miss|verhältnis *n* несоразме́рность *f*; **~verständnis** *n* недоразуме́ние
missverstehen непра́вильно понима́ть <-ня́ть>
Misswirtschaft *f* бесхозя́йственность *f*
Mist *m* наво́з; (*Unsinn*) ерунда́ *f*, чушь *f*; (*Wertloses*) дрянь *f*
mit *Prp.* с, со (Т); ***~ dem Rad*** на велосипе́де; ***~ der Post*** по по́чте, по́чтой
Mitarbeit *f* сотру́дничество *n*
mitarbeiten сотру́дничать (***an*** в П)
Mit|arbeiter(in *f*) *m* сотру́дник (-ица *f*); **~bestimmung** *f* уча́стие *n* в управле́нии; **~bewerber(in** *f*) *m* соиска́тель(ница *f*) *m*
mitbringen приноси́ть <-нести́> (с собо́й)
Mitbürger(in *f*) *m* согражда́нин (-да́нка *f*)
mitein'ander друг с дру́гом
miterleben *v/t* быть свиде́телем (Р)
Mitesser *m Med.* у́горь
mitfahren (***mit***) е́здить, <по>е́хать вме́сте (с Т)
mitgeben да(ва́)ть (с собо́й)
Mitgefühl *n* сочу́вствие
mitgehen идти́ <пойти́> вме́сте (***mit*** с Т)
Mit|gift *f* прида́ное *n*; **~glied** *n* член *m*
Mitglieds|ausweis *m* чле́нский биле́т; **~beitrag** *m* чле́нский взнос
Mitgliedschaft *f* чле́нство *n*
Mit|hilfe *f* по́мощь *f*; **~kämpfer(in** *f*) *m* сора́тник (-ица *f*)
mitkommen приходи́ть <прийти́>; F (*Schritt halten*) поспева́ть <-пе́ть> (***mit*** за Т); (*verstehen*) понима́ть <-ня́ть>
Mitleid *n* сострада́ние, жа́лость *f* (***mit*** к Д)
Mitleidenschaft *f*: ***in ~ gezogen werden*** <по>страда́ть
mitleidig сострада́тельный
mitmachen (со)уча́ствовать, принима́ть <-ня́ть> уча́стие (***bei*** в П)
Mitmensch *m* бли́жний
mitnehmen брать <взять> с собо́й
Mitreisende(r) спу́тник (-ица *f*), попу́тчик (-ица *f*)
mitreißen (*begeistern*) увлека́ть <-ле́чь>; **~d** увлека́тельный
Mit|schuld *f* совино́вность *f*; **~schüler(in** *f*) *m* соучени́к (-и́ца *f*)
mitspielen уча́ствовать в игре́
Mitspieler(in *f*) *m* партнёр(ша *f* F) (по игре́), игро́к (*a. f*)
Mittag *m* по́лдень *m*; ***zu ~ essen*** <по>обе́дать
Mittagessen *n* обе́д *m*; ***zum ~*** на обе́д
mittags в по́лдень
Mittags|pause *f* обе́денный переры́в *m*; **~ruhe** *f* послеобе́денный о́тдых *m*; **~schlaf** *m* послеобе́денный сон; **~zeit** *f* обе́денное вре́мя *n*
Mitte *f* середи́на; (*Mittelpunkt*) центр *m*; ***~ Mai*** в середи́не ма́я; ***er ist ~ 30*** ему́ о́коло тридцати́ пяти́ лет; ***in unserer ~*** среди́ нас
mitteilen *v/t* сообща́ть <-щи́ть>; ***j-m s-e Bedenken ~*** <по>дели́ться с ке́м-либо свои́ми сомне́ниями
Mitteilung *f* сообще́ние *n*
Mittel *n* сре́дство; ***ein ~ gegen*** *Med.* сре́дство про́тив (Р); ***mit allen ~n*** все́ми сре́дствами
Mittelalter *n* средневеко́вье, сре́дние века́ *m/pl.*
mittelalterlich средневеко́вый
mitteleuropäisch среднеевропе́йский
Mittel|feld *n Sp.* сре́дняя часть *f* по́ля; **~finger** *m* сре́дний па́лец
mittelfristig среднесро́чный

Mittelgebirge *n* гóры *f/pl* срéдней высоты́
mittel|los неиму́щий; без средств; **~mäßig** посрéдственный, зауря́дный
Mittel|meer *n* Средизéмное мóре; **~punkt** *m* центр
mittels *Prp.* посрéдством (P)
Mittelstand *m* срéдние слои́ *m/pl.* (населéния); ***gewerblicher ~*** мéлкий и срéдний би́знес
mittelständisch: *~er Unternehmer* срéдний предпринимáтель *m*
Mittel|streckenrakete *f* ракéта срéдней дáльности; **~stufe** *f* клáссы *m/pl.* срéдней ступéни; **~stürmer** *m* центр нападéния, центрáльный нападáющий; **~welle** *f* срéдние вóлны *f/pl.*
mitten (по)среди́, в середи́не (P); ***~ in der Nacht*** среди́ нóчи; **~'drin** в (сáмой) середи́не (***in*** P)
Mitternacht *f* пóлночь *f*
mittlere срéдний; ***~n Alters*** срéдних лет
mittler'weile мéжду тем
Mittwoch *m* средá *f*; ***am ~*** в срéду
mittwochs по средáм
Mitwelt *f* совремéнники *m/pl.*
mitwirken (***an, bei***) (со)учáствовать (в П), принимáть учáстие (в П)
Mitwirkung *f* (со)учáстие *n*; ***unter ~ von*** с учáстием (P)
mixen *Drink* приготовля́ть <-тóвить>
Mixer *m* (электро)ми́ксер; (*i. d. Bar*) бáрмен
Mix'tur *f* микстýра
Möbel *n/pl.* мéбель *f*; **~stück** *n* предмéт *m* мéбели; **~wagen** *m* мéбельный автофургóн
mo'bil (*munter*) подви́жный, живóй
Mobili'ar *n* мéбель *f*
mobili'sieren мобилизовáть (*im*)*pf.*
Mo'biltelefon *n* моби́льный телефóн *m*
möb'lieren меблировáть (*im*)*pf.*
mochte, möchte → ***mögen***
Modali'täten *f/pl.* (*e-s Treffens*) процедýрные вопрóсы
Mode *f* мóда; ***es ist jetzt ~*** тепéрь в мóде; ***aus der ~ kommen*** вы́йти из мóды
Model *n* манекéнщица *f*, (фото)-модéль *f*
Mo'dell *n* модéль *f*; ***~ stehen*** пози́ровать
Mo'dell|eisenbahn *f* миниатю́рная желéзная дорóга; модéль *f* желéзной дорóги; **~kleid** *n* модéльное плáтье
Modem *n EDV* модéм *m*
Modenschau *f* покáз *m* мóд
Mode|'rator *m* (**~ra'torin** *f*) ведýщий (-щая *f*) (прогрáммы)
mode'rieren вести́ (передáчу)
mo'dern мóдный; (*zeitgemäß*) совремéнный
moderni'sieren модернизи́ровать (*im*)*pf.*
Modeschöpfer(**in** *f*) *m* худóжник-модельéр (*a. f*)
modisch мóдный
Modulati'on *f* модуля́ция
Modus *m* мóдус; *Gr.* наклонéние *n*
mogeln <c>мошéнничать
mögen (*gern haben*) люби́ть; (*wollen*) хотéть; ***es mag sein*** мóжет быть; ***wer mag das sein*** кто бы э́то мог быть; ***sie möchte*** ей хотéлось бы, ей хóчется; ***er möchte lieber*** он предпочитáет
möglich возмóжный; ***alles Mögliche*** всё возмóжное
möglicher'weise возмóжно (что)
Möglichkeit *f* возмóжность *f*; ***nach ~*** по возмóжности
möglichst по возмóжности
Mohn *m* мак; **~blume** *f* мáковый цветóк *m*
Möhre *f*, **Mohrrübe** *f* моркóвь *f*
Mokka *m* (кóфе-)мóкко *m*
Mole *f* мол *m*; ***auf der ~*** на молý
Mole'kül *n* молéкула *f*
moleku'lar молекуля́рный
molk → ***melken***
Molke'rei *f* молóчный завóд *m*
Moll *n* минóр *m*
mollig *Pers.* пóлный; (*gemütlich warm*) тёплый
Mo'ment *m* момéнт; ***e-n ~!, ~ mal!*** однý минýтку!
Monar'chie *f* монáрхия
Monat *m* мéсяц; ***in e-m ~*** за мéсяц; ***im siebten ~*** на седьмóм мéсяце; ***vor e-m ~*** мéсяц томý назáд
monatlich помéсячный

Monats|gehalt *n* мéсячный окла́д *m*; **~karte** *f* мéсячный билéт *m*
Mönch *m* монáх
Mond *m* лунá *f*, мéсяц; (*der Erde*) Лунá *f*; ***abnehmender ~*** мéсяц на ущéрбе; ***zunehmender ~*** молодáя лунá
mon'dän свéтский
Mond|finsternis *f* лýнное затмéние *n*; **~landschaft** *f* лýнный ландшáфт *m*; **~schein** *m* лýнный свет
Monitor *m* монитóр, ди́сплей
Mono|ga'mie *f* моногáмия; **~'gramm** *n* монограмма *f*; **~kultur** *f* монокультýра; **~'log** *m* монолóг; **~'pol** *n* монопóлия *f*
mono'ton монотóнный
Mono|to'nie *f* монотóнность *f*; **~zelle** *f* (гальвани́ческий) элемéнт *m*
Monster *n* монстр *m*
Montag *m* понедéльник; ***am ~*** в понедéльник
Mon'tage *f* монтáж *m*
montags по понедéльникам
Mon'teur *m* монтёр, монтáжник
mon'tieren <c>монти́ровать
Monu'ment *n* монумéнт *m*
monumen'tal монументáльный
Moor *n* болóто
Moos *n* мох *m*
Moped *n* мóпед *m*
Mo'ral *f* морáль *f*
mo'ralisch морáльный
Mo'ralpredigt *f* нравоучéние *n*; ***e-e ~ halten*** читáть морáль
Mo'rast *m* болóто *n*
Mord *m* уби́йство *n*; **~anschlag** *m* покушéние *n* на уби́йство
morden уби́(вá)ть
Mörder(in *f*) *m* уби́йца *m* (*a. f*)
mörderisch уби́йственный
Mordkommission *f* отдéл *m* (поли́ции) по расслéдованию уби́йств
Mordverdacht *m* подозрéние *n* в совершéнии уби́йства; ***unter ~ stehen*** быть подозревáемым в совершéнии уби́йства
morgen зáвтра; ***von ~ an, ab ~*** с зáвтрашнего дня; ***bis ~*** до зáвтра
Morgen *m* ýтро *n*; ***eines ~s*** однáжды ýтром; ***früh am ~*** рáно ýтром; ***guten ~!*** дóброе ýтро!
Morgengrauen *n* предрассвéтные сýмерки *pl*; ***im ~*** чуть свет
Morgen|rock *m* домáшний халáт; **~rot** *n*, **~röte** *f* ýтренняя зарá *f*
morgens ýтром; (*wiederholt*) по утрáм
morgig зáвтрашний
Morphium *n* мóрфий *m*
Morpholo'gie *f* морфолóгия
morsch трухля́вый; (*baufällig*) вéтхий
Mörtel *m* раствóр
Mosa'ik *n* мозáика *f*
Mo'schee *f* мечéть *f*
Moskauer *Adj.* москóвский
Moskauer(in *f*) *m* москви́ч(ка *f*)
Mos'kito *m* моски́т
Moslem *m* мусульмáнин
mos'lemisch мусульмáнский
Most *m* (виногрáдное) сýсло *n*; плодóвый сок
Mostrich *m* горчи́ца *f*
Motel *n* мотéль *m*
Mo'tiv *n* моти́в *m*
Motivati'on *f* мотивáция
moti'vieren *v/i* мотиви́ровать (*im*)*pf.*
Motor *m* дви́гатель *m*, мотóр; **~boot** *n* мотóрная лóдка *f*; **~haube** *f* капóт *m*
motori'sieren моторизовáть (*im*)*pf.*
Motorrad *n* мотоци́кл *m*; **~fahrer(in** *f*) *m* мотоцикли́ст(ка *f*)
Motor|roller *m* моторóллер; **~sport** *m* мотоспóрт
Motte *f* моль *f*
Mottenpulver *n* порошóк *m* от мóли
Motto *n* мóтто; деви́з *m*
Möwe *f* чáйка
Mücke *f* комáр *m*
Mückenstich *m* укýс комарá
müde устáлый, утомлённый; (*schläfrig*) сóнный
Müdigkeit *f* устáлость *f*, утомлéние *n*; ***vor ~*** от устáлости
Muffelwild *n* муфлóны *m/pl.*
muffig зáтхлый
Mühe *f* труд *m*; (*Anstrengung*) уси́лие *n*; (*Scherereien*) хлóпоты *pl.*; ***j-m ~ machen*** затрудня́ть когó-либо; ***sich ~ geben*** <по>старáться; ***mit Mühe und Not*** F с больши́м трудóм

mühe|los *präd.* без труда́; **~voll** тру́дный, тяжёлый
Mühle *f* ме́льница
Mühsal *f* тя́гостный труд *m*
mühsam тру́дный, тяжёлый
Mulde *f* ложби́на
Mull *m* (*Verbandstoff*) ма́рля *f*
Müll *m* му́сор
Müllabfuhr *f* вы́возка му́сора
Mullbinde *f* ма́рлевый бинт *m*
Müll|container *m* му́сорный конте́йнер; **~deponie** *f* сва́лка для захороне́ния му́сора; **~eimer** *m* ведро́ *n* для му́сора; **~schlucker** *m* мусоропрово́д; **~tonne** *f* бак *m* для му́сора, мусоросбо́рник *m*; **~verbrennungsanlage** *f* мусоросжига́тельная устано́вка; **~wagen** *m* мусорово́з
multi|kultu'rell многообра́зный в культу́рном отноше́нии; **~natio'nal** многонациона́льный
Multiplikati'on *f* умноже́ние *n*
multipli'zieren <у>мно́жить, умножа́ть <-но́жить>
Mumie *f* му́мия
Mund *m* рот; ***wie aus e-m ~*** в оди́н го́лос; ***s-n ~ halten*** держа́ть язы́к за зуба́ми; ***halt den ~!*** заткни́сь!; ***er ist nicht auf den ~ gefallen*** он за сло́вом в карма́н не ле́зет; ***in aller ~e sein*** быть у всех на уста́х
Mundart *f* наре́чие *n*, диале́кт *m*
münden *Fluss*: впада́ть (***in*** в В)
Mundharmonika *f* губна́я гармо́ника
mündig совершенноле́тний
mündlich у́стный
Mundstück *n* мундшту́к *m*
mundtot: ***~ machen*** заста́вить <за>молча́ть
Mündung *f* (*Fluss*) у́стье *n*
Mundwasser *n* зубно́й эликси́р *m*
Muniti'on *f* боеприпа́сы *m/pl.*
Münster *n* собо́р *m*
munter бо́дрый; (*lebhaft*) живо́й, бо́йкий
Munterkeit *f* бо́дрость *f*; жи́вость *f*
Münze *f* моне́та; ***für bare ~ nehmen*** принима́ть за чи́стую моне́ту
Münz|einwurf *m* щель *f* для (опуска́ния) моне́т(ы); **~fernsprecher** *m* телефо́н-автома́т

mürbe ло́мкий; *Gebäck*: рассы́пчатый
murmeln <про>бормота́ть
Murmeltier *n* суро́к *m*
murren ропта́ть
mürrisch (*verdrießlich*) угрю́мый; (*brummig*) ворчли́вый
Mus *n* пюре́
Muschel *f* (*Schale*) ра́ковина
Muse *f* му́за
Mu'seum *n* музе́й *m*
Musical *n* мю́зикл *m*
Mu'sik *f* му́зыка
musi'kalisch музыка́льный
Musiker(in *f*) *m* музыка́нт(ша *f* F)
Mu'sik|instrument *n* музыка́льный инструме́нт *m*; **~lehrer(in** *f*) *m* учи́тель(ница *f*) *m* му́зыки
musi'zieren музици́ровать
Mus'katnuss *f* муска́тный оре́х *m*
Muskel *m* мы́шца *f*, му́скул
Muskelkater *m*: ***ich habe e-n ~*** у меня́ боля́т мы́шцы
Muskel|riss *m* разры́в мышц; **~zerrung** *f* растяже́ние *n* мышц
Muskula'tur *f* мускулату́ра
musku'lös му́скулистый
muss → ***müssen***
Muße *f* досу́г *m*
müssen: ***ich muss*** я до́лжен/должна́; (*gezwungen sn*) я вы́нужден, мне придётся; ***du musst nicht ...*** тебе́ не на́до ... (*Inf.*); ***der Brief muss abgeschickt werden*** письмо́ ну́жно отпра́вить; ***wir mussten lachen*** мы не могли́ удержа́ться от сме́ха
müßig пра́здный
Müßiggang *m* пра́здность *f*, безде́лье *n*
musste → ***müssen***
Muster *n* образе́ц *m*; (*Stoffprobe*) обра́зчик *m*; *Tech., fig. a.* этало́н *m*; (*für Handarbeiten*) узо́р *m*
mustergültig образцо́вый
Mustermesse *f* вы́ставка образцо́в
mustern *v/t* осма́тривать <осмотре́ть>; *Wehrpflichtige* подверга́ть <-ве́ргнуть> медици́нскому осмо́тру
Musterung *f* осма́тривание *n*; *Mil.* освиде́тельствование *n*
Mut *m* сме́лость *f*, му́жество *n*; ***~ machen*** прида́(ва́)ть сме́лости;

den ~ verlieren пáсть дýхом
mut|ig смéлый, мýжественный; **~los** уны́лый
mutmaßlich предположи́тельный
Mutter *f* мать *f*; *Tech.* гáйка
mütterlich матери́нский
Mutter|liebe *f* матери́нская любóвь *f*; **~mal** *n* роди́мое пятнó; **~milch** *f* матери́нское молокó *n*; **~schutz** *m* охрáна *f* матери́нства; **~söhnchen** *n* мáменькин сынóк *m*; **~sprache** *f* роднóй язы́к *m*; **~sprachler(in** *f*) *m* носи́тель(ница *f*) *m* языкá; **~tag** *m* День *m* мáтери
mutwillig преднамéренный
Mütze *f* шáпка; (*mit Schirm*) фурáжка; (*mit Ohrenklappen*) ушáнка
mysteri'ös таи́нственный
Mystik *f* ми́стика
mystisch мисти́ческий
Mytholo'gie *f* мифолóгия
mytho'logisch мифологи́ческий
Mythos *m* миф

N

Nabel *m* пупóк
nach 1. *Prp.* (*wohin*) в, на (В); (*Zweck, Reihenfolge*) за (Т); пóсле (Р), по (П); (*Zeit*) чéрез, спустя́ (В); (*gemäß*) по, соглáсно (Д); ***meiner Ansicht ~*** по-мóему; ***fünf Minuten ~ eins*** пять минýт вторóго; **2.** *Adv.* ***~ und ~*** мáло--помáлу, постепéнно; ***~ wie vor*** по-прéжнему
nachahmen подражáть
Nachahmung *f* подражáние *n* (Д)
Nachbar(in *f*) *m* сосéд(ка *f*)
Nachbarschaft *f* сосéдство *n*; ***in der ~ von*** по сосéдству (с Т)
nach|bessern устраня́ть <-ни́ть> недостáтки; **~bestellen** закáзывать <-зáть> дополни́тельно; **~bilden** созд(ав)áть по образцý (Р)
Nachbildung *f* кóпия (с Р)
nach'dem пóсле тогó как; ***~ er das Buch gelesen hatte*** прочитáв кни́гу; ***je ~*** смотря́ по обстоя́тельствам
nachdenken дýмать (***über*** о П)
nachdenklich задýмчивый
Nachdruck[1] *m*: ***mit ~*** настóйчиво, убеди́тельно
Nachdruck[2] *m Typ.* перепечáтка *f*
nachdrucken перепечáт(ыв)ать
nachdrücklich настóйчивый, настоя́тельный
nachein'ander оди́н за други́м, друг за дрýгом
Nacherzählung *f* перескáз *m*, изложéние *n*
Nachfolge *f* (*im Amt*) преéмство *n*
Nachfolger(in *f*) *m* преéмник (-ица *f*)
nachforschen разузнавáть <-знáть>
Nachforschungen *f/pl.* расспрóсы *m/pl.*
Nachfrage *f* (*Erkundigung*) спрáвка; *Hdl.* спрос *m* (***nach*** на В)
nach|fragen справля́ться <спрáвиться> (***nach*** о П); **~fühlen** сочýвствовать, прочýвствовать *pf.*; **~füllen** наливáть <-ли́ть>; **~geben** *fig.* уступáть <-пи́ть>
Nachgebühr *f* доплáта
nachgehen идти́ <пойти́> (вслед) за (Т); (*e-r Sache*) занимáться (Т); *Uhr*: отстá(вá)ть
Nachgeschmack *m* при́вкус; *fig.* осáдок
nachgiebig подáтливый; *Pers. a.* устýпчивый
nachgießen доли́(вá)ть
nachhaltig дли́тельный, продолжи́тельный; (*Eindruck*) глубóкий
nach'her потóм, пóсле э́того; ***bis ~!*** покá!
Nachhilfestunde *f*: ***~n geben*** репети́ровать (В); ***~n nehmen*** брать урóки у репети́тора

nachholen навёрстывать <-верста́ть>
Nachkomme *m* пото́мок
nachkommen (*später kommen*) приходи́ть <прийти́> по́зже, (*fahrend*) приезжа́ть <-е́хать> по́зже
Nachlass *m* насле́дство *n*
nachlassen *v/i* (*schwächer werden*) слабе́ть, ослабева́ть <-бе́ть>; *Wind, Schmerz*: утиха́ть <ути́хнуть>; (*aufhören*) унима́ться <уня́ться>; *Gedächtnis, Frost*: сда(ва́)ть; (*sich verschlechtern*) ухудша́ться <уху́дшиться>
nachlässig небре́жный; (*nicht gewissenhaft*) хала́тный
Nachlässigkeit *f* небре́жность *f*; хала́тность *f*
nach|laufen <по>бежа́ть (за Т); **~lesen** (ещё раз) прочита́ть *pf.*; **~machen** подража́ть
Nachmittag *m* послеобе́денное вре́мя *n*; ***am ~*** по́сле обе́да
Nachnahme *f*: ***per ~*** нало́женным платежо́м
Nach|name *m* фами́лия *f*; **~porto** *n* почто́вая допла́та *f*
nach|prüfen проверя́ть <-ве́рить>; **~rechnen** пересчи́тывать <-та́ть>
Nachrede *f*: ***üble ~*** клевета́
Nachricht *f* изве́стие *n*; (*Mitteilung*) сообще́ние *n*
Nachrichten *f/pl. Rdf.* после́дние изве́стия *n/pl.*; **~agentur** *f* телегра́фное аге́нтство *n*; **~dienst** *m* информацио́нная слу́жба *f*; **~dienst** *m* информацио́нная слу́жба *f*; **~satel'lit** *m* спу́тник свя́зи; **~sendung** *f* переда́ча изве́стий
Nach|ruf *m* некроло́г; **~rüstung** *f* довооруже́ние *n*; **~saison** *f* послесезо́нный пери́од *m*
nachschlagen справля́ться <-а́виться>
Nachschlagewerk *n* спра́вочное изда́ние, спра́вочник *m*
Nachschub *m* снабже́ние *n*, подво́з *m*
nachsenden пос(ы)ла́ть вслед (за Т)
nachsichtig снисходи́тельный
Nach|speise *f* десе́рт *m*; **~spiel** *n* эпило́г *m*; *Mus.* постлю́дия *f*
nächste *Adj.* ближа́йший, бли́жний; (*folgend*) сле́дующий; ***am ~n Tag*** на сле́дующий день; ***das ~ Mal*** в сле́дующий раз
Nächstenliebe *f* любо́вь *f* к бли́жнему
nächstens в ско́ром вре́мени
Nacht *f* ночь *f*; ***bei ~*** но́чью; ***gute ~!*** (с)поко́йной но́чи!
Nachtdienst *m* ночно́е дежу́рство *n*
Nachteil *m* (*Schaden*) уще́рб; (*Mangel*) недоста́ток
nachteilig невы́годный; убы́точный
Nacht|frost *m* ночно́й моро́з; **~hemd** *n* ночна́я руба́шка *f*
Nachtigall *f* солове́й *m*
Nachtisch *m* десе́рт, сла́дкое *n*
nächtlich ночно́й
Nacht|lokal *n* ночно́й рестора́н *m*; **~quartier** *n* ночле́г *m*
Nachtrag *m* дополне́ние *n*
nachtragen *fig.* дополня́ть <-по́лнить>, дополни́тельно вноси́ть <внести́>
nachträglich дополни́тельный
nachts но́чью; (*wiederholt*) по ноча́м
Nacht|schicht *f* ночна́я сме́на; **~tisch** *m* (прикрова́тная) ту́мбочка *f*; **~tischlampe** *f* ночна́я насто́льная ла́мпа; **~wächter** *m* ночно́й сто́рож
Nachweis *m* (*Beweis*) доказа́тельство *n*; (*Beleg*) удостовере́ние *n*
nachweisen дока́зывать <-за́ть>; удостоверя́ть <-ве́рить> (документа́льно)
nachweislich доказу́емый; *Adv.* по достове́рным све́дениям
Nach|welt *f* пото́мки *m/pl.*, бу́дущие поколе́ния *n/pl.*; **~wirkung** *f* *Med.* последе́йствие; *pl. a.* после́дствия *n/pl.*; **~wort** *n* послесло́вие; **~wuchs** *m* де́ти *pl.*
nach|zahlen (*e-n Fehlbetrag*) допла́чивать <-лати́ть>; **~zählen** пересчи́тывать <-та́ть>
Nach|zahlung *f* допла́та; **~zügler**(**in** *f*) *m* опозда́вший (-шая *f*)
Nacken *m* заты́лок
nackt го́лый, наго́й

N

Nadel *f* иглá, *dim.* игóлка; (*Stecknadel*) булáвка; *pl. Bot.* хвóя; **~baum** *m* хвóйное дéрево *n*; **~wald** *m* хвóйный лес
Nagel *m* гвоздь *m*, *dim.* гвóздик; (*Fingernagel*) нóготь *m*; *fig.* ***an den ~ hängen*** повéсить на гвоздь; **~feile** *f* пи́л(оч)ка для ногтéй; **~lack** *m* лак для ногтéй
nageln приби́(вá)ть гвоздя́ми (***an*** к Д)
nagel'neu новёхонький
Nagelschere *f* нóжницы *pl.* для ногтéй
nagen грызть
Nagetier *n* грызу́н *m*
nah бли́зкий; ***~e bei*** близ (Р); ***ganz ~*** в сáмой близи́; ***... ist ihm nahe gegangen*** он при́нял бли́зко к сéрдцу (В); ***~e legen*** рекомендовáть (*im*)*pf.*; ***~e liegend*** поня́тный; ***~ stehen*** быть бли́зким (к Д)
Nahaufnahme *f* съёмка крýпным плáном
Nähe *f* бли́зость *f*; ***in der ~*** поблúзости, вблизи́
nähen <с>ши́ть
Naherholungsgebiet *n* зóна *f* (зáгородного) óтдыха
nähern: *sich ~* приближáться <-бли́зиться> (к Д)
Nähgarn *n* швéйные ни́тки *f/pl.*
nahm → ***nehmen***
Näh|maschine *f* швéйная маши́на; **~nadel** *f* игóлка
nahrhaft питáтельный
Nahrung *f* пи́ща
Nahrungsmittel *n* продýкт *m* питáния; *pl. a.* пищевы́е продýкты *m/pl.*
Nährwert *m* питáтельность *f*
Nähseide *f* шёлковые ни́тки *f/pl.*
Naht *f* шов *m*
nahtlos без швa, бесшóвный
Nahverkehr *m* мéстное сообщéние *n*
Nähzeug *n* швéйные принадлéжности *f/pl.*
na'iv наи́вный
Naivi'tät *f* наи́вность *f*
Name *m* и́мя *n*; (*Nachname*) фами́лия *f*; ***dem ~n nach*** по и́мени; ***im ~n von*** от и́мени (Р)
namenlos безымя́нный
Namenstag *m* имени́ны *pl.*
namentlich поимённый
nämlich *Adv.* а и́менно, тó есть; *Kj.* (*da, weil*) так как
nannte → ***nennen***
Napf *m* ми́ска *f*
Narbe *f* рубéц *m*, шрам *m*
Nar'kose *f* наркóз *m*
Narr *m* дурáк; (*Hofnarr*) шут; ***j-n zum ~en halten*** дурáчить когó-либо
närrisch дурáцкий
Nar'zisse *f* нарци́сс *m*
naschen <по>лáкомиться (Т)
Nase *f* нос *m*; ***sich die ~ putzen*** сморкáться <-кнýться>; ***ich habe die ~ voll*** с меня́ хвáтит
Nasen|bluten *n* кровотечéние из нóса; **~loch** *n* ноздря́ *f*; **~spitze** *f* кóнчик *m* нóса
Nashorn *n* носорóг *m*
nass мóкрый; ***~ machen*** намочи́ть *pf.*; ***~ werden*** промокáть <-мóкнуть>
Nässe *f* сы́рость *f*
nasskalt промóзглый
Nati'on *f* нáция; ***die Vereinten ~en*** Организáция *f* Объединённых Нáций
natio'nal национáльный
Natio'nal|feiertag *m* национáльный прáздник; **~hymne** *f* государственный гимн *m*
Nationali'tät *f* национáльность *f*
Natio'nal|mannschaft *f* национáльная сбóрная (комáнда); **~park** *m* национáльный парк
Nato-Osterweiterung *f* расширéние *n* НАТО
Natrium *n* нáтрий *m*
Na'tur *f* прирóда; ***von ~ aus*** от прирóды
Na'turerscheinung *f* явлéние *n* прирóды
na'turgemäß естéственный
Na'tur|gesetz *n* закóн *m* прирóды; **~heilkunde** *f* лечéние *n* прирóдными фáкторами; **~katastrophe** *f* стихи́йное бéдствие *n*; **~kunde** *f* естествознáние *n*
na'türlich естéственный; *Adv.* разумéется, конéчно
Na'tur|park *m* прирóдный парк; **~schutz** *m* охрáна *f* прирóды;

~schutzgebiet *n* запове́дник *m*; **~wissenschaften** *f/pl.* есте́ственные нау́ки *f/pl.*; **~wissenschaftler**(**in** *f*) *m* есте́ственник (-ица *f*), естествоиспыта́тель(-ница *f*) *m*

Navigati'on *f* навига́ция

Nebel *m* тума́н; ***bei Nacht und ~*** во тьме ночно́й

Nebel|scheinwerfer *m* противотума́нная фа́ра *f*; **~schlussleuchte** *f* за́дняя противотума́нная фа́ра

neben *Prp.* во́зле (Р), у (Р), при (П), ря́дом с (Т); **~'an** *Adv.* ря́дом; по сосе́дству

neben'bei (*beiläufig*) попу́тно, ме́жду про́чим; ***~ gesagt*** кста́ти сказа́ть

nebenberuflich попу́тный

nebenein'ander друг во́зле дру́га, ря́дом

Neben|einkünfte *f/pl.* побо́чные дохо́ды *m/pl.*; **~fach** *n* (*Schule*) дополни́тельный предме́т *m*; **~fluss** *m* прито́к; **~haus** *n* сосе́дний дом *m*; **~mann** *m* сосе́д; **~raum** *m* сме́жное помеще́ние *n*; **~rolle** *f* второстепе́нная роль *f*

Nebensache *f* второстепе́нное де́ло *n*; ***das ist ~*** э́то нева́жно

nebensächlich несуще́ственный, нева́жный

Neben|satz *m* прида́точное предложе́ние *n*; **~straße** *f* бокова́я у́лица; переу́лок *m*; **~wirkung** *f* побо́чное де́йствие *n*; **~zimmer** *n* сме́жная ко́мната *f*

neblig тума́нный

Neffe *m* племя́нник

negativ негати́вный

Negativ *n* негати́в *m*

Neger *m* негр; **~in** *f* негритя́нка

nehmen брать <взять>; ***auf sich ~*** брать <взять> на себя́; ***den Zug ~*** сесть в/на по́езд, пое́хать по́ездом

Neid *m* за́висть *f*

neidisch зави́стливый; ***~ sein auf*** зави́довать (Д)

Neige *f*: ***zur ~ gehen*** подходи́ть <подойти́> к концу́, конча́ться <ко́нчиться>

neigen наклоня́ть <-ни́ть> (***sich*** -ся)

Neigung *f* накло́н *m*; (*Gelände*) пока́тость *f*; *fig.* скло́нность *f* (***zu*** к Д)

nein нет

Nelke *f* гвозди́ка

nennen наз(ы)ва́ть, <на>именова́ть; ***sich ~*** называ́ть себя́

nennenswert досто́йный упомина́ния

Nenner *m Math.* знамена́тель *m*

Nennwert *m* номина́льная сто́имость *f*; ***zum ~*** по номина́лу

Neonlicht *n* нео́новый свет *m*

Neonröhre *f* нео́новая тру́бка

Nerv *m* нерв; ***j-m auf die ~en gehen*** де́йствовать кому́-либо на не́рвы

Nerven|heilanstalt *f* лече́бница для нервнобольны́х; **~kitzel** *m* щекота́ние *n* не́рвов; **~zusammenbruch** *m Med.* истоще́ние *n* не́рвной систе́мы

ner'vös не́рвный

Nervosi'tät *f* нерво́зность *f*

Nerz *m* но́рка *f*

Nest *n* гнездо́; (*abgelegener Ort*) захолу́стье

nett ми́лый, симпати́чный; (*freundlich*) ми́лый, любе́зный

netto не́тто

Nettopreis *m* цена́ *f* не́тто

Netz *n* сеть *f* (*a. El., Esb.*); (*Einkaufs-, Gepäcknetz*) се́тка *f* (*a. Sp.*); **~werk** *n* компью́терная сеть *f*

neu но́вый; ***aufs Neue, von ~em*** за́ново, вновь; ***das ist mir ~*** э́то для меня́ но́вость; ***was gibt's Neues?*** что но́вого?

neuartig но́вый

Neubau *m* новостро́йка *f*; **~wohnung** *f* кварти́ра в но́вом до́ме

neuerdings в после́днее вре́мя

Neu|erscheinung *f* нови́нка; **~gier**(**de**) *f* любопы́тство *n*

neugierig любопы́тный

Neuheit *f* нови́нка

Neuigkeit *f* но́вость *f*

Neujahr *n* Но́вый год *m*

neulich *Adv.* неда́вно

Neuling *m* новичо́к

neumodisch новомо́дный

Neumond *m* новолу́ние *n*

neun де́вять; **~fach** девятикра́тный; **~hundert** девятьсо́т; **~jährig** девятиле́тний; **~mal** (в) де́вять раз

neunte девя́тый
Neuntel *n* девя́тая часть *f*
neuntens в-девя́тых
neun|zehn девятна́дцать; **~zig** девяно́сто
Neuschnee *m* но́вый снег
neu'tral нейтра́льный
Neutrali'tät *f* нейтралите́т *m*; (*Haltung*) нейтра́льность *f*
Neutrum *n Gr.* существи́тельное сре́днего ро́да
Neuzeit *f* но́вое вре́мя *n*
nicht не; ***er ist ~ da*** его́ нет; ***~ ein Einziger*** нет ни одного́; **~ (*wahr*)?** не пра́вда ли?
Nichte *f* племя́нница
nichtig ничто́жный
Nicht|leiter *m* непроводни́к; **~raucher(in** *f*) *m* некуря́щий (-щая *f*)
nichts ничто́; ***~ Neues*** ничего́ но́вого; ***gar ~*** абсолю́тно ничего́; ***das macht ~!*** (э́то) ничего́!
Nichts *n* ничто́; ***aus dem ~*** из ничего́
Nichtschwimmer(in *f*) *m*: ***ich bin ~*** я не уме́ю пла́вать
nichts|desto'weniger тем не ме́нее; **~sagend** ничего́ не выража́ющий; **~würdig** по́длый
Nickel *n* ни́кель *m*
nicken кива́ть <-вну́ть>
nie никогда́ (не); ***~ mehr, ~ wieder*** бо́льше никогда́; ***noch ~*** ни ра́зу
nieder *Adv.* вниз; ***~ mit ...!*** доло́й (P)!
Niedergang *m* упа́док
niedergeschlagen пода́вленный, удручённый
Niederkunft *f* ро́ды *m/pl.*
Niederlage *f* пораже́ние *n*; ***e-e ~ erleiden*** <по>терпе́ть пораже́ние
Niederländer(in *f*) *m* нидерла́ндец (-дка *f*)
niederländisch нидерла́ндский
niederlassen: ***sich ~*** опуска́ться <-сти́ться>; (*sich setzen*) сади́ться <сесть>; (*siedeln*) поселя́ться <-ли́ться>; (*gründen*) откры́(ва́)ть (***als*** B)
Niederlassung *f* (по)селе́ние *n*; *Hdl.* отделе́ние *n*, филиа́л *m*
niederlegen класть <положи́ть>; *Kranz* возлага́ть <-ложи́ть>; *Amt* слага́ть <сложи́ть> с себя́; *Arbeit* прекраща́ть <-рати́ть>; ***sich ~*** ложи́ться <лечь> (спать)
Niederschlag *m Met. pl.* оса́дки *m/pl.*
niederschlagen сби(ва́)ть с ног; *Aufstand* подавля́ть <-ви́ть>; *Jur. Verfahren* прекраща́ть <-рати́ть>; ***sich ~*** (*zum Ausdruck kommen*) находи́ть <найти́> своё выраже́ние
niederträchtig по́длый, ни́зкий
Niederung *f* ни́зменность *f*
niedlich хоро́шенький, ми́ленький
niedrig ни́зкий; *Gesinnung*: ни́зменный
niemals никогда́
niemand никто́; ***hier ist ~*** тут никого́ нет
Niere *f* по́чка
nieseln мороси́ть
Nieselregen *m* мо́рось *f*
niesen чиха́ть <-хну́ть>
Niete *f* (*Los*) пусто́й (лотере́йный) биле́т *m*
Niko'tin *n* никоти́н *m*
Nilpferd *n* гиппопота́м *m*
nimm → ***nehmen***
nirgends нигде́
Nische *f* ни́ша
nisten гнезди́ться
Nistkasten *m* я́щик для гнездова́ния
Ni'veau *n* у́ровень *m*
Nixe *f* руса́лка
nobel благоро́дный
No'belpreis *m* Но́белевская пре́мия *f*; **~träger** *m* но́белевский лауреа́т
noch ещё; ***~ nicht*** ещё нет; ***~ einmal*** ещё раз
noch|malig втори́чный; **~mals** ещё раз
No'mad|e *m* кочéвник; **~in** *f* кочевни́ца
Nominativ *m* имени́тельный паде́ж
nomi'nieren *v/t* выдвига́ть <вы́двинуть> кандидату́ру (P)
Nonne *f* мона́хиня
Non'stopflug *m* беспоса́дочный полёт
Norden *m* се́вер
nördlich се́верный; ***~ von*** се́вернее от (P), к се́веру от (P)

Nord|licht *n* северное сияние; **~'osten** *m* северо-восток; **~pol** *m* Северный полюс; **~'westen** *m* северо-запад; **~wind** *m* северный ветер
nörgeln прид(и)раться (***an*** к Д)
Nörgler(in *f*) *m* придира *m* (*a. f*)
Norm *f* норма
nor'mal нормальный
normali'sieren нормализовать (*im*)*pf.*
normen нормировать (*im*)*pf.*
Norweger(in *f*) *m* норвежец (-жка *f*)
norwegisch норвежский
Nostal'gie *f* ностальгия
Not *f* нужда; ***zur ~*** в крайнем случае; ***~ leiden*** испытывать нужду
No'tar(in *f*) *m* нотариус
Notari'at *n* нотариальная контора *f*
notari'ell нотариальный; ***~ beglaubigt*** нотариально удостоверенный
Not|arzt *m*, **~ärztin** *f* врач службы скорой помощи
Not|ausgang *m* запасный выход; **~bremse** *m* аварийный тормоз; **~dienst** *m* служба *f* скорой и неотложной помощи
notdürftig скудный; (*zeitweilig*) временный
Note *f* нота; *fig.* оттенок *m*; (*Zensur*) отметка
Notebook *n EDV* ноутбук *m*
Notenschlüssel *m* (нотный) ключ
Notfall *m* крайний случай; ***im ~*** в крайнем случае
notfalls в крайнем случае
notgedrungen поневоле
no'tieren отмечать <-метить>
nötig нужный, необходимый; ***~ haben*** нуждаться (в П); ***es ist nicht ~*** не нужно, не надо
nötigen принуждать <-нудить>
No'tiz *f* заметка; ***k-e ~ nehmen von*** не обращать внимания на (В); **~block** *m* блокнот; **~buch** *n* записная книжка *f*
Not|lage *f* бедственное положение *n*; **~landung** *f* вынужденная посадка; **~lösung** *f* временное решение *n*; **~lüge** *f* вынужденная ложь; **~ruf** *m* экстренный вызов; **~stand** *m* чрезвычайное положение *n*; **~wehr** *f* необходимая оборона
notwendig необходимый
Notwendigkeit *f* необходимость *f*; ***es besteht k-e ~*** нет необходимости
No'velle *f* (*a. Pol.*) новелла
No'vember *m* ноябрь *m*
Nu *m*: ***im ~*** вмиг
Nu'ance *f* оттенок *m*, нюанс *m*
nüchtern не евший; (*sachlich*; *nicht betrunken*) трезвый; ***auf ~en Magen*** натощак
Nudel *f* лапша; **~suppe** *f* суп *m* с лапшой
nukle'ar ядерный
null: ***~ Grad*** ноль градусов; ***für ~ und nichtig erklären*** объявлять <-вить> недействительным
Null *f* ноль *m*, нуль *m*; **~punkt** *m* нулевая точка *f*; **~tarif** *m* нулевой тариф
Nummer *f* номер *m*
numme'rieren <про>нумеровать
Nummernschild *n Kfz.* щиток *m* с номерным знаком
nun теперь; ***von ~ an*** отныне; ***was ~?*** что дальше?
nur только, лишь; ***nicht ~, sondern auch*** не только, но и
Nuss *f* орех *m*; **~baum** *m* ореховое дерево *n*; **~knacker** *m* щипцы *pl.* для орехов
Nutte *f* шлюха
Nutzeffekt *m* эффективность *f*
nutzen, nützen *v/i* приносить <-нести> пользу (Д); ***wem nutzt das?*** кому это нужно?
Nutzen *m* польза *f*; ***zum ~*** на пользу; ***~ aus et. ziehen*** извлекать <-влечь> пользу из чего-либо
nützlich полезный
nutzlos бесполезный
Nutzlosigkeit *f* бесполезность *f*
Nylon *n* нейлон *m*

N

O

O'ase *f* оáзис *m*
ob *Kj.* ли; ***als ~*** как бýдто (бы); ***so tun, als ~*** дéлать вид, что
Obacht *f*: ***~ geben*** обращáть <-ати́ть> внимáние
Obdach *n* приют *m*
obdachlos бездóмный
Obdachlosenasyl *n* ночлéжка *f* для бездóмных
Obdachlose(r) *m* бездóмный
Obdukti'on *f* вскры́тие *n* (трýпа)
oben наверхý, вверхý; ***nach ~*** навéрх; ***von ~*** свéрху; ***von ~ bis unten*** свéрху дóнизу; F ***~ ohne*** без ли́фчика
oben|drein сверх тогó; **~erwähnt** вышеупомя́нутый
Ober *m* *KSp.* дáма *f*; (*Kellner*) официáнт
Ober|arm *m* плечó *n*; **~arzt** *m*, **~ärztin** *f* стáрший врач; **~befehlshaber** *m* главнокомáндующий; **~bürgermeister** *m* обербургоми́стр; **~deck** *n* вéрхняя пáлуба *f*; **~fläche** *f* повéрхность *f*
oberflächlich повéрхностный
Obergeschoss *m* вéрхний этáж *m*
oberhalb повéрх, вы́ше (P)
Oberhand *f*: ***die ~ gewinnen über*** одéрживать <-жáть> верх над (T)
Ober|haupt *n* главá *m*; **~hemd** *n* (вéрхняя) рубáшка *f*
Oberin *f* (*im Kloster*) настоя́тельница
Ober|kiefer *m* вéрхняя чéлюсть *f*; **~kommando** *n* верхóвное комáндование
Oberkörper *m* вéрхняя часть *f* тéла; ***den ~ frei machen*** раздéться до пóяса
Ober|leitung *f* *El.* воздýшный контáктный прóвод *m*; **~lippe** *f* вéрхняя губá; **~schenkel** *m* бедрó *n*
Oberst *m* полкóвник
oberste вы́сший
Ober|stufe *f* стáршие клáссы *m/pl.*; **~teil** *n* вéрхняя часть *f*; **~weite** *f* объём *m* груди́

ob'gleich хотя́
Obhut *f* присмóтр *m*, надзóр *m*; ***j-n in s-e ~ nehmen*** присмáтривать <-смотрéть> за кéм-либо
Ob'jekt *n* объéкт *m*; *Gr.* дополнéние
objek'tiv объекти́вный
Objek'tiv *n* объекти́в *m*
Objektivi'tät *f* объекти́вность *f*
obliga'torisch обязáтельный
O'boe *f* гобóй *m*
Obrigkeit *f* начáльство *n*
Observa'torium *n* обсерватóрия *f*
ob'skur подозри́тельный
Obst *n* фрýкты *m/pl.*; **~baum** *m* фруктóвое/плодóвое дéрево *n*; **~salat** *m* салáт из свéжих фрýктов
obs'zön непристóйный
ob'wohl хотя́, несмотря́ на то, что
Ochse *m* вол
öde пусты́нный, глухóй
Öde *f* пусты́ня, глушь *f*
oder и́ли
Ofen *m* печь *f*, пéчка *f*; **~rohr** *n* печнáя трубá *f*
offen откры́тый; ***mit ~en Armen*** с распростёртыми объя́тиями; ***~ gesagt*** откровéнно говоря́; ***~ bleiben*** остá(вá)ться откры́тым; ***~ halten*** держáть откры́тым; ***~ stehen*** быть откры́тым
offen'bar очеви́дный, я́вный
Offen'barung *f* откровéние *n*
Offenheit *f* откровéнность *f*
offen|herzig чистосердéчный; **~kundig** очеви́дный, я́вный; **~sichtlich** очеви́дный
offen'siv наступáтельный
Offen'sive *f* наступлéние *n*
öffentlich общéственный; *Sitzung*: откры́тый, публи́чный; ***~e Verkehrsmittel*** общéственный трáнспорт
Öffentlichkeit *f* общéственность *f*, (*Öffentlichsein*) глáсность *f*; ***in aller ~*** публи́чно
öffentlich-'rechtlich публи́чно-правовóй
offizi'ell официáльный

Offi'zier *m* офицéр
öffnen от-, рас-кры́(вá)ть; *Flasche* откýпори(ва)ть
Öffnung *f* откры́тие *n*; (*offene Stelle*) отвéрстие *n*
Öffnungszeiten *f/pl.* часы́ *m/pl.* рабóты
oft чáсто
öfters довóльно чáсто
ohne 1. *Prp.* без (Р); **2.** *Kj.* **~ dass** хотя́ и не
ohne'gleichen *Adv.* несравнéнно
Ohnmacht *f* óбморок *m*; ***in ~ fallen*** упáсть в óбморок
ohnmächtig (*bewusstlos*) в óбмороке; (*machtlos*) бесси́льный
Ohr *n* ýхо, *pl.* ýши; ***die ~en spitzen*** навостри́ть ýши; ***sich aufs ~ legen*** прилéчь *pf.*; ***sich hinter die ~en schreiben*** заруби́ть себé на носý; ***j-m zu ~en kommen*** дойти́ до чьегó-либо слýха
ohrenbetäubend оглуши́тельный
Ohrenschmerzen *m/pl.* боль *f* в ушáх
Ohren|schützer *m* наýшник; **~zeuge** *m* (**-gin** *f*) свидéтель(ница *f*) *m* „по слýху"
Ohrfeige *f* пощёчина, оплеýха
ohrfeigen дать *pf.* пощёчину (Д)
Ohr|läppchen *n* мóчка *f* ýха; **~ring** *m* серьгá *f*
okku'pieren оккупи́ровать (*im*)*pf.*
Ökolo'gie *f* эколóгия
öko'logisch экологи́ческий, экологи́чный
Ökono'mie *f* эконóмия
öko'nomisch экономи́ческий, экономи́чный
Ökosystem *n* экосистéма *f*
Ok'tanzahl *f* октáновое числó *n*
Ok'tave *f* октáва
Ok'tober *m* октя́брь *m*
öku'menisch экумени́ческий
Öl *n* мáсло; (*Erdöl*) нефть *f*
Oldtimer *m* автоветерáн
ölen смáз(ыв)ать мáслом
Öl|farbe *f* мáсляная крáска; **~filter** *n* мáсляный фильтр *m*; **~heizung** *f* отоплéние *n* мазýтом
ölig масляни́стый, мáсляный
O'live *f* масли́на
Ölleitung *f* маслопровóд *m*
Öl|pest *f* загрязнéние *n* нéфтью; **~quelle** *f* нефтеистóчник *m*; **~sardinen** *f/pl.* сарди́ны *f/pl.* в мáсле; **~stand** *m* ýровень *m* мáсла
Olympi'ade *f* олимпиáда
O'lympiasieger(in *f*) *m* олимпи́йский (-кая) чемпиóн(ка *f*)
o'lympisch олимпи́йский
Oma *f* бáбушка
Ome'lett *n* омлéт *m*
Omnibus *m* автóбус
ondu'lieren зави́(вá)ть
Onkel *m* дя́дя *m*
Opa *m* дéдушка *m*
Oper *f* óпера
Operati'on *f* оперáция
Operati'onssaal *m* операциóнная *f*
opera'tiv операти́вный
Ope'rette *f* оперéтта
ope'rieren опери́ровать (*im*)*pf.*
Opern|haus *n* óперный теáтр *m*; **~sänger(in** *f*) *m* óперный (-ная) певéц (-ви́ца *f*)
Opfer *n* жéртва *f*; (*Spende*) пожéртвование; ***zum ~ fallen*** пасть жéртвой (Р)
opfern *v/t* <по>жéртвовать (Т); ***sich ~*** <по>жéртвовать собóй
Opium *n* óпий *m*, óпиум *m*
oppo'nieren оппони́ровать (***gegen*** Д)
Opportu'nist(in *f*) *m* оппортуни́ст(ка *f*)
Oppositi'on *f* оппози́ция (***zu*** Д)
oppositio'nell оппозициóнный
Optik *f* óптика
opti'mal оптимáльный
Opti'mismus *m* оптими́зм
Optimist(in *f*) *m* оптими́ст(ка *f*)
opti'mistisch оптимисти́ческий
optisch опти́ческий
O'range *f* апельси́н *m*
o'rangefarben орáнжевый
O'rangensaft *m* апельси́новый сок
Or'chester *n* оркéстр *m*
Orchi'dee *f* орхидéя
Orden *m* óрден
Ordensträger *m* орденонóсец
ordentlich поря́дочный; аккурáтный; *Professor*: ординáрный
ordi'när обы́чный; *fig.* грýбый, вульгáрный
ordnen приводи́ть <-вести́> в поря́док; ***alphabetisch ~*** располагáть <-ложи́ть> по алфави́ту

Ordner *m* (*Aufpasser*) распоряди́тель *m*; (*für Akten*) регистра́тор
Ordnung *f* поря́док *m*; (*das Ordnen*) упоря́дочение *n*; (*geregelter Ablauf*) распоря́док *m*; *Pol.* строй *m*; ***alles in ~!*** всё в поря́дке!; ***in ~ bringen*** приводи́ть <-вести́> в поря́док
Ordnungs|liebe *f* аккура́тность *f*; **~strafe** *f* (администрати́вное) взыска́ние *n*; **~widrigkeit** *f* наруше́ние *n* поря́дка; **~zahl** *f Gr.* поря́дковое числи́тельное *n*
Or'gan *n* о́рган *m* (*a. Presse, Pol.*)
Organisati'on *f* организа́ция
Orani'sator *m* организа́тор
organisa'torisch организацио́нный
or'ganisch органи́ческий
organi'sieren организова́ть (*im*)*pf.*
Orga'nismus *m* органи́зм
Orga'nist(**in** *f*) *m* органи́ст(ка *f*)
Or'ganspender(**in** *f*) *m* до́нор (о́ргана)
Or'gasmus *m* орга́зм
Orgel *f* орга́н *m*; **~musik** *f* орга́нная му́зыка
Orgie *f* о́ргия
Orient *m* Восто́к
orien'talisch восто́чный
orien'tieren: ***sich ~*** ориенти́роваться (***über*** в П)
Orien'tierung *f* ориентиро́вка
origi'nal оригина́льный
Origi'nal *n* оригина́л *m*; (*Urtext a.*) по́длинник *m*
Originali'tät *f* оригина́льность *f*
origi'nell оригина́льный
Or'kan *m* урага́н
Orna'ment *n* орна́мент *m*
Ort *m* ме́сто *n*; (*Ortschaft*) населённый пункт; ***an ~ und Stelle*** на ме́сте
orten определя́ть <-ли́ть> местонахожде́ние
ortho'dox ортодокса́льный; *Rel.* правосла́вный
Orthogra'phie *f* орфогра́фия
ortho|'graphisch орфографи́ческий; **~'pädisch** ортопеди́ческий
örtlich ме́стный
Ortschaft *f* населённый пункт *m*
ortsfremd незде́шний
Orts|gespräch *n* ме́стный (телефо́нный) разгово́р *m*; **~kenntnis** *f* зна́ние *n* ме́стности
ortskundig зна́ющий ме́стность
Orts|name *m* назва́ние *n* населённого пу́нкта; **~zeit** *f* ме́стное вре́мя *n*
Öse *f* пе́тля́
Osten *m* восто́к
Oster|ei *n* пасха́льное яйцо́; **~hase** *m fig.* пасха́льный за́яц
Ostern *n od. pl.* Па́сха *f*; ***zu ~*** на Па́сху; ***fröhliche ~!*** весёлой Па́схи!
Österreicher(**in** *f*) *m* австри́ец (-и́йка *f*)
österreichisch австри́йский
östlich восто́чный; ***~ von*** к восто́ку от (Р)
Ostsee *f* Балти́йское мо́ре *n*
Otter[1] *m* вы́дра *f*
Otter[2] *f* (*Viper*) гадю́ка
Ouver'türe *f* увертю́ра
o'val ова́льный
Ovati'on *f* ова́ция
Overall *m* комбинезо́н; спецо́вка *f*
O'xid *n* о́кись *f*, окси́д *m*
Oxidati'on *f* окисле́ние *n*
oxi'dieren окисля́ться <-ли́ться>
Ozean *m* океа́н
oze'anisch океа́нский
O'zon *n* озо́н *m*; **~loch** *n Met.* озо́новая дыра́ *f*

O

P

paar нéсколько; ***in ein ~ Tagen*** чéрез пáру дней; ***vor ein ~ Tagen*** нéсколько дней томý назáд; ***ein ~ Mal*** нéсколько раз
Paar *n* пáра *f*, (*Ehepaar*) четá *f*; **~lauf** *m* пáрное (фигýрное) катáние *n*
paarweise *präd.* попáрно, пáрами
Pacht *f* арéнда
pachten брать <взять> в арéнду, арендовáть (*im*)*pf.*
Pächter(in *f*) *m* арендáтор(ша *f* F)
Pacht|vertrag *m* арéндный договóр; **~zins** *m* арéндная плáта *f*
Pack *n verä.* сброд *m*
Päckchen *n* пакéтик *m*, пáчка *f*; (*Post*) (посы́лка-)бандерóль *f*
packen (*ergreifen*) хватáть <схвати́ть>; *Paket* упакóвывать, <у>паковáть
Packen *m* ки́па *f*, стопá *f*
packend захвáтывающий
Packer(in *f*) *m* упакóвщик (-ица *f*)
Packpapier *n* упакóвочная бумáга *f*
Packung *f* пáчка; (*Hülle*) упакóвка; *Med.* укýтывание *n*
Päda'go|ge *m* (**~gin** *f*) педагóг (*a. f*)
päda'gogisch педагоги́ческий
Paddel *n* (байдáрочное) веслó; **~boot** *n* байдáрка *f*
paddeln катáться на байдáрке
Page *m* паж; бой
Pa'ket *n* пакéт *m*; (*Post*) посы́лка *f*; **~karte** *f* бланк *m* посы́лочной квитáнции
Paki'staner(in *f*) *m* пакистáнец (-нка *f*)
paki'stanisch пакистáнский
Pakt *m* пакт, договóр
Pa'last *m* дворéц
Palästi'nenser(in *f*) *m* палести́нец (-нка *f*)
palästi'nensisch палести́нский
Pa'lette *f Tech.* поддóн *m*
Palme *f* пáльма
Palm'sonntag *m* вéрбное воскресéнье *n*
Pampel'muse *f* грейпфрýт *m*
Pam'phlet *n* памфлéт *m*
pa'nieren панировáть
Pa'niermehl *n* панирóвочные сухари́ *m/pl.*
Panik *f* пáника; ***in ~ geraten*** впадáть <впасть> в пáнику
panisch пани́ческий
Panne *f* авáрия
Pannendienst *m* авари́йная слýжба *f*
Pano'rama *n* панорáма *f*
panschen *v/i* плескáться
Panther *m* пантéра *f*
Pan'toffel *m* шлёпанец; F ***unter dem ~ stehen*** быть под башмакóм
Panto'mime *f* пантоми́ма
Panzer *m Mil.* танк; (*von Tieren*) панци́рь *m;* **~glas** *n* бронестеклó
Papa *m* пáпа *m*
Papa'gei *m* попугáй
Pa'pier *n* бумáга *f*; *pl. a.* докумéнты *m/pl.;* **~geld** *n* бумáжные дéньги *pl.;* **~korb** *m* корзи́на *f* для бумáг; **~krieg** F *m* бумáжная волоки́та *f*; **~taschentuch** *n* бумáжный носовóй платóк *m*; **~waren** *f/pl.* бумáжные товáры *m/pl.*
Pappbecher *m* бумáжный стакáнчик
Pappe *f* картóн *m*
Pappel *f* тóполь *m*
Paprika *m* стручкóвый пéрец; **~schote** *f* стручóк *m* крáсного пéрца
Papst *m* (ри́мский) пáпа *m*
päpstlich пáпский
Para'bolantenne *f* параболи́ческая антéнна
Pa'rade *f* парáд *m*; **~beispiel** *n* показáтельный примéр *m*; **~marsch** *m* торжéственный марш
Para'dies *n* рай *m*
para'diesisch рáйский
para'dox парадоксáльный
Para'graph *m* парáграф
paral'lel параллéльный
Paral'lele *f* параллéль *f*
para'phieren парафи́ровать (*im*)*pf.*
Para'sit *m* паразúт

pa'rat *präd.* наготóве
Par'füm *n* духи́ *pl.*
Parfüme'rie *f* парфюмéрия
parfü'mieren <на>души́ть
pa'rieren (*gehorchen*) <по>слу́шаться
Park *m* парк
parken *v/t* <при>паркова́ть(ся *v/i*); ***Parken verboten!*** стоя́нка запрещена́!
Par'kett *n* паркéт *m*; *Thea.* партéр *m*; **~fußboden** *m* паркéтный пол
Park|haus *n* (многоэтáжный) гарáж *m*; **~lücke** *f* свобóдное мéсто *n* для паркóвки маши́н; **~platz** *m* (авто)стоя́нка *f*; **~uhr** *f* паркомéтр *m*; **~verbot** *n* запрещéние стоя́нки
Parla'ment *n* парлáмент *m*
Parlamen'tarier(in *f*) *m* член парлáмента
parlamen'tarisch парлáментский
Parla'mentswahl *f* парлáментские вы́боры *m/pl.*
Paro'die *f* парóдия
paro'dieren пароди́ровать (*im*)*pf.*
Pa'role *f* лóзунг *m*; *Mil.* парóль *m*
Par'tei *f* пáртия; *Jur.* сторонá; ***j-s ~ ergreifen*** встать на стóрону когó-либо
Par'tei|buch *n* парти́йный билéт *m*, партбилéт *m*; **~freund** *m* товáрищ по пáртии; **~führung** *f* парти́йное руковóдство *n*; **~funktionär** *m* партрабóтник, парти́йный функционéр
par'tei|isch пристрáстный; **~los** беспарти́йный
Par'tei|mitglied *n* член *m* пáртии; **~tag** *m* съезд пáртии; **~vorstand** *m* правлéние *n* пáртии; **~zugehörigkeit** *f* парти́йная принадлéжность *f*
Par'terre *n* пéрвый этáж *m*
Par'tie *f* пáртия
Par'tikel *f* части́ца
Parti'san(in *f*) *m* партизáн(ка *f*)
Parti'zip *n* причáстие
Partner(in *f*) *m* партнёр(ша *f*)
Partner|schaft *f* партнёрство *n*; **~stadt** *f* гóрод-побрати́м *m*
Party *f* вечери́нка; ***e-e ~ geben*** устрáивать вечери́нку
Par'zelle *f* (земéльный) учáсток *m*
Pass¹ *m* (*Ausweis*) пáспорт
Pass² *m* *Geogr.* перевáл; *Sp.* передáча *f*
pas'sabel снóсный
Pas'sage *f* пассáж *m*
Passa'gier *m* пассажи́р
Pas'sant(in *f*) *m* прохóжий (-жая *f*)
Passbild *n* фотогрáфия *f* для пáспорта
passen подходи́ть <-дойти́> (**zu** к Д); (*recht sein*) устрáивать; *Kleidung*: быть впóру; ***nicht ~*** плóхо сидéть; ***das passt nicht zu ihm*** э́то на негó не похóже; **~d** подходя́щий; (*angebracht*) умéстный
pas'sieren *v/t* (*vorbeigehen*) проходи́ть <пройти́>, (*vorbeifahren*) проезжáть <-éхать> (чéрез В); *v/i* случáться <-чи́ться>; ***was ist passiert?*** что случи́лось?
Pas'sierschein *m* прóпуск
pas'siv пасси́вный
Passiv *n* *Gr.* страдáтельный залóг *m*
Passivi'tät *f* пасси́вность *f*
Passkontrolle *f* провéрка паспортóв
Passwort *n* парóль *m*
Paste *f* пáста
Pa'stellfarbe *f* пастéльная крáска
Pa'stete *f* паштéт *m*; (*Gebäck*) пирóг *m*
Pastor(in *f*) *m* пáстор(ша *f* F)
Pate *m* крёстный отéц
Paten|kind *n* (*Junge*) крёстник *m*, (*Mädchen*) крёстница *f*; **~schaft** *f* *fig.* шéфство *n*
Pa'tent *n* патéнт *m*; (*Urkunde*) свидéтельство; **~amt** *n* патéнтное вéдомство
paten'tieren <за>патентовáть
pa'thetisch патети́ческий
Pathos *n* пáфос *m*
Pati'ent(in *f*) *m* пациéнт(ка *f*)
Patin *f* крёстная мать
Patri'ot(in *f*) *m* патриóт(ка *f*)
patri'otisch патриоти́ческий
Patrio'tismus *m* патриоти́зм
Pa'trone *f* патрóн *m*; (*für Füllhalter*) баллóнчик *m*
Pa'trouille *f* патру́ль *m*
patroul'lieren патрули́ровать
Pauke *f* *Mus.* литáвры *f/pl.*
pausbäckig толстощёкий

pau'schal *präd.* целико́м, в це́лом
Pau'schale *f* паушáльная сýмма
Pause *f* пáуза (*a. Mus.*), переры́в *m*; *Thea.* антрáкт *m*
pausenlos беспреры́вный
pau'sieren <с>дéлать пáузу
Pauspapier *n* кáлька *f*
Pavian *m* павиáн
Pavillon *m* павильóн
Pazi'fist(in *f*) *m* пацифи́ст(ка *f*)
pazi'fistisch пацифи́стский
Pech *n* смолá *f*; (*Missgeschick*) неудáча *f*; **~strähne** *f* полосá неудáч; **~vogel** F *m* невезýчий (-чая *f*), неудáчник (-ица *f*)
Pe'dal *n* педáль *f*
Pe'dant *m* педáнт
pe'dantisch педанти́чный
Pegel *m* водомéрная рéйка *f*; **~stand** *m* ýровень *m* воды́
peilen <за>пеленговáть
Pein *f lit.* мýка
peinigen <из>мýчить
peinlich (*unangenehm*) неприя́тный; (*bedrückend*) нелóвкий
Peinlichkeit *f* нелóвкость *f*
Peitsche *f* кнут *m*, бич *m*
Pell|e *f* (*Kartoffel*) шелухá; (*Wurst*) шкýрка; **~kartoffeln** *f/pl.* картóфель *m* в мунди́ре
Pelz *m* мех; (*Mantel*) шýба *f*; **~mantel** *m* шýба *f*, меховóе пальтó *n*; **~mütze** *f* меховáя шáпка
Pendel *n* мáятник *m*
pendeln качáться; (*Verkehrsmittel*) курси́ровать
pe'nibel педанти́чный
Penis *m* половóй член, пéнис
Pensi'on *f* пéнсия; (*Gästehaus*) пансиóн *m*
Pensio'när(in *f*) *m* пенсионéр(ка *f*)
pensio'nieren увольня́ть <увóлить> на пéнсию
Pensi'onsalter *n* пенсиóнный вóзраст *m*
Pensum *n* (*Aufgabe*) нóрма *f*; (*Lehrstoff*) прогрáмма *f*
per: *~ Bahn* по желéзной дорóге; *~ Post* пóчтой, по пóчте
per'fekt совершéнный
Perfekt *n Gr.* перфéкт *m*
Perfekti'on *f* совершéнство *n*
Perga'ment *n* пергáмент *m*; **~papier** *n* пергáментная бумáга *f*
Peri'ode *f* peри́од *m*; *Med.* менструáция
peri'odisch периоди́ческий
Periphe'rie *f* перифери́я
Perle *f* жемчýжина
perlen *Sekt*: игрáть, искри́ться
Perlmutt *n* перламýтр *m*
perma'nent постоя́нный
Persi'aner *m* карáкуль *m*; (*Pelzmantel*) карáкулевая шýба *f*
Per'son *f* лицó *n*; ***für sechs ~en*** на шесть человéк
Perso'nal *n* персонáл *m*, ли́чный состáв *m*; **~abbau** *m* сокращéние *n* штáтов; **~abteilung** *f* отдéл *m* кáдров; **~akte** *f* ли́чное дéло *n*; **~ausweis** *m* удостоверéние *n* ли́чности; **~computer** *m* персонáльный компью́тер
Perso'nalien *f/pl.* анкéтные дáнные *pl.*
Perso'nalpronomen *n* ли́чное местоимéние
personell персонáльный
Per'sonen|kult *m* культ ли́чности; **~wagen** *m Kfz.* легковóй автомоби́ль *m*, легковáя (автомаши́на) *f*; **~zug** *m* пассажи́рский пóезд
per'sönlich ли́чный; (*eigen*) сóбственный
Per'sönlichkeit *f* ли́чность *f*; (*prominent*) лицó *n*
Perspek'tive *f* перспекти́ва
perspek'tivisch перспекти́вный
Pe'rücke *f* пари́к *m*
per'vers извращённый
Perversi'tät *f* извращённость *f*
Pessi'mist(in *f*) *m* пессими́ст(ка *f*)
pessi'mistisch пессимисти́ческий
Pest *f* чумá
Peter'silie *f* петрýшка
Pe'troleum *n* кероси́н
Pfad *m* тропá *f*; *fig.* путь *m*; **~finder(in** *f*) скáут
Pfahl *m* кол; свáя *f*
Pfand *n* залóг *m*; (*beim Spiel*) фант *m*; **~brief** *m* закладнáя *f*
pfänden *v/t* опи́сывать <описáть> имýщество
Pfandschein *m* залóговое свидéтельство *n*, ломбáрдная квитáнция *f*
Pfändung *f* наложéние *n* арéста на имýщество

P

Pfanne *f* сковорода́
Pfannkuchen *m* (*Eierkuchen*) бли́нчик
Pfarrer *m* (прихо́дский) свяще́нник; (*evangelischer*) па́стор
Pfau *m* павли́н
Pfeffer *m* пе́рец; **~kuchen** *m* пря́ник; **~minze** *f* (пе́речная) мя́та
Pfeife *f* свисто́к *m*; (*Tabakspfeife*) тру́бка; ***nach j-s ~ tanzen*** пляса́ть под чью-либо ду́дку
pfeifen <за>свисте́ть, свиста́ть; *Melodie* насви́стывать; ***ich pfeife darauf*** мне <на>плева́ть на э́то
Pfeil *m* стрела́ *f*; (*Richtungsanzeige*) стре́лка *f*
Pfeiler *m* столб, опо́ра *f*; (*v. Brücken*) бык
Pfennig *m* пфе́нниг
Pferd *n* ло́шадь *f*; *Sp.* конь *m*
Pferde|rennen *n* ска́чки *f/pl*; **~stall** *m* коню́шня *f*; **~stärke** *f* лошади́ная си́ла
pfiff → ***pfeifen***
Pfiff *m* свист, свисто́к
Pfifferling *m* лиси́чка *f*
pfiffig хи́трый, ло́вкий
Pfingst|en *n* Тро́ица *f*; **~rose** *f* пио́н
Pfirsich *m* пе́рсик
Pflanze *f* расте́ние *n*
pflanzen сажа́ть <посади́ть>
Pflanzen|fett *n* расти́тельное ма́сло; **~schutzmittel** *n* сре́дство защи́ты расте́ний
pflanzlich расти́тельный
Pflaster *n* (*der Straße*) мостова́я *f*; *Med.* пла́стырь *m*
pflastern <вы́-, за->мости́ть
Pflasterstein *m* булы́жник
Pflaume *f* сли́ва
Pflaumenmus *n* пови́дло из слив
Pflege *f* ухо́д *m* (за Т); (*Fürsorge*) забо́та, попече́ние *n* (о П)
pflegebedürftig нужда́ющийся в (постоя́нном) ухо́де
Pflege|eltern *pl.* приёмные роди́тели *m/pl.*; **~heim** *n* дом *m* для престаре́лых (и инвали́дов)
pflegeleicht не тре́бующий (осо́бого) ухо́да
pflegen *v/t* уха́живать (за Т); (*sich kümmern um*) забо́титься (о П), следи́ть (за Т); ***~ zu*** име́ть обыкнове́ние (*Inf.*)
Pfleger(in *f*) *m* санита́р(ка *f*)
Pflicht *f* долг *m*, обя́занность *f*; *Eis-Sp.* обяза́тельная програ́мма; ***es für s-e ~ halten*** счита́ть свои́м до́лгом
pflichtbewusst сознаю́щий свой долг, сozна́тельный
Pflicht|bewusstsein *n* созна́ние до́лга; **~eifer** *m* усе́рдие *n*
pflichteifrig усе́рдный, ре́вностный
Pflicht|erfüllung *f* исполне́ние *n* до́лга; **~gefühl** *n* чу́вство до́лга
Pflock *m* ко́лышек
pflücken срыва́ть <сорва́ть>; *Beeren* соб(и)ра́ть
Pflug *m* плуг
pflügen *v/t* <вс>паха́ть
Pförtner *m* приврáтник
Pfosten *m* столб; *Sp.* шта́нга *f*
Pfote *f* ла́па
Pfropfen *m* про́бка *f*
pfui! фу!; ***~ Teufel!*** тьфу, к чёрту!
Pfund *n* фунт *m*; ***~ Sterling*** фунт сте́рлингов
pfuschen F халту́рить
Pfuscher(in *f*) F *m* халту́рщик (-ица *f*)
Pfütze *f* лу́жа
Phäno'men *n* фено́мен *m*
phänome'nal феномена́льный
Phanta'sie *f* фанта́зия
phanta'sielos лишённый фанта́зии
phanta'sieren фантази́ровать; *Med.* бре́дить
Phan'tast *m* фанта́ст
phan'tastisch фантасти́ческий
Phan'tom *n* фанто́м *m*
Pharma'zie *f* фармаци́я
Phase *f* фа́за
Philate'lie *f* филатели́я
Philharmo'nie *f* филармо́ния
Philo'lo|ge *m* (**~gin** *f*) фило́лог (*a. f*)
Philo'soph *m* фило́соф
Philoso'phie *f* филосо́фия
philoso'phieren филосо́фствовать
philo'sophisch филосо́фский
phleg'matisch флегмати́чный
Pho'netik *f* фоне́тика
pho'netisch фонети́ческий
Phosphor *m* фо́сфор
Phrase *f* фра́за
Phy'sik *f* фи́зика

physi'kalisch физи́ческий
Physiker(in *f*) *m* фи́зик (*a. f*)
Physio|lo'gie *f* физиоло́гия; **~thera'pie** *f* физиотерапи́я
physisch физи́ческий
Pia'nist(in *f*) *m* пиани́ст(ка *f*)
Pickel *m* прыщ
picken клева́ть, клю́нуть *pf.*
Picknick *n* пикни́к *m*
Pier *m* пирс
Pie'tät *f* пиете́т *m*
Pig'ment *n* пигме́нт *m*
Pik¹ *m* (*Bergspitze*) пик
Pik² *n KSp.* пи́ки *pl.*
pi'kant пика́нтный
Pilger(in *f*) *m* пало́мник (-ица *f*)
Pille *f* пилю́ля
Pi'lot *m* пило́т, лётчик
Pilz *m* гриб; *Med.* грибо́к; ***~e sammeln*** ходи́ть за гриба́ми; **~vergiftung** *f* отравле́ние гриба́ми
Pi'ment *n* пиме́нт *m*
Pinguin *m* пингви́н
pinkeln <по>пи́сать
Pinsel *m* кисть *f*
Pin'zette *f* пинце́т *m*
Pio'nier *m Mil.* сапёр
Pipeline *f* трубопрово́д *m*; (*für Erdöl*) нефтепрово́д *m*
Pi'rat *m* пира́т
Piste *f Sp.* тра́сса; *Flgw.* взлётно-поса́дочная полоса́
Pi'stole *f* пистоле́т *m*
Pizza *f* пи́цца
Pkw *m* (легкова́я) маши́на *f*
plä'dieren *fig.* выступа́ть <вы́ступить> (***für*** за В)
Plage *f* муче́ние *n*, му́ка; *fig.* бич *m*
plagen <за- из->му́чить; (***sich ~*** <за-, из->му́читься)
Pla'kat *n* плака́т *m*, афи́ша *f*
Pla'kette *f* (*Abzeichen*) значо́к *m*
Plan *m* план; (*Entwurf*) прое́кт; (*Arbeitsplan*) гра́фик
Plane *f* брезе́нт *m*
planen <за>плани́ровать; (*vorhaben*) намеча́ть <-ме́тить>
Pla'net *m* плане́та *f*
Plane'tarium *n* планета́рий *m*
pla'nieren выра́внивать <вы́ровнять>
Planke *f* (то́лстая) доска́
plan|los беспла́новый; **~mäßig** планоме́рный

Planschbecken *n* де́тский бассе́йн *m*
planschen плеска́ться
Planstelle *f* шта́тная едини́ца
Plan'tage *f* планта́ция
Planung *f* плани́рование *n*
Planwirtschaft *f* пла́новое хозя́йство *n*
Plasma *n* пла́зма *f*
Plastik¹ *f* скульпту́ра
Plastik² *n* пла́стик *m*, пластма́сса *f*
plastisch пласти́ческий, пласти́чный (*a. fig.*)
Pla'tane *f* плата́н *m*
Platin *n* пла́тина *f*
pla'tonisch платони́ческий
plätschern *Bach*: журча́ть; *Wellen*: плеска́ть(ся)
platt пло́ский
plattdeutsch нижненеме́цкий
Platte *f Arch., Tech.* плита́, пли́тка; *Mus.* пласти́нка; ***kalte ~*** блю́до *n* с холо́дными заку́сками
Plattenspieler *m* проигрыватель *m*
Platt|form *f* площа́дка, платфо́рма; **~fuß** *m* пло́ская стопа́ *f*
Platz *m* ме́сто *n*; *Sp.* площа́дка *f*; (*öffentlicher*) пло́щадь *f*; ***~ machen*** посторони́ться, дава́ть <дать> ме́сто (***für*** Д), (*für Sachen*) освободи́ть ме́сто; ***~ sparend*** эконо́мящий ме́сто; ***nehmen Sie*** (***bitte***) ***~*** сади́тесь (пожа́луйста); **~angst** *f* агорафо́бия; **~anweiser(in** *f*) билетёр(ша *f*)
Plätzchen *n* (*Gebäck*) пече́нье
platzen ло́паться <-пнуть>, тре́скаться <-снуть>
Platz|karte *f* плацка́рта; **~patrone** *f* холосто́й патро́н *m*; **~regen** *m* проливно́й дождь *m*; **~wunde** *f* ра́на от ушиба
plaudern <по>бесе́довать, <по->болта́ть (***über*** о П)
plau'sibel убеди́тельный
pleite: *~ sein* обанкро́титься
Pleite F *f* крах *m*, банкро́тство *n*
Ple'narsaal *m* зал плена́рных заседа́ний
Plombe *f* пло́мба
plom'bieren <о>пломбирова́ть; *Zahn* <за>пломбирова́ть
plötzlich внеза́пный; *präd. a.* вдруг

P

plump неуклю́жий
Plunder *m* барахло́ *n*, ру́хлядь *f*
plündern <раз>гра́бить
Plünderung *f* грабёж *m*, разграбле́ние *n*
Plural *m* мно́жественное число́ *n*
Plura'lismus *m* плюрали́зм
plus плюс; ***drei Grad ~*** три гра́дуса вы́ше нуля́
Plus *n* (*Überschuss*) изли́шек *m*; *Math.* плюс *m*
Plüsch *m* плю́ш
Plus|pol *m* положи́тельный по́люс; **~quamperfekt** *n* плюсквамперфе́кт *m*
Plu'tonium *n* плуто́ний *m*
pneu'matisch пневмати́ческий
Pöbel *m* чернь *f*
pochen <по>стуча́ть; *Herz*: би́ться
Pocken *f/pl.* о́спа *f*
Po'dest *n* помо́ст *m*
Podium *n* помо́ст *m*; *Thea.* эстра́да *f*
Poe'sie *f* поэ́зия
Po'et *m* поэ́т; **~in** *f* поэте́сса
po'etisch поэти́ческий
Po'grom *n* погро́м *m*
Po'inte *f* соль *f*
Po'kal *m* бока́л; *Sp.* ку́бок; **~spiel** *n* игра́ *f* на ку́бок
Pol *m* по́люс
po'lar поля́рный
Po'lar|kreis *m* поля́рный круг; **~stern** *m* Поля́рная звезда́ *f*
Pole *m* поля́к
Po'lemik *f* поле́мика
po'lemisch полеми́ческий
po'lieren <от>полирова́ть
Poliklinik *f* поликли́ника
Polin *f* по́лька
Poli'tik *f* поли́тика
Po'litiker(**in** *f*) *m* поли́тик
po'litisch полити́ческий
Poli'zei *f* поли́ция, (*in Russland*) мили́ция; **~beamte**(**r**) полице́йский (чино́вник); **~funk** *m* полице́йская/милице́йская радиотелефо́нная связь *f*
poli'zeilich полице́йский, милице́йский; ***~ verboten*** запрещённый поли́цией/мили́цией
Poli'zeirevier *n* полице́йский уча́сток *m*
Poli'zist(**in** *f*) *m* полице́йский (*a. f*); (*in Russland*) милиционе́р(ша F *f*)

polnisch по́льский
Polster *n* (мя́гкая) оби́вка *f*; (*weiche Unterlage*) подкла́дка *f*; *fig.* резе́рв; **~garnitur** *f* гарниту́р *m* мя́гкой ме́бели
polstern оби́(ва́)ть
Polterabend *m* вечери́нка *f* накану́не сва́дьбы
poltern громыха́ть, грохота́ть
Poly'ester *m* сло́жный полиэфи́р
poly'technisch политехни́ческий
Po'made *f* пома́да
Pommes 'frites *pl.* карто́фель-фри *m*
pom'pös помпе́зный
Pony[1] *n* по́ни *m*
Pony[2] *m* (*Frisur*) чёлка *f*
Popmusik *f* поп-му́зыка
popu'lär популя́рный
Populari'tät *f* популя́рность *f*
Pore *f* по́ра
Pornogra'phie *f* порногра́фия
porno'graphisch порнографи́ческий
po'rös по́ристый
Porree *m* лук-поре́й *m*
Por'tal *n* порта́л *m*
Por'tier *m* швейца́р
Porti'on *f* по́рция
Portmo'nee *n* кошелёк *m*
Porto *n* почто́вый сбор *m*
Por'trät *n* портре́т *m*
porträ'tieren портрети́ровать
Portu'gies|e *m* португа́лец; **~in** *f* португа́лка
portu'giesisch португа́льский
Portwein *m* портве́йн
Porzel'lan *n* фарфо́р *m*
Po'saune *f* тромбо́н *m*
Pose *f* по́за
Positi'on *f* пози́ция; (*beruflich*) пост *m*, до́лжность *f*
positiv положи́тельный
possessiv *Gr.* притяжа́тельный
Post *f* по́чта; ***mit der ~*** по по́чте, по́чтой
Post|amt *n* почто́вое отделе́ние; (*Hauptpost*) почта́мт *m*; **~bote** *m* почталь́он; **~botin** *f* почтальо́нша F
Posten *m* пост; (*Wachmann*) часово́й; *Hdl.* па́ртия *f*; ***er ist nicht auf dem ~*** ему́ нездоро́вится
Poster *n* по́стер *m*

Postfach *n* абонемéнтный почтóвый я́щик *m*
po'stieren <по>стáвить; ***sich ~*** поместиться *pf.*, стать *pf.*
Postkarte *f* почтóвая кáрточка, открытка
postlagernd до востребования
Post|leitzahl *f* почтóвый и́ндекс *m*; **~schließfach** *n* абонемéнтный почтóвый я́щик *m*; **~stempel** *m* почтóвый штéмпель *m*
postwendend обрáтной пóчтой
po'tent потéнтный
Po'tenz *f* потéнция; *Math.* стéпень *f*
Pracht *f* великолéпие *n*
prächtig, prachtvoll великолéпный, прекрáсный
Prädi'kat *n Gr.* сказу́емое, предикáт *m*
Präfix *n* прéфикс *m*, пристáвка *f*
prägen *Münze* чекáнить; *Charakter* наклáдывать <наложи́ть> (свой) отпечáток (на В)
prag'matisch прагмати́ческий
präg'nant чёткий; *Beispiel*: мéткий
prahlen <по>хвáстаться, F <по-> хвали́ться (***mit*** Т)
Prahle'rei *f* хвастовствó *n*
prahlerisch хвастли́вый
Prakti|'kant(**in** *f*) *m* практикáнт(ка *f*); **~ker**(**in** *f*) *m* прáктик (*a. f*); **~kum** *n* прáктикум *m*; (*im Betrieb*) прáктика *f*
praktisch практи́ческий; (*zweckmäßig*) практи́чный
prakti'zieren практиковáть
Pra'line *f* шоколáдная конфéта (с начи́нкой)
prall ту́го наби́тый, пу́хлый; *Segel*: взду́тый
prallen (***gegen***) наскáкивать <-скочи́ть>; (*Fahrzeug*) наезжáть <наéхать> (на В)
Prämie *f* прéмия; (*zusätzliche Vergütung*) премиáльные *pl.*
prä'mieren премировáть (*im*)*pf.*
Pranke *f* лáпа
Präpa'rat *n* препарáт *m*
präpa'rieren препари́ровать (*im*)*pf.*; ***sich ~*** приготáвливаться <-готóвиться>
Prépositi'on *f* предлóг *m*
Präsens *n Gr.* настоя́щее врéмя
präsen'tieren *Fin.* предъявля́ть <-ви́ть>
Präserva'tiv *n* презервати́в *m*
Präsi'dent(**in** *f*) *m* президéнт (*a. f*); (*Vorsitzende*) председáтель(ница *f*) *m*
Präsi'dentschaft *f* президéнтство *n*
Prä'sidium *n* прези́диум *m*
Prä'teritum *n Gr.* претéритум *m*
Präven'tivmaßnahmen *f/pl.* превенти́вные мéры
Praxis *f* прáктика; ***in der ~*** на прáктике
Präze'denzfall *m* прецедéнт
prä'zis(**e**) тóчный
Präzisi'on *f* тóчность *f*
predigen проповéдовать
Prediger(**in** *f*) *m* проповéдник (-ница *f*)
Predigt *f* прóповедь *f*
Preis *m* ценá *f*; (*Belohnung*) приз; ***zum halben ~*** за полцены́; ***um jeden ~*** любóй ценóй; ***um keinen ~*** ни за что; **~ausschreiben** *n* кóнкурс *m*
Preiselbeere *f* брусни́ка
preisen восхваля́ть <-ли́ть>
Preis|erhöhung *f* повышéние *n* цен(ы́); **~ermäßigung** *f* ски́дка
preis|geben покидáть <-ки́нуть>, оставля́ть <-тáвить>; *Ideale, Prinzip* поступáться <-пи́ться> (Т); **~gekrönt** награждённый при́зом
Preis|richter(**in** *f*) *m* член (*a. f*) жюри́; **~schild** *n* цéнник *m*; **~träger**(**in** *f*) *m* лауреáт(ка *f*)
preiswert недорогóй, схóдный по ценé
Prellbock *m Esb.* упóр
prellen *v/t* (*betrügen*) обмáнывать <-ну́ть>
Pre'miere *f* премьéра
Pre'mierminister *m* премьéр-мини́стр
Presse *f Tech.* пресс *m*; (*Zeitungen*) прéсса, печáть *f*; **~agentur** *f* агéнтство *n* печáти; **~freiheit** *f* свобóда печáти; **~konferenz** *f* прессконферéнция *f*
pressen *v/t Tech.* прессовáть; (*herauspressen*) выжимáть <вы́жать> (***aus*** из Р); (*andrücken*) приж(им)áть

P

Pressesprecher(in *f*) *m* пресс-секрета́рь *m* (*a. f*)
Presslufthammer *m* пневмомо́лот
Pre'stige *n* прести́ж *m*
pries → ***preisen***
Priester(in *f*) *m* свяще́нник
prima (*großartig*) отли́чный; ***das ist ~!*** э́то великоле́пно!
Primel *f* при́мула, первоцве́т *m*
primi'tiv примити́вный
Prinz *m* принц
Prin'zessin *f* принце́сса
Prin'zip *n* при́нцип *m*; ***im ~*** в при́нципе
prinzipi'ell принципиа́льный
Priori'tät *f* приорите́т *m*
Prise *f* (*Salz usw.*) щепо́тка
Prisma *n* при́зма *f*
pri'vat ча́стный; (*persönlich*) ли́чный
Pri'vat|angelegenheit *f* ли́чное де́ло *n*; **~besitz** *m* ча́стное владе́ние *n*; **~eigentum** *n* ча́стная со́бственность *f*; **~initiative** *f* ли́чная инициати́ва
Privati'sierung *f* приватиза́ция
Pri'vat|leben *n* ли́чная жизнь *f*; **~person** *f* ча́стное лицо́ *n*; **~sache** *f* ча́стное де́ло *n*; **~unternehmer** *m* ча́стный предпринима́тель *m*; **~wirtschaft** *f* частновладе́льческое хозя́йство *n*
Privi'leg *n* привиле́гия *f*
privile'giert привилегиро́ванный
pro *Prp.*: ***~ Person*** (*je*) на ка́ждого/(*von*) с ка́ждого; ***~ Stück*** за шту́ку
Probe *f* про́ба; *Thea.* репети́ция; **~fahrt** *f* про́бная пое́здка
proben *Thea.* <про>репети́ровать
Probezeit *f* испыта́тельный срок *m*
pro'bieren <по>про́бовать
Pro'blem *n* пробле́ма *f*; ***kein ~*** нет пробле́м
proble'matisch проблемати́ческий, проблемати́чный
Pro'dukt *n* проду́кт *m*
Produkti'on *f* произво́дство *n*; (*Erzeugtes*) проду́кция
Produkti'onsmittel *n/pl.* сре́дства *n/pl.* произво́дства
produk'tiv продукти́вный
Produktivi'tät *f* продукти́вность *f*, производи́тельность *f*
Produ'zent *m* производи́тель *m*; (*Film*) продю́сер
produ'zieren производи́ть <-вести́>, выпуска́ть <вы́пустить>
professio'nell профессиона́льный
Pro'fessor *m* профе́ссор
Profi F *m* профессиона́л
Pro'fil *n* про́филь *m*; (*Reifen*) рису́нок *m* проте́ктора
profi'lieren: ***sich ~*** обрета́ть <обрести́> своё лицо́
Pro'fit *m* при́быль *f*
profi'tieren (***von***) выи́грывать <вы́играть> (от Р), извлека́ть <-ле́чь> по́льзу (из Р)
Prog'nose *f* прогно́з *m*
Pro'gramm *n* програ́мма *f*
program'mieren <за>программи́ровать
Program'mierer(in *f*) *m* программи́ст(ка *f*)
progres'siv прогресси́вный
Pro'jekt *n* прое́кт *m*; (*Vorhaben*) план *m*
Pro'jektor *m* прое́ктор
proji'zieren <с>проеци́ровать
Pro-'Kopf-Verbrauch *m* потребле́ние *n* на ду́шу населе́ния
Proletari'at *n* пролетариа́т *m*
Prole'tarier(in *f*) *m* пролета́рий
Pro'log *m* проло́г
Prome'nade *f* промена́д *m*
Pro'mille *n* доми́лле *f* (*unv.*)
promi'nent изве́стный, ви́дный
Promi'nenz *f koll.* знамени́тости *f/pl.*
Promoti'on *f* присужде́ние *n* / получе́ние *n* учёной сте́пени до́ктора
promo'vieren *v/i* получа́ть <-чи́ть> учёную сте́пень до́ктора; защити́ть *pf.* кандида́тскую диссерта́цию
Pro'nomen *n* местоиме́ние
Propa'ganda *f* пропага́нда
Pro'pangas *n* пропа́н *m*
Pro'peller *m* винт; пропе́ллер
Pro'phet *m* проро́к
pro'phetisch проро́ческий
prophe'zeien проро́чить, предска́зывать <-сказа́ть>
Prophe'zeiung *f* проро́чество *n*
prophy'laktisch профилакти́ческий

Proporti'on *f* пропо́рция
Prosa *f* про́за
pro'saisch прозаи́ческий; (*alltäglich*) прозаи́чный
prosit! за ва́ше/твоё здоро́вье!; ~ ***Neujahr!*** с Но́вым го́дом!
Pro'spekt *m* проспе́кт
Prostitu|'ierte *f* проститу́тка; **~ti'on** *f* проститу́ция
Protekti'on *f* проте́кция
Pro'test *m* проте́ст; ***aus ~*** в знак проте́ста
Protes'tant(in *f*) *m* протеста́нт(ка *f*)
protes|'tantisch протеста́нтский; **~'tieren** протестова́ть
Pro'these *f* проте́з *m*
Proto'koll *n* протоко́л *m*; ***ein ~ aufnehmen*** соста́вить протоко́л; ***~ führen*** вести́ протоко́л
protokol'larisch протоко́льный
protzig пы́шный
Provi'ant *m* провиа́нт, продово́льствие *n*
Pro'vinz *f* прови́нция
provinzi'ell провинциа́льный
Provisi'on *f* комиссио́нные (де́ньги *pl.*)
provi'sorisch вре́менный
Provokati'on *f* провока́ция
provo'zieren <с>провоци́ровать (*im*)*pf.*
Pro'zent *n* проце́нт *m*; **~rechnung** *f* проце́нтное исчисле́ние *n*; **~satz** *m* проце́нтная ста́вка *f*
prozentu'al проце́нтный
Pro'zess *m* (*Vorgang*) проце́сс; *Jur. a.* суде́бное де́ло *n*; ***mit j-m kurzen ~ machen*** бы́стро расправля́ться <-а́виться> с ке́м-либо
prüde чо́порный
prüfen проверя́ть <-ве́рить>; *Antrag usw.* рассма́тривать <-мотре́ть>; *Schüler* <про>экзаменова́ть
Prüf|er(in *f*) *m* экзамена́тор(ша F *f*); **~ling** *m* экзамену́ющийся (-щаяся *f*)
Prüfung *f* прове́рка; (*Schicksalsschlag*) испыта́ние *n*; (*Examen*) экза́мен *m*; ***e-e ~ ablegen*** сдава́ть <сдать> экза́мен
Prügel *m* (*Schläge*) побо́и *pl.*
Prüge'lei *f* дра́ка, потасо́вка
prügeln изби́(ва́)ть; ***sich ~*** <по>дра́ться
Prügelstrafe *f* теле́сное наказа́ние *n*
Prunk *m* ро́скошь *f*
prunkvoll роско́шный
Psalm *m* псало́м
Pseudo'nym *n* псевдони́м *m*
Psyche *f* пси́хика
Psychi|'ater(in *f*) *m* психиа́тр (*a. f*); **~a'trie** *f* психиатри́я
Psychoana'lyse *f* психоана́лиз *m*
Psycho|'loge *m* психо́лог; **~lo'gie** *f* психоло́гия; **~'login** *f* психо́лог *m*
psycho'logisch психологи́ческий
Psy'chose *f* психо́з *m*
Psychothera'pie *f* психотерапи́я
Puber'tät *f* пери́од *m* полово́го созрева́ния
pub'lik: ***~ machen*** преда́(ва́)ть гла́сности; ***~ werden*** получи́ть огла́ску
Publi|kati'on *f* публика́ция; **~kum** *n* пу́блика *f*
publi'zieren <о>публикова́ть
Pudding *m* пу́динг
Pudel *m* пу́дель *m*
Puder *m* пу́дра *f*
pudern <на>пу́дрить
Puderzucker *m* са́харная пу́дра *f*
Puff P *m* борде́ль *m*
Puffer *m* бу́фер
Puffreis *m* возду́шный рис
Pul'lover *m* пуло́вер, сви́тер
Puls *m* пульс; **~ader** *f* арте́рия; **~schlag** *m* бие́ние *n* пу́льса
Pult *n* пульт *m*, ка́федра *f*
Pulver *n* порошо́к *m*; (*Schießpulver*) по́рох *m*; **~fass** *n* бо́чка *f* с по́рохом; **~kaffee** *m* раствори́мый ко́фе; **~schnee** *m* сыпу́чий снег
pulvrig порошко́вый
Pumpe *f* насо́с *m*, по́мпа
pumpen <на>кача́ть насо́сом
Pumps *m/pl.* ло́дочки *f/pl.*
Punker *m* панк
Punkt *m* то́чка *f*; *fig.* пункт; *Sp.* очко́ *n*
pünktlich пунктуа́льный; ***~ um fünf*** (***Uhr***) то́чно в пять (часо́в)
Pünktlichkeit *f* пунктуа́льность *f*
Punsch *m* пунш
Pu'pille *f* зрачо́к *m*
Puppe *f* ку́кла; *Zool.* ку́колка

Puppen|spiel *n* ку́кольный спекта́кль *m*; **~stube** *f* ку́кольный дом *m*; **~theater** *n* теа́тр *m* ку́кол; **~wagen** *m* коля́ска *f* для ку́кол
pur чи́стый
Pü'ree *n* пюре́
puri'tanisch пурита́нский
Purpur *m* пу́рпур
Purzelbaum *m*: ***e-n ~ schlagen*** кувырка́ться <-кну́ться>
pusten F <по>ду́ть
Pute *f* инде́йка
Puter *m* индю́к
Putsch *m* путч
Pu'tschist *m* путчи́ст
Putz *m Arch.* штукату́рка *f*
putzen <по>чи́стить; *Brille, Möbel* протира́ть <-тере́ть>; *Fenster* <вы́>мыть; ***sich die Nase ~*** <вы́>-сморка́ться
Putz|frau *f* убо́рщица; **~lappen** *m* тря́пка *f*
Puzzle *n*, **~spiel** *n* игра́-голово-ло́мка *f*
Py'jama *m* пижа́ма *f*
Pyra'mide *f* пирами́да
Pyro'technik *f* пироте́хника
Python *m* пито́н

Q

Qua'drat *n* квадра́т *m*
qua'dratisch квадра́тный
Qua'dratmeter *m* квадра́тный ме́тр
quaken ква́кать (*a. fig.*); *Ente*: кря́кать
Qual *f* му́ка
quälen му́чить, терза́ть; *fig.* ***sich ~*** (*sich abmühen*) му́читься (***mit*** над, с Т)
Quäle'rei *f* муче́ние *n*
Qualifikati'on *f* квалифика́ция
qualifi'zieren квалифици́ровать (*im*)*pf.* (***sich*** -ся)
Quali'tät *f* ка́чество *n*
qualita'tiv ка́чественный
Quali'tätsarbeit *f* высокока́чественная рабо́та
Qualle *f* меду́за
Qualm *m* (густо́й) дым; (*beißender*) чад
qualmen *v/i* дыми́ть(ся)
qualvoll мучи́тельный
Quanti'tät *f* коли́чество *n*
Quantum *n* коли́чество
Quaran'täne *f* каранти́н *m*
Quark *m* тво́ро́г
Quar|'tal *n* кварта́л *m*; **~'tett** *n* кварте́т *m*
Quar'tier *n* кварти́ра *f*
Quarz *m* кварц; **~uhr** *f* ква́рцевые часы́ *m/pl.*
Quatsch F *m* ерунда́ *f*, вздор *m*
quatschen F (*plaudern*) болта́ть; (*ausplaudern*) разба́лтывать <-болта́ть>
Quecksilber *n* ртуть *f*
Quelle *f* исто́чник *m*
Quellen|angabe *f*, **~nachweis** *m* спи́сок (перво)исто́чников
quer *Adv.* попере́к; ***kreuz und ~*** вдоль и попере́к
Quere F *f*: ***j-m in die ~ kommen*** встать кому́-либо попере́к доро́ги
querfeld'ein напрями́к
Quer|flöte *f* попере́чная фле́йта; **~kopf** F *m* стропти́вец (-вица *f*); **~schläger** *m* рикоше́т(ная пу́ля *f*); **~schnitt** *m* попере́чное сече́ние *n*; **~schnittslähmung** *f* попере́чный парали́ч *m*; **~straße** *f* попере́чная у́лица; **~strich** *m* чёрточка *f*, тире́ *n*; **~treiber** F *m* интрига́н
quetschen (*pressen*) приж(им)а́ть (***an*** к Д); (*auspressen*) выжима́ть <вы́жать>; (*einklemmen*) прищемля́ть <-ми́ть>, отда́вливать <-дави́ть>
Quetschung *f Med.* ушиб *m*
quietschen *Tür, Rad*: скрипе́ть
Quin'tett *n* квинте́т *m*

Quirl *m* мутóвка *f*

quirlen смéшивать <смешáть>

quitt квит(ы); ***wir sind ~*** мы квиты

Quitte *f* айвá

quit'tieren распи́сываться <-сáться> в получéнии (P)

Quittung *f* распи́ска, квитáнция; ***gegen ~*** под распи́ску

Quiz *n* виктори́на *f*

quoll → ***quellen***

Quote *f* дóля, квóта

Quoti'ent *m* чáстное *n*

R

Ra'batt *m* ски́дка *f*

Rabe *m* вóрон

rabi'at грýбый

Rache *f* месть *f*, (от)мщéние *n*; ***aus ~*** из мéсти

Rachen *m Anat.* зев; *Tier:* пасть *f*

rächen *v/t u.* ***sich ~*** <ото>мсти́ть (***an j-m für et.*** комý-либо за чтó-либо)

Ra'chitis *f* рахи́т *m*

rachsüchtig мсти́тельный

Rad *n* колесó; (*Fahrrad*) велосипéд *m*; ***~ fahren*** éздить на велосипéде

Ra'dar *m od. n* радиолокáция *f*; (*Gerät*) радáр *m*, радиолокáтор *m*

Ra'darkontrolle *f* провéрка скóрости с пóмощью радáра

Ra'dau *m* шум

Raddampfer *m* колёсный пароxóд

Rad|fahrer(in *f*) *m* велосипеди́ст(ка *f*)

Radi'alreifen *m* радиáльная ши́на *f*

ra'dieren стирáть <стерéть> рези́нкой

Ra'diergummi *m* рези́нка *f*, F лáстик

Ra'dierung *f konkr.* офóрт *m*, гравю́ра

Ra'dieschen *n* реди́ска *f*

radi'kal радикáльный

Radio *n* рáдио; ***im ~*** по рáдио

radioak'tiv радиоакти́вный

Radio|apparat *m* радиоприёмник; **~rekorder** *m* кассéтный радиоприёмник

Radium *n* рáдий *m*

Radius *m* рáдиус (*a. fig.*)

Radkappe *f* колпáк *m* колесá

Radrennen *n* велогóнки *f/pl.*

Rad|sport *m* велоспóрт; **~tour** *f* велопробéг *m*; **~weg** *m* велодорóжка *f*

raffen схвáтывать <схвати́ть>

Raffine'rie *f* (*für Erdöl*) нефтеперерабáтывающий завóд *m*; (*für Zucker*) (сáхаро-)рафинáдный завóд *m*

raffi'niert (*geschickt*) изы́сканный; (*durchtrieben*) хи́трый

Rage F *f* я́рость; ***in ~ bringen*** привести́ в раж

ragen торчáть

Ra'gout *n* рагý *n*

Rahm *m* сли́вки *pl.*

rahmen обрамля́ть <-рáмить>

Rahmen *m* рáма *f*, рáмка *f*

Ra'kete *f* ракéта

rammen *Auto* наскáкивать <-скочи́ть> (на В)

Rampe *f* (*Auffahrt*) подъéзд *m*; (*Verladerampe*) (грузовáя) плафтфóрма; *Thea.* рáмпа

Rampenlicht *n* свет *m* рáмпы

Ramsch *m* хлам, барахлó *n*

Rand *m* край; (*vom Weg*) обóчина *f*; (***nicht***) ***zu ~e kommen mit*** (не) спрáвиться с (T)

Ran'dale F *f* дебóш *m*, скандáл *m*

randa'lieren дебоши́рить

Randa'lierer(in *f*) *m* дебоши́р(ка *f*), скандали́ст(ка *f*)

Rand|bemerkung *f* замéтка на поля́х; **~gebiet** *n* окрáина *f*; периферия́ *f*; **~notiz** *f* замéтка на поля́х

rang → ***ringen***

Rang *m mst Mil.* звáние *n*; *Sp.* мéсто *n*; *Thea.* я́рус; **~abzeichen** *n* знак

m разли́чия; **~folge** *f* очерёдность *f*
ran'gieren *Esb.* сортирова́ть (ваго́ны)
Rangordnung *f* иера́рхия
Ranke *f* у́сик *m*
rann → ***rinnen***
rannte → ***rennen***
Ranzen *m* ра́нец
ranzig прого́рклый
ra'pid(e) о́чень бы́стрый
Rappe *m* вороно́й (конь *m*)
Raps *m* рапс
rar ре́дкий
Rari'tät *f* ре́дкость *f*
ra'sant бу́рный, бе́шеный
rasch ско́рый, бы́стрый
rascheln шелесте́ть, шурша́ть
rasen (*wüten*) неистовствовать, бушева́ть; (*rennen, fahren*) <по>мча́ть(ся)
Rasen *m* газо́н
rasend (*wütend*) неи́стовый; *Fahrt*: бе́шеный
Rasen|mäher *m* газонокоси́лка *f*; **~sprenger** *m* дождева́льная устано́вка *f*
Rase'rei *f* (*schnelles Fahren*) лиха́чество *n*
Ra'sierapparat *m* безопа́сная бри́тва *f*; (*Elektrorasierer*) электробри́тва *f*
ra'sieren <по>бри́ть; ***sich ~ (lassen)*** <по>бри́ться
Ra'sier|creme *f* крем *m* для бритья́; **~klinge** *f* ле́звие *n* (для безопа́сной бри́твы); **~messer** *n* бри́тва *f*; **~pinsel** *m* помазо́к для бритья́; **~wasser** *n* лосьо́н *m* для бритья́
Rasse *f* ра́са; *Zool.* поро́да
Rassen|diskriminierung *f* ра́совая дискримина́ция; **~hass** *m* ра́совая не́нависть *f*
ras|sig поро́дистый; **~'sistisch** раси́стский
Rast *f* (*Pause*) о́тдых *m*, переды́шка; *Mil.* прива́л *m*
rasten отдыха́ть <-дохну́ть>
Rasthaus *n* придоро́жный рестора́н *m*
rastlos неутоми́мый
Raststätte *f* рестора́н *m* при автомагистра́ли
Ra'sur *f* бритьё *n*

rät → ***raten***[1]***, raten***[2]
Rat *m* (*Ratschlag*) сове́т; ***j-n um ~ fragen*** спра́шивать сове́та у кого́-либо; ***mit ~ und Tat*** сло́вом и де́лом
Rate *f* (*Teilbetrag*) взнос *m*; ***auf ~n*** в рассро́чку
raten[1] (*empfehlen*) <по>сове́товать
raten[2] дога́дываться, уга́дывать; *Rätsel* отга́дывать <-гада́ть>
Raten|kauf *m* поку́пка *f* в рассро́чку; **~zahlung** *f* упла́та в рассро́чку
Rathaus *n* ра́туша *f*
ratifi'zieren ратифици́ровать (*im*)*pf.*
Rati'on *f* рацио́н *m*, паёк *m*
ratio'nal рациона́льный
rationali'sieren рационализи́ровать (*im*)*pf.*
ratio'nell рациона́льный
rat|los растéрянный; **~sam** *Adv.* целесообра́зно
Ratschlag *m* сове́т
Rätsel *n* зага́дка *f*
rätselhaft зага́дочный
Ratte *f* кры́са
rattern <про>грохота́ть
rau шерохова́тый; *fig. Sitten*: гру́бый, жёсткий; *Klima*: суро́вый; *Stimme*: хри́плый
Raub *m* разбо́й; грабёж; (*Beute*) награ́бленное *n*, добы́ча *f*; **~bau** *m* хи́щническая разрабо́тка *f*
rauben *v/t* похища́ть <-хи́тить>, отнима́ть <-ня́ть>; *v/i* гра́бить
Räuber(in *f*) *m* разбо́йник (-ница *f*), граби́тель *m* (-ница *f*)
räuberisch разбо́йнический, граби́тельский
Raub|tier *n* хи́щник *m*; **~vogel** *m* хи́щная пти́ца *f*
Rauch *m* дым
rauchen *v/i* дыми́ть(ся); *v/t* кури́ть; ***Rauchen verboten!*** кури́ть воспреща́ется!
Raucher(in *f*) *m* куря́щий (-щая *f*), кури́льщик (-ица *f*)
rauchig (*voll Rauch*) ды́мный
Rauch|verbot *n* запреще́ние кури́ть; **~vergiftung** *f* отравле́ние *n* ды́мом; **~waren** *f/pl.* (*Pelzwerk*) пушно́й това́р *m*, пушни́на *f*; **~wolke** *f* о́блако *n* ды́ма

R

Raufbold *m* драчу́н
raufen *v/t*: ***sich die Haare ~*** рвать на себе́ во́лосы; *v/i* дра́ться
Raufe'rei *f* дра́ка, потасо́вка
Raum *m* простра́нство *n*; (*im Gebäude*) помеще́ние *n*; (*Gegend*) райо́н
räumen *Wohnung* освобожда́ть <-боди́ть>; (*wegschaffen*) убира́ть <убра́ть>
Raum|fähre *f* челно́чный кора́бль *m*, косми́ческий челно́к *m*; **~fahrt** *f* космона́втика; **~flug** *m* косми́ческий полёт; **~inhalt** *m* ёмкость *f*
räumlich простра́нственный; (*hören*) стереофони́ческий
Raum|schiff *n* косми́ческий кора́бль *m*; **~station** *f* орбита́льная ста́нция
Räumung *f* освобожде́ние *n*; (*Säuberung*) убо́рка
Raupe *f* (*a. Tech.*) гу́сеница
Raupenschlepper *m* гу́сеничный тра́ктор
Raureif *m* и́ней, и́зморозь *f*
raus → ***heraus, hinaus***
Rausch *m* опьяне́ние *n*; *fig.* упое́ние *n*
rauschen *Wind, Wasser*: шуме́ть; *Laub*: шурша́ть, шелесте́ть
Rauschgift *n* нарко́тик *m*; **~sucht** *f* наркома́ния
räuspern: *sich ~* отка́шливаться <-ляться>
Razzia *f* обла́ва
Rea'genzglas *n* проби́рка *f*
rea'gieren <про>реаги́ровать
Reakti'on *f* реа́кция
reaktio'när реакцио́нный
Re'aktor *m* реа́ктор
re'al реа́льный
Re'aleinkommen *n* реа́льный дохо́д *m*
reali'sieren реализова́ть (*im*)*pf.*
Rea'lismus *m* реали́зм
Rea'list(in *f*) *m* реали́ст(ка *f*)
rea'listisch реалисти́ческий, реалисти́чный
Reali'tät *f* реа́льность *f*
Rebe *f* виногра́дная лоза́
Re'bell *m* бунтовщи́к, мяте́жник
rebel'lieren бунтова́ть <взбунтова́ться>
Rebelli'on *f* мяте́ж, бунт
re'bellisch мяте́жный, бунта́рский
Reb|huhn *n* куропа́тка *f*; **~stock** *m* виногра́дная лоза́ *f*
rechen <с->грести́ гра́блями
Rechen *m* гра́бли *f/pl.*
Rechenaufgabe *f* арифмети́ческая зада́ча
Rechenschaft *f* отчёт *m*; ***vor j-m über et. ~ ablegen*** отчи́тываться <-чита́ться> пе́ред ке́м-либо в чём-либо; ***zur ~ ziehen*** привлека́ть <-ле́чь> к отве́ту
Rechenschaftsbericht *m* отчёт
Re'cherche *f* ро́зыск *m*
rechnen *v/i* <по>счита́ть; *fig.* рассчи́тывать (***auf*** на В); ***mit j-m ~*** счита́ться с ке́м-либо
Rechner *m EDV* электронно-вычисли́тельная маши́на *f*, компью́тер
Rechnung *f* счёт *m*; (*Ausrechnung*) вычисле́ние *n*; ***die ~ bezahlen*** оплати́ть счёт; ***in ~ stellen*** поста́вить в счёт; ***j-m e-n Strich durch die ~ machen*** расстро́ить пла́ны кого́-либо
recht 1. *Adj.* пра́вый; *Winkel* прямо́й; (*richtig*) ве́рный, пра́вильный; (*passend*) подходя́щий; **2.** *präd.* ве́рно; (*ziemlich*) дово́льно; ***ganz ~*** соверше́нно ве́рно; ***so ist es ~!*** вот так хорошо́!
Recht *n* пра́во; ***j-m ~ geben*** соглаша́ться с ке́м-либо; ***du hast ~*** ты прав(а *f*); ***~ sprechen*** суди́ть; ***zu ~*** по пра́ву; ***von ~s wegen*** по зако́ну
Rechte *f* пра́вая рука́; *Pol.* пра́вые *pl.*
Rechteck *n* прямоуго́льник *m*
rechteckig прямоуго́льный
rechtfertigen опра́вдывать <-да́ть> (***sich*** -ся)
Rechtfertigung *f* оправда́ние *n*
recht|gläubig правове́рный; **~haberisch** неусту́пчивый; **~lich** правово́й; *präd.* по пра́ву; **~los** беспра́вный; **~mäßig** правоме́рный
rechts спра́ва; ***nach ~*** напра́во, впра́во; ***von ~*** спра́ва; ***~ fahren/gehen*** держа́ться пра́вой стороны́
Rechts|anwalt *m* адвока́т; **~berater** *m* юриско́нсульт

rechtschaffen поря́дочный
Rechtschreibung *f* правописа́ние *n*
Rechtsextremist *m* пра́вый экстреми́ст
rechts|gültig, ~kräftig име́ющий зако́нную си́лу
Rechts|kurve *f* поворо́т *m* впра́во; **~pflege** *f* правосу́дие *n*
Rechtsprechung *f* правосу́дие *n*
rechtsradikal кра́йне пра́вый
Rechts|schutz *m* правозащи́та *f*; **~staat** *m* правово́е госуда́рство *n*
Rechtsweg *m*: ***auf dem ~*** в суде́бном поря́дке
recht|winklig прямоуго́льный; **~zeitig** своевре́менный
Reck *n* турни́к *m*, перекла́дина *f*
recken: *sich ~* потя́гиваться
Re'corder *m* реко́рдер
Re'cycling *n* рециклиро́вание, втори́чное испо́льзование ресу́рсов
Redak'teur(in *f*) *m* реда́ктор(ша F *f*)
Redakti'on *f* реда́кция
redaktio'nell редакцио́нный
Rede *f* речь *f; **e-e ~ halten*** вы́ступить с ре́чью; ***nicht der ~ wert*** не сто́ит говори́ть; ***davon kann k-e ~ sein*** об э́том не мо́жет быть и ре́чи
redegewandt красноречи́вый
reden говори́ть, разгова́ривать (***über*** о П); ***darüber lässt sich ~*** об э́том мо́жно договори́ться
Redensart *f*, **Redewendung** *f* оборо́т *m* ре́чи
Redner(in *f*) *m* выступа́ющий (-щая *f*), докла́дчик (-ица *f*)
redu'zieren сокраща́ть <-рати́ть>
Reede *f* рейд *m*; ***auf ~ liegen*** стоя́ть на ре́йде
Reeder(in *f*) *m* судовладе́лец
Reede'rei *f* судохо́дная компа́ния
re'ell соли́дный; реа́льный
Refe|'rat *n* рефера́т *m*, докла́д *m*; **~'renz** *f* (*Empfehlung*) рекоменда́ция
refe'rieren <про>чита́ть рефера́т (***über*** о П)
reflek'tieren (*widerspiegeln*) отража́ть <отрази́ть>
Re'flektor *m* отража́тель *m*, рефле́ктор
Re'flex *m* рефле́кс
Reflexi'on *f* отраже́ние *n*; *fig.* рефле́ксия
refle'xiv *Gr.* возвра́тный
Re'form *f* рефо́рма
Reformati'on *f hist.* Реформа́ция
refor'mieren реформи́ровать (*im*)*pf.*
Re'formhaus *n* магази́н *m* экологи́чески чи́стых това́ров
Re'frain *m* припе́в, рефре́н
Re'gal *n* этаже́рка *f*; стелла́ж *m*; **~fach** *n* по́лка *f*
Re'gatta *f* рега́та
rege оживлённый; *Geist*: живо́й
Regel *f* пра́вило *n*; ***in der ~*** как пра́вило
regel|los нерегуля́рный; **~mäßig** пра́вильный (*a. Math.*); регуля́рный
regeln <от-, у->регули́ровать; *Angelegenheiten* ула́живать <ула́дить>
Regelung *f* урегули́рование *n*
regelwidrig про́тив пра́вил
regen: *sich ~* <по>шевели́ться
Regen *m* дождь *m; **im ~*** под дождём
Regenbogen *m* ра́дуга *f*
regendicht непромока́емый
Regenerati'on *f* регенера́ция
regene'rieren регенери́ровать (*im*)*pf.*
Regen|guss *m* проливно́й дождь *m*, ли́вень *m;* **~mantel** *m* дождеви́к, плащ; **~schauer** *m* кратковре́менный дождь *m*; **~schirm** *m* зо́нт(ик); **~tropfen** *m* дождева́я ка́пля *f*; **~wald** *m* вла́жный тропи́ческий лес; **~wasser** *n* дождева́я вода́ *f*; **~wetter** *n* дождли́вая пого́да *f*; **~wolke** *f* (дождева́я) ту́ча; **~wurm** *m* дождево́й червь *m*
Re'gie *f* режиссу́ра; ***~ führen*** руководи́ть постано́вкой
re'gieren *v/t* пра́вить (Т), управля́ть (Т)
Re'gierung *f* (*das Regieren*) (у)правле́ние *n*; (*Kabinett*) прави́тельство *n*
Re'gierungs|chef *m* глава́ *m* прави́тельства; **~erklärung** *f* прави́тельственная деклара́ция;

~koalition *f* прави́тельственная коали́ция; **~krise** *f* прави́тельственный кри́зис *m*; **~sitz** *m* резиде́нция *f* прави́тельства; **~sprecher(in** *f*) *m* представи́тель(ница *f*) *m* прави́тельства; **~wechsel** *m* сме́на *f* прави́тельства
Re'gime *n* режи́м *m*
Regi'ment *n* правле́ние; *Mil.* полк *m*
Regi'on *f* регио́н *m*, о́бласть *f*
regio'nal региона́льный
Regis'seur(in *f*) *m* режиссёр (*a. f*)
Re'gister *n* рее́стр *m*; *in Büchern*: указа́тель *m*
Registra'tur *f* регистрату́ра
regi'strieren <за>регистри́ровать
Regler *m* регуля́тор
regnen: ***es regnet*** дождь идёт
regnerisch дождли́вый
regu'lär регуля́рный
regu'lieren <от>регули́ровать
Regung *f* движе́ние *n*; *fig.* побужде́ние *n*
regungslos неподви́жный
Reh *n* косу́ля *f*
Rehabilitati'on *f* реабилита́ция
rehabili'tieren реабилити́ровать (*im*)*pf.*
reiben *v/t* <по>тере́ть; *Kochk.* <на>тере́ть на тёрке; ***sich die Augen ~*** протира́ть глаза́
Reibung *f* тре́ние *n*
reibungslos *fig.* беспрепя́тственный
reich бога́тый (***an*** T); ***~ werden*** <раз>богате́ть
Reich *n* госуда́рство, импе́рия *f*
reichen *v/t* (*geben*) под(ав)а́ть, протя́гивать <-тяну́ть>; *v/i* (*ausreichen*) хвата́ть <-ти́ть> (P), быть доста́точным; ***es reicht*** хва́тит
reich|haltig бога́тый; *Essen*: оби́льный; **~lich** оби́льный; *Belohnung*: до́брый
Reich|tum *n* бога́тство; **~weite** *f* досяга́емость *f*; *Flgw., Rdf.* да́льность *f*/ра́диус *m* де́йствия; ***außer ~*** вне преде́лов досяга́емости
reif зре́лый (*a. fig.*)
Reife *f* зре́лость *f* (*a. fig.*), спе́лость *f*
reifen *v/i* зреть, созре́(ва́)ть (*a. fig.*)
Reifen *m Kfz. usw.* ши́на *f*; **~panne** *f* проко́л *m* ши́н(ы); **~wechsel** *m* сме́на *f* ши́ны
Reife|prüfung *f* экза́мен *m* на аттеста́т зре́лости; **~zeugnis** *n* аттеста́т *m* зре́лости
reiflich основа́тельный
Reihe *f* ряд *m*; (*Warteschlange*) о́чередь *f*; ***der ~ nach*** по о́череди; ***an der ~ sein*** быть на о́череди; ***außer der ~*** вне о́череди
Reihen|folge *f* после́довательность *f*, поря́док *m*; **~haus** *n* дом *m* рядово́й застро́йки; **~untersuchung** *f* ма́ссовое медици́нское обсле́дование *n*
reihenweise ряда́ми
Reim *m* ри́фма *f*
reimen рифмова́ть (***sich*** -ся)
rein чи́стый; (*ausgesprochen*) настоя́щий; ***~er Unsinn*** су́щий вздор *m*; ***ins Reine bringen*** привести́ в поря́док, ула́дить
Rein|ertrag *m* чи́стый дохо́д; **~fall** F *m* неуда́ча *f*; **~gewinn** *m* чи́стая при́быль *f*; **~heit** *f* чистота́
reinigen очища́ть <очи́стить> (***sich*** -ся); *Kleidung* <по>чи́стить
Reinigung *f* очи́стка; (*von Kleidung*) (хим)чи́стка; (*der Wohnung*) убо́рка
Reinigungsmittel *n* чи́стящее сре́дство
reinlich опря́тный; *Pers. a.* чистопло́тный
reinrassig чистопоро́дный
Reis *m* рис
Reise *f* путеше́ствие *n*; (*Fahrt*) пое́здка; ***glückliche ~!*** счастли́вого пути́!; ***e-e ~ machen*** соверша́ть <-ши́ть> пое́здку/путеше́ствие; **~büro** *n* бюро́ путеше́ствий; **~bus** *m* туристи́ческий авто́бус
reisefertig гото́вый к отъе́зду
Reise|fieber *n* чемода́нное настрое́ние; **~führer** *m* (*Buch*) путеводи́тель *m*; **~gesellschaft** *f* тури́стская гру́ппа; **~leiter(in** *f*) *m* руководи́тель(ница *f*) *m* тури́стской гру́ппы
reisen *v/i* путеше́ствовать, е́здить, <по>е́хать (***nach*** в В)
Reisende(r) путеше́ственник (-ица *f*)

Reise|pass *m* загранѝчный пáспорт; **~route** *f* маршрýт *m* (поéздки); **~scheck** *m* дорóжный чек; **~tasche** *f* дорóжная сýмка; **~verkehr** *m* турѝзм; **~ziel** *n* цель *f* поéздки
Reisig *n* хвóрост *m*
Reißbrett *n* чертёжная доскá *f*
reißen *v/t* (*zerreißen*) разрывáть <-зорвáть>; (*herausreißen*) вырывáть <вы́рвать> (***aus*** из P); (*herunterreißen*) срывáть <сорвáть> (***von*** c P); ***an sich ~*** *Macht usw.* захвáтывать <-тѝть>; ***sich um et. ~*** брать нарасхвáт (B)
reißend *Bach, Strömung*: бýрный
Reiß|verschluss *m* мóлния *f*; **~zwecke** *f* кнóпка
reiten éздить/<по>éхать верхóм
Reiter(in *f*) *m* всáдник (-ница *f*)
Reit|pferd *n* верховáя лóшадь *f*; **~sport** *m* кóнный спорт; **~weg** *m* тропá *f* для верховóй езды́
Reiz *m* раздражéние *n*; (*Anziehungskraft*) привлекáтельность *f*; (*Liebreiz*) обаяние *n*
reizbar раздражѝтельный
Reizbarkeit *f* раздражѝтельность *f*
reizen *v/t* раздражáть <-жѝть>; (*verlocken*) привлекáть <-влéчь>; **~d** прелéстный, очаровáтельный
reizlos *fig.* непривлекáтельный
Reizung *f* раздражéние *n*
reizvoll привлекáтельный
Reizwäsche F *f* элегáнтное дáмское бельё *n*
Reklamati'on *f* реклама́ция
Re'klame *f* реклáма
rekla'mieren рекламѝровать (*im*)*pf.*
rekonstru'ieren реконструѝровать (*im*)*pf.*
Re'kord *m* рекóрд
Re'krut *m* новобрáнец, рéкрут
rekru'tieren: *sich ~* состоя́ть (***aus*** из P)
Rektor *m* рéктор
Rek'torin *f* рéктор *m*
rekulti'vieren рекультивѝровать
Re'lais *n* релé *n*
rela'tiv относѝтельный
Relativi'tätstheorie *f* теóрия относѝтельности
Rela'tivsatz *m Gr.* относѝтельное придáточное предложéние *n*
rele'vant релевáнтный
Reli'ef *n* рельéф *m*
Religi'on *f* релѝгия
Religi'ons|freiheit *f* свобóда вероисповéдания; **~unterricht** *m* преподавáние *n* релѝгии
religi'ös религиóзный
Re'likt *n* релѝкт *m*
Reling *f* пóручни *m/pl.*
Re'liquie *f* релѝквия
re'mis вничью́; ***das Spiel endete ~*** игрá закóнчилась вничью́
Ren *n* сéверный олéнь *m*
Renais'sance *f hist.* Возрождéние *n*, Ренессáнс *m*
Rendez'vous *n* свидáние
Ren'dite *f* процéнты *m/pl.*, дохóд *m*
Rennbahn *f Pferde-Sp.* ипподрóм *m*
rennen бежáть, мчáться
Rennen *n* гóнки *f/pl.*; *Pferde-Sp.* скáчки *f/pl.*
Renn|fahrer *m* гóнщик; **~pferd** *n* скаковáя лóшадь *f*; **~rad** *n* гóночный велосипéд *m*; **~wagen** *m* гóночный автомобѝль *m*
renom'miert извéстный
reno'vieren <от>ремонтѝровать
Reno'vierung *f* ремóнт *m*
ren'tabel рентáбельный
Rente *f* пéнсия; F ***in ~ gehen*** уйтѝ на пéнсию
Renten|alter *n* пенсиóнный вóзраст; **~versicherung** *f* пенсиóнное страховáние *n*
ren'tieren: *sich ~* окупáться <-пѝться>
Rentner(in *f*) *m* пенсионéр(ка *f*)
reorgani'sieren реорганизóвывать, реорганизовáть (*im*)*pf.*
Repara'tur *f* ремóнт *m*; (*kleinere*) почѝнка; **~werkstatt** *f* ремóнтная мастерскáя
repa'rieren <от>ремонтѝровать; *Schuhe* починя́ть, <по>чинѝть
Re|por'tage *f* репортáж *m*; **~'porter(in** *f*) *m* репортёр(ша *f* F)
Repräsen'tant(in *f*) *m* представѝтель(ница *f*) *m*
repräsen|ta'tiv репрезентатѝвный; **~'tieren** (*würdig vertreten*) представѝтельствовать
Repres'salien *f/pl.* репрéссия *f*

R

Reprodukti'on *f* репроду́кция
reprodu'zieren репродуци́ровать (*im*)*pf.*
Rep'til *n* пресмыка́ющееся
Repu'blik *f* респу́блика
Republi'kaner(in *f*) *m* респу-бликáнец (-нка *f*)
republi'kanisch республика́нский
Requiem *n* ре́квием *m*
Reser'vat *n* (*Naturschutzgebiet*) резерва́т *m*
Re'serve *f* резе́рв *m*; (*Vorrat*) запа́с *m*; **~rad** *n* запасно́е колесо́
reser'vieren *Raum, Tisch, Platz* зака́зывать <-каза́ть>; *Sitzplatz* <за>резерви́ровать (*im*)*pf.*
reser'viert (*zurückhaltend*) сде́ржанный
Reser'vist *m* резерви́ст
Resi'denz *f* резиде́нция
resig'nieren покоря́ться <-ри́ться> (обстоя́тельствам), смиря́ться <-ри́ться>
resis'tent резисте́нтный
reso'lut реши́тельный
Resoluti'on *f* резолю́ция
Reso'nanz *f* резона́нс *m*
Re'spekt *m* уваже́ние *n*
respek'tieren уважа́ть, относи́ться <-нести́сь> с уваже́нием
re'spekt|los непочти́тельный; **~voll** почти́тельный
Res|'sort *n* ве́домство; **~'sourcen** *f/pl.* ресу́рсы *m/pl.*
Rest *m* оста́ток; (*das Übrige*) остально́е *n*
Restau'rant *n* рестора́н *m*
restau'rieren реставри́ровать (*im*)*pf.*
rest|lich остально́й, оста́вшийся; **~los 1.** *Adj.* по́лный; **2.** *Adv.* без оста́тка; (*völlig*) сполна́
restrik'tiv рестрикцио́нный
Resul'tat *n* результа́т *m*
Resü'mee *n* резюме́
retten спаса́ть <-сти́> (***sich*** -ся; ***vor*** от Р)
Retter(in *f*) *m* спаси́тель(ница *f*) *m*
Rettich *m* ре́дька *f*
Rettung *f* спасе́ние *n*
Rettungs|boot *n* спаса́тельная шлю́пка *f*; **~dienst** *m* спаса́тельная слу́жба *f*
rettungslos *Adv.* безнадёжно
Rettungs|ring *m* спаса́тельный круг; **~schwimmer(in** *f*) *m* плове́ц-спаса́тель *m*
Reue *f* раска́яние *n*
reumütig по́лный раска́яния
Re'vanche *f* рева́нш *m*
revan'chieren: ***sich*** **~** брать <взять> рева́нш
revi'dieren ревизова́ть (*im*)*pf.*
Re'vier *n* уча́сток *m*; *Bgb.* (у́гольный) бассе́йн *m*
Revisi'on *f* реви́зия, прове́рка; *Jur.* пересмо́тр *m*, обжа́лование *n*
Re'volte *f* мяте́ж *m*, бунт *m*
Revoluti'on *f* револю́ция
revolutio'när революцио́нный
Revolutio'när(in *f*) *m* революционе́р(ка *f*)
revolutio'nieren революционизи́ровать (*im*)*pf.*
Re'volver *m* револьве́р
Re'vue *f* ревю́ *n*
rezen'sieren <про-> рецензи́ровать
Rezensi'on *f* реце́нзия
Re'zept *n* реце́пт *m*
re'zeptfrei (отпуска́емый) без реце́пта
Rezepti'on *f* (*im Hotel*) администра́тор *m*
re'zeptpflichtig (отпуска́емый) то́лько по реце́пту
Rezessi'on *f* реце́ссия
Rha'barber *m* реве́нь *m*
Rheuma *n* ревмати́зм *m*
rheu'matisch ревмати́ческий
rhythmisch ритми́ческий, ритми́чный
Rhythmus *m* ритм
richten *v/t* направля́ть <-ра́вить> (***an, auf*** в, на В); *Aufmerksamkeit, Blick* обраща́ть <-рати́ть>; *Aufruf, Frage* адресова́ть (*im*)*pf.* (***an*** Д); *Waffe* наводи́ть <-вести́>; ***sich*** **~** быть напра́вленным (***an*** Д); руково́дствоваться (***nach*** Т); ***sich nach den Vorschriften*** **~** <по>сле́довать инстру́кции; ***richt' euch!*** равня́йсь!
Richter(in *f*) *m* судья́ *m*
richterlich суде́йский
Richterspruch *m* реше́ние *n* суда́/судьи́
Richt|fest *n* пра́зднование подве-

де́ния до́ма под кры́шу; **~geschwindigkeit** *f* рекоменду́емая ско́рость *f*
richtig пра́вильный; (*echt*) настоя́щий; ***das ist ~*** э́то ве́рно; ***die Uhr geht ~*** часы́ иду́т пра́вильно
Richt|linie *f* директи́ва; **~schnur** *f fig.* руководя́щий при́нцип *m*
Richtung *f* направле́ние *n*; ***aus allen ~en*** со всех сторо́н
Richtwert *m* ориентиро́вочный показа́тель *m*
rieb → ***reiben***
riechen *v/i* па́хнуть; ***es riecht nach ...*** па́хнет (Т); *v/t* <по>ню́хать
rief → ***rufen***
Riege *f Sp.* кома́нда
Riegel *m* (*e-r Tür*) задви́жка *f*; (*Schokolade*) пли́тка *f*
Riemchen *n* ремешо́к *m*
Riemen *m* реме́нь *m*
Riese *m* велика́н, исполи́н
rieseln струи́ться; *Sand*: сы́паться
riesengroß огро́мный, гига́нтский
Riesen|rad *n* колесо́ обозре́ния; **~slalom** *m* гига́нтский сла́лом
riesig гига́нтский, колосса́льный; (*sehr groß*) огро́мный
riet → ***raten***
Riff *n* (подво́дный) риф *m*
Rille *f* желобо́к *m*, кана́вка
Rinde *f* кора́; (*vom Brot*) ко́рка
Rinder *n/pl.* кру́пный рога́тый скот *m*; **~braten** *m* жарко́е *n* из говя́дины
Rind|fleisch *n* говя́дина *f*; **~vieh** *n* F (*Dummkopf*) остоло́п *m*
Ring *m* кольцо́ *n*
Ringelnatter *f* обыкнове́нный уж *m*
ringen *v/i* боро́ться (***mit*** с Т)
Ringer *m* боре́ц
Ring|finger *m* безымя́нный па́лец; **~kampf** *m* борьба́ *f*; **~kämpfer** *m* боре́ц; **~richter** *m* судья́ *m* на ри́нге
ringsherum круго́м
Rinne *f* (сто́чный) жёлоб *m*; (*Bodenrinne*) кана́в(к)а *f*
rinnen течь, струи́ться
Rinn|sal *n* ручеёк *m*; **~stein** *m* сто́чная кана́ва *f*
Rippe *f* ребро́ *n*; (*Heizkörper*) се́кция
Rippenfellentzündung *f* плеври́т *m*
Risiko *n* риск *m*; ***ein ~ eingehen*** идти́ <пойти́> на риск
ris|'kant риско́ванный; **~'kieren** *v/t* рискова́ть <-кну́ть> (Т)
riss → ***reißen***
Riss *m* тре́щина *f*
rissig потре́скавшийся
ritt → ***reiten***
Ritt *m* пое́здка *f* верхо́м
Ritter *m* ры́царь *m*
ritterlich ры́царский (*a. fig.*); *präd.* ры́царски
Ritu'al *n* ритуа́л *m*
ritu'ell ритуа́льный
Ritz *m* цара́пина *f*; **~e** *f* щель *f*
ritzen <по>цара́пать; *Namen usw.* выцара́пывать <вы́царапать>
Ri'val|e *m* (**~in** *f*) сопе́рник (-ица *f*)
rivali'sieren сопе́рничать
Rivali'tät *f* сопе́рничество *n*
Robbe *f* тюле́нь *m*
Roboter *m* ро́бот
ro'bust выно́сливый; кре́пкий
roch → ***riechen***
röcheln хрипе́ть
Rock *m* ю́бка *f*
Rockband *f* рок-анса́мбль *m*
Rodelbahn *f* доро́жка для ката́ния на са́нках/на сала́зках
rodeln ката́ться на са́нках /на сала́зках
roden *Forst.* корчева́ть
Rodler(**in** *f*) *m* са́ночник (-ица *f*)
Rodung *f* корчева́ние *n*
Roggen *m* рожь *f*; **~brot** *n* ржано́й хлеб *m*
roh сыро́й; (*gewalttätig*) гру́бый
Roh|bau *m* неотде́ланная постро́йка *f*; **~kost** *f* сыра́я (расти́тельная) пи́ща; **~material** *n* сыро́й/исхо́дный материа́л *m*; **~öl** *n* неочи́щенная нефть *f*
Rohr *n* труба́ *f*; **~bruch** *m* разры́в трубы́
Röhre *f* труба́; *Rdf.* ла́мпа
Rohr|leitung *f* трубопрово́д *m*; **~zange** *f* разводно́й ключ *m*
Rohstoff *m* сырьё *n*
Rolle *f Tech.* ро́лик *m*; *Sp.* кувыро́к *m*; *Thea., fig.* роль *f*; ***aus der ~ fallen*** вы́йти из ро́ли; ***das spielt keine ~*** э́то не игра́ет (никако́й) ро́ли

rollen *v/i* <по>кати́ться, ката́ться; *v/t* ката́ть, <по>кати́ть

Roller *m* ро́ллер, самока́т

Rollkragen *m* высо́кий во́рот

Rollkragenpullover *m* сви́тер с высо́ким во́ротом

Rollladen *m* жалюзи́ *n*

Rollschuh *m* ро́ликовый конёк; ~ ***laufen*** ката́ться на ро́ликах

Roll|stuhl *m* инвали́дная коля́ска *f*; **~treppe** *f* эскала́тор *m*

Ro'man *m* рома́н

Ro'manik *f hist.* рома́нский стиль *m*

ro'manisch рома́нский

Roma'nistik *f* романи́стика

Ro'mantik *f* романти́зм *m*

ro'mantisch романти́ческий, романти́чный

Ro'manze *f* рома́нс *m*

römisch ри́мский

röntgen <с>де́лать рентге́н (***j-n*** Д)

Röntgen|aufnahme *f* рентге́новский сни́мок *m*; **~gerät** *n* рентге́новский аппара́т *m*; **~strahlen** *m/pl.* рентге́новские лучи́ *m/pl.*

rosa ро́зовый

Rose *f* ро́за

Rosen|kohl *m* брюссе́льская капу́ста *f*; **~kranz** *m Rel.* чётки *f/pl.*

Ro'sette *f* розе́тка

rosig ро́зовый

Ro'sine *f* изю́минка

Rost¹ *m* (*im Ofen*) колосники́ *m/pl.*; (*Bratrost*) ра́шпер

Rost² *m* (*auf Eisen*) ржа́вчина *f*

Rostbratwurst *f* колбаса́, (под)жа́ренная на ра́шпере

rosten *v/i* <за>ржаве́ть

rösten *Kaffee* обжа́ри(ва)ть; *Kochk.* поджа́ри(ва)ть

rost|frei нержаве́ющий; **~ig** ржа́вый

Rostschutzfarbe *f* антикоррозио́нная кра́ска

rot кра́сный; *Haar*: ры́жий; ~ ***glühend*** раскалённый до́красна́

Rotati'on *f* враще́ние *n*

rotblond све́тло-ры́жий

Röte *f* краснота́

röten: ***sich*** ~ <по>красне́ть

rothaarig рыжеволо́сый

ro'tieren враща́ться

Rot|käppchen *n* Кра́сная Ша́почка *f*; **~kehlchen** *n* мали́новка *f*; **~kohl** *m* краснокоча́нная капу́ста *f*

rötlich краснова́тый

Rotlicht *n* кра́сный свет *m*

Rotor *m* ро́тор

Rot|stift *m* кра́сный каранда́ш; **~wein** *m* кра́сное вино́ *n*

Rouge *n* румя́на *pl.*

Rou'lade *f* руле́т *m*

Route *f* маршру́т *m*

Rou'tine *f* на́вык *m*, сноро́вка

routi'niert о́пытный

Rowdy *m* хулига́н

Rübe *f* свёкла; ***Rote*** ~ кра́сная столо́вая свёкла

Rubel *m* рубль *m*

Ru'brik *f* ру́брика

Ruck *m* рыво́к, толчо́к; ***mit e-m*** ~ *fig.* одни́м ма́хом

rückbezüglich *Gr.* возвра́тный

Rückblick *m* ретроспекти́вный взгляд

rücken *v/t* дви́гать, передвига́ть <-дви́нуть>

Rücken *m* спина́ *f*; ***j-m den*** ~ (***zu***)***kehren*** *fig.* отвора́чиваться <-верну́ться> от кого́-либо; ***j-m in den*** ~ ***fallen*** *fig.* наноси́ть <-нести́> кому́-либо уда́р в спину́

Rücken|lehne *f* спи́нка; **~mark** *n* спинно́й мозг *m*; **~schmerzen** *m/pl.* боль *f* в спине́; **~schwimmen** *n* пла́вание на спине́; **~wind** *m* попу́тный ве́тер

Rückfahr|karte *f* обра́тный биле́т *m*; **~scheinwerfer** *m* фа́ра *f* за́днего хо́да

Rückfahrt *f* обра́тный путь

Rückfall *m* рециди́в

rückfällig повто́рный; ~ ***werden*** повто́рно соверши́ть преступле́ние

Rück|flug *m* обра́тный полёт; **~frage** *f* запро́с *m*; **~gabe** *f* возвра́т *m*, отда́ча; **~gang** *m* спад, сниже́ние *n*

rückgängig обра́тный; ~ ***machen*** отменя́ть <-ни́ть>, аннули́ровать (*im*)*pf.*

Rück|grat *n* позвоно́чник *m*; **~halt** *m* опо́ра *f*, подде́ржка *f*; **~hand** *f* (*Tennis*) уда́р *m* сле́ва; **~kehr** *f* возвраще́ние *n*; **~licht** *n* за́дний свет *m*; **~nahme** *f* (*v. Leergut*)

приём *m*; **~reise** *f* обра́тный путь *m*; **~ruf** *m Fmw.* обра́тный звоно́к
Rucksack *m* рюкза́к
Rück|schlag *m fig.* неуда́ча *f*, неуспе́х; **~schritt** *m* регре́сс; **~seite** *f* оборо́тная сторона́; (*e-r Münze*) ре́верс *m*
Rücksicht *f* внима́тельность *f*; **~ *nehmen auf*** принима́ть во внима́ние (В); ***mit ~ auf*** учи́тывая (В)
rücksichts|los бесцеремо́нный; (*streng, hart*) беспоща́дный; **~voll** предупреди́тельный
Rück|sitz *m* за́днее сиде́нье *n*; **~spiegel** *m* зе́ркало *n* за́днего ви́да; **~spiel** *n* отве́тная встре́ча *f*
Rückstand *m* (*Rest*) оста́ток; (*bei der Arbeit*) отстава́ние *n*; (*der Produktion*) недовыполне́ние *n*; ***im ~ sein mit*** отстава́ть с (Т)
rückständig отста́лый; неупла́ченный
Rück|strahler *m* светоотража́тель *m*; **~tritt** *m* (*vom Amt*) ухо́д (со слу́жбы), отста́вка *f*; (*der Regierung*) отста́вка *f*; (*vom Vertrag*) односторо́ннее аннули́рование *n*
Rücktrittbremse *f* педа́льный то́рмоз *m*
Rücktrittserklärung *f* заявле́ние *n* об отка́зе/отста́вке (от Р)
Rückwand *f* за́дняя стена́
rückwärts наза́д
Rück|wärtsgang *m Kfz.* за́дний ход; **~weg** *m* обра́тный путь *m*; **~zahlung** *f* возвра́т (де́нег); **~zug** *m* отхо́д, отступле́ние *n*
Rüde *m* саме́ц; (*Hund*) кобе́ль *m*
Rudel *n* ста́до, ста́я *f*
Ruder *n* (*Steuer*) руль *m*; (*Riemen*) весло́; **~boot** *n* гребна́я шлю́пка *f*
rudern *v/i* грести́
Ruf *m* крик; (*Ansehen*) репута́ция *f*; ***e-n guten ~ haben*** по́льзоваться хоро́шей репута́цией
rufen *v/i* крича́ть, кри́кнуть; *v/t* <по>зва́ть; (*kommen lassen*) приз(ы)ва́ть
Ruf|mord *m* злонаме́ренная клевета́ *f*; **~name** *m* и́мя *n*; **~nummer** *f* но́мер телефо́на
Rüge *f* вы́говор *m*
rügen <с>де́лать вы́говор

Ruhe *f* поко́й *m*; (*Gelassenheit*) споко́йствие *n*; (*Erholung*) о́тдых *m*; ***j-n in ~ lassen*** оста́вить кого́-либо в поко́е; ***aus der ~ bringen*** вы́вести из равнове́сия; ***sich k-e ~ gönnen*** не знать поко́я
ruhelos неспоко́йный
ruhen отдыха́ть <-дохну́ть>
Ruhepause *f* передышка, переры́в *m*
Ruhestand *m*: ***im ~*** в отста́вке, на пе́нсии
Ruhe|störung *f* наруше́ние *n* тишины́; **~tag** *m* выходно́й день
ruhig споко́йный
Ruhm *m* сла́ва *f*
rühmen <про>сла́вить
ruhm|los бессла́вный; **~reich** просла́вленный
Ruhr *f Med.* дизентери́я
Rührei(**er** *pl.*) *n* яи́чница-болту́нья *f*
rühren *v/t* (*umrühren*) <по>меша́ть; (*bewegen*) <по>шевели́ть (Т); ***rührt*** (***euch***)***!*** во́льно!; ***sich ~*** <по>шевели́ться; (*tätig sein*) де́йствовать; ***es rührt***(***e***) ***sich nichts*** всё (бы́ло) ти́хо (и споко́йно)
rühr|end тро́гательный; **~ig** предприи́мчивый; **~selig** сентимента́льный
Rührung *f* растро́ганность *f*, умиле́ние *n*
Ru'in *m* (*Niedergang*) упа́док; (*Verarmung*) разоре́ние *n*
Ru'ine *f* руи́на, разва́лина
rui'nieren разоря́ть <-ри́ть>; *Gesundheit* <по>губи́ть
Rum *m* ром
Ru'män|e *m* (**~in** *f*) румы́н(ка *f*)
ru'mänisch румы́нский
Rummel *m* (*Jahrmarkt*) я́рмарка *f*
Rumpelkammer *f* кладо́вка
Rumpf *m* ту́ловище *n*; (*Schiff*) ко́рпус; *Flgw.* фюзеля́ж
rümpfen: *die Nase ~ über* вороти́ть нос от (Р)
rund кру́глый
Rundblick *m* кругово́й обзо́р
Runde *f* (*Kreis*) кружо́к *m*, круг *m*; *Sp.* (*Boxen*) ра́унд *m*; (*Lauf, Rennfahrt*) круг *m*; (*Gesellschaft*) компа́ния
Rund|fahrt *f* экску́рсия, кругово́й

маршру́т *m*; **~flug** *m* кругово́й полёт
Rundfunk *m* радиовеща́ние *n*; **~empfänger** *m* радиоприёмник; **~sender** *m* радиоста́нция *f*
Rundgang *m* (*Kontrollgang*) обхо́д
rundlich кругловáтый; (*dicklich*) по́лный
Rundreise *f* кругово́е путеше́ствие *n*
Runzel *f* морщи́на
runzelig морщи́нистый
runzeln <на>мо́рщить; ***die Stirn ~*** мо́рщить лоб
Rüpel *m* неве́жа *m/f*, хам
rüpelhaft ха́мский
rupfen ощи́пывать, <о>щипа́ть
Ruß *m* са́жа *f*
Russe *m* ру́сский
Rüssel *m* хо́бот
rußig закопте́лый
Russin *f* ру́сская
russisch ру́сский; *präd.* по-ру́сски
Russisch *n* (*Sprache*) ру́сский язы́к *m*
Russland *n* Росси́я *f*
rüsten *v/i* вооружа́ться <-жи́ться>
rüstig бо́дрый; (*kräftig*) кре́пкий
Rüstung *f* вооруже́ние *n*
Rüstungs|beschränkung *f* ограниче́ние *n* вооруже́ний; **~industrie** *f* вое́нная промы́шленность; **~kontrolle** *f* контро́ль *m* над вооруже́ниями
Rute *f* прут *m*
Rutschbahn *f* (*für Kinder*) го́рка (для ката́ния)
rutschen скользи́ть; *Räder*: буксова́ть; (*Hose*) съезжа́ть <съе́хать>
rutschig ско́льзкий
rütteln *v/t u. v/i* <по>трясти́; ***daran ist nicht zu ~*** э́того не изме́нишь

S

Saal *m* зал
Saarland *n* Саа́р *m*
Saat *f* (*Saatgut*) семена́ *n/pl.*; (*Säen*) посе́в *m*; **~gut** *n* посевно́й материа́л *m*
Säbel *m* са́бля *f*
Sabo|'tage *f* сабота́ж *m*; **~'teur** *m* сабота́жник
sabo'tieren саботи́ровать (*im*)*pf.*
Sachbearbeiter(in *f*) *m* отве́тственный исполни́тель *m* (*a. f*)
Sache *f* вещь *f*; (*Angelegenheit*) де́ло *n*; ***zur ~!*** к де́лу!; ***das tut nichts zur ~*** э́то не меня́ет де́ла; **~n** *f/pl.* (*Kleidung*) ве́щи *f/pl.*
Sachgebiet *n* о́бласть *f*
sachgemäß надлежа́щий
Sachkenntnis *f* зна́ние *n* де́ла
sachkundig компете́нтный
Sachlage *f* положе́ние *n* де́ла
sachlich делово́й
sächlich *Gr.* сре́дний
Sachschaden *m* материа́льный уще́рб
Sachse *m* саксо́нец
Sachsen *n* Саксо́ния *f*
Sächsin *f* саксо́нка
sächsisch саксо́нский
Sach|verhalt *m* положе́ние *n* веще́й; **~verständige(r)** экспе́рт (*a. f*)
Sack *m* мешо́к; ***mit ~ und Pack*** F со все́ми пожи́тками
Sackgasse *f* тупи́к (*a. fig.*)
sa'distisch сади́стский
säen <по>се́ять (*a. fig.*)
Safe *m* сейф
Saft *m* сок
saftig со́чный
Sage *f* преда́ние *n*; (*russische Heldensage*) были́на; (*nordische*) са́га
Säge *f* пила́; **~blatt** *n* полотно́ пилы́; **~mehl** *n* опи́лки *pl.*
sagen говори́ть <сказа́ть>; ***man sagt*** говоря́т; ***das hat nichts zu ~*** э́то ничего́ не зна́чит; ***wie gesagt*** как (бы́ло) ска́зано; ***unter uns gesagt*** ме́жду на́ми говоря́

sägen пили́ть

sagenhaft легенда́рный

Sägewerk *n* лесопи́льный заво́д *m*

sah → ***sehen***

Sahne *f* сли́вки *pl.*; ***saure ~*** смета́на

sahnig густо́й (как сли́вки)

Sai'son *f* сезо́н *m*

Saite *f* струна́

Saiteninstrument *n* стру́нный инструме́нт *m*

Sakko *n* пиджа́к *m*

Sakra'ment *n* та́инство

Sa'lami *f* саля́ми *f*

Sa'lat *m* сала́т

Salbe *f* мазь *f*

Salbei *m* шалфе́й

Saldo *m* са́льдо *n*

Sa'line *f* солева́рня

Sa'lon *m* сало́н

sa'lopp (*zwanglos*) фамилья́рный; (*Kleidung*) свобо́дного покро́я

Sal'peter *m* сели́тра *f*; **~säure** *f* азо́тная кислота́

Salto *m* са́льто *n*

salu'tieren отдава́ть <-да́ть> честь

Salz *n* соль *f*

salzen <по>соли́ть

salz|haltig содержа́щий соль; **~ig** солёный

Salz|kartoffeln *f/pl.* отварно́й карто́фель *m*; **~säure** *f* соля́ная кислота́; **~stange** *f* солёная соло́мка; **~streuer** *m* соло́нка *f*; **~wasser** *n* солёная вода́ *f*

Samen *m* се́мя *n*; *Bio. a.* спе́рма *f*

Säme'reien *f/pl.* семена́ *n/pl.*

Sammelband *m* сбо́рник

sammeln соб(и)ра́ть; ***sich ~*** соб(и)ра́ться; (*sich konzentrieren*) сосредото́чиваться <-чи́ться>

Sammelstelle *f* сбо́рный пункт *m*

Samm|ler(in *f*) *m* собира́тель(ница *f*) *m*; **~lung** *f* (*Sammeln*) собира́ние *n*; (*Gesammeltes*) собра́ние *n*

Samstag *m* суббо́та *f*; ***am ~*** в суббо́ту

samstags по суббо́там

Samt *m* ба́рхат

sämtlich все (без исключе́ния); ***~e Werke*** по́лное собра́ние *n* сочине́ний

Sana'torium *n* санато́рий *m*

Sand *m* песо́к; ***im ~e verlaufen*** <за>глохну́ть

San'dale *f* санда́лия

Sand|bank *f* (о́т)мель *f*; **~grube** *f* песча́ный карье́р *m*

sandig песча́ный

Sand|kasten *m* песо́чница *f*; **~papier** *n* нажда́чная бума́га *f*; **~sack** *m* мешо́к с песко́м; **~strand** *m* песча́ный пляж; **~uhr** *f* песо́чные часы́ *m/pl.*

sanft *Wesen*: кро́ткий; (*zart*) не́жный; *Stimme*: мя́гкий; *Hügel*: поло́гий

sanftmütig кро́ткий

sang → ***singen***

Sänger(in *f*) *m* певе́ц (-ви́ца *f*)

sa'nieren сани́ровать (*im*)*pf.*, реконструи́ровать (*im*)*pf.*

Sa'nierung *f* реконстру́кция, сана́ция

sani'tär санита́рный; ***~e Anlagen*** санита́рно-гигиени́ческие устро́йства *n/pl.*

Sani'täter(in *f*) *m* санита́р(ка *f*)

sank → ***sinken***

Sankti'on *f* са́нкция

Sar|'delle *f* анчо́ус *m*; **~'dine** *f* сарди́н(к)а

Sarg *m* гроб

Sar'kasmus *m* сарка́зм

sar'kastisch саркасти́ческий

saß → ***sitzen***

Satan *m* сатана́ *m*

Satel'lit *m* сателли́т, спу́тник

Satel'liten|fernsehen *n* спу́тниковое телеви́дение; **~schüssel** *f* анте́нна-таре́лка

Sa'tin *m* сати́н

Sa'tire *f* сати́ра

sa'tirisch сатири́ческий

satt сы́тый; *Farbe*: со́чный; ***ich bin ~*** я сыт(а́); ***sich ~ essen*** наеда́ться <нае́сться> до́сыта; ***ich habe es ~*** с меня́ дово́льно

Sattel *m* седло́ *n*

satteln <о>седла́ть

Sattelschlepper *m* седе́льный тяга́ч

sättigen насыща́ть <насы́тить>

Satz *m Gr.* предложе́ние *n*; (*Set, Garnitur*) набо́р, компле́кт; (*Tennis*) сет; (*Sprung*) прыжо́к

Satzung *f* уста́в *m*

Satzzeichen *n* знак *m* препина́ния

Sau *f* свинья́ (*a. fig.*)

sauber чи́стый; (*ordentlich*) опря́тный
Sauberkeit *f* чистота́; опря́тность *f*
säuberlich аккура́тный
säubern <по>чи́стить, очища́ть <очи́стить>
Säuberung *f* чи́стка
Sauce *f* со́ус *m*
saudi-a'rabisch саудоарави́йский
sauer ки́слый; *Regen*: кисло́тный; *Gurke*: солёный; *fig.* (*schwer*) тяжёлый
Saue'rei *f* сви́нство *n*
Sauer|kirsche *f* ви́шня; **~kohl** *m*, **~kraut** *n* ки́слая капу́ста *f*
säuerlich кислова́тый
Sauerstoff *m* кислоро́д; **~flasche** *f* кислоро́дный балло́н *m*; **~gerät** *n* кислоро́дный (дыха́тельный) аппара́т *m*
saufen *v/t* <вы́>пить; *v/i* F пить, пья́нствовать
Säufer(in *f*) *m* пья́ница *m/f*
Saufe'rei *f* пья́нство *n*
saugen <по>coса́ть (***an*** В)
säugen <на>корми́ть гру́дью
Säugetier *n* млекопита́ющее
Säugling *m* грудно́й ребёнок
Säuglingspflege *f* ухо́д *m* за грудны́ми детьми́
Säule *f* столб *m*, коло́нна
Saum *m* (*an Gardine, Taschentuch*) подги́б; (*Borte*) кайма́ *f*
säumen *v/t* (*Stoff*) подруба́ть <-би́ть>; (*einfassen*) окаймля́ть <-ми́ть>
Sauna *f* (фи́нская) ба́ня, са́уна
Säure *f* кислота́
säurebeständig кислотоупо́рный
sausen (*eilen*) <по>мча́ться, <по-> нести́сь
Saxo'phon *n* саксофо́н *m*
S-Bahn *f* электри́чка
scannen скани́ровать
Scanner *m* ска́нер
Schabe *f Zool.* тарака́н *m*
schaben скрести́; *Möhren* <о-> чи́стить
Schabernack *m* шу́тка *f*
schäbig (*unansehnlich*) жа́лкий; *Anzug*: потёртый
Scha'blone *f* шабло́н *m*
Schach *n* ша́хматы *pl.*; ***~ spielen*** игра́ть в ша́хматы; **~brett** *n* ша́хматная доска́ *f*; **~figur** *f* ша́хматная фигу́ра; **~spiel** *n* (игра́ *f* в) ша́хматы *pl.*
Schacht *m* ша́хта *f*
Schachtel *f* коро́бка; (*Pappschachtel*) па́чка; F *fig.* ***alte ~*** ста́рая карга́
schade: ***es ist ~*** жаль, жа́лко
Schädel *m* че́реп; **~bruch** *m* проло́м че́репа
schaden <по>вреди́ть; ***das schadet nichts*** (э́то) ничего́, не беда́
Schaden *m* вред; уще́рб; (*Verlust*) убы́ток; (*Beschädigung*) поврежде́ние *n*; ***~ anrichten*** причиня́ть <-ни́ть> уще́рб; ***~ erleiden*** <по>-терпе́ть убы́ток/уще́рб
Schaden|ersatz *m* возмеще́ние *n* уще́рба/убы́тков; **~freude** *f* злора́дство *n*
schadenfroh злора́дный
schadhaft дефе́ктный, повреждённый
schädigen *v/t* <по>вреди́ть (Д), наноси́ть <-нести́> уще́рб (Д)
schädlich вре́дный (***für*** для Р)
Schädling *m* вреди́тель *m*
Schädlingsbekämpfungsmittel *n* сре́дство для борьбы́ с вреди́телями
Schadstoff *m* вре́дное вещество́ *n*
schadstoffarm малотокси́чный
Schaf *n* овца́ *f*
Schäfer *m* (*Hirt*) чаба́н; **~hund** *m* овча́рка *f*
schaffen (*leisten*) <с>де́лать; (*gründen*) созда́(ва́)ть; (*befördern*) доставля́ть <-та́вить>; (*fertig bringen*) справля́ться <-ра́виться> (с Т); ***Ordnung ~*** навести́ поря́док
Schaffen *n* тво́рчество; (*Tätigkeit*) труд *m*
Schaffner(in *f*) *m* конду́ктор(ша *f* F); *Esb.* проводни́к (-и́ца *f*)
Schafhirt *m* чаба́н
Schaf(s)käse *m* бры́нза *f*
Schaft *m* (*e-s Stiefels*) голени́ще *n*. (*vom Gewehr*) ло́жа *f*
Schafwolle *f* ове́чья шерсть *f*
Scha'kal *m* шака́л
Schal *m* шарф
Schale *f* (*von Nuss, Eiern*) скорлупа́; (*von Zitronen*) ко́рка; (*von Äpfeln, Kartoffeln*) кожура́; (*Schüssel*) ча́ша

schälen <о>чи́стить, снима́ть <снять> кожуру́/скорлупу́; ***sich ~*** (*Haut*) шелуши́ться

Schall *m* звук; **~dämpfer** *m Kfz.* глуши́тель *m*

schalldicht звуконепроница́емый

schallen <про>звуча́ть

Schall|geschwindigkeit *f* ско́рость *f* зву́ка; **~mauer** *f* звуково́й барье́р *m*; **~platte** *f* граммофо́нная пласти́нка, грампласти́нка

schalt → ***schelten***

schalten *v/t* (*einschalten*) включа́ть <-чи́ть>; (*ausschalten*) выключа́ть <вы́ключить>; (*umschalten*) переключа́ть <-чи́ть>; *v/i Kfz.* переключа́ть ско́рости

Schalter *m* око́шко *n*, ка́сса *f*; *El.* включа́тель *m*; выключа́тель *m*; **~halle** *f* (*Post usw.*) операцио́нный зал *m*

Schalt|hebel *m Kfz.* рыча́г переключе́ния скоросте́й; **~jahr** *n* високо́сный год *m*; **~plan** *m* монта́жная схе́ма *f*; **~tafel** *f* щит *m* управле́ния; **~ung** *f Kfz.* переключе́ние *n* скоросте́й; *El.* соедине́ние *n*

Scham *f* стыд; ***vor ~*** от стыда́

schämen: *sich ~* стыди́ться (***vor*** Р); ***ich schäme mich*** мне сты́дно; ***dass du dich nicht schämst!*** как тебе́ не сты́дно!

Schamgefühl *n* чу́вство стыда́

scham|haft стыдли́вый; **~los** бессты́дный

Schamlosigkeit *f* бессты́дство *n*

Schampon *n* шампу́нь *m*

Schande *f* позо́р *m*

schänden *Denkmal* оскверня́ть <-ни́ть>

Schandfleck *m* (позо́рное) пятно́ *n*

schändlich позо́рный

Schanze *f* (*Sprungschanze*) (лы́жный) трампли́н *m*

Schar *f* (*Menschenmenge*) толпа́

scharen *v/t**: um sich ~*** соб(и)ра́ть вокру́г себя́

scharf о́стрый; (*ausgeprägt*) ре́зкий; *Licht, Brille*: си́льный; *Kurve*: круто́й; *Tempo*: бы́стрый; *Munition*: боево́й; *Hund*: злой; ***~ bremsen*** ре́зко затормози́ть; F ***~ sein auf et.*** за́риться на что́-либо

Scharfeinstellung *f Fot.* наво́дка на ре́зкость

schärfen <на>точи́ть; *Sinne* обостря́ть <-ри́ть>

Schärfentiefe *f* глубина́ ре́зкости

Scharf|schütze *m* сна́йпер; **~sinn** *m* проница́тельность *f*, остроу́мие *n*

scharfsinnig проница́тельный, остроу́мный

Scharlach *m Med.* скарлати́на *f*

Scharlatan *m* шарлата́н

Schar'nier *n* шарни́р *m*

scharren *v/i* ша́ркать <-кнуть> (***mit den Füßen*** нога́ми)

Scharte *f* зазу́брина

Schaschlik *n* шашлы́к *m*

Schatten *m* тень *f*; *fig* ***j-n in den ~ stellen*** затмева́ть <-ми́ть> кого́-либо; **~seite** *f* тенева́я сторона́

schat'tieren оттеня́ть <-ни́ть>

Schat'tierung *f* (*Farbton*) отте́нок *m*

schattig тени́стый

Scha'tulle *f* шкату́лка

Schatz *m* сокро́вище *n* (*a. Kosewort*), (*versteckter*) клад; (*der/die Geliebte*) ми́лый (-лая *f*)

schätzen оце́нивать <-ни́ть; (*achten*) уважа́ть; (*Warenwert*) определя́ть <-ли́ть> приблизи́тельно

Schätzung *f* оце́нка; *fig.* уваже́ние *n*

schätzungsweise приблизи́тельно

Schau *f* пока́з *m*; (*Ausstellung*) вы́ставка; ***zur ~ stellen*** выставля́ть <вы́ставить> напока́з

Schauder *m* дрожь *f*

schauderhaft ужа́сный, стра́шный

schaudern *fig.* ужаса́ться <-сну́ться> (***vor*** Д)

schauen <по>смотре́ть (***auf*** на В)

Schauer *m* (*Regen*) (кратковре́менный) дождь *m*, ли́вень *m*; **~geschichte** *f* жу́ткая исто́рия

schauerlich ужа́сный; стра́шный

Schaufel *f* лопа́та

schaufeln сгреба́ть <сгрести́> лопа́той; *Grube* <вы́>копа́ть

Schaufenster *n* витри́на *f*

Schaukel *f* каче́ли *pl.*

schaukeln *v/t* <по>кача́ть; *v/i* <по>кача́ться (на каче́лях)

Schaukelstuhl *m* крéсло-качáлка *n*
Schau|laufen *n* показáтельное выступлéние (фигури́стов); **~lustige** *pl.* (прáздная) пýблика *f*
Schaum *m* пéна *f*
schäumen пéниться; ***vor Wut ~*** кипéть от я́рости
Schaumgummi *m* пенорези́на *f*
schaumig пéнистый
Schaum|krone *f* пéнистый грéбень *m* (волны́); **~stoff** *m* пенопла́ст; **~wein** *m* игри́стое винó *n*
Schauplatz *m* мéсто *n* дéйствия
schaurig жýткий
Schauspiel *n* зрéлище; *Thea.* пьéса *f*; **~er(in** *f*) *m* актёр (актри́са *f*), арти́ст(ка *f*); **~haus** *n* драмати́ческий теáтр *m*
Scheck *m* чек; ***e-n ~ ausstellen*** выпи́сывать <вы́писать> чек
Scheckheft *n* чéковая кни́жка *f*
scheckig пéгий
Scheckkarte *f* чéковая кáрточка
Scheibe *f* (*vom Fenster*) стеклó *n*; (*von Brot, Wurst*) лóмтик *m*; (*Eishockey*) шáйба
Scheiben|bremse *f* ди́сковый тóрмоз *m*; **~gardine** *f* полузанавéска; **~waschanlage** *f* устрóйство *n* для обмы́ва лобовóго стеклá; **~wischer** *m* стеклоочисти́тель *m*
Scheide *f* нóжны *pl.*; *Anat.* влагáлище *n*
scheiden *v/t Ehe* расторгáть <-тóргнуть>; *Ehepaar* разводи́ть <-вести́>; ***sich ~ lassen*** разводи́ться <-вести́сь>; *v/i* (*sich verabschieden*) расстá(вá)ться (***von*** с Т)
Scheidung *f* (*der Ehe*) развóд *m*
Schein *m* (*Licht*) свет; (*Anschein*) ви́димость *f*; ***zum ~*** для ви́да
scheinbar кáжущийся, мни́мый
scheinen свети́ть(ся); *Sterne*: сия́ть; (*den Anschein haben*) <по-> казáться; ***es scheint mir*** мне кáжется
scheinheilig лицемéрный
Scheinwerfer *m* прожéктор; *Kfz.* фáра *f*
Scheiße V *f* дерьмó *n*, говнó *n*
Scheitel *m* (*der Frisur*) пробóр
Scheiterhaufen *m* костёр
scheitern потерпéть *pf.* крушéние; ***zum Scheitern bringen*** приводи́ть к сры́ву
Schellfisch *m* пи́кша *f*
schelten <вы́>брани́ть
Schema *n* схéма *f*
sche'matisch схемати́ческий, схемати́чный
Schemel *m* табурéт
Schenkel *m* бедрó *n*; *Math.* сторонá *f*
schenken <по>дари́ть; *Aufmerksamkeit* уделя́ть <-ли́ть>
Schenkung *f* дарéние *n*
Scherbe *f*, **~n** *m* облóмок *m*; (*aus Glas*) оскóлок *m*
Schere *f* нóжницы *pl.*
scheren: ***sich nicht ~ um*** не забóтиться о (П)
Scherenschnitt *m* вы́резка-силуэ́т *f*
Schere'reien *f/pl.* хлóпоты *pl.*
Scherz *m* шýтка *f*; ***im ~*** в шýтку
scherzen <по>шути́ть
scherzhaft шутли́вый
scheu рóбкий, боязли́вый
Scheu *f* боя́знь *f*, рóбость *f*
scheuchen (*wegjagen*) спýгивать <-гнýть>
scheuen *v/i* <ис>пугáться (***vor*** Р); *v/t*: ***k-e Kosten ~*** не жалéть средств
Scheuer|bürste *f* (половáя) щётка; **~lappen** *m* (половáя) тря́пка *f*; **~leiste** *f Arch.* пли́нтус *m*
scheuern (*reiben*) натирáть, терéть; (*reinigen*) терéть, вытирáть <вы́тереть>
Scheuklappe *f* наглáзник *m*, *pl. a.* шóры *f/pl.*, ***mit ~n*** зашóренный
Scheune *f* сарáй *m*
Scheusal *n* и́зверг *m*, чудóвище
scheußlich отврати́тельный, ужáсный
Scheußlichkeit *f* мéрзость *f*, чудóвищность *f*
Schicht *f* слой *m*; (*Arbeitsschicht*) смéна; ***~ arbeiten*** рабóтать посмéнно; **~arbeit** *f* рабóта по смéнам
schichten наклáдывать <наложи́ть> слоя́ми
Schichtwechsel *m* начáло *n* (*od.* конéц) смéны

S

schick элегáнтный; *Kleidung*: шикáрный
schicken слать, пос(ы)лáть
Schicksal *n* судьбá *f*, ýчасть *f*
Schicksalsschlag *m* удáр судьбы́
Schiebedach *n Kfz.* задвижнáя кры́ша *f*
schieben *v/t* дви́гать <дви́нуть>; (*ein wenig*) подвигáть <-ви́нуть>; *Auto*: толкáть; *Fahrrad* вести́
Schiebetür *f* раздвижнáя дверь *f*
Schiebung *f* обмáн *m*
schied → ***scheiden***
Schieds|gericht *n* арбитрáж *m*, третéйский суд *m*; **~richter** *m Jur.* арби́тр; *Sp.* судья́ *m*, рéфери *m*
schief косóй; *Körperhaltung*: кривóй; ***~ gehen*** F не удá(вá)ться
Schiefer *m Geol.* слáнец; **~dach** *n* ши́ферная крóвля *f*; **~gebirge** *n* слáнцевые гóры *f/pl.*
schielen коси́ть (глазáми); *fig.* <по>коси́ться (***nach*** на В)
schien → ***scheinen***
Schienbein *n* гóлень *f*
Schiene *f* рельс *m*; *Med.* ши́на
schienen *Med.* наклáдывать <наложи́ть> ши́ну
Schießbude *f* тир *m*
schießen *v/t, v/i* стрелять <вы́стрелить>; *Tor* заби́(вá)ть
Schieße'rei *f* стрельбá, перестрéлка
Schieß|platz *m* стрéльбище *n*; **~scheibe** *f* мишéнь *f*; **~stand** *m* тир
Schiff *n* корáбль *m*, сýдно
schiffbar судохóдный
Schiffbau *m* кораблестроéние *n*, судостроéние *n*
Schiffbruch *m*: *fig.* ***~ erleiden*** потерпéть крушéние
Schifffahrt *f* судохóдство *n*
Schiffs|hebewerk *n* судоподъёмник *m*; **~junge** *m* ю́нга *m*
Schi'kane *f* приди́рка; F ***mit allen ~n*** со всéми удóбствами
schika'nieren мýчить приди́рками
Schild[1] *m* (*Schutz*) щит; ***im ~e führen*** замышля́ть
Schild[2] *n* (*Ladenschild*) вы́веска *f*; (*Türschild*) табли́чка *f*; **~drüse** *f* щитови́дная железá
schildern опи́сывать <-сáть>, изображáть <-рази́ть>
Schilderung *f* описáние *n*, изображéние *n*
Schildkröte *f* черепáха
Schilf *n* камы́ш *m*
schillern переливáться
schilt → ***schelten***
Schimmel[1] *m* (*Pferd*) бéлая лóшадь *f*
Schimmel[2] *m* плéсень *f*
schimmelig заплéсневелый
schimmeln <за>плéсневеть
Schimmelpilz *m* плесневóй грибóк
Schimmer *m* блеск; (*der Sterne*) мерцáние *n* ; F ***k-n blassen ~ von et. haben*** не имéть ни малéйшего представлéния о чём-либо
schimmern (слáбо) блестéть; *Sterne*: мерцáть
Schim'panse *m* шимпанзé *m*
schimpfen *v/i* брани́ться, ругáться; <вы́>брани́ть, <об>ругáть (***auf, über*** В)
Schimpfwort *n* ругáтельство
Schindel *f* гонт *m*
schinden *v/t* <из>мýчить; ***sich ~*** мýчиться
Schinde'rei *f fig.* мучéние *n*, издевáтельство *n*
Schinken *m* ветчинá *f*
Schirm *m* зóнт(ик); (*Bildschirm*) экрáн; **~herr**(**in** *f*) покрови́тель-(ница *f*) *m*; **~herrschaft** *f*: ***unter der ~*** под эги́дой; **~mütze** *f* картýз *m*, фурáжка
Schizophre'nie *f* шизофрени́я
Schlacht *f* сражéние *n*, би́тва
schlachten забивáть <-би́ть>
Schlacht|feld *n* пóле сражéния; **~hof** *m* (ското)бóйня *f*; **~vieh** *n* убóйный скот *m*
Schlacke *f* шлак *m*
Schlaf *m* сон; **~anzug** *m* пижáма *f*
Schläfe *f* висóк *m*
schlafen спáть; ***~ gehen*** идти́ <пойти́> спать; ***sich ~ legen*** ложи́ться <лечь> спать
schlaff слáбый, вя́лый
schlaflos бессóнный
Schlaf|losigkeit *f* бессóнница; **~mittel** *n* снотвóрное (срéдство); **~mütze** *f* F *fig.* сóня *m/f*
schläfrig сóнный
Schlaf|sack *m* спáльный мешóк; **~tablette** *f* снотвóрная таблéтка;

S

~wagen *m* спáльный вагóн; **~zimmer** *n* спáльня *f*
Schlag *m* удáр; (*der Uhr*) бой; (*Herzschlag*) биéние *n*; ***auf e-n ~*** рáзом; ***j-m e-n ~ versetzen*** наносúть <-нестú> комý-либо удáр
Schlag|ader *f* артéрия; **~anfall** *m* апоплексúческий удáр
schlagartig внезáпный, мгновéнный
Schlag|baum *m* шлагбáум; **~bohrmaschine** *f* удáрная (электро)-дрéль *f*
schlagen *v/t* <по>бúть, ударя́ть <удáрить>; (*im Wettkampf*) побúть *pf.*; *Takt* отбивáть; ***sich aus dem Kopf ~*** вы́кинуть из головы́; *v/i Uhr*: <про>бúть; *Herz*: бúться; ***sich ~*** (*sich prügeln*) бúться, дрáться
schlagend *Vergleich*: мéткий; *Beweis*: убедúтельный
Schlager *m* эстрáдная пéсня *f*, шля́гер
Schläger *m* (*Tennisschläger*) ракéтка *f*
Schläge'rei *f* дрáка
Schlagersänger(in *f*) *m* эстрáдный певéц (эстрáдная певúца *f*)
schlagfertig *fig.* нахóдчивый; *Antwort*: мéткий
Schlag|instrument *n Mus.* удáрный инструмéнт *m*; **~licht** *n fig.* я́ркий свет *m*; **~loch** *n* вы́боина *f*; **~ sahne** *f* сбúтые слúвки *pl.*; **~seite** *f* крен *m*; **~wort** *n fig.* брóская фрáза *f*; **~zeile** *f* крýпный заголóвок *m*, аншлáг *m*; **~zeug** *n Mus.* удáрные инструмéнты *m/pl.*; **~zeuger** *m* удáрник
Schlamm *m* ил; (*auf Wegen*) грязь *f*
schlammig úлистый
Schlampe'rei *f* неря́шливость *f*
schlampig неря́шливый
schlang → ***schlingen***
Schlange *f* змея́; (*Reihe*) óчередь *f*, F хвост *m*; ***~ stehen*** стоя́ть в óчереди
schlängeln: *sich ~* извивáться
Schlangenlinie *f* извúлистая лúния
schlank *Figur*: стрóйный
Schlankheit *f* стрóйность *f*
Schlankheitskur *f* лечéние *n* от ожирéния
schlapp вя́лый; (*schwach*) слáбый
Schlappe F *f* неудáча; ***e-e ~ erleiden*** потерпéть неудáчу
schlau хúтрый; (*klug*) ýмный
Schlauch *m* шланг; *Kfz.* кáмера *f*; **~boot** *n* надувнáя лóдка *f*
schlauchlos *Kfz.* бескáмерный
Schlaufe *f* пéтля́
schlecht плохóй; ***mir ist ~*** мне дýрно; ***er ist ~ gelaunt*** он не в дýхе; ***~ machen*** <о>чернúть
schlechthin прóсто
schleichen ползтú
Schleier *m* вуáль *f*; (*der Braut*) фатá *f*
schleierhaft: *es ist mir ~* э́то для меня́ загáдка
Schleife *f* (*im Haar*) бант *m*; (*am Kranz*) лéнта
schleifen *v/t Glas, Edelstein* гранúть; (*schärfen*) <на>точúть; (*ziehen*) тащúть; *v/i* волочúться, тянýться (по землé)
Schleif|maschine *f* шлифовáльный станóк *m*; **~stein** *m* точúльный кáмень *m*
Schleim *m* слизь *f*; **~haut** *f* слúзистая оболóчка
schleimig слúзистый
schlemmen пировáть
schlendern бродúть
schlenkern *v/i*: ***~ mit*** болтáть (T)
schleppen (*ziehen*) волочúть; (*tragen a.*) <по>тащúть, таскáть; *Fahrzeug* буксúровать; ***sich ~*** *Pers.* тащúться
schleppend *Unterhaltung*: вя́лый
Schlepper *m* трáктор, тягáч; *Mar.* буксúр
Schlepplift *m* буксирóвочная канáтная дорóга *f*
Schleuder *f* (*Zwille*) рогáтка; (*Wäscheschleuder*) центрифýга
schleudern *v/t* метáть <-тнýть> *Wäsche* отж(им)áть в центрифýге *v/i Fahrzeug*: заносúть <-нестú>
Schleudersitz *m* катапультúруемое сидéнье *n*
schleunigst как мóжно скорéе
Schleuse *f* шлюз *m*
schleusen шлюзовáть (*im*)*pf.*
schlich → ***schleichen***
Schliche *m/pl.* улóвки *f/pl.*; ***j-m auf die ~ kommen*** раскры́(вá)ть чьй-либо интрúги

S

schlicht простóй; (*bescheiden*) скрóмный
schlichten *Streit* улáживать <улáдить>
Schlichtungsverfahren *n* третéйское разбирáтельство
schlief → ***schlafen***
schließen *v/t* закры́(вá)ть; *Tür* запирáть <-перéть>; *Frieden, Vertrag* заключáть <-чи́ть>; *v/i Veranstaltung*: закры́(вá)ться; (*folgern **aus***) заключáть <-чи́ть> (из Р)
Schließfach *n* (абонемéнтный) почтóвый я́щик *m*; (*Gepäckfach*) ячéйка *f* кáмеры хранéния; (*Bankfach*) сейф *m*
schließlich *Adv.* наконéц, в концé концóв
schliff → ***schleifen***
schlimm худóй, плохóй; ***das ist nicht so ~*** это не бедá
schlimmstenfalls в хýдшем слýчае
Schlinge *f* пéтля; ***den Arm in der ~ tragen*** носи́ть рýку на пéревязи
schlingen: *die Arme um j-s Hals ~* обви́(вá)ть рукáми чью-либо шéю
schlingern *Schiff*: испы́тывать бортовýю кáчку
Schlingpflanze *f* вьющееся растéние *n*
Schlips *m* гáлстук
Schlitten *m* сáни *pl.*; **~fahrt** *f* катáние *n* на саня́х
schlittern скользи́ть (***auf*** по Д)
Schlittschuh *m* конёк; ***~ laufen*** катáться на конькáх
Schlittschuhläufer(in *f*) *m* конькобéжец (-жка *f*)
Schlitz *m* прорéз, разрéз
schloss → ***schließen***
Schloss *n* зáмок *m*; (*Palast*) дворéц *m*; (*Türschloss*) замóк *m*
Schlosser *m* слéсарь *m*
Schlosse'rei *f* слесáрная мастерскáя
Schlot *m* (фабри́чная) трубá *f*
Schlucht *f* ущéлье *n*
schluchzen (*laut weinen*) рыдáть
Schluck *m* глотóк
Schluckauf *m* икóта *f*; ***e-n ~ haben*** икáть
schlucken глотáть; проглáтывать <-лоти́ть>
Schlucker *m*: ***armer ~*** бедня́к
Schluckimpfung *f* приви́вка посрéдством вакци́ны, принимáемой внутрь
schludern халтýрить
schludrig халтýрный
schlug → ***schlagen***
Schlummer *m* дремóта *f*, полусóн
schlummern дремáть
Schlund *m Anat.* глóтка *f*; *vom Tier*: пасть *f*
schlüpfen: *aus dem Ei ~* вы́лупиться
Schlüpfer *m* трусы́ *pl.*, трýсики *pl.*
Schlupfloch *n* лазéйка *f*
schlüpfrig скóльзкий
Schlupfwinkel *m* убéжище *n*, укры́тие *n*
schlurfen *v/i* шáркать
schlürfen *v/t* (грóмко) хлебáть; (*mit Genuss trinken*) потя́гивать
Schluss *m* конéц; (*Folgerung*) вы́вод, заключéние *n*; ***am ~*** в концé; ***kurz vor ~*** под конéц; ***zum ~*** в заключéние; ***~ machen mit*** покóнчить с (Т); (***nun aber***) ***~!*** довóльно!; **~akte** *f* заключи́тельный акт *m*; **~bemerkung** *f* заключи́тельное замечáние *n*
Schlüssel *m* ключ (*a. fig.*); **~bein** *n* ключи́ца *f*; **~blume** *f* первоцвéт *m*; **~bund** *m* свя́зка *f* ключéй
schlüsselfertig готóвый к заселéнию
Schlüsselloch *n* замóчная сквáжина *f*
schlussfolgern заключи́ть *pf.*
Schlussfolgerung *f* вы́вод *m*, заключéние *n*; ***e-e ~ aus et. ziehen*** <с>дéлать вы́вод из чегó-либо
schlüssig убеди́тельный
Schlussleuchte *f Kfz.* зáдний фонáрь *m*
Schlusslicht *n Esb.* хвостовóй огóнь *m*; *fig.* ***das ~ machen*** быть послéдним
Schlusspfiff *m* финáльный свистóк
Schlussstrich *m*: ***den ~ ziehen unter*** подвести́ чертý под (Т)
Schlusswort *n* заключи́тельное слóво
schmächtig щýплый
schmachvoll позóрный
schmackhaft вкýсный
schmählich позóрный

S

schmal у́зкий
schmälern *Verdienste* умаля́ть <-ли́ть>
Schmalfilm *m* у́зкая плёнка *f*; **~kamera** *f* узкоплёночная (кино)ка́мера
Schmalspurbahn *f* узкоколе́йная (желе́зная) доро́га
Schmalz *n* топлёное са́ло
schma'rotzen паразити́ровать
Schma'rotzer *m* паразит; *fig. a.* тунея́дец
schmatzen ча́вкать; чмо́кать
schmecken *v/t* <по>про́бовать; *v/i* **~ *nach*** име́ть вкус (Р); (*munden*) быть вку́сным; ***süß ~*** име́ть сла́дкий вкус; ***wie schmeckt Ihnen ...?*** как вам нра́вится ...?
Schmeiche'lei *f* лесть *f*
schmeichelhaft ле́стный
schmeicheln <по>льсти́ть
Schmeichler(in *f*) *m* льстец (*a. f*)
schmeißen швыря́ть <-рну́ть>
Schmelz *m* эма́ль *f*; (*e-r Stimme*) мя́гкое звуча́ние *n*
schmelzen *v/t* <рас>пла́вить; *Butter* <рас>топи́ть; *v/i* расплавля́ться <-пла́виться>; *Schnee*: <рас>та́ять; *Butter*: раста́пливаться <-топи́ться>
Schmelz|käse *m* пла́вленый сыр; **~punkt** *m* то́чка *f* плавле́ния; **~wasser** *n* та́лая вода́ *f*
Schmerz *m* боль *f*; ***vor ~(en)*** от бо́ли
schmerzen боле́ть
schmerz|haft боле́зненный; **~lich** *Verlust*: мучи́тельный; **~los** безболе́зненный
Schmerzmittel *n* болеутоля́ющее сре́дство
schmerzstillend болеутоля́ющий
Schmetterling *m* ба́бочка *f*
schmettern *v/t* швыря́ть <-рну́ть>
Schmied *m* кузне́ц
Schmiede *f* ку́зница
schmiedeeisern из ко́ваного желе́за
schmieden кова́ть; *fig. Pläne* стро́ить
schmiegen: *sich ~ an* приж(им)а́ться к (Д)
schmiegsam ги́бкий
schmieren *v/t* <на>ма́з(ыв)ать; *Maschine* сма́з(ыв)ать; *v/i* (*schlecht schreiben*) <на>мара́ть; ***wie geschmiert*** как по ма́слу
Schmier|fink F *m* грязну́ля *m/f*; (*unsauber schreibend*) пачку́н; **~geld** F *n* взя́тка *f*
schmierig са́льный; (*dreckig*) гря́зный
Schmier|mittel *n* сма́зка *f*, сма́зочное сре́дство; **~öl** *n* сма́зочное ма́сло; **~seife** *f* жи́дкое мы́ло *n*
schmilzt → ***schmelzen***
Schminke *f* косме́тика; *Thea.* грим *m*
schminken <на>кра́сить; *Thea.* <за>гримирова́ть; ***sich ~*** <на->кра́ситься
Schmirgelpapier *n* нажда́чная бума́га *f*
schmiss → ***schmeißen***
schmollen ду́ться
schmolz → ***schmelzen***
Schmorbraten *m* тушёное мя́со *n*
schmoren *v/t* туши́ть; *v/i* туши́ться
Schmuck *m* (*einzelnes Stück*) украше́ние *n*; (*Juwelen*) драгоце́нности *f/pl.*
schmücken украша́ть <-ра́сить>; *Braut* наряжа́ть <-ряди́ть>
schmucklos без украше́ний
Schmuck|stück *n* драгоце́нность *f*; **~waren** *f/pl.* ювели́рные изде́лия *n/pl.*
schmuddelig неопря́тный
Schmuggel *m* контраба́нда *f*
schmuggeln *v/i* занима́ться контраба́ндой; *v/t* провози́ть <-везти́> контраба́ндой
Schmuggler(in *f*) *m* контрабанди́ст(ка *f*)
schmunzeln ухмыля́ться <-льну́ться>
schmusen ласка́ться
Schmutz *m* грязь *f*; ***in den ~ ziehen*** сме́шивать <-ша́ть> с гря́зью
schmutzen па́чкаться
Schmutzfink *m* F грязну́ля *m/f*
schmutzig гря́зный; ***sich ~ machen*** <за>грязни́ться
Schnabel *m* клюв
Schnalle *f* пря́жка
schnalzen щёлкать <-кнуть> (***mit der Zunge*** языко́м)

Schnäppchen F *n*: ***ein ~ machen*** купи́ть по дешёвке
schnappen *v/t* хвата́ть <схвати́ть>; *v/i* ***nach Luft ~*** тяжело́ дыша́ть
Schnappschuss *m* момента́льный сни́мок
Schnaps *m* во́дка *f*; **~glas** *n* рю́м(оч)ка *f*
schnarchen храпе́ть
schnattern *Gans*: гогота́ть; *Ente*: кря́кать; F (*plappern*) треща́ть
schnauben *Pferd*: фы́ркать <-кнуть>; ***vor Wut ~*** кипе́ть от зло́сти
schnaufen сопе́ть, пыхте́ть
Schnauze *f* мо́рда (*a. fig.*); F ***ich habe die ~ voll*** я сыт(а́) по го́рло; ***halt die ~!*** заткни́сь!
Schnecke *f* ули́тка; F ***j-n zur ~ machen*** расчихво́стить кого́-либо
Schneckenhaus *n* ра́ковина *f* ули́тки
Schneckentempo *n*: ***im ~*** черепа́шьими те́мпами
Schnee *m* снег; ***~ schippen*** разгреба́ть снег; **~ball** *m* снежо́к
Schneeballschlacht *f*: ***e-e ~ machen*** игра́ть в снежки́
Schnee|besen *m Kochk.* сбива́лка *f*; **~flocke** *f* снежи́нка; **~gestöber** *n* мете́ль *f*; **~glöckchen** *n* подсне́жник *m*; **~grenze** *f* снегова́я ли́ния; **~kette** *f* цепь *f* против скольже́ния; **~mann** *m* сне́жная ба́ба *f*; **~pflug** *m* плу́жный снегоочисти́тель *m*; **~schmelze** *f* та́яние *n* сне́га; **~sturm** *m*, **~treiben** *n* вью́га *f*; **~wehe** *f* сугро́б *m*; **~wittchen** *n* Белосне́жка *f*
Schneide *f* ле́звие *n*, остриё *n*
schneiden *v/t* ре́зать; *Gras* коси́ть; *Haare* подстрига́ть <-ри́чь>; *Kurve* среза́ть <сре́зать>; ***sich ~*** поре́заться *pf.*; (*sich kreuzen*) пересека́ться <-се́чься>
schneidend о́стрый, прони́зывающий
Schneider(in *f*) *m* портно́й (-ни́ха *f*)
Schneide'rei *f* поши́вочная (мастерска́я)
Schneidezahn *m* резе́ц
schneidig F (*forsch*) молодцева́тый
schneien: *es schneit* идёт снег
Schneise *f* про́сека
schnell ско́рый, бы́стрый
Schnell|boot *n* быстрохо́дный ка́тер *m*; **~hefter** *m* скоросшива́тель *m*
Schnelligkeit *f* ско́рость *f*, быстрота́
Schnell|straße *f* скоростна́я автомагистра́ль *f*; **~zug** *m* ско́рый по́езд
schnäuzen: *sich ~* <вы́>смо́рка́ться
schnippisch де́рзкий, задо́рный
Schnipsel *m od. n* обре́зок *m*
schnitt → ***schneiden***
Schnitt *m* (*Kleid*) покро́й; (*Haarschnitt*) стри́жка *f*; (*Einschnitt*) разре́з; ***im ~*** в сре́днем; **~blumen** *f/pl.* цветы́ *m/pl.* для буке́тов; **~lauch** *m* лук-ре́занец; **~muster** *n* вы́кройка *f*; **~punkt** *m* то́чка *f* пересече́ния; **~wunde** *f* ре́заная ра́на
Schnitzel *n Kochk.* шни́цель *m*; (*von Papier*) обре́зок *m*
schnitzen ре́зать, выреза́ть <вы́резать>
Schnitze'rei *f* резьба́ (*z.B.* по де́реву)
Schnorchel *m* дыха́тельная тру́бка *f*
Schnörkel *m* завито́к; (*bei Unterschrift*) ро́счерк
Schnösel *m* наха́л
schnüffeln (*schnuppern*) обню́х(ив)ать; F *fig.* шпио́нить
Schnüffler *m* шпик
Schnuller *m* со́ска *f*
Schnupfen *m* на́сморк
Schnupftabak *m* ню́хательный таба́к
schnuppern обню́х(ив)ать
Schnur *f* шнур(о́к) *m*, верёвка
schnüren (*zusammenbinden*) перевя́зывать <-вяза́ть>; *Schuhe* шнурова́ть
schnurge'rade прямо́й как стрела́
Schnurrbart *m* усы́ *m/pl.*
schnurren *Katze*: мурлы́кать
Schnür|schuh *m* боти́нок на шнуро́вке; **~senkel** *m* шнуро́к
schnurstracks пря́мо, напрями́к; (*sofort*) сра́зу (же)

schob → ***schieben***
Schock *m* шок
scho'ckieren шокúровать
Schöffe *m* (судéбный) заседáтель *m*
Schoko'lade *f* шоколáд *m*
Scholle *f* (*Erde*) глы́ба, ком *m*
schon ужé; ~ ***wieder*** опя́ть; ***mach ~!*** давáй!; ~ ***gut!*** лáдно (уж)!; ***wenn ~, denn ~!*** дéлать, так дéлать!
schön красúвый; (*herrlich*) прекрáсный; (*gut*) хорóший; ***das wäre noch ~er!*** э́того ещё не хватáло!; (***also***) ***~!*** (ну) хорошó!, лáдно!
Schonbezug *m* чехóл
schonen берéчь; (*verschonen*) <по>щадúть; ***ohne sich zu ~*** не щадя́ себя́
schöngeistig *Literatur*: худóжественный
Schönheit *f* красотá; *Pers.* красáвица
Schönheits|königin *f* королéва красоты́; **~pflege** *f* космéтика; **~reparatur** *f* косметúческий ремóнт *m*
Schonkost *f* щадя́щая диéта
Schonung *f* бéрежное отношéние (к Д); (*Forst*) молодня́к *m*
schonungslos беспощáдный
Schonzeit *f* перúод *m* запрéта на охóту
schöpfen чéрпать
Schöpfer(in *f*) *m* творéц (*a. f*), создáтель(ница *f*) *m*
schöpferisch твóрческий
Schöpflöffel *m* разливáтельная лóжка *f*
Schöpfung *f* *Rel.* сотворéние *n*; (*Werk*) творéние *n*
Schoppen *m*: ~ ***Wein*** бокáл винá
schor → ***scheren***
Schornstein *m* (дымовáя) трубá *f*; **~feger** *m* трубочúст
schoss → ***schießen***
Schoß *m* колéни *n/pl.*; (*Rockschoß*) полá *f*; (*Mutterleib*) чрéво *n*; ***auf dem ~*** на колéнях; ***in den ~ fallen*** как с нéба свалúться (Д); ***die Hände in den ~ legen*** сидéть сложá рýки
Schote *f* стручóк *m*; *pl.* (*Erbsen*) зелёный горóшек *m*
Schotte *m* шотлáндец
Schotter *m* щéбень *m*
Schottin *f* шотлáндка
schottisch шотлáндский
Schottland *n* Шотлáндия *f*
schräg косóй; (*geneigt*) наклóнный
Schräge *f* наклóн *m*
schrak → ***schrecken***
Schramme *f* царáпина
Schrank *m* шкаф
Schränkchen *n* шкáфчик *m*
Schranke *f* барьéр *m*; *Esb.* шлагбáум *m*
Schrankwand *f* шкаф-стéнка *m*
Schraube *f* винт *m* (*a. Flgw., Mar.*); (*Holzschraube*) шурýп *m*; *fig.* ***bei ihm ist eine ~ locker*** у негó вúнтиков не хватáет
schrauben (*hinein*) ввúнчивать <-нтúть> (в В); (*heraus*) вывúнчивать <вы́винтить> (из Р)
Schrauben|schlüssel *m* гáечный ключ; **~zieher** *m* отвёртка *f*
Schraubstock *m* тискú *pl.*
Schraubverschluss *m* навúнчивающаяся кры́ш(еч)ка *f*
Schreck *m* испýг; ***vor ~*** от стрáха, с испýгу; ***j-m e-n ~en einjagen*** наводúть <-вестú> ýжас на когó-либо
schreck|haft пуглúвый; **~lich** ужáсный, стрáшный
Schreckschuss *m* предупредúтельный вы́стрел
Schrei *m* крик
schreiben <на>писáть
Schreiben *n* (*Brief*) письмó, (*amtlich*) (пúсьменное) сообщéние
Schreib|fehler *m* опúска *f*; **~kraft** *f* машинúстка
Schreibmaschine *f* пúшущая машúнка; ~ ***schreiben*** печáтать на машúнке
Schreib|tisch *m* пúсьменный стол; **~waren** *f/pl.* канцеля́рские принадлéжности *f/pl.*
schreien кричáть
Schreihals F *m* крикýн(ья *f*)
Schreiner *m* столя́р
schreiten шагáть, шéствовать
schrie → ***schreien***
schrieb → ***schreiben***
Schrift *f* *Typ.* шрифт *m*; (*Hand-*

S

schrift) почéрк *m*; ***die Heilige ~*** Свящéнное Писáние *n*
schriftlich пи́сьменный
Schriftsprache *f* литератýрный язы́к *m*
Schriftsteller(in *f*) *m* писáтель(ница *f*) *m*
Schriftstück *n* докумéнт *m*, (официáльная) бумáга *f*
schrill рéзкий, пронзи́тельный
schritt → ***schreiten***
Schritt *m* шаг; ***auf ~ und Tritt*** на кáждом шагý; ***keinen ~*** ни шáгу; ***~ halten*** идти́ в нóгу; ***nicht ~ halten können mit*** не успевáть за (T); *fig.* ***den ersten ~ tun*** сдéлать пéрвый шаг
schrittweise постепéнный, шаг за шáгом
schroff (*steil*) крутóй; (*brüsk*) рéзкий
Schrot *m od. n* (*Munition*) дробь *f*; (*Getreideschrot*) мукá *f* грýбого помóла
Schrott *m* металлолóм; **~platz** *m* (откры́тый) склад металлолóма
Schrubber *m* швáбра *f*
schrullig капри́зный
schrumpfen *Obst* <с>мóрщиться; (*sich vermindern*) сокращáться <-крати́ться>
Schub *m* (*Stoß*) толчóк; (*Triebwerk*) тя́га *f*; **~fach** *n* (выдвижнóй) я́щик *m*; **~karre** *f* тáчка; **~lade** *f* (выдвижнóй) я́щик *m*
Schubs F *m* толчóк
schüchtern застéнчивый, стесни́тельный; (*zaghaft*) рóбкий
schuf → ***schaffen***
Schuft *m* негодя́й, подлéц
schuften тяжелó рабóтать, вкáлывать
Schuh *m* боти́нок; (*flacher*) тýфля *f*; *pl.* óбувь *f*; F *fig.* ***j-m et. in die ~e schieben*** свали́ть винý за чтó-либо на когó-либо; **~anzieher** *m* рожóк; **~bürste** *f* щётка для óбуви; **~creme** *f* крем *m* для óбуви; **~geschäft** *n* магази́н *m* óбуви; **~größe** *f* размéр *m* óбуви; **~macher** *m* сапóжник; **~schrank** *m* шкáф(чик) для óбуви; **~sohle** *f* подóшва
Schul|arbeiten *f/pl.* домáшние задáния *n/pl.*, урóки *m/pl.*; **~buch** *n* учéбник *m*
schuld: ***~ sein*** быть виновáтым
Schuld *f* винá; (*Geldschuld*) долг *m*; ***das ist seine ~*** э́то егó винá; ***sich keiner ~ bewusst sein*** не чýвствовать за собóй (никакóй) вины́; ***~en machen*** дéлать долги́
schuldbewusst сознаю́щий свою́ винý; *Blick*: виновáтый
schulden быть дóлжным
schuldhaft винóвный
schuldig винóвный, виновáтый; ***wie viel bin ich Ihnen ~?*** скóлько с меня́?
Schuldner(in *f*) *m* должни́к (-и́ца *f*)
Schuldspruch *m* обвини́тельный приговóр
Schule *f* шкóла; F (*Unterricht*) заня́тия *n/pl.*
schulen обучáть <-чи́ть>, тренировáть
Schüler(in *f*) *m* учени́к (-ни́ца *f*)
Schulferien *f/pl.* (шкóльные) кани́кулы *pl.*
schulfrei свобóдный от (шкóльных) заня́тий; ***~ haben*** не имéть урóков
Schul|hof *m* шкóльный двор; **~jahr** *n* учéбный год *m*
schulpflichtig шкóльного вóзраста
Schul|stunde *f* урóк *m*; **~tag** *m* день *m* в шкóле
Schulter *f* плечó *n*; *fig.* F ***auf die leichte ~ nehmen*** не принимáть всерьёз; **~blatt** *n* лопáтка *f*; **~klappe** *f*, **~stück** *n* погóн *m*
Schulung *f* обучéние *n*
Schulungsmaterial *n* учéбный материáл *m*
schummeln F обмáнывать
Schuppe *f* чешуя́
Schuppen[1] *f/pl.* (*Kopfschuppen*) пéрхоть *f*
Schuppen[2] *m* сарáй
schüren *Feuer* раздувáть; *Emotionen* разжигáть <-жéчь>
Schürfwunde *f* ссáдина
Schurke *m* негодя́й
Schurke'rei *f* пóдлость *f*
Schurwolle *f* стри́женая шерсть *f*
Schürze *f* перéдник *m*, фáртук *m*

Schuss *m* вы́стрел; *Sp.* уда́р; ***ein ~ Rum*** немно́го ро́му
Schüssel *f* ми́ска
Schuss|waffe *f* огнестре́льное ору́жие *n*; **~wechsel** *m* перестре́лка *f*
Schuster *m* сапо́жник
Schutt *m* (строи́тельный) му́сор; ***in ~ und Asche legen*** сжечь дотла́
Schüttelfrost *m* озно́б
schütteln *v/t* <по>трясти́; *Hand* пож(им)а́ть; *Kopf* <по>кача́ть (Т)
schütten сы́пать; насыпа́ть <-сы́пать>; *Flüssigkeit* <на>ли́ть
Schutthaufen *m* ку́ча *f* му́сора
Schutz *m* защи́та *f*; (*Schutzmaßnahmen*) охра́на *f*; ***in ~ nehmen*** заступа́ться <-пи́ться> за (В)
Schutz|anzug *m* защи́тный костю́м; **~blech** *n* брызгови́к *m*; **~brille** *f* защи́тные очки́ *pl.*
Schütze *m* стрело́к
schützen защища́ть <защити́ть>; (*bewachen*) охраня́ть <-ни́ть>
Schutz|geld *n* отступны́е *pl.*; **~helm** *m* защи́тный шлем; **~impfung** *f* профилакти́ческая приви́вка; **~kleidung** *f* защи́тная оде́жда
Schützling *m* протеже́ *m/f*
schutzlos беззащи́тный
Schutz|macht *f* госуда́рство-гара́нт *m*; **~raum** *m* убе́жище *n*; **~umschlag** *m* суперобло́жка *f*
Schwabe *m* шваб
Schwäbin *f* шва́бка
schwäbisch шва́бский
schwach сла́бый
Schwäche *f* сла́бость *f*; ***e-e ~ für*** сла́бость к (Д); **~anfall** *m* при́ступ сла́бости
schwächen ослабля́ть <осла́бить>
Schwächling *m* сла́бый челове́к, F слаба́к
Schwachsinn *m* слабоу́мие *n*
schwachsinnig слабоу́мный
Schwachstrom *m* сла́бый ток
Schwächung *f* ослабле́ние *n*
Schwager *m* (*Mann d. Schwester*) зять *m*; (*Mann d. Schwägerin*) своя́к; (*Bruder d. Mannes*) де́верь *m*; (*Bruder d. Frau*) шу́рин
Schwägerin *f* (*Frau d. Bruders/Schwagers*) неве́стка; (*Schwester d. Mannes*) золо́вка; (*Schwester d. Frau*) своя́ченица
Schwalbe *f* ла́сточка
Schwall *m* пото́к
schwamm → ***schwimmen***
Schwamm *m* гу́бка *f*; F ***~ drüber*** забу́дем э́то
schwammig гу́бчатый; (*aufgedunsen*) обрю́зглый
Schwan *m* ле́бедь *m*
schwand → ***schwinden***
schwang → ***schwingen***
schwanger бере́менная; ***~ werden*** <за>бере́менеть
Schwangerschaft *f* бере́менность *f*
Schwangerschafts|abbruch *m* прерыва́ние *n* бере́менности; **~verhütung** *f* предупрежде́ние *n* бере́менности
schwanken кача́ться; (*zögern*) колеба́ться
Schwankung *f* колеба́ние *n*
Schwanz *m* хвост (*a. fig.*)
schwänzen *v/t* не яви́ться (на В); ***die Schule ~*** прогу́ливать уро́к(и)
Schwarm *m* (*Insekten*) рой; (*Vögel*) ста́я *f*; (*Fische*) кося́к
schwärmen *Bienen*: рои́ться; *fig.* мечта́ть (***von*** о П); (***für***) увлека́ться <-ле́чься> (Т), быть в восто́рге от (Р)
schwärmerisch мечта́тельный
schwarz чёрный; ***~ auf weiß*** чёрным по бе́лому; F ***sich ~ ärgern*** стра́шно серди́ться
Schwarz|arbeit *f* ле́вая рабо́та; **~brot** *n* чёрный хлеб *m*
schwarzfahren е́хать без биле́та, F е́хать за́йцем
Schwarz|fahrer(in *f*) *m* F безбиле́тник (-ица *f*), за́яц; **~handel** *m* нелега́льная торго́вля *f*; **~markt** *m* чёрный ры́нок; **~wald** *m* Шва́рцвальд
schwatzen болта́ть
schwatzhaft болтли́вый
Schwebe|bahn *f* подвесна́я доро́га; **~balken** *m Sp.* бревно́ *n*
schweben *Vögel*: пари́ть; *Hubschrauber*: висе́ть
Schwede *m* швед
Schweden *n* Шве́ция *f*
Schwedin *f* шве́дка

schwedisch шве́дский
Schwefel *m* се́ра *f*; **~säure** *f* се́рная кислота́; **~'wasserstoff** *m* сероводоро́д
Schweige|marsch *m* ше́ствие *n* в молча́нии; **~minute** *f* мину́та молча́ния
schweigen молча́ть; (***über***) ума́лчивать <умолча́ть> (о П); ***ganz zu ~ von*** не говоря́ уже́ о (П)
Schweigen *n* молча́ние; ***zum ~ bringen*** заста́вить замолча́ть
schweigsam молчали́вый
Schweigsamkeit *f* молчали́вость *f*
Schwein *n* свинья́ *f*
Schweine|braten *m* жа́реная свини́на *f*; **~fleisch** *n* свини́на *f*; **~'rei** *f* сви́нство *n*; **~stall** *m* свина́рник
schweinisch сви́нский
Schweiß *m* пот; **~brenner** *m* сва́рочная горе́лка *f*
schweißen *v/t* сва́ривать <-ри́ть>
Schweißer(**in** *f*) *m* сва́рщик (-ица *f*)
schweißgebadet весь в поту́
Schweißgerät *n* сва́рочный аппара́т *m*
Schweiz *f* Швейца́рия
Schweizer *m* швейца́рец; (*Melker*) доя́р; **~in** *f* швейца́рка
schweizerisch швейца́рский
schwelen тлеть
schwelgen (***in***) наслажда́ться (Т); ***in Erinnerungen ~*** преда́(ва́)ться воспомина́ниям
Schwelle *f* поро́г *m; Esb.* шпа́ла; ***an der ~*** на поро́ге
schwellen *v/i Med.* <рас>пу́хнуть, взду́(ва́)ться; *Knospen usw.*: набуха́ть <-бу́хнуть>
Schwellenland *n* развива́ющаяся страна́ *f* в перехо́дный пери́од
Schwellung *f* опу́холь *f*
schwenken *v/i* повора́чивать <поверну́ть>; *v/t Fahne usw.* маха́ть <-хну́ть> (Т)
schwer тяжёлый; (*schwierig*) тру́дный; *Arbeit, Strafe*: тя́жкий; *Wein*: кре́пкий; ***es fällt mir ~ zu glauben*** мне тру́дно пове́рить; ***~ werden*** <о-, по>тяжеле́ть; ***~e See*** бу́рное мо́ре; ***~ verdaulich*** неудобовари́мый; ***~ verständlich*** малопоня́тный; ***~ verwundet*** тяжелора́неный
Schwer|arbeit *f* тяжёлый (физи́ческий) труд *m*; **~athlet** *m* тяжелоатле́т; **~behinderter** *m* инвали́д
schwerelos невесо́мый
Schwerelosigkeit *f* невесо́мость *f*
schwerfällig неповоро́тливый (*a. fig.*)
Schwergewicht *n Sp.* тяжёлый вес *m*
schwerhörig глухова́тый
Schwer|industrie *f* тяжёлая промы́шленность *f*; **~kraft** *f* си́ла тя́жести
schwerlich вряд ли
Schwermetalle *n/pl.* тяжёлые мета́ллы *m/pl.*
schwermütig меланхоли́чный
Schwerpunkt *m* центр тя́жести; *fig. a.* основна́я пробле́ма *f*
Schwert *n* меч *m*
Schwerverbrecher *m* опа́сный престу́пник
schwerwiegend серьёзный; *Bedenken*: ве́ский
Schwester *f* сестра́; (*Krankenschwester*) медсестра́
schwieg → ***schweigen***
Schwieger|eltern *pl.* роди́тели *m/pl.* жены́/му́жа; **~mutter** *f* тёща; (*Mutter d. Mannes*) свекро́вь *f*; **~sohn** *m* зять *m*; **~tochter** *f* неве́стка, сноха́; **~vater** *m* тесть *m*; (*Vater d. Mannes*) свёкор
Schwiele *f* мозо́ль *f*
schwierig тру́дный, затрудни́тельный
Schwierigkeit *f* тру́дность *f*, затрудне́ние *n*; ***finanzielle ~en*** фина́нсовые затрудне́ния; ***in ~en geraten*** попада́ть <-па́сть> в затрудни́тельное положе́ние
schwillt → ***schwellen***
Schwimm|bad *n* купа́льня *f*; **~becken** *n* пла́вательный бассе́йн *m*
schwimmen пла́вать, <по>плы́ть
Schwimmer(**in** *f*) *m* плове́ц (-вчи́ха F *f*); *nur m Tech.* поплаво́к
Schwimm|flossen *f/pl.* ла́сты *m/pl.*; **~halle** *f* кры́тый пла́вательный бассе́йн *m*; **~sport** *m* (спорти́вное) пла́вание *n*; **~weste** *f* спаса́тельный жиле́т *m*
Schwindel *m* головокруже́ние *n*; F

(*Betrug*) надува́тельство *n*, обма́н
schwindelfrei не испы́тывающий головокруже́ния
schwindeln F плутова́ть; ***mir schwindelt*** у меня́ кру́жится голова́
schwinden исчеза́ть <-че́знуть>; (*abnehmen*) уменьша́ться <-ши́ться>
Schwindler(in *f*) *m* моше́нник (-ица *f*), обма́нщик (-ица *f*)
schwindlig: *mir ist ~* у меня́ кру́жится голова́
schwingen *v/t* маха́ть <-хну́ть>, разма́хивать (T); *v/i Pendel*: кача́ться; колеба́ться
Schwingung *f* колеба́ние *n*, вибра́ция
Schwips F *m*: ***e-n ~ haben*** быть навеселе́
schwirren <про>жужжа́ть; ***mir schwirrt der Kopf*** у меня́ кру́жится голова́
schwitzen <вс>поте́ть; *Glasscheibe*: запоте́(ва́)ть
schwoll → ***schwellen***
schwor → ***schwören***
schwören *v/t* <по>кля́сться; *Eid* присяга́ть <-гну́ть>; ***ich könnte ~, dass ...*** я убеждён, что ...
schwul гомосексуа́льный
schwül ду́шный
Schwule(r) *m Su.* голубо́й
schwülstig напы́щенный
Schwung *m* мах; *fig.* подъём, воодушевле́ние *n*; *SkiSp.* поворо́т; ***in ~ bringen*** раска́чивать <-ча́ть>
schwung|haft бо́йкий; **~voll** *Schriftzüge*: разма́шистый; *Rede*: пла́менный
Schwur *m* кля́тва *f*; **~gericht** *n* суд *m* присяжных
Science'fiction *f* нау́чная фанта́стика
sechs шесть
Sechs *f* число́ *n* шесть, шестёрка; **~eck** *n* шестиуго́льник *m*
sechs|eckig шестиуго́льный; **~fach** шестикра́тный; в шесть раз; **~hundert** шестьсо́т; **~jährig** шестиле́тний; **~te** шесто́й
Sechstel *n* шеста́я (часть) *f*
sechstens в-шесты́х
sechzehn шестна́дцать
sechzig шестьдеся́т
See[1] *f* мо́ре *n*; ***an der ~*** у мо́ря; ***auf hoher ~*** в откры́том мо́ре; ***in ~ stechen*** выходи́ть в мо́ре
See[2] *m* о́зеро *n*
See|bad *n* примо́рский куро́рт *m*; **~fahrt** *f* морепла́вание *n*; **~gang** *m* (***hoher*** си́льное) волне́ние *n*; **~hund** *m* тюле́нь *m*
seekrank страда́ющий морско́й боле́знью
Seekrankheit *f* морска́я боле́знь *f*
Seele *f* душа́; ***mit Leib und ~*** со всей душо́й
seelenruhig *Adv.* преспоко́йно
seelisch душе́вный
Seelsorge *f* па́стырская де́ятельность *f*
See|macht *f* морска́я держа́ва; **~mann** *m* моря́к; **~meile** *f* морска́я ми́ля
Seenot *f*: ***in ~ geraten*** <по>терпе́ть бе́дствие на мо́ре
See|räuber *m* пира́т; **~reise** *f* морско́е путеше́ствие *n*; **~rose** *f* кувши́нка; **~stern** *m* морска́я звезда́ *f*
Seeweg *m*: ***auf dem ~*** морски́м путём
Segel *n* па́рус *m*; **~boot** *n* па́русная ло́дка *f*; **~flieger(in** *f*) *m* плане́рист(ка *f*); **~flugzeug** *n* планёр *m*
segeln пла́вать/плыть (под паруса́ми); (*in d. Luft*) пари́ть
Segel|schiff *n* па́русное су́дно; **~sport** *m* па́русный спорт
Segen *m Rel.* благослове́ние *n*; (*Glück*) сча́стье *n*
Segler(in *f*) *m* яхтсме́н(ка *f*)
segnen благословля́ть <-ви́ть>
sehen *v/i* ви́деть; <по>смотре́ть; ***es ist zu ~*** ви́дно; F ***siehst du!*** вот ви́дишь!; ***nach j-m ~*** смотре́ть за ке́м-либо; ***sieh da!*** посмотри́-ка!; ***wie ich es sehe*** на мой взгляд; ***mal ~, was ...*** посмо́трим, что ...; ***sich ~ lassen*** пока́зываться <-за́ться>
sehenswert достопримеча́тельный
Sehenswürdigkeit *f* достопримеча́тельность *f*
Sehkraft *f* зре́ние *n*

Sehne *f* сухожи́лие *n*; (*e-s Bogens*) тетива́
sehnen: *sich ~ nach* тоскова́ть по (Д)
Sehnsucht *f* стра́стное жела́ние *n*; тоска́ (***nach*** по Д)
sehnsüchtig стра́стный
sehr о́чень, весьма́; ***zu ~*** чересчу́р, сли́шком
seicht ме́лкий; *fig.* пове́рхностный
Seide *f* шёлк *m*
seiden шёлковый
Seidenpapier *n* то́нкая бума́га *f*
Seife *f* мы́ло *n*
Seifen|blase *f* мы́льный пузы́рь *m*; **~lauge** *f* мы́льный щёлок *m*; **~oper** *f* мы́льная о́пера; **~pulver** *n* мы́льный порошо́к *m*
Seil *n* кана́т *m*; **~bahn** *f* кана́тная доро́га; **~schaft** *f Sp.* свя́зка
sein[1] *v/i* быть; (*existieren*) существова́ть; ***er ist Arzt*** он врач; ***er ist aus Leipzig*** он из Ле́йпцига; ***er ist nicht hier*** его́ здесь нет; ***was ist mit dir?*** что с тобо́й?; ***was soll das ~?*** к чему́ э́то?; ***wie dem auch sei*** как бы то ни́ было
sein[2] *poss.* его́; *refl.* свой; ***~er Meinung nach*** по его́ мне́нию; ***alles zu ~er Zeit*** всё в своё вре́мя
seiner|seits с его́ стороны́, со свое́й стороны́; **~zeit** в своё вре́мя
seinetwegen из-за него́, ра́ди него́
Seismo'graph *m* сейсмо́граф
seit *Prp.* с (Р); ***~ vielen Jahren*** уже́ мно́го лет; ***~ langem*** (уже́) давно́; ***~ wann?*** с каки́х пор?
seit'dem *Adv.* с тех пор (как *Kj.*)
Seite *f* сторона́; (*des Körpers*) бок *m*; (*im Buch*) страни́ца; ***von allen ~n*** со всех сторо́н; ***zur ~ legen*** отложи́ть в сто́рону; ***zur ~ treten*** отойти́ в сто́рону
Seiten|ansicht *f* вид *m* сбо́ку; *Tech. a.* бокова́я прое́кция; **~eingang** *m* боково́й вход; **~ruder** *n Flgw.* руль *m* поворо́та
seitens со стороны́ (Р)
Seitensprung *m fig.*: ***e-n ~ machen*** завести́ на стороне́ любо́вную интри́жку
Seitenstechen *n* ко́лющая боль *f*; ***ich habe ~*** у меня́ ко́лет в боку́
Seitenwagen *m* каля́ска *f* (мотоци́кла)
seit'her с тех пор
seit|lich боково́й; **~wärts** в сто́рону
Sekre'tär *m* секрета́рь *m*
Sekretari'at *n* секретариа́т *m*
Sekre'tärin *f* секрета́рь *m*, секрета́рша F
Sekt *m* шампа́нское *n*
Sekte *f* се́кта
Sektor *m* се́ктор
sekun'där втори́чный
Se'kunde *f* секу́нда
selbst сам; *Adv.* да́же; ***von ~*** сам(а́, -о́) собо́й
Selbstachtung *f* самоуваже́ние *n*, уваже́ние *n* к самому́ себе́
selbständig самостоя́тельный; ***sich ~ machen*** откры́ть свой (со́бственный) би́знес
Selbständigkeit *f* самостоя́тельность *f*
Selbst|auslöser *m* автоспу́ск; **~bedienung** *f* самообслу́живание *n*; **~bestimmungsrecht** *n* пра́во на самоопределе́ние
selbstbewusst самоуве́ренный
Selbst|erhaltungstrieb *m* инсти́нкт самосохране́ния; **~erkenntnis** *f* самопозна́ние *n*
selbstgefällig самодово́льный
Selbstgespräch *n* моноло́г *m*; ***~e führen*** разгова́ривать с сами́м собо́й
selbstherrlich самовла́стный
Selbst|kostenpreis *m* себесто́имость *f*; **~kritik** *f* самокри́тика
selbstkritisch самокрити́ческий, самокрити́чный
selbstlos самоотве́рженный; бескоры́стный
Selbstmord *m* самоуби́йство *n*; ***~ begehen*** поко́нчить жизнь самоуби́йством
Selbstmörder(in *f*) *m* самоуби́йца *m/f*
selbst|mörderisch самоуби́йственный; **~sicher** самоуве́ренный
Selbststudium *n* самообразова́ние
selbst|süchtig себялюби́вый; **~tätig** самоде́йствующий, автомати́ческий
selbstverständlich само́ собо́й разуме́ющийся

S

Selbst|verteidigung *f* самооборо́на; **~vertrauen** *n* уве́ренность *f* в себе́; **~verwaltung** *f* самоуправле́ние *n*; **~wählferndienst** *m* да́льняя автомати́ческая телефо́нная связь *f*; **~zweck** *m* самоце́ль *f*
selig блаже́нный; (*glücklich*) счастли́вый
Seligkeit *f* блаже́нство *n*
Sellerie *m od. f* сельдере́й *m*
selten ре́дкий
Seltenheit *f* ре́дкость *f*
seltsam стра́нный; **~er'weise** стра́нным о́бразом
Se'mester *n* семе́стр *m*
Semi'kolon *n* то́чка *f* с запято́й
Semi'nar *n* семина́р *m*
Semmel *f* бу́лочка
Se'nat *m* сена́т
senden (*schicken*) пос(ы)ла́ть; *Rdf.* трансли́ровать, переда́(ва́)ть (по ра́дио)
Sender *m* переда́тчик; (*Station*) радиоста́нция *f*
Sendung *f* посы́лка; *Rdf.* переда́ча
Senf *m* горчи́ца *f*
se'nil ста́рческий
Senior(in *f*) *m* ста́рший (-шая *f*); пенсионе́р(ка *f*)
Senke *f* впа́дина, ложби́на
senken опуска́ть <-сти́ть>; *Blick* потупля́ть <-ту́пить>; (*verringern*) понижа́ть <-ни́зить>; ***sich ~*** опуска́ться <-сти́ться>
senkrecht отве́сный, вертика́льный
Senkrechte *f* перпендикуля́р *m*
Sensati'on *f* сенса́ция
sensatio'nell сенсацио́нный
Sense *f* коса́
sen'sibel чувстви́тельный
Sensibili'tät *f* чувстви́тельность *f*
Sensor *m* чувстви́тельный элеме́нт, да́тчик
sentimen'tal сентимента́льный
Sentimentali'tät *f* сентимента́льность *f*
sepa'rat отде́льный
Sep'tember *m* сентя́брь *m*
Serb|e *m* (**~in** *f*) се́рб(ка *f*)
Serbien *n* Се́рбия *f*
serbisch се́рбский
Serie *f* се́рия
seri'ös соли́дный
Serpen'tine *f* серпанти́н *m*
Serum *n* сы́воротка *f*
Ser'vice[1] *n* серви́з *m*
Service[2] *m od. n* се́рвис *m*, обслу́живание *n*
ser'vieren *v/t* сервирова́ть (*im*)*pf.*
Ser'viererin *f* официа́нтка
Servi'ette *f* салфе́тка
Servolenkung *f* сервоуправле́ние *n*, рулево́е управле́ние *n* с гидроусили́телем
Sessel *m* кре́сло *n*; **~lift** *m* кре́сельный (кана́тный) подъёмник *m*
sesshaft осе́длый; ***~ werden*** осе́сть *pf.*
Set *n od. m* набо́р *m*
setzen сажа́ть <посади́ть>; (*platzieren*) уса́живать <усади́ть>; *Frist* устана́вливать <-нови́ть>; *Typ.* наб(и)ра́ть; *fig.* (***auf***) <с>де́лать ста́вку на (В); ***sich ~*** сади́ться <сесть> (***an*** за В); ***setz dich!*** сади́сь!
Setzer(in *f*) *m Typ.* набо́рщик (-ица *f*)
Setze'rei *f* набо́рный цех *m*
Seuche *f* эпиде́мия
seufzen вздыха́ть <-дохну́ть>
Seufzer *m* вздох
Sex F *m* секс
Sexuali'tät *f* сексуа́льность *f*
sexu'ell сексуа́льный
sexy F сексапи́льный
se'zieren *Leiche* вскры(ва́)ть
Shorts *pl.* шо́рты *pl.*
Showmaster *m* шоу-мен
Si'birien *n* Сиби́рь *f*
si'birisch сиби́рский
sich себя́; себе́; (*mit v/r u. in unpers. Wendungen*) -ся, -сь, *z.B.* ***~ freuen*** ра́доваться; ***an ~*** сам(а́, -о́) по себе́; ***an und für ~*** по существу́; ***von ~ aus*** по со́бственному почи́ну; ***zu ~ kommen*** прийти́ в себя́; ***außer ~ sein*** быть вне себя́
Sichel *f* серп *m*
sicher 1. *Adj.* безопа́сный; (*beschützt*) защищённый (***vor*** от Р); (*zuverlässig*) надёжный, ве́рный; (*unzweifelhaft*) несомне́нный; (*überzeugt*) уве́ренный; **2.** *Adv.* наве́рно, коне́чно

S

sichergehen: ***um sicherzugehen*** чтóбы быть увéренным
Sicherheit *f* безопáсность *f*; защищённость; надёжность; увéренность *f*; ***in ~ bringen*** достáвить в безопáсное мéсто; ***sich in ~ bringen*** спасти́сь
Sicherheits|abstand *m* дистáнция *f* безопáсности; **~glas** *n* безоскóлочное стеклó; **~gurt** *m* ремéнь *m* безопáсности, привязнóй ремéнь; **~nadel** *f* англи́йская булáвка; **~rat** *m* (*d. UN*) Совéт Безопáсности; **~schloss** *n* цили́ндровый замóк *m*
sicherlich навéрное
sichern (*gewährleisten*) обеспéчи(ва)ть; (*schützen*) предохраня́ть <-ни́ть> (***vor*** от Р); (*bewachen*) охраня́ть <-ни́ть>; *Berg-Sp.* страховáть; *Waffe* <по>стáвить на предохрани́тель
Sicherung *f* обеспéчение *n*; *El.* предохрани́тель *m*
Sicht *f* ви́димость *f*; (*im Kfz.*) обзóр *m*; ***Land in ~!*** земля́!; ***auf lange ~*** на дли́тельный períод
sichtbar ви́димый
sichten (*durchsehen*) просмáтривать <-смотрéть>
sichtlich (*offenbar*) я́вный
Sicht|verhältnisse *n/pl.* услóвия *n/pl.* ви́димости; **~weite** *f* дáльность *f* ви́димости
Sideboard *n* буфéт-сервáнт *m*
sie *Pron. 3. Pers. sg. N* онá; *A* её; *3. Pers. pl. N* они́; *A* их; **Sie** *N* вы; *A* вас
Sieb *n* си́то; (*grobes*) решетó
sieben[1] просéивать <-сéять>; *Bewerber* отбирáть <отобрáть>
sieben[2] семь
Sieben *f* семёрка, числó семь *n*
sieben|fach семикрáтный; в семь раз; **~hundert** семьсóт; **~jährig** семилéтний; **~te** седьмóй
Siebentel *n* седьмáя (часть) *f*
siebentens в-седьмы́х
siebzehn семнáдцать
siebzig сéмьдесят
sieden *v/t* <вс>кипéть
Siedepunkt *m* тóчка *f* кипéния
Siedler(in *f*) *m* поселéнец (-нка *f*)
Siedlung *f* посёлок *m*, поселéние *n*
Sieg *m* побéда *f* (***über*** над Т)
Siegel *n* печáть *f*
siegen побеждáть <-беди́ть> (***über*** В)
Sieger(in *f*) *m* победи́тель(ница *f*) *m*
Siegerehrung *f* (торжéственное) награждéние *n* победи́телей
siegreich победонóсный
sieh(s)t → ***sehen***
Sig'nal *n* сигнáл *m*
signali'sieren сигнализи́ровать (*im*)*pf.*
sig'nieren подпи́сывать <-писáть>; *Werk* <по>стáвить автóграф (на П)
Silbe *f* слог *m*
Silber *n* серебрó; **~hochzeit** *f* серéбряная свáдьба; **~medaille** *f* серéбряная медáль *f*
Silhou'ette *f* силуэ́т *m*
Si'lizium *n* крéмний *m*
Silo *m od. n* си́лос *m*; (*Futtersilo*) си́лосное сооружéние *n*
Sil'vester(abend) *m* новогóдний вéчер
simpel простóй
Sims *m od. n* карни́з *m*
simu'lieren симули́ровать (*im*)*pf.*; *EDV* модели́ровать (*im*)*pf.*
simul'tan синхрóнный
Sinfo'nie *f* симфóния; **~orchester** *n* симфони́ческий оркéстр *m*
singen <про-, с->пéть
Singular *m* еди́нственное числó *n*
Singvogel *m* пéвчая пти́ца *f*
sinken *Schiff*: <по>тону́ть, идти́ <пойти́> ко дну; *Sonne*: заходи́ть <зайти́>
Sinn *m* (*Bedeutung*) смысл; (*Neigung*) чу́вство *n*; ***es hat k-n ~*** нет смы́сла; ***im ~ haben*** замышля́ть; ***im engeren ~*** в у́зком смы́сле
Sinnbild *n* си́мвол *m*
sinnen размышля́ть, разду́мывать (***über*** о П)
Sinnes|organ *n* óрган *m* чувств; **~täuschung** *f* обмáн *m* чувств; **~wandel** *m* перемéна *f* взгля́дов
sinngemäß по смы́слу
sinnlich чу́вственный
Sinnlichkeit *f* чу́вственность *f*
sinn|los бессмы́сленный; **~voll** осмы́сленный
Sintflut *f* (вели́кий) потóп *m*

S

Sinus *m* си́нус
Siphon *m* сифо́н
Sippe *f* род *m*, клан *m*
Si'rene *f* сире́на; (*Alarmsirene*) гудо́к *m*
Sirup *m* сиро́п
Sitte *f* обы́чай *m*; ***es ist bei uns ~*** у нас при́нято
sittlich нра́вственный
Sittlichkeit *f* нра́вственность *f*
sittsam благовоспи́танный
Situati'on *f* ситуа́ция
Sitz *m* сиде́нье *n*; (*Platz*) ме́сто *n*; (*Wohnsitz*) местопребыва́ние *n*
sitzen сиде́ть *a. fig.*; (*in e-m Gremium*) быть чле́ном (P); ***~ bleiben*** *Schüler*: оста́(ва́)ться на второ́й год
Sitz|gelegenheit *f* сиде́нье *n*; **~ordnung** *f* поря́док *m* размеще́ния; **~platz** *m* сидя́чее ме́сто *n*; **~ung** *f* заседа́ние *n*
Sitzungssaal *m* зал заседа́ний
sizili'anisch сицили́йский
Si'zilien *n* Сици́лия *f*
Skala *f* шкала́
Skal'pell *n* ска́льпель *m*
Skan'dal *m* сканда́л
skanda'lös сканда́льный
Skandi'navien *n* Скандина́вия *f*
skandi'navisch скандина́вский
Skateboard *n* ро́ллинг *m*, скейт *m*
Ske'lett *n* скеле́т *m*
Skepsis *f* скептици́зм *m*
skeptisch скепти́ческий
Ski *m* лы́жа *f*; ***~ laufen*** ходи́ть на лы́жах
Ski|lauf *m* ходьба́ *f* на лы́жах; **~läufer**(**in** *f*) *m* лы́жник (-ица *f*); **~lift** *m* бу́гельный подъёмник (для лы́жников)
Skinhead *m* бритоголо́вый (-вая *f*)
Ski|sport *m* лы́жный спорт; **~springen** *n* прыжки́ *m/pl.* на лы́жах; **~springer** *m* лы́жник-прыгу́н
Skizze *f* набро́сок *m*, эски́з *m*
skiz'zieren набра́сывать <-броса́ть>, <с>де́лать эски́з
Sklave *m* раб
Sklave'rei *f* ра́бство *n*
Sklavin *f* раба́, рабы́ня
sklavisch ра́бский
Skonto *m od. n* ско́нто *n*
Skorpi'on *m* скорпио́н; *Astr.* Скорпио́н
Skrupel *m/pl.* сомне́ния *n/pl.*, угрызе́ния *n/pl.* со́вести
skrupellos бессо́вестный
Skulp'tur *f* скульпту́ра
Slalom *m* сла́лом
Slang *m* сленг, жарго́н
Slawe *m* славяни́н
Slawin *f* славя́нка
slawisch славя́нский
Sla|'wist(**in** *f*) *m* слави́ст(ка *f*); **~'wistik** *f* слави́стика, славянове́дение *n*
Slip *m* тру́сики *pl.*
Slo'wake *m* слова́к
Slowa'kei *f* Слова́кия
Slo'wakin *f* слова́чка
slo'wakisch слова́цкий
Slo'wene *m* слове́нец
Slo'wenien *n* Слове́ния *f*
Slo'wenin *f* слове́нка
slo'wenisch слове́нский
Slums *m/pl.* трущо́бы *f/pl.*
Sma'ragd *m* изумру́д
Smog *m* смог
so *Adv.* так, таки́м о́бразом; ***ach ~!*** вот как!; ***~ oder ~*** так и́ли ина́че; ***~ dass*** так что; ***~ gut wie*** почти́ что; ***~ sehr*** до того́, до тако́й сте́пени; ***~ viel*** сто́лько; ***doppelt ~ viel*** вдво́е бо́льше; ***~ viel wie möglich*** как мо́жно бо́льше; **~weit** *Adv.* в о́бщем; ***ich bin ~ weit*** я гото́в(а)
so'bald как то́лько
Socke *f* носо́к *m*
Sockel *m* цо́коль *m*; (*v. Denkmal*) пьедеста́л
Soda *f* со́да
Sodbrennen *n* изжо́га *f*
so'eben то́лько что
Sofa *n* дива́н *m*
so'fern поско́льку
soff → ***saufen***
so'fort неме́дленно, сейча́с; **~ig** неме́дленный
Software *f EDV* програ́ммное обеспе́чение *n*, софт-ве́р *m*
sog → ***saugen***
so|'gar да́же; **~genannt** так называ́емый; **~'gleich** то́тчас
Sohle *f* подо́шва
Sohn *m* сын

S

so'lang(e) покá

So'larenergie *f* сóлнечная энéргия

So'larium *n* солярий *m*

So'larzelle *f* элемéнт *m* сóлнечной батарéи

solch такóй

Sol'dat *m* солдáт

Söldner *m* наёмник

soli'darisch солидáрный; ***sich ~ erklären*** солидаризи́роваться

Solidari'tät *f* солидáрность *f*

so'lid(e) соли́дный

So'list(in *f*) *m* соли́ст(ка *f*)

Soll *n Fin.* дéбет *m*; *Ök.* (плáновое) задáние

sollen 1. (*mit Inf.*) ***ich soll*** я дóлжен/-жнá; ***das hättest du nicht tun ~*** тебé э́того не слéдовало дéлать; ***ich soll dir sagen*** мне порýчено тебé сказáть; ***was soll ich tun?*** что (же) мне дéлать?; ***was soll das heißen?*** что э́то означáет?; ***er soll kommen*** пусть он придёт; ***es soll heute regnen*** похóже, что сегóдня ещё бýдет дождь; ***er soll krank sein*** говоря́т, что он бóлен; (*im Konjunktiv*) ***es sollte mich wundern, wenn*** я был бы удивлён, éсли бы; **2.** (*ohne Inf.*) ***was soll das?*** ну, к чемý э́то?; ***was soll's?*** какáя рáзница?

Solo *n* сóло; **~tänzer(in** *f*) *m* танцóр(ка *f*)-соли́ст(ка *f*)

somit таки́м óбразом, итáк

Sommer *m* лéто *n*; **~ferien** *pl.* лéтние канúкулы *pl.*

sommerlich лéтний

Sommer|schlussverkauf *m* лéтняя распродáжа *f*; **~sprosse** *f* веснýшка; **~zeit** *f* лéтнее врéмя *n*

So'nate *f* сонáта

Sonderangebot *n* специáльное предложéние

sonderbar стрáнный

Sonder|fahrt *f* спецрéйс *m*; **~fall** *m* осóбый слýчай

sonderlich осóбенный

Sonderling *m* чудáк (-áчка *f*)

sondern *Kj.* а; но; ***nicht nur ..., ~ auch ...*** не тóлько ..., но и ...

Sonder|schule *f* спецшкóла (для детéй-инвали́дов); **~zug** *m Esb.* пóезд осóбого назначéния

son'dieren <по>зонди́ровать

Sonnabend *m* суббóта *f*; ***am ~*** в суббóту

sonnabends по суббóтам

Sonne *f* сóлнце *n*; *Astr.* Сóлнце *n*

sonnen: *sich ~* грéться на сóлнце

Sonnen|aufgang *m* восхóд сóлнца; **~bad** *n* сóлнечная вáнна *f*; **~blende** *f Fot.* сóлнечная заслóнка; **~blume** *f* подсóлнечник *m*; **~brand** *m* сóлнечный ожóг; **~brille** *f* (солнце)защи́тные очки́ *pl.*; **~energie** *f* сóлнечная энéргия; **~finsternis** *f* сóлнечное затмéние *n*; **~licht** *n* сóлнечный свет *m*; **~schirm** *m* зóнтик от сóлнца; **~schutzmittel** *n* солнцезащи́тный крем *m*; **~stich** *m* сóлнечный удáр; **~strahl** *m* луч сóлнца; **~system** *n* сóлнечная систéма *f*; **~uhr** *f* сóлнечные часы́ *m/pl.*; **~untergang** *m* захóд сóлнца, закáт; **~wende** *f* солнцестоя́ние *n*

sonnig сóлнечный (*a. fig.*)

Sonntag *m* воскресéнье *n*; ***am ~*** в воскресéнье

sonntags по воскресéньям

sonst (*außerdem*) крóме тогó; (*andernfalls*) инáче; (*für gewöhnlich*) обы́чно; ***~ (noch) etwas?*** ещё чтó-нибудь?; ***~ noch jemand?*** ещё ктó-нибудь?; ***mehr als ~*** бóльше обы́чного; **~ig** другóй, прóчий

so'oft вся́кий раз, когдá

So'pran *m* сопрáно *n unv.*

Sorben *m/pl.* лужичáне *m/pl.*

sorbisch лужи́цкий

Sorge *f* забóта; ***sich ~n machen*** <по>забóтиться

sorgen <по>забóтиться, пéчься (***für*** о П); ***sich ~*** (***um***) беспокóиться (о П)

sorgen|frei беззабóтный; **~voll** озабóченный

Sorgerecht *n* роди́тельские правá *n/pl.*

Sorgfalt *f* тщáтельность *f*

sorg|fältig тщáтельный; **~los** беззабóтный; **~sam** забóтливый

Sorte *f* сорт *m*

sor'tieren <рас>сортировáть

Sorti'ment *n* ассортимéнт *m*

Soße *f* сóус *m*

Souffl|eur *m*, **~euse** *f* суфлёр *m*

Souve'nir *n* сувени́р *m*
souve'rän сувере́нный; (*überzeugend*) убеди́тельный
Souveräni'tät *f* суверените́т *m*
so'viel *Kj.* наско́лько; *~ ich weiß* наско́лько мне изве́стно
so|'wie как и, а та́кже; **~wie'so** всё равно́
So'wjetunion *f hist.* Сове́тский Сою́з *m*
so'wohl: *~ ... als auch ...* и ... и ..., как ..., так и ...
sozi'al социа́льный; *~e Sicherheit* социа́льная обеспе́ченность *f*
Sozi'al|amt *n* отде́л *m* социа́льного обеспе́чения; **~arbeiter(in** *f*) *m* социа́льный (-ная *f*) рабо́тник (-ница *f*); **~demokrat(in** *f*) *m* социа́л-демокра́т (-ка *f*)
sozi'aldemokratisch социа́л-демократи́ческий
Sozi'alhilfe *f* социа́льное посо́бие *n*
Sozia'lismus *m* социали́зм
Sozia'list(in *f*) *m* социали́ст(ка *f*)
sozia'listisch социалисти́ческий
Sozi'al|versicherung *f* социа́льное страхова́ние *n*; **~wissenschaften** *f/pl.* обще́ственные нау́ки *f/pl.*
Sozio'lo|ge *m* (**~gin** *f*) социо́лог (*a. f*)
sozio'logisch социологи́ческий
sozu'sagen так сказа́ть
Spachtel *m od. f* шпа́тель *m*
Spa'ghetti *pl.* спаге́ти *n/pl.*
spähen посмотре́ть *pf.*, загля́дывать <-ляну́ть>
Spa'lier *n* шпале́ры *f/pl.*
Spalt *m* щель *f*
spaltbar *Phys.* расщепля́емый
Spalte *f* щель *f*, тре́щина; *Typ.* коло́нка, столбе́ц *m*
spalten *Holz* коло́ть; *fig.* раска́лывать <-коло́ть>; *Phys.* расщепля́ть <-пи́ть>
Spaltung *f Phys.* расщепле́ние *n*; *fig.* раско́л *m*
Span *m* ще́пка *f*; (*Metall*) стру́жка *f*
Spange *f* застёжка
Spanien *n* Испа́ния *f*
Spanier(in *f*) *m* испа́нец (-нка *f*)
spanisch испа́нский
spann → ***spinnen***
Spanne *f* (*Zeitspanne*) промежу́ток *m*
spannen *v/t* натя́гивать <-тяну́ть>; *Hahn* взводи́ть <взвести́>; *v/i* (*eng anliegen*) жать
spannend увлека́тельный
Spannung *f* напряже́ние *n* (*a. El., fig.*)
Spannweite *f* разма́х *m* (кры́льев); *Arch.* пролёт *m*
Spanplatte *f* (древе́сно)стру́жечная плита́
Spar|buch *n* сберега́тельная кни́жка *f*, сберкни́жка *f*; **~büchse** *f* копи́лка
sparen *Geld* сберега́ть <-ре́чь>, <на>копи́ть; (*sparsam umgehen*) эконо́мить
Spargel *m* спа́ржа *f*
Sparkasse *f* сберега́тельная ка́сса, сберка́сса
spärlich ску́дный; *Haare*: ре́дкий
sparsam эконо́мный, бережли́вый
Sparsamkeit *f* эконо́мность *f*, бережли́вость *f*
Spaß *m* шу́тка *f*; (*Freude*) удово́льствие *n*; *~ haben* находи́ть удово́льствие (***an*** в П); *viel ~!* жела́ю хорошо́ повесели́ться!
spaßen шути́ть
spaßig смешно́й, заба́вный
Spaßvogel *m* шутни́к
spät по́здний; *von früh bis ~* от зари́ до зари́; *wie ~ ist es?* кото́рый час?
Spaten *m* лопа́та *f*
spätestens са́мое по́зднее
Spätlese *f* (*Wein*) вино́ *n* из виногра́да по́зднего сбо́ра
Spatz *m* воробе́й
spa'zieren (gehen) гуля́ть, прогу́ливаться <-гуля́ться>
Spa'zier|gang *m* прогу́лка *f*; **~gänger(in** *f*) *m* гуля́ющий (-щая *f*); **~stock** *m* трость *f*
Specht *m* дя́тел
Speck *m* (свино́е) са́ло *n*
Spedi'teur *m* экспеди́тор
Spediti'on *f* (*Firma*) тра́нспортно-экспедицио́нное аге́нтство *n*
Speer *m* копьё *n*
Speiche *f* спи́ца; *Anat.* лучева́я кость *f*
Speichel *m* слюна́ *f*
Speicher *m* склад; (*für Getreide*)

амба́р; *EDV* запомина́ющее устро́йство *n*, па́мять *f*
speichern храни́ть, скла́дывать <сложи́ть>; *EDV* нака́пливать <-копи́ть>, сохрани́ть
Speise *f* пи́ща; (*Gericht*) блю́до *n*; **~eis** *n* моро́женое; **~kammer** *f* кладова́я; **~karte** *f* меню́ *n*; **~öl** *n* пищево́е расти́тельное ма́сло; **~röhre** *f* пищево́д *m*; **~saal** *m* столо́вая *f*; **~wagen** *m* ваго́н-рестора́н
spektaku'lär сенсацио́нный
Spektrum *n* спектр *m*
Speku'lant(in *f*) *m* спекуля́нт(ка *f*)
Spekulati'on *f* спекуля́ция
speku'lieren спекули́ровать (*a.* ***auf*** на П)
Spende *f* поже́ртвование *n*
spenden *Geld* <по>же́ртвовать; *Blut* сдава́ть <сдать>
Spender(in *f*) *m* же́ртвователь(ница *f*) *m*; *Med.* до́нор
Sperling *m* воробе́й
Sperma *n* спе́рма *f*
Sperre *f* загражде́ние *n*; (*Verbot*) запре́т *m*
sperren *Tür* запира́ть <-пере́ть>: *Straße* перекры́(ва́)ть; (*Konto, Kredit*) блоки́ровать (*im*)*pf.*; *Zugang* закры́(ва́)ть; *Sp.* (вре́менно) дисквалифици́ровать (*im*)*pf.*
Sperr|gebiet *n* запре́тная зо́на *f*; **~holz** *n* (клеёная) фане́ра *f*
sperrig громо́здкий
Sperr|konto *n* блоки́рованный счёт *m*; **~müll** *m* крупно-габари́тные (бытовы́е) отхо́ды *m/pl.*; **~ung** *f* перекры́тие *n*, закры́тие *n*
Spesen *pl.* изде́ржки *f/pl.*
speziali'sieren: ***sich ~ auf*** специализи́роваться в (П)
Spezia|'list(in *f*) *m* специали́ст(ка *f*); **~li'tät** *f* специа́льность *f*
spezi'ell 1. *Adj.* специа́льный; (*besonders a.*) ча́стный; **2.** *Adv.* и́менно, в ча́стности
spe'zifisch специфи́ческий; *Gewicht*: уде́льный
Sphäre *f* сфе́ра
Spiegel *m* зе́ркало *n*; **~bild** *n* зерка́льное отраже́ние; (*seitenverkehrtes*) зерка́льное изображе́ние; **~ei** *n* (яи́чница-)глазу́нья *f*
spiegelglatt гла́дкий как зе́ркало
spiegeln *v/t* отража́ть <-рази́ть>; *v/i* блесте́ть, сверка́ть; ***sich ~*** отража́ться <-рази́ться>
Spiegel|reflexkamera *f* зерка́льный фотоаппара́т *m*; **~ung** *f* отраже́ние *n*
Spiel *n* игра́ *f*; *Sp.* матч *m*; (*Partie Schach*) па́ртия *f*; ***ein ~ Karten*** коло́да *f* карт; ***et. aufs ~ setzen*** поста́вить что́-либо на ка́рту
spielen *v/t* игра́ть <сыгра́ть>; (*vortäuschen*) разы́грывать <-гра́ть>; *Thea.* исполня́ть <-по́лнить>; ***Geige ~*** игра́ть на скри́пке; ***Schach ~*** игра́ть в ша́хматы; *v/i* игра́ть; *Handlung*: разы́грываться; ***was wird hier gespielt?*** что здесь происхо́дит?
spielend *Advp. fig.* игра́ючи
Spieler(in *f*) *m* игро́к (*a. f*)
Spiele'rei *f* заба́ва
Spiel|feld *n* (игрово́е) по́ле; **~film** *m* худо́жественный (кино)фи́льм; **~kamerad(in** *f*) *m* друг (подру́га *f*) де́тства; **~plan** *m* репертуа́р; **~platz** *m* площа́дка *f* для игр, де́тская площа́дка; **~regel** *f* пра́вило *n* игры́; **~sachen** *f/pl.* игру́шки *f/pl.*; **~zeug** *n* игру́шка *f*
Spieß *m* копьё *n*; (*Bratspieß*) ве́ртел
Spießbürger(in *f*) *m* обыва́тель(ница *f*) *m*
spießig обыва́тельский
Spi'nat *m* шпина́т
Spind *m* шка́ф(чик)
Spinne *f* пау́к *m*
spinnen <с>прясть; *fig.* (*flunkern*) выду́мывать; ***er spinnt*** (*ist verrückt*) он не в своём уме́
Spinne'rei *f* пряди́льня
Spinngewebe *n* паути́на *f*
Spi'on *m* шпио́н; (*in d. Tür*) глазо́к
Spio'nage *f* шпиона́ж *m*
spio'nieren шпио́нить
Spi'onin *f* шпио́нка
Spi'rale *f* спира́ль *f*
Spiri|tu'osen *pl.* спиртны́е напи́тки *m/pl.*; **~tus** *m* спирт
spitz о́стрый; *Turm*: остроконе́чный; *fig.* ко́лкий
Spitz *m* шпиц; **~bube** *m* моше́нник
Spitze[1] *f* остриё *n*, ко́нчик *m*; (*Bergspitze*) верши́на; (*Bosheit*) ко́л-

кость *f*; ***an der ~ sein*** быть во главе́; ***an der ~ stehen*** возглавля́ть; ***auf die ~ treiben*** доводи́ть до кра́йности
Spitze² *f Text.* кру́жево *n*
Spitzel *m* F шпик
spitzen заостря́ть <-ри́ть>; *Bleistift* <о>чини́ть; ***die Ohren ~*** навостри́ть у́ши
Spitzen|erzeugnis *n* изде́лие вы́сшего ка́чества; **~kandidat(in** *f*) *m* гла́вный (-ная) кандида́т(ка F *f*); **~reiter** *m* ли́дер; **~sportler(in** *f*) *m* спортсме́н(ка *f*) вы́сшего кла́сса
spitzfindig хитроу́мный
Spitz|hacke *f* кирка́; **~name** *m* про́звище *n*
Splitter *m* оско́лок; (*Holzsplitter*) зано́за *f*; **~gruppe** *f* ме́лкая группиро́вка
splittern *v/i* раска́лываться <-коло́ться>
splitter'nackt совсе́м го́лый
Spoiler *m* спо́йлер
Sponsoring *n* спо́нсорство
spon'tan спонта́нный; (*rasch entschlossen*) стихи́йный
Sport *m* спорт; ***~ treiben*** занима́ться спо́ртом; **~art** *f* вид спо́рта; **~artikel** *m/pl. Hdl.* спорттова́ры *m/pl.*; **~kleidung** *f* спорти́вная оде́жда; **~lehrer(in** *f*) *m* учи́тель(ница *f*) *m* физкульту́ры; **~ler(in** *f*) *m* спортсме́н(ка *f*)
sportlich спорти́вный
Sport|platz *m* спортплоща́дка *f*; **~verein** *m* спорти́вное о́бщество *n*; **~wagen** *m* спорти́вный автомоби́ль *m*; (*Kinderwagen*) лёгкая де́тская коля́ска *f*
Spott *m* насме́шка *f*
spotten насмеха́ться (***über*** над T)
spöttisch насме́шливый
sprach → ***sprechen***
Sprache *f* язы́к *m*; (*Sprachstil*) речь *f*; ***et. zur ~ bringen*** завести́ речь о (П)
Sprach|fehler *m* дефе́кт ре́чи; **~forscher** *m* языкове́д; **~führer** *m* разгово́рник; **~kenntnisse** *f/pl.* зна́ние языка́/языко́в; **~kurs** *m* языково́й курс; **~lehre** *f* грамма́тика
sprachlich языково́й
sprachlos онеме́вший; ***ich bin ~*** я не нахожу́ слов
Sprachwissenschaft *f* языкозна́ние *n*
sprang → ***springen***
Spray *n* аэрозо́ль *m*
sprechen говори́ть, разгова́ривать; ***Russisch ~*** говори́ть по-ру́сски; ***das Urteil ~*** выноси́ть <вы́нести> реше́ние; ***auf et. zu ~ kommen*** заговори́ть о чём-либо; ***er ist nicht zu ~*** он не принима́ет
Sprecher(in *f*) *m Rdf.* ди́ктор(ша F *f*); (*der Regierung*) представи́тель(ница *f*) *m*
Sprech|stunde *f* приёмный час *m*; **~stundenhilfe** *f* помо́щница врача́; **~zimmer** *n* приёмная *f*
spreizen <рас>топы́рить
sprengen *v/t* (*mit Sprengstoff*) подрыва́ть <подорва́ть>, взрыва́ть <взорва́ть>; *Rasen* поли́(-ва́)ть
Spreng|körper *m* подрывна́я ша́шка *f*; **~kraft** *f* взрывна́я си́ла; **~stoff** *m* взры́вчатое вещество́ *n*; **~ung** *f* взрыв *m*
Spreu *f* мяки́на
sprich(s)t → ***sprechen***
Sprichwort *n* посло́вица *f*
Springbrunnen *m* фонта́н
springen пры́гать <-гнуть>
Springer(in *f*) *m* прыгу́н(ья *f*); (*Schach*) конь *m*
Sprit *m* спирт; F (*Treibstoff*) горю́чее *n*
Spritze *f Med.* шприц *m*; (*Injektion*) уко́л *m*
spritzen *v/t* опры́скивать; *Med.* впры́скивать <-снуть>; *v/i* бры́згать <-знуть>
Spritzer *m* (*Fleck*) пятно́ *n*; *pl. a.* бры́зги *f/pl.*
spritzig *Wein*: игри́стый
spröde хру́пкий; *Haut*: сухо́й; *fig.* чо́порный
Spross *m Bot.* побе́г
Sprosse *f* (*an d. Leiter*) перекла́дина
Sprotte *f* шпро́та *f*
Spruch *m* изрече́ние *n*; *Jur.* реше́ние *n*
Sprudel *m* минера́льная вода́ *f*

S

sprudeln бить ключóм
sprühen *v/i Funken*: <по>сы́паться; (*Flüssigkeit*) бры́згать <-знуть>
Sprung *m* прыжóк; (*Riss*) трéщина *f*; F ***auf e-n ~*** на минýтку; ***auf dem ~*** наготóве
Sprung|brett *n* трампли́н *m*; **~schanze** *f* лы́жный трампли́н *m*; **~turm** *m* вы́шка *f* для прыжкóв (в вóду)
Spucke *f* слюнá
spucken плевáть, плю́нуть *pf.*
Spuk *m* привидéние *n*
spuken: ***es spukt hier*** здесь нечи́сто
Spülbecken *n* (кýхонная) ракóвина *f*, мóйка *f*
Spule *f* катýшка; *Text.* шпýлька
spülen <про>полоскáть; *Geschirr* <по>мы́ть
Spülung *f Med.* полоскáние *n*; *Tech.* промы́вка
Spur *f* след *m*; ***auf der ~ sein*** идти́ по следý; F ***k-e ~!*** ничýть!
spürbar ощути́мый
spüren <по>чýвствовать
Spurenelemente *n/pl.* микроэлемéнты *m/pl.*
spurlos бесслéдный
Spürsinn *m* чутьё *n*
Spurt *m* рывóк
Staat *m* госудáрство *n*
Staatenbund *m* конфедерáция *f*
staatenlos не имéющий граждáнства
staatlich госудáрственный
Staats|akt *m* торжéственное заседáние *n*; **~angehörigkeit** *f* граждáнство *n*; **~anwalt** *m*, **~anwältin** *f* прокурóр *m*; **~anwaltschaft** *f* прокуратýра; **~bürger(in** *f*) *m* граждани́н (-дáнка *f*); **~dienst** *m* госудáрственная слýжба *f*; **~examen** *n* госудáрственный экзáмен *m*; **~geheimnis** *n* госудáрственная тáйна *f*; **~gewalt** *f* госудáрственная власть *f*; **~mann** *m* госудáрственный дéятель *m*; **~oberhaupt** *n* главá *m* госудáрства; **~präsident** *m* президéнт госудáрства; **~sekretär** *m* госудáрственный секретáрь *m*; **~-streich** *m* госудáрственный переворóт
Stab *m* пáлка *f*; (*Stabhochsprung*) шест; *Mil.* штаб; **~hochsprung** *m* прыжóк с шестóм
sta'bil устóйчивый, стаби́льный
stabili'sieren стабилизи́ровать (*im*)*pf.*
Stabili'tät *f* устóйчивость *f*, стаби́льность *f*
stach → ***stechen***
Stachel *m* (*Dorn*) колю́чка *f*, шип; (*von Insekten*) жáло *n*; **~beere** *f* крыжóвник *m*; *einzelne*: я́года крыжóвника; **~draht** *m* колю́чая прóволока *f*
stachelig колю́чий
Stadion *n* стадиóн *m*
Stadium *n* стáдия *f*
Stadt *f* гóрод *m*; **~bezirk** *m* райóн гóрода
Städter(in *f*) *m* жи́тель(ница *f*) *m* гóрода, горожáнин (-нка *f*)
Stadtgebiet *n* территóрия *f* гóрода
städtisch городскóй
Stadt|mauer *f* городскáя стенá; **~plan** *m* план гóрода; **~rat** *m* городскóй совéт, магистрáт; **~rundfahrt** *f* экскýрсия по гóроду; **~teil** *m* райóн гóрода; **~verordnete(r)** депутáт(ка F *f*) городскóго совéта; **~viertel** *n* квартáл *m*; **~zentrum** *n* центр *m* гóрода
Staffellauf *m* эстафéтный бег
Stagnati'on *f* стагнáция, застóй *m*
stag'nieren находи́ться в состоя́нии застóя
stahl → ***stehlen***
Stahl *m* сталь *f*; **~bau** *m* строи́тельство *n* из стальны́х констрýкций; **~beton** *m* железобетóн
stählern стальнóй
stahlhart твёрдый как сталь
Stahl|helm *m* кáска *f*; **~werk** *n* сталеплави́льный завóд *m*
Stall *m* хлев
Stamm *m* (*Baum*) ствол; (*Volksstamm*) плéмя *n*; **~baum** *m* родослóвная *f*; (*Darstellung*) генеалоги́ческое дéрево *n*
stammeln *v/t* <про>лепетáть; *v/i* заикáться
stammen (***aus***) происходи́ть (из, от P)
Stamm|gast *m* постоя́нный посети́тель *m*, завсегдáтай; **~halter** *m* наслéдник

S

stämmig корена́стый
Stammkunde *m* постоя́нный покупа́тель *m*/клие́нт
stampfen *v/t* (*feststampfen*) <у>трамбова́ть; *v/i* то́пать <-пнуть> (***mit dem Fuß*** ного́й); бить (***mit den Hufen*** копы́тами)
stand → ***stehen***
Stand *m* положе́ние *n*; (*Kiosk*) кио́ск, пала́тка *f*; ***auf dem neuesten ~*** на у́ровне после́дних достиже́ний
Standard *m* станда́рт
Ständer *m* сто́йка *f*
Standes|amt *n* бюро́ за́писи а́ктов гражда́нского состоя́ния, загс *m*; **~beamte(r)** *m* (**-tin** *f*) рабо́тник (-ница *f*) за́гса
standhaft сто́йкий
ständig постоя́нный
Stand|licht *n* стоя́ночный свет *m*; **~ort** *m* местонахожде́ние *n*; **~punkt** *m* пози́ция *f*, *fig.* то́чка *f* зре́ния
Stange *f* шест *m*
Stängel *m* сте́бель *m*
stank → ***stinken***
Stapel *m* (*Haufen*) шта́бель *m*; (*v. Büchern, Akten*) сто́пка *f*; *Mar.* ***vom ~ laufen*** сойти́ со ста́пеля
Stapellauf *m* спуск (су́дна) со ста́пеля
stapeln укла́дывать <уложи́ть> в шта́бель
Star[1] *m Zool.* скворе́ц
Star[2] *m*: ***grauer ~*** катара́кта *f*, ***grüner ~*** глауко́ма *f*
Star[3] *m* (*Künstler*) звезда́ *f*
starb → ***sterben***
stark си́льный; *Getränk, Tabak*: кре́пкий; (*dick*) то́лстый
Stärke *f* си́ла; кре́пость *f*; толщина́; (*Anzahl*) чи́сленность *f*
stärken укрепля́ть <-пи́ть>; *Wäsche* <на>крахма́лить; ***sich ~*** подкрепля́ться <-пи́ться>
Starkstrom *m* си́льный ток
Stärkung *f* (*der Kräfte*) подкрепле́ние *n*; (*Festigung*) укрепле́ние *n*
starr *Blick*: неподви́жный; ***~ vor Kälte*** окочене́лый; ***~ vor Schreck*** оцепене́лый от стра́ха
starren при́стально/неподви́жно смотре́ть
starrköpfig упря́мый
Starrsinn *m* упря́мство *n*
starrsinnig упря́мый
Start *m* старт; **~bahn** *f* взлётная полоса́
starten *v/i* стартова́ть (*im*)*pf.*; *v/t Motor, Rakete* запуска́ть <-сти́ть>
startklar гото́вый к ста́рту
Startschuss *m* ста́ртовый вы́стрел
Statik *f* ста́тика
Stati'on *f* ста́нция; остано́вка; (*im Krankenhaus*) отделе́ние *n*
statio'när стациона́рный
statio'nieren размеща́ть <-мести́ть>
Statio'nierung *f* размеще́ние *n*
statisch стати́ческий
Sta'tist(in *f*) *m* стати́ст(ка *f*)
Statik *f* стати́стика
sta'tistisch статисти́ческий
Sta'tiv *n* штати́в *m*
statt *Prp.* вме́сто (Р)
statt'dessen вме́сто э́того
statt|finden состоя́ться *pf.*; **~lich** импоза́нтный; *Pers.* ста́тный
Statue *f* ста́туя
Sta'tur *f* телосложе́ние *n*
Status *m* ста́тус; (*Lage*) состоя́ние *n*
Sta'tut *n* уста́в *m*, стату́т *m*
Stau *m* (*Verkehr*) про́бка *f*, зато́р
Staub *m* пыль *f*; ***~ wischen*** вы́тереть пыль; F ***sich aus dem ~ machen*** смы́ться
Staubecken *n* водохрани́лище
stauben <на>пыли́ть
staubig пы́льный
Staublappen *m* пы́льная тря́пка *f*
staubsaugen <про>пылесо́сить
Staubsauger *m* пылесо́с
Staudamm *m* плоти́на *f*
stauen *Wasser* запру́живать <-пруди́ть>; ***sich ~*** нака́пливаться <-копи́ться>
Staumauer *f* (бето́нная) плоти́на
staunen удивля́ться <-ви́ться> (***über*** Д)
Stausee *m* водохрани́лище *n*
Steak *n* антреко́т *m*
stechen *v/t* коло́ть, ука́лывать <уколо́ть>; *KSp.* бить, <по-> крыть; *v/i Dorn*: коло́ть(ся); *Biene*: жа́лить(ся); *Mücken*: куса́ть(ся); *Sonne*: жечь

stechend колю́чий; *Geruch*: ре́зкий
Stechuhr *f* контро́льные часы́ *m/pl.*
Steckbrief *m* (*Aushang*) объявле́ние *n* о ро́зыске
steckbrieflich: ***er wird ~ gesucht*** на него́ (был) объя́влен ро́зыск
Steckdose *f* ште́псельная розе́тка
stecken *v/t* втыка́ть <воткну́ть>, сова́ть <су́нуть>; *v/i* торча́ть, быть; ***wo haben Sie denn gesteckt?*** куда́ же вы запропасти́лись?; ***~ bleiben*** застрева́ть <-ря́ть>
Steckenpferd *n fig.* конёк *m*
Stecker *m* ште́псельная ви́лка *f*, ште́псель *m*
Steck|kontakt *m* ште́псельный конта́кт; **~nadel** *f* була́вка
Steg *m* (*Brücke*) мо́стик; (*Anlegestelle*) прича́л
Stegreif *m*: ***aus dem ~*** экспро́мптом, без подгото́вки
stehen стоя́ть; (*e-e Zeit lang*) п(р)остоя́ть *pf.*; *fig.* (*kleiden*) быть к лицу́; ***wie steht das Spiel?*** како́й счёт?; ***wie steht es mit ...?*** что с (Т)?; ***sich gut ~ mit j-m*** быть в хоро́ших отноше́ниях с ке́м-либо; ***~ bleiben*** остана́вливаться <-нови́ться>; ***~ lassen*** оставля́ть <-та́вить>, не тро́гать (Р)
Stehlampe *f* торше́р *m*
stehlen *v/t* <у>кра́сть
Stehplatz *m* стоя́чее ме́сто *n*
steif жёсткий; (*hart*) твёрдый; *Pudding*: засты́вший; *Kragen*: крахма́льный; (*vor Kälte*) окочене́лый; *Glieder*: неподви́жный; *Grog*: кре́пкий
Steigbügel *m* стре́мя *n*
steigen поднима́ться <-ня́ться>; *Flugzeug*: наб(и)ра́ть высоту́; *Wasserstand*: прибы́(ва́)ть; *Fieber, Preise*: повыша́ться <-вы́ситься>
steigern повыша́ть <-вы́сить>, увели́чи(ва)ть; (*verstärken*) уси́ли(ва)ть; ***sich ~*** повыша́ться <-вы́ситься>; увели́чи(ва)ться
Steigerung *f* повыше́ние *n*, увеличе́ние *n*; *Gr.* измене́ние *n* по степеня́м сравне́ния
steil круто́й
Steil|hang *m* круто́й скат; **~küste** *f* круто́й бе́рег *m*
Stein *m* ка́мень *m*; (*Brettspiel*) ша́шка *f*; **~bock** *m* козеро́г; *Astr.* Козеро́г; **~bruch** *m* камeноло́мня *f*; **~garten** *m* альпина́рий; **~gut** *n* фая́нс *m*
stein|hart твёрдый как ка́мень; **~ig** камени́стый
Stein|kohle *f* ка́менный у́голь *m*; **~metz** *m* каменотёс; **~pilz** *m* бе́лый гриб, борови́к
steinreich *fig.* о́чень бога́тый
Stein|schlag *m* камнепа́д; **~zeit** *f* ка́менный век *m*
Stelldichein *n* свида́ние
Stelle *f* ме́сто *n*, *Anstellung a.* до́лжность *f*; ***offene ~*** вака́нсия; ***an erster ~*** на пе́рвом ме́сте; ***auf der ~*** (*sofort*) неме́дленно; ***zur ~ sein*** быть налицо́
stellen <по>ста́вить (*a. fig.*); *Uhr*: <от>регули́ровать; *Frage* зад(ав)а́ть; *Antrag* вноси́ть <внести́>, под(ав)а́ть; *Dieb* пойма́ть *pf.*; ***sich der Polizei ~*** явля́ться <яви́ться> в поли́цию
Stellen|anzeige *f* объявле́ние *n* о вака́нтной до́лжности; **~gesuch** *n* объявле́ние о по́иске рабо́ты
stellenweise места́ми
Stellung *f* положе́ние *n*; (*Arbeitsplatz*) ме́сто *n*, до́лжность *f*; ***~ nehmen zu*** вы́сказаться, вы́сказать своё мне́ние о (П); **~nahme** *f* выска́зывание своего́ мне́ния
stellvertretend (***für***) замеща́ющий; ***~er Direktor*** замести́тель *m* дире́ктора
Stellvertreter(in *f*) *m* замести́тель(ница *f*) *m*
Stemmeisen *n* долото́
stemmen *Loch* <вы́>долби́ть; *Gewicht* <вы́жать>; ***sich ~ gegen*** упира́ться <упере́ться> (в В); *fig.* (*Widerstand leisten*) проти́виться (Д)
Stempel *m* ште́мпель *m*, печа́ть *f*; **~kissen** *n* ште́мпельная поду́шка *f*
stempeln <за>штемпелева́ть, прикла́дывать <приложи́ть> печа́ть
Stengel *m* → ***Stängel***
Stenogra'fie *f* стеногра́фия

stenogra'fieren <за>стенографи́ровать

Stenoty'pistin *f* стенотипи́стка

Steppdecke *f* стёганое одея́ло *n*

Steppe *f* степь *f*

sterben умира́ть <умере́ть> (***an*** от P)

Sterben *n* умира́ние; ***im ~ liegen*** быть при́ смерти

sterblich сме́ртный

Stereoanlage *f* стереоустано́вка

ste'ril стери́льный

Sterilisati'on *f* стерилиза́ция

sterili'sieren стерилизова́ть (*im*)*pf.*

Stern *m* звезда́ *f*; **~bild** *n* созве́здие

sternenklar звёздный

Stern|schnuppe *f* па́дающая звезда́; **~warte** *f* обсервато́рия

stetig постоя́нный

stets всегда́

Steuer[1] *n* руль *m*; ***am ~*** за рулём

Steuer[2] *f* (*Abgabe*) нало́г *m*; **~behörde** *f* нало́говое управле́ние *n*; **~berater** *m* консульта́нт по нало́говым вопро́сам; **~bescheid** *m* нало́говое извеще́ние *n*; **~bord** *n* *Mar.* пра́вый борт *m*; **~erklärung** *f* нало́говая деклара́ция; **~ermäßigung** *f* нало́говая льго́та

steuer|frei не облага́емый нало́гом; **~lich** нало́говый

steuern *v/t* управля́ть (T)

steuerpflichtig налогооблага́емый

Steuer|senkung *f* сниже́ние *n* нало́гов; **~ung** *f* управле́ние *n*; **~zahler(in** *f*) *m* налогоплате́льщик (-ица *f*)

Steward(ess *f*) *m* бортпроводни́к (-и́ца *f*), (*a. Mar.*) стю́ард(е́сса *f*)

Stich *m* (*mit Nadel, Dorn*) уко́л; (*von Insekten*) уку́с; *Ksp.* взя́тка *f*; (*Schmerz*) ко́лющая боль *f*; ***im ~ lassen*** оставля́ть <оста́вить> на произво́л судьбы́

Stichflamme *f* о́строе пла́мя *n*

stichhaltig обосно́ванный

Stich|probe *f* вы́борочная прове́рка; **~tag** *m* срок (выполне́ния обяза́тельства); **~wahl** *f* перебаллотиро́вка; **~wort** *n* загла́вное сло́во

sticken *v/t* вы́ши(ва́)ть

stickig ду́шный

Stick|oxid *n* окси́д *m*/о́кись *f* азо́та; **~stoff** *m* азо́т

Stiefbruder *m* сво́дный брат

Stiefel *m* сапо́г

Stief|eltern *pl.* о́тчим и ма́чеха; **~mutter** *f* ма́чеха; **~mütterchen** *n* аню́тины гла́зки *m/pl.*; **~schwester** *f* сво́дная сестра́; **~sohn** *m* па́сынок; **~tochter** *f* па́дчерица; **~vater** *m* о́тчим

stieg → ***steigen***

stiehlt → ***stehlen***

Stiel *m* рукоя́тка *f*; *Bot.* сте́бель *m*

Stier *m* бык; *Astr.* Теле́ц

stieß → ***stoßen***

Stift *m* (*Bleistift*) каранда́ш

stiften (*spenden*) учрежда́ть <-реди́ть>; ***Frieden ~*** умиротворя́ть <-ри́ть> (B)

Stiftung *f* (*Preis*) учрежде́ние *n*

Stil *m* стиль *m*; ***im großen ~*** в большо́м масшта́бе

sti'listisch стилево́й, стилисти́ческий

still ти́хий; *fig.* (*nicht lebhaft*) споко́йный, ми́рный; ***im Stillen*** вта́йне, тайко́м

Stille *f* тишина́

stillen *Baby* <на>корми́ть гру́дью; *Hunger, Durst* утоля́ть <-ли́ть>; *Blut* остана́вливать <-нови́ть>

Stillleben *n* натюрмо́рт *m*

stilllegen закрыва́ть <-кры́ть>; (*zeitweilig*) консерви́ровать

Stillschweigen *n* (по́лное) молча́ние

Stillstand *m* засто́й; *Tech.* просто́й; ***zum ~ kommen*** остана́вливаться <-нови́ться>

Stilmöbel *n* сти́льная ме́бель *f*

Stimmbänder *n/pl.* голосовы́е свя́зки *f/pl.*

stimmberechtigt име́ющий пра́во го́лоса

Stimme *f* го́лос *m* (*a. fig.*); ***sich der ~ enthalten*** воздержа́ться (при голосова́нии)

stimmen *v/i* голосова́ть (***für*** за B, ***gegen*** про́тив P); (*richtig sein*) быть пра́вильным; **(es) *stimmt!*** ве́рно!; ***da stimmt etwas nicht*** тут что́-то не так; *v/t Instrument* настра́ивать <-ро́ить>

Stimmenthaltung *f* воздержа́ние *n* от голосова́ния

S

stimm|haft *Ling.* зво́нкий; **~los** *Ling.* глухо́й
Stimmrecht *n* пра́во го́лоса
Stimmung *f fig.* настрое́ние *n*; ***in ~ sein*** быть в (хоро́шем) настрое́нии
Stimmzettel *m* избира́тельный бюллете́нь *m*
stinken воня́ть (***nach*** Т)
Sti'pendium *n* стипе́ндия *f*
stirbt → ***sterben***
Stirn *f* лоб *m*; **~höhle** *f* ло́бная па́зуха; **~seite** *f* пере́дняя сторона́
stöbern *v/i* (*wühlen*) ры́ться
stochern ковыря́ть
Stock *m* па́лка *f*; (*Etage*) эта́ж
stockdunkel *Nacht*: непрогля́дный; ***es ist ~*** хоть глаз вы́коли
stocken (при)остана́вливаться <-нови́ться>; (*in d. Rede*) запина́ться <-пну́ться>
Stockwerk *n* эта́ж *m*
Stoff *m* (*Gewebe*) ткань; (*Materie*) вещество́ *n*; (*Droge*) нарко́тики *m/pl.*; **~wechsel** *m* обме́н веще́ств
stöhnen стона́ть
Stollen *m Bgb.* што́льня *f*
stolpern спотыка́ться <-ткну́ться> (***über*** о В)
stolz го́рдый (***auf*** Т); ***~ sein*** горди́ться
Stolz *m* го́рдость *f*
stopfen *v/t Loch* <за>што́пать; *Pfeife* наби́(ва́)ть
Stoppelfeld *n* жнивьё
stoppen остана́вливать <-нови́ть>; *Zeit* засека́ть <-се́чь>
Stopp|schild *n* стоп-сигна́л *m*; **~uhr** *f* секундоме́р *m*
Stöpsel *m* про́бка *f*
Storch *m* а́ист
stören <по>меша́ть; (*behindern*) наруша́ть <-ру́шить>; ***darf ich ~?*** я не помеша́ю?
Störenfried *m* наруши́тель *m* споко́йствия
störrisch упря́мый
Störung *f* (*Störendes*) поме́ха; (*Behinderung*) наруше́ние *n*
Störungsstelle *f* (*für Telefon*) бюро́ *n unv.* поврежде́ний
Stoß *m* толчо́к; (*Hieb*) уда́р; (*Stapel*) сто́пка *f*
stoßen *v/t* толка́ть <-кну́ть>; (*auftreffen*) ударя́ться <уда́риться>; ***sich am Tisch ~*** ушиби́ться/уда́риться о стол; *fig.* ***~ auf***ната́лкиваться <-толкну́ться> (на В)
Stoß|stange *f* ба́мпер; **~trupp** *m* боева́я разве́дывательная гру́ппа *f*; **~zahn** *m* би́вень *m*
stottern заика́ться
Straf|anstalt *f* ме́сто *n* заключе́ния; **~arbeit** *f* штрафна́я рабо́та
strafbar наказу́емый; ***sich ~ machen*** наруша́ть <-ру́шить> зако́н
Strafe *f* наказа́ние *n*; (*Geldbuße*) штраф *m*
strafen нака́зывать <-за́ть>
straff туго́й, натя́нутый
straffrei ненаказу́емый; ***~ ausgehen*** избежа́ть наказа́ния
Straf|gefangene(r) заключённый (-ная *f*); **~gesetzbuch** *n* уголо́вный ко́декс *m*
sträflich *fig.* непрости́тельный
Sträfling *m* заключённый (-ная *f*)
Straf|maß *n* ме́ра *f* наказа́ния; **~prozess** *m* уголо́вный проце́сс; **~raum** *m* штрафна́я площа́дка *f*; **~recht** *n* уголо́вное пра́во; **~stoß** *m Sp.* штрафно́й уда́р; **~tat** *f* преступле́ние *n*
Strahl *m* (*Licht*) луч; (*Wasser*) струя́ *f*
strahlen *Sonne*: сия́ть; *Phys.* излуча́ть
Strahlen|krankheit *f* лучева́я боле́знь; **~schutz** *m* радиацио́нная защи́та *f*
Strahl|triebwerk *n* реакти́вный дви́гатель *m*; **~ung** *f* излуче́ние *n*, радиа́ция
Strähne *f* (*Haare*) прядь *f*
stramm пло́тно натя́нутый
strampeln бара́хтаться
Strand *m* пляж; ***am ~*** на пля́же; **~bad** *n* купа́льня *f*
stranden сесть *pf.* на ме́ль
Strandkorb *m* пля́жное плетёное кре́сло *n*
Strang *m* верёвка *f*
Stra'paze *f* тру́дность *f*, *pl. a.* тя́готы *f/pl.*
strapa'zieren *Kleider, Nerven* трепа́ть; (*sehr anstrengen*) о́чень утомля́ть <-ми́ть>
Straße *f* у́лица; (*Landstraße*) доро́га; (*Meerenge*) проли́в *m*

Straßen|bahn *f* трамва́й *m*; **~bau** *m* доро́жное строи́тельство *n*; **~beleuchtung** *f* у́личное освеще́ние *n*; **~graben** *m* доро́жный кюве́т, бокова́я кана́ва *f*; **~schild** *n* табли́чка *f* с назва́нием у́лицы; **~verkehr** *m* у́личное движе́ние *n*; **~verkehrsordnung** *f* пра́вила *n/pl.* у́личного движе́ния

Strate'gie *f* страте́гия

stra'tegisch стратеги́ческий

Strato'sphäre *f* стратосфе́ра

sträuben: ***sich ~*** *Fell*: щети́ниться; *Haare*: топо́рщиться; (*sich widersetzen*) проти́виться (Д)

Strauch *m* куст

Strauß¹ *m* (*Blumen*) буке́т

Strauß² *m* *Zool.* стра́ус

streben (***nach***) стреми́ться (к Д)

strebsam усе́рдный

Strecke *f* (*Entfernung*) расстоя́ние *n*; *Esb.* ли́ния

strecken (*dehnen*) вытя́гивать <вы́тянуть>; ***sich ~*** (*sich hinlegen*) растя́гиваться <-тяну́ться>

Streich *m* (*Schabernack*) прока́за *f*; ***übler ~*** зло́стная вы́ходка *f*; ***j-m e-n ~ spielen*** сыгра́ть (злу́ю) шу́тку с ке́м-либо

streicheln <по>гла́дить

streichen *v/t* (*anstreichen*) <по>кра́сить; *Butter* нама́з(ыв)ать (***auf*** на В); (*tilgen*) вычёркивать <вы́черкнуть>; *Segel* спуска́ть <-сти́ть>

Streich|holz *n* спи́чка *f*; **~holzschachtel** *f* спи́чечная коро́бка; **~instrument** *n* смычко́вый инструме́нт *m*; **~orchester** *n* стру́нный орке́стр *m*; **~ung** *f* вычёркивание *n*

Streife *f* патру́ль *m*

streifen *v/t* каса́ться <косну́ться>

Streifen *m* полоса́ *f*; **~wagen** *m* патру́льный автомоби́ль *m*, автопатру́ль *m*

Streifschuss *m* пове́рхностное (огнестре́льное) ране́ние *n*

Streik *m* забасто́вка *f*; ***in den ~ treten*** нача́ть забасто́вку; **~brecher** *m* штрейкбре́хер

streiken <за>бастова́ть

Streik|posten *m* пике́т; **~recht** *n* пра́во на забасто́вку

Streit *m* спор; (*Zank*) ссо́ра *f*; ***in ~ geraten*** поссо́риться

streiten <по>спо́рить (***über*** о П); (*zanken*) ссо́риться (***um*** из-за Р)

Streit|frage *f* спо́рный вопро́с *m*; **~kräfte** *f/pl.* вооружённые си́лы *f/pl.*; **~punkt** *m* спо́рный пункт

streng стро́гий; (*rau*) суро́вый; ***~ geheim*** соверше́нно секре́тно; ***~ genommen*** со́бственно говоря́

Stress *m* стресс

Streu *f* (соло́менная) подсти́лка

streuen <по>сы́пать

Streusel *n/pl.* кро́шки *f/pl.*; **~kuchen** *m* пиро́г с кро́шкой

strich → ***streichen***

Strich *m* черта́ *f*, штрих; ***unter dem ~*** *fig.* в ито́ге; F ***das geht ihm gegen den ~*** э́то ему́ не по нра́ву; ***auf den ~ gehen*** занима́ться проститу́цией

Strick *m* верёвка *f*

stricken <с>вяза́ть

Strick|jacke *f* вя́заная ко́фта; **~leiter** *f* верёвочная ле́стница; **~nadel** *f* вяза́льная спи́ца; **~waren** *f/pl.* вя́заные изде́лия *n/pl.*

strikt то́чный

Striptease *m od. n* стрипти́з *m*

stritt → ***streiten***

strittig спо́рный

Stroh *n* соло́ма *f*; **~feuer** *n* *fig.* бы́стро проходя́щий пыл *m*; **~halm** *m* соло́минка *f*; **~mann** *m* *fig.* подставно́е лицо́ *n*; **~sack** *m* тюфя́к; **~witwe(r** *m*) *f* соло́менная (-ный) вдова́ (-ве́ц)

Strolch *m* бродя́га *m*

Strom *m* (больша́я) река́ *f*; *El.* ток; *fig.* пото́к; ***es regnet in Strömen*** льёт как из ведра́; ***mit dem ~*** по тече́нию; ***gegen den ~*** про́тив тече́ния

strom|'ab(wärts) вниз по тече́нию; **~'auf(wärts)** вверх по тече́нию

strömen <по>те́чь; *Regen*: ли́ться; ***~der Regen*** проливно́й дождь *m*

Stromkreis *m* электри́ческая цепь *f*

stromlinienförmig обтека́емый

Strom|schnelle *f* быстрина́; **~sperre** *f* (вре́менное) выключе́ние *n* то́ка; **~stärke** *f* си́ла то́ка

Strömung *f* тече́ние *n* (*a. fig.*)
Strom|verbrauch *m* потребле́ние *n* электроэне́ргии; **~versorgung** *f* электроснабже́ние *n*; **~zähler** *m* электри́ческий счётчик
Strophe *f* строфа́
Strudel *m* водоворо́т
Struk'tur *f* структу́ра
struktu'rell структу́рный
Strumpf *m* чуло́к; **~hose** *f* колго́тки *pl.*
Strunk *m* (*Kohl*) кочеры́жка *f*
struppig растрёпанный
Stube *f* ко́мната
Stubenhocker(in *f*) *m* домосе́д(ка *f*)
stubenrein *Haustier*: не па́чкающий в кварти́ре
Stuck *m* лепни́на *f*
Stück *n* кусо́к *m*; *Thea.* пье́са *f*; ***aus e-m ~*** це́льный; ***aus freien ~en*** по до́брой во́ле; **~chen** *n* кусо́чек *m*
Stück|gut *n* шту́чный груз *m*; **~preis** *m* цена́ *f* за шту́ку; **~werk** *n* незавершённый труд *m*
Stu'dent *m* студе́нт
Stu'denten|austausch *m* студе́нческий обме́н; **~heim** *n* студе́нческое общежи́тие
Stu'dentin *f* студе́нтка
Studie *f* (*wissenschaftliche*) иссле́дование *n*; (*in d. Kunst*) эски́з *m*
Studien|aufenthalt *m* пребыва́ние *n* с це́лью учёбы; **~bewerber(in** *f*) *m* жела́ющий (-щая *f*) поступи́ть в вуз; **~fach** *n* учёбная дисципли́на *f*; **~jahr** *n* академи́ческий год *m*; **~platz** *m* ме́сто *n* в вы́сшем учёбном заведе́нии
stu'dieren изуча́ть <-чи́ть>; *v/i* учи́ться в ву́зе
Studium *n* учёба *f*
Stufe *f* ступе́нь *f* (*a. fig.*)
Stufenleiter *f* иера́рхия
Stuhl *m* стул; ***der Heilige ~*** па́пский престо́л; **~gang** *m* стул
stumm немо́й
Stummel *m Zigarre* оку́рок
Stummfilm *m* немо́й (кино)фи́льм
Stümper(in *f*) *m* дилета́нт(ка *f*)
stumpf тупо́й (*a. Math.*); (*matt*) ма́товый
Stumpf *m* (*Baum*) пень *m*; *Körperglied* культя́ *f*; **~sinn** *m* тупоу́мие *n*
stumpfsinnig тупоу́мный
Stunde *f* час *m*; (*Schulstunde*) уро́к *m*; ***eine halbe ~*** полчаса́; ***in e-r ~*** за час; че́рез час; ***vor e-r ~*** час наза́д
stunden отсро́чивать <-ить>
stundenlang (для́щийся) часа́ми
Stunden|lohn *m* почасова́я опла́та *f* (труда́); **~plan** *m* расписа́ние *n* уро́ков
stündlich ежеча́сный; *präd.* ежеча́сно
stur упря́мый
Sturheit *f* упря́мство *n*
Sturm *m* бу́ря *f* (*a. fig.*); (*auf See*) шторм; *Mil.* штурм; *Sp.* (*die Stürmer*) напада́ющие *n/pl.*
stürmen *v/t* штурмова́ть, брать <взять> при́ступом
Stürmer *m* напада́ющий
Sturmflut *f* штормово́й прили́в *m*
stürmisch бу́рный (*a. fig.*)
Sturmwarnung *f* штормово́е предупрежде́ние *n*
Sturz *m* паде́ние *n*; (*Absetzung*) сверже́ние *n*
stürzen *v/t* (*umkippen*) опроки́дывать <-ки́нуть>; (*absetzen*) сверга́ть <све́ргнуть>; *v/i* (*hinfallen*) па́дать <упа́сть>; ***ins Zimmer ~*** ворва́ться в ко́мнату; ***sich ~ auf*** набра́сываться <-бро́ситься> на (В)
Sturz|flug *m* пики́рование *n*; **~helm** *m* защи́тный шлем
Stute *f* кобы́ла
Stütze *f* (*Hilfe*) опо́ра; (*Stützpfeiler*) подпо́рка
stutzen *v/t* (*beschneiden*) подре́з(ыв)ать
stützen подпира́ть <-пере́ть>; ***sich ~*** опира́ться <опере́ться> (***auf*** на В)
stutzig: ***j-n ~ machen*** вызыва́ть <вы́звать> недоуме́ние у кого́-либо; ***~ werden*** настора́живаться <-сторожи́ться>
Stützpunkt *m* опо́рная ба́за *f*
Sub'jekt *n* субъе́кт *m*; *Gr.* подлежа́щее
subjek'tiv субъекти́вный
Substantiv *n* (и́мя) существи́тельное

Sub'stanz *f* субста́нция; (*Inhalt*) содержа́ние *n*
sub'til то́нкий
subtra'hieren вычита́ть <вы́честь> (***von*** из Р)
Subtrakti'on *f* вычита́ние *n*
Subventi'on *f* субве́нция, субси́дия
subventio'nieren субсиди́ровать (*im*)*pf.*
subver'siv подрывно́й
Suche *f* по́иск *m*, ро́зыск *m*
suchen иска́ть
Sucher *m Fot.* видоиска́тель *m*
Sucht *f* (боле́зненное) пристра́стие *n*; *Med.* наркома́ния
süchtig страда́ющий наркома́нией
süddeutsch южнонеме́цкий
Süden *m* юг; ***nach*** ~ на юг; ***von*** ~ с ю́га
Südfrüchte *f/pl.* ю́жные плоды́ *m/pl.*
südlich ю́жный
Süd'ost(en) *m* юго-восто́к
Südpol *m* ю́жный по́люс
Süd'west(en) *m* юго-за́пад
Suffix *n* су́ффикс *m*
sukzes'siv постепе́нный
Sultan *m* султа́н
Sülze *f* сту́день *m*
sum'marisch сумма́рный
Summe *f* су́мма
summen *v/i* жужжа́ть; *v/t Lied* напева́ть (вполго́лоса)
sum'mieren сумми́ровать (*im*)*pf.*
Sumpf *m* боло́то *n*; **~gas** *n* боло́тный газ *m*
sumpfig боло́тистый, то́пкий
Sünde *f* грех *m*
Sündenbock F *m* козёл отпуще́ния
Sünder(in *f*) *m* гре́шник (-ица *f*)
sündigen <со>греши́ть
super F первокла́ссный
Super|lativ *m Gr.* превосхо́дная сте́пень *f*; **~markt** *m* суперма́ркет
Suppe *f* суп *m*
Suppen|schüssel *f* супова́я ми́ска; **~teller** *m* глубо́кая таре́лка *f*
Surfbrett *n* сёрфер *m*
Surfer(in *f*) *m* сёрфинги́ст(ка *f*)
surfen *Sp.* занима́ться сёрфингом; *im Internet* занима́ться по́иском информа́ции в Интерне́те, путеше́ствовать по Интерне́ту
su'spekt подозри́тельный
suspen'dieren (вре́менно) отстраня́ть <-ни́ть> (***vom Amt*** от до́лжности)
süß сла́дкий
süßen *v/t* <по>сласти́ть
Süßigkeit *f* сла́дость *f*
Süßkirsche *f* чере́шня
süßlich сладкова́тый
süßsauer кислосла́дкий
Süß|speise *f* сла́дкое (блю́до) *n*; **~stoff** *m* сахари́н; **~wasser** *n* пре́сная вода́ *f*
Sym'bol *n* си́мвол *m*
sym'bolisch символи́ческий
symboli'sieren символизи́ровать (*im*)*pf.*
Symme'trie *f* симметри́я
sym'metrisch симметри́ческий, симметри́чный
Sympa'thie *f* симпа́тия
Sympathi'sant(in *f*) *m* сочу́вствующий (-щая *f*)
sym|'pathisch симпати́чный; **~pathi'sieren** симпатизи́ровать (***mit*** Д)
Symp'tom *n* симпто́м *m*
Syna'goge *f* синаго́га
syn'chron синхро́нный
synchroni'sieren синхронизи́ровать (*im*)*pf.*; *Film* дубли́ровать
Sy'node *f* сино́д *m*
syno'nym синоними́чный, синоними́ческий
Syno'nym *n* сино́ним *m*
Syntax *f* си́нтаксис *m*
Syn'these *f* си́нтез *m*
Syphilis *f* си́филис *m*
Syrien *n* Си́рия *f*
syrisch сири́йский
Sy'stem *n* систе́ма *f*
syste'matisch системати́ческий
Szene *f* сце́на (*a. fig.*); ***j-m e-e ~ machen*** зака́тывать <-кати́ть> кому́-либо сце́ну

T

Tabak *m* таба́к
Tabakspfeife *f* (кури́тельная) тру́бка
Tabakwaren *f/pl.* таба́чные изде́лия *n/pl.*
tabellarisch в ви́де табли́цы
Ta'belle *f* табли́ца
Ta'blett *n* подно́с *m*; **~e** *f* табле́тка
Ta'bu *n* табу́ *n* (*unv.*)
Tacho'meter *m* тахо́метр
Tadel *m* порица́ние *n*
tadellos безукори́зненный, безупре́чный
tadeln осужда́ть <осуди́ть >
Tafel *f* (*Wandtafel*) доска́; (*Schokolade*) пли́тка; (*gedeckter Tisch*) (пра́здничный) стол *m*
Tag *m* день *m*; (*24 Stunden*) су́тки *pl.*; ***guten ~!*** до́брый день!, здра́вствуй(те)!; ***den ganzen langen ~*** день-деньско́й; ***dieser ~e*** на днях; ***eines ~es*** одна́жды; ***~ für ~*** изо дня́ в день; ***in wenigen ~en*** че́рез не́сколько дней
tag'aus: ~ *tagein* изо дня́ в день
Tage|bau *m Bgb.* разрабо́тка *f* откры́тым спо́собом; (*Grube*) карье́р; **~buch** *n* дневни́к *m*
tagelang *Adv.* це́лыми дня́ми
tagen (*e-e Sitzung abhalten*) заседа́ть
Tagesanbruch *m* рассве́т; ***bei ~*** на рассве́те
Tages|gespräch *n* те́ма *f* дня; **~licht** *n* дневно́й свет *m*
Tagesordnung *f* пове́стка дня; ***auf die ~ setzen*** включи́ть в пове́стку дня
Tages|zeit *f* вре́мя *n* дня; **~zeitung** *f* (дневна́я) газе́та
täglich ежедне́вный
tagsüber в тече́ние дня
Tagung *f* конфере́нция; (*Sitzung*) заседа́ние *n*
Taiga *f* тайга́
Taille *f* та́лия
Takt *m* такт; ***im ~*** в такт; **~gefühl** *n* чу́вство та́кта
Taktik *f* та́ктика
takt|isch такти́ческий; **~los** беста́ктный
Taktlosigkeit *f* беста́ктность *f*
taktvoll такти́чный
Tal *n* доли́на *f*
Ta'lent *n* тала́нт *m*
talen'tiert тала́нтливый
Talg *m* са́ло *n*
Talisman *m* талисма́н
Talk-Show *f* то́к-шоу *n*
Talsperre *f* водохрани́лище *n*
Tampon *m* тампо́н
Tan'gente *f* каса́тельная
Tango *m* та́нго *n*
Tank *m Kfz.* бензоба́к
tanken *v/t* заправля́ть <-ра́вить> автомоби́ль (Т), заправля́ться <-ра́виться> (Т)
Tanker *m* та́нкер
Tank|stelle *f* (бензо)запра́вочная ста́нция; **~wagen** *m* автоцисте́рна *f*
Tanne *f* пи́хта
Tannen|baum *m* рожде́ственская ёлка *f*; **~grün** *n* пи́хтовый ла́пник *m*; **~nadeln** *f/pl.* пи́хтовая хво́я *f*; **~zapfen** *m* пи́хтовая ши́шка *f*
Tante *f* тётя
Tanz *m* та́нец
tanzen (с)танцева́ть
Tänzer(in *f*) *m* танцо́р(ка *f*)
Tanz|kapelle *f* танцева́льный орке́стр *m*; **~musik** *f* танцева́льная му́зыка; **~schule** *f* шко́ла та́нцев; **~stunde** *f* уро́к *m* та́нцев
Ta'pete *f* обо́и *pl.*
tape'zieren окле́и(ва)ть обо́ями
tapfer хра́брый, отва́жный
Tapferkeit *f* хра́брость *f*, отва́га
Ta'rif *m* тари́ф; **~autonomie** *f* тари́фная автоно́мия; **~vertrag** *m* тари́фный догово́р
tarnen <за>маскирова́ть
Tarnung *f* маскиро́вка
Tasche *f* (*in Kleidung*) карма́н *m*; (*Einkaufstasche*) су́мка
Taschen|buch *n Typ.* по́кетбук *m*; **~dieb** *m* карма́нный вор; **~geld** *n* карма́нные де́ньги *pl.*; **~lampe** *f* карма́нный фона́рик *m*; **~messer** *n* перочи́нный нож *m*; **~rechner** *m*

калькуля́тор; **~tuch** *n* носово́й плато́к *m*
Tasse *f* ча́шка
Tast|a'tur *f* клавиату́ра; **~e** *f* кла́виша
Tastsinn *m* осяза́ние *n*
tat → ***tun***
Tat *f* посту́пок *m*; ***in der ~*** действи́тельно, в са́мом де́ле
taten → ***tun***
tatenlos безде́ятельный; ***~ zusehen*** безуча́стно смотре́ть на (В)
Täter(in *f*) *m* (*der/die Schuldige*) вино́вник (-ица *f*); *Jur.* престу́пник (-ница *f*)
tätig де́ятельный; *Vulkan*: де́йствующий; ***~ sein*** де́йствовать; рабо́тать (***als*** Т)
Tätigkeit *f* де́ятельность *f*
Tatkraft *f* эне́ргия
tatkräftig энерги́чный
tätlich: ***gegen j-n ~ werden*** применя́ть наси́лие про́тив кого́-либо
Tatort *m* ме́сто *n* преступле́ния
täto'wieren татуи́ровать (*im*)*pf.*
Tätowierung *f* татуиро́вка
Tatsache *f* факт *m*
tatsächlich 1. *Adj.* факти́ческий; **2.** *Adv.*: ***~?*** в са́мом де́ле?
Tatze *f* ла́па
Tau[1] *m* роса́ *f*
Tau[2] *n* кана́т *m*, трос *m*
taub глухо́й; *Glied*: онеме́лый
Taube *f* го́лубь *m*
taubstumm глухонемо́й
tauchen *v/t* погружа́ть <-рузи́ть>; *v/i* окуна́ться <-ну́ться>, ныря́ть <-рну́ть>
Taucher *m* ныря́льщик; (*Sporttaucher*) аквалангист; (*Berufstaucher*) водола́з; **~anzug** *m* скафа́ндр
Taucherin *f* ныря́льщица; аквалангистка
Tauchsieder *m* электрокипяти́льник
tauen та́ять; ***es taut*** та́ет
Taufe *f* креще́ние *n*; (*Feier*) крести́ны *pl.*
taufen <о>крести́ть
taugen годи́ться, быть (при)го́дным (***für, zu*** для Р, на В); ***das taugt nichts*** э́то никуда́ не годи́тся
tauglich (при)го́дный
taumeln шата́ться
Tausch *m* обме́н
tauschen *v/t* меня́ть, обме́нивать <-ня́ть> (***gegen*** на В); (*Blicke, Plätze*) обме́ниваться <-ня́ться> (Т)
täuschen вводи́ть <ввести́> в заблужде́ние, обма́нывать <-ну́ть>; ***sich ~*** обма́нываться <обману́ться> (***in*** в П)
täuschend: ***~ ähnlich*** порази́тельно похо́жий
Tausch|handel *m* менова́я торго́вля *f*; **~objekt** *n* предме́т *m* обме́на
Täuschung *f* введе́ние *n* в заблужде́ние, обма́н *m*
tausend ты́сяча; **~fach** тысячекра́тный; **~ste** ты́сячный
Tauwetter *n* о́ттепель *f*
Taxi *n* такси́ *n*; **~fahrer(in** *f*) *m* води́тель *m* такси́
Team *n* коллекти́в *m*; **~arbeit** *f* коллекти́вная рабо́та
Technik *f* те́хника; **~er(in** *f*) *m* те́хник (*a. f*)
technisch техни́ческий
Technolo'gie *f* техноло́гия
techno'logisch технологи́ческий
Teddy(bär) *m* ми́шка
Tee *m* чай; **~beutel** *m* паке́тик с ча́ем; **~gebäck** *n* пече́нье к ча́ю; **~kanne** *f* ча́йник *m*; **~löffel** *m* ча́йная ло́жка *f*
Teer *m* дёготь *m*, смола́ *f*
teeren *Straße* гудрони́ровать (*im*)*pf.*
Teesieb *n* ча́йное си́течко
Teich *m* пруд
Teig *m* те́сто *n*; **~waren** *f/pl.* макаро́нные изде́лия *n/pl.*
Teil *m* часть *f*; (*Anteil*) до́ля *f*; ***zum ~*** части́чно, отча́сти; ***zum größten ~*** бо́льшей ча́стью
teilbar дели́мый
Teilchen *n* части́ца *f*
teilen *v/t* <раз>дели́ть; ***sich ~*** (*Meinungen*) разделя́ться <-дели́ться>
Teilhaber|(in *f*) *m* компаньо́н(ка *f*); (*Anteilseigner*) па́йщик (-ица *f*); **~schaft** *f* уча́стие *n* (***an*** в П)
Teilnahme *f* уча́стие *n* (*a. fig.*)
teilnahmslos безуча́стный, равноду́шный

T

teilnehmen принима́ть <-ня́ть> уча́стие (***an*** в П)
Teilnehmer(in *f*) *m* уча́стник (-ица *f*)
teils отча́сти, части́чно
Teilung *f* разделе́ние *n*
teilweise *Adv.* части́чно, отча́сти
Teilzahlung *f* упла́та в рассро́чку; ***auf ~*** в рассро́чку
Teilzeitarbeit *f* рабо́та с непо́лным рабо́чим днём
Teint *m* цвет лица́
Telefax *n* телефа́кс *m*
Tele'fon *n* телефо́н *f*; **~buch** *n* телефо́нная кни́га *f*; **~gespräch** *n* телефо́нный разгово́р *m*
telefo'nieren <по>говори́ть по телефо́ну (***mit*** с Т); (*anrufen*) вызыва́ть <вы́звать> по телефо́ну
tele'fonisch телефо́нный
Telefo'nistin *f* телефони́стка
Telefon|nummer *f* но́мер *m* телефо́на; **~zelle** *f* телефо́нная бу́дка; **~zentrale** *f* (*in Betrieb*) коммута́тор *m*
telegraf'ieren телеграфи́ровать (*im*)*pf.*
Tele'gramm *n* телегра́мма *f*
Tele|objektiv *n* телеобъекти́в *m*; **~'skop** *n* телеско́п *m*
Telex *n* те́лекс *m*
Teller *m* таре́лка *f*
Tempel *m* храм
Tempera'ment *n* темпера́мент *m*
temperamentvoll темпера́ментный
Tempera'tur *f* температу́ра; **~anstieg** *m* повыше́ние *n* температу́ры
Tempo *n* темп *m*; **~limit** *n* ограниче́ние (максима́льной) ско́рости
Ten'denz *f* тенде́нция
Tennis *n* те́ннис *m*; **~ball** *m* те́ннисный мяч; **~platz** *m* корт; **~schläger** *m* (те́ннисная) раке́тка *f*; **~spieler(in** *f*) *m* теннкси́ст(ка *f*)
Te'nor *m* те́нор
Teppich *m* ковёр; **~boden** *m* (*Belag*) ковро́вое напо́льное покры́тие *n*; **~klopfer** *m* выбива́лка *f*
Ter'min *m* срок
Terminal *m* термина́л
Ter'minkalender *m* календа́рный план
Terminolo'gie *f* терминоло́гия
Terminus *m* те́рмин
Terpen'tinöl *n* скипида́р *m*
Ter'rasse *f* терра́са
territori'al территориа́льный
Terri'torium *n* террито́рия *f*
Terror *m* терро́р; **~anschlag** *m* террористи́ческий акт
terrori'sieren террориз(и́р)ова́ть (*im*)*pf.*
Terro'rismus *m* террори́зм
Terro'rist(in *f*) *m* террори́ст(ка *f*)
Test *m* испыта́ние *n*; *Psych.* тест
Testa'ment *n* завеща́ние; ***sein ~ machen*** сде́лать завеща́ние; *Rel.* ***das Alte ~*** Ве́тхий Заве́т *m*; ***das Neue ~*** Но́вый Заве́т *m*
testamen'tarisch завеща́тельный
testen испы́тывать <-та́ть>
Testpilot *m* лётчик-испыта́тель *m*
Tetanus *m* столбня́к
teuer дорого́й
Teuerung *f* дорогови́зна
Teufel *m* чёрт, дья́вол; ***armer ~*** бедня́га *m*; ***geh zum ~!*** ну тебя́ к чёрту!; ***weiß der ~*** одному́ чёрту изве́стно
teuflisch черто́вский, дья́вольский
Text *m* текст
Tex'til|ien, ~waren *f/pl.* тексти́льные изде́лия *n/pl.*, тексти́ль *m*
Textverarbeitung *f* обрабо́тка те́кста; **~sprogramm** *n* те́кстовый реда́ктор *m*
The'ater *n* теа́тр *m*; **~karte** *f* биле́т *m* в теа́тр; **~kasse** *f* театра́льная ка́сса; **~stück** *n* пье́са *f*
thea'tralisch театра́льный (*a. fig.*)
Theke *f* сто́йка
Thema *n* те́ма *f*; ***das ~ wechseln*** перейти́ на другу́ю те́му
the'matisch темати́ческий
Theolo|ge *m* тео́лог, богосло́в; **~'gie** *f* теоло́гия, богосло́вие *n*
theo'logisch теологи́ческий, богосло́вский
theo'retisch теорети́ческий
Theo'rie *f* тео́рия
Thera'pie *f* терапи́я
thermisch терми́ческий
Thermo|dynamik *f* термодина́мика; **~'meter** *n* термо́метр *m*
Thermosflasche *f* те́рмос *m*
Thermo'stat *m* термоста́т

These *f* тéзис *m*
Thriller *m* три́ллер
Throm'bose *f* тромбóз *m*
Thron *m* трон, престóл; **~folger(in** *f*) *m* престолонаслéдник (-ица *f*)
Thunfisch *m* тунéц
Thüringen *n* Тюри́нгия *f*
thüringisch тюри́нгский
Thymian *m* тимья́н
ticken *Uhr* ти́кать
tief глубóкий; *Ton, Temperatur*: ни́зкий; ***drei Meter ~*** глубинóй в три мéтра; ***bis ~ in die Nacht*** до пóздней нóчи; ***im ~sten Winter*** глубóкой зимóю
Tief *n Meteo.* циклóн *m*; **~bau** *m* подзéмное строи́тельство *n*; **~druckgebiet** *n Meteo.* óбласть *f* ни́зкого давлéния
Tiefe *f* глубина́
Tief|ebene *f* ни́зменная равни́на; **~flug** *m* брéющий полёт; **~gang** *m Mar.* осáдка *f*; **~garage** *f* подзéмный гарáж *m*
tief|gekühlt глубокозаморóженный; **~greifend** глубóкий
Tiefkühl|fach *n* морози́льник *m*; **~kost** *f* свежезаморóженные продýкты *m/pl.*; **~truhe** *f Hdl.* низкотемперату́рный прилáвок *m*
tiefsinnig глубокомы́сленный
Tiegel *m* (*Bratpfanne*) сковородá *f*
Tier *n* живóтное; (*Raubtier*) зверь *m*; F ***ein hohes ~*** вáжная осóба *f*; **~arzt** *m*, **~ärztin** *f* ветери́нарный врач (*a. f*); **~heim** *n* прию́т *m* для бездóмных живóтных
tierisch живóтный, звери́ный
Tierkreiszeichen *n* знак *m* зодиáка
tierlieb: ***sie ist sehr ~*** онá óчень лю́бит живóтных
Tier|medizin *f* ветеринáрия; **~park** *m* зоопáрк; **~quälerei** *f* жестóкое обращéние *n* с живóтными; **~schutzverein** *m* óбщество *n* защи́ты живóтных; **~versuch** *m* óпыт над живóтным
Tiger(in *f*) *m* тигр(и́ца *f*)
tilgen устраня́ть <-ни́ть>; *Kredit* погашáть <-гаси́ть>
Tilgung *f* (*von Schulden*) погашéние *n*
Tink'tur *f* тинктýра
Tinte *f* черни́ла *n/pl.*
Tinten|fisch *m* каракáтица *f*; **~strahldrucker** *m* струйный при́нтер
Tipp *m* совéт, указáние *n*; ***j-m e-n ~ geben*** дать комý-либо совéт
tippen¹ *v/t* <на>печáтать на (пи́шущей) маши́нке
tippen² (*vermuten*) считáть; (*Lotto*) учáствовать в лотерéе
Tippfehler *m* опечáтка *f*
Tisch *m* стол; ***am ~*** за столóм; ***den ~ decken*** накрывáть на стол; **~decke** *f* скáтерть *f*; **~lampe** *f* настóльная лáмпа
Tisch|ler *m* столя́р; **~le'rei** *f* столя́рная мастерскáя
Tisch|tennis *n* настóльный тéннис *m*; **~tuch** *n* скáтерть *f*
Ti'tan *n Chem.* титáн *m*
Titel *m* ти́тул; (*Ehrentitel*) звáние *n*; (*Buchtitel*) заглáвие *n*; **~blatt** *n Typ.* ти́тульный лист *m*
Titelseite *f* ти́тульная страни́ца; пéрвая полосá; ***auf der ~*** на пéрвой страни́це
Toast¹ *m* (*Trinkspruch*) тост
Toast² *m* тост; **~er** *m* тóстер
toben нейстовствовать; *Sturm* свирéпствовать
Tochter *f* дочь *f*; **~gesellschaft** *f* дочéрняя компáния
Tod *m* смерть *f*
tod'ernst крáйне серьёзный
Todes|angst *f* смертéльный страх *m*; **~anzeige** *f* извещéние *n* о смéрти; **~fall** *m* смéртный слýчай; **~kandidat** *m* смéртник; **~opfer** *n* поги́бший (-шая *f*), (человéческая) жéртва *f*; **~strafe** *f* смéртная казнь *f*; **~ursache** *f* причи́на смéрти; **~urteil** *n* смéртный пригóвóр *m*
todkrank смертéльно больнóй
tödlich смертéльный
tod|müde смертéльно устáлый; **~sicher** несомнéнный
Toilette *f* туалéт *m*
Toi'lettenpapier *n* туалéтная бумáга *f*
tole'rant толерáнтный, терпи́мый
Tole'ranz *f* толерáнтность *f*, терпи́мость
toll (*nicht bei Sinnen*) сумасшéдший; (*großartig*) потрясáющий

T

Tollwut *f* бе́шенство *n*
Tollpatsch *m* недотёпа *m/f*
To'mate *f* помидо́р *m*; **~nmark** *n* тома́т-пюре́, тома́тная па́ста *f*; **~saft** *m* тома́тный сок
Tombola *f* вещева́я лотере́я
Ton[1] *m* (*Sediment*) гли́на *f*
Ton[2] *m* тон; (*Klang*) звук; *fig.* ***den ~ angeben*** задава́ть тон; **~art** *f* тона́льность *f*
Tonband *n* магнитофо́нная ле́нта *f*; **~gerät** *n* магнитофо́н *m*
tönen *v/i* (*klingen*) звуча́ть, раздава́ться; *v/t* (*färben*) подкра́шивать <-кра́сить>
Ton|film *m* звуково́й фильм; **~leiter** *f* га́мма
Ton'nage *f* тонна́ж *m*
Tonne[1] *f* (*Fass*) бо́чка
Tonne[2] *f* (*Maß*) то́нна
Topf *m* (*Kochtopf*) кастрю́ля *f*; (*aus Ton*) горшо́к
Töpfer *m* горше́чник, гонча́р; **~'ei** *f* гонча́рство *n*; (*Werkstatt*) гонча́рня *f*
Topfpflanze *f* горшо́чное расте́ние *n*
Tor[1] *m* (*Narr*) глупе́ц
Tor[2] *n* воро́та *pl.*; ***ein ~ schießen*** забива́ть <-би́ть> гол
Torf *m* торф; **~mull** *m* торфяна́я кро́шка *f*
Torheit *f* глу́пость *f*
töricht неразу́мный, безу́мный
Tormann *m* врата́рь *m*
torpe'dieren торпеди́ровать (*im*)*pf.*
Tor'pedo *m* торпе́да *f*; **~boot** *n* миноно́сец *m*
Torschütze *m* игро́к, заби́вший гол
Torte *f* торт *m*
Tor'tur *f* пы́тка
Torwart *m Sp.* врата́рь *m*
tot мёртвый
to'tal тота́льный, по́лный
totali'tär тоталита́рный
Tote *m/f* мёртвый (-вая *f*), мертве́ц; (*gefallen*) уби́тый (-тая *f*)
töten уби́(ва́)ть
Toten|kopf *m* мёртвая голова́ *f*; **~schein** *m* свиде́тельство *n* о сме́рти; **~stille** *f* мёртвая тишина́
Totschlag *m* уби́йство *n*
Toupet *n* накла́дка *f*, пари́к *m*
Tour *f Tech.* оборо́т *m*; (*Fahrt*) пое́здка
Tourenrad *n* тури́стский велосипе́д *m*
Tou'ris|mus *m* тури́зм; **~t(in** *f*) *m* тури́ст(ка *f*)
touristisch тури́стский
Tournee *f* турне́ *n*
toxisch токси́ческий
Trab *m* рысь *f*; ***im ~*** ры́сью
traben <по>бежа́ть ры́сью
Tracht *f* костю́м *m*, наря́д *m*
trächtig бере́менная
Traditi'on *f* тради́ция
tradition'ell традицио́нный
traf → ***treffen***
Trafo *m* трансформа́тор
tragbar (*annehmbar*) прие́млемый
Trage *f* носи́лки *pl.*
träge вя́лый; *Phys.* ине́ртный
tragen <по>нести́, носи́ть; *Brille, Kleidung* носи́ть; *Verantwortung, Kosten* нести́; ***bei sich ~*** име́ть при себе́; *v/i Eis*: держа́ть
Träger *m* (*Arbeiter*) носи́льщик; (*am Kleid*) брете́лька *f*; **~rakete** *f* раке́та-носи́тель *f*
Tragfähigkeit *f* грузоподъёмность *f*
Tragfläche *f Flgw.* крыло́ *n*; **~nboot** *n* су́дно на подво́дных кры́льях
Trägheit *f* вя́лость *f*; *Phys.* ине́ртность *f*
Tragik *f* траги́зм *m*, траги́чность *f*
tragisch траги́ческий, траги́чный
Traglufthalle *f* надувно́й павильо́н *m*
Tra'gödie *f* траге́дия
Tragweite *f* (*Reichweite*) дальнобо́йность *f*; (*Auswirkung*) значе́ние *n*
Trainer(in *f*) *m* тре́нер
train'ieren <на>тренирова́ть(ся *v/i*)
Training *n* трениро́вка *f*
Trainingsanzug *m* спорти́вный костю́м
Traktor *m* тра́ктор
trampeln то́пать; ***zu Tode ~*** затопта́ть на́смерть
trampen путеше́ствовать автосто́пом
Trampolin *n* бату́т *m*
Tran *m* ры́бий жир
Trance *f* транс *m*

Träne *f* слеза́; ***ihm kamen die ~n*** он прослези́лся
Tränengas *n* слезоточи́вый газ
trank → ***trinken***
Tränke *f* водопо́й *m*
Trans|aktion *f* транса́кция; **~'fer** *m Fin.* трансфе́р(т); **~for'mator** *m* трансформа́тор; **~fusi'on** *f Med.* перелива́ние *n*
Tran'sistor *m* транзи́стор
Transit *m* транзи́т; **~raum** *m* зал ожида́ния для транзи́тных пассажи́ров; **~visum** *n* транзи́тная ви́за *f*
Transkripti'on *f* транскри́пция
transpa'rent прозра́чный
Trans|plantati'on *f* переса́дка; **~'port** *m* тра́нспорт; **~'portunternehmen** *n* тра́нспортная конто́ра *f*
transpor'tieren транспорти́ровать (*im*)*pf.*
Transve'stit *m* трансвести́т
Tra'pez *n* трапе́ция *f*
trat → ***treten***
Traube *f* гроздь *f*; *pl. a.* виногра́д *m*; **~nsaft** *m* виногра́дный сок; **~nzucker** *m* виногра́дный са́хар
trauen *v/t* <за>регистри́ровать брак (Р), (*kirchlich*) <об>венча́ть; *v/i* <по>ве́рить, доверя́ть; ***sich ~*** (*wagen*) осме́ли(ва)ться; ***sich ~ lassen*** зарегистри́ровать (свой) брак, (*kirchlich*) обвенча́ться
Trauer *f* скорбь *f*, печа́ль *f*; (*um e-n Toten*) тра́ур *m*; **~feier** *f* тра́урная церемо́ния
trauern скорбе́ть, горева́ть (***um*** о П)
Trauer|spiel *n* траге́дия *f*; **~weide** *f* плаку́чая и́ва
Traum *m* сон; (*Wunsch*) мечта́ *f*
Trauma *n* тра́вма *f*
träumen ви́деть во сне; (*schwärmen*) мечта́ть; ***das hätte ich mir nicht ~ lassen*** э́то мне и во сне не сни́лось
Träum|er(in *f*) *m* мечта́тель(ница *f*) *m*; **~e'rei** *f mst pl.* мечты́ *f/pl.*
träumerisch мечта́тельный
traumhaft: *~ schön* ска́зочно краси́вый
traurig печа́льный, гру́стный; (*erbärmlich*) жа́лкий
Traurigkeit *f* печа́ль *f*, грусть *f*
Trau|ring *m* обруча́льное кольцо́ *n*; **~schein** *m* свиде́тельство *n* о бра́ке; **~ung** *f* бракосочета́ние *n*, (*kirchlich*) венча́ние *n*
Trecker *m* тра́ктор
treffen попада́ть <-па́сть> (в В); *Schuss*: поража́ть <-рази́ть>; (*begegnen*) встреча́ть <-ре́тить>; ***sich ~ mit*** встреча́ться <-ре́титься> (с Т); ***es trifft sich gut, dass ...*** (э́то) хорошо́, что ...
Treffen *n* (*Begegnung*) встре́ча *f*
treffend ме́ткий
Treffer *m* попада́ние *n*; (*Einschuss*) пробо́ина *f*; *fig.* вы́игрыш
Treffpunkt *m* ме́сто *n* встре́чи
treffsicher ме́ткий
treiben *v/t* <по>гна́ть; (*drängen*) понужда́ть <-у́дить>; *Knospen* пуска́ть <-сти́ть>; ***Handel ~*** вести́ торго́влю; ***Sport ~*** занима́ться спо́ртом; ***was treibst du?*** что поде́лываешь?; *v/i auf dem Wasser*: плыть, дрейфова́ть; ***sich ~ lassen*** *fig.* плыть по тече́нию
Treiben *n* (*geselliges*) су́толока *f*
Treibhaus *n* тепли́ца *f*; **~effekt** *m* парнико́вый эффе́кт
Treibstoff *m* горю́чее *n*
Trend *m* тенде́нция *f*, тренд
trennen разделя́ть <-ли́ть>; (*Familie*) разъединя́ть <-ни́ть>; ***sich ~*** расста́(ва́)ться; *Ehepaar*: расходи́ться <разойти́сь>
Trennung *f* от-, раз-деле́ние *n*; разъедине́ние *n*; (*Scheidung*) расторже́ние *n*
trepp|'ab вниз по ле́стнице; **~'auf** вверх по ле́стнице
Treppe *f* ле́стница
Treppen|absatz *m* ле́стничная площа́дка *f*; **~geländе** *n* пери́ла *f* (ле́стницы); **~haus** *n* ле́стничная кле́тка *f*
Tre'sor *m* сейф
treten *v/i* ступа́ть <-пи́ть> (***an*** к Д); (*den Fuß darauf setzen*) наступа́ть <-пи́ть> (***auf*** на В); *fig.* ***auf der Stelle ~*** топта́ться на ме́сте; ***j-m zu nahe ~*** оби́деть кого́-либо; *v/t* (*e-n Tritt versetzen*) ударя́ть <уда́рить> ного́й
treu ве́рный; (*ergeben*) пре́данный

T

Treue *f* вéрность *f*
Treuhänder *m* опекýн
treuherzig простодýшный
Tri'büne *f* трибýна
Trichter *m* ворóнка *f*
Trick *m* трюк; **~film** *m* мультипликациóнный фильм
trieb → ***treiben***
Trieb *m* инстúнкт; *Bot.* побéг; **~feder** *f* пружúна (*a. fig.*); **~kraft** *f fig.* двúжущая сúла; **~wagen** *m* motóрный вагóн; **~werk** *n* приводнóй механúзм *m*; *Flgw.* двúгатель *m*
trifft → ***treffen***
triftig вéский; ***ein ~er Grund*** уважúтельная причúна
Trigonome'trie *f* тригономéтрия
Trikot *n* (*Turnhemd*) мáйка *f*; **~agen** *f/pl.* трикотáж *m*
Trillerpfeife *f* сигнáльный свистóк *m*
trinken *v/t* пить, выпивáть <вы́пить>
Trink|er(in *f*) *m* пья́ница *m/f*; **~geld** *n* чаевы́е *pl.*; **~spruch** *m* тост; **~wasser** *n* питьевáя водá *f*
Trio *n* трúо
trist уны́лый
tritt → ***treten***
Tritt *m* (*Fußtritt*) пинóк; (*Stufe*) поднóжка *f*; **~brett** *n* поднóжка *f*
Tri'umph *m* триýмф
triumphal триумфáльный
Triumphbogen *m* триумфáльная áрка *f*
trium'phieren торжествовáть (***über*** над Т)
trivi'al тривиáльный
trocken сухóй
Trockenheit *f* сýхость *f*
trockenlegen *Sumpf* осушáть <-шúть>; *Baby* перепелёнывать <-ленáть>
trocknen *v/t* <вы́>сушúть, просýшивать <-шúть>; *Pflanze* засýшивать <-шúть>; *v/i* <вы́>сóхнуть, <вы́>сушúться
Trockner *m* сушúлка *f*
Trödel *m* вéтошь *f*, старьё *n*
trödeln F копáться
Trog *m* коры́то *n*
Trommel *f* барабáн *m*; **~bremse** *f* барабáнный тóрмоз *m*; **~fell** *n* *Anat.* барабáнная перепóнка *f*
trommeln барабáнить
Trommler(in *f*) *m* барабáнщик (-ица *f*)
Trom'pete *f* трубá; ***~ blasen*** игрáть на трубé; **~r** *m* трубáч
Tropen *pl.* трóпики *m/pl.*
Tropf *m Med.* кáпельница *f*
tropfen <на>кáпать; ***ihm tropft die Nase*** у негó течёт нос
Tropfen *m* кáпля *f*
Tro'phäe *f* трофéй *m*
tropisch тропúческий
Trost *m* утешéние *n*; ***zum ~*** в утешéние
trösten утешáть <утéшить> (***sich*** -ся)
tröstlich утешúтельный
trostlos безотрáдный; *Gegend* уны́лый
Trostpreis *m* утешúтельный приз
Trottel *m* простофúля *f*
trotz *Prp.* несмотря́ на (В)
Trotz *m* упря́мство *n*
trotzdem 1. *Adv.* несмотря́ на э́то, всё-таки; **2.** *Kj.* хотя́, несмотря́ на то, что
trotzig упря́мый
trüb(e) мýтный; *Wetter*: пáсмурный; *Gedanken* мрáчный
Trubel *m* сýтолока *f*
trüben мутúть; взмýчивать <-мутúть>; *Stimmung* омрачáть <-чúть>
Trübsal *f*: ***~ blasen*** хандрúть
trüb|selig печáльный; **~sinnig** уны́лый
trug → ***tragen***
trügen обмáнывать <-нýть>
trügerisch обмáнчивый
Trugschluss *m* лóжное заключéние *n*
Truhe *f* сундýк *m*, ларь *m*
Trümmer *pl.* (*Ruinen*) развáлины *f/pl.*; **~haufen** *m* грýда *f* развáлин
Trumpf *m* кóзырь *m*
Trunkenheit *f* опьянéние *n*
Trunksucht *f* пья́нство *n*
Trupp *m* грýппа *f*, *Mil.* комáнда *f*; **~e** *f Thea.* трýппа; *Mil.* áрмия *f*, (*Truppenteil*) вóинская часть *f*
Truppen|teil *m* вóинская часть *f*; **~übungsplatz** *m* учéбный полигóн
Truthahn *m* индю́к
Tscheche *m* чех

T

Tschechien *n* Чéхия *f*
Tschechin *f* чéшка
tschechisch чéшский
T-Shirt *n* водолáзка *f*
Tube *f* тю́бик *m*
Tuberku'lose *f* туберкулёз *m*
Tuch *n* сукнó; (*Kopftuch*) платóк *m*
tüchtig *Pers.* цéльный; (*gehörig*) дóбрый; (*fleißig*) прилéжный
Tüchtigkeit *f* дéльность *f*; (*körperlich*) выносливость *f*; (*Fleiß*) прилéжность
Tücke *f* ковáрство *n*
tückisch ковáрный
Tugend *f* добродéтель *f*
tugendhaft добродéтельный
Tulpe *f* тюльпáн *m*
tummeln: ***sich*** ~ резви́ться
Tumor *m* óпухоль *f*
Tümpel *m* небольшóй пруд
Tu'mult *m* столпотворéние *n*
tun <с>дéлать; *Pflicht* выполня́ть <вы́полнить>; ***ich habe viel zu*** ~ я óчень зáнят(á), у меня́ мнóго дел; ***er hat nichts zu*** ~ емý нéчего дéлать
Tundra *f* тýндра
Tuner *m Rdf.* тю́нер
Tunke *f* сóус *m*
Tunnel *m* туннéль *m*
Tupfer *m* тампóн
Tür *f* дверь *f*; ***hinter verschlossenen*** ~***en*** при закры́тых дверя́х; ***j-n vor die*** ~ ***setzen*** вы́швырнуть когó-либо за дверь
Tur'bine *f* турби́на
turbu'lent *fig.* бýрный
Tür|flügel *m* ствóрка *f* двéри; **~klinke** *f* дверня́я рýчка
Türke *m* тýрок
Türkei *f* Тýрция
Türkin *f* турчáнка
türkisch турéцкий
tür'kisfarben бирюзóвый
Turm *m* бáшня *f*; (*Schach*) ладья́ *f*
türmen *v/t* (*aufhäufen*) нагромождáть <-моздúть>; *v/i* (*fliehen*) удирáть <удрáть>
Turmuhr *f* бáшенные часы́ *m/pl.*
turnen *v/i* занимáться гимнáстикой
Turnen *n* спорти́вная гимнáстика *f*
Turner(in *f*) *m* гимнáст(ка *f*)
Turn|halle *f* гимнасти́ческий зал *m*; **~hemd** *n* мáйка *f*; **~hose** *f* трусы́ *pl.*
Tur'nier *n* турни́р *m*
Turn|schuhe *m/pl.* спорти́вные тáпочки *f/pl.*; **~übung** *f* гимнасти́ческое упражнéние *n*
Tusche *f* тушь *f*
tuscheln шептáться
Tüte *f* пакéт *m*; (*trichterförmige*) кулёк *m*
tuten гудéть
Typ *m* тип; **~e** *f Typ.* ли́тера *f*
Typhus *m* тиф
typisch типи́чный
typo'graphisch типогрáфский
Ty'rann *m* тирáн
tyranni'sieren тирáнить

U

U-Bahn *f* метрó *n*; **~-Station** *f* стáнция метрó
übel дурнóй; ***ihr ist*** ~ ей дýрно; ***j-m et.*** ~ ***nehmen*** обижáться <оби́деться> на когó-либо за чтó-либо
Übel *n* зло; **~keit** *f* дурнотá, тошнотá
Übeltäter(in *f*) *m* злодéй(ка *f*)
üben *v/i* упражня́ться; *v/t* разýчивать <-учи́ть>
über[1] *Prp.* **1.** (*wo*) над (Т); ~ ***dem Tisch*** над столóм; ~ ***dem Anzug*** (*tragen*) поверх костю́ма; **2.** (*wohin?*) на (В), повéрх (Р); чéрез (В); ~ ***den Kopf*** (*stülpen*) нá голову; ~ ***den Fluss*** чéрез рекý; ~ ***Null*** вы́ше нуля́
über[2] *Adv.*: (*mehr als*) свы́ше; ~ ***tausend*** свы́ше ты́сячи
über'all вездé, (по)всю́ду

über'anstrengen перенапряга́ть <-ря́чь> (***sich*** -ся)

über'arbeiten перераба́тывать <-бо́тать>, переде́л(ыв)ать; ***sich ~*** переутомля́ться <-ми́ться>; перетруди́ться *pf.*; ***er ist völlig überarbeitet*** он совсе́м зарабо́тался

überaus весьма́

Über|bau *m* надстро́йка *f*; **~beanspruchung** *f* перегру́зка; **~bevölkerung** *f* перенаселе́ние *n*

über'bieten (*bei Versteigerung*) предлага́ть <-ложи́ть> бо́лее высо́кую це́ну; (*übertreffen*) превосходи́ть <-взойти́>

Über|bleibsel *n* оста́ток *m*; **~blick** *m* обзо́р

über|'blicken обозре́(ва́)ть; **~'bringen** переда́(ва́)ть; **~'brücken** *Widersprüche* сгла́живать <-ла́дить>; *Zeitraum* <с>корота́ть; **~'dauern** пережи́(ва́)ть; **~'denken** проду́м(ыв)ать

Über|dosis *f* чрезме́рная до́за; **~druck** *m* давле́ние *n* сверх норма́льного; **~druss** *m* пресыще́ние *n*

überdrüssig: ~ *werden* надоеда́ть <-е́сть>

über|durchschnittlich вы́ше сре́днего (у́ровня); *Leistung*: незауря́дный; **~eifrig** чересчу́р усе́рдный

überein'ander (*hängen*) оди́н над други́м; (*reden*) друг о дру́ге; (*herfallen*) друг на дру́га

über'einkommen догова́риваться <-вори́ться>

Über'einkunft *f* соглаше́ние *n*, договорённость *f*

über'einstimmen быть согла́сным; *Meinungen*: совпада́ть <-па́сть>

Über'einstimmung *f* единоду́шие *n*, согла́сие *n*; совпаде́ние *n*

überempfindlich чрезме́рно чувстви́тельный

über'fahren переезжа́ть <-е́хать>

Über|fahrt *f* перее́зд *m*, перехо́д *m* (по мо́рю); **~fall** *m* набе́г, налёт

über'fallen *v/t* напада́ть <-па́сть> (на В)

überfällig просро́ченный; ***~ sein*** запа́здывать

über|'fliegen *v/t* (*flüchtig lesen*) пробега́ть <-бежа́ть> (глаза́ми); **~'flügeln** превосходи́ть <-взойти́>

Überfluss *m* избы́ток, изоби́лие *n*; ***im ~*** в изоби́лии

überflüssig (из)ли́шний

über'fordern тре́бовать сли́шком мно́гого

über'führen *Täter* улича́ть <-чи́ть> (в П)

Über|'führung *f* (*Brücke*) путепрово́д *m*; *Jur.* изобличе́ние *n*; **~gabe** *f* переда́ча; **~gang** *m* перехо́д

Übergangsmantel *m* демисезо́нное пальто́ *n*

über'geben¹ переда́(ва́)ть

über'geben²: *er hat sich ~* его́ стошни́ло

übergehen¹ переходи́ть <перейти́>

über'gehen² (*nicht beachten*) обходи́ть <обойти́>

übergeordnet вышестоя́щий

Übergewicht *n* ли́шний/избы́точный вес *m*

über|greifen (*sich ausbreiten*) распространя́ться <-ни́ться> (***auf*** на В); **~'häufen** зава́ливать <завали́ть>, засыпа́ть <-ы́пать>

über'haupt вообще́; ***~ nicht*** совсе́м не

über'heblich самонаде́янный; надме́нный

über'holen (*schneller laufen*) обгоня́ть <обогна́ть>; (*reparieren*) <от>ремонти́ровать

Über'holspur *f* полоса́ обго́на

über'holt (*veraltet*) устаре́лый

Über'holverbot *n* запреще́ние обго́на

über'hören недослы́шать *pf.*, пропуска́ть <-сти́ть> ми́мо уше́й

überkochen перекипа́ть <-пе́ть>

über'lassen предоставля́ть <-та́вить>; ***j-n s-m Schicksal ~*** бро́сить кого́-либо на произво́л судьбы́

über'lasten перегружа́ть <-грузи́ть>

überlaufen¹ перели́(ва́)ться че́рез край; (*zum Feind*) перебега́ть <-бежа́ть>

über'laufen²: *es überlief ihn kalt* мурáшки забéгали по егó спинé; (***stark***) ***~ sein*** быть перепóлненным
über'leben *v/t* пережи́(вá)ть (*a. j-n*); *v/i* (*am Leben bleiben*) вы́жи(вá)ть
Über'lebende(r) остáвшийся (-шаяся *f*) в живы́х
über'legen¹ обдýм(ыв)ать; ***es sich anders ~*** передýмать *pf.*
über'legen² *Adj.*: ***j-m ~ sein*** быть сильнéе когó-либо
Über'legenheit *f* превосхóдство *n*
Über'legung *f* размышлéние *n*; (*Erwägung*) соображéние *n*
Über'lieferung *f* предáние *n*
Übermacht *f* превосхóдство *n*; ***in der ~ sein*** имéть превосхóдство в си́ле
übermäßig чрезмéрный
über'mitteln перед(ав)áть
über|morgen послезáвтра; **~'müdet** переутомлённый
Übermut *m* озорствó *n*, баловствó *n*
übermütig озорнóй, шаловли́вый
über'nachten переночевáть
Über'nachtung *f* ночёвка, ночлéг *m*
Übernahme *f* приём *m*
übernatürlich сверхъестéственный
über'nehmen принимáть <-ня́ть>; ***sich ~*** брать <взять> на себя́ сли́шком мнóго
über'prüfen (пере)проверя́ть <(пере)провéрить>
Über'prüfung *f* провéрка, пересмóтр *m*
über|'queren пересекáть <-сéчь>; **~'ragend** выдаю́щийся; **~'raschen** *v/t* удивля́ть <-ви́ть>; (*ertappen*) захвáтывать <-ти́ть>
Über'raschung *f* (*Erstaunen*) удивлéние *n*; (*Geschehen, Sache*) сюрпри́з *m*
über|'reden уговáривать <-вори́ть>; **~'reichen** вручáть <-чи́ть>; **~'rumpeln** *Gegner* нападáть <-пáсть> врасплóх (на В); **~'runden** *Sp.* обгоня́ть <обогнáть> на круг
über'sättigt пресы́щенный
Überschallgeschwindigkeit *f* сверхзвуковáя скóрость *f*
über|'schätzen переоцéнивать <-ни́ть>; **~'schaubar** обозри́мый
über'schlagen *Kosten* приблизи́тельно рассчи́тывать <-тáть>; ***sich ~*** перекувы́ркиваться <-выр(к)нýться>; *Ereignisse*: стреми́тельно развивáться
über'schneiden: *sich ~* пересекáться <-сéчься>; *zeitl.* совпадáть <-пáсть> по врéмени
über'schreiten *v/t* переходи́ть <перейти́> (чéрез В); *Befugnisse, Geschwindigkeit* превышáть <-вы́сить>; *Regel* преступáть <-пи́ть>
Über|schrift *f* заголóвок *m*; **~schuss** *m* избы́ток; (*Reingewinn*) чи́стая при́быль *f*
überschüssig избы́точный, (из-) ли́шний
über'schwemmen затопля́ть <-топи́ть>; *fig.* наводня́ть <-ни́ть>
Über'schwemmung *f* затоплéние *n*, наводнéние *n*
Übersee *f*: ***nach ~*** за океáн
über|'sehen (*nicht sehen*) не замечáть <-мéтить>; **~'senden** перес(ы)лáть; **~'setzen** переводи́ть <-вести́>
Über'setz|er(in *f*) *m* перевóдчик (-ица *f*); **~ung** *f* перевóд *m* (***aus dem Deutschen ins Russische*** с немéцкого на рýсский язы́к)
Übersicht *f* обзóр *m*
über|sichtlich нагля́дный; **~'spitzt** утри́рованный
über|'springen *v/t* перепры́гивать <-гнуть>; **~'stehen** переноси́ть <-нести́>; **~'steigen** *v/t Zaun* перелезáть <-лéзть> (чéрез В); (*Kräfte, Ausgaben*) превышáть <-вы́сить>; *Erwartungen* пре-восходи́ть <превзойти́>; **~'stimmen** *Antrag* побеждáть <-беди́ть> большинствóм голосóв
Überstunden *f/pl.* сверхурóчная рабóта; ***~ machen*** рабóтать сверхурóчно
über'stürzen *v/t* изли́шне <по-> торопи́ться (с Т)
Übertrag *m* перенóс
über'tragbar переноси́мый; ***nicht ~*** без прáва передáчи (други́м ли́цам)

über'tragen[1] *v/t Rdf.* перед(ав)áть; *Aufgabe* поручáть <-чи́ть>; *Zahlen, Krankheit* переноси́ть <-нести́>
über'tragen[2] *Adj.* перенóсный
Über'tragung *f Rdf.* передáча, трансля́ция
über|'treffen превосходи́ть <-взойти́> (***in*** в П); (*über et. hinausgehen*) превышáть <-вы́сить>; **~'treiben** (*aufbauschen*) преувели́чи(ва)ть
Über'treibung *f* преувеличéние *n*
über|'trieben (*aufgebauscht*) преувели́ченный; **~'völkert** перенаселённый
über'wachen *v/t* наблюдáть (за Т), следи́ть (за Т)
Über'wachung *f* наблюдéние *n*, надзóр *m*
über'wältigen *v/t* оси́ли(ва)ть, одолé(вá)ть (*a. fig*); ***~de Mehrheit***: подавля́ющее большинствó
über'weisen *Geld* переводи́ть <-вести́>; *Patienten* направля́ть <-рáвить> (***an*** к Д)
Über'weisung *f* перевóд *m*; направлéние *n*
über|wiegend преобладáющий; **~'winden** преодолé(вá)ть
Über'windung *f* преодолéние *n*
über'wintern <пере>зимовáть
Überzahl *f* большинствó *n*; ***in der ~ sein*** составля́ть большинствó
überzählig ли́шний
über'zeugen убеждáть <-еди́ть> (***von*** в П); **~d** убеди́тельный
Über'zeugung *f* убеждéние *n*
überziehen (*anziehen*) надé(вá)ть (***über*** повéрх Р)
üblich (обще)при́нятый
U-Boot *n* подвóдная лóдка *f*
übrig остальнóй; ***~ bleiben*** остá(вá)ться
übrigens впрóчем, мéжду прóчим
Übung *f* упражнéние *n*; *Mil.* учéние *n*; ***aus der ~ kommen*** разу́чиваться <-учи́ться>
Ufer *n* бéрег *m*; ***am ~*** на берегу́
Uhr *f* часы́ *m/pl.*; ***wie viel ~ ist es?*** котóрый час?
Uhrmacher(in *f*) *m* часовщи́к (-щи́ца *f*)
Uhrzeigersinn *m*: ***im ~*** по часовóй стрéлке
Uhu *m* фи́лин
Ukra'ine *f* Украи́на
Ukra'iner(in *f*) *m* украи́нец (-нка *f*)
ukra'inisch украи́нский
ulkig забáвный
Ulti'matum *n* ультимáтум *m*
Ultra|'kurzwelle *f* ультракорóткая волнá; **~schall** *m* ультразву́к
um 1. *Prp.* (**~** *herum*) вокру́г (Р); *zeitl.* в (В, П); (*ungefähr*) óколо (Р); ***~ die Ecke*** зá угол; ***~ Hilfe bitten*** проси́ть о пóмощи; ***~ den Sieg kämpfen*** борóться за побéду; **2.** *Kj.* (*mit* ***zu*** + *Inf.*) (для тогó) чтóбы
um'armen обнимáть <-ня́ть>
Umbau *m* перестрóйка *f*, реконстру́кция *f*
um|bauen перестрáивать <-стрóить>; **~benennen** переименóвывать <-новáть>; **~blättern** перели́стывать <-стáть>; **~bringen** *v/t* уби́(вá)ть
Umbruch *m Typ.* вёрстка *f*; *fig.* перелóм
umbuchen (*Betrag*) переноси́ть <-нести́> (с одногó счёта на другóй); (*Fahrkarte*) перезакáзывать <-заказáть> билéт (на В)
um|disponieren *v/i* изменя́ть <-ни́ть> (свой) план; **~drehen** поворáчивать <-верну́ть> (***sich*** -ся)
Um'drehung *f* оборóт *m*
umfallen пáдать <упáсть>
Umfang *m* объём
umfangreich обши́рный
um'fassen охвáтывать <-вати́ть>; **~d** *fig.* обши́рный
umformen *v/t* изменя́ть <-ни́ть> фóрму (Р)
Umfrage *f* опрóс *m*
Umgang *m* (*Verkehr*) общéние *n*; ***mit j-m ~ haben*** общáться с кéм-либо
umgänglich (*gesellig*) общи́тельный; (*entgegenkommend*) обходи́тельный
Umgangs|formen *f/pl.* манéры *f/pl.*; **~sprache** *f* разговóрный язы́к *m*
umgangssprachlich разговóрный
um'geben окружáть <-жи́ть>
Um'gebung *f* окружéние *n*; (*Gegend*) окрéстность *f*
um'gehen *v/t* обходи́ть <обойти́>

umgehend немéдленный
Um'gehungsstraße *f* объезднáя дорóга
umgekehrt 1. *Adj.* обрáтный; **2.** *Adv.* наоборóт
um|gestalten преобразóвывать <-зовáть>; **~graben** вскáпывать <-копáть>
Umhang *m* накúдка *f*
umhängen *Bild* перевéшивать <-вéсить>
Umhängetasche *f* сýмка чéрез плечó
um'her вокрýг; **~gehen** расхáживать; **~irren** блуждáть
umhören: *sich* ~ разузнавáть <-узнáть>
umkehren поворáчивать <-вернýть> назáд
Umkehrfilm *m* обратúмая плёнка *f*
um|kippen *v/i* опрокúдываться <-кúнуться>; **~'klammern** *v/t* (крéпко) обхвáтывать <-тúть>; **~klappen** откúдывать <-кúнуть>
Umkleidekabine *f* кабúна для переодевáния
umkleiden: *sich* ~ переодé(вá)ться
Umkleideraum *m* раздевáлка *f*
umkommen погибáть <-гúбнуть>
Umkreis *m* окрéстность *f*
um|'kreisen *v/t Flugkörper*: облетáть <-тéть> (вокрýг Р); **~laden** перегружáть <-грузúть>
Umlauf *m* обращéние *n*; ***im ~ sein*** имéть хождéние; **~bahn** *f* орбúта
Umlaut *m* умлáут
umleiten (пере)направлять <-прáвить>
Umleitung *f* (*Verkehrsschild*) объéзд *m*
umliegend окрéстный
ummelden: *sich* ~ прописываться <-сáться> по нóвому áдресу
um|pflügen запáхивать <-хáть>; **~'rahmen** обрамлять <-рáмить>; **~räumen** *Möbel* переставлять <-тáвить>; **~rechnen** пересчúтывать <-тáть>
Umrechnungskurs *m* курс пересчёта
um|'reißen (крáтко) излагáть <-ложúть>; **~'ringen** окружáть <-жúть>
Umriss *m* кóнтур, очертáние *n*
umrühren перемéшивать <-шáть>
Umsatz *m Hdl.* оборóт; **~steuer** *f* налóг *m* с оборóта
umschalten *v/t* переключáть <-чúть>
Umschau *f* осмóтр *m*
umschauen: *sich* ~ осмáтриваться <осмотрéться>
Umschlag *m* (*für Briefe*) конвéрт; *Med.* компрéсс
umschreiben[1] переписывать <-сáть> (зáново)
um'schreiben[2] опúсывать <-сáть>
Um'schreibung *f* (*Erläuterung*) описáние *n*
umschulen (*im Beruf*) переквалифицúровать *pf.*, переобучáть <-чúть>
Umschulung *f* переквалификáция
Umschweife *pl.*: ***ohne ~*** без обинякóв
Umschwung *m Sp.* оборóт; *fig.* поворóт
umsehen: *sich* ~ осмáтриваться <-мотрéться>, оглядываться <-лянýться> (***nach*** на В)
umsetzen *Schüler*, *Pflanze* пересáживать <-садúть>
Umsicht *f* осмотрúтельность *f*
umsichtig осмотрúтельный
umsiedeln *v/t* переселять <-лúть> (*v/i* -ся)
Umsiedler(in *f*) *m* переселéнец (-нка *f*)
um'sonst (*unentgeltlich*) бесплáтно; (*vergeblich*) напрáсно
Umstand *m* обстоятельство *n*; ***unter Umständen*** возмóжно; ***in anderen Umständen*** в (интерéсном) положéнии; ***machen Sie sich keine Umstände!*** не беспокóйтесь!
umständlich хлóпотный; (*weitschweifig*) обстоятельный
Umstandskleid *n* плáтье для берéменной
umsteigen <с>дéлать пересáдку, пересáживаться <пересéсть>
umstellen переставлять <-тáвить>; ***sich ~*** перестрáиваться <-трóиться>
Umstellung *f* перестрóйка
umstoßen опрокúдывать <-кúнуть>

um'stritten спо́рный
Um|sturz *m* переворо́т; **~tausch** *m* обме́н
um|tauschen обме́нивать <-ня́ть> (***gegen*** на В); **~wandeln** преобра-зо́вывать <-зова́ть>, превраща́ть <-рати́ть>
Umwandlung *f* преобразова́ние *n*, превраще́ние *n*
Umweg *m* око́льный путь; ***einen ~ machen*** сде́лать крюк
Umwelt *f* окружа́ющая среда́; **~belastung** *f* нагру́зка на окружа́ющую среду́
umweltfreundlich экологи́чески чи́стый
Umwelt|schutz *m* охра́на *f* окружа́ющей среды́; **~schützer(in** *f*) *m* защи́тник (-ица *f*) окружа́ющей среды́; **~verschmutzung** *f* загрязне́ние *n* окружа́ющей среды́
um|werfen опроки́дывать <-ки́нуть>; **~ziehen** *v/t* переоде́(ва́)ть (***sich*** -ся); *v/i* (*die Wohnung wechseln*) переезжа́ть <-е́хать> (***nach*** в В)
Umzug *m* (*Wohnungswechsel*) перее́зд
unab|'änderlich неизме́нный; *Entschluss*: непрекло́нный; *Tatsache*: непрело́жный; **~hängig** незави́симый
Unabhängigkeit *f* незави́симость *f*
unab|lässig постоя́нный; **~sehbar** непредви́денный; **~sichtlich** неумы́шленный; **~'wendbar** неотврати́мый
unachtsam невнима́тельный
unan|gebracht неуме́стный; **~genehm** неприя́тный; **~nehmbar** неприе́млемый
Unannehmlichkeit *f* неприя́тность *f*
unan|sehnlich невзра́чный; **~ständig** неприли́чный; **~tastbar** неприкоснове́нный
unappetitlich неаппети́тный
Unart *f* дурна́я привы́чка
un|artig непослу́шный; **~ästhetisch** неэстети́чный
unauf|fällig незаме́тный; **~gefordert** по со́бственной инициати́ве; **~haltsam** неудержи́мый; **~hörlich** беспреста́нный, беспреры́вный; **~merksam** невнима́тельный; **~schiebbar** неотло́жный
unaus|bleiblich неизбе́жный; **~sprechlich** невырази́мый; **~stehlich** несно́сный; **~weichlich** немину́емый
unbarmherzig немилосе́рдный
unbe|achtet незаме́ченный; **~antwortet** оста́вленный без отве́та; **~dacht** необду́манный; **~denklich** не вызыва́ющий опасе́ний; **~deutend** незначи́тельный
unbe|dingt 1. *Adj.* безусло́вный; **2.** *Adv.* непреме́нно, обяза́тельно; **~fangen** непринуждённый; **~friedigend** неудовлетвори́тельный; **~fristet** бессро́чный
unbefugt некомпете́нтный; *Besitz*: незако́нный; ***Zutritt für Unbefugte verboten*** посторо́нним вход воспрещён
unbe|greiflich непоня́тный; **~grenzt** неограни́ченный; **~gründet** необосно́ванный
Unbehagen *n* неприя́тное чу́вство
unbe|haglich неую́тный, диском-фо́ртный; **~herrscht** несде́ржанный; **~holfen** неуклю́жий
unbekannt неизве́стный; ***er ist mir ~*** он мне незнако́м
Unbekannte(r) незнако́мец (-мка *f*)
unbe|kümmert беззабо́тный; **~lehrbar** неисправи́мый; **~liebt** нелюби́мый; **~mannt** (*Raumschiff*) лишённый экипа́жа; **~merkt** *präd.* незаме́тно; **~quem** неудо́бный; **~rechenbar** (*unvorhersehbar*) непредви́денный; (*unzuverlässig*) ненадёжный; **~rechtigt** неопра́вданный; (*unbegründet*) необосно́ванный; **~schädigt** неповреждён-ный; **~scholten** *Ruf*: незапя́тнан-ный; **~schrankt** *Esb.* без шлагба́ума; **~schränkt** неограни́ченный; **~schreiblich** неопису́емый; **~schwert** беззабо́тный; **~sehen** *Adv.* не заду́мываясь
unbesorgt: *seien Sie ~* не беспоко́йтесь
unbe|ständig непостоя́нный; *Wetter*: неусто́йчивый; **~stechlich** неподку́пный; **~stimmt** нео-

пределённый; **~stritten** бесспо́рный, неоспори́мый; **~teiligt** неприча́стный
unbeugsam непреклóнный
unbe|weglich неподви́жный; *Habe*: недви́жи́мый; **~wusst** бессозна́тельный; **~zahlbar** *Preis*: недосту́пный; *fig.* бесце́нный
un|brauchbar не(при)го́дный; **~bürokratisch** небюрократи́ческий
und и; (*aber*) а; **~ *so weiter*** и так да́лее
un|dankbar неблагода́рный; **~definierbar** неопределённый; **~denkbar** немы́слимый; **~deutlich** нея́сный; **~dicht** непло́тный
undurch|dringlich непроходи́мый; *Nebel, Finsternis*: непрогля́дный; **~führbar** невыполни́мый; **~lässig** непроница́емый; **~sichtig** непрозра́чный
un|echt подде́льный; **~ehelich** внебра́чный; **~ehrlich** нече́стный; **~eigennützig** бескоры́стный; **~eingeschränkt** неограни́ченный
uneinig несогла́сный; ***sich ~ sein*** расходи́ться во мне́ниях
un|einnehmbar непристу́пный; **~empfindlich** нечувстви́тельный; **~'endlich** бесконе́чный
Un'endlichkeit *f* бесконе́чность *f*
unent|behrlich необходи́мый; **~geltlich** беспла́тный; **~schieden** нерешённый; *Spiel*: ниче́йный; **~schlossen** нереши́тельный
unentschuldigt: *~ fehlen* отсу́тствовать по неуважи́тельной причи́не
uner|bittlich неумоли́мый; **~fahren** нео́пытный; **~freulich** неприя́тный; **~füllbar** неисполни́мый; **~gründlich** необъясни́мый
uner'hört неслы́ханный; ***das ist ja ~!*** э́то чёрт зна́ет что тако́е!
unerklärlich необъясни́мый
uner|lässlich необходи́мый; **~müdlich** неутоми́мый; **~reichbar** недостижи́мый; **~sättlich** ненасы́тный; **~schütterlich** непоколеби́мый; **~schwinglich** недосту́пно дорого́й; **~träglich** невыноси́мый; **~wartet** неожи́данный; **~wünscht** нежела́тельный
unfähig неспосо́бный (***zu*** к Д)
Unfähigkeit *f* неспосо́бность *f*
unfair некорре́ктный; *Spiel*: гру́бый
Unfall *m* несча́стный слу́чай, ава́рия *f*
Unfall|ort *m* ме́сто *n* несча́стного слу́чая; **~station** *f* ста́нция ско́рой по́мощи; **~versicherung** *f* страхова́ние *n* от несча́стных слу́чаев
un|fassbar непостижи́мый; **~fehlbar** непогреши́мый; **~förmig** бесфо́рменный; (*dick*) ту́чный
un|freiwillig вы́нужденный; **~freundlich** неприве́тливый
Unfrieden *m* разла́д, раздо́р; ***~ stiften*** се́ять раздо́р(ы)
unfruchtbar беспло́дный
Unfug *m* безобра́зие *n*; ***grober ~*** хулига́нство; ***~ treiben*** безобра́зничать
Ungar(**in** *f*) *m* венгр (-ге́рка *f*)
ungarisch венге́рский
Ungarn *n* Ве́нгрия *f*
unge|achtet *Prp.* несмотря́ на (В); **~ahnt** непредви́денный; **~bildet** необразо́ванный; **~bräuchlich** неупотреби́тельный; **~bührlich** неподоба́ющий; **~deckt** *Scheck*: непокры́тый
Ungeduld *f* нетерпе́ние *n*
unge|duldig нетерпели́вый; **~eignet** неподходя́щий; **~fähr 1.** *Adj.* приблизи́тельный; **2.** *Adv.* приме́рно; **~fährlich** безопа́сный; **~heuer 1.** *Adj.* огро́мный, грома́дный; **2.** *Adv.* (*sehr*) чудо́вищно
Ungeheuer *n* чудо́вище
unge|hörig неподоба́ющий, неуме́стный; **~horsam** непослу́шный
Ungehorsam *m* непослуша́ние *n*
ungekündigt: *in ~er Stellung* с трудовы́м догово́ром на неопределённый срок
ungelegen: *j-m ~ kommen* быть кому́-либо некста́ти
ungelernt неквалифици́рованный
unge|logen *Adv.* действи́тельно, на са́мом де́ле; **~mütlich** неую́тный; **~nau** нето́чный; **~nießbar** несъедо́бный; *Getränk*: него́дный для питья́; **~nügend** недоста́точ-ный; (*qualitativ*) неудовлетвори́-тельный; **~rade** *Zahl*: нечётный

ungerecht несправедли́вый; **~fertigt** неопра́вданный, необосно́ванный
Ungerechtigkeit *f* несправедли́вость *f*
ungern неохо́тно
ungeschickt нело́вкий
unge|schützt незащищённый; **~setzlich** незако́нный; **~stört** споко́йный; **~straft** безнака́занный; **~stüm** бу́йный; **~sund** нездоро́вый; **~trübt** безмяте́жный; **~wiss** неопределённый
Ungewissheit *f* неопределённость *f*
unge|wöhnlich необыкнове́нный; (*unüblich*) необы́чный; **~wohnt** непривы́чный, необы́чный; **~wollt** нежела́нный
Ungeziefer *n* (насеко́мые-) -вреди́тели *m/pl.*, парази́ты *m/pl.*
unge|zogen невоспи́танный; **~zwungen** непринуждённый
un|gläubig неве́рующий; (*zweifelnd*) недове́рчивый; **~glaublich** невероя́тный; **~glaubwürdig** *Pers.* не заслу́живающий дове́рия; *Information*: недостове́рный; **~gleich** нера́вный; **~gleichmäßig** неравноме́рный
Unglück *n* несча́стье; (*Elend*) беда́ *f*, (*Unfall*) несча́стный слу́чай *m*; ***j-n ins ~ stürzen*** навле́чь несча́стье на кого́-либо
unglücklich несча́стный; **~erweise** к несча́стью
Ungnade *f*: ***in ~ fallen*** попа́сть *pf.* в неми́лость
un|gültig недействи́тельный; **~günstig** неблагоприя́тный
ungut недо́брый; ***nichts für ~*** не в оби́ду будь ска́зано
un|haltbar *Sp. Ball*: неотрази́мый; **~handlich** неудо́бный
Unheil *n* беда́ *f*, несча́стье
unheil|bar неизлечи́мый; **~voll** па́губный
un|heimlich жу́ткий; **~höflich** неве́жливый; **~hygienisch** негигиени́чный
Uni F *f* университе́т *m*
Uni'form *f* фо́рменная оде́жда, фо́рма
unifor'miert в фо́рме
uninteressant неинтере́сный
Uni'on *f* сою́з *m*
Uni|versi'tät *f* университе́т *m*; **~'versum** *n* вселе́нная *f*
unkenntlich неузнава́емый
unklar нея́сный; ***im Unklaren lassen*** оставля́ть <-а́вить> в неизве́стности
Unklarheit *f* нея́сность *f*
un|klug неразу́мный; **~kollegial** неколлегиа́льный; **~kompliziert** несло́жный; **~konventionell** нетрадицио́нный; **~korrekt** некорре́ктный
Un|kosten *pl.* изде́ржки *pl.*; **~kraut** *n* сорня́к *m*, со́рная трава́ *f*
un|längst неда́вно; **~leserlich** неразбо́рчивый; **~liebsam** неприя́тный; **~logisch** нелоги́чный; **~lösbar** *Aufgabe*: неразреши́мый; **~löslich** нераствори́мый; **~mäßig** неуме́ренный
Un|menge *f* ма́сса, у́йма; **~mensch** *m* и́зверг
un|menschlich бесчелове́чный; **~merklich** незаме́тный; **~missverständlich** недвусмы́сленный; **~mittelbar** непосре́дственный; **~modern** немо́дный; **~möglich** невозмо́жный; **~moralisch** безнра́вственный, амора́льный; **~mündig** несовершенноле́тний; **~musikalisch** немузыка́льный; **~nachahmlich** неподража́емый; **~nachgiebig** неусту́пчивый; **~nahbar** непристу́пный; **~natürlich** неесте́ственный, **~nötig** нену́жный; **~nütz** бесполе́зный, напра́сный; **~ordentlich** беспоря́дочный
Unordnung *f* беспоря́док *m*
un|parteiisch беспристра́стный; **~passend** неподходя́щий; **~pässlich** нездоро́вый; **~persönlich** безли́чный; **~populär** непопуля́рный; **~praktisch** непракти́чный; **~problematisch** беспробле́мный; **~produktiv** непродукти́вный, непроизводи́тельный; **~pünktlich** опозда́вший
Unrat *m* му́сор
unrealistisch нереалисти́ческий
Unrecht *n* несправедли́вость *f*; ***zu ~*** несправедли́во

unrechtmäßig незако́нный
unregelmäßig (*mst zeitl.*) нерегуля́рный; (*nicht gleichmäßig*) неро́вный
un|rentabel нерента́бельный; **~richtig** непра́вильный
Unruhe *f* беспоко́йство *n*
unruhig беспоко́йный, неспоко́йный
uns (*D v.* ***wir***) нам; (*A v.* ***wir***) нас
un|sachlich неделово́й; **~sagbar, ~säglich** невырази́мый, несказа́нный; **~sauber** гря́зный
unschädlich безвре́дный; ***~ machen*** обезвре́живать <-ре́дить>
un|schätzbar неоцени́мый; **~scheinbar** невзра́чный; **~schlagbar** непобеди́мый; **~schlüssig** нереши́тельный
Unschuld *f* неви́нность *f*; *Jur.* невино́вность *f*
unschuldig неви́нный; *Jur.* невино́вный
unser *Poss.* на́ш
unser(er)seits с на́шей стороны́
unseriös несоли́дный
unsertwegen ра́ди нас, из-за нас
unsicher (*gefährlich*) небезопа́сный; (*fraglich*) ненадёжный; (*nicht überzeugt*) неуве́ренный
Unsicherheit *f* ненадёжность *f*; неуве́ренность *f*
unsichtbar неви́димый
Unsinn *m* вздор, ерунда́ *f*
unsinnig бессмы́сленный
Unsitte *f* дурна́я привы́чка
un|sittlich безнра́вственный; **~sozial** антисоциа́льный; **~sportlich** неспорти́вный; **~statthaft** недозво́ленный; **~sterblich** бессме́ртный
Un|sterblichkeit *f* бессме́ртие *n*; **~stimmigkeiten** *f/pl.* противоре́чия *n/pl.*, разногла́сия *n/pl.*
un|sympathisch несимпати́чный; **~tadelig** безукори́зненный; **~tätig** безде́ятельный; **~tauglich** не(при)го́дный; **~teilbar** недели́мый
unten внизу́; ***nach ~*** вниз; ***von ~*** сни́зу
unter *Prp.* (*wohin?*) под (В); (*wo?*) под (Т); (*zwischen*) среди́ (Р), ме́жду (И); (*weniger als*) ни́же (Р); ***~ den Tisch*** под стол; ***~ den Gästen*** среди́ госте́й; ***~ uns gesagt*** ме́жду на́ми говоря́; ***~ Null*** (*Grad*) ни́же нуля́
Unter|arm *m* предпле́чье *n*; **~bewusstsein** *n* подсозна́ние
unter|'binden (*verhindern*) пресека́ть <-се́чь>; **~'brechen** пре-р(ы)ва́ть
Unter'brechung *f* прерыва́ние *n*; (*Pause*) переры́в *m*; ***ohne ~*** без переры́ва
unterbringen помеща́ть <-мести́ть>, размеща́ть <-мести́ть>
Unterbringung *f* помеще́ние *n*, размеще́ние *n*
unter'dessen тем вре́менем
unter'drücken подавля́ть <-ви́ть>; *Volk* угнета́ть
Unter'drückung *f* подавле́ние *n*; угнете́ние *n*
unter|ein'ander оди́н под други́м; (*unter sich*) ме́жду собо́й; **~entwickelt** недора́звитый; **~ernährt** страда́ющий от недоеда́ния
Unter|ernährung *f* недоеда́ние *n*; **~'führung** *f* подзе́мный перехо́д *m*; **~gang** *m Schiff u. fig.* ги́бель *f*; *Sonne*: зака́т
untergehen *Schiff*: затону́ть *pf.*; *Sonne*: заходи́ть <зайти́>
Untergewicht *n Pers.* вес *m* ни́же но́рмы
unter|'gliedern подразделя́ть <-дели́ть>; **~'graben** *fig.* подрыва́ть <подорва́ть>
Untergrund *m Agr.* подпо́чва *f*, *Pol.* подпо́лье *n*; **~bahn** *f* метрополите́н *m*, метро́ *n*
unterhalb *Prp.* под (Т), ни́же (Р)
Unterhalt *m* (*zum Leben*) сре́дства *n/pl.* к жи́зни; (*Instandhaltung*) содержа́ние *n* (в испра́вности)
unter'halten содержа́ть; *Kontakte* подде́рживать; (*zerstreuen*) развлека́ть <-ле́чь>, ***sich ~*** <по>бесе́довать; развлека́ться <-вле́чься>
unter'haltsam развлека́тельный
Unter'haltung *f* (*Zeitvertreib*) развлече́ние *n*; (*Gespräch*) разгово́р *m*, бесе́да
Unter'haltungs|elektronik *f* бытова́я радиоэлектро́нная аппарату́ра; **~musik** *f* лёгкая му́зыка

Unter|hemd *n* ни́жняя руба́шка *f*; (*ärmelloses*) ма́йка *f*; **~hose** *f* кальсо́ны *pl.*

unterirdisch подзе́мный

unter'jochen порабоща́ть <-бо-ти́ть>

Unterkiefer *m* ни́жняя че́люсть *f*

unterkommen находи́ть <найти́> (себе́) прию́т; (*Arbeit finden*) устра́иваться <устро́иться>

Unter|kunft *f* прию́т *m*; **~lage** *f* под-кла́дка; *nur pl.* докуме́нты *m/pl.*

unter'lassen *v/t* не <с>де́лать (Р)

Unter'lassung *f* (*Versäumnis*) упуще́ние *n*

unterlegen¹ *v/t* подкла́дывать <подложи́ть>; (*Tuch, Decke*) под-стила́ть <подостла́ть> (под В)

unter'legen² *Adj.*: **~ *sein*** (*schwächer sn*) быть слабе́е (Р); ***j-m ~ sein in*** уступа́ть кому́-либо в (П)

Unterleib *m* ни́жняя часть *f* живота́

unter'liegen быть побеждённым (Т); *Sp.* прои́грывать <-гра́ть>

Unterlippe *f* ни́жняя губа́

Untermiete *f*: ***zur ~ wohnen*** под-нанима́ть <-ня́ть> ко́мнату

Untermieter(in *f*) *m* (суб)квар-тира́нт(ка *f*)

unter'nehmen предпринима́ть <-ня́ть>

Unter|'nehmen *n* (*Firma*) пред-прия́тие; **~'nehmer(in** *f*) *m* пред-принима́тель(ница *f*) *m*

unter'nehmungslustig пред-прии́мчивый

Unteroffizier *m* у́нтер-офице́р

unterordnen подчиня́ть <-ни́ть> (***sich*** -ся)

Unter'redung *f* разгово́р *m*, бесе́да

Unterricht *m* преподава́ние *n* (***in*** Р); (*Stunde*) уро́к (***in*** по Д)

unter'richten преподава́ть

Unterrichts|fach *n* уче́бный пред-ме́т *m*; **~stunde** *f* уро́к *m*

Unterrock *m* ни́жняя ю́бка *f*

unter|'sagen запреща́ть <-ре-ти́ть>; **~'schätzen** *v/t* недооце́ни-вать <-ни́ть>

unter'scheiden различа́ть <-чи́ть>; ***sich ~*** отлича́ться (***von*** от Р)

Unterschenkel *m* го́лень *f*

Unterschied *m* ра́зница *f*; ***ohne ~*** без разли́чия; ***im ~ zu*** в отли́чие от (Р)

unterschiedlich разли́чный

unter'schlagen *Geld* растра́чивать <-ра́тить>

Unter'schlagung *f* растра́та

Unterschlupf *m* убе́жище *n*

unter'schreiben подпи́сывать <-са́ть>

Unter|schrift *f* по́дпись *f*; **~seeboot** *n* подво́дная ло́дка *f*; **~seite** *f* ни́жняя сторона́, изна́нка; **~setzer** *m* подста́вка *f*

unter'setzt (*stämmig*) корена́стый

Unterstand *m Mil.* убе́жище *n*

unterste (са́мый) ни́жний

unter'stehen подчиня́ться (Д); ***untersteh dich!*** не смей!

unterstellen¹ <по>ста́вить; ***sich ~*** (*bei Regen*) укры́(ва́)ться (под Т)

unter'stellen² подчиня́ть <-ни́ть>; (*behaupten*) (ло́жно) припи́сывать <-са́ть>

Unter'stellung *f* подчине́ние *n*; (*Behauptung*) инсинуа́ция

unter'streichen подчёркивать <-черкну́ть>

Unterstufe *f* (*Schule*) мла́дшие кла́ссы *m/pl.*

unter'stützen подде́рживать (-дер-жа́ть)

Unter'stützung *f* подде́ржка

unter'suchen (*erforschen*) иссле́-довать (*im*)*pf.*; *Med.* осма́тривать <-мотре́ть>

Unter'suchung *f* иссле́дование *n*; *Med.* осмо́тр *m*

Unter'suchungs|gefängnis *n* сле́дственный изоля́тор *m*; **~haft** *f* предвари́тельное заключе́ние *n*; **~richter(in** *f*) *m* сле́дственный судья́ *m*

Unter|tasse *f* блю́дце *n*; **~teil** *n* ни́жняя часть *f*, низ *m*

unter'teilen (под)разделя́ть <-ли́ть>

Unter|titel *m* подзаголо́вок; **~wäsche** *f* нате́льное бельё *n*

unter'wegs по пути́, по доро́ге

unter'werfen покоря́ть <-ри́ть> (***sich*** -ся)

unterwürfig подобостра́стный

unter'zeichnen подпи́сывать <-са́ть>

un|'tragbar *Zustand*: невыноси́мый, невозмо́жный; **~treu** неве́рный; **~'tröstlich** безуте́шный
unüber|legt необду́манный; **~sehbar** необозри́мый; **~sichtlich** *Gelände*: непросма́триваемый; *Verhältnisse*: нея́сный, запу́танный; **~windlich** непреодоли́мый
unum|gänglich необходи́мый; **~stößlich** неопровержи́мый
ununterbrochen непреры́вный
unver|änderlich неизме́нный; **~antwortlich** безотве́тственный; **~besserlich** неисправи́мый; **~bindlich** негаранти́рованный; **~bleit** *Benzin*: неэтили́рованный; **~dient** незаслу́женный; **~einbar** несовмести́мый; **~froren** де́рзкий, на́глый; **~gesslich** незабыва́емый; **~gleichlich** несравне́нный; **~heiratet** *Frau* незаму́жняя, *Mann* нежена́тый; **~hofft** неожи́данный; **~hohlen** нескрыва́емый; **~käuflich** непрода́жный; **~meidlich** неизбе́жный, немину́емый; **~mittelt** *präd.* неожи́данно; **~mutet** непредви́денный
Unvernunft *f* безрассу́дство *n*
unver|nünftig неразу́мный, безрассу́дный; **~schämt** на́глый, беззасте́нчивый
Unverschämtheit *f* беззасте́нчивость *f*, на́глость *f*
unver|sehens нечя́янно, неожи́данно; **~sehrt** сохра́нный; (*unverletzt*) це́лый; **~söhnlich** непримири́мый; **~ständlich** непоня́тный
unversucht: *nichts ~ lassen* исче́рпать все возмо́жности
unverwandt: *~ anstarren* приста́льно смотре́ть на (В)
unver|wüstlich про́чный; *Humor*: неистощи́мый; **~zeihlich** непрости́тельный; **~züglich** безотлага́тельный, неме́дленный
unvoll|endet незако́нченный; **~kommen** несоверше́нный; **~ständig** непо́лный
unvor|bereitet неподгото́вленный; **~eingenommen** непредвзя́тый; **~hergesehen** непредви́денный; **~hersehbar** непредсказу́емый; **~sichtig** неосторо́жный; **~stellbar** невообрази́мый; **~teilhaft** невы́годный
unwahr неве́рный, ло́жный
Unwahrheit *f* непра́вда
unwahrscheinlich неправдоподо́бный, невероя́тный
un|weigerlich неизбе́жный; **~weit** недалеко́ от (Р)
Unwesen *n*: ***sein ~ treiben*** бесчи́нствовать
unwesentlich несуще́ственный
Unwetter *n* непого́да *f*
unwichtig нева́жный
unwider|legbar неопровержи́мый; **~ruflich** (*endgültig*) оконча́тельный; *Jur.* неотменя́емый; **~stehlich** неотрази́мый
un|willig недово́льный; **~willkürlich** нево́льный; **~wirtschaftlich** неэконо́мный, нерента́бельный; **~wissend** несве́дущий
unwohl: *mir ist ~* мне нездоро́вится; ***sich ~ fühlen*** *fig.* чу́вствовать себя́ нехорошо́
un|würdig недосто́йный; **~zählig** бесчи́сленный; **~zerbrechlich** *Glas*: небью́щийся; **~zertrennlich** неразлу́чный
Unzucht *f* развра́т *m*
un|züchtig развра́тный; **~zufrieden** недово́льный
Unzufriedenheit *f* недово́льство *n*
unzu|länglich недоста́точный; **~lässig** недопусти́мый; **~mutbar** неприе́млемый; **~rechnungsfähig** невменя́емый; **~reichend** недоста́точный; **~treffend** несоотве́тствующий; **~verlässig** ненадёжный
unzweifelhaft несомне́нный
üppig пы́шный; *Essen* оби́льный
uralt о́чень ста́рый
U'ran *n* ура́н *m*
Ur|aufführung *f* пе́рвая постано́вка; **~enkel(in** *f*) *m* пра́внук (-внучка *f*)
Urgroß|mutter *f* праба́бушка; **~vater** *m* пра́дед
Urheber|(in *f*) *m* инициа́тор; (*Verfasser*) а́втор (*a. f*); **~recht** *n* а́вторское пра́во; **~schutz** *m* охра́на *f* а́вторских прав
U'rin *m* моча́ *f*
Urkunde *f* докуме́нт *m*

Urkundenfälschung *f* подде́лка докуме́нтов
Urlaub *m* о́тпуск; ***im ~*** в о́тпуске
Urlauber(**in** *f*) *m* отпускни́к (-и́ца *f*)
Urlaubs|geld *n* отпускны́е (де́ньги) *pl.*; **~reise** *f* пое́здка в о́тпуск; **~tag** *m* отпускно́й день
Urne *f* у́рна
Ur|sache *f* причи́на; **~sprung** *m* происхожде́ние *n*
ursprünglich первонача́льный, перви́чный
Urteil *n Jur.* пригово́р *m*; (*im Zivilprozess*) реше́ние (суда́); (*Meinung*) сужде́ние; ***sich ein ~ bilden über*** соста́вить себе́ сужде́ние о (П)
urteilen суди́ть (***über*** о П)
Urwald *m* де́вственный лес; (*dichter Wald*) дрему́чий лес
USA *pl.* США (Соединённые Шта́ты Аме́рики)
Uto'pie *f* уто́пия
u'topisch утопи́ческий

V

Vaga'bund *m* бродя́га *m/f*
vage сму́тный
Vakuum *n* ва́куум *m*
Va'luta *f* валю́та
Va'nille *f* вани́ль *f*
vari'abel переме́нный
Vari'ante *f* вариа́нт *m*
Vase *f* ва́за
Vase'line *f* вазели́н *m*
Vater *m* оте́ц; **~land** *n* оте́чество
väterlich оте́ческий
Vater'unser *n* „Отче наш“
Vege'tarier(**in** *f*) *m* вегетариа́нец (-нка *f*)
vege'tarisch вегетариа́нский
Vegetati'on *f* расти́тельность *f*
vege'tieren прозяба́ть
Veilchen *n* фиа́лка *f*
Vene *f* ве́на
Ven'til *n* кла́пан *m*, ве́нтиль *m*
Venti'lator *m* вентиля́тор
ver'abreden: *sich ~* догова́риваться <-вори́ться>
Ver'abredung *f* свида́ние *n*
ver'abschieden *v/t* провожа́ть <-води́ть> (В); ***sich ~ von*** проща́ться <прости́ться> (с Т)
ver|'achten *v/t* презира́ть; **~'ächtlich** презри́тельный
Ver'achtung *f* презре́ние *n*
verallge'meinern обобща́ть <обобщи́ть>
Verallge'meinerung *f* обобще́ние *n*
ver'altet устаре́лый
Ve'randa *f* вера́нда
ver'ändern изменя́ть <-ни́ть> (***sich*** -ся)
Ver'änderung *f* измене́ние *n*; (*Wandel*) переме́на
ver'ängstigt запу́ганный
ver'anlagt *Pers.*: ***musikalisch ~*** музыка́льный; ***praktisch ~*** практи́чный
Ver'anlagung *f* скло́нность *f*
ver'anlassen (*anordnen*) распоряжа́ться <-ряди́ться> (о П)
Ver'anlassung *f* по́вод *m*
ver|'anschlagen оце́нивать <-ни́ть>; **~'anstalten** *Fest* устра́ивать <-ро́ить>
Ver'anstalter(**in** *f*) *m* устрои́тель(ница *f*) *m*, организа́тор (*m u. f*); **~'anstaltung** *f* (*Feier*) мероприя́тие *n*
ver'antworten *v/t* (*a.* ***sich ~***) отвеча́ть <-ве́тить> (***für*** за В)
ver'antwortlich отве́тственный; ***~ sein für*** быть в отве́те за (В)
Ver'antwortung *f* отве́тственность *f*
ver'antwortungs|los безотве́тственный; **~voll** отве́тственный
ver'arbeiten перераба́тывать <-бо́тать>
Ver'arbeitung *f* перерабо́тка
ver'ausgaben: *sich ~* (*finanziell*) <из>расхо́доваться

Verb *n* глаго́л *m*
ver'bal (*mündlich*) у́стный; *Ling.* глаго́льный
Ver'band *m Med.* повя́зка *f*; *Mil.* соедине́ние *n*; **~(s)kasten** *m* апте́чка *f*; **~zeug** *n* перевя́зочный материа́л *m*
ver'bergen: ***sich ~*** скры́(ва́)ться
Ver'besserung *f* улучше́ние *n*
ver'beugen: ***sich ~ vor*** кла́няться <поклони́ться> (Д)
Ver'beugung *f* покло́н *m*
ver|'bieten запреща́ть <-ети́ть>; **~'binden** *Wunde* перевя́зывать <-за́ть>; *Augen* завя́зывать <-за́ть>; *Teile* соединя́ть <-ни́ть>
Ver'bindung *f* связь *f*; (*Verkehrsverbindung*) сообще́ние *n*; ***in ~ treten*** установи́ть конта́кт/связь; ***in ~ stehen*** подде́рживать связь
ver'bitten: ***das verbitte ich mir!*** я не потерплю́ э́того!
Ver'bitterung *f* озло́бленность *f*
ver'bleit *Benzin*: этили́рованный
ver'blüffen поража́ть <-рази́ть>; **~d** порази́тельный
ver|'blühen отцвета́ть <-ести́>; **~'bluten** умере́ть *pf.* от поте́ри кро́ви
Ver'bot *n* запреще́ние, запре́т *m*
Ver'brauch *m* расхо́д, потребле́ние *n*
ver'brauchen <из>расхо́довать; (*konsumieren*) потребля́ть <-би́ть>
Ver'braucher(in *f*) *m* потреби́тель(ница *f*) *m*
ver'braucht *Luft*: спёртый
Ver|'brechen *n* преступле́ние *n*; **~'brecher(in** *f*) *m* престу́пник (-ица *f*)
ver'brecherisch престу́пный
ver'breiten распространя́ть <-ни́ть> (***sich*** -ся)
Ver'breitung *f* распростране́ние *n*
ver'brennen *v/t* <с>жечь, сжига́ть; *v/i* сгора́ть <-ре́ть>; ***sich ~ an*** обжига́ться <-же́чься> о (В)
Ver'brennung *f* сгора́ние *n*; *Med.* ожо́г *m*
Ver'brennungsmotor *m* дви́гатель *m* вну́треннего сгора́ния
ver|'bringen *Zeit* проводи́ть <-вести́>; **~'buchen** заноси́ть <-нести́> (***zu Gunsten/zu Lasten*** в кре́дит/в де́бет)
ver'bünden: ***sich ~ mit*** заключа́ть <-чи́ть> сою́з с (Т)
Ver'bündete(r) сою́зник (-ица *f*)
Ver'bundglas *n* многосло́йное (безопа́сное) стекло́
ver'büßen *Strafe* отбы́(ва́)ть
Ver'dacht *m* подозре́ние *n*; ***im ~ stehen*** быть под подозре́нием
ver'dächtig подозри́тельный
ver'dächtigen подозрева́ть, заподо́зрить *pf.*
Ver'dächtige(r) подозрева́емый (-мая *f*)
ver|'danken быть обя́занным (Т); **~'dauen** перева́ривать <-ри́ть> (*a. fig.*)
Ver'dauung *f* пищеваре́ние *n*
ver'derben *v/t* <ис>по́ртить (*v/i* -ся)
ver'derblich (*Lebensmittel*) (скоро)по́ртящийся
ver'dienen зараба́тывать <-бо́тать>; *fig.* заслу́живать <-служи́ть>
Ver'dienst¹ *n* заслу́га *f*
Ver'dienst² *m* за́работок
ver'dient *Pers., Strafe*: заслу́женный
ver'dorben испо́рченный (*a. fig.*)
ver'drängen вытесня́ть <вы́теснить> (***aus*** из Р)
ver'drehen *fig.* извраща́ть <-рати́ть>; ***j-m den Kopf ~*** вскружи́ть кому́-либо го́лову
ver|'dreifachen утра́ивать <-ро́ить>; **~'drießlich** брюзгли́вый
Ver'druss *m* огорче́ние *n*
ver'dunkeln затемня́ть <-ни́ть>; ***sich ~*** <по>темне́ть
ver|'dünnen разбавля́ть <-ба́вить>; **~'dunsten** испаря́ться <-ри́ться>; **~'dursten** умира́ть <умере́ть> от жа́жды; **~'ehren** почита́ть; (*achten*) уважа́ть; **~'ehrt** (*in Anrede*) уважа́емый
Ver'ehrer *f* покло́нник
Ver'ehrung *f Rel.* почита́ние *n*; (*Hochachtung*) (глубо́кое) уваже́ние *n*
ver'eidigen приводи́ть <-вести́> к прися́ге
Ver'ein *m* о́бщество *n*
ver|'einbar совмести́мый; **~'einba-**

ren *v/t u. v/i* (*verabreden*) догова́риваться <-вори́ться>
Ver'einbarung *f* соглаше́ние *n*
ver|'einfachen упроща́ть <упрости́ть>; **~'einigen** соединя́ть <-ни́ть> (***sich*** -ся)
Ver'einigung *f* соедине́ние *n*; (*Verein*) о́бщество *n*
ver'einzelt едини́чный
ver'eiteln *Vorhaben* срыва́ть <сорва́ть>, расстра́ивать <-ро́ить>
ver'erben переда́(ва́)ть по насле́дству; ***sich*** **~** переходи́ть <перейти́> по насле́дству
Ver'erbung *f Bio.* насле́дственность *f*
ver'fahren *v/i* поступа́ть <-пи́ть>, де́йствовать
Ver'fahren *n* ме́тод *m*, спо́соб *m*
Ver'fall *m* упа́док; (*e-s Hauses*) разруше́ние *n*
ver'fallen *v/i Haus*: разруша́ться; (*Gültigkeit*) истека́ть <-те́чь>; ***die Karte ist ~*** биле́т недействи́телен
ver'fassen сочиня́ть <-ни́ть>; *Schriftstück* составля́ть <-та́вить>
Ver'fasser(in *f*) *m* а́втор (*a. f*)
Ver'fassung *f* состоя́ние *n*; (*Stimmung*) наруше́ние *n*; *Pol.* конститу́ция
Ver'fassungsschutz *m*: ***Bundesamt für ~*** Ве́домство по охра́не конститу́ции
ver'faulen прогни́(ва́)ть
ver'fehlen *Ziel* не попада́ть <-па́сть> в (В); *Wirkung* не достига́ть <-ти́гнуть, -ти́чь> (Р); ***einander ~*** размину́ться *pf.* (с Т); ***es wäre verfehlt*** бы́ло бы оши́бочно
ver|'filmen экранизи́ровать (*im*)*pf.*; **~'fliegen** улету́чи(ва)ться; **~'flixt** F прокля́тый; **~'fluchen** проклина́ть <-кля́сть>
ver'flüchtigen: ***sich*** **~** улету́чи(ва)ться
ver'folgen *v/t* пресле́довать
Ver'folg|er(in *f*) *m* пресле́дователь(ница *f*) *m*; **~ung** *f* пресле́дование *n*
ver|'früht преждевре́менный; **~'fügen** *v/i* распоряжа́ться <-ряди́ться> (***über*** Т)
Ver'fügung *f* распоряже́ние *n*; ***zur ~ haben*** име́ть в (своём) распоряже́нии; ***zur ~ stellen*** предоста́вить в распоряже́ние
ver'führen соблазня́ть <-ни́ть>
Ver'führer(in *f*) *m* соблазни́тель(ница *f*) *m*
ver'führerisch соблазни́тельный; (*attraktiv*) обольсти́тельный
Ver'führung *f* обольще́ние *n*, совраще́ние *n*
ver'gangen *Adjp.* про́шлый, мину́вший
Ver'gangenheit *f* про́шлое *n*; *Gr.* проше́дшее вре́мя *n*
ver'gänglich преходя́щий
Ver'gaser *m Kfz.* карбюра́тор
ver'gaß → ***vergessen***
ver'geben (*verzeihen*) проща́ть <прости́ть>; *Aufträge* выдава́ть <вы́дать>; (*gewähren*) предоставля́ть <-ста́вить>
ver'geb|ens напра́сно; **~lich** напра́сный
Ver'gebung *f* проще́ние *n*
ver'gehen *v/i* проходи́ть <пройти́>, минова́ть (*im*)*pf.*; ***vor Hunger ~*** умира́ть от го́лода; ***mir ist die Lust vergangen*** мне расхоте́лось; *v/r* ***sich an e-r Frau ~*** <из>наси́ловать же́нщину
Ver|'gehen *n* (*Straftat*) преступле́ние; **~'geltung** *f* возме́здие *n*
ver'gessen забыва́ть <забы́ть>
Ver'gessenheit *f* забве́ние *n*; ***in ~ geraten*** приходи́ть <прийти́> в забве́ние
ver|'gesslich забы́вчивый; **~'geuden** по́пусту <рас>тра́тить, расточа́ть <-чи́ть>
Ver'geudung *f* расточи́тельство *n*
verge'waltigen <из>наси́ловать
Verge'waltigung *f* изнаси́лование *n*
verge'wissern: ***sich*** **~** удостоверя́ться <-ве́риться>
ver|'gießen *Tränen* проли́(ва́)ть; **~'giften** отравля́ть <-ви́ть>
Ver'giftung *f* отравле́ние *n*
Ver'gissmeinnicht *n* незабу́дка *f*
Ver'gleich *m* сравне́ние *n*; *Jur.* мирово́е соглаше́ние *n*; ***im ~ zu*** в сравне́нии с (Т)
ver|'gleichbar сравни́мый; **~'gleichen** сра́внивать <-ни́ть>
ver'gnügen: ***sich*** **~** развлека́ться <-ле́чься>

Ver'gnügen *n* удовóльствие; ***mit*** **~** с удовóльствием; ***viel*** **~*!*** желáю хорошó повеселúться!
ver'gnügt весёлый
Ver'gnügung *f* развлечéние *n*
ver|'goldet золочёный; **~'graben** закáпывать <-копáть>
ver'greifen *fig.*: ***sich im Ton*** **~** не попáсть в тон
ver|'griffen (*ausverkauft*) распрóданный; **~'größern** увелúчи(ва)ть
Ver|'größerung *f* увеличéние *n*; **~'günstigung** *f* льгóта
ver'güten оплáчивать <-латúть>
Ver'gütung *f* оплáта, вознаграждéние *n*
ver'haften арестóвывать <-товáть>
Ver'haftung *f* арéст *m*
ver'halten: ***sich*** **~** <по>вестú себя́; ***wie soll ich mich*** **~*?*** как мне быть?
Ver'halten *n* поведéние
Ver'hältnis *n* отношéние; (*Proportion*) пропóрция *f*; (*Liebesbeziehung*) любóвная связь *f*; ***im*** **~ *1:6*** в отношéнии одúн к шестú; ***über s-e*** **~*se leben*** жить не по срéдствам
ver'hältnismäßig относúтельный
Ver'hältniswahl *f* пропорционáльные вы́боры *m/pl.*
ver'handeln *v/i* вестú переговóры (***über*** о П); *v/t Jur.* разбирáть <-зобрáть> (***e-n Fall*** дéло)
Ver'handlung *f* (*a. pl.*) переговóры *pl.*; *Jur.* слýшание *n* дéла
ver|'hängen *Fenster* завéшивать <-вéсить>; *Strafe* назначáть <-нáчить>; **~'hängnisvoll** рокобóй; **~'harren** (*bleiben*) застывáть <-сты́ть>; **~'hasst** ненавúстный; **~'hauen** <от>колотúть; **~'heerend** опустошúтельный; **~'heimlichen** утáивать <-таúть>
ver'heiratet: **~ *sein mit*** *Frau*: быть зáмужем за (Т); *Mann*: быть женáтым на (П)
ver'heißungsvoll многообещáющий
ver'helfen: ***zum Sieg*** **~** помóчь одержáть побéду; ***zur Flucht*** **~** помóчь сбежáть
ver'herrlichen прославля́ть <-слáвить>
ver'hindern *v/t* <вос>препя́тствовать (Д); *Plan, Vorhaben* расстрáивать <-рóить>; ***verhindert sein*** не <с>мочь прийтú
Ver'hör *n* допрóс *m*
ver|'hören допрáшивать <-росúть>; **~'hüllen** закры́(вá)ть; **~'hungern** умирáть <умерéть> от гóлода; **~'hüten** предотвращáть <-ратúть>
Ver'hütung *f* предотвращéние *n*
Ver'hütungsmittel *n* противозачáточное срéдство
ver'irren: ***sich*** **~** заблудúться *pf.*
ver|'jagen прогоня́ть <прогнáть>; **~'jähren** <по>теря́ть сúлу за дáвностью; ***die Tat ist verjährt*** преступлéние неподсýдно за дáвностью
ver'kabeln *Rdf.* подключáть <-чúть> к сéти кáбельного телевúдения
verkalku'lieren: ***sich*** **~** просчúтываться <-тáться>
Ver'kauf *m* продáжа *f*
ver'kaufen продá(вá)ть
Ver'käufer(in *f*) *m* продавéц (-вщúца *f*)
ver'käuflich продáжный; ***das ist nicht*** **~** э́то не продаётся
Ver'kaufspreis *m* продáжная ценá *f*
Ver'kehr *m* движéние *n*; (*sexueller*) половы́е сношéния *n/pl.*; ***aus dem*** **~ *ziehen*** изымáть <изъя́ть> из обращéния
ver'kehren *Verkehrsmittel*: ходúть; (*auf fester Route*) курсúровать
Ver'kehrs|ampel *f* светофóр *m*; **~hindernis** *n* помéха *f* движéнию; **~insel** *f* островóк *m* безопáсности; **~minister** *m* минúстр трáнспорта
Ver'kehrsmittel *n* трáнспортное срéдство; ***öffentliche*** **~** *koll.* общéственный трáнспорт
Ver'kehrs|polizei *f* дорóжная полúция; **~regel** *f* прáвило *n* ýличного движéния; **~sicherheit** *f* безопáсность *f* дорóжного движéния; **~störung** *f* помéха ýличному движéнию; **~unfall** *m* дорóжно-трáнспортное происшéствие *n*; **~zeichen** *n* дорóжный знак *m*
ver'kehrt (*falsch*) неправúльный

ver'klagen *v/t* под(ав)áть жáлобу (на В)
ver'kleiden: *sich* ~ переоде́(вá)ться
Ver'kleidung *f* (*Kostümierung*) переодевáние *n*
ver|'kleinern уменьшáть <умéньшить>; *Bedeutung, Verdienst* умаля́ть <-ли́ть>; **~'klingen** *Ton*: замирáть <-мерéть>
ver'kneifen: *sich* ~ удéрживаться <-жáться> (от Р)
ver|'knüpfen *fig.* свя́зывать <-зáть>; **~'kommen** *v/i Pers.* опускáться <-сти́ться>; *Obst*: пропадáть <-пáсть>; **~'körpern** воплощáть <-лоти́ть>
Ver'körperung *f* воплощéние *n*
ver'kraften *Belastung* вы́держивать <вы́держать>
ver'kriechen: *sich* ~ залéз(á)ть, запря́т(ыв)аться
ver|'krüppelt изуро́дованный; **~'kümmern** <за>чáхнуть; **~'künden** объявля́ть <-ви́ть>; *Urteil* оглашáть <-ласи́ть>; **~'kürzen** укорáчивать <-роти́ть>; *zeitl.* сокращáть <-рати́ть>
Ver'kürzung *f* укорочéние *n*; сокращéние *n*
ver'laden грузи́ть, погружáть <-рузи́ть>
Ver'lag *m* издáтельство *n*
ver'lagern перемещáть <мести́ть>
ver'langen *v/t* <по>трéбовать
Ver'langen *n* желáние; (*Forderung*) трéбование; ***auf ~*** по трéбованию; ***ich habe kein ~*** у меня́ нет желáния
ver'längern удлиня́ть <-ни́ть>; *Zeitraum* продлевáть <-ли́ть>
Ver'längerung *f* удлинéние *n*; продлéние *n*
Ver'längerungsschnur *f* удлини́тель *m*
ver'langsamen замедля́ть <замéдлить> (***sich*** -ся)
Ver'lass *m*: ***es ist kein ~ auf ihn*** нельзя́ полагáться <-ложи́ться> на негó
ver'lassen[1] *v/t* покидáть <-ки́нуть>; *Ort, Raum* выходи́ть <вы́йти> (из Р); ***sich ~ auf*** полагáться <-ложи́ться> на (В)
ver'lassen[2] *Adj.* поки́нутый; ***e-e ~e Gegend*** забро́шенная мéстность *f*
ver'lässlich надёжный
Ver'lauf *m* (*Linienführung*) ли́ния *f*; (*Ablauf*) течéние *n*; ***im ~ von*** в течéние (Р)
ver'laufen *v/i fig.* проходи́ть <пройти́>, протекáть <-тéчь>; ***sich ~*** *Menge*: расходи́ться <разойти́сь>; (*sich verirren*) заблуди́ться
Ver'lautbarung *f* сообщéние *n*
ver'leben проводи́ть <-вести́>, прожи́(вá)ть
ver'legen[1] *v/t Gegenstand* заклáдывать <заложи́ть>; *Termin* переноси́ть <-нести́>; *Buch* издá(вá)ть
ver'legen[2] *Adj.* смущённый; ***j-n ~ machen*** смущáть <смути́ть> когó-либо
Ver'legenheit *f* смущéние *n*; ***in ~ bringen*** приводи́ть <-вести́> в смущéние
Ver'leger(**in** *f*) *m* издáтель(ница *f*) *m*
Ver'leih *m* прокáт
ver'leihen отдавáть <-дáть> напрокáт (***an*** Д); *Preis* присуждáть <-суди́ть>; *Titel* присвáивать <-сво́ить>; *Orden* награждáть <-ради́ть>
Ver'leihung *f* награждéние *n*; присуждéние *n*; присвоéние *n*
ver|'lernen *v/t* разу́чиваться <-чи́ться> (*Inf.*); **~'lesen** *Text* зачи́тывать <-тáть>
ver'letzen *v/t* повреждáть <-реди́ть>; (*kränken*) обижáть <оби́деть>; ***sich ~*** порáниться *pf.*
Ver'letzung *f* (*Verwundung*) ранéние *n*; *fig.* нарушéние *n*
ver'leugnen *v/t* отрекáться <-рéчься>
ver'leumden *v/t* оклеветáть *pf.*
Ver'leumdung *f* клеветá
ver'lieben: *sich* ~ влюбля́ться <-би́ться>
ver'liebt влюблённый
ver'lieren *v/t* <по>теря́ть; *Spiel, Prozess* проигрывать <-рáть>; ***verloren gehen*** <по>теря́ться, пропадáть <-пáсть>
Ver'lierer(**in** *f*) *m* проигрáвший (-шая *f*)

ver'loben: *sich* ~ обруча́ться <-чи́ться> (***mit*** с Т)
Ver'lobte(**r**) (*Braut*) неве́ста *f*; (*Bräutigam*) жени́х *m*
Ver'lobung *f* помо́лвка, обруче́ние *n*
Ver'lockung *f* собла́зн *m*
ver'logen лжи́вый
Ver'logenheit *f* лжи́вость *f*
ver'lor → ***verlieren***
ver'losen разы́грывать <-гра́ть> (в лотере́ю)
Ver'losung *f* ро́зыгрыш *m*
Ver'lust *m* поте́ря *f*; *fig.* утра́та *f*; (*finanzieller*) убы́ток
Ver'mächtnis *n* завеща́ние
ver'mählen: *sich* ~ сочета́ться (*im*)*pf.* бра́ком
Ver'mählung *f* бракосочета́ние *n*
ver'mehren умножа́ть <-но́жить>; ***sich* ~** *Bio.* размножа́ться <-но́житься>
Ver'mehrung *f* умноже́ние *n*; размноже́ние *n*
ver'meiden *v/t* избега́ть <-бежа́ть> (Р)
ver'meintlich мни́мый
Ver'merk *m* заме́тка *f*
ver|'messen обме́ри(ва)ть; **~'mieten** *Wohnung* сда(ва́)ть внаём; *Boot usw.* (от)дава́ть напрока́т
Ver'mieter(in *f*) *m* (*e-r Wohnung*) сдаю́щий (-щая *f*) внаём
ver'mindern уменьша́ть <уме́ньшить>
Ver'minderung *f* уменьше́ние *n*
ver|'mischen сме́шивать <-ша́ть> (***sich*** -ся); **~'missen** *v/t* недосчи́тываться <-та́ться> (Р); **~'misst** *Adjp.* пропа́вший бе́з вести; **~'mitteln** *v/i im Streit* посре́дничать (***zwischen*** ме́жду Т); *v/t Wissen* переда́(ва́)ть
Ver|'mittler(in *f*) *m* посре́дник (-ица *f*); **~'mittlung** *f* посре́дничество *n*; **~'mögen** *n* (*Fähigkeiten*) спосо́бность *f*; (*Besitz*) состоя́ние *n*
ver|'mögend состоя́тельный; **~'muten** предполага́ть <-ложи́ть>; **~'mutlich** предполага́емый
Ver'mutung *f* предположе́ние *n*
ver|'nachlässigen небре́жно относи́ться <-нести́сь> (к Д); *Familie* не забо́титься (о П); *Wohnung, Arbeit* запуска́ть <-сти́ть>; **~'narben** зарубцо́вываться <-цева́ться>; **~'nehmen** (*hören*) <у>слы́шать; (*verhören*) допра́-шивать <-проси́ть>
Ver'nehmung *f* допро́с *m*
ver'neinen отвеча́ть <-ве́тить> отрица́тельно (на В); (*leugnen*) отрица́ть
Ver'neinung *f* отрица́ние *n*
ver'nichten уничтожа́ть <-то́жить>
ver'nichtend *Kritik*: уничтожа́ющий; **~*e Niederlage*** (стра́шный) разгро́м *m*
Ver'nichtung *f* уничтоже́ние *n*
Ver'nunft *f* ра́зум *m*; (*Einsicht*) благоразу́мие *n*; ***zur ~ bringen*** образу́мить *pf.*; ***zur ~ kommen*** образу́миться
ver'nünftig (благо)разу́мный; **~ *werden*** образу́миться
ver'öffentlichen <о>публикова́ть
Ver'öffentlichung *f* опубликова́ние *n*; (*Veröffentlichtes*) публика́ция
ver'ordnen (*verschreiben*) прописывать <-писа́ть>; *Kur* назнача́ть <-на́чить>
Ver'ordnung *f* (*Anordnung*) распоряже́ние *n*; *ärztliche*: назначе́ние *n*
ver|'pachten сда(ва́)ть в аре́нду; **~'packen** упако́вывать <-кова́ть>
Ver'packung *f* упако́вка
ver|'passen (*nicht mehr antreffen*) упуска́ть <упусти́ть>; *Zug* опа́здывать <опозда́ть> на (В); **~'pesten** F *Luft* отравля́ть <-ви́ть>; **~'pflanzen** переса́живать <-сади́ть>
ver'pflegen корми́ть; ***sich* ~** пита́ться
Ver'pflegung *f* продово́льственное снабже́ние *n*; (*Nahrung*) пита́ние *n*
ver|'pflichten обя́зывать <-за́ть> (***sich*** -ся); **~'pfuschen** <ис>по́ртить; **~'prügeln** изби́(ва́)ть; **~'putzen** <о>штукату́рить
Ver'rat *m* преда́тельство *n*, изме́на *f*
ver'raten *v/t* преда́(ва́)ть, изменя́ть <-ни́ть>; (*ausplaudern*) разглаша́ть <-ласи́ть>; ***sich ~ durch*** выдава́ть <вы́дать> себя́ (Т)

Ver'räter(in *f*) *m* преда́тель(ница *f*) *m*, изме́нник (-ица *f*)
ver'räterisch преда́тельский
ver'rechnen рассчи́тывать <-счита́ть>; ***sich*** **~** обсчи́тываться <-счита́ться>
Ver'rechnungsscheck *m* расчётный чек
ver'reisen уезжа́ть <уе́хать>
ver'renken выви́хивать <вы́вихнуть>; ***sich den Hals*** **~** вы́вихнуть себе́ ше́ю
Ver'renkung *f* вы́вих *m*
ver|'richten выполня́ть <вы́полнить>; **~'riegeln** запира́ть <-пере́ть> на засо́в; **~'ringern** уменьша́ть <уме́ньшить> (***sich*** -ся)
Ver'ringerung *f* уменьше́ние *n*, сниже́ние *n*
ver'rosten <за>ржаве́ть
ver'rückt F сумасше́дший; *Idee*: сумасбро́дный; **~ *sein nach …*** сходи́ть с ума́ по (Д); **~ *werden*** сходи́ть <сойти́> с ума́
Ver'ruf *m*: ***j-n in ~ bringen*** дискредити́ровать (*im*)*pf.* кого́-либо
Vers *m* стих
ver|'sagen *v/i* (*durchfallen*) прова́ливаться <-вали́ться>; (*nicht funktionieren*) отка́зывать <-за́ть>; **~'salzen** *v/t* переса́ливать <-соли́ть>; **~'sammeln** соб(и)ра́ть (***sich*** -ся)
Ver'sammlung *f* собра́ние *n*
Ver'sandhaus *n* рассы́лочная фи́рма *f*
ver'säumen *Zug* опа́здывать <опозда́ть> (на В); *Termin, Schule* пропуска́ть <-сти́ть> (В)
Ver'säumnis *n* упуще́ние
ver|'schaffen *v/t* доста́(ва́)ть; **~'schärfen** обостря́ть <-ри́ть>; *Tempo* ускоря́ть <-ко́рить>; *Gesetz, Kontrolle* ужесточа́ть <-чи́ть>
Ver'schärfung *f* обостре́ние *n*; ускоре́ние *n*; ужесточе́ние *n*; (*der Strafe*) усиле́ние *n*
ver|'schenken <по>дари́ть; **~'scheuchen** спу́гивать <-гну́ть>; **~'schicken** рассыла́ть <разосла́ть>; **~'schieben** сдвига́ть <сдви́нуть>; *zeitl.* переноси́ть <-нести́>
ver'schieden ра́зный, разли́чный; **~artig** разнообра́зный
ver|'schimmeln <за>пле́сневеть; **~'schlafen** прос(ы)па́ть; **~'schlechtern** ухудша́ть <уху́дшить> (***sich*** -ся)
Ver'schlechterung *f* ухудше́ние *n*
ver'schleiern *Gesicht* закры́(ва́)ть вуа́лью
Ver'schleiß *m* изно́с
ver'schleppen *Pers.* наси́льственно угоня́ть <угна́ть>; *Krankheit* запуска́ть <-сти́ть>
ver|'schließen запира́ть <-пере́ть> (на замо́к); **~'schlimmern** ухудша́ть <уху́дшить> (***sich*** -ся); **~'schlossen** *Adj. fig.* за́мкнутый; **~'schlucken** прогла́тывать <-глоти́ть>; ***sich*** **~** захлебну́ться *pf.*
Ver'schluss *m* запо́р; (*an Halskette*) застёжка *f*; *Fot.* затво́р; ***unter*** **~** под замко́м
ver'schlüsseln <за>шифрова́ть, коди́ровать (*im*)*pf.*
ver|'schmerzen *v/t* примиря́ться <-ри́ться> (с Т); **~'schmitzt** лука́вый; **~'schmutzen** загрязня́ть <-ни́ть>
Ver'schnaufpause *f* переды́шка
ver'schnupft: ***er ist*** **~** у него́ на́сморк; *fig.* он раздоса́дован
ver'schollen пропа́вший (бе́з вести); ***er ist*** **~** он пропа́л бе́з вести
ver|'schonen <по>щади́ть; **~'schönern** украша́ть <-ра́сить>
ver'schreiben *Rezept* прописывать <-са́ть>; ***sich*** **~** опи́сываться <-са́ться>
ver'schrotten превраща́ть <-врати́ть> в лом
ver'schulden *v/t* быть вино́вником (Р); ***sich*** **~** войти́ *pf.* в долг(и́)
ver|'schütten (*unter Geröll*) просыпа́ть <-сы́пать>; *Flüssigkeit* проли́(ва́)ть; **~'schweigen** *v/t* ума́лчивать <умолча́ть> (о П); **~'schwenden** растра́чивать <-ра́тить>
Ver'schwender(in *f*) *m* расточи́тель(ница *f*) *m*
ver'schwenderisch расточи́тельный

Ver|'schwendung *f* расточи́тельство *n*; **~'schwiegenheit** *f* скры́тность *f*

ver|'schwimmen расплы́(ва́)ться; **~'schwinden** исчеза́ть <-че́знуть>; **~'schwommen** *Adjp.* расплы́вчатый; *fig.* нея́сный

Ver'schwör|er(in *f*) *m* загово́рщик (-ица *f*); **~ung** *f* за́говор *m*

ver'sehen (*versorgen*) снабжа́ть <-бди́ть> (***mit*** Т)

Ver'sehen *n* оши́бка *f*; ***aus ~*** по оши́бке

ver'sehentlich по оши́бке

ver'senken *Schiff* <за-, по->топи́ть

ver'sessen: ***~ sein auf et.*** помеша́ться *pf.* на чём-либо

ver'setzen *Schüler* переводи́ть <-вести́>; *Schlag* наноси́ть <-нести́>

Ver'setzung *f* перево́д *m*

ver'seuchen заража́ть <-рази́ть>

ver'sichern (*beteuern*) уверя́ть <уве́рить>; (*Versicherung eingehen*) <за>страхова́ть; ***sich ~ gegen*** <за>страхова́ться от (Р)

Ver'sicherte(r) застрахо́ванный (-ная *f*)

Ver'sicherung *f* завере́ние *n*; страхова́ние *n*; *Gesellschaft* страхова́я компа́ния

ver|'sickern вса́сываться <всоса́ться>; **~'siegeln** запеча́т(ыв)ать; (*amtlich verschließen*) опеча́т(ыв)ать; *Parkett* покрыва́ть <-кры́ть> ла́ком; **~'sinken** <у>тону́ть

Versi'on *f* ве́рсия

ver'söhnen <по>мири́ть, примиря́ть <-ри́ть>

Ver'söhnung *f* примире́ние *n*

ver'sorgen снабжа́ть <-бди́ть>, обеспе́чи(ва)ть (***mit*** Т); (*pflegen*) забо́титься (о П); ***sich ~ mit*** запаса́ться <-сти́сь> (Т)

Ver'sorgung *f* снабже́ние *n*, обеспе́чение *n*; *ärztliche*: обслу́живание *n*

ver'späten: *sich ~* опа́здывать <опозда́ть>

Ver'spätung *f* опозда́ние *n*

ver|'sperren загора́живать <-роди́ть>; **~'spielen** прои́грывать <-гра́ть>; **~'spotten** *v/t* насмеха́ться (над Т)

ver'sprechen обеща́ть (*im*)*pf.*; ***sich ~*** огова́риваться <-вори́ться>

Ver'sprechen *n* обеща́ние

ver'staatlichen огосуда́рствливать <-ствить>

Ver'stand *m* ра́зум; ***den ~ verlieren*** лиша́ться <лиши́ться> рассу́дка

ver'ständigen (*benachrichtigen*) уведомля́ть <уве́домить>; ***sich ~*** (*sich verständlich machen*) объясня́ться; (*sich einigen*) догова́риваться <-вори́ться>

Ver'ständigung *f* обще́ние *n*

ver'ständlich поня́тный

Ver'ständnis *n* понима́ние

ver'ständnis|los непонима́ющий; **~voll** понима́ющий

ver'stärken уси́ли(ва)ть; *Deich* укрепля́ть <-пи́ть>

Ver'stärk|er *m* усили́тель *m*; **~ung** *f* усиле́ние *n*

ver|'stauben <за>пыли́ться; **~'stauchen** *v/t* растя́гивать <-тяну́ть>

Ver'stauchung *f* растяже́ние *n*

Ver'steck *n* (*Schlupfwinkel*) укры́тие; ***~ spielen*** игра́ть в пря́тки

ver'stecken <с>пря́тать (***sich*** -ся)

ver'stehen понима́ть <-ня́ть>; ***sich mit j-m gut ~*** хорошо́ понима́ть друг дру́га; ***zu ~ geben*** да(ва́)ть поня́ть; ***das versteht sich von selbst*** э́то само́ собо́й разуме́ется

ver'steigern прода́(ва́)ть с аукцио́на

Ver'steigerung *f* аукцио́н *m*, торги́ *m/pl.*

ver'stellbar регули́руемый

ver'stellen переставля́ть <-ста́вить>; *Stimme* изменя́ть <-ни́ть>; ***sich ~*** притворя́ться <-ри́ться>

ver'steuern *v/t* <у>плати́ть нало́г

ver'stopfen затыка́ть <-ткну́ть>; *Abfluss* заса́ривать <-сори́ть>

Ver'stopfung *f Med.* запо́р *m*

ver|'storben уме́рший, поко́йный; **~'stört** растеря́нный

Ver'stoß *m* наруше́ние *n*

ver'stoßen (*ausstoßen*) изгоня́ть <-гна́ть>; (*gegen ein Gebot*) наруша́ть <-ру́шить> (В)

ver|'streuen рассыпа́ть <-сы́пать>; **~'stümmeln** <из>уве́чить

ver'stummen умолка́ть <умо́лкнуть>

Ver'such *m* попы́тка *f*; (*Experiment*) о́пыт

ver'suchen <по>про́бовать, <по>пыта́ться

Ver'suchs|gelände *n* полиго́н *m*; **~person** *f* испыту́емый (-мая *f*) *m*

Ver'suchsstadium *n*: ***im ~*** в ста́дии испыта́ний

Ver'suchstier *n* подо́пытное живо́тное

Ver'suchung *f* искуше́ние *n*

ver'sündigen: *sich ~* <по>греши́ть

ver|'tagen откла́дывать <отложи́ть>; **~'tauschen** *v/t* перепу́тывать <-пу́тать>; **~'teidigen** защища́ть <-щити́ть> (***gegen*** от Р) (***sich*** -ся)

Ver'teidig|er(in *f*) *m* защи́тник (-ица *f*); **~ung** *f* защи́та

Ver'teidigungsminister *m* мини́стр оборо́ны

ver'teilen (*austeilen*) разделя́ть <-ли́ть>; *Waren* распределя́ть <-ли́ть> (***unter*** ме́жду Т)

Ver'teilung *f* разда́ча; распределе́ние *n*

ver|'teuern удорожа́ться <-жи́ться>; **~'tiefen** углубля́ть <-би́ть>

Ver'tiefung *f* углубле́ние *n*

verti'kal вертика́льный

ver'tilgen истребля́ть <-би́ть>

Ver'trag *m* догово́р; ***e-n ~*** (***ab***)***schließen*** заключа́ть <-чи́ть> догово́р

ver|'traglich догово́рный; **~'träglich** ужи́вчивый

Ver'tragsbruch *m* наруше́ние *f* догово́ра

ver'tragsgemäß соотве́тствующий догово́ру

Ver'trags|händler *m* официа́льный ди́лер; **~partner** *m* партнёр по догово́ру

ver'trauen доверя́ть

Ver'trauen *n* дове́рие; ***~ haben zu*** име́ть дове́рие к (Д); ***~ erweckend*** внуша́ющий дове́рие

Ver'trauensfrage *f*: ***die ~ stellen*** поста́вить на голосова́ние вопро́с о дове́рии

Ver'trauensperson *f* дове́ренное лицо́ *n*

ver|'trauensvoll испо́лненный дове́рия; **~'traulich** довери́тельный; (*geheim*) конфиденциа́льный; **~'träumt** мечта́тельный

ver'traut *Freund*: бли́зкий; (*bekannt*) знако́мый; ***sich ~ machen mit et.*** познако́миться с че́м-либо

ver'treiben прогоня́ть <-гна́ть>; ***sich die Zeit ~ mit*** корота́ть вре́мя за (Т)

Ver'treibung *f* изгна́ние *n*

ver'tretbar прие́млемый

ver'treten *Pers.* замеща́ть <-мести́ть>, заменя́ть <-ни́ть>; (*repräsentieren*) представля́ть

Ver'treter(in *f*) *m* представи́тель(ница *f*) *m*; (*Stellvertreter*) замести́тель(ница *f*) *m*; *Hdl.* аге́нт

Ver'tretung *f* (*e-r Firma*) представи́тельство *n*; (*Stellvertretung*) замеще́ние *n*

Ver'trieb *m* сбыт, прода́жа *f*

Ver'triebene(r) и́згнанный (-ная *f*)

ver|'trocknen засыха́ть <-со́хнуть>; **~'trödeln** *Zeit*: тра́тить по́пусту; **~'trösten** обнадёжи(ва)ть; **~'tuschen** замина́ть <-мя́ть>; **~'üben** соверша́ть <-ши́ть>

ver'un|glücken пострада́ть *pf.* от несча́стного слу́чая; *Auto usw.*: <по>терпе́ть ава́рию; **~reinigen** загрязня́ть <-ни́ть>; **~sichern** *v/t* вселя́ть <-ли́ть> неуве́ренность; **~stalten** обезобра́живать <-ра́зить>; **~treuen** растра́чивать <-ра́тить>

ver'ur|sachen *v/t* явля́ться <яви́ться> причи́ной (Р), вызыва́ть <вы́звать> (В); **~teilen** осужда́ть <осуди́ть>; (*gerichtlich*) пригова́ривать <-вори́ть> (***zu*** к Д)

Ver'urteilung *f* осужде́ние *n*

Ver'vielfältigung *f* размноже́ние *n*

ver'voll|kommnen <у>соверше́нствовать; **~ständigen** пополня́ть <-по́лнить>

ver'wählen: *sich ~* ошиби́ться *pf.* но́мером

ver'wahren храни́ть; ***sich ~ gegen*** протестова́ть про́тив (Р)

ver'wahr|losen *v/i Jugend*: лиша́ться <-ши́ться> забо́ты; **~lost** запу́щенный; *Kind*: безнадзо́рный

V

Ver'wahrung *f* хране́ние *n*; ***in ~ nehmen*** брать <взять> на хране́ние
ver'waist осироте́лый
ver'walten *v/t* управля́ть (Т)
Ver'walter(in *f*) *m* управля́ющий (-щая *f*), администра́тор(ша *f* F)
Ver'waltung *f* управле́ние *n*
Ver'waltungsgericht *n* администрати́вный суд *m*
ver'wandeln превраща́ть <-рати́ть> (***sich*** -ся); ***er ist wie verwandelt*** его́ сло́вно подмени́ли
Ver'wandlung *f* превраще́ние *n*
ver'wandt ро́дственный; ***mit j-m ~ sein*** состоя́ть в родстве́ с ке́м-либо
Ver|'wandte(r) ро́дственник (-ица *f*); **~'wandtschaft** *f* родство́ *n*; (*die Verwandten*) ро́дственники *pl.*, родны́е *pl.*; **~'warnung** *f* предупрежде́ние *n*
ver'wechseln перепу́т(ыв)ать
Ver'wechslung *f* смеше́ние *n*
ver'wegen де́рзкий
ver'weigern отка́зывать <-за́ть>; ***die Antwort ~*** отка́зываться <-за́ться> отвеча́ть
Ver|'weigerung *f* отка́з *m* (от Р); **~'weis** *m* (*Tadel*) вы́говор; (*Hinweis*) отсы́лка *f*
ver|'weisen отсыла́ть <отосла́ть>, направля́ть <-ра́вить> (***an*** к Д); **~'welken** увяда́ть
ver'wenden применя́ть <-ни́ть>, испо́льзовать (*im*)*pf.*
Ver'wendung *f* примене́ние *n*, испо́льзование *n*
ver|'werflich предосуди́тельный; **~'werten** испо́льзовать (*im*)*pf.*, применя́ть <-ни́ть>
Ver'wertung *f* испо́льзование *n*
ver|'wesen разлага́ться <-ложи́ться>; **~'wickelt** (*kompliziert*) сло́жный; **~'winden** *Tod, Verlust* пережи́ть *pf.*; **~'wirklichen** осуществля́ть <-ви́ть> (***sich*** -ся)
Ver'wirklichung *f* осуществле́ние *n*
ver|'wirren спу́т(ыв)ать, запу́т(ыв)ать; **~'wirrt** спу́танный
Ver'wirrung *f* пу́таница; (*Ratlosigkeit*) расте́рянность *f*
ver|'wischen *Schrift* сма́з(ыв)ать; (*unscharf machen*) стира́ть <стере́ть>-, **~'wittern** выве́триваться <вы́ветриться>; **~'witwet** овдове́вший; **~'wöhnen** <из>балова́ть; **~'worren** запу́танный
ver'wund|bar уязви́мый; **~en** ра́нить (*im*)*pf.*
ver'wunderlich удиви́тельный
Ver|'wundete(r) ра́неный (-ная *f*); **~'wundung** *f* ране́ние *n*
ver'wüsten опустоша́ть <-ши́ть>
Ver'wüstung *f* опустоше́ние *n*
ver'zag|en пасть *pf.* ду́хом; **~t** уны́лый
ver'zählen: *sich ~* обсчи́тываться <-та́ться>
ver|'zaubern зачаро́вывать <-рова́ть>; **~'zehren** съеда́ть <съесть>; **~'zeichnen** (*aufschreiben*) запи́сывать <-са́ть>
Ver'zeichnis *n* спи́сок *m*
ver'zeihen проща́ть <прости́ть>; ***~ Sie die Störung*** прости́те за беспоко́йство
Ver'zeihung *f* проще́ние *n*; (***ich***) ***bitte um ~*** прошу́ проще́ния; ***~!*** извини́(те)!
Ver'zicht *m* отка́з
ver'zichten отка́зываться <-за́ться> (***auf*** от Р)
ver'ziehen *Gesicht, Mund* <с>криви́ть; *Kind* избало́вывать <-ва́ть>; ***sich ~*** F (*verschwinden*) исчеза́ть <-че́знуть>
ver'zieren украша́ть <-ра́сить>
Ver'zierung *f* украше́ние *n*
ver'zinsen начисля́ть <-чи́слить> проце́нты (на В); ***sich mit 3 Prozent ~*** дава́ть три проце́нта годовы́х
Ver'zinsung *f* начисле́ние *n* проце́нтов
ver'zögern заде́рживать <-жа́ть> (***sich*** -ся)
Ver'zögerung *f* заде́ржка
ver'zollen упла́чивать <-лати́ть> (тамо́женную) по́шлину
ver'zückt восхищённый
Ver'zug *m* заде́ржка *f*; ***ohne ~*** без заде́ржки
ver'zweifeln отча́иваться <-ча́яться> (***an*** в П); ***es ist zum Verzweifeln!*** мо́жно прийти́ в отча́яние!

ver'zweifelt отчáянный; **~ *sein*** быть в отчáянии
Ver'zweiflung *f* отчáяние *n*
Vesper *f Rel.* вечéрня
Vete'ran *m* ветерáн
Veteri'närmedizin *f* ветеринáрия
Veto *n*: ***sein ~ einlegen gegen*** налагáть <-ложи́ть> вéто на (В)
Vetter *m* двоюродный брат
Vibrati'on *f* вибрáция
vi'brieren вибри́ровать
Video|gerät *n* видеомагнитофóн *m*; **~kamera** *f* видеокáмера; **~kassette** *f* видеокассéта; **~recorder** *m* видеомагнитофóн; **~'thek** *f* видеотéка
Vieh *n* скот *m*; **~futter** *n* корм *m* для скотá; **~zucht** *f* скотовóдство *n*
viel мнóгий; (*unflektiert*) мнóго; ***~e*** мнóгие; ***~en Dank!*** большóе спаси́бо!; ***~es*** мнóгое; ***~ besser*** намнóго лу́чше; ***~ mehr*** горáздо бóльше; ***~ sagend*** многозначи́тельный; ***~ versprechend*** многообещáющий
vielerlei всевозмóжный
vielfach многокрáтный
Vielfalt *f* многообрáзие *n*, разнообрáзие *n*
vielfältig многообрáзный, разнообрáзный
vielleicht мóжет быть, возмóжно
vielmals стокрáтно; ***danke ~*** большóе спаси́бо
vielmehr скорéе; (*gegensätzlich*) напрóтив
vielseitig многосторóнний
Vielzahl *f* большóе коли́чество *n*
vier четы́ре
Vier *f* четвёрка; **~eck** *n* четырёхугóльник *m*
viereckig четырёхугóльный
Vierer *m* четвёрка *f* (*a. Sp.*)
vier|fach в четырёхкрáтном размéре; (*viermalig*) четырёхкрáтный; **~hundert** четы́реста; **~jährig** четырёхлéтний; **~mal** четы́ре рáза, четы́режды; **~spurig** *Straße*: четырёхполóсный; **~stellig** четырёхзнáчный; **~stöckig** четырёхэтáжный
Viertaktmotor *m* четырёхтáктный дви́гатель *m*
vierte четвёртый
Viertel *n* четвёртая часть *f*, чéтверть *f*; (*Stadtteil*) квартáл *m*; **~'jahr** *n* квартáл *m*, чéтверть *f* гóда; **~'stunde** *f* чéтверть *f* часá
viertens в-четвёртых
vierzehn четы́рнадцать
vierzig сóрок
Viet'nam *n* Вьетнáм *m*
Vietna'me|se *m* (**~sin** *f*) вьетнáмец (-мка *f*)
vietna'mesisch вьетнáмский
Villa *f* ви́лла, особня́к *m*
vio'lett фиолéтовый
Vio'line *f* скри́пка
Violon'cello *n* виолончéль *f*
Viper *f* гадю́ка
virtu'ell виртуáльный
Virtu'o|se *m* (**~sin** *f*) виртуóз (*m u. f*)
Virus *n od. m* ви́рус *m*; **~infektion** *f* ви́русная инфéкция
Vi'sier *n* прицéл *m*
Visi'on *f* видéние *n*
Vi'site *f* (*des Arztes*) врачéбный обхóд *m*
Vi'sitenkarte *f* визи́тная кáрточка
visu'ell зри́тельный
Visum *n* ви́за *f*
vi'tal живу́чий; (*lebenswichtig*) жи́зненный
Vita'min *n* витами́н *m*; **~mangel** *m* витами́нная недостáточность *f*
Vi'trine *f* витри́на
Vize|kanzler *m* вице-кáнцлер; **~präsident** *m* вице-президéнт
Vogel *m* пти́ца *f*; F ***er hat e-n ~*** у негó, ви́дно, не все дóма; **~häuschen** *n* корму́шка *f* для птиц
Vogelperspektive *f*: ***aus der ~*** с высоты́ пти́чьего полёта
Vogelscheuche *f* чу́чело *n*
Vo'kabel *f* слóво *n*
Vokabu'lar *n* запáс *m* слов
Vo'kal *m* глáсный
Volk *n* нарóд *m*
Völker|kunde *f* этногрáфия; **~recht** *n* междунарóдное прáво; **~verständigung** *f* взаимопонимáние *n* мéжду нарóдами; **~wanderung** *f* (вели́кое) переселéние *n* нарóдов
Volks|befragung *f* всенарóдный опрóс *m*; **~begehren** *n* нарóдная инициати́ва *f*; **~entscheid** *m*

V

референдум; **~fest** *n* народное гулянье; **~hochschule** *f* народный университет *m*; **~kunst** *f* народное творчество *n*; **~lied** *n* народная песня *f*

Volksmund *m* народная поговорка *f*; ***im ~*** в народе

Volks|musik *f* народная музыка; **~tanz** *m* народный танец

volkstümlich народный

Volks|wirtschaft *f* народное хозяйство *n*; **~zählung** *f* перепись *f* населения

voll полный; ***mit ~er Kraft*** в полную силу; ***die ~e Wahrheit*** сущая правда

vollauf вполне

vollautomatisch полностью автоматизированный

Vollbeschäftigung *f* полная занятость *f*

voll'bringen с(о)вершать <-шить>

voll'enden завершать <-шить>; ***vor vollendete Tatsachen stellen*** поставить перед с(о)вершившимся фактом

Voll'endung *f* завершение *n*

Volleyball *m* волейбол

Vollgas *n*: ***mit ~*** на полной скорости

völlig совершенный, полный

voll|jährig совершеннолетний; **~'kommen** совершенный, полный

Voll|kornbrot *n* хлеб *m* из муки грубого помола; **~macht** *f* полномочие *n*; (*Urkunde*) доверенность *f*; **~milch** *f* цельное молоко *n*; **~mond** *m* полнолуние *n*; **~pension** *f* полный пансион *m*

voll|schlank полный; **~ständig** полный

voll'strecken приводить <-вести> в исполнение

Voll|'streckung *f* (приведение в) исполнение *n*; **~treffer** *m* прямое попадание *n*; *fig.* полный успех; **~versammlung** *f* пленарное заседание *n*; (*UNO*) Генеральная Ассамблея

vollzählig полный

voll'ziehen совершать <-шить>; ***die Trauung ~*** заключать <-чить> брак

Volt *n* вольт *m*

Vo'lumen *n* объём *m*

volumi'nös объёмистый

von *Prp.* (*woher*) от (Р); (*aus*) из (Р); с (Р); (*über*) о (П); (*Maß, Preis*) в (В); ***~ mir*** от меня; ***~ Berlin nach Moskau*** из Берлина в Москву; ***~ Berlin bis Moskau*** от Берлина до Москвы; ***vom 1. bis zum 6.*** с первого по шестое; ***vom Lande*** из деревни; ***einer ~ euch*** один из вас; ***~ 3 Meter Länge*** длиной в три метра; ***die Umgebung ~ Leipzig*** окрестности Лейпцига; ***ein Roman ~ Tolstoi*** роман Толстого; ***der König ~ Schweden*** король Швеции; ***er ist ein Freund ~ mir*** он мой друг; ***~ gestern*** вчерашний

vonein'ander (*scheiden*) друг с другом; (*wissen*) друг о друге; (*abhängen*) друг от друга

vor *Prp.* (*wo/wann?*) перед (Т); *zeitl.* до (Р); ... тому назад; (*Uhrzeit*) без (Р); (*wegen*) от (Р), (*wohin?*) перед (Т); ***~ dem Auto*** перед машиной; ***setz dich ~ mich*** сядь передо мной; ***~ dem Feiertag*** перед праздником; ***~ einer Stunde*** час тому назад; ***fünf ~ zwei*** без пяти два; ***~ Wut*** от гнева

Vorabend *m* канун; ***am ~*** накануне (Р)

Vorahnung *f* предчувствие *n*

vor'an (*nach vorn*) вперёд

vor'angehen идти <пойти> впереди; ***mit gutem Beispiel ~*** подавать (хороший) пример

Vorankündigung *f* предварительное объявление *n*

vor'aus: ***im ~*** заранее

vor'ausgehen идти <пойти> вперёд; *fig.* предшествовать

Vor'aussage *f* предсказание *n*

vor'aussagen предсказывать <-зать>

vor'aussetzen предполагать <-ложить>; ***vorausgesetzt, dass ...*** предполагая, что ...

Vor'aussetzung *f* предпосылка; ***unter der ~, dass ...*** при условии, что ...

vor'aussichtlich предполагаемый

Vor'auszahlung *f* оплата вперёд, аванс *m*

V

Vorbedacht *m*: ***mit ~*** с у́мыслом
Vorbedingung *f* предвари́тельное усло́вие *n*
Vorbehalt *m* огово́рка *f*; ***unter dem ~, dass ...*** с огово́ркой, что ...
vorbehalten: *sich das Recht ~* сохраня́ть <-ни́ть> за собо́й пра́во
vorbehalt|lich *Prp.* при усло́вии (Р); **~los** безогово́рочный
vor'bei *Adv.* (***an***) ми́мо (Р); ***am Ziel ~*** ми́мо це́ли; ***es ist ~*** всё ко́нчено
vor'beifahren проезжа́ть <-е́хать> ми́мо (***an*** Р)
vor'beigehen проходи́ть <пройти́> (***an*** ми́мо Р); ***im Vorbeigehen*** проходя́ ми́мо
vor'beireden: *aneinander ~* говори́ть на ра́зных языка́х
vorbereiten подгота́вливать <-гото́вить> (***auf*** к Д; ***sich*** -ся)
Vorbereitung *f* подгото́вка
vorbestellen предвари́тельно зака́зывать <-за́ть>
vorbestraft: *~ sein* име́ть суди́мость; ***er ist nicht ~*** он не состоя́л под судо́м
vorbeugen (*verhindern*) предупрежда́ть <-преди́ть>, предотвраща́ть <-врати́ть> (В); ***sich ~*** наклоня́ться <-ни́ться> вперёд
vorbeugend профилакти́ческий
Vorbeugung *f* предупрежде́ние *n*; *Med.* профила́ктика
Vorbild *n* приме́р *m*; ***sich j-n zum ~ nehmen*** брать приме́р с кого́-либо
vorbildlich образцо́вый, приме́рный
Vorderachse *f* пере́дняя ось *f*
vordere пере́дний
Vordergrund *m* пере́дний план; ***im ~*** на пе́рвом пла́не
Vorder|haus *n* пере́дний дом *m*; **~pfote** *f* пере́дняя ла́па
Vorderrad *n* пере́днее колесо́; **~antrieb** *m* приво́д на пере́дние колёса
Vorder|seite *f* лицева́я сторона́; **~sitz** *m* пере́днее сиде́нье *n*; **~teil** *n* пере́дняя часть *f*
vordringlich первоочередно́й
Vordruck *m* бланк
voreilig поспе́шный; (*unüberlegt*) необду́манный
voreingenommen *Meinung*: предвзя́тый
Voreingenommenheit *f* предвзя́тость *f*
vorenthalten: *j-m et. ~* незако́нно лиша́ть <-ши́ть> кого́-либо чего́-либо
vorerst пока́
Vorfahr(in *f*) *m* пре́док *m* (*a. f*)
Vorfahrt *f* пра́во *n* преиму́щественного прое́зда; ***j-m die ~ einräumen*** уступи́ть кому́-либо доро́гу
Vorfall *m* слу́чай; (*Begebenheit*) происше́ствие *n*
vorfallen (*sich ereignen*) происходи́ть <произойти́>
vor|finden заста́(ва́)ть; **~fristig** досро́чный
vorführen пока́зывать <-каза́ть>; *Film* <про>демонстри́ровать
Vorführung *f* пока́з *m*; демонстра́ция
Vorgang *m* ход собы́тий; (*Akte*) де́ло
Vor|gänger(in *f*) *m* предше́ственник (-ица *f*); **~garten** *m* палиса́дник; **~gebirge** *n* предго́рье; **~gefühl** *n* предчу́вствие
vorgehen идти́ <пойти́> вперёд; *Uhr*: спеши́ть; (*sich ereignen*) происходи́ть <произойти́>; (*handeln*) поступа́ть <-пи́ть>; ***was geht hier vor?*** что здесь происхо́дит?
Vor|geschichte *f* предысто́рия; *Med.* ана́мнез *m*; **~geschmack** *m* пе́рвое представле́ние *n* (***von*** о П); **~gesetzte(r)** нача́льник (-ица *f* F)
vorgestern позавчера́
vorhaben (*planen*) намерева́ться (*Inf.*); ***ich hatte vor*** я наме́рен(а) был(а́); ***was haben Sie vor?*** каки́е у вас пла́ны?
Vorhaben *n* намере́ние
vor'handen име́ющийся; ***~ sein*** име́ться
Vorhang *m* за́навес
Vorhängeschloss *n* вися́чий замо́к *m*
vorher ра́нее, ра́ньше; ***am Abend ~*** ве́чером до э́того
vor'herig пре́жний

Vorherrschaft *f* госпо́дство *n*
vorherrschen преоблада́ть; **~d** преоблада́ющий
Vor'hersage *f* предсказа́ние *n*
vor'hersehen предви́деть *pf.*
vorhin то́лько что
vorig про́шлый; ***in der ~en Woche*** на про́шлой неде́ле
Vorjahr *n* про́шлый год *m*
vorjährig прошлого́дний
Vor|kämpfer(in *f*) *m* побо́рник (-ница *f*); **~kenntnisse** *f/pl.* предвари́тельная подгото́вка *f*
vorkommen (*geschehen*) случа́ться <-чи́ться>; (*sich finden*) встреча́ться; (*Tiere*) води́ться, обита́ть; ***das kommt vor*** быва́ет; ***das kommt nicht wieder vor*** э́то не повтори́тся; ***sie kommt mir bekannt vor*** я, ка́жется, её зна́ю
Vorkomm|en *n Geol.* месторожде́ние; **~nis** *n* происше́ствие
vorladen вызыва́ть <вы́звать> (в суд)
Vor|ladung *f* вы́зов *m* (в суд); **~lage** *f* (*Muster*) образе́ц *m*
vorläufig вре́менный; (*nicht endgültig*) предвари́тельный
vor|legen (*Ausweis*) предъявля́ть <-ви́ть>; (*Akten*) представля́ть <-ста́вить> (***zur Unterschrift*** на по́дпись); **~lesen** <про>чита́ть (вслух)
Vorlesung *f* ле́кция; ***~en halten*** чита́ть ле́кции
vorletzte предпосле́дний
Vorliebe *f* пристра́стие *n* (***für*** к Д)
vorliegen име́ться; ***hier muss ein Irrtum ~*** здесь, вероя́тно, оши́бка
vorliegend име́ющийся; ***im ~en Fall*** в да́нном слу́чае
Vormachtstellung *f* госпо́дствующее положе́ние *n*
vormerken запи́сывать <-са́ть>
Vormittag *m* предобе́денное вре́мя *n*; ***am ~*** до обе́да
Vormund *m* опеку́н; **~schaft** *f* опе́ка
vorn впереди́; ***nach ~*** вперёд; ***von ~*** спе́реди; (*beginnen*) снача́ла
Vorname *m* и́мя *n*
vornehm благоро́дный
vornehmen: *sich ~* принима́ться <-ня́ться> (за В)
vornherein: *von ~* с са́мого нача́ла
Vorort *m* при́город
vorprogrammiert запрограмми́рованный
Vorrang *m* преиму́щество *n*
vorrangig первоочередно́й
Vorrat *m* запа́с; запа́сы *m/pl.*
vorrätig припасённый; ***~ haben*** име́ть на скла́де
Vor|recht *n* привиле́гия *f*; **~richtung** *f* устро́йство *n*; **~ruhestand** *m* преждевре́менный вы́ход на пе́нсию
vorsagen подска́зывать <-за́ть>
Vor|saison *f* предсезо́нный пери́од *m*; **~satz** *m* наме́рение *n*
vorsätzlich преднаме́ренный
Vorschein *m*: ***zum ~ kommen*** явля́ться <яви́ться>
Vorschlag *m* предложе́ние *n*
vorschlagen предлага́ть <-ложи́ть>; ***j-n als Kandidaten ~*** выдвига́ть <вы́двинуть> кого́-либо кандида́том
vorschreiben *fig.* предпи́сывать <-са́ть>
Vorschrift *f* предписа́ние *n*; (*zum Gebrauch*) инстру́кция
vorschriftsmäßig соотве́тствующий предписа́нию
Vorschulalter *n* дошко́льный во́зраст *m*
Vorschuss *m* ава́нс; ***als ~*** в ви́де ава́нса
vorsehen предусма́тривать <-смотре́ть>; ***sich ~ vor*** остерега́ться (Р)
Vorsehung *f* провиде́ние *n*
Vorsicht *f* осторо́жность *f*; ***~!*** осторо́жно!
vorsichtig осторо́жный
Vor|sichtsmaßnahme *f* ме́ра предосторо́жности; **~silbe** *f* пре́фикс *m*, приста́вка
Vorsitz *m* председа́тельство *n*; ***den ~ führen*** председа́тельствовать
Vorsitzende(r) председа́тель(ница *f*) *m*
Vorsorge *f* предусмотри́тельность *f*, *Med.* профила́ктика; **~untersuchung** *f* профилакти́ческое обсле́дование *n*
vorsorglich предусмотри́тельный

Vor|speise *f* заку́ска; **~spiel** *n Mus.* прелю́дия *f*; *Thea.* проло́г *m*

vor|spielen игра́ть <сыгра́ть>; *Musikstück* исполня́ть <-по́лнить>; **~sprechen** произноси́ть (для P); *Thea.* <про>чита́ть, <про>деклами́ровать (пе́ред T)

Vorsprung *m* вы́ступ; *fig.* преиму́щество *n*; ***e-n ~ vor j-m in et. haben*** опережа́ть кого́-либо в чём-либо

Vor|stadt *f* предме́стье *n*; **~stand** *m* правле́ние *n*

Vorstandsmitglied *n* член *m* правле́ния

vorstehen выдава́ться (вперёд), выступа́ть

vorstellbar вообрази́мый

vorstellen *fig.* представля́ть <-ста́вить>; *Uhr* ста́вить вперёд; ***sich j-m ~*** представля́ться <-ста́виться> кому́-либо; ***sich et. ~*** представля́ть <-а́вить> себе́ что́-либо; ***stell dir vor*** предста́вь себе́

Vor|stellung *f* представле́ние *n*; (*Kino*) сеа́нс *m*; **~stoß** *m* ата́ка *f*, проникнове́ние *n* (***ins All*** в ко́смос); **~strafe** *f* (пре́жняя) суди́мость *f*

vorstrecken протя́гивать <-тяну́ть> (вперёд); *Geld* да(ва́)ть ава́нсом

Vorstufe *f* предвари́тельный эта́п *m*

Vortag *m*: ***am ~*** накану́не

vortäuschen *v/t* симули́ровать (*im*)*pf.*

Vorteil *m* преиму́щество *n*; (*Nutzen*) по́льза *f*, вы́года *f*; ***von ~ sein*** быть вы́годным

vorteilhaft вы́годный

Vortrag *m* ле́кция *f*, докла́д; ***e-n ~ halten*** выступа́ть <вы́ступить> с докла́дом

vortragen *Gründe* излага́ть <-ложи́ть>; *Gedicht* <про>деклами́ровать, <про>чита́ть

vor'trefflich превосхо́дный

Vortritt *m*: ***j-m den ~ lassen*** пропуска́ть <-сти́ть> кого́-либо вперёд

vor'über ми́мо (P); **~gehend** вре́менный

Vorurteil *n* предрассу́док *m*

Vor|verkauf *m* предвари́тельная прода́жа *f*; **~vertrag** *m* предвари́тельный догово́р; **~wahl** *f Fmw.* код *m*; **~wand** *m* предло́г

vorwärts вперёд; F ***~!*** пошли́!; ***~ gehen*** продвига́ться <-дви́нуться> (вперёд); ***es geht ~*** (де́ло) продвига́ется

Vorwärtsgang *m Kfz.* пере́дний ход

vor'wegnehmen предвосхища́ть <-хити́ть>

vorwerfen: *fig.* ***j-m et. ~*** упрека́ть <-кну́ть> кого́-либо в чём-либо

vorwiegend *Adv.* преиму́щественно

Vorwort *n* предисло́вие

Vorwurf *m* упрёк; ***zum ~ machen*** <по>ста́вить в упрёк

vorwurfsvoll укори́зненный

Vorzeichen *n Math.* знак *m*; (*Omen*) предзнаменова́ние

vorzeigen пока́зывать <-за́ть>; *Ausweis* предъявля́ть <-ви́ть>

vorziehen *Vorhang* задёргивать <-рнуть>; (*bevorzugen*) предпочита́ть <-че́сть>

Vorzimmer *n* приёмная *f*

Vorzug *m* (*Vorrang*) предпочте́ние *n*

vor'züglich превосхо́дный, великоле́пный

Votum *n* во́тум *m*

vul'gär вульга́рный

Vul'kan *m* вулка́н

vulkani'sieren вулканизи́ровать (*im*)*pf.*

W

Waage *f* весы́ *pl.*; *Astr.* Весы́
waagerecht горизонта́льный
Waagschale *f* ча́шка весо́в; *fig.* ***in die ~ werfen*** бро́сить на весы́
wach бо́дрствующий; (*lebhaft*) живо́й
Wache *f Mil.* карау́л *m*; (*Polizeistation*) полице́йский уча́сток *m*
wachen бо́дрствовать; (*aufpassen*) следи́ть (***über*** за Т)
Wa'cholder *m* можжеве́льник
Wachposten *m Pers.* часово́й
Wachs *n* воск *m*
wachsam бди́тельный; *Hund*: чу́ткий
Wachsamkeit *f* бди́тельность *f*; чу́ткость *f*
wachsen расти́ <вы́расти>; (*zunehmen*) возраста́ть <-сти́>
Wachstuch *n* клеёнка *f*
Wachstum *n* рост *m*
Wächter *m* сто́рож
Wachturm *m* сторожева́я ба́шня *f*
wackelig ша́ткий
Wackelkontakt *m* непло́тный конта́кт
wackeln (*locker sn*) шата́ться
Wade *f* икра́
Wadenkrampf *m* су́дорога *f* икроно́жных мышц
Waffe *f* ору́жие *n*
Waffel *f* ва́фля
Waffengattung *f* род *m* войск
Waffengewalt *f*: ***mit ~*** си́лой ору́жия
Waffenschein *m* разреше́ние *n* на ноше́ние ору́жия
Waffenstillstand *m* переми́рие *n*
Wagemut *m* отва́га *f*, сме́лость *f*
wagemutig отва́жный, сме́лый
wagen *v/t* отва́жи(ва)ться (на В); ***sich ~ zu*** осме́ли(ва)ться (*Inf.*)
Wagen *m* (*Leiterwagen*) пово́зка *f*, теле́га *f*; *Kfz.* маши́на *f*; *Esb.* ваго́н; **~heber** *m* домкра́т
Wag'gon *m* ваго́н
waghalsig риско́ванный
Wagnis *n* риско́ванное предприя́тие
Wahl *f* вы́бор *m*; *Pol.* вы́боры *m/pl.*; ***die ~ haben*** име́ть на вы́бор; ***mir bleibt k-e ~*** у меня́ нет никако́го вы́бора; ***die ~ annehmen*** дать согла́сие на избра́ние
Wahlausgang *m* исхо́д вы́боров
wahlberechtigt име́ющий пра́во го́лоса
Wahl|beteiligung *f* уча́стие *n* в вы́борах; **~bezirk** *m* избира́тельный уча́сток
wählen выбира́ть <вы́брать>; *Pol.* изб(и)ра́ть; *Telefonnummer* наб(и)ра́ть
Wahlen *f/pl.* вы́боры *m/pl.*
Wähler(in *f*) *m* избира́тель(-ница *f*) *m*
wählerisch разбо́рчивый
Wahl|fach *n* факультати́вный предме́т *m*; **~geheimnis** *n* та́йна *f* голосова́ния; **~kampf** *m* предвы́борная борьба́ *f*; **~kreis** *m* избира́тельный о́круг; **~lokal** *n* избира́тельный пункт *m*
wahllos без разбо́ра
Wahl|recht *n* избира́тельное пра́во; **~sieg** *m* побе́да *f* на вы́борах; **~spruch** *m* деви́з; **~urne** *f* избира́тельная у́рна; **~versammlung** *f* предвы́борное собра́ние *n*
wahlweise на вы́бор, по вы́бору
Wahnsinn *m Med.* помеша́тельство *n*; *fig.* безу́мие *n*
wahnsinnig сумасше́дший (*a. fig.*), поме́шанный; (*sehr stark*) ужа́сный
wahr (*eigentlich*) и́стинный; (*nicht gelogen*) правди́вый; (*echt*) настоя́щий
wahren (*erhalten*) сохраня́ть <-ни́ть>; (*einhalten*) соблюда́ть <-люсти́>
während 1. *Prp.* (*G, D*) во вре́мя (Р); **2.** *Kj.* в то вре́мя как
wahr'haftig 1. *Adj.* правди́вый; **2.** *Adv.* пои́стине
Wahrheit *f* пра́вда, и́стина; ***in ~*** в действи́тельности
wahrnehmbar воспринима́емый
wahrnehmen воспринима́ть <-ня́ть>; (*bemerken*) замеча́ть

<-éтить>; *Gelegenheit* <вос>пóльзоваться (T)
Wahrnehmung *f* восприя́тие *n*; (*optische*) наблюдéние *n*
wahrsagen предскáзывать <-зáть> (бýдущее)
Wahrsager(in *f*) *m* предсказáтель(ница *f*) *m*
wahr'scheinlich 1. *Adj.* вероя́тный; **2.** *Adv.* вероя́тно
Wahr'scheinlichkeit *f* вероя́тность *f*
Währung *f* валю́та; ***harte ~*** твёрдая валю́та
Währungsfonds *m*: ***Internationaler ~*** (***IWF***) междунарóдный валю́тный фонд (МВФ)
Währungs|politik *f* валю́тно-финáнсовая поли́тика; **~reform** *f* валю́тно-финáнсовая рефóрма; **~union** *f* валю́тный сою́з *m*
Waise *f* сиротá *m/f*
Wal *m* кит
Wald *m* лес; **~arbeiter** *m* лесорýб; **~brand** *m* леснóй пожáр; **~horn** *n* валтóрна *f*
waldig леси́стый
Wald|sterben *n* ги́бель *f* лесóв; **~weg** *m* леснáя дорóга *f*
Walfang *m* китобóйный прóмысел
Wall *m* (землянóй) вал; **~fahrt** *f* палóмничество *n*
Wal|nuss *f* грéцкий орéх *m*; **~ross** *n* морж *m*
Walze *f* *Tech.* вал *m*; (*Straßenwalze*) катóк *m*
walzen *v/t* *Metall* прокáтывать <-тáть>
wälzen <по>кати́ть; ***sich ~*** (*sich umdrehen*) поворáчиваться <-вернýться>
Walzer *m* вальс
Walzwerk *n* прокáтный завóд *m*
Wand *f* стенá
Wandel *m* изменéние *n*, перемéна *f*
wandelbar (*unstet*) перемéнчивый
wandeln: *sich ~* изменя́ться <-ни́ться>
Wanderausstellung *f* передвижнáя вы́ставка
Wanderer *m* (пéший) тури́ст
Wanderkarte *f* тури́стская кáрта
wandern идти́ <пойти́> в похóд
Wanderung *f* похóд *m*
Wanderweg *m* тури́стская тропá *f*
Wandleuchte *f* бра *n*
Wandlung *f* изменéние *n*, перемéна
Wand|schrank *m* встрóенный шкаф; **~tafel** *f* клáссная доскá; **~zeitung** *f* стеннáя газéта, стенгазéта
Wange *f* щекá
wankelmütig нереши́тельный
wanken шатáться, качáться
wann когдá; ***seit ~?*** с каки́х пор?
Wanne *f* вáнна
Wanze *f* клоп *m*; F *fig.* (*zum Abhören*) жучóк *m*
Wappen *n* гёрб *m*
war → ***sein***[1]
warb → ***werben***
Ware *f* товáр *m*
wäre, waren → ***sein***[1]
Waren|haus *n* универмáг *m*; **~lager** *n* товáрный склад *m*; **~zeichen** *n* товáрный знак *m*
warf → ***werfen***
warm тёплый
Wärme *f* теплó *n*, теплотá; **~dämmung** *f* теплоизоля́ция; **~energie** *f* тепловáя энéргия; **~kraftwerk** *n* теплоэлектростáнция *f*
wärmen греть, согрé(вá)ть (***sich*** -ся)
Wärmflasche *f* грéлка
warmherzig добросердéчный
Warm'wasser|heizung *f* (центрáльное) водянóе отоплéние *n*; **~versorgung** *f* горя́чее водоснабжéние *n*
Warn|blinker *m* авари́йная сигнализáция *f*; **~dreieck** *n* предупреди́тельная тренóга *f* (при авáрии)
warnen (***vor***) предостерегáть <-остерéчь> (от P), предупреждáть <-преди́ть> (о П)
Warn|leuchte *f* сигнáльная лáмпа; **~schild** *n* (дорóжный) предупреждáющий знак *m*; **~streik** *m* предупреди́тельная забастóвка *f*
Warnung *f* предостережéние *n*, предупреждéние *n*
Warteliste *f* спи́сок *m* очереднико́в
warten[1] *v/i* ждать; (***auf***) подождáть (В, P); ***auf sich ~ lassen*** заставля́ть себя́ ждать

warten² *v/t* (*pflegen*) уха́живать (за Т); *Tech.* обслу́живать
Wärter(**in** *f*) *m* служи́тель(ница *f*) *m*, смотри́тель(ница *f*) *m*
Warte|saal *m* зал ожида́ния; **~zimmer** *n* приёмная *f*
Wartung *f* (тех)обслу́живание *n*
wa'rum почему́
Warze *f* борода́вка
was что; **~ *für ein ...?*** что за ...?, како́й ...?; **~ *willst du?*** чего́ тебе́ на́до?
Waschbecken *n* умыва́льник *m*
Wäsche *f* бельё *n*; (*das Waschen*) сти́рка
waschecht *fig.* настоя́щий
Wäsche|klammer *f* прище́пка; **~korb** *m* корзи́на *f* для белья́; **~leine** *f* верёвка для су́шки белья́
waschen *v/t Wäsche* <по>стира́ть; *Körper* <по>мы́ть, умы́(ва́)ть; *v/r* ***sich*** **~** <по-, вы́>мы́ться, умы́(ва́)ться
Wäsche'rei *f* пра́чечная
Wäsche|schleuder *f* центрифу́га для отжи́ма белья́; **~schrank** *m* бельево́й шкаф
Wasch|lappen *m* тря́пка *f* (*a. fig.*); **~maschine** *f* стира́льная маши́на; **~mittel** *n* мо́ющее сре́дство; **~pulver** *n* стира́льный порошо́к *m*; **~raum** *m* умыва́льная *f*; **~schüssel** *f* умыва́льный таз *m*; **~tisch** *m* умыва́льник
Wasser *n* вода́ *f*
Wasserdampf *m* водяно́й пар
wasserdicht водонепроница́емый
Wasser|fall *m* водопа́д; **~farbe** *f* акваре́ль *f*; **~hahn** *m* водопрово́дный кран
wässerig водяни́стый
Wasser|kraftwerk *n* гидроэлектроста́нция *f*; **~lauf** *m* во́дный пото́к; **~leitung** *f* водопрово́д *m*; **~mann** *m Astr.* Водоле́й; **~melone** *f* арбу́з *m*
wässern *v/t Gesalzenes* выма́чивать <вы́мочить>
Wasser|pflanze *f* во́дное расте́ние *n*; **~rohr** *n* водопрово́дная труба́ *f*
wasserscheu: **~ *sein*** боя́ться воды́
Wasser|schutzgebiet *n* водохра́нная зо́на; **~ski** *m/pl.* во́дные лы́жи *f/pl*; **~sport** *m* во́дный спорт
Wasserspülung *f*: ***mit*** **~** со смы́вом (водо́й)
Wasserstoff *m* водоро́д; **~bombe** *f* водоро́дная бо́мба
Wasser|straße *f* во́дный путь *m*; **~turm** *m* водонапо́рная ба́шня *f*; **~versorgung** *f* водоснабже́ние *n*; **~waage** *f* ватерпа́с *m*; **~werfer** *m* водомёт; **~werk** *n* водопрово́дная ста́нция *f*; **~zeichen** *n* водяно́й знак *m*
Watt *n El.* ватт *m*
Watte *f* ва́та; **~bausch** *m* клок ва́ты
weben <со>тка́ть
Webe'rei *f* (*Betrieb*) тка́цкая фа́брика
Webstuhl *m* тка́цкий стано́к
Wechsel¹ *m* (*Veränderung*) переме́на *f*; (*Ortswechsel*) перее́зд
Wechsel² *m Fin.* ве́ксель *m*
Wechselgeld *n* сда́ча *f*
wechselhaft переме́нчивый
Wechseljahre *n/pl.* климактери́ческий пери́од *m*
Wechselkurs *m Fin.* валю́тный курс
wechseln *v/t* меня́ть, переменя́ть <-мени́ть>; *Geld* разме́нивать <-ня́ть>; *Worte, Ringe* обме́ниваться <-ня́ться> (Т); ***Blicke*** **~** перегля́дываться; *v/i* (*sich ändern*) меня́ться, переменя́ться <-ни́ться>
wechselseitig взаи́мный
Wechsel|sprechanlage *f* си́мплексное перегово́рное устро́йство *n*; **~stelle** *f* пункт *m* обме́на валю́ты; **~strom** *m* переме́нный ток
wechselvoll изме́нчивый
Wechselwirkung *f* взаимоде́йствие *n*
wecken <раз>буди́ть
Wecker *m* буди́льник
wedeln маха́ть
weder: **~ *... noch ...*** ни ..., ни ...
weg вон, прочь, доло́й; **~ *da!*** вон отсю́да!; ***weit*** **~** о́чень далеко́; ***er ist schon*** **~** его́ уже́ нет; ***der Zug ist*** **~** по́езд уже́ ушёл
Weg *m* доро́га *f*, путь *m* (*a. fig.*); ***am*** **~*e*** при доро́ге; ***auf dem*** **~*e*** по доро́ге; ***auf dem schnellsten*** **~*e***

как мóжно скорée; ***sich auf den ~ machen*** отправля́ться в путь; ***j-m im ~e sein*** стоя́ть комý-либо поперёк дорóги
wegbringen уноси́ть <унести́>, (*fahrend*) увози́ть <увезти́>
wegen из-за (Р)
weg|fahren *v/i* уезжáть <уéхать>; **~fallen** отпадáть <-пáсть>; **~gehen** уходи́ть <уйти́>; **~jagen** прогоня́ть <-гнáть>; **~laufen** убегáть <убежáть>; **~legen** отклáдывать <отложи́ть>; **~nehmen** уб(и)рáть; (***j-m***) отнимáть <-ня́ть>; **~räumen, ~schaffen** уб(и)рáть; **~schütten** (*ausgießen*) вы́ли(вá)ть; **~sehen** отводи́ть <-вести́> взгляд; *fig.* закрывáть глазá
Wegweiser *m* дорóжный указáтель *m*
weg|werfen выбрáсывать <вы́бросить> (вон); **~ziehen** *v/t* оттáскивать <-тащи́ть>; *v/i* (*Wohnort wechseln*) пере-, уезжáть <-éхать> (***von*** из Р)
weh: ***mir tut ... ~*** у меня́ боли́т ...; ***hier tut es ~*** здесь боли́т/бóльно; *fig.* ***~ tun*** причиня́ть <-ни́ть> боль
Wehe *f Med.*: *mst pl.* ***die ~n*** родовы́е схвáтки *f/pl.*
wehen *v/i Wind*: <по>дýть, <по>вéять; *Fahne*: развевáться, рéять
wehleidig жáлобный
Wehmut *f* грусть *f*
wehmütig грýстный
Wehrdienst *m* воéнная слýжба *f*; **~verweigerer** *m* откáзчик от слýжбы в áрмии
wehren: ***sich ~*** защищáться, обороня́ться; *fig.* сопротивля́ться (Д)
wehr|fähig гóдный к воéнной слýжбе; **~los** беззащи́тный
Wehr|pflicht *f* вóинская пови́нность; **~pflichtige(r)** *m* военнообя́занный
Weibchen *n Zool.* сáмка *f*
weiblich жéнский; *Gr.* жéнского рóда
weich мя́гкий
Weiche *f Esb.* стрéлочный перевóд *m*, стрéлка
weichen *v/i* (*Platz machen*) уступáть <-пи́ть>; ***j-m nicht von der Seite ~*** не отходи́ть ни на шаг от когó-либо
Weichheit *f* мя́гкость *f*
weichherzig мягкосердéчный
Weichspüler *m* смягчи́тельное срéдство *n* для ткáней
Weide[1] *f Baum* и́ва
Weide[2] *f* (*Weideland*) пáстбище *n*
weiden *v/t* пасти́; *v/i* пасти́сь; ***sich ~ an*** наслаждáться (Р)
weigern: ***sich ~ zu*** откáзываться <-зáться> (*Inf.*)
Weigerung *f* откáз *m*
weihen посвящáть <-святи́ть>
Weihnachten *n* Рождествó; ***fröhliche ~!*** счастли́вого Рождествá!
weihnachtlich рождéственский
Weihnachts|abend *m* канýн Рождествá, сочéльник; **~baum** *m* рождéственская ёлка *f*; **~fest** *n* прáздник *m* Рождествá; **~geschenk** *n* рождéственский подáрок *m*; **~lied** *n* рождéственская пéсня *f*; **~mann** *m* рождéственский дед, Дед Морóз
Weihrauch *m* лáдан
weil потомý что, так как
Weile *f* нéкоторое врéмя *n*; ***nach e-r ~*** спустя́ нéкоторое врéмя
Wein *m* винó *n*; **~bau** *m* виногрáдарство *n*; **~berg** *m* виногрáдник; **~brand** *m* конья́к
weinen плáкать
weinerlich плакси́вый
Wein|flasche *f* ви́нная буты́лка; **~glas** *n* бокáл *m*; **~keller** *m* ви́нный пóгреб; **~lese** *f* сбор *m* виногрáда; **~lokal** *n* небольшóй ви́нный ресторáн *m*; **~stock** *m* виногрáд; **~traube** *f* виногрáдная я́года *f*
weise мýдрый
Weise *f* спóсоб *m*, óбраз *m*; ***auf diese ~*** таки́м óбразом; ***auf k-e ~*** никóим óбразом
weisen *Richtung* укáзывать <-зáть>; ***von sich ~*** отвергáть <-вéргнуть>
Weisheit *f* мýдрость *f*
Weisheitszahn *m* зуб мýдрости
weiß бéлый
Weiß|brot *n* бéлый хлеб *m*; **~kohl** *m*, **~kraut** *n* белокочáнная капýста *f*; **~wein** *m* бéлое винó *n*

W

Weisung *f* указáние *n*, директи́ва
weit (*entfernt*) далёкий, дáльний; (*ausgedehnt*) обши́рный; (*Rock*) широ́кий; **~ entfernt** отдалённый; ***bei ~em*** горáздо; ***bei ~em nicht*** далекó не; **~ *öffnen*** широкó откры́(вá)ть; **~ *offen stehen*** быть распáхнутым, быть широкó растворённым; **~ *reichend*** далекó иду́щий; *Geschütz*: дáльнего дéйствия; ***am ~esten*** (***von allen***) дáльше всех; ***im ~esten Sinne*** в сáмом широ́ком смы́сле; ***das geht zu ~!*** э́то уж сли́шком!
Weitblick *m* дальнови́дность *f*
Weite *f* даль *f*; (*Entfernung*) дáльность *f*
weiter *präd.* дáльше, дáлее; ***des Weiteren*** дáлее; ***bis auf ~es*** врéменно; ***ohne ~es*** срáзу, без трудá; ***und so ~*** и так дáлее
Weiter|bildung *f* повышéние *n* квалификáции; **~fahrt** *f* продолжéние *n* пути́; **~gabe** *f* передáча
weitergehen идти́ <пойти́> дáльше; ***bitte ~!*** проходи́те, пожáлуйста!
weiter|kommen (*Fortschritte machen*) продвигáться <-и́нуться> вперёд; **~machen** продолжáть <-дóлжить>; **~sagen** перед(ав)áть (дáльше)
weit|gehend (*Befugnis*) широ́кий; (*Zugeständnis*) (óчень) далекó иду́щий; **~hin** далекó; **~läufig** прострáнный; *Verwandte*: дáльний; **~räumig** простóрный; **~schweifig** многослóвный; **~sichtig** дальнозóркий; *fig.* дальнови́дный
Weit|sprung *m* прыжóк в длину́; **~winkelobjektiv** *n* широкоугóльный объекти́в *m*
Weizen *m* пшени́ца *f*; **~mehl** *n* пшени́чная мукá *f*
welch *Pron.*: **~ *ein*** какóй; *rel.* котóрый
welk вя́лый; **~en** <за>вя́нуть
Wellblech *n* волни́стое желéзо
Welle *f* волнá; F ***grüne ~*** зелёная у́лица
Wellen|bad *n* бассéйн *m* с искýсственными вóлнами; **~gang** *m* волнéние *n*; **~länge** *f* длинá волны́; **~linie** *f* волни́стая ли́ния; **~sittich** *m* волни́стый попугáйчик
wellig волни́стый
Wellpappe *f* волни́стый картóн *m*
Welt *f* мир *m*, свет *m*; ***auf der ~*** в ми́ре, на свéте; ***in der ganzen ~*** во всём ми́ре; ***aus der ~ schaffen*** устрани́ть (В), покóнчить (с Т); ***zur ~ bringen*** рожáть
Welt|all *n* вселéнная *f*; **~anschauung** *f* мировоззрéние *n*; **~ausstellung** *f* всеми́рная вы́ставка
welt|berühmt извéстный во всём ми́ре; **~erschütternd** потрясáющий мир; **~fremd** отóрванный от жи́зни
Welt|geschichte *f* всеми́рная истóрия; **~handel** *m* мировáя торгóвля *f*; **~krieg** *m* мировáя войнá *f*
weltlich свéтский
Welt|macht *f* мировáя держáва; **~markt** *m* мировóй ры́нок; **~meister(in *f*)** *m* чемпиóн(ка *f*) ми́ра; **~meisterschaft** *f* пéрвенство *n* ми́ра; **~raum** *m* косми́ческое прострáнство *n*; **~reise** *f* кругосвéтное путешéствие *n*; **~rekord** *m* мировóй рекóрд; **~'sicherheitsrat** *m* Совéт Безопáсности
weltweit мировóй
Welt|wirtschaft *f* мировóе хозя́йство *n*; **~wunder** *n* чу́до свéта
wem (*D v.* ***wer***) кому́
wen (*A v.* ***wer***) когó
Wende *f* поворóт *m*; **~kreis** *m Geogr.* трóпик
wenden *v/t* поворáчивать <-вернýть>; (*umdrehen*) пере-ворáчивать <-вернýть>; *v/i Fahrzeug* разворáчиваться <-вер-нýться>; ***sich ~ an*** обращáться <-ати́ться> к (Д); ***bitte ~*** смотри́ на оборóте
Wendepunkt *m* поворóтный пункт
wendig поворóтливый; (*geschickt*) лóвкий
Wendung *f* поворóт *m*; (*Redewendung*) оборóт *m* рéчи
wenig мáло; ***ein ~*** немнóго; ***so ~ wie möglich*** как мóжно мéньше; ***nicht ~er als*** не мéньше чем; ***es ist das ~ste*** э́то минимáльное; ***am ~sten*** мéньше/мéнее всегó; **~stens** *Adv.* по мéньшей мéре
wenn *Bedingung*: éсли; *Zeit*: когдá;

~ ***auch*** хоть, хотя́ (и); **~'gleich** хоть, хотя́
wer кто; ~ ***auch immer*** кто бы ни
Werbeagentur *f* рекла́мное аге́нтство *n*
werben *v/t* <за>вербова́ть; *Käufer, Leser* привлека́ть <-вле́чь>; *v/i Hdl.* реклами́ровать (***für*** В)
Werbeslogan *m* рекла́мный ло́зунг
Werbetrommel *f*: ***die ~ rühren für*** уси́ленно реклами́ровать (В)
Werbung *f* рекла́ма (***für*** Р)
Werdegang *m* становле́ние *n*
werden станови́ться <стать>; ***er wird Arzt*** он ста́нет врачо́м; ***es wird Sommer*** наступа́ет ле́то; ***sie wird zehn*** ей испо́лнится де́сять; ***was ist aus ihm geworden?*** что с ним ста́лось?; ***daraus wird nichts*** из э́того ничего́ не вы́йдет; ***es wird dunkel*** темне́ет; ***alt ~*** постаре́ть
werfen броса́ть <бро́сить>, кида́ть <ки́нуть>; ***aus dem Fenster ~*** вы́бросить в окно́
Werft *f* верфь *f*
Werk *n* (*Erzeugnis*) произведе́ние; (*Betrieb*) заво́д *m*, предприя́тие
Werk|bank *f* верста́к *m*; **~statt** *f* мастерска́я; **~tag** *m* рабо́чий день *m*; **~tätige(r)** трудя́щаяся *f* (-щийся); **~zeug** *n* инструме́нт *m*
Wermut *m* го́рькая полы́нь *f*; (*Wein*) ве́рмут
wert: ~ ***sein*** име́ть це́нность
Wert *m* це́нность *f*; *Hdl., Fin.* сто́имость *f*; ***im ~ von*** сто́имостью в (В); ~ ***legen auf*** придава́ть значе́ние (Д)
werten *v/t* оце́нивать <-ни́ть>
Wertigkeit *f* вале́нтность *f*
wertlos не име́ющий це́нности; (*Geld*) обесце́ненный
Wert|papier *n* це́нная бума́га *f*; **~sachen** *f/pl.* це́нные ве́щи *f/pl.*
Wertung *f* оце́нка; *Sp. a.* зачёт *m*
wertvoll це́нный
Wesen *n* (*Lebewesen*) существо́; (*Charakter*) нрав *m*, хара́ктер *m*; ***dem ~ nach*** по нату́ре
wesentlich 1. *Adj.* суще́ственный; **2.** *Adv.* (*sehr, viel*) значи́тельно, гора́здо
weshalb почему́
Wespe *f* оса́
wessen чей
Weste *f* жиле́т *m*
Westen *m* за́пад; *Pol.* За́пад
Westeuropa *n* За́падная Евро́па *f*
westeuropäisch западноевропе́йский
westlich за́падный
wes'wegen почему́
Wettbewerb *m* соревнова́ние *n*; (*Ausscheid*) ко́нкурс; ***unlauterer ~*** недобросо́вестная конкуре́нция
Wette *f* пари́ *n*; ***um die ~*** наперего́нки́; ***e-e ~ abschließen*** заключа́ть <-чи́ть> пари́
wetteifern соревнова́ться (***um*** за В)
wetten держа́ть пари́
Wetter *n* пого́да *f*; ***bei jedem ~*** в любу́ю пого́ду; **~bericht** *m* сво́дка *f* пого́ды; **~dienst** *m* метеослу́жба *f*; **~karte** *f* ка́рта пого́ды; **~lage** *f* состоя́ние *n* пого́ды; **~leuchten** *n* зарни́ца *f*; **~vorhersage** *f* прогно́з *m* пого́ды; **~warte** *f* метеоста́нция
Wett|kampf *m* соревнова́ние *n*, состяза́ние *n*; **~lauf** *m* соревнова́ние *n* в бе́ге
wettmachen *Fehler* исправля́ть <-ра́вить>
Wett|rennen *n* состяза́ние в бе́ге; **~rüsten** *n* го́нка *f* вооруже́ний; **~streit** *m* сопе́рничество *n*
wetzen *v/t Messer* точи́ть
Whisky *m* ви́ски *n*
wich → ***weichen***
wichtig ва́жный; ***es ist ~*** ва́жно
Wichtigtuerei *f* ва́жничанье *n*
wickeln *Garn* <на>мота́ть; *Kind* <за>пелена́ть
Widder *m* бара́н; *Astr.* Ове́н
wider *Prp.* про́тив (Р), вопреки́ (Д); ~ ***Willen*** про́тив во́ли
Widerhaken *m* зазу́брина *f*; (*an Angel*) крючо́к
wider'legen опроверга́ть <-ве́ргнуть>
wider|lich проти́вный, отврати́тельный; **~rechtlich** противоза-ко́нный, противопра́вный
Widerruf *m* (*e-s Geständnisses*) отме́на *f*; (*e-r Verordnung*) отка́з; ***bis auf ~*** впредь до отме́ны

wider'rufen *v/t Verordnung* отменя́ть <-ни́ть>; *Geständnis* отка́зываться <-за́ться> (от Р)
wider'setzen: ***sich*** ~ <вос>проти́виться, сопротивля́ться
wider|sinnig неле́пый; **~spenstig** строптúвый
wider'sprechen противоре́чить; (*Einspruch erheben*) возража́ть <-рази́ть>
Widerspruch *m* противоре́чие *n*
widersprüchlich противоречи́вый
Widerstand *m* сопротивле́ние *n*; *El.* реоста́т; ~ ***leisten*** ока́зывать <оказа́ть> сопротивле́ние
Widerstandsbewegung *f* движе́ние *n* сопротивле́ния
widerstandsfähig выно́сливый; ~ ***gegen Frost*** морозоусто́йчивый
Widerstandskämpfer(**in** *f*) *m* уча́стник (-ица *f*) движе́ния сопротивле́ния
widerstandslos *präd.* без сопротивле́ния
wider'stehen устоя́ть *pf.* (пе́ред Т)
widerwärtig отврати́тельный, ме́рзкий
Widerwille *m* отвраще́ние *n* (***gegen*** к Д)
widerwillig *präd.* с отвраще́нием
widmen посвяща́ть <-вяти́ть> (***sich*** себя́)
Widmung *f* посвяще́ние *n*
wie *Adv.* (*Frage*) как, (*vor Su. u. Pron.*) како́в; *Kj.* как; ~ ***bitte?*** (прости́те,) что́ вы сказа́ли?; ~ ***geht es dir?*** как дела́?; ~ ***viel*** ско́лько
wieder опя́ть, сно́ва; ***immer*** ~ сно́ва и сно́ва; ~ ***erkennen*** узна́(ва́)ть; ~ ***finden*** находи́ть <найти́>; ~ ***gutmachen*** *Fehler* исправля́ть <-ра́вить>; *Schaden* возмеща́ть <-мести́ть>; ~ ***sehen*** вновь/сно́ва <у>ви́деть (***sich*** -ся)
Wiederauf|bau *m* восстановле́ние *n*; **~bereitungsanlage** *f* заво́д *m* по регенера́ции я́дерного то́плива
Wiederbelebung *f* реанима́ция
wiederbringen приноси́ть <-нести́> обра́тно
Wiedergabe *f* воспроизведе́ние *n*
wiedergeben (*zurückgeben*) возвраща́ть <-ати́ть>; *Inhalt, Gespräch* перед(ав)а́ть
Wieder'gutmachung *f* исправле́ние *n*; возмеще́ние *n*
wieder|'herstellen восстана́вливать <-нови́ть>; **~'holen** повторя́ть <-ри́ть> (***sich*** -ся)
Wieder'holung *f* повторе́ние *n*
Wieder|käuer *m* жва́чное (живо́тное) *n*; **~kehr** *f* (*Rückkehr*) возвраще́ние *n*; (*e-s Gedenktages*) годовщи́на
Wiedersehen *n* (сле́дующая) встре́ча *f*; ***auf ~!*** до свида́ния!
wiederum *Adv.* опя́ть
Wieder|vereinigung *f* воссоедине́ние *n*; **~wahl** *f* переизбра́ние *n*
Wiege *f* колыбе́ль *f*
wiegen *v/t* взве́шивать <взве́сить>; *v/i* ве́сить
Wiegenlied *n* колыбе́льная пе́сня *f*
wiehern ржать
wies → ***weisen***
Wiese *f* луг *m*
Wiesel *n* ла́ска *f*
wie'so F почему́
wie'vielte кото́рый; ***den Wievielten haben wir heute?*** како́е сего́дня число́?
wild ди́кий
Wild *n* дичь *f*
Wildbahn *f*: ***in freier*** ~ на во́ле
wildfremd совсе́м чужо́й
Wild|leder *n* за́мша *f*; **~nis** *f* глуха́я ме́стность *f*; **~schwein** *n* каба́н *m*; **~wechsel** *m* ме́сто *n* перехо́да звере́й
will → ***wollen***[2]
Wille *m* во́ля *f*; ***beim besten ~n*** при всём жела́нии
willen: ***um ...*** ~ ра́ди (Р)
willenlos безво́льный
Willenskraft *f* си́ла во́ли
willensstark волево́й
willig послу́шный
will'kommen жела́нный; ***herzlich ~!*** добро́ пожа́ловать!
willkürlich произво́льный
wimmeln (кишмя́) кише́ть; ***im Teich wimmelte es von Fischen*** пруд (кишмя́) кише́л ры́бой
wimmern жа́лобно пла́кать
Wimpel *m* флажо́к, вы́мпел
Wimper *f* ресни́ца
Wind *m* ве́тер

Winde *f* лебёдка
Windel *f* пелёнка
winden *Kranz* <с>плести́; ***sich ~*** ви́ться
Windes'eile *f*: ***in ~*** (*et. tun*) со ско́ростью ве́тра
Windhund *m* борза́я (соба́ка) *f*
windig ве́треный
Wind|jacke *f* (ку́ртка-)ветро́вка; **~mühle** *f* ветряна́я ме́льница; **~pocken** *pl.* ветряна́я о́спа *f*; **~schutzscheibe** *f Kfz.* ветрово́е стекло́ *n*; **~stärke** *f* си́ла ве́тра
windstill безве́тренный
Wind|stille *f* безве́трие *n*; **~stoß** *m* поры́в ве́тра; **~surfing** *n* ви́ндсёрфинг *m*
Windung *f* изви́лина
Wink *m* (*Andeutung*) намёк
Winkel *m* (*a. fig.*) у́гол; **~messer** *m* угломе́р
winken *v/i* да(ва́)ть знак; ***mit der Hand ~*** <по>маха́ть руко́й
winklig углова́тый
winseln *Hund*: скули́ть, визжа́ть
Winter *m* зима́ *f*; ***im ~*** зимо́й; **~garten** *m* зи́мний сад; **~kurort** *m* зи́мний куро́рт
winterlich зи́мний
Winter|mantel *m* зи́мнее пальто́ *n*; **~reifen** *m* зи́мняя ши́на *f*; **~schlaf** *m* зи́мняя спя́чка *f*; **~schlussverkauf** *m* зи́мняя распрода́жа *f*; **~sport** *m* зи́мние ви́ды *m/pl.* спо́рта
Winzer *m* виногра́дарь *m*
winzig кро́шечный
Wipfel *m* верху́шка *f*, верши́на *f*
wir мы
wirbt → ***werben***
Wirbel *m* (*von Luft*) вихрь *m*; (*von Wasser*) водоворо́т; (*der Haare*) маку́шка *f*
wirbeln *v/i* кружи́ться
Wirbel|säule *f* позвоно́чник *m*; **~sturm** *m* урага́н; **~wind** *m* вихрь *m*
wirb(s)t → ***werben***
wird → ***werden***
wirf(s)t → ***werfen***
wirken *v/i* (*tätig sein*) рабо́тать; (*Wirkung zeigen*) <по>де́йствовать
wirklich 1. *Adj.* действи́тельный; **2.** *Adv.* на са́мом де́ле
Wirklichkeit *f* действи́тельность *f*
wirksam де́йственный, эффекти́вный
Wirkung *f* де́йствие *n*; эффе́кт *m*; (*Eindruck*) возде́йствие *n*
Wirkungsgrad *m* эффекти́вность *f*, *Tech.* коэффицие́нт поле́зного де́йствия
wirkungs|los неэффекти́вный; **~voll** эффекти́вный
wirr запу́танный, пу́таный
Wirrwarr *m* пу́таница *f*, неразбери́ха *f*
wirst → ***werden***
Wirt(in *f*) *m* хозя́ин (хозя́йка *f*)
Wirtschaft *f* хозя́йство *n*; (*Gaststätte*) тракти́р *m*
wirtschaften хозя́йствовать; (*im Haushalt*) хозя́йничать
Wirtschaftler *m* экономи́ст
wirtschaftlich экономи́ческий, хозя́йственный; (*sparsam umgehend*) эконо́мный
Wirtschafts|führung *f* хозя́йствование *n*; **~geld** *n* де́ньги *pl.* на хозя́йственные расхо́ды; **~gemeinschaft** *f* экономи́ческое соо́бщество *n*; **~hilfe** *f* экономи́ческая по́мощь *f*; **~krise** *f* экономи́ческий кри́зис *m*; **~lage** *f* экономи́ческое положе́ние *n*; **~ministerium** *n* министе́рство эконо́мики; **~ordnung** *f* экономи́ческий строй *m*; **~politik** *f* экономи́ческая поли́тика; **~wissenschaften** *f/pl.* экономи́ческие нау́ки *f/pl.*
Wirtshaus *n* тракти́р *m*
wischen *Staub* стира́ть <стере́ть>; *Fußboden* <вы́>мыть
Wisent *m* зубр
wispern <про>шепта́ть
Wissbegierde *f* любозна́тельность *f*
wissbegierig любозна́тельный
wissen знать; ***wer weiß*** кто зна́ет; ***soviel ich weiß*** наско́лько мне изве́стно; ***man kann nie ~*** чем чёрт не шу́тит
Wissen *n* зна́ние; (*Kenntnisse*) зна́ния *n/pl.*; ***unseres ~s*** по на́шим све́дениям
Wissenschaft *f* нау́ка; **~ler(in** *f*) *m* учёный (-ная *f*), нау́чный (-ная *f*) рабо́тник (-ница *f*)

wissenschaftlich нау́чный
wissenswert зна́чимый
wittern *v/t* <по>чу́ять
Witterung *f* (*Wetter*) пого́да
Witterungsbedingungen *pl.* метеоусло́вия
Witwe(**r** *m*) *f* вдова́ *f* (вдове́ц *m*)
Witz *m* анекдо́т, (*scherzhafte Bemerkung*) шу́тка *f*; **~*e machen*** шути́ть; **~bold** *m* шутни́к
witzig остроу́мный
wo где
wob → ***weben***
wo'bei причём
Woche *f* неде́ля; ***diese ~*** на э́той неде́ле; ***nach e-r ~*** спустя́ неде́лю
Wochenende *n* коне́ц *m* неде́ли, уик-энд *m*; ***am ~*** в суббо́ту и воскресе́нье
wochenlang 1. *Adj.* многонеде́льный; **2.** *Adv.* неде́лями
Wochen|markt *m* (еженеде́льный) база́р; **~tag** *m* бу́дничный день *m*
wochentags в бу́дни, по бу́дням
wöchentlich еженеде́льный
Wochenzeitung *f* еженеде́льная газе́та
Wodka *m* во́дка *f*
wo|'durch из-за чего́; **~'für** за что; (*Zweck*) к чему́
wog → ***wiegen***
wo'gegen 1. *Adv.* про́тив чего́; **2.** *Kj.* ме́жду тем как
wo|'her отку́да; **~'hin** куда́
wohl *Adv.* хорошо́; (*etwa*) приме́рно; (*vermutlich*) пожа́луй
Wohl *n* бла́го; ***zum ~!, auf Ihr ~!*** за ва́ше здоро́вье!
wohl'auf: *er* (***sie***) ***ist ~*** он(а́) здоро́в(а)
Wohlgefühl *n* чу́вство дово́льства
wohlhabend состоя́тельный, зажи́точный
wohlig прия́тный
Wohl|klang *m* благозву́чие *n*; **~stand** *m* благосостоя́ние *n*; **~tat** *f* благодея́ние *n*; (*Annehmlichkeit*) бла́го *n*
Wohltäter(**in** *f*) *m* благоде́тель(ница *f*) *m*
wohl|tuend благотво́рный; **~verdient** заслу́женный; **~wollend** доброжела́тельный
wohnen жить
Wohn|gebiet *n* жило́й райо́н *m*; **~geld** *n* дота́ция *f* на аре́нду жилья́
wohnhaft прожива́ющий
Wohn|haus *n* жило́й дом *m*; **~heim** *n* общежи́тие
wohnlich ую́тный
Wohn|ort *m* ме́сто *n* жи́тельства; **~raum** *m* жило́е помеще́ние *n*; **~sitz** *m* местожи́тельство *n*; **~stube** *f* о́бщая ко́мната
Wohnung *f* кварти́ра
Wohnungs|amt *n* жили́щное управле́ние, жилуправле́ние; **~bau** *m* жили́щное строи́тельство *n*; **~markt** *m* ры́нок жилья́; **~not** *f* нужда́ в жилье́, недоста́ток *m* жилья́; **~tausch** *m* обме́н жилы́ми помеще́ниями
Wohn|viertel *n* жило́й кварта́л *m*; **~wagen** *m* прице́п-да́ча; жило́й автоприце́п; **~zimmer** *n* гости́ная *f*
wölben: *sich ~* образо́вывать <-ова́ть> свод
Wölbung *m* свод
Wolf *m* волк; ***durch den ~ drehen*** пропусти́ть че́рез мясору́бку
Wölfin *f* волчи́ца
Wolke *f* о́блако *n*
Wolken|bruch *m* ли́вень *m*; **~kratzer** *m* небоскрёб
wolkenlos безо́блачный
wolkig о́блачный
Wolle *f* шерсть *f*
wollen[1] (*aus Wolle*) шерстяно́й
wollen[2] *v/t* <за>хоте́ть (В, Р); ***wie du willst*** как хо́чешь
Wollust *f* сладостра́стие *n*
wo|'mit (с) чем; **~'möglich** возмо́жно; **~'nach** чем (*riechen, sich richten*); о чём (*fragen*); что, чего́ (*suchen*)
wo'ran о чём (*denken*); над чем (*arbeiten*); во что (*glauben*); от чего́ (*sterben*); по чём (*erkennen*); ***~ liegt es?*** от чего́ э́то зави́сит?; ***~ denkst du?*** о чём ты ду́маешь?
wo'rauf: *~ wartet er?* чего́ он ждёт?
wo'raus из чего́
wo'rin в чём
Wort *n* сло́во; ***sein ~ halten*** сдержа́ть своё сло́во; ***beim ~ nehmen*** пойма́ть на сло́ве; ***mit e-m ~***

(одни́м) сло́вом; ***im wahrsten Sinne des ~es*** в по́лном смы́сле сло́ва; ***in ~en*** *Betrag*: про́писью; ***das ~ ergreifen*** вы́ступить; ***sich zu ~ melden*** проси́ть сло́ва
Wortart *f Gr.* часть *f* ре́чи
wortbrüchig: *~ werden* нару́шить (да́нное) сло́во
Wörterbuch *n* слова́рь *m*
wortkarg неразгово́рчивый
Wortlaut *m* досло́вный текст: ***im vollen ~ veröffentlichen*** опубликова́ть по́лный текст
wörtlich досло́вный, буква́льный
wortlos 1. *Adj.* безмо́лвный; **2.** *Adv.* не говоря́ ни сло́ва
Wort|schatz *m* слова́рь *m,* запа́с слов; **~wechsel** *m* препира́тельство *n*; (*Zank*) перебра́нка *f*
wort'wörtlich 1. *Adj.* досло́вный; **2.** *Adv.* сло́во в сло́во
wo'rüber о чём (*sprechen, denken*); над чем, чему́ (*lachen*); чему́ (*sich freuen*)
wo'rum о чём; ***~ geht es?*** в чём де́ло?
wo|'von о чём; **~'vor** пе́ред чем; чего́ (*sich fürchten*); **~'zu** для чего́
Wrack *n* обло́мки *m/pl.*; *fig. Pers.* разва́лина *f*
Wucher *m* ростовщи́чество *n*; **~er** *m* ростовщи́к; **~ung** *f* разраста́ние *n*; (*Geschwulst*) наро́ст *m*
wuchs → ***wachsen***
Wuchs *m* рост
Wucht *f* си́ла; ***mit voller ~*** со всей си́лой
wuchtig уве́систый; (*massig*) тяжелове́сный
wühlen *v/i* ры́ться, копа́ться (***in*** в П)
wulstig *Lippen*: то́лстый
wund ра́неный; *Haut*: стёртый до́ крови
Wunde *f* ра́на (*a. fig.*)
Wunder *n* чу́до
wunderbar чуде́сный
wunderlich стра́нный; *Pers.* чудакова́тый
wundern: *es wundert mich, dass ...* меня́ удивля́ет, что ...; ***sich ~*** удивля́ться <-ви́ться>
wunder|'schön чу́дный, преле́стный; **~voll** чуде́сный
Wunsch *m* жела́ние *n*; ***auf eigenen ~*** по со́бственному жела́нию
wünschen <по>жела́ть; ***was ~ Sie?*** что вы жела́ете?
wunschlos: *sie ist ~ glücklich* она́ дово́льна и сча́стлива
Wunschzettel *m* пе́речень *m* жела́емых пода́рков
Wundstarrkrampf *m* столбня́к
wurde → ***werden***
Würde *f* досто́инство *n*
würde|los недосто́йный; **~voll** торже́ственный; *Miene*: по́лный досто́инства
würdig досто́йный; ***für ~ befunden werden*** удосто́иться (Р)
würdigen оце́нивать <-ни́ть> по досто́инству; ***j-n keines Blickes ~*** не удосто́ить кого́-либо взгля́дом
Würdigung *f* оце́нка по досто́инству
Wurf *m* бросо́к; (*von Tieren*) помёт
würfe → ***werfen***
Würfel *m Math.* куб; (*im Spiel*) кость *f*; ***die ~ sind gefallen!*** жре́бий бро́шен!
würfeln *v/i* игра́ть <сыгра́ть> в ко́сти
Würfel|spiel *n* игра́ *f* в ко́сти; **~zucker** *m* пилёный са́хар
Wurm *m* червь *m,* червя́к
Wurst *f* колбаса́
Würstchen *n* соси́ска *f*
Würze *f* (*Gewürz*) припра́ва
Wurzel *f* ко́рень *m*; ***~n schlagen*** пуска́ть ко́рни
würzen приправля́ть <-пра́вить>
würzig пря́ный; (*pikant*) пика́нтный
wusch → ***waschen***
wusste → ***wissen***
wüst пусты́нный; ***~es Durcheinander*** по́лная неразбери́ха
Wüste *f* пусты́ня
Wut *f* я́рость *f*; **~ausbruch** *m* при́ступ я́рости
wüten (*Unwetter*) неистовствовать; (*Terror*) свире́пствовать
wütend бе́шеный

X

x-Achse *f* ось *f* абсци́сс
X-Beine *n/pl.* кривы́е но́ги *f/pl.*
x-be'liebig любо́й
Xerogra'phie *f* ксерогра́фия
x-mal мно́го раз

Y

y-Achse *f* ось *f* ордина́т
Yankee *m* я́нки *m unv.*
Yard *n* ярд *m*
Yoga *m od. n* йо́га *f*

Z

Zack|e *f*, **~en** *m* зубе́ц *m*
zackig (*gezackt*) зубча́тый; *fig.* молодцева́тый
zaghaft ро́бкий
zäh *Pers.* выно́сливый; *Fleisch*: жёсткий; *Widerstand*: упо́рный; **~flüssig** вя́зкий, тягу́чий
Zähigkeit *f* (*Widerstandskraft*) выно́сливость *f*; (*Hartnäckigkeit*) упо́рство *n*
Zahl *f* число́ *n*
zahlbar подлежа́щий опла́те
zahlen <за>плати́ть (***für*** за В)
zählen *v/t* <по-, со->счита́ть; *v/i* (*zugehören*) счита́ться (Т)
zahlenmäßig чи́сленный
Zahlenschloss *n* замо́к *m* с числовы́м ко́дом
Zähler *m Tech.* счётчик; *Math.* числи́тель *m*
Zahlkarte *f* бланк *m* де́нежного почто́вого перево́да
zahl|los бесчи́сленный; **~reich** многочи́сленный
Zahlung *f* упла́та, платёж *m*
Zählung *f* подсчи́тывание *n*, (под)счёт *m*
Zahlungs|anweisung *f* платёжное поруче́ние *n*; **~bedingungen** *f/pl.* усло́вия *n/pl.* платежа́; **~bilanz** *f* платёжный бала́нс *m*
zahlungs|fähig, ~kräftig платёжеспосо́бный; **~unfähig** неплатёжеспособный
Zahlungsverkehr *m* платёжный оборо́т; ***bargeldloser ~*** безнали́чный расчёт
Zahlwort *n* (и́мя) числи́тельное
zahm *Tier:* приручённый, ручно́й
zähmen прируча́ть <-чи́ть>
Zahn *m* зуб; ***sich die Zähne putzen*** чи́стить зу́бы; **~arzt** *m*, **~ärztin** *f* зубно́й врач; **~behandlung** *f* лече́ние *n* зу́ба/зубо́в; **~bürste** *f* зубна́я щётка; **~ersatz** *m* зубно́й проте́з; **~fleisch** *n* дёсны *f/pl.*; **~lücke** *f* щерби́на; **~medizin** *f* стоматоло́гия; **~pasta** *f* зубна́я па́ста
Zahnrad *n* зубча́тое колесо́, шестерня́ *f*; **~bahn** *f* зубча́тая желе́зная доро́га
Zahnschmelz *m* зубна́я эма́ль *f*
Zahnschmerzen *m/pl.* зубна́я боль

f; ***er hat ~*** у него́ боли́т зуб/боля́т зу́бы
Zahn|stein *m* зубно́й ка́мень *m*; **~stocher** *m* зубочи́стка *f*; **~techniker** *m* зубно́й те́хник
Zange *f* щипцы́ *pl.*, клещи́ *pl.*; *fig.* ***in die ~ nehmen*** взять в оборо́т
zanken: ***sich ~*** <по>ссо́риться
zänkisch вздо́рный, сварли́вый
Zäpfchen *n Anat.* язычо́к *m*; *Med.* свеча́ *f*
Zapfen *m Bot.* ши́шка *f*; (*Eiszapfen*) (ледяна́я) сосу́лька *f*; **~streich** *m Mil.* вече́рняя заря́ *f*
Zapfsäule *f* (топливо)запра́вочная коло́нка, бензоколо́нка
zappelig F вертля́вый
zappeln трепыха́ться, бара́хтаться; F ***j-n ~ lassen*** истоми́ть кого́-либо ожида́нием
Zar *m* царь *m*
Zarenreich *n* ца́рство
Zarin *f* цари́ца
Za'rismus *m* цари́зм
zart не́жный
Zartgefühl *n* чу́ткость *f*, делика́тность *f*
zärtlich не́жный
Zärtlichkeit *f* не́жность *f*
Zauber *m* ча́ры *m/pl.*; *fig.* очарова́ние *n*
Zaube'rei *f* волшебство́ *n*, колдовство́ *n*
zauberhaft очарова́тельный
Zauber|künstler(in *f*) *m* фо́кусник (-ница *f*); (*Artist*) иллюзиони́ст(ка *f*); **~kunststück** *n* фо́кус *m*
zaubern *v/i* колдова́ть; *fig.* пока́зывать фо́кусы
Zauber|spruch *m* заклина́ние *n*; **~stab** *m* волше́бная па́лочка *f*; **~trick** *m* фо́кус, трюк
zaudern колеба́ться, ме́длить
Zaum *m* узда́ *f*; *fig.* ***im ~ halten*** держа́ть в узде́; **~zeug** *n* узде́чный набо́р *m*
Zaun *m* забо́р, и́згородь *f*; *fig.* ***e-n Streit vom ~ brechen*** затева́ть <-те́ять> ссо́ру; **~pfahl** *m* забо́рный столб
Zebra *n* зе́бра *f*; **~streifen** *m* обозначе́ние *n* пешехо́дного перехо́да „зе́бра"
Zeche *f* (*Rechnung*) счёт *m* (в рестора́не); *Bgb.* ша́хта
Zecke *f* клещ *m*
Zeh(e *f*) *m* па́лец ноги́; (*von Knoblauch*) зубо́к
Zehenspitze *f*: ***auf ~n*** на цы́почках
zehn де́сять
Zehn *f* деся́тка
zehn|fach десятикра́тный; **~jährig** десятиле́тний
Zehn|kampf *m* десятибо́рье *n*; **~kämpfer** *m* десятибо́рец
zehn|mal де́сять раз; **~tägig** десятидне́вный
zehnte деся́тый
Zehntel *n* деся́тая часть *f*
zehntens в-деся́тых
Zeichen *n* знак *m*; (*Anzeichen*) при́знак *m*
Zeichen|block *m* блокно́т для рисова́ния; **~lehrer(in** *f*) *m* учи́тель(ница *f*) *m* рисова́ния; **~saal** *m* рисова́льный зал; *Tech.* чертёжная *f*; **~setzung** *f* расстано́вка зна́ков препина́ния; **~sprache** *f* язы́к *m* зна́ков/жéстов; **~trickfilm** *m* мультипликацио́нный фильм, мультфи́льм
zeichnen <на>рисова́ть
Zeichner(in *f*) *m* рисова́льщик (-ица *f*); *Tech.* чертёжник (-ица *f*)
Zeichnung *f* рису́нок *m*; *Tech.* чертёж *m*
Zeigefinger *m* указа́тельный па́лец
zeigen пока́зывать <-за́ть>; *Weg* ука́зывать <-за́ть>; ***sich ~*** (*erscheinen*) пока́зываться <-за́ться>; (*sich herausstellen*) ока́зываться <-за́ться>; ***das wird sich ~*** э́то ви́дно бу́дет
Zeiger *m* стре́лка *f*
Zeile *f* строка́
Zeilenabstand *m* расстоя́ние *n* ме́жду строка́ми
Zeit *f* вре́мя *n*; ***e-e ~ lang*** не́которое вре́мя; ***es ist höchste ~*** давно́ пора́; ***sich ~ lassen mit*** повремени́ть с (Т); ***ich habe keine ~*** у меня́ нет вре́мени; ***mit der ~*** со вре́менем; ***nach Moskauer ~*** по моско́вскому вре́мени; ***von ~ zu ~*** вре́мя от вре́мени; ***vor langer ~*** давно́; ***zu meiner ~*** в моё вре́мя; ***zur ~*** в настоя́щее вре́мя

Z

Zeit|alter *n* век *m*; **~ansage** *f* сообщéние *n* тóчного врéмени; **~aufwand** *m* затрáты *f/pl.* врéмени; **~bombe** *f* бóмба замéдленного дéйствия (*a. fig.*)

Zeitdruck *m*: ***unter ~ stehen*** оказáться в цейтнóте

Zeitgeist *m* дух врéмени

zeitgemäß в дýхе врéмени

Zeit|genosse *m* совремéнник; **~genossin** *f* совремéнница

zeitgenössisch совремéнный

Zeitgeschichte *f* совремéнная истóрия

zeitig 1. *Adj.* (*früh*) рáнний; **2.** *Adv.* рáно

zeitlich 1. *Adj.* временнóй; **2.** *Adv.* во врéмени

zeitlos незави́симый от мóды; *Kunst*: вневремéнный

Zeit|lupe *f* ускóренная киносъёмка; **~mangel** *m* недостáток врéмени; **~punkt** *m* момéнт, врéмя *n*

zeitraubend трéбующий мнóго врéмени

Zeitraum *m* промежýток врéмени

Zeitrechnung *f* летосчислéние *n*; (***nach***) ***unserer ~*** нáшей э́ры

Zeitschrift *f* журнáл *m*

Zeitung *f* газéта

Zeitungs|artikel *m* газéтная статья́ *f*; **~bericht** *m* газéтный отчёт; **~kiosk** *m* газéтный киóск; **~papier** *n* газéтная бумáга *f*

Zeit|verschwendung *f* трáта врéмени; **~vertreib** *m* времяпрепровождéние *n*

zeitweilig 1. *Adj.* врéменный; **2.** *Adv.* врéменно, врéмя от врéмени

Zeit|wort *n* глагóл *m*; **~zone** *f* часовóй пóяс *m*; **~zünder** *m* (*mit Uhrwerk*) взрывáтель *m* с часовы́м механи́змом

Zelle *f Bio.* клéтка; (*im Kloster*) кéлья; (*im Gefängnis*) кáмера

Zell|gewebe *n Bio.* ткань *f*; **~stoff** *m* целлюлóза *f*

Zellu'lose *f* целлюлóза, клетчáтка

Zelt *n* палáтка *f*

zelten жить в палáтке

Zelt|lager *n* палáточный лáгерь *m*; **~platz** *m* площáдка *f* для палáточного лáгеря

Ze'ment *m* цемéнт; **~fabrik** *f* цемéнтный завóд *m*

zemen'tieren <за>цементи́ровать

Ze'nit *m* зени́т

zen'sieren *Schulaufgabe* оцéнивать <-ни́ть>

Zen'sur *f* оцéнка, балл *m*; (*Kontrolle*) цензýра

Zenti'meter *m* сантимéтр

Zentner *m* полцéнтнера *f*

zen'tral центрáльный

Zen'trale *f* (*Leitstelle*) центрáльное отделéние *n*; *Fmw.* центрáльная стáнция

Zen'tralheizung *f* центрáльное отоплéние *n*

zentrali'sieren централизовáть (*im*)*pf.*

Zen'tral|nervensystem *n* центрáльная нéрвная систéма *f*; **~verriegelung** *f* одновремéнное запирáние *n* дверéй; **~verwaltung** *f* центрáльное управлéние *n*

Zentri'fuge *f* центрифýга

Zentrum *n* центр *m*

zer'brechen *v/t* разлáмывать <-ломáть>; *Geschirr* разби́(вá)ть; *v/i* разлáмываться <-ломáться>; разби́(вá)ться; ***sich den Kopf ~*** ломáть себé гóлову

zer|'brechlich лóмкий, хрýпкий; **~'drücken** раздáвливать <-дави́ть>

Zeremo'nie *f* церемóния

Zer'fall *m* (*Untergang*) распáд; (*v. Bauwerk*) разрушéние *n*

zer|'fallen *v/i* (*Bauwerk*) разрушáться <-рýшиться>; (*zugrunde gehen*) распадáться <-пáсться>; **~'fetzen** разрывáть <-зорвáть>; **~'fleischen** растéрзывать <-зáть>; **~'fließen** расплы́(вá)ться; **~'gehen** (*schmelzen*) растáпливаться <-топи́ться>; (*im Mund*) <рас>тáять; **~'hacken** разрубáть <-би́ть>; **~'kleinern** измельчáть <-чи́ть>, размельчáть <-чи́ть>; **~'knirscht** сокрушённый; **~'kochen** *v/i* развáриваться <-ри́ться>; **~'kratzen** расцарáпывать <-рáпать>; **~'lassen** растáпливать <-топи́ть>; **~'legen** разбирáть <-зобрáть>; **~'malmen** сокрушáть <-ши́ть>; **~'mürben**

измáтывать <-мотáть>; **~'quetschen** раздáвливать <-давúть>; **~'reißen** *v/t* разрывáть <-зорвáть>
zerren вытáскивать <вы́тащить>
zer'rissen разóрванный
Zerrung *f Med.* растяжéние *n*
zer'rütten расшáтывать <-тáть>, расстрáивать <-рóить>
Zer'rüttung *f* расстрóйство *n*
zer|'sägen распúливать <-лúть>; **~'schlagen** разбú(вá)ть (**sich** -ся); **~'schmettern** разбú(вá)ть (на мéлкие чáсти); **~'schneiden** разрезáть <-рéзать>
Zer'setzung *f* разложéние *n*
zer'springen разбú(вá)ться; *Saite*: лóпаться <-пнуть>
Zer'stäuber *m* распылúтель *m*, пульверизáтор
zer'stören разрушáть <-рýшить>
Zer'störung *f* разрушéние *n*
zer'streuen рассéивать <-сéять>; (*unterhalten*) развлекáть <-лéчь>; ***sich*** **~** (*auseinander gehen*) расходúться <разойтúсь>; (*sich unterhalten*) развлекáться <-влéчься>
zer'streut *fig.* рассéянный
Zer|'streutheit *f* рассéянность *f*; **~'streuung** *f* развлечéние *n*
zer|'teilen <раз>делúть (на чáсти); **~'trümmern** разбивáть <-бúть>
Zettel *m* бумáжка *f*, листóк; (*Notizzettel*) запúска *f*
Zeug *n* (*Kram*) вéщи *f/pl*; (*Stoff*) ткань *f*; (*Kleidung*) тря́пки *f/pl.*; ***dummes*** **~** ерундá *f*, глýпости *f/pl*
Zeuge *m* свидéтель *m*
zeugen *v/i* свидéтельствовать (***von*** о П)
Zeugenaussage *f* свидéтельское показáние *n*
Zeugin *f* свидéтельница
Zeugnis *n* свидéтельство; (*Schulzeugnis*) (шкóльный) тáбель *m*; (*Reifezeugnis*) аттестáт *m* (зрéлости)
Zeugung *f* зачáтие *n*
Ziege *f* козá
Ziegel *m* (*Ziegelstein*) кирпúч; (*Dachziegel*) черепúца *f*
Ziege'lei *f* кирпúчный завóд *m*; черепúчный завóд *m*
Ziegelstein *m* кирпúч
Ziegen|bock *m* козёл; **~peter** *m Med.* свúнка *f*
ziehen *v/t* <по>тянýть, <по>тащúть; *Zahn* удаля́ть <-лúть>, вырывáть <вы́рвать>; *Linie* проводúть <-вестú>; *Kabel* <про-> тянýть; *Hut* снимáть <снять>; (*züchten*) разводúть <-вестú>; ***Nutzen*** **~** ***aus et.*** извлекáть <-лéчь> пóльзу из чегó-либо; ***Schlüsse*** **~** ***aus et.*** <с>дéлать вы́воды из чегó-либо; ***an sich*** **~** притя́гивать <-тянýть> к себé; *fig.* взять в свой рýки; ***die Aufmerksamkeit auf sich*** **~** привлекáть <-лéчь> к себé внимáние; ***nach sich*** **~** повлéчь *pf.* за собóй; *v/i Tee*: настáиваться <-стоя́ться>; (*umziehen*) переезжáть <-éхать>; ***hier zieht es*** здесь сквозúт; *v/r* ***sich*** **~** (*sich erstrecken*) тянýться; (*sich dehnen*) растя́гиваться <-тянýться>
Ziehharmonika *f* гармóнь *f*
Ziehung *f* (*Lotterie*) тирáж *m*, рóзыгрыш *m*
Ziel *n* цель *f* (*a. fig.*); *Sp.* фúниш *m*; ***am*** **~** ***sein*** достúгнуть цéли; ***sich zum*** **~** ***setzen*** задáться цéлью
zielbewusst целеустремлённый
zielen *v/i* цéлить(ся), прицéли(ва)ться (***auf*** в В)
Ziel|fernrohr *n* оптúческий прицéл *m*; **~linie** *f* лúния фúниша
ziellos бесцéльный
Zielscheibe *f* мишéнь *f*
ziel|sicher мéткий; **~strebig** целеустремлённый
ziemlich **1.** *Adj.* поря́дочный, изря́дный; **2.** *Adv.* довóльно
Zierde *f* украшéние *n*
zieren украшáть <укрáсить>; ***sich*** **~** жемáнничать, церемóниться
zierlich изя́щный
Zierpflanze *f* декоратúвное растéние *n*
Ziffer *f* цúфра; **~blatt** *n* цифербла́т *m*
Ziga'rette *f* сигарéта; (*mit Pappmundstück*) папирóса
Ziga'retten|anzünder *m* прикýриватель *m*; **~spitze** *f* мундштýк *m*; **~stummel** *m* окýрок
Zi'garre *f* сигáра

Zi'garrenkiste *f* коробка из-под сигар
Zi'geuner|(in *f*) *m* цыган(ка *f*); **~lager** *n* цыганский табор *m*
Zimmer *n* комната *f*; (*im Hotel*) номер *m*; **~antenne** *f* комнатная антенна; **~lautstärke** *f* умеренная громкость *f*; **~mädchen** *n* горничная *f*; **~mann** *m* плотник
zimmern *v/t* сколачивать <-лотить>; *v/i* плотничать
Zimmer|pflanze *f* комнатное растение *n*; **~service** *m* обслуживание *n* в номере; **~temperatur** *f* комнатная температура
zimperlich изнеженный; (*prüde*) жеманный
Zimt *m* корица *f*
Zink *n* цинк *m*; **~blech** *n* листовой цинк *m*
Zinn *n* олово
Zinsen *pl.* проценты
zinslos беспроцентный
Zinssatz *m* процентная ставка *f*
Zipfel *m* (*v. Kleidung*) краешек; (*d. Wurst*) кончик; **~mütze** *f* шапочка с кисточкой
zirka около, примерно
Zirkel *m* циркуль *m*; (*Personenkreis*) кружок; **~kasten** *m* готовальня *f*
zirku'lieren циркулировать
Zirkus *m* цирк; **~künstler(in** *f*) *m* артист(ка *f*) цирка; **~zelt** *n* шапито (*unv.*)
zischen шипеть
Zis'terne *f* цистерна
Zita'delle *f* цитадель *f*
Zi'tat *n* цитата *f*
Zither *f* цитра
zi'tieren <про>цитировать
Zi'trone *f* лимон *m*
Zi'tronen|falter *m* лимонница *f*; **~saft** *m* лимонный сок; **~schale** *f* лимонная цедра
zittern дрожать, трястись; ***vor Kälte ~*** дрожать от холода
Zitterpappel *f* осина
zittrig дрожащий
Zitze *f* сосок *m*
zi'vil гражданский, штатский
Zi'vil *n*: ***in ~*** в штатском; **~bevölkerung** *f* гражданское население *n*; **~courage** *f* гражданское мужество *n*

Zivilisati'on *f* цивилизация
zivili'siert цивилизованный
Zivi'list(in *f*) *m* штатский (-кая *f*)
Zi'vil|person *f* штатское/гражданское лицо *n*; **~prozess** *m* гражданский процесс; **~recht** *n* гражданское право
zog → ***ziehen***
zögern <по>медлить
zögernd 1. *Adj.* нерешительный **2.** *Adv.* медленно
Zöli'bat *n od. m* целибат *m*
Zoll *m* (таможенная) пошлина *f*; (*Behörde*) таможня *f*; **~abfertigung** *f* таможенное оформление *n*; **~amt** *n* таможня *f*; **~beamte(r)** *m*, **~beamtin** *f* таможенник (-ница *f*)
Zoll|erklärung *f* таможенная декларация; **~fahndung** *f* таможенная служба розыска
zollfrei беспошлинный
Zoll|kontrolle *f* таможенный досмотр *m*; **~stock** *m* складной метр; **~union** *f* таможенная уния
Zone *f* зона
Zoo *m* зоопарк
Zoo|'loge *m* (**~login** *f*) зоолог (*a. f*); **~lo'gie** *f* зоология
zoo'logisch зоологический
Zoom *n* вариообъектив *m*
Zopf *m* коса *f*
Zorn *m* гнев, (*heftiger*) ярость *f*; ***in ~ geraten*** прийти в ярость; ***im ~*** в гневе
zornig гневный; ***~ werden*** разгневаться
Zote *f* сальность *f*
zu[1] *Prp.* **1.** (*wohin?*) к (Д), в (В), на (В); ***~m Arzt*** к врачу; ***~r Schule*** в школу; ***~m Bahnhof*** на вокзал; **2.** (*wo?*) в (П), по (Д); ***~ beiden Seiten*** по обе стороны; **3.** (*wann?*) в, на (В), к (Д); ***~ Anfang des Jahres*** в начале года; **4.** (*wozu?*) в (В), для (Р), на (В), к (Д); ***~m Spaß*** в шутку; ***~r Hilfe*** на помощь; **5.** (*mit Zahlen, Preisangaben*) по (Д), на (В); ***~ einem Rubel*** по рублю; ***~m ersten Januar*** на первое января; ***das Spiel endete zwei ~ null*** игра окончилась со счётом два - ноль; **6.** (*in Verbindung mit* ***bis***) до (Р), по (В); ***bis ~m Schluss*** до конца

zu² *Adv.* (*allzu*) сли́шком; (*geschlossen*) закры́тый; **~ *teuer*** сли́шком до́рого; **~ *viel*** сли́шком мно́го; ***das ist ~ viel!*** э́то уж сли́шком!; **~ *wenig*** сли́шком ма́ло; ***Tür ~!*** закро́й(те) дверь!
zualler|'erst в пе́рвую о́чередь; **~'letzt** в после́днюю о́чередь
Zubehör *n* принадле́жности *f/pl.*
zubereiten гото́вить, приготовля́ть <-то́вить>
Zubereitung *f* приготовле́ние *n*
zu|binden завя́зывать <-за́ть>; *Schuhe* <за>шнурова́ть; **~blinzeln** подми́гивать <-гну́ть>; **~bringen** *Zeit* проводи́ть <-вести́>
Zubringer *m* (*Bus*) аэропорто́вый авто́бус; (*Straße*) подъездна́я доро́га *f*
Zucht *f* разведе́ние *n*, выра́щивание *n*
züchten разводи́ть <развести́>, выра́щивать <вы́растить>
Züchter(in *f*) *m* (*von Tieren*) животново́д; (*von Pflanzen*) растениево́д
Zuchthaus *n* ка́торжная тюрьма́ *f*; (*Strafe*) ка́торга *f*
züchtig благонра́вный
Züchtung *f* разведе́ние *n*, выра́щивание *n*
Zuchtvieh *n* племенно́й скот *m*
zucken вздра́гивать <-ро́гнуть>; *Blitz*: сверка́ть, сверкну́ть *pf.*; ***mit den Schultern ~*** пожима́ть <-жа́ть> плеча́ми
zücken *Messer* выхва́тывать <вы́хватить>
Zucker *m* са́хар; **~dose** *f* са́харница; **~guss** *m* глазу́рь *f*
zuckerkrank: ~ *sein* страда́ть са́харным диабе́том
Zucker|melone *f* ды́ня; **~rohr** *n* са́харный тростни́к *m*; **~rübe** *f* са́харная свёкла
zucker'süß сла́дкий как са́хар
Zuckung *f* вздра́гивание *n*; *Med.* су́дорога
zudecken накры́(ва́)ть (***sich*** -ся)
zu'dem кро́ме того́
zudrehen *Wasserhahn* завёртывать <-верну́ть>
zudringlich навя́зчивый; **~ *werden*** приста́(ва́)ть
zudrücken прижима́ть <-жа́ть>; *fig.* ***ein Auge ~*** смотре́ть сквозь па́льцы
zuein'ander друг к дру́гу
zuerkennen *Belohnung* присужда́ть <-суди́ть>
zu'erst снача́ла, сперва́
Zufahrt *f* подъе́зд *m*
Zufahrtsstraße *f* подъездна́я доро́га
Zufall *m* слу́чай, случа́йность *f*; ***durch ~*** случа́йно
zufallen *Tür*: захло́пываться <-пнуться>; *Erbe, Preis*: доста́(ва́)ться
zufällig 1. *Adj.* случа́йный; **2.** *Adv.* случа́йно
Zuflucht *f* прибе́жище *n*, убе́жище *n*; **~ *gewähren*** дать прию́т
Zufluss *m* прито́к
zu'folge *Prp.* по, согла́сно (Д)
zu'frieden дово́льный (***mit*** Т); **~*stellen*** удовлетворя́ть <-ри́ть>; **~*stellend*** удовлетвори́тельный
Zu'friedenheit *f* удовлетворе́ние *n*
zu|frieren замерза́ть <замёрзнуть>; **~fügen** (*antun*) причиня́ть <-ни́ть>; *Schaden*, *Niederlage* наноси́ть <-нести́>; **~führen** подводи́ть <-вести́> (к Д), пода́(ва́)ть (в В)
Zug *m Esb.* по́езд; (*Brettspiel*) ход; (*b. Rauchen*) затя́жка *f*; ***der ~ ist schon abgefahren*** по́езд уже́ ушёл; ***in e-m ~*** *austrinken* за́лпом, одни́м глотко́м; ***du bist am ~*** твой ход; **~ *um* ~** ход за хо́дом; ***in groben Zügen*** в о́бщих черта́х
Zu|gabe *f* (*e-s Künstlers*) выступле́ние *n* на бис; **~gang** *m* до́ступ; (*Eingang*) вход; (*Weg*) подхо́д
zugänglich досту́пный
Zug|begleiter *m* проводни́к; **~brücke** *f* подъёмный мост *m*
zugeben (*eingestehen*) призна́(ва́)ть
zugehen *Tür*: закры́(ва́)ться; ***es geht auf den Winter zu*** бли́зится зима́; ***er geht auf die Siebzig zu*** ему́ ско́ро испо́лнится се́мьдесят; ***dort ging es lustig zu*** там бы́ло ве́село
Zugehörigkeit *f* принадле́жность *f*
Zügel *m* по́вод

zügellos *fig.* необу́зданный; *Hetze*: разну́зданный
zügeln сде́рживать <-жа́ть>; *fig.* обу́здывать <-зда́ть>
Zugeständnis *n* усту́пка *f*
zugestehen призна́(ва́)ть
Zug|feder *f* пружи́на растяже́ния; **~führer** *m Esb.* нача́льник по́езда
zugig продува́емый сквозняко́м
zügig бы́стрый
zu'gleich *Adv.* одновре́менно
Zug|luft *f* сквозня́к *m*; **~maschine** *f* тяга́ч *m*
zugreifen хвата́ть, схва́тывать <схвати́ть>; ***greifen Sie zu!*** (*beim Essen*) угоща́йтесь!
zu'grunde: *~ gehen* ги́бнуть, погиба́ть <-ги́бнуть>; ***~ legen*** класть <положи́ть> в осно́ву; ***~ richten*** <по>губи́ть; (*ruinieren*) разоря́ть <-ри́ть>
Zugschaffner *m* конду́ктор по́езда
Zugtier *n* упряжно́е живо́тное
zu'gunsten *Prp.* в по́льзу (Р)
zu'gute: *j-m et. ~ halten* зачи́тывать <заче́сть> что́-либо в чью́-либо по́льзу; ***j-m ~ kommen*** идти́ <пойти́> кому́-либо на по́льзу (Д)
Zug|verbindung *f* железнодоро́жное сообще́ние *n*; **~verkehr** *m* движе́ние *n* поездо́в; **~vogel** *m* перелётная пти́ца *f*
zuhalten *v/t* держа́ть закры́тым; *Mund, Nase* заж(им)а́ть
Zuhälter *m* сутенёр
Zu'hause *n* (родно́й) дом *m*
zuhören <по>слу́шать (Р); (*lauschen*) прислу́ш(ив)аться (к Д)
Zuhörer(in *f*) *m* слу́шатель(ница *f*) *m*
zu|jubeln восто́рженно приве́тствовать (В); **~kleben** закле́и(ва)ть; **~knöpfen** застёгивать <-тегну́ть>
zukommen подходи́ть <подойти́> (***auf*** к Д); ***j-m et. ~ lassen*** доставля́ть <-а́вить> кому́-либо что́-либо; ***auf sich ~ lassen*** уви́деть в дальне́йшем
zukorken заку́пори(ва)ть
Zukunft *f* бу́дущее *n*; ***in ~*** в бу́дущем
zukünftig 1. *Adj.* бу́дущий; **2.** *Adv.* в бу́дущем
Zukunftsmusik *f*: ***das ist ~*** э́то де́ло далёкого бу́дущего
Zulage *f* надба́вка (к зарпла́те)
zu|lassen (*dulden*) допуска́ть <-сти́ть>; (*geschlossen halten*) оставля́ть <оста́вить> закры́тым; (*erlauben*) разреша́ть <-ши́ть>; **~lässig** допусти́мый
Zulassung *f* до́пуск *m* (к Д), разреше́ние *n* (на В); *Kfz.* регистра́ция
zulegen *v/t Tempo* добавля́ть <-ба́вить>; F ***sich ~*** *Namen* принима́ть <-ня́ть>; (*sich anschaffen*) обзаводи́ться <-вести́сь> (Т)
zu'leide: *j-m et. ~ tun* обижа́ть <оби́деть> кого́-либо
Zuleitung *f* (*Rohr*) подводя́щая труба́; *El.* подводя́щий про́вод *m*
zu'letzt (*als letzter*) после́дний; (*schließlich*) наконе́ц, в конце́ концо́в
zu'liebe ра́ди (Р)
Zulieferbetrieb *m* (предприя́тие-)поставщи́к
zumachen F закры́(ва́)ть
zu'mal 1. *Kj.* тем бо́лее что; **2.** *Adv.* в осо́бенности, осо́бенно
zumauern замуро́вывать <-рова́ть>
zu'mindest по ме́ньшей ме́ре
zumutbar прие́млемый
zu'mute: *wie ist dir ~?* как у тебя́ на душе́?; ***mir ist nicht* (*ganz*) *wohl ~*** мне ка́к-то не по себе́
zumuten тре́бовать (***j-m et.*** чего́-либо от кого́-либо); ***sich zu viel ~*** переоцени́ть самого́ себя́
Zumutung *f* чрезме́рное тре́бование *n*; ***das ist e-e ~!*** э́то (же) сканда́л!
zu'nächst *Adv.* (*anfangs*) снача́ла; (*vorläufig*) пока́
zunähen заши́(ва́)ть
Zu|nahme *f* увеличе́ние *n*; **~name** *m* фами́лия *f*
zünden *v/t Triebwerk, Rakete* запуска́ться <-сти́ться>
Zünder *m* взрыва́тель *m*
Zünd|holz *n* спи́чка *f*; **~kerze** *f* свеча́ зажига́ния; **~schloss** *n Kfz.* замо́к *m* зажига́ния; **~schnur** *f* запа́льный шнур *m*; **~stoff** *m fig.* причи́на *f* конфли́кта

Zündung *f* воспламене́ние *n*; *Kfz.* зажига́ние *n*
zunehmen (*an Zahl, Umfang*) увели́чиваться <-читься>; (*an Stärke*) уси́ли(ва)ться; (*an Gewicht*) приба́вить *pf.* в ве́се, <по-> полне́ть; **~der Mond** но́вая луна́ *f*
Zuneigung *f* скло́нность *f*, расположе́ние *n*
zünftig F настоя́щий
Zunge *f* язы́к *m*; **auf der ~ liegen** верте́ться на языке́
Zungenspitze *f* ко́нчик *m* языка́
zu'nichte: ~ machen *Pläne* разруша́ть <-ру́шить>
zu'nutze: sich et. ~ machen <вос>по́льзоваться че́м-либо
zu|ordnen относи́ть <-нести́> (к Д); **~packen** (кре́пко) схва́тывать <-ти́ть>
zupfen дёргать <-рнуть> (**an** за В)
zurechnungsfähig вменя́емый
zu'rechtfinden: sich (**nicht**) **~** (не) ориенти́роваться (*im*)*pf.*
zu'recht|kommen справля́ться <-ра́виться> (**mit** с Т); **~legen** (*bereitlegen*) приготовля́ть <-то́вить>
zu'rechtmachen: sich ~ приготовля́ться <-то́виться>; (*schminken*) <на>кра́ситься; (*kleiden*) наряжа́ться <-ряди́ться>
zu'rechtweisen <с>де́лать вы́говор
Zu'rechtweisung *f* вы́говор *m*
zureden угова́ривать (В)
zürnen гне́ваться (на В)
zu'rück наза́д, обра́тно; **~behalten** уде́рживать <-жа́ть> (**für sich** за собо́й); **~bekommen** получа́ть <-чи́ть> обра́тно; **~bleiben** оста́(ва́)ться; (*nicht Schritt halten*) отста́(ва́)ть (**hinter** от Р); **~bringen** приноси́ть <-нести́> обра́тно, (*fahrend*) привози́ть <-везти́> обра́тно; **~drängen** *v/t* оттесня́ть <-ни́ть> (наза́д); **~erstatten** возмеща́ть <-мести́ть>; **~fahren** *v/i* <по>е́хать обра́тно, возвраща́ться <-рати́ться>; **~fallen** (*zurückbleiben*) отстава́ть <-ста́ть>; **~finden** находи́ть <найти́> доро́гу наза́д; **~fordern** <по>тре́бовать возвра́та (Р); **~führen** *v/t* (*zum Ausgangspunkt*) отводи́ть <-вести́> наза́д; *fig.* (*sich erklären lassen*) объясня́ть <-ни́ть> (**auf** Т); **~geben** отда́(ва́)ть наза́д, возвраща́ть <-рати́ть>; **~geblieben** (у́мственно) отста́лый; **~gehen** идти́ <пойти́> наза́д/обра́тно; *fig.* (*rückläufig sein*) снижа́ться <сни́зиться>; *Geschäft, Produktion*: сокраща́ться <-рати́ться>
zu'rückgezogen уединённый; **~ leben** жить уединённо
zu'rückgreifen верну́ться *pf.*; прибега́ть <-бе́гнуть> (**auf** к Д)
zu'rückhalten заде́рживать <-жа́ть>; *Tränen, Gefühl* сде́рживать <-жа́ть>; **sich ~** возде́рживаться <-держа́ться>
zu'rückhaltend сде́ржанный
Zu'rückhaltung *f* сде́ржанность *f*
zu'rück|kehren, ~kommen возвраща́ться <-рати́ться>, верну́ться *pf.* (**nach** в В; **nach Hause** домо́й); **~lassen** оставля́ть <-та́вить>
zu'rücklegen *an seinen Platz* класть <положи́ть> наза́д/обра́тно; (*reservieren*) откла́дывать <отложи́ть>; **e-e Strecke ~** проходи́ть <пройти́>, *fahrend* проезжа́ть <-е́хать>
zu'rücklehnen: sich ~ отки́дываться <-и́нуться>, отклоня́ться <-ни́ться> наза́д
zu'rück|liegen отста́(ва́)ть; **das liegt schon lange zurück** э́то бы́ло мно́го вре́мени тому́ наза́д; **~nehmen** брать <взять> обра́тно; *Verbot* отменя́ть <-ни́ть>; **~rufen** *v/t* <по>зва́ть наза́д; (*abberufen*) отзыва́ть <отозва́ть>; **~schicken** посыла́ть <-сла́ть> обра́тно; **~schlagen** *v/t Ball* отби́(ва́)ть; *Angriff* отража́ть <-рази́ть>; **~stellen** *an seinen Platz* <по>ста́вить обра́тно; (*aufschieben*) откла́дывать <-ложи́ть>; *Uhr* переводи́ть <-вести́> наза́д; **~treten** отступа́ть <-пи́ть>, отходи́ть <отойти́> наза́д; (*verzichten*) отка́зываться <-за́ться> (**von** от Р); (*Amt niederlegen*) уходи́ть <уйти́> в отста́вку; **~versetzen** (*zurückstufen*) переводи́ть <-вести́> обра́тно; **~weisen**

отка́зывать <-за́ть>; *Forderung* отверга́ть <-ве́ргнуть>; ***er wurde am Eingang zurückgewiesen*** его́ не впусти́ли; **~werfen** броса́ть <бро́сить> наза́д; *Strahlen* отража́ть <-рази́ть>; **~zahlen** *Geld* возвраща́ть <-рати́ть>

zu'rückziehen *v/t* оття́гивать <-тяну́ть> наза́д (***von*** от P); *Vorhang* отдёргивать <-рнуть>; *Kandidatur* снима́ть <снять>; *Klage* отка́зываться <-за́ться> (от P); ***sich ~*** удаля́ться <-ли́ться>

Zuruf *m* во́зглас, вы́крик

Zusage *f* согла́сие *n*; (*Versprechen*) обеща́ние *n*

zusagen *v/t* (*versprechen*) обеща́ть (*im*)*pf.* (В); *v/i* (*Einladung annehmen*) принима́ть <-ня́ть> приглаше́ние; (*gefallen*) <по>нра́виться

zu'sammen вме́сте; (*gemeinsam*) сообща́, совме́стно

Zu'sammenarbeit *f* сотру́дничество *n*

zu'sammenarbeiten сотру́дничать

zu'sammenbeißen: *die Zähne ~* сти́скивать <-снуть> зу́бы

zu'sammenbrechen *v/i* разва́ливаться <-ли́ться>, обру́шиваться <-ру́шиться>; (*vor Überanstrengung*) надрыва́ться <надорва́ться>; (*nervlich*) сломи́ться *pf.*

Zu'sammenbruch *m Pol., Fin.* круше́ние *n*, крах; (*Erschöpfung*) изнеможе́ние *n*

zu'sammen|fallen (*einstürzen*) обру́шиваться <-ру́шиться>; (*zeitlich übereinstimmen*) совпада́ть <-па́сть>; **~fassen** (*vereinigen*) объединя́ть <-ни́ть>; (*kurz darstellen*) обобща́ть <-щи́ть>, резюми́ровать (*im*)*pf.*

Zu'sammen|fassung *f* объедине́ние *n*; обобще́ние *n*; **~fluss** *m* слия́ние *n*

zu'sammen|gehören *Sachen*: составля́ть <-ста́вить> одно́ це́лое; **~gesetzt** сло́жный, составно́й; **~halten** *v/t* уде́рживать <-жа́ть> (вме́сте); *v/i fig.* стоя́ть друг за дру́га

Zu'sammenhang *m* связь *f*

zu'sammenhängen *fig.* быть свя́занным (***mit*** с Т); ***das hängt damit zusammen, dass ...*** э́то свя́зано с тем, что ...

zu'sammenhängend *Rede, Satz*: свя́зный

zu'sammenklappen скла́дывать <сложи́ть>

zu'sammenkommen (*sich versammeln*) собира́ться <-бра́ться>, встреча́ться <-е́титься>

Zu'sammenkunft *f* собра́ние *n*, встре́ча

zu'sammenlegen скла́дывать <сложи́ть>; *Firmen* объединя́ть <-ни́ть>

zu'sammennehmen *fig.* соб(и)ра́ться (***den Mut*** с ду́хом); ***sich ~*** брать <взять> себя́ в ру́ки

zu'sammenpassen *v/i* подходи́ть <подойти́> друг к дру́гу, сочета́ться (*im*)*pf.*

zu'sammenrechnen подсчи́тывать <-счита́ть>

zu'sammenreißen: *sich ~* брать <взять> себя́ в ру́ки

zu'sammenrotten: *sich ~* соб(и)ра́ться то́лпами

zu'sammenschlagen *v/t* (*verprügeln*) изби́(ва́)ть; ***die Hände über dem Kopf ~*** всплесну́ть рука́ми

zu'sammenschließen: *sich ~* объединя́ться <-ни́ться>

Zu'sammenschluss *m* объедине́ние *n*

zu'sammensetzen составля́ть <-ста́вить>; ***sich ~ aus*** состоя́ть из (P); ***sich ~*** (*zur Beratung*) соб(и)ра́ться

Zu'sammensetzung *f* составле́ние *n*; *konkr.* соста́в *m*

zu'sammensitzen сиде́ть вме́сте

Zu'sammenspiel *n* сы́гранность *f*

zu'sammenstellen (*zu e-r Einheit*) составля́ть <-ста́вить>

Zu'sammen|stellung *f* составле́ние *n*; **~stoß** *m* столкнове́ние *n*

zu'sammen|stoßen ста́лкиваться <столкну́ться>; **~suchen** собира́ть <собра́ть>; **~tragen** соб(и)ра́ть; **~wachsen** спла́чи-ваться <сплоти́ться>; **~zählen** подсчи́тывать <-счита́ть>, скла́дывать <сложи́ть>; **~ziehen** *Schlinge* затя́гивать <-тяну́ть>

Zusatz *m* добавлéние *n*, добáвка *f*
zusätzlich добáвочный, дополни́тельный
Zuschauer(**in** *f*) *m* зри́тель(ница *f*) *m*
Zuschauerraum *m* зри́тельный зал
zuschicken прис(ы)лáть
Zuschlag *m* доплáта *f*; ***den ~ erhalten für*** получи́ть закáз на (В)
zuschlagen *v/t Tür* захлóпывать <-пнуть> (*v/i* -ся)
zu|schließen запирáть (-перéть) (на ключ); **~schneiden** *Stoff* раскрáивать <-крóить>; **~schnüren** *Schuhe* зашнурóвывать <-овáть>; *Paket* завя́зывать <-вязáть>; **~schrauben** нави́нчивать <-нти́ть>
Zuschuss *m* субси́дия *f*; (*Unterstützung*) посóбие *n* (на В)
zu|schütten засыпáть <-сы́пать>; **~sehen** <по>смотрéть на (В); (*beobachten*) наблюдáть (за Т); **~sehends** на глазáх, замéтно; **~senden** прис(ы)лáть; **~sichern** за-, уверя́ть <-вéрить> (***j-m et.*** когó-либо в чём-либо); **~spielen** *Sp.* передавáть <-дáть>, пасовáть
zuspitzen: ***sich ~*** обостря́ться <-ри́ться>
Zustand *m* состоя́ние *n*
zu'stande: ***~ bringen*** осуществля́ть <-ви́ть>; ***~ kommen*** состоя́ться *pf.*
zuständig компетéнтный
Zuständigkeit *f* компетéнция
zu'statten: ***~ kommen*** пригоди́ться *pf.*
zu|stehen полагáться; **~stellen** (*versperren*) заставля́ть <-тáвить>; *Post* доставля́ть <-тáвить>; (*aushändigen*) вручáть <-чи́ть>; **~stimmen** соглашáться <-ласи́ться> (***j-m*** с кéм-либо); (*billigen*) одобря́ть <одóбрить> (В)
Zustimmung *f* соглáсие *n* (***zu*** на В); одобрéние *n*
zustoßen (*j-m widerfahren*) случáться <-чи́ться>
Zustrom *m* притóк; *fig. a.* напли́в
zu'tage: ***~ fördern*** обнарýжи(ва)ть; ***~ treten*** обнарýживаться

Zutaten *f/pl. Kochk.* продýкты *m/pl.*, компонéнты *m/pl.*
zuteilen *v/t* выделя́ть <вы́делить>; *Land* наделя́ть <-ли́ть>; *Aufgabe* поручáть <-чи́ть>
Zuteilung *f* распределéние *n*; *konkr.* нóрма вы́дачи; (*von Lebensmitteln*) паёк *m*
zu'tiefst глубокó, весьмá
zutrauen: ***j-m et. ~*** считáть <счесть> когó-либо спосóбным на чтó-либо; ***das hätte ich ihm nicht zugetraut*** э́того я от негó не ожидáл
Zutrauen *n* довéрие
zutraulich довéрчивый
zutreffen (*richtig sein*) окáзываться <-зáться> прáвильным; (*gelten*) относи́ться (к Д)
zutreffend прáвильный
Zutritt *m* дóступ; ***~ verboten!*** вход воспрещён!
Zutun *n* учáстие; ***ohne mein ~*** без моегó содéйствия
zuverlässig надёжный; (*glaubwürdig*) достовéрный
Zuverlässigkeit *f* надёжность *f*
Zuversicht *f* увéренность *f*
zuversichtlich увéренный: ***ich bin ~, dass ...*** я увéрен(а), что ...
zu'vor прéжде, рáньше; ***kurz ~*** незадóлго до тогó; ***nie ~*** никогдá прéжде
zu'vorkommen опережáть <-редúть>; **~d** предупреди́тельный
Zuwachs *m* прирóст
zu|weisen *Aufgabe, Rolle* поручáть <-чи́ть>; *Wohnung* предоставля́ть <-áвить>; **~wenden** *Interesse* обращáть <-рати́ть> (***sich*** -ся)
Zuwendung *f* (*finanzielle*) посóбие *n*; (*Liebe*) забóта, внимáние *n*
zuwerfen бросáть <брóсить>
zu'wider 1. *Adj.* (*widerwärtig*) проти́вный; **2.** *Prp.* вопреки́ (Д); **~handeln** нарушáть <-рýшить> (*e-r Sache* В)
Zu'widerhandlung *f* нарушéние *n*
zu'widerlaufen противорéчить (Д)
zu|winken <по>махáть, махнýть *pf.* (***mit*** Т); **~zahlen** доплáчивать <-плати́ть>
zuziehen *v/t Vorhang* задёргивать <-рнуть>; ***sich ~*** *j-s Zorn* навле-

кáть <-влéчь> на себя́ (В); *Krankheit* получáть <-чи́ть>

zuzüglich включáя

zwang → ***zwingen***

Zwang *m* принуждéние *n*; (*Gewalt*) наси́лие *n*

zwängen проти́скивать <-снуть> (***sich*** -ся; ***durch*** чéрез В)

zwanglos непринуждённый; (*ungeordnet*) свобóдный

Zwangs|arbeit *f* (*Strafe*) принуди́тельные рабóты *f/pl.*; **~lage** *f* затрудни́тельное положéние *n*

zwangsläufig неизбéжный

Zwangsmaßnahme *f* принуди́тельная мéра

zwangsweise *Adv.* в принуди́тельном поря́дке

zwanzig двáдцать; ***~er Jahre*** двадцáтые гóды *m/pl.*

zwar хотя́ и, прáвда; ***und ~*** а и́менно

Zweck *m* цель *f*; ***zum ~*** в цéлях; ***zu welchem ~*** с какóй цéлью, зачéм

Zwecke *f* кнóпка

zweck|entsprechend соотвéтствующий; **~los** бесцéльный; (*nutzlos*) бесполéзный; **~mäßig** целесообрáзный

zwecks с цéлью, в цéлях (Р)

zwei два, *f* две; (*mit männl. Pers.*) двóе; ***~ mal ~*** двáжды два; ***halb ~*** полови́на вторóго

Zweibettzimmer *n* (*Hotel*) нóмер *m* на двои́х

zweideutig двусмы́сленный

zweierlei два различных, две разли́чные; ***auf ~ Weise*** двоя́ко

zweifach 1. *Adj.* двойнóй; **2.** *Adv.* двáжды

Zweifel *m* сомнéние *n*; ***ohne ~*** без сомнéния; ***~ haben an*** относи́ться с сомнéнием к (Д)

zweifel|haft сомни́тельный; **~los** *Adv.* несомнéнно

zweifeln сомневáться (***an*** в П)

Zweifelsfall *m*: ***im ~*** в слу́чае сомнéния, при сомнéнии

Zweig *m* вéтка *f*, (*größerer*) ветвь *f*; (*Teilbereich*) óтрасль *f*; **~stelle** *f* филиáл *m*, отделéние *n*

zwei|hundert двéсти; **~jährig** двухлéтний

Zweikampf *m* поеди́нок

zwei|mal два рáза, двáжды; **~malig** (*wiederholt*) двукрáтный; **~reihig** двухря́дный; *Jackett*: двубóртный; **~silbig** дву(х)слóжный; **~sprachig** двуязы́чный; **~stellig** *Zahl*: двузнáчный; **~stöckig** двухэтáжный; двухъя́русный

zweit: ***zu ~*** вдвоём

Zweitaktmotor *m* двухтáктный дви́гатель *m*

zwei'tausend две ты́сячи

zweite вторóй

zweitens во-вторы́х

zweit|größte вторóй по величинé; **~rangig** второстепéнный

Zwei'zimmerwohnung *f* двухкóмнатная кварти́ра

Zwerchfell *n* диафрáгма *f*

Zwerg(in *f*) *m* кáрлик (кáрлица *f*)

Zwetsch(g)e *f* сли́ва

zwicken щипáть <щипну́ть>

Zwieback *m* сухáрь *m*

Zwiebel *f* лук *m*; (*von Blumen*) лу́ковица; **~turm** *m* мáковка *f*

Zwie|gespräch *n* диалóг *m*, (*unter vier Augen*) бесéда *f* с глáзу на глáз; **~licht** *n* полусвéт *m*; **~spalt** *m* разлáд; **~tracht** *f* раздóр *m*

Zwilling *m* близнéц; **~e** *pl. Astr.* Близнецы́ *m/pl.*

zwingen заставля́ть <-тáвить>, принуждáть <-нуди́ть>; **~d** убеди́тельный; *Notwendigkeit*: настоя́тельный

Zwinger *m* (*für Tiere*) клéтка *f*

zwinkern моргáть

Zwirn *m* кручёная нить *f*

zwischen *Prp.* мéжду (Т)

Zwischen|bemerkung *f* попу́тное замечáние *n*, рéплика; **~bescheid** *m* предвари́тельное уведомлéние *n*; **~bilanz** *f* промежу́точный балáнс *m*

zwischen'durch *zeitl.* мéжду (тем); (*mehrfach*) в промежу́тках

Zwischen|fall *m* инцидéнт; **~finanzierung** *f* промежу́точное финанси́рование *n*; **~frage** *f* попу́тный вопрóс *m*; **~händler** *m* перекýпщик; **~landung** *f* промежу́точная посáдка

zwischenmenschlich: ***~e Beziehungen*** отношéния мéжду людьми́

Zwischen|prüfung *f* экза́мен *m* по ча́сти ку́рса; **~raum** *m* промежу́ток, интерва́л; **~ruf** *m* ре́плика *f*
zwischenstaatlich межгосуда́рственный
Zwischenzeit *f* промежу́ток *m* вре́мени; ***in der ~*** ме́жду тем
Zwistigkeiten *f/pl.* раздо́ры *m/pl.*
zwitschern щебета́ть
Zwitter *m* гермафроди́т
zwölf двена́дцать
zyklisch цикли́чный
Zyklus *m* цикл
Zy'linder *m* цили́ндр; **~kopf** *m* голо́вка *f* цили́ндра
zy'lindrisch цилиндри́ческий, цили́ндровый
Zyniker(**in** *f*) *m* ци́ник
zynisch цини́чный, цини́ческий
Zy'nismus *m* цини́зм
Zypern *n* Кипр *m*
Zy'presse *f* кипари́с *m*
Zyste *f* киста́

Anhang
Приложения

Russische geographische Namen
Русские географические названия

Абха́зия *f* Abchasien *n*
Австра́лия *f* Australien *n*
А́встрия *f* Österreich *n*
Адриати́ческое мо́ре *n* Adria(tisches Meer *n*) *f*
Азербайджа́н *m* Aserbaidschan *n*
А́зия *f* Asien *n*
Азо́вское мо́ре *n* Asowsches Meer
Алба́ния *f* Albanien *n*
Алжи́р *m* Algerien *n*, Algier *n*
Алта́й(ские го́ры *pl.*) *m* Altai(gebirge *n*) *m*
А́льпы *pl.* Alpen *pl.*
Аля́ска *f* Alaska *n*
Амазо́нка *f* Amazonas *m*
Аме́рика *f* Amerika *n*
А́нглия *f* England *n*
Анго́ла *f* Angola *n*
Антаркти́да *f* Antarktika
Анта́рктика *f* Antarktis
Ара́вия *f*, ***Арави́йский полуо́стров*** *m* Arabien *n*, Arabische Halbinsel *f*
Ара́льское мо́ре *n* Aralsee *m*
Аргенти́на *f* Argentinien *n*
А́рктика *f* Arktis
Арме́ния *f* Armenien *n*
Атланти́ческий океа́н *m* Atlantischer Ozean, Atlantik
Афганиста́н *m* Afghanistan *n*
Афи́ны *pl.* Athen *n*
А́фрика *f* Afrika *n*

Бава́рия *f* Bayern *n*
Баден-Вю́ртемберг *m* Baden-Württemberg *n*
Байка́л *m* Baikal(see)
Балка́ны *pl.* Balkan(gebirge *n*) *m*
Балти́йское мо́ре *n* Ostsee *f*
Бангладе́ш *m* Bangladesch *n*
Ба́ренцево мо́ре *n* Barentssee *f*
Башкортоста́н *m* Baschkirostan *n*, Baschkirien *n*
Белару́сь *f* Weißrussland *n*, Belorussland *n*
Бе́льгия *f* Belgien *n*
Бенилю́кс *m* Benelux(staaten *pl.*) *f*
Бе́рег Слоно́вой ко́сти *m* Elfenbeinküste *f*
Бе́рингов проли́в *m* Beringstraße *f*
Бе́рингово мо́ре *n* Beringmeer
Бессара́бия *f* Bessarabien *n*
Би́рма *f* Birma *n*, Burma *n*
Бли́жний Восто́к *m* Naher Osten, Nahost
Бо́денское о́зеро *n* Bodensee *m*
Болга́рия *f* Bulgarien *n*
Боли́вия *f* Bolivien *n*
Бо́сния *f* Bosnien *n*
Босфо́р *m* Bosporus
Ботни́ческий зали́в *m* Bottnischer Meerbusen
Брази́лия *f* Brasilien *n*
Бра́нденбург *m* Brandenburg *n*
Брюссе́ль *m* Brüssel *n*
Буря́тия *f* Burjatien *n*

Вавило́н *m* Babylon *n*
Великобрита́ния *f* Großbritannien *n*
Ве́на *f* Wien *n*
Ве́нгрия *f* Ungarn *n*
Венесуэ́ла *f* Venezuela *n*
Византи́я *f* Byzanz *n*
Вифлее́м *m* Bethlehem *n*
Вьетна́м *m* Vietnam *n*

Гава́йи, ***Гава́йские острова́*** *pl.* Hawaii(-Inseln *pl.*) *n*
Гаи́ти *n unv.* Haiti *n*
Гайа́на *f* Guyana *n*
Гали́ция *f* Galizien *n*
Га́на *f* Ghana *n*
Гватема́ла *f* Guatemala *n*
Гвине́я *f* Guinea *n*
Герма́ния *f* Deutschland *n*
Герцегови́на *f* Herzegowina
Ге́ссен *m* Hessen *n*
Голла́ндия *f* Holland *n*
Гондура́с *m* Honduras *n*
Гонко́нг *m* Hongkong *n*
Гренла́ндия *f* Grönland *n*
Гре́ция *f* Griechenland *n*
Гру́зия *f* Georgien *n*

Дагеста́н *m* Dagestan *n*
Далма́ция *f* Dalmatien *n*
Да́льний Восто́к *m* Ferner Osten, Fernost
Да́ния *f* Dänemark *n*
Доминика́нская Респу́блика *f* Dominikanische Republik

Донба́сс *m* Donezbecken *n*
Дуна́й *m* Donau *f*

Евра́зия *f* Eurasien *n*
Евро́па *f* Europa *n*
Еги́пет *m* Ägypten *n*

Жене́ва *f* Genf *n*

Заи́р *m* Zaire *n*
Закавка́зье *n* Transkaukasien
За́мбия *f* Sambia *n*
Зимба́бве *n* Simbabwe *n*

Иерусали́м *m* Jerusalem *n*
Изра́иль *m* Israel *n*
Инди́йский океа́н *m* Indischer Ozean
И́ндия *f* Indien *n*
Индоне́зия *f* Indonesien *n*
Иорда́ния *f* Jordanien *n*
Ира́к *m* Irak
Ира́н *m* Iran
Ирла́ндия *f* Irland *n*
Исла́ндия *f* Island *n*
Испа́ния *f* Spanien *n*
Ита́лия *f* Italien *n*

Йе́мен *m* Jemen

Кавка́з(ские го́ры *pl.*) *m* Kaukasus(gebirge *n*)
Казахста́н *m* Kasachstan *n*
Каи́р *m* Kairo *n*
Калмы́кия *f* Kalmükien *n*
Камбо́джа *f* Kambodscha *n*
Камеру́н *m* Kamerun *n*
Камча́тка *f* Kamtschatka *n*
Кана́да *f* Kanada *n*
Каре́лия *f* Karelien *n*
Кари́нтия *f* Kärnten *n*
Каспи́йское мо́ре *n* Kaspisches Meer
Ке́ния *f* Kenia *n*
Кипр *m* Zypern *n*
Кита́й *m* China *n*
Колу́мбия *f* Kolumbien *n*
Ко́льский полуо́стров *m* Halbinsel Kola *f*
Коре́я *f* Korea *n*
Ко́сово *n* Kosovo *n*
Ко́ста-Ри́ка *f* Costa Rica *n*
Крым *m* Krim *f*
Ку́ба *f* Kuba *n*
Куве́йт *m* Kuwait *n*
Кури́льские острова́ *pl.* Kurilen
Кыргызста́н *m* Kyrgysstan *n*, Kirgisien *n*

Ла́дожское о́зеро *n* Ladogasee *m*
Ла́твия *f* Lettland *n*
Лати́нская Аме́рика *f* Lateinamerika *n*
Либе́рия *f* Liberia *n*
Лива́н *m* Libanon
Ли́вия *f* Libyen *n*
Литва́ *f* Litauen *n*
Ли́хтенштейн *m* Liechtenstein *n*
Лотари́нгия *f* Lothringen *n*
Люксембу́рг *m* Luxemburg *n*

Маври́кий *m* Mauritius *n*
Маврита́ния *f* Mauretanien *n*
Мадагаска́р *m* Madagaskar *n*
Македо́ния *f* Makedonien *n*
Мала́йзия *f* Malaysia *n*
Ма́лая 'Азия *f* Kleinasien *n*
Мальди́вские острова́ *pl.* Malediven *pl.*
Маньчжу́рия *f* Mandschurei *f*
Маро́кко *n unv.* Marokko *n*
Ме́кленбург-Пере́дняя Помера́ния *f* Mecklenburg-Vorpommern *n*
Ме́ксика *f* Mexiko (*Land*) *n*
Ме́хико *n unv.* Mexiko (*Stadt*) *n*
Мозамби́к *m* Mosambik *n*
Молдо́ва *f* Moldau(republik), Moldawien *n*
Монго́лия *f* Mongolei
Мордви́ния *f* Mordwinien *n*
Москва́ *f* Moskau *n*
Мьянма́ *f* Myanmar (Birma) *n*

Наго́рный Караба́х *m* Berg-Karabach *n*
Нами́бия *f* Namibia *n*
Нева́ *f* Newa
Не́ман (*Fluss*) *m* Memel *f*
Непа́л *m* Nepal *n*
Ниге́рия *f* Nigeria *n*
Нидерла́нды *pl.* Niederlande
Ни́жняя Саксо́ния *f* Niedersachsen *n*
Никара́гуа *f unv.* Nicaragua *n*
Но́вая Зела́ндия *f* Neuseeland *n*
Норве́гия *f* Norwegen *n*
Нью-Йо́рк *m* New York *n*

Обь *f* Ob *m*
Океа́ния *f* Ozeanien *n*

Оне́жское о́зеро *n* Onegasee *m*
Осе́тия *f* Ossetien *n*
Охо́тское мо́ре *n* Ochotskisches Meer

Пакиста́н *m* Pakistan *n*
Палести́на *f* Palästina *n*
Пана́ма́ *f* Panama *n*
Па́пуа-Но́вая Гвине́я *f* Papua-Neuguinea *n*
Парагва́й *m* Paraguay *n*
Пари́ж *m* Paris *n*
Пеки́н *m* Peking *n*
Перси́дский зали́в *m* Persischer Golf
Пирене́йский полуо́стров *m* Iberische Halbinsel *f*
Полине́зия *f* Polynesien *n*
По́льша *f* Polen *n*
Португа́лия *f* Portugal *n*
Пра́га *f* Prag *n*
Приба́лтика *f* Baltikum *n*

Рейн *m* Rhein
Ре́йнланд-Пфальц *m* Rheinland-Pfalz *n*
Рим *m* Rom *n*
Росси́я *f* Russland *n*
Румы́ния *f* Rumänien *n*

Саа́р *m* Saarland *n*
Саксо́ния *f* Sachsen *n*
Саксо́ния-'Ангальт *f* Sachsen-Anhalt *n*
Сальвадо́р *m* El Salvador *n*
Санкт-Петербу́рг *m* Sankt-Petersburg *n*
Сау́довская Ара́вия *f* Saudi-Arabien *n*
Саха́, *Респу́блика* ~ *f* Republik Sacha (Jakutien *n*)
Саха́ра *f* Sahara
Се́верный Ледови́тый океа́н *m* Nordpolarmeer *n*
Се́верная Рейн-Вестфа́лия *f* Nordrhein-Westfalen *n*
Сейше́льские Острова́ *pl.* Seychellen *pl.*
Сенега́л *m* Senegal
Се́рбия *f* Serbien *n*
Сиби́рь *f* Sibirien *n*
Сингапу́р *m* Singapur *n*
Си́рия *f* Syrien *n*
Скандина́вия *f* Skandinavien *n*
Слова́кия *f* Slowakei
Слове́ния *f* Slowenien *n*
Соединённые Шта́ты Аме́рики *pl.* Vereinigte Staaten von Amerika
Сома́ли́ *n unv.* Somalia
Средизе́мное мо́ре *n* Mittelmeer
Сре́дний Восто́к *m* Mittlerer Osten
Сре́дняя 'Азия *f* Mittelasien *n*
Стамбу́л *m* Istanbul *n*

Таджикиста́н *m* Tadschikistan *n*
Тайва́нь *m* Taiwan *n*
Тайла́нд *m* Thailand *n*
Танза́ния *f* Tansania *n*
Татарста́н *m* Tatarstan *n*
Ти́хий океа́н *m* Pazifik, Stiller *od.* Pazifischer Ozean
Туни́с *m* Tunesien *n*
Туркмениста́н *m* Turkmenistan *n*
Ту́рция *f* Türkei
Тюри́нгия *f* Thüringen *n*

Удму́ртия *f* Udmurtien *n*
Узбекиста́н *m* Usbekistan *n*
Украи́на *f* Ukraine
Уругва́й *m* Uruguay *n*

Филиппи́ны *pl.* Philippinen
Финля́ндия *f* Finnland *n*
Фи́нский зали́в *m* Finnischer Meerbusen
Фра́нция *f* Frankreich *n*

Хорва́тия *f* Kroatien *n*

Цейло́н *m* Ceylon *n*
Центра́льная Евро́па *f* Mitteleuropa *n*

Чад *m* Tschad *m* (*See*); Tschad *n* (*Land*)
Черного́рия *f* Montenegro *n*
Чёрное мо́ре *n* Schwarzes Meer
Че́хия *f* Tschechien *n*
Чечня́ *f* Tschetschenien *n*
Чи́ли *n unv.* Chile
Чува́шия *f* Tschuwaschien *n*
Чудско́е о́зеро *n* Peipussee *m*
Чуко́тский полуо́стров *m*, **Чуко́тка** *f* Tschuktschenhalbinsel *f*

Швейца́рия *f* Schweiz
Шве́ция *f* Schweden *n*

Шле́звиг-Го́льштейн *m* Schleswig-Holstein *n*
Шри-Ла́нка *f* Sri Lanka *n*
Шти́рия *f* Steiermark

Эге́йское мо́ре *n* Ägäis *f*
Эквадо́р *m* Ecuador *n*
Эльза́с *m* Elsass *n*
Эсто́ния *f* Estland *n*
Эфио́пия *f* Äthiopien *n*

Ю́жный (Ледови́тый) океа́н *m* Südpolarmeer *n*

Яку́тия *f* Jakutien *n*; → ***Саха́***
Яма́йка *f* Jamaika *n*
Япо́ния *f* Japan *n*

Немецкие географические названия
Deutsche geographische Namen

Aachen[1] 'Ахен
Adria *f*, **Adri'atisches Meer** Адриатическое мо́ре
Af'ghanistan Афганиста́н
Afrika 'Африка
Ä'gäis *f* Эге́йское мо́ре
Ä'gypten Еги́пет
A'laska Аля́ска
Al'banien Алба́ния
Ale'uten *pl.* Алеу́тские острова́ *pl.*
Al'gerien, Algier ['ɑlʒiːʁ] Алжи́р
Alpen *pl.* 'Альпы *pl.*
Alpenvorland (се́верное) предго́рье Альп, Преда́льпы *pl.*
Al'tai(gebirge *n*) *m* Алта́й(ские го́ры *pl.*) *m*
Ama'zonas *m* Амазо́нка
A'merika Аме́рика
Ana'tolien Анато́лия
Anda'lusien Андалу́зия
Anden *pl.* 'Анды *pl.*
An'gola Анго́ла
Ant'arktika *f* Антаркти́да
Ant'arktis *f* Анта́рктика
An'tillen *pl.* Анти́льские острова́ *pl.*
Apen'nin(en *pl.*) *m* Апенни́ны *pl.*
Apen'ninenhalbinsel *f* Апенни́нский полуо́стров
A'rabien, A'rabische Halbinsel *f* Ара́вия, Арави́йский полуо́стров
Aralsee *m* Ара́льское мо́ре
Ar'dennen *pl.* Арде́нны *pl.*
Argen'tinien Аргенти́на
Arktis *f* 'Арктика
Ärmelkanal *m* Ла-Ма́нш
Ar'menien Арме́ния
Aserbai'ds(c)han Азербайджа́н
Asien 'Азия
A'sowsches Meer Азо́вское мо́ре
Assuan Асуа́н
A'then Афи́ны *pl.*
Äthi'opien Эфио́пия
At'lantik, At'lantischer Ozean *m* Атланти́ческий океа́н
Atlas(gebirge *n*) Атла́с(ские го́ры *pl.*)
Ätna *m* 'Этна
Au'stralien Австра́лия
A'zoren *pl.* Азо́рские острова́ *pl.*

Babylon *hist.* Вавило́н
Baden-Württemberg Ба́ден-Вю́ртемберг
Ba'hamas *pl.* Бага́мские Острова́ *pl.*
Baikal(see) *m* о́зеро Байка́л
Bale'aren *pl.* Балеа́рские острова́ *pl.*
Balkan(gebirge *n*) *m* Балка́ны *pl.*
Balkanhalbinsel *f* Балка́нский полуо́стров
Baltikum Приба́лтика
Banglades(c)h Бангладе́ш
Barentssee *f* Ба́ренцево мо́ре
Baskenland Страна́ Ба́сков
Bayerischer Wald *m* Бава́рский лес
Bayern Бава́рия
Belgien Бе́льгия
Belorussland Белару́сь *f*
Bene'lux(staaten *pl.*) *f* Бенилю́кс
Ben'galen Бенга́лия
Beringmeer Бе́рингово мо́ре
Beringstraße *f* Бе́рингов проли́в
Berner Oberland Швейца́рское плоского́рье
Bessa'rabien Бессара́бия
Bethlehem Вифлее́м
Birma Би́рма
Biskaya → ***Golf von Biskaya***
Bodensee *m* Бо́денское о́зеро
Böhmen *hist.* Боге́мия
Bo'livien Боли́вия
Bosnien Бо́сния
Bosporus *m* Босфо́р
Bottnischer Meerbusen *m* Ботни́ческий зали́в
Brandenburg Бра́нденбург
Bra'silien Брази́лия
Bretagne [-'tanĭə] *f* Брета́нь *f*
Buko'wina *f* Букови́на
Bul'garien Болга́рия
Burgenland Бу́ргенланд
Bur'gund Бургу́ндия
By'zanz *hist.* Византи́я

Cannes [kan] Канн(ы)

[1] При географических названиях среднего рода указание на род (*n*) отсутствует.

Ceylon ['tsaĭ-] Цейло́н
Champagne [ʃɑ̃'panĭə] *f* Шампа́нь *f*
Chiemsee [k-] *m* (о́зеро) Ки́мзе
Chile ['tʃi:-] Чи́ли *unv.*
China ['çi:-] Кита́й
Costa 'Rica Ко́ста-Ри́ка

Dal'matien Далма́ция
Da'maskus Дама́ск
Dänemark Да́ния
Danziger Bucht *f* Гда́ньская бу́хта
Darda'nellen *pl.* Дардане́ллы *pl.*
Deutsche Bucht *f* Неме́цкая бу́хта
Deutschland Герма́ния
Dolo'miten *pl.* Доломи́товые 'Альпы
Donau *f* Дуна́й
Donezbecken Донба́сс

Ecua'dor Эквадо́р
Eifel *f* 'Эйфель ('Айфель) *m*
Eismeer → ***Nord-, Südpolarmeer***
Elfenbeinküste *f* Бе́рег Слоно́вой ко́сти
El Salva'dor [-va-] Сальвадо́р
Elsass Эльза́с
Engadin Энгади́н
England 'Англия
Erzgebirge Ру́дные го́ры *pl.*
Estland Эсто́ния; *hist.* Эстля́ндия
Eu'rasien Евра́зия
Eu'ropa Евро́па

Falklandinseln *pl.* Фолкле́ндские острова́ *pl.*
Färöer *pl.* Фаре́рские острова́ *pl.*
Fern'ost, Ferner Osten *m* Да́льний Восто́к
Feuerland 'Огненная Земля́
Fichtelgebirge Фи́хтельгебирге
Finnischer Meerbusen *m* Фи́нский зали́в
Finnland Финля́ндия
Flandern Фла́ндрия
Flo'renz Флоре́нция
Florida Фло́рида
Franken Франко́ния
Fränkische Alb *f* Франко́нский Альб
Frankreich Фра́нция
Friesland Фри́зия
Fuds(c)hi('jama) *m* Фудзия́ма *m*

Ga'lapagosinseln *pl.* острова́ *pl.* Гала́пагос
Gali'läa Галиле́я
Ga'lizien Гали́ция
Ganges *m* Ганг
Gardasee *m* (о́зеро) Га́рда
Ge'nezareth → ***See Genezareth***
Genf Жене́ва
Genfer See *m* Жене́вское о́зеро
Ge'orgien Гру́зия
Ghana Га́на
Golfstrom *m* Голфстри́м
Golf von Ben'galen *m* Бенга́льский зали́в
Golf von Biscaya [-'kɑ:jɑ] *m* Биска́йский зали́в
Graubünden Граубю́нден
Greenwich ['gri:nɪtʃ] Гри́нвич
Griechenland Гре́ция
Grönland Гренла́ндия
Großbritannien Великобрита́ния
Großglockner *m* Гросгло́кнер
Guate'mala [gŭa-] Гватема́ла
Guinea [gi'ne:ɑ] Гвине́я
Guyana [gy'jɑ:nɑ] Гайа́на

Ha'iti Гаити *unv.*
Halbinsel Kola *f* Ко́льский полуо́стров
Harz *m* Гарц
Ha'waii(-Inseln *pl.*) Гава́йи, Гава́йские острова́ *pl.*
He'briden *pl.* Гебри́дские острова́
Helgoland Ге́льголанд, Хе́льголанд
Hellas *hist.* Элла́да
Herze'gowina Герцегови́на
Hessen Ге́ссен
Hi'malaja *m* [*a.* -'lɑ:-] Гимала́и *pl.*
Hindukusch *m* Гиндуку́ш
Hinterpommern *hist.* Восто́чная Помера́ния
Hiro's(c)hima [*a.* -'ro:-] Хироси́ма
Holland Голла́ндия
Holstein Гольште́йн; *hist.* Гольшти́ния
Hon'duras Гондура́с
Hongkong Гонко́нг
Hono'lulu Гонолу́лу *unv.*
Hudsonstraße *f* Гудзо́нов проли́в

I'berische Halbinsel *f* Пирене́йский полуо́стров
Indien 'Индия
Indischer Ozean *m* Инди́йский океа́н
Indo'nesien Индоне́зия
Indus *m* Инд
I'onisches Meer Иони́ческое мо́ре
I'rak *m* Ира́к

I'ran *m* Ира́н
Irland Ирла́ндия
Island Исла́ндия
Israel Изра́иль *m*
Istanbul Стамбу́л
Istrien 'Истрия
I'talien Ита́лия

Ja'kutien Яку́тия
Japan Япо́ния
Ja'panisches Meer Япо́нское мо́ре
Java 'Ява
Jemen Йе́мен
Je'rusalem Иерусали́м
Jor'danien Иорда́ния
Judäa Иуде́я
Jütland Ютла́ндия

Kairo Каи́р
Kali'fornien Калифо́рния
Kam'bodscha Камбо́джа
Kamerun Камеру́н
Kam'tschatka Камча́тка
Kanada Кана́да
Ka'nalinseln *pl.* Норма́ндские острова́ *pl.*
Ka'naren *pl.* Кана́рские острова́ *pl.*
Kap der Guten Hoffnung Мыс До́брой Наде́жды
Kap Hoorn Мыс Горн
Kap'verden *pl.* Острова́ *pl.* Зелёного Мы́са
Karasee *f* Ка́рское мо́ре
Ka'relien Каре́лия
Ka'ribik *f* Кари́бское мо́ре
Kärnten Кари́нтия
Kar'paten *pl.* Карпа́ты *pl.*
Kar'thago Карфаге́н
Kasach'stan Казахста́н
Kaschmir Кашми́р
Kaspisches Meer Каспи́йское мо́ре
Ka'stilien Касти́лия
Kata'lonien Катало́ния
Kaukasus *m* Кавка́з(ские го́ры *pl.*)
Kenia Ке́ния
Kir'gisien → ***Kyrgysstan***
Klein'asien Ма́лая 'Азия
Ko'lumbien Колу́мбия
Ko'moren *pl.* Комо́рские Острова́ *pl.*
Kongo *m* (*Fluss*) Ко́нго *unv.*
Kordilleren [-'lje:-] *pl.* Кордилье́ры *pl.*
Ko'rea Коре́я
Korsika Ко́рсика
Kosovo Ко́сово
Kreta Крит
Krim *f* Крым
Kro'atien Хорва́тия
Kuba Ку́ба
Kurdistan Курдиста́н
Ku'rilen *pl.* Кури́льские острова́ *pl.*
Kurland *hist.* Курля́ндия
Kuwait [*a.* -'ve:t] Куве́йт
Ky'kladen *pl.* Кикла́ды, Цикла́ды *pl.*
Kyrgys'stan Кыргызста́н

Ladogasee *m* Ла́дожское о́зеро
Laos Лао́с
Lappland Лапла́ндия
La'teinamerika Лати́нская Аме́рика
Lausitz *f* Лу́жица, Ла́узиц
Lettland Ла́твия
Libanon Лива́н
Libyen Ли́вия
Liechtenstein Лихтенште́йн
Li'gurien Лигу́рия
Litauen Литва́
Livland *hist.* Лифля́ндия
Lombar'dei *f* Ломба́рдия
Lothringen Лотари́нгия
Lu'ganer See *m* о́зеро Луга́но
Lüneburger Heide *f* Люнебу́ргская пу́стошь
Luxemburg Люксембу́рг

Mada'gaskar Мадагаска́р
Magellanstraße *f* Магелла́нов проли́в
Mähren Мора́вия
Make'donien Македо́ния
Ma'laiischer Archi'pel *m* Мала́йский архипела́г
Ma'laysia Мала́йзия
Male'diven *pl.* Мальди́вские острова́ *pl.*
Mallorca [-'jɔʀ-] Майо́рка
Mandschu'rei *f* Маньчжу́рия
Marmarameer Мра́морное мо́ре
Ma'rokko Маро́кко
Maure'tanien Маврита́ния
Mau'ritius Маври́кий
Maze'donien → ***Makedonien***
Mecklenburg-Vorpommern Ме́кленбург – Пере́дняя Помера́ния
Memel *f* (*Fluss*) Не́ман
Mexiko Ме́ксика; (*Stadt*) Ме́хико
Mittelamerika Центра́льная Аме́рика
Mittelasien Сре́дняя 'Азия

Mitteleuropa Центра́льная Евро́па
Mittelmeer Средизе́мное мо́ре
Mittlerer Osten *m* Сре́дний Восто́к
Moldau Молдо́ва; *f* (*Fluss*) Влта́ва
Mongo'lei Монго́лия
Montblanc [mõ'blã] *m* Монбла́н
Monte'negro Черного́рия
Mosambik [-sam'bi:k] Мозамби́к
Moskau Москва́
Myan'mar Мья́нма

Nah'ost, Naher Osten *m* Бли́жний Восто́к
Na'mibia Нами́бия
Nepal Непа́л
Neu'fundland Ньюфаундле́нд
Neugui'nea [-gɪ-] Но́вая Гвине́я
Neu'seeland Но́вая Зела́ндия
New York Нью-Йо́рк
Nia'garafälle *pl.* Ниага́рский водопа́д
Nica'ragua Никара́гуа
Niederbayern Ни́жняя Бава́рия
Niederlande *pl.* Нидерла́нды *pl.*
Niederösterreich Ни́жняя 'Австрия
Niedersachsen Ни́жняя Саксо́ния
Niederschlesien Ни́жняя Силе́зия
Ni'geria Ниге́рия
Nordafrika Се́верная 'Африка
Nordamerika Се́верная Аме́рика
Nordfriesische Inseln *pl.* Се́веро-Фри́зские острова́ *pl.*
Nordpolarmeer Се́верный Ледови́тый океа́н
Nordrhein-West'falen Се́верный Рейн-Вестфа́лия
Nordsee *f* Се́верное мо́ре
Norman'die *f* Норма́ндия
Norwegen Норве́гия

Oberbayern Ве́рхняя Бава́рия
Oberösterreich Ве́рхняя 'Австрия
Oberschlesien Ве́рхняя Силе́зия
O'chotskisches Meer Охо́тское мо́ре
O'negasee *m* Оне́жское о́зеро
Ostasien Восто́чная 'Азия
Osterinsel *f* о́стров Па́схи
Österreich 'Австрия
Osteuropa Восто́чная Евро́па
Ostpreußen Восто́чная Пру́ссия
Ostsee *f* Балти́йское мо́ре
Oze'anien Океа́ния

Pakistan Пакиста́н
Palä'stina Палести́на
Panamakanal *m* Пана́мский кана́л
Papua-Neugui'nea [-gɪ-] Па́пуа-Но́вая Гвине́я
Paraguay [-'gŭaĭ] Парагва́й
Pa'ris Пари́ж
Pa'zifik, Pa'zifischer Ozean *m* Ти́хий океа́н
Persischer Golf *m* Перси́дский зали́в
Philip'pinen *pl.* Филиппи́ны *pl.*
Phö'nizien Финики́я
Plattensee *m* о́зеро Балато́н
Polen По́льша
Poly'nesien Полине́зия
Pommern Помера́ния
Pom'peji Помпе́и *unv.*
Portugal Португа́лия
Preußen Пру́ссия
Provence [-'vã:s] *f* Прова́нс
Pyre'näen *pl.* Пирене́йские го́ры *pl.*, Пирене́и *pl.*

Rhein *m* Рейн
Rheinland Ре́йнская о́бласть
Rheinland-Pfalz Ре́йнланд-Пфальц
Rhodos Ро́дос
Rom Рим
Rotes Meer Кра́сное мо́ре
Ruhrgebiet Ру́рский бассе́йн
Ru'mänien Румы́ния
Russland Росси́я

Saarland Саа́р
Sacha'lin Сахали́н
Sachsen Саксо́ния
Sachsen-Anhalt Саксо́ния-'Ангальт *f*
Sahara [*a.* -'hɑ:-] *f* Саха́ра
Sambia За́мбия
Sankt-'Lorenz-Strom *m* река́ Свято́го Лавре́нтия
Sa'voyen Саво́йа
Sar'dinien Сарди́ния
Saudi-A'rabien Сау́довская Ара́вия
Schlesien Силе́зия
Schleswig-Holstein Шле́звиг-Го́льштейн
Schottland Шотла́ндия
Schwaben Шва́бия
Schwäbische Alb *f* Шва́бский Альб
Schwarzes Meer Чёрное мо́ре
Schwarzwald *m* Шва́рцвальд
Schweden Шве́ция
Schweiz *f* Швейца́рия
See Ge'nezareth *m* Генисаре́тское о́зеро

Seeland Зела́ндия
Senegal Сенега́л
Serbien Се́рбия
Seychellen [seː'ʃɛlən] *pl.* Сейше́льские Острова́ *pl.*
Si'birien Сиби́рь *f*
Siebenbürgen Трансильва́ния
Sim'babwe Зимба́бве
Sinai(halbinsel *f*) *m* Сина́йский полуо́стров
Singapur Сингапу́р
Si'zilien Сици́лия
Skandi'navien Скандина́вия
Slowa'kei *f* Слова́кия
Slo'wenien Слове́ния
So'malia Сома́ли *unv.*
Spanien Испа́ния
Sri 'Lanka Шри Ла́нка
Steiermark *f* Шти́рия
Stiller Ozean *m* Ти́хий океа́н
Straße von Gi'braltar *f* Гибралта́рский проли́в
Südafrika 'Южная 'Африка
Südamerika 'Южная Аме́рика
Su'dan *m* Суда́н
Südchinesisches Meer Южно-Кита́йское мо́ре
Su'deten *pl.* Суде́ты *pl.*
Südeuropa 'Южная Евро́па
Südpolarmeer 'Южный (Ледови́тый) океа́н
Südsee *f* ю́жная часть Ти́хого океа́на
Suezkanal *m* Су́эцкий кана́л
Sylt Зильт
Syrien Си́рия

Ta'ds(c)hikistan Таджикиста́н
Tai'wan Тайва́нь *m*
Tangan'jikasee *m* (о́зеро) Танганьи́ка
Tansa'nia [*a.* -'zɑː-] Танза́ния
Ta'smanien Тасма́ния
Tatra *f* Та́тры *pl.*
Taunus *m* Та́унус
Tes'sin Тесси́н, Тичи́но
Thailand Тайла́нд
Theben *hist.* Фи́вы *pl.*
Thes'salien Фесса́лия
Thüringen Тюри́нгия
Ti'rol Тиро́ль *m*
Tos'kana Toска́на
Totes Meer Мёртвое мо́ре
Transkau'kasien Закавка́зье
Tschad *m* (*See*) Чад; *n* (*Land*) Чад
Tschechien Че́хия
Tschetschenien Чечня́
Tschuktschenhalbinsel *f* Чуко́тка
Tu'nesien Туни́с
Tür'kei *f* Ту́рция
Turk'menistan Туркменист́ан

Ukra'ine *f* Украи́на
Umbrien 'Умбрия
Ungarn Ве́нгрия
U'ral *m* Ура́л
Uruguay [-'gŭaĭ] Уругва́й
Us'bekistan Узбекиста́н

Ve'nedig [v-] Вене́ция
Venezu'ela [v-] Венесу́эла
Vereinigte Staaten *pl.* Соединённые Шта́ты *pl.*
Versailles [vɛʀ'sɑːĭ] Верса́ль *m*
Ve'suv [v-] *m* Везу́вий
Viet'nam [vĭɛt-] Вьетна́м
Vo'gesen [v-] *pl.* Воге́зы *pl.*
Vorarlberg Фо́рарльберг
Vorderasien Пере́дняя 'Азия
Vorpommern Пере́дняя Помера́ния

Wales [weːls] У́эльс
Wal'lonien Валло́ния
Wattenmeer ва́тты *pl.* (Се́верногс мо́ря)
Weichsel *f* Ви́сла
Weißmeer Бе́лое мо́ре
Weißrussland → ***Belorussland***
Westeuropa За́падная Евро́па
West'falen Вестфа́лия
Westpreußen За́падная Пру́ссия
Wien Ве́на
Württemberg Вюртембе́рг

Yucatán Юката́н

Zaïre [za'iːʀ] Заи́р
Züricher See *m* Цю́рихское о́зеро
Zypern Кипр

Russische Abkürzungen
Русские сокращения

авт. ***автóбус*** Autobus
акад. ***акадéмик*** Akademiemitglied
АН ***Акадéмия наýк*** Akademie der Wissenschaften
АО 1. ***акционéрное óбщество*** AG, Aktiengesellschaft; **2.** ***автонóмная óбласть*** autonomes Gebiet
АССР ***автонóмная совéтская социалистúческая респýблика*** *hist*. Autonome Sozialistische Sowjetrepublik
АТС ***автоматúческая телефóнная стáнция*** Fernsprechamt
АЭС ***áтомная электростáнция*** Atomkraftwerk

Б. *bei Eigennamen* ***Большóй*** Groß-
б. ***бы́вший*** ehem., ehemalig, frühere(r)
б-ка ***библиотéка*** Bibliothek
БСЭ ***Большáя совéтская энциклопéдия*** *hist*. Große Sowjetenzyklopädie

В ***востóк*** O, Osten
В. *bei Eigennamen* ***Вéрхний*** Ober-
в. ***век*** Jahrhundert
вв. ***векá*** Jahrhunderte
ВВС ***воéнно-воздýшные сúлы*** Luftwaffe
ВИЧ ***вúрус иммунодефицúта человéка*** HIV
вкл. 1. ***включúтельно*** einschließlich; **2.** ***включúть*** einschalten
ВМФ ***воéнно-морскóй флот*** (Kriegs-)Marine
ВНП ***баловóй национáльный продýкт*** Bruttosozialprodukt
вост. ***востóчный*** östlich, Ost-
ВС ***Вооружённые Сúлы*** Streitkräfte
в ср. ***в срéднем*** durchschnittlich, im Durchschnitt
в т. ч. ***в том числé*** darunter, davon
ВЦ ***вычислúтельный центр*** Rechenzentrum
ВЧ ***высóкая частотá*** Hochfrequenz
выкл. ***вы́ключить*** ausschalten

г ***грамм*** g, Gramm
г. 1. ***год*** Jahr; **2.** ***горá*** Berg; **3.** ***гóрод*** Stadt; **4.** ***господúн*** Herr
га ***гектáр*** ha, Hektar
ГАИ ***госудáрственная автомобúльная инспéкция*** Verkehrspolizei
гг. 1. ***гóды*** Jahre; **2.** ***городá*** Städte; **3.** ***господá*** Herren
г-жа ***госпожá*** Frau
ГК 1. ***Граждáнский кóдекс*** Zivilgesetzbuch; **2.** *in Zusammensetzungen* ***Госудáрственный комитéт*** Staatskomitee
гл. 1. ***главá*** Kapitel; **2.** ***глáвный*** Haupt- *in Zusammensetzungen*
глав- *in Zusammensetzungen* ***глáвный*** Haupt-
г-н ***господúн*** Herr (*Anrede*)
Гос- *in Zusammensetzungen* ***госудáрственный*** Staats-, staatlich
гр. ***граждан́ин, граждáнка*** Bürger, Bürgerin
ГУМ ***Госудáрственный универсáльный магазúн*** Staatliches Warenhaus
ГЭС ***гидроэлектрúческая стáнция*** Wasserkraftwerk

ДВ ***длúнные вóлны*** LW, Langwelle(n)
деп. ***депутáт*** Deputierter
дер. ***дерéвня*** Dorf
дир. ***дирéктор*** Dir., Direktor
доц. ***доцéнт*** Doz., Dozent
д-р ***дóктор*** Dr., Doktor

ЕС ***Европéйский Сою́з*** EU, Europäische Union
ж. д. ***желéзная дорóга*** Eisenbahn

З ***зáпад*** W, Westen
ЗАГС, загс ***отдéл зáписи áктов граждáнского состоя́ния*** Standesamt
зап. ***зáпадный*** westlich, West-
з-д ***завóд*** Werk, Fabrik

и др. ***и другúе*** u. a., und andere
илл. ***иллюстрáция*** Abb., Illustration
им. ***úмени*** namens
ин-т ***инститýт*** Institut
и пр., и проч. ***и прóчее*** *od.* ***прóчие*** u. a. (m.), und andere(s) mehr
и т. д. ***и так дáлее*** usw., und so weiter

и т. п. ***и тому́ подо́бное*** u. dgl., u. Ä., und dergleichen mehr, und Ähnliches

к. ***копе́йка*** Kopeke
КБ 1. ***комме́рческий банк*** Handelsbank; **2.** ***констру́кторское бюро́*** Konstruktionsbüro
КВ ***коро́ткие во́лны*** KW, Kurzwelle(n)
кв. 1. ***квадра́тный*** Quadrat-; **2.** ***кварти́ра*** Wohnung
кг ***килогра́мм*** kg, Kilogramm
КГБ ***Комите́т госуда́рственной безопа́сности*** *hist.* KGB, Komitee für Staatssicherheit
км ***киломе́тр*** km, Kilometer
км/ч, км/ч., км/час ***киломе́тров в час*** km/h, Kilometer pro Stunde
кн. 1. ***кни́га*** Buch; **2.** ***князь*** Fürst
КНДР ***Коре́йская Наро́дно-Демократи́ческая Респу́блика*** Demokratische Volksrepublik Korea, Nordkorea
КНР ***Кита́йская Наро́дная Респу́блика*** VR China, Volksrepublik China
коп. ***копе́йка*** Kopeke
КПД, кпд ***коэффицие́нт поле́зного де́йствия*** Wirkungsgrad
куб. ***куби́ческий*** Kubik-

л ***литр*** l, Liter
л. с. ***лошади́ная си́ла*** PS, Pferdestärke

м ***метр*** m, Meter
М. ***Ма́лый*** Klein-
м. 1. ***мину́та*** min, Minute; **2.** ***мо́ре*** Meer
МВД ***Министе́рство вну́тренних дел*** Innenministerium
МВФ ***Междунаро́дный валю́тный фонд*** Internationaler Währungsfonds
МГУ ***Моско́вский госуда́рственный университе́т*** Staatliche Universität Moskau
мед. ***медици́нский*** medizinisch
мес. ***ме́сяц*** Monat
МИД ***Министе́рство иностра́нных дел*** Außenministerium
мин. ***мину́та*** Minute
мл. ***мла́дший*** der Jüngere; Unter-
мм ***миллиме́тр*** mm, Millimeter
МО ***Министе́рство оборо́ны*** Verteidigungsministerium
Мос- *in Zusammensetzungen* ***Моско́вский*** Moskauer
м.пр. ***между про́чим*** u.a., unter anderem
МПС ***Министе́рство путе́й сообще́ния*** Verkehrsministerium
МХАТ ***Моско́вский худо́жественный академи́ческий теа́тр*** Moskauer akademisches Künstlertheater
м-ц ***ме́сяц*** Monat

Н. 1. ***Ни́жний*** Unter-, Nieder-; **2.** ***Но́вый*** Neu
напр. ***наприме́р*** z. B., zum Beispiel
нач. ***нача́льник*** Leiter, Chef
НЛО ***неопо́знанный лета́ющий объе́кт*** UFO, unbekanntes Flugobjekt
н. ст. ***но́вого сти́ля*** neue Zeitrechnung (Gregorianischer Kalender)
н. э. ***на́шей э́ры*** unserer Zeitrechnung, nach Christi Geburt
НЧ ***ни́зкая частота́*** NF, Niederfrequenz
НЭП, нэп ***но́вая экономи́ческая поли́тика*** *hist.* Neue Ökonomische Politik

о. ***о́стров*** Insel
обл. ***о́бласть*** Gebiet
о-ва ***острова́*** Inseln
о-во ***о́бщество*** Ges., Gesellschaft
оз. ***о́зеро*** See
ООН ***Организа́ция Объединённых На́ций*** UNO, Organisation der Vereinten Nationen
О.О.О. ***о́бщество с ограни́ченной отве́тственностью*** GmbH, Gesellschaft mit beschränkter Haftung
отд. ***отде́л, отделе́ние*** Abteilung

п. 1. ***пара́граф*** Paragraph; **2.** ***пункт*** Pkt., Punkt
пер. ***переу́лок*** Gasse
ПК ***персона́льный компью́тер*** PC, Personalcomputer
пл. ***пло́щадь*** Platz
п-ов ***полуо́стров*** Halbinsel
пос. ***посёлок*** Siedlung
пр. 1. ***прое́зд*** Durchfahrt; **2.** ***проспе́кт*** Prospekt
прим. ***примеча́ние*** Anm., Anmerkung
пром. ***промы́шленный*** industriell, Industrie-

просп. ***проспе́кт*** Prospekt
проф. ***профе́ссор*** Prof., Professor
п/я ***почто́вый я́щик*** Pf., Postfach

р. 1. ***река́*** Fluss; **2.** ***ру́бль*** Rbl., Rubel
РАН ***Росси́йская Акаде́мия нау́к*** Russische Akademie der Wissenschaften
РИА ***Росси́йское информацио́нное аге́нтство*** Russische Nachrichtenagentur
рис. ***рису́нок*** Abb., Abbildung, Zeichnung
р-н ***райо́н*** Bezirk
руб. ***ру́бль*** Rbl., Rubel
РФ ***Росси́йская Федера́ция*** Russische Föderation
РПЦ ***Ру́сская Правосла́вная Це́рковь*** Russisch-Orthodoxe Kirche

С. ***се́вер*** N, Norden
с. 1. ***секу́нда*** Sekunde; **2.** ***село́*** Dorf; **3.** ***страни́ца*** Seite
СА ***Сове́тская А́рмия*** *hist.* Sowjetarmee
сб. ***сбо́рник*** Sammelband, Sammlung
СВ ***сре́дние во́лны*** MW, Mittelwellen
Св. ***Свято́й*** hl., heilig
с.-в. ***се́веро-восто́чный*** nordöstlich, Nordost-
СВЧ ***сверхвысо́кие частоты*** UHF, Ultrahochfrequenz(en), Mikrowelle(n)
с. г. ***сего́ го́да*** d. J., dieses Jahres
с.-д. ***социа́л-демократи́ческий*** sozialdemokratisch
сев. ***се́верный*** nördlich, Nord-
сек. ***секу́нда*** Sekunde
с.-з. ***се́веро-за́падный*** nordwestlich, Nordwest-
СКВ ***свобо́дно конверти́руемая валю́та*** frei konvertierbare Währung
след. ***сле́дующий*** folgende(r)
СМ ***Сове́т Мини́стров*** Ministerrat
см ***сантиме́тр*** cm, Zentimeter
см. ***смотри́*** s., siehe
СНГ ***Содру́жество Незави́симых Госуда́рств*** GUS, Gemeinschaft Unabhängiger Staaten
СП ***совме́стное предприя́тие*** Jointventure, Gemeinschaftsunternehmen
СПИД ***синдро́м приобретённого иммунодефици́та*** AIDS
ср. 1. ***сравни́*** vgl., vergleiche; **2.** ***сре́дний*** Mittel-, mittlere(r)
СРВ ***Социалисти́ческая Респу́блика Вьетна́м*** SRV, Sozialistische Republik Vietnam
СССР ***Сою́з Сове́тских Социалисти́ческих Респу́блик*** *hist.* Union der Sozialistischen Sowjetrepubliken
ст. 1. ***стани́ца*** Staniza, Kosakensiedlung; **2.** ***ста́нция*** Bahnhof; **3.** ***ста́рший*** der Ältere, Ober-; **4.** ***статья́*** Artikel
стр. ***страни́ца*** S., Seite
ст. ст. ***ста́рого сти́ля*** alter Zeitrechnung (Julianischer Kalender)
США ***Соединённые Шта́ты Аме́рики*** USA, Vereinigte Staaten (von Amerika)
с.-х. ***сельскохозя́йственный*** landwirtschaftlich, Landwirtschafts-

т ***то́нна*** t, Tonne
т. 1. ***това́рищ*** Gen., Genosse, Genossin; **2.** ***том*** Bd., Band; **3.** ***ты́сяча*** Tsd., Tausend
табл. ***табли́ца*** Tabelle
т-во ***това́рищество*** Gesellschaft; Genossenschaft
т. г. ***теку́щего го́да*** dieses *od.* des laufenden Jahres
т. е. ***то́ есть*** d. h., das heißt
тел. ***телефо́н*** Tel., Telefon
т. н., т. наз. ***так называ́емый*** sog., so genannte(r)
ТОО, Т.О.О. ***това́рищество с ограни́ченной отве́тственностью*** GmbH, Gesellschaft mit beschränkter Haftung
тролл. ***тролле́йбус*** Obus
тт. 1. ***това́рищи*** Genossen; **2.** ***тома́*** Bde., Bände
тыс. ***ты́сяча*** Tsd., Tausend
ТЭС ***теплова́я электроста́нция*** Wärmekraftwerk

УК ***уголо́вный ко́декс*** Strafgesetzbuch
УКВ ***ультракоро́ткие во́лны*** UKW, Ultrakurzwelle(n)
ул. ***у́лица*** Straße
ун-т ***университе́т*** Universität
УПК ***уголо́вно-процессуа́льный ко́декс*** Strafprozessordnung

физ. 1. ***физи́ческий*** physikalisch; Physik-; 2. ***физкульту́рный*** sportlich, Sport-, Turn-
ФРГ ***Федерати́вная Респу́блика Герма́ния*** Bundesrepublik Deutschland
ф-т ***факульте́т*** Fak., Fakultät

хим. ***хи́мия*** Chemie; ***хими́ческий*** chemisch, Chemie-
худ. ***худо́жник*** Künstler, Maler, ***худо́жественный*** künstlerisch

ЦАР ***Центральноафрика́нская респу́блика*** Zentralafrikanische Republik
ЦБ ***Центра́льный банк*** Zentralbank
ЦК ***Центра́льный комите́т*** Zentralkomitee
ЦСКА ***Центра́льный спорти́вный клуб а́рмии*** Zentraler Armeesportklub
ЦПКиО ***Центра́льный парк культу́ры и о́тдыха*** Zentralpark für Kultur und Erholung
ЦУМ ***Центра́льный универса́льный магази́н*** Zentrales Warenhaus

ч. 1. ***час*** Std., Stunde; 2. ***часть*** Tl., Teil; 3. ***челове́к*** Mann, Mensch; 4. ***число́*** Zahl; Datum
чел. ***челове́к*** Mann, Mensch
чл. ***член*** Mitglied
чл.-корр. ***член-корреспонде́нт*** korrespondierendes Mitglied
ЧП ***чрезвыча́йное происше́ствие*** außergewöhnliches Vorkommnis; Notfall

шт. ***шту́ка*** St., Stück

ЭВМ ***электро́нная вычисли́тельная маши́на*** (Elektronen-)Rechner, Computer
ЭКГ ***электрокардиогра́мма*** EKG, Elektrokardiogramm

Ю ***юг*** S, Süden
ЮАР ***Ю́жно-Африка́нская Респу́блика*** Südafrikanische Republik
ю.-в. ***юго-восто́чный*** südöstlich, Südost-
юж. ***ю́жный*** südlich, Süd-
ю.-з. ***юго-за́падный*** südwestlich, Südwest

Немецкие сокращения
Deutsche Abkürzungen

Abb. ***Abbildung*** рису́нок, иллюстра́ция

Abf. ***Abfahrt*** отъе́зд, отправле́ние

ABM ***Arbeitsbeschaffungsmaßnahmen*** мероприя́тия по обеспече́нию за́нятости

Abs. ***Absatz*** абза́ц; ***Absender*** отправи́тель

Abschn. ***Abschnitt*** уча́сток; разде́л

Abt. ***Abteilung*** отде́л, отделе́ние

a. d. ***an der*** на (***z. B. a. d. Donau*** на Дуна́е)

a. D. ***außer Dienst*** отставно́й

ADAC ***Allgemeiner Deutscher Automobil-Club*** Всео́бщий герма́нский автоклу́б

AG ***Aktiengesellschaft*** акционе́рное о́бщество; ***Amtsgericht*** участко́вый суд

Aids ***acquired immune deficiency syndrome*** СПИД (синдро́м приобретённого иммунодефици́та)

AKW ***Atomkraftwerk*** а́томная электроста́нция

AL ***Alternative Liste*** Альтернати́вный спи́сок

allg. ***allgemein*** всео́бщий; в о́бщем

a. M. ***am Main*** на Ма́йне

amtl. ***amtlich*** официа́льный, служе́бный

Ank. ***Ankunft*** прибы́тие, прихо́д

Anm. ***Anmerkung*** примеча́ние

AOK ***Allgemeine Ortskrankenkasse*** о́бщая ме́стная больни́чно-страхова́я ка́сса

App. ***Apparat*** (***Fmw.***) доба́вочный (доб.)

Apr. ***April*** апре́ль

ARD ***Arbeitsgemeinschaft der öffentlich-rechtlichen Rundfunkanstalten der Bundesrepublik Deutschland*** Объедине́ние публи́чно-правовы́х радиоста́нций Федерати́вной Респу́блики Герма́нии

a. Rh. ***am Rhein*** на Ре́йне

Art. ***Artikel*** пункт, статья́

AStA ***Allgemeiner Studentenausschuss*** Всео́бщий студе́нческий комите́т

A. T. ***Altes Testament*** Ве́тхий заве́т

Aufl. ***Auflage*** изда́ние; (***Typ.***) тира́ж

Aug. ***August*** а́вгуст

AvD ***Automobilclub von Deutschland*** Герма́нский автоклу́б

AZ, Az. ***Aktenzeichen*** шифр/но́мер де́ла

a. Z. ***auf Zeit*** на срок; вре́менно

b. ***bei***(***m***) у, при, во́зле

VAV ***Bundesautobahn*** федера́льная автостра́да

BAföG, Bafög ***Bundesausbildungsförderungsgesetz*** Федера́льный зако́н о посо́биях обуча́ющимся

Bd., Bde., ***Band, Bände*** том(а́)

BDÜ ***Bundesverband der Dolmetscher und Übersetzer*** Федера́льный сою́з перево́дчиков

BE ***Broteinheit*** хле́бная едини́ца

beil. ***beiliegend*** прилага́ется

Bem. ***Bemerkung*** замеча́ние, примеча́ние

bes. ***besonders*** осо́бенно, в осо́бенности

Best.-Nr. ***Bestellnummer*** и́ндекс для зака́зов

betr. ***betreffend, betreffs***; **Betr.** ***Betreff*** каса́тельно, относи́тельно

bez. ***bezüglich*** относи́тельно; ***bezahlt*** опла́чено

Bez. ***Bezirk*** райо́н; о́круг

Bf. ***Bahnhof*** ста́нция; ***Brief*** письмо́

BfA ***Bundesversicherungsanstalt für Angestellte*** Федера́льное ве́домство по страхова́нию слу́жащих

BGB ***Bürgerliches Gesetzbuch*** Гражда́нский ко́декс

BGBl. ***Bundesgesetzblatt*** Федера́льный ве́стник зако́нов

BGH ***Bundesgerichtshof*** Федера́льный суд

BGS ***Bundesgrenzschutz*** Федера́льная пограни́чная охра́на

BH¹ Ⓐ ***Bezirkshauptmannschaft*** администра́ция о́круга; ***Bundesheer*** Федера́льные вооружённые си́лы

BH² ***Büstenhalter*** бюстга́льтер
Bhf. ***Bahnhof*** ста́нция
BKA ***Bundeskriminalamt*** Федера́льное ве́домство уголо́вной поли́ции
BLZ ***Bankleitzahl*** код ба́нка
BM ***... Bundesministerium ...*** Федера́льное министе́рство ...
BR ***Bayerischer Rundfunk*** Бава́рское ра́дио
BV Ⓒⓗ ***Bundesverfassung*** Конститу́ция Федера́ции
b. w. ***bitte wenden*** смотри́ на оборо́те
Bz. ***Bezirk → Bez.***
bzw. ***beziehungsweise*** и́ли

ca. ***cirka*** о́коло, приме́рно
CD ***Compactdisc*** компа́кт-диск
CDU ***Christlich-Demokratische Union*** Христиа́нско-демократи́ческий сою́з
cl ***Zentiliter*** сантили́тр
cm ***Zentimeter*** сантиме́тр
c/o ***care of*** че́рез
CSU ***Christlich-Soziale Union*** Христиа́нско-социа́льный сою́з
CVJM ***Christlicher Verein Junger Menschen*** Христиа́нское объедине́ние молодёжи

DAAD ***Deutscher Akademischer Austauschdienst*** Слу́жба академи́ческих обме́нов Герма́нии
dag ***Dekagramm*** декагра́мм
DAG ***Deutsche Angestellten-Gewerkschaft*** Профсою́з неме́цких слу́жащих
DB AG ***Deutsche Bahn AG*** Неме́цкие желе́зные доро́ги А. О.
DBB ***Deutscher Beamtenbund*** Неме́цкий сою́з чино́вников
DBP ***Deutsche Bundespost*** Неме́цкая федера́льная по́чта; ***Deutsches Bundespatent*** Неме́цкий федера́льный пате́нт
DDR ***Deutsche Demokratische Republik*** (*hist.*) Герма́нская Демократи́ческая Респу́блика
Dez. ***Dezember*** дека́брь
DFB ***Deutscher Fußball-Bund*** Неме́цкая федера́ция футбо́ла
DGB ***Deutscher Gewerkschaftsbund*** Объедине́ние неме́цких профсою́зов
dgl. ***dergleichen*** тому́ подо́бное
d. Gr. ***der Große*** Вели́кий
d. h., d. i. ***das heißt/ist*** то есть
Di. ***Dienstag*** вто́рник
DIN ***Deutsche Industrie-Norm(en)*** герма́нский промы́шленный станда́рт
Dipl.- ***Diplom-*** дипломи́рованный
Dir. ***Direktor*** дире́ктор
DIW ***Deutsches Institut für Wirtschaftsforschung*** Неме́цкий институ́т экономи́ческих иссле́дований
d. J. ***dieses Jahres*** сего́ го́да; ***der Jüngere*** мла́дший
DJH ***Deutsche Jugendherberge*** Неме́цкая молодёжная турба́за
DKP ***Deutsche Kommunistische Partei*** Герма́нская коммунисти́ческая па́ртия
DLRG ***Deutsche Lebens-Rettungs-Gesellschaft*** Неме́цкое о́бщество по спаса́нию на во́дах
DLV ***Deutscher Leichtathletik-Verband*** Неме́цкая федера́ция лёгкой атле́тики
d. M. ***dieses Monats*** сего́ ме́сяца
DM ***Deutsche Mark*** неме́цкая ма́рка
Do. ***Donnerstag*** четве́рг
dpa ***Deutsche Presse-Agentur*** Неме́цкое информацио́нное аге́нтство
DR ***Deutsche Reichsbahn*** (*hist.*) Неме́цкие госуда́рственные желе́зные доро́ги
Dr. ***Doktor*** до́ктор
d. R. ***der Reserve*** запа́са; ***des Ruhestandes*** в отста́вке, отставно́й
DRK ***Deutsches Rotes Kreuz*** Неме́цкое о́бщество Кра́сного Креста́
DSU ***Deutsche Soziale Union*** Неме́цкий социа́льный сою́з
dt. ***deutsch*** неме́цкий, герма́нский
DTB ***Deutscher Turnerbund*** Неме́цкая федера́ция гимна́стики; ***Deutscher Tennis-Bund*** Неме́цкая федера́ция те́нниса
Dtzd. ***Dutzend*** дю́жина
dz ***Doppelzentner*** це́нтнер

E ***Eilzug*** ско́рый по́езд; ***Europastraße*** европе́йская магистра́ль
ebd. ***ebenda*** там же
EDV ***elektronische Datenverarbeitung*** электро́нная обрабо́тка да́нных
EG ***Europäische Gemeinschaft*** (*hist.*) Европе́йское соо́бщество

eh., e.h. ***ehrenhalber*** почётный
e.h. Ⓐ ***eigenhändig*** собственнору́чный
ehem., ehm. ***ehemalig*** бы́вший
einschl. ***einschließlich*** включа́я
EKD ***Evangelische Kirche in Deutschland*** Евангели́ческая це́рковь Герма́нии
EKG, Ekg ***Elektrokardiogramm*** электрокардиогра́мма
EM ***Europameisterschaft*** чемпиона́т Евро́пы
entw. ***entweder*** и́ли, ли́бо
Erdg. ***Erdgeschoss,*** Ⓐ ***-geschoß*** пе́рвый эта́ж
Erg. ***Ergänzung*** дополне́ние
erw. ***erwähnt*** упомя́нутый; ***erweitert*** расши́ренный
ESA ***Europäische Weltraumorganisation*** Европе́йская организа́ция по изуче́нию и освое́нию ко́смоса
EU ***Europäische Union*** Европе́йский сою́з
ev. ***evangelisch*** евангели́ческий
e.V. ***eingetragener Verein*** зарегистри́рованное о́бщество
ev.-luth. ***evangelisch-lutherisch*** (евангели́ческо-)лютера́нский
evtl. ***eventuell*** возмо́жный; и́ли, ли́бо
EWS ***Europäisches Währungssystem*** Европе́йская валю́тная систе́ма
Expl. ***Exemplar*** экземпля́р

Fa. ***Firma*** фи́рма
Fam. ***Familie*** семья́
FC ***Fußballklub*** футбо́льный клуб
FCKW ***Fluorchlorkohlenwasserstoff*** фторхлоруглеводоро́д
FDP Ⓒⓗ ***Freisinnig-demokratische Partei*** Либера́льно-демократи́ческая па́ртия
FDP, F.D.P. ***Freie Demokratische Partei*** Свобо́дная демократи́ческая па́ртия
Febr. ***Februar*** февра́ль
ff. ***folgende*** (***Seiten***) (и) на сле́дующих страни́цах
FGB ***Familiengesetzbuch*** Ко́декс зако́нов о семье́
FKK ***Freikörperkultur*** нуди́зм
Fl. ***Flasche*** буты́лка; ***Florin*** флори́н
FPÖ ***Freiheitliche Partei Österreichs*** Австри́йская па́ртия свобо́ды
fr. ***frei*** свобо́дный; беспла́тный
Fr. ***Frau*** госпожа́, фра́у; ***Freitag*** пя́тница
frdl. ***freundlich*** (***Grüße***) и́скренний
Frl. ***Fräulein*** (***Anrede,*** *veraltet*) госпожа́

g ***Gramm*** грамм; Ⓐ ***Groschen*** грош
GAU ***größter anzunehmender Unfall*** максима́льная прое́ктная ава́рия
geb. ***geboren*** роди́лся/-ла́сь; (***vor Mädchennamen***) урождённая; ***gebunden*** в переплёте
Gebr. ***Gebrüder*** бра́тья
gef. ***gefallen*** поги́б, пал
gegr. ***gegründet*** осно́ван(ный)
geh. ***geheim*** секре́тно; ***geheftet*** сброшюро́ванный
gen. ***genannt*** (выше)упомя́нутый
gepr. ***geprüft*** прове́рено
gesch. ***geschieden*** разведённый/-ная
Ges. ***Gesellschaft*** о́бщество, компа́ния; ***Gesetz*** зако́н
ges. gesch. ***gesetzlich geschützt*** охраня́ется зако́ном
gest. ***gestorben*** у́мер, умерла́
GewO ***Gewerbeordnung*** промысло́вый уста́в
gez. ***gezeichnet*** подписа́л(а)
GG ***Grundgesetz*** основно́й зако́н
ggf. ***gegebenenfalls*** при изве́стных обстоя́тельствах; при необходи́мости
GmbH ***Gesellschaft mit beschränkter Haftung*** о́бщество с ограни́ченной отве́тственностью
gr.-kath. ***griechisch-katholisch*** греко-католи́ческий
GUS ***Gemeinschaft Unabhängiger Staaten*** Содру́жество Незави́симых Госуда́рств

ha ***Hektar***(***e***) гекта́р
Hbf. ***Hauptbahnhof*** гла́вный вокза́л
h.c. ***honoris causa*** почётный
HGB ***Handelsgesetzbuch*** Торго́вый ко́декс
HIV ***human immunodeficiency virus*** ви́рус иммунодефици́та челове́ка
HNO- ***Hals-Nasen-Ohren-*** у́хо-го́рло-нос
Hptst. ***Hauptstadt*** столи́ца
Hr., Hrn. ***Herr***(***n***) господи́н(у)
Hrsg. ***Herausgeber*** отве́тственный реда́ктор

i. A. ***im Auftrag*** по поручéнию
i. allg. ***im Allgemeinen*** в óбщем
IC ***Intercityzug,*** **ICE** ***Intercityexpresszug*** междугорóдный экспрéсс
IG ***Industriegewerkschaft*** промы́шленный профсою́з
i. J. ***im Jahre*** в ... годý
Ing. ***Ingenieur*** инженéр
Inh. ***Inhaber*** владéлец, держáтель
inkl. ***inklusive*** включи́тельно
IOC, IOK ***Internationales Olympisches Komitee*** Междунарóдный олимпи́йский комитéт
IQ ***Intelligenzquotient*** интеллектуáльный коэффициéнт
i. R. ***im Ruhestand*** в отстáвке
IRK ***Internationales Rotes Kreuz*** Междунарóдный Крáсный Крест
i. V., I. V. ***in Vertretung*** в поря́дке заместúтельства, за; ***in Vollmacht*** по уполномóчию
IWF ***Internationaler Währungsfonds*** Междунарóдный валю́тный фонд

Jan. ***Januar*** январь
Jg. ***Jahrgang*** год рождéния; (***Schüler***) вы́пуск; (***Wein***) урожáй (гóда); (***Typ.***) год издáния
Jh. ***Jahrhundert*** столéтие, век
jhrl. ***jährlich*** ежегóдный
jr., jun. ***junior*** млáдший

Kap. ***Kapitel*** главá
kath. ***katholisch*** католи́ческий
kcal ***Kilokalorie*** килокалóрия
Kffr. ***Kauffrau*** коммерсáнтка
kfm. ***kaufmännisch*** торгóвый, коммéрческий
Kfm. ***Kaufmann*** коммерсáнт, купéц
Kfz ***Kraftfahrzeug*** автомотосрéдство
KG ***Kommanditgesellschaft*** коммандúтное товáрищество
kJ ***Kilojoule*** килоджóуль
KKW ***Kernkraftwerk*** áтомная электростáнция
Kl. ***Klasse*** класс
km/h ***Kilometer je Stunde*** киломéтров в час
Koll(n). ***Kollege*** (***-gin, -gen***) коллéга (-ги)
KPD ***Kommunistische Partei Deutschlands*** Коммунисти́ческая пáртия Гермáнии
Kr., Krs. ***Kreis*** районн, уéзд
Kt. ***Kanton*** кантóн
Kto. ***Konto*** счёт
KW ***Kurzwelle(n)*** корóткие вóлны
kWh ***Kilowattstunde*** киловáтт-час
KZ ***Konzentrationslager*** концлáгерь

l. ***lies*** читáй; ***links*** слéва, влéво
LAG ***Landesarbeitsgericht*** суд земли́ по трудовы́м делáм; ***Lastenausgleichsgesetz*** закóн о компенсáции убы́тков, причинённых войнóй
LCD ***liquid crystal display*** индикáтор на жи́дких кристáллах
led. ***ledig*** холостóй, незамýжняя
lfd. J. ***laufenden Jahres*** сегó гóда
lfd. Nr. ***laufende Nummer*** поря́дковый нóмер
LG ***Landgericht*** суд земли́
Lkw, LKW ***Lastkraftwagen*** грузовóй автомоби́ль
Ln. ***Leinen*** (***Typ.***) ткáневый переплёт
LP ***Langspielplatte*** долгоигрáющая пласти́нка
LSG ***Landessozialgericht*** суд земли́ по делáм социáльного обеспечéния; ***Landschaftsschutzgebiet*** ландшáфтный заповéдник
lt. ***laut*** соглáсно
Lt., Ltn. ***Leutnant*** лейтенáнт
LVA ***Landesversicherungsanstalt*** земéльное управлéние социáльного страховáния
LW ***Langwelle(n)*** дли́нные вóлны
LZB ***Landeszentralbank*** центрáльный банк земли́

MA ***Mittelalter*** срéдние векá
Mag. ***Magister*** маги́стр
m. a. W. ***mit anderen Worten*** други́ми словáми
mbH → ***GmbH***
Md. ***Milliarde(n)*** миллиáрд(а, -ов)
MdB, M.d.B. ***Mitglied des Bundestages*** депутáт бундестáга
MdL, M.d.L. ***Mitglied des Landtages*** депутáт ландтáга
MDR ***Mitteldeutscher Rundfunk*** Среднегермáнское рáдио
m. E. ***meines Erachtens*** по моемý мнéнию
MEZ ***mitteleuropäische Zeit*** среднеевропéйское врéмя
MG ***Maschinengewehr*** пулемёт
MHz ***Megahertz*** мегагéрц

Mi. ***Mittwoch*** среда́
Mia. ***Miliarde*(*n*)** миллиа́рд(а, -ов)
Mill. ***Million*(*en*)** миллио́н(а, -ов)
min, Min. ***Minute*** мину́та
Mio. → ***Mill.***
Mlle ***Mademoiselle*** мадемуазе́ль, госпожа́
Mme ***Madame*** мада́м, госпожа́
Mo. ***Montag*** понеде́льник
MP, MPl ***Maschinenpistole*** пистоле́т--пулемёт, автома́т
Mrd. ***Milliarde*(*n*)** миллиа́рд(а, -ов)
MS ***Motorschiff*** теплохо́д; ***Multiple Sklerose*** рассе́янный склеро́з
MTA ***medizinisch-technische*(*r*) *Assistent*(*in*)** фе́льдшер-лабора́нт(ка)
mtl. ***monatlich*** по-, еже-ме́сячно
M. U. Dr. ***medicinae universae doctor*** до́ктор медици́нских нау́к
m. W. ***meines Wissens*** наско́лько мне изве́стно
MW ***Megawatt*** мегава́тт; ***Mittelwelle*(*n*)** сре́дние во́лны
MwSt., MWSt. ***Mehrwertsteuer*** нало́г на доба́вленную сто́имость

N ***Nord*(*en*)** се́вер
Nachf., Nchf. ***Nachfolger*** насле́дник(и)
nachm. ***nachmittags*** пополу́дни
n. Chr. ***nach Christus*** от Рождества́ Христо́ва, но́вой э́ры
NDR ***Norddeutscher Rundfunk*** Северогерма́нское ра́дио
NO ***Nordost*(*en*)** се́веро-восто́к
NÖ ***Niederösterreich*** Ни́жняя Австрия
NOK ***Nationales Olympisches Komitee*** Национа́льный олимпи́йский комите́т
Nov. ***November*** ноя́брь
NPD ***Nationaldemokratische Partei Deutschlands*** Национа́л-демократи́ческая па́ртия Герма́нии
Nr. ***Nummer*** но́мер
NRW ***Nordrhein-Westfalen*** Се́верная Рейн-Вестфа́лия
N. T. ***Neues Testament*** Но́вый заве́т
NW ***Nordwest*(*en*)** се́веро-за́пад

O ***Ost*(*en*)** восто́к
o. a. ***oben angeführt*** вышеприведённый
o. ä. ***oder ähnliche*(*s*)** и́ли подо́бный
ÖAMTC ***Österreichischer Automobil-, Motorrad- und Touring-Club*** Австри́йский автомотоклу́б
o. B. ***ohne Befund*** без диагно́за
OB ***Oberbürgermeister*** о́бер-бургоми́стр
Obb. ***Oberbayern*** Ве́рхняя Бава́рия
ÖBRD ***Österreichischer Bergrettungsdienst*** Австри́йская горноспаса́тельная слу́жба
OEZ ***Osteuropäische Zeit*** восточноевропе́йское вре́мя
o. g. ***oben genannt*** вышеупомя́нутый
ÖGB ***Österreichischer Gewerkschaftsbund*** Объедине́ние австри́йских профсою́зов
OHG ***offene Handelsgesellschaft*** откры́тое торго́вое това́рищество
Okt. ***Oktober*** октя́брь
OLG ***Oberlandesgericht*** верхо́вный суд земли́
Oö ***Oberösterreich*** Ве́рхняя Австрия
OP ***Operationssaal*** операцио́нная
ORB ***Ostdeutscher Rundfunk Brandenburg*** Восточногерма́нское ра́дио Бра́нденбург
ÖRF ***Österreichischer Rundfunk*** Австри́йское ра́дио
OSZE ***Organisation für Sicherheit und Zusammenarbeit in Europa*** Организа́ция по безопа́сности и сотру́дничеству в Евро́пе
ÖVP ***Österreichische Volkspartei*** Австри́йская наро́дная па́ртия

P ***Parkplatz*** стоя́нка автомаши́н
PC ***Personalcomputer*** персона́льный компью́тер
PDS ***Partei des Demokratischen Sozialismus*** Па́ртия демократи́ческого социали́зма
Pf ***Pfennig*** пфе́нниг
PH ***Pädagogische Hochschule*** педаго́ги́ческий институ́т
Pkt. ***Punkt*** то́чка; пункт; (***Sp.***) очко́
Pkw., PKW ***Personenkraftwagen*** легково́й автомоби́ль
Pl. ***Platz*** пло́щадь
PLZ ***Postleitzahl*** почто́вый и́ндекс
pp., ppa. ***per prokura*** по дове́ренности
Prim. ***Primarius*** гла́вный врач
Prov. ***Provinz*** прови́нция, край
PS ***Pferdestärke*** лошади́ная си́ла
PSF ***Postschließfach*** почто́вый я́щик

PTT Ⓒⓗ ***Post, Telefon, Telegraf*** по́чта, те́лефон, те́леграф
PVC ***Polyvinylchlorid*** поливинилхлори́д

q Ⓐ ***Meterzentner*** це́нтнер

r. ***rechts*** спра́ва, впра́во
RA ***Rechtsanwalt*** адвока́т
RAF ***Rote-Armee-Fraktion*** Фра́кция «Кра́сной Армии»
RB ***Radio Bremen*** Ра́дио Бре́мен
Rbl ***Rubel*** рубль
rd. ***rund*** о́коло, приблизи́тельно
Reg.-Bez. ***Regierungsbezirk*** администрати́вный о́круг
Rel. ***Religion*** вероиспове́дание
r.-k., röm.-kath. ***römisch-katholisch*** ри́мско-католи́ческий
Rp. ***Rappen*** ра́ппен

S ***Süd(en)*** юг; ***Schilling*** ши́ллинг
s. ***sieh(e)*** смотри́
S. ***Seite*** страни́ца
Sa. ***Sachsen*** Саксо́ния; ***Samstag, Sonnabend*** суббо́та; ***Summa*** су́мма, ито́г
SB- ***Selbstbedienungs-*** ... самообслу́живания
SBB ***Schweizerische Bundesbahnen*** Федера́льные желе́зные доро́ги Швейца́рии
SBZ ***Sowjetische Besatzungszone*** (*hist.*) сове́тская оккупацио́нная зо́на (Герма́нии)
SDR ***Süddeutscher Rundfunk*** Южногерма́нское ра́дио
sen. ***senior*** ста́рший
Sept. ***September*** сентя́брь
SFB ***Sender Freies Berlin*** радиоста́нция «Свобо́дный Берли́н»
sfr, sFr. ***Schweizer Franken*** швейца́рский франк
SLRG ***Schweizerische Lebensrettungsgesellschaft*** Швейца́рское о́бщество спаса́ния на во́дах
SO ***Südost(en)*** ю́го-восто́к
So. ***Sonntag*** воскресе́нье
s. o. ***siehe oben*** смотри́ вы́ше
sog. ***so genannt*** так называ́емый
SPD ***Sozialdemokratische Partei Deutschlands*** Социа́л-демократи́ческая па́ртия Герма́нии
SPÖ ***Sozialdemokratische Partei Österreichs*** Социа́л-демократи́ческая па́ртия Австрии
SPS ***Sozialdemokratische Partei der Schweiz*** Социа́л-демократи́ческая па́ртия Швейца́рии
SR ***Saarländischer Rundfunk*** Саа́рское ра́дио
SRG ***Schweizerische Radio- und Fernsehgesellschaft*** Швейца́рская радиотелекомпа́ния
St. ***Stück*** шту́к(а); ***Sankt*** Санкт-, свято́й; ***Stunde*** час
Std. ***Stunde*** час
stellv. ***stellvertretend*** замести́тель
StGB ***Strafgesetzbuch*** Уголо́вный ко́декс
Str. ***Straße*** у́лица
StVO ***Straßenverkehrsordnung*** Пра́вила доро́жного движе́ния
s. u. ***siehe unten*** смотри́ ни́же
SV ***Sportverein*** спорти́вное о́бщество
SVP ***Schweizerische Volkspartei*** Швейца́рская наро́дная па́ртия
s/w ***schwarzweiß*** чёрно-бе́лый
SW ***Südwest(en)*** ю́го-за́пад
SWF ***Südwestfunk*** Юго-за́падное ра́дио

Tb, Tbc, Tbk ***Tuberkulose*** туберкулёз
tgl. ***täglich*** ежедне́вный, ежедне́вно
TH ***Technische Hochschule*** вы́сшее техни́ческое учи́лище
THW ***Technisches Hilfswerk*** авари́йноспаса́тельная слу́жба «Техни́ческая по́мощь»
Tsd. ***Tausend*** ты́сяч(а)
TU ***Technische Universität*** техни́ческий университе́т
TÜV ***Technischer Überwachungsverein*** Объедине́ние техни́ческого надзо́ра
TV ***Turnverein*** гимнасти́ческое о́бщество; ***Television*** телеви́дение

u. ***und*** и; ***unten*** внизу́
u. a. ***und andere(s)*** и други́е; ***unter anderem*** в том числе́; среди́ про́чих; в ча́стности
u. Ä. ***und Ähnliche(s)*** и тому́ подо́бное, и подо́бные
u. a. m. ***und andere(s) mehr*** и про́чее, и про́чие
ü. d. M. ***über dem Meeresspiegel*** над у́ровнем мо́ря

Ufo, UFO ***unbekanntes Flugobjekt*** неопо́знанный лета́ющий объе́кт, НЛО
UHF ***Ultrahochfrequenz*** сверхвысо́кая частота́
UKW ***Ultrakurzwelle(n)*** ултрако-ро́ткие во́лны
U/min ***Umdrehungen pro Minute*** оборо́тов в мину́ту
UNO ***Organisation der Vereinten Nationen*** Организа́ция Объединённых На́ций
US(A) ***Vereinigte Staaten (von Amerika)*** Соединённые Шта́ты (Аме́рики)
usw. ***und so weiter*** и так да́лее
u. U. ***unter Umständen*** при изве́стных усло́виях
UV ***ultraviolett*** ультрафиоле́товый
u. v. a. (m.) ***und vieles andere (mehr)*** и мно́гое друго́е
u. zw. ***und zwar*** а и́менно

v. ***von, vom*** из; ***von*** фон; ***vorn*** спе́реди
V. ***Vers*** (стихотво́рная) строка́
v. Chr. ***vor Christus*** до Рождества́ Христо́ва
VDE ***Verband Deutscher Elektrotechniker*** Сою́з неме́цких электроте́хников
Verf., Vf. ***Verfasser(in)*** а́втор
verh. ***verheiratet*** жена́т(ый), заму́жняя
verst. ***verstorben*** у́мер(ший, -шая)
verw. ***verwitwet*** овдове́вший/-шая
VG ***Verwaltungsgericht*** администрати́вный суд
vgl. ***vergleiche*** сравни́
v. g. u. ***vorgelesen, genehmigt, unterschrieben*** прочи́тано, одо́брено, подпи́сано
v. H. ***vom Hundert*** проце́нт(ов)
VHS ***Volkshochschule*** наро́дный (вече́рний) университе́т
v. J. ***vorigen Jahres*** про́шлого го́да
v. M. ***vorigen Monats*** про́шлого ме́сяца
v. o. ***von oben*** све́рху
vorm. ***vormals*** пре́жде; ***vormittags*** до полу́дня
Vors. ***Vorsitzende(r)*** председа́тель
v. T. ***vom Tausend*** проми́лле
v. u. ***von unten*** сни́зу

W ***Watt*** ватт; ***West(en)*** за́пад
WDR ***Westdeutscher Rundfunk*** Западногерма́нское ра́дио
WEU ***Westeuropäische Union*** Западно-Европе́йский сою́з
WEZ ***westeuropäische Zeit*** западноевропе́йское вре́мя
WM ***Weltmeisterschaft*** пе́рвенство ми́ра
w. o. ***wie oben*** как ука́зано вы́ше
Wz., WZ ***Warenzeichen*** това́рный знак

z. B. ***zum Beispiel*** наприме́р
ZDF ***Zweites Deutsches Fernsehen*** Второ́е Герма́нское телеви́дение
ZGB ***Zivilgesetzbuch*** Гражда́нский ко́декс
z. H., z. Hd. ***zu Händen*** ли́чно, в ру́ки
ZK ***Zentralkomitee*** центра́льный комите́т
Zs., Zschr. ***Zeitschrift*** журна́л
z. T. ***zum Teil*** части́чно, отча́сти
zus. ***zusammen*** вме́сте; итого́
ZVS ***Zentralstelle für die Vergabe von Studienplätzen*** Центра́льное бюро́ по распределе́нию мест для студе́нтов
zw. ***zwischen*** ме́жду; среди́
z. Z(t). ***zur Zeit*** в настоя́щее вре́мя

Konjugations- und Deklinationsmuster des Russischen
Парадигмы спряжения и склонения в русском языке

Bei der Konjugation und Deklination ist folgende Rechtschreibregel zu beachten:

Nach г, к, х, ж, ч, ш, щ	steht nie ы, ю, я,	sondern **и, у, а**;
nach ц	steht nie и, ю, я,	sondern **ы, у, а**;
nach ж, ч, ш, щ, ц	steht nie unbetontes о,	sondern **е**.

Fremdwörter sind von dieser Regel ausgenommen.

A. Konjugation

Man unterscheidet bei fast allen Verben den imperfektiven (*impf.*) und den perfektiven Aspekt (*pf.*). Der perfektive Aspekt ist in den Mustern in spitzen Klammern angegeben, z. B.:

⟨про⟩чита́ть = чита́ть *impf.*, прочита́ть *pf.*

Personalendungen des Präsens und perfektiven Futurs:

1. Konjugation:	-ю (-у)	-ешь	-ет	-ем	-ете	-ют (-ут)
2. Konjugation:	-ю (-у)	-ишь	-ит	-им	-ите	-ят (-ат)
Reflexiv:						
1. Konjugation:	-юсь (-усь)	-ешься	-ется	-емся	-етесь	-ются (-утся)
2. Konjugation:	-юсь (-усь)	-ишься	-ится	-имся	-итесь	-ятся (-атся)

Endungen der anderen Verbformen:

Imp.	-й(те)	-и(те)	-ь(те)	
reflexiv	-йся (-йтесь)	-ись (-итесь)	-ься (-ьтесь)	
	m	*f*	*n*	*pl.*
Ptp.Präs.Akt.	-щий(ся)	-щая(ся)	-щее(ся)	-щие(ся)
Advp.Präs.	-я(сь)	-а(сь)	[*seltener*: -ючи (-учи)]	
Ptp.Präs.Pass.	-мый	-мая	-мое	-мые
Kurzform	-м	-ма	-мо	-мы
Prät.	-л	-ла	-ло	-ли
	-лся	-лась	-лось	-лись
Ptp.Prät.Akt.	-вший(ся)	-вшая(ся)	-вшее(ся)	-вшие(ся)
Advp.Prät.	-в(ши)	-вши(сь)		
Ptp.Prät.Pass.	-нный	-нная	-нное	-нные
	-тый	-тая	-тое	-тые
Kurzform	-н	-на	-но	-ны
	-т	-та	-то	-ты

Betonung:

a) Wenn die Endsilbe des Infinitivs nicht betont ist, tritt kein Akzentwechsel ein; d. h. die Betonung bleibt in allen Formen auf der im Infinitiv akzentuierten Silbe, z. B.: пла́кать. Die Formen von пла́кать entsprechen dem Muster [3], nicht aber die Betonung, die immer auf пла́- bleibt. Der Imperativ solcher Verben wird, wenn ihr Stamm auf nur einen Konsonanten endet, abweichend von den Mustern mit Endbetonung, auf **-ь(те)** gebildet, z. B.: пла́кать – пла́чь(те), уда́рить – уда́рь(те); er wird auf **-и(те)** gebildet, wenn der Stamm auf zwei und mehr

Konsonanten endet, z. B.: по́мнить – по́мни(те). Bei Verben, deren Stamm auf einen Vokal endet, wird der Imperativ auf **-й(те)** gebildet, z. B.: успоко́ить – успоко́й(те).

b) Verben auf betontes -а́ть ziehen in den Formen des Ptp.Prät.Pass. den Akzent in der Regel um eine Silbe zurück, z. B.: сказа́ть – ска́занный (*K*.: ска́зан, -а, -о, -ы); bei denen auf -е́ть, -и́ть richtet sich die Betonung im Ptp.Prät.Pass. gewöhnlich nach der Akzentbewegung im Präsens, z. B.: просмотре́ть, просмотрю́, просмо́тришь – просмо́тренный (*K*.: просмо́трен, -а, -о, -ы); реши́ть, решу́, реши́шь – решённый (*K*.: решён, -ена́, -о́, -ы́; es liegt hier stets Endbetonung vor).

Konsonantenwechsel

In den folgenden Verbparadigmen [3], [11], [15] wechseln die Konsonanten

г, д, з > ж (= -г/ж- usw.)
к, т > ч
с, х > ш
ск, ст > щ.

Bei den Verben der 1. Konjugation (s. o.) geht der Stamm in allen Präsensformen (und dem davon abgeleiteten Ptp.Prät.Akt.) auf den jeweiligen Zischlaut aus, bei denen der 2. Konjugation nur in der 1. Person Singular sowie in der Regel auch im Ptp.Prät.Pass. (Abweichungen sind bei den betreffenden Stichwörtern vermerkt.)

Die nachstehenden Verbmuster sind nach folgenden grammatischen Kategorien in senkrechter Anordnung gegliedert: (*a*) Präsens; (*b*) Futur; (*c*) Imperativ; (*d*) Partizip Präsens Aktiv; (*e*) Partizip Präsens Passiv; (*f*) Adverbialpartizip Präsens; (*g*) Präteritum; (*h*) Partizip Präteritum Aktiv; (*i*) Partizip Präteritum Passiv; (*j*) Adverbialpartizip Präteritum.

Verben auf **-ать**

1 ⟨про⟩**чита́ть**
(*a*), ⟨(*b*)⟩ ⟨про⟩чита́ю, -а́ешь, -а́ют
(*c*) ⟨про⟩чита́й(те)!
(*d*) чита́ющий
(*e*) чита́емый
(*f*) чита́я
(*g*) ⟨про⟩чита́л, -а, -о, -и
(*h*) ⟨про⟩чита́вший
(*i*) прочи́танный
(*j*) прочита́в

2 ⟨по⟩**трепа́ть**
(mit л nach б, в, м, п, ф)
(*a*), ⟨(*b*)⟩ ⟨по⟩треплю́, -е́плешь, -е́плют
(*c*) ⟨по⟩трепли́(те)!
(*d*) тре́плющий
(*e*) –
(*f*) трепля́
(*g*) ⟨по⟩трепа́л, -а, -о, -и
(*h*) ⟨по⟩трепа́вший
(*i*) ⟨по⟩трёпанный
(*j*) потрепа́в

3 ⟨об⟩**глода́ть**
(mit Konsonantenwechsel, s. o.; bei Endbetonung -ё-)
(*a*), ⟨(*b*)⟩ ⟨об⟩гложу́, -о́жешь, -о́жут
(*c*) ⟨об⟩гложи́(те)!
(*d*) гло́жущий
(*e*) –
(*f*) гложа́
(*g*) ⟨об⟩глода́л, -а, -о, -и
(*h*) ⟨об⟩глода́вший
(*i*) обгло́данный
(*j*) обглода́в

4 ⟨по⟩**держа́ть**
(mit Stamm auf Zischlaut)
(*a*), ⟨(*b*)⟩ ⟨по⟩держу́, -е́ржишь, -е́ржат
(*c*) ⟨по⟩держи́(те)!
(*d*) держа́щий
(*e*) –
(*f*) держа́
(*g*) ⟨по⟩держа́л, -а, -о, -и
(*h*) ⟨по⟩держа́вший
(*i*) поде́ржанный
(*j*) подержа́в

Verben auf **-авать**

5	**дава́ть**
	(bei Stammbetonung -е-)
(*a*)	даю́, даёшь, даю́т
(*c*)	дава́й(те)!
(*d*)	даю́щий
(*e*)	дава́емый
(*f*)	дава́я
(*g*)	дава́л, -а, -о, -и
(*h*)	дава́вший
(*i*)	–
(*j*)	–

Verben auf **-евать**

(bei Endbetonung -ё-)

6	⟨на⟩**малева́ть**
(*a*), ⟨(*b*)⟩	⟨на⟩малю́ю, -ю́ешь, -ю́ют
(*c*)	⟨на⟩малю́й(те)!
(*d*)	малю́ющий
(*e*)	малю́емый
(*f*)	малю́я
(*g*)	⟨на⟩малева́л, -а, -о, -и
(*h*)	⟨на⟩малева́вший
(*i*)	намалёванный
(*j*)	намалева́в

Verben auf **-овать**

7	⟨на⟩**рисова́ть**
(*a*), ⟨(*b*)⟩	⟨на⟩рису́ю, -у́ешь, -у́ют
(*c*)	⟨на⟩рису́й(те)!
(*d*)	рису́ющий
(*e*)	рису́емый
(*f*)	рису́я
(*g*)	⟨на⟩рисова́л, -а, -о, -и
(*h*)	⟨на⟩рисова́вший
(*i*)	нарисо́ванный
(*j*)	нарисова́в

Verben auf **-еть**

8	⟨по⟩**жале́ть**
(*a*), ⟨(*b*)⟩	⟨по⟩жале́ю, -е́ешь, -е́ют
(*c*)	⟨по⟩жале́й(те)!
(*d*)	жале́ющий
(*e*)	жале́емый
(*f*)	жале́я
(*g*)	⟨по⟩жале́л, -а, -о, -и
(*h*)	⟨по⟩жале́вший
(*i*)	...ённый (*z. B.*: одолённый)
(*j*)	пожале́в

9	⟨по⟩**смотре́ть**
(*a*), ⟨(*b*)⟩	⟨по⟩смотрю́, -о́тришь, -о́трят
(*c*)	⟨по⟩смотри́(те)!
(*d*)	смо́трящий
(*e*)	–
(*f*)	смотря́
(*g*)	⟨по⟩смотре́л, -а, -о, -и
(*h*)	⟨по⟩смотре́вший
(*i*)	...о́тренный (*z. B.*: просмо́тренный)
(*j*)	посмотре́в

10	⟨по⟩**терпе́ть**
	(mit л nach б, в, м, п, ф)
(*a*), ⟨(*b*)⟩	⟨по⟩терплю́, -е́рпишь, -е́рпят
(*c*)	⟨по⟩терпи́(те)!
(*d*)	терпя́щий
(*e*)	терпи́мый
(*f*)	терпя́
(*g*)	⟨по⟩терпе́л, -а, -о, -и
(*h*)	⟨по⟩терпе́вший
(*i*)	...енный (*z. B.* прете́рпенный)
(*j*)	потерпе́в

11	⟨по⟩**верте́ть**
	(mit Konsonantenwechsel, s. o.)
(*a*), ⟨(*b*)⟩	⟨по⟩верчу́, -е́ртишь, -е́ртят
(*c*)	⟨по⟩верти́(те)!
(*d*)	ве́ртящий
(*e*)	–
(*f*)	вертя́
(*g*)	⟨по⟩верте́л, -а, -о, -и
(*h*)	⟨по⟩верте́вший
(*i*)	пове́рченный
(*j*)	поверте́в

Verben auf **-ереть**

12	⟨по⟩**тере́ть**
	(bei Stammbetonung -е-)
(*a*), ⟨(*b*)⟩	⟨по⟩тру́, -трёшь, -тру́т
(*c*)	⟨по⟩три́(те)!
(*d*)	тру́щий
(*e*)	–
(*f*)	–
(*g*)	⟨по⟩тёр, -ла, -ло, -ли
(*h*)	⟨по⟩тёрший
(*i*)	потёртый
(*j*)	потере́в

Verben auf **-ить**

13	⟨по⟩**кури́ть**
(*a*), ⟨(*b*)⟩	⟨по⟩курю́, -у́ришь, -у́рят

(*c*) ⟨по⟩кури́(те)!
(*d*) куря́щий
(*e*) –
(*f*) куря́
(*g*) ⟨по⟩кури́л, -а, -о, -и
(*h*) ⟨по⟩кури́вший
(*i*) ...ку́ренный (*z. B.*: наку́ренный)
(*j*) покури́в

14 ⟨по⟩**люби́ть**
(mit л nach б, в, м, п, ф)
(*a*), ⟨(*b*)⟩ ⟨по⟩люблю́, -ю́бишь, -ю́бят
(*c*) ⟨по⟩люби́(те)!
(*d*) лю́бящий
(*e*) люби́мый
(*f*) любя́
(*g*) ⟨по⟩люби́л, -а, -о, -и
(*h*) ⟨по⟩люби́вший
(*i*) ...ю́бленный (*z. B.*: возлю́бленный)
(*j*) полюби́в

15 ⟨по⟩**носи́ть**
(mit Konsonantenwechsel, s.o.)
(*a*), ⟨(*b*)⟩ ⟨по⟩ношу́, -о́сишь, -о́сят
(*c*) ⟨по⟩носи́(те)!
(*d*) но́сящий
(*e*) носи́мый
(*f*) нося́
(*g*) ⟨по⟩носи́л, -а, -о, -и
(*h*) ⟨по⟩носи́вший
(*i*) поно́шенный
(*j*) поноси́в

16 ⟨на⟩**кроши́ть**
(mit Stamm auf Zischlaut)
(*a*), ⟨(*b*)⟩ ⟨на⟩крошу́, -о́шишь, -о́шат
(*c*) ⟨на⟩кроши́(те)!
(*d*) кроша́щий
(*e*) кроши́мый
(*f*) кроша́
(*g*) ⟨на⟩кроши́л, -а, -о, -и
(*h*) ⟨на⟩кроши́вший
(*i*) накро́шенный
(*j*) накроши́в

Verben auf **-оть**

17 ⟨за⟩**коло́ть**
(*a*), ⟨(*b*)⟩ ⟨за⟩колю́, -о́лешь, -о́лют
(*c*) ⟨за⟩коли́(те)!
(*d*) ко́лющий
(*e*) –
(*f*) –
(*g*) ⟨за⟩коло́л, -а, -о, -и
(*h*) ⟨за⟩коло́вший
(*i*) зако́лотый
(*j*) заколо́в

Verben auf **-уть**

18 ⟨по⟩**ду́ть**
(*a*), ⟨(*b*)⟩ ⟨по⟩ду́ю, -у́ешь, -у́ют
(*c*) ⟨по⟩ду́й(те)!
(*d*) ду́ющий
(*e*) –
(*f*) ду́я
(*g*) ⟨по⟩ду́л, -а, -о, -и
(*h*) ⟨по⟩ду́вший
(*i*) ...ду́тый (*z. B.*: разду́тый)
(*j*) поду́в

19 ⟨по⟩**тяну́ть**
(*a*), ⟨(*b*)⟩ ⟨по⟩тяну́, -я́нешь, -я́нут
(*c*) ⟨по⟩тяни́(те)!
(*d*) тя́нущий
(*e*) –
(*f*) –
(*g*) ⟨по⟩тяну́л, -а, -о, -и
(*h*) ⟨по⟩тяну́вший
(*i*) потя́нутый
(*j*) потяну́в

20 ⟨со⟩**гну́ть**
(mit Stammbetonung -е-)
(*a*), ⟨(*b*)⟩ ⟨со⟩гну́, -нёшь, -ну́т
(*c*) ⟨со⟩гни́(те)!
(*d*) гну́щий
(*e*) –
(*f*) –
(*g*) ⟨со⟩гну́л, -а, -о, -и
(*h*) ⟨со⟩гну́вший
(*i*) со́гнутый
(*j*) согну́в

21 ⟨за⟩**мёрзнуть**
(bei Endbetonung -ё-)
(*a*), ⟨(*b*)⟩ ⟨за⟩мёрзну, -нешь, -нут
(*c*) ⟨за⟩мёрзни(те)!
(*d*) мёрзнущий
(*e*) –
(*f*) –
(*g*) ⟨за⟩мёрз, -зла, -о, -и
(*h*) ⟨за⟩мёрзший
(*i*) ...нутый (*z. B.*: воздви́гнутый)
(*j*) замёрзши

Verben auf **-ыть**

22	⟨по⟩**кры́ть**
(*a*), ⟨(*b*)⟩	⟨по⟩кро́ю, -о́ешь, -о́ют
(*c*)	⟨по⟩кро́й(те)!
(*d*)	кро́ющий
(*e*)	–
(*f*)	кро́я
(*g*)	⟨по⟩кры́л, -а, -о, -и
(*h*)	⟨по⟩кры́вший
(*i*)	⟨по⟩кры́тый
(*j*)	покры́в

23	⟨по⟩**плы́ть** (bei Stammbetonung -е-)
(*a*), ⟨(*b*)⟩	⟨по⟩плыву́, -вёшь, -ву́т
(*c*)	⟨по⟩плыви́(те)!
(*d*)	плыву́щий
(*e*)	–
(*f*)	плывя́
(*g*)	⟨по⟩плы́л, -а́, -о, -и
(*h*)	⟨по⟩плы́вший
(*i*)	...плы́тый (*z. B.*: проплы́тый)
(*j*)	поплы́в

Verben auf **-зти́, -зть**

24	⟨по⟩**везти́** (bei Stammbetonung -е-)
(*a*), ⟨(*b*)⟩	⟨по⟩везу́, -зёшь, -зу́т
(*c*)	⟨по⟩вези́(те)!
(*d*)	везу́щий
(*e*)	везо́мый
(*f*)	везя́
(*g*)	⟨по⟩вёз, -везла́, -о́, -и́
(*h*)	⟨по⟩вёзший
(*i*)	повезённый
(*j*)	повезя́

Verben auf **-сти́, -сть**

25	⟨по⟩**вести́** (bei Stammbetonung -е-)
(*a*), ⟨(*b*)⟩	⟨по⟩веду́, -дёшь, -ду́т
(*c*)	⟨по⟩веди́(те)!
(*d*)	веду́щий
(*e*)	ведо́мый
(*f*)	ведя́
(*g*)	⟨по⟩вёл, -вела́, -о́, -и́
(*h*)	⟨по⟩ве́дший
(*i*)	поведённый
(*j*)	поведя́

Verben auf **-чь**

26	⟨по⟩**влечь** (bei Stammbetonung -е-)
(*a*), ⟨(*b*)⟩	⟨по⟩влеку́, -ечёшь, -еку́т
(*c*)	⟨по⟩влеки́(те)!
(*d*)	влеку́щий
(*e*)	влеко́мый
(*f*)	–
(*g*)	⟨по⟩влёк, -екла́, -о́, -и́
(*h*)	⟨по⟩влёкший
(*i*)	...влечённый (*z. B.*: увлечённый)
(*j*)	повлёкши

Verben auf **-ять**

27	⟨рас⟩**та́ять**
(*a*), ⟨(*b*)⟩	⟨рас⟩та́ю, -а́ешь, -а́ют
(*c*)	⟨рас⟩та́й(те)!
(*d*)	та́ющий
(*e*)	–
(*f*)	та́я
(*g*)	⟨рас⟩та́ял, -а, -о, -и
(*h*)	⟨рас⟩та́явший
(*i*)	...а́янный (*z. B.*: обла́янный)
(*j*)	раста́яв

28	⟨по⟩**теря́ть**
(*a*), ⟨(*b*)⟩	⟨по⟩теря́ю, -я́ешь, -я́ют
(*c*)	⟨по⟩теря́й(те)!
(*d*)	теря́ющий
(*e*)	теря́емый
(*f*)	теря́я
(*g*)	⟨по⟩теря́л, -а, -о, -и
(*h*)	⟨по⟩теря́вший
(*i*)	поте́рянный
(*j*)	потеря́в

B. Deklination

Substantive

a) Reihenfolge der Kasus waagerecht: Nominativ, Genitiv, Dativ, Akkusativ, Instrumental und Präpositiv im Singular und Plural (darunter). Bezeichnet das Substantiv ein Lebewesen, so ist beim männlichen Geschlecht der Akkusativ im

Singular und Plural, beim weiblichen und sächlichen aber nur im Plural, gleich dem Genitiv. Nach dieser Regel richten sich auch Adjektiv, Pronomen und einige Zahlwörter.

b) Abweichungen sind im Wörterverzeichnis vermerkt.

Maskulina:		*N*	*G*	*D*	*A*	*I*	*P*
1	ви́д	-	-а	-у	-	-ом	-е
		-ы	-ов	-ам	-ы	-ами	-ах
2	реб	**-ёнок**	-ёнка	-ёнку	-ёнка	-ёнком	-ёнке
		-я́та	-я́т	-я́там	-я́т	-я́тами	-я́тах
3	слу́ча	**-й**	-я	-ю	-й	-ем	-е
		-и	-ев	-ям	-и	-ями	-ях

Die Substantive auf -ий haben im Präpositiv Singular die Endung -и.

		N	*G*	*D*	*A*	*I*	*P*
4	про́фил	**-ь**	-я	-ю	-ь	-ем	-е
		-и	-ей	-ям	-и	-ями	-ях
Feminina:							
5	рабо́т	**-а**	-ы	-е	-у	-ой	-е
		-ы	-	-ам	-ы	-ами	-ах
6	неде́л	**-я**	-и	-е	-ю	-ей	-е
		-и	-ь	-ям	-и	-ями	-ях

Zu der Deklination auf -а/-я gehören auch Maskulina, z. B. мужчи́на ‚Mann‘.

		N	*G*	*D*	*A*	*I*	*P*
7	а́рм**и**	**-я**	-и	-и	-ю	-ей	-и
		-и	-й	-ям	-и	-ями	-ях
8	тетра́д	**-ь**	-и	-и	-ь	-ью	-и
		-и	-ей	-ям	-и	-ями	-ях
Neutra:							
9	блю́д	**-о**	-а	-у	-о	-ом	-е
		-а	-	-ам	-а	-ами	-ах
10	по́л	**-е**	-я	-ю	-е	-ем	-е
		-я́	-е́й	-я́м	-я́	-я́ми	-я́х

Die Substantive auf -ье haben im Genitiv Plural die Endung -ий. Sie wechseln nicht die Betonung.

		N	*G*	*D*	*A*	*I*	*P*
11	учи́ли**щ**	**-е**	-а	-у	-е	-ем	-е
		-а	-	-ам	-а	-ами	-ах
12	жела́н**и**	**-е**	-я	-ю	-е	-ем	-и
		-я	-й	-ям	-я	-ями	-ях
13	вре́**м**	**-я**	-ени	-ени	-я	-енем	-ени
		-ена́	-ён	-ена́м	-ена́	-ена́ми	-ена́х

Adjektive

(auch Ordnungszahlen usw.)

Wichtig:

a) Die Adjektive auf **-ский** haben keine Kurzformen.
b) Die Adjektive auf **-нный** mit dem Ton auf der drittletzten Silbe haben in der männlichen Kurzform nur ein **-н**, z. B.:
естéственный: -вен, -венна, -венно, -венны.
c) Abweichungen sind im Wörterverzeichnis vermerkt.

		m	*f*	*n*	*pl.*	
14	бéл	**-ый(-óй)**	**-ая**	**-ое**	**-ые**	Langform
		-ого	-ой	-ого	-ых	
		-ому	-ой	-ому	-ым	
		-ый	-ую	-ое	-ые	
		-ым	-ой	-ым	-ыми	
		-ом	-ой	-ом	-ых	
		-	-á	-о (*a.* -ó)	-ы (*a.* -ы́)	Kurzform
15	сúн	**-ий**	**-яя**	**-ее**	**-ие**	Langform
		-его	-ей	-его	-их	
		-ему	-ей	-ему	-им	
		-ий	-юю	-ее	-ие	
		-им	-ей	-им	-ими	
		-ем	-ей	-ем	-их	
		-(ь)	-я́	-е	-и	Kurzform
16	стрóг	**-ий**	**-ая**	**-ое**	**-ие**	Langform
		-ого	-ой	-ого	-их	
		-ому	-ой	-ому	-им	
		-ий	-ую	-ое	-ие	
		-им	-ой	-им	-ими	
		-ом	-ой	-ом	-их	
		-	-á	-о	-и (*a.* -и́)	Kurzform
17	тóщ	**-ий**	**-ая**	**-ее**	**-ие**	Langform
		-его	-ей	-его	-их	
		-ему	-ей	-ему	-им	
		-ий	-ую	-ее	-ие	
		-им	-ей	-им	-ими	
		-ем	-ей	-ем	-их	
		-	-а	-е (-ó)	-и	Kurzform
18	олéн	**-ий**	**-ья**	**-ье**	**-ьи**	
		-ьего	-ьей	-ьего	-ьих	
		-ьему	-ьей	-ьему	-ьим	
		-ий	-ью	-ье	-ьи	
		-ьим	-ьей	-ьим	-ьими	
		-ьем	-ьей	-ьем	-ьих	
19	дя́дин	**-**	**-а**	**-о**	**-ы**	
		-а	-ой	-а	-ых	
		-у	-ой	-у	-ым	
		-	-у	-о	-ы	
		-ым	-ой	-ым	-ыми	
		-ом[1]	-ой	-ом	-ых	

[1]) Männliche Familiennamen auf -ов, -ев, -ин, -ын haben е.

Pronomen

20	**я**	меня́	мне	меня́	мной (мно́ю)	мне
	мы	нас	нам	нас	на́ми	нас
21	**ты**	тебя́	тебе́	тебя́	тобо́й (тобо́ю)	тебе́
	вы	вас	вам	вас	ва́ми	вас
22	**он**	его́	ему́	его́	им	нём
	она́	её	ей	её	е́ю (ей)	ней
	оно́	его́	ему́	его́	им	нём
	они́	их	им	их	и́ми	них

Nach Präpositionen wird **н** vor die betreffende Form gesetzt, z. B.: для **н**его́. Der Präpositiv wird immer mit einer Präposition gebraucht.

23	**кто**	кого́	кому́	кого́	кем	ком
	что	чего́	чему́	что	чем	чём

Bei Zusammensetzungen mit ни, не trennt die Präposition diese Verbindung, z. B.: ничто́: ни от чего́, ни к чему́.

24	**мой**	моего́	моему́	мой	мои́м	моём
	моя́	мое́й	мое́й	мою́	мое́й	мое́й
	моё	моего́	моему́	моё	мои́м	моём
	мои́	мои́х	мои́м	мои́	мои́ми	мои́х
25	**наш**	на́шего	на́шему	наш	на́шим	на́шем
	на́ша	на́шей	на́шей	на́шу	на́шей	на́шей
	на́ше	на́шего	на́шему	на́ше	на́шим	на́шем
	на́ши	на́ших	на́шим	на́ши	на́шими	на́ших
26	**чей**	чьего́	чьему́	чей	чьим	чьём
	чья	чьей	чьей	чью	чьей	чьей
	чьё	чьего́	чьему́	чьё	чьим	чьём
	чьи	чьих	чьим	чьи	чьи́ми	чьих
27	**э́тот**	э́того	э́тому	э́тот	э́тим	э́том
	э́та	э́той	э́той	э́ту	э́той	э́той
	э́то	э́того	э́тому	э́то	э́тим	э́том
	э́ти	э́тих	э́тим	э́ти	э́тими	э́тих
28	**тот**	того́	тому́	тот	тем	том
	та	той	той	ту	той	той
	то	того́	тому́	то	тем	том
	те	тех	тем	те	те́ми	тех
29	**сей**	сего́	сему́	сей	сим	сём
	сия́	сей	сей	сию́	сей	сей
	сие́	сего́	сему́	сие́	сим	сём
	сии́	сих	сим	сии́	си́ми	сих
30	**сам**	самого́	самому́	самого́	сами́м	само́м
	сама́	само́й	само́й	саму́, самоё	само́й	само́й
	само́	самого́	самому́	само́	сами́м	само́м
	са́ми	сами́х	сами́м	сами́х	сами́ми	сами́х
31	**весь**	всего́	всему́	весь	всем	всём
	вся	всей	всей	всю	всей	всей
	всё	всего́	всему́	всё	всем	всём
	все	всех	всем	все	все́ми	всех
32	**не́сколь-ко**	не́сколь-ких	не́сколь-ким	не́сколь-ко	не́сколь-кими	не́сколь-ких

Zahlwörter

33	**оди́н**	одного́	одному́	оди́н	одни́м	одно́м
	одна́	одно́й	одно́й	одну́	одно́й	одно́й
	одно́	одного́	одному́	одно́	одни́м	одно́м
	одни́	одни́х	одни́м	одни́	одни́ми	одни́х

34	**два**	**две**	**три**	**четы́ре**
	двух	двух	трёх	четырёх
	двум	двум	трём	четырём
	два	две	три	четы́ре
	двумя́	двумя́	тремя́	четырьмя́
	двух	двух	трёх	четырёх

35	**пять**	**пятна́дцать**	**пятьдеся́т**	**сто**	**со́рок**
	пяти́	пятна́дцати	пяти́десяти	ста	сорока́
	пяти́	пятна́дцати	пяти́десяти	ста	сорока́
	пять	пятна́дцать	пятьдеся́т	сто	со́рок
	пятью́	пятна́дцатью	пятью́десятью	ста	сорока́
	пяти́	пятна́дцати	пяти́десяти	ста	сорока́

36	**две́сти**	**три́ста**	**четы́реста**	**пятьсо́т**
	двухсо́т	трёхсо́т	четырёхсо́т	пятисо́т
	двумста́м	трёмста́м	четырёмста́м	пятиста́м
	две́сти	три́ста	четы́реста	пятьсо́т
	двумяста́ми	тремяста́ми	четырьмяста́ми	пятьюста́ми
	двухста́х	трёхста́х	четырёхста́х	пятиста́х

37	**о́ба**	**о́бе**	**дво́е**	**че́тверо**
	обо́их	обе́их	двои́х	четверы́х
	обо́им	обе́им	двои́м	четверы́м
	о́ба	о́бе	дво́е	че́тверо
	обо́ими	обе́ими	двои́ми	четверы́ми
	обо́их	обе́их	двои́х	четверы́х

Глаголы сильного и неправильного спряжения (без приставок) в немецком языке

Deutsche starke und unregelmäßige Verben

Как пользоваться списком:

В настоящий список включены в основном только корневые (основные) глаголы, т. е. в нем не учтены (с некоторыми исключениями) глаголы, образованные с помощью глагольных приставок.

Форму глагола, образованного с помощью приставки, следует искать в списке без приставки:

1. Инфинитив глаголов, образованных с помощью безударных неотделяемых приставок (**be-**, **emp-**, **ent-**, **er-**, **ge-**, **ver-** и **zer-**; Partizip II без **ge-**), можно найти:

   а) исходя из формы настоящего времени либо претерита, отделив для поиска приставку: emp-fing (fing → fangen + emp- = empfangen), be-kam (kam → kommen + be- = bekommen);

   б) исходя из формы причастия (Partizip II), заменив для поиска приставку be-, emp- и т. д. приставкой ge-: be-stochen → gestochen (→ stechen + be- = bestechen), er-zwungen → gezwungen (→ zwingen + er- = erzwingen) и т. д.

2. Инфинитив глаголов с несущими ударение отделяемыми приставками **ab-**, **an-**, **auf-**, **aus-**, **bei-**, **da(hin)-**, **dar(an/auf/hinter)-**, **davon-**, **dazu-**, **ein-**, **einander-**, **empor-**, **entgegen-**, **entlang-**, **fort-**, **für-**, **gegenüber-**, **gleich-**, **her(ab/an/auf/aus/über/unter)-**, **hin(ab/auf/aus/über/unter/zu)-**, **los-**, **mit-**, **nach-**, **nieder-**, **vor(an/aus/bei/über)-**, **wahr-**, **weg-**, **wider-**, **zu-**, **zurück-**, **zusammen-**, **zwischen-**, отделив для поиска приставку: abgehoben → gehoben (→ heben + ab- = abheben), einschlug → schlug (→ schlagen + ein- = einschlagen) и т. д.

3. Инфинитив глаголов с приставками **durch-**, **hinter-**, **miss-**, **über-**, **um-**, **unter-**, **voll-** и **wieder-** следует искать по приведенным выше указаниям: согласно с п. 1), если приставка является безударной и неотделимой, и с п. 2), если приставка несет на себе ударение и отделяется.

(Приводятся следующие грамматические формы: инфинитив – 3-е лицо ед. числа настоящего времени – 3-е лицо ед. числа претерита индикатива [и конъюнктива] – причастие II)

ausbedingen	bedingt aus	bedingte aus	ausbedungen
backen	backt/bäckt	backte/buk [büke]	gebacken
befehlen	befiehlt	befahl [beföhle]	befohlen
beginnen	beginnt	begann [begänne]	begonnen
beißen	beißt	biss	gebissen
bergen	birgt	barg [bärge]	geborgen
bersten	birst	barst [bärste]	geborsten
bewegen	bewegt	bewog [bewöge]	bewogen
biegen	biegt	bog [böge]	gebogen
bieten	bietet	bot [böte]	geboten
binden	bindet	band [bände]	gebunden
bitten	bittet	bat [bäte]	gebeten
blasen	bläst	blies	geblasen
bleiben	bleibt	blieb	geblieben

bleichen	bleicht	blich	geblichen
braten	brät	briet	gebraten
brechen	bricht	brach [bräche]	gebrochen
brennen	brennt	brannte	gebrannt
bringen	bringt	brachte [brächte]	gebracht
denken	denkt	dachte [dächte]	gedacht
dingen	dingt	dingte/dang [dänge]	gedungen
dreschen	drischt	drosch [drösche]	gedroschen
dringen	dringt	drang [dränge]	gedrungen
dürfen	darf	durfte [dürfte]	gedurft
empfehlen	empfiehlt	empfahl [empföhle]	empfohlen
erlöschen	erlischt	erlosch [erlösche]	erloschen
erschrecken	erschrickt	erschrak [erschräke]	erschrocken
essen	isst, 2. *pl.* esst	aß [äße]	gegessen
fahren	fährt	fuhr [führe]	gefahren
fallen	fällt	fiel	gefallen
fangen	fängt	fing	gefangen
fechten	ficht	focht [föchte]	gefochten
finden	findet	fand [fände]	gefunden
flechten	flicht	flocht [flöchte]	geflochten
fliegen	fliegt	flog [flöge]	geflogen
fliehen	flieht	floh [flöhe]	geflohen
fließen	fließt	floss	geflossen
fressen	frisst	fraß [fräße]	gefressen
frieren	friert	fror [fröre]	gefroren
gären	gärt	gärte/gor [göre]	gegoren
gebären	gebiert	gebar [gebäre]	geboren
geben	gibt	gab [gäbe]	gegeben
gedeihen	gedeiht	gedieh	gediehen
gehen	geht	ging	gegangen
gelingen	gelingt	gelang [gelänge]	gelungen
gelten	gilt	galt [gälte]	gegolten
genesen	genest	genas [genäse]	genesen
genießen	genießt	genoss	genossen
geraten	gerät	geriet	geraten
geschehen	geschieht	geschah [geschähe]	geschehen
gewinnen	gewinnt	gewann [gewänne]	gewonnen
gießen	gießt	goss	gegossen
gleichen	gleicht	glich	geglichen
gleiten	gleitet	glitt	geglitten
glimmen	glimmt	glomm [glömme]	geglommen
graben	gräbt	grub [grübe]	gegraben
greifen	greift	griff	gegriffen
haben	hat	hatte [hätte]	gehabt
halten	hält	hielt	gehalten
hängen *v/i*	hängt	hing	gehangen
hauen	haut	haute, hieb	gehauen
heben	hebt	hob [höbe]	gehoben
heißen	heißt	hieß	geheißen
helfen	hilft	half [hülfe]	geholfen
kennen	kennt	kannte [kennte]	gekannt
klimmen	klimmt	klomm [klömme]	geklommen
klingen	klingt	klang [klänge]	geklungen
kneifen	kneift	kniff	gekniffen

kommen	kommt	kam [käme]	gekommen
können	kann	konnte [könnte]	gekonnt
kriechen	kriecht	kroch [kröche]	gekrochen
laden	lädt	lud [lüde]	geladen
lassen	lässt	ließ	gelassen
laufen	läuft	lief	gelaufen
leiden	leidet	litt	gelitten
leihen	leiht	lieh	geliehen
lesen	liest	las [läse]	gelesen
liegen	liegt	lag [läge]	gelegen
lügen	lügt	log [löge]	gelogen
mahlen	mahlt	mahlte	gemahlen
meiden	meidet	mied	gemieden
melken	melkt	melkte/molk [mölke]	gemolken
messen	misst	maß [mäße]	gemessen
misslingen	misslingt	misslang [misslänge]	misslungen
mögen	mag	mochte [möchte]	gemocht
müssen	muss	musste [müsste]	gemusst
nehmen	nimmt	nahm [nähme]	genommen
nennen	nennt	nannte [nennte]	genannt
pfeifen	pfeift	pfiff	gepfiffen
preisen	preist	pries	gepriesen
quellen	quillt	quoll [quölle]	gequollen
raten	rät	riet	geraten
reiben	reibt	rieb	gerieben
reißen	reißt	riss	gerissen
reiten	reitet	ritt	geritten
rennen	rennt	rannte [rennte]	gerannt
riechen	riecht	roch [röche]	gerochen
ringen	ringt	rang [ränge]	gerungen
rinnen	rinnt	rann [ränne]	geronnen
rufen	ruft	rief	gerufen
salzen	salzt	salzte	gesalzen
saufen	säuft	soff [söffe]	gesoffen
saugen	saugt	sog [söge]	gesogen
schaffen	schafft	schuf [schüfe]	geschaffen
scheiden	scheidet	schied	geschieden
scheinen	scheint	schien	geschienen
scheißen	scheißt	schiss	geschissen
schelten	schilt	schalt [schölte]	gescholten
scheren	schert	schor [schöre]	geschoren
schieben	schiebt	schob [schöbe]	geschoben
schießen	schießt	schoss	geschossen
schinden	schindet	schindete	geschunden
schlafen	schläft	schlief	geschlafen
schlagen	schlägt	schlug [schlüge]	geschlagen
schleichen	schleicht	schlich	geschlichen
schleifen	schleift	schliff	geschliffen
schließen	schließt	schloss	geschlossen
schlingen	schlingt	schlang [schlänge]	geschlungen
schmeißen	schmeißt	schmiss	geschmissen
schmelzen	schmilzt	schmolz [schmölze]	geschmolzen
schneiden	schneidet	schnitt	geschnitten
-schrecken	-schrickt	-schrak [-schräke]	-schrocken

schreiben	schreibt	schrieb	geschrieben
schreien	schreit	schrie [schriee]	geschrie(e)n
schreiten	schreitet	schritt	geschritten
schweigen	schweigt	schwieg	geschwiegen
schwellen	schwillt	schwoll [schwölle]	geschwollen
schwimmen	schwimmt	schwamm [schwömme]	geschwommen
schwinden	schwindet	schwand [schwände]	geschwunden
schwingen	schwingt	schwang [schwänge]	geschwungen
schwören	schwört	schwor [schwüre]	geschworen
sehen	sieht	sah [sähe]	gesehen
sein	ist	war [wäre]	gewesen
senden	sendet	sandte	gesandt
sieden	siedet	siedete/sott [sötte]	gesotten
singen	singt	sang [sänge]	gesungen
sinken	sinkt	sank [sänke]	gesunken
sinnen	sinnt	sann [sänne]	gesonnen
sitzen	sitzt	saß [säße]	gesessen
sollen	soll	sollte	gesollt
spalten	spaltet	spaltete	gespalten
speien	speit	spie [spiee]	gespie(e)n
spinnen	spinnt	spann [spänne]	gesponnen
sprechen	spricht	sprach [spräche]	gesprochen
sprießen	sprießt	spross	gesprossen
springen	springt	sprang [spränge]	gesprungen
stechen	sticht	stach [stäche]	gestochen
stecken	steckt	steckte/stak [stäke]	gesteckt
stehen	steht	stand [stünde, stände]	gestanden
stehlen	stiehlt	stahl [stähle]	gestohlen
steigen	steigt	stieg	gestiegen
sterben	stirbt	starb [stürbe]	gestorben
stieben	stiebt	stob [stöbe]	gestoben
stinken	stinkt	stank [stänke]	gestunken
stoßen	stößt	stieß	gestoßen
streichen	streicht	strich	gestrichen
streiten	streitet	stritt	gestritten
tragen	trägt	trug [trüge]	getragen
treffen	trifft	traf [träfe]	getroffen
treiben	treibt	trieb	getrieben
treten	tritt	trat [träte]	getreten
trinken	trinkt	trank [tränke]	getrunken
trügen	trügt	trog [tröge]	getrogen
tun	tut	tat [täte]	getan
verderben	verdirbt	verdarb [verdürbe]	verdorben
verdrießen	verdrießt	verdross	verdrossen
vergessen	vergisst	vergaß [vergäße]	vergessen
verlieren	verliert	verlor [verlöre]	verloren
verschleißen	verschleißt	verschliss	verschlissen
wachsen	wächst	wuchs [wüchse]	gewachsen
-wägen	-wägt	-wog [-wöge]	-gewogen
waschen	wäscht	wusch [wüsche]	gewaschen
weben	webt	webte/wob [wöbe]	gewebt/-woben
weichen	weicht	wich	gewichen
weisen	weist	wies	gewiesen
wenden	wendet	wandte [wendete]	gewandt

werben	wirbt	warb [würbe]	geworben
werden	wird, *2. Sg.* wirst	wurde/ward [würde]	geworden
werfen	wirft	warf [würfe]	geworfen
wiegen	wiegt	wog [wöge]	gewogen
winden	windet	wand [wände]	gewunden
wissen	weiß, *2. Sg.* weißt	wusste [wüsste]	gewusst
wollen	will	wollte	gewollt
wringen	wringt	wrang [wränge]	gewrungen
zeihen	zeiht	zieh	geziehen
ziehen	zieht	zog [zöge]	gezogen
zwingen	zwingt	zwang [zwänge]	gezwungen

Zahlwörter — Числительные

Grundzahlen — Количественные

0 ноль *m*, нуль *m* null
1 оди́н *m*, одна́ *f*, одно́ *n* eins
2 два *m*/*n*, две *f* zwei
3 три drei
4 четы́ре vier
5 пять fünf
6 шесть sechs
7 семь sieben
8 во́семь acht
9 де́вять neun
10 де́сять zehn
11 оди́ннадцать elf
12 двена́дцать zwölf
13 трина́дцать dreizehn
14 четы́рнадцать vierzehn
15 пятна́дцать fünfzehn
16 шестна́дцать sechzehn
17 семна́дцать siebzehn
18 восемна́дцать achtzehn
19 девятна́дцать neunzehn
20 два́дцать zwanzig
21 два́дцать оди́н einundzwanzig
22 два́дцать два zweiundzwanzig
23 два́дцать три dreiundzwanzig
30 три́дцать dreißig
31 три́дцать оди́н einunddreißig
40 со́рок vierzig
41 со́рок оди́н einundvierzig
50 пятьдеся́т fünfzig
51 пятьдеся́т оди́н einundfünfzig
60 шестьдеся́т sechzig
61 шестьдеся́т оди́н einundsechzig
70 се́мьдесят siebzig
71 се́мьдесят оди́н einundsiebzig
80 во́семьдесят achtzig
81 во́семьдесят оди́н einundachtzig
90 девяно́сто neunzig
91 девяно́сто оди́н einundneunzig
100 сто (ein)hundert
101 сто оди́н hunderteins
200 две́сти zweihundert
300 три́ста dreihundert
572 пятьсо́т се́мьдесят два fünfhundertzweiundsiebzig
1000 (одна́) ты́сяча (ein)tausend
1999 ты́сяча девятьсо́т девяно́сто де́вять (ein)tausendneunhundertneunundneunzig (neunzehnhundertneunundneunzig)
2000 две ты́сячи zweitausend
1 000 000 (оди́н) миллио́н eine Million
2 000 000 два миллио́на zwei Millionen
1 000 000 000 (оди́н) миллиа́рд eine Milliarde

Ordnungszahlen — Порядковые

1. пе́рвый erste
2. второ́й zweite
3. тре́тий dritte
4. четвёртый vierte
5. пя́тый fünfte
6. шесто́й sechste
7. седьмо́й sieb(en)te
8. восьмо́й achte
9. девя́тый neunte
10. деся́тый zehnte
11. оди́ннадцатый elfte
12. двена́дцатый zwölfte
13. трина́дцатый dreizehnte
14. четы́рнадцатый vierzehnte
15. пятна́дцатый fünfzehnte
16. шестна́дцатый sechzehnte
17. семна́дцатый siebzehnte
18. восемна́дцатый achtzehnte
19. девятна́дцатый neunzehnte
20. двадца́тый zwanzigste
21. два́дцать пе́рвый einundzwanzigste
22. два́дцать второ́й zweiundzwanzigste
23. два́дцать тре́тий dreiundzwanzigste
30. тридца́тый dreißigste
31. три́дцать пе́рвый einunddreißigste
40. сороково́й vierzigste

41. со́рок пе́рвый einundvierzigste
50. пятидеся́тый fünfzigste
51. пятьдеся́т пе́рвый einundfünfzigste
60. шестидеся́тый sechzigste
61. шестьдеся́т пе́рвый einundsechzigste
70. семидеся́тый siebzigste
71. се́мьдесят пе́рвый einundsiebzigste
80. восьмидеся́тый achtzigste
81. во́семьдесят пе́рвый einundachtzigste
90. девяно́стый neunzigste
91. девяно́сто пе́рвый einundneunzigste
100. со́тый (ein)hundertste
101. сто пе́рвый hundert(und)erste
200. двухсо́тый zweihundertste
300. трёхсо́тый dreihundertste
572. пятьсо́т се́мьдесят второ́й fünfhundertzweiundsiebzigste
1000. ты́сячный (ein)tausendste
1999. ты́сяча девятьсо́т девяно́сто девя́тый tausendneunhundertneunundneunzigste
2000. двухты́сячный zweitausendste
100 000. стоты́сячный hunderttausendste
1 000 000. миллио́нный millionste

Brüche — Дроби

$^1/_{1000}$ одна́ ты́сячная *f* ein Tausendstel *n*
$^1/_{100}$ одна́ со́тая *f* ein Hundertstel *n*
$^1/_{10}$ одна́ деся́тая *f* ein Zehntel *n*
$^1/_4$ одна́ четвёртая *f oder* (одна́) че́тверть *f* ein Viertel *n*
$^1/_3$ одна́ тре́тья *f oder* (одна́) треть *f* ein Drittel *n*
$^1/_2$ полови́на *f* (ein)halb
$1^1/_2$ полтора́ anderthalb, eineinhalb
$2^1/_2$ два с полови́ной zweieinhalb
$^2/_3$ две тре́ти zwei Drittel
$^3/_4$ три че́тверти drei Viertel
$^1/_5$ одна́ пя́тая *f* ein Fünftel *n*
$^1/_6$ одна́ шестá я *f* ein Sechstel *n*
0,5 ноль це́лых, пять деся́тых null Komma fünf
3,8 три це́лых, во́семь деся́тых drei Komma acht

Zahladverbien — Количественные наречия

в(о)... = ...ens: во-пе́рвых erstens, во-вторы́х zweitens, в-тре́тьих drittens, в-четвёртых viertens usw.

Vervielfältigungszahlwörter — Множительные числительные

aufzählend: (оди́н) раз einmal, дба, три, четы́ре ра́за zwei-, drei-, viermal, *aber* пять, шесть *usw.* раз fünf-, sechsmal (im Deutschen Zusammenschreibung).

Beim **Multiplizieren** gibt es für 2–20 und 30 besondere Formen der Zahladverbien: два́жды, три́жды, четы́режды, пя́тью, ше́стью *usw.*, два́дцатью, три́дцатью (im Deutschen Getrenntschreibung: 3 × 3 три́жды три drei mal drei).

Sammelzahlwörter — Собирательные числительные

2 дво́е, **3** тро́е, **4** че́тверо, **5** пя́теро, **6** ше́стеро, **7** се́меро, **8** во́сьмеро, **9** де́вятеро, **10** де́сятеро

в... = ...жды; вдво́е = (в) два ра́за *oder* два́жды zweimal

в...м = zu...: вдвоём zu zweit, zu zweien, втроём zu dritt, zu dreien, вчетверо́м zu viert, zu vieren, впятеро́м zu fünft, zu fünfen *usw.*

Die Wiedergabe deutscher Namen in russischer Schrift

Передача немецких имен и названий русскими буквами

Grundregeln:

- Die russische Umschrift folgt meist der Aussprache der deutschen Wörter, nicht unbedingt der Schreibung.
- Lange deutsche Vokale (graphisch dargestellt z. B. durch Doppelvokal, Dehnungs-h oder Dehnungs-e) werden im Allgemeinen durch einfachen russischen Vokal wiedergegeben.
- Doppelkonsonanten werden durch Doppelkonsonanten wiedergegeben. Nur die Namensendung „-mann" wird gewöhnlich durch „ман" ersetzt.

Die folgenden Regeln sind in der Reihenfolge des deutschen Alphabets angeordnet. Buchstabenkombinationen findet man unter dem Anfangsbuchstaben.

Historisch bedingt gibt es Abweichungen von den heute üblichen Regeln. Sie betreffen vor allem die Wiedergabe von „h", „ei" und „eu", wobei sich in manchen Fällen noch keine eindeutige Lösung durchgesetzt hat. So findet man z. B. in neueren russischen Publikationen für „Heidelberg" neben der traditionellen Form „Гейдельберг" auch die moderne Transkription „Хайдельберг" . Auf wichtige Ausnahmen wird im Folgenden hingewiesen.

a → а
Karl → Карл

aa → а
Aachen → Ахен
Ausnahme:
Saar → Саáр

ae *siehe* **ä, e**

ai → ай
Maier → Майер
Mainz → Майнц

ay → ай
Mayer → Майер

ä
am Wortanfang und nach Vokal → **э**
Äpfingen → Эпфинген
sonst → **е**
Käthe → Кете

äu → ой
Bräuer → Бройер

b → б
Berlin → Берлин

c
als k *gesprochen* → **к**
Cochem → Кохем
als z *gesprochen* → **ц**
Celle → Целле

ch
als k *gesprochen* → **к**
Chiemsee → Кимзе
Ausnahme:
Chemnitz → Хемниц
sonst → **х**
Bach → Бах

chh → хг
Buchholz → Бухгольц

chs
in einer Silbe → **кс**
Andechs → Андекс
sonst → **хз/хс** (*siehe* **s**)
Bruchsal → Брухзаль

ck
zwischen Vokalen → **кк**
Becker → Беккер
sonst → **к**
Lübeck → Любек
Rostock → Росток
heute oft auch → **кк**
Einbeck → Айнбекк

d → **д**
Dresden → Дрезден

e
im Anlaut → **э**
Erfurt → Эрфурт
nach Konsonant (*außer* h) → **е**
Bremen → Бремен
nach h → **э**
Neher → Неэр
aber:
Rhein → Рейн
nach Umlauten und Vokalen (*außer* i – *siehe* **ie**), *falls das* e *nicht nicht nur die Länge des davorstehenden Vokals anzeigt* → **э**
Lauenburg → Лауэнбург

ei → **ай**
Weilheim → Вайльхайм
Meier → Майер
Ausnahmen z. B.:
Leipzig → Лейпциг
Heine → Гейне

eia → **айя**
Treia → Трайя

eu → **ой**
Neustadt → Нойштадт
Ausnahmen z. B.:
Euler → Эйлер
Freud → Фрейд

ey → **ей**
Meyerbeer → Мейербер

f → **ф**
Hof → Хоф

g → **г**
Gera → Гера

gk
in einer Silbe → **г**
Niemegk → Нимег

h
hörbar → **х**
Hagen → Хаген
Ausnahmen z. B.:
Halle → Галле
Hamburg → Гамбург
Hannover → Ганновер
nicht hörbar: keine Wiedergabe
Lothar → Лотар
Ruhr → Рур
Hohenlimburg → Хоэнлимбург
(ph *siehe* p)

i
nach Konsonanten → **и**
Schiller → Шиллер
nach Vokalen → **й**
Duisburg → Дуйсбург

ie
bei Aussprache [iː] → **и**
Dieter → Дитер
bei Aussprache [iə] → **ие**
Oranienburg → Ораниенбург

ja
im Anlaut und nach Vokal → **я**
Jahn → Ян
innerhalb einer Silbe
nach Konsonant → **ья**
Tjaden → Тьяден

jä
im Anlaut und nach Vokal → **е**
Jähn → Йен
innerhalb einer Silbe
nach Konsonant → **ье**

je
im Anlaut und nach Vokal → **е**
Jena → Йена
innerhalb einer Silbe
nach Konsonant → **ье**

jo
im Anlaut und nach Vokal → **йо**
Jobst → Йобст
innerhalb einer Silbe
nach Konsonant → **ьо**

jö
im Anlaut und nach Vokal → **йё**
Jörg → Йёрг
innerhalb einer Silbe
nach Konsonant → **ьё**

ju
im Anlaut und nach Vokal → **ю**
Jung → Юнг
innerhalb einer Silbe
nach Konsonant → **ью**

jü
im Anlaut und nach Vokal → **йю**
Jülich → Йюлих
innerhalb einer Silbe
nach Konsonant → **ью**

Steht die Kombination „j + Vokal/Umlaut" innerhalb eines Wortes am Silbenanfang, und endet die vorausgehende Silbe auf einen Konsonanten, wird im Russischen statt des ь ein ъ gesetzt:
Butjadingen → Бутъядинген

k → к
Kalkar → Калькар

l
vor Vokal → **л**
Lech → Лех
vor Konsonant und am Wortende → **ль**
Wolf → Вольф
Für **ll** *gilt entsprechend*:
Tell → Телль
Iller → Иллер

m → м
Mosel → Мозель

n → н
Nürnberg → Нюрнберг

o → о
Otto → Отто

ö
am Wortanfang → **э**
Ötinger → Этингер
sonst → **ё**
Böhm → Бём

p → п
Potsdam → Потсдам

ph → ф
Philipp → Филипп

qu → кв
Quedlinburg → Кведлинбург

r → р
Ruhr → Рур

s
stimmhaft → **з**
Simson → Зимзон
stimmlos (auch **ß**) → **с**
Ansbach → Ансбах

sch → ш
Schongau → Шонгау

sp
bei Aussprache [ʃp] → **шп**
Spree → Шпре

st
bei Aussprache [ʃt] → **шт**
Stade → Штаде

t → т
Trier → Трир

tsch
in derselben Silbe → **ч**
Rietschen → Ричен
sonst → **тш**
Brettschneider → Бреттшнайдер

tz
zwischen Vokalen → **тц**
Platzer → Платцер
sonst → **ц**
Beelitz → Белиц

u → у
Ulm → Ульм

ü, ue
am Wortanfang → **и**
Überlingen → Иберлинген
sonst → **ю**
Müller → Мюллер

v
bei Aussprache [v] → **в**
Kleve → Клеве
bei Aussprache [f] →
Volker → Фолькер

w → **в**
Wuppertal → Вупперталь

x → **кс**
Xanten → Ксантен

y → **и**
Wyhl → Виль

z → **ц**
Zitzewitz → Цитцевиц

zsch
in derselben Silbe → **ч**
Zschopau → Чопау

A B C D E F G H IJ K L M NO P QR S T UV W Z

Verzeichnis der verwendeten Abkürzungen

Список условных сокращений

a.	*auch* также, тоже
A	*Akkusativ* винительный падеж
Abk.	*Abkürzung* сокращение
Adj.	*Adjektiv* имя прилагательное
Adjp.	*Partizip als Adj.* отглагольное прилагательное
Adm.	*Verwaltung* администрация
Adv.	*Adverb* наречие
Advp.	*Adverbialpartizip* отглагольное наречие
Agr.	*Landwirtschaft* сельское хозяйство
allg.	*allgemein* общее понятие
Anat.	*Anatomie* анатомия
Arch.	*Bauwesen* строительство
Art.	*Artikel* артикль, член
Astr.	*Astronomie* астрономия
attr.	*attributiv* как определение
b.	*bei* при, у
Bgb.	*Bergbau* горное дело
Bio.	*Biologie* биология
Bot.	*Botanik* ботаника
bsd.	*besonders* особенно, в частности
bzw.	*beziehungsweise* и, или
Chem.	*Chemie* химия
d.	*der, die, das*
D	*Dativ* дательный падеж
dial.	*dialektal* областное слово
dim.	*diminutiv* уменьшительный
e.	*endbetont* ударение на окончании
EDV	*elektronische Datenverarbeitung* электронная вычислительная техника
ehm.	*ehemals* прежде
einm.	*einmalig* (*momentane Aktionsart*) однократный способ действия
El.	*Elektrotechnik* электротехника
e-m, e-n	*einem, einen* (*als Artikel*)
e-r, e-s	*einer, eines* (*als Artikel*)
Esb.	*Eisenbahn* железнодорожный транспорт
et.	*etwas* что-то, что-либо
f	*Femininum* женского рода
F	*familiär, salopp* фамильярно-разговорное слово
fig.	*figürlich* в переносном значении
Fin.	*Finanzen, Bankwesen* финансовое/банковское дело
Flgw.	*Flugwesen* авиация
Fmw.	*Fernmeldewesen* связь
Forst.	*Forstwirtschaft* лесное хозяйство
Fot.	*Fotografie* фото-/кинотехника
G	*Genitiv* родительный падеж
Geogr.	*Geographie* география
Geol.	*Geologie* геология
Ggs.	*Gegensatz* антоним
Gr.	*Grammatik* грамматика
Hdl.	*Handel* торговля
hist.	*historisch* исторический
I	*Instrumental* творительный падеж
Imp.	*Imperativ* повелительное наклонение
impf.	*imperfektiv* несовершенный вид
(*im*)*pf.*	*imperfektiv und perfektiv* несовершенный и совершенный вид
Inf.	*Infinitiv* неопределенная форма глагола
Int.	*Interjektion* междометие
iron.	*ironisch* в ироническом смысле
j-d	*jemand* кто-либо
j-m, j-n, j-s	*jemandem, jemanden, jemandes* кому-либо, кого-либо
JSpr.	*Jägersprache* охотничий жаргон
Jur.	*juristischer Ausdruck* юридический термин
K.	*Kurzform* краткая форма
k-e	*keine* никакая, никакие
Kfz.	*Kraftfahrzeuge* автомобильный транспорт
Kj.	*Konjunktion* союз
k-m, k-n	*keinem, keinen* никому, никого